© Jon Arnold Images/hemis.fr

Tokyo, Kyoto
Osaka et Hiroshima
2021/22

Cofondateurs : Philippe GLO...

Directeur de collection et a...
Philippe GLOAGUEN

Secrétaire général
Gavin's CLEMENTE-RUIZ

Rédacteurs en chef
Amanda KERAVEL (France)
Benoît LUCCHINI (Étranger)

Directrice administrative
Bénédicte GLOAGUEN

Conseiller à la rédaction
Pierre JOSSE

Responsable voyages
Carole BORDES

Direction éditoriale
Élise ERNEST

...R
...HIN des ROZIERS
Diane CAPRON
Véronique de CHARDON
Laura CHARLIER
Florence CHARMETANT
Fiona DEBRABANDER
Anne-Caroline DUMAS
Éléonore FRIESS
Géraldine LEMAUF-BEAUVOIS
Olivier PAGE
Alain PALLIER
Anne POINSOT
André PONCELET

hachette

TABLE DES MATIÈRES

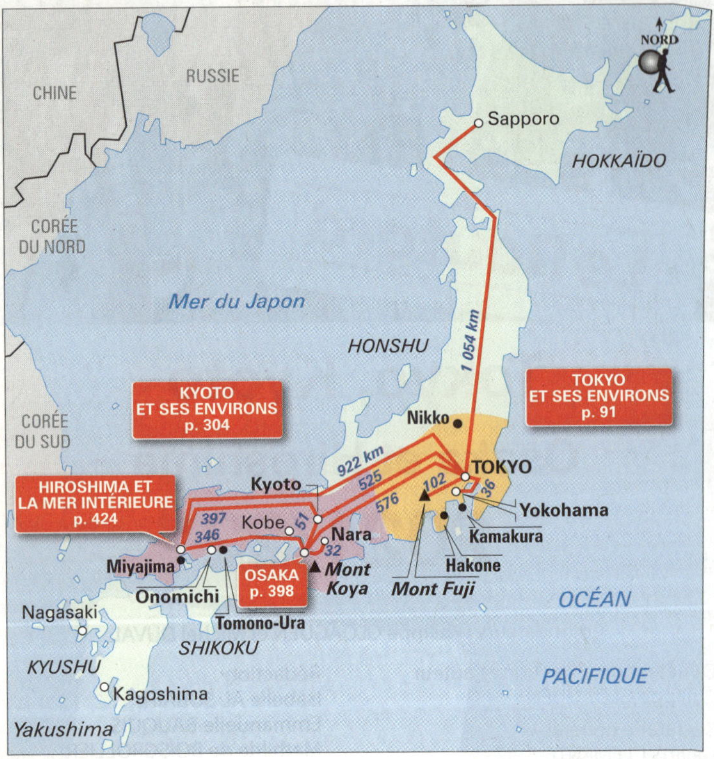

PRÉAMBULE

COMMENT Y ALLER ? 36

JAPON UTILE 50

ATTENTION ! INFO COVID-19

• *jp.ambafrance.org/Informations-Coronavirus-Covid-19* • Dans le cadre de la prévention de la Covid, lorsque nous avons bouclé ce guide, il était interdit, jusqu'à nouvel ordre, de se rendre au Japon, si l'on a séjourné dans certains pays les 14 derniers jours qui précèdent le voyage, dont la France. Il est impératif, de consulter les informations mises à jour quotidiennement sur le site, pour connaître les exigences en vigueur en temps réel. Toutefois et jusqu'à nouvel ordre, il est, obligatoire de présenter le certificat établi en anglais sur le formulaire spécifique à télécharger sur le site • *mofa.go.jp/ca/fna/page25e_000334.html* • attestant d'un test PCR négatif réalisé moins de 72h avant le voyage vers le Japon. À l'arrivée, vous serez soumis à un autre test à l'aéroport, avec interdiction, même si le résultat est négatif, de prendre les transports en commun (avion, bus, train…). Seul un véhicule individuel peut vous conduire à votre destination finale, ou vous serez tenu d'observer une quatorzaine. Pensez aussi à vérifier si un test (PCR ou autre) sera nécessaire pour votre retour en France (payant et très cher au Japon) sur • *interieur.gouv.fr* •

Important : dernière minute

Entre deux parutions du *Routard*, des événements fortuits (conditions sanitaires, catastrophes naturelles, mais aussi formalités, taux de change, conditions d'accès aux sites, fermetures inopinées, etc.) peuvent modifier vos projets de voyage. Pour éviter les déconvenues, nous vous recommandons de consulter la rubrique « Guide » par pays de notre site • *routard.com* • et plus particulièrement les dernières ***Actus voyageurs.***

UNE PANDÉMIE INOUÏE !
Depuis toujours, **Le Routard** ***se plaît à dénicher hôteliers et restaurateurs*** qui accueillent nos lecteurs avec sourire et professionnalisme. Malgré toute notre vigilance, certains d'entre eux auront malheureusement fermé quand ce livre sortira. De même, les horaires et modalités d'accueil de certains sites et musées auront été momentanément modifiés. Cette terrible ***pandémie de Coronavirus*** a, on le sait, des conséquences importantes pour tous les professionnels du tourisme. ***Nous sommes de tout cœur avec eux !***

« OSONS LE PAS DE CÔTÉ »

Le surtourisme ? Tous concernés. Et pourtant, à l'écart des grands flux touristiques, il existe plein de pépites méconnues, souvent oubliées des circuits trop encombrés. Ici un site ignoré ; là un quartier secret ; plus loin un village caché au charme discret, avec un troquet d'une autre époque. Il existe une infinité de lieux peinards que l'on a envie de mettre en avant avec ce pictogramme. Un vagabondage enfin calme favorisé aussi par les **visites aux heures creuses**. Vive le *slow trip* !

#osonslepasdecote

Pictogrammes du Routard

Établissements

- Hôtel, auberge, chambre d'hôtes
- Camping
- Restaurant
- Terrasse
- Pizzeria
- Boulangerie, sandwicherie
- Pâtisserie
- Glacier
- Café, salon de thé
- Café, bar
- Bar musical
- Club, boîte de nuit
- Salle de spectacle
- Boutique, magasin, marché

Infos pratiques

- Office de tourisme
- Poste
- Accès Internet
- Hôpital, urgences
- Adapté aux personnes handicapées

Sites

- Présente un intérêt touristique
- Point de vue
- Plage
- Spot de surf
- Site de plongée
- Recommandé pour les enfants
- Inscrit au Patrimoine mondial de l'Unesco
- Pas de côté

Transports

- Aéroport
- Gare ferroviaire
- Gare routière, arrêt de bus
- Station de métro
- Station de tramway
- Parking
- Taxi
- Taxi collectif
- Bateau
- Bateau fluvial
- Piste cyclable, parcours à vélo

NORD
CHINE
RUSSIE
CORÉE DU NORD
MER DU JAPON
CORÉE DU SUD
KYOTO ET SES ENVIRONS p. 304
HIROSHIMA ET LA MER INTÉRIEURE p. 424
OSAKA p. 398
Wajima
Toyama
Kanazawa
Takayama
Fukui
Tsuruga
Gifu
Tottori
Izumo
Matsue
Maizuru
KYOTO
Kôbe
Nara
Nagoya
Tsu
Ise
Osaka
Mont Koya
Shingû
Hiroshima
Tsuwano
Hagi
Onomichi
Kurashiki
Miyajima
Tomono-Ura
Tokushima
Shimonoseki
Fukuoka
Kita-Kyushu
Yobuko
Hirado
SHIKOKU
Kochi
Shirahama
Kumano
Beppu
Saga
Oita
Mont Aso
Nagasaki
Kumamoto
KYUSHU
Miyazaki
Kagoshima
Sakurajima
Chiran

Parc national Daisetsuzan
Parc national Akan
Nemuro
Furano
Kushiro
Otaru
Sapporo
Suttsu
HOKKAIDO
Niikappu
Hirô
Setana
Noboribetsu
Erimo
Hakodate
Matsumae
Osore-zan
Aomori
Hachinohe
Noshiro
Akita
Morioka
Shinjo
Sakata
Hiraizumi
OCÉAN PACIFIQUE
Matsushima
Île de Sado
Yamagata
Sendai
Niigata
Fukushima
Aizu Wakamatsu
Jôetsu
HONSHU
Iwaki
Nikko
Nagano
Utsunomiya
Maebashi
Mito
TOKYO
Chiba
TOKYO ET SES ENVIRONS p. 91
Mont Fuji
Yokohama
Kamakura
Île d'Enoshima
Shizuoka
Hakone
0 100 200 km
Site inscrit au Patrimoine mondial de l'Unesco
Pas de côté
Ligne de Shinkansen

LE JAPON

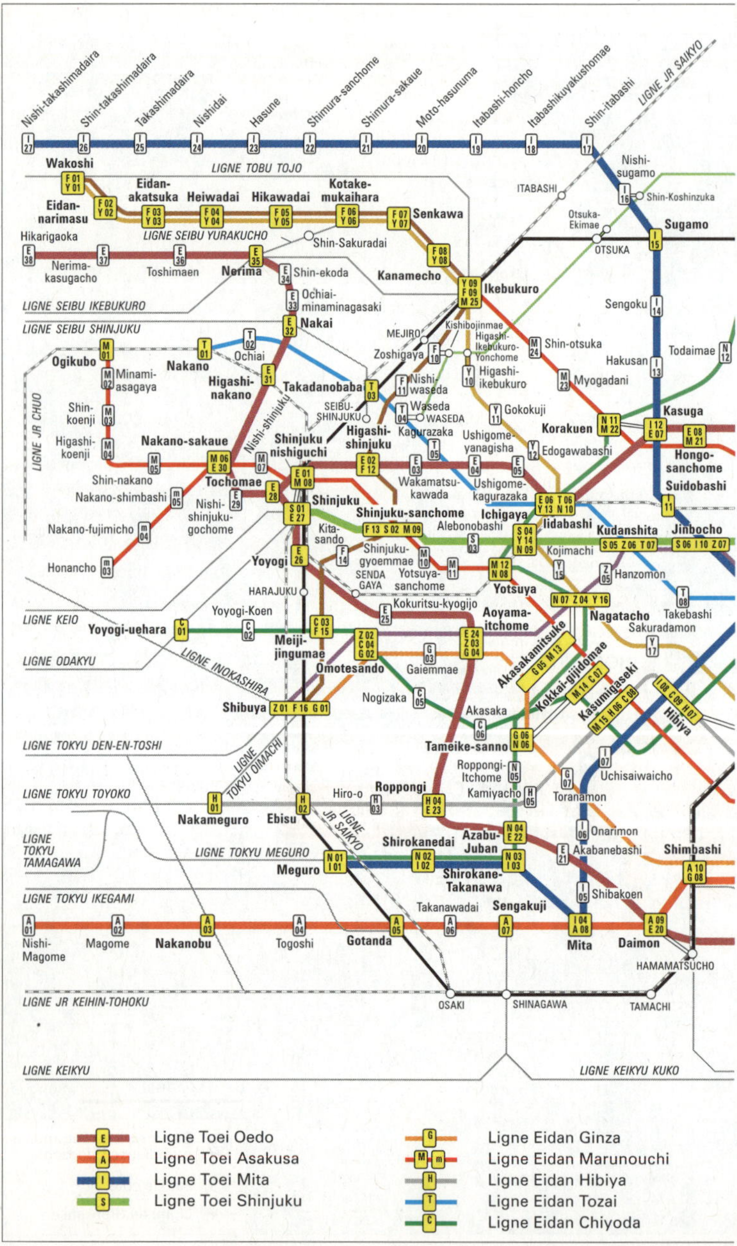
Nishi-takashimadaira
Shin-takashimadaira
Takashimadaira
Nishidai
Hasune
Shimura-sanchome
Shimura-sakaue
Moto-hasunuma
Itabashi-honcho
Itabashikuyakushomae
Shin-itabashi
LIGNE JR SAIKYO
I 27
I 26
I 25
I 24
I 23
I 22
I 21
I 20
I 19
I 18
I 17
Wakoshi
LIGNE TOBU TOJO
Nishi-sugamo
F 01 Y 01
Eidan-akatsuka
Heiwadai
Hikawadai
Kotake-mukaihara
ITABASHI
I 16
Shin-Koshinzuka
Eidan-narimasu
F 02 Y 02
F 03 Y 03
F 04 Y 04
F 05 Y 05
F 06 Y 06
F 07 Y 07
Senkawa
Otsuka-Ekimae
Sugamo
Hikarigaoka
LIGNE SEIBU YURAKUCHO
Shin-Sakuradai
I 15
OTSUKA
E 38
E 37
E 36
E 35
F 08 Y 08
Nerima-kasugacho
Toshimaen
Nerima
E 34
Shin-ekoda
Kanamecho
Y 09 F 09 M 25
Ikebukuro
Sengoku
I 14
LIGNE SEIBU IKEBUKURO
E 33
Ochiai-minaminagasaki
LIGNE SEIBU SHINJUKU
E 32
Nakai
MEJIRO
Kishibojinmae
Higashi-Ikebukuro-Yonchome
M 24
Shin-otsuka
Todaimae
N 12
M 01
T 02
T 01
Ochiai
Zoshigaya
F 10
Hakusan
I 13
Ogikubo
M 02
Minami-asagaya
Nakano
E 31
Higashi-nakano
Takadanobaba
T 03
F 11
Nishi-waseda
Y 10
Higashi-ikebukuro
M 23
Myogadani
LIGNE JR CHUO
Shin-koenji
M 03
SEIBU-SHINJUKU
T 04
Waseda
WASEDA
Y 11
Gokokuji
Kasuga
Higashi-koenji
M 04
Nishi-shinjuku
Shinjuku nishiguchi
Higashi-shinjuku
Kagurazaka
Ushigome-yanagisha
N 11 M 22
Korakuen
I 12 E 07
E 08 M 21
Nakano-sakaue
M 05
M 06 E 30
M 07
E 02 F 12
E 03
T 05
E 04
E 05
Y 12
Edogawabashi
Hongo-sanchome
Shin-nakano
Tochomae
E 01 M 08
Wakamatsu-kawada
Ushigome-kagurazaka
Suidobashi
Nakano-shimbashi
m 05
E 29
E 28
Shinjuku
E 06 T 06 Y 13 N 10
I 11
Nishi-shinjuku-gochome
S 01 E 27
Shinjuku-sanchome
Ichigaya
Iidabashi
Kudanshita
Jinbocho
Nakano-fujimicho
m 04
Kita-sando
F 13 S 02 M 09
Alebonobashi
S 03
S 04 Y 14 N 09
S 05 Z 06 T 07
S 06 I 10 Z 07
E 26
Yoyogi
F 14
Shinjuku-gyoemmae
M 10
M 11
M 12 N 08
Kojimachi
Y 15
Z 05
Hanzomon
Honancho
m 03
SENDA GAYA
Yotsuya-sanchome
Yotsuya
HARAJUKU
T 08
E 25
Kokuritsu-kyogijo
N 07 Z 04 Y 16
Nagatacho
Takebashi
Yoyogi-Koen
Aoyama-itchome
Sakuradamon
LIGNE KEIO
Yoyogi-uehara
C 01
C 02
C 03 F 15
E 24 Z 03 G 04
Akasakamitsuke
Y 17
Meiji-jingumae
Z 02 C 04 G 02
G 03
G 05 M 13
LIGNE ODAKYU
LIGNE INOKASHIRA
Omotesando
Gaiemmae
Kokkai-gijidomae
M 14 C 07
Kasumigaseki
M 15 H 06 C 08
I 08 C 09 H 07
Hibiya
Nogizaka
C 05
Shibuya
Z 01 F 16 G 01
Akasaka
C 06
G 06 N 06
LIGNE TOKYU DEN-EN-TOSHI
Tameike-sanno
I 07
LIGNE TOKYU OIMACHI
Roppongi-Itchome
N 05
G 07
Uchisaiwaicho
Roppongi
Hiro-o
H 03
Kamiyacho
H 05
Toranamon
LIGNE TOKYU TOYOKO
H 01
H 02
H 04 E 23
Nakameguro
Ebisu
LIGNE JR SAIKYO
N 04 E 22
I 06
Onarimon
LIGNE TOKYU TAMAGAWA
Shirokanedai
Azabu-Juban
E 21
Akabanebashi
Shimbashi
LIGNE TOKYU MEGURO
N 01 I 01
N 02 I 02
N 03 I 03
Meguro
Shirokane-Takanawa
A 10 G 08
LIGNE TOKYU IKEGAMI
I 05
Shibakoen
Takanawadai
Sengakuji
A 01
A 02
A 03
A 04
A 05
A 06
A 07
I 04 A 08
A 09 E 20
Nishi-Magome
Magome
Nakanobu
Togoshi
Gotanda
Mita
Daimon
HAMAMATSUCHO
LIGNE JR KEIHIN-TOHOKU
OSAKI
SHINAGAWA
TAMACHI
LIGNE KEIKYU
LIGNE KEIKYU KUKO
E
Ligne Toei Oedo
A
Ligne Toei Asakusa
I
Ligne Toei Mita
S
Ligne Toei Shinjuku
G
Ligne Eidan Ginza
M m
Ligne Eidan Marunouchi
H
Ligne Eidan Hibiya
T
Ligne Eidan Tozai
C
Ligne Eidan Chiyoda

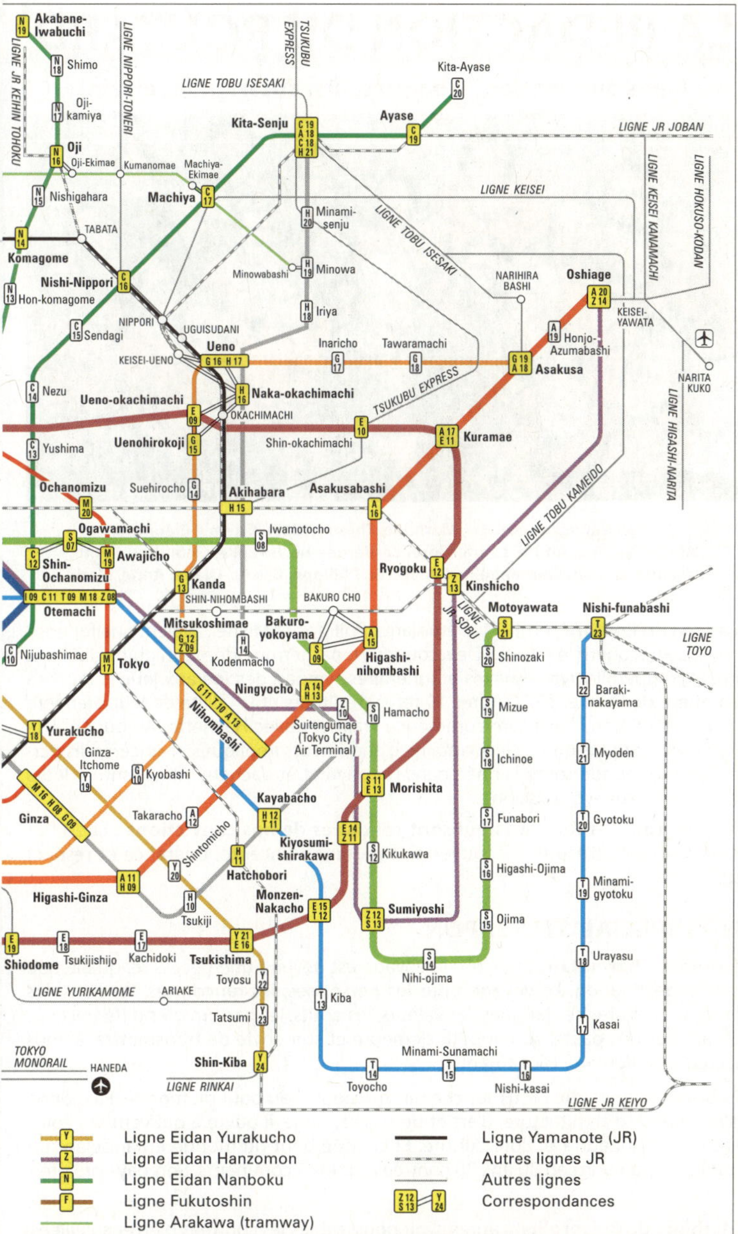

TOKYO – PLAN DU MÉTRO

LA RÉDACTION DU ROUTARD

(sans oublier nos 50 enquêteurs, aussi sur le terrain)

© R. Delalande et E. Dessons

Jean-Sébastien, Olivier, Mathilde, Thierry, Alain, Gavin's, Éléonore, Anne-Caroline, André, Laura, Florence, Véronique, Isabelle, Géraldine, Fiona, Amanda, Benoît, Emmanuelle, Bénédicte, Philippe, Carole, Diane, Anne, Marie.

La saga du *Routard* : en 1971, 2 étudiants, Philippe et Michel, avaient une furieuse envie de découvrir le monde. De retour du Népal germe l'idée d'un guide différent qui regrouperait tuyaux malins et itinéraires sympas, destiné aux jeunes fauchés en quête de liberté. 1973. Après 19 refus d'éditeurs et la faillite de leur première maison d'édition, l'aventure commence vraiment avec Hachette. Aujourd'hui, le *Routard*, c'est plus d'une cinquantaine d'enquêteurs impliqués et sincères. Ils parcourent le monde toute l'année dans l'anonymat et s'acharnent à restituer leurs coups de cœur avec passion.

Merci à tous les Routards qui sont solidaires de nos convictions : liberté et indépendance d'esprit ; découverte et partage ; sincérité, tolérance et respect des autres.

NOS SPÉCIALISTES JAPON

Florence Charmetant : très tôt, le voyage est devenu une nécessité, quelle que soit la destination. Le voyage pour les personnes, les rencontres, les liens, les lieux, les cultures, les langues, les valeurs, les goûts, les parfums, les différences… 30 années ont passé, son appétit demeure et son envie de transmettre, à vous lecteurs du *Routard,* tout autant.

Fabrice Doumergue : tous ses chemins mènent… au bout du monde. Passionné d'histoire(s), d'architecture, d'art et de gastronomie, il ouvre à qui veut ses coins secrets, côté nature et côté culture. Et chaque bout du monde en appelant un autre, il a parcouru en 30 ans 70 contrées sur les 5 continents. Son pays préféré ? Heu… tous !

Mathilde de Boisgrollier : après avoir poussé dans les contrées bien ensoleillées, elle est aujourd'hui armée d'un solide coup de fourchette et d'un petit sac à dos qui ne la quitte pas. Elle aime partager et relayer ses rencontres et découvertes ; celles du bout de la rue ou du bout du monde.

UN GRAND MERCI À NOS AMI(E)S SUR PLACE ET EN FRANCE

Pour cette nouvelle édition, nous remercions particulièrement :

- Toute l'équipe de l'**office de tourisme du Japon** à Paris, et **Ikuko Nagao.**
- **Amicie d'Avout** pour sa fidélité depuis le début.
- **Tabata Naoko,** du Tokyo Convention & Visitors bureau.
- **Saori Kamiyama,** du Nikko City Tourism association.
- **Atsuo Itsuji,** de Gonarastay, pour son aide précieuse sur la ville de Nara et de ses environs.
- **Angéline Fujioka** et **Yu Shingu** de l'**office de tourisme d'Hiroshima** pour leur soutien dans cette aventure.
- **Sarah Mercadé** d'*Exapartners* pour ses pistes et informations concernant les nouveautés marquantes à Tokyo et à Kyoto.
- **Meghann Ganis** de l'Institut français à Tokyo pour quelques bonnes inspirations côté gastronomie et mode de vie.
- **Tadashi Sugihara,** guide-interprète en français à Kyoto. *• japonsanssushi.com •*
- **David Michaud,** photographe, auteur (Le Chêne/Hachette) installé à Yokohama, et créateur des sites *• lejapon.fr •* et *• japon365.com •*
- Le réseau **Slow Food** de Tokyo, et en particulier **Toshiya Sasaki,** président de Slow Food Suginami-Tokyo, **Noriko Sasaki, Reiko Ohashi** et **Kakegawa Masayuki** pour leurs conseils gastronomiques avisés.
- **Jean-Philippe Audren, Stéphane Péan** et **Bertrand Larcher.**
- **Jérôme Daniel,** épicurien notoire, meilleur luthier à l'est de la mer du Japon et qui nous a fait connaître une merveille : le sashimi de langouste…
- **Christophe Sabouret,** historien, ancien membre de l'École française d'Extrême-Orient.
- **Antigone** et **Jean-Luc Schilling,** qui ont su nous convaincre d'éditer ce guide.
- **Hervé Schwindenhammer** et son épouse pour leurs excellents tuyaux et informations.
- **Angélina Verdier,** qui a quitté la Ville rose pour rejoindre sa 2e patrie, pour ses tuyaux avertis sur la vie nocturne tokyoïte.
- Pour leur aide, **Maiko Sakurai, Adrien Lozze** et **Kimia** à Kyoto, **Noriko Koizumi** et **Minako Hayashi** à Nara, **Minami** et **Ken Masujima,** et enfin **Virginie Rey** pour son enthousiasme indéfectible.
- À Osaka, **Yuri Sasaki** et l'office de tourisme de la ville pour leur logistique précieuse ; **Angelo Di Genova,** passionnant conteur d'histoires et dénicheur de coins secrets. *• osakasafari.com •*
- À Hiroshima, l'office de tourisme et tout particulièrement les adorables et efficaces **Reiko Araragi, Tomomi Yuasa** et **Yasumi Shirai** pour leur bonne humeur et leur aide ; **Makie,** au français impeccable, pour son éclairage indispensable sur la ville ; **Judith** pour ses tuyaux de 1er ordre.
- **Flo,** qui, par bonheur continue à répondre « présente ! » avec enthousiasme.
- **Alexandra Catel,** Tokyoïte d'adoption, pour sa disponibilité et ses bons plans.
- Toute notre reconnaissance à **Flor de Sakura** (Florence Charmetant), qui a été notre « fée des voyages », motivante, motivée et organisée…

Et la gentillesse, la serviabilité naturelles des Japonais(es) lorsque nous errions, comme des âmes en peine, dans toutes ces villes avec des rues sans nom…

Le *Routard* est imprimé sur un papier issu de forêts gérées.

I.S.B.N. 978-2-01-787136-1

Le temple Senso-ji dans le quartier d'Asakusa, à Tokyo

« Le Japon s'est mis tout au bout pour ne pas déranger. »
Sylvain Tesson

Trop loin, trop cher, trop inaccessible : longtemps, le Japon a été assimilé à une sorte de planète Mars, et pourtant, c'est une étoile fascinante qu'il faut prendre le temps d'apprivoiser. Avec un taux de change devenu plus favorable aux Occidentaux, l'archipel nippon est désormais plus accessible. Un pays, c'est comme un individu : il y a le physique et le caractère, l'extérieur et l'intérieur, la chair et l'esprit. Lequel sera donc votre Japon ?

Les mégapoles d'abord : **Tokyo,** la plus grande ville du monde, un univers urbain électrique, trépidant, étincelant, qui cache une grande humanité, contrairement aux préjugés. **Kyoto,** l'ancienne capitale impériale, ville des arts et des geishas, du thé et de l'ikebana. **Osaka,** la créative, et **Hiroshima,** qui, au-delà de sa tragédie, apporte à travers l'art et l'accueil ce que l'humanité engendre de meilleur. **Nara,** le berceau artistique et religieux, cité spirituelle des moines, de l'aristocratie et du bouddhisme, mais aussi **Nikko,** si haut perchée dans son écrin de montagnes, **Kamakura** – la douce et discrète – au bord de la mer, **Hakone,** la porte du mont Fuji, symbole majestueux et incontournable du Japon, à voir au printemps lorsque les cerisiers fleurissent. Les villes portuaires d'**Onomichi** et **Tomono-Ura,** qui ont su garder un caractère traditionnel sur les rives de la magnifique mer Intérieure. Il n'y a pas un Japon, mais *des* Japon, et un seul voyage ne suffit pas à cerner ce pays.
Pour les accros des **nouvelles technologies,** le Japon répond à toutes les attentes. Les amoureux de la nature ne seront pas déçus non plus. L'intérieur, naturel, secret, presque sauvage et encore préservé de la modernité, s'offre à eux. Découverte à compléter d'un plongeon tête baissée (façon de parler !) dans les **sources thermales,** les fameux *onsen.* C'est une expérience formidable que de laisser filer la moindre parcelle de fatigue et de stress dans l'eau chaude naturelle (et sulfureuse) d'un *onsen* en plein air, la nuit sous les étoiles. Un grand moment qui en dit beaucoup sur l'art de vivre japonais.

Voyager au **pays du Soleil-Levant,** c'est aussi découvrir la **cuisine japonaise,** délicieuse, raffinée et esthétique. On apprivoise peu à peu cet univers inconnu, où la tradition se conjugue avec la modernité, où la sérénité et le respect côtoient l'animation et l'agitation, où l'ordre et la propreté sont de mise…
De ce voyage, on ne revient pas tout à fait le même. Indéniablement enrichi par le contact avec une autre civilisation et une autre façon de vivre, de penser et d'agir. **Un pays dont le parfum n'existe pas en Europe.**

Le temple Kiyomizu-dera à Kyoto

NOS COUPS DE CŒUR

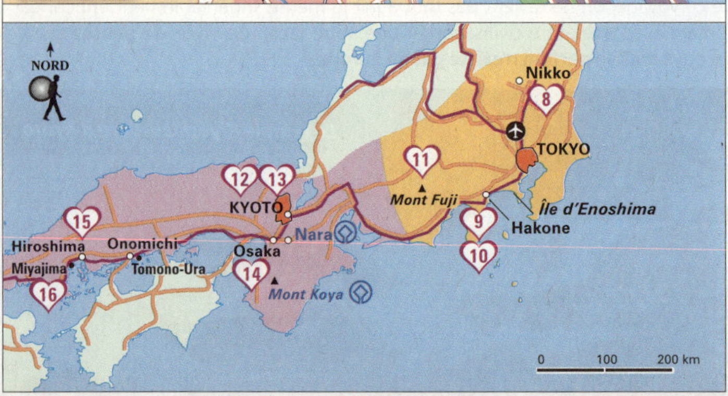

© Guiziou Franck/hemis.fr

1 Déambuler dans les ruelles du quartier du vieux Yanaka, à Tokyo, et savourer un temps qui ne s'écoule plus…

Yanaka, c'est l'antidote à l'overdose de modernité triomphante de la plus grande ville du monde. Un quartier horizontal, un record de demeures en bois, entrecoupé de temples, de minicimetières de voisinage, de paisibles jardins, de vieux cafés… Chaussez vos baskets et partez à la découverte de cette oasis urbaine, remarquable vestige du Tokyo de jadis. *p. 147*

***Bon à savoir :** tout le quartier se découvre facilement à pied ou à vélo.*

2 Boire un verre dans l'un des bars minuscules à l'éclairage tamisé de *Golden Gai*, à Shinjuku.

Pour échapper à la fureur des *pachinko* (machines à sous) et aux éclairages du quartier de Kabuki, tout proche. À des années-lumière des gratte-ciel de bureaux qui saturent le paysage et où les néons montent au ciel. Un des microquartiers des plus insolites qui soient, *Golden Gai* ! Pas plus de 5 étroites ruelles bordées par quelque 200 bars lilliputiens pouvant accueillir au maximum 8 personnes (patron et comptoir compris !). On trinque debout, au coude à coude dans ces lieux de convivialité nommés *Tachinomiya* en japonais. Un vestige de l'après-guerre et de la période de reconstruction. Totalement anachronique. *p. 225*

***Bon à savoir :** mort dans la journée, c'est à partir de 19h30-20h que* Golden Gai *s'anime.*

© ASK Images/Alamy/Hemis

3 Admirer le fabuleux (et gratuit) panorama du haut de la mairie de Tokyo, chef-d'œuvre de Tange Kenzo, dont la forme rappelle Notre-Dame de Paris…

Des tours jumelles reliées entre elles par une façade moins haute, devancées par une immense agora. Les chiffres sont ahurissants : 243 m de haut et 48 étages, le bâtiment coûta, dit-on, un milliard de dollars, et abrite quelque 20 000 employés… Le must, c'est bien sûr l'observatoire (le seul à offrir gratuitement la vue sur Tokyo !), au 45e étage. Panorama à couper le souffle ! Par temps clair, on aperçoit le mont Fuji. *p. 227*

***Bon à savoir :** dans la journée, on vous conseille la tour sud et, le soir, la tour nord.*

© Jon Arnold Images/hemis.fr

© José Fuste Raga/Age fotostock

4 Découvrir le charme, la tranquillité, le romantisme des grands parcs de la capitale dès qu'on sature de modernité et de technologie.

Tokyo abrite de grands et magnifiques parcs, véritables poumons verts de la ville. Havres de calme et de tranquillité, on s'y promène au milieu des étangs, des ruisseaux, des cascades, des ponts traditionnels… Le temps d'une balade bucolique, on est projeté à mille lieues de la mégalopole infernale, qui se révèle, finalement, pas uniquement verticale. C'est magique au printemps avec la floraison, ou à l'automne lorsque les essences multiples des arbres se couvrent d'une palette infinie de couleurs. *p. 114, 137, 162, 229*

© Lucas Vallecillos/Age fotostock

5 Le dimanche, à Harajuku, assister au défilé des *cosplays,* ces ados et jeunes adultes déguisés dans les tenues les plus délirantes.

Les *cosplays* sont ces jeunes filles qui, le temps d'un week-end, se travestissent en « gothik », en Lolita, en Barbarella ou autre héroïne de manga… Tout cela pour le simple plaisir de changer leur apparence, ou d'échapper quelques heures à une société très normée. Le dimanche, le quartier de Harajuku est leur royaume et devient le théâtre des looks les plus fous. Étonnant. *p. 212*

Bon à savoir : la rue Takeshita-dori est leur lieu de prédilection le dimanche matin.

6 **Affronter la foule la moins stressée qu'on connaisse au passage piéton le plus dément du monde, devant la gare de Shibuya.**

Le quartier de Shibuya, sorte de Times Square puissance 10, est fier de posséder le plus gros carrefour piéton au monde ! À 2 pas de la sortie de la gare, en moins de 3 mn, des centaines de personnes (des milliers aux heures de pointe) auront changé de trottoir. Il existe même, en plus, 2 passages piétons en diagonale marqués au sol. Ballet ahurissant de grosses vagues déferlantes qui ne créent même pas de mascaret ! *p. 206*

Bon à savoir : *pour avoir une saisissante vision en plongée, montez donc à l'étage du* Starbucks.

7 Prendre le métro aérien pour le quartier d'Odaiba et découvrir le Tokyo du XXIIe s depuis l'impressionnant Rainbow Bridge.
Odaiba est un OVNI, un quartier totalement artificiel édifié sur des terres gagnées sur la mer, laboratoire des architectures et des modes de vie de demain. La façon la plus géniale de s'y rendre est de prendre la ligne aérienne Yurikamome. Le métro, entièrement automatique, monte, descend, sinue, louvoie, virevolte au-dessus des eaux sur le Rainbow Bridge, ouvrant de surprenants panoramas sur la baie et offrant un panel exhaustif des bâtiments les plus futuristes de Tokyo. *p. 237*
Bon à savoir : *privilégier la 1re voiture, on se croirait dans un manège.*

8 **Visiter Nikko et sa région, à partir de début novembre, pour les couleurs des forêts.**

Après avoir traversé la grande plaine du Kanto, urbanisée et densément peuplée, l'arrivée à Nikko est un plaisir pour l'esprit et les sens. À 600-700 m d'altitude, étalée le long d'une rivière de montagne, la ville constitue le point de départ pour découvrir une région montagneuse, au relief accidenté et couverte de forêts. À l'automne, lorsque le soleil éclaire les feuillages roux et dorés, on n'a alors qu'un désir, monter, monter toujours plus haut. *p. 254*

9 Contempler le *Fujiya Hotel* de Hakone, l'hôtel préféré des empereurs japonais depuis plus d'un siècle !

Dans un sublime site de volcans et de forêts que borde un lac, la petite ville de Hakone offre le calme, des sources d'eau chaude réputées, mais aussi le retour à la nature avec un point de départ pour l'ascension du mont Fuji. Construit en 1878, dans le style japonais traditionnel, le *Fujiya Hotel* est resté dans son jus, ce qui lui donne un aspect désuet qu'on adore. On s'attend à y croiser Nehru, Chaplin, Einstein ou les empereurs qui fréquentèrent les lieux… *p. 278*

Bon à savoir : *Hakone est l'une des destinations touristiques les plus fréquentées du Japon ; à seulement 1h10 de train de Tokyo, les citadins s'y précipitent le week-end et pour leurs vacances. Allez-y en semaine !*

10 Se baigner dans les *onsen* (sources d'eau chaude naturelle) de Hakone : un grand moment de l'art de vivre nippon.

Les Scandinaves ont les saunas, les Orientaux ont les hammams, et les Japonais ont les *onsen,* ces grands bassins collectifs aux eaux chaudes provenant du sous-sol de la terre et des volcans. Dans un *onsen,* on ne se lave pas et on ne nage pas, mais on se délasse, immergé nu, dans une eau naturelle sulfureuse. Se baigner en plein air, la nuit, sous les étoiles… l'extase ! Qui n'a pas connu le plaisir de l'*onsen* ne connaît pas le Japon ! *p. 290*

***Bon à savoir :** on recense quelque 3 000* onsen *au Japon ; certains sont gratuits : voir le site en anglais* • *www2.gol.com/users/jolsen/onsen/index.html* •

© Aflo/hemis.fr

11 Entreprendre l'ascension du mont Fuji, en été, pour admirer de près cette montagne sacrée et emblématique, au sommet enneigé.

À 3 776 m d'altitude, perpétuellement enneigé, le mont Fuji est le point culminant de l'archipel. Pour les Japonais, cette montagne sacrée suscite autant l'admiration que l'effroi. Son sommet serait habité par des *kami* (divinités) qui règnent sur le monde visible et invisible. Son ascension, possible uniquement au cours des 2 mois d'été et qui nécessite de 5 à 8h de marche, selon la piste choisie, attire les pèlerins shinto, ainsi que de nombreux touristes. *p. 301*

Bon à savoir : *on conseille de partir l'après-midi, de dormir en route dans un refuge, et de poursuivre la marche vers le sommet le lendemain matin, pour admirer le lever du soleil.*

12 **Se hâter lentement sur le chemin de la Philosophie à Kyoto.**
Un sentier poétique en diable qui serpente le long d'une petite rivière. Quelle que soit la saison, cette promenade n'apporte que du bonheur, reliant entre eux quelques temples ancestraux adossés aux collines boisées, de somptueux jardins de mousse, le célébrissime Gikaku-ji avec son pavillon d'argent et ses jardins zen. Au printemps, les nombreux cerisiers habillent le chemin de rose et de blanc. À l'automne, la frondaison s'enflamme de chaudes couleurs. 2 km de pure joie méditative. *p. 347*
Bon à savoir : *répéter en boucle ce magnifique aphorisme japonais : « La fleur d'hier est le rêve d'aujourd'hui » et plus prosaïquement éviter les périodes d'affluence comme les fins de semaine.*

© AlekseiPotov/Shutterstock

13 **Dormir à la japonaise dans un *ryokan,* une auberge traditionnelle, au milieu de la verdure, en pleine ville…**
Un *ryokan* est une auberge traditionnelle, souvent une petite maison basse dans un quartier tranquille. On y est accueilli par le propriétaire, qui vit sur place, et l'on y dort à la japonaise sur un futon posé sur un tatami. Sans doute le plus authentique et le meilleur rapport qualité-prix pour se loger au Japon, et le meilleur moyen d'être en contact avec les Japonais. *p. 71*
Bon à savoir : *il existe près de 65 000* ryokan *au Japon regroupés au sein d'une association dont le site • ryokan.or.jp • fournit tous les détails.*

© Rabouan Jean-Baptiste/hemis.fr

14 **À Osaka, photographier les enseignes les plus folles, marques de fabrique de cette ville libre et créative qui a su inventer ses propres codes.**

Entre la jungle des gratte-ciel, les quartiers préservés, les rues d'un autre âge et les interminables passages commerçants, Osaka pourrait ressembler aux autres mégapoles du pays… mais elle a inventé les enseignes 3D ! Dans certains secteurs, celles-ci s'accrochent partout, kitsch, loufoques, géantes, (très) colorées et bons points de repère tout à la fois : un vrai choc visuel ! *p. 414*

***Bon à savoir :** dans le quartier de Shinsekai, on trouve des enseignes collectors !*

15 **Recevoir un coup au cœur à Hiroshima en replongeant dans l'histoire tragique de la ville et de l'humanité.**

Le parc de la Paix fut d'abord celui de la guerre : Hiroshima rayée de la carte le 6 août 1945. L'épicentre de l'explosion se trouve juste de l'autre côté de la rivière. Aujourd'hui, les nombreux monuments commémoratifs du parc et le perturbant musée rappellent la tragédie tout en militant pour un avenir sans arme nucléaire. La ville elle-même, avec ses jardins, rivières et promenades, est un hymne à la renaissance. *p. 438*

16 **Fouler l'île sacrée de Miyajima, précédée d'un torii rouge vermillon semblant flotter sur l'eau à marée haute : un des plus beaux sites du Japon.**

La visite du sanctuaire d'Itsukushima à sec ou immergé justifie à elle seule une excursion sur l'île. Mais il serait dommage de ne pas entreprendre l'ascension du mont Misen. En chemin, on traverse le superbe parc de Momijidani planté d'érables, emblème de l'île, et somptueux à l'automne. Le mont culmine à un vertigineux 535 m d'altitude, suffisant en tout cas pour embrasser un panorama grandiose sur la mer Intérieure. *p. 443*

Bon à savoir : *les plus sportifs atteindront le sommet en 2h-2h30 de marche depuis le ferry, les autres prendront le téléphérique avant de finir à pied en une petite demi-heure.*

Le festival Jidai matsuri, *à Tokyo*

ITINÉRAIRES CONSEILLÉS

10 jours à Tokyo et Kyoto

Se promener dans le quartier d'Asakusa, l'un des quartiers les plus attachants de la ville, pour visiter le **Senso-ji (1),** le temple le plus célèbre de la ville, et ses magasins traditionnels. À pied ou en métro, rejoindre le **parc d'Ueno,** où se trouvent le **Musée national de Tokyo (2),** celui d'Art occidental et le **jardin zoologique (3),** pour rendre visite au célèbre couple de pandas Riri et Shinshin et à leur rejeton Xiang Xiang. Puis faire une petite digression shopping à **Ginza (4), mêlant** luxe et sportswear à l'occidentale, à **Shibuya (5),** laboratoire des modes et tendances les plus folles, à **Harajuku (6)** pour l'ambiance et à **Omotesando (6),** l'un des plus grands quartiers de la mode, avec ses boutiques de créateurs. Se balader à **Shinjuku (7),** hérissé de gratte-ciel, et grimper au sommet du **Tokyo Metropolitan Government Building (8)** pour avoir une vision d'ensemble (et gratuite) de la ville. Le clou, c'est d'apercevoir, par temps dégagé, le mont Fuji. Aller boire un verre dans le **Golden Gai (9),** où des bars lilliputiens se partagent 5 ruelles étroites à 2 pas des gratte-ciels. Déambuler entre les petits restaurants et les vendeurs de poissons au **Jo Gai Market (10),** où se vendent des produits étonnants à nos yeux d'Occidentaux (brochettes de bébés poulpes ou de fraises, fritures d'algues…). Poursuivre par **Odaiba (11),** quartier artificiel du XXIe s, façonné par l'homme sur des terres gagnées à la mer, d'où l'on a une vue magnifique sur la **baie de Tokyo.** Visiter **Palette Town (12), Venus Fort (13), Fuji TV (14)** et **Miraikan – National Museum of Emerging Science and Innovation (15).** Prendre le **métro aérien (16),** entièrement automatique, en privilégiant la voiture de tête, pour bénéficier de la vue, comme si vous étiez dans un manège. Se balader en fin de journée dans le quartier d'**Akihabara (17)** l'électronique. Assister à une soirée au **Kabuki-Za** de Ginza **(18),** pour voir au moins un acte d'une pièce qui dure des éternités.

Prendre le *Shinkansen* (ce train à grande vitesse japonais, précurseur du genre) à la **Tokyo Station (19)** pour rejoindre Kyoto, la ville aux 1 000 temples. Parmi eux, ne pas manquer le temple de **Kiyomizu-dera (20),** monté sur pilotis. Ni le temple d'argent, **Ginkaku-ji (21),** et son jardin lunaire. Le pavillon d'Or, **Kinkaku-ji (22),** et les temples **Ryôan-ji (23)** et **Daitoku-ji (24),** émaillés de superbes jardins. Baguenauder dans le quartier de **Gion (25),** en espérant croiser une *maiko* dans cet ancien quartier des plaisirs, et sur le **chemin de la Philosophie (26),** superbe début avril quand les cerisiers sont en fleur. Puis un petit tour à **Pontocho (27)** pour ses restaurants. Incontournables, les visites du **château Nijo (28)** et du **palais impérial (29).** Aller dans le quartier d'**Arashiyama** visiter le temple de **Tenryu-ji (30)** et se laisser envoûter par l'extraordinaire bambouseraie, ensuite filer à **Saiho-ji (31),** puis la **villa Katsura (32),** villa impériale, dont les jardins sont une référence pour les paysagistes du monde entier. Enfin, l'impressionnant temple **Fushimi-Inari (33),** principal sanctuaire shinto.

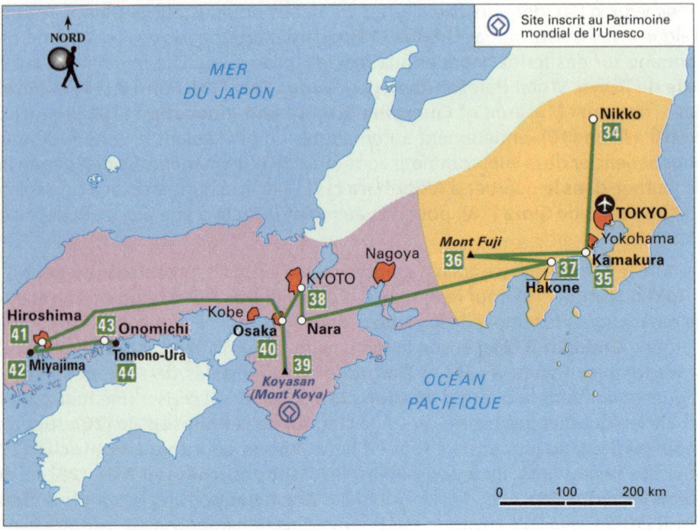

3 semaines au Japon

Tokyo et Kyoto

Reprendre l'itinéraire de **10 jours** à Tokyo et Kyoto ; voir plus haut.

Les jours suivants

Au départ de Tokyo, rejoindre Nikko en 1h30 ou 2h selon le train. Le **parc national de Nikko (34)** est un site naturel exceptionnel, plus encore à l'automne. Ne pas manquer la visite du sanctuaire **Toshogu,** le plus grand et le plus célèbre de la ville. Mais aussi le sanctuaire **Futurasan** et le **mausolée Taiyuin.** Le jour suivant, poursuivre en train vers **Kamakura (35)** pour voir la mer, se balader et manger du poisson sur l'**île d'Enoshima.** Mais aussi pour visiter les temples : **Engaku-ji,** un des temples zen les plus importants de la région ; le sanctuaire **Tsurugaoka Hachimangu,** le plus beau sanctuaire shinto de Kamakura ; le **Daibutsu** de Kamakura (le grand bouddha), la 2e plus grande statue de Bouddha au Japon, du XIIIe s. Les 2 jours suivants, prendre le train ou le bus pour le **mont Fuji** (Fuji-san ; **36**), environ 1h50 de trajet. Les courageux entreprendront l'ascension de 5 à 8h de marche. Dormir sur place. Aller directement du mont Fuji à **Hakone (37)** en bus ; de la gare *Kawaguchiko* (versant nord du mont Fuji), environ 2h15 de trajet. Le site mérite également de s'y attarder 2 jours au moins. Pour, entre autres, voir les **fumerolles d'Owakudani,** magnifiques ; on y accède en téléphérique et en funiculaire. Le **mont Kami,** vieux volcan en sommeil et plus haut sommet de la région de Hakone (1 438 m). Le **lac Ashi,** lac de cratère volcanique. Les différentes **vues sur le mont Fuji. Hakone Open Air Museum,** splendide musée en plein air qui étale sur 70 ha des sculptures de Maillol, Rodin, Bourdelle, Niki de Saint Phalle… Enfin, clou de la visite, les **sources chaudes de Hakone** *(onsen)* : interdiction absolue de quitter le site sans avoir pris un bain dans ces eaux naturelles sulfureuses aux vertus thérapeutiques.

Prendre un train de Tokyo à Kyoto (environ 2h20 à 2h50). Au départ de Kyoto, rejoindre **Nara (38)** : la ville possède un incroyable chapelet de temples et de précieux trésors à égrainer sans retenue. Sur 2 jours : le temple **Todai-ji,** un des plus importants du Japon, les temples **Kōfuku-ji, Gangō-ji, Yakushi-ji** et le sanctuaire **shinto Kasuga Taisha.** Et au sud-ouest de la ville, les temples **Toshodai-ji** et **Horyu-ji.** Sans oublier le parc en plein centre-ville et ses daims en liberté. De Nara, filer directement en train vers **Koyasan (39),** 2e montagne sacrée du Japon. Passer une nuit dans l'un des nombreux temples-hôtels représente une expérience hors du temps. Visiter le temple **Kongobu-ji,** la grande **pagode Danjo Garan** et le **cimetière Okunoin.**

Revenir en train ver **Osaka (40)** pour 2 jours bien remplis. Grimper à la tour **Abeno Harukas,** la plus haute de l'ouest du Japon, pour mieux appréhender la ville et se faire quelques frayeurs. Ne pas manquer d'aller s'encanailler dans le quartier kitsch de **Shinsekai,** à ses pieds, ou plus au nord, le long de la rivière **Dotonbori.** Le quartier d'Umeda et sa jungle de gratte-ciels méritent aussi le détour. Ceux qui ont du temps ne manqueront pas le musée d'Ethnologie dans le **parc de la Commémoration** planté de la délirante tour du Soleil. Boire le coup de l'étrier à l'**Umeda Sky Building** perché à 170 m de hauteur, avant de quitter la ville en train pour poursuivre vers **Hiroshima (41** ; 1h30 de train *Shinkansen*) pour 2 jours de visite. On commence par le **parc de la Paix** et ses multiples monuments commémoratifs, sans oublier ce qui symbolise la renaissance de la ville : le très beau **jardin Shukkeien** et ses musées d'art. Il est ensuite facile de rayonner dans la région : **Miyajima (42),** d'abord, incontournable. On y consacre la journée, même si l'idéal est de dormir sur place. Cette île sacrée, classée au Patrimoine mondial de l'Unesco, séduit pour son **sanctuaire** et son **torii vermillon** aux pieds plongés dans le sable (ou dans l'eau selon la marée), et le **mont Misen,** que l'on atteint grâce à un téléphérique (et un peu de marche). Retour sur Hiroshima et poursuite pour 1 journée d'excursion vers les charmantes villes d'**Onomichi (43)** et de **Tomono-Ura (44),** qui bordent la mer Intérieure. Paysages époustouflants. Possibilité de rejoindre Osaka depuis Onomichi.

Cèdres du Japon, près de Kyoto

Festival Hanazono Matsuri *de Tokyo*

Interview #experienceroutard

Par la rédaction du *Routard*

Pourquoi aime-t-on le Japon ?

L'empire du Soleil-Levant c'est, bien sûr, de superbes temples, montagnes, palais, jardins... Mais ce pays est vraiment unique pour son mode de vie, ses coutumes. Son modernisme à la pointe nous magnétise, nous projette dans le XXIIe s. Et soudain, au pied d'un gratte-ciel, à 2 pas du passage piéton le plus chargé au monde, une auberge hors d'âge, intime, de guingois nous renvoie au Japon éternel, tout aussi éblouissant.

Le Japon serait donc un pays de contradictions ?

Disons plutôt de contrastes. La fleur délicate d'un vénérable cerisier, dont on admire la fragilité sur fond d'immeubles à la folle architecture. Le costume terne du businessman qui côtoie dans la rue l'accoutrement le plus extravagant d'éternels ados, travesti(e)s en héro(ïne)s de manga. Et puis, ne trouve-t-on pas dans un même temple à la fois un jardin sec et un jardin humide ? Les 2 contribuant à l'essence du zen. Contrasté, certes, mais toujours soucieux d'un équilibre improbable et subtil. Comme si la quête de l'harmonie était une obsession permanente au Japon.

Et les Japonais dans tout ça ?

Ils se démarquent par la qualité de leur accueil, leur serviabilité et leur raffinement... Une attention de chaque instant, poussée dans le moindre détail. Le chauffeur de bus qui annonce au micro son arrêt au feu, pour prévenir les chutes. Les employés des restos qui font assaut d'amabilité jusqu'à donner au moindre caboulot des airs de respectabilité. Dans la foule la plus frénétique, demandez votre chemin à un quidam : il se détournera probablement de son rendez-vous urgent pour vous montrer la route...

Côté papilles, c'est comment ?

Impérial ! On mange pour, 3 fois rien, des *yakitori,* des sushis, ou d'excellentes nouilles japonaises dans des bouillons aussi magiques que la potion de nos bons vieux druides gaulois ! Une tranche de porc servie dans un consommé légèrement iodé, mélange de saveurs inattendu et équilibré de viande et de poisson. L'harmonie, encore. Sans compter le bœuf de Kobe, d'une tendreté à rendre jaloux un *gaucho* argentin ! Une gastronomie bonne, saine et diététique. Qui dit mieux ? Regardez leur espérance de vie !

Pour conclure, 3 idées avant de partir ?

D'abord, abandonner les clichés : on a souvent des a priori faussés sur le Japon et ses habitants... À propos de clichés, ne pas oublier l'appareil photo : il ne chômera pas... Et pour finir, ouvrir son esprit pour laisser le charme agir pleinement !

LES QUESTIONS QU'ON SE POSE AVANT LE DÉPART

ATTENTION ! INFO COVID 19

• *jp.ambafrance.org/Informations-Coronavirus-Covid-19* • Dans le cadre de la prévention de la Covid, lorsque nous avons bouclé ce guide, il était interdit, jusqu'à nouvel ordre, de se rendre au Japon, si l'on a séjourné dans certains pays les 14 derniers jours qui précèdent le voyage, dont la France. Il est impératif de consulter les informations mises à jour quotidiennement sur le site, pour connaître les exigences en vigueur en temps réel. Toutefois et jusqu'à nouvel ordre, il est **obligatoire de présenter le certificat établi en anglais sur le formulaire spécifique à télécharger sur le site** • *https://www.mofa.go.jp/ca/fna/page25e_000334.html* •, **attestant d'un test PCR négatif réalisé moins de 72h** avant le voyage vers le Japon. À l'arrivée, vous serez soumis à un autre test à l'aéroport, avec interdiction, même si le résultat est négatif, de prendre les transports en commun (avion, bus, train...). Seul un véhicule individuel peut vous conduire à votre destination finale, où vous serez tenu d'observer une quatorzaine. Pensez aussi à vérifier si un test (PCR ou autre) sera nécessaire pour votre retour en France (payant et très cher au Japon) sur • *interieur.gouv.fr* •

➢ Quels sont les documents nécessaires ?

Le passeport suffit. Aucun visa n'est nécessaire pour les Français, les Belges, les Suisses et les Canadiens pour des séjours de moins de 3 mois (6 mois pour les Suisses).

➢ Quelle est la meilleure saison pour s'y rendre ?

Le printemps, pour la beauté de la nature, la douceur du climat et la floraison des cerisiers. L'automne, car il fait moins chaud qu'en été et que les arbres se parent d'ocre et de pourpre.

➢ Quel budget prévoir ?

Pour s'en sortir avec un budget raisonnable, il faudra choisir des hébergements de la catégorie « Très bon marché ». Dans une auberge de jeunesse, un lit en dortoir coûte de 2 000 à 4 000 ¥ (17-33 €) par personne ; une chambre pour 2 dans un *ryokan,* à partir de 10 000 ¥ (83 €). Le midi, on peut profiter de formules bon marché (environ 1 000-1 500 ¥, soit 8,30-12,50 €, voire moins). Même certains restos huppés deviennent alors accessibles. En revanche, le soir, les menus coûtent parfois plus du double. Privilégiez alors les petites adresses (sushis, *ramen, yakitori...*). Pour se déplacer, les prix des transports sont équivalents à ceux que l'on connaît chez nous. Les *pass* permettent de sacrées économies.

➢ Comment se déplacer ?

Dans les grandes villes, le métro ou les bus sont des moyens de transport pratiques, fiables et peu onéreux. Le réseau ferroviaire japonais est très moderne, rapide, et ponctuel, mais si on compte l'utiliser souvent, il faut envisager sérieusement d'acheter son *Japan Rail Pass* dans son pays d'origine où il est vendu moins cher. À Kyoto, s'il fait beau, le vélo est un moyen de déplacement sympa, pratique et bon marché.

➢ Y a-t-il des problèmes de sécurité ?

Non, c'est sans aucun doute un des pays les plus sûrs du monde. N'allez pas chercher noise à un judoka, quand même !

➢ Quel est le décalage horaire ?

Quand il est midi en Europe occidentale, il est 19h (heure d'été) ou 20h (heure d'hiver) au Japon. Le décalage horaire est de + 7h en été et + 8h en hiver. Quand il est 7h du matin au Canada (Montréal), il est 20h (heure d'été) ou 21h (heure d'hiver) au Japon, le décalage étant de + 13h en été et + 14h en hiver.

➢ Quel est le temps de vol ?

Au départ de Paris, il faut compter 11-12h de vol.

➢ Côté santé, quelles précautions ?

Aucun vaccin n'est exigé, quel que soit le pays d'où l'on vient. Mais il est toujours prudent d'être à jour de tous ses vaccins classiques de voyage avant de partir ! Si vous voyagez en période de mousson, les risques d'encéphalite japonaise sont plus importants. Bien que le virus atteigne peu les grandes villes comme Tokyo ou Kyoto, mieux vaut s'en prémunir. Il existe un vaccin, l'Ixiaro®, plutôt bien toléré.

➢ Peut-on s'y rendre avec des enfants en bas âge ?

Oui. On peut dormir dans des chambres familiales, trouver beaucoup d'activités pour les enfants (zoos, musées didactiques, parcs...) qui bénéficient de réductions (sites, musées, transports). Repérez nos meilleurs sites grâce au symbole 🚸.

➢ Quel est le taux de change ? Comment payer sur place ?

La monnaie japonaise est le yen (¥). En 2020, ***1 euro valait en moyenne 120 yens.*** Vous pouvez changer de l'argent avant le départ ou sur place (taux à peu près identiques). Sachez que dès que l'on quitte Tokyo ou Kyoto, beaucoup de petits restaurants ou boutiques n'acceptent pas les cartes de paiement, mais uniquement le cash.

➢ Quelles langues parle-t-on ?

Le japonais, bien entendu. On parle plus ou moins l'anglais dans la plupart des lieux touristiques (hôtels, sites, musées, gares). Les rares panneaux des avenues et des rues principales sont doublés en anglais.

➢ Les Japonais sont-ils accueillants envers les voyageurs ?

Les Japonais ont un sens de l'accueil et du service EX-CEP-TION-NEL, qui pourrait servir de modèle à bien des pays.

➢ Doit-on laisser un pourboire ?

Surtout pas ! Un Japonais sera très mal à l'aise, voire vexé, si vous lui offrez un pourboire. Cela lui donnera l'impression qu'il fait l'aumône.

➢ Est-il vrai qu'il est difficile de s'orienter et de trouver les adresses ?

Dans les villes, il y a peu de noms de rues et les adresses sont libellées par une suite complexe de chiffres, qui nécessite d'avoir fait bac +10 pour la décrypter. Cependant, on arrive à se débrouiller grâce à la gentillesse et à l'amabilité des gens, toujours prêts à vous venir en aide.

➢ Y a-t-il des risques de radioactivité au Japon depuis 2011 ?

Non, sauf dans un rayon de 25-30 km autour de Fukushima, mais cette zone est totalement interdite. Aucun danger majeur dans le reste du pays.

Évitez le 1er octobre

Attention, le 1er octobre marque l'anniversaire de la fondation de la République populaire de Chine (1949). Les Chinois prennent 1 semaine de vacances à cette occasion : la Semaine d'or *(Golden Week).* Et tout en Asie est archicomble ! Vous allez connaître les embouteillages humains les plus incroyables. Pensez impérativement à éviter ces dates ou à changer vos plans.

COMMENT Y ALLER ?

EN AVION

▲ AIR FRANCE

Rens et résas au ☎ 36-54 (prix d'un appel local ; tlj 6h30-22h), sur • air france.fr •, dans les agences Air France et dans ttes les agences de voyages. Fermées dim.

➢ *Paris-Tokyo :* au départ de Roissy, 3 vols directs/j. (desservant les aéroports de Narita et Haneda).

➢ *Paris-Osaka :* au départ de Roissy, 1 vol direct/j.

Air France propose à tous des tarifs attractifs toute l'année. Pour consulter les meilleures offres du moment sur Internet, allez directement sur la page « Nos meilleurs tarifs » sur *• airfrance.fr • Flying Blue,* le programme de fidélité gratuit d'Air France-KLM, permet de gagner des *miles* en voyageant sur les vols Air France, KLM, Transavia, et les compagnies membres de *Skyteam,* mais aussi auprès des nombreux partenaires non aériens *Flying Blue...* Les *miles* peuvent ensuite être échangés contre des billets d'avion ou des services (surclassement, bagage supplémentaire, accès salon...) ainsi qu'auprès des partenaires. Pour en savoir plus, rendez-vous sur *• flying blue.com •*

▲ ALL NIPPON AIRWAYS (ANA)

– Paris : 31, rue Saint-Augustin, 75002. Résas et infos au ☎ 0805-54-24-67 (lun-ven 10h-17h) ou sur • ana.fr • Résas (anglais-japonais 24h/24, tlj) : ☎ 0800-90-91-64.

➢ Assure 1 vol direct/j. pour Tokyo (aéroport d'Haneda) depuis Roissy-CDG. Également des vols au départ de Lyon, Nice, Marseille, Toulouse, Nantes et Bordeaux, vers Tokyo, Osaka et Nagoya (en partenariat). Sont aussi desservies (via Tokyo) de nombreuses villes au Japon, dont Osaka, Sapporo, Sendai, Hiroshima, Nagoya, Fukuoka, Komatsu et Okinawa. Également un vol direct Bruxelles-Tokyo.

▲ EVA AIR

– Paris : 8, pl. Georges-Pompidou, 92300. Ⓜ Levallois-Perret. ☎ 01-41-43-91-11. • Evaair.com • Lun-jeu 9h-17h30, ven 9h-17h.

➢ Eva Air, membre de la Star Alliance, dessert 11 villes au Japon depuis Roissy-CDG, via Taipei. En quotidien : Tokyo, Osaka, Fukuoka, Nagoya, Sapporo, Hakodate, Okinawa, Senda ; également 5 vols/sem pour Komatsu et 2 vols/sem pour Matsuyama, Aomori.

▲ JAPAN AIRLINES (JAL)

– Paris : 4, rue Ventadour, 75001. Résas et infos au ☎ 0810-747-700 (prix d'un appel local). • fr.jal.co.jp/frl/fr • Lun-ven 9h-12h15, 13h25-17h30.

➢ Assure depuis Roissy-CDG 1 vol direct/j. pour Tokyo Haneda (idéal pour les passagers en correspondance). JAL propose également des vols en partage de code avec Air France au départ de Lyon, Nice, Marseille et Toulouse. Propose également plus d'une centaine de lignes domestiques au Japon et un *Japan Explorer Pass* qui permet d'effectuer de 2 à 5 vols à prix réduits sur une durée de 2 mois. Info : en tapant sur Internet « *Which side is the Mt Fuji ?* », on tombe sur un site de Japan Airlines qui vous indique, selon l'aéroport de départ et celui d'arrivée, le meilleur côté de l'avion pour voir le mont Fuji et également l'heure approximative de passage à sa hauteur !

▲ CATHAY PACIFIC

– Aéroport de Roissy-CDG : porte 3, terminal 2A. ☎ 0805-54-29-41. • cathaypacific.com/fr • Tlj 8h-20h.

➢ Cathay Pacific propose 1-2 vols directs/j. Paris-Hong Kong. De Hong Kong, nombreux vols vers 6 villes du Japon : Tokyo (vers les 2 aéroports Haneda et Narita), Osaka, Nagoya, Fukuoka, Okinawa et Sapporo. Possibilité de combiner, sans frais, la ville d'arrivée et celle de départ. Selon le billet, possibilité de *Stop-over* à Hong Kong sans supplément.

Conservez dans votre bagage cabine vos médicaments, vos divers chargeurs et appareils, ainsi que vos objets de valeur (clés et bijoux). Et on ne sait jamais, ajoutez-y de quoi vous changer si vos bagages n'arrivaient pas à bon port avec vous.

LES ORGANISMES DE VOYAGES

– Ne pas croire que les vols à tarif réduit sont tous au même prix pour une même destination à une même époque : loin de là. On a déjà vu, dans un même avion partagé par 2 organismes, des passagers qui avaient payé 40 % plus cher que les autres. De plus, une agence bon marché ne l'est pas forcément toute l'année (elle peut n'être compétitive qu'à certaines dates bien précises). Donc, contactez tous les organismes et jugez par vous-même.

– Les organismes cités sont classés par ordre alphabétique, pour éviter les jalousies et les grincements de dents.

En France

▲ ALTIPLANO VOYAGE

– Annecy (Metz-Tessy) : Park Nord, Les Pléiades nº 35, 74370. ☎ 04-57-09-80-00. • japon@altiplano-voyage.com • altiplano-voyage.com • Lun-ven 9h-13h, 14h-18h. Sur rdv.

Avec Altiplano Voyage, agence spécialiste des voyages sur mesure en Asie, découvrez ce pays aux confins de l'Orient. Entre traditions ancestrales et modernité exaltée, sérénité et vitesse, nature et gratte-ciels, profitez d'une expérience inédite, unique et inoubliable. Les spécialistes Japon chez Altiplano partagent avec vous leurs conseils et astuces pour créer un voyage à votre image et avec le degré d'autonomie souhaité (en liberté ou avec guide et visites). Écoute et créativité semblent être les maîtres mots de cette équipe de passionnés !

▲ ASIA

– Paris : 1, rue Dante, 75005. ☎ 01-44-41-50-10. • asia.fr • Ⓜ Maubert-Mutualité. Lun-ven 9h-18h30 ; sam 10h-13h, 14h-17h. Agences également à Lyon, Marseille, Nice et Toulouse.

Asia est leader des voyages sur l'Asie et propose des voyages personnalisés en individuel ou en petits groupes au Japon. Asia met son expertise à la disposition de ses clients pour réaliser le voyage de leurs envies. Connaissance du terrain et du patrimoine culturel, respect de l'environnement et authenticité, c'est au plus près des populations, et toujours dans l'esprit des lieux, qu'Asia fait partager ses créations maison au Japon. Asia a sélectionné des adresses paradisiaques et de luxueux spas pour des séjours bien-être.

▲ ASIE INFINY

– Paris : 5 bis, rue de l'Asile-Popincourt, 75011. ☎ 01-53-70-23-51. • asieinfiny.com • Lun-ven 9h30-19h, sam 10h-13h, 14h-18h.

Créée en 2015, Asie Infiny, spécialiste du voyage à la carte, décline ses formules à l'infini pour répondre à toutes les envies et offrir une « Asie pour chacun ». De l'Inde au Japon en passant par le Sri Lanka, l'Indonésie (Bali) et l'Asie du Sud-Est (Thaïlande, Birmanie, Laos, Cambodge et Vietnam), son équipe vous propose une offre complète et variée. Guidé, en groupe, classique, hors des sentiers battus, à la carte ou cousu main. En route, les métropoles vibrantes et dynamiques que sont Singapour ou Hong Kong, vous attendent pour une escale de quelques jours.

▲ CERCLE DES VOYAGES

– Paris : 4, rue Gomboust (angle 31, av. de l'Opéra), 75001. ☎ 01-40-15-15-18. • cercledesvacances.com •

Ⓜ Pyramides ou Opéra. Lun-ven 9h-20h, sam 10h-18h30.
Le vrai voyage sur mesure, à destination de l'Asie, dont le Japon. Cercle des Voyages propose un large choix de voyages adaptés à chaque client : circuits avec guide et chauffeur, voyages en groupe, croisière, combinés de plusieurs pays, voyages de noces... Les experts du Cercle des Voyages partagent leurs conseils et leurs petits secrets pour faire de chaque voyage une expérience inoubliable. Cercle des Voyages offre également un service Liste de mariage gratuit. Les petits plus qui font la différence : cours de cuisine, balades en train local, tour en pirogue...

▲ COMPTOIR DES VOYAGES

• comptoir.fr • Lun-sam 9h30-18h30.
– Paris : 2-18, rue Saint-Victor, 75005. ☎ 01-53-10-30-15. Ⓜ Maubert-Mutualité.
– Bordeaux : 26, cours du Chapeau-Rouge, 33800. ☎ 05-35-54-31-40.
– Lille : 76, rue Nationale, 59160. ☎ 03-28-04-68-20. Ⓜ Rihour.
– Lyon : 10, quai Tilsitt, 69002. ☎ 04-72-44-13-40. Ⓜ Bellecour.
– Marseille : 12, rue Breteuil, 13001. ☎ 04-84-25-21-80. Ⓜ Estrangin.
– Toulouse : 43, rue Peyrolières, 31000. ☎ 05-62-30-15-00. Ⓜ Esquirol.
– Nice : 62, rue Giofreddo, 06000. ☎ 04-97-03-64-80.
En plus de 30 ans, Comptoir des Voyages s'est imposé comme la référence incontournable du voyage sur mesure en immersion, avec plus de 90 destinations sur les 5 continents. Ses conseillers-spécialistes construisent des voyages uniques en s'adaptant à votre budget, vos goûts et vos envies. Pour favoriser les rencontres et l'immersion dans la vie locale, ils privilégient des hébergements typiques et des expériences authentiques. Sur place, des *Greeters* francophones partagent avec vous conseils et bonnes adresses le temps d'un café. Sur votre Smartphone, l'application mobile *Luciole* vous informe sur le déroulé de votre voyage et vous guide grâce à un GPS hors connexion.
Comptoir des Voyages est membre d'Agir pour un Tourisme Responsable depuis 2009, labellisation ATR renouvelée par Ecocert Environnement en 2019.

▲ DESTINATION JAPON

– Paris : 11, rue Villedo, 75001. ☎ 01-42-96-09-32. • destinationjapon.fr • Ⓜ Pyramides ou Palais-Royal. Lun-sam 9h-19h (18h sam).
Depuis 2003, Destination Japon, voyagiste spécialiste du Japon, propose des voyages accompagnés sur mesure (demandez un devis personnalisé) ou des prestations à la carte, comme la réservation de vols, d'hôtels, l'achat du *JR pass,* ainsi que des activités (cérémonie du thé, combat de sumo). Destination Japon et ses conseillers sont à votre disposition afin de concrétiser vos envies de voyage au pays du Soleil-Levant.

▲ NOSTAL'ASIE

– Paris : 19, rue Damesme, 75013. ☎ 01-43-13-29-29. • ann.fr • Ⓜ Tolbiac. Sur rdv lun-sam 10h-13h, 14h-18h.
Parce qu'il n'est pas toujours aisé de partir seul, Nostal'Asie, un tour-opérateur indépendant, propose de véritables voyages sur mesure en Asie, notamment au Japon, des lieux les plus connus jusqu'aux contrées les plus reculées, en individuel ou en groupe déjà constitué. 2 formules au choix : *Les Estampes,* avec billets d'avion, logements, transferts entre les étapes, ou *Les Aquarelles,* avec, en plus, un guide et une voiture privés à chaque étape. Vous trouverez sur le site internet des idées d'itinéraires que vous pourrez ensuite personnaliser et adapter selon vos envies avec Ylinh, la chaleureuse directrice grande connaisseuse de l'Asie, et son équipe de jeunes passionnés qui vous donneront des conseils avisés pour réussir votre voyage.

▲ ROOTS TRAVEL

– Paris : 17, rue de l'Arsenal, 75004. ☎ 01-42-74-07-07. • rootstravel.com • Ⓜ Bastille. Lun-ven 10h-13h, 14h-18h ; sam sur rdv.
Dans le respect des traditions et de la culture japonaises, Roots Travel

propose des séjours combinant le charme des campagnes et l'effervescence des principales villes nippones, la découverte de lieux incontournables et d'endroits plus secrets, insolites.
Pour des séjours d'exception, Roots offre un large choix d'hébergements traditionnels, tours et activités à chaque étape de votre itinéraire en garantissant les meilleurs tarifs.

▲ LA ROUTE DES INDES ET DE L'ASIE

– Paris : 7, rue d'Argenteuil, 75001. ☎ 01-42-60-60-90. • lesroutesdelasie.fr • Ⓜ Palais-Royal ou Pyramides. Lun-jeu 10h-19h ; ven 10h-18h, sam sur rdv.
La Route des Indes et de l'Asie s'adresse aux voyageurs indépendants et proposent des voyages individuels organisés, sur mesure, entres autres au Japon, adaptés au goût et au budget de chaque voyageur. Les itinéraires sont construits par des spécialistes après un entretien approfondi. La librairie offre un large choix de guides, de cartes et de littérature consacrée à l'Asie du Sud-Est et à l'Extrême-Orient Des expositions sont régulièrement organisées dans la galerie-photo et des écrivains sont invités à venir signer leurs ouvrages.

▲ ROUTE DES VOYAGES

• laroutedesvoyages.com • Agences ouv lun-ven 9h-19h (18h ven). Rdv conseillé.
– Paris : 10, rue Choron, 75009. ☎ 01-55-31-98-80. Ⓜ Notre-Dame-de-Lorette.
– Angers : 6, rue Corneille, 49000. ☎ 02-41-43-26-65.
– Annecy : 4 bis, av. d'Aléry, 74000. ☎ 04-50-45-60-20.
– Bordeaux : 19, rue des Frères-Bonie, 33000. ☎ 05-56-90-11-20.
– Lorient : 42, av. de la Perrière, 56100. 📱 06-15-48-82-69. Sur rdv lun-mer.
– Lyon : 59, rue Franklin, 69002. ☎ 04-78-42-53-58.
– Toulouse : 9, rue Saint-Antoine-du-T., 31000. ☎ 05-62-27-00-68.
25 ans d'expérience de voyage sur mesure sur les 5 continents ! 15 pays en Europe complètent à présent leur offre. Cette équipe de voyageurs passionnés a développé un vrai savoir-faire du voyage personnalisé : écoute, conseils, voyages de repérage réguliers et des correspondants sur place soigneusement sélectionnés avec qui ils travaillent en direct. Leur engagement à promouvoir un tourisme responsable se traduit par des possibilités de séjours solidaires à insérer dans les itinéraires de découverte individuelle. L'équipe a également créé un programme de compensation solidaire qui permet de financer des projets de développement locaux.

▲ SHANTI TRAVEL

– Paris : 17, rue Galilée, 75116. ☎ 01-82-28-92-28. • shantitravel.com • Ⓜ Boissière ou Kléber. Également des bureaux à New Delhi, Colombo, Bali, Rangoun, Katmandou, Siem Reap et Hanoï.
Une agence de voyages francophone qui façonne des itinéraires de voyage et des treks sur mesure à travers l'Asie depuis 2005. Forte de ses 15 années d'expertise, Shanti Travel fait découvrir de l'intérieur 18 destinations en Asie dont le Japon.
Selon vos désirs, vos disponibilités, et votre budget, vous pouvez choisir soit de partir sur mesure en créant votre itinéraire, étape par étape, avec un expert voyage personnel ; partez où, quand et avec qui vous voulez. Soit en petit groupe sur un des programmes thématiques, à des dates fixes mais variées, en bénéficiant de prix imbattables. Profitez également d'un accompagnateur francophone gratuit à partir de 6 participants.

▲ TERRE VOYAGES

– Paris : 28, bd de la Bastille, 75012. ☎ 01-44-32-12-81. • terre-voyages.com • Ⓜ Bastille. Lun-ven 8h-18h30, sam 10h-18h.
Les créateurs de voyages de Terre Voyages sont de fins connaisseurs, des experts des pays proposés, car tous natifs ou passionnés de leur destination. Ils sauront écouter vos attentes pour créer une offre de voyages sur mesure qui réponde à vos envies de découverte et vous proposeront une approche authentique des cultures et des peuples dans le respect de leur

environnement naturel et au juste prix. Pour tous les voyageurs qui attendent d'une échappée lointaine plus qu'une simple visite mais, au contraire, une véritable connaissance et un apprentissage responsable des différentes cultures du Japon, Terre Voyages est le spécialiste qu'il leur faut.

▲ **TERRES JAPONAISES**

• terres-japonaises.com •

Contactez Terres Japonaises, une agence locale de confiance, pour organiser votre voyage sur mesure au Japon. Leurs conseillers, fins connaisseurs du terrain et de la réalité du pays, vous accompagnent dans la préparation de votre voyage, en couple, en famille ou en groupe d'amis. Vous avez ainsi accès à un service personnalisé en bénéficiant d'un prix accessible. Membre de *Bynativ,* la communauté des agences de voyages locales, Terres Japonaises propose un maximum de garanties et de services : règlement de votre voyage en ligne de façon sécurisée, possibilité de souscrire à une assurance de voyage et de bénéficier de garanties solides en cas d'imprévu. De quoi voyager de façon authentique et en toute tranquillité !

▲ **VOYAGEURS AU JAPON**

– Paris : la Cité des Voyageurs, 55, rue Sainte-Anne, 75002. ☎ 01-42-86-16-35. • voyageursdumonde.fr • Ⓜ Opéra ou Pyramides. Lun-sam 9h30-19h. Avec une librairie spécialisée sur les voyages.

– Également des agences à Bordeaux, Grenoble, Lille, Lyon, Marseille, Montpellier, Nantes, Nice, Rennes, Rouen, Strasbourg et Toulouse ; ainsi qu'à Bruxelles, Genève et Montréal.

Parce que chaque voyageur est différent, que chacun a ses rêves et ses idées pour les réaliser, Voyageurs du Monde conçoit, depuis plus de 30 ans, des projets sur mesure. Les séjours proposés sur 120 destinations sont élaborés par leurs 180 conseillers voyageurs. Spécialistes par pays et même par régions, ils vous aideront à personnaliser les voyages présentés à travers une trentaine de brochures d'un nouveau type et sur le site internet, où vous pourrez également découvrir les hébergements exclusifs et consulter votre espace personnalisé. Au cours de votre séjour, vous bénéficiez des services personnalisés Voyageurs du Monde, dont la possibilité de modifier à tout moment votre voyage, l'assistance d'un concierge local, la mise en place de rencontres et de visites privées, et l'accès à votre carnet de voyage via une application iPhone et Android. Voyageurs du Monde est membre de l'association ATR (Agir pour un tourisme responsable) et a obtenu sa certification Tourisme responsable AFAQ AFNOR.

Voir aussi au sein de chaque ville les agences locales que nous avons sélectionnées.

Comment aller à Roissy et à Orly ?

Toutes les infos sur notre site *• routard.com •* dans les dossiers pratiques sur l'avion et les aéroports ou *• parisaeroport.fr •*

En Belgique

▲ **CONNECTIONS**

Rens et résas au ☎ 070-233-313. • connections.be •

Fort d'une expérience de plus de 20 ans dans le domaine du voyage, Connections dispose d'un réseau de 32 *travel shops,* dont un à Brussels Airport. Connections propose des vols dans le monde entier à des tarifs avantageux, et des voyages destinés aux voyageurs désireux de découvrir la planète de façon autonome. Connections propose aussi une gamme complète de produits : vols, hébergements, locations de voitures, autotours, vacances sportives, excursions...

▲ **CONTINENTS INSOLITES**

– Bruxelles : rue César-Franck, 44 A, 1050. ☎ 02-218-24-84. • continents-insolites.com • Lun-ven 10h-18h, sam sur rdv 10h-16h30.

Continents Insolites, organisateur de voyages lointains sans intermédiaire, propose une gamme étendue de formules de voyages détaillées sur leur site internet.

– *Voyages découverte sur mesure :* à partir de 2 personnes. Un grand choix

d'hébergements soigneusement sélectionnés, du petit hôtel simple à l'établissement luxueux et de charme.
– *Circuits découverte en minigroupes :* de la grande expédition au circuit accessible à tous. Des circuits à dates fixes dans plus de 60 pays en petits groupes francophones de 7 à 12 personnes. Avant chaque départ, une réunion est organisée. Voyages encadrés par des guides francophones, spécialistes des régions visitées.

▲ PAMPA EXPLOR
– Bruxelles : av. du Parc, 10, 1060. ☎ 02-340-09-09. • pampa.be • Lun-ven 10h (13h lun)-19h, sam sur rdv 10h-18h.
Spécialiste des voyages « à la carte », Pampa Explor propose plus de 70 % de la planète bleue, selon les goûts, attentes, centres d'intérêt et budgets de chacun. Pampa Explor privilégie des découvertes authentiques et originales, pour ceux qui apprécient la jungle et les Pataugas ou pour ceux qui préfèrent les voyages de luxe. En individuel ou en petits groupes, mais toujours « sur mesure ».

▲ VOYAGEURS DU MONDE
– Bruxelles : chaussée de Charleroi, 23, 1060. ☎ 02-543-95-50. • voyageurs dumonde.com •
Le spécialiste du voyage sur mesure. Voir texte dans la partie « En France ».

En Suisse

▲ ALTIPLANO VOYAGE
– Genève : pl. du Temple, 3, 1227 Carouge. ☎ 022-342-49-49. • agence@altiplano-voyage.ch • altiplano-voyage.ch • Sur rdv lun-mar et jeu-ven.
Rencontrez votre experte de l'Asie en plein centre de Carouge. Voir texte dans la partie « En France ».

▲ ASIA
– Genève : c/o Fert et Cie Voyages, rue Barton, 7, case postale C2364, 1211. ☎ 022-839-43-92.
Voir texte dans la partie « En France ».

▲ L'ÈRE DU VOYAGE
– Nyon : Grand-Rue, 21, 1260. ☎ 022-365-15-65. • ereduvoyage.ch • Mar-ven 8h30-12h30, 13h30-18h ; sam sur rdv en dehors de ces horaires.
Agence fondée par 4 professionnelles qui ont la passion du voyage. Elles pourront vous conseiller et vous faire part de leur expérience en Asie, notamment au Japon. Des itinéraires originaux, testés par l'équipe de l'agence : voyages sur mesure pour découvrir un pays en toute liberté en voiture privée avec ou sans chauffeur, guide local et logements de charme et voyages en famille.

▲ HORIZONS NOUVEAUX
– Verbier : rue de Médran, 6, CP 196, 1936. ☎ 027-761-71-71. • horizons nouveaux.com • Lun-ven 9h-17h, sam sur rdv.
Horizons Nouveaux est le tour-opérateur suisse spécialisé dans les régions qui vont de l'Asie centrale à l'Asie du Sud en passant par les pays himalayens. Horizons Nouveaux organise principalement des voyages à la carte, des voyages culturels à thème, des trekkings souvent inédits et des expéditions.

▲ JERRYCAN VOYAGES
– Genève : rue Sautter, 11, 1205. ☎ 022-346-92-82. • jerrycan-voyages.ch • Lun-ven 9h-12h30, 13h30-18h.
Tour-opérateur de la Suisse francophone spécialisé sur l'Afrique, l'Asie et l'Amérique latine. 3 belles brochures proposent des circuits individuels et sur mesure. L'équipe connaît bien son sujet et peut construire un voyage à la carte.

▲ ROUTE DES VOYAGES
– Genève : ☎ 022-552-34-46. • geneve@route-voyages.com • laroutedes-voyages.com • Rdv par tél.
Voir texte dans la partie « En France ».

▲ VOYAGEURS DU MONDE
• voyageursdumonde.ch •
– Genève : rue de la Rôtisserie, 19, 1204. ☎ 022-519-12-10. Lun-ven 9h30-19h, sam 9h30-18h30.
– Lausanne : rue du Bourg, 6, (2e étage) 1003. Lun-ven 9h-18h30, sam sur rdv uniquement.
Le spécialiste du voyage sur mesure. Voir texte dans la partie « En France ».

つけもの処
伊勢屋

Au Québec

▲ CLUB AVENTURE VOYAGES

– Montréal : av. Mont-Royal, 759, H2J 1W8. ☎ (514) 527-0999. • clubaventure.com •

Depuis 1975, Club Aventure développe une façon de voyager qui lui est propre : petits groupes, contact avec les populations, utilisation des ressources humaines locales, visite des grands monuments, mais aussi et surtout ouverture de routes parallèles. Ces circuits ont reçu la griffe du temps et de l'expérience ; ils sont devenus les « circuits griffés » du Club Aventure.

▲ EXPLORATEUR VOYAGES

– Montréal : 328, rue Ontario-Est, H2X 1H6. Rens au ☎ (514) 847-1177 ou sur • explorateurvoyages.com • Lun-mer 9h-18h, jeu-ven 9h-20h, sam 10h-15h.

Cette agence de voyages montréalaise propose une intéressante production maison, axée sur les voyages d'aventure en petits groupes (5 à 13 personnes max) ou en individuels. Ses itinéraires originaux, entre autres en Asie, se veulent toujours respectueux des peuples et des écosystèmes, guidés par un accompagnateur de l'agence. Intéressant pour se familiariser avec ces différents circuits : les soirées Explorateur (gratuites), avec présentation audiovisuelle.

▲ VOYAGEURS DU MONDE

– Montréal : 540, rue Champlain, G1K 4J3. ☎ +1 418-651-9191. • voyageursdumonde.com • Lun-ven 9h-17h30.

Le spécialiste du voyage sur mesure. Voir texte dans la partie « En France ».

JAPON UTILE

ABC du Japon

- ***Capitale :*** Tokyo.
- ***Superficie :*** 378 000 km² (en comptant les 5 000 km² des Kouriles du Sud, territoire russe depuis 1945).
- ***Population (2020) :*** 12,5 millions d'habitants (en baisse).
- ***Densité de population :*** 334 hab./km², sachant que seul 20 % du territoire est habitable (environ 70 % en France).
- ***Population urbaine :*** 91,8 %. Tokyo, la capitale, est l'aire urbaine la plus peuplée du monde, avec plus de 38 millions d'habitants, en comptant toute l'agglomération.
- ***Monnaie :*** le yen (JPY) ; 1 € = 117 ¥ (courant 2020).
- ***Langue :*** le japonais.
- ***Empereur :*** Naruhito (depuis 2019, suite à l'abdication d'Akihito).
- ***Ère :*** Reiwa (ère de la vénérable harmonie).
- ***1er ministre :*** Yoshihide Suga, fils d'agriculteur et politicien autodidacte (depuis septembre 2020).
- ***Nature de l'État :*** monarchie constitutionnelle. L'empereur est le « symbole de l'État et de l'unité du peuple [japonais] ».
- ***Régime :*** démocratie parlementaire.
- ***Principales religions :*** bouddhisme (87 millions de personnes), shinto (88 millions), christianisme (1,8 million), autres (8,6 millions). Le nombre supérieur de « croyants » par rapport à la population s'explique par le fait que shinto et bouddhisme ne sont pas exclusifs et que ce ne sont pas des croyances qui exigent la fréquentation assidue et régulière des lieux de culte.
- ***Revenu moyen (2020) :*** environ 39 000 € par personne et par an.
- ***Indice de développement humain (espérance de vie, éducation, niveau de vie) :*** 0,91. Rang mondial : 19e.

AVANT LE DÉPART

Adresses utiles

En France

Office national du tourisme japonais (JNTO) : *4, rue de Ventadour, 75001 Paris.* ☎ *01-42-96-20-29.* • *tourisme-japon.fr* • Ⓜ *Pyramides. Lun-ven 9h30-13h (brochures et doc en libre-service jusqu'à 17h30).* Au 6e étage, ce bureau d'informations parisien est à l'image du Japon :

Japon

sérieux, aimable et très professionnel. On y parle le français et aussi l'anglais. Informations sur tous les types de voyages au Japon, et en particulier sur les voyages à petit budget, brochures sur les régions et les villes du pays, documentation détaillée très bien faite (hébergement, transports, excursions, fêtes et manifestations, culture et traditions).

■ ***Maison de la culture du Japon à Paris :*** *101 bis, quai Branly, 75015 Paris. ☎ 01-44-37-95-00 ou 95 (mar-sam 12h-19h30). • contact@mcjp.fr • mcjp.fr • Ⓜ Bir-Hakeim. Tlj sauf dim-lun et j. fériés 12h-20h (fermeture caisse à 19h30). Fermé en août.* Proche de la tour Eiffel, ce bâtiment moderne abrite une librairie, une bibliothèque *(mar-sam 12h-18h – 20h jeu)*, une médiathèque (espace audiovisuel) et des salles d'expo, de conférences, de concerts et de spectacle.

■ ***Espace Japon :*** *12, rue de Nancy, 75010 Paris. ☎ 01-47-00-77-47. • espacejapon.com • Ⓜ Jacques-Bonsergent. Mar-ven 13h-19h, sam 13h-18h.* Cet espace culturel franco-japonais bouillonne d'activités. Cours intensifs de japonais, expositions, conférences, ateliers de calligraphie, d'origami (pliage de papier), d'ikebana (art floral), cours de cuisine... Également une belle bibliothèque vous permettant, moyennant une cotisation annuelle, d'emprunter un large choix d'ouvrages en français et en japonais.

■ ***Librairie Le Renard Doré :*** *41, rue Jussieu, 75005 Paris. ☎ 01-42-02-14-85. • lerenarddore.fr • Ⓜ Cardinal Lemoine ou Jussieu.* On trouve vraiment de tout dans cette librairie spécialisée sur le Japon. Mangas et littérature japonaise de toutes les époques, livres pour les enfants, livres de langue et même papeterie, vaisselle et produits dérivés.

■ ***Ambassade du Japon :*** *7, av. Hoche, 75008 Paris. ☎ 01-48-88-62-00 (accueil par tél 9h30-13h, 14h30-18h). • consul@ps.mofa.go.jp • fr.emb-japan.go.jp • Ⓜ Courcelles ou Charles-de-Gaulle-Étoile. Lun-ven 9h30-13h, 14h30-17h (demande de visas 9h30-12h30). Fermé w-e, j. fériés français et japonais et tt début janv.*

■ ***Consulat du Japon à Strasbourg :*** *tour Europe, 20, pl. des Halles, 67000. ☎ 03-88-52-85-00. • consulat-jpj-stras@s6.mofa.go.jp • strasbourg.fr.emb-japan.go.jp • Lun-ven 9h-12h, 14h-17h. Fermé w-e, j. fériés français et japonais et tt début janv.*

■ ***Consulat du Japon à Marseille :*** *70, av. de Hambourg, 13008. ☎ 04-91-16-81-81. • consulatjapon.marseille@my.mofa.go.jp • marseille.fr.emb-japan.go.jp • Lun-ven 9h-12h, 13h45-16h30. Fermé w-e, j. fériés français et japonais et tt début janv.*

■ ***Bureau consulaire du Japon à Lyon :*** *131, bd Stalingrad, 69100 Villeurbanne. Le premium 7e étage. ☎ 04-37-47-55-00. • lyon.fr.emb-japan.go.jp • Lun-ven 9h-12h, 13h45-16h30. Fermé w-e, j. fériés français et japonais et tt début janv.*

En Belgique

Aucun visa n'est nécessaire pour les citoyens belges, pour un séjour de 3 mois maximum.

■ ***Ambassade du Japon :*** *rue Van Maerlant, 1, Bruxelles 1040. ☎ 02-513-2340. Service consulaire : ☎ 02-500-0580. • be.emb-japan.go.jp • Lun-ven 9h15-12h, 13h30-16h. Fermé w-e, j. fériés belges et japonais et tt début janv.*

En Suisse

Aucun visa n'est nécessaire pour les citoyens suisses, pour un séjour de 6 mois maximum.

■ ***Ambassade du Japon :*** *Engestrasse 53, 3012 Berne. ☎ 031-300-22-22. • ch.emb-japan.go.jp • Lun-ven 10h-11h, 14h-15h. Fermé w-e et j. fériés suisses et japonais.*

■ ***Consulat du Japon :*** *82, rue de Lausanne, 1202 Genève. ☎ 022-716-99-00. • geneve.ch.emb-japan.go.jp • Lun-ven 9h-12h, 14h-17h. Fermé w-e et j. fériés suisses et japonais.*

Au Canada

Aucun visa n'est nécessaire pour les citoyens canadiens, pour un séjour de 3 mois maximum.

■ ***Ambassade du Japon :*** *255 Sussex Dr, Ottawa, Ontario K1N 9E6. ☎ (613) 241-8541. • ca.emb-japan.go.jp • Lun-ven 9h-17h. Fermé w-e et j. fériés canadiens et japonais.*

■ ***Consulat général du Japon à Montréal :*** *1, pl. Ville-Marie, bureau 3333, Montréal, Québec H3B 3N2. ☎ (514) 866-3429. • montreal.ca.emb-japan.go.jp • Dépôt des demandes de visas lun-ven 9h-11h30, 13h30-16h ; retrait des visas lun-ven. Fermé w-e et j. fériés canadiens et japonais.*

Quelques sites à consulter avant de partir

• ***routard.com*** • Le site de voyage nº 1, avec presque 900 000 membres et plusieurs millions d'internautes chaque mois. Pour s'inspirer et s'organiser, près de 300 guides destinations actualisés, avec les infos pratiques, les incontournables et les dernières actus, ainsi que les reportages terrain et idées week-end de la rédaction. Partagez vos expériences avec la communauté de voyageurs : forums de discussion avec avis et bons plans, carnets de route et photos de voyage. Enfin, vous trouverez tout pour vos vols, hébergements, voitures et activités, sans oublier notre sélection de bons plans, pour réserver votre voyage au meilleur prix.

• ***gotokyo.org*** • Site officiel (version en français) de l'office de tourisme de Tokyo. Ce site mis à jour régulièrement propose de nombreuses informations pratiques sur Tokyo. On peut notamment télécharger des plans de chaque quartier de la ville.

• ***tourisme-japon.fr*** • Site du JNTO en français. Complet, très bien fait, il couvre tout le Japon.

• ***lejapon.fr*** • ***japon365.com*** • Sites en français créés et animés par le photographe David Michaud, installé au Japon depuis longtemps, pays qu'il explore à longueur d'année. David a publié aussi 6 beaux livres sur le Japon, notamment, aux éditions du Chêne (Hachette).

• ***le-japon.com*** • Créé par une Japonaise, ce site complet présente, en français, ce qu'il faut savoir du Japon, de son histoire et de ses traditions en évitant les clichés !

• ***japan-guide.com*** • Quelques infos pratiques en ligne pour celles et ceux qui se poseraient encore des questions.

• ***japonsanssushi.com*** • Un site intéressant pour la région de Kyoto, écrit par Tadashi Sugihara, un jeune guide-interprète francophone et passionnant.

• ***nezumi.dumousseau.free.fr/japon*** • Un site personnel avec de nombreuses photos d'un internaute qui a une bonne connaissance et une grande affection pour l'archipel. En français.

• ***forumjapon.com*** • Le Web de ceux qui s'intéressent au Japon, curieux, routards, expatriés. Avec photos et archives des discussions. En français.

• ***secret-japan.com*** • Un autre site forum ouvert à tous les publics.

• ***france-japon.net*** • Toute l'actualité politique et culturelle du Japon, ainsi qu'un forum de discussion.

• ***clickjapan.org*** • Portail complet qui classe par thèmes de nombreux sujets, des arts à la géographie, de l'architecture aux nouvelles technologies. Également un petit lexique pratique. En français.

• ***journaldujapon.com*** • Un webzine en français consacré aux loisirs et à la culture japonais : littérature, mangas, musique, cinéma. Quelques articles d'actualité.

• ***kanpai.fr*** • Site en français initialement tourné vers la culture populaire, qui aborde aujourd'hui des sujets de société et donne tout un tas d'informations pratiques avant le voyage, des idées de cadeaux ou de voyages, des conseils et astuces...

• ***timeout/japan*** • La version nippone du site d'actu gastro-culturelles dans l'air du temps.

Formalités

ATTENTION ! INFO COVID-19

• *jp.ambafrance.org/Informations-Coronavirus-Covid-19* • Dans le cadre de la prévention de la Covid, lorsque nous avons bouclé ce guide, il était interdit, jusqu'à nouvel ordre, de se rendre au Japon si l'on a séjourné dans certains pays les 14 derniers jours qui précèdent le voyage, dont la France. Il est impératif, de consulter les informations mises à jour quotidiennement sur le site, pour connaître les exigences en vigueur en temps réel. Toutefois et jusqu'à nouvel ordre, il est **obligatoire de présenter le certificat établi en anglais sur le formulaire spécifique à télécharger sur le site** • *https://www.mofa.go.jp/ca/fna/page25e_000334.html* •, **attestant d'un test PCR négatif réalisé moins de 72h** avant le voyage vers le Japon. À l'arrivée, vous serez soumis à un autre test à l'aéroport, avec interdiction, même si le résultat est négatif, de prendre les transports en commun (avion, bus, train...). Seul un véhicule individuel peut vous conduire à votre destination finale, ou vous serez tenu d'observer une quatorzaine. Pensez aussi à vérifier si un test (PCR ou autre) sera nécessaire pour votre retour en France (payant et très cher au Japon) sur • *interieur.gouv.fr* •

– Pour les citoyens français, suisses, belges et canadiens, le visa n'est pas nécessaire si vous séjournez au Japon moins de 3 mois (6 mois pour les Suisses).
– À l'arrivée au Japon, à l'Immigration, on prendra vos empreintes digitales et une photo de vous (de face). C'est très rapide. Enfin, petit entretien (éventuel, pas systématique), puis on vous rend votre passeport.
– Les ***mineurs*** doivent être munis de leur propre pièce d'identité (carte d'identité ou passeport). Pour l'autorisation de sortie de territoire lorsque les enfants ne sont pas accompagnés par un de leurs parents, chaque pays a mis en place sa propre régulation. Ainsi, pour les ***mineurs français,*** une loi entrée en vigueur en janvier 2017 a ***rétabli l'autorisation de sortie du territoire.*** Pour voyager à l'étranger, ils doivent donc être munis d'une pièce d'identité (carte d'identité ou passeport), d'un formulaire signé par l'un des parents, titulaire de l'autorité parentale, et de la photocopie de la pièce d'identité du parent signataire. Renseignements auprès des services de votre commune et sur • *service-public.fr* •
– Attention, depuis janvier 2019, toute personne quittant le territoire nippon, par avion ou par bateau, est redevable de la taxe « *Sayonara* » de 1 000 ¥ (env 8 €). Seuls les enfants de moins de 2 ans et les personnes en transit moins de 24h en seront exemptés. Vous n'aurez pas à acquitter cette taxe au passage de frontière : elle est automatiquement incluse dans la prestation (avion ou bateau).

Un conseil : pensez à scanner passeport, visa, carte bancaire et *vouchers* d'hôtel. Ensuite, adressez-les-vous par e-mail en pièces jointes. Idem pour vos billets d'avion électroniques. En cas de perte ou de vol, rien de plus facile pour les récupérer. Les démarches administratives seront bien plus rapides. Merci tonton *Routard* !

Ariane, ayez les bons réflexes sur le site du ministère de l'Europe et des affaires étrangères

– Consultez les conseils aux voyageurs : préparez soigneusement votre voyage (risques liés à la sécurité, formalités de séjour, conseils et obligations sanitaires...) en vous connectant sur • *diplomatie.gouv.fr* • ou via l'application mobile.
– Inscrivez-vous sur Ariane : en quelques clics, créez votre compte sur • *diplomatie.gouv.fr* • pour recevoir par e-mail ou SMS des alertes et des consignes de sécurité, en cas de nécessité.

Avoir un passeport européen, ça peut être utile !

L'Union européenne a organisé une assistance consulaire mutuelle pour les ressortissants de l'UE en cas de problème en voyage.
Vous pouvez y faire appel lorsque la France (c'est rare) ou la Belgique (c'est plus fréquent) ne dispose pas d'une représentation dans le pays où vous vous trouvez.
Concrètement, cette assistance vous permet de demander de l'aide à l'ambassade ou au consulat (pas à un consulat honoraire) de n'importe quel État membre de l'UE. Leurs services vous indiqueront s'ils peuvent directement vous aider ou vous préciseront ce qu'il faut faire.
Leur assistance est bien entendu limitée aux situations d'urgence : décès, accidents ayant entraîné des blessures ou des lésions, maladie grave, rapatriement pour raison médicale, arrestation ou détention. ***En cas de perte ou de vol de votre passeport,*** ils pourront également vous procurer un ***document provisoire de voyage.***
Cette entraide consulaire entre les États membres de l'UE ne peut, bien entendu, vous garantir un accueil dans votre langue. En général, une langue européenne courante sera pratiquée.

Assurances voyages

■ ***Routard Assurance par AVI International :*** *Le Colisée Gardens, 10, av. de l'Arche, CS 70126, 92419 Courbevoie Cedex.* ☎ *01-44-63-51-00.* • *routard@avi-international.com* • *avi-international.com* • Ⓜ *La Défense.* Enrichie au fil des années par les retours des lecteurs, *Routard Assurance* reste l'assurance voyage référence des globe-trotters. Tout y est inclus, même la **Covid** : frais médicaux, assistance rapatriement, bagages, responsabilité civile... Avant votre départ, appelez *AVI* pour un conseil personnalisé. Besoin d'une **attestation Covid,** d'un avis médical, d'une prise en charge dans un hôpital ? Téléchargez l'appli mobile *AVI International* pour garder le contact avec *AVI Assistance* et disposer d'un vaste réseau médical à travers le monde. *AVI Assistance* est disponible 24h/24 pour une réponse en temps réel. De simples frais de santé en voyage ? Envoyez les factures à *AVI* dès votre retour, ils vous remboursent sous une semaine.

■ ***AVA – Assurance Voyages et Assistance :*** *25, rue de Maubeuge, 75009 Paris.* ☎ *01-53-20-44-20.* • *ava.fr* • Ⓜ *Cadet.* Un autre courtier fiable pour ceux qui souhaitent s'assurer en cas de décès-invalidité-accident lors d'un voyage à l'étranger, mais surtout pour bénéficier d'une assistance rapatriement, perte de bagages et annulation. Attention : franchises pour leurs contrats d'assurance voyage.

■ ***Pixel Assur :*** *18, rue des Plantes, BP 35, 78601 Maisons-Laffitte.* ☎ *01-39-62-28-63.* • *pixel-assur.com* • *RER A : Maisons-Laffitte.* Assurance de matériel photo et vidéo tous risques (casse, vol, immersion) dans le monde entier. Devis en ligne basé sur le prix d'achat de votre matériel. Avantage : garantie à l'année.

Douanes

En France, la franchise douanière est de 430 € pour les voyageurs de plus de 15 ans utilisant un mode de transport aérien ou maritime et de 150 € pour les moins de 15 ans. Elle n'est pas cumulable d'une personne à l'autre. Si la valeur des objets que vous rapportez est supérieure à cette somme, vous êtes censé payer la taxe sur la valeur ajoutée (TVA) et des droits de douane. Pour plus de renseignements, consultez le site ● *douane.gouv.fr* ●

Il est possible de rapporter du Japon (sans payer de taxes) : 200 cigarettes par personne (ou 100 cigarillos ou 50 cigares, ou 250 g de tabac à fumer), 1 litre d'alcool (plus de 22°) ou 2 litres (moins de 22°), 4 bouteilles de vin, 16 litres de bière et 30 cl de parfum.

Les personnes de moins de 20 ans ne peuvent passer à la douane ni tabac ni boissons alcoolisées.

Tous les animaux, produits d'origine animale et plantes sont soumis à une inspection de quarantaine dans les aéroports et les ports du Japon.

Vaccinations

Les voyageurs étrangers n'ont besoin d'aucun certificat de vaccination, de quelque pays qu'ils viennent. Mais attention ! Il est toujours prudent d'être à jour de tous ses vaccins avant de partir, quel que soit le voyage, d'autant qu'au Japon les vaccinations coûtent très cher !

L'encéphalite japonaise sévit en permanence mais surtout par épidémies en période de mousson. C'est une maladie grave (1/3 de décès, 1/3 de séquelles neurologiques). Il existe un vaccin (Ixiaro®) bien toléré, recommandé aux expatriés, voyageurs fréquents et touristes se rendant en période de mousson dans les pays situés au-dessous d'une ligne reliant le Bangladesh et le Sud sibérien, jusqu'au Queensland au sud (voir ● *astrium.com/encephalite-japonaise.html* ●). Prévoir 2 injections à faire à 28 jours d'intervalle. Disponible dans les centres de vaccinations internationales ou en pharmacies (sur prescription). Seul bémol, le prix public de chaque dose est d'environ 60-90 € ! Quelques conseils : sur les parties découvertes du corps, vous pouvez appliquer des répulsifs antimoustiques assez efficaces du type DEET à 30-50 % *(Insect Ecran)*. Sinon, dormir sous une moustiquaire imprégnée peut aussi s'avérer très efficace !

Pour les centres de vaccinations partout en France, dans les DOM-TOM, en Belgique et en Suisse, consulter le site internet ● *astrium.com/espace-voyageurs/centres-de-vaccinations-internationales.html* ● *(rubrique « espace voyageurs »).* Tous les centres de vaccinations sont aussi disponibles sur ● *routard.com* ●

Carte internationale d'étudiant (carte ISIC)

Elle prouve le statut d'étudiant dans le monde entier et permet de bénéficier de tous les avantages, services et réductions dans les domaines du transport, de l'hébergement, de la culture, des loisirs, du shopping...

La carte ISIC permet aussi d'accéder à des avantages exclusifs (billets d'avion spécial étudiants, hôtels et auberges de jeunesse, assurances, cartes SIM internationales, location de voiture...).

Renseignements et inscriptions

- *En France :* ● *isic.fr* ● *13 € pour 1 année scolaire.*
- *En Belgique :* ● *isic.be* ●
- *En Suisse :* ● *isic.ch* ●
- *Au Canada :* ● *isiccanada.com* ●

Carte d'adhésion internationale aux auberges de jeunesse (carte FUAJ)

Cette carte vous ouvre les portes des 4 000 auberges de jeunesse du réseau *HI-Hostelling International* en France et dans le monde. Vous pouvez ainsi loger dans plus de 80 pays à des prix avantageux et bénéficier de tarifs préférentiels avec les partenaires des auberges de jeunesse *HI*. Enfin, vous intégrez une communauté mondiale de voyageurs partageant les mêmes valeurs : plaisir de la rencontre, respect des différences et échange dans un esprit convivial. Il n'y a pas de limite d'âge pour séjourner en auberge de jeunesse. Il faut simplement être adhérent.

Renseignements et inscriptions

– *En France :* • *hifrance.org* •
– *En Belgique :* • *lesaubergesdejeunesse.be* •
– *En Suisse :* • *youthhostel.ch* •
– *Au Canada :* • *hihostels.ca* •
Si vous prévoyez un séjour itinérant, vous pouvez réserver plusieurs auberges en une seule fois en France et dans le monde : • *hihostels.com* •

ARGENT, BANQUES, CHANGE

La monnaie japonaise est le yen (¥). En 2020, ***1 euro valait en moyenne 120 yens,*** mais le taux de change peut varier sensiblement selon la situation économique.
Il existe des pièces de 1 ¥, 5 ¥, 10 ¥, 50 ¥, 100 ¥ et 500 ¥. Les billets sont de 1 000 ¥, 2 000 ¥, 5 000 ¥ et 10 000 ¥.
Vous pouvez changer l'argent avant le départ ou sur place (taux à peu près identiques). Mais l'idéal est d'avoir suffisamment de cash pour éviter les déconvenues. En effet, dès que l'on quitte Tokyo, beaucoup de petits restaurants ou boutiques n'acceptent pas les cartes de paiement, mais uniquement le cash.

LE BANQUIER QUI VOUS AIME !

Si vous retirez de l'argent à un distributeur (ATM), l'écran vous accueille parfois avec 2 personnages tout sourire. Mais qu'un problème survienne ou que l'opération n'aboutisse pas, et nos 2 héros arboreront une mine triste et désolée.

– ***Distributeurs automatiques de billets :*** on peut retirer des espèces dans les distributeurs automatiques *ATM*. Les magasins de la chaîne *7-Eleven* (qui n'acceptent en général pas les cartes *MasterCard, Cirrus* et *Maestro*) ont souvent des *ATM*. Pratique : ils sont ouverts jour et nuit. Sinon, on trouve des *ATM* partout, jusque dans les stations de métro et dans les bureaux de poste marqués du sigle « ATM ». Seul problème, parfois il y a incompatibilité avec les cartes *Visa* étrangères ! Les grandes postes centrales sont ouvertes tous les jours, les autres le sont en semaine uniquement (9h-17h). Mieux vaut donc retirer de l'argent avant le week-end. Ou encore auprès des banques *Shinsei, HSBC* et *Citibank*. Si le distributeur propose un affichage en anglais, c'est qu'il accepte les cartes *Visa* internationales, *American Express* et parfois *MasterCard*. Évitez de multiplier les retraits pour échapper aux frais bancaires (commission + pourcentage) sur chaque transaction qui chiffrent vite au Japon, car chaque opérateur (la banque locale comme votre banque) y va de sa ponction au passage.
– ***Banques japonaises :*** on peut y changer de l'argent si l'on ne veut pas utiliser sa carte bancaire dans les *ATM*. Pour le change de devises, avoir son passeport. Horaires : en semaine de 9h à 15h ; fermé les samedi et dimanche. Certaines banques, les grandes gares et certains hôtels disposent de ***guichets de change automatique*** (comme des *ATM*).

Pour changer des devises, quelques agents de change à Tokyo, bien plus rares à Kyoto, permettent une procédure moins laborieuse que dans les banques. Comparer les taux.

Cartes de paiement

Petite mesure de précaution : si vous retirez de l'argent dans un distributeur, utilisez de préférence les distributeurs attenants à une agence bancaire. En cas de pépin avec votre carte (carte avalée, erreurs de code secret...), vous aurez un interlocuteur dans l'agence pendant les heures ouvrables.

Quand vous partez à l'étranger, pensez à relever le plafond de retrait aux distributeurs et pour les paiements par carte, quitte à le faire rebaisser à votre retour.

Avertissement

Si vous comptez effectuer des retraits d'argent aux distributeurs, il est très vivement conseillé d'avertir votre banque sur votre destination et la durée de votre voyage, pour éviter que votre carte soit bloquée dès le 1er retrait pour suspicion de fraude. C'est de plus en plus fréquent.

Avant de partir, notez donc bien le numéro d'opposition propre à votre banque (il figure souvent au dos des tickets de retrait, sur votre contrat ou à côté des distributeurs de billets), ainsi que le numéro à 16 chiffres de votre carte. Bien entendu, conservez ces informations en lieu sûr et séparément de votre carte.
Par ailleurs, l'assistance médicale se limite aux 90 premiers jours du voyage et l'assistance véhicule aux cartes haut de gamme (renseignez-vous auprès de votre banque). Et surtout, n'oubliez pas aussi de ***vérifier la date d'expiration de votre carte bancaire*** avant votre départ !
En cas de perte, de vol, ou de fraude, quelle que soit la carte que vous possédez, chaque banque gère elle-même le processus d'opposition et le numéro de téléphone correspondant.
Afin d'éviter les frais lors de chaque paiement ou retrait en dehors de la zone euro, **certaines banques offrent la gratuité des retraits** dans leurs propres distributeurs (DAB) dans le monde entier (comme HSBC) ou dans les banques avec qui elles ont un accord selon les pays (se renseigner avant le départ).
Les néo-banques comme *Max, My French Bank, Revolut,* ou *N26*, proposent des cartes gratuites qui ne facturent aucune commission pour les paiements et retraits. Les banques en ligne, Boursorama et Fortuneo proposent elles aussi ce type de cartes gratuites (carte Ultim et carte Fosfo) permettant à la fois de payer en devises et d'en retirer sans frais. *Rens sur le site internet de chaque banque.*

– ***Carte Visa :*** *n° d'urgence (Europ Assistance) au ☎ (00-33) 1-41-85-85-85 (24h/24). • visa.fr •*
– ***Carte MasterCard :*** *n° d'urgence au ☎ (00-33) 1-45-16-65-65. • mastercardfrance.com •*
– ***Carte American Express :*** *n° d'urgence au ☎ (00-33) 1-47-77-72-00 (numéro accessible tlj 24h/24). • americanexpress.fr •*

Il existe un serveur interbancaire d'opposition qui, en cas de perte ou de vol, vous met en contact avec le centre d'opposition de votre banque. *En France : ☎ 0892-705-705 (prix d'un appel + 0,35 €/mn) ; depuis l'étranger : ☎ + 33-442-605-303.*

Besoin urgent d'argent liquide

Vous pouvez être dépanné en quelques minutes grâce au système ***Western Union Money Transfer.*** L'argent vous est transféré en moins de 1h. La commission, assez élevée, est payée par l'expéditeur. Possibilité d'effectuer un transfert auprès d'un des bureaux *Western Union* ou, plus rapide, en ligne, 24h/24, par carte de paiement (*Visa* ou *MasterCard*).

Même principe avec d'autres organismes de transfert d'argent liquide comme ***MoneyGram*** *(● moneygram.fr ●)*, ***PayTop*** *(● paytop.com ●)* ou ***Azimo*** *(● azimo.com/fr ●)*. Transfert en ligne sécurisé, en moins de 1h.
Dans tous les cas, se munir d'une pièce d'identité. Toutefois, en cas de perte ou de vol de papiers, certains organismes permettent de convenir d'une question/réponse-type pour pouvoir récupérer votre argent. Chacun de ces organismes possèdent aussi des applications disponibles sur téléphone portable. Au Japon, se présenter dans une agence *Western Union* avec son passeport. Adresses sur le site *● westernunion.co.jp ● (site en anglais). ☎ 00-34-800-400-733 (depuis le Japon) ou 00-61-2-9226-9554 (depuis l'étranger) ; service en anglais 24h/24, sinon tlj 9h-22h.*
– Autre solution, envoyer de l'argent par la ***Banque Postale*** : le bénéficiaire, muni de sa pièce d'identité, peut retirer les fonds dans n'importe quel bureau de poste du réseau local. Le transfert s'effectue avec un mandat ordinaire international (jusqu'à 3 500 €) et la transaction prend 4-5 jours en Europe (8-10 jours vers l'international). Plus cher mais plus rapide, le mandat express international permet d'envoyer de l'argent (montant variable selon la destination – 34 au total) sous 2 jours maximum, 24h lorsque la démarche est faite en ligne. *Infos : ● labanquepostale.fr ●*

ACHATS

Le choix des souvenirs et objets à rapporter du Japon est étendu et sera proportionnel à votre budget, même si l'on trouve de tout à présent dans les *Hyaku-en shops* ou « magasins à 100 yens » *(100 yens shops)*... De manière générale, on privilégiera les curiosités issues de la tradition japonaise aux nouveautés informatiques ou technologiques, que l'on trouvera pour moins cher ailleurs.
– Pour les gourmets, et facilement transportables, les ***sembei,*** sortes de biscuits salés en pâte de riz, idéal pour l'apéro. De même les boîtes de gâteaux et friandises au thé matcha (thé vert).
– Indispensable aux Japonais, le ***tenugui*** (littéralement « essuie-mains ») : ce tissu en coton léger imprimé et aux dimensions précises (35 cm x 90 cm ou 110 cm) s'impose dans le quotidien des Japonais de tous âges. Autrefois réservé à la célébration du culte puis aux classes aisées (le coton était alors rare), il sert désormais à tout et à tous : emballage cadeau, bandeau de cheveux, écharpe, serviette pour le sport, set de table... Son usage est aussi infini que ses motifs, et sa texture se bonifie avec le temps.

L'ART JAPONAIS DE L'EMBALLAGE

Appelé furoshiki, *l'emballage a souvent autant d'importance que le cadeau. Depuis le VIIIe s, les Japonais utilisent des techniques sophistiquées pour plier et nouer du papier ou tissu d'emballage afin de mettre les cadeaux en valeur. Quel que soit le prix du présent. Oui, un art !*

– Avec les ***instruments de calligraphie,*** n'oubliez pas le papier japonais, plus connu sous le nom de ***washi,*** très beau et très doux au toucher.
– Bien qu'il ne se conserve pas longtemps, le ***saké*** se mariera bien avec les sushis... Les incontournables ***baguettes,*** avec leur reposoir, aux designs très variés. Et vous pourrez aussi vous commander une ***clé USB en forme de sushi*** !
– À l'instar des autres boissons, les ***thés*** sont nombreux et variés ; les ***ustensiles*** qui servent à la cérémonie du thé (bols compris) sont souvent onéreux parce que uniques. On peut néanmoins se procurer de la série qui imite bien, ou presque...
– La même remarque vaut pour les ***laques*** et les ***estampes*** : les plus estimés affichent des prix astronomiques ; les prix abordables sont réservés à des produits d'apparence toujours irréprochable.
– Un peu plus traditionnels mais tout aussi typiques : les ***tabi,*** chaussettes spéciales pour les tongs, qui séparent le gros orteil du reste des pieds (des moufles

pour les pieds, en quelque sorte !), ou encore les ***omamori*** (porte-bonheur) et les ***ema*** (plaques de vœux), pour décorer la chambre.
– Peu encombrant, l'***éventail japonais*** devrait ravir tout le monde.
– Raffinés et confortables, le ***yukata*** (en coton) et le ***kimono*** (en soie) sont très prisés.
– Les ***poupées japonaises,*** à l'effigie de femmes élégantes en costume traditionnel ou de guerriers charismatiques, sont proposées dans des caissons vitrés.
– Pour les amoureux de *Kill Bill,* ou tout simplement pour les fines lames, le Japon est célèbre dans le monde entier pour ses sabres, les fameux ***katana,*** là aussi déclinés sous toutes les formes et à tous les prix. Moins guerriers et, a priori, plus utiles dans votre quotidien, vous pouvez vous offrir des ***couteaux de cuisine,*** d'excellente qualité, toutefois assez coûteux !
– Les boutiques de papeterie offrent des ***carnets, papiers, crayons, tampons, sceaux*** et autres outils pour customiser vos écrits.
– ***Matériel électronique et de haute technologie :*** des hypermarchés spécialisés vendent tous les produits *made in Japan* (appareils photo, caméras, téléphones portables, TV, radios, chaînes hi-fi, iPod, iPad, matériel informatique, robotique... et même lunettes de w-c avec télécommande). Ces grands magasins high-techs s'appellent *Bic Camera, Yodobashi Camera,* ou *Yamada Denki.* Autre adresse intéressante et bon marché : le *Laox Duty Free Main Store,* dans le quartier d'Akihabara (voir ce quartier à Tokyo). Pensez à comparer les prix avec ce qu'il vous en aurait coûté dans votre pays d'origine et considérez aussi les problèmes liés à l'alimentation électrique (tension, fréquence et format des prises).

BUDGET

Le Japon est un pays où le coût de la vie est relativement élevé, du moins autant que chez nous. Pour dormir, les auberges de jeunesse, les pensions *minshuku,* les *ryokan* sont les options les plus économiques. Il y a aussi les capsules-hôtels pour ceux qui ne sont pas claustrophobes. Voir la rubrique « Hébergement » plus loin.
En matière de restauration, on peut se caler avec un budget raisonnable. De nombreux restos (même de la catégorie « Chic ») proposent des menus à prix très abordables le midi. Mais attention, le soir, pour un même resto, l'addition peut doubler, et même tripler... Voir aussi « Voyager au Japon avec un petit budget » plus loin.
Pour les transports, il existe parfois des forfaits et des *pass,* valables un ou plusieurs jours, en général très vite amortis. Voir la rubrique « Transports » plus loin.

Hébergement

Voilà notre fourchette de prix sur la base d'une chambre pour 2 personnes, de style occidental (avec des lits) ou japonais (tatami et futons ; souvent un poil plus chers). Certains établissements incluent le petit déjeuner dans le prix de la chambre, d'autres non. C'est très variable, nous le mentionnons pour chacune des adresses.
– ***Très bon marché :*** moins de 6 000 ¥ (50 €). Lit en dortoir pour une personne, généralement en auberge de jeunesse.
– ***Bon marché :*** 6 000-10 000 ¥ (50-83 €).
– ***Prix moyens :*** 10 000-15 000 ¥ (83-125 €).
– ***Chic :*** 15 000-25 000 ¥ (125-208 €).
– ***Plus chic :*** 25 000-35 000 ¥ (208-292 €).
– ***Très chic :*** plus de 35 000 ¥ (292 €).

Restaurants

Fourchette de prix d'un repas sans la boisson. Attention, la TVA de 8 % est rarement incluse. Ajoutée à la fin sur l'addition, elle peut créer des surprises !

- ***Bon marché :*** moins de 1 500 ¥ (12,50 €).
- ***Prix moyens :*** 1 500-3 500 ¥ (12,50-29 €).
- ***Chic :*** 3 500-6 500 ¥ (29-54 €).
- ***Plus chic :*** 6 500-15 000 ¥ (54-125 €).
- ***Très chic :*** plus de 15 000 ¥ (125 €).

Voyager au Japon avec un petit budget

– ***Haute saison touristique au Japon :*** attention, les prix grimpent pendant cette saison. Elle correspond aux périodes suivantes : fin de l'année et vacances du Nouvel An, soit du 27 décembre au 4 janvier ; la semaine de la *Golden Week,* du 29 avril au 5 mai, période de congés au Japon, due à la conjugaison de plusieurs jours fériés (notamment *Sakura,* les cerisiers en fleur) ; et la saison du festival du Bon, soit la semaine autour du 15 août. À Kyoto, il y a 2 périodes d'affluence touristique : de mars à mai et de septembre à novembre, au moment où la nature dispense ses beautés. Sachez que les hôtels sont vite pleins, les transports aussi.
– ***Pour les vols internationaux :*** profitez des promotions offertes par les compagnies, les agences et Internet. Possibilité aussi d'acheter un billet aller à prix cassés Paris-Bangkok, puis de prendre un vol Bangkok-Tokyo. À étudier de près, cela peut être intéressant.
– ***Pour les transports :*** se procurer la carte de transport *Japan Rail Pass* du réseau *JR,* très pratique et qui permet des économies sur les liaisons inter-villes comme sur le réseau de trains à Tokyo (l'équivalent du RER parisien). Il existe aussi des cartes *(pass)* régionales. Voir la rubrique « Transports » plus loin. Ces cartes sont très intéressantes si l'on se déplace beaucoup et chaque jour.
– ***La Welcome Card :*** cette carte donne droit à des réductions aux voyageurs étrangers dans les musées, magasins, restaurants et hôtels, ainsi que pour les transports et les excursions. On l'obtient gratuitement dans les bureaux d'infos touristiques. Intéressante si l'on fait de nombreuses visites chaque jour, sinon ce n'est pas la peine. Voir le site : ● *japan.travel* ●
– ***Pour se loger :*** voir « Hébergement » plus haut.
– ***Cybercafés :*** les *media-cafés* sont des cybercafés uniques au monde. On peut surfer sur Internet, lire ses messages électroniques, regarder des DVD ou la télévision, lire des mangas, manger, se doucher, se reposer dans des cabines confortables équipées de fauteuils à bascule, de divan ou de sofa (si l'on est deux). On paie une somme à la réception correspondant au temps désiré et aux services demandés. Les prix commencent à 250-300 ¥ (2,10-2,50 €) la demi-heure. On peut aussi y faire la sieste ou passer la nuit (de jeunes Japonais y habitent même !). Ces *media-cafés* sont nombreux dans les grandes villes.
– ***Pour manger :*** de nombreux établissements de restauration rapide servent de la cuisine japonaise de qualité ; ça change des fast-foods habituels. Les *izakaya,* petits bistrots-restos populaires, proposent également des prix attractifs. Une autre solution économique est de pousser la porte des restos qui servent des *ramen* (nouilles de blé). On passe commande et on paie au distributeur automatique avant de se faire installer. On trouve aussi des petits éventaires de rue, à des prix encore plus sages. Une recommandation : les restaurants *Kaiten-sushi,* où les sushis sont servis sur des tapis roulants ; bon et très économique. Très populaires, on en trouve un peu partout au Japon.
– ***Les convenience stores :*** ouverts 24h/24, ces « magasins-épiceries-bazars » (on les nomme « konbini » au Japon) *7-Eleven, Lawson* et *Family Mart* pullulent dans les villes. Il y a en moyenne un *combini* pour 2 000 habitants, et le Japon compte 126 millions d'âmes : faites vos comptes (d'épicier). On y vend tout le nécessaire pour la vie quotidienne, à petits prix. Papeterie, pharmacie, hygiène, journaux, quincaillerie domestique, ustensiles, petit électroménager, tabac, boissons, plats à emporter... et places de spectacle !

- ***Entrées gratuites :*** voir le site de l'office de tourisme national du Japon, ● *tourisme-japon.fr* ●, qui donne la liste des entrées gratuites à Tokyo, dans ses environs et à Kyoto.
- **Onsen *gratuits :*** ce sont des sources d'eau chaude naturelle, très nombreuses au Japon. Certaines sont gratuites. Certains *onsen* proscrivent les utilisateurs tatoués (à cause des yakuzas). Avant d'aller exhiber votre dragon cracheur de feu, consultez la liste d'établissements « *tattoo* compatibles » sur ● *tattoo-friendly.jp/* ●
- ***Les achats et les courses :*** dans les magasins populaires *Hyaku-en shop,* où tout est à prix unique, soit 100 ¥ (0,80 €) l'article. On y vend de tout : vêtements, cadeaux, souvenirs, objets, petits plats à emporter... Pour l'électronique, direction le quartier d'Akihabara à Tokyo, où les prix sont imbattables.
- ***Pour les vêtements :*** la chaîne de magasins *Uniqlo* offre des prix intéressants.

TATOO FAUX

Les personnes tatouées risquent de se voir refuser l'entrée dans les onsen *(bains thermaux) et* sento *(bains publics). Au Japon, le tatouage est associé à l'univers interlope des yakusas, la pègre nippone. Il a même été interdit durant l'ère Meiji (XIXe s) jusqu'en 1948 ! Heureusement, certains gérants de bains sont tolérants !*

CLIMAT

Dominé par l'alternance des vents – un courant chaud qui vient du sud et un courant froid qui descend du nord –, le climat est doux au printemps, chaud et humide en été, pluvieux à l'automne, froid et sec en hiver. Mais attention, il varie beaucoup selon la latitude, à quoi s'ajoutent des contrastes d'altitude car le pays est montagneux (voir la rubrique « Géographie » dans le chapitre « Hommes, culture, environnement »).
Fin juin-début juillet, en remontant de l'équateur, le courant chaud, *kuroshio,* provoque d'importantes chutes de pluie de mousson *(baiu).* L'été (juillet et août) peut devenir très chaud et humide. À la fin de l'été, en redescendant, ce courant chaud entraîne des précipitations qui peuvent être diluviennes pendant la 2de saison des pluies. L'automne est la saison des typhons *(taifû),* qui sont, rassurez-vous, peu nombreux et annoncés à l'avance par la météo. En hiver, en descendant de la Sibérie, le courant froid, *oyashio,* abaisse les températures sur les côtes du Nord-Est et provoque de fortes chutes de neige sur le versant occidental qui donne sur la mer ; en montant, le courant chaud attiédit les côtes du Sud-Ouest. Ainsi, le « Japon de l'Endroit » face au Pacifique, et le « Japon de l'Envers », côté continent, bénéficient de climats très contrastés : on peut avoir 30 °C à Nemuro (Hokkaïdo), dans le Nord, et au même moment 15 °C à Nagasaki (Kyushu), dans le Sud ! Ou encore Niigata (sur le versant occidental de Honshu) peut être enseveli sous 4 m de neige, et Tokyo (face au Pacifique) connaître un hiver sec et ensoleillé...
Les prévisions météorologiques s'appellent « *tenkiyohô* ». Largement relayées par les journaux, télévision, radio, panneaux d'affichage, elles sont fiables et accessibles en français sur Internet : ● *palacity.net/meteo/meteo-japon.htm* ●
- ***Quand y aller ?*** L'été étant très chaud sur la côte, les 2 saisons idéales sont le printemps (fin mars-début avril) autour de la floraison des cerisiers (attention, fin avril-début mai, c'est la *Golden Week* : il y a beaucoup de monde) et l'automne, saison agréable pour sa douce température et les couleurs des arbres.

DANGERS ET ENQUIQUINEMENTS

On se demande si cette rubrique appliquée au Japon a un sens ! Le Japon est sans doute le pays le plus sûr du monde. La criminalité, en baisse constante (915 000 crimes et délits en 2017, contre 2,8 millions en 2002), figure parmi les plus faibles du monde ! C'est aussi le pays le plus organisé, celui où les dangers semblent ne pas exister du fait de l'homme mais bien du fait de la nature ou des modifications apportées à celle-ci par l'homme...

Pays situé dans une zone sismique active, le Japon connaît de temps en temps des séismes, et parfois des tsunamis (津波, mot d'origine japonaise). Le système gouvernemental de contrôle et de surveillance est si développé que tout le monde est tenu au courant des risques dès les premières secousses. Malgré cela, la nature peut se déchaîner plus fortement que l'homme ne le suppose... en témoignent les événements catastrophiques de l'année 2011. Le pays est aussi touché par les typhons d'automne (septembre-octobre), qui atteignent le littoral du Sud. Là aussi, les systèmes de surveillance météorologique font vite et bien leur travail de prévention et d'information.

Il est interdit de fumer en plein air, l'espace étant dit « public » : même dans la rue, des espaces « *smoking corner* » sont réservés aux invétérés de la clope. Noter que pour les adeptes du vapotage, la règle est la même dans tous les lieux publics. Veillez à bien respecter ces consignes.

Désormais, dans une ville de la banlieue de Yokohama, est entré en vigueur l'interdiction de regarder son écran de smartphone en marchant. Interdiction qui pourrait s'étendre à d'autres villes du pays du Soleil-Levant.

En ville, il faut être attentif aux vélos, qui circulent sur les trottoirs et prennent peu de précaution à l'égard des piétons.

GAFFE AUX FLICS !

Dans les quartiers chauds de Tokyo, des flics déguisés en femmes se baladent à la recherche des voyous et voleurs. Perruques et jupettes font partie de l'uniforme. Arts martiaux pratiqués. Le plus difficile consiste à courir... en talons aiguilles.

ÉLECTRICITÉ

La tension électrique au Japon est de 110 volts en courant alternatif. Il existe 2 fréquences possibles : 50 hertz dans l'est du Japon et 60 hertz dans l'ouest. Dans les grands hôtels des villes importantes, les chambres sont équipées de prises de 110 et 220 volts, ne fonctionnant qu'avec des prises à 2 fiches plates. Prévoir un adaptateur pour brancher vos équipements, ou en demander à l'hôtel.

LES PYLÔNES ÉLECTRIQUES ? LE FOUTOIR

Dans un pays si moderne, on est toujours surpris par le réseau aérien des connexions électriques. Ce n'est qu'enchevêtrement inouï de transformateurs et de fils dans tous les sens et de tous les formats. La raison ? Les tremblements de terre empêchent l'enfouissement dans le sol. C'est aussi une façon de rétablir le courant rapidement en cas de désastre naturel.

FÊTES ET JOURS FÉRIÉS

« Fête » se dit *matsuri,* et « jour férié » *kyûjitsu.* Les innombrables *matsuri* constituent un des temps forts de la vie en société. La petite île de Sadogashima, par exemple, en compterait plus de 365 chaque année ! Ces fêtes ne sont pas nécessairement joyeuses. *Matsuri* vient du verbe *matsuru,* qui signifie « respecter en invoquant les dieux »... et ces derniers sont légion dans l'archipel... Au cours de ces fêtes, les Japonais cherchent à apaiser les *kami* (dieux) pour s'assurer, par exemple, une bonne récolte à la saison prochaine. Les *matsuri* continuent donc de marquer des temps forts dans l'agriculture (surtout la culture du riz). Les *kami,* nombreux, peuvent ensuite préserver de la « souillure » (fêtes des Morts en juillet et en août). Enfin, les *matsuri* contribuent surtout à rapprocher les hommes, les groupes, les communautés... et à consommer des boissons, à faire la fête, quoi !

Fêtes, festivals

Janvier

– ***1er janvier :*** jour du Nouvel An.
– ***1er-3 janvier :*** repas traditionnels constitués des mets préparés à l'avance, visites au sanctuaire shinto et au temple bouddhique.
– ***6 janvier :*** *Dezomeshiki,* parade du Nouvel An des pompiers de la ville de Tokyo.
– ***Mi-janvier (pendant 15 jours) :*** Sumo. 1er tournoi à Tokyo.
– ***2e dimanche :*** veille du jour des Adultes. Célébration d'une cérémonie autour d'un brasier d'herbes sur le mont Wakakusayama à Nara.

Février

– ***Début février (pendant 7 jours) :*** festival de la Neige de Sapporo. Nombreuses sculptures de glace et de neige.
– ***3 ou 4 février :*** *Setsubun,* fête du Lancer de haricots dans les principaux temples du pays.
– ***2 ou 4 février :*** festival des Lanternes du sanctuaire de Kasuga à Nara.

Mars

– ***1er-14 mars :*** *Omizutori,* fête du Puisage de l'eau sacrée au temple Tôdai-ji de Nara, l'apogée se situant la nuit du 12.
– ***3 mars :*** *Hina matsuri,* fête des Poupées célébrée dans tout le pays. Concerne plus particulièrement les petites filles ; dans chaque maison, on dresse un autel avec des poupées miniatures symbolisant l'empereur, l'impératrice et la cour.
– ***13 mars :*** *Kasuga matsuri.* Danses traditionnelles au sanctuaire Kasuga à Nara.
– ***Mi-mars (pendant 15 jours) :*** Sumo. 2e tournoi à Osaka.
– ***Du 25 mars (au sud) au 15 avril (au nord) environ :*** c'est la fête des Cerisiers en fleur, *Sakura.* Pour les dates précises dans les villes où vous vous rendrez, renseignez-vous avant sur • *jnto.go.jp/sakura/eng/index.php* • un site en anglais pour connaître toutes les dates, dans tout le Japon, pour les cerisiers en fleur.

Avril

– ***1er-30 avril :*** *Miyako odori,* danse des Cerisiers à Kyoto. Des *maiko,* futures geishas en apprentissage, exécutent des danses traditionnelles.
– ***8 avril :*** *Hana matsuri,* fête des Fleurs. Commémoration de la naissance du Bouddha dans tous les temples.

Mai

– ***15 mai :*** *Aoi matsuri,* fête des Roses trémières. Reconstitution historique de la période Heian à Kyoto.
– ***Mi-mai (pendant 15 jours) :*** Sumo. 3e tournoi à Tokyo.
– ***Mi-mai :*** *Kanda matsuri.* Parade de *mikoshi,* sanctuaires portatifs, à travers le quartier de Kanda à Tokyo.
– ***3e dimanche de mai :*** *Mifune matsuri.* Parade de bateaux anciens sur la rivière Oi à Kyoto.
– ***3es vendredi, samedi et dimanche de mai :*** *Sanja matsuri,* festival du sanctuaire d'Asakusa à Tokyo. Parade de 3 grands *mikoshi* et d'une centaine de plus petits.

Juin

– ***Mi-juin :*** *Sannô matsuri,* au sanctuaire de Hie de Tokyo. Procession de *mikoshi* à travers le quartier d'Asakusa les années paires seulement.

Juillet

– ***7 juillet :*** *Tanabata,* fête des Étoiles, dans tout le Japon.
– ***13-15 juillet (ou au mois d'août dans plusieurs régions) :*** *Bon,* la fête des Morts. On célèbre des rites en mémoire des défunts, des danses folkloriques destinées à apaiser leurs âmes *(Bon-odori)* leur sont dédiées.
– ***16-17 juillet :*** *Gion matsuri.* Festival de Kyoto le plus important. Défilé de chars richement décorés à travers les rues principales de la ville, remontant au IXe s.
– ***Dernier samedi de juillet :*** feux d'artifice sur les berges de la rivière Sumida à Tokyo.
– ***24-25 juillet :*** *Tenjin matsuri* du sanctuaire de Temmangu à Osaka. Descente de la rivière Dojima par des bateaux transportant des *mikoshi.*

Août

– ***16 août :*** *Daimonji.* Fin du *Bon* (fête des Morts) marqué de l'illumination de feux sur les collines environnantes à Kyoto.

Septembre

– ***Mi-septembre (pendant 15 jours) :*** Sumo. 5e tournoi à Tokyo.

Octobre

– ***16 et 17 octobre :*** festival d'Automne au sanctuaire Toshogu. Parade de palanquins escortés de gardes en armure.
– ***22 octobre :*** *Jidai matsuri* (festival des Âges) à Kyoto.

Novembre

– ***Mi-novembre*** *(pendant 15 jours)* **:** Sumo. 6e tournoi à Fukuoka.
– ***15 novembre :*** *Shichi-go-san* (« 7-5-3 »). Présentation des enfants âgés de 3, 5 et 7 ans au sanctuaire shinto pour remercier les dieux de veiller sur eux.

Décembre

– ***1er décembre :*** festival de la Cérémonie du thé au sanctuaire Kumano à Kyoto.
– ***14 décembre :*** *Gishi-sai.* Festival commémorant la mort des 47 rônins au temple Sengaku-ji à Shinagawa.
– ***15-18 décembre :*** *On-matsuri.* Présentation de personnages du temps passé au sanctuaire Kasuga.

Jours fériés

Quelques règles à connaître : lorsqu'un jour férié tombe un dimanche, le jour suivant devient férié ; un jour entre 2 jours fériés (sauf le dimanche et dans le cas ci-avant) devient férié ; le 25 décembre n'est pas férié.
– ***1er janvier :*** Jour de l'an – *Ganjitsu.*
– ***2e lundi de janvier :*** jour de l'accession de la majorité – *Seijin no hi* (13 janvier en 2020).
– ***11 février :*** anniversaire de la naissance de la Nation – *Kenkoku kinenbi.*
– ***23 février :*** anniversaire de l'empereur Naruhito – *Tennô tanjôbi,* fête nationale.
– ***20 mars :*** équinoxe de printemps – *Shûbun no hi.*
– ***29 avril :*** jour de Shôwa (fête de la Verdure) – *Shôwa no hi.*
– ***1er mai :*** accession au trône de l'empereur Naruhito.

- **3 mai :** anniversaire de la Constitution – *Kenpô no hi.*
- **4 mai :** jour de la Nature – *Midori no hi.*
- **5 mai :** fête des Enfants – *Kodomo no hi.*
- **23 juillet :** jour de la Mer – *Umi no hi* (veille de l'ouverture des J.O.).
- **24 juillet :** journée du Sport et ouverture des J.O.
- **10 août :** journée de la Montagne – *Yama no hi.*
- **3e lundi de septembre :** jour des Personnes âgées – *Keirô no hi.*
- **23 septembre :** équinoxe d'automne – *Shûbun no hi.*
- **3 novembre :** jour de la Culture – *Bunka no hi.*
- **23 novembre :** fête du Travail – *Kinrô kansha no hi.*

HÉBERGEMENT

En raison de la Covid et de ses suites, certains hôtels étaient encore fermés lorsque nous avons bouclé ce guide. Pour vous assurer que l'établissement que vous avez choisi est bien ouvert, rien ne vaut de les contacter au préalable !

Si l'hôtellerie est globalement chère dans tout le pays, plusieurs formules d'hébergement bon marché s'offrent au voyageur. En 1er lieu, les auberges de jeunesse (ouvertes à tous sans restriction). Mais il y a aussi les *ryokan,* auberges traditionnelles comparables à nos chambres d'hôtes. Dans les grandes villes, on trouve, enfin, des *business hotels* à prix relativement sages.

SACRÉ TOTO !

En matière de sophistication, Toto, le célèbre fabricant japonais de lieux d'aisance, n'en finit pas de surprendre. Partout, vous verrez des toilettes avec siège chauffant, séchoir à air, jet nettoyant pour les fesses, un autre pour l'intimité féminine. Nouveautés : certaines toilettes effectuent analyse de selles, d'urine, et prennent la tension. Bientôt, elles feront le café !

- ***Taxes et service :*** une taxe de 8 % et un service de 10 à 15 % sont parfois ajoutés au prix des chambres. En supplément, une taxe de séjour est prélevée localement pour chaque nuitée : les montants varient sensiblement selon que l'on est à Tokyo, Kyoto ou Osaka. Les prix incluent ou pas la taxe : se renseigner à la réservation pour éviter les surprises.
- ***Réservations :*** il est conseillé de réserver à l'avance soit par Internet, soit en passant par les centraux de réservation ou par les offices locaux de tourisme. Dans une ville comme Kyoto, en haute saison (de mars à mai et de septembre à novembre), les hôtels et les *ryokan* peuvent afficher complet, surtout dans les adresses de charme prisées par les voisins chinois.

i *Office national de tourisme du Japon :* • *tourisme-japon.fr* • Nombreux liens internet à la rubrique hébergement, mais ils ne permettent pas de réserver.

Les auberges de jeunesse

• *hihostels.com/fr/* • *hostelworld.com* •

Le Japon compte plusieurs centaines d'AJ (autrement appelés *hostel*), réparties à travers le pays. C'est probablement la formule d'hébergement la plus économique et sans limite d'âge au Japon, de surcroît.

Celles d'entre elles affiliées au réseau de la Fédération internationale des auberges de jeunesse *(Hostelling International)* proposent des réductions à leurs membres. On assiste, dans les grandes villes, à l'arrivée de quelques ovnis technologiques

qui ne peuvent que ravir : salles communes avec prêt de tablettes, décoration moderniste, télécommande connectée pour gérer complètement la domotique de sa chambre... Qui dit mieux ?
Les dortoirs comprennent en général des lits superposés, dans des box fermés par un rideau d'intimité. Parfois, les dortoirs s'alignent à la japonaise, sur tatamis. Certains *hostels* réservent des dortoirs exclusivement aux femmes. Les chambres pour 1 à 4 personnes sont moins chères que dans les hôtels ou *ryokan*. Les salles de bains sont communes, et certaines disposent d'*onsen* (source d'eau chaude naturelle) ou de *sento* (bain public).
Ces hébergements proposent aussi de nombreux services à leurs occupants : cuisine plus ou moins équipée, petit déj, repas, coin cafétéria (ou thé), laverie (pas toujours), location de vélos, informations sur la ville ou la région, tours organisés. Consulter le site • *jyh.or.jp* • des auberges de jeunesse du Japon, dépendant pour la plupart du réseau *Hostelling International*. Possibilité de réserver en ligne.
Également intéressants, les réseaux d'auberges • *kshouse.jp* • *j-hoppers.com* • et • *hanahostel.com* •, qui proposent des lits en dortoirs mixtes et pour filles.
Compter 2 000-4 000 ¥ (17-34 €) le lit en dortoir, et à partir de 7 000 ¥ (58 €) la chambre double.

Logement dans les temples *(shukubo)*

C'est une des originalités du Japon. Il est possible de séjourner dans des temples bouddhiques, sans pratiquer leur religion. Ce type d'hébergement suppose toutefois de la part du visiteur un minimum d'intérêt pour le bouddhisme japonais et sa philosophie. Il est important aussi de connaître à l'avance les us et coutumes des moines qui y vivent et d'accepter les conditions de séjour (horaires, mode de vie). Tous les temples bouddhiques n'hébergent pas de voyageurs, c'est le cas seulement pour un certain nombre, répartis dans le pays. Grandes ou petites, les hôtelleries des temples sont très propres et très bien organisées.
Les offices de tourisme des villes et les bureaux d'information des préfectures publient des listes détaillées avec toutes les infos et les tarifs. Habituellement, le voyageur dort seul ou en couple dans des chambres aménagées dans le style traditionnel : tatamis au sol, matelas futon, tables basses, portes coulissantes. Il arrive aussi que des groupes soient admis dans des dortoirs collectifs. Dans tous les cas, les salles de bains (avec bassin collectif d'eau chaude naturelle) se trouvent hors de la chambre ou du dortoir.
Sans être obligatoire, on peut se restaurer sur place (ça tombe bien, car certains temples sont sacrément isolés). La cuisine des moines est végétarienne (savoureuse et diététique), par respect pour la vie animale. Les adeptes du vegan opineront du chef. Le déjeuner est rarement proposé, mais le dîner très souvent, ainsi que le petit déjeuner (végétarien lui aussi). Les prix incluent ces options. Si l'on souhaite assister et participer à la prière du matin (vers 6h ou 6h30), il suffit de le signaler au moine hôtelier la veille. Séjourner dans un temple reste une expérience riche en enseignements.
Quelques temples bouddhiques à Kyoto disposent d'une hôtellerie. Mais l'une des plus grosses concentrations au Japon se trouve au mont Koya (Koyasan), où une cinquantaine de temples proposent l'hébergement (dîner et petit déjeuner inclus). Expérience à ne pas manquer. Réservation à l'avance requise, soit auprès de l'hôtellerie du temple, soit par une agence de voyages.
Sur ce mode particulier d'hébergement, se reporter au chapitre sur le mont Koya (Koyasan), la montagne sacrée non loin d'Osaka.

Les *capseru oteru* (capsules-hôtels)

Généralement situés au cœur des villes, près des gares, des grandes stations de métro ou dans les aéroports, ce sont des hôtels plutôt bon marché. Encore faut-il ne pas être claustrophobe : on ne dort pas dans une chambre, mais allongé dans une sorte de casier en plastique mesurant un peu plus de 2 m de long sur 1 m de large (pas plus), auquel on accède à 4 pattes. On atteint les capsules élevées par des échelles.

Empilées les unes sur les autres comme des alvéoles dans une ruche, ces capsules dégagent une impression étrange qui se situe entre le four à micro-ondes, la niche pour chien et la couchette d'un vaisseau spatial. On exagère, bien sûr !

En réalité, les capsules-hôtels répondent à un besoin très pratique : ils permettent aux salariés japonais ayant manqué leur dernier métro de passer une nuit dans leur quartier d'affaires sans avoir à regagner leur domicile en lointaine banlieue. Les chaussures, les valises et les sacs restent dans des casiers fermés à clé. On ne garde sur soi que ses petites affaires : trousse de toilette, papiers, lunettes, montre. Les salles de bains sont collectives et très propres.

Le capsules-hôtel ne convient pas à un long séjour pour un voyageur, c'est juste une formule de dépannage, qui sort de l'ordinaire. Ou à tester une fois, pour le fun !

Les *minshuku*

Ces petites pensions de famille sont l'équivalent de nos chambres chez l'habitant et constituent une formule économique pour partager la vie des familles japonaises. Ce ne sont pas nécessairement des maisons traditionnelles, mais la façade moderne peut cacher un intérieur de style japonais. Cela reste néanmoins comparable aux *ryokan,* mais avec plus de simplicité dans la décoration et le confort. Les salles de bains y sont souvent collectives, et la chambre double, sans le petit déjeuner ni le dîner (facultatifs et à la demande seulement), y est un peu moins chère.

Les *ryokan*

Un *ryokan* est une auberge traditionnelle, souvent une petite maison basse dans un quartier tranquille. Sans doute le meilleur rapport qualité-prix pour se loger, et qui permet d'être en contact avec les Japonais. Même en plein cœur de Tokyo et Kyoto, les *ryokan* conservent leur place au sein de l'urbanisme moderne, répondant à un désir de dormir chez l'habitant plutôt que dans des hôtels, impersonnels et plus chers. On y est accueilli par le propriétaire, qui vit sur place. La tradition nippone veut que les *ryokan* soient tenus par des femmes appelées *okami,* qui personnifient l'esprit d'hospitalité. Il s'agit d'un statut que la société nippone reconnaît pleinement et que le gouvernement encourage. Habituellement, les propriétaires parlent quelques mots d'anglais, et ils acceptent les cartes internationales de paiement.

Les chambres du *ryokan* témoignent du mode de vie traditionnel. Le plancher est recouvert d'un tatami en paille de riz. Les portes sont coulissantes *(shoji)* avec treillis de bois et papier de riz (rarement du verre). Dans le *ryokan,* on marche en sandales ou en chaussons, mais on laisse les chaussures à l'entrée de la maison.

Puis on laisse les chaussons à l'entrée de la chambre, pour fouler le tatami pieds nus ou en chaussettes. Le mobilier se compose d'une table basse et de quelques petits meubles de rangement. On y trouve aussi parfois un petit frigo et toujours la clim, très utile durant l'été (sauf en montagne). La décoration varie selon la catégorie du *ryokan,* de simple à sophistiqué, voire luxueux. Pour dormir, il faut sortir le matelas (futon) et la couette, rangés dans un placard, puis on les déroule sur le tatami. Certains oreillers sont confectionnés à partir de grains de riz, ce qui assure une fraîcheur à la tête quand il fait chaud. Le matin, l'hôte doit ranger le futon dans le placard ou le replier dans un coin de la chambre.

Un *yukata* est fourni (kimono). On le porte pour se rendre à la salle de bains commune. Dans la majorité des *ryokan*, les sanitaires sont à l'extérieur de la chambre, sur le palier ou à un autre étage, avec les toilettes séparées de la salle de bains. Dans chaque salle de bains, il y a 2 parties : celle où l'hôte se lave sous la douche assis sur un petit tabouret en plastique, et celle où, après s'être bien rincé, il se plonge dans un grand bassin intérieur ou extérieur (parfois semi-couvert) pour se détendre et se relaxer. Mais jamais pour s'y laver ! Les hommes et les femmes peuvent dormir dans la même chambre, mais les salles de bains sont séparées. Dans les stations thermales, la plupart des *ryokan* sont construits autour d'une source chaude *(onsen)*.

UN DÉTAIL MORTEL

Attention au choc culturel lorsqu'on enfile un kimono ou un yukata (peignoir de bain) ! La fermeture de ces vêtements avec le pan droit sur celui de gauche est réservée aux morts. Pour éviter toute bavure, mieux vaut être attentif à son apparence, car le détail compte !

Un autre plaisir du *ryokan* consiste à y prendre, vers 18h30, le dîner, que l'on a réservé à l'avance (en option et en sus du prix de la chambre). Les repas peuvent être servis dans la chambre ou dans une salle à manger pour les hôtes. Dans les plus chics, ce sont des hôtesses en kimono qui servent. Dans les plus modestes, les hôtes mangent dans la salle à manger de la maison où se prennent aussi les autres repas dont le petit déjeuner (souvent inclus dans le prix).

– Il existe près de 65 000 *ryokan* au Japon, regroupés au sein d'une association dont le site fournit tous les détails : • *ryokan.or.jp* • Il recense des *ryokan* de catégorie chic et luxe dans tout le Japon.

Également le site • *japaneseguesthouses.com* • pour les pensions et les *ryokan* à prix moyens et plus chic. Le plus intéressant est la liste et la carte des ***onsen*** au Japon. Très utile pour les meilleurs *onsen* (petit rappel : ce sont de grands bassins construits sur des sources d'eau chaude naturelle dans lesquels on se baigne).

– L'office national du tourisme du Japon délivre le petit guide *Japanese Inn Group Hospitable and Economical*, avec la liste complète des *ryokan* affiliés à cette chaîne (avec photos, fiche descriptive et plan d'accès). Le site de la *Japanese Inn Group Hospitable and Economical* présente la liste complète des *ryokan* affiliés à cette chaîne (avec photos, fiche descriptive et plan d'accès) : • *japaneseinngroup.com* •

Les *business hotels*

Ce sont des immeubles modernes, proposant de petites chambres propres, correctement équipées (souvent de style occidental) et en principe de bon rapport qualité-prix. Les *business hotels* s'adressent aux hommes d'affaires, mais aussi aux touristes disposant d'un budget moyen, bref à tous ceux qui ne veulent pas dépenser trop. Situés au cœur des grandes villes, ils constituent une alternative intéressante pour les voyageurs. Ils sont parfois aménagés d'une cuisine où l'on peut se préparer le petit déjeuner.

Habituellement, les chambres sont pour une seule personne, mais certains proposent un 2e lit (lit jumeau).

Les *love hotels*

Situés dans les villes, près des grandes gares ou des quartiers animés (et « chauds »), les *love hotels* sont, comme leur nom l'indique, des « hôtels d'amour ». Ils répondent au besoin des Japonais qui n'ont pas chez eux l'intimité nécessaire pour leurs ébats amoureux. On les remarque à leur façade extravagante, à leur enseigne évocatrice et à leur décoration intérieure originale. Normalement, ils sont réservés aux couples japonais ; les étrangers y sont refusés, mais rarement à Tokyo. Les chambres sont louées à la nuit ou à l'heure, et elles proposent souvent un bon niveau de confort. À la réception, on ne voit pas le réceptionniste qui encaisse les billets discrètement, en retrait derrière un comptoir, masqué par un rideau. Ces hôtels hors catégorie font partie de la vie moderne du Japon. En moyenne et selon le confort, compter environ 10 000 ¥ (83 €) la chambre par nuit.

ÉROTISME JAPONAIS

Les hommes japonais ont parfois des fantasmes de « niche ». Sans entrer dans les détails – la place nous manque –, on les dit plus sensibles à la courbure d'une nuque qu'à l'émotion provoquée par un décolleté.

Partez *WWOOFer* : un bon moyen pour loger pas cher

WWOOF (de l'anglais *World-wide opportunities on organic farms*) est une organisation qui dans le monde entier met en relation des fermiers et des bénévoles. Le principe : en échange du gîte et du couvert, on travaille dans la ferme quelques heures par jour. C'est un très bon moyen pour faire des rencontres, pour apprendre les techniques de l'agriculture biologique et pour mieux connaître le pays en vivant dans une famille pendant quelques jours, quelques semaines, voire quelques mois pour les plus aventureux ! Un vrai bon plan routard, pour s'immerger dans la culture d'un pays. Il suffit de payer l'adhésion pour 1 an au *WWOOF* local (env 5 500 ¥, soit 46 €, pour le Japon), il n'y a rien d'autre à débourser... Tout se fait par Internet (version en anglais) : l'adhésion, la recherche d'une ferme dans la liste du site et enfin la prise de contact avec les fermiers pour décider des dates et des détails du séjour.
• *wwoofjapan.com* •

Au Japon, cette organisation regroupe des centaines de petites fermes dans tout le pays. Parler quelques mots de japonais est évidemment un plus, et le séjour n'en sera que plus enrichissant, même si la plupart des hôtes parlent un peu l'anglais.

Ce mode de voyage s'adresse plutôt à des gens qui partent pour au moins 3 semaines. Attention, sur place, on travaille dur ! Les hôtes vous recevront très bien, mais ils attendront en retour une participation active aux travaux de la ferme (environ 6h par jour), ainsi qu'au fonctionnement de la maison.

Également les sites • *couchsurfing.com* •, qui permet d'être hébergé gratuitement et de rencontrer des locaux, et • *workaway.info* • qui, en plus du logement, permet parfois d'être nourri en échange de quelques heures de travail par jour.

LANGUE

La caractéristique principale de la langue employée par les Japonais réside dans le nombre élevé de mots de sens différents mais de prononciation identique. Ainsi *gengo,* qui désigne la « langue » ou l'« idiome », renvoie également à « langue originale » mais aussi à l'adjectif « solide ». Cela tient au caractère restreint de la structure syllabique propre à la phonétique du japonais originel, laquelle n'accepte que des syllabes du type « voyelle » ou « consonne + voyelle » (+ *n*). De sorte que le japonais a opéré une réduction de la phonétique du chinois – laquelle est riche –, lorsqu'il a emprunté à ce dernier les mots pour désigner et les idéogrammes *(kanji)* pour noter un ensemble de faits de civilisation.

Le japonais moderne comprend les 5 voyelles : *a, i, u, e, o* (*u* se prononçant « ou », et *e* « é »), ainsi que les combinaisons de ces voyelles et des semi-voyelles *y* et *w* ; et des consonnes sourdes *(k, s, t, p, h)*, sonores *(g, z, r, d, b)* et nasales *(g, n, m).*

Une langue de classe(s)

Autant le savoir, le japonais est une langue d'autant plus complexe qu'elle positionne les locuteurs les uns par rapport aux autres. Selon l'âge, le sexe, et même la hiérarchie, on n'emploie ni les mêmes mots ni les mêmes formules de phrase. Un parler pétri de codes. Conclusion presque désespérante, un étranger ne parlera jamais parfaitement le japonais...
Mais le happy end de cette histoire, c'est que les Nippons, conscients de cette complexité de leur société et de leur langue, sont très tolérants et font un gros effort pour comprendre ce que vous dites. Pas de complexe, donc, vous leur ferez énormément plaisir en leur sortant quelques mots de japonais à votre sauce !

Des mots techniques d'origine étrangère

Le japonais originel, se prêtant mal à la dérivation de nouveaux mots techniques, s'est constitué un répertoire d'éléments d'origine chinoise. Les Japonais n'ont cessé d'y puiser au long des siècles pour créer les mots nécessaires, au fur et à mesure de l'évolution des connaissances dans tous les domaines. Ce répertoire est composé d'environ 6 400 éléments, représentés chacun par un *kanji,* un idéogramme. Après l'ouverture du Japon au monde occidental dans la 2de moitié du XIXe s, la création de mots nouveaux s'est sensiblement accélérée.

LE FRANPONAIS

Ce terme désigne l'utilisation des mots français par les Japonais, dans des domaines où nous avons bonne réputation. Ainsi, on trouve Comme des Garçons *(mode),* La Belle Touffe *(restaurant !),* L'Amor Éternel *(bijouterie),* Famille de Chie *(pâtisserie !),* Duce *et* Collabo *(2 restos voisins dans le même immeuble !),* Culotte *(resto) ou* Bonne Famme *(musique). Beaucoup du vocabulaire de l'amour vient du français, comme « rendez-vous », etc. Parfois, l'orthographe est approximative ou la signification... inexplicable. Ainsi,* Partouze *est une marque de mouchoirs !*

Les 3 lectures « on », « kun » et « nanori »

Dès le VIe s, dans la région de Yamato, les plaines et monts autour de Nara, l'introduction des *kanji* et de leurs prononciations a commencé au Japon et s'est prolongée après, pendant plusieurs siècles, à travers différents chemins. À l'arrivée du chinois, le pays n'était vierge ni de langues ni de patronymes. Il en a résulté 3 types de lectures différents pour un même *kanji,* qui coexistent encore aujourd'hui. Le type *on – on-yomi* (lecture « *on* ») – correspond à la lecture chinoise de l'idéogramme ; le type *kun – kun-yomi* (lecture « *kun* ») – correspond à la lecture japonaise du *kanji* ; et le type *nanori – nanori-yomi* (lecture des « noms ») – est utilisé pour la lecture des noms de personnes et de lieux.

L'invention des kana, les « *rômaji* »

En parallèle de la lecture directe du chinois (resté longtemps la langue de l'administration et de la vie intellectuelle), les Japonais ont mis rapidement au point un système de signes phonétiques syllabiques, grâce auquel la langue est devenue plus intelligible. C'est le système des kana, inventé par Kukai (774-835), dérivés du procédé utilisé en Chine pour transcrire les langues étrangères. On distingue les *hiragana* et les *katakana.*
Les premiers kana, ou caractères chinois « empruntés » (par rapport à *mana,* « signes réels »), servent d'abord pour les noms propres japonais dans les premiers documents écrits rédigés en chinois. Dans la 1re moitié du VIIIe s, la 1re anthologie de poésie japonaise – *Le Recueil des dix mille feuilles* – affecte ensuite ces signes à

différentes syllabes de la langue japonaise, donnant naissance aux *man-yô-gana,* ou kana du *man-yô-shû.* Dans le cadre des improvisations poétiques que pratique l'aristocratie, les « signes empruntés » sont tracés de façon si cursive que s'est perdu le lien avec les caractères chinois dont ils proviennent. Le *Kokin waka-shû, Recueil de poèmes anciens et modernes,* compilé en l'an 905, officialise ces signes, que l'on appelle aujourd'hui *hiragana,* littéralement « les kana simples ». Ils servent à noter la plupart des mots et affixes grammaticaux, les mots japonais (dont beaucoup peuvent aussi s'écrire en *kanji*), et aussi à donner la lecture d'idéogrammes.
Existant déjà en Chine, l'annotation des textes chinois à laquelle était destiné l'ensemble des signes abrégés, qui portent le nom de *katakana,* « signes abrégés », provient tout d'abord des grands monastères. Elle a été ensuite systématisée sur place.
Enfin, contrairement aux *hiragana,* à l'élégante simplicité, les *katakana* ne seront pas élevés au rang d'un art calligraphique. Ils servent à transcrire les « mots d'origine étrangère » non chinoise – les *gairaigo* –, les onomatopées, très nombreuses et très expressives dans la langue japonaise, et les mots que l'on veut mettre en relief (comme pour l'italique dans l'alphabet latin).
Le japonais moderne comprend 47 *hiragana* et 47 *katakana.*
Dernière méthode de transcription du japonais : les « *rômaji* », qui servent à transcrire le japonais en « lettres romaines ou latines ». Il en existe plusieurs, mais la méthode Hepburn dite « modifiée » ou « révisée » – celle qui est utilisée dans ces pages – est la plus répandue à l'étranger.
Signalons enfin que certains kana, *hiragana* ou *katakana* également, peuvent être modifiés par les 2 signes diacritiques (*dakuten* et *handakuten*) des syllabaires japonais.
Very last but not least : toutes les voyelles du japonais sont doublées de leur équivalent en voyelles longues (transcrites avec un « macron », ici avec un accent circonflexe), principalement pour la lecture de termes non indigènes mais du lexique sino-japonais, comme Kyoto.

Une langue « agglutinante »

Très différente de la grammaire française, la grammaire japonaise s'apparente aux langues comme le turc ou le basque. Elle est dite « agglutinante » ou « à tête finale ». Le prédicat ou verbe se place à la fin de la phrase, l'objet est placé devant le verbe, l'adjectif se met devant le substantif, et la morphologie est principalement « suffixante ». Il n'y a ni article, ni genre, ni nombre ; les verbes ne se conjuguent pas selon les personnes (je, tu, il...) ; des particules invariables (il y en a 11) indiquent la fonction du mot dans la phrase.
La langue écrite contemporaine est issue du style hybride maniant le lexique chinois et la syntaxe japonaise, à la formation duquel ont contribué les *katakana.*

Langue de Tokyo, « parlers » et niveaux de langage

Quelque 130 millions de personnes parlent le japonais dans le monde (dont 5 millions d'étrangers), ce qui place l'idiome nippon à la 9e ou 10e place des langues les plus parlées après le chinois, l'hindi, l'anglais, l'espagnol, l'arabe et le russe. La langue japonaise a la réputation d'être ardue en raison de l'existence d'un système de langage à plusieurs niveaux (on en compterait une dizaine !). Que les candidats à son apprentissage se rassurent ! Le « parler » *(hôgen)* de Kanto, laquelle

ON NE DIT JAMAIS « NON » !

Le Japonais redoute la confrontation, le conflit avec son prochain. Il évitera très souvent de dire « non » (iie), *bien trop violent et brutal. Comprendre un Japonais, c'est d'abord bien observer son comportement, ses gestes, qui en disent beaucoup. Au lieu de répondre par la négative, il grimacera ou simulera un rictus en disant : « C'est difficile... »*

région concentre la majorité de la population du pays, est devenu la « langue commune » *(hyôjun-go).* Le système de « politesse » *(sonkei)* et d'« humilité » *(kenson)* japonais ne fait qu'ajouter à la « manière » occidentale qui ne s'exprime que vis-à-vis de son interlocuteur (choix du tutoiement ou du vouvoiement en français, par exemple), l'objet de la conversation, c'est-à-dire la personne ou le groupe social dont on parle (le *wadai*), et la situation de communication, autrement dit la personne ou le groupe social à qui l'on parle, ou écrit (le *dentatsu*). Et *kami,* « divinité », qui se prononce aussi comme le *kanji,* « haut », dériverait de *kuma,* « ours », dont l'une des pattes est l'un des 3 « joyaux » *(medama)* de l'empereur, et serait de l'aïnou, « langue » des premiers habitants du pays...

Japonais de base

Le *a* se prononce « a » ; le *i,* « i » ; le *u,* « ou » ; le *e,* « é » ; le *o,* « o » ; le *c,* « tch » ; le r, « l » ; aspirez les *h* ; le *s* est sourd ; et allongez les lettres marquées de l'accent circonflexe. Le point d'interrogation n'existe pas en japonais, il est exprimé par la particule « ka » en fin de phrase. Le *u* ne se prononce pas à la fin du mot *desu.* Exemple « *ikura desu ka* » se prononcerait « ikoura des(u) ka » (voir ci-dessous).
Pour vous aider à communiquer, n'oubliez pas notre ***Guide de conversation du routard en japonais.*** Et si vous préférez vous contenter d'une communication à base d'images, notre très pratique ***G Palémo...*** Fous rires garantis !

Quelques éléments de base

Oui / non	*haï / iie*
Merci	*(dômo) arigatô (gozaimasu)*
Bonjour	*ohayô* (matin) / *konnichiwa* (après-midi)
Bonsoir	*konbanwa*
Au revoir	*sayônara*
Cela	*Kore*
C'est combien ?	*ikura desu ka*
S'il vous plaît	*onegaishimasu*
Excusez-moi	*Sumimasen*
C'est par où ?	*... (wa) doko desu ka*
C'est quand ?	*... (wa) itsu desu ka*
Je voudrais (avoir / acheter cela /quelque chose)...	*(kore)... o kudasai*
Je voudrais (faire / téléphoner)	*(... / denwa)... o shitai desu*
Allô	*moshi moshi*
(au téléphone) Passez-moi M. / Mme...	*...-san o onegai shimasu*
Vous allez bien ?	*o-genki desu ka*
Je (homme / femme)	*watashi / atashi*
Aussi	*Mô*
Encore (/ à la prochaine !)	*mata (/ mata ne !)*
L'hôtel	*Hoteru*
Les toilettes	*Otearai*
Le restaurant	*Resutoran*
L'eau	*o-mizu*
Une bière (d'abord !)	*(toriaezu) bîru !*
La station	*Eki*
L'aéroport	*Kûkô*
Le temple bouddhiste / shinto	*(o)tera / jinja*
Le musée (le musée d'art)	*Hakubutsukan (bijutsukan)*
La boutique	*Mise*
La pharmacie	*Kusuriya*

L'hôpital	*Byouin*
Quel âge avez-vous ?	*nansai desu ka*
J'ai... ans	*... sai desu*
Je suis français / canadien	*furansu-jin / canada-jin desu*
Adulte / enfant	*otona / kodomo*
Homme / femme	*otoko / onna*

Les nombres

Un	*ichi*	Huit	*hachi*
Deux	*ni*	Neuf	*kyû*
Trois	*san*	Dix	*jû*
Quatre	*shi* (peu employé... signifie « mort », aussi) ou *yon*	Cent	*hyaku*
Cinq	*go*	Mille	*sen*
Six	*roku*	(Dix) mille	*(ichi)man*
Sept	*shichi* ou *nana*		

Glossaire

– ***Aibo :*** petit robot-chien inventé par Sony, qui aboie quand on lui parle et remue la queue.

– ***Bonsaï :*** arbre miniature.

– ***Bushido :*** la « Voie du Guerrier », suivie par les *bushi* (caste des guerriers) et les samouraïs.

– ***Daimyo :*** seigneur à la tête d'un clan, à l'époque féodale.

– ***Dori :*** rue principale.

– ***Enryo :*** les bonnes manières japonaises, basées sur la discrétion, la modestie et un grand respect de l'autre.

BANZAÏ !

Ce mot d'origine chinoise signifie « 10 000 ans », sous-entendu « Que notre empereur puisse vivre 10 000 ans ». C'était le lugubre cri de guerre des kamikazes, au moment ultime. Aujourd'hui, Groland, sur Canal+, a détourné cette exclamation pour en faire son slogan avec une connotation nettement moins belliqueuse.

– ***Futon :*** matelas à même le sol accompagné d'une couette et d'un oreiller. Une majorité de Japonais l'utilisent encore aujourd'hui, gain de place dans leur appartement (on le range dans un placard le jour), ainsi que dans les *ryokan.*

– ***Gaijin :*** étranger.

– ***Geisha :*** littéralement « femme qui excelle dans le métier des arts », artiste qui consacre sa vie aux arts traditionnels japonais (habillement, musique, chant, danse, conversation, jeux...). Elle les présente à une clientèle haut de gamme, jouant le rôle de dame de compagnie, contre une (importante) rémunération. Hélas, trop souvent associée à une sorte de prostitution sophistiquée... Dans ce métier, accorder des faveurs sexuelles n'est absolument pas systématique ou allant de soi !

– ***Giri :*** c'est une valeur morale japonaise qui suppose l'obligation de rendre à l'autre ce qu'il vous a accordé (cadeau, faveur, confiance, ou plus). Une sorte d'obligation qui peut durer des années. On peut avoir un *giri* vis-à-vis d'un parent, d'un professeur, d'un ami, d'une personne aimée ou non. Dans le mariage japonais, les jeunes mariés sont obligés ainsi de tenir une longue et très précise comptabilité des cadeaux !

– ***Go :*** sorte de jeux d'échecs japonais où le gagnant occupe le maximum d'espace sur l'échiquier.

– ***Goshuinô :*** ce carnet en accordéon et aux pages blanches, dans lequel les Japonais font calligraphier le sceau des temples et sanctuaires visités. Une calligraphie manuscrite à l'encre noire indique la date, le nom du lieu et une bénédiction porte-bonheur que l'on peut choisir dans certains édifices. Puis un ou plusieurs tampons « *Goshuin* » rouges sont apposés. *Goshuinchô* signifie « le livre du vénérable tampon rouge ». Voir également « Musées et sites » dans le chapitre « Hommes, culture et environnement » en fin de guide.

– ***Haïku :*** poème court inventé par le poète errant Basho. Un haïku est composé d'un verset de 17 syllabes, divisé en 3 lignes (5, 7 et 5 syllabes chacune). Les règles de sa composition sont complexes : désigner les sujets de façon imagée, donner des repères liés au temps (saison...). Un véritable casse-tête chinois. La lecture en est savoureuse !

– ***Ikebana :*** art floral japonais, codifié depuis le VIIe s, obéissant à des règles et des gestes très précis.

– ***J-pop :*** la culture et surtout la musique « *japanese pop* », qui connaît un vif succès au Japon, sans toutefois sortir des limites de l'Asie, voire de l'archipel.

– ***Kabuki :*** théâtre traditionnel.

– ***Kampaï ! :*** à votre santé !

– ***Karaoké :*** littéralement « orchestre vide ». Ce mot a fait le tour du monde. On s'installe dans une petite salle pour boire et chanter en suivant les paroles de chansons qui s'affichent sur un écran, tandis que la musique est diffusée, par le biais d'un CD numérique ou d'un podcast.

– ***Kawaii :*** signifie « mignon ». Il y a de l'affection enfantine dans ce terme emprunté à l'univers rose bonbon des petits. Une des icônes du *kawaii* est le chat Hello Kitty, mascotte des jeunes.

– ***Kimono :*** pyjama-tunique de soie ou de coton porté traditionnellement par les hommes comme par les femmes.

– ***Manga :*** littéralement « images dérisoires ». Ces B.D. nées au Japon ont conquis le monde. Les thèmes sont très variés : les histoires peuvent être enfantines, naïves, d'autres sont plus salées. Certains mangas sont même violents ou érotiques.

– ***Matsuri :*** festival ou fête religieuse, avec souvent une procession haute en couleur.

– ***Minshuku :*** chambre chez l'habitant, qui correspond à notre chambre d'hôtes. Moins cher que le *ryokan*.

– ***Onsen :*** source d'eau chaude exploitée généralement pour des thermes ou des bains publics.

– ***Otaku :*** se dit de quelqu'un consacrant une partie importante de sa vie aux mangas, jeux vidéo ou dessins animés (ou les 3)... Passion exclusive qui ne les coupe pas nécessairement de la société, au contraire des ***Hikkomori,*** totalement reclus chez eux !

– ***Pachinko :*** sorte de flipper nippon qui se présente sous forme de console électronique verticale où défilent des milliers de billes métalliques. Le jeu consiste à amasser le plus de billes possible. On trouve des salles de *pachinko* partout dans les villes. Une passion « étourdissante » !

– ***Purikura :*** photomaton où le client peut personnaliser ses photos en prenant des poses, en ajoutant des couleurs, des motifs, des inscriptions. Les jeunes en raffolent. Ils s'en servent ensuite comme autocollants.

– ***Ramen :*** soupe de nouilles.

– ***Rônin :*** samouraï qui n'a pas (ou plus) de maître. Une forme d'auto-entrepreneur du sabre, au Moyen Âge...

– ***Ryokan :*** auberge traditionnelle japonaise.

– ***Sahamisen :*** instrument de musique à 3 cordes et long manche évoquant le luth, l'oud ou vaguement le banjo.

– ***Shakai no me :*** c'est « le regard des autres » sur vous. Toujours savoir que l'on vous observe. Toujours veiller à ne pas choquer les autres, même si l'on est fantaisiste, extravagant, anticonformiste ou tout simplement extraverti.

– ***Shibuya girls (ou cosplay) :*** on peut les voir dans les quartier de Shibuya, d'Harajuku et d'Akihabara à Tokyo. Ce sont ces jeunes adolescentes, souvent lycéennes, qui abandonnent leur uniforme après les cours pour s'exhiber en tenue de poupées excentriques, ou d'héroïnes les plus folles, de feuilletons de manga.

Tout cela pour le simple plaisir de changer leur apparence pendant quelques heures. Cet anticonformisme très apprécié des jeunes et des adultes reste quand même très sage (pas de drogue ou de violence), même s'il existe quelques rares cas de prostitution.
- ***Shinkansen :*** le train à grande vitesse.
- ***Shogun :*** chef militaire pendant la période Edo (avant 1868).
- ***Shukubo :*** hébergement dans les temples.
- ***Sumo :*** sport national pratiqué par les ***sumotori*** (l'un des préférés du président Chirac).
- ***Tatami :*** mince matelas (souvent en paille de riz).
- ***Yakusa :*** membre professionnel d'un des grands gangs de la pègre japonaise.
- ***Yukata :*** robe de chambre mise à la disposition des hôtes dans les *ryokan.*

LIVRES DE ROUTE

Romans japonais

- ***Kafka sur le rivage*** (2002), de Haruki Murakami (éd. 10/18, 2011). À la fois acerbe et merveilleux, ce récit présente 2 personnages errants. L'un fuit une malédiction œdipienne, tandis que l'autre, sexagénaire amnésique, part à la recherche d'un chat disparu. Haruki Murakami mêle habilement le réel au surnaturel. Une sorte de tragédie classique à la sauce japonaise, par l'un des plus grands auteurs contemporains.
- ***Je suis un chat*** (1978), de Natsume Sôseki (éd. Gallimard, coll. « Connaissance de l'Orient », Poche nº 8, 1986). Parmi les romans les plus célèbres du Japon. La folie des hommes, du début du XXe s, observée et racontée par un chat sur le ton de l'humour.
- ***1Q84*** (2009-2012), de Haruki Murakami (éd. 10/18). La célèbre trilogie de Murakami est un brassage des genres : thriller, fantastique et romance. Au cœur des tribulations tokyoïtes, 2 personnages vont et viennent entre 2 réalités. Aomamé, prof de sport, est également tueuse à gage, spécialisée dans l'élimination des auteurs de violence conjugale. Tengo, professeur de mathématiques, devient un nègre au service d'une ado de 17 ans pour assouvir son rêve d'écrivain. Ce qui les lie ? Une promesse vieille de 19 ans.
- ***Battle Royale*** (1999), de Koshûn Takami (éd. Calmann-Lévy, 2006). Dans un pays d'Extrême-Orient fictif, une classe est choisie chaque année par le gouvernement pour suivre un programme, qui consiste à être le dernier survivant, exterminant le reste de ses camarades. Ce jeu barbare permet au gouvernement d'asservir son contrôle sur la population et de récupérer des statistiques. Fortement controversé, ce roman est l'un des plus grands best-sellers japonais. Il a été adapté en mangas et film, et a inspiré Suzanne Collins pour sa trilogie *Hunger Games.*
- ***Mémoires d'un yakuza*** (2007), de Junichi Saga (éd. Philippe Picquier, coll. « Picquier Poche » nº 295). Les confessions d'un célèbre yakuza, Ljichi Eiji, à son médecin sur la manière dont il est devenu l'un des plus grands dirigeants du crime organisé au Japon. Un récit haletant qui emmène dans les profondeurs d'une confrérie et de ses traditions.
- ***Il y a 1 an Hiroshima*** (1946), de Hisashi Tôhara (éd. Arlea, coll. « Arléa Poche », 2012). Ce n'est qu'après sa mort, près de 60 ans après la tragédie, que la femme d'Hisashi Tohara trouve son manuscrit dans lequel, tout jeune, il a ressenti le besoin de retracer la journée qu'il a vécu ce 6 août, mais jamais de la raconter. Au-delà du témoignage poignant de cet adolescent, c'est aussi l'histoire d'un silence, celui des survivants.
- ***Pluie noire*** (1972), de Masuji Ibuse (éd. Gallimard, coll. « Folio », 2004). Là encore une histoire de survivants, mais qui refusent de se taire et qui, au contraire, veulent témoigner pour ne plus être discriminés. Parce que des rumeurs courent sur le fait

que Yasuko aurait subi la pluie noire (radioactive) après l'explosion, la jeune fille ne parvient pas à se marier. Son oncle recopie donc le journal qu'ils avaient chacun tenu à l'époque pour démontrer qu'elle n'est pas malade et qu'elle a un avenir.

– ***Le Poids des secrets*** (1999-2004), de Aki Shimazaki (éd. Actes Sud, coll. Babel). L'auteure japonaise installée au Canada évoque l'histoire d'une famille et celle du Japon à partir des années 1920, chaque fois à travers des prismes différents. Ses 5 tomes courts traitent notamment du traumatisme, des travailleurs forcés coréens, des relations parents-enfants et du non-dit.

– ***Le Dit du Genji*** (XIe s), attribué à Murasaki Shikibu (éd. Verdier, 2011). 1er roman psychologique au monde, c'est un peu *Les Mille et une nuits* japonaises. En tout cas, c'est l'œuvre fondamentale de la littérature du Japon, et on ne pouvait que la mentionner. *Le Dit* raconte la vie de 200 personnages de Cour sur plusieurs dizaines d'années, et c'est long, très long !

– ***Les Belles Endormies*** (1961), de Yasunari Kawabata (éd. Livre de Poche, 1982). Un homme âgé se rend plusieurs fois dans une étrange maison où il passe la nuit auprès de jeunes femmes dont il ne connaît rien, endormies sous l'effet d'une puissante drogue. Les émotions et sensations qu'il éprouve le renvoient à l'« affreuse décrépitude de la vieillesse » autant qu'elles l'invitent à remonter le fil de sa vie, ou plutôt des femmes de sa vie. Yasunari Kawabata est prix Nobel de Littérature.

– ***Ma Vie de Geisha*** (2005), de Mineko Iwasaki (éd. Livre de Poche, 2005). Mineko Iwasaki est une célèbre geisha de Kyoto des années 1970. Elle livre son témoignage sur ce que fut cette vie professionnelle exigeante, au service des puissants et des arts traditionnels japonais. Elle fut à la tête de l'*okiya* (maison de geishas) qu'elle reprit.

– ***Meurtres à la cour du prince Genji*** (2019), de Nagao Seio (éd. Picquier Poche, 1998). Polar qui se déroule au XIe s dans le dédale et les alcôves du palais impérial et de sa cour. L'enquête progresse, naviguant entre intrigues, jalousies et corruption qui se dissimulent derrière les éventails et le plus parfait raffinement apparent.

– ***La Tombe des lucioles*** (1967), de Akiyuki Nosaka (éd. Picquier, coll. « Picquier Poche », 2014). Sous les bombardements de 1945 à Kobe, un frère et une sœur essaient tant bien que mal de survivre tout en tentant de retrouver leur enfance déchue. La tragique semi-autobiographie de Nosaka est encore aujourd'hui un classique de la littérature japonaise. Le cinéaste Isao Takahata l'adaptera en film d'animation en 1988.

– ***La Pierre et le Sabre*** (1935), de Eiji Yoshikawa (éd. J'ai lu, 2000). Ce 1er tome relate l'apprentissage du jeune Takezô, devenu le samouraï Miyamoto Musashi, dans le Japon du XVIIe s. Sa quête dans le perfectionnement de l'art du combat le mènera à créer son propre style. Réelle figure de l'Histoire japonaise, Miyamoto Musashi est aujourd'hui un personnage notoire du folklore nippon.

– ***Je veux devenir moine zen !*** (2005), de Kiyohiro Miura (éd. Philippe Picquier, coll. « Picquier Poche » no 245). Un enfant suit son père japonais à ses séances de *zazen* et décide de devenir moine zen. On suit le parcours véridique de ce père, et de toute sa famille, à qui l'enfant est « arraché » par le temple. Poignant.

– ***Le Sabre des Takeda*** (2008), de Yasushi Inoué (éd. Philippe Picquier, coll. « Picquier Poche »). Voilà une narration épique et intimiste de l'art de la guerre au XVIe s. Parmi les seigneurs qui s'entretuent pour conquérir leurs territoires, Yamamoto Kansuke sème la terreur. D'une laideur repoussante, boiteux et presque borgne, il connaît l'art du combat japonais comme personne. Publié en 1953 et extrait du traité stratégique *L'Art de la guerre de Sun-Tsé,* ce roman sera porté à l'écran par Akira Kurosawa. Du même auteur, on vous recommande également *Le Loup bleu* dans lequel Inoué raconte la vie et les combats de Gengis Khan.

Romans étrangers sur le Japon

– ***Stupeur et Tremblements*** (1999), d'Amélie Nothomb (Le Livre de Poche no 15071, 2001). Dans son 8e roman, Amélie Nothomb nous fait entrer dans l'univers hiérarchisé d'une grosse entreprise nippone et y décortique progressivement les codes : respect de la pyramide patronale, soumission des femmes, négation de l'individualité... Une analyse incisive et caricaturale des conditions de travail au pays du Soleil-Levant ! Ne fait pas passer le courant de sympathie avec le Japon, car c'est un livre inspiré d'une expérience personnelle négative de l'auteur. Adapté au cinéma par Alain Corneau, avec Sylvie Testud.

– ***Geisha*** (1997), d'Arthur Golden et Annie Hamel (Le Livre de Poche n° 14794, 2006). Roman écrit sous la forme de mémoires, retraçant le destin d'une petite fille pauvre vendue par son père et qui parvient au sommet de l'art des geishas avant la Seconde Guerre mondiale. Adapté au cinéma sous le titre *Mémoires d'une geisha* par Rob Marshall.

– ***Certaines n'avaient jamais vu la mer*** (2012), de Julie Otsuka (coll. « 10/18 », 2013). Un long cri pour les droits de la Femme. Ou plus précisément une somme de cris. Ceux de ces milliers de (toutes) jeunes Japonaises, envoyées en mariage à des paysans japonais installés aux États-Unis. Plongées dans la société américaine intolérante du début du XXe s, rattrapées par la Seconde Guerre mondiale où les Japonais sont internés en camp de façon préventive par l'oncle Sam. Peu trouveront l'Eldorado promis pour les attirer loin de leur Japon natal.

– ***Tokyo Sanpo*** (2009), de Florent Chavouet (éd. Picquier). Un récit déroutant, comprenant plus de 150 dessins griffonnés par la main de l'auteur. Florent Chavouet, perdu dans l'immensité de Tokyo, est confronté à un véritable choc des cultures. L'architecture excentrique, le quotidien des Tokyoïtes, tout lui semble surréaliste. Il traite les petites absurdités de son quotidien, pour finalement arriver à un récit de voyage que l'on vit avec lui. À mettre entre toutes les mains !

– ***Kyoto limited*** (2010), d'Olivier Adam et Arnaud Auzouy (éd. Points). Le retour à Kyoto est synonyme de bonheur pour Simon. Ici, rien ne change. Il erre dans cette ville magique, émerveillé et nostalgique, entre les ruelles et les temples bouddhistes...

– ***Le Clan des Otori*** (2002-2007), de Lian Hearn (éd. Gallimard, coll. « Folio »). Une fois achevé le 5e tome de la saga, on n'a qu'une envie, relire le 1er tome ! *Le Clan des Otori* est un condensé de luttes sanglantes entre seigneurs, d'alliances et de mésalliances, de valeurs morales, de prophéties, d'amour et de magie dans le Japon médiéval... Jusqu'où le jeune héros Takeo ira-t-il pour défendre son clan ? Quelle est la frontière entre honneur et trahison ? Les sentiments qu'il éprouve pour Kaede l'éloigneront-ils de son devoir ? Publiée d'abord pour la jeunesse, la série, par son style et la force de ses personnages, a vite séduit les adultes et est devenue un best-seller en France et dans le monde.

– ***Hiroshima mon amour*** (1960), de Marguerite Duras (éd. Gallimard, « Folio », 1972). Script du film réalisé par Alain Resnais, qui évoque la rencontre aussi intense que furtive entre une actrice venue à Hiroshima tourner un film et un habitant d'Hiroshima. Marguerite Duras voulait montrer l'impossibilité de parler de la tragédie. Quand les silences sont aussi importants que les maux.

– ***Hiroshima*** (1946), de John Hersey (éd. Tallandier, 2019). Un travail d'enquête mené par un journaliste américain qui s'est rendu à Hiroshima en février 1946, en dépit des censures américaine et japonaise. Il raconte la journée du 6 août à travers 6 personnages, les radiations et leurs effets. Des témoignages de 1re importance pour qu'enfin le monde sache... et s'interroge. Ce livre fait toujours référence.

– ***L'Art du sushi*** (2019), de Franckie Alarcon (éd. Delcourt). On enfreint un peu la règle, car c'est une bande dessinée, mais quelle B.D. ! Tout ce que vous avez toujours voulu voir et savoir sur le sushi, ce mets japonais qui réjouit les papilles du monde entier. Vous allez voir, c'est beaucoup plus compliqué qu'il n'y paraît, car c'est un art à part entière.

Essais sur le Japon

– ***D'Edo à Tokyo : mémoires et modernités*** (1988), de Philippe Pons (éd. Gallimard, coll. « Bibliothèque des sciences humaines », 1998). Cette étude retrace l'histoire de

la modernisation du Japon, du milieu du XIXe s à nos jours. Elle souligne la persistance de l'ancien Japon populaire dans les gestes et les détails les plus quotidiens de la vie.
– ***Les Japonais*** (2008), de Karyn Poupée (éd. Tallandier, coll. « Texto », 2012). Journaliste, correspondante permanente au Japon pour l'Agence France Presse, Karyn Poupée décortique la vie quotidienne des Japonais et décode les ressorts socioculturels et historiques du fonctionnement de la société nippone. Tableau nuancé du Japon et de ses habitants : consommatrices insatiables, créateurs d'humanoïdes, génies de l'électronique, capitaines d'industrie philanthropes, inventeurs de mangas, hommes politiques nationalistes ou yakuzas... un univers japonais restitué dans toute sa diversité, sa subtilité et sa poésie. En juin 2009, Karyn Poupée s'est vu décerner le prix Shibusawa-Claudel récompensant son œuvre, un travail conséquent de recherches en français sur le Japon.
– ***Chronique japonaise*** (1989), de Nicolas Bouvier (éd. Payot & Rivages, coll. « Petite Bibliothèque Payot/Voyageurs », no 1053, 2015). Une référence parmi les livres de voyage. Bouvier, le scientifique du quotidien, rapporte des témoignages touchants de ses séjours au Japon (1956 et 1964). Des tranches de vie qui n'ont pas pris une ride...
– ***L'Art japonais*** (1997), de Christine Shimizu (éd. Flammarion, coll. « Tout l'art », 2008). Fruit de recherches approfondies, cet ouvrage richement illustré présente l'art au Japon sous toutes ses formes (architecture, sculpture, peinture) et met en relation les différentes œuvres avec leur contexte historique.
– ***Japon Express, de Tokyo à Kyoto*** (2018), de Raymond Depardon (éd. Points). Photographe, cinéaste et écrivain, Raymond Depardon propose un recueil de 100 photos illustrant son regard sur la société japonaise.
– ***Le Livre du thé*** (1906), d'Okakura Kakuzō (éd. Philippe Picquier, coll. « Picquier Poche », 2006). Ce surprenant essai considère le phénomène culturel du thé comme un symbole essentiel de la vie et de la culture japonaises : des pratiques du zen aux conceptions artistiques japonaises en passant par le taoïsme, le rituel du thé plonge ses racines dans les fondements de l'Orient. Et autant vous dire que le livre n'a pas pris une ride.
– Et, pour une lecture poétique du pays du Soleil-Levant, ne pas bouder son plaisir à visiter le blog de Toan Nguyen • *totojapon.home.blog* •
Voir également la rubrique « Littérature japonaise » dans le chapitre « Hommes, culture, environnement » en fin de guide.

Manga et BD

– ***La lanterne de Nyx*** (2015-2018), de Kan Takahama (éd. Glénat, 2019). Dans cette série de 6 tomes, la mangaka Kan Takahama nous fait revivre, à travers le regard naïf de la jeune Miyo, l'impact incroyable qu'eurent à la fin du XIXe au Japon les technologies et l'art de vivre occidental. Pauvre, illettrée et orpheline, l'héroïne trouve un emploi chez un marchand excentrique qui parcourt le monde, tout juste revenu de l'Exposition universelle de Paris. Il découvre chez la jeune orpheline un don, il lui suffit de toucher un objet pour en connaître l'ancien et le futur propriétaire. Pour Miyo, c'est le début d'un long voyage vers les connaissances et cultures occidentales, inconnue pour elle jusqu'à présent et qui l'emmènera jusqu'à Paris...
– ***La Cantine de minuit,*** Yarô Abe, Le Lézard noir. Une gargote sans nom de Shinjuku, tout comme son patron, est ouverte de minuit à l'aube et accueille la clientèle bigarrée des noctambules tokyoïtes. Autant d'humanités réunies qui défilent autour du petit bar en U, se croisent, se rencontrent – ou pas – autour d'un petit plat : yakuza, col blanc, insomniaque... Tra(o)nches de vie.

POSTE

La poste (en partie privatisée) fonctionne très bien.
Outre le courrier habituel, on peut y retirer de l'argent à des distributeurs automatiques acceptant la plupart des cartes internationales de paiement.

– ***Horaires d'ouverture :*** en semaine, de 9h à 17h – 19h pour les « bureaux de districts », 21h pour les « bureaux centraux » qui eux, restent même ouverts le week-end et disposent d'un service 24h/24.
– ***Poste internationale :*** un timbre de carte postale coûte environ 70 ¥ (0,60 €) ; pour une lettre jusqu'à 25 g, compter 110 ¥ (environ 0,90 €), et jusqu'à 50 g, 190 ¥ (1,60 €).

POURBOIRES

La coutume du pourboire n'existe pas au Japon. Pire, un Japonais sera très mal à l'aise, voire vexé, si vous lui offrez un pourboire, et cela lui donnera l'impression qu'il fait l'aumône. Le service est inclus dans l'addition, dans les bars comme dans les restaurants.

SANTÉ

L'Organisation mondiale de la santé (OMS) considère que le Japon possède un niveau sanitaire équivalant à celui de l'Europe de l'Ouest. En dépit de l'accident de la centrale de Fukushima, l'OMS juge le risque sur la santé minime. Toutefois, l'inquiétude, sans doute renforcée par l'opacité et le manque d'informations face aux risques radioactifs, ne s'amenuise pas.

UNE PILULE DURE À AVALER

Si la contraception orale fut autorisée dès 1967 en France, les Japonaises durent patienter jusqu'en 1999. En revanche, le Viagra obtint son homologation en 6 mois à peine. Cette discrimination évidente entre les sexes fait que le Japon détient le record mondial de production de préservatifs.

Comme la situation des réacteurs nucléaires est problématique et délicate, et qu'elle le restera probablement sur le long terme, les autorités conseillent à la population de ne pas s'approcher à moins de 20 ou 30 km de la centrale. Mais résider ou voyager dans le reste du pays ne comporte actuellement aucun risque pour la santé. De manière générale, restez vigilant, les autorités japonaises peuvent adapter leurs recommandations aux nouvelles données concernant les contaminations radioactives.
Les grands fléaux infectieux ont été depuis longtemps éliminés. On notera à ce sujet que l'encéphalite japonaise ne porte plus cet adjectif que pour des raisons historiques (alors qu'elle continue à sévir dans tous les pays d'Asie du Sud et d'Extrême-Orient). Une raison à cela : les Japonais sont tous vaccinés ! La dengue est rare, alors qu'elle est de plus en plus fréquente dans toute l'Asie méridionale. Pas de rage. Fréquence basse de l'hépatite B, du VIH et des MST. Il n'existe aucune transmission de l'hépatite A et de la fièvre typhoïde.
Il n'y a donc ***aucune vaccination particulière pour un séjour au Japon*** : être bien à jour des vaccinations du calendrier vaccinal français suffit.
La médecine curative est aussi de qualité, mais très onéreuse et à régler immédiatement (assurance impérative). À Tokyo, une dizaine de médecins seulement parlent le français ; à Kyoto, aucun. L'anglais est un peu plus fréquemment parlé, mais n'imaginez pas trouver un médecin anglophone au cabinet du coin de la rue.

– ***Catalogue Santé-voyages :*** les produits et matériels utiles aux voyageurs, assez difficiles à trouver, peuvent être achetés par correspondance sur les sites • astrium.com • et • boutique-sante-voyages.com • *Infos complètes sur ttes les destinations, boutique web, paiement sécurisé, expéditions So Colissimo ou Chronopost. ☎ 01-45-86-41-91 (lun-ven 14h-19h).*

TÉLÉPHONE

On trouve des téléphones publics partout au Japon. Les téléphones vert et gris acceptent des pièces de 10 ¥ et de 100 ¥ ainsi que des cartes prépayées. Les téléphones à carte IC n'acceptent que des cartes prépayées IC. Un appel local vous coûtera 10 ¥ la minute. Si on utilise des pièces de 100 ¥, l'appareil ne rend pas la monnaie. On peut téléphoner à l'étranger depuis les téléphones gris ou les téléphones à carte IC, qui portent la mention « *International & Domestic Card/Coin Telephone* ». Possibilité de passer des appels locaux et internationaux avec des cartes prépayées émises par plusieurs compagnies, comme la carte *Moshi Moshi,* et cela depuis n'importe quel téléphone public. Ces cartes prépayées sont vendues dans les supermarchés, les *convenience stores (Family Mart, 7-Eleven)* et les kiosques des gares.

– ***Europe → Japon :*** composer le 00 + 81 + indicatif de la ville sans le zéro initial + numéro du correspondant.

– ***Japon → Europe :*** composer le 00 + 33 (pour la France) ou 32 (pour la Belgique) ou 41 (pour la Suisse) + les 9 derniers chiffres du numéro de l'abonné (sans le 0 initial). Une alternative : on peut également se rendre dans un cybercafé et utiliser les logiciels d'appel comme *Skype.*

Le téléphone portable en voyage

On peut utiliser son propre téléphone portable au Japon avec l'option « International ». Renseignez-vous auprès de votre opérateur sur les conditions d'utilisation de votre portable au Japon ainsi que sur les tarifs.

– ***Activer l'option « international » :*** elle est en général activée par défaut. Sinon, pensez à contacter votre opérateur pour souscrire à l'option (gratuite). Attention toutefois à le faire au moins 48h avant le départ.

– ***Le « roaming » ou itinérance :*** c'est un système d'accords internationaux entre opérateurs. Concrètement, cela signifie que lorsque vous arrivez dans un pays, le nouveau réseau local s'affiche automatiquement. Vous recevez rapidement un SMS de votre opérateur qui propose un ***pack voyageurs*** plus ou moins avantageux, incluant un forfait limité de consommations téléphoniques et de connexion internet.

– ***Forfaits étranger inclus :*** certains opérateurs proposent des forfaits où ***35 jours de roaming par an sont offerts*** dans le monde entier. On peut donc cumuler plusieurs voyages à l'étranger sans se soucier de la facture au retour. Attention, si SMS, MMS et appels sont souvent illimités, la connexion internet est, elle, limitée. D'autres opérateurs offrent carrément le ***roaming toute l'année vers certaines destinations.*** Renseignez-vous auprès de votre opérateur.

– ***Tarifs :*** ils sont propres à chaque opérateur et varient en fonction des pays (le globe est découpé en plusieurs zones tarifaires). ***N'oubliez pas qu'à l'international vous êtes facturé aussi bien pour les appels sortants que pour les appels entrants. Idem pour les textos.*** Donc quand quelqu'un vous appelle à l'étranger, vous payez aussi. Soyez bref !

– ***À savoir :*** un téléphone tri-bande ou quadri-bande est nécessaire au Japon, où seuls les mobiles 3G ou 4G fonctionnent. Pour être sûr que votre appareil est compatible avec votre destination, renseignez-vous auprès de votre opérateur.

Bons plans pour utiliser son téléphone sur place

– ***Acheter une carte SIM prépayée sur place :*** il suffit d'acheter à l'arrivée une carte SIM locale prépayée chez l'un des nombreux opérateurs (*KDDI, NTT DoCoMo* et *Vodaphone*), dans les boutiques de téléphonie mobile des principales villes du pays dans les gares ou à l'aéroport (on y trouve des distributeurs automatiques de cartes SIM). On vous attribue alors un numéro de téléphone local. Attention, on ne peut plus vous joindre sur votre numéro habituel mais uniquement sur ce nouveau numéro. Avant de payer, essayez cette carte SIM dans votre téléphone

– préalablement débloqué – afin de vérifier si celui-
cartes pour recharger votre crédit de communicati
KDDI, NTT DoCoMo et *Vodaphone*). Pour un cou
téléphone à carte prépayée, sans abonnement,
de cartes SIM se valent et se complètent : compt
2 500-3 200 ¥, soit 21-27 € pour 7 jours. Pour
29-34 €.
– Autre solution très pratique, la ***possibilité de lo***
nais *(Cell Phone Rental)* pour la durée de vot
auprès des compagnies *SoftBank, KDDI, DoCo*
d'autres, celles-ci sont les plus connues). Prix intéressants et rais
paie la location du matériel, et les communications (domestiques ou internationales) en plus. Paiement possible par carte bancaire. On peut prendre le téléphone dans un aéroport et le rendre dans un autre. La facture finale est envoyée sur votre adresse e-mail et votre compte est débité automatiquement. À l'arrivée à Narita, les comptoirs sont situés aux terminaux 1 et 2 ; à Haneda, aux niveaux 2F et 3F *(tlj 6h30-23h)*. Infos sur les sites • *narita-airport.jp/en/service/svc_19* • *tokyo-haneda.com/en/service/facilities/cellular_phone_rental.html* • *(si les liens ne fonctionnent pas, tapez-les dans votre barre de recherche).*

La connexion internet en voyage

– ***Se connecter au wifi*** permet d'avoir accès au Web gratuitement. Attention, si vous ne disposez pas d'un forfait avec *roaming* offert, ne vous connectez pas aux réseaux 3G ou 4G, au risque de faire grimper votre facture. Le plus sage consiste à ***désactiver la connexion*** « données à l'étranger » avant même d'arriver dans le pays. On peut aussi mettre le portable ***en mode « Avion »*** et activer ensuite le wifi. Attention, le mode « Avion » empêche, en revanche, de recevoir appels et messages. La plupart des hôtels, restos, bars et même certains espaces publics disposent d'un réseau gratuit.
– ***Internet à bon marché au Japon :*** il existe une appli gratuite, ***Japan connected Free Wifi,*** qui permet de se connecter aux *hotspots* disponibles. Autre solution, la connexion en poche pour smartphones et tablettes pour les relier à la 4G avec ***Pocket Wifi,*** à partir de 3 000 ¥ pour 1 ou 2 jours, prix très dégressifs (5 700 ¥ pour 10 jours). À réserver avant le départ sur • *japan-wireless.com* • Le boîtier vous est envoyé à votre 1er hôtel à la date de votre arrivée. Ou à acheter sur place à l'aéroport. Simple et efficace avec 99 % de zones couvertes sur le territoire. À la fin du séjour, il suffit de le déposer dans une boîte postale à l'aide d'une enveloppe préaffranchie. Drôlement pratique pour s'orienter en dehors de l'hôtel.
Autre option, une ***carte SIM Data*** pour le Japon (durée 7, 15 ou 30 jours), qui permet de rester connecté à Internet (mais elle ne permet pas d'être appelé ni de passer des appels téléphoniques). 2 formats de cartes : *Micro* et *Nano*. Il faut évidemment avoir un téléphone préalablement débloqué et récent, et se renseigner auprès de son opérateur de la compatibilité avec son appareil.
On trouve également des wifi accessibles, sans code, dans les gares de Tokyo et de Kyoto, les aéroports et les centres commerciaux. Plus timidement dans certains quartiers de Tokyo et Kyoto (à chaque changement de balise, il faut s'identifier à nouveau selon une procédure qui devient dissuasive à terme).
– Une fois connecté grâce au wifi, vous avez accès à tous les services de la ***téléphonie par Internet, comme WhatsApp, Messenger*** (la messagerie de *Facebook*), ***Viber, Skype.***

Urgence : en cas de perte ou de vol de votre téléphone portable

Suspendre aussitôt sa ligne permet d'éviter de douloureuses surprises au retour du voyage ! Voici les numéros des 4 opérateurs français, accessibles depuis la France et l'étranger :

...a France : ☎ 3244 ; ...ger : ☎ + 33-1-78-56-

... depuis la France : ☎ 0800-... ; depuis l'étranger : ☎ + 33-...9-39-00.

– **SFR :** *depuis la France : ☎ 1023 ; depuis l'étranger : + 33-6-1000-1023.*

– **Bouygues Télécom :** *depuis la France comme depuis l'étranger : ☎ + 33-800-29-1000 (service et appel gratuit).*

...ous pouvez aussi demander la suspension de votre ligne depuis le site internet de votre opérateur.

Avant de partir, notez (ailleurs que dans votre téléphone portable !) votre numéro IMEI utile pour bloquer à distance l'accès à votre téléphone en cas de perte ou de vol. Comment avoir ce numéro ? Il suffit de taper sur votre clavier *#06#.

TRANSPORTS

Le train

C'est le moyen le plus pratique (et économique) pour voyager à l'intérieur du Japon. Le pays possède d'ailleurs l'un des réseaux ferroviaires les plus développés au monde.

Les trains fonctionnent très bien, ils sont à l'heure, et les fréquences nombreuses permettent de se déplacer rapidement et facilement d'une ville à l'autre. À l'arrivée dans les gares (grandes ou petites), des bus, des funiculaires (en montagne) ou des crémaillères attendent les voyageurs. On passe de l'un à l'autre sans difficulté. Les billets s'achètent à des distributeurs automatiques ou bien à des guichets à bande verte *(Midori-no-madoguchi)* situés à côté de ces derniers. En cas de doute, s'adresser à un employé, particulièrement aimable, qui renseigne souvent en anglais et avec un sens du service étonnant.

UN TRAIN DE RETARD OU D'AVANCE

La Metropolitan Intercity Railway Company a présenté des excuses officielles pour 20 s d'avance sur le départ du Tsukusa Express le mardi 14 novembre 2017. La moyenne des retards du Shinkansen depuis son entrée en service en 1964 s'élève à 30 s ! La SNCF a encore beaucoup à apprendre de nos amis nippons quand on pense que 1 train sur 5 arrivait en retard en 2018 en France...

– ***Les trains du réseau JR*** *(Japan Railway)* **:** ce réseau comprend 6 compagnies ferroviaires qui couvrent la totalité du pays. Les trains desservent les principales îles du Japon, de Hokkaïdo, dans le Nord, à Kyushu, dans le Sud. Ils sont ponctuels et confortables. En outre, les connexions entre les lignes sont faciles.

– ***Nombreuses lignes privées* :** elles marchent aussi bien que le réseau public, quasiment au même prix. Pour Nikko, la ligne *Tobu*. Pour Hakone, la ligne *Odakyu Electric Railway.* Autour d'Osaka, les compagnies privées assurent les liaisons : *Kintetsu Railways* pour Nara, *Keihan Railways* pour Kyoto, *Hankyu Electric* pour Kobe, *Nankai Electric Railways* pour l'aéroport international du Kansai.

– ***Train Shinkansen*** *(train à grande vitesse japonais)* **:** propose des liaisons très rapides et nombreuses (des dizaines par jour) entre les principales villes du Japon. Un trajet Tokyo-Kyoto (513 km) dure 2h20-2h50 ; billet : environ 14 000 ¥ (117 €). Un trajet Tokyo-Osaka (556 km) dure 2h48 ; billet : environ 14 500 ¥ (121 €). Le *Shinkansen,* exploité depuis 1965, est élégant et effilé, comme un long poisson de mer dont la locomotive évoque une sorte d'anguille ultramoderne. Grand confort, service impeccable. Les places doivent être réservées, mais dans chaque train, 3 wagons restent disponibles sans réservation pour les voyageurs de dernière minute. Il faut alors se présenter tôt et faire la queue, mais sans garantie aux heures de pointe ! L'un des grands projets ferroviaires est de remplacer d'ici à 2025 le *Shinkansen* par un train à lévitation électromagnétique ! (Voir la rubrique « Économie » dans le chapitre « Hommes, culture, environnement ».) Attention à ne pas les confondre avec d'autres trains, copies conformes des *Shinkansen* mais qui sont des omnibus et s'arrêtent partout ! Bien vérifier les horaires et s'y tenir, car ces trains mettent parfois plus du double de temps...

– ***Informations, horaires, tarifs des trains :*** • hyperdia.com/en • Site en anglais. Très bien fait et pratique.

– *JR Hokkaïdo :* • *jrhokkaido.co.jp/global/* •

– *JR East :* • *jreast.co.jp/e/* •

– *JR Central :* • *global.jr-central.co.jp/en* •

– *JR West :* • *westjr.co.jp/global/en/* •

Sur cette partie du réseau, on peut réserver en ligne depuis l'étranger. Retrait ensuite des billets sur place dans les billetteries automatiques ou dans les guichets JR estampillés « 5489 ».

– *JR Kyushu :* • *jrkyushu.co.jp/english/* •

CIVILITÉ ET CONFORT

Quand on prend le Shinkansen, *le TGV japonais, le contrôleur ou l'hôtesse qui entre dans le wagon (et qui en sort) salue les passagers en s'inclinant. Leurs uniformes impeccables, qui ressemblent à ceux du personnel des compagnies aériennes, contiennent une minuscule puce électronique pour éviter les vols. Au terminus de la ligne, on fait pivoter de 180° tous les sièges du train qui repart, afin qu'ils soient toujours orientés dans le sens de la marche.*

LE MARTIN-PÊCHEUR ET LE *SHINKANSEN*

En pénétrant à 300 km dans un tunnel, le TGV japonais doit affronter une perte de vitesse considérable (surpression) sans compter des vibrations dangereuses et un bruit intenable. Pour dessiner le nez du train, les ingénieurs se sont inspirés de la forme du bec et de la tête de cet oiseau qui ne subit aucun ralentissement ni remous quand il plonge dans l'eau pour pêcher. Pari gagné.

Le Japan Rail Pass

Ce forfait vendu par la compagnie *JR* est intéressant pour les voyageurs qui souhaitent se déplacer dans le pays, entre Tokyo et Kyoto, et au-delà jusque dans le Sud du Japon (Kagoshima) et dans le Nord (Wakkanai). Sinon, il n'est pas forcément rentabilisé (à vous de calculer selon votre itinéraire). Petit bonus, plusieurs lignes *JR* (incluses dans le *pass*) relient entre eux les quartiers touristiques de Tokyo. Sans compter le *Narita Express,* train qui relie l'aéroport international au centre de Tokyo. Ce forfait ***doit être acheté avant le voyage, dans le pays de départ.*** Là, on vous remet un voucher à échanger contre le véritable *pass* dans une gare *JR* au Japon, où un guichet spécial est souvent ouvert pour ce retrait (on trouve de ces guichets dès l'arrivée, aux aéroports de Tokyo, *Narita* et *Hameda).* Il permet aux étrangers d'effectuer des trajets illimités ***sur les lignes du réseau JR*** (trains, métros) ***et à bord des bus et bateaux*** (ferries, uniquement pour Hiroshima) affiliés au réseau *JR.* Concernant les lignes *JR* à l'intérieur de Tokyo, se présenter à l'un des bureaux jouxtant les tourniquets : le contrôleur vous ouvrira l'accès. Même opération pour sortir, à la gare d'arrivée. Attention, le *pass* ne vous dispense pas de réserver votre place dans le train ! ***Ce forfait n'est pas valabl sur le train super express Nozomi et Mizuho.*** Autre avantage, on bénéfici réductions dans les hôtels du groupe *JR.* Il suffit de présenter sa carte *Ja Pass* à l'accueil en arrivant.

– ***Tarifs :*** en classe économique (ordinaire), 7 jours 29 650 ¥ (247 €) ; 14 jours 47 250 ¥ (394 €) ; 21 jours 60 450 ¥ (504 €) ; réduc 6-11 ans.
– ***Informations :*** ☎ *01-42-61-60-83.* ● *japan-rail-pass.fr* ● Site en français.

Les autres Japan Rail Pass régionaux

Il existe des forfaits *(pass)* avantageux par régions, réservés aux touristes, à acheter dans le pays de départ. Pour la région de Kyoto-Osaka-Nara, se procurer le ***Kansai Area Pass*** : 1 jour 20 € (env 2 400 ¥) ; 2 jours 39 € (env 4 700 ¥) ; 3 jours 48 € (env 5 700 ¥) ; 4 jours 57 € (env 6 800 ¥). Réductions pour les 6-11 ans. On peut ainsi se déplacer librement sur les lignes ferroviaires entre Osaka, Kobe, Nara, Kyoto et Wakayama, et profiter de nombreuses réductions sur les visites touristiques.
On peut également acheter le ***JR Hokkaïdo Pass*** (à partir de 17 400 ¥ – 145 €), le ***JR East Pass*** (19 350 ¥ – 161 €, plusieurs options disponibles), le ***West Rail Pass*** (19 400 ¥ – 162 €), le ***JR-Kyushu Pass*** (15 280 ¥ – 127 €).
Il existe également un ***pass JR Seishun 18 Kippu*** (12 050 ¥ – 100 €), disponible uniquement du 1er mars au 10 avril, du 20 juillet au 10 septembre et du 10 décembre au 10 janvier. Il permet de voyager de manière illimitée sur les trains *JR* locaux et express, pendant 5 jours non consécutifs pendant ces périodes.

Le métro

Dans les villes importantes, le métro est ultramoderne et fonctionne très bien. Évitez toutefois les heures de pointe, car la foule très dense remplit les voitures, où l'on s'entasse à la « japonaise ». Les billets se prennent aux distributeurs automatiques, et les prix varient selon la distance et le nombre de stations. En cas d'erreur, il y a des *Fare adjustment* à la sortie, une machine qui vous indique la différence à payer et qui vous fournit un nouveau billet.

> **LA VIE EN ROSE... OU BLEU !**
>
> *Afin d'égayer le trajet des Tokyoïtes sur la ligne de métro Yamanote et d'éviter quelques plongeons suicidaires sur les rails, la compagnie* East Japan Railways *a fait installer des lampes antistress, qui diffusent des lumières bleutées dans les stations. Cet éclairage allégerait psychologiquement le blues du voyageur. Vous voyez, ça vous fait déjà sourire !*

– ***Se repérer dans le métro :*** dans les stations, les plans du réseau sont affichés en japonais, avec le nom des stations souvent écrit en anglais. Dans le wagon, le nom des stations est annoncé également en anglais. Pas si compliqué que ça ! À chaque station (ou presque), le voyageur trouve un petit guichet d'information. Au pire, on demande sa route à un Japonais : il arrive souvent qu'ils viennent spontanément vers vous pour vous aider.
– ***Tarifs :*** à Tokyo, un billet vaut au minimum 170 ¥ (1,40 €) de 1 à 6 km, 200 ¥ (1,70 €) de 7 à 11 km... Tarifs variables selon les compagnies. Nous vous conseillons vivement d'acheter les cartes ***Suica*** ou ***Pasmo,*** voir la rubrique « Transports. Métro, mode d'emploi » à Tokyo. Elle est désormais valable dans la plupart des transports urbains des autres villes du Japon. Pratique !
– ***Plans du métro :*** on trouve des plans de métro des principales villes du Japon sur l... l'office national de tourisme du Japon : ● *tokyometro.jp* ● Versions en ... français. ● *kotsu.metro.tokyo.jp/eng/* ● Site de la compagnie *Toei,* ...nglaise.

...nsport très pratique dans certaines villes. À Tokyo, toutefois, ... le métro et le train.

Les réseaux de bus fonctionnent très bien. Efficacité, organisation, modernité et sens du service. Pour s'orienter, les compagnies de bus urbains éditent des plans des lignes clairs et pratiques. Impossible de se tromper même si apparemment le réseau semble complexe. Les billets s'achètent dans le bus, où l'on paie avec du liquide. Sinon, de nombreux bus urbains acceptent la carte ***Suica*** (voir « Le métro » ci-dessus).
– ***Liaisons en bus entre les villes du Japon :*** bien plus long que le train, mais très bon service. Un trajet Tokyo (gare de Shinjuku-JR)-Kyoto dure 7h et coûte env 5 000 ¥ (42 €).

La voiture

Ce n'est pas la solution la plus simple. La conduite se fait à gauche, les indications dans les rues et sur les routes sont affichées en japonais avec des traductions en caractères romains. Sur les grands axes, idem ; mais sur les routes secondaires ça se corse : les panneaux sont exclusivement en japonais. De plus, les étrangers qui souhaitent conduire au Japon ne peuvent pas utiliser le permis international délivré dans leur pays. Il faut qu'ils se munissent obligatoirement d'une traduction en japonais. Une fois au Japon, on pourra conduire avec la traduction accompagnée du permis original.
Bref, la conduite au Japon pour un visiteur de passage n'est ni recommandée ni économique, donc pas forcément nécessaire.
Toutefois, pour les irréductibles qui y tiennent absolument, voici quelques infos complémentaires :
– Pensez à demander au loueur de voiture de vous régler le GPS (de base dans quasiment toutes les voitures de loc) en français ou à défaut dans votre langue de prédilection.
– À noter que le permis à point japonais est inversé : les bons conducteurs roulent avec 0 point et chaque infraction amène des points de malus (retrait du permis dès 6 points).
– Taux d'alcoolémie autorisé : 0 g d'alcool dans le sang (ZÉRO, on vous dit !). La conduite en état d'ivresse est passible du retrait systématique du permis et coûte jusqu'à 3 ans de prison et 500 000 ¥ d'amende (env 4 100 €).
– Vitesse max en ville : 30-50 km/h.
– Vitesse max sur route : 60 km/h.
– Vitesse max sur autoroute : 100 km/h.
– À la station-essence, le plein se dit « mantan » (prononcer « manetane »).
– Prix du carburant : 140-155 ¥, soit 1,17-1,30 € (super) et 110-130 ¥, soit 0,92-1,08 € (gasoil).
Attention : les loueurs demandent toujours de fournir une carte bancaire pour régler la location de voiture et bloquer une somme en guise de caution. Mais attention, il existe une différence entre une carte de débit et une carte de crédit et il arrive que certaines agences refusent votre location de voiture en cas de paiement par carte de débit. Certains loueurs acceptent les cartes de débit, mais ils vous demanderont alors de souscrire une assurance complémentaire souvent très chère en compensation. Il faut donc avoir une carte de crédit. Donc vérifiez bien si une mention « CREDIT » (débit différé) ou « DEBIT » (débit immédiat) est inscrite sur votre carte bancaire, sinon renseignez-vous auprès de votre banque (avant votre départ).
Vous pouvez accéder à ces informations concernant les conditions de location des loueurs sur le site ● *bsp-auto.com* ● après avoir lancé votre recherche dans la rubrique « informations détaillées ».

Le taxi

Les taxis japonais sont les plus propres et leurs chauffeurs les plus polis du monde. Le chauffeur arbore une casquette et des gants blancs. Les sièges sont recouverts de napperons blancs. La portière arrière s'ouvre toute seule, du côté

gauche. Même s'ils ne parlent pas toujours l'anglais, on parvient à s'expliquer en leur montrant la carte de visite en japonais de l'hôtel, ou en leur indiquant sur le plan de la ville (en japonais) le lieu précis où l'on se rend.
Si le voyant rouge situé dans le coin inférieur gauche du pare-brise est allumé, cela signifie que le taxi est libre. La facture *(ryōshûsho)* est délivrée par un boîtier électronique. La prise en charge varie, selon les périodes de l'année, de 400 à 700 ¥ env (3 à 6 €) ; le compteur augmente ensuite à partir de 2 km. Particulièrement intéressant donc pour les petits trajets. Ne jamais donner de pourboire, c'est une injure, ce ne sont pas des mendiants.

L'avion

Une autre option pour voyager au Japon. 2 grandes compagnies : *Japan Airlines* et *ANA (All Nippon Airways). Japan Airlines* propose un *Pass Japan Explorer* – qui permet d'effectuer de 2 à 6 vols à prix réduits – utilisable sur une durée de 2 mois.
Les 2 plus grands aéroports du Japon sont ceux de Tokyo-Narita et du Kansai, près d'Osaka, construit sur la mer (vue magnifique en arrivant).
D'Europe, liaisons directes vers Osaka (aéroport international du Kansai) grâce à des vols réguliers et quotidiens, permettant d'accéder rapidement à Kyoto, sans passer par Tokyo.
– ***Japan Airlines :*** • *fr.jal.co.jp/frl/fr/* • Site avec une version française.
– ***ANA (All Nippon Airways) :*** • *ana.co.jp/fr/fr/* • En français.
– Pour les liaisons entre les aéroports (Tokyo, Osaka) et les centres de ces grandes villes, voir le site de l'office de tourisme du Japon : • *tourisme-japon.fr* • Puis cliquez sur les onglets « Organisez votre voyage », « Transports » et « Transports aériens ».

URGENCES

– ***Police :*** ☎ *110.*
– ***Pompiers, secours d'urgence :*** ☎ *119.*
Si vous appelez d'un téléphone public vert, décrochez le combiné et appuyez sur le bouton rouge, puis composez le numéro. Avec les téléphones publics gris ou à cartes *IC*, décrochez le combiné et composez le numéro.
– ***Numéro d'urgence de l'Ambassade de France au Japon :*** ☎ *03-5798-6000.*
– ***Autre numéro d'urgence :*** *service de conseils aux étrangers de la police métropolitaine de Tokyo,* ☎ *03-3501-0110.*

TOKYO ET SES ENVIRONS

TOKYO 東京 env 13 850 000 d'hab. IND. TÉL. : 03

• Plan du métro *p. 8-9* • Plan d'ensemble *p. 94-95*

On atterrit à Tokyo la tête bourrée d'images fortes, de clichés, de préjugés, avec quand même un poil d'appréhension. Images tenaces de la plus haute technologie et de la modernité, bien entendu. Et on n'est pas déçu, en arrivant de Narita.

La 1re impression, c'est d'abord la traversée d'interminables banlieues, une jungle d'autoroutes, de voies ferrées et de gratte-ciels, un trafic intense... Voyage qui durera au moins 1h jusqu'à destination. Difficile au 1er abord de déceler, dans ce tourbillon d'images, de lumières aveuglantes, de publicités géantes et ce chaos architectural, les différents visages de la ville, ses multiples contradictions, ses heureuses surprises. Bien sûr, on a en tête aussi les chiffres : plus de 13 millions d'habitants (plus de 37 millions pour le grand Tokyo). C'est quand, enfin, vous serez arrivé à bon port que votre idée de la ville va évoluer, s'humaniser. Dans le carré de grands hôtels qui vous accueillent à Shinagawa, Shinjuku ou Ikebukuro, ce sont les séquoias qui cachent les pommiers et les cerisiers des quartiers environnants. Et la ville n'est pas seulement verticale. Après quelques jours de trek urbain, on la trouverait même plutôt horizontale, avec de grands parcs, véritables poumons verts de la ville. En moins de 100 m, on peut d'ailleurs changer totalement de siècle, d'ambiance... Et l'on découvre des modes de vie pas si fous que ça, des quartiers paisibles, des atmosphères villageoises... Si, si... Aucune uniformité là-dedans.

LE FERMIER NE VEUT PAS FERMER

Au milieu des pistes de Narita, un paysan installé là depuis 3 générations ne veut pas quitter ses terres malgré les procès, huissiers et convocations judiciaires. L'expropriation pour force majeure est interdite, à la différence de l'Europe. Et il le sait, le bougre !

À l'évidence, Tokyo est une ville qui s'est construite de façon totalement anarchique. Les immeubles partent dans tous les sens, dans toutes les hauteurs, dans tous les styles : extraordinaire laboratoire de l'architecture moderne, la plus folle, la plus libre. Pas seulement les gratte-ciels, mais aussi les maisons individuelles, bureaux, bars, restaurants, boutiques... On ne se lasse jamais de ce tourbillon de sensations contradictoires. Tel immeuble d'avant-garde surplombera bizarrement une demeure en bois dont l'irréductible propriétaire refuse obstinément le chèque à nombreux zéros du promoteur. À 100 m du carrefour piéton le plus dense du monde, emblématique de l'image de Shibuya, le glamour et scintillant quartier des jeunes et des branchés, on trouve de vieux et minuscules cafés dans d'obscures ruelles oubliées des urbanistes.

L'angoisse et l'appréhension vont alors fondre doucement au fil de vos pérégrinations, grâce à la gentillesse, à l'amabilité, à la civilité des habitants de

Tokyo... Et ce miracle, de constater qu'un plaisir réel et grandissant vous accompagnera, ponctué de petits et grands moments de sociabilité et de chaleur humaine. Dans les *izakaya* (tavernes traditionnelles), par exemple, ou lors de rencontres dans de merveilleux parcs. Purs moments de bonheur aussi lorsqu'on tombe sur une fête ou un festival de quartier, ou mieux sur un *matsuri,* ces grands événements religieux et culturels qui ponctuent mois après mois la vie des Tokyoïtes.

Tokyo est une ville à l'énergie extraordinaire. Certes fatigante, dans ses temps de transport et la recherche de lieux dans des rues sans nom, mais tout cela est compensé par l'absence réelle de tensions entre les gens et, surtout, par l'attention qu'ils vous portent dès que vous semblez perdu. Cette association entre modernité suprême et humanité dans le mode de vie restera l'un de vos plus beaux souvenirs. Outre cette magie de la ville, cette fascination de constater que progrès et modernité ne s'opposent pas à la qualité de vie, on découvre avec ravissement des quartiers dissemblables qui possèdent chacun sa vie propre, ses odeurs, ses couleurs, son rythme particulier. Sans oublier que le sentiment rassurant qu'on parcourt une des villes les plus sûres du monde permet d'en jouir vraiment, sans retenue.

Tokyo, on a aimé. Beaucoup aimé, même.

UN PEU D'HISTOIRE

Au regard de l'histoire du Japon, Tokyo possède une existence relativement récente. D'abord petit village de pêcheurs, appelé Edo, qui ne fera parler de lui qu'en 1457, lors de la construction d'un petit château par un seigneur local. Il fallait bien que la baie de Tokyo, vaste et bien protégée, séduise un jour les hommes vu sa situation privilégiée.

C'est en 1590 qu'on peut dater le véritable acte fondateur de Tokyo, lorsque Ieyasu, le 1er shogun Tokugawa, y édifie une forteresse pour asseoir son pouvoir. À partir de ce camp de base, il va intelligemment conquérir le Japon. Il commence par stabiliser ses alliés en leur distribuant des terres autour. Son coup de génie est aussi d'inviter les seigneurs qui pourraient menacer son pouvoir à venir construire à Edo de luxueuses maisons de ville et à contribuer financièrement à l'édification des pagodes. Tout l'argent dépensé, c'était déjà ça en moins pour développer ou entretenir des hommes en armes. En outre, il leur impose de résider une année sur deux à Edo et, suprême astuce, de laisser leur famille en ville, lorsqu'ils regagnent leurs fiefs. Cette « prise d'otages » garantit ainsi au shogun une relative absence de complots contre lui. En 10 ans à peine, Ieyasu règne sur le Japon.

Un développement fulgurant

Si Kyoto reste la ville impériale, Edo se développe considérablement. D'abord, sur sa colline, *Yamanote* 山の手, le quartier des seigneurs et des notables. Puis, dans la « ville d'en bas », à *Shitamachi* 下町, le bas quartier du petit peuple laborieux, des artisans et des commerçants obligés de s'installer dans d'anciens marais. Vie culturelle intense, théâtre kabuki et création de *Yoshiwara* 吉原, le quartier de plaisirs le plus important du monde à l'époque (au nord d'Asakusa 浅草), accompagnent le développement économique. C'est dans ce bouillonnement populaire, propice à l'instauration d'un état d'esprit frondeur et gouailleur, que naît le vrai Tokyoïte. D'ailleurs, on retrouve aujourd'hui cette dualité entre *Ginza* 銀座 et autres quartiers du même type (magasins de luxe, grands hôtels, gratte-ciels et réalisations de prestige) et les quartiers de *Nezu* 根津, *Yanaka* 谷中, *Ueno* 上野, *Asakusa* 浅草, *Kagurazaka* 神楽坂... demeurés populaires et qui perpétuent l'esprit originel de Tokyo. Et les shoguns Tokugawa vont régner ainsi plus de 250 ans. Quelques intermèdes cependant, comme le gigantesque incendie de 1657, qui détruit plus de la moitié de la ville et cause des dizaines de milliers de victimes. Mais Edo, tel le phénix, renaît vite de ses cendres.

Au début du XVIIIe s, la ville comprend plus d'un million d'habitants, bien plus que Londres et Paris à la même époque, ce qui en fait la plus grande ville du monde. Les célèbres estampes de Hiroshige dépeignent une ville prospère, livrée aux plaisirs, riche d'une vie festive et culturelle. C'est le triomphe du théâtre kabuki, des grandes foires, des fêtes, festivals, etc. En 1842 cependant, les théâtres sont exilés à Asakusa. La proximité du temple de Senso-ji et tous ses festivals religieux hauts en couleur, et paradoxalement celle du quartier chaud de Yoshiwara, font d'Asakusa l'épicentre des plaisirs d'Edo. Aujourd'hui, Asakusa a d'ailleurs gardé quelque chose de ce brillant passé de fête.

Hélas, tout a une fin !

Cependant, cet isolationnisme prospère devait bien s'achever un jour. Le monde évolue rapidement autour du Japon, et les demandes d'ouverture de la part des puissances étrangères se font de plus en plus pressantes. En 1853, le commodore Matthew Perry et ses 4 navires de guerre américains forcent le blocus nippon et exigent l'ouverture du pays au commerce international. Refus de l'empereur, mais devant le rapport de force militaire, le shogun accepte et, du coup, se déconsidère aux yeux du peuple.

En 1859, arrivée du 1er consul américain. L'année suivante, une ultime réaction xénophobe secoue la ville contre les étrangers, mais elle ne fait pas long feu. En 1862, l'obligation de séjour des seigneurs une année sur deux à Edo est supprimée, et la ville se vide de ses daimyo. En 1868, le shogunat est finalement renversé par une coalition soutenant le jeune empereur Meiji, alors âgé de 15 ans. Les pro-shogun perdent à Ueno une ultime bataille. De nombreux notables et résidents de Yamanote quittent alors la ville, dont le nombre d'habitants chute drastiquement.

1868-1912... l'ère Meiji

L'empereur quitte définitivement Kyoto et vient s'installer à Edo, qui devient ainsi Tokyo (la capitale de l'Est). Le château d'Edo sert de base à la construction du palais impérial. La ville change alors socialement. La césure Yamanote (quartier haut) et Shitamachi (quartier bas) s'amenuise. Les couches les plus riches de Shitamachi partent vers des quartiers plus sélects, tandis qu'arrivent à Tokyo des dizaines de milliers de nouveaux habitants, main-d'œuvre obligatoire de l'industrialisation triomphante. À la fin du XIXe s, Tokyo retrouve son niveau pré-Meiji de population et, en 1912, la ville atteint les 2 millions d'habitants.

Les profondes réformes politiques et économiques de l'ère Meiji façonnent, bien sûr, un nouveau visage à la ville. 1re ligne de chemin de fer : Tokyo-Yokohama, en 1872. Puis développement de Ginza avec la construction de centaines d'immeubles et l'arrivée des entreprises de presse et des grands magasins. Création de la *Banque du Japon* en 1882, industrialisation du pays, prolifération des usines. En 1889, édiction de la nouvelle constitution. Dans les années 1890, transformation du quartier de Marunouchi en quartier des affaires. Ce dernier se couvre alors d'édifices de style victorien, la toute-puissance de l'Angleterre industrielle servant bien entendu de modèle suprême. Construction à Asakusa du 1er gratte-ciel de 12 étages et du 1er ascenseur de la ville. Ouverture en 1903 du 1er cinéma...

À midi pile, le 1er septembre 1923...

Alors qu'on vient tout juste d'inaugurer l'*Imperial Hotel,* dont l'architecte n'est autre que le célèbre Frank Lloyd Wright, signe du renouveau architectural de la ville, Tokyo est frappé par un très violent séisme (de magnitude 7,2). Près de 140 000 personnes y laissent la vie et plus de 60 % de la ville est détruite. Plus que le séisme lui-même, ce sont les incendies qui provoquent des dégâts. Véritable catastrophe architecturale, le riche patrimoine de maisons en bois de Shitamachi

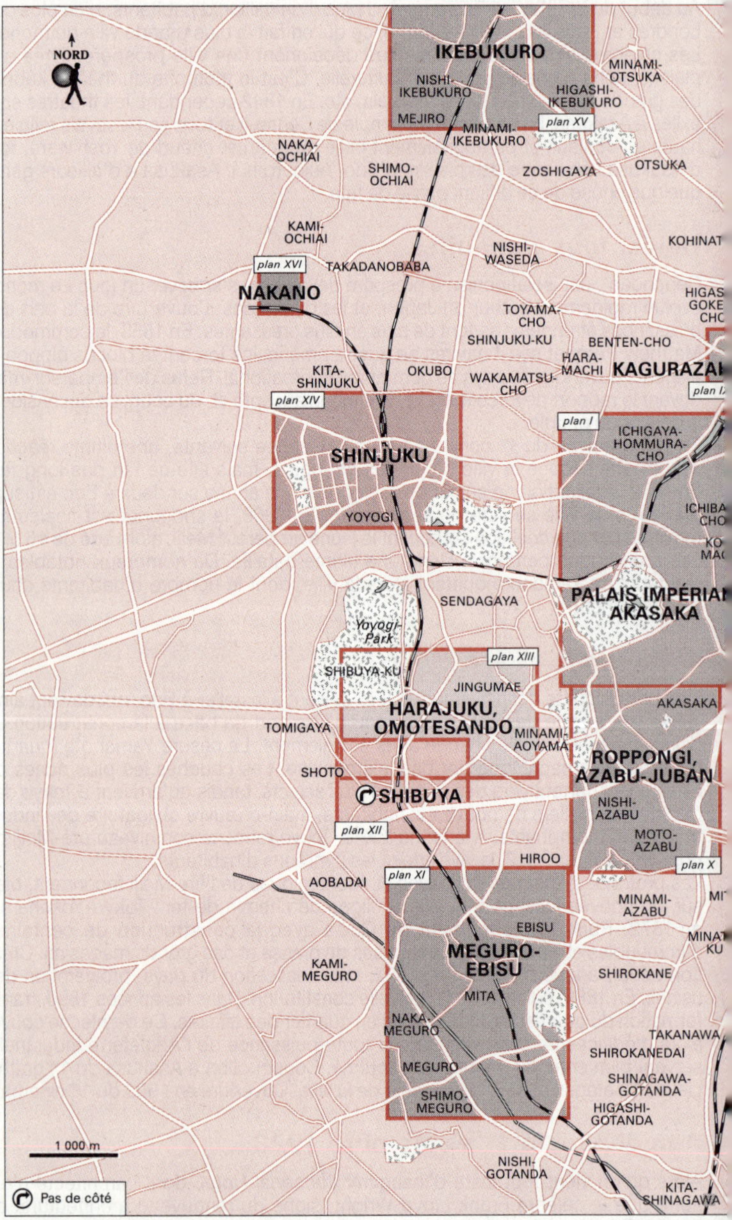
NORD
IKEBUKURO
NISHI-IKEBUKURO
MEJIRO
MINAMI-IKEBUKURO
HIGASHI-IKEBUKURO
MINAMI-OTSUKA
plan XV
OTSUKA
ZOSHIGAYA
NAKA-OCHIAI
SHIMO-OCHIAI
KAMI-OCHIAI
plan XVI
TAKADANOBABA
NISHI-WASEDA
KOHINAT
NAKANO
TOYAMA-CHO
SHINJUKU-KU
BENTEN-CHO
HARA-MACHI
KAGURAZA
KITA-SHINJUKU
OKUBO
WAKAMATSU-CHO
plan XIV
plan I
ICHIGAYA-HOMMURA-CHO
SHINJUKU
YOYOGI
SENDAGAYA
PALAIS IMPÉRIAL AKASAKA
Yoyogi Park
plan XIII
SHIBUYA-KU
JINGUMAE
AKASAKA
HARAJUKU, OMOTESANDO
TOMIGAYA
MINAMI-AOYAMA
ROPPONGI, AZABU-JUBAN
SHOTO
SHIBUYA
NISHI-AZABU
plan XII
MOTO-AZABU
plan X
HIROO
AOBADAI
plan XI
MINAMI-AZABU
EBISU
MEGURO-EBISU
KAMI-MEGURO
SHIROKANE
MITA
NAKA-MEGURO
TAKANAWA
SHIROKANEDAI
MEGURO
SHINAGAWA-GOTANDA
SHIMO-MEGURO
HIGASHI-GOTANDA
1 000 m
NISHI-GOTANDA
Pas de côté
KITA-SHINAGAWA

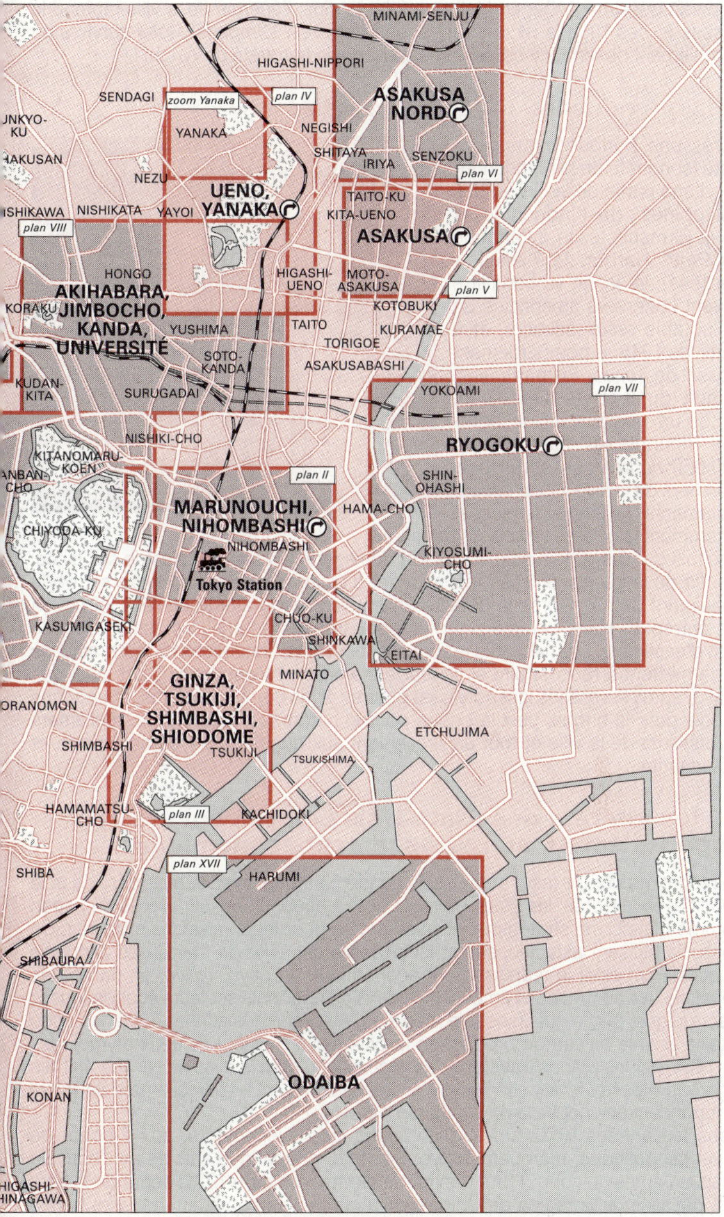

TOKYO – Plan d'ensemble

disparaît quasiment. Cependant, une fois de plus, l'énergie de la ville reprend le dessus et dès 1930 la reconstruction est achevée. L'*Imperial Hotel* survivra au tremblement de terre, ce qui renforcera encore la notoriété de Wright !

Tokyo à nouveau rayé de la carte !

Après une période expansionniste (conquête de la Mandchourie, d'une partie de la Chine, des Philippines, de l'Indochine et de la Birmanie, suite à l'attaque de Pearl Harbor, le 7 décembre 1941), le Japon va connaître devant l'offensive américaine un inéluctable reflux militaire, et à partir de 1945 le bombardement massif de Tokyo. En particulier, la nuit du 9 au 10 mars 1945, lorsqu'un raid massif de bombes incendiaires fait près de 100 000 victimes et détruit plus d'un tiers de la ville. C'est encore Shitamachi qui trinque le plus, et notamment le célèbre temple de Senso-ji.

PARFOIS, IL FAUT SAVOIR DÉSOBÉIR !

Le nombre de victimes des bombardements de 1945 aurait pu être beaucoup moins élevé si la population avait été, paradoxalement, moins disciplinée. En effet, les habitants ne pouvaient quitter leur demeure et leur quartier qu'avec l'autorisation expresse des autorités. Ne l'ayant pas reçue officiellement, beaucoup d'habitants restèrent donc chez eux, au lieu de chercher rapidement un refuge. D'où le nombre élevé de victimes.

Une fois de plus, Tokyo paie le prix fort des égarements militaristes de ses élites. À la fin de la guerre, 800 000 maisons ont disparu. Sur 8 km, le centre se révèle quasiment détruit. Après la défaite, un nouveau programme de reconstruction est entrepris. Mais, comme pour les catastrophes antérieures, sans véritable plan d'ensemble. Les habitants retrouvent souvent les fondations de leurs maisons et se mettent à reconstruire avec leur acharnement légendaire. C'est ainsi que Tokyo, après les grands incendies, les guerres et les bombardements, abandonne le bois pour la brique, puis la brique pour le béton sans bouleverser réellement l'urbanisme de la ville et tout en préservant aux quartiers leur particularisme et leur identité...

Où les intérêts des États-Unis contribuent opportunément au redressement économique

La reconstruction se fait d'autant plus rapidement que, avec la guerre froide et le conflit avec la Corée, les États-Unis ont, tout à coup, un besoin exprès du Japon comme plateforme stratégique et base arrière pour leurs missions militaires. Du coup, ils utilisent astucieusement l'incroyable capacité de travail des Japonais et accélèrent ainsi le redressement économique du pays. Tokyo, en particulier, bénéficie des commandes américaines dans d'importants secteurs économiques : électronique, photo, machines de précision. Au début des années 1960, le Japon atteint ainsi le niveau de production le plus élevé d'Asie. Les Jeux olympiques de 1964, par les grands travaux qu'ils nécessitent, dont la mise en service du train à grande vitesse *Shinkansen* Tokyo-Osaka, parachèvent le redressement de Tokyo et redonnent une nouvelle physionomie à la ville.
Dans les années 1970, sur le plan politique, 2 événements, aux 2 bouts de l'éventail politique, marquent Tokyo. En 1970, dramatique suicide de l'écrivain Mishima après un coup d'État d'extrême droite avorté. En 1971, début de la lutte des paysans de la région de Chiba-Narita contre l'expropriation de leurs terres, suite à l'extension de l'aéroport international, rejoints par la *Zengakuren,* organisation d'étudiants d'extrême gauche. Il en résulte d'incroyables batailles rangées (façon samouraïs) avec la police. Cette lutte retardera de 4 ans l'ouverture de l'aéroport de Narita.

Oh, la belle bulle !

Dans les années 1980, le Japon devenant la 2e puissance économique du monde, Tokyo devient aussi une des villes les plus riches. La spéculation immobilière y atteint un niveau invraisemblable. À tel point que le mètre carré à Ginza vaut à l'époque la somme incroyable d'un million de francs (oui, près de 150 000 € le mètre carré !). D'ailleurs, en ces temps-là, sur les 12 Japonais les plus riches, 11 sont des fortunes immobilières. Conscient du danger d'une telle dynamique, le pouvoir crève la bulle économique et immobilière en 1990, ce qui provoque une récession de plus de 10 ans...
Aujourd'hui, Tokyo n'en finit pas de se transformer, de changer de visage... Construction, reconstruction... mais à un rythme plus raisonnable et en laissant des coins qui respirent.

Une mégapole à visage humain

Tokyo, une ville qui surprend à chaque instant, fatigante mais jamais décourageante, et paradoxalement fort peu stressante. Difficile de se vanter « d'avoir fait » Tokyo, comme on dit au retour de chaque voyage... C'est plutôt Tokyo qui vous aura défait ! Il vous restera encore tant à faire lors d'une prochaine visite ! Et au retour, alors que c'est probablement l'une des villes les moins romantiques du monde, elle vous laissera un réservoir de chouettes souvenirs, de rencontres, d'images chaleureuses, de moments de total plaisir...

QUARTIER PAR QUARTIER, QUELQUES ÉLÉMENTS GÉOGRAPHIQUES, SOCIOLOGIQUES ET CULTURELS

– Tokyo « central » est divisé en 23 *ku* (arrondissements). Sa superficie est de 2 188 km² (pour donner un ordre de grandeur, Paris : 105 km² !). Population : 8,5 millions d'habitants (le grand Tokyo 13,8 millions et l'agglomération de Tokyo dépasse même les 37 millions). Paris, à côté... un village de 2,25 millions d'habitants.
– Le « périph' » tokyoïte est un chemin de fer circulaire qui s'appelle le *JR Yamanote* et cerne en 1h quasiment tous les quartiers traités dans ce guide, sauf quelques-uns, se situant essentiellement à l'est de la ville.
– Nous avons sélectionné une douzaine de quartiers qui possèdent tous une personnalité bien différente. Bien que le point d'ancrage à Tokyo soit souvent déterminé par les facilités de logement et le budget dont on dispose, voici une petite typologie des quartiers qui peut vous aider dans votre choix... D'abord, au Nord-Est, quelques quartiers qu'on aime beaucoup. Leur seul inconvénient, c'est leur éloignement par rapport aux quartiers animés comme *Harajuku* et *Shibuya*, ou par rapport aux quartiers chauds tel *Shinjuku* (et dans une certaine mesure *Roppongi*). En effet, le métro s'arrêtant de bonne heure (vers minuit), si l'on souhaite prolonger la soirée dans l'un de ces quartiers, le taxi de retour coûte cher... Reste alors la solution du *love hôtel*, du capsules-hôtel ou du café internet ouvert toute la nuit...
– ***Asakusa* 浅草 :** c'est un vieux quartier historique vivant et populaire, abritant le temple le plus vénéré de Tokyo. Très touristique en journée. Un lieu de résidence agréable, d'autant qu'il offre une concentration importante d'auberges de jeunesse bon marché et de *ryokan* de charme.
– ***Ueno-Yanaka* 上野谷中 :** c'est le bol de chlorophylle, la campagne à Tokyo. Merveilleux musées. Quelques belles adresses pour dormir pas cher pour les plus bucoliques de nos lecteurs (mais pensez à réserver, elles sont particulièrement recherchées).
– ***Ginza* 銀座 :** le quartier des magasins de luxe, un mélange de Champs-Élysées et de Park Avenue, mais atmosphère plutôt décontractée. Un quartier qu'on visite

en famille avec des « vitrines comme à Noël » qui font briller les yeux. En revanche, très peu de solutions bon marché en termes de logement.

– ***Marunouchi*** 丸の内 ***et Nihonbashi*** 日本橋 ***:*** c'est le quartier des affaires et de la finance, émaillé de luxueux sièges sociaux et d'immeubles de bureaux de grand standing. Si l'on admire la hardiesse architecturale des ultimes gratte-ciels construits dans le quartier (qui abritent de grands hôtels dans les étages élevés), en revanche, le prix des nuits découragera les routards d'y séjourner. De toute façon, avec le palais impérial tout proche, ce sont plutôt des quartiers à visiter de jour.

– ***Shimbashi*** 新橋 – ***Shiodome*** 汐留 ***:*** nouveaux quartiers d'affaires au sud de la ville. De grandes réussites architecturales, mais moins de personnalité et encore moins de supplément d'âme... Abrite cependant un des plus beaux jardins de la ville.

– ***Ebisu*** 恵比寿 – ***Meguro*** 目黒 ***:*** le bouche à oreille ne marche pas fort pour eux. Pas d'identité vraiment affirmée. Quartiers résidentiels plaisants pour les seuls Tokyoïtes et, du côté de Hiro-o, pour les expats... Mais quand même d'intéressants petits musées... Et puis au nord du quartier, avec Daikanyama (à la frontière avec Shibuya), se tient l'un des miniquartiers offrant d'élégantes boutiques, pleines d'une réjouissante créativité.

– ***Roppongi*** 六本木 ***:*** on ne présente plus ce qui fut pendant longtemps le lieu de débauche nocturne le plus populaire de Tokyo. La faute aux GI's américains qui y avaient jadis une base. Sur le point d'être détrôné par Shinjuku, désormais le quartier le plus *hot,* Roppongi la « pécheresse » a réagi en construisant les centres commerciaux et les ensembles résidentiels les plus mégalos de la ville. Là aussi, on y va en masse pour admirer le talent des architectes et la démesure des réalisations, mais on reste néanmoins de passage.

– ***Shibuya*** 渋谷 ***:*** ce quartier est un des cœurs battants de Tokyo. Il expose, rassemble, concentre les modes les plus folles de la jeunesse la plus branchée... la plus déjantée parfois, dans son souci de provoquer gentiment des parents qui savent que, tôt ou tard, tout rentrera dans l'ordre. C'est à Shibuya que les adeptes de mangas et de *cosplays* viennent faire leurs courses. On y trouve aussi la jeunesse qui aime sortir en boîte, fréquentant les clubs les plus réputés de la capitale. Mais attention, les *fritters,* ces jeunes chômeurs désabusés en rupture de ban (mais pas encore totalement désespérés), débarquent tout doucement. Preuve que le rêve japonais prend quelque peu l'eau. Les patrons des cafés Internet, eux, se frottent les mains. Ils connaissent un taux d'occupation maximum, avec cette nouvelle clientèle qui y dort comme à l'hôtel !

– ***Harajuku*** 原宿 ***:*** au nord de Shibuya, moins électrique mais avec toutefois la rue Takeshita-dori, artère préférée des adeptes d'uniformes et de panoplies, le royaume des *cosplayers* et des lolitas gothiques (ou romantiques), ces adolescents qui changent d'identité momentanément en adoptant les tenues vestimentaires les plus délirantes...

– ***Omotesando*** 表参道 ***:*** sa luxueuse avenue ne décevra aucun de nos lecteurs en termes de fièvre consommatrice... Alignement de superbes boutiques de mode, de design et de haute couture, d'édifices construits par de grands architectes. Un quartier plus jeune et moins classique que Ginza.

– ***Shinjuku*** 新宿 ***:*** grand quartier d'affaires au sud de la gare, et quartier des plaisirs au nord. Ce dernier s'appelle ***Kabukicho.*** C'est l'épicentre de la vie nocturne. Ribambelle de bars à hôtesses, de salons de massage, de clubs érotiques, de salles de jeux, paradis des employés en goguette qui tentent d'oublier dans le saké leur intense semaine de labeur. Ici, les enseignes lumineuses montent au ciel et des milliards de néons multicolores étincellent toute la nuit. Kabukicho est le quartier qui ne dort jamais.

– ***Ikebukuro*** 池袋 ***:*** la proximité de Shinjuku en fait un camp de base recherché. Il propose aussi les grands magasins les plus monstrueux de la capitale.

– ***Odaiba*** お台場 ***:*** un ovni dans Tokyo. Quartier édifié sur des terres gagnées sur la mer. À voir absolument comme laboratoire du futur urbain. Une chose est certaine, vous n'y dormirez pas.

ORIENTATION OU COMMENT S'EN SORTIR

Non seulement Tokyo est une ville sans noms de rue, mais vous trouverez nombre de Japonais pour avouer que c'est tout autant un vrai casse-tête pour eux. Pas de panique cependant, on finit par s'y familiariser, et les choses ne sont pas si difficiles que ça. Avant de partir, **téléchargez sur votre smartphone l'appli « *Navitime for Japan Travel* »,** qui vous permettra de vous y retrouver encore plus facilement. D'autres applis font très bien l'affaire, comme google maps, maps.me (qui a l'avantage de pouvoir s'utiliser hors connexion, à condition d'avoir téléchargé la carte avant), Waze...

Un exemple

Tenez, prenons un exemple et décortiquons l'adresse suivante : *11F, Tokyo Kotsu Kaikan Bldg, 2-10-1 Yurakucho, Chiyoda-ku.* Ⓜ *Yurakucho.* Au début, facile, c'est au 10e étage de l'édifice *Tokyo Kotsu Kaikan.* N'oubliez pas que dans le système anglo-saxon, le rez-de-chaussée est le *1F (first floor)* ! « Bon, oncle Paul, après ? » Après, on a *2-10-1 Yurakucho, Chiyoda-ku,* c'est-à-dire la hiérarchie du quartier *(2),* du bloc d'immeubles *(10)* et, enfin, de l'immeuble *(1). Chiyoda-ku,* l'arrondissement, ne nous est guère utile. C'est le quartier (ou le district) qui ici nous intéresse, à savoir *Yurakucho.* Certains quartiers se révèlent si vastes qu'ils sont subdivisés en miniquartiers appelés *chome* (Ginza, par exemple, a été divisé en 8 *chome*). Dans notre cas, une chance, *Yurakucho* est coupé en seulement 2 *chome* (Yurakucho 1 et 2, opportunément de part et d'autre de la station de métro du même nom). Notre *Yurakucho 2* se trouve donc à l'est du métro et, nouveau coup de chance, le bloc nº 10 sera rapidement repéré sur le plan. L'expérience sur le terrain nous a cependant démontré que le numéro de l'immeuble (ici le 1) n'apparaît pas d'une grande utilité puisque les numéros apparaissent rarement sur les immeubles... En outre, pour compliquer les choses, les numéros d'immeubles ne se suivent pas nécessairement, ils sont attribués selon la date de construction du bâtiment (or comme on démolit et qu'on reconstruit à tout-va, vous voyez la complication !). En revanche, le « 2-10 » devrait normalement apparaître sur des plaques de fer à la verticale, soit sur les coins du bloc d'immeubles, soit sur les poteaux électriques qui cernent le bloc. Le malheur, c'est que, là aussi, ces indications indispensables manquent bien souvent. Pas de panique, il y a heureusement un peu partout ces *koban* (postes de police) où les policiers, qui connaissent leur quartier par cœur, seront ravis de vous aiguiller.

Si vous cafouillez, entrez dans un magasin du bloc « convoité » et demandez une carte de visite. Vous verrez tout de suite le numéro du bloc et, au verso de la carte, un miniplan du quartier qui pourra vous aider au moins à repérer l'endroit où vous vous trouvez.

Une seule solution, vieille comme le 1er routard des mers : la boussole de votre smartphone qui, enfin, vous indiquera... le nord salvateur. Allez, vous êtes armé désormais... Enfin, votre ultime planche de salut, c'est la serviabilité de la plupart des Japonais qui se mettront en quatre pour vous orienter, quitte à vous accompagner sur plusieurs centaines de mètres.

Arriver – Quitter

– Désormais, toute personne quittant le territoire nippon, par avion ou par bateau, est redevable de la taxe « *Sayonara* » de 1 000 ¥ (ne sortez pas vos liasses de petites coupures : **la taxe est incluse dans le prix de votre billet d'avion**). Seuls les enfants de moins de 2 ans et les personnes en transit moins de 24h en sont exemptés.

– ***Transport de bagages :*** ● ca-go.jp ● Transport de bagages aéroport-hôtel et hôtel-aéroport. Compter 1 650 ¥ (14 €)

par bagage quelle que soit sa taille. Voir poids/dimensions max. Le pragmatisme et l'efficacité japonais au service des voyageurs : qui n'a jamais regretté, pour sa dernière journée de vacances, d'être obligé d'aller récupérer ses bagages à l'hôtel avant de prendre le chemin de l'aéroport ? Le site est très clair, on gagne du temps ; un luxe malin.

Aéroport de Narita
成田空港

✈ ***Aéroport de Narita :*** ☎ *04-7634-8000 (touche 4 pour les infos en anglais ; automate 5h-23h, opérateur).* ● *narita-airport.jp/en* ●

ℹ ***Informations touristiques :*** *office national de tourisme japonais (ITCJ) au terminal 2 (le principal), hall des arrivées.* ☎ *04-7634-5877. Tlj 8h-20h. Autre bureau d'infos touristiques dans le terminal 1, hall des arrivées.* ☎ *04-7630-3383. Tlj 8h-20h.*

■ ***Japan Airlines (JAL) :*** ● *jal.co.jp/frl/fr/* ●

■ ***ANA (All Nippon Airways) :*** ● *ana.co.jp/fr/fr* ●

■ ***Air France (KLM) :*** ● *airfrance.fr* ●

■ ***Bureau JR PASS :*** *au 2e sous-sol des arrivées internationales (dans le bureau JR East Travel Service Center).* ☎ *+81-050-2016-1603. Tlj 8h15-19h (20h aux terminaux 2 et 3).* Pour récupérer son *Japan Railway Pass* (ce qui permet de rejoindre le centre-ville gratuitement à bord du *Narita Express* – ou *N'ex* – qui dessert plusieurs stations dans Tokyo).

■ Nombreux bureaux de change proposant de bons taux, accès Internet.

– ***Métro à Narita :*** ● *tokyometro.jp/en/tips/from_airport/index.html* ●

Se rendre de l'aéroport de Narita à l'aéroport de Haneda

➢ ***De/pour l'aéroport de Haneda*** *(vols intérieurs et 1 vol/j. Paris-Tokyo Haneda)* **:** navette de bus limousine entre les 2 aéroports. Durée : 1h30. Billet : 3 200 ¥. Autres solutions : prendre le *Narita Express (N'ex)* jusqu'à la gare de Tokyo, puis la ligne *JR* Yamanote jusqu'à *Hamamatsucho,* puis le *Tokyo Monorail*. Durée : compter 2h (2 changements, mais totalement gratuit avec le *JR Pass*).

Se rendre de l'aéroport de Narita à Tokyo

➢ ***De/pour le centre de Tokyo :***

– *en bus ou en train :* navette de bus gratuite 5h-22h30 entre les terminaux 1 et 2. Durée : 7-10 mn. Le terminal 1 (arrivées des bus au niveau 4, départ au 1er niveau) et le terminal 2 (arrivées des bus au niveau 3, départs au 1er niveau) ont chacun leurs gares ferroviaire et routière ;

– *en taxi :* déconseillé, c'est très cher. Tarifs : 19 500-23 500 ¥ (163-196 €) la course vers les quartiers touristiques (prix fixes ; péages autoroutiers à la charge du client). Les taxis arrivent au terminal 1 niveau 4, et au terminal 2 niveau 3 ; les départs se font depuis le niveau 1 (rez-de-chaussée) des 2 terminaux, porte S2 terminal 1 et porte S1 terminal 2 ;

– *en bus Airport limousine :* hall des arrivées 7h-23h. ☎ *3665-7220.* ● *limousinebus.co.jp/en/* ● Billet : 2 800-3 300 ¥ selon destination. Pour les horaires, fréquences, etc., voir leur site, en anglais. Au départ de Tokyo vers l'aéroport, **réservation nécessaire** (par téléphone ou via Internet), **au plus tard la veille du départ.** Ces bus relient les quartiers de Tokyo les plus fréquentés : Akihabara, Asakusa, Ginza, Ikebukuro, Shibuya, Shinjuku, Tokyo Station, Ebisu, Roppongi, Nihonbashi... Trajet : 1h-2h selon circulation et destination.

➢ ***De/pour la gare Keisei d'Ueno (Tokyo) :*** le train *Keisei Skyliner* part du terminal 1 de Narita, s'arrête au terminal 2, puis à la gare de Nippori avant d'atteindre la gare Keisei d'Ueno (terminus), laquelle se trouve à 2 mn à pied de la gare *JR* d'Ueno (lignes *JR* Hibiya et *JR* Ginza). Trajet entre Narita (terminal 1) et Ueno avec le *Skyliner* : 40-50 mn. Fréquence : 2-3 trains/h, 7h25-22h30. Billet : 2 520 ¥ l'aller (env 3 500 ¥ pour le *pass* permettant d'emprunter en plus le métro pendant 24h ; autres *pass* pour 48h et 72h ; voir aussi les promos sur Internet). Pour Shinjuku et Roppongi, correspondance à Ueno-Okachimachi (Oedo Line) ; pour Shibuya et Asakusa, correspondance à Ueno (Ginza Line). Pour plus de détails sur les horaires et les fréquences du *Skyliner,* voir leur site, en

anglais : ● *keisei.co.jp/keisei/tetudou/skyliner/us/* ●
Option plus lente : on peut aussi prendre le train *Keisei Main Line*, semi-express. Durée : 1h20. Billet : env 1 100 ¥.

➢ ***De/pour la gare JR de Tokyo :*** prendre le train *JR Narita Express (N'ex)*. Voir leur site, en anglais : ● *jreast.co.jp/e/nex/* ● Départs ttes les 30 mn, 8h50 (en haute saison 1er train 7h43)-21h44. Selon trains et quartiers de Tokyo, compter 3 070-3 250 ¥ (A/R 4 070 ¥ ; réduc enfants ; gratuit avec le *JR Pass*) et 1h-1h20 de trajet. Train direct pour la **gare de Tokyo (Tokyo Station** *; plan II*), **Shibuya, Shinjuku** et (moins fréquents) ***Ikebukuro.*** Il existe aussi un train *JR* « rapide » (6h50-23h), qui met plus de temps : 1h30. Billet : env 1 300 ¥. Autre solution, le *Tokyo Shuttle K'Sei* : durée 1h20. Billet : 1 000 ¥.

➢ ***De/pour la gare de Yokohama :*** train *JR Narita Express* (1-2 trains/h). Durée : 1h30. Billet : env 4 370 ¥.

➢ ***De/pour le Tokyo City Air Terminal (TCAT** *; à l'est du quartier de Riogoku)* **:** bus limousine, ttes les 10-20 mn. Durée : 1h-1h15. Billet : env 2 800 ¥.

➢ ***De/pour le Yokohama City Air Terminal (YCAT) :*** bus limousine. Durée : 1h30-1h45. Billet : 3 700 ¥. ● *ycat.co.jp/en/* ●

➢ ***De/pour les grands hôtels de Tokyo :*** bus Airport limousine. Durée : 1 à 2h selon distance et circulation. Billet : 2 800-3 100 ¥. ● *limousinebus.co.jp/en/* ●

– ***À noter également*** que la ligne A rouge Asakusa dessert du centre de Tokyo les aéroports de Narita (en direct) et de Haneda (avec un changement à la station Sengakuji, puis prendre la ligne Keikyu Kuko).

Se rendre de l'aéroport de Narita à Kyoto

➢ ***En bus :*** avec la compagnie *Chiba Kotsu*. Points de départ n° 5 au terminal 1 et n° 12 au terminal 2. Billet à Kyoto, arrivée à la gare centrale (Kyoto Station).

➢ ***En train :*** se rendre d'abord à la Tokyo Station *(plan II)* avec le *Narita Express (JR)* puis prendre le train *Tokaido (JR Tokai)*. *Shinkansen* (le TGV japonais) très fréquents, ttes les 15 mn à certaines heures. Trajet : 2h15-3h. Pratique : certains trains (dans les 2 sens) font un arrêt à Shinagawa.

➢ ***En avion :*** liaisons tlj depuis Narita. Mieux vaut prendre le train *Shinkansen*.

Autres destinations

➢ ***De/pour Osaka :*** même bus que celui de Kyoto (voir plus haut). À Osaka, arrivée à la gare de Namba. En avion, liaisons tlj depuis Narita.

➢ ***Autres liaisons aériennes :*** Nagoya, Hiroshima, Nagasaki, Fukuoka, Sapporo...

Aéroport de Haneda
羽田空港

✈ ***Aéroport de Haneda :*** *au sud de Tokyo.* ☎ *6428-0888 (infos vols).* ● *tokyo-haneda.com/en/* ● Il comporte 2 terminaux (T1 et T2) : un pour les vols domestiques et un pour les vols internationaux. Entre les terminaux, navette gratuite régulière de bus.

ℹ ***Informations touristiques : Tourist Information Counter.*** ☎ *6428-0653 (call center ; tlj 24h/24).* On y vend les billets de train *JR*. Infos touristiques et réservation d'hôtels.
– Attention, le *JR Pass* ne peut être retiré à cet aéroport que jusqu'à 18h30.

➢ ***De/pour l'aéroport de Narita :*** bus limousine. Durée : 1h15. Billet : 3 200 ¥. Autre solution : prendre le *Tokyo Monorail* jusqu'à Hamamatsucho puis la ligne *JR* Yamanote jusqu'à la gare de Tokyo, puis le *Narita Express (N'ex)*. Durée : près de 2h (2 changements, mais totalement gratuit avec le *JR Pass*).

➢ ***De/pour le centre de Tokyo :*** bus limousine. Durée : 25-45 mn depuis la gare *JR* Tokyo, 40-75 mn depuis la gare de Shinjuku, mais il existe plusieurs points de départ en ville. Billet : 730-1 250 ¥ selon destination. En taxi : env 6 000-7 500 ¥ la course vers les quartiers touristiques (prix fixes, surcharge env 1 400 ¥ 22h-5h).

➢ ***De/pour le centre de Tokyo (Tokyo Station*** *; plan II)* **:** prendre le train *Airport Limited Express* (ligne Keikyu) jusqu'à la station Shinagawa ; compter 15 mn et 300 ¥. À Shinagawa, prendre le train *JR* jusqu'à Tokyo Station (11 mn). Autre possibilité : prendre le *Tokyo Monorail (• tokyo-monorail.co.jp/english/ •)* jusqu'à la gare de Hamamatsucho (compter 13 mn et 500 ¥) puis la ligne de train *JR Yamanote* vers les quartiers du centre et la gare de Tokyo (6 mn).

En train 電車

– ***Pour tous les horaires des trains,*** un site très pratique : *• hyperdia.com •*

➢ ***De/pour Kyoto :*** prendre le *Shinkansen* (le TGV japonais) au départ de Tokyo Station *(plan II)*. Trajet : 2h15-2h30 (513 km). Billet : env 14 000 ¥.

➢ ***De/pour Osaka :*** plusieurs trains à grande vitesse *Shinkansen* relient tlj Tokyo Station à la gare de Shin-Osaka. Trajet : 2h40-3h (556 km). Billet : env 15 000 ¥.

➢ ***De/pour Yokohama*** *(à 30 km),* ***Kamakura*** *(à 50 km),* ***Hakone*** *(à 85 km),* ***le mont Fuji*** *(à 110 km)* ***et Nikko*** *(à 125 km) :* voir les rubriques « Arriver – Quitter » pour chacune des villes concernées.

TOKYO

Adresses utiles

Informations touristiques

🅸 ***Hotline Japan National Tourist Organization (JNTO) :*** *☎ 3816-2787 (en anglais).* Pour toute question relative au tourisme si vous ne vous trouvez pas à proximité d'un bureau du JNTO, ou en cas d'urgence.

🅸 ***Tokyo Tourist Information Center*** 東京観光情報センター *(plan XIV, A2-3) : 2-8-1 Nishi-Shinjuku, Shinjuku-ku. ☎ 5321-3077. • gotokyo.org • (en français) • tokyometro.jp/fr/ • Ⓜ Tochomae. Au rdc, bâtiment 1, du Tokyo Metropolitan Government Bldg (la mairie). Tlj 9h30-18h30. Fermé 2 ou 3 j. autour du Nouvel An.* Excellent matériel touristique et staff compétent. Ordinateur pour consulter l'info en ligne.

🅸 @ ***Office de tourisme de la Japan National Tourist Organization (JNTO)*** 東京観光情報センター都方本部 *(plan II, A2) : 1F, Shin Tokyo Bldg, 1st Floor, 3-3-1 Marunouchi, Chiyoda-ku. ☎ 3201-3331. • tourisme-japon.fr • jnto.go.jp • Ⓜ Yuraku-cho (sorties D3 ou D5) et Tokyo Station 東京駅, ligne Keiyo (sortie 6). Tlj 9h-17h. Fermé 29 déc-1er janv.* Accueil professionnel. Plans, brochures et bons conseils.

🅸 ***Office de tourisme de Keisei-Ueno*** 東京観光情報センター京成上野支所 *(plan IV, B3) : gare de Keisei Ueno 京成上野駅, sortie principale. Ne pas confondre avec la gare JR. À la pointe sud du parc. ☎ 3836-3471. Tlj 8h-18h30.* Toutes les infos indispensables, mais pas de réservations.

🅸 Et de nombreux autres ***bureaux d'information,*** répartis dans les quartiers, parfois au rez-de-chaussée des grands magasins et toujours plus compétents et aimables les uns que les autres.

Hébergement

■ ***Sakura House*** サクラハウス *(plan XIV, B1,* ***3****) : 2F, K1 Bldg, 7-2-6 Nishi-Shinjuku, Shinjuku-ku. ☎ 5330-5250. • sakura-house.com/fr • Ⓜ Shinjuku, ligne JR Yamanote. Tlj 8h50-20h.* Une précieuse référence pour louer un studio ou un appartement à Tokyo, séjour courte ou longue durée (plus de 1 000 propositions). Gère également 3 hôtels et une AJ, qu'on recommande chaleureusement pour leur situation et leur remarquable rapport qualité-prix.

■ ***Japan Youth Hostel Association*** 日本ユースホステル協会 *(hors plan XIII par A1) : contact uniquement par e-mail ou via le site : • info@jyh.or.jp • jyh.or.jp • Ⓜ Shibuya. Lun-ven 10h-17h ; fermé le w-e.* Cette organisation fédère les auberges de jeunesse du Japon.

Centres culturels français

■ ***Institut français du Japon – Tokyo*** アンスティチュ・フランス日本 *(hors plan IX par B2,* ***4****) : 15 Ichigaya-Funagawa-machi, Shinjuku-ku.*

☎ 5206-2500. • institutfrancais.jp • Ⓜ Lidabashi, JR ligne Sobu (sortie ouest), lignes Yurakucho, Tozai, Namboku et Oedo (sorties B3 ou B2a). Lun 12h-19h30 (accueil), mar-ven 9h30-19h30, sam 9h30-19h, dim 9h30-18h. Beau bâtiment horizontal sur jardin réalisé en 1951 par l'architecte Junzo Sakakura, disciple de Le Corbusier. Médiathèque avec près de 15 000 titres. Librairie française bien achalandée (dont votre guide favori) juste devant. Intéressantes expos, projections de films, conférences et concerts. Sympathique brasserie pour un déjeuner ou un petit café.

■ ***Maison franco-japonaise*** 日仏会館 *(plan XI, B2,* ***5****) : 3-9-25 Ebisu, Shibuya-ku. ☎ 5421-7641 et 7643 (bibliothèque). • mfj.gr.jp • Gare JR et Ⓜ Ebisu, lignes Yamanote, Sikyo, Shonan-Shinjuku et Hibiya (sortie Ebisu Garden Place). Bibliothèque mar-sam 13h-18h.* Créée par Paul Claudel, alors ambassadeur de France au Japon. Organise de nombreuses conférences, colloques scientifiques, séminaires divers de haute qualité. Ouvert au public et gratuit. Parfois des concerts. Bibliothèque de plus de 50 000 ouvrages, la plus importante d'Asie orientale.

Ambassades

■ ***Ambassade de France*** 在日フランス大使館 *(hors plan XI par B1,* ***6****) : 4-11-44 Minami-Azabu, Minato-ku. ☎ 5798-6000. • ambafrance-jp.org • Ⓜ Hiro-o, ligne Hibiya (sortie 1). Lun-ven 9h-12h ; et sur rdv 14h-17h (sauf ven). Attention, une bonne quinzaine de j. fériés dans l'année (voir leur site).*

■ ***Ambassade de Belgique*** ベルギー大使館 *(plan I, B2,* ***7****) : Nibancho, 5-4 Chiyoda-ku. ☎ 3262-0191. 📱 090-7737-9843 (nº d'urgence). • diplomatie.belgium.be/japan • Ⓜ Kojmachi, ligne Yurakucho (sortie 5). Lun-ven 9h30-12h30, 13h30-17h ; sur rdv l'ap-m jeu-ven.*

■ ***Ambassade de Suisse*** スイス大使館 *(plan X, A2,* ***8****) : 5-9-12 Minami-Azabu, Minato-ku. ☎ 5449-8400. • eda.admin.ch/tokyo • Lun-ven 9h-12h. Une quinzaine de j. fériés (voir leur site).*

■ ***Ambassade du Canada*** カナダ大使館 *(plan I, A3,* ***9****) : 7-3-38 Akasaka, Minato-ku. ☎ 5412-6200 (urgences). • canadainternational.gc.ca/japan-japon • Ⓜ Aoyama (sorties A3 ou A4), puis suivre Aoyama-dori, même trottoir que la poste. Lun-ven 9h30-16h30.*

Urgences

■ ***Police*** 警察 *: ☎ 110. Ligne spéciale pour les étrangers (en anglais) : ☎ 3501-0110.*

■ ***Urgences médicales*** 医療緊急事態 *: assistance médicale immédiate ou incendie, ☎ 119 ; infos médicales en anglais, ☎ 5285-8181 (tlj 9h-20h).*

■ ***Objets perdus*** 遺失物取扱所 *: ☎ 7055-0142 (police).* Bureaux des objets perdus dans les aéroports et dans les gares *JR* d'Ueno et de Tokyo Station.

– ***En cas de tremblement de terre :*** voir le manuel de survie et les instructions sur le site *• tokyo-icc.jp/guide_eng/kinkyu/05.html •*

Transports

Le métro et les chemins de fer privés

L'un des réseaux les plus denses du monde. Au 1er abord effrayant, mais finalement extrêmement pratique, propre et prodiguant une signalétique d'une clarté exceptionnelle. Des toilettes en accès libre et nickel à chaque station, des consignes à bagages dans les grandes correspondances, etc., bref, le rêve ! Aux guichets, le personnel aimable et serviable parle souvent un anglais bien suffisant pour informer. La seule différence avec d'autres métros du monde, c'est que parfois le même ticket ne permet pas une correspondance automatique avec certaines autres lignes (à quelques rares exceptions près, entre lignes *JR* par exemple) ; vous pouvez avoir à vous munir d'un nouveau ticket. Procurez-vous un plan en français avec la traduction en japonais (tout en japonais, c'est amusant mais moins intelligible !)

Métro* 地下鉄*, mode d'emploi

– ***Informations :*** • *tokyometro.jp* • (version en français). Pour les itinéraires, les horaires de train et de métro : • *hyperdia.com/en* • Voir aussi la rubrique « Transports. Le métro » dans le chapitre « Japon utile ».

– Le métro est ouvert de 5h30 à 0h15 environ. Chaque ligne se distingue par une couleur et une lettre (*G* pour *Ginza Line*). En plus de leur nom, les stations sont identifiées par la lettre de la ligne suivie d'un numéro. Même au long de correspondances interminables. Quasi impossible néanmoins d'en perdre le fil, grâce aux pancartes toujours bien placées. Sur la plupart des lignes, la station suivante est annoncée dans la rame sur un écran lumineux en japonais et en caractères latins. Info renforcée par une annonce sonore en japonais et en anglais. Le côté d'ouverture des portes est également précisé ! Au bonheur de l'usager...

– ***Achats des billets :*** le prix varie selon la distance parcourue. Regardez sur le plan général à quel prix se monte votre destination. Si vous ne trouvez personne pour vous renseigner, pas de problème, prenez un ticket au prix minimum (170 ¥, de 1 à 6 km) et vous paierez la différence à la sortie, sans pénalités (200 ¥ de 7 à 11 km, 240 ¥ de 12 à 19 km). Attention, dans les grandes stations, choisissez bien les machines correspondant aux différentes lignes qui y passent. C'est assez clair. Sur les machines, pressez le bouton correspondant à la somme de votre destination (faire *adjustment fare* : jaune) et introduisez votre argent (pièces ou billet). Les machines rendent la monnaie et un bouton permet d'annuler l'opération. Ne pas perdre son ticket, il faudra le réutiliser pour la sortie.

– Pour éviter d'avoir à acheter à chaque fois un nouveau billet, nous conseillons vivement l'achat de la ***carte verte Suica,*** éditée par la société qui gère le réseau *JR East.* C'est la formule la plus intéressante et la plus pratique pour se déplacer en métro. Il s'agit d'une carte prépayée, valable sur les lignes *JR* et sur la quasi-totalité des lignes du métro. Versement initial minimum 2 000 ¥, dont 500 ¥ de caution que vous récupérez lorsque vous restituez la carte à la fin de votre séjour auprès de *JR East.* On peut se la procurer à l'aéroport, dans les gares et dans les grandes stations de métro. Ensuite, vous la rechargez par tranches de 1 000 ¥, selon vos besoins. À la fin du séjour, en plus de la caution, on vous rend le crédit qu'il reste sur votre carte, avec toutefois une retenue de 220 ¥. Au portillon électronique de sortie, la somme du trajet est débitée et votre nouveau solde créditeur s'affiche. Si votre crédit n'est pas suffisant, pas de panique, des machines disposées avant chaque sortie permettent de la recharger. La carte *Suica* permet aussi d'effectuer des achats partout où vous verrez le logo de *Suica* : dans les distributeurs de boissons par exemple.

Il existe une autre carte à puce prépayée, la ***carte Pasmo,*** éditée par la société qui gère le métro de Tokyo. Elle fonctionne de la même façon (mêmes principes, mêmes avantages, mêmes tarifs, mêmes machines pour recharger). Seule différence, pour récupérer la caution à votre départ, il faut s'adresser à un guichet *JR* pour la carte *Suica,* à un guichet du métro pour la carte *Pasmo.* On peut désormais utiliser ces 2 cartes dans la plupart des transports urbains de Tokyo et Kyoto, et des autres villes du Japon !

Attention, la caution de 500 ¥ n'est remboursée que dans la ville où l'on a initialisé la carte *Suica* ou la carte *Pasmo.*

– Possibilité d'acheter un ***forfait à la journée :*** le minimum est le *pass 24h Tokyo Metro* à 600 ¥ (enfant 300 ¥). Il couvre 9 lignes de métro dans Tokyo. Le 2[d] *pass* à 700 ¥ (enfant 350 ¥) couvre les 4 lignes Toei. Le *pass* 24h combinant les 9 lignes *Tokyo Metro* et 4 lignes *Toei Metro* coûte 900 ¥ (enfant 450 ¥).

Le ***Tokyo Subway Ticket*** valable ***pour 24, 48 ou 72h*** (800-1 500 ¥ ; 6-11 ans 750 ¥) inclut les 9 lignes de métro dans Tokyo et les 4 lignes de *Toei Metro.*

Le ***Tokyo Tour Ticket*** (une journée, 13 lignes de métro, trains *JR* au centre-ville, tramway et bus de Tokyo) coûte 1 590 ¥ (enfant 800 ¥). Intéressant mais, en moyenne, on voyage souvent pour moins que ça à l'intérieur du réseau *JR.* À vous de calculer. Précision : le *Japan Rail Pass* est valable sur les lignes *JR,* dont le *JR Yamanote.* On n'utilise pas alors les barrières automatiques, mais on présente son *JR Pass* à l'employé présent.

– Ne pas être découragé par la longueur des ***correspondances,*** qui peuvent atteindre parfois plus de 800 m (couloirs interminables et escaliers). Quelquefois, vous serez même obligé de sortir à l'air libre pour quelques centaines de mètres avant de retrouver la ligne convoitée. D'une façon générale, la signalétique est excellente, indiquant même la distance qu'il vous reste à parcourir. Certaines voitures sont réservées aux femmes pendant les *rush hours* en semaine ; signalées en cadre rose sur la voiture.

– ***Les sorties de métro :*** les petites stations intermédiaires ne posent pas de problème (1 ou 2 sorties : est ou ouest, nord ou sud), mais d'autres affichent de nombreuses sorties (jusqu'à près de 50 pour Shinjuku !). Là encore, les ingénieurs qui ont pensé la signalétique du métro ne vous ont pas laissé tomber. Sur le quai, plusieurs panneaux sur fond jaune indiquent les sites extérieurs (grands hôtels et grands magasins, importantes avenues, parcs, musées, etc.), puis chacun d'entre eux est affublé d'un numéro de sortie (par exemple : A1 ou A7, B1 ou B3 ou C4...). Il ne vous reste plus qu'à suivre ces pancartes jaunes jusqu'à leur destination ultime. Les rares fois où l'usager se perd un peu, c'est lorsque la sortie débouche dans une galerie commerciale (souvent en étage). À ce moment-là, la signalétique du métro s'arrête logiquement et vous êtes livré au labyrinthe commercial...

– Toutes les lignes du métro et du *JR* sont omnibus. Seules les lignes privées proposent un système omnibus et express. Renseignez-vous bien avant si vous devez monter dans un omnibus *(Kahueki Teisha)* ou un express *(Kyuko Densha),* généralement indiqué par un signal rouge à l'avant.

Dans le métro : des lignes de couleur pour se repérer

– *JR Yamanote* (en vert dans le métro) = pointillés gris et blanc sur les cartes.
– Autres lignes *JR* : *Sobu* (jaune), *Chuo* (orange), *Keihin Tohoku* (bleu) et *Saikyo* (turquoise).
– Il y a 9 lignes de métro : *Ginza* (G = orange), *Chiyoda* (C = vert foncé), *Marunouchi* (M = rouge), *Hanzomon* (Z = violet), *Hibiya* (H = gris), *Tozai* (T = turquoise), *Nanboku* (N = vert clair), *Yurakucho* (Y = jaune) et *Yurakucho « nouvelle ligne »* (Y = rouge brun).
– 4 lignes dépendent du gouvernement métropolitain (Toei) : *Mita* (I = bleu), *Asakusa* (A = rose orangé), *Oedo* (E = rose foncé) et *Shinjuku* (S = vert).

Au nord, la seule ligne de tram de Tokyo, sur une douzaine de kilomètres : la ligne *Arakawa.*

Quant aux lignes privées secondaires, si vous vous en tenez aux visites traditionnelles, vous n'aurez guère l'occasion de les utiliser, sauf la ligne *Yurikamome* (Shimbashi-Toyosu) qui va à Odeiba. À signaler : 2 fois plus chère que le métro (mais absolument incontournable, ceci expliquant cela).

Les bus バス

– ***Bus urbains :*** ils se situent en général à la sortie des grandes stations, terminaux de métro, près des taxis. Vous n'aurez guère l'occasion de les utiliser vu la densité et le quadrillage quasi parfait du métro. En outre, destinations et indications presque exclusivement en japonais. Quelques hôtels et *ryokan* indiquent cependant les bus passant près de chez eux quand c'est pratique et facile à prendre depuis le terminal. L'achat du ticket se fait en montant dans le bus. Dans d'autres cas, dans les bus de grande banlieue, on prend seulement un ticket avec un numéro. Le prix du ticket s'affiche régulièrement sur un tableau lumineux au-dessus du chauffeur. Vous paierez à l'arrivée en fonction de l'endroit où vous êtes monté ! Plus simple, on peut utiliser sa carte **Suica** (voir ci-dessus « Le métro et les chemins de fer privés. Métro, mode d'emploi »).

Les taxis タクシー

– Très nombreux, paraît-il plus de 50 000 !
– Larges, confortables, très propres (chauffeur en gants blancs et tissu blanc immaculé à dentelle sur les repose-têtes).
– *Signal rouge* = taxi libre. *Signal vert* = taxi occupé.
– *Une surprise :* porte automatique (que vous rentriez ou sortiez).
– *Tarif de prise en charge :* il varie, selon les périodes de l'année, de 400 à 700 ¥ environ ; le compteur augmente ensuite à partir de 2 km et c'est 300 ¥ au kilomètre (plus un supplément de nuit de 22h à 5h). Le taxi se révèle donc très intéressant pour les petites courses (moins de 2 km). Vu les longues distances dans Tokyo et les temps d'arrêt dans les embouteillages, autant prendre le métro jusqu'à la station la plus proche de votre point de chute, puis le taxi.
– Si vous indiquez un lieu très populaire, beaucoup de chances que le taxi vous y mène directement sans problème. En revanche, si c'est un petit hôtel ou un resto peu ou pas connu, il sera nécessaire de lui montrer un plan ou la traduction en japonais du lieu où vous vous rendez (nous traduisons en japonais chacun des prestataires référencés dans le guide). De manière générale, si vous ne parlez pas le japonais, faites écrire sur un papier les nom, adresse et, si possible, métro, monument ou grand magasin connu à proximité. Le mieux est d'avoir la carte de visite de l'hôtel ou du resto visé (avec le plan au dos).
– Dans le réseau inextricable de ruelles où le taxi ne peut pénétrer, type Harajuku ou Kagurazaka, le taxi vous laissera au plus près. Faites-lui confiance et demandez votre chemin sitôt sorti.
– Ne tentez pas d'appeler un taxi en sens inverse, ils n'ont très souvent pas le droit de tourner !
– La nuit et le week-end, il est plus difficile d'avoir un taxi. À Ginza, ça tient du miracle...

Le bateau-bus 水上バス

Certaines lignes de bateau-bus non seulement se révèlent hyper pratiques, mais sont également l'occasion de découvrir Tokyo sous un angle encore plus séduisant et insolite.
– ***Renseignements :*** *☎ 01-2097-7311 (env 9h30-17h30). • suijobus.co.jp •*
Voici les lignes les plus intéressantes :
– ***au long de la rivière Sumidagawa :*** avec la *Sumida River Line,* intéressera nos lecteurs souhaitant se rendre d'Asakusa au jardin de Hama-rikyu. Terminus quai Hinode et correspondance pour Odaiba. Env 15 départs/j. Asakusa-Hamarikyu : 980 ¥ (prix d'entrée au jardin Hamarikyu inclus). Asakusa-quai Hinode : 780 ¥ ;
– ***Asakusa-parc marin d'Odaiba (Seaside Park) :*** ligne directe ou avec changement au quai Hinode. 2/h en moyenne. Compter env 1h. Prix : 1 380 ¥ ; réduc. Très joli design des bateaux et baies panoramiques ;
– ***quai Hinode-parc marin d'Odaiba (Seaside Park) :*** par Harumi. Ttes les 30 mn ou ttes les heures 11h-18h. Avec la *Odaiba Line,* compter 20 mn de trajet et 10-15 départs/j. Prix : 520 ¥ ; réduc.
– ***quai Hinode-Tokyo Big Sight (Odaiba) :*** 7-8 départs/j. avec la *Tokyo Big Sight-Palette Town.* 30 mn de trajet (460 ¥ ; réduc.). Seulement 2 bateaux directs pour *Tokyo Big Sight* (sauf lun-mar, non fériés).

À bicyclette 自転車

Beaucoup de Japonais circulent à vélo, généralement dans les limites de leur propre quartier. Il faut dire que la plupart des trottoirs (souvent larges) comportent une bande cyclable. Ne soyez pas étonné d'entendre une sonnette. Ça ne sera jamais agressif, juste un petit rappel aimable de partager le trottoir.

À pied 徒歩

C'est le meilleur moyen pour apprécier la façon dont les Japonais vivent, baignés dans la modernité, tout en ménageant des coins de rues pleins d'humanité et de couleurs où s'empilent des pots de fleurs, où poussent des arbres dans la moindre anfractuosité. Une façon de découvrir aussi les chaleureuses *izakaya* de quartier et, surtout, d'apprécier l'extrême amabilité des Tokyoïtes lorsqu'on semble un peu perdu ! Autant de télescopages insolites entre modernité et tradition, de cartes postales urbaines qui vous étonneront.
À pied, on passe sans transition, en quelques dizaines de mètres, de la mégalopole infernale et du mode de vie le plus déjanté, à un rythme villageois qu'on ne pouvait guère soupçonner. On aime tout à fait cet habitat chaotique, cette anarchie urbaine dans un pays qu'on croyait trop policé. Une maison en bois dégradée, mais encore fièrement debout, peut harmonieusement côtoyer la dernière villa d'avant-garde d'un architecte génial... le tout sous un amas de fils électriques alimentés par d'hideux transformateurs suspendus à leurs poteaux électriques. Et puis il n'y a qu'à pied que vous découvrirez aussi les meilleurs fabricants de tofu ou de *soba* fraîches, les derniers authentiques artisans... Bref, vous ferez ainsi le plein de souvenirs qui résisteront bien mieux à l'oubli que la plus belle vue depuis la Tokyo ou la Mori Tower...

Argent, banques, change

– ***Change des devises (euros) :*** les grandes banques de la ville ouvrent généralement de 10h à 20h. *Sakura Exchange* est ouvert de 11h à 20h, voire plus tard selon les quartiers. On peut également changer dans les hôtels, mais comme d'habitude, le taux de change y est moins intéressant.
– ***Retrait d'argent liquide :*** possibilité de retirer des yens en espèces aux distributeurs automatiques des magasins-épiceries *7-Eleven, Family Mart* et *Lawson* (on en trouve un peu partout dans Tokyo et ils sont ouverts jour et nuit). Les bureaux de poste possèdent également des distributeurs automatiques de billets *(ATM)* et assurent ce genre de service (9h-17h, sauf le week-end). Les banques japonaises possèdent des distributeurs mais n'acceptent pas toujours les retraits d'argent avec des cartes de paiement étrangères. Attention toutefois aux commissions pratiquées sur chaque retrait par l'opérateur local et votre banque ; renseignez-vous avant votre départ.

Épiceries ouvertes 24h/24

– Les ***supérettes 7-Eleven, Lawson*** et ***Family Mart*** disposent d'un énorme réseau de magasins-épiceries ouverts jour et nuit. Ce sont les *konbini.* On en trouve partout dans Tokyo. Rien de plus commode que ces magasins qui vendent de tout : de l'épicerie, des boissons, des cigarettes, de la pharmacie...
– Il existe aussi un peu partout des ***100 yens shops,*** qui vendent tous les produits à 100 ¥.

Musées, mode d'emploi

Il existe plus de 200 musées à Tokyo, généralement de fort bonne qualité. Fondations diverses et mécènes contribuent pour beaucoup à leur développement. C'est ainsi que nombre de musées de quartier présentent d'intéressantes (voire riches) collections, dans de séduisants cadres modernes, parfois même au sein d'architectures d'avant-garde. En tout cas, soyez certain qu'il existera toujours un musée correspondant à vos goûts et désirs.
Bon à savoir : quand le jour de fermeture hebdomadaire (en général le lundi) tombe un jour férié, ce jour est alors ouvert au public et le musée ferme le lendemain.

– ***Tokyo Museum Grutto Pass*** 東京ミュージアムぐるっとパス : *en vente dans les musées adhérents et à l'office de tourisme de la mairie de Tokyo (voir « Adresses utiles » plus haut ; infos : ☎ 3443-0051). Tarif : 2 200 ¥. Valable 2 mois à partir de la 1re utilisation.* Permet un accès gratuit à pas moins de... 95 musées, zoos et jardins botaniques, parmi les plus importants, et des réductions dans d'autres sites adhérents. En outre, il offre 2 jours de libre accès au métro. Quand on sait que le prix moyen des musées varie de 600 à 1 500 ¥, le *pass* est vite remboursé. Il permet également d'éviter les longues files d'attente aux guichets.

Service des guides touristiques bénévoles

Des passionnés de Tokyo proposent une dizaine de balades de 2 à 3h (certaines en français). On ne paie que les frais et éventuellement le repas du guide. Ce prix, déterminé à l'avance suivant la durée de la balade et le mode de transport, varie grosso modo entre 700 et 3 700 ¥. Groupe de 1 à 5 personnes. Réservation jusqu'à 3 jours avant. En semaine seulement (sauf jours fériés), départ à 10h ou 13h de l'office de tourisme de la mairie de Shinjuku *(plan XIV, A2-3).* Renseignements et inscriptions sur *• gotokyo.org/en •*

D'autres tours guidés, totalement gratuits, sont proposés par l'association ***Tokyo SGG Club*** 東京SGGクラブ : à *Ueno, Asakusa, quartier du Palais impérial* et *Yanaka*. Renseignements sur *• tokyosgg.jp •*

Santé

Voici une liste de centres médicaux de qualité. Sinon, l'ambassade de France possède une liste des médecins parlant l'anglais et le français à Tokyo.

BAL MASQUÉ

On est surpris par le nombre de Japonais(es) portant un masque. Enrhumés, ils ne veulent pas transmettre leurs microbes aux autres. Il existe d'autres raisons : ils sont très sensibles au rhume des foins, donc le masque les protège des pollens. Parfois, le masque cache le visage des femmes qui n'ont pas eu le temps de se maquiller. Assez peu de Japonais pensent à lui pour attaquer les banques.

■ ***Numéro d'urgence de la mairie de Tokyo*** 東京都保健医療情報センター : *☎ 5285-8181 (9h-20h).* On vous trouvera un médecin parlant l'anglais.

✚ ***Tokyo Medical and Surgical Clinic*** トウキヨウクリニツク : *2F, 3-4-3 Shiba-koen, Minato-ku. ☎ 3436-3028. • tmsc.jp • Ⓜ Akabanebashi, ligne Oedo. Lun-ven 8h30-17h30 ; sam 8h30-12h (pour prendre rdv). Consultations lun-ven 9h-16h30 ; sam 9h-12h. Fermé dim.* Située près de la Tokyo Tower.

✚ ***Keio University Hospital*** 慶應義塾大学病院 *(hors plan I par A2) : 35 Shinanomachi, Shinjuku-ku. ☎ 3353-1211. • hosp.keio.ac.jp/en/ • Ⓜ Shianomachi, ligne JR Sobu.* Urgences de bonne qualité.

✚ ***Japanese Red Cross*** 日本赤十字社 *(hors plan X par A2) : Nihon Sekijujisha Iryo Center, 4-1-22 Hiroo, Shibuya-ku. ☎ 3400-1311. • jrc.or.jp/english/ •* Urgences de bonne qualité.

✚ ***NTT Medical Center*** 関東病院 : *5-9-22 Higashi-Gotanda, Shinagawa-ku. ☎ 3448-6112 et 3448-6111. • nmct.ntt-east.co.jp/en/ • Accueil tlj sauf sam-dim et j. fériés 8h30-11h, 13h-15h. Urgences 24h/24.* Hôpital ultramoderne pratiquant toutes les spécialités.

■ ***Nago Dental Clinic*** なご歯科病院 : *3-48-2-301 Ebisu, Shibuya-ku.*

☎ 3442-7557. • nago-dental.com • *Ouv lun-sam (mer et sam seulement le matin) ; fermé dim.* Le docteur Kazuyuki Nago parle le français. Il est réputé pour sa compétence et sa gentillesse.

■ ***PHARMA-C :*** *1-5-2 Sendagaya, Shibuya-ku.* ☎ *6447-1580.* • *pharma-c@ifc-holdings.com* • *Tlj sauf dim et j. fériés 9h-19h (15h sam).* Livraison à domicile des médicaments commandés par e-mail.

TOKYO QUARTIER PAR QUARTIER

LE QUARTIER DU PALAIS IMPÉRIAL 皇居

• Quartier du palais impérial, Akasaka (plan I) *p. 110-111*

Au cœur de la capitale, il y a ce « centre vide » (comme disait Roland Barthes dans *L'Empire des signes*) : le palais impérial (où résident l'empereur et sa famille) et ses jardins entourés de larges douves. On peut en faire le tour à pied en marchant ou en courant, ce que font de nombreux joggeurs. C'est dans ce site que le shogun Tokugawa bâtit en 1590 le 1er château de Tokyo. Sur ses vestiges, l'empereur fit ériger son palais et s'y installa quand Tokyo remplaça Kyoto comme capitale, au début de l'ère Meiji. Démoli par les bombardements de la Seconde Guerre mondiale, reconstruit à l'identique, le palais occupe la partie ouest des très jolis jardins impériaux.

Où dormir autour du palais impérial ?

De très bon marché à bon marché (moins de 10 000 ¥ / 83 €)

🏠 ***Kaisu Hostel*** 会すホステル *(plan I, B3,* ***20****) : 6-13-5 Akasaka, Minato-ku.* ☎ *5797-7711.* • *kaisu.jp* • Ⓜ *Akasaka* 浅草*, ligne Chiyoda (à 5 mn à pied). Lits en dortoir 4 400-5 100 ¥ (+ 300 ¥ pour le dortoir réservé aux femmes) ; 1 double seulement 11 500-12 500 ¥, petit déj compris.* Petite auberge de jeunesse récente qui offre 4 dortoirs de 6 à 14 lits (un est réservé aux filles), aménagés sur le principe de box en bois. Près de la réception, salle commune très chaleureuse, à l'atmosphère zen, où l'on prend les petits déj, un sandwich ou un petit plat le midi, un thé l'après-midi. Une adresse qui accueille de jeunes voyageurs venus du monde entier.

🏠 ***Ace Inn Shinjuku*** エースイン *(plan I, A1,* ***21****) : 5-3 Katamachi, Shinjuku-ku.* ☎ *3350-6655.* • *ace-inn.jp* • Ⓜ *Akebonobashi* 曙橋*, ligne Toei Shinjuku (sortie A3, puis 1 mn à pied vers l'est, juste après le pont routier). Réception à partir de 16h. Lits 2 200-4 400 ¥ ; un peu plus cher en juil-août.* Un immeuble moderne d'une dizaine d'étages offrant 280 lits à prix d'auberge de jeunesse en dortoirs mixtes ou non. Les lits les moins chers s'alignent à l'occidentale dans un dortoir mixte de 12 personnes. Pour un millier de yens supplémentaires les lits se superposent dans des box en bois, isolés par des rideaux. Un poil moins oppressant que les capsules-hôtels. On bénéficie d'une table et d'une chaise. Il y a aussi quelques doubles. Sanitaires dans les étages, douches (propres) et laverie au sous-sol. Au dernier étage, salle commune, cuisine, frigo, machines et distributeurs. Thé et café gratuits, accueil pro et gentil.

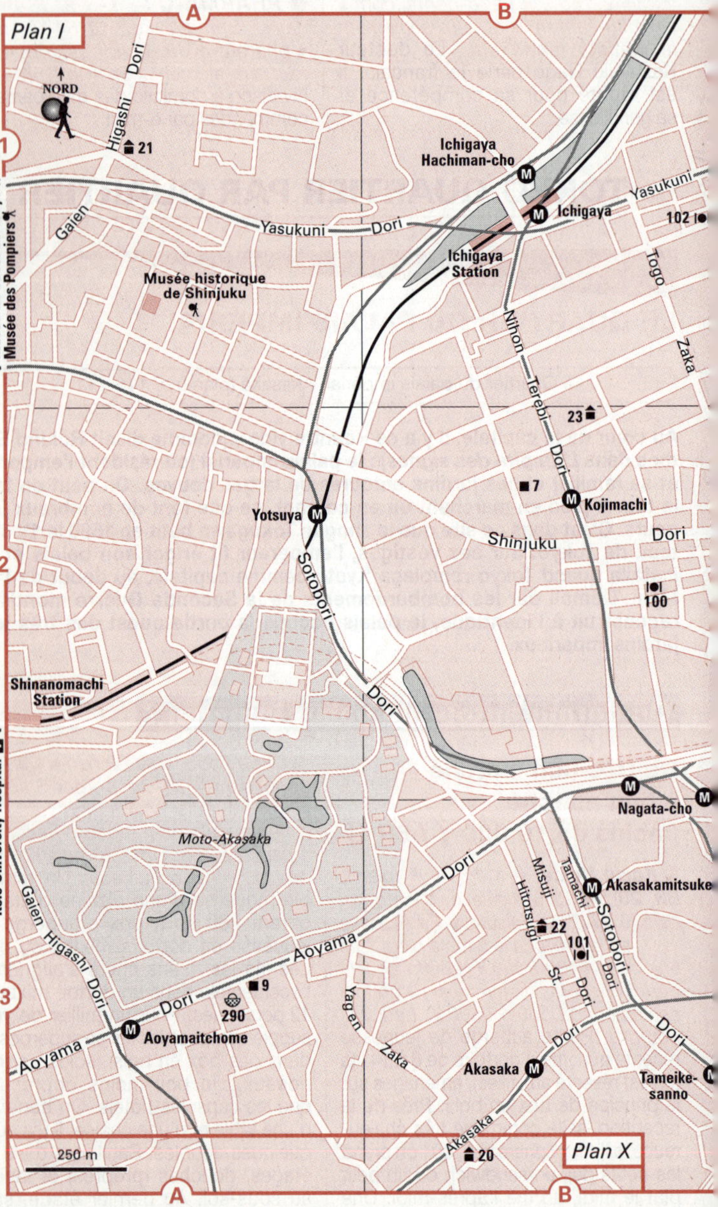
Plan I
A
B
1
2
3
NORD
Higashi Dori
21
Gaien
Yasukuni Dori
Musée du Jouet de Tokyo
Musée des Pompiers
Musée historique de Shinjuku
Ichigaya Hachiman-cho
Ichigaya
Ichigaya Station
Yasukuni
102
Togo
Zaka
Nihon Terebi Dori
23
7
Kojimachi
Yotsuya
Shinjuku Dori
100
Sotobori Dori
Shinanomachi Station
Keio University Hospital
Nagata-cho
Moto-Akasaka
Akasakamitsuke
Misuji
Hitotsugi St.
Tamachi
Sotobori Dori
22
101
Gaien Higashi Dori
Aoyama Dori
9
290
Aoyamaitchome
Yagen Zaka
Dori
Akasaka
Tameike-sanno
Akasaka
20
250 m
Plan X

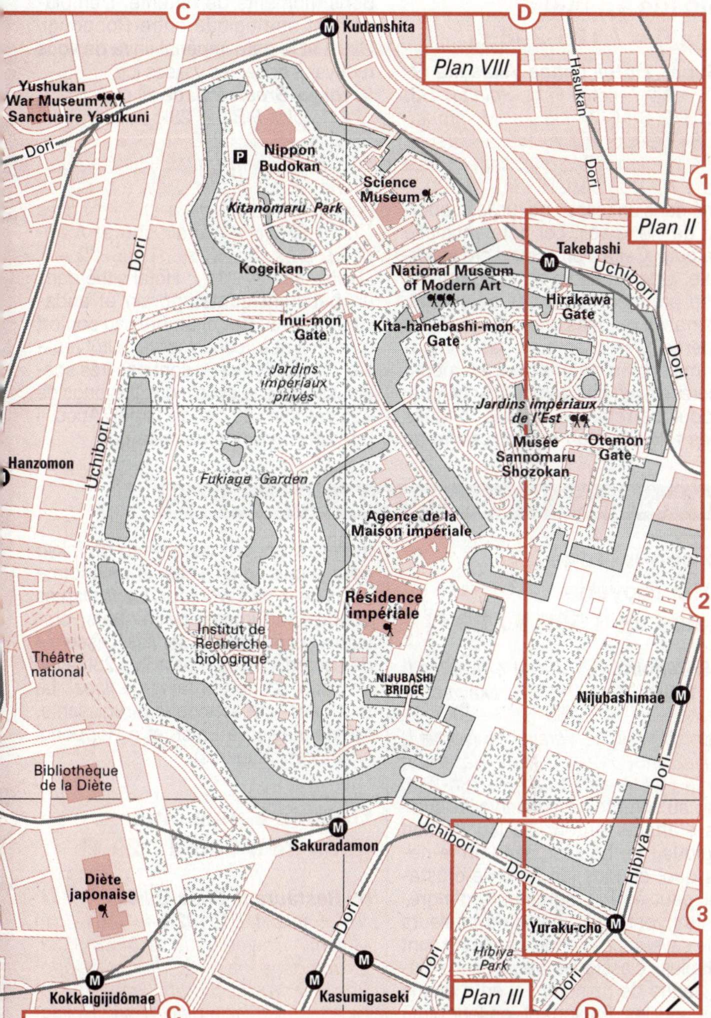

Adresse utile

7 Ambassade de Belgique (B2)
9 Ambassade du Canada (A3)

Où dormir ?

20 Kaisu Hostel (B3)
21 Ace Inn (A1)
22 Super Hotel Lohas Akasaka (B3)
23 Tokyo Green Palace (B1-2)

Où manger ?

100 Soranoiro (B2)
101 Chinese Cafe Eight (B3)
102 Restaurant Chez Olivier (B1)

Achats

290 Japan Traditional Crafts Aoyama Square (A3)

TOKYO – Quartier du palais impérial, Akasaka (Plan I)

Chic (de 15 000 à 25 000 ¥ / 125-208 €)

Super Hotel Lohas Akasaka スーパーホテルLohas赤坂 *(plan I, B3, **22**) : B1F, 3-16-7 Akasaka, Minato-ku. ☎ 6843-9000. Ⓜ Akasaka-Mitsuke 赤坂見附, lignes Marunouchi et Ginza (sortie 1). Doubles 15 000-19 000 ¥.* Niché dans un réseau de ruelles débordant de vie le soir, cet hôtel multiplie les atouts. Celui d'un accueil pro et serviable. Une agréable zone commune où se prennent les petits déjeuners, en terrasse ou dans une salle stylée et moderne. Des chambres pas immenses mais bien aménagées et même décorées avec une certaine recherche. Et pour se remettre de ses longues virées tokyoïtes, un *onsen* réserve de bons moments de détente. L'emplacement stratégique entre Roppongi, Ginza et le parc impérial finira de vous motiver à poser les valises ici.

Tokyo Green Palace 東京グリーンパレス *(plan I, B1-2, **23**) : 2 Niban-cho, Chiyoda-ku. ☎ 5210-4600. • tokyogp.com • Ⓜ Kojimachi 麹町, ligne Yurakucho (sortie 5, puis 1 mn à pied), ou gare JR et Ⓜ Ichigaya 市ヶ谷, lignes Chuo, Shinjuku, Yurakucho et Namboku, puis moins de 10 mn à pied. Double env 24 000 ¥.* Hôtel situé dans un bâtiment contemporain et audacieux, offrant des chambres au confort moderne et à la déco sobre plutôt réussie, même si elles ne sont pas très spacieuses. Literie excellente (lits longs de 195 cm sur 120 cm de large). Accueil pro. Un bon rapport qualité-prix.

Où manger à l'ouest du Palais impérial ?

De bon marché à prix moyens (moins de 3 500 ¥ / 29 €)

Soranoiro ソラノイロ本店 *(plan I, B2, **100**) : 1F, 1-2-10 Hirakawachō, Chiyoda-ku. ☎ 3263-5460. Ⓜ Kojimachi 麹町, ligne Yurakucho (sortie 1) ou Hazomon 半蔵門, ligne Hazomon (sortie 1). Lun-ven 11h-15h, 18h-21h.* Assis au comptoir, on observe les cuistots s'affairer autour de leur potion magique : un bouillon avec un je-ne-sais-quoi de plus (un fond de crustacés, peut-être ?), agrémenté d'ingrédients hyper frais, pleins de couleurs et de saveurs. Les choix de *ramen* sont multiples : classiques, vegan, sans gluten (farine de riz noir), il y en a même sans nouilles. En sortant, on leur dirait volontiers merci mais, comme toujours, le personnel a le dernier mot et reprend en chœur : *harigato gozaimas !*

Chinese Cafe Eight 中国茶房 8 *(plan I, B3, **101**) : 1F, Floral Plaza Bldg, 3-8-8 Akasaka, Minato-ku. ☎ 6234-9788. Ⓜ Akasakamitsuke 赤坂見附, à 1 mn à pied du métro. Ouv 24h/24. Formules 630-880 ¥ au déj, 1 886-4 000 ¥ le soir.* Grande salle plaisante en sous-sol (se reconnaît à son entrée rouge). Beaucoup de monde le soir. Un des meilleurs rapports qualité-prix de Tokyo pour la cuisine chinoise, et un énorme choix de mets savoureux. Consistantes soupes parfumées, petits plats, crevettes copieusement servies, casserole de canard, *dim sum* de 15h à 23h avec un choix d'une trentaine de *jiaozi.* Le tout dans une atmosphère rugissante. Même maison à Ebisu et à Roppongi (voir à ces chapitres).

De chic à plus chic (plus de 3 500 ¥ / 29 €)

Restaurant Chez Olivier シェオリビエ *(plan I, B1, **102**) : 4-1-10 Kudan Minami, Chiyoda-ku. ☎ 6268-9933. Ⓜ Ichigaya 市ヶ谷, lignes Chuo, Shinjuku, Yurakucho et Namboku (sortie A3, puis 5 mn à pied). Gare JR Ichigaya 市ヶ谷, ligne Sobu, puis 8 mn à pied. Tlj sauf dim et le 1er lun du mois 11h30-14h30, 18h-23h30 (dernière commande à 13h30 et 21h). Résa conseillée pour le dîner. Menus déj 2 950-4 650 ¥, service 5 % en sus ; 4 900-5 800 ¥ le soir, service 10 % en sus.* Très bon restaurant français à la cuisine créative, tenu par un chef originaire de Bordeaux, ancien de *La Tour d'Argent* et ex-professeur au *Cordon Bleu,* au Japon. Il a ouvert ce bistrot chic avec sa femme, japonaise. La particularité est qu'il n'utilise que des produits bio et qu'il suit rigoureusement le marché et les saisons. Au déjeuner, il vous concocte dans ses menus une cuisine vraiment délicieuse. Bien évidemment, on parle ici le français.

Achats

Japan Traditional Crafts – Aoyama Square 伝統工芸青山スクエア *(plan I, A3,* ***290*****) :** *Akasaka Oji Bldg, 8-1-22 Akasaka, Minato-ku. ☎ 5785-1301. • kougeihin.jp • Ⓜ Aoyamaitchome* 青山一丁目*, lignes Ginza, Hanzomon et Oedo (sortie 3, puis 5 mn à pied). Tlj 11h-19h.* 4 à 5 expositions par an présentent le meilleur des produits d'artisanat d'art japonais (tissus, porcelaine, papier, argenterie, etc.). Des artisans viennent y démontrer leur art. Qualité et raffinement sont au rendez-vous et les prix restent corrects : autant de belles idées de cadeaux. À visiter ne serait-ce que pour le plaisir de la découverte.

À voir

Le Palais impérial (Kokyo 皇居 *; plan I, C-D1-2)*

*– **Accès :** gare JR Tokyo, ligne Yamanote (sortie ouest, Marunouchi). Ⓜ Otemachi* 大手町*, lignes Mita, Chiyoda, Tozai, Marunouchi et Hanzomon (sortie D2) pour la porte Kikyomon* 皇居 桔梗門 *(accès à la résidence impériale) ; sorties C10 ou C13 pour la porte Otamon (jardins de l'est par l'est). Ⓜ Takebashi* 竹橋*, ligne Tozai (sortie 1a) pour les portes Hirakawa* 平川門 *ou Kitahanebashi-mon* 北桔橋門 *(jardins de l'est par le nord), ainsi que le parc Kitanomaru (musée national des Arts modernes de Tokyo et musée des Sciences).*

QUI DIT MIEUX ?

Au Japon, chaque empereur détermine le départ d'une nouvelle ère. Pour Akihito, ce fut l'ère Heisei (Parachèvement de la paix). 1er empereur autorisé à abdiquer par une loi spéciale, il cède la main au 126e de la lignée, son fils Naruhito, qui initie en mai 2019 l'ère Reiwa (de la Vénérable Harmonie). L'air de rien, cette dynastie est la famille régnante la plus ancienne au monde. Elle prendrait ses racines en l'an 660 av. J.-C. !

– Pour des infos sur la famille impériale : • kunaicho.go.jp • (version en anglais).

Ce palais impérial est un ensemble composé de la ***résidence de l'empereur*** et de plusieurs jardins. En tout, une jolie petite propriété de 3,4 km² entourée de douves et de remparts, vestige de ce que fut le château fort d'Edo. Et d'eau, il en manqua pour venir à bout de l'incendie qui le détruisit en 1873. On pourra imiter de nombreux Tokyoïtes qui font leur jogging autour des remparts (6 km au compteur), sur une agréable promenade piétonne. Sinon, au nord du site, le ***parc Kitanomaru*** est en accès libre jour et nuit. Les ***jardins de l'est*** se visitent librement en journée et la ***résidence impériale*** s'approche 2 fois par jour au prix d'une visite guidée obligatoire et gratuite.

La résidence impériale (Kyuden 宮殿 ; *plan I, D2)* **:** *accès par la porte Kikyomon. • sankan.kunaicho.go.jp • Visites guidées tlj sauf dim, lun et j. fériés à 10h et 13h30. Fermé 28 déc-4 janv. Durée : 1h15. Limitée à 300 visiteurs par session (1er arrivé, 1er servi), scindée en 3 groupes guidés en japonais, anglais et chinois. GRATUIT.*

Résidence impériale depuis la période Meiji (1868) où l'empereur a décidé de faire des infidélités à Kyoto, le site a été copieusement détruit par les bombardiers américains durant la Seconde Guerre mondiale. Sa reconstruction s'est achevée en 1968. On approche les bâtiments sans les visiter (ni les jardins privés de l'empereur, puisqu'ils sont privés). Au final, les aficionados de têtes couronnées ont plus de chance de voir Naruhito dans les pages de la presse spécialisée que lors de cette visite, au pas de charge et en troupeau...

Les jardins impériaux de l'est *(Higashi Gyoen 東御苑 ; plan I, D1-2) : accès par les portes Otemon 大手門 (à l'est), Hirakawa 平川門 ou Kita-hanebashimon 北桔橋門 (au nord). Ouv tlj sauf lun et ven 9h-16h (15h45 nov-fév). Fermé 28 déc-4 janv. On remet au visiteur un jeton qu'il restitue à la sortie. L'office de tourisme organise des visites guidées gratuites des jardins, w-e et mer à 13h (durée : 2h) ; rdv au Tourist Information Center (JNTO ; plan II, A2) ; voir la rubrique « Adresses utiles » du quartier de Marunouchi plus loin.*

C'est la seule partie des jardins ouverte au public. La section consacrée aux iris est très fréquentée au printemps.

– ***Le musée Sannomaru Shozokan des Collections impériales*** 三の丸尚蔵館 **:** *mêmes horaires que les jardins.* Dans une grande salle, expos temporaires par thèmes. Toujours de merveilleux objets d'art, bijoux, sabres d'apparat, estampes, paravents appartenant à la famille impériale.

– ***Les vestiges de l'ancien château d'Edo :*** au passage, noter les ***murs cyclopéens,*** énormes blocs ajustés avec précision, comme le faisaient les Incas. Intéressant panneau d'explications sur la restauration des portes (en anglais). Puis, le ***Hyakunin Bansho,*** l'un des 3 derniers postes de garde encore debout. Ce dernier n'accueillait que des samouraïs de haut rang. On rejoint ensuite le ***Fujmi-Yagura,*** un bel édifice qui servait de défense et d'entrepôt. Sur les 19 que comptait l'enceinte, il n'en reste que 3. C'est du haut de cette petite colline que les shoguns venaient admirer le mont Fuji et les feux d'artifice en ville.

LE DISQUE DE LA DISCORDE

Août 1945, après les 2 bombes atomiques, le Japon se préparait à capituler. L'empereur Hirohito enregistra sur un disque son discours de capitulation. Mais des soldats nippons jusqu'au-boutistes envahirent le palais impérial et tentèrent de s'emparer du disque pour le détruire, afin que le discours ne soit pas diffusé au peuple japonais le lendemain. Le complot échoua, mais il s'en fallut d'un microsillon pour qu'il réussisse...

– Un peu plus loin, le corridor ***Matsu-no-ô-roka,*** où eut lieu la célèbre attaque des 47 rônins (voir « Le temple de Sengaku-ji » dans « Le quartier d'Ebisu » et la rubrique « Personnages » dans le chapitre « Hommes, culture, environnement »). Puis le cellier ***Ishimuro,*** qui servait à stocker au frais les marchandises du palais. Le long du chemin, de belles essences et une riche collection de bambous. Les ***Phyllostachys pubescens*** présentent vraiment un tronc original. Aperçu de la base du donjon ***Tenshudar.*** Construit en 1607, haut de 5 étages. Victime des événements de 1657, il ne fut jamais reconstruit. À propos, au cœur des jardins de l'est, ne pas manquer de faire une pause des plus agréable à la maison de thé *Ninomaru.*

– En sortant par la porte Kitahanebashimon on accède au ***parc Kitanomaru*** qui abrite le musée des Sciences, le musée national d'Art moderne et le *Nippon Budokan,* stade de 15 000 places datant des J.O. de 1964 et utilisé aujourd'hui pour les concerts de rock.

– Intéressant, la dernière semaine de mars, la porte ***Inui Dori*** (située juste à l'ouest de la porte Kitahanebashimon) est exceptionnellement ouverte pour admirer les 75 cerisiers en fleur d'une allée longue de 600 m.

Le musée national d'Art moderne de Tokyo (National Museum of Modern Art) 東京国立近代美術館 *(plan I, D1)* **:** *3-1 Kitanomaru-koen, Chiyoda-ku.*

☎ 5777-8600. • momat.go.jp/english • Au sud-est du parc Kitanomaru. Ⓜ Takebashi 竹橋, ligne Tozai (sortie 1A-1B). Tlj sauf lun et fin déc 10h-17h (20h ven-sam) ; dernière entrée 30 mn avt. Entrée : env 500 ¥ (1 200 ¥ pour certaines expos) ; réduc ; gratuit 1er dim du mois, 3 nov (Jour de la Culture) et 18 mai (Journée internationale des musées).

C'est le musée tokyoïte qui permet d'admirer et de comprendre tout l'art japonais du début du XXe s à la période contemporaine. De-ci de-là, quelques œuvres d'artistes occidentaux en contrepoint (Robert Delaunay, Paul Clay, Francis Bacon, Picasso...). Impossible de décrire précisément ce qui sera présenté lors de votre visite, car les œuvres tournent environ 5 fois par an, afin de présenter au mieux les collections du musée qui contiennent un fonds de 12 000 œuvres. Voici quelques clés susceptibles d'expliciter les différentes périodes. Nous conseillons de débuter par les étages supérieurs.

4e niveau (1868-1940)

– ***Œuvres majeures :*** la 1re salle est consacrée à 15 œuvres qualifiées de majeures par le ministère japonais de la Culture : *Kanon Bodhisattva chevauchant le dragon,* de Harada Naojiro ; *Wang Zhaojun* (princesse chinoise) et *Bodhisattva Kenshu* de Hishida Shunso ; *Baigneuse* (sculpture) de Shinkai Taketaro ; *Vent du sud* de Wada Senzo ; *Beauté nue* de Yorozu Tetsugoro ; *Route coupant à travers la colline* de Kishida Ryusei ; *Parting spring* de Kawai Gyokudo ; *Serving girl at a spa* de Tsuchida Bakusen ; *Kiyohime à la rivière Hidaka* de Murakami Kagaku ; *Portrait de Vasilii Yaroshenko* de Nakamura Tsune ; *Metempsychosis* de Yokoyama Taikan ; *Portrait de San'Yutei Encho* de Kaburai Kiyokata ; *La Mère à l'Enfant* de Uemura Shoen ; *Camp à Kisegawa* de Yasuda Yukihiko.

– ***Arts des ères Meiji*** *(1868-1912),* ***Taisho*** *(1912-1926),* et ***début de l'ère Showa*** *(1926-1940).* Le séisme de 1923 bouleversa profondément la vie artistique, qui connut de 1926 à 1945 une importante influence du surréalisme et de l'art prolétarien. À laquelle il convient d'ajouter l'apport européen et américain des artistes exilés (Fujita à Paris, Kuniyoshi Y. et Nada H. à New York). En début d'ère Showa, conservateurs et modernistes créent à couteaux tirés.

3e niveau (1940-1960)

Du début au milieu de l'ère Showa *(1940-1960).* Pendant la guerre et juste après, les artistes modernistes travaillent dans un climat étouffant. Certains se distinguent par leur réalisme et leur marginalité difficile à vivre.

2e niveau, l'art contemporain (1970-2010)

2 salles présentant un habile ***mélange d'artistes japonais et étrangers.*** On utilise désormais de nouveaux matériaux : minéraux divers, acryliques, images photographiques, travail sur les lettres... Une section accueille également des ***expositions temporaires thématiques*** tirées du fonds du musée.

– Dépendant du musée, on peut encore visiter le ***Kogeikan*** 工芸館***, musée des Arts et de l'Artisanat*** *(Modern Art & Crafts museum ; plan I, C1),* à environ 300 m. Installé dans l'ancien quartier général de la garde impériale, il présente le meilleur des arts nippons dans le travail du bois, du fer, du verre...

Science Museum 科学博物館 *(plan I, D1) : 2-1 Kitanomaru-koen, Chiyoda-ku. ☎ 3212-8544. • jsf.or.jp • Ⓜ Kudanshita 九段下, lignes Tozai, Shinjuku, Hanzomon (sortie 2) et Takebashi (sortie A1). Au sud-est du parc Kitanomaru. Tlj sauf mer (voir juste après) et fin déc 9h30-16h50 (dernier billet à 16h). Ouv mer 1er oct, nov-fév, 20 juil-31 août, 20 mars-6 avr, 29 avr-5 mai. Entrée : 880 ¥ ; réduc.*

À ne pas le confondre avec le musée national de la Nature et des Sciences 国立科学博物館, beaucoup plus grand et complet, dans le parc d'Ueno. Ici, nous sommes dans une sorte de ***palais de la Découverte,*** également musée à l'ancienne (fondé en 1964), un poil vieillot mais intéressant pour tous ses jeux pédagogiques interactifs.

TOKYO

– 2e *niveau :* riche collection de cycles, vélos et antiques draisiennes. Jeux pour les enfants. Section technique : sphère qu'on peut toucher pour constater comment les électrons se déplacent. Plein d'autres expériences amusantes.
– 3e *niveau :* insolite « écorché de voiture » (c'est-à-dire coupée en 2) pour en découvrir les entrailles. Présentation de toutes les énergies. Étonnante salle des aurores boréales.
– 4e *niveau :* les ordinateurs, suivis d'une intéressante section robotique. Une « hôtesse-robot » répond aux questions des visiteurs. Salle où sont présentés tous les matériaux de construction. Les mômes plébiscitent le simulateur de séismes ou d'inondations.
– 5e *niveau :* section ADN avec force démonstrations. Impressionnante salle des machines où l'on explique des principes basiques comme l'engrenage, la force démultipliée qui permet de soulever une voiture, etc. Gros succès auprès des enfants de la grosse boule d'acier évoluant dans un labyrinthe. Salle des rayons laser, illusions d'optique... et bien d'autres choses.

Yasukuni Jinja (ou Yasukuni Shrine) 靖国神社 *(plan I, C1)* **:** *3-1-1 Kudankita, Chiyoda-ku. ☎ 3261-8326. • yasukuni.or.jp/english • Ⓜ Ichigaya* 市ヶ谷*, ligne Namboku (10 mn à pied), ou Kudanshita* 九段下*, ligne Toe Shinjuku (5 mn à pied). Tlj 6h-18h (17h janv-fév et nov-déc). GRATUIT.*
Ce temple shintoïste établi en 1869, lors de la 2e année de l'ère Meiji, est ***dédié aux soldats de cette ère morts pour la patrie.*** Il honore ainsi presque 2,5 millions de Japonais tombés lors des guerres impériales. Le hic, c'est qu'on y ajouta ***14 grands criminels de guerre de la Seconde Guerre mondiale,*** condamnés à mort et pendus à la suite du procès de Nuremberg version asiatique. Parmi eux, Matsui Iwane, le général responsable du massacre de Nankin en Chine (entre 100 000 et 200 000 morts, excusez du peu !), et le 1er ministre de l'époque, Tojo. Cet amalgame choque profondément les pays victimes des exactions de l'armée japonaise d'occupation (Corée et Chine, principalement). Mais ce qui scandalisa le plus, ce fut la visite annuelle systématique au sanctuaire de l'ancien 1er ministre Koizumi Junichiro, ainsi que celle de Shinzo Abe en 2013. Pour le plus grand plaisir, bien entendu, de la droite ultranationaliste japonaise. Évidemment, c'est vécu comme une véritable provocation.

UN CHASSEUR SACHANT CHASSER

Les chasseurs Mitsubishi épouvantaient les Américains pendant la dernière guerre. Voilà pourquoi, après la capitulation, MacArthur interdit la fabrication d'avions militaires aux Japonais. Ils se sont alors mis à fabriquer des voitures. La remilitarisation se fit progressivement... et discrètement. Il fallut attendre 1971 pour que Mitsubishi produise un nouveau chasseur.

– ***Yushukan War Museum*** 遊就館 **:** *tlj sauf fin juin et fin déc 9h-16h30 (21h pdt le Mitama Festival, mi-juil). Entrée : 1 000 ¥ ; réduc.* Construit en 1882, ce ***musée d'histoire militaire*** situé dans l'enceinte du temple Yakusuni est consacré à la mémoire des morts durant les guerres historiques du Japon. Sur chaque guerre, chaque invasion, une ***explication de texte pour le moins orientée, à coup d'arguments surprenants.*** Du genre « Pearl Harbor, finalement, donna un coup de fouet à l'économie américaine au moment où elle commençait à péricliter » ! Les lecteurs se feront d'ailleurs eux-mêmes une opinion. Au demeurant, ce musée reste très intéressant par ses documents, témoignages, photos, armes, etc. Vous y verrez le mythique avion *Mitsubishi Zero Fighter* (souvenez-vous de la série télévisée « Les têtes brûlées » !) utilisé pour les attaques de kamikazes, des lettres de pilotes avant d'aller vers la mort...
– Une fois par an *(en avr, se renseigner auprès de l'office de tourisme),* un ***tournoi de sumo*** est organisé dans l'enceinte du temple *(10h-15h).* En plein air et gratuit ! Ambiance populaire et bon enfant. C'est l'occasion d'approcher ces imposants lutteurs, en se plaçant près de la sortie de leur vestiaire.

Si vous avez encore du temps...

QUE DE PARTIS PRIS !

Le parlement japonais compte quelques partis pas piqués des hannetons : le parti du Futur du Japon, fondé par une femme en 2012, après la catastrophe de Fukushima. Il demande l'arrêt du nucléaire à l'horizon 2022 et moins d'impôts. Il existe de petites formations comme le Parti féministe ou un parti pour les Sports et la Paix. Et même un parti pour la Réalisation par la joie (Kofuku Jitsugen-to). Beau programme !

La Diète japonaise (Kokkai) 国会 *(plan I, C3) : 1-7 Nagata-cho, Chiyoda-ku.* Ⓜ *Kokkaigijidômae* 国会議事堂前*, ligne Marunouchi (sortie 2). Ne se visite pas. On peut voir l'extérieur.* Ce Parlement japonais, inscrit dans la constitution de 1947 et placé dans le système de la monarchie constitutionnelle, abrite la chambre des Représentants (480 sièges) et celle des Conseillers (242 sièges). Tourné résolument vers le palais impérial en signe de soumission à l'empereur, il s'agit d'une lourde structure de béton et granit bâtie de 1918 à 1936, avec des réminiscences Art déco, ce qui fut violemment critiqué par les nationalistes de l'époque qui souhaitaient un art plus « asiatique ». Son imposante tour (66 m) fut longtemps la plus haute du Japon. La résidence du 1er ministre se trouve de l'autre côté de l'avenue.

Musée historique de Shinjuku (Shinjuku Historical Museum) 新宿歴史博物館 *(plan I, A1) : 22 San-ei-cho, Shinjuku-ku.* ☎ *3359-2131.* • *regasu-shinjuku.or.jp* • Ⓜ *Akebonobashi* 曙橋*, ligne Toei Shinjuku (sortie A3). Prendre l'av. vers l'est, au 1er feu, prendre à droite ; fléché ensuite. Tlj sauf les 2e et 4e lun du mois 9h30-17h30 (dernière entrée à 17h). Entrée : 300 ¥ ; réduc.* Petit musée dans un bâtiment moderne, avec une belle sculpture d'acier devant. Depuis la préhistoire jusqu'à aujourd'hui, l'histoire, les traditions, les styles de vie de Shinjuku, à travers vestiges, objets, maquettes, reconstitution de rue et de demeures traditionnelles, entrepôts (à une petite échelle). On apprend ainsi que le nom de Shinjuku apparaît en 1698, pendant l'ère Edo. Le quartier appartenait alors aux puissantes familles Naito et Ushigome. Il s'appelait à l'origine Naito-Shinjuku. Une maison de cette époque a été reconstituée. Témoignages d'écrivains et artistes qui vécurent dans ce quartier, comme Natsume Soseki (1867-1916). Voir aussi le vieux wagon de tramway. Si le temps vous est compté, privilégier plutôt l'extraordinaire *Edo-Tokyo Museum.*

Musée du Jouet de Tokyo (Tokyo Toy Museum) 東京おもちゃ美術館 *(hors plan I par A1) : 4-20 Yotsuya, Shinjuku-ku.* ☎ *5367-9601.* • *goodtoy.org/ttm* • Ⓜ *Yotsuya-Sanchome* 四谷三丁目*, ligne Marunouchi (sortie 2). Prendre l'av. vers l'ouest et tourner à la 3e rue à droite, c'est à droite à 300 m. Tlj sauf mar 10h-16h (dernière entrée à 15h30). Fermé 28 déc-4 janv. Entrée : 800 ¥, enfants 500 ¥.* Dans une ancienne école, outre de belles collections de jouets anciens en bois, ce petit musée propose de beaux espaces récréatifs. On peut avoir un faible pour la « forêt des jouets en bois » avec bouliers géants, jeux de construction et bacs de billes de bois dans lesquels vos pioupious sont invités à se vautrer... Séduira les petits et les grands petits...

Le musée des Pompiers (Yotsuya Fire Museum) 消防博物館 *(hors plan I par A1) : 3-10 Yotsuya, Shinjuku-ku.* ☎ *3353-9119.* Ⓜ *Yotsuya-Sanchome* 四谷三丁目*, ligne Marunouchi (sortie 2). Tlj sauf lun 9h30-17h (dernière entrée à 16h30). Fermé 28 déc-4 janv. GRATUIT.* Tokyo-Edo connut une bonne centaine d'incendies importants durant son histoire. Dans cette tour de 10 étages, 8 niveaux sont consacrés à l'histoire des pompiers et de la lutte contre le feu. Véhicules (antique pompe à bras tirée par des chevaux, superbe automobile *Stutz* aménagée, motos, camions, hélicoptère) et uniformes, témoignages, documents, maquettes et vidéos retracent cette spectaculaire épopée du feu et de ceux qui l'affrontèrent... On peut voir aussi les moyens utilisés à l'époque Edo pour lutter contre ce fléau. N'oublions pas que Edo (Tokyo) était déjà une mégalopole de maisons et de pavillons en bois, et que les incendies y faisaient des ravages.

LES QUARTIERS DE MARUNOUCHI 丸の内 ET DE NIHONBASHI 日本橋

• Marunouchi, Nihonbashi (plan II) *p. 119*

Centre géographique de Tokyo, ces 2 quartiers voisins font concours de verticalité et d'architecture toujours plus élancées, vitrines des plus grandes marques, au côté d'édifices contemporains audacieux comme le *Tokyo International Forum.* Ces réalisations modernes contrastent à merveille avec la brique et la pierre de quelques très classiques vieux bâtiments de style occidental, préservés des bombardements (ou reconstruits à l'identique). À portée de gong, à l'ouest, trône le Tokyo impérial et son côté Japon éternel.

LE QUARTIER DE MARUNOUCHI 丸の内

Adresses utiles

Sky Bus Tokyo スカイバス ***et Sky Hop Bus*** スカイホップバス *(plan II, A2) : Mitsubishi Bldg, 2-5-2 Marunouchi, Chiyoda-ku. ☎ 3215-0008 (tlj 9h30-18h). • skybus.jp • Ⓜ Tokyo Station* 東京駅 *(sortie Marunouchi sud, puis 3 mn à pied). Tlj sauf 1er janv 9h-18h. Sky Bus (3 parcours 50-120 mn) : 1 600-2 500 ¥. Sky Hop (forfait à la journée) : 3 600 ¥. Sky Duck (parcours amphibie 90 mn) : 3 500 ¥ ; réduc.* Ces parcours offrent un aperçu superficiel de Tokyo, dont le quartier moderniste d'Odaiba et la tour Tokyo Skytree dans le quartier d'Asakusa. Le Sky Hop permet, à volonté, de descendre à l'arrêt qu'on désire, visiter un bout de quartier et prendre le bus suivant. Ludique également, le bus amphibie *(Sky Duck).* Le point de rendez-vous est devant le bureau de Marunouchi.

– Un ***petit bus gratuit*** se prend au même endroit et permet de faire le tour du quartier et d'admirer les buildings en économisant un peu ses pieds...

ℹ @ *Tourist Information Center (JNTO)* 丸の内カフェ *(plan II, A2) : 1F, Shin Tokyo Bldg, 3-3-1 Marunouchi. ☎ 3201-3331. • jnto.go.jp/eng/ • Ⓜ Yurakucho* 有楽町 *(sorties D3 ou D5) et Tokyo Station* 東京駅*, ligne Keiyo (sortie 6). À l'intérieur de la tour Shin Tokyo, au rdc. Tlj 9h-17h. Fermé 29 déc-1er janv.* Toutes sortes de docs

Adresse utile

ℹ @ Tourist Information Center (JNTO ; A2)

Où dormir ?

25 Hotel Villa Fontaine (B1)

Où manger ?

105 Café La Boutique de Joël Robuchon (A2)
106 Chez André du Sacré-Cœur et Tamahide (B1)

Où boire un verre ? Où danser et écouter de la musique ?

220 Café 1894 (A2)
221 Xex (B1)

Achats

291 Sadaharu Aoki et La Maison du Chocolat (A2)

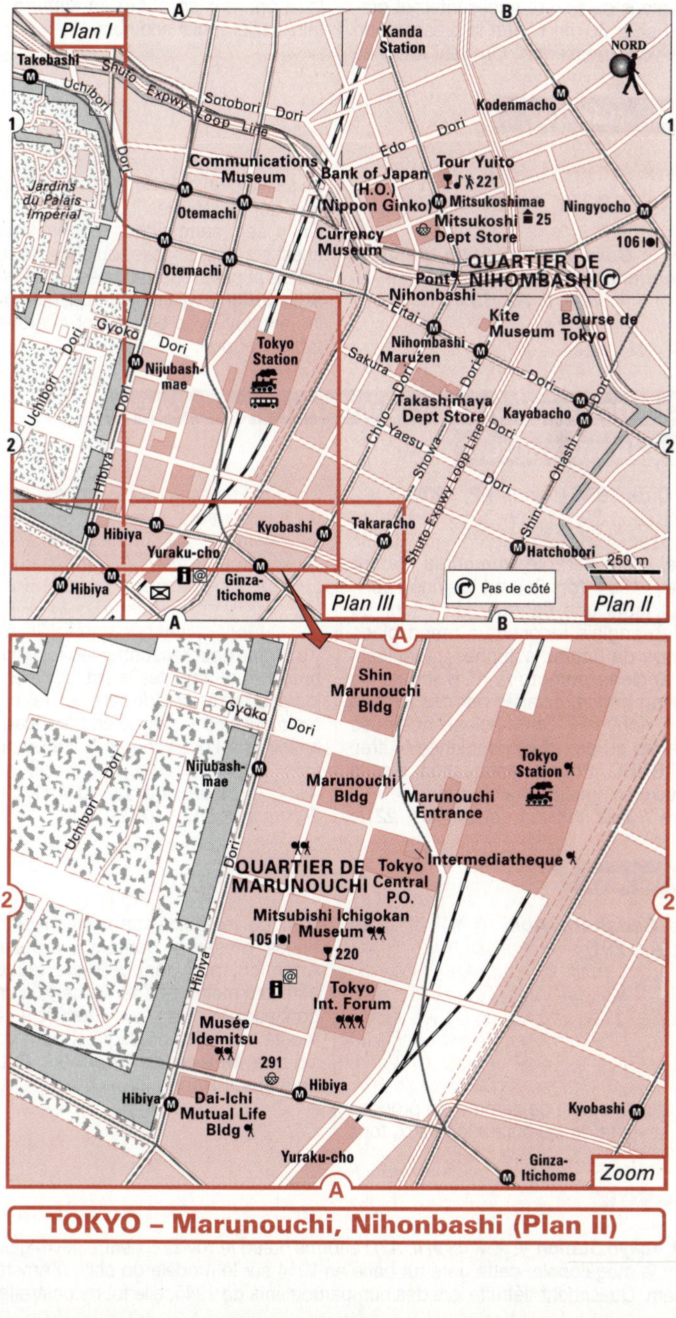

TOKYO – Marunouchi, Nihonbashi (Plan II)

et plans de Tokyo. Accès internet gratuit pour 30 mn contre la présentation de votre passeport. On peut aussi se faire prendre en photo en kimono et faire calligraphier son nom.

Où manger ?

Prix moyens (de 1 500 à 3 500 ¥ / 12,50-29 €)

Café La Boutique de Joël Robuchon ルカフエドウジヨエル ロブション *(plan II, A2,* ***105****) : 1F, Marunouchi Brick Sq, 2-6-1 Marunouchi. ☎ 3217-2877. Tlj 11h-21h (dernière entrée à 20h). Formules 1 650-2 150 ¥.* Le self le plus chic de Tokyo à des prix très démocratiques ! Qui dit mieux ? On y sert sandwichs, crêpes, mais aussi soupes, snacks, quiches, tartes salées et pâtisseries sucrées. Très belle salle design et glamour, fréquentée par les employés de bureau, et quelques tables dehors !

Où boire un verre ? Où danser et écouter de la musique ?

Café 1894 *(plan II, A2,* ***220****) : 2-6-2 Marunouchi. Tlj 11h-23h. À droite du musée Mitsubishi Ichigokan.* L'aile de ce vénérable immeuble datant de... 1894 (on l'aurait deviné) abritait jadis une banque. Un décor de club anglais reconstitué prend place entre de hautes colonnes cannelées, d'anciens comptoirs et guichets en laiton briqué, éclairés par des lampes Art nouveau. On y écluse quelques verres au gré d'une ambiance feutrée et BCBG. Pour la restauration, disons que chic rime ici avec chiche.

Xex ゼックス *(plan II, B1,* ***221****) : 2-4-3 Nihonbashi-Muromachi. ☎ 3548-0065. • xexgroup.jp/en/tokyo • Ⓜ Mitsukoshimae 三越前, lignes Ginza et Hanzomon (sortie A7). Situé dans la tour Yuito (4F), face au Mandarin Hotel. Bar ouv tlj 17h-minuit (plus tard ven-sam). Mineurs interdits après 17h.* S'il y a un lieu pour rencontrer les Tokyoïtes branchés et argentés, c'est ici. Dans la journée, la très grande salle accueille un resto qui se transforme en bar musical le soir et à l'occasion en boîte de nuit *(dès 22h, les 2e et 4e ven ; entrée env 3 000 ¥),* ou en club de jazz *(mar vers 20h ; entrée env 1 000 ¥).*

Achats

Sadaharu Aoki 青木定治 *(plan II, A2,* ***291****) : Shinkokusai Bldg, 3-4-1 Marunouchi, Chiyoda-ku. ☎ 5293-2800. • sadaharuaoki.com • Gare JR et Ⓜ Yurakucho 有楽町 lignes Yamanote, Yurakucho et Keihintohoku ou Ⓜ Hibiya 日比谷, lignes Chiyoda, Hibiya et Mita (sortie D3). Tlj 11h-20h.* Pâtisserie haut de gamme qui propose à la vente de savoureux gâteaux, tous étant de véritables compositions artistiques, présentés comme des bijoux. Attention, pas donné-donné (aucun gâteau à moins de 750 ¥), mais un vrai bonheur pour les yeux, c'est déjà ça ! À côté, un autre prestigieux petit voisin : ***La Maison du Chocolat.*** Autre boutique à Roppongi *(9-7-4 Akasaka, Minato-ku ; Ⓜ Roppongi 六本木, ligne Oedo).*

À voir

Tokyo Station 東京駅 *(plan II, A2)* : énorme nœud ferroviaire, centre névralgique de la mégalopole, cette gare fut bâtie en 1914 sur le modèle de celle d'Amsterdam. Quasiment détruite lors des bombardements de 1945, elle fut reconstruite à l'identique, puis considérablement agrandie dans les années 1960 pour accueillir le train à grande vitesse *Shinkansen.* Qu'on ne se laisse pas abuser par l'aspect rétro de cette vieille dame en brique rouge, entourée de gratte-ciel. Ses entrailles recèlent la plus époustouflante des correspondances de transports que l'on connaisse. Sur plusieurs niveaux, des souterrains interminables relient entre elles plusieurs stations et lignes de métro aux grandes lignes de trains (de banlieue, régionales, nationales...). Jusqu'à 1 million de passagers transitent dans ces couloirs, escalators, ascenseurs qui s'étendent sur 2 km du nord au sud et 1 km d'est en ouest.

Le quartier de Marunouchi 丸の内 **:** *à l'ouest de la gare de Tokyo.* Quartier en perpétuelle mutation qui se fait, se défait, se refait. N'a-t-on pas liquidé sans vergogne, dans les années 1960 et malgré de nombreuses protestations, l'*Imperial Hotel* (où avait logé Albert Londres), pourtant œuvre du grand architecte Frank Lloyd Wright, pour le reconstruire dans une version d'un banal modernisme ? Les gratte-ciels poussent comme des champignons de rosée, de plus en plus haut, de plus en plus luxueux... Au rez-de-chaussée s'installent les marques mondiales les plus prestigieuses : Tiffany, Baccarat, Royal Copenhague, Armani... Le porte-monnaie peut en prendre un sacré coup, si on se laisse aller !

Face à la sortie ouest de la gare, les 2 Marunouchi Buildings *(plan II, A2),* encadrent l'avenue menant au palais impérial. Le **Marunouchi Building** 丸の内ビルディング fut le 1er bâtiment aussi proche du palais impérial à être autorisé à le dominer. On y trouve 2 espaces dédiés au design d'avant-garde : la *Beams House,* avec ses lignes modernistes (clin d'œil à feu l'*Imperial Hotel* de F. L. Wright) et le *Bloomberg I.-C.* Juste de l'autre côté de l'avenue, le **Shin Marunouchi Building** 新丸の内ビルディング, ultramoderne. Au 6e étage, la *Marunouchi House* abrite des restaurants de toutes nationalités dont certains livrent une vue magnifique sur la gare de Tokyo et le quartier.

L'**avenue Marunouchi Naka-dori** 丸の内仲通り est la plus emblématique du quartier. Longue de 1,2 km, elle est bordée de nombreux magasins et commerces chics. Elle fait aussi office de lieu d'expositions temporaires, souvent pour des sculptures imposantes.

Tokyo International Forum 東京国際フォーラム *(plan II, A2)* **:** *3-5-1 Marunouchi, Chiyoda-ku. Gare JR et* Ⓜ *Yurakucho* 有楽町*, lignes JR et Yurakucho (accès direct par le couloir souterrain de la station de métro). Tlj 7h-23h30.* Un de nos grands coups de cœur dans le genre. Édifié en 1990 en 2 parties : l'une très classique avec 6 immeubles rectangulaires destinés aux conférences, réceptions, concerts, etc. ; l'autre, immense volume vitré en forme d'amande. Amples espaces intérieurs découpés par des passerelles aériennes et voûte en forme de carène de navire. Impression fascinante la nuit, au gré d'une mise en lumière très bien faite.

Le musée Idemitsu 出光美術館 *(plan II, A2)* **:** *9F, Tegeiki Bldg, 3-1-1 Marunouchi, Chiyoda-ku.* ☎ *5777-8600.* • *idemitsu-museum.or.jp* • *Gare JR et* Ⓜ *Yurakucho* 有楽町 *lignes Yamanote, Yurakucho et Keihintohoku ou* Ⓜ *Hibiya* 日比谷*, lignes Chiyoda* 千代田*, Hibiya* 日比谷 *et Mita* 三田 *(sortie D1). À côté du théâtre impérial. Tlj sauf lun 10h-17h (19h ven, dernière entrée 30 mn avt). Entrée : 1 200 ¥ ; réduc.*
Collections réunies par **Sazo Idemitsu** (1885-1981), un magnat du pétrole (transports de pétrole et de gaz, flotte de tankers, raffineries, pétrochimie, lubrifiants, distribution) dont la passion secrète n'était pas l'or noir mais les poteries anciennes, les céramiques, les estampes et les dessins, notamment du grand artiste moine Sengaï.

Une demi-douzaine d'expositions thématiques par an (superbes aquarelles, rouleaux, paravents, estampes). Plus une série de **toiles prestigieuses** prêtées par des musées. Reconstitution de la **pièce traditionnelle pour le thé.** Pour les spécialistes (ou amateurs éclairés) de **poteries anciennes,** une salle abrite un riche fonds permanent de débris de céramiques de toutes époques, trouvés aux 4 coins du monde (certains datant de plus de 3 000 ans av. J.-C.). Porcelaines chinoises du XIVe s, découvertes dans les ruines de Fustat (Le Caire, Égypte), beaux céladons

TOKYO

trouvés à Java, en Thaïlande. Également plusieurs dizaines de tiroirs remplis de ces tessons, sous les vitrines. En prime, le thé gratuit et de profonds fauteuils face à une grande baie vitrée ouverte sur le palais impérial, ses douves et ses jardins boisés.

Le musée Mitsubishi Ichigokan 三菱一号館美術館 *(plan II, A2)* **:** *2-6-2 Marunouchi, Chiyoda-ku. ☎ 7316-2772. ● mimt.jp/en ● Gare JR Tokyo* 東京駅 *(sortie sud, puis 5 mn de marche). Tlj sauf lun 10h-18h (21h ven, 2e mer du mois et sem de fin d'expo) ; dernière entrée 30 mn avt fermeture. Entrée (prix variable selon expo) : 1 500-1 700 ¥.*
Curieuse apparition de style européen dans un urbanisme de verre et d'acier ! Il s'agit d'un ***bâtiment victorien*** de 1894 en brique rouge qui abrita d'abord une banque. Ce fut le 1er grand édifice de style occidental de Tokyo, dessiné par *Josiah Conder,* un architecte anglais, symbole de l'ouverture du Japon vers l'Ouest. Détruit pendant la Seconde Guerre mondiale, il a été reconstruit à l'identique. À l'intérieur, le musée a été très bien agencé, la visite en est donc très agréable ; après, tout dépend de l'intérêt que vous portez à l'expo en cours (3 ou 4 par an). Au rez-de-chaussée, ***expo permanente*** très intéressante sur l'évolution architecturale du quartier de Marunouchi.
– En ressortant du musée, à gauche, superbe ***Café 1894,*** installé dans la salle principale de la banque (voir plus haut la rubrique « Où boire un verre ? »). Juste derrière, contrastant en diable avec le bâtiment victorien, voir aussi le ***Marunouchi Park Building*** 丸の内パークビルディング et son jardin intérieur enchâssé entre les 2 bâtiments, avec ses colonnes végétales. Superbe et très réussi !

Intermediatheque インターメディアテク *(IMT ; plan II, A2)* **:** *2-3F, JP Tower/KITTE, 2-7-2 Marunouchi, Chiyoda-ku.* Ⓜ *Tokyo* 東京 *(ligne JR). ☎ 03-5541-8600. ● intermediatheque.jp/en ● Tlj 11h-18h (20h ven-sam) ; dernière entrée 30 mn avt. GRATUIT.* Installé dans l'élégant bâtiment historique de l'***ancienne poste centrale*** de Tokyo, l'*Intermediatheque* est un musée universitaire interdisciplinaire qui explore les croisements entre ***Art et Science,*** à partir des collections colossales de l'université de Tokyo. Exposées par roulement en guise d'exposition permanente, elles sont complétées d'expositions temporaires sur des thématiques aussi variées que la photographie spatiale, la naissance de la médecine moderne, le pop art ou l'archéologie andine. Résolument expérimental, ce sont les chercheurs de l'université, sous la direction du professeur Yo-shiaki Nishino, qui ont signé le design « rétro-futuriste » du musée (récompensé par de nombreux prix). Des « concerts de gramophone », des projections de films et des débats sont régulièrement organisés. La boutique propose les riches publications du musée, ainsi que de nombreux produits originaux susceptibles de constituer de beaux cadeaux.

L'immeuble de la Dai-Ichi Mutual Life 第一生命保険相互会社ビル *(plan II, A2)* **:** *1-13-1 Yurakucho, Chiyoda-ku.* Ⓜ *Hibiya* 日比谷*, ligne Hibiya (sortie B1). Lun-ven 8h30-20h. GRATUIT.* Solide édifice de béton aux lignes sévères, construit en 1938, l'un des très rares qui aient résisté aux bombardements de 1945. D'ailleurs, ce fut la raison pour laquelle le général MacArthur y installa, au 6e étage, son quartier général afin de diriger la démilitarisation et la démocratisation au Japon (de 1945 à 1951). On entre sans problème dans ce bâtiment administratif qui expose quelques tableaux contemporains au rez-de-chaussée et dans sa petite ***galerie d'art*** *(tlj 12h-17h).*

LE QUARTIER DE NIHONBASHI 日本橋

Côté est de la gare de Tokyo (sortie centrale Yaesu) s'étend le quartier de la haute finance, de la Bourse, des banques, des sièges sociaux des plus grandes sociétés japonaises. C'est le véritable ***centre du pouvoir économique et financier.*** Son histoire est illustrée par le *Kidai Shoran,* un rouleau de 17 m peint en 1805, exposé à la station Mitsukoshimae, sortie reliant le magasin *Mitsukoshi.*

Où dormir ?

Chic (de 15 000 à 25 000 ¥ / 125-208 €)

Hotel Villa Fontaine ホテルヴィラフォンテーヌ *(plan II, B1, **25**) : 1-7-6 Nihonbashi-Honcho, Chuo-ku. ☎ 3242-3370. Ⓜ Ningyocho 人形町 (sortie A2) ou Mitsukoshimae 三越前 (sortie A6). Doubles 14 500-25 500 ¥.* Une bonne adresse, bien calée entre 2 lignes de métro qui desservent les quartiers majeurs pour faire du tourisme, et reliée à la gare de Tokyo par une navette de bus gratuite. Base arrière parfaite et confortable pour partir à la découverte de la capitale, donc. Les chambres, très calmes, sont bien équipées (placard sécurisé, thé-café de courtoisie, séchoir, TV...), décorées avec un fond chic qui sait rester discret, dans des tons blanc, gris, rehaussés de rideaux lie-de-vin. Si l'accueil est plein d'attentions, on regrettera la salle tristement fonctionnelle du petit déjeuner.

TOKYO

Où manger ?

De prix moyens à chic (de 1 500 à 6 500 ¥ / 12,50-54 €)

Chez André du Sacré-Cœur カフェシエ アンドレドゥ サクレクール *(plan II, B1, **106**) : 1-8-5 Nihonbashi-Ningyocho, Chuo-ku. ☎ 6228-1053. Ⓜ Ningyocho 人形町 (sortie A2). Tlj sauf dim et j. fériés 11h-14h30, 17h-20h30 (dernière commande à 20h). Salon de thé 11h-20h30. Prix moyens.* Laurence Masukawa, qui vit au Japon depuis des lustres, a ouvert ce bistrot à l'identique de celui que son père avait à Montmartre (zinc, longues banquettes en Skaï, couleur lie-de-vin... typique !). Les portraits de ses ancêtres aveyronnais donnent un petit arrière-goût de décor de film à la *Amélie Poulain*. Quant à Laurence, elle est presque plus japonaise que française dans sa façon de recevoir ! Son mari, japonais, est aux fourneaux et concocte une bonne cuisine bistrotière (quiche lorraine, croque-monsieur, steak-frites, poulet rôti, etc.) qu'apprécient la clientèle japonaise et ceux de nos lecteurs qui ont le mal du pays.

Tamahide 玉ひで *(plan II, B1, **106**) : 1-17-10 Nihonbashi-Ningyocho, Chuo-ku. ☎ 3668-7651. Ⓜ Ningyocho 人形町 (sortie A2). Tlj sauf dim soir et lun 11h30-13h30, 17h30-22h (16h-19h30 sam). Autour de 6 500 ¥ le soir (voire un peu plus).* À la frontière du quartier de Kanda, l'un des restos les plus anciens de la ville. Fondé par Tetsuemon Yamada en 1760 (tueur officiel de gallinacés pour le shogun) et depuis 8 générations dans la même famille ! D'ailleurs, le poulet est toujours le roi du resto. C'est le *Tamahide* qui fut à l'origine de la création du *oyakodonburi*, ce plat succulent composé de poulet et d'œufs brouillés sur un lit de riz parfumé. Goûter aussi au poulet au sésame sauce *pinzu*. Comme boisson, nous recommandons l'*umeshu*, un alcool de prune léger. Cadre traditionnel japonais où évoluent les serveuses en élégant kimono et dont chaque geste est un rituel (on enlève ses chaussures). Tout est doux et feutré. Attention, il y a parfois la queue jusque sur le trottoir !

Achats

Mitsukoshi 三越 *(plan II, B1) : 1-4-1 Nihonbashi-Muromachi, Chuo-ku. ☎ 3241-3311. Ⓜ Mitsukoshimae 三越前, ligne Tokyu Den-En-Toshi (sorties A2-3-5-7 ou 8). Tlj 10h-19h.* Un des plus anciens **grands magasins** de Tokyo, sorti intact des bombardements de 1945. Mirage ou miracle ? C'est une merveille à ne pas rater. Construit en 1908 sur le modèle de Harrods à Londres, modifié et agrandi plusieurs fois. En 1914, installation du 1er escalator de la ville. L'actuel bâtiment date de 1935. 2 lions (copiés sur ceux de Trafalgar Square) gardent l'entrée, rugissant et populaire point de rendez-vous pour les clients. Rencontre insolite et colorée à l'intérieur avec Magokoro, l'imposante ***déesse de la Sincérité*** (haute de 3 étages). À l'arrière de la déesse, sur une sorte de balcon surélevé fermé par des rideaux, admirables ***orgues Wurlitzer,*** vestige de l'époque où les clients faisaient leurs courses en musique ! Le fondateur du magasin (Mitsui) fit fortune en démocratisant la présentation et la vente des kimonos. Ici, tout n'est que raffinement. Ne pas manquer le ***roof top garden...***

À voir. À faire

À tout *daimyo* (seigneur) tout honneur, commençons cette visite du quartier par le pont Nihonbashi, le nombril de Tokyo, le ***point zéro*** à partir duquel toutes les distances dans le pays ont été calculées.

Le pont Nihonbashi 日本橋 *(plan II, A-B1)* **:** de la gare de Tokyo (Tokyo Station), prendre au nord Sotobori-dori vers la Banque centrale du Japon et la station de métro Mitsukoshimae. 400 m plus loin, on atteint l'improbable superposition d'une voie d'eau (canal), d'un vieux pont (le pont Nihonbashi) et, au-dessus, d'une autoroute urbaine. Le pont est un rescapé du vieux Tokyo. À l'origine en bois et en dos d'âne (reproduit à l'Edo Tokyo Museum), il marquait l'aboutissement des vieilles routes historiques nippones, le *Tokaïdo* (qui reliait Tokyo à Kyoto) et le *Nakasendo*. Ce respectable *Edobashi* ou « pont Edo » fut représenté dans les aquarelles de Hiroshige durant l'ère Edo. En 1911, durant l'ère Meiji, le vieux pont de bois fut remplacé par un pont en pierre de style classique avec son parapet à balustres et d'ostensibles réverbères. Pendant l'ère « béton », les urbanistes sans état d'âme le surmontèrent d'une double autoroute. Une vision insolite plus que romantique...

Petit itinéraire nihonbashien...

➢ Depuis le pont Nihonbashi, suivre vers le sud la Chuo-dori. Avant d'arriver sur Sakura-dori, vous trouverez sur votre gauche le grand magasin ***Takashimaya*** 高島屋 *(plan II, B2* ; ne manquez pas le rayon épicerie au sous-sol). En face, à l'angle de Sakura-dori et de Chuo-dori, dans l'élégant *Oazo Building,* se trouve la grande et superbe librairie ***Maruzen*** 丸善 *(plan II, B2).* Près de 200 000 bouquins sur plusieurs étages.

➢ Sur Eitai-dori, prendre à droite pour un insolite petit ***musée du Cerf-volant*** 凧の博物館 *(Kite Museum ; plan II, B2 ; 5F, 1-12-10 Nihonbashi ; ☎ 3271-2465 ; • tako.gr.jp/english/Tokyo_Kite_Museum.html • ; passer par le resto Taimeken ; tlj sauf dim et j. fériés 11h-17h).* Toutes les formes de cerfs-volants (plus de 500), de toutes les couleurs, sur des thèmes tirés des légendes japonaises.

➢ Poursuivre à droite jusqu'à la ***Bourse de Tokyo (Stock Exchange)*** 東京証券取引所 : *2-1 Nihonbashi-Kabutocho. ☎ 3665-1881 et 3377-7254 (infos visites). Ⓜ Kayabacho 茅場町, lignes Hibiya et Tozai (sortie 11). Lun-ven sauf j. fériés et 31 déc-3 janv 9h-16h30 (visite libre, dernière admission à 16h). GRATUIT. Heures de courtage : 9h-11h30, 12h30-15h.* ***Visites guidées*** *13h-15h (env 50 mn, y compris une vidéo d'explications). Les visiteurs peuvent également jouer comme en vrai au* stock trading simulation game, *sur un marché virtuel (une quarantaine de places ; durée 30 mn ; fond virtuel : 10 millions de yens ; 10h-11h, 14h-15h30 ; GRATUIT).*

➢ Le grand magasin ***Mitsukoshi*** 三越 *(plan II, B1* ; voir plus haut la rubrique « Achats »), superbe à l'intérieur, à ne pas rater.

➢ La ***Banque du Japon*** 日本銀行 *(plan II, B1 ; 2-1-1 Nihonbashi, Hongo-ku Chô),* dont la partie la plus ancienne date de 1896 et représente l'un des rares témoignages d'architecture occidentale de la période Meiji. On ne sait pas pourquoi ce monument n'a pas été détruit lors de bombardements américains de 1945 : hasard ou volonté d'épargner le temple de la finance nippone ?

➢ De l'autre côté de la rue, un bâtiment annexe abrite le ***musée de la Monnaie (Currency Museum)*** 貨幣博物館 *(plan II, B1) : ☎ 3277-3037. • imes.boj.or.jp/cm/english • Tlj sauf lun 9h30-16h30 (dernière entrée à 16h). GRATUIT. Visite guidée mar-ven à 13h30 (seulement en japonais).* La saga de l'argent au Japon depuis 800 ans, des 1res monnaies chinoises jusqu'à la création du yen. Quelques insolites monnaies étrangères.

➢ ***Tokyo Great Kayaking Tour*** *(hors plan II par B2) : 1-3-2 Shinkawa Chuo 104-0033. ☎ 4590-2995. Balade urbaine 1h-3h, 5 000-10 000 ¥. Calendrier et résa en ligne. Principalement le w-e. • tokyokayaking.jp •* Une chouette occasion de découvrir la ville sous un autre angle, en kayak ! Les balades sont des boucles qui suivent principalement les canaux latéraux de la rivière Sumida. Plusieurs itinéraires proposés qui diffèrent, y compris en durée, dont un à la tombée de la nuit.

TOKYO

Et si vous avez un peu de temps...

➢ ***Le quartier de Ningyôchô*** 人形町 **:** poursuivez jusqu'à la station Ningyôchô *(ligne Hibya, sortie A2)* et baladez-vous dans ce quartier resté très authentique au cœur de la ville de Tokyo. De très anciennes ***boutiques artisanales*** sur Amazakeyokocho-dori : notamment ce fabricant de boîtes laquées, ou encore ce facteur d'instruments de musique et en face la boutique de kimonos anciens ; mais aussi les ***pâtisseries,*** dont celle qui fabrique ce gâteau traditionnel appelé *kawarasenbei,* et une ***boucherie*** qui vend de délicieuses brochettes. De charmantes ***ruelles*** avec des maisons en bois. Et plus encore l'atmosphère tranquille de cette vie de quartier qui contraste terriblement avec le quartier voisin de Marunouchi.

GINZA 銀座 (LE QUARTIER DU LUXE ET DES GRANDS MAGASINS)

• Ginza, Tsukiji, Shimbashi, Shiodome (plan III) *p. 127*

Détruit en 1872 par un incendie, Ginza s'est reconstruit en dur (en brique essentiellement) suivant un *plan en damier* à l'européenne. Quartier à la pointe, c'est ici qu'apparaissent les premiers trottoirs, les premiers réverbères à gaz et les tramways tirés par des chevaux (hippomobiles). La brique ne résiste pas au séisme de 1923, qu'à cela ne tienne, on reconstruira en béton cette fois. Tout au long de ces tracas immobiliers, Ginza conservera sa vocation de commerce de luxe. Au plus fort de la bulle immobilière, à la fin des années 1980, le m² atteindra... près de 150 000 € ! Le XXIe s ne fait pas exception et perpétue cette *frénésie moderniste* au gré de façades et d'aménagements intérieurs tous plus chic et choc les uns que les autres. Superbe immersion, donc, dans une architecture contemporaine et créative, les marques luxueuses (Hermès, Chanel, Dior, Prada...) ne rechignant pas à faire appel aux architectes les plus renommés. L'élégance, l'innovation, voire l'audace, des lignes de leurs magasins sont souvent à la hauteur de leur prestige.

Quartier cher, brillant, où l'on va faire du lèche-vitrines, rêver de luxe et admirer le look des pimpantes acheteuses. On y compte plus de 10 000 boutiques et magasins (vous avez intérêt à commencer de bonne heure !).
Haut lieu de la vie nocturne de grand standing ; le soir, certaines rues adjacentes du centre de Ginza s'emplissent de déesses en robe longue couleur pastel ou en kimono... Ombres évanescentes s'échappant des taxis, le portable rivé à l'oreille et filant dans les halls de grands hôtels ou de restos réputés.
Même si votre budget ne vous permet pas de suivre ce train de vie, un après-midi à Ginza reste une étape obligatoire du trip tokyoïte, tranche de vie à ne pas manquer. Quartier chic, certes, mais pas si coincé que ça, il reste un lieu de promenade populaire pour nombre de familles de la classe moyenne. D'autant que le week-end, l'avenue principale, *chuo Dori,* est piétonne et présente alors un caractère bon enfant. S'y balader le dimanche porte même un nom : le *gin-bura* (littéralement le « vagabondage à Ginza ») !

Où dormir ?

Bon marché (de 6 000 à 10 000 ¥ / 50-83 €)

Imano Ginza Hostel イマノ東京銀座ホステル *(plan III, B1, **28**) : 1-5-10 Shintomi, Chuo-ku. ☎ 5117-2131. • imano.jp/ginza/en/ • Ⓜ Shintomicho* 新富町*, ligne Yurakucho (sortie 2, puis 3 mn de marche). Lit 3 400-3 600 ¥, double 10 000 ¥ ; petit déj en sus.* Mini-chaîne « hostelière » qui propose des dortoirs de qualité. Ici, ils se déclinent en version 4 ou 6 lits, ce qui limite l'entassement, et sont privatisables pour une famille. Les sanitaires et salles de bains sont en nombre et on ne se marche pas dessus. Une seule double hélas, de style japonais avec salle de bains privée. Au 1er étage, le café-bar sert petit déj et dîners. La déco épurée dans un beau style contemporain fluidifie les espaces et on s'y sent bien.

Plus chic (de 25 000 à 35 000 ¥ / 208-292 €)

Hotel Muji 無印良品のホテル *(plan III, A-B1, **29**) : 6F, 3-3-5 Ginza, Chuo-ku. ☎ 3538-6101. • hotel.muji.com • Ⓜ Ginza* 銀座*, lignes Ginza, Marunouchi et Hibiya (sortie C8, puis 5 mn de marche). Doubles 30 000-37 000 ¥ ; petit déj en sus (1 800 ¥, quand même !).* Non content d'avoir créé un magnifique écrin à son magasin phare de Ginza, Muji l'a couronné d'un hôtel très agréable. Des chambres de taille très variable (20-52 m²), très en longueur pour la plupart, et une situation idéale au cœur de ce quartier bling-bling. On s'offre un plongeon dans le design à la Muji : bois blond au sol et, pour le mobilier, quelques touches colorées, éclairages indirects, aménagements et équipements à la fois astucieux et très complets. On en « Muji » de plaisir !

Où manger ?

On trouve dans Ginza parmi les meilleurs restos de tempura... à des prix au diapason du quartier. Et pourtant, on y dégote aussi de bonnes petites adresses pas chères : en particulier, certains restos huppés coûtent 2 à 3 fois moins cher au déjeuner que le soir et passent en catégorie moyenne.

De bon marché à prix moyens (moins de 3 500 ¥ / 29 €)

Ginza Hachigo 銀座八五 *(plan III, B2, **116**) : 3-14-2 Ginza Chuo-ku. ☎ 6228-4141. Ⓜ Higashi-Ginza* 東銀座 *(sortie est). Ouv tlj, sauf mer, midi*

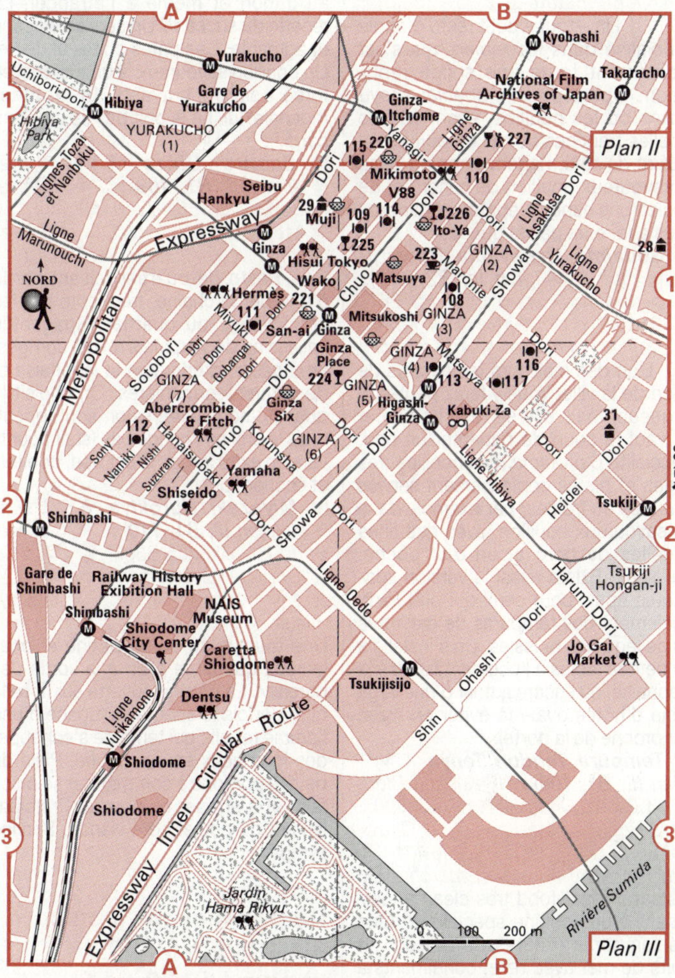

TOKYO – Ginza, Tsukiji, Shimbashi, Shiodome (Plan III)

Où dormir ?

- **28** Imano Ginza Hostel (B1)
- **29** Hotel Muji (A-B1)
- **30** Ginza Capital Hotel (hors plan par B2)
- **31** Tsuki Hotel (B2)

Où manger ?

- **108** Tempura Tendon Tenya, Ippudo et Ginza Yoshizawa (B1)
- **109** Spajiro Ginza (B1)
- **110** Miyazaki Kurokiya (B1)
- **111** Ginza Misono (A1)
- **112** Akita Dining-Namahage (A2)
- **113** Isomura (B2)
- **114** Sakyo Higashiyama (B1)
- **115** Brasserie Paul Bocuse (B1)
- **116** Ginza Hachigo (B2)
- **117** Godaime Hanayama Udon (B2)

Où acheter de bons produits ? de bonnes pâtisseries ?

- **220** Akomeya Tokyo (B1)
- **221** Ginza Akebono (A1)

Où boire un verre ? Où sortir ?

- **224** 300 Bar (A-B2)
- **225** Hole Hole Cafe & Diner et Walk-In Bar MOD (A-B1)
- **226** La Terrazza Dom Perignon Lounge (B1)
- **227** Plustokyo (B1)

TOKYO

et soir (fermeture à 21h). Compter 1 000 ¥. Un – tout – petit resto d'angle spécialisé dans les *ramen,* qui s'est rapidement forgé une solide réputation. Optez pour le *special shoyu ramen* où les nouilles, escortées de 2 belles tranches de rôti de porc, d'un œuf et de tofu, nagent dans un beau et savoureux bouillon de canard et de poulet (une espèce réputée). Attendez-vous à faire un peu la queue...

Godaime Hanayama Udon 五代目花山うどん *(plan III, B2,* ***117****) : 3-14-13 Ginza, Chuo City. ☎ 6264-7336. Ⓜ Higashi-Ginza* 東銀座 *(sortie H3). Ouv tlj midi et soir ; fermé dim soir.* L'un des meilleurs restaurants de *udon* de la ville. Vous y ferez peut-être la queue, mais elle se résorbe vite et ça vaut le coup de patienter un peu. Spécialité d'*onikama,* ces nouilles très larges et plates copieusement servies chaudes ou froides, par exemple dans un savoureux bouillon, avec des fines lamelles de porc et un œuf poché. Délicieux. Existe aussi la version spaghettis épais pour ceux qui préfèrent. Également des tempuras de crevettes ou de légumes réussies. On s'installe à de petites tables à l'occidentale ou à la japonaise, ou encore autour d'une large table d'hôtes ovale (à éviter en hiver, car proche de la porte).

Tempura Tendon Tenya てんや *(plan III, B1,* ***108****) : 1F, Kusano Bldg, 3-9-4 Ginza, Chuo-ku. ☎ 5565-6903. Ⓜ Ginza* 銀座 *(sortie A13) et Ginza-Itchome* 銀座一丁目 *(sortie 11). Tlj 11h (9h sam)-23h. Bon marché.* Un restaurant fast-food très clean appartenant à une chaîne spécialisée dans les tempuras (fritures de poisson et fruits de mer avec riz et condiments à part) et les *tendon* (fritures posées sur un bol de riz). Ce genre de resto pas cher dans Ginza, fréquenté surtout par les employés du coin, est une aubaine pour le routard.

Ippudo 一風堂 銀座店 *(plan III, B1,* ***108****) : 1F, 4-10-3 Ginza, Chuo-ku. ☎ 3547-1010. Ⓜ Ginza* 銀座 *(sortie A13) et Ginza-Itchome* 銀座一丁目 *(sortie 11). Dans la rue parallèle à l'av. Showa-dori, à droite d'une entrée de parking. Tlj 11h-22h. Bon marché.* Une chaîne spécialisée dans les *ramen* qui fait un tabac depuis les années 1980 au Japon et même à l'étranger. La recette du succès ? Un service efficace et agréable. Des pâtes cuites al dente. Un bouillon savoureux, à déguster avec force « slurp » bruyants. Et le porte-monnaie, lui, ne le boit pas (le bouillon, pardi !).

Spajiro Ginza すぱじろう銀座 *(plan III, B1,* ***109****) : 3-4-1 Ginza, Chuo-ku. ☎ 3561-7778. Ⓜ Ginza* 銀座 *(sorties A13, B2 ou C8) et Ginza-Itchome* 銀座一丁目 *(sortie 5). Tlj 11h-23h.* Resto de quartier faisant partie d'une petite chaîne, fréquenté par les employé(e)s du quartier. Spaghettis italiens au départ, mais revus, corrigés, arrangés et préparés à la japonaise et de différentes manières. On choisit la quantité souhaitée, selon son appétit, mais le prix ne change pas (sauf pour la version *extra large*). C'est bon, copieux et économique.

Miyazaki Kurokiya みやざき黒木屋 *(plan III, B1,* ***110****) : 1-8-8 Ginza, Chuo-ku. ☎ 3535-8383. Ⓜ Ginza* 銀座 *(sortie A13) et Ginza-Itchome* 銀座一丁目 *(sortie 7). Tlj 16h (15h le w-e)-minuit. Cover charge ; prix moyens.* Une *izakaya* au cadre patiné et chaleureux qui fait le plein à la sortie des bureaux. La cuisine ouverte sur la salle offre parfois le spectacle fugace d'une flamme rebelle qui tente de s'échapper des fourneaux en surchauffe. Plein de petites portions à commander selon sa faim et à arroser d'un saké. Principalement du poulet côté viande. Service sympa.

De prix moyens à chic (de 1 500 à 6 500 ¥ et plus / 12,50-54 €)

Brasserie Paul Bocuse ブラッスリーポール ボキューズ *(plan III, B1,* ***115****) : Marronnier Gate Bldg, 2-2-14 Ginza, Chuo-ku. ☎ 5159-0321. Ⓜ Ginza-Itchome* 銀座一丁目 *(sortie 4). Tlj 11h-15h (15h30 le w-e), 17h30-23h ; dernière commande 1h avt fermeture au déj, 1h30 avt au dîner. Lunch 2 500 ¥ ; dîner 3 800-5 500 ¥. Menu en français.* En débarquant dans cette brasserie, au 10e étage, on se rend vite compte qu'on est en France, chez M. Paul plus précisément, toqué de Tokyo à en juger par le nombre de tables qu'il y a ouvertes. Et malgré le nom prestigieux, elle(s) demeure(nt) abordable(s) le midi. Vos yeux tombent d'abord sur les cuisines. Salle sobre et élégante, quoique à l'aménagement un peu daté. Autre bonne surprise, le resto surplombe Ginza et ses magnifiques éclairages le soir. Pour le reste, la culture culinaire française est ici fort bien représentée. On y retrouve toute sa saveur. Carte des vins un peu chère, toutefois.

|●| *Ginza Misono* 元祖 鉄板焼ステーキみその 銀座店 *(plan III, A1,* ***111****) : 8F, 5-4-9 Ginza, Chuo-ku. ☎ 3573-3341. À l'angle de rue opposé à celui de Chanel. Ⓜ Igashi Ginza* 東銀座駅 *(sortie B3). Tlj 11h30-14h, 17h-22h. Menu déj 2 700-10 500 ¥ ; le soir 11 000-24 000 ¥ (catégorie « Très chic » le soir et pour les menus déj les plus chers).* Vous avez fait une bonne pioche en optant pour ce restaurant spécialisé dans le bœuf de Kobe. Alignés en brochettes, face à de larges baies vitrées, on oublie vite le spectacle des gratte-ciels pour celui des chefs qui agitent leurs spatules. Sur d'immenses plaques, face à vous, ils grillent légumes, soja, riz à l'ail et le fameux bœuf. Un must, assaisonné juste ce qu'il faut. Certaines phases de cuisson se font sous cloche. Visuel et délicieux à la fois. Et comme un bonheur ne vient jamais seul, le menu déjeuner est très complet et abordable. Service stylé très attentionné.

|●| *Akita Dining-Namahage* 秋田ダイニング なまはげ *(plan III, A2,* ***112****) : 9F, 8-5-6 Ginza, Chuo-ku. ☎ 3571-3799. Ⓜ Ginza* 銀座 *(sorties B7 ou B9). Pas d'enseigne en anglais. Tlj sauf j. fériés 17h-23h30. Résa conseillée.* Cadre chaleureux façon *izakaya.* Petite porte basse traditionnelle, salles intimes avec tables basses et coussins ou fosse pour les jambes. Cuisine traditionnelle bien présentée, fraîche et variée. Spécialité : le poulet *hinai jidori,* le *basashi* (viande de cheval en sashimi) et le *shotturi hot pot* (à la sauce de poisson *hatahata* au sel de mer, maturée 3 ans)... Le petit plus : à 19h30 et 22h, de surprenants sorciers font irruption, porteurs d'impressionnants masques et lançant de lourdes imprécations. C'est une coutume dans la région d'Akita, la veille du Nouvel An, qui vise à vérifier que les gens mènent une vie bien conforme (le travail, l'éducation des enfants, etc.), tout en les terrorisant ce qu'il faut pour les maintenir dans le droit chemin. De la même manière, les serveurs interpellent les clients (mais ne craignez rien, intermède assez court). Pour conclure, un bon rapport qualité-prix-détente.

|●| *Isomura* 磯むら *(plan III, B2,* ***113****) : B1F, Central Bldg, 4-10-3 Ginza, Chuo-ku. ☎ 3546-6964. Ⓜ Higashi-Ginza* 東銀座 *(sortie A2) et Ginza* 銀座 *(sorties A11 ou A13). Au sous-sol. Tlj 11h30-15h, 17h-22h (la cuisine ferme 30 mn avt). Résa conseillée. Rejoint la catégorie « Chic » le soir.* Belle déco pour ce resto typique. Plusieurs élégants petits salons vous assurent une certaine intimité, mais on peut aussi prendre son repas sur le comptoir qui entoure la cuisine pour voir les cuisiniers au travail. La spécialité est le *kushiage* (plusieurs variétés de viandes ou fruits de mer mélangées avec des légumes et du fromage). Les plats sont servis avec une soupe *miso,* du riz et des pickles.

De chic à très chic (de 3 500 à plus de 15 000 ¥ / 29-125 €)

|●| *Sakyo Higashiyama* 左京東山 *(plan III, B1,* ***114****) : 3-7-2 Ginza, Chuo-ku. ☎ 3535-3577. Ⓜ Ginza* 銀座 *(sortie A13) et Ginza-Itchome* 銀座一丁目 *(sortie 8). Au sous-sol du Oak Ginza Building ; accès discret (pas d'enseigne en anglais) par l'escalier qui descend sur la droite. Tlj sauf dim 11h30-15h, 17h30-22h30 (dernière commande à 13h et 21h). Prix moyens le midi, dîner env 3 500-10 000 ¥.* Un des plus authentiques ambassadeurs de la cuisine de Kyoto. Y compris dans le style du décor. On voit les jarres d'eau précieuse dans la salle à manger. Les mets raffinés s'équilibrent bien entre eux, avec une progression dans les goûts. Menu type : un petit florilège de salades et œufs de saumon, soupe *miso* parfumée, *ginnan* (fève verte) et un

TOKYO

genre d'anchois avec pickles et riz. Les légumes viennent aussi de Kyoto. Une curiosité : pas mal de tables à l'aspect rustique ont été fabriquées avec du bois récupéré de bateaux naufragés.

Ginza Yoshizawa 銀座吉澤 *(plan III, B1, **108**) : 3-9-19 Ginza, Chuo-ku. ☎ 3542-2981. Ⓜ Ginza 銀座 (sortie A13) et Ginza-Itchome 銀座一丁目 (sortie 11). En face du Lawson ; attenant à la boucherie qui fait l'angle. Lun-ven 11h-14h, 17h-22h ; sam 11h-15h et seulement en déc 17h-22h. Fermé dim. Prix moyens le midi ; le soir, repas 12 000-18 000 ¥.* L'extérieur de l'immeuble est en verre fumé sombre avec du marbre noir. On se déchausse, puis une dame en kimono vous mène à la salle à manger, rituel nippon bien raffiné et poli. On vient ici pour déguster les *sukiyaki* à base de viande japonaise. Traditionnel, typique et chic.

Où acheter de bons produits ou de bonnes pâtisseries ?

Akomeya Tokyo アコメヤ東京 *(plan III, B1, **220**) : 2-2-6 Ginza, Chuo 104 0061. ☎ 6758-0270. Ⓜ Ginza Hitchome 銀座一丁目. Ouv tlj 11h-20h.* Épicerie fine qui offre un choix parmi une vingtaine de riz japonais différents (au poids, donc l'occasion d'en comparer plusieurs), de nombreux condiments, soupes déshydratées (curry fruits de mer et prunes marinées...), fruits séchés, thés (thé de varech à la prune...) ; ainsi que des ustensiles de cuisine, de la vaisselle, quelques cosmétiques... Naviguez avant sur le site internet (traduction française) pour vous faire une idée de ce qu'on y trouve et de ce qui pourrait vous intéresser ; vous serez moins décontenancé ! L'épicerie est prolongée par un salon de thé qui fait vite le plein après ouverture.

Ginza Akebono 銀座あけぼの *(plan III, A1, **221**) : 5-7-19 Ginza Chuo. ☎ 3571-3640. Ouv tlj 10h-21h (20h dim). Ligne Ginza, Marunouchi 銀座丸ノ内, ligne Hibiya « Ginza » 日比谷銀座 sortie A1. En face de Seiko.* Une pâtisserie traditionnelle réputée pour ses *daifuku* (littéralement « grand bonheur » ; rien que ça) : une pâte de riz gluant fourrée (aux haricots rouges, aux fruits de saison). À compléter par quelques *dorayaki*, ou d'autres petits délices aux algues, aux fruits secs... Plusieurs boutiques à Tokyo.

Où boire un verre ? Où sortir ?

300 Bar *(plan III, A-B2, **224**) : 1-2-14 Ginza. ☎ 3593-8300. Ⓜ Ginza 銀座 (sorties A1 ou A5). Tlj 17h (14h w-e et j. fériés)-2h. Prix unique : 300 ¥ la boisson ou la grignote.* En sous-sol, un genre de pub où l'on boit et grignote debout, au comptoir et sur de hautes tables. Ambiance jeune, conviviale et pleine de vie. Le principe est simple : on achète des tickets à échanger contre une boisson ou de petites assiettes (pizzas, *chicken nuggets,* hamburgers, etc.). Mais la spécialité de la maison, ce sont les cocktails, dont les mojitos bio (même l'ambassadeur de Cuba en est tombé amoureux : un diplôme très officiel sur le mur l'atteste) ! Musique de qualité. Parfois des DJs en fin de semaine (entrée gratuite). Une adresse inattendue dans ce quartier.

Hole Hole Cafe & Diner ホレホレ カフエ&ダイナー）銀座店 *(plan III, A-B1, **225**) : 2F, 3-4-16 Ginza, Chuo-ku. ☎ 3566-3011. Ⓜ Ginza 銀座 (sorties A13, B2 ou C8) et Ginza-Itchome 銀座一丁目 (sortie 5). Tlj 11h45-minuit.* Au 1er étage, derrière ses larges baies vitrées, ce bar est comme une oasis de sérénité et de simplicité au cœur de Ginza la clinquante, l'agitée. Belle carte de boissons, des laits de soja jusqu'à la bière en passant par les sodas et déclinaisons de café (l'expresso est excellent). Service jeune, sympa, ambiance informelle, musique un brin funky. Enfoncez-vous dans un fauteuil et, comme on dit au Japon : *banzaï,* que l'instant dure 10 000 ans !

Walk-In Bar MOD *(plan III, A-B1, **225**) : 1F, 3-4-12 Ginza, Chuo-ku.*

☎ 3563-5465. Ⓜ Igashi Ginza 東銀座駅 (sortie C8). Tlj 15h-23h30. Ce bar est sans doute le plus minuscule que l'on connaisse. Juste l'espace pour se glisser entre le comptoir et la vitrine sur rue. Dans la plus grande tradition des *tachinomiya,* on déguste, debout et au coude à coude, un cocktail préparé avec application par le mixologue en nœud pap' et complet veston. Une expérience.

La Terrazza Dom Perignon Lounge ラテラッジャ ラウンジ (plan III, B1, **226**) **:** *2-7-12 Ginza, Chuo-ku. ☎ 6362-0555. Ⓜ Ginza 銀座 (sortie A13) et Ginza-Itchome 銀座一丁目 (sortie 9). Ouv seulement du printemps (début avr) à la fin de l'été, tlj 11h30-23h (sous réserve des conditions météo). Entrée : 1 500 ¥ les soirs de concert.* Dans le *Bulgari building,* chic et choc, magnifique architecture qui abrite entre autres un restaurant, un bar (10ᵉ étage) et un bar-*lounge* chic et glamour au 11ᵉ étage. Agrémenté d'une terrasse bordée d'un jardin à l'italienne, c'est le lieu idéal pour faire une pause. On sirote un verre sur ce « perchoir » qui domine l'animation de la rue, dans de confortables fauteuils ou sur de larges banquettes basses. Parfois un groupe de jazz.

Plustokyo (plan III, B1, **227**) **:** *12F, 1-8-19 Ginza, Chuo-ku. ☎ 3563-3776. Ⓜ Ginza 銀/座一丁目 (sortie A13). • plustyo.com • Tlj sauf dim 11h-3h (5h ven, sam et veilles de j. fériés). Entrée ven-sam : 2 000 ¥ (garçons) et 1 000 ¥ (filles). Le reste du temps, un bar sans droit d'entrée, un 2ᵉ à 800 ¥/pers.* Situé au dernier étage d'un luxueux centre commercial, *Plustokyo* ravira nos lecteurs en quête d'un lieu de sortie chic et dans le vent. Oubliez les tongs et le marcel au vestiaire, ici on vient sapé, dans un décor de loft new-yorkais où s'affichent quelques œuvres d'art (à vendre, si la taille de votre valise et de votre carnet de chèques vous le permettent). La carte des boissons affiche une trentaine de cocktails : à la hauteur du bar en asphalte de 30 m de long qui borde une baie vitrée avec vue imprenable sur la ville. La terrasse sur le toit abrite une piste de danse pour se trémousser en embrassant les étoiles : « chic et dans le vent », on vous disait !

TOKYO

Achats

Muji 無印良品 *(plan III, A-B1)* **:** *3-3-5 Ginza, Chuo-ku. ☎ 3538-1312. Ⓜ Yurakucho 有楽町 (sortie A9). Tlj 8h-22h.* Ceux qui connaissent les magasins parisiens *Muji* ne reconnaîtront pas grand-chose. Sur 7 niveaux, tout l'univers *Muji* basé sur le design et des prix abordables. *Muji* signifie « sans marque ». Tout est sobre et bien dessiné. Objets pour le voyage, la maison (literie, cuisine...), fringues, jouets. Au rez-de-chaussée, un *Muji Gourmet* propose toute sorte de magnifiques produits avec au sous-sol un resto et au dernier étage un bar, et même un hôtel (voir plus haut « Où dormir à Ginza. Plus chic »).

Matsuya 松屋 (plan III, B1) **:** *3-6-1 Ginza. ☎ 3567-1211. Ⓜ Ginza 銀座 (sortie A13) et Ginza-Itchome 銀座一丁目 (sortie 9). Tlj 10h-20h.* Réputé pour ses boutiques d'avant-garde. Il abrite notamment *Yamamoto, Comme des Garçons* et *Issey Miyake.* Ce dernier présente une boutique au concept assez original : style totalement minimaliste, rayonnages transparents mettant efficacement les produits en valeur et permettant un choix rapide. Ne manquez pas la visite du rayon alimentation au sous-sol.

Ito-Ya 伊東屋 (plan III, B1) **:** *2-7-15 Ginza, Chuo-ku. ☎ 3561-8311. Ⓜ Ginza 銀座 (sortie A13). Tlj 10h-20h (10h30-19h dim et j. fériés).* Une immense papeterie sur 9 étages, repérable par un énorme trombone à l'entrée. Papiers japonais sublimes, introuvables chez nous. Des expos temporaires à thème d'objets liés à la calligraphie animent le dernier étage. Dans la rue derrière, l'annexe nº 2 propose des articles beaux-arts (peintures, papiers, etc.).

Mitsukoshi 三越 (plan III, B1-2) **:** *4-6-16 Ginza. Ⓜ Ginza 銀座 (sortie A11). ☎ 3562-1111. Tlj 10h30-20h (11h-23h pour les restos).* L'un des grands magasins de Tokyo les plus connus, où l'on vient surtout pour le fameux

rayon alimentation au sous-sol. Il offre un grand nombre de produits japonais – curieux, savoureux, pleins de fraîcheur et de couleur. D'incroyables gâteaux que vous n'avez jamais vus de votre vie !
Et, bien entendu, les incontournables ***Wako, Hankyu, Matsuzakaya*** et tant d'autres...
Ginza Six シックス銀座 *(plan III, A2) :* *6-10-1 Ginza, Chuo-ku.* Ⓜ *Ginza* 銀座 *(sortie A11). Tlj 10h30-20h30.* 1er du genre à Tokyo, ce *mall* immense est dédié à 100 % au luxe. À l'origine du projet, Bernard Arnault et le groupe LVMH. Construit à l'emplacement de l'ancien magasin *Matsuzakaya* par l'architecte Yoshio Taniguchi, celui-là même qui a fait l'extension du MoMa à New York ; quant à l'intérieur, on le doit à Gwenael Nicolas, habitué de l'aménagement des boutiques du groupe LVMH. En chiffres, 47 000 m², 241 boutiques, dont un grand nombre de luxe *(Dior, Céline, Kenzo, Yves Saint Laurent, Van Cleef & Arpels...)*, et une dizaine faisant partie du groupe LVMH, mais aussi quelques marques moins dispendieuses *(Petit Bateau, Adidas, Converse...)*. On y trouve aussi un théâtre au sous-sol, l'indispensable épicerie fine, un étage dédié à la beauté, et les avant-derniers étages aux restaurants et bars. Enfin, le clou, au dernier étage, une terrasse-jardin de 4 000 m² qui domine tout le quartier !

TOKYO

À voir

– *Pour s'y rendre :* les principales stations de métro sont Ginza, Higashi-Ginza et Ginza Itchome. Les distances sont relativement courtes.
Tout s'ordonne autour du carrefour ***Chuo-dori*** 中央通り (appelé aussi Ginza-dori) – ***Harumi-dori*** 晴海通り *(plan III, A-B1)*. Sur l'un des angles du carrefour s'élève la plus célèbre icône du commerce tokyoïte : le ***Wako*** 和光. L'un des plus anciens grands magasins de Ginza reconstruit après le séisme de 1923 et spécialisé au départ dans la joaillerie et l'horlogerie (ancêtre de la marque Seiko). Son horloge en façade datant de 1898 est un populaire point de ralliement. Comme l'est le lion qui garde l'entrée du grand magasin ***Mitsukoshi*** juste en face. À l'autre angle, l'immeuble en rotonde tout en verre, le ***Sanai,*** est aussi une façade emblématique de Ginza. Au dernier angle, le ***Ginza Place,*** étonnant immeuble à la façade blanche, ciselée comme un origami. Les vitrines du rez-de-chaussée exhibent des bolides de rêve de la marque Nissan, tandis que les étages élevés (5F et 6F) accueillent le showroom provisoire de Sony, qui a des projets de nouveau bâtiment à sa taille.
Vous l'aurez compris, à Ginza, peu de grands monuments publics ou de musées, mais un véritable défilé de mode des immeubles les plus osés. Voici nos coups de cœur architecturaux.

Shiseido The Ginza 資生堂 *(plan III, A2) : 8-8-3 Ginza.* Shiseido est la 1re marque japonaise de cosmétiques et de produits de beauté. Cet immeuble glamour a été conçu par le célèbre architecte ***Ricardo Bofill.*** Le Catalan a abandonné les colonnades et les chapiteaux antiques qui caractérisent son style pour une façade simplement composée de panneaux rouges, d'une sobriété assez inhabituelle. Noter qu'il a quand même repris, dans la partie supérieure, la technique médiévale consistant à grossir vers le haut la largeur des baies, pour assurer un équilibre parfait des ouvertures et de l'ensemble.

Yamaha ヤマハ *(plan III, A2) : 7-9-14 Ginza.* L'immeuble Yamaha Ginza, des années 1950, a subi une reconstruction

PETIT HARMONIUM, GRANDE AMBITION

En 1887, Torakusu Yamaha construisit son 1er harmonium. En 1900, il produisit des pianos made in Japan. Orgues électroniques et instruments à vent complétèrent la gamme. Le groupe devint si florissant qu'il racheta dans les années 2000 de prestigieuses maisons européennes comme Steinberg et Bösendorfer.

complète en 2010. Belle réussite architecturale de l'agence *Nikken Sekkei,* auteur de la tour de la *Banque de Chine* à Shanghai, avec sa ***façade*** en damier de verre qui change de tons entre le jour et la nuit. L'intérieur est intéressant aussi : 15 étages dédiés à la musique (dont 3 en sous-sol) raviront les amateurs et les professionnels. Un thème est attribué à chaque étage : une ***école de musique,*** un ***showroom*** de pianos, une ***salle d'exposition*** d'instruments à vent, une exposition qui met en avant la longue histoire de la conception des instruments musicaux du traditionnel à l'innovation, des partitions, des CD et DVD, des instruments de musique numériques, des tambours... et, en bonus, une ***salle de concerts*** de plus de 300 places... dont l'acoustique est extraordinaire !
– Sur le même trottoir, à une cinquantaine de mètres au nord, notez le ***Nicolas G. Hayek Center*** *(plan III, A2).* Les 7 stands tout en verre situés au rez-de-chaussée et chacun dédié à une prestigieuse marque d'horlogerie, sont en réalité autant d'ascenseurs. Ils mènent quelques *happy fews* directement dans les boutiques de chacune des enseignes, situées dans les étages supérieurs. Impressionnant.

TOKYO

⚑⚑ *Abercrombie & Fitch* *(plan III, A2)* **:** *6-9-10 Ginza.* L'architecture de cet immeuble est une sacrée réussite. Construit par ***Selldorf Architects,*** un cabinet new-yorkais, le bâtiment très étroit présente une façade sans grand relief. C'est à l'intérieur que ça se passe : ambiance tamisée, ascenseurs pavés de briques de verre rétro-éclairées, tout comme les escaliers (magnifiques vus d'en haut), dont les parois sont par ailleurs couvertes de superbes fresques de Mark Beard. Pas moins de 800 m² de scènes de sport exclusivement masculines, qu'on qualifiera de suggestives, pour ne pas dire *érotiques.*

⚑⚑⚑ *L'immeuble Hermès* エルメスビル *(plan III, A1)* **:** *8F, 5-4-1 Ginza, Chuo-ku. ☎ 3569-3300. Lun-sam 11h-20h (19h dim). GRATUIT.* Une des plus séduisantes réalisations de ***Renzo Piano.*** Surnommé la « cathédrale de verre ». Des milliers de carreaux de verre qui s'illuminent la nuit (et capables de résister aux séismes). Une féerie. Au dernier étage (8F), une galerie d'art. À 2 pas, intéressant ***édifice Dior*** également.

⚑⚑ *Mikimoto Pearl* ミキモト真珠 *(plan III, B1)* **:** *2-4-12 Ginza, Chuo-ku.* Créé en 1893 par un amoureux des perles naturelles. Plus tard, il développa la perle de culture et en devint le grand spécialiste. Une des façades les plus originales qui soient avec son festival de fenêtres dépareillées, dansant dans tous les sens. À ne pas confondre avec l'immeuble *Mikimoto* situé sur Chuo-Dori *(plan III, A-B1 ; 4-5-5 Ginza),* intéressant avec ses hautes striures de verre, mais moins spécifique.

⚑⚑ *V88* ビルディング *(plan III, B1)* **:** *2-5-11 Ginza, Chuo-ku.* Créée en 2007 par Jun Mitsui pour De Beers, célèbre joaillier sud-africain, cette tour est remarquable pour sa façade torsadée d'acier et de verre. Un profil ondulant qui apparaît différemment selon l'angle sous lequel on le regarde. Il est censé évoquer la silhouette ondoyante d'une femme (on se souvient de Marilyn chantant « *Diamonds are the girls best friends* »). De Beers a quitté le lieu, mais les reflets du soleil sur les facettes de la façade ravissent toujours autant les passants tels les éclats d'un riche diamant.

⚑⚑ 🛍 *Y's For Men* Yさん男性用 *(plan III, B1)* **:** *3-6-1 Ginza.* Le magasin de vêtements de Yohji Yamamoto (voir la rubrique « Personnages » dans « Hommes, culture, environnement » en fin de guide), offrant un cadre et un décor d'une austérité quasi cistercienne. Tout en formes rondes, dans les gris mat, éclairages faiblement dosés... Pourtant, mon tout fonctionne très bien !
– À 2 pas, la façade de verre noir de ***Chanel*** シャネル *(3-5-3 Ginza)* vaut le coup d'œil également. Elle abrite le prestigieux resto *Beige* de Ducasse.

⚑⚑ *Les Archives nationales du Cinéma japonais (National Film Archives of Japan)* 国立フィルムセンター *(plan III, B1)* **:** *3-7-6 Kyobashi, Chuo-ku. ☎ 5777-8600. • nfaj.go.jp/english/ • Ⓜ Kyobashi* 京橋*, ligne Ginza (sortie 1, puis 1 mn de marche). Tlj sauf lun 11h-18h30 (20h ven) ; dernière entrée 30 mn avt fermeture. Entrée : 520 ¥ ; réduc.*

Passionnant petit musée du cinéma et de la nostalgie. Collection d'antiques caméras et projecteurs, illustrée de photos et vidéos de films anciens en noir et blanc. Affiches originales des années 1920 et 1930, galerie de photos de vieux cinoches de quartier et programmes délavés. Quelques pièces, comme un bout de pellicule originale du film *La Rue de la République* (1895) et une carte de vœux de Louis Lumière à un producteur de cinéma japonais. Photos d'artistes de grande qualité et une affiche d'origine de *Rashômon* (le chef-d'œuvre de Kurosawa). Dommage, quasiment aucune traduction en anglais, mais, magie du cinéma aidant, objets et images expriment tant de choses...

Hisui Tokyo *(plan III, A1)* **:** *Koizumi bldg 5 F, Ginza 4- 3-13 Chuo Ward. ☎ 666-107. Ginza Station 銀座駅 (sortie B4 puis 1 mn de marche). Compter 9 000 ¥ et 30-45 mn pour 1 cours, 18 000 ¥ pour 3.* Une école de pratique d'arts traditionnels japonais offre au non-initié la possibilité de se familiariser avec 4 d'entre eux, qui nécessitent tous concentration et maîtrise de soi. 4 petites introductions sont possibles : apprendre à revêtir un kimono *(waso)*, s'initier à la calligraphie *(shodo)*, à la cérémonie du thé *(sado)* ou à la pratique du sabre *(batto)*. Cher mais de qualité.

Culture

Le théâtre Kabuki-Za 歌舞伎座 *(plan III, B2)* **:** *4-12-15 Ginza, Chuo-ku. ☎ 3545-6800 (10h-18h) et 5565-6000. • kabuki-za.co.jp • Ⓜ Higashi-Ginza 東銀座 (sortie A3). Prix des places : 3 000-22 000 ¥. Pour les touristes, tarif 600-1 500 ¥ pour voir un seul acte (30 mn-1h ; billetterie dédiée à gauche de l'entrée principale). Loc possible de tablette avec sous-titres en anglais : 500 ¥ (plus 1 000 ¥ pour la caution).* Apparition culturelle surprenante dans le quartier du luxe ! Irruption soudaine du passé nippon dans le secteur clinquant et immodeste des tours de verre design. Voici une architecture néojaponaise ancienne, tout en bois, en courbes et en ailes de pigeon, au cœur du Tokyo vertical. Détruit lors de la Seconde Guerre mondiale, ce vieux théâtre fut reconstruit à l'identique. C'est le lieu idéal pour assister à un de ces spectacles de kabuki, qui peuvent durer jusqu'à 5h d'affilée ! Pour le coup, l'option « un seul acte » devient appréciable pour ne pas y passer ses vacances...

AU SUD DE GINZA

3 quartiers à découvrir : ***Tsukiji*** 築地, ***Shimbashi*** 新橋 et ***Shiodome*** 汐留. C'est Tokugawa Ieyasu qui, au XVIIe s, assécha les marécages au sud de Ginza pour agrandir la ville. ***Tsukiji*** 築地 signifie d'ailleurs « terre récupérée ». À l'ouest, ***Shimbashi*** 新橋 et ***Shiodome*** 汐留, le 2^d ayant été gagné aussi sur des marais salants (Shiodome signifie « endroit où la marée s'arrête »). C'est là que le gouvernement Meiji construisit la 1re gare de la ligne Tokyo-Yokohama.

LE QUARTIER DE TSUKIJI 築地

Où dormir ?

De prix moyens à chic (de 10 000 à 25 000 ¥ / 83-208 €)

Tsuki Hotel *(plan III, B2,* ***31****)* **:** *1-9-4 Tsukiji-Chuo-ku. ☎ 6435-6288. • tsukihotel.com • Ⓜ Tsukiji (sortie 4), ou Shintomicho (sortie 1). Doubles 13 000-31 000 ¥ pour les 2 catégories de chambres les moins chères.* Un hôtel récent, intimiste, offrant une poignée de catégories de chambres différentes. L'emplacement est parfait, facilement accessible de l'aéroport et desservi par plusieurs stations de métro. L'espace de réception est occupé par le bar à saké en bois de cèdre magnifiquement ouvragé. Côté chambres, matériaux, aménagements et couleurs, tout y est raffiné et a été choisi avec soin, jusqu'aux plaques indiquant les numéros de chambres. Bain chaud (accès payant) : baignoire en bois, tout comme le plafond, d'ailleurs joliment ouvragé ; une pièce qui embaume le bois. En revanche *bento* pour le petit déj ; dommage dans cette gamme de prix !

Ginza Capital Hotel 銀座キャピタルホテル *(hors plan III par B2,* ***30****)* **:** *hôtel principal au 2-1-4 Tsukiji, et annexe Hakane au 3-1-5 Tsukiji, Chuo-ku. ☎ 3543-8211. • ginza-capital.com • Pour l'annexe, Ⓜ Tsukiji 築地, ligne Hibiya (sorties 3 ou 4, puis 1 mn de marche). Pour l'hôtel principal, descendre à la station Shintomicho (sorties 1 ou 4). Doubles 14 200-23 000 ¥ ; petit déj en sus.* L'hôtel possède pas moins de 550 chambres réparties dans le bâtiment principal et l'annexe, celle-ci un peu plus chère mais aux pièces plus spacieuses. Déco assez simple et sans grand charme mais chambres bien équipées. Leurs principaux avantages sont leur situation géographique et leur bon rapport qualité-prix dans ce quartier où les hôtels sont vite très, très chers.

TOKYO

À voir

Le marché extérieur (Jo Gai Market) 場外市場 *(plan III, B2-3)* **:** *un peu moins d'activité le dim.* Longue série de gargotes, vendeurs de matériel de cuisine et de vaisselle, détaillants divers. Puis arrivée au marché proprement dit, quelques ruelles perpendiculaires où alternent petits restos à sushis et vendeurs de tout : couteaux, ustensiles de cuisine, fruits de mer, fruits secs, wasabi frais, algues, champignons, graines et petits poissons séchés. Une belle agitation accentuée par le racolage sévère des restos. Évitez juste de mordre à l'hameçon des racoleurs. Se fier à son intuition... C'est ici que vous pourrez manger en sashimi un petit poisson, l'*aji*. On va le chercher dans l'aquarium, puis le découpeur, adroitement, extrait les filets sur les côtes du poisson, ne laissant que la nageoire de queue et la tête, puis dépose la bête encore frétillante sur 2 petites potences... devant vous ! Sur Shin Ohashi-dori, toute une kyrielle de petits comptoirs pas chers du tout.

Le jardin Hama Rikyu 浜離宮恩賜庭園 *(plan III, A-B3)* **:** *1-1 Hama Rikyu Teien, Chuo-ku. • tokyo-park.or.jp • Ⓜ Shiodome 汐留, ligne Oedo (sortie 8), ou Tsukijishijo 築地市場 et Shimbashi 新橋. Tlj 9h-17h (dernière entrée à 16h30). Entrée : 300 ¥. Visite guidée en anglais gratuite lun à 10h30 et sam à 11h.*
Un des jardins les plus typiques de l'ère Edo. Baigné sur son côté est par les eaux de la baie de Tokyo, il constitue un des poumons de verdure de la capitale. Littéralement, le nom signifie « jardin détaché du palais ». Il appartint à l'une des branches des Tokugawa. Lorsque le shogun décida de s'y installer, en 1709, il planta des pins – dont l'un subsiste encore à l'entrée. Jardin public depuis la Seconde Guerre mondiale, c'est un enchantement au printemps avec ses immenses massifs de fleurs jaunes, contrastant avec la barre des gratte-ciels modernes de Shiodome. Une partie du jardin est même préservée comme zone naturelle. Le niveau des eaux de l'étang Shioiri-noike varie selon le flux et le reflux des marées. Il est le dernier étang qui subit l'influence de la marée. Reproduction d'un pavillon où l'empereur Meiji reçut en 1879 le général Ulysses Grant, ancien président des États-Unis.
– Sur place, agréable petit ***salon de thé*** *(tlj 9h-16h30).*

➢ ***Balades en bateau dans le port de Tokyo et sur la rivière Sumida :*** du jardin Hama Rikyu, possibilité d'attraper le bateau-bus qui parcourt la rivière Sumida jusqu'à Asakusa. À la redescente, il s'arrête au jardin et plus loin à l'embarcadère du quai Hinode 日の出. Pour prendre ce bateau, il faut payer l'entrée au jardin Hama

Rikyu. Une demi-heure de balade très sympa. Du même embarcadère, liaisons en bateau jusqu'au parc marin d'Odaiba (Odaiba Kaihin Koen), une excellente façon d'aborder cette île.

Croisière de Tokyo 水上バス : *☎ 2097-7311. • suijobus.co.jp • De l'embarcadère de Hinode (Hinode Pier) à Asakusa, 15-17 départs/j., 10h-17h20 (17h55 avr-oct, 18h40 juil-août). Durée : env 40 mn. Billet : 780 ¥. Pour Odaiba Seaside Park, 12-13 départs/j., 10h45-17h15 (18h avr-oct). Durée : 20 mn. Billet : 480 ¥.*

SHIMBASHI 新橋 ET SHIODOME 汐留

Depuis les années 2000, **Shiodome** *(plan III, A2-3)* est devenu une énorme zone de développement urbain et un quartier d'affaires très recherché au sud de la capitale. Quant à **Shimbashi** *(plan III, A2-3)*, il fut l'un des quartiers de geishas les plus renommés durant l'ère Meiji. Il n'en reste cependant rien aujourd'hui. Ces territoires en plein développement rongent progressivement les dernières enclaves d'habitat traditionnel horizontal. Las, les fans d'architecture contemporaine apprécieront quelques gratte-ciels dignes d'intérêt, un passionnant musée de la Publicité et la reconstitution d'Old Shimbashi, la 1re gare de Tokyo...

C'est aussi à Shimbashi que l'on prend la ***ligne Yurikamome*** pour aller dans le quartier d'Odaiba. Un métro automatisé qui vous fait voyager au-dessus de la mer et vous permet d'avoir une vue d'ensemble exceptionnelle sur Tokyo, son port et sa baie !

À voir

Le siège social de Dentsu 電通 *(plan III, A3)* : *1-5-3 Higashi-Shimbashi, Minato-ku. Ⓜ Shimbashi 新橋, lignes JR Yamanote (sortie Shiodome), Ginza et Asakasa (sorties 3 ou 4), ou Shiodome 汐留, lignes Oedo et Yurikamome (sorties 3 ou 4). Fermé dim.*

Siège de la 1re agence de publicité du monde. Son plus proche concurrent au Japon atteint la moitié de son chiffre d'affaires ! Voici donc un remarquable gratte-ciel de 48 étages (213 m de haut) construit en 2002 à la hauteur de ce qu'est ce géant de la pub ! Sa forme en lame de couteau est une idée de Jean Nouvel, qui signe ici sa 1re tour. L'architecte dut s'adapter à la forme exiguë du terrain. La tour *Dentsu* fait penser, dans sa conception, au fameux « fer à repasser » sur la 23e rue à New York. Possibilité de grimper tout en haut (pas moins de 70 ascenseurs !). On ne vous décrit pas la vue ! À côté, voir en contraste l'Old Shimbashi, une reconstitution de la 1re gare tokyoïte de 1872.

Caretta Shiodome カレッタ汐留 *(plan III, A2-3)* : *1-8-2 Higashi-Shimbashi. • caretta.jp •* Juste à côté du Dentsu, cette haute tour de 200 m évoque par son style futuriste une falaise de granit, servant de socle à une tour de bureau. Des petites cascades jaillissent ainsi de terrasse en terrasse. À l'intérieur, remarquable structuration des volumes, tout en harmonieuses formes concaves ou convexes. En tout, on y trouve une vingtaine de restos de cuisine japonaise ou occidentale, répartis selon les niveaux. Aux 1F1, 2F1 et 3F1, la *Canyon Terrace* est un espace évoquant un grand canyon, pour se détendre et boire un verre. Aux 46F1 et 47F1, les restaurants *(Sky Restaurants)* sont accessibles en ascenseur unique au départ du B2F.

Shiodome City Center 汐留シティセンター *(plan III, A2)* : *1-5-2 Higashi-Shimbashi.* Audacieuse tour, haute de 215 m avec une surface de verre en courbe. Sa couleur vert émeraude la fait particulièrement étinceler au soleil. Pas mal non plus, voir aussi plus loin la **Nippon Television Tower** 日本テレビタワー *(1-6-1 Higashi-Shimbashi).*

LE PARC D'UENO 上野公園

• Ueno, Yanaka (plan IV) *p. 141* • Zoom Yanaka *p. 140*

Fascinant parc d'Ueno, adoré des Tokyoïtes. On le doit au 1er shogun au XVIIe s, qui y construisit plusieurs temples pour contrer les mauvais esprits venant du nord-ouest. Les shoguns qui lui succédèrent eurent la lumineuse idée de suivre cette ligne. Le parc d'Ueno fut le théâtre de l'ultime bataille en 1868 entre les troupes des Tokugawa et l'armée de l'empereur. En 1873, il fut déclaré d'utilité publique et connaît aujourd'hui son pic de popularité au moment de la floraison des cerisiers. Il concentre non seulement nombre de temples et sanctuaires, mais aussi une somme de musées exceptionnels dans un environnement idéal.

Quand on se balade au sud du parc, sur les berges du lac Shinobazu, couvert de lotus et de nénuphars géants, s'il n'y avait ces quelques immeubles incongrus griffant l'horizon, on pourrait se croire à mille lieues de Tokyo. Encore plus si l'on vient de visiter le musée de Shitamachi...

Enfin, Ueno est la porte d'entrée du quartier de Yanaka, remarquable vestige du Tokyo de jadis, une des balades les plus romantiques qui soient.

SAKURA : LE TEMPS DES CERISIERS

Fin mars-début avril, la floraison des cerisiers (sakura) est un événement national. Elle symbolise la fragilité de la vie et la beauté éphémère. À cette époque, les familles ou les amis se réunissent pour pique-niquer dans les parcs en fleurs. On retrouve cette fleur sur les pièces de 100 yens.

Adresse utile

i ***Office de tourisme de Keisei-Ueno*** 東京観光情報センター京成上野支所 *(plan IV, B3) : gare Keisei Ueno* 京成上野駅*, sortie principale. Ne pas confondre avec la gare JR. À la pointe sud du parc.* ☎ *3836-3471. Tlj 9h30-18h30.* Brochures et infos pertinentes. Pas de réservations.

Où manger ?

Bon marché (moins de 1 500 ¥ / 12,50 €)

|●| ***Petits restos*** *(plan IV, B3,* ***118****) : 6-13 Ueno-koen, Taito-ku. Gare JR Ueno* 上野*, sortie Shinobazu. De l'autre côté de la rue, en face de la sortie de la gare. Tlj 11h-23h.* Plusieurs gargotes datant des années 1940-1950 où le marché noir s'effectuait essentiellement autour des gares. De petits restos vinrent alors se greffer sur « l'activité commerciale fiévreuse » de l'époque, cachés sous les arcades des ponts. Profitez donc de ces endroits restés populaires où l'on trouve *ramen* (pâtes), *gyoza* (raviolis frits) ou *yakitori* (brochettes) à son palais sans se ruiner.

De prix moyens à chic (de 1 500 à 6 500 ¥ / 12,50-54 €)

|●| ***Izuei Umegawa-Tei*** 伊豆栄梅川亭 *(plan IV, A2,* ***119****) : 4-34 Ueno-koen,*

TOKYO

Taito-ku. ☎ 5685-2011. Gare Keisei Ueno 京成上野駅 (ne pas confondre avec la gare JR). Dans le parc d'Ueno, au sud-ouest. C'est le 2e restaurant à gauche de l'allée centrale. En sem 11h-15h, 17h-22h (dernière commande à 14h30 et 21h) ; le w-e en continu. Plus de 25 menus et formules (2 250-8 640 ¥). À moins de 10 mn du métro, dans l'environnement bucolique du parc, un restaurant très agréable spécialisé dans l'anguille *(unagi).* Essayez aux beaux jours d'avoir une place en terrasse derrière, avec le petit ruisseau qui glougloute. À l'intérieur, cadre et tables traditionnels à la japonaise. Petites salles privées sur réservation. Les premiers menus sont à des prix raisonnables, mais ceux à base d'anguille se faufilent vite dans la catégorie « Plus chic ».

TOKYO

De chic à plus chic (de 3 500 à 15 000 ¥ / 29-125 €)

Inshotei 韻松亭 *(plan IV, B3,* ***120****) : 4-59 Ueno-koen, Taito-ku. ☎ 3821-8126. Gare Keisei Ueno 京成上野駅 (ne pas confondre avec la gare JR). Dans le parc d'Ueno, au sud-ouest. C'est le 1er restaurant à gauche de l'allée centrale. Tlj 11h-15h, 17h-23h (22h dim) ; dernière commande 1h avt. Menu déj 1 815-5 500 ¥. Rejoint la catégorie « Plus chic » le soir (menus 5 500-20 000 ¥). CB refusées.* L'autre resto du parc, ouvert en 1875. Cuisine raffinée servie dans le cadre traditionnel d'une demeure japonaise. Tables basses (coussins ou fosse pour les jambes) et quelques-unes à l'occidentale. Pas excessivement copieux, mais super produits et présentation sophistiquée. Juste sur sa gauche, entrée du *Hanazano Inari Shrine,* un joli ensemble de petits temples en bois.

Shinsuke シンスケ *(plan IV, A3,* ***121****) : 3-31-5 Yushima, Bunkyo-ku. ☎ 3832-0469. Ⓜ Yushima 湯島, ligne Chiyoda (sortie 3). Sous une façade noire, à droite du* Ohtsuka building. *Tlj sauf dim, j. fériés et vac scol 17h-21h (20h sam).* Dans la même famille depuis 11 générations, encore une *izakaya* secrète (entrée à peine visible). Patrons accueillants et parlant l'anglais. Un long comptoir, quelques tables et banquettes. Atmosphère ronronnante. Découvrez ici une haute cuisine traditionnelle, basée sur d'exquises recettes familiales et à partir de produits d'une fraîcheur absolue. Les menus changent à chaque saison. Clientèle d'habitués fidèles, tout étonnés de voir débarquer des gourmets étrangers. Porc fondant, légumes panés craquants (arrosés de *Ryôzeki,* l'un des meilleurs sakés). Attention, n'allez cependant pas imaginer que c'est bon marché.

Echikatsu 江知勝 *(plan IV, A3,* ***122****) : 2-31-23 Yushima, Bunkyo-ku. ☎ 3811-5293. Ⓜ Yushima 湯島, ligne Chiyoda (sortie 3). Longer Kasuga-dori vers l'ouest jusqu'au 1er feu. C'est la 1re maison sur la gauche coincée entre 2 hauts immeubles. Mur de clôture blanc, joli portail ancien. Tlj sauf dim, j. fériés et sam en août 17h-21h30 (dernier service à 21h). Résa conseillée. Menu env 12 000 ¥.* Ce resto ouvert depuis 1872 est une vieille institution du quartier. Dans une très belle maison à l'architecture ancienne, typiquement japonaise, en bois, avec un ravissant petit jardin japonais à l'abri de l'avenue. À l'intérieur, 17 salles séparées les unes des autres par des jeux de cloisons amovibles ou non. On mange à la japonaise, chaussures retirées à l'entrée, tables basses et coussins. La spécialité est le *sukiyaki* ; c'est le plat national, appelé aussi fondue japonaise. Le *sukiyaki-nabe* (la marmite) est placé au centre de la table avec une sauce au fond ; chacun y trempe des morceaux de viande bouillis (bœuf, porc, poulet...) et de légumes, puis les assaisonne en les trempant ensuite dans un jaune d'œuf battu ; c'est très bon et copieux. Cuisine raffinée, accueil prévenant.

À voir

Les sites sont dispersés dans le grand parc d'Ueno. Pour y aller : *à l'est du parc, gare JR Ueno 上野, ligne Yamanote (sortie Park) et Ⓜ Ueno ligne Ginza ou Hibiya (sortie 2) ; au sud, gare Keisei Ueno (sortie principale) ou Ⓜ Ueno-Okachimachi, lignes Hibiya ou Oedo (sortie C6), puis 5-10 mn à pied.*

– Des bénévoles organisent des ***visites guidées gratuites*** du parc en anglais. *Mer, ven-dim à 10h30 et 13h30. Arriver min 15 mn avt, rdv dans le hall du* ***Ueno Green Salon*** 上野グリーンサロン *(entre le musée national d'Art occidental et la gare JR Ueno ; plan IV, B2). Durée : 1h30.*

*** ***Le Musée national de Tokyo (Tokyo National Museum)*** 東京国立博物館 *(plan IV, B2)* **:** *13-9 Ueno-koen. ☎ 5777-8600. • tnm.jp • Gare JR Ueno* 上野 *(sortie Park). Tlj sauf lun 10h30-16h. Entrée : 1 000 ¥ ; réduc. Audioguide en anglais : 500 ¥.* Il regroupe plusieurs bâtiments présentant l'ensemble des collections. Prévoir du temps, de gros fauteuils confortables un peu partout pour se reposer. Au centre, le musée principal, le ***Honkan,*** de style dit « impérial ». Sur sa droite, le ***Toyokan*** offrant toutes les facettes de l'art oriental. En retrait sur sa gauche, le ***Heiseikan,*** qui présente l'archéologie japonaise. Enfin, sur sa gauche devant, la galerie des trésors de l'***Horyu-ji.***

Le Honkan 本館

Rez-de-chaussée

– les céramiques, tissus, armes, sculptures. Objets exposés tournant souvent.

1er étage

– *Salle 1 :* poteries, cloches et ornements de bronze, *Kokuzo bosatsu* de la 1re période bouddhiste.
– *Salle du Trésor national Hosegawa Tohaku :* magnifique paravent « Pine Grove » souvent exposé (très demandé par les amoureux du musée).
– *Salle des estampes :* beaucoup de rouleaux, exemples typiques de la culture aristocratique. Peinture zen (à l'encre noire).
– *Salle 4 :* tous les objets indispensables à la cérémonie du thé !
– *Salle 5 :* consacrée à l'équipement des samouraïs, superbes armures, sabres.
– *Salle 6 :* suite des armures, casques élaborés, étriers ouvragés, flèches et carquois.
– *Salle 7 :* les paravents et portes coulissantes.
– *Salle 8 :* expo de vêtements du quotidien et objets domestiques chez les seigneurs. Splendides laques noires et dorées, peintures et calligraphies, éventails décorés.
– *Salle 9 :* tous les costumes et masques du théâtre nô.
– *Salle 10 :* les vêtements au temps d'Edo, estampes de Hokusai, Utawaga Kuniyoshi et Hiroshige. Kimonos de cette époque. Vitrines de bijoux.
– *Salle 11 :* département sculptures ; objets présentés dans de beaux jeux de lumière. Notable, le *Bishamonten* en bois polychrome de la période Heian (IXe s) et de nombreux bouddhas en bois.
– *Salle 12 :* sculptures en pierre, objets rituels, clochettes de moines, petits gongs, bouddha en bronze debout.
– *Salle 13 :* large panel de faïences, porcelaines et céramiques. Belle porcelaine peinte d'Imari (de Kyushu). Objets en laque, parfois incrustés de nacre.
– *Salle 14 :* céramique décorative.
– *Salle 15 :* expo sur la culture ainu. Style très sobre. Objets domestiques ou liés aux pratiques animistes.
– *Salle 16 :* thématique sur la vie sociale et la ville.
– *Salle 18 :* l'art moderne (après Edo), rouleaux d'étude, les 1res peintures à l'huile, travail des peintres traditionnels.
– *Salle 19 : The Path of Bouddha.*

Galerie des trésors de l'Horyu-ji 宝物館

Dans un bâtiment moderne et cubique, aux lignes sobres et élégantes qui se mirent dans un grand bassin, on découvre des pièces exceptionnelles offertes à l'empereur par les moines du temple de Horyu-ji à Nara.

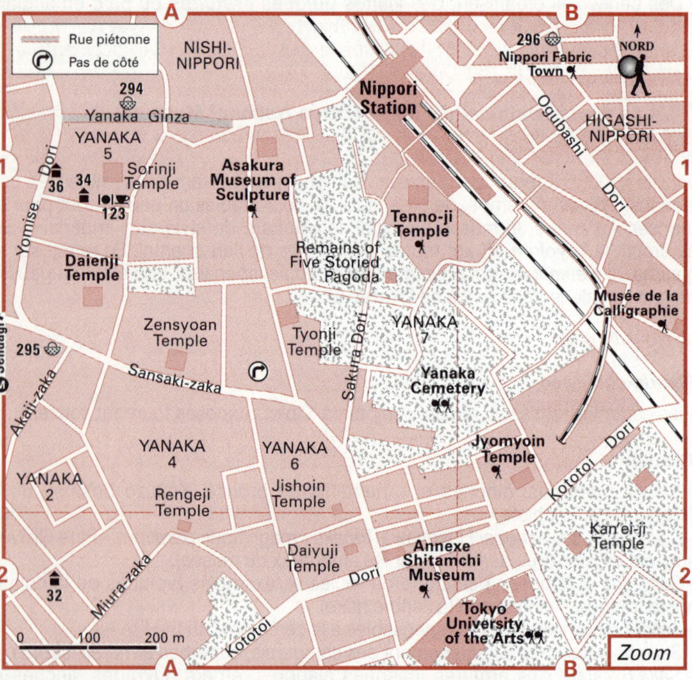

TOKYO – Yanaka (Zoom)

Adresse utile

Office de tourisme de Keisei-Ueno (plan IV, B3)

Où dormir ?

32 Sawanoya Ryokan (zoom Yanaka, A2)
33 Ryokan Katsutaro (plan IV, A2)
34 Hanare – Marukoshi (zoom Yanaka, A1)
35 Yamanaka Ryokan (plan IV, A2)
36 Annex Katsutaro (zoom Yanaka, A1)

Où manger ? Où boire un thé ?

118 Petits restos (plan IV, B3)
119 Izuei Umegawa-Tei (plan IV, A2)
120 Inshotei (plan IV, B3)
121 Shinsuke (plan IV, A3)
122 Echikatsu (plan IV, A3)
123 Hagiso Cafe (zoom Yanaka, A1)
124 Hantei (plan IV, A2)
125 Sasanoyuki (plan IV, B1)

À voir. Achats

294 Rue Yanaka Ginza (zoom Yanaka, A1)
295 Isetatsu (zoom Yanaka, A1)
296 Nippori Fabric Town (zoom Yanaka, B1)

– *Rez-de-chaussée :* belle série de bannières de cérémonie en métal, de mandorles (auréoles) de statues Asuka (du VIIe s), plaques en bronze repoussé. Dans les vitrines centrales, riche collection de petits bronzes. Derrière le grand paravent, 4 petits personnages, dont la maman Maya qui donna naissance au Bouddha par le bras.
– Salle des masques *Gigaku* (cérémonie bouddhiste) aux faciès particulièrement originaux.

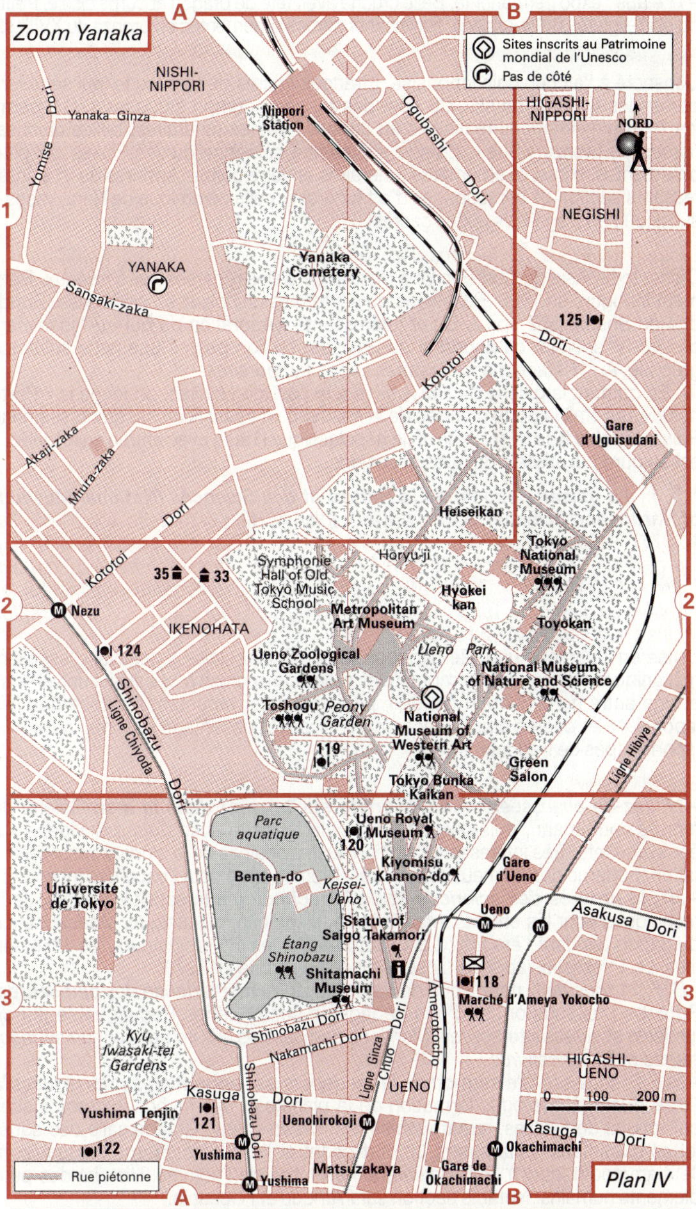

TOKYO – Ueno, Yanaka (Plan IV)

– *1er étage :* expo permanente. Belle cruche avec tête de dragon et corps ciselé. Petits objets religieux, brûle-encens. Ravissants miroirs ornementés en bronze du XVIIIe s.

Le Heiseikan 平成館

Consacré à l'archéologie japonaise. Étranges figures de terre cuite (qui semblent porter des lunettes de ski). Ce sont des figurines *Jomon* (5000 av. J.-C.), parmi les 1res représentations féminines au Japon. Poteries funéraires, belles cloches, miroirs de bronze « Sue », poterie d'influence coréenne du Ve s, vases sur pied ornementés, bijoux et ornements funéraires en terre cuite... Armures du Ve s. Intéressante section de personnages d'art funéraire, belle céramique de Nara, vases à sutra (où l'on plaçait les textes sacrés).

Le Toyokan 東洋館 *(collections d'art asiatique)*

Chine, Inde, Asie du Sud-Est. Une dizaine de salles réparties sur 5 niveaux. Bâtiment inauguré en 1968. Belle série de sculptures chinoises en craie grise. Bouddha du Shanxi (552 apr. J.-C.) et intéressante « Adoration du bol » (Afghanistan) des IIIe-IVe s. Noter ce bouddha du Pakistan où l'on perçoit une nette influence grecque. Au 1er étage, passionnantes expos temporaires.

➢ En quittant la galerie du *Horyu-ji* vers le pavillon *Honkan,* on longe la « Porte noire », qui était la porte d'entrée de la résidence d'Inshu Ikida, un grand seigneur. Puis le ***Hyokei Kan*** 表慶館, de style néoclassique (1909) avec entrée en rotonde. Il est aujourd'hui utilisé à de rares occasions.

Le musée national de la Nature et des Sciences (National Museum of Nature and Science) 国立科学博物館 *(plan IV, B2)* **:** *7-20 Ueno-koen, Taito-ku. ☎ 5777-8600. • kahaku.go.jp/english/ • Gare JR Ueno* 上野*, sortie Park. Tlj sauf lun et fêtes de fin d'année 9h-17h (20h ven-sam) ; dernière entrée 30 mn avt. Entrée : 620 ¥ ; réduc. Observation astronomique, selon conditions météo, les 1er et 3e ven du mois à 19h30 avr-août, à 18h30 sept-mars. Entrée : 310 ¥ ; gratuit moins de 18 ans et plus de 65 ans.*

Divisé en 2 parties : une aile hypermoderne *(Global Gallery),* festival d'escaliers mécaniques menant à de somptueuses salles consacrées à des sujets universels ; et une autre partie *(Japan Gallery),* plus ancienne, racontant l'histoire des îles japonaises et dédiée aux sciences naturelles, est davantage destinée au public japonais (pas de traduction).

Global Gallery

– *1F (rez-de-chaussée) :* ***la biodiversité sur terre et dans la mer.*** Galerie du monde sous-marin, puis diversité de la vie terrestre avec de super vidéos sur écrans géants. Très intéressante section sur les origines de la biodiversité. Présentation moderne des animaux naturalisés. Même chose pour l'expo des insectes.

– *2F :* ***le progrès des sciences et de la technologie*** (créativité, design). Jeux techniques pour les enfants. Magnétisme, électricité, mécanique. Modernisation du Japon pendant l'ère Edo. La 1re automobile, les 1ers ordinateurs, les 1ers satellites. Le 1er satellite japonais *Ohsumi* fut mis en orbite en 1970.

– *B1F (1er sous-sol) :* notre coup de cœur, ***l'histoire mystérieuse des dinosaures.*** Superbe présentation, et d'une pédagogie confondante. Remarquable jeu de lumières et vidéos interactives. Mentions particulières aux impressionnants *Stégosaurus* et *Tyrannosaurus.*

– *B2F (2e sous-sol) :* ***l'évolution de la vie depuis son apparition sur terre jusqu'à l'être humain,*** géologie, formation de la planète et des roches. Extraordinaires collections de fossiles, remarquablement mis en valeur. Grande salle des squelettes d'animaux, notamment un cerf géant et l'*Indricotherium transouralicum* (le mammouth, quoi !). Puis galerie de l'évolution de l'homme. Histoire des peuplements humains. Notable section sur l'Afrique et l'Océanie.

– *B3F (3e sous-sol) :* ***l'exploration des lois de la nature, de l'univers*** (système solaire, étoiles, astres, galaxies) ***et de la matière.*** Jeu de la météorite à travers l'espace, pour apprendre le système des étoiles. Les mômes adorent (dommage, peu de traductions en anglais).

Japan Gallery (galerie des îles du Japon)
– *1F Hall South :* **les techniques d'observation de la nature.** Observations astronomiques, calendriers anciens japonais, globes célestes, télescopes. Intéressante section sur les séismes.
– *2F South (sud) :* **les organismes des îles japonaises** *(Organisms of the Japanese Islands).* Migration et évolution des espèces de plantes et animaux, avec le phénomène d'adaptation au climat.
– *2F North (nord) :* **le peuple japonais et la nature** *(Japanese People and Nature).* Où l'on découvre le voyage accompli par les Japonais depuis les origines.
– *3F North & South :* **l'histoire des îles japonaises** *(History of The Japanese Islands).* Musée des sciences, très classique, un peu vieillot (mais non dénué de charme). Expo sur les îles japonaises, rapports entre le peuple et la nature. Section insectes (impressionnants scarabées), mollusques, crustacés (araignée de mer géante). Vie sous la mer par paliers. Belle collection de météorites tombées au Japon. Puis encore une riche collection de fossiles, ammonites géantes, etc.

LES INSOLITES DU MUSÉE

Ce remarquable musée expose (Japan Gallery, 1F) une réplique du 1er globe terrestre japonais, en papier mâché, réalisé en 1697. Dans la Global Gallery (2F), ne pas rater le Kaitai Shinsho, le 1er livre européen de médecine traduit en japonais et publié en 1771. Enfin, hommage aux pandas Fei Fei et Huan Huan du zoo d'Ueno (Global Gallery, 3F), qui avaient la particularité d'avoir 7 doigts à chaque patte...

Le musée national d'Art occidental (National Museum of Western Art) 国立西洋美術館 *(plan IV, B2) : 7-7 Ueno-koen, Taito-ku. ☎ 5777-8600. • nmwa.go.jp/en • Gare JR Ueno 上野, sortie Park. Tlj sauf lun et fêtes de fin d'année 9h30-17h30 (20h ven-sam) ; dernière entrée 30 mn avt. Fermé 28 déc-1er janv. Entrée : 500 ¥ ; gratuit moins de 18 ans, plus de 65 ans et ts les 2e et 4e sam du mois pour la collection permanente.*

Ce grand bâtiment, construit en 1959 par Le Corbusier (en signe de réconciliation diplomatique franco-japonaise après la Seconde Guerre mondiale), a été classé fin 2007 Patrimoine national du Japon. Il propose une très riche collection d'œuvres allant de Bassano à Rodin et aux plus beaux impressionnistes (plus de Gauguin bretons ici qu'à Pont-Aven !). Les collections de ce musée n'auraient jamais vu le jour sans l'intuition de Kojiro Matsukata (1865-1950), 1er président de la compagnie maritime *Kawasaki Heavy Industries.* Son histoire n'est pas banale. Ce grand amateur japonais d'art étudia aux États-Unis et à la Sorbonne, il voyagea en Europe au début du XXe s. Fortuné, il acheta des œuvres d'art par centaines. Matsukata entreposa une partie (400 œuvres tout de même !) de ses collections à Paris avant la Seconde Guerre mondiale. Elles furent confiées à Léonce Bénédite, directeur du musée Rodin. Pendant la guerre, allié à l'Allemagne, le Japon est considéré comme ennemi de la France. Confisquées, les œuvres du riche armateur japonais deviennent alors propriété du gouvernement français, selon le traité de San Francisco signé en 1951. Finalement, 8 ans plus tard, la France décide de restituer la collection Matsukata au Japon (et non aux ayants droit du collectionneur !). Elle constitue le (très riche) fonds du musée national de l'Art occidental : les œuvres tournent et on n'est pas certain de voir toutes celles décrites dans ces lignes.
– À l'extérieur, nombreuses sculptures de Rodin dont une de ses œuvres majeures, la *Porte de l'Enfer.*
– *Rez-de-chaussée :* d'autres Rodin, dont le célèbre *Baiser.* D'inhabituelles *Roses* de Van Gogh, Paul Sérusier qui peint des Bretonnes « à la Gauguin ». Gauguin par ailleurs largement représenté. Une *Baigneuse* de Renoir. Chez les modernes, Max Ernst, Fernand Léger et Miro dont le disque rouge évoque opportunément l'actuel drapeau japonais ! De Picasso, un couple enlacé sans pudeur, qui ne cache en rien

les attributs masculins. De Van Dongen, une *Femme au turban* bien plus apaisée que sa voisine, la *Femme folle* de Soutine.

– *1er étage (École française) : La Siesta, Mémoire de l'Espagne* de Gustave Doré (assez méconnu comme peintre). Noter la judicieuse distribution de la lumière. Puis les *Parisiennes en costume algérien* de Renoir. Bonnard livre *Travailleurs,* un sujet inhabituel chez lui. De Gauguin, *Paysage de Bretagne* avec une touche à la Van Gogh (ce ne sont pas encore les aplats de couleurs). Puis Sisley, une salle complète consacrée à Monet, Gustave Moreau. De Gauguin encore, *Deux Bretonnes à la mer.* On adore *La Vague* de Gustave Courbet. Et on vous laisse découvrir par vous-même les Dufy, Pissarro, Daumier, Cézanne, Degas, Puvis de Chavanne, Millet, Delacroix, qui complètent cet ensemble d'œuvres majeures à ne surtout pas manquer !

***Le sanctuaire Toshogu** 東照宮 (plan IV, A2) : à l'ouest du parc. ☎ 3821-3455. ● uenotoshogu.com/en/ ● Gare JR Ueno 上野, sortie Park. Tlj 9h-17h30 (16h30 sept-mars). Parcours extérieur : 500 ¥ ; réduc. Le temple lui-même ne se visite pas, on ne peut le voir que depuis l'extérieur. Billet combiné avec le jardin Peony : 1 100 ¥ ; réduc.*

Ce temple exceptionnel est classé Trésor national. Restauré, il explose littéralement en éclatantes couleurs. Construit en 1627 en l'honneur du 1er shogun Tokugawa Ieyasu (sa sépulture est à Nikko), fondateur de la dynastie des Tokugawa, qui régnèrent sur le Japon pendant 250 ans, jusqu'en 1868.

Ce temple, l'un des rares de style chinois à Tokyo, est un vrai miraculé de l'histoire. Il a tout traversé quasiment intact : guerres, incendies, séismes. ***Porte d'entrée*** en granit du XVIIe s. Longue ***allée*** bordée de lanternes offertes par les daimyo (seigneurs) au shogun. À gauche, ***jardin des pivoines*** (floraison de janvier à mai). Ces fleurs sont très appréciées et vénérées au Japon (comme en Chine) car elles sont un symbole de richesse et d'honneur en raison de la forme de la fleur et de sa couleur rouge.

LA FLAMME D'HIROSHIMA

À l'entrée du temple Toshogu, la flamme d'Hiroshima et de Nagasaki brûle encore. Un rescapé, Tatsuo Yamamoto, recueillit lors du bombardement atomique de 1945 la flamme de la maison de son oncle qui brûlait et réussit à la conserver. En 1988, on la « fusionna » avec une flamme obtenue par frottement de tuiles de Nagasaki (à la façon de silex, toute une symbolique !). C'est elle qui brûle ici aujourd'hui.

Arrivée à la ***porte chinoise.*** Devant s'élèvent d'énormes lanternes de bronze aux toits tarabiscotés pour entretenir le feu. Noter le ***trèfle,*** emblème des Tokugawa. Sur la droite, le ***monument commémoratif d'Hiroshima.***

Sur le portail du mur d'enceinte (le *Karamon*), les sculptures (notamment les dragons) sont de Hidari-Jingoro, l'un des plus grands sculpteurs japonais. Il était gaucher (en japonais *hidari*). Ses œuvres sont si belles qu'on dit qu'elles s'échappaient la nuit (ou si appréciées que sûrement on les volait).

Avant de sortir, on retrouve sur les flancs du portail chinois du mur d'enceinte (côté intérieur) les mêmes fascinants dragons de Hidari.

– ***Jardin Peony*** 上野東照宮ぼたん苑 *: ouv seulement janv-fév 9h30-16h30 ; de mi-mars à mi-avr 9h30-17h30. Dernière entrée 30 mn avt. Entrée : 700 ¥ (1 100 ¥ avec le parcours extérieur du temple) ; réduc.* Jardin célèbre pour ses bonzaïs et ses pivoines. Ces dernières ont été bien des fois source d'inspiration de la poésie et de la littérature japonaises.

*** Kiyomizu Kannon-do*** 清水観音堂 *(plan IV, B3) : accès libre.* Une réplique en miniature du célèbre temple éponyme de Kyoto (XVIIe s). Sa déesse est réputée favoriser les maternités, et quand ça marche, les jeunes mamans reviennent lui offrir une petite poupée.

Le musée de Shitamachi 下町風俗資料館 *(plan IV, A-B3) : 2-1 Ueno-koen, Taito-ku. ☎ 3823-7451. Ⓜ Ueno-Okachimachi, lignes Hibiya ou Oedo* 上野御徒町駅 *(sortie C6). Depuis la sortie du métro, se diriger vers le lac et prendre à droite. Tlj sauf lun 9h30-16h30 (dernière entrée à 16h). Fermé fin déc. Entrée : 300 ¥ ; réduc ; ticket combiné avec le musée de Sculpture d'Asakura, musée des Douanes du centre-ville, le musée commémoratif d'Ichiyo, l'ancienne École de musique de Tokyo Sogakudo, le musée de la calligraphie : 1 000 ¥.*

Au sud du parc d'Ueno, sur les berges de l'étang de Shinobazu, ne pas rater ce délicieux petit musée qui retrace de façon intime et poétique la vie d'une rue du temps d'Edo. Le quartier de Shitamachi (qui signifie « ville basse »), au nord-est du château (palais impérial), accueillait alors artisans et marchands.

Ce musée présente les ***petits métiers,*** les coutumes des artisans et des marchands. Des ***intérieurs traditionnels*** ont été reconstitués. On remarquera la populaire « armoire escalier ». Visite de la boutique de la marchande de bonbons et du mini-atelier du forgeron. Dans le jeu des lumières bien mesurées, on s'y croit vraiment. Au 1er étage, témoignages du ***séisme de 1923,*** souvenirs divers, cartes postales anciennes, vieux objets, plans, livres, affiches, dessins, belles photos en noir et blanc... Tout un vieux quartier revit. Début janvier, célébration de la danse du Lion et démonstration d'Ukujo (peinture sur bois).

En sortant du musée de Shitamachi, en profiter pour goûter aux douces berges de l'***étang Shinobazu*** 不忍池. Divisé en 3 parties. Sur une presqu'île, le temple de *Benten* du XVIIe s. Le croiriez-vous, chaque année, des milliers d'oiseaux migrateurs en font une de leurs étapes... Romantique allée de cerisiers et éclosion des lotus d'août à septembre.

Au sud du parc d'Ueno se dresse une statue de ***Saigo Takamori*** (un petit homme replet avec son chien ; *plan IV, B3*). Ce samouraï (1827-1877) originaire de Kagoshima (Kyushu) aida à mettre fin au règne du shogun et installa l'empereur à Tokyo. En 1877, déçu de l'évolution trop moderniste de la société japonaise, inquiet de voir bafoué et aboli le rôle des samouraïs, il se révolta et mena une dernière bataille contre les troupes impériales. En raison de la vétusté de ses armes, il fut vaincu et se fit hara-kiri. Décapité ensuite, sa tête fut envoyée à Edo (Tokyo) comme preuve de la victoire des impériaux sur les rebelles. Pour la petite histoire, n'imaginez pas un jeune et fringant samouraï bondissant : Saigo Takamori était obèse et devait toujours se faire transporter en palanquin !

LE DERNIER SAMOURAÏ

Partisan de l'empereur, le samouraï Takamori (1828-1877) changea de point de vue et devint son pire ennemi. Il se replia à Kagoshima dans son fief, constitua une armée de 40 000 hommes et mena le dernier combat des samouraïs contre le pouvoir impérial. Cette guerre civile oubliée fit 15 000 morts et plus de 25 000 blessés. Par sa fin tragique, Saigo Takamori est devenu une légende. Son histoire a inspiré le film Le Dernier Samouraï *avec Tom Cruise incarnant un soldat américain qui se rallie à lui.*

Si vous avez encore le temps...

The University Art Museum (Tokyo University of The Arts) 東京芸術大学大学美術館 *(zoom Yanaka, A-B2) : 12-8 Ueno-koen, Taito-ku. ☎ 5525-2200. • geidai.ac.jp • Ⓜ Nezu* 根津駅*, ligne Chiyoda (sortie 1), prendre la Kototoi-dori, passer 2 feux ; au 3e, prendre à droite. Tlj sauf lun. Horaires et prix d'entrée selon expo.*

TOKYO

C'est d'abord une séduisante architecture contemporaine. Propose de remarquables expositions temporaires thématiques.

Ueno Royal Museum 上野の森美術館 *(plan IV, B3) : 1-2 Ueno-koen, Taito-ku. ☎ 3833-4191. • ueno-mori.org • Gare JR Ueno 上野, sortie Park. En période d'activité, tlj 10h-17h (dernière entrée à 16h30). Prix d'entrée selon expo.*
Pas de collection permanente, seulement quelques expos d'art moderne.

Le jardin zoologique d'Ueno (Ueno Zoological Gardens) 上野動物園 *(plan IV, A2) : 9-83 Ueno-koen, Taito-ku. ☎ 3828-5171. • tokyo-zoo.net • Gare JR Ueno 上野, sortie Park. Tlj sauf lun 9h30-17h (dernière admission à 16h). Fermé 29 déc-1er janv. Entrée : 600 ¥ (adultes) ; 300 ¥ (13-15 ans) ; réduc ; gratuit moins de 12 ans, le 20 mars (anniversaire de l'ouverture du zoo), le 4 mai (Jour de la nature) et le 1er oct (Jour des habitants de Tokyo).*

PANDA COCHON

Le panda était autrefois carnivore. À la période glaciaire, beaucoup d'animaux disparurent, et il dut se mettre à grignoter du bambou, très peu énergétique. Le panda passe aujourd'hui un temps fou à se nourrir. Quand il rentre à la maison, le soir, il est crevé et n'a que trop rarement le courage d'honorer sa compagne. Pour ne rien améliorer, la femelle panda n'est fertile qu'un ou deux jours par an. Un zoo chinois semble avoir trouvé la solution : le panda mâle a droit à 15 mn de film porno pour pandas chaque jour !

À l'ouest du parc, voici le plus vieux zoo du Japon (1882). Très populaire, et il peut y avoir foule le week-end. On y trouve de nombreuses espèces rarement visibles ailleurs. Entre autres, des éléphants d'Asie, des macaques japonais, des rhinocéros, des gorilles, et même le tigre de Sumatra et l'alligator de Floride. Sur 15 ha, pas moins de 2 600 animaux (464 espèces différentes). En prime, une belle pagode de 5 étages datant de 1631 (détruite par le feu et reconstruite)... Le 28 octobre 1972, le zoo accueillit 2 pandas géants offerts par la Chine en signe de réconciliation diplomatique entre les 2 pays. Kankan et Ranran firent la une des médias. Le 1er jour de leur présentation, les 2 pandas reçurent la visite de 56 000 Nippons. Hélas, le couple refusa de se reproduire. Un autre couple fut alors accueilli en 2011 : Ri Ri et Shin Shin, plus jeunes (âgés de 6 ans, ce qui équivaut à 20 ans chez les humains). Après plusieurs tentatives infructueuses, le couple a finalement donné naissance en 2017 à un bébé panda femelle, prénommée Xiang Xiang.
À propos, pour les amateurs de zoo, celui de Tama (à l'ouest de Tokyo) possède encore plus d'attraits. Situé dans 53 ha de campagne où l'on peut voir les lions de près à bord d'un bus, comme dans les safaris.

Le marché d'Ameya Yokocho アメヤ横丁 *(appelé aussi Ameyoko ; plan IV, B3) : Ueno 4-chome, Taito-ku. ☎ 3832-5053. • ameyoko.net • Gare JR Ueno 上野, ligne Yamanote (sortie Shinobazu).* Au sud de la gare d'Ueno, vers la station Okachimachi, très grand marché-rue, l'un des plus animés et colorés de Tokyo. Il se développa naturellement à l'issue de la dernière guerre autour de la gare d'Ueno, centre de tous les trafics du marché noir. Il n'y a que là, à l'époque, qu'on pouvait trouver du sucre (à des prix exorbitants). La guerre de Corée fut également l'occasion de vendre les surplus de l'armée américaine. Puis le marché s'institutionnalisa, des magasins ouvrirent sous les ponts, dans les arcades des voies de chemin de fer. En plus des fruits, légumes, algues, thés *yuzu, wasabi...* on y trouve vraiment de tout : épices les plus rares, nourriture séchée, vêtements, jeans et tee-shirts pas chers, en passant par toutes les variétés de quincaillerie et bimbeloterie imaginables... Idéal pour acheter les ustensiles pour cuisiner japonais au retour. En décembre, une foule de gens vient y acheter de quoi préparer les fêtes de fin d'année.

LES QUARTIERS DE YANAKA 谷中 ET DE NEZU 根津

● Zoom Yanaka *p. 140*

Au nord de Tokyo, miraculeusement rescapé du séisme de 1923 et des bombardements de 1945, Yanaka est une sorte d'oasis villageoise au cœur de la mégalopole. C'est l'antidote à l'overdose de modernité triomphante. Un quartier horizontal, un record de demeures en bois, entrecoupé de temples, sanctuaires et cimetières, celui du nord du quartier présentant un charme fou. Chaussez vos baskets (ou mieux, louez un vélo !) et partez à la découverte de paisibles jardins, de temples, de magasins aux vitrines désuètes, de vieux cafés. Quelques musées intimes apporteront une chaleureuse touche culturelle supplémentaire à cette balade. Quant au quartier de Nezu, discret voisin de Yanaka, on le découvre en redescendant au sud-ouest du parc Ueno.

Location de vélos : *Tokyobike Rentals, 4-2-39 Yanaka Taito-ku. ● tokyobikerentals.com ●*

Où dormir ?

De bon marché à prix moyens (de 6 000 à 15 000 ¥ / 50-125 €)

Sawanoya Ryokan 旅館澤の屋 *(zoom Yanaka, A2,* ***32****) : 2-3-11 Yanaka, Taito-ku. ☎ 3822-2251. ● sawanoya.com ● Ⓜ Nezu 根津, ligne Chiyoda (sortie 1). Prendre l'av. vers le nord, au 3e feu tourner à droite, c'est 200 m à droite. Doubles 10 600-11 670 ¥ ; petit déj en sus.* Petite auberge traditionnelle adorable fort bien située au cœur de Yanaka, offrant une authentique atmosphère familiale. Tout est prévu pour le confort des clients, sans toucher au côté intime et chaleureux des lieux. Chambres de style japonais (tatami, futons) avec AC et, bien sûr, le traditionnel *yukata* (youkaïdi !). Hormis pour 2 chambres, les sanitaires sont en commun et sur le palier, avec vue sur le petit jardin. Café ou thé offert. Laverie. Location de vélos. Une adresse remarquable.

Hanare – Marukoshi はなれ丸越荘 *(zoom Yanaka, A1,* ***34****) : 3-10-25 Yanaka, Taito-ku. ☎ 5834-7301. ● hanare.hagiso.jp ● Ⓜ Sendagi 千駄木, ligne Chiyoda (sortie 2 Dokanyama, puis 3 mn à pied), ou gare Nippori 日暮里, lignes Keisei ou JR Yamanote (sortie ouest, puis 10 mn à pied via la rue Yanaka Ginza). Réception au* Hagiso Cafe, *situé à 100 m au fond de la rue à gauche. Doubles env 10 750-12 000 ¥.* Une adresse à l'atmosphère japonaise, logée dans une ruelle tranquille. Il s'agit d'une ancienne maison âgée d'un demi-siècle, à la façade noire, restaurée dans les règles de l'art. Elle compte 5 chambres d'une douzaine de m² avec tatami, futons et sanitaires communs, lumineuses, d'une clarté presque immaculée. C'est sobre et charmant. Location de vélos.

Ryokan Katsutaro 旅館勝太郎 *(plan IV, A2,* ***33****) : 4-16-8 Ikenohata, Taito-ku. ☎ 3821-9808. ● katsutaro.com ● Ⓜ Nezu 根津, ligne Chiyoda (sortie 2). Prendre la rue face à la sortie sur env 300 m. Au carrefour en T, tourner à droite, c'est à 50 m sur la gauche. Résa conseillée (7 chambres seulement). Doubles sans ou avec sdb 7 000-10 560 ¥ ; pas de petit déj.* Petit hôtel tranquille dans une maison en bois de 2 étages dans un quartier à l'ambiance villageoise. Chambres sobres et impeccables, de style japonais. Les moins chères ont les sanitaires sur le palier,

TOKYO

mais clim pour tout le monde. Petit salon pour se préparer un café ou un thé, laverie. Ensemble fort bien tenu. Accueil familial.

De prix moyens à chic (de 10 000 à 25 000 ¥ / 83-208 €)

☗ ***Yamanaka Ryokan*** 山中旅館 *(plan IV, A2, **35**) : 4-23-1 Ikenohata, Taito-ku. ☎ 3821-4751. • kogetu.co.jp • info@ •kogetu.co.jp Ⓜ Nezu 根津, ligne Chiyoda (sortie 1, puis 5 mn à pied). À la sortie du métro, suivre Kototoi-dori 言問通り, puis prendre la 3e rue à droite ; le ryokan se trouve un peu plus loin sur la droite (entrée en bambou en retrait de la rue). Chambres simples avec dîner et petit déj 17 500-21 500 ¥ (4 000 ¥/pers supplémentaire).* Petit *ryokan* traditionnel, dans ce quartier tranquille juste au nord-ouest du parc d'Ueno. Chambres japonaises avec tatamis, vraiment simples mais impeccablement tenues. Petite table basse pour le thé et frigo dans la chambre. Excellent resto de cuisine chinoise sur place, pour les hôtes, au joli cadre intime où se prennent aussi les petits déj. On y parle peu l'anglais, voire pas du tout, on se débrouille sur place et pour réserver, l'adresse mail est bien utile (leur site internet est consacré au resto, rien sur le *ryokan*).

☗ ***Annex Katsutaro*** アネックス勝太郎旅館 *(zoom Yanaka, A1, **36**) : 3-8-4 Yanaka, Taito-ku. ☎ 3828-2500. • katsutaro.com • Ⓜ Sendagi 千駄木, ligne Chiyoda (sortie 2, puis 2 mn à pied), ou gare Nippori 日暮里, lignes Keisei ou JR Yamanote (sortie ouest, puis 10 mn à pied via Yanaka Ginza). Doubles 12 000-20 000 ¥ ; petit déj en sus.* Comme son nom l'indique, c'est l'annexe du *Ryokan Katsutaro.* Dans cet agréable quartier calme et résidentiel, maison en béton de 3 étages assez banale, mais le cadre intérieur est chaleureux. Une quinzaine de chambres de style japonais impeccables et confortables, avec tatamis, futons, salle de bains, AC, frigo, *yukata,* laverie, etc. Location de vélos.

Où manger ? Où boire un thé ?

De prix moyens à chic (de 1 500 à 6 500 ¥ / 12,50-54 €)

I●I ☕ ***Hagiso Cafe*** 萩荘カフェ *(zoom Yanaka, A1, **123**) : 3-10-25 Yanaka, Taito-ku. ☎ 5832-9808. Ⓜ Sendagi 千駄木, ligne Chiyoda (sortie 2) ou gare Nippori, lignes Keisei ou JR Yamanote (sortie ouest). Au bout de la rue, discrètement lové à son extrémité gauche. Tlj 8h-10h30, 12h-21h (dernière commande 30 mn avt). Prix moyens.* Située en face d'un petit square paisible, voilà une adresse séduisante aux multiples facettes. Les propriétaires, anciens étudiants à l'université des beaux-arts de Tokyo, ont aménagé une galerie d'art-salon de thé et resto où l'on a plaisir à se poser, à toute heure de la journée : sandwichs, snack, tapas, gâteaux pour caler un creux dans l'après-midi, plats cuisinés pour le dîner. Cadre moderne, sobre et chaleureux. Une adresse pleine de charme, idéale pour sentir l'âme du quartier.

I●I ***Hantei*** はん亭 *(plan IV, A2, **124**) : 2-12-15 Nezu, Bunkyo-ku. ☎ 3828-1440. Ⓜ Nezu 根津 (sortie 2). Depuis l'avenue, dans la ruelle après le fleuriste, le resto est dans la 1re maison de bois sombre sur la gauche. Tlj sauf lun 11h30-15h (dernière commande à 14h), 17h-23h (dernière commande à 22h). Rejoint la catégorie « Chic » le soir.* Au cœur du petit quartier d'Ikenohata, une maison en bois sur 2 étages, à l'architecture rare à Tokyo et très élégante. Atmosphère feutrée, service impeccable. Quelques tables dans un long couloir, mais surtout des salons à la japonaise. Ici, la grande spécialité, ce sont les *kushiages,* légumes sélectionnés avec soin (racine de gingembre, châtaignes, etc.), crevettes et poisson servis façon tempura. On y adjoint un *ochazuke* (algues délicatement découpées avec riz, sur lesquelles on verse

TOKYO

du thé chaud) et on finit par une glace au thé vert. Mon tout assez original, délicieux et bien moins cher que les *tempura* classiques.

Sasanoyuki 笹乃雪 *(plan IV, B1, **125**) : 2-15-10 Negishi, Taito-ku. ☎ 3873-1145. Gare JR Uguisudani 鶯谷, ligne Yamanote (sortie nord). À la sortie de la gare, prendre à gauche, puis rejoindre le grand boulevard, passer sous le pont autoroutier, puis sous celui pour piétons, c'est là, à gauche. Tlj sauf lun 11h30-20h. Menus à partir de 5 000 ¥ le soir.* Juste à l'est de Yanaka, une des adresses les plus anciennes, réputées pour le tofu. Appelée « cuisine des moines ». D'ailleurs, dès l'entrée, le décor austère et l'atmosphère quelque peu monastique donnent le ton. Pas de doute, nous sommes dans une vénérable maison. Tables basses, coussins et grande baie donnant sur une minicascade. Pour les tout-fous de tofu, 6 plats différents et, bien sûr, une glace au tofu. Pour les autres, possibilité de petit sashimi-salade, soupe, yakitori...

TOKYO

À voir. Achats

– Des bénévoles organisent des ***visites guidées gratuites*** du quartier en anglais. *Dim à 10h30 et 13h30. Arriver min 15 mn avt, rdv dans la cour du **Asakura Museum of Sculpture** 朝倉彫塑館 (zoom Yanaka, A1). Durée : 1h30.* L'occasion d'une balade dans le temps, au rythme indolent de ce quartier triplement miraculé en 1657, 1923 et 1945. Accès par la gare *JR* de Nippori ou le métro Sendagi. Tout se fait facilement à pied. C'est le quartier qui compte le plus de temples, pagodes et oratoires grâce au grand incendie de 1657. En effet, ayant échappé aux flammes qui détruisirent une grande partie d'Edo, Yanaka récupéra ainsi la reconstruction des temples disparus. Si vous avez le temps, comme les dévots japonais, vous pouvez effectuer le pèlerinage de 7 temples particuliers, qui apporte chance et bonheur aux pèlerins dans quasi tous les domaines. Mais il vaut bien mieux partir à leur rencontre au long des ruelles, au hasard, le nez au vent...

À l'ouest, petit itinéraire romantique et poétique...

Asakura Museum of Sculpture 朝倉彫塑館 *(zoom Yanaka, A1) : 7-18-10 Yanaka, Taito-ku. ☎ 3821-4549. Gare Nippori 日暮里, lignes Kesei ou JR Yamanote (sortie ouest). Monter la rue face à la sortie, puis 2e à gauche. Tlj sauf lun et jeu 9h30-16h30 (dernière entrée à 16h). Entrée : 500 ¥ ; réduc.* Aménagé dans une maison traditionnelle, ce musée rénové renferme l'univers de son ancien propriétaire, l'esthète, sculpteur et collectionneur Fumio Asakura (1883-1964). Nombreuses sculptures en bronze représentant des animaux (félins) et des humains. Joli jardin. Pour la visite, vérifiez que vous n'avez pas de trous à vos chaussettes !

➢ À la sortie du musée prendre à droite et revenir sur vos pas. Au bout de la rue, prendre à l'opposé de la gare, à gauche vers la petite rue ***Yanaka Ginza*** 谷中銀座 *(zoom Yanaka, A1, **294**).* Un large escalier, un portique, et vous arrivez à cette rue piétonne, bordée d'une soixantaine de boutiques proposant traditionnel tofu, friandises, thés, *geta* (les galoches de bois qui claquent), *ningyo* (poupées en bois) et quelques fringues plus contemporaines... Parvenu au bout de Yanaka Ginza, tournez à gauche jusqu'à ***Sansaki-zaka*** 三崎坂 (la rue partant du métro Sendagi) et remontez-la.

Un peu plus loin, à l'angle de la rue principale et d'une ruelle, la boutique ***Isetatsu*** いせ辰 *(zoom Yanaka, A1, **295** ; 2-18-9 Yanaka ; ☎ 3823-1453 ; tlj 10h-18h),* maison fondée en 1864. On peut y acheter les *chiyogami,* papiers de couleur ou ornés d'un décor traditionnel à partir d'une gravure sur bois, ou des *washi.* Van Gogh lui-même en utilisait pour son travail.

Cimetière de Yanaka Reien 谷中霊園 *(zoom Yanaka, A-B1) : accès depuis le sud du quartier ou depuis la gare de Nippori (prendre la passerelle à la sortie sud).* L'ensemble de 7 000 tombes dressées sur le plateau est romantique en diable... un jour de crachin ou lors de la floraison des cerisiers qui bordent l'allée-rue centrale. On y trouve la tombe du dernier shogun, Yoshinobu Tokugawa, et celle de l'écrivain Sôseki Natsume. Et au chapitre des points insolites pour un Occidental, le cimetière dispose de son propre *koban* (poste de police) et d'un terrain de jeux pour enfants.

Le temple Tenno-ji 天王寺 *(zoom Yanaka, A1) : 7-14-8 Yanaka, Taito-ku. Au sud de la gare de Nippori, jouxtant le cimetière au nord.* Pendant la période Edo, le temple était envahi par la foule des fidèles rêvant de gagner à la loterie. On y trouve, depuis 1690, un bouddha assis ressemblant à celui de Kamakura. Juste à côté, les restes d'une pagode à 5 étages.

Le temple de Jyomyoin 浄名院 *(zoom Yanaka, B1) : 2-6-4 Ueno-Sakuragi, Taito-ku. Au sud de la gare de Nippori, jouxtant le cimetière au sud. Tlj 9h-17h. GRATUIT.* Célèbre pour ses 84 000 *jizo,* statuettes en pierre offertes par les fidèles souhaitant voir se réaliser leurs vœux. Les *jizo* sont les déités nippones protectrices des enfants en bas âge, c'est la raison pour laquelle ces sculptures portent souvent une bavette rouge et un bonnet sur la tête. Ce sont aussi les petits dieux vénérés par les grands voyageurs. On vient prier ici pour guérir de certaines maladies respiratoires.

Shitamachi Museum Annex 下町博物館 *: 2-10-6 Uneo-Sakuragi, Taito-ku. Au sud du temple de Jyomyoin, prendre à droite Kototoi-dori. ☎ 3823-4408. Tlj sauf lun 9h30-16h30 ; fermé 29 déc-3 janv ; GRATUIT.* Belle et ancienne maison en bois d'un marchand de saké. On y vendait de l'alcool jusqu'en 1986. Demeure très typique de l'ère Meiji, même si les archives disent que l'endroit était une maison de saké depuis l'ère Edo. Boutique au rez-de-chaussée. D'ici, on n'est plus qu'à 10 mn à pied du parc d'Ueno.

Et à l'est...

Nippori Fabric Town 日暮里繊維街 *(zoom Yanaka, B1,* ***296****) : gare de Nippori 日暮里 lignes Keisei ou JR Yamanote (sortie est).* Rue entièrement dédiée aux boutiques de tissu, avec des créations modernes ou traditionnelles. La chaîne **Tomato** est réputée pour pratiquer des prix avantageux et possède plusieurs magasins dans la rue.

Le musée de la Calligraphie 書道博物館 *(zoom Yanaka, B1) : 2-10-4 Negishi, Taito-ku. ☎ 3872-2645. Gare JR Uguisudani 鶯谷, ligne Yamanote (sortie nord). Tlj sauf lun 9h30-16h30 (dernière entrée à 16h). Fermé 29 déc-3 janv. Entrée : 500 ¥ ; réduc. Audioguide en anglais (200 ¥).* Pour amoureux de la calligraphie essentiellement, car musée et présentation terriblement austères (et peu d'explications en anglais). Les collections proviennent d'un amateur fortuné : Fusetsu Nakamura. Expo de textes calligraphiés, dont certains remontent au IIIe s (plus de 1 300 ans d'âge). Quelques pierres lithographiques et stèles funéraires vieilles de 2 000 ans également.

LE QUARTIER D'ASAKUSA 浅草

• Asakusa (plan V) *p. 152-153* • Asakusa Nord (plan VI) *p. 157*

L'annonce vocale et tonique dans le métro ne dit pas Asakusa mais quelque chose comme « Asaxa ! » Ce nom signifie « herbes légères ». Un des quartiers

attachants de Tokyo, le cœur de l'ancienne *Shitamachi* (la ville basse). Il abrite le temple le plus célèbre de la ville, le *Senso-ji.* Jusqu'à la Seconde Guerre mondiale, c'était le quartier où l'on aimait sortir. Selon le journaliste Robert Guillain, qui passa plus de la moitié de sa vie au Japon, « à l'opposé du Tokyo moderne et occidental, on arrivait ici dans le Japon oriental et traditionnel, pas pressé, pas riche et aimé du petit peuple ». Prisé des provinciaux, c'était le quartier de Tokyo où l'on célébrait le plus de *matsuri* (fêtes). Le 1er cinéma de Tokyo, le 1er music-hall et le 1er strip-tease virent le jour à Asakusa. Pour les mâles, la virée à Asakusa se terminait souvent à Yoshiwara, tout proche, naguère le plus grand quartier de courtisanes du Japon.
Asakusa souffrit terriblement du tremblement de terre de 1923 et tout autant des bombardements de 1944-1945. Après 1945, le centre de gravité de la ville s'est déplacé et le quartier a perdu de son importance. Dans les années 1960, les jeunes trouvaient même Asakusa démodé.
Aujourd'hui, depuis la construction de la tour futuriste Skytree Tower (2012), incroyable flèche d'acier dressée sur la rive gauche de la rivière Sumida, Asakusa ajoute à son vieux temple et à ses boutiques surannées un nouveau symbole ultramoderne et vertigineux.
Certes, Asakusa a perdu son herbe légère, mais se balader dans ces rues commerçantes, y faire les boutiques raviront le visiteur d'un jour. Et c'est en tout cas un quartier capable d'offrir d'intéressantes adresses d'hébergements bon marché. Enfin, fidèle à sa vieille tradition festive, le 3e week-end de mai s'y déroule un formidable *matsuri* attirant des centaines de milliers de personnes.

Adresses utiles

i *Centre d'information touristique d'Asakusa (Asakusa Culture Tourist Information Center)* 浅草文化観光センター *(plan V, C2) : 2-18-9 Kaminarimon, Taito-ku. ☎ 3842-5566. • jnto.go.jp • Face à la porte Kaminarimon. Tlj 9h-20h.* On remarque d'abord l'architecture admirable de Kengo Kuma, concepteur de cet immeuble qui représente 8 « maisons » superposées, en bois et en verre. Du 8e étage, superbe vue sur le quartier. Personnel serviable et accueillant (un pléonasme au Japon !). À l'intérieur, grande maquette d'Asakusa. Cafétéria sur place.

■ ***Change :*** comptoir de ***Sakura Exchange*** dans la station de métro Asakusa au niveau des accès à la ligne *Tobu Skytree (tlj 10h-20h).*

Location de bicyclettes *(plan V, D2) : au parking* ***Sumida Park Bicycle*** 隅田公園自転車駐輪場*, en contrebas du pont Azuma (Azuma-bashi), près de Tokyo Water Cruise* 東京都観光汽船*. ☎ 3841-4031. Tlj 6h-20h30. Compter 300 ¥ pour 24h.* Passeport et carte de visite de votre hôtel nécessaires, pas de caution demandée. Le casque n'est pas fourni. Ce sont des vélos classiques. Une bonne option pour découvrir Asakusa, qui est un quartier horizontal.

Où dormir ?

À Asakusa

De très bon marché à bon marché (moins 10 000 ¥ / 83 €)

Mustard Hotel Asakusa マスタードホテル浅草 *(plan V, C3,* ***37****) : 2-13-1, Kaminarimon, Taito-ku. ☎ 5830-8031. • mustardhotel.com/asakusa1/ • Ⓜ Asakusa* 浅草*, ligne Ginza (sortie 2) ou ligne Toei Asakusa (sortie A4). Lit à partir de 3 000 ¥ ; petit déj inclus.* Un *hostel* clair proposant une grosse centaine de lits superposés, répartis en dortoirs mixtes de 6. Bien équipés et clairs. Également des dortoirs de 4 que l'on peut privatiser (au prix unique

Adresse utile

Centre d'information touristique d'Asakusa (C2)

Où dormir ?

37 Mustard Hotel Asakusa (C3)
38 Kin Hotel (A2)
39 Backpackers Hostel K's House (hors plan par C3)
40 Bunka Hostel (B2)
41 K's House Tokyo Oasis (C1)
42 Plat Hostel Keikyu Asakusa Station (B2)
43 Hostel Chapter Two (C3)
44 Sakura Hostel (C1)
45 Hotel Gracery Asakusa (C3)

TOKYO – Asakusa (Plan V)

46 Sunroute Asakusa (B2-3)
47 Ryokan Shigetsu (C2)
48 The Gate Hotel (C2)
49 Sadachiyo Sukeroku-no-yado (B-C1)
57 Wired Hotel (C1)

Où manger ?

127 Unatoto (D2)
128 Magurobito (C2)
129 Tsurujirou (C2)
130 Tsukiji Sushi Sen (C2)
131 Komagata Dozeu (C3)

Où boire un verre ?

228 Kamiya Bar (C2)
229 Dog Dept Cafe (C3)

de 4 occupants) : cher pour un couple, seuls les groupes de 4 s'y retrouveront. Dans tous les cas, toilettes et salles de bains sont à partager. Attention, les prix fluctuent fortement selon les jours et périodes.

Backpackers Hostel K's House ケイズハウス *(hors plan V par C3,* ***39****) : 3-20-10 Kuramae, Taito-ku. ☎ 5833-0555. • kshouse.jp/tokyo-e/index.html • Ⓜ Kuramae 蔵前, lignes Oedo (sortie A6, puis 2 mn à pied) et Asakusa (sortie A2 puis prendre à droite). Dortoirs (4-8 lits) 2 300-3 500 ¥, doubles avec sdb 7 200-8 500 ¥ ; sanitaires communs.* *Hostel* récent et confortable offrant une grande variété de couchages, en dortoirs de 4-8 personnes, en chambres doubles avec grand lit ou lits superposés. Également des simples et une familiale (salle de bains privée). Faites votre choix. Clim partout, cuisine équipée, très agréable salle commune (avec café et thé à volonté). Petits casiers (apporter son cadenas). Prix fluctuant beaucoup selon les jours de la semaine et périodes de l'année.

Bunka Hostel ブンカホステル *(plan V, B2,* ***40****) : 1-13-5 Asakusa, Taito-ku. ☎ 5806-3444. • bunkahostel.jp • Ⓜ Asakusa 浅草, lignes Toei Asakusa (sortie A2b) et Ginza (sortie 1), et Tawaramachi 田原町, ligne Ginza (sortie 3), puis 5 mn à pied. Lits en dortoir 3 000-5 000 ¥ ; pas de double mais 1 familiale ; petit déj en sus.* Une auberge de jeunesse récente, à l'architecture moderne et à la déco lookée (béton ciré, bois blond, imitation parpaings peints en blanc). On entre par le resto que l'on aperçoit depuis la rue à travers une grande baie vitrée. Les dortoirs de 8 à 32 lits, aménagés sur le principe de cellules en bois (avec rideau), se répartissent sur 5 étages (l'un est réservé aux filles). Clim, sanitaires communs et cuisine à disposition au dernier étage (on peut se préparer le petit déj). Excellent accueil. Fait resto, le soir seulement.

K's House Tokyo Oasis ケイズハウス東京オアシス *(plan V, C1,* ***41****) : 2-14-10 Asakusa, Taito-ku. ☎ 3844-4447. • kshouse.jp/tokyo-oasis-j/index.html • Ⓜ Asakusa 浅草, lignes Ginza (sortie 1, puis 10 mn de marche), Asakusa (sortie A4, puis 10 mn de marche) ou Tawaramachi 田原町, ligne Ginza (sortie 3, puis 10 mn de marche). Lits en dortoir 2 750-3 500 ¥ ; doubles avec sdb 9 200-10 500 ¥.* Une auberge de jeunesse très bien située et tenue avec soin. Clim partout, douche et w-c dans les chambres de style japonais ou occidental et sanitaires communs en nombre pour les dortoirs de 4-5 personnes. Cuisine à disposition, frigo dans certaines chambres, laverie, coin salon, informations sur le quartier...

Plat Hostel Keikyu Asakusa Station アンドホステル 浅草ノース *(plan V, B2,* ***42****) : 2-17-11 Nishiasakusa, Taito-ku. ☎ 5811-1607. • andhostel.jp/asakusastation/ • Ⓜ Tawaramashi 田原町 ligne Ginza (sortie 4, puis 10 mn à pied). Lit 1 800-4 500 ¥ ; doubles 5 000-10 000 ¥ ; pas de petit déj.* Un *hostel* un peu excentré mais qui reste dans la course. Un bâtiment tout étroit, récent et jouant la carte du décor dépouillé. Des lits en dortoirs mixtes de 12 personnes. Mais le top, c'est l'aspect hi-tech de certaines doubles (lits superposés ou au sol) disposant d'une commande pour une gestion domotique de votre chambre (jeux de lumière, ouverture des rideaux, réveille-matin...) et offrant aussi des informations touristiques. Un gadget, qui vous plonge dans le XXIIe s. Amusant. Assurez-vous toutefois à la résa que ce service soit bien en fonction.

Hostel Chapter Two ホステルチャプターツー *(plan V, C3,* ***43****) : 2-1-6 Kaminarimon. ☎ 6802-7552. • hostel-chaptertwo.com • Ⓜ Asakusa 浅草, ligne Toei Asakusa (sorties A4 ou A2b), ligne Ginza (sortie 4), puis 2-3 mn à pied. Lit en dortoir 3 200 ¥ ; double 9 000 ¥ ; familiales (4-5 pers) ; pas de petit déj.* Située dans une petite rue entre le pont Azuma et le pont Komagata, l'auberge propose une gamme complète d'hébergements. Certaines chambres possèdent une vue sur la rivière, parfois un balcon. Et cerise sur le *mochi,* une petite terrasse, ainsi qu'un *rooftop* donnant sur la Tokyo Skytree Tower et la rivière.

Sakura Hostel サクラホステル *(plan V, C1,* ***44****) : 2-24-2 Asakusa, Taito-ku. ☎ 3847-8111. • sakura-hotel.co.jp/asakusa • Ⓜ Asakusa 浅*

草, lignes Ginza (sortie 1, puis 10 mn de marche), Asakusa (sortie A4, puis 10 mn de marche) ou Tawaramachi 田原町, ligne Ginza (sortie 3, puis 10 mn de marche), Asakusa line (exit A2 ; direct de l'aéroport de Narita). Réception 24h/24. En dortoir (mixte ou pas), 1 500-3 000 ¥ ; double 8 500 ¥ ; chambres 4-8 pers ; petit déj inclus. Une bâtisse en béton, à la façade rose, dans un quartier calme (à 2 pas du temple Senso-ji) et juste derrière l'*Amusement Park*. L'une des plus grandes AJ de Tokyo (env 150 places). Propre et confortable. Dortoirs de 6 à 8 lits avec clim, casier avec cadenas... Les chambres pour 2, au 6e étage, offrent une vue sur la Skytree Tower. Sanitaires communs. Salle commune chaleureuse, sur laquelle donne une petite cuisine équipée. Dans son prolongement, petite terrasse sur la ruelle calme. Snack, automate de change de billets, nombreuses animations hebdomadaires (cuisine, jogging...).

Voir aussi **Kin Hotel,** ci-dessous.

De prix moyens à chic (de 10 000 à 25 000 ¥ / 83-208 €)

Kin Hotel 日今ホテル *(plan V, A2, **38**) : 2-3-2 Matsugaya Taito-ku. ☎ 5539-8963. • kin-hotel.jp/ • Doubles 6 800-15 000 ¥. Check out à 10h.* Récemment ouvert, l'hôtel offre de petites chambres – lits accolés au mur – de style japonais ou occidental. Mais l'ensemble reste d'un bon rapport qualité-prix. En revanche, n'y faites pas escale si vous avez beaucoup de bagages ou si vous êtes 3, on n'est pas vraiment au large dans les chambres ! Tout en haut, un bain chaud extérieur (non mixte).

Wired Hotel *(plan V, C1, **57**) : 2-16-2 Asakusa, Taito-ku. ☎ 5830-7931. Ⓜ Asakusa 浅草 (sortie A2). • wiredhotel.com • Doubles 14 000-35 000 ¥. Prix plus élevés le w-e qu'en sem.* Une fois la porte poussée, on arrive sur un convivial espace lobby, aux murs et sol en béton brut, prolongé par un bar. Tout y est à la fois contemporain et chaleureux. Côté chambres, le bois blond domine. Dans les plus petites, le lit est accolé au mur. Certaines chambres sont prolongées par un large balcon qui offre une vue bien dégagée, et une, sous les toits, ouvre carrément sur une magnifique terrasse.

Hotel Gracery Asakusa ホテルグレイスリー浅草 *(plan V, C3, **45**) : 2-10-2 Kaminarimon, Taito-ku. ☎ 6632-8981. • gracery.com/asakusa/ • Ⓜ Tawaramachi 田原町, ligne Ginza (sortie 3). Ⓜ Asakusa 浅草 (sortie 8) ou Tawaramachi, ligne Ginza (sortie 3, puis 8 mn de marche). Doubles 14 000-17 500 ¥ ; petit déj en sus.* Hôtel de bon standing établi dans une tour et dont les étages élevés bénéficient d'une belle vue sur le quartier. Chambres plutôt grandes (certaines plus que d'autres), bien équipées avec petit bureau, fauteuil, et sobrement décorées, juste quelques touches discrètes de couleur. L'ensemble est récent et entretenu au millimètre.

Sunroute Asakusa サンルート浅草 *(plan V, B2-3, **46**) : 1-8-5 Kaminarimon, Taito-ku. ☎ 3847-1511. • sunroute-asakusa.co.jp • Ⓜ Tawaramachi 田原町, ligne Ginza (sortie 3). ♿ À 3 mn à pied ; remonter Kokusai-dori, l'hôtel se trouve dans le 3e pâté de maisons sur la droite. Doubles à partir de 21 600 ¥ ; petit déj en sus.* Hôtel appartenant à une chaîne japonaise. Près de 170 chambres sur une dizaine d'étages, au confort moderne. Déco formatée et passe-partout. Du fonctionnel avant tout (on se sent tout de même un peu à l'étroit dans les moins chères, et le hall est un peu froid).

Ryokan Shigetsu 旅館浅草指月 *(plan V, C2, **47**) : 1-31-11 Asakusa, Taito-ku. ☎ 3843-2345. • shigetsu.com • Ⓜ Asakusa 浅草, lignes Ginza (sortie 1) et Toei Asakusa (sortie A4). À 5 mn à pied. Doubles 17 000-20 000 ¥ ; petit déj en sus, un peu cher.* Emplacement remarquable dans une petite rue proche des temples, mais néanmoins à l'écart de l'animation touristique. Ce *ryokan* abrite d'élégantes chambres de style japonais (seule une *single* est de style européen). On s'y sent bien. Les chambres standard sont toutefois un peu petites. *Onsen* donnant sur la pagode à 5 étages. Accueil avec quelques mots d'anglais.

De chic à plus chic (de 25 000 à 35 000 ¥ / 208-292 €)

The Gate Hotel ザ ゲートホテル *(plan V, C2,* ***48****) : 2-16-11 Kaminarimon.* ☎ *5826-3877.* • *gate-hotel.jp* • Ⓜ *Asakusa* 浅草*, lignes Ginza (sortie 2) et Toei Asakusa (sortie A4), puis 4 mn de marche. Réception au niveau 13F. Doubles 12 200-35 000 ¥ ; petit déj en sus.* Un hôtel moderne à 2 pas de la porte Kaminarimon. À ce prix-là, les chambres sont forcément impeccables, très confortables, la literie excellente. Le grand atout de l'hôtel, c'est la vue imprenable sur le quartier et la Skytree Tower depuis le bar-restaurant (prix musclés), la terrasse et certaines chambres (les plus chères, forcément). Toutefois, les « Modest » peuvent s'avérer d'un excellent rapport qualité-prix.

Sadachiyo Sukeroku-no-yado 助六の宿貞千代 *(plan V, B-C1,* ***49****) : 2-20-1 Asakusa, Taito-ku.* ☎ *3842-6431.* • *sadachiyo.co.jp* • Ⓜ *Tawaramachi* 田原町*, lignes Ginza (sortie 3) et Toei Asakusa (sortie A4) ; puis 10 mn de marche. Doubles 20 000-29 200 ¥ ; petit déj (japonais) en sus. Chambres familiales.* Hôtel dans la grande tradition japonaise, avec une jolie façade en bois sculpté et un accueil en kimono, dans un décor austère mais qui a de l'allure. Intérieur cosy, coquet, raffiné et charmant. Une vingtaine de chambres de 2 types avec tatamis (suivant la taille). Élégant, mobilier ancien, murs décorés de peintures de la période Edo. 2 bains, l'un en cyprès, l'autre en marbre noir... Un vrai dépaysement, tout est raffinement. Une excellente adresse. Sert également des repas le soir.

Au nord d'Asakusa

Entre la partie touristique d'Asakusa et la gare de Minami-Senju s'étend un quartier calme et populaire à l'habitat horizontal. Des hôtels destinés à des travailleurs célibataires s'étirent autour de Yosino-dori. Ils reçoivent aussi les routards prêts à s'excentrer de l'animation. Une bonne alternative pour les budgets serrés si tout est complet ailleurs.

*– **Accès :** Ⓜ Minami-Senju* 南千住*, ligne Hibiya et JR Joban (sortie 3 ou sortie sud). Prendre à gauche l'escalier qui mène au pont piéton surplombant les voies. Traverser, on arrive sur Yosino-dori. Compter 5-10 mn depuis la gare. Le bus n° 42 depuis la gare de Ueno (Yaesu Bus Terminal), s'arrête sur l'av.*

De très bon marché à bon marché (moins de 10 000 ¥ / 83 €)

New Koyo ニュー紅陽 *(plan VI, B1,* ***50****) : 2-26-13 Nihonzutsumi, Taito-ku.* ☎ *3873-0343.* • *newkoyo.jp* • *En retrait de Meiji-dori. Single minuscule 2 900 ¥ ; double 5 200 ¥ ; pas de petit déj.* Exemple typique d'hôtel pour ouvriers reconverti en hôtel routard. L'un des moins chers de Tokyo ! Environ 80 chambres de style japonais ou européen (les doubles sont en fait des semi-doubles équipées de lits en 120 cm de large) auxquelles on accède par des portes en fer qui font un peu cellule de prison ! Malgré tout, l'endroit reste sympa. TV partout, clim, sanitaires communs. Coin laverie et cuisine équipée *(payant)*. Location de vélos.

Palace Japan パレスジャパン *(plan VI, B1,* ***51****) : 2-31-6, Kiyokawa, Taito-ku.* ☎ *6458-1540.* • *palace-japan.com* • *Sur Yoshino-dori. Lit en dortoir 3 600 ¥ ; double (lits superposés) 7 200 ¥ ; sdb communes ; pas de petit déj.* L'établissement n'a rien d'un palace mais il conviendra parfaitement aux budgets serrés. Une soixantaine de chambres réparties en dortoirs de 4 à 6 personnes, *singles* et doubles, mon tout d'une propreté méticuleuse. Chambres petites, bien sûr, mais bon confort global (clim, excellente literie, frigo). Cuisine équipée et une kitchenette par étage, laverie. Sanitaires communs nickel. Un étage est réservé aux femmes. Accueil attentionné. Dans le genre, une de nos meilleures adresses.

Juyoh Hotel ホテル寿陽 *(plan VI, B1,* ***52****) : 2-15-3 Kiyokawa, Taito-ku.*

TOKYO – Asakusa Nord (Plan VI)

Où dormir ?

50 New Koyo (B1)
51 Palace Japan (B1)
52 Juyoh Hotel (B1)
53 Hostel Bedgasm (A2)
54 Andon Ryokan (B1)
55 Sakura Ryokan (A2)
56 The Edo Sakura (A2)

Où manger ?

132 Kanoya (B1)
133 Nibiki (A2)

☎ 3875-5362. • juyoh.co.jp • Sur Yoshino-dori. Single env 3 500 ¥ ; double 7 000 ¥ ; pas de petit déj. Encore un hôtel pour employés. Aucun charme, mais une soixantaine de chambres de style japonais ou *twin room* plus classiques, dans l'ensemble bien tenues. *Singles* minuscules. Sanitaires communs, clim, coin cuisine et lave-linge.

Hostel Bedgasm ホステル ベッドガズム *(plan VI, A2, **53**) : 2-29-2 Iriya, Taito-ku. 70-4075-4289. • info@hostelbedgasm.com • Ⓜ Iriya 入谷, ligne Hibiya (sortie 3). Lits 3 000-3 500 ¥. Doubles 8 000-10 000 ¥ ; pas de petit déj.* La devise de la maison c'est « Carpe diem »... tout un programme. Petite AJ privée proposant des dortoirs de 8-10 lits et des petites chambres avec salle de bains privée. Déco privilégiant le contre-plaqué brut, un rien minimaliste. L'accueil ne l'est pas, lui. Et l'ambiance s'anime vite au bar du rez-de-chaussée où tout le monde se retrouve. Ambiance tout juste trentenaire.

Sakura Ryokan 桜旅館 *(plan VI, A2, **55**) : 2-6-2 Iriya, Taito-ku. ☎ 3876-8118. • sakura-ryokan.com • Ⓜ Iriya*

入谷, ligne Hibiya (sortie 1). Aller vers la Kappabashi-dori, c'est au 4e feu à gauche. Doubles sans ou avec sdb 4 800-5 900 ¥ ; petit déj en sus. Chambres à la japonaise (tatami, futon, *yukata*) ou à l'européenne, au choix. Certaines plus grandes que la moyenne. Tenu par un couple de retraités. Du classique, du solide. Ne vous fiez pas au site traduit en français, les sourires seront votre principal mode de communication.

De prix moyens à chic (de 10 000 à 25 000 ¥ / 83-208 €)

Andon Ryokan 行燈旅館 *(plan VI, B1,* ***54****) : 2-34-10 Nihonzutsumi, Taito-ku. ☎ 38 73-8611. • andon.co.jp • Ⓜ Minowa 三ノ輪, ligne Hibiya (sorties 1A ou 3A). Doubles 7 000-12 400 ¥ ; petit déj en sus. Sanitaires communs.* Voici un *ryokan* vraiment atypique et un vrai coup de cœur. Il a réussi à se constituer une clientèle un peu intello, un peu bohème, grâce à la qualité du cadre et de l'accueil (l'un des hôtels favoris des équipes de cinéma à petit budget, des artistes...). De nuit, lorsqu'on s'approche de l'hôtel, il apparaît comme une sorte de lanterne japonaise traditionnelle, celle qui accueillait les voyageurs perdus dans la campagne du temps d'Edo. À l'intérieur, le décor est un subtil et harmonieux mélange de design, de meubles et de beaux objets anciens. À chaque saison, le décor change. Jacuzzi commun. Terrasse sur le toit et vue sur la Skytree Tower. Vraiment chouette atmosphère et accueil hors pair (bons tuyaux sur le coin).

The Edo Sakura 江戸桜 *(plan VI, A2,* ***56****) : 3-2-13 Shitaya, Taito-ku. ☎ 5808-1730. • tokyoedosakura.com • Ⓜ Iriya 入谷, ligne Hibiya (sortie 4). À la sortie du métro, suivre la Showa-dori en direction de Minowa, puis 2e à gauche et 1re à droite. Doubles avec sdb 14 000-17 000 ¥ ; petit déj en sus.* Un hôtel récent et plaisant qui propose des chambres très confortables, ce dès les « standard » (frigo, coffre, clim). Les moins chères avec des lits à l'occidentale, les autres à la japonaise (futons et tatami). Les salles de bains ne sont pas bien grandes (c'est le lot de la plupart des hôtels à Tokyo !). À l'entrée, salle commune où l'on peut se poser en journée, salle pour la cérémonie matinale du thé, petits jardins japonais derrière des vitres (pour la déco !). Il y a un petit charme qui opère. Un rapport qualité-prix-situation honnête.

Où manger ?

À Asakusa

Bon marché (moins de 1 500 ¥ / 12,50 €)

Unatoto 宇奈とと *(plan V, D2,* ***127****) : 1-5-2 Hanakawado, Taito-ku. ☎ 3842-6969. Ⓜ Asakusa 浅草, lignes Ginza (sortie 1) et Asakusa (sortie A4). À côté du Starbucks Coffee. Tlj 11h-22h.* Petite cantine appartenant à une chaîne spécialisée dans l'anguille *(unagi)*. Un comptoir en bois ouvre sur la rue. Dans la salle, des serveurs aux fronts ceints d'un foulard noir. Pour les amateurs d'anguille grillée au charbon de bois, c'est ici qu'il faut venir. D'autres bonnes déclinaisons comme l'*usaku* (anguille aux concombres vinaigrés), l'*umameshi*, l'*unatamadon*, l'*unatorodon...*

Prix moyens (de 1 500 à 3 500 ¥ / 12,50-29 €)

Magurobito まぐろ人 *(plan V, C2,* ***128****) : 1-21-8 Asakusa, Taito-ku. ☎ 5828-5838. Ⓜ Asakusa 浅草, lignes Ginza (sortie 1) et Asakusa (sortie A4). En venant d'Orange-dori, c'est la 6e boutique à droite dans une galerie couverte. Tlj 11h30-22h.* Cadre agréable. On y sert des sushis sur le traditionnel tapis roulant, mais c'est un peu plus chic et cher que les fast-foods de sushis habituels. La qualité est au bout des baguettes.

I●I ***Tsurujirou*** つる次郎 *(plan V, C2,* ***129****) : 1F, 1-20-8 Asakusa, Taito-ku. ☎ 5755-5888. Ⓜ Asakusa 浅草 (sortie 1). Tlj 11h30-22h (21h dim ; coupure 15h-17h en sem).* C'est ici que se dégustent les *okonomiyaki,* spécialité oscillant entre l'omelette, la crêpe et les pommes paillasson. On se la prépare soi-même sur sa plaque individuelle, une fois les ingrédients choisis. C'est divertissant ! Et si on ne se sent pas doué(e), on le signale dès l'entrée (ce qui peut éviter de l'attente pour avoir une table équipée de sa propre plaque chauffante) et les cuistots se chargeront de la préparation sous vos yeux.

I●I ***Tsukiji Sushi Sen*** 築地すし鮮 *(plan V, C2,* ***130****) : 2-16-9 Asakusa. ☎ 5830-1020. Ⓜ Asakusa 浅草, lignes Ginza (sortie 1) et Asakusa (sortie A4). Près de la porte Kaminarimon, à gauche du Starbucks Coffee ; 4 lampions suspendus à l'extérieur. Ouv 24h/24.* Chaîne de restos spécialisés dans les traditionnels sushis et makis. Assez cher, mais tout est frais et savoureux. Le grand comptoir en bois accueille employés et habitués.

Chic (de 3 500 à 6 500 ¥ / 29-54 €)

I●I ***Komagata Dozeu*** 駒形どぜう *(plan V, C3,* ***131****) : 1-7-12 Komagata, Taito-ku. ☎ 3842-4001. Ⓜ Asakusa 浅草 (sortie A1). Tlj 11h-21h. Dans le haut de la fourchette.* Cadre chaleureux de maison japonaise, serveuses en *yukata,* tatami, coussins et tables basses (on enlève ses chaussures). Découvrez la grande spécialité : le *dozu jiru,* une délicieuse fondue de loches (de la famille des anguilles), cuites au charbon de bois dans une petite marmite individuelle. Accompagné d'une omelette à nouveau aux loches, de riz et poireaux émincés, de petits oignons frais et d'une soupe. Bien entendu, possibilité de commander à la carte d'autres bons plats maison : le *dozu nabe,* le *yanagawa,* le sashimi de carpe... Un sympathique et délicieux petit rituel culinaire. Une institution locale.

Au nord d'Asakusa

Prix moyens (1 500-3 500 ¥ / 12,50-29 €)

I●I ***Kanoya*** かのや *(plan VI, B1,* ***132****) : 2-39-6 Minowa, Taito-ku. ☎ 3872-8727. Ⓜ Minowa 三ノ輪 (sorties 1A ou 3A). Au croisement de Meiji-dori et de Dote-dori. Tlj 11h30-14h30, 17h-21h.* Petite adresse qui intéressera ceux qui résident dans le coin. Clientèle essentiellement locale. Atmosphère douillette pour une cuisine du patron simple et bonne. Quelques plats réguliers : le *kanoya udon* (tempura de légumes), le *tempura udon* avec crevettes, le porc et oignons, le *shrimp zozui...*

Chic (de 3 500 à 6 500 ¥ / 29-54 €)

I●I ***Nibiki*** にびき *(plan VI, A2,* ***133****) : 3-3-7 Shitaya, Taito-ku. ☎ 3872-6250. Ⓜ Iriya 入谷 (sortie 4). Au bord de Kanasuji-dori ; façade avec enseigne en plastique et un fugu stylisé gravé dans le bois d'un tronc au-dessus de la porte. Tlj 18h-21h30. Résa conseillée.* Dans le quartier de Negishi, une adresse un peu secrète pour l'un des meilleurs fugus (poisson-globe) de la ville. Chaleureuse salle à manger typiquement japonaise, au point qu'on a vraiment l'impression de dîner dans l'appartement de la patronne. Absolument charmante, mais gardez-vous d'appuyer le regard, le patron est un ancien lutteur de sumo.

TOKYO

Où boire un verre ?

🍷 ***Kamiya Bar*** 神谷バー *(plan V, C2,* ***228****) : 1-1-1 Asakusa. ☎ 3841-5400. À l'intersection des bd Kaminarimon et Edo-dori. Tlj sauf mar 11h30-22h (dernière commande à 21h30).* Ce bar est l'un des plus vieux troquets d'Asakusa, grand rendez-vous des familles. Au rez-de-chaussée, un comptoir ouvre sur la rue pour les consommateurs, et à l'intérieur une salle patinée par le temps, où la déco n'a pas changé depuis des lustres. Fondé à la fin du XIXe s, *Kamiya* est une institution tokyoïte qui a traversé les turpitudes de l'histoire. La spécialité de la maison, c'est le *Denki Bran (Electric Brandy)*, une sorte de mélange japonais de vin, de gin et de cognac.

Dog Dept Cafe 浅草隅田川テラス店 *(plan V, C3,* ***229****) : 2F, 2-1-30 Asakusa. Dans la ruelle entre l'av. Edo-dori et la rivière. Tlj 11h30-22h (dim 21h) ; dernière commande 1h avt.* Café où viennent socialiser les chiens du quartier (et leurs maîtres !). Si vous arrivez sans toutou, vous pourrez toujours apprécier la vue dominant la rivière Sumida, la Flamme d'Or et la Skytree Tower en dégustant votre thé glacé ou quelques tapas maison.

Achats

Kappabashi-dori 合羽橋通り *(plan V, A-B1-2-3) : Nishi-Asakusa.* Ⓜ *Tawaramachi* 田原町*, ligne Ginza (sortie 1). Magasins ouv tlj, peu le dim 10h-18h30.* À l'ouest d'Asakusa s'étend cette rue exclusivement consacrée aux matériels et ustensiles de cuisine. C'est ici que les restaurateurs viennent se fournir, dans près de 230 boutiques, à prix de grossistes mais aussi ouvertes aux particuliers. Le choix est énorme. Ne pas manquer notamment ***Dengama*** 田窯 *(croisement Kappabashi et Asakusa-dori ; ouv 10h-19h),* choix immense ! On y trouve de tout. C'est là que vous achèterez votre *mihon,* ce fameux plat factice en résine colorée que l'on voit dans toutes les vitrines des restos. Vous renouvellerez aussi vos couteaux à sashimi. Et pour vos baguettes, ***Ha-shitou Honten*** はし藤本店 *(sur la droite en venant de Asakusa-dori ; tlj sauf dim et j. fériés 9h-17h).* On en trouve pour tous les goûts, à tous les prix et certaines sont vraiment très belles !

À voir

– Des bénévoles organisent des ***visites guidées gratuites*** du quartier en anglais. *Lun, jeu, sam et dim à 10h30 et 13h15. Arriver min 15 mn avt, rdv dans le hall de l'office du tourisme (plan V, C2). Durée : 1h30.*

La porte de Kaminarimon 雷門 *(plan V, C2) : 2-3-1 Asakusa, Taito-ku.* Ⓜ *Asakusa* 浅草*, lignes Asakusa et Ginza (sorties 1, ou A4).* Cette porte du dieu du Tonnerre protège l'accès du célèbre temple Senso-ji. La carte postale la plus représentative du quartier et la photo la plus prisée des visiteurs. Reconnaissable à son énorme lanterne qui figurait déjà sur une des estampes de Hiroshige dans sa série « Cent vues d'Edo ». C'est probablement le seul paysage urbain de cette série qu'on pourrait retrouver aujourd'hui à peu près intact. De part et d'autre de cette grande porte, les dieux du Tonnerre et du Vent. C'est devant cette porte que circulent les « néorickshaws », ces p'tits jeunes musclés et bavards qui se proposent de promener les touristes en *jinrikisha* (cyclopousse). Attention, assez cher !

L'allée Nakamise-dori 仲見世通り *(plan V, C2-3) :* longue allée bordée de boutiques de souvenirs, jouets, kimonos, poupées en costume Edo, colifichets divers, des stores, des meubles, des lanternes, de l'argenterie, des autels bouddhiques *(butsudan),* des objets en forme de chat *(neko),* des tissus pour confectionner ses *furokishi.* Sans oublier les friandises : gelée de pâte de patate douce *(imo yokan),* bonbons *Kintaro* (une vieille tradition de la confiserie locale), gâteaux en forme de poupée fourrés à la pâte de haricots *(ningyo-yaki).* À l'origine, seuls les gens entretenant le temple avaient le droit de louer des emplacements pour commercer. Brillamment éclairée le soir par des dizaines de lanternes en papier, la vision de l'allée de nuit est un enchantement, surtout sous la pluie.

La porte Hozomon 宝蔵門 *(plan V, C2)* **:** l'ultime porte protégeant le Senso-ji avec ses 2 dieux grimaçants. Elle conserve en son sein quelques rares sutras chinois du XIVe s. Sur l'arrière de la porte, noter ces 2 énormes sandales correspondant, dit-on, à la taille que les fidèles attribuent au Bouddha.

Le temple Senso-ji 浅草寺 *(plan V, C1)* **:** *tlj 6h-17h. GRATUIT.* À l'origine, au VIIe s, 2 pêcheurs retrouvèrent dans leur filet une petite statuette en or de la déesse Kannon. Le chef du village offrit alors sa maison pour en faire un sanctuaire et l'honorer. Puis, à mesure que le pèlerinage prenait de l'importance, on construisit des édifices de plus en plus prestigieux. Le dernier temple connu datait de 1692. Il fut totalement détruit par les bombardements de 1945 et reconstruit dans le style. Difficile de voir quelque chose à l'intérieur, c'est surtout l'atmosphère qui baigne les lieux qui est intéressante.

LES PREMIERS CARNIVORES NIPPONS

Asakusa était naguère le quartier du sukiyaki, le ragoût de viande. C'est dans ce quartier qu'au XIXe s, au début de l'ère Meiji (ouverture au monde), les Japonais d'avant-garde se mirent à manger de la viande au détriment des principes bouddhiques. Une façon de s'occidentaliser... Ils l'appelèrent sakuraniku *: la viande de cerisier...*

Ce temple continue d'être un lieu de vénération et de recueillement rituels pour nombre de Tokyoïtes. Les grandes lanternes furent offertes par le syndicat des geishas. Quant aux Japonais lambda, ils viennent plonger leurs mains dans les vapeurs d'encens, ensuite ils touchent la partie de leur corps atteinte (ou risquant la maladie). C'est censé les protéger.
Sur les côtés du temple, les « boîtes à oracles » pour connaître son avenir. À gauche du Senso-ji, un jardin traversé par une rivière à carpes.

Le sanctuaire Asakusa Jinja 浅草神社 *(plan V, C1)* **:** *sur le côté droit du Senso-ji. ● asakusajinja.jp ● Tlj 6h (6h30 oct-mars)-17h.* Ce petit temple shintoïste datant de 1649 fut élevé par le 3e shogun Tokugawa Iemitsu en l'honneur des 2 pêcheurs et du chef de village qui découvrirent la statuette. Il sortit miraculeusement intact des bombardements. À propos, si vous êtes là vers les 16-19 mai, ne manquez pas le *Sanga Matsuri,* peut-être la fête la plus spectaculaire de Tokyo, lorsque les *mikoshi* (oratoires portables) sont promenés dans les rues d'Asakusa, soutenus par les habitants en tenue traditionnelle. Certains *mikoshi* très lourds nécessitent parfois plus de 50 personnes pour les transporter !

La pagode à 5 étages 五重塔 *(plan V, C1-2)* **:** *sur la droite du Senso-ji.* C'est également une reconstruction d'après-guerre (1953). Avec ses 54 m, c'est l'une des plus hautes du pays (l'autre est à Kyoto).

Asakusa Kokaido (Asakusa Public Hall) 浅草公会堂 *(plan V, C2)* **:** *1-38-6 Asakusa, Taito-ku. ☎ 3844-7491. ● asakusa-koukaidou.net ●* On y donne des représentations de kabuki. Au-dehors, sur le pavement en céramique du trottoir de la rue Orange-dori, de nombreux autographes et empreintes de mains sont gravés. Ce lieu s'appelle ***Stars Plaza,*** une place connue par tous les amateurs de spectacle.

La tombe d'Hokusai, au temple Seikyoji 清鏡寺 *(plan V, A3)* **:** *4-6-9 Moto-Asakusa, Taito-ku.* Ⓜ *Inaricho* 稲荷町*, ligne Ginza (sortie 2). Accès au temple par Saemonbashi-dori, le cimetière est discrètement caché sur la droite.* Né à Edo de parents inconnus, Katsushika Hokusai (1760-1849) est l'un des plus grands illustrateurs d'estampes ukiyo-e du Japon. Il a été inhumé dans la cour du temple Seikyouji, où l'on peut voir sa tombe et sa statue. Son nom, Hokusai, signifie « Studio du Nord », en hommage à l'étoile Polaire bouddhique. Curieusement, il changea une vingtaine de fois de pseudonyme au cours de sa vie. Mode de vie très instable aussi, puisqu'il déménagea, dit-on, plus de 90 fois ! À l'âge de 74 ans, il réalise les *Fugaku Hyakkei*

(« Cent vues du mont Fuji »), qui établissent sa gloire. Il revient à Edo en 1836. La ville est ravagée par la famine. Sa maison brûle. De nombreuses estampes disparaissent. À sa mort, maître Hokusai fut tellement pleuré par ses élèves et ses disciples que beaucoup d'entre eux inclurent le nom de Hoku dans leur signature.

Le nouveau quartier Tokyo Skytree Town トウキョウスカイツリータワー *(rive gauche de la rivière Sumida)*

Avec la construction en 2012 de la ***Tokyo Skytree Tower,*** les quartiers de *Oshiage* et de *Narihira* ont changé de physionomie et de nom, répondant désormais à l'appellation de « la ville de la tour Skytree » ! Au pied de la tour, le Tokyo Solamachi, grand complexe commercial, l'***aquarium de Sumida*** et le ***Konica Minolta Planetarium « Tenku ».***

TOKYO

Le parc de Sumida-Koen 墨田公園 *(plan V, D1-2) : au bord de la rivière Sumida, sur la rive gauche, à 5 mn à pied de la station d'Asakusa* 浅草 *; lignes Tobu Skytree, Toei Asakusa et Ginza. Entre les ponts Azuma et Kototoi, sur les 2 rives de la Sumida. Ouv 24h/24, tte l'année. GRATUIT.*
C'est au printemps, quand les cerisiers sont en fleur, qu'il faut se promener dans ce grand jardin de la rive gauche. Étendu sur 1 km de long, il fut ouvert au public par le shogun Yoshimune Tokugawa afin que le peuple puisse y admirer les cerisiers justement ! À l'époque de Hanami (la floraison des cerisiers, en avril), le parc de Sumida est rempli d'une foule admirative et contemplative devant la beauté des arbres. En été, un grand feu d'artifice y est organisé, le dernier samedi de juillet.

Tokyo Skytree Tower トウキョウタワースカイツリー *(hors plan V par D3) : 1-1-2 Oshiage, Sumida-ku. ☎ 05-7055-0634. ● tokyo-skytree.jp/en ● Accès : Ⓜ Asakusa* 浅草*, ligne Ginza (sortie 5) puis 15 mn à pied en traversant le pont. Et au pied de la tour : Ⓜ Oshiage* 押し上げ *ligne Toei Asakusa, ou Ⓜ Tokyo Skytree* とうきょうスカイツリー*, ligne Tobu Skytree (mais pour une seule station, ça revient cher). Bus Skytree Shuttle depuis la gare de Ueno ; ● tobu-bus.com/en/skytree/ueno_asakusa.html ●*
– Visites : tlj 9h-21h (dernier accès à 20h). Billets d'accès à la tour : 2 100 ¥ pour le Tembo Deck (niveaux 340-345 et 350) ; ajouter 1 000 ¥ pour l'accès à la Tembo Galleria (niveaux 445 et 450) et encore 300 ¥ les j. fériés ; réduc. Au niveau 4F, comptoir pour les billets du jour et comme il y a souvent la queue, le comptoir « Fast Skytree Ticket » (situé à une vingtaine de mètres de la billetterie, proche des escalators) propose les mêmes accès à 3 200-4 200 ¥. On peut aussi réserver son billet (supplément de 500 ¥) sur le site internet. En cas de vents forts, la tour est fermée aux visiteurs.
– Visites guidées de la structure : en japonais avec fascicule en anglais ; 2 500 ¥ ; réduc ; tlj 13h-20h. Durée : 50 mn.
Bref ! Un vrai investissement...
Cette tour en forme d'aiguille élancée dans le ciel a été construite entre 2009 et 2012 par un consortium dirigé par la compagnie de transports Tobu. Avec ses

UNE IDÉE VIBRANTE

La Skytree Tower figure dans le Guinness des Records *comme la plus haute tour de télécommunications au monde, mais le vrai record est ailleurs. Construite pour résister aux tremblements de terre, elle renferme dans sa structure triangulaire d'acier une énorme colonne de béton (des centaines de tonnes) suspendue comme un pendule. Celle-ci oscille en cas de séisme et amortit toutes les ondes de choc. Une invention géniale qui s'est inspirée d'un très ancien savoir-faire. En effet, dans les pagodes, les moines-architectes nippons suspendaient des colonnes oscillantes (en bois et fer) contre les secousses sismiques.*

634 m, elle est la plus haute tour de télécommunications du Japon et du monde. Pas de bureaux, pas d'habitations, mais des visiteurs par milliers chaque jour. Une merveille de haute technologie et d'architecture futuriste !
Depuis le niveau 4F, des ascenseurs ultrarapides et silencieux montent jusqu'au ***Tembo Deck*** 展望デッキ (niveaux 340-345 et 350). De cet observatoire, on jouit d'une vue époustouflante sur la mégalopole. On y trouve le *Skytree Café,* le *Sky Restaurant (tlj 11h-23h – dernière commande à 20h30 ; résa obligatoire)* et quelques boutiques. Les visiteurs peuvent marcher sur une très épaisse vitre au niveau 340 à travers laquelle on aperçoit la ville 340 m plus bas... À côté, une reproduction d'un ancien paravent *(Edo Hitomezu Byobu ; niveau 350)* montrant Tokyo vue du ciel à l'époque Edo. Faites la comparaison entre les vues ! Plus haut, la ***Tembo Galleria*** (niveaux 445 et 450) offre une vue panoramique plus incroyable encore. On passe du niveau 445 au 450 en marchant sur une rampe en spirale bordée de baies vitrées. Occupé par l'antenne des télécoms, le sommet de la tour ne se visite pas. Celle-ci n'a pas été facile à fixer. Le jour où les techniciens devaient la poser, la terre s'est mise à trembler, c'était le tristement célèbre séisme du 11 mars 2011.

TOKYO

Tokyo Solamachi 東京ソラマチ店 *(hors plan V par D3) : au pied de la Skytree Tower. • tokyo-solamachi.jp/english/ • Tlj 10h-21h.* Un complexe commercial qui renferme plus de 300 boutiques et plusieurs *food courts.* Celui du niveau 2F, le *Food Marche,* propose des stands de cuisine en provenance de toutes les régions du Japon. Des croquettes de Kobe aux glaces au thé matcha de Kyoto.

L'aquarium de Sumida すみだ水族館 *(hors plan V par D3) : 5-6F, 1-2-1 Oshiage. Accès par l'aile ouest du complexe Tokyo Solamachi, au pied de la tour Tokyo Skytree. ☎ 5619-1821. • sumida-aquarium.com/en • Tlj 9h-21h (dernière entrée à 20h). Entrée : 2 050 ¥ ; réduc.* Très moderne, très bien fait grâce à l'architecte-designer Takashi Amano, qui a tenté quelque chose de nouveau ici. Gigantesque aquarium sur le thème des « îles de Tokyo », celles-ci étant situées au sud de la mégalopole. Il recrée les eaux et les fonds sous-marins des îles d'Osagawara, un site classé au Patrimoine mondial de la nature. On y découvre aussi un grand bassin de 350 000 l d'eau où s'ébattent des pingouins et des otaries.

Konica Minolta Planetarium コニカミノルタプラネタリウム *(hors plan V par D3) : 7F, 1-1-2 Oshiage, au pied de la Tokyo Skytree, dans l'aile est du complexe Tokyo Solamachi. ☎ 5610-3043. • planetarium.konicaminolta.jp/manten/foreigner • Séances 11h-21h. Entrée : 1 500 ¥ ; réduc.*
Dôme de 18 m de circonférence. On s'y promène sous les étoiles. Une des attractions du lieu consiste à s'asseoir dans un fauteuil en tissu aéré, et à ressentir à la fois lumières, sons et odeurs... Les enfants adorent et s'ils sont fortiches en anglais, c'est encore mieux pour comprendre les explications ! À ce sujet, renseignez-vous, certaines séances ne sont qu'en japonais.

Le musée du Tabac et du Sel (Tobacco and Salt Museum) タバコと塩の博物館 *(hors plan V par D3) : 1-16-3 Yokokawa. ☎ 3622-8801. • jti.co.jp/Culture/museum • Ⓜ Honjo Azumabashi 本庄吾妻橋, lignes Toei Asakusa et Keikyu (sortie A2, puis 10 mn à pied). Tlj sauf lun 10h-17h (dernière entrée à 16h30). Fermé j. fériés et 29 déc-3 janv. Entrée : 100 ¥ ; réduc.*
Installé dans un superbe édifice contemporain. Tabac et sel associés, car ils furent longtemps monopole d'État. Histoire, culture, industrialisation du tabac fort bien illustrées. Riche collection de pipes. Dans la section sel, énorme bloc d'une tonne provenant de Pologne, sculptures en sel, etc.

Pour ceux qui ont un peu plus de temps...

Le parc d'attractions d'Hanayashiki 花やしき遊園地 *(plan V, C1) : 2-28-1 Asakusa, Taito-ku. ☎ 3842-8780. • hanayashiki.net/en • Tlj mar 10h-18h. Se* *renseigner sur les fermetures pour maintenance. Entrée : 1 000 ¥ ; réduc.* Un des ancêtres des parcs d'attractions de Tokyo datant de la fin du XIXe s. Montagnes russes (construites en 1953, restaurées et entretenues comme il faut) beaucoup moins spectaculaires que dans maints autres parcs parce qu'il n'existe aucune possibilité d'extension. Tant mieux, on aime le caractère intime, un peu vieillot et plein de nostalgie des lieux. L'une des montagnes russes, d'ailleurs, se révèle être la plus ancienne du pays (aucune crainte, c'est du solide !).

Le musée des Percussions 太鼓館 *(plan V, B2)* **:** *4F, Nishi-Asakusa Bldg, 2-1-1 Nishi-Asakusa, Taito-ku. ☎ 3844-2141. • miyamoto-unosuke.co.jp • Ⓜ Tawaramachi* 田原町*, ligne Ginza. Se trouve à l'intérieur du magasin* Miayamoto Unosuke Shoten*. Mer-dim 10h-17h. Entrée : 500 ¥ ; réduc enfants.*
Fabricant d'instruments de musique depuis 1861. Riche collection de percussions venant du monde entier. Bien sûr, les tambours japonais ont la part belle : tambour en argile, « tambour grenouille », *ganggu, indacko,* etc. Tambours africains (notamment du Bénin). Plus contemporains, les tambours du Bronx. Et pas de frustration chez les enfants, ils sont autorisés à taper sur certains d'entre eux.

TOKYO

La Flamme d'or du siège social d'Asahi アサヒスーパードライホール *(plan V, D3)* **:** *1F-2F, Asahi Super Dry Hall, Azumabashi, Sumida-ku. Ⓜ Asakusa* 浅草*, lignes Asakusa et Ginza (sorties 5 ou 6).* De l'autre côté de la rivière Sumida, personne ne peut louper cette « Flamme d'or » de plus de 40 m de long (œuvre de Philippe Starck) posée sur un énorme bloc noir. Pour nous, ça évoquerait assez une grosse carotte un peu pâlotte. Nombre de Tokyoïtes donnent, de leur côté, diverses autres interprétations (parfois même un peu scato !). Peu importe, si le but recherché était d'attirer l'attention et de devenir une sorte d'image de marque incontournable dans le paysage urbain, c'est gagné ! L'édifice abrite un *beer hall.*

Balades en bateau sur la rivière Sumida

Infos et horaires au *Asakusa Culture Tourist Information Center* (voir plus haut la rubrique « Adresses utiles »).
Départs des bateaux (*Waterbus Himiko* et *Hotaluna*) sur le quai en contrebas du pont Azuma (Azuma-bashi), sur le côté gauche en regardant la rivière depuis Asakusa. Navettes avec la compagnie *Suijobus (• suijobus.co.jp • ; nombreux départs/j. 9h50-20h ; tarifs : env 860 ¥/pers l'aller simple ; durée : 35-40 mn).* Cette belle promenade fluviale part d'Asakusa et va jusqu'au débarcadère de Hinode (Hinode Pier), au sud de la baie de Tokyo, dans le quartier de Shimbashi. Les mêmes bateaux desservent aussi l'embarcadère d'Hamarikyu (quartier de Shimbashi) pour 1 040 ¥. Pour le retour de Hinode et d'Hamarikyu vers Asakusa, durées et tarifs identiques. Croisières vers Odaiba également (ligne directe). *Tarif : 1 720 ¥ ; réduc. Trajet : 50 mn.* En mars-avril, croisières spéciales et nocturnes le long des canaux bordés d'arbres en fleur.

Pour ceux qui ont encore plus de temps, petite extension vers Shibamata

Situé au nord-est d'Asakusa, le quartier de ***Shibamata*** 柴又 *(hors plan V par D1)* vaut vraiment un petit détour. En effet, il fait partie de ces quartiers, pour la plupart disparus, qui ont conservé tout le charme et l'atmosphère du vieux Tokyo. De nombreuses maisons anciennes sont alignées dans la rue principale qui mène du métro au temple. *Pour y aller, prendre la Keisei Line et changer à la station Keisei Takasago, puis prendre la Kanamachi Line et descendre à la station Shibamata.*

➢ À la sortie du métro, vous tomberez tout d'abord sur la ***statue en bronze de Tora-San*** ! Personnage principal (né dans le quartier) d'une série télé extrêmement populaire au Japon. Ce fut donc pendant 26 ans le lieu de tournage de cette série. La rue principale, charmante, qui mène au temple, a conservé la plupart de ses maisons anciennes. Boutiques d'alimentation populaires. La spécialité culinaire du quartier, à laquelle il faut goûter, est le ***Kusa Dango,*** gâteau de riz composé de pâte de riz et d'herbes, garni d'une pâte de haricots rouges sucrés. Plusieurs restos de chaque côté proposent entre autres des anguilles, autre spécialité du quartier.

IOI On peut très bien déjeuner au ***Amatoya*** 大和屋 *(☎ 3657-6492 ; tlj 9h-17h ; en venant du métro, c'est la 3e boutique à droite après la 1re rue perpendiculaire).* Grand restaurant de tempura et poissons délicieux. On y parle l'anglais.

➢ Tout au bout de la rue, on arrive au ***temple Taishakuten*** 帝釈天. Très joli temple en bois dont l'entrée est gardée de chaque côté par des singes sculptés. Toujours en activité, il abrite une communauté bouddhiste. Les gens viennent ici pour expier leurs péchés. Jadis ils s'imaginaient qu'en venant ici des petites bêtes sortaient de leur corps et montaient vers les dieux pour expliquer ce qui se passait à l'intérieur ! Les pêcheurs attendaient toute la nuit et repartaient au petit matin, libérés ! Admirer le plafond peint à l'intérieur.

➢ Ensuite, poursuivre la balade sur la droite du temple pour aller visiter la ***Yamamoto-Tei*** 山本亭 *(☎ 3657-8577 ; ● katsushika-kanko.com ● ; tlj 9h-17h, sauf le 3e mar du mois ; entrée : 100 ¥),* très jolie maison traditionnelle, tout en bois, ayant appartenu à une riche famille de Tokyo dont le patriarche était le fondateur d'une usine de pièces pour appareils photo. Entourée d'un beau ***jardin*** zen dont l'accès est libre. À l'intérieur, meubles anciens, tapis, tables et hauts plafonds. Tout au fond, un petit ***salon*** très british, avec cheminée, canapé et fauteuil, et ses fenêtres à guillotine, mais aussi très joli sol en marqueterie. À côté, une toute petite salle où l'on prépare le thé. On peut grignoter des gâteaux en buvant du thé face au jardin, plutôt agréable. Au-dessus du salon qui mène vers le jardin, 3 vieilles horloges indiquent l'heure, à Tokyo (au milieu), Pékin (à gauche) et Vienne (à droite) ! Terminer la visite par une balade dans l'adorable *jardin zen* avec ses superbes nénuphars dans le bassin.

➢ En quittant le jardin par le fond, on accède presque directement au ***Tora-San Museum*** 寅さん美術館 : *6-22-19, Katsushika. ☎ 3657-3455. ● katsushika-kanko.com ● Tlj 9h-17h (dernière entrée à 16h30) sauf le 3e mar du mois. Entrée : 500 ¥.* Fondé en mémoire de la fameuse série télé *Otokowa Tsuraiyo,* qui signifie « C'est dur d'être un homme » et qui fut tournée dans le quartier entre 1969 et 1996. La série traite de manière humoristique et tendre de la vie et de l'ambiance dans un quartier populaire du bon vieux Japon ! L'acteur principal (dont la statue est à la sortie du métro) était une très grande vedette nationale. Kiyoshi Atsumi, Tora-San dans la série, est mort en 1996, après le tournage du 48e épisode. Ce musée lui est consacré. Dommage que tout soit en japonais, mais on peut quand même comprendre, car tout est traité de manière très ludique. Pour débuter, 6 miniscènes dans des minithéâtres en bois reconstituent la vie de Kiyoshi Atsumi. Ensuite, de nombreuses scènes et décors de la série sont reconstitués. Des pièces entières, comme la cuisine ou le bar. Quelques explications sur le choix des costumes et la manière de mettre en scène les comédiens. Également certains moments clés des tournages. Une reproduction miniature de la rue principale de Shibamata, avec les bruits et l'ambiance des années 1960 ! On constate que ça n'a pas beaucoup changé... rare à Tokyo.

➢ Pour terminer la balade à Shibamata, on peut se promener en barque sur la rivière Edo, ou à pied.

LE QUARTIER DE RYOGOKU 両国

• Ryogoku (plan VII) *p. 167*

Au nord-est de Tokyo, il n'y a qu'à traverser la rivière Sumida pour découvrir Ryogoku, qui s'étend sur sa rive gauche. C'est notamment le quartier des sumotoris. Il cache quelques beaux musées, comme le superbe musée Edo-Tokyo, un des plus visités de la capitale nippone, et le musée Hokusai. En prime, un magnifique jardin et des miniquartiers résidentiels où il fait vraiment bon vivre...

LA RIVIÈRE SUMIDA 隅田川

Elle traverse la capitale du nord au sud et se jette dans la baie de Tokyo. À l'origine, elle se nomme Arakawa, mais elle devient Sumida dans les 23,5 km de son cours inférieur. À l'époque Edo, elle était bordée de maisons de plaisirs (courtisanes) et de thé. Sur ses eaux voguaient barques de plaisance et navires de commerce.

ON NE MÉGOTE PAS !

Au début des années 1970, la rivière Sumida était devenue une poubelle. Le gouvernement déclara « la guerre aux ordures » en 1972. Très vite, Tokyo devint la capitale la plus propre du monde. Peu de pollution. Aucun mégot au sol, aucune trace de chewing-gum. Encore un miracle ? Non, le civisme !

Où manger ? Où boire un café ?

Chanko Edosawa ちゃんこ江戸沢 *(plan VII, A1, **136**) : 1F, 3-24-11 Ryogoku, Sumida-ku. ☎ 5600-1011. Gare JR et Ⓜ Ryogoku 両国, lignes Sobu (sortie ouest) et Toei Oedo (sortie A4). Immeuble marron devancé de ballots de saké et de bannières. Tlj 11h30-14h, 17h-22h30. Menus déj 850-1 750 ¥, le soir 2 200-3 300 ¥.* Petite plongée dans une version moderne du Japon d'antan. Déchaussé, dans des box clos sur tatamis, on fait bombance sur des tables basses. Choix de formules autour de tempura, *soba* et quelques autres réjouissances. De quoi rassasier un sumotori (ils pullulent dans le quartier). Mon tout servi en kimono et ceinture de *obi* sur fond « musical » de chants traditionnels.

Ellie's Cafe エリーズ　カフェ *(plan VII, A1, **230**) : 1F, 4-33-10 Ryogoku, Sumida-ku. ☎ 3632-5541. Gare JR et Ⓜ Ryogoku 両国, lignes Sobu (sortie ouest) et Toei Oedo (sortie A4). Tlj 10h-19h.* Ce café a la taille d'une boîte à chaussures : normal, il occupe l'arrière-boutique d'un... chausseur. On vous y moud un café d'Éthiopie ou de Papouasie-Nouvelle-Guinée, pressé « à la française », à accompagner de petits gâteaux pour les gourmands. Aux beaux jours, 2 petites tables dressées dans la ruelle piétonne. Parfait pour se requinquer avant ou après la visite des musées du coin... Et un piano, si vos doigts vous démangent.

À voir

Le musée Edo-Tokyo 江戸東京博物館 *(plan VII, A1) : 1-4-1 Yokoami, Sumida-ku. ☎ 3626-9974. • edo-tokyo-museum.or.jp • Ⓜ Ryogoku 両国, lignes Sobu (sortie ouest) et Toei Oedo (sortie A4). Bien indiqué depuis la sortie du métro.*

TOKYO – Ryogoku (Plan VII)

Où manger ? **Où boire un café ?**	**136** Chanko Edosawa (A1) **230** Ellie's Cafe (A1)

Tlj sauf lun 9h30-17h (19h30 sam). Ouv lun pdt les grands tournois de sumo. Entrée : 600 ¥ ; réduc. Audioguide gratuit en français (caution 1 000 ¥). Visite possible avec guide francophone (rens et résa au 6e étage).

On est d'abord un peu surpris, étonné, choqué, ravi, dubitatif (rayer la mention inutile) devant cette architecture étrange, peu gracieuse, voire assez lourde. Elle dissimule cependant l'un des plus extraordinaires musées ethnographiques et historiques qui soient, à la fois didactique et ludique ! Essentiel pour comprendre l'histoire et l'évolution de Tokyo en particulier mais aussi celle du Japon en général.

Prévoir du temps et commencer par le dernier étage, pour respecter la chronologie et bénéficier d'une surprenante vue d'ensemble.

– ***Niveau 6 :*** une reproduction grandeur nature du ***pont de Nihonbashi*** nous projette brutalement dans l'ancienne ère Meiji. Très grande maquette de la ***résidence de Matsudaira Tadamasa*** (1597-1645) détruite par le terrible incendie de 1657 (des illustrations de livres de l'époque permirent cette reconstitution). Il n'y eut plus jamais à Tokyo de résidence aussi imposante. Magnifique ***palanquin*** de femme délicatement ornementé de fleurs. Noter, dans la galerie autour, ce séduisant

rouleau illustré livrant les fastes d'une procession (1832). Dans une vitrine, un ***paravent*** historique présente un précieux panorama complet de la ville, avec une extrême richesse des détails et une grande vivacité des couleurs sur fond or. Reconstitution d'un quartier du milieu du XVIIe s correspondant au Nihonbashi d'aujourd'hui. Dans les vitrines, un inventaire à la Prévert allant de ***tablettes de prière*** en pierre à des ***boîtes de rangement*** laquées noir ornées du phénix et décor argent et or...

– ***Niveau 5 :*** expo montrant l'ancien ***système en bois de distribution de l'eau,*** long ***manuscrit*** décrivant les rituels sociaux. Reconstitution d'une naissance dans une maison en bois. Une coutume imposait à la parturiente de rester assise 7 jours pour empêcher que le sang ne monte à la tête (beaucoup y laissaient la vie). Antique ***pompe à bras*** rappelant que les incendies étaient la plaie de Tokyo. En plus des inondations et des séismes, un dicton ne disait-il pas que... « les feux et les bagarres sont les fleurs d'Edo » ? Importante section sur l'***imprimerie,*** et souvenirs des librairies florissantes d'Edo. Reconstitution d'une ***échoppe d'estampes,*** balance de changeur, monnaies anciennes. ***Carte*** révélant les circuits commerciaux, antiques enseignes, délicates ***gravures*** détaillant tous les types de marchands. Vie dans les villages et les îles. ***Outils*** agricoles, ***barque*** de pêcheurs... Jolie ***maquette*** du pont de Ryogoku.

– ***Salle esthétique d'Edo :*** naissance des ukiyo-e (estampes), calendrier polychrome et *nesiki-e* : gravures sur bois qui permirent la diffusion massive des estampes (de Hokusai et bien d'autres), véritables ambassadrices de la culture japonaise à l'étranger. Superbes robes brodées, diorama de l'atelier de Hokusai. Histoire du quartier des plaisirs (Yoshiwara) joliment illustrée. Beaux costumes du kabuki.

– ***Grand diorama*** sur la vie pendant l'ère Meiji (avec bruitage adéquat). Intéressantes photos décrivant des scènes de rue et de vie sociale. Vestige d'un mur de brique de Ginza. La 1re voiture de l'après-guerre, une *Subaru 360* (1955), les 1res télés et appareils électriques, la 1re cabine téléphonique... Une pièce importante : l'accord de reddition signé par le gouvernement japonais, MacArthur et le général Leclerc en 1945. Terribles témoignages du séisme de 1923 et des bombardements de 1945. Reconstitution réussie de boutiques d'époque, demeures traditionnelles, bâtiments commerciaux (le journal *Choya Shinbun-Sha* de 1880), théâtres (la façade du Kabuki)...

– ***Niveau 7 :*** magnifique panorama sur Tokyo ! En conclusion, un musée extraordinairement riche et passionnant !

🙂🙂 ***Musée Sumida Hokusai*** すみだ北斎美術館 *(plan VII, A1) : 2-7-2 Kamezawa, Sumida-ku.* Ⓜ *Ryogoku* 両国*, lignes Sobu (sortie ouest) et Toei Oedo (sortie A4). Tlj sauf lun 9h30-17h30 (dernière entrée à 17h). Entrée : 400 ¥.* Il fallait bien un musée consacré au plus célèbre des peintres japonais de la période Edo, connu pour sa série d'estampes *36 vues du mont Fuji* et qui influença de nombreux impressionnistes, de Monet à Van Gogh.

Attendu depuis longtemps, le voici donc, près de l'endroit où naquit l'artiste en 1760, dessiné par l'architecte japonais ***Sejima Kazuyo*** qui a conçu le Louvre Lens. Un superbe ***bâtiment de verre et d'acier*** recouvert de panneaux d'aluminium étincelant. Si l'intérieur, d'une blancheur immaculée, est très lumineux, l'*exposition permanente* au 3e étage présente l'œuvre du maître dans la pénombre, par souci de conservation des tableaux. On y découvre la vie et l'évolution du style d'Hokusai au cours des différentes périodes de son travail à l'aide de reproductions, d'écrans tactiles et d'originaux issus du fonds de 1 500 peintures et estampes du musée, exposées par roulement. Particulièrement intéressant : un écran projette l'ensemble des célèbres *36 vues du mont Fuji* et une table interactive permet de comparer les lieux peints par l'artiste, hier et aujourd'hui. Vous l'aurez compris, un musée incontournable pour vous plonger sans vague à l'âme dans l'œuvre de celui qui se définissait comme « le vieux fou de dessin ».

Le quartier de Kiyosumi-Shirakawa 清澄白河

Au sud de Ryogoku, ce quartier populaire et horizontal est un vrai plaisir, fort de son atmosphère provinciale. On y trouve le jardin Kiyosumi Tei-en (traduire : « jardin très agréable »), le musée d'Art contemporain (MOT) et plusieurs galeries d'art installées dans d'anciens entrepôts. À proximité du musée Fukagawa-Edo, une ravissante rue ombragée, bordée de petits commerces traditionnels et de vénérables artisans.

Le musée d'Art contemporain de Tokyo (MOT) 東京都現代美術館 *(plan VII, B2)* **:** *4-4-1 Miyoshi, Koto-ku. ☎ 5875-9959. • mot-art-museum.jp • Ⓜ Kiba 木場, ligne Tozai (sortie 3, puis 15 mn de marche), ou Kiyosumi-Shirakawa 清澄白河, ligne Hanzomon (sortie B2, puis 9 mn à pied), ou ligne Toei Oedo (sortie A3, puis 13 mn à pied). Tlj sauf lun (ouv lun fériés, mais pas les lendemains) 10h-18h. Entrée : 500 ¥ ; réduc. Expos temporaires à partir de 1 000 ¥.*
C'est d'abord une intéressante architecture moderne offrant de vastes et lumineux espaces pour présenter les artistes japonais et quelques Occidentaux de 1945 à nos jours. Excellente muséographie et sélection rigoureuse des œuvres évitant ainsi l'accumulation d'œuvres inégales (moins de 200 œuvres exposées par roulement). À l'ouest, mention à Andy Warhol et Roy Lichtenstein. Boutique bien fournie en livres d'art.

Le musée Fukagawa-Edo 深川江戸資料館 *(plan VII, A2)* **:** *1-3-28 Shirakawa, Koto-ku. ☎ 3630-8625. • kcf.or.jp/fukagawa • Ⓜ Kiyosumi-Shirakawa 清澄白河, lignes Toei Oedo (sortie A3) et Hanzomon (sortie B2). Tlj sauf 2e et 4e lun du mois et fête du Nouvel An 9h30-17h (dernière entrée à 16h30). Entrée : 400 ¥.*
S'il vous reste un peu de temps, un complément intéressant au musée Edo-Tokyo. Reconstitution parfaite d'un quartier des bords de la Sumida avec ses rues, ses demeures de bois, ses entrepôts, ses boutiques et même un petit morceau de port de pêche. Atmosphère, atmosphère...

Les jardins Kiyosumi Tei-en 清澄庭園 *(plan VII, A2)* **:** *3-3-9 Kiyosumi, Koto-ku. ☎ 3641-5892. Ⓜ Kiyosumi-Shirakawa 清澄白河, ligne Oedo. À quelques minutes du métro. Tlj 10h-16h (dernière entrée à 15h30). Entrée : 150 ¥.* L'un de nos jardins préférés, ignoré des touristes et d'une sérénité absolue. Ancien jardin d'une villa de seigneur. Opportunément situé près du musée Fukagawa-Edo. Petit lac cerné de belles essences et de grosses pierres plates provenant des 4 coins du pays. Adorable balade autour et explosion des azalées au printemps.

Pour ceux qui ont un peu de temps

Le musée des Sabres (Sword Museum) 刀剣博物館 *(plan VII, A1)* **:** *1-12-9 Yokoami, Sumida-ku. ☎ 6284-1000. • touken.or.jp • Ⓜ Ryogoku 両国, lignes Oedo et JR Sobu. À l'angle nord-ouest des jardins Kyu Yasuda. Tlj sauf lun et vac du Jour de l'an 9h30-17h (dernière entrée à 16h30). Entrée : 1 000 ¥ ; réduc.*
Fascinante découverte d'un pan essentiel de la culture japonaise. À l'origine, les épées sont droites (armes de poing). Venues de Chine et de Corée, elles sont remplacées au IXe s par des sabres à lame légèrement courbe, à un seul tranchant *(katana)*. Au XVIe s, l'avancée des techniques et du savoir-faire permet aux forgerons de fabriquer des sabres à la fois redoutables et magnifiques par leur esthétique.
Dès l'âge de 13 ans, les jeunes Japonais portent des sabres. Les lames sont partout. Les plus belles pièces et leurs accessoires (fourreaux) sont souvent très finement décorés. Un samouraï ne sortait jamais sans son sabre. C'est le sabre qui donnait la mort et c'est avec lui que le samouraï humilié et déshonoré se suicidait par *seppuku* (hara-kiri). Il demandait à un comparse de lui trancher

la tête d'un violent coup de sabre après s'être lui-même ouvert le ventre (ce que fit le célèbre écrivain Mishima dans les années 1970). Bien que leur port fut interdit au début de l'ère Meiji (cela concernait les samouraïs et les soldats), les officiers japonais continuèrent à porter avec fierté des sabres jusqu'à la Seconde Guerre mondiale.

Malgré la destruction massive de ces armes après 1945, les Japonais réagirent et défendirent leur patrimoine. D'où ce musée où l'on peut admirer le talent des fabricants des célèbres lames à travers le procédé de fabrication et l'exposition de pièces ouvragées uniques, remontant au Moyen Âge pour certaines.

Aujourd'hui, les sabres sont des armes sportives et pacifiques utilisées dans les arts martiaux, en particulier le kendo (mot qui signifie « voie du sabre »). C'est un des sports de combat les plus populaires du Japon.

PATRIMOINE SABRÉ

Considérés par l'occupant comme le symbole de l'esprit guerrier du Japon, beaucoup de sabres ont hélas été détruits par les troupes américaines après 1945. Des centaines de pièces anciennes furent amoncelées puis écrasées par les chars de l'armée américaine... De nombreux chefs-d'œuvre ont ainsi disparu.

TOKYO

Où assister à un combat de sumo ?

Stade sumo Ryogoku Kokugikan 両国国技館 (*plan VII, A1*) : *1-3-28 Yokoami, Sumida-ku.* • *sumo.or.jp/en* • Ⓜ *Ryogoku* 両国, *lignes Toei Oedo et JR Sobu (sortie principale). La cérémonie d'ouverture commence à 8h30. Résa conseillée pour les places les plus chères. Résas en ligne* • *buysumotickets.com* • *ou encore sur place 10h-16h (achat à l'avance) ou 8h-17h (le jour même). Les places peuvent aussi être achetées dans les supérettes* Lawson, Family Mart, 7-Eleven et Mini Stop. *Entrée : 3 800-12 500 ¥ selon emplacement (billets à 2 200 ¥ le jour même sur place, arriver à la caisse au moins 1h avt). On peut aussi assister aux cérémonies de départ à la retraite des grands sumotoris (achat des tickets sur le même site).*

Ce « stade sumo », les Japonais le nomment ***Hall du sport national de Ryogoku.*** D'une capacité de 11 000 places, il accueille les tournois (qu'on appelle *basho*) de sumo 3 fois par an à Tokyo : en janvier, mai et septembre, pendant 15 jours. Le reste du temps, les tournois se déroulent à Osaka, Nagoya et Fukuoka. En dehors des périodes de tournoi, possibilité d'assister à l'entraînement des sumotoris. Une seule règle : discrétion absolue. Toujours appeler la veille pour savoir si l'on peut venir le lendemain. En principe, ça commence à partir de 6h du matin et ça se termine vers 10h pour les plus jeunes. L'heure idéale est donc 8h-8h30. Les sumotoris appartiennent tous à une écurie dirigée par un ancien champion appelé toshiyori. Se renseigner à l'office de tourisme sur les écuries ouvertes et sur les jours et heures d'entraînement.

– Sinon, pour l'atmosphère du quartier, se balader autour du stade. La plupart des sumotoris y font leurs courses ou s'y restaurent (manger copieusement fait partie du job !) entre 2 entraînements. Pour vous mettre encore plus dans l'ambiance, allez donc vous rassasier d'un *chanko-nabe* (une sorte de potée de légumes, champignons et boulettes de poulet, le plat favori des sumotoris) au ***Tomoe-gata*** 巴潟 *(2-17-6 Ryogoku ; ☎ 3632-5600 ; tlj, sauf lun juin-août, 11h30-14h, 17h-22h30 – dernière commande à 21h30).*

Le musée du Sumo 相撲博物館 (*plan VII, A1*) : ☎ *3622-0366. À l'intérieur du stade sumo Ryogoku Kokugikan. Lun-ven 10h-16h30 (dernière entrée à 16h). GRATUIT. Attention : lors des tournois, le musée est ouv tlj, mais seulement aux détenteurs de billets.*

Pour se consoler d'avoir loupé la saison des tournois, on se rabat sur ce petit musée. Malgré l'absence d'explications en anglais, les témoignages et les photos parlent d'eux-mêmes. Impressionnantes, les empreintes géantes des mains de sumotoris. Documents historiques sur le sumo, lithos, bois gravés, peintures, estampes, rouleaux illustrés... Pour l'anecdote, on découvre que les arbitres de sumo portent un poignard pour se suicider en cas d'erreur ! Bon rassurez-vous, dans les faits, ils présentent simplement leur démission !

LES KILOS NE FONT PAS LES SUMOS

Les sumotoris sont des colosses qui mesurent en moyenne 1,84 m pour 154 kg. La corpulence est un avantage dans cette lutte qui consiste à déséquilibrer l'adversaire, avant de l'immobiliser au sol de toute sa masse (ouille !). Konishiki Yasokichi (né en 1963 à Hawaii) atteint les 287 kg. Une force de la nature ! Pourtant, le sumo joue avant tout sur la souplesse et l'agilité... Paradoxalement, les plus lourds ne font donc pas toujours le poids !

LES QUARTIERS D'AKIHABARA 秋葉原, DE KANDA 神田, DE JIMBOCHO 神保町, DE L'UNIVERSITÉ 大学 ET DE KAGURAZAKA 神楽坂

- Akihabara, Jimbocho, Kanda, université (plan VIII) *p. 174-175*
- Kagurazaka (plan IX) *p. 181*

Bordés au sud par les jardins impériaux, au nord par le parc d'Ueno, des quartiers modernes, hérissés d'immeubles de verre, de béton et d'acier. Ni monumentaux, ni homogènes, mais qui s'imbriquent assez bien. Certes, pas d'identité particulière non plus, mais des lieux vivants, animés, avec des zones commerciales entièrement dédiées à l'électronique, aux livres et aux instruments de musique. Les amateurs de mangas, de B.D., de films d'animation, les jeunes ados adeptes du *cosplay* et de la J-pop, les fanatiques (on les appelle parfois les *otaku*) de jeux vidéo (Nintendo, PlayStation) et de *pachinko,* les geeks... Tout ce beau monde se retrouve, de jour comme de nuit, dans le quartier d'Akihabara, surnommé la « ville électrique » ! Le cœur électronique de la capitale bat, vibre et étincelle dans une étourdissante ambiance commerciale enfiévrée et branchée.

Plus au sud-ouest, le quartier de Kanda offre un paysage urbain comme on les aime : entrelacements un peu anarchiques de ponts métalliques et

MAID IN TOKYO

On les compte par dizaines à Akihabara, les maid cafés, aux décors de poupées et aux couleurs acidulées. Des gamines déguisées en soubrettes (maid), avec petite coiffe blanche dans les cheveux, accueillent les clients brisés par un rythme de vie infernal. On vient ici s'imprégner de la douceur des lieux et puiser dans le regard des serveuses l'affection dont on a tant besoin. On comble le manque affectif. Les garçons sont sûrs d'être chouchoutés et servis avec le sourire. Attention, ça reste bon enfant, pas de geste déplacé... et interdiction de prendre une seule photo.

de voies de chemin de fer au-dessus d'un canal, balafrant des mélanges hétérogènes d'immeubles de toutes tailles...
Quelques kilomètres plus à l'ouest, le quartier de Kagurazaka est, quant à lui, l'anti-Akihabara : rues et ruelles bordées de maisons et d'immeubles bas présentent le visage d'un gentil village de province ayant échappé aux développeurs urbains... Il est très agréable de s'y balader. Et pour finir, le bien sage quartier de Jimbocho s'est totalement donné aux vieux bouquins et aux plaisirs du papier.

Où dormir ?

De très bon marché à bon marché (moins de 10 000 ¥ / 83 €)

Hiromas Hostel ヒロマスホステル *(plan VIII, C2,* **57***) : 6-7-5 Sotokanda, Chiyoda.* ☎ *5826-8688. • hiromas.net • Ⓜ Yushima 湯島, ligne Chiyoda (sortie 6, puis 5 mn à pied). Lit en dortoir 2 000-3 000 ¥, petit déj en sus.* Une AJ privée sur 3 étages, chacun hébergeant un dortoir de 16 ou 18 lits non mixte. Tout le nécessaire correspondant à cette catégorie d'*hostel* (lits isolés par des rideaux, petits coffres-forts et casiers individuels, salle de bains collective nickel, laverie...). Matelas récemment changés. Personnel adorable. Le réel plus est le rez-de-chaussée, espace collectif vaste et bien équipé. Location de vélos.

Hotel Livemax *(plan VIII, D2,* **58***) : 2-5-2 Taito, Taito-ku.* ☎ *3834-8900. • hotel-livemax.com • À partir de 8 000 ¥. Check out 10h max.* Hôtel récent s'adressant plutôt à une clientèle d'affaires, mais d'un bon rapport qualité-prix. Petites chambres – lit accolé au mur – fonctionnelles. Salles de bains plutôt spacieuses en proportion. Dans les étages les moins élevés le verre des fenêtres est dépoli ; préférez donc prendre un peu de hauteur. Chambres réparties par étage fumeurs ou non-fumeurs. Pas de petit déj. Lave-linge et sèche-linge disponibles.

Plus chic (de 25 000 à 35 000 ¥ / 208-292 €)

Hilltop Hotel 山の上ホテル *(plan VIII, B3,* **59***) : 1-1 Surugadai, Kanda, Chiyoda-ku.* ☎ *3293-2311. • yamanoue-hotel.co.jp • Ⓜ Ochanomizu 御茶ノ水, lignes Marunouchi et JR Chuo, ou Shin-Ochanomizu 新御茶ノ水, ligne Chiyoda ; 5 mn à pied dans les 2 cas. Doubles 24 000-32 000 ¥ ; petit déj japonais ou occidental en sus.* Depuis 1954, il se tient sur une petite colline du quartier de Kanda, au calme. L'emplacement (Akihabara, la « ville électrique », n'est qu'à 20 mn à pied de là), la déco rétro mais charmante, le calme et la propreté des chambres sont autant de raisons pour choisir d'y dormir. D'ailleurs, c'est l'un des hôtels préférés des journalistes et écrivains de passage, pour son côté élégant et son atmosphère paisible et littéraire. Musique classique dans le lobby, chambres à l'occidentale avec sol à la japonaise (tatami) ou avec moquette. Sur place, pas moins de 5 restos et 2 bars.

Très chic (plus de 35 000 ¥ / 292 €)

Artist Hotel – BnA Studio Akihabara BnA スタジオ秋葉原 *(plan VIII, C2,* **60***) : 6-3-3 Soto-kanda, Chiyoda-ku.* ☎ *5846-8876. • bna-akihabara.com • Ⓜ Suerirocho 末広町, ligne Ginza puis 5 mn à pied. Doubles 32 000-48 000 ¥.* 5 chambres, pas plus, mais quelle créativité ! Des artistes contemporains ont eu carte blanche pour donner à chacune une âme, un style unique. L'une très Japon éternel, avec futon sur podium et fresque dorée à la tête de lit. L'autre dotée d'un salon à la japonaise qui regarde le lit et les sanitaires derrière des grilles de terrain de basket. Ou encore des couleurs pétantes jaune, rose, des fresques improbables au plafond. Toutes sont lumineuses, voire inondées de lumière, équipées d'une kitchenette et d'un lave-linge. Ce studio de créateur marquera votre esprit autant que le tarif marquera la ligne « hôtel » dans votre budget de voyage. Une partie du prix est reversé à l'artiste. En face, délicieuse pâtisserie...

LES QUARTIERS D'AKIHABARA ET DE KANDA

Où manger ?

Prix moyens (de 1 500 à 3 500 ¥ / 12,50-29 €)

Iel **Akatsuka** 赤津加 *(plan VIII, D3, **138**) : 1-10-2 Soto-Kanda, Chiyoda-ku. ☎ 3251-2585. Gare JR Akihabara 秋葉原, ligne Yamanote. À l'angle d'une petite impasse. Lun-sam 17h-22h30 (dernière commande à 21h30) ; fermé dim, 1er et 3e sam du mois. Résa conseillée. Cover charge 350 ¥.* Encore un clin d'œil typiquement tokyoïte ! Au milieu de la jungle phosphorescente et étincelante, proche d'un magasin de figurines mangas *(Hobby Shop),* cette demeure en bois est totalement incongrue en cet univers électrique. Depuis la fin de la Seconde Guerre mondiale, elle abrite une *izakaya* hors du temps. Oh, pas une grande cuisine sophistiquée, mais de bons petits plats populaires, comme le *karei* (poisson grillé), un *tempura moriawase* (crevettes, poissons et légumes frits)... C'est servi en petites portions pour caler les petites faims.

Au sud d'Akihabara (quartier de Kanda)

Iel **Mimasuya** みます屋 *(plan VIII, C3, **139**) : 2-15-2 Tsukasa-machi, Kanda, Chiyoda-ku. ☎ 3294-5433. Ⓜ Awajicho 淡路町, ligne Marunouchi (sortie A4). Dans une rue parallèle à Sotobori-dori. Tlj 11h30-13h30, 17h-22h30. Résa conseillée. Le soir, peut rejoindre la catégorie « Chic ».* Comme une luciole éclairée dans cette portion de rue. Pousser le rideau pour entrer dans cette authentique taverne populaire, tirée directement d'un film d'Ozu. Cette *izakaya* secrète et discrète aurait ouvert en 1905 et n'aurait jamais cessé son activité depuis. 1re salle si petite que toutes les chaussures sont dans l'allée centrale (pour les amateurs de la *zashiki,* table basse, assis en tailleur). Un adorable côté foutraque, vieillot et patiné. Service alerte. Excellentes recettes maison comme ce pot-au-feu de cheval *(sakura nabe),* l'anguille maison *(anago nitsuke),* les champignons à l'étuvée *(kinoko ni).* Grand choix de saké, qui coule à flots.

Où boire un verre dans un *maid café* ?

Il existe plus de 50 *maid cafés* à Akihabara et vous trouverez certainement celui qui correspond le mieux à vos fantasmes ou à vos envies ! Personne n'étant obligé d'apprécier le concept, on trouve aussi dans le coin des cafés conventionnels.

🍷 **@home Café** アットホームカフェ *(plan VIII, D2-3, **233**) : 4-3-3 Soto-Kanda, Chiyoda-ku. Gare JR Akihabara 秋葉原, ligne Yamanote ou Suehirocho 末広町 (sortie 3). Dans le magasin* Don Quijote, *au niveau 5F (face à l'escalator). Tlj 11h-22h. Entrée : 700 ¥, réduc ; boissons en supplément. Menus à prix moyens. Pour se faire photographier avec la serveuse : 600 ¥. Durée limitée à 1h.* Les garçons timides peuvent entrer en contact avec des jeunes filles déguisées en soubrettes *(maid),* jouer aux cartes, se faire chouchouter, et même se prendre en photo... Ceux allergiques au rose bonbon devront choisir un autre *maid café* dans le quartier, ce n'est pas ce qui manque ! Étonnant et irréel à la fois !

🍷 **Queens Court** クイーンズコート *(plan VIII, C3, **234**) : 4F, Zeniya Bldg, 1-8-3 Soto-Kanda. ☎ 6206-8286. • queenscourt.tv • Gare JR Akihabara 秋葉原, ligne Yamanote. Face au parking à motos. Tlj 11h (16h lun)-23h (5h ven-sam). Pour 30 mn, compter*

TOKYO

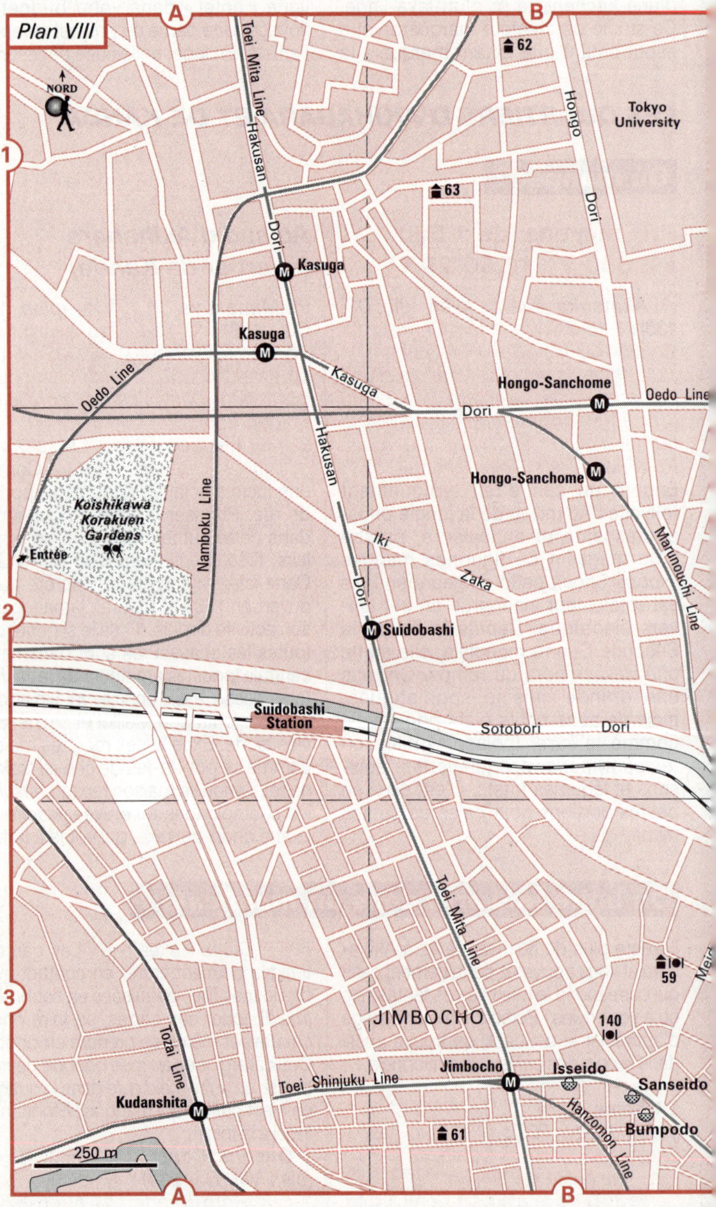
Plan VIII
NORD
A
B
1
2
3
Toei Mita Line
Hakusan
Dori
Hongo
Dori
Tokyo University
62
63
Kasuga
Kasuga
Kasuga
Dori
Oedo Line
Hongo-Sanchome
Oedo Line
Hongo-Sanchome
Marunouchi Line
Koishikawa Korakuen Gardens
Entrée
Namboku Line
Hakusan
Dori
Iki
Zaka
Suidobashi
Suidobashi Station
Sotobori
Dori
Toei Mita Line
59
140
JIMBOCHO
Tozai Line
Jimbocho
Isseido
Sanseido
Bumpodo
Toei Shinjuku Line
Kudanshita
Hanzomon Line
61
250 m

Où dormir ?

57 Hiromas Hotel (C2)
58 Hotel Livemax (D2)
59 Hilltop Hotel (B3)
60 Artist Hotel – BnA Studio Akihabara (C2)
61 Sakura Hotel Jimbocho (B3)
62 Homeikan Morikawa Annex (B1)
63 Homeikan Daimachi Annex (B1)

Où manger ?

138 Akatsuka (D3)
139 Mimasuya (C3)
140 Udon Maruka (B3)

Où boire un verre dans un *maid café* ?

233 @home Café (Don Quijote) (D2-3)
234 Queens Court (C3)

Où prendre un café dans une atmosphère zen ?

236 Shangs Café (D2)

Achats

233 Don Quijote (D2-3)
300 Laox Duty Free Main Store (D3)
301 Superpotato (D3)
302 Animate (C3)
303 2k540 Aki Oka Artisans street (D2)

TOKYO – Akihabara, Kanda, Jimbocho, université (Plan VIII)

800 ¥ sans alcool et 3 000 ¥ avec alcool pour 1h. Dans cet immeuble de 6 étages, ce ne sont que des *maid cafés.* Attention, les adresses et les noms changent souvent. Le *Queens Court* est une sorte de bonbonnière tenue par un groupe de jeunes filles en tenue de serveuse rétro et chatoyante, avec leurs idoles de manga comme pendentif autour du cou. Retour en enfance. On vous explique que vous êtes dans un vaisseau spatial qui abrite la cour du palais des reines, et que tout va bien pour vous... blablabla. Ça remplace une bonne aspirine... On peut y boire un thé et même manger. Clientèle de tous les âges : jeunes et adultes attardés, bobos et salariés sortant du boulot, garçons esseulés désireux de se faire chouchouter par des mots gentils, mais attention : pas touche, jamais un geste déplacé vers les donzelles vêtues comme les servantes de la comtesse de Ségur...

Où prendre un café dans une atmosphère zen ?

Shangs Café シャンズカフェ *(plan VIII, D2,* ***236****) : 6-16-9 Sotokanda, Chiyoda-ku. ☎ 525-5356. Ⓜ Suehirocho* 末広町*, ligne Ginza (sortie 4). À 300 m sur le même trottoir. Tlj 7h15 (12h le w-e)-19h.* Cafés torréfiés selon des méthodes traditionnelles japonaises et provenant d'une vingtaine d'origines. Mais aussi expresso et *cappuccino* qu'on peut accompagner d'une (petite) portion de gâteau maison. Ambiance apaisante et musique douce.

Où acheter du matériel électronique, des jeux vidéo, des mangas, des figurines manga, des vêtements de mode et de *cosplay* ?

Laox Duty Free Main Store ラオックス *(plan VIII, D3,* ***300****) : 1-2-9 Soto-Kanda. ☎ 3253-7111. • laox.co.jp • Gare JR Akihabara* 秋葉原*. Sur l'av. Yushima Zaka. Tlj 9h-19h30.* Un grand magasin dont le rez-de-chaussée est spécialisé dans le matériel électronique : ordinateurs, consoles de jeux, appareils photo, caméras digitales, téléphones portables, matériel audiovisuel... Les prix sont raisonnables. Une bonne adresse pour acheter du bon matériel à prix justes.

Superpotato スーパーポテト *(Game Center ; plan VIII, D3,* ***301****) : 1-11-2 Soto-Kanda. ☎ 5289-9933. • superpotatoakiba.jp • Gare JR Akihabara* 秋葉原*. En partant de Yushima Zaka, c'est le 4e magasin de la ruelle sur le côté gauche ; enseigne colorée sur fond jaune. Tlj 11h (10h le w-e)-20h.* Non, on n'y vend pas de super patates, mais des jeux vidéo rétro, datant de la 1re génération. Tout se passe aux étages 3F, 4F et 5F : voici le temple-musée des « jeunes jeux déjà vieux ». On appelle cela le « *retro-gaming* ». Ces précurseurs de la technologie ludique sont déjà bien dépassés par le progrès. Au 3F, les jeux de famille (Famicon des années 1970-1980), des *family computers...* Au 4F, étage du *software game* : PlayStation en majorité, Game Music, Game Boy (Nintendo), et bien sûr Super Mario, dont la sculpture en plastique jaune et rouge marque l'entrée de la boutique. Au 5F (étage fumeurs), d'autres jeux classiques d'invention nippone, auxquels on peut jouer. Niveau sonore qui va avec. Le rendez-vous des collectionneurs fanatiques, des *otaku,* pratiquants enfermés dans leur passion exclusive, mais aussi tout simplement des nostalgiques.

Don Quijote *(plan VIII, D2-3,* ***233****) : 4-3-3 Soto-Kanda. ☎ 5298-5411. • donki.com • Gare JR Akihabara* 秋葉原*, lignes Yamanote ou Suehirocho* 末広町*). Reconnaissable à sa mascotte, un pingouin ! Tlj 9h-5h.* La devise de cette chaîne de magasins (150 au Japon) est quelque chose comme « Service + discount + plaisir ». Au niveau 5F, le rayon *cosplay* propose une gamme d'uniformes et tenues : soubrettes, OL *(Office Ladies),* écolières naïves, lolitas gothiques ou romantiques, personnages de manga et de B.D.... sans parler des gadgets et bizarreries inutiles...

Animate アニメイト *(plan VIII, C-D3, **302**) : 1F et 2F, Akiba Bldg, 1-7-6 Akihabara. ☎ 5209-3330. Gare JR Akihabara 秋葉原. Sur l'av. Yushima Zaka. Tlj 11h-21h30.* Incroyable choix de mangas et de comics de tous les genres, de tous les styles : pour enfants (manga *kodomo*), pour garçons adolescents *(shonen)*, pour jeunes filles romantiques et sentimentales *(shojo)*, pour jeunes femmes adultes *(josei)*, pour jeunes hommes adultes *(seinen)*. Il y en a aussi des violents qui sont dans la catégorie *hentai*. On y trouve un énorme rayon rose *(pink)* consacré aux mangas érotiques et pornos *(ecchi)*. Pour ces derniers, un grand panneau affiche les meilleures ventes. Les clients lisent souvent debout. Ce phénomène s'appelle *tachiyomi*, c'est un sport national dans les librairies japonaises et dans les *konbini* (supérettes). Également de nombreuses figurines de mangas. Dans le même immeuble, le ***Good Smile Cafe*** グッドスマイルカフェ *(5F ; tlj 11h-21h30)* pour les adeptes de mangas. Résa obligatoire sur place en scannant un QR code qui indique l'heure à laquelle se présenter. En principe, on a le temps de faire un tour dans le quartier. Chaque menu est décliné sur un thème de comics, autour d'un personnage de manga. Temps limité à 1h30.

TOKYO

Achats

2k540 Aki Oka Artisans Street *(plan VIII, D2, **303**) : 5-9-23 Ueno, Taito Ward. Ⓜ Akihabara 秋葉原. Ouv tlj sauf mer 11h-19h. ● jrtk.jp/2k540/ ●* Sorte de rue – piétonne du coup – aménagée sous un viaduc ferroviaire qui abrite plusieurs dizaines de boutiques d'artisans et créateurs (principalement). Articles en cuir, en résine ou en céramique, bijoux, chapeaux et bonnets, chaussettes originales, *tenugui*... Une boutique *(Nippon Hyakkaten)* propose différents types d'articles de déco provenant des 4 coins de l'archipel : minibougies colorées...

À voir

Akihabara, la ville électrique 秋葉原 *(plan VIII, C-D3) : ● akiba.or.jp ● Gare JR Akihabara 秋葉原, lignes JR Yamanote (sortie Electric City) et Hibiya (sortie 3), ou Ⓜ Suehirocho 末広町, ligne Ginza (sorties 1 ou 2).* La capitale de l'électronique, un treillis de rues et d'avenues aux centaines d'enseignes électriques et tapageuses, néons assassins, mélanges tumultueux de sons, musiques assourdissantes... Autant de magasins d'électronique et de mangas. Bienvenue donc à Denki-Gai, la « ville électrique ». Les vendeurs déambulent en vantant leurs appareils électroniques (téléphones portables, ordinateurs, appareils photo...). Depuis les années 2000, les grands magasins proposant également de l'électronique bon marché, Akihabara a été obligé de se diversifier, notamment dans le manga. Le *Laox*, l'un des magasins emblématiques du quartier, est difficile à manquer avec son énorme enseigne. Et lorsque, saoul de bruit et de fureur électrique, on souhaite se détendre, les *maid cafés* accueillent et dorlotent les visiteurs fatigués... alors que continuent à déambuler les *cosplays* du quartier.

Kanda Myojin 神田明神 *(plan VIII, C2) : 2-16 Soto-Kanda. Gares JR ou Ⓜ Akihabara 秋葉原 et Ochanomizu 御茶ノ水. GRATUIT.* À 300 m de la fureur électrique, un petit îlot de paix. Temple fondé en 730, un des plus anciens de la ville. Reconstruit en 1603 par le shogun Tokugawa. Durant l'ère Meiji, il fut officiellement considéré comme le gardien de Tokyo. Les années bissextiles, en mai, s'y tient l'un des plus importants *matsuri* de la ville. Connu pour favoriser les affaires et permettre de trouver une épouse (mais on ne sait pas si, avec la concurrence d'Internet, c'est toujours aussi populaire !). En contrebas, sanctuaire dédié à Confucius.

Yushima Seido 湯島聖堂 *(plan VIII, C3) : Ⓜ Ochanomizu お茶の水, lignes Marunouchi (sortie 1), JR Chuo et Sobu. Tlj 9h30-17h (16h oct-mars).* Ancienne école Shohazaka fondée par Tsynayoshi Tokugawa. Reconstruite en 1935. Bel édifice de style ancien aux lignes élégantes.

Le quartier des instruments de musique *(plan VIII, C3) : Meidai-dori. Ⓜ Shin-Ochanomizu 新お茶の水, ligne Chiyoda (sortie 1).* Nombreux magasins spécialisés tout au long de la rue, ainsi que de petits studios d'enregistrement.

MÉTRO, BOULOT, CÂLIN !

Dernière invention pour déstresser : le Dōdō hōyō. Vous passez un doux moment sur un futon avec une jolie étudiante en chemise de nuit rose et qui va papoter avec vous 20 mn (temps minimum), avec possibilité de prolongation et de « suppléments » (par exemple 3 mn pour plonger dans ses yeux ou la tenir dans ses bras... sans geste déplacé !). Il arrive que des clients s'endorment, et parfois longtemps... autant de tranches de 20 mn à payer !

L'église orthodoxe Saint-Nicolas (Nikolai-do) ニコライ堂 *(plan VIII, C3) : Ⓜ Shin-Ochanomizu 新御茶ノ水, ligne Chiyoda (sortie B2, et 1 mn de marche). Tlj sauf j. fériés 13h-15h30 (16h avr-sept). Contribution : 300 ¥.* La cathédrale orthodoxe de Tokyo, de style néobyzantin, fut construite à l'occasion de la visite du tsar au Japon et se dresse sur son socle de basalte comme un temple.

LE QUARTIER DE JIMBOCHO

S'articulant autour de sa station de métro, Jimbocho ne manque pas de charme. Les bouquinistes y distillent comme un parfum évanescent de culture. On y séjourne volontiers et le palais impérial est juste au sud.

– Accès : Ⓜ Jimbocho 神保町, lignes Hazomon, Toei Mita et Shinjuku.

Où dormir ?

De très bon marché à bon marché (moins de 10 000 ¥ / 83 €)

Sakura Hotel Jimbocho サクラホテル *(plan VIII, B3, **61**) : 2-21-4 Kanda-Jimbocho, Chiyoda-ku. ☎ 3261-3939. • sakura-hotel.co.jp/jimbocho • Sortie A1 du métro, puis 5 mn à pied. Réception 24h/24. Lit en dortoir 4-8 places 3 400 ¥ ; doubles 8 600-9 500 ¥ ; petit déj inclus.* Il s'agit d'un des hôtels économiques, à taille humaine, de la chaîne *Sakura*, qui pense aux petits budgets. Les chambres simples sont petites mais claires et impeccables. De style sobre, les doubles offrent un grand lit ou 2 lits superposés. Dans les dortoirs, les hommes et les femmes sont séparés ; même prix par personne quel que soit le nombre de lits. Clim partout et sanitaires (douche et w-c) à partager. Laverie à disposition. En bref, une très bonne adresse et un remarquable rapport qualité-prix pour Tokyo ! En prime, sympathique *Sakura Café*.

Où manger ?

Bon marché (moins de 1 500 ¥ / 12,50 €)

Udon Maruka うどん 丸香 *(plan VIII, B3, **140**) : 1F, 3-16-1 Kanda, Ogawamachi. ☎ 3294-1320. Sortie A5 du métro. Tlj sauf dim 11h-16h, 17h30-19h30 (sam mat seulement).* Resto de *udon* (pâtes épaisses de blé tendre) plébiscité dans le quartier, comme en témoigne la queue aux heures de pointe. Pas de carte en anglais, faites-vous aider par les habitués qui forment la file d'attente. *Kake, tsuke* ou *kamaage,* tout réside dans la subtilité de la cuisson. On n'a plus qu'à choisir la taille de sa portion. Le bouillon, lui, allie subtilité des algues vertes et fumet du porc (de l'œuf parfois) et n'attend que les « slurp » sonores des clients attablés face à face autour de 3 longues tables.

À voir. Achats

Le quartier des livres (plan VIII, B3) : *sortie A2 du métro.* On aime beaucoup ce quartier aux 160 librairies et bouquinistes, proposant plus de 10 millions d'ouvrages. Des livres anciens ou plus récents dont certains en anglais ou en français. Quelques magasins spécialisés : ***Sanseido Books*** 三省堂書店 *(plan VIII, B3 ; 1-1 Kanda ; tlj 10h-20h),* 7 étages de livres dont l'un consacré entièrement aux mangas, un aux ouvrages d'art, un autre aux bouquins en langues étrangères. Chez ***Isseido*** 一誠堂書店 *(plan VIII, B3 ; 1-7 Jimbocho ; tlj sauf dim 10h-18h30),* 2 étages offrant un bon choix de rouleaux superbement calligraphiés. Quant à ***Bumpodo*** *(plan VIII, B3 ; 1-7 Kanda, tlj 10h-19h30),* spécialiste des arts graphiques, il fournit tous les artistes depuis 1887. Rayon spécial cartes postales et bon choix de papiers à prix doux, mais aussi des *tenugui,* quelques bols, des petits casse-têtes en bois, des bibelots.... Au dernier étage, agréable café pour se poser ou... bouquiner, pardi !

TOKYO

LE QUARTIER DE L'UNIVERSITÉ

À l'ouest d'Akihabara, un quartier surtout agréable pour l'atmosphère villageoise de certaines rues, en particulier sur la *colline de Hongo.* Certes, assez en marge pour des touristes, mais si agréable pour séjourner et goûter un peu au mode de vie japonais. Lacis de ruelles étroites, loin du gigantisme du centre, où l'on trouve encore pas mal d'anciennes demeures en bois.

Où dormir ?

Prix moyens (de 10 000 à 15 000 ¥ / 83-125 €)

Homeikan Morikawa Annex 鳳明館森川別館 *(plan VIII, B1,* ***62****) : 5-10-15 Hongo, Bunkyo-ku. ☎ 3811-8171. • homeikan.com • Ⓜ Todaimae* 東大前*, ligne Namboku (sortie 2), puis 10 mn à pied. Doubles 11 000-13 000 ¥ ; petit déj en sus.* Une jolie entrée ombragée et plantée d'arbustes mène à cette maison abritant 33 chambres à la japonaise (décoration traditionnelle et de caractère) assez spacieuses et confortables (clim). Sanitaires et bains communs (pour certaines chambres, nécessité de descendre d'un étage). Également une salle de bains familiale, il faut la demander. Bon petit déj. Laverie.

Homeikan Daimachi Annex 鳳明館 台町別館 *(plan VIII, B1,* ***63****) : 5-10-5 Hongo, Bunkyo-ku. ☎ 3811-1181. • homeikan.com • Ⓜ Hongo-Sanchome* 本後三丁目*, lignes Oedo et Marunouchi, ou Kasuga* 春日*, ligne Mita (sorties A5 ou A6) ; puis env 10 mn à pied. Même propriétaire que le* Homeikan Morikawa. *Doubles 11 000-13 000 ¥ ; petit déj en sus. Possibilité de repas (prix moyens).* Charmante auberge nippone cachée dans un jardin exubérant avec une petite mare. Une adresse calme et authentique. Une trentaine de chambres impeccables avec tatamis. Bon confort (clim, TV, petit coffre). En revanche, demander une chambre loin des cuisines. De l'autre côté de la rue, la *Honkan,* la maison mère, du même genre que les 2 annexes, avec 25 chambres.

À voir

Koishikawa Korakuen Gardens 小石川後楽園 *(plan VIII, A2) : 1-6-6 Koraku, Bunkyo-ku. ☎ 3811-3015. • tokyo-park.or.jp • Ⓜ Iidabashi* 飯田橋, *ligne Toei Oedo, puis 3 mn à pied, ou lignes Tozai, Yurakucho et Namboku. Également JR Chuo, station Iidabashi ou Suidobashi, puis 8 mn à pied. Tlj 9h-17h (dernière entrée à 16h30). Fermé 29 déc-1er janv. Entrée : 300 ¥. Visite guidée gratuite sam à 10h en anglais et sam-lun et j. fériés à 11h et 14h en japonais.*
À l'ouest de l'université, un grand jardin ouvert au début de l'époque Edo (en 1626 pour être précis !). Son nom vient d'un poème qui recommandait au shogun de s'occuper d'abord des intérêts du peuple avant de penser à son plaisir... Il s'agit d'un parc d'inspiration chinoise et japonaise avec des étangs, des ruisseaux, des cascades, des ponts traditionnels. Considéré comme l'un des plus beaux parcs japonais. Un vrai havre de calme et de tranquillité... entouré d'immeubles.

LE QUARTIER DE KAGURAZAKA 神楽坂

Au nord-ouest des jardins du palais impérial, l'un des quartiers les plus intimes de Tokyo. En hauteur, Kagurazaka a été préservé du gros tremblement de terre de 1923. On y trouve donc peu de hauts bâtiments, beaucoup de demeures particulières et des maisons transformées en restos ou abritant des petits cafés à saké au charme discret. C'est bien agréable de parcourir ses étroites ruelles miraculeusement préservées se ramifiant autour d'une rue commerçante. Outre son charme et son caractère authentique, Kagurazaka offre également de bons restaurants dont certains sont tenus par des Français. L'Institut français s'y trouve, et le lycée français y était encore établi il y a quelques années. Kagurazaka est resté, jusqu'au début du XXe s, l'un des fiefs tokyoïtes des geishas, et donc des personnalités politiques et de la culture. *– Accès : Ⓜ Iidabashi* 飯田橋, *lignes Oedo, JR Sobu (sortie B3), Tozai, Yurakucho et Namboku (sortie B2b).*

Où dormir ?

Très bon marché (moins de 6 000 ¥ / 50 €)

Tokyo Central Youth Hostel 東京セントラルユース ホステル *(plan IX, B2, **64**) : 18F, Central Plaza, 1-1 Kaguragashi, Shinjuku-ku. ☎ 3235-1107. • jyh.gr.jp/tcyh • Ⓜ Iidabashi* 飯田橋, *lignes Oedo, JR Sobu (sortie B3), Tozai, Yurakucho et Namboku (sortie B2b). Accès direct depuis la station. Aux niveaux 18 et 19 du Central Plaza, centre commercial, par l'ascenseur n° 1. Réception 6h-23h. Lit 4 130 ¥ ; 3 530 ¥ pour les membres du réseau* HI ; *petit déj en sus.* Attention, cette AJ n'est pas pour les noctambules car couvre-feu à 23h (l'ascenseur – n° 1 – s'arrête aussi, ceci expliquant cela). Sinon, fort bien placée, pas loin des jardins impériaux et à côté du village de Kagurazaka. Dortoirs non mixtes de 4, 8 ou 10 personnes et chambres familiales (4-6) aménagées à la japonaise avec tatamis. Propre, classique et, surtout, jolie vue sur la ville.

Où manger ?

Prix moyens (de 1 500 à 3 500 ¥ / 12,50-29 €)

Canal Cafe カナルカフェ *(plan IX, B2, **142**) : 1-9 Kagurazaka, Shinjuku-ku. ☎ 3260-8068. Ⓜ Iidabashi* 飯田橋 *(sortie B2a). Tlj sauf 1er et 3e lun du mois 11h30-23h.* Juste à la sortie du métro, on ne peut manquer ce grand bar-restaurant établi sur un ponton au bord de la rivière Kanda. On passe devant le

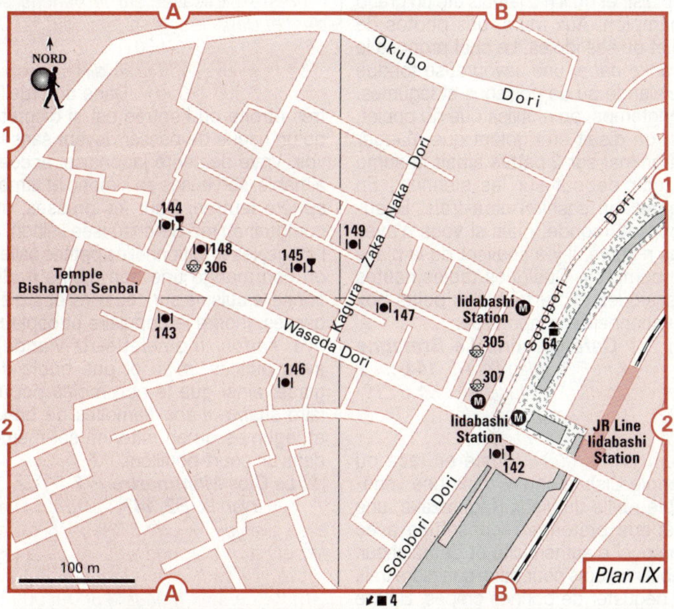

TOKYO – Kagurazaka (Plan IX)

Adresse utile

- **4** Institut français du Japon – Tokyo (hors plan par B2)

Où dormir ?

- **64** Tokyo Central Youth Hostel (B2)

Où manger ?

- **142** Canal Cafe (B2)
- **143** Chanko Kuroshio (A2)
- **144** Café-crêperie Le Bretagne (A1)
- **145** Bar à Cidre Restaurant (A1)
- **146** Tori Jaya (A2)
- **147** Le Clos Montmartre (B2)
- **148** Tatsumiya (A1)
- **149** Tenko (B1)

Où boire un verre ?

- **142** Canal Cafe (B2)

Achats

- **305** YouLuck gallery-potery (B2)
- **306** Maison de thé Rakuzan (A1)
- **307** Noren Muro (B2)

Canal Cafe Boutique, puis sur la gauche on descend vers le canal où se trouve le resto divisé en 2 parties. D'un côté, une salle spacieuse, et surtout une vaste terrasse bien exposée et calme ; la carte offre quelques plats simples et réussis, ainsi qu'une belle carte de pizzas. Côté ponton *(Deck side),* c'est un self-service. On emporte petits snacks, pizzas, plats, glaces et boissons, et on s'installe sur une sorte de long comptoir en plein air au bord de l'eau. Location de barques *(11h30-16h, compter 600 ¥ les 30 mn).* Les becs sucrés feront escale, en sortant, à la pâtisserie attenante, *Canal Cafe Boutique* ; un régal !

Chanko Kuroshio ちゃんこ黒潮 *(plan IX, A2,* ***143****) : 3-6-3 Kagurazaka, Shinjuku-ku.* ☎ *3267-1816. Dans la rue à gauche du temple Bishamonten ; c'est le 1er resto sur la gauche au rdc. Tlj sauf dim 17h-23h (dernière commande à 22h). Carte en français.* Spécialisée dans la « cuisine de sumo », la maison est tenue par un ancien pratiquant de sumo devenu chef cuisinier. Cet homme jovial et modeste précise qu'il pratiquait pour le plaisir et qu'il n'a jamais été un grand champion. Aux murs, des photos de lui et de ses idoles. Le chef propose le *chanko nabe,* une savoureuse fondue de viande ou de poissons et légumes. Longtemps, on n'utilisa que du poulet, car on disait en rigolant que manger un animal sur 2 pattes aidait le sumo à tenir debout sur les siennes ! En entrée, un sashimi ultra-frais. Beaucoup de monde, mais si vous n'avez pas réservé, il y a souvent de la place au comptoir. Quelques tables hautes classiques et, surtout, des petits box traditionnels à la japonaise.

Café-crêperie Le Bretagne ルブルターニュ *(plan IX, A1,* ***144****) : 4-2 Kagurazaka, Shinjuku-ku. ☎ 3235-3001. Tlj sauf lun (hors lun fériés) 11h30-23h (dernière commande à 22h). Le soir, menu env 4 000 ¥.* Juste en face du temple Bishamonten, dans une vénérable ruelle du vieux Kagurazaka, une crêperie bretonne reconstituée avec un souci d'authenticité et de fraîcheur. Tables en bois pour boire son cidre frais et déguster de bonnes crêpes. Beurre Bordier, chocolat Valrhona, confitures de Raphaël... de bons produits qui font vite grimper l'addition. On y trouve aussi de la bière *Blanche Hermine* et de la bière de sarrasin... Terrasse bien au calme. Et si vous êtes vraiment nostalgique de votre Bretagne natale et du pays du Soleil-Couchant, ***Bar à Cidre*** attenant et quelques ruelles plus loin le ***Bar à Cidre Restaurant*** シードルバーレストラン *(plan IX, A1,* ***145****) : 3-3-6 Kagurazaka. ☎ 5229-3555. Mer-ven 17h30-23h, sam-dim 11h30-22h30. Fermé lun-mar.* Cuisine fusion nippo-armoricaine raffinée *(compter 4 500-8 400 ¥),* dont la cotriade (soupe de poisson de Bretagne ; sur résa) et une vingtaine de cidres dont des japonais, excellents. Spécialité : poisson en croûte de sarrasin sauce beurre blanc au cidre.

De prix moyens à plus chic (de 1 500 à plus de 6 500 ¥ / 12,50-54 €)

Tori Jaya 鳥茶屋 *(plan IX, A2,* ***146****) : 4-2 Kagurazaka, Shinjuku-ku. En face du resto* L'Escalier, *sur la gauche en descendant les marches. ☎ 3260-6661. Tlj 11h30-14h30 (15h le w-e), 17h (16h le w-e)-22h30 (22h dim). Le soir, menus 6 500-9 000 ¥.* Dans une ruelle très étroite où l'entrée est si discrète qu'on risque de passer devant sans la voir. Vraie demeure japonaise, accueil aimable, serveuses en kimono et atmosphère feutrée. Pour les pressés, un comptoir au rez-de-chaussée ; sinon, à l'étage, les traditionnelles petites salles où l'on mange une non moins traditionnelle cuisine sur coussins et tables basses. Il offre le populaire et copieux *oya kodon* (l'omelette-riz-viande), avec pickles, *miso* et une boule de glace, ainsi que le non moins populaire *shabu-shabu* (lamelles de bœuf et légumes qu'on mitonne soi-même dans un court-bouillon).

Le Clos Montmartre ルクロモンマルトル *(plan IX, B2,* ***147****) : 2-12 Kagurazaka, Shinjuku-ku. ☎ 5228-6478. Noter le petit moulin rouge au bord de la terrasse. Tlj sauf dim 11h30-14h, 18h-21h30. Le soir, menus 3 800-5 000 ¥.* Pour les nostalgiques du confit de canard, voici un sympathique bistrot à l'ancienne (comptoir, ardoise avec les plats du jour). Le soir, place aux grands classiques de la cuisine française. Sélection soignée de petits vins et célébration du beaujolais et rosé en saison. Terrasse tranquille.

Tatsumiya たつみや *(plan IX, A1,* ***148****) : 4-3 Kagurazaka, Shinjuku-ku. ☎ 3260-7016. Coincé entre le* Bar 400 *et le bar* Level. *Tlj sauf mar 12h-14h30, 17h30-20h30 (20h dim et j. fériés) ; dernière commande 30 mn avt. Compter 3 500-4 000 ¥.* Vénérable adresse de quartier presque secrète, qui ne cherche ni le bling-bling ni la publicité. Porte coulissante, TV allumée, tables basses. Salle petite, modeste, démodée, mais accueil jovial. La patronne se contente de perpétuer la tradition culinaire de la maison : les anguilles *(unagi),* un plat rare et cher. Sa grand-mère avait reçu la *popstar* John Lennon et sa femme japonaise Yoko Ono, qui vinrent y manger en juin 1980, quelques mois avant la mort du chanteur. On sert ici l'anguille de diverses façons : avec du riz et *kabayaki,* grillée avec sauce ou sans sauce...

Tenko 天孝 *(plan IX, B1, **149**) : 3-1 Kagurazaka, Shinjuku-ku. ☎ 3269-1414. Porte vitrée à petits carreaux, façade blanche. Tlj sauf dim et j. fériés 12h-23h (dernière commande à 22h). Le soir, résa obligatoire. Menus déj 12 000 ¥ ; dîner 18 000-20 000 ¥.* Dans une ruelle discrète, une entrée qui l'est plus encore, un des meilleurs restos de tempura du quartier, tenu par un vieux couple de cuistots et leur fils. Cette ancienne demeure de geishas au cadre très sobre ne compte que quelques places au comptoir et autour de la fosse. Le soir, c'est *omakase* (faites confiance au chef), les plats sont élaborés selon le marché et l'inspiration du moment. Délicieux amuse-bouches, fine pâte de beignets qui ne dénature pas les saveurs. Une belle expérience gastronomique.

Où boire un verre ?

Canal Cafe カナルカフェ *(plan IX, B2, **142**) : 1-9 Kagurazaka, Shinjuku-ku. ☎ 3260-8068. Ⓜ Iidabashi 飯田橋 (sortie B2a). Tlj sauf 1er et 3e lun du mois 11h30-23h.* Voir plus haut « Où manger ? ».

Achats

Maison de thé Rakuzan 楽山神楽坂店 *(plan IX, A1, **306**) : 4-3 Kagurazaka. ☎ 3260-3401. Dans la rue principale. Tlj 9h-19h30, dim 10h-18h.* La 2e génération aux commandes continue d'offrir des produits de qualité et de bons conseils. Feuille d'explications en français (thés verts). Vendent aussi des *nori,* toutes sortes d'algues que vous avez eu l'occasion de découvrir au restaurant (conditionnements adaptés au transport). Patron charmant.

YouLuck gallery-potery 佑楽 *(plan IX, B2, **305**) : 2-10 Kagurazaka, Shinjuku-ku. ☎ 6228-1178. Ⓜ Iidabashi 飯田橋. • uluck.jp/en •. 1er étage. Ouv jeu-lun 11h30-19h (18h le w-e).* Ceux qui apprécient l'artisanat et notamment la vaisselle souvent utilisée dans les restaurants japonais seront heureux de faire escale dans cette galerie de poche où est exposé, par roulement, le travail d'une trentaine d'artisans potiers de l'Archipel autour de la vaisselle de table, le plus souvent cuite dans des fours à bois. Des pièces tournées ou pas, émaillées... ou pas. Délicatesse et raffinement.

Noren Muro のレンmuro *(plan IX, B2, **307**) : 12-1 Kagurazaka. ☎ 5579-2910. • koujiamasake.jp/ • Ouv lun-ven 10h-21h. Ⓜ Iidabashi 飯田橋 (sortie B3).* Cette échoppe met à l'honneur les produits fermentés, utilisés dans la cuisine japonaise traditionnelle, et notamment l'*amazake* : une épaisse boisson naturellement sucrée, à base de riz fermenté, à boire chaude ou froide, déclinée en différents crus (selon le riz utilisé, l'arôme éventuel...) ; pleine de vertus semble-t-il ! Mais aussi sauces soja, soupes miso déshydratées... Ustensiles de cuisine et vaisselle également.

LES QUARTIERS DE ROPPONGI 六本木 ET D'AZABU-JUBAN 麻布十番

• Roppongi, Azabu-Juban (plan X) *p. 185*

***Roppongi* signifiait jadis « Six Arbres ». Le nom fait référence aux 6 seigneurs qui possédaient cette terre et dont le nom contenait le mot « *gi* » (arbre).**

Bombardé en 1945, le quartier abrita une base de l'armée américaine après la Seconde Guerre mondiale. Ces braves arbres ont bien du mal aujourd'hui à cacher la forêt des plaisirs nocturnes... tous ces cafés, bars, restaurants et boîtes drainant à longueur de nuit des dizaines de milliers de noctambules. C'est l'un des quartiers les moins japonais de Tokyo. Atmosphère typiquement occidentale, assez clinquante. Surtout depuis l'arrivée du *Roppongi Hills,* gigantesque ensemble immobilier dominé par la Mori Tower, ce labyrinthe incroyable où, même avec un plan, on a du mal à retrouver son chemin. Sans compter son rival, en face, le nouveau complexe de *Tokyo Midtown...* Cependant, Roppongi possède aussi l'antithèse de la futilité et du clinquant : en effet, on peut se concocter un magnifique parcours artistique et architectural avec le Mori Art Museum et l'époustouflant National Art Center (et bien d'autres petites perles !). Enfin, pour les amateurs de calme et de chlorophylle, le grand cimetière d'Aoyama est propice aux rêveries bucoliques.
Azabu-Juban, quant à lui, offre un cadre tranquille de rues et ruelles traditionnelles, bordées de bars et restos. La nuit, atmosphère sereine, presque villageoise...

ROPPONGI 六本木

Où dormir ?

De prix moyens à chic (de 10 000 à 25 000 ¥ / 83-208 €)

Hotel Asia Center of Japan ホテルアジア会館 (plan X, A1, **65**) : *8-10-32 Akasaka, Minato-ku. ☎ 3402-6111. • asiacenter.or.jp • Ⓜ Aoyama Itchome* 青山一丁目*, ligne Ginza (sortie 4, puis prendre Gaien-Higashi-dori, et c'est la 2e rue à gauche, un grand hôtel moderne sur la droite), ou Nogizaka* 乃木坂*, ligne Hibaya (sortie 3). Doubles 10 000-20 500 ¥, petit déj inclus.* Grand hôtel moderne dans les standards occidentaux, dans un quartier résidentiel calme à 10 mn à pied de la partie animée de Roppongi. Les chambres sont de bonne taille, avec clim, TV et tout le toutim. Celles situées dans l'annexe sont un peu plus petites (un brin moins chères, aussi).

The b Roppongi ザビー六本木 (plan X, B1, **66**) : *3-9-8 Roppongi, Minato-ku. ☎ 5412-0451. • roppongi.theb-hotels.com • Ⓜ Roppongi* 六本木*, ligne Toei Oedo (sortie 5, puis 1 mn à pied) ou ligne Hibiya (sortie 3, puis 3 mn à pied). Doubles 12 500-23 500 ¥, petit déj inclus.* Fort bien situé, au cœur de la vie nocturne, un hôtel de style contemporain offrant 76 chambres lumineuses de grand confort et au design raffiné (clim, frigo, TV satellite...).

Où manger ?

Bon marché (moins de 1 500 ¥ / 12,50 €)

Chinese Cafe Eight 中国茶房 8 (plan X, A2, **150**) : *2F, Court Annex, 3-2-13 Nishi-Azabu, Minato-ku. ☎ 5414-5708. Ⓜ Roppongi* 六本木 *(sortie 3). Tlj 24h/24. Formules déj 630-880 ¥.* L'un des restos les moins chers de Tokyo, au pied du très luxueux *Grand Hyatt* ! Grande salle au 1er étage. En journée, on y trouve facilement de la place, mais le soir ça peut être plein comme un œuf. Il faut dire que vous avez là l'un des meilleurs rapports qualité-prix de Tokyo pour la cuisine chinoise et un choix de mets savoureux.

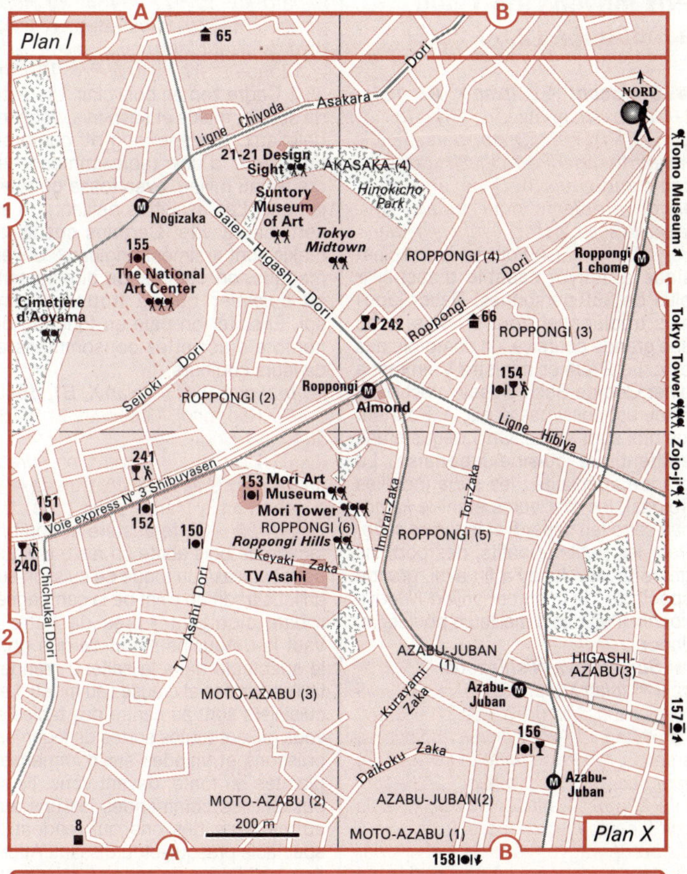

TOKYO – Roppongi, Azabu-Juban (Plan X)

Adresse utile

8 Ambassade de Suisse (A2)

Où dormir ?

65 Hotel Asia Center of Japan (A1)
66 The b Roppongi (B1)

Où manger ?

150 Chinese Cafe Eight (A2)
151 Gonpachi (A2)
152 Sumiyakiya Nishiazabu (A2)
153 Pintokona et L'Atelier de Joël Robuchon (A2)
154 Inakaya (B1)
155 Brasserie Paul Bocuse Musée (A1)
156 Eat More Greens (B2)
157 Bunbuku (hors plan par B2)
158 Yamada Chikara (hors plan par B2)

Où boire un verre ?
Où sortir ?

154 Line Club (B1)
240 Muse (A2)
241 A-Life (A2)
242 Abbey Road (B1)

Prix moyens (de 1 500 à 3 500 ¥ / 12,50-29 €)

Gonpachi 権八 *(plan X, A2,* ***151****) : 1-13-11 Nishi-Azabu, Minato-ku. ☎ 5771-0170. Ⓜ Roppongi 六本木 (sortie 2). Tlj 11h30-2h (dernière commande 1h avt). Dans la journée, aucun problème pour trouver une table, le soir c'est souvent plein. Menu déj 2 000-3 500 ¥.* Voilà un grand classique à Tokyo, capable d'accueillir plus de 350 personnes. Décor japonais traditionnel, tout en bois, avec une grande coursive, un comptoir, des box. Le Premier ministre y emmena dîner George Bush un soir, c'est dire ! Zizou est aussi passé par là. Pourtant les prix sont sages. On y déguste une authentique cuisine japonaise. La grande spécialité : les *soba* (nouilles froides), les meilleures étant le *kamonan seiro* (au canard) et le *tororo seiro.* Pour les petits appétits, des portions genre tapas. Jusqu'à fin avril, grande spécialité : le *charcoal grilled Nagoya cochin* (l'un des 3 meilleurs poulets au Japon).

Sumiyakiya Nishiazabu 炭やきや西麻布 *(plan X, A2,* ***152****) : B1F, 3-20-16 Nishiazabu, Minato-ku. ☎ 3403-5397. Ⓜ Roppongi 六本木 (sortie 2). Sous les arcades, repérer la porte toute noire. Tlj sauf sam midi et dim midi 11h30-15h, 17h-22h30. Menu déj 1 000 ¥ ; à la carte, catégorie prix moyens (chic pour du bœuf wagyu, voire très chic pour du bœuf de Kobe).* À une portée de klaxon de la tour Mori et de ses tables ô combien dispendieuses, il suffit de faire coulisser la porte de cette salle aveugle pour caler une faim, sans prétention, à des tarifs démocratiques le midi. Au menu : assortiments de viandes, relativement épicés (plutôt rare au Japon), accompagnés comme il se doit de riz blanc et d'une soupe miso. On peut aussi piocher de bons currys dans la carte. Autre facette de l'adresse, du bœuf *wagyu,* bien plus dispendieux. Service féminin en hijab. L'adresse est tenue par des Sri-Lankais musulmans et la viande est donc halal.

Pintokona ぴんとこな *(plan X, A2,* ***153****) : Roppongi Hills, B2F, Metro Hat-Hollywood Plaza, 6-4-1 Roppongi, Minato-ku. ☎ 5771-1133. Ⓜ Roppongi 六本木 (sorties 1B ou 1C). Au pied de la tour Mori ; au 2ᵉ sous-sol de la rotonde d'accès au métro. Tlj 11h-23h.* Cadre zen en bois clair. Un resto de sushis, makis et sashimis vraiment délicieux. Assis le long du comptoir ou autour d'une table immense et creuse au milieu, avec fosse pour les jambes. Les assiettes défilent, on se sert, ça va vite. Certains sushis et makis sont vraiment originaux. S'il en manque, on commande directement au cuisinier qui se trouve devant soi. Ensuite, on paie en fonction du nombre d'assiettes consommées et de leurs couleurs.

Inakaya 田舎家 *(plan X, B1,* ***154****) : 3-14-7 Roppongi, Minato-ku. ☎ 3408-5040. Ⓜ Roppongi 六本木 (sorties 3 ou 5). À la sortie du métro, prendre à droite l'av. Gaienhigashi, puis la 4ᵉ à gauche (Family Mart à l'angle de la rue). Tlj 17h-23h.* Cette austère et sombre façade de bois abrite un resto typique de *robatayaki,* un mode de cuisson sur grill. La tradition vient de la campagne, *robata* signifiant « près de l'âtre ». Vaut le détour ne serait-ce que pour le spectacle dans la salle. 2 grandes tables carrées et creuses au milieu. Les cuisiniers sont au centre des tables et vous grillent toutes sortes de légumes, poissons et viandes sur d'immenses plaques en fonte, devant vous. Ils se passent les commandes les uns aux autres dans des cris qui rendent le spectacle presque étourdissant. Attention, on n'a pas de carte sous les yeux et l'addition peut vite grimper.

De prix moyens à plus chic (de 1 500 à 15 000 ¥ / 12,50-125 €)

L'Atelier de Joël Robuchon トリエ ドゥ ジョエル ロブション *(plan X, A2,* ***153****) : 2F, Roppongi Hills, 6-10-1 Roppongi, Minato-ku. ☎ 5772-7500. Ⓜ Roppongi 六本木 (sorties 1B ou 1C). Face au Toho Cinema. Tlj 11h30-14h30, 18h-22h. Formules déj en sem 3 800-8 800 ¥ ; le soir, menus 5 200-17 800 ¥ (service + 10 %).* C'est noir et rouge, les couleurs des alchimistes, chères à Joël Robuchon, lui-même alchimiste de la cuisine française. On trouve ici du très chic-très cher à la sauce *Robuchon Japon,* mais aussi du vraiment bon. Le chef a vécu en France. Cadre élégant, mobilier dans un style contemporain chaleureux, ambiance brasserie autour du comptoir et des hautes tables où l'on vient déguster les inventions « robuchiennes ». Les budgets plus serrés pourront acheter aussi de savoureux sandwichs et gâteaux à déguster tranquillement en terrasse. Un restaurateur qui a tout compris !

|●| ***Brasserie Paul Bocuse Musée*** ブラッスリー ポール ボキューズ ミュゼ *(plan X, A1,* ***155****) : National Art Center (3e étage), 7-22-2 Roppongi, Minato-ku. ☎ 5770-8161. Ⓜ Nogizaka 乃木坂 (sortie 6, reliée au National Art Center) ou Roppongi 六本木, lignes Hibiya (sortie 4A) et Oedo (sortie 7). Tlj sauf mar : déj 11h-16h, dîner 16h-21h (22h ven) ; dernière commande 1h30 avt. Formules déj 2 200-3 800 ¥ ; le soir, 5 000 ¥ et à la carte.* Cette brasserie de Paul Bocuse est située dans un cadre absolument exceptionnel, au design très original. Le restaurant se trouve à l'intérieur du très moderne Art Center, au sommet d'un énorme champignon, une salle toute ronde offrant à travers le bâtiment tout en verre une vue sur la ville, qui devient plus magique encore le soir lorsque les lumières s'illuminent ! Dans l'assiette, l'exquise cuisine du célèbre chef, avec des menus adaptés aux expositions et aux saisons. Une cuisine de brasserie à l'image de celles déjà connues, à des prix démocratiques pour une ville comme Tokyo !

Où boire un verre ? Où sortir ?

Roppongi fut, après la Seconde Guerre mondiale, la destination nocturne par excellence. Comme le quartier abritait une base américaine, il s'y greffa naturellement un quartier nocturne propice à la détente des soldats. Le grand rendez-vous populaire des nuits longues et blanches est *Roppongi Crossing* (sortie 3 du métro, puis à droite), et plus précisément devant la pâtisserie *Almond.* À partir de là, longue litanie de bars, cafés, restos, boîtes, bars à hôtesses, *gentlemen's club,* striptease, karaokés divers...

🍸🕺 ***Muse*** 西麻布ミューズ *(plan X, A2,* ***240****) : 4-1-1 Nishi-Azabu, Roppongi, Minato-ku. ☎ 5467-1188. • muse-web.com • Ⓜ Roppongi 六本木, lignes Hibiya et Toei Oedo (sortie 5). En sortant du métro à gauche, descendre jusqu'au grand carrefour en T, c'est en face. Tlj sauf dim-lun 21h (22h ven-sam)-5h (3h mar, minuit mer). Entrée : mar-mer, bar-lounge gratuit ; jeu-sam (gratuit pour les filles), 2 boissons comprises. Parfois, soirées spéciales plus chères.* Grosse boîte sur 3 niveaux, accueillant souvent plus de 1 000 personnes le week-end ! *Dress code* plutôt *smart casual.* Pas mal d'expats. Un peu tous les genres au niveau musical (pop, hip-hop, électro, R'n'B).

🍸🕺 ***A-Life*** エーライフ *(plan X, A2,* ***241****) : 1-7-2 Nishi-Azabu, Minato-ku. ☎ 3408-1111. • e-alife.net • Ⓜ Roppongi 六本木, lignes Toei Oedo et Hibiya (sortie 2). Lun-sam 21h-5h.* La boîte la plus en vogue dans le quartier pour la tranche d'âge des 20-30 ans. Musique commerciale sur 2 niveaux.

🍸🕺 ***Line Club*** ラインクラブ *(plan X, B1,* ***154****) : 3-15-24 Roppongi, Gaien-Higashi. ☎ 3405-0633. Ⓜ Roppongi 六本木, lignes Hibiya et Toei Oedo (sortie 5). À la sortie du métro, prendre à droite l'av. Gaienhigashi, puis la 4e à gauche (Family Mart à l'angle de la rue). Jeu-sam 22h-9h. Gratuit pour les filles ven.* L'une des boîtes les plus populaires. Très branché hip-hop et bon taux d'alcoolémie. Excellents DJs.

🍸♩ ***Abbey Road*** アビーロード *(plan X, B1,* ***242****) : 4-11-5 Roppongi. ☎ 3402-0017. • abbeyroad.ne.jp • Ⓜ Roppongi 六本木, lignes Hibiya et Toei Oedo (sorties 4A ou 7). Tlj 18h-23h30 (1er concert à 19h30).* Pour les *Beatles addicts.* Groupe qui reprend leur répertoire.

À voir

LES PIEDS DANS L'HUILE, LA TÊTE DANS LES NUAGES

La Mori Tower de Roppongi Hills est l'un des gratte-ciels commerciaux les plus technologiques de Tokyo. Les dernières inventions antisismiques ont été intégrées dans ce monumental complexe de 241 m de haut, pesant 290 000 t. Le bâtiment repose sur 356 vérins à huile, qui absorbent les secousses et les oscillations en cas de tremblement de terre. Les effets dévastateurs sont ainsi atténués.

Roppongi Hills 六本木ヒルズ *(plan X, A2)* : *6-10-1 Roppongi, Minato-ku. ☎ 6406-6000. • roppongihills.com • Ⓜ Roppongi 六本木, lignes Hibiya et Toei Oedo (sorties 1B, 1C ou 3). Tlj 11h-23h (21h pour les magasins).*

Quand, en plein éclatement de la bulle économique, Mori Minoru, l'un des plus gros promoteurs du Japon, déclara vouloir faire une énorme opération immobilière à Roppongi, bien des gens furent sceptiques sur l'avenir du projet. Pourtant, ce dernier, achevé en 2003, connut très rapidement le succès...

Dominé par l'imposante Mori Tower, ce vaste complexe comprend un ensemble de tours de taille moyenne incorporant appartements, bureaux, TV Asahi, le *Grand Hyatt,* plus de 200 boutiques, cafés et restos, des jardins, des cinémas, et même l'un des plus intéressants musées d'art contemporain de Tokyo. Pour se repérer, se procurer le *Floor Guide* édité par le complexe, à récupérer au bas de la Mori Tower. Le rendez-vous le plus populaire est *Maman,* la surprenante araignée géante installée au pied de la tour, œuvre de l'artiste Louise Bourgeois (« Maman », c'est parce que l'artiste faisait un lien de cœur avec sa mère, tisserande et protectrice comme l'est une araignée).

Mori Tower 森タワー **et Tokyo City View** 東京シティビュー *(plan X, A2)* : *Roppongi Hills, Minato-ku. ☎ 6406-6652. • roppongihills.com • Ⓜ Roppongi, lignes Hibiya et Toei Oedo (sorties 1B, 1C ou 3). Dim-jeu 10h-20h (dernier ticket à 19h30). Achat des billets au niveau 3F. Entrée : 1 800 ¥ ; réduc. Ce billet inclut la visite du musée d'Art Mori (voir plus bas).*

La tour de 54 étages s'élève à 238 m (5 m de moins que la mairie). Devant, un curieux cône translucide appelé *Metro Hat* amène les visiteurs en un mouvement de spirale vers l'entrée de la tour. Quand tout cela est éclairé, effet garanti la nuit ! Observatoire circulaire à 360° très spacieux au 52e étage (payant). Vu sa position centrale en ville, il offre l'un des panoramas de Tokyo les plus complets qui soient. Allez-y à la tombée du jour, quand la ville commence à s'illuminer : impressionnant ! Et quand il fait très beau, on aperçoit le mont Fuji.

Le musée d'Art Mori (Mori Art Museum) 森美術館 *(plan X, A2)* : *au 53F de la tour. ☎ 5777-8600. • mori.art.museum • Ⓜ Roppongi 六本木, lignes Hibiya et Toei Oedo (sorties 1B, 1C ou 3). Tlj 10h-22h (17h mar) ; fermeture des guichets 30 mn avt. En principe, même billet que pour la Tokyo City View (billet parfois différent selon expo).*

3 ou 4 expos temporaires dans l'année mettent en lumière les dernières tendances en matière artistique et des artistes japonais en devenir. Des expos de haute qualité, privilégiant la confrontation des genres et des arts. Vidéos les plus pointues, photo, design, architecture... Attention, entre 2 expos, le musée peut rester fermé un certain temps.

La tour de Tokyo (Tokyo Tower) 東京タワー *(hors plan X par B2)* : *4-2-8 Shiba-koen, Minato-ku. ☎ 3433-5111. • tokyotower.co.jp • Ⓜ Akabanebashi 赤羽橋駅, ligne Oedo (sortie Akabanebashi Gate, puis 5 mn à pied), ou Onarimon 御成門, ligne Mita (sortie 1), ou Kamiyacho 神谷町, ligne Hibiya (sortie 1). Tlj 9h-23h (dernier ticket à 22h30 pour l'observatoire principal, à 150 m ; à 22h15 pour*

l'observatoire spécial, à 250 m). Accès observatoire principal : 1 200 ¥ ; observatoire spécial 2 800 ¥ ; réduc enfants. Fast-foods et restos au 1er étage.
On la voit de loin avec sa structure métallique de couleur vermillon. Conçue par l'architecte Tachu Naito (spécialiste de la construction parasismique), elle peut résister à des séismes 2 fois plus forts que celui de 1923 et supporter des vents de plus de 220 km/h (lors du tremblement de terre de mars 2011, seule l'antenne du sommet a été légèrement tordue). Inaugurée en décembre 1958, ce fut à la fois le symbole de la reconstruction du Japon de l'après-guerre et un événement dans le ciel de Tokyo, étant la plus haute tour de la capitale à cette époque.
Quelques chiffres : hauteur 333 m ; un peu plus haute que la tour Eiffel (dont elle s'inspire), mais c'était trop facile d'allonger l'antenne télé ! Elle est 2 fois plus légère (4 000 t) que la tour Eiffel, qui pèse 10 100 t. La Tokyo Tower permettait la retransmission et la diffusion des 24 plus importantes chaînes de télé japonaise, jusqu'à la construction en 2012 de la tour de la télécommunication Tokyo Skytree Tower. La tour de Tokyo, aujourd'hui dépassée en hauteur et en technologie, continue sa fonction émettrice au ralenti. Une particularité architecturale : les 4 pieds de la Tokyo Tower reposent sur une base très étroite, contrairement à la tour Eiffel qui a les pieds bien écartés. Pour la maintenir pimpante, près de 28 000 litres de barbouille sont nécessaires à chaque remise en peinture.
Accès à l'observatoire principal (à 150 m), puis à l'observatoire spécial (à 250 m). Panorama exceptionnel à 360° et, par beau temps, le mont Fuji ne vous échappera pas. Sinon, la tour abrite nombre de restos, boutiques, animations, jeux pour les enfants et un aquarium de poissons tropicaux.

OPÉRATION RECYCLAGE

La tour de Tokyo a nécessité 4 000 t de poutrelles et tubulures en acier. Près d'un tiers environ de ce métal provient de 90 chars d'assaut de l'US Army endommagés lors de la guerre de Corée. L'art de la récup' fait aussi partie du génie nippon !

★★★ *Le Centre national d'art de Tokyo (The National Art Center)* 国立新美術館 *(plan X, A1)* **:** *7-22-2 Roppongi, Minato-ku. ☎ 5777-8600. • nact.jp/fr • Ⓜ Nogizaka 乃木坂, ligne Chiyoda (sortie 6, directement reliée au centre), ou Roppongi, lignes Hibiya (sortie 4A) et Oedo (sortie 7). Tlj sauf mar 10h-18h (20h ven). GRATUIT sauf expos spécifiques.*
Le plus grand espace culturel de Tokyo, chef-d'œuvre de l'architecture contemporaine de Kisho Kurokawa. Son audacieuse façade de verre ondule comme un harmonieux mouvement de vague. L'ensemble mesure près de 5 ha et abrite 10 salles d'expo, un auditorium, 3 salles de conférences, une bibliothèque, une librairie, un restaurant, des cafés (n'en jetez plus !). Environnement verdoyant et immense volume intérieur sans colonnes. La nuit, vision époustouflante. Depuis le dernier étage on apprécie encore plus l'intelligence de cette architecture. Au centre, comme suspendue dans l'air, la *Brasserie de Bocuse* (voir plus haut « Où manger ? »). Espace entièrement consacré à la culture, avec de multiples expositions d'art moderne. Librairie riche en ouvrages sur l'art contemporain.

★★ *Tokyo Midtown* 東京ミッドタウン *(plan X, A-B1)* **:** *9-7-4 Akasaka, Minato-ku. • tokyo-midtown.com/en • Ⓜ Roppongi 六本木, lignes Oedo et Hibiya (sortie 8 ou Tokyo Midtown), ou Nogizaka, ligne Chiyoda (sortie 2).* Ce super-ensemble architectural se pose ouvertement en concurrence avec le *Roppongi Hills.* Déjà, la ***Midtown Tower*** mesure 10 m de plus que la Mori Tower. Et toujours ici le même souci de marier la culture et le business. La tour principale abrite des bureaux et l'hôtel *Ritz-Carlton Tokyo.* Les bâtiments moins hauts agglutinés à ses pieds *(Plaza, Galleria, Midtown East & West)* accueillent des appartements de luxe, des magasins, des restaurants, ainsi que le ***Suntory Museum of Art*** et le ***21-21 Design Sight*** (voir plus bas). En outre, tant qu'à faire, Midtown prend également la tête en termes d'espaces verts avec le ravissant Hinokicho Park ! On y retrouve les plus grandes marques de luxe et nombre de restos, bars...

Suntory Museum of Art サントリー美術館 *(plan X, A1)* **:** *9-7-4 Akasaka, Minato-ku. ☎ 3479-8600. • suntory.com/sma • Dans le centre Tokyo Midtown (voir ci-dessus) ; niveau 3F (10h-11h, accès par la galerie 1F). Tlj sauf mar 10h-18h (20h ven-sam), dernière entrée 30 mn avt. Prix selon expo : env 1 300 ¥ ; réduc.*
Fondé en 1961, il a superbement intégré son nouveau nid, œuvre de l'architecte Kengo Kuma. Expos temporaires d'excellente qualité sur le thème « l'art et la vie », généralement japonisantes. Ne pas manquer de tester la salle de cérémonie du thé.

21-21 Design Sight 2 1－2 1デザインサイト *(plan X, A1)* **:** *9-7-6 Akasaka, Minato-ku. ☎ 3475-2121. • 2121designsight.jp • Ⓜ Roppongi* 六本木*, lignes Oedo et Hibiya (sortie 8 ou Tokyo Midtown), ou Nogizaka, ligne Chiyoda (sortie 2). Tlj sauf mar 10h-19h (dernière entrée à 18h30). Entrée : 1 200 ¥ ; réduc. Également des expos parfois gratuites.*
Ce musée d'art moderne est l'œuvre conjointe de 2 monstres des arts : l'architecte Tadao Ando et le créateur de mode Issey Miyake. Le bâtiment très bas est couvert par de grandes plaques d'acier laminé descendant en douceur vers le jardin et les parterres de fleurs, dominé par une haute haie d'arbres. Une grande partie est enterrée. Un musée horizontal et discret, voire intime. Une certaine manière d'exprimer les 2 visages du Japon contemporain : une face traditionnelle, pleine de sérénité ; et une autre, moderne, active, dynamique...
Le centre accueille des expositions temporaires consacrées soit au design, soit de l'art pur, soit des choses très fonctionnelles et utilitaires (mobilier, objets de mode). Né en 1938 à Hiroshima et rescapé de la bombe, Issey Miyake sait que la vie est éphémère et fragile, mais il a rejoint l'idée de Tadao Ando pour qui l'architecture doit être intemporelle et durable. Il a su plus que tout autre insuffler la vie dans ses œuvres. Il souhaite ici expliquer pédagogiquement le processus de la création.
Pourquoi un tel nom pour un musée ? 20-20 étant la vision parfaite en optique, 21-21 est le symbole du plus que parfait.

À voir encore dans les environs pour ceux qui ont du temps

Zojo-ji 増上寺 *(hors plan X par B2)* **:** *dans le parc Shibakoen.* Édifié en 1598 par le shogun Tokugawa Ieyasu, fondateur de la lignée, ce fut longtemps le temple bouddhique le plus vénéré de Tokyo. Détruit plusieurs fois par le feu, reconstruit à chaque fois. De ces temps anciens, seul subsiste le grand portique d'entrée, le ***San-Gadatsu-mon*** (datant de 1612). Ce serait la structure en bois la plus ancienne de Tokyo. Dans les jardins, 2 immenses ***cèdres.*** L'un planté par le président des États-Unis, le général Ulysse Grant, en 1879, et l'autre par George Bush père en 1982. Au cimetière, on peut admirer les ***tombes*** de 6, parmi les 15, shoguns Tokugawa. Le plus émouvant est la partie verte du cimetière, réservée aux ***enfants mort-nés*** et aux avortons *(Unborn Children Garden).* On y voit une ribambelle de statuettes en pierre représentant Jizo, le dieu protecteur des enfants (et des voyageurs). Les parents des chérubins morts viennent habiller les *jizo* comme si c'étaient leurs propres bambins vivants : bonnets en laine (souvent rouge) sur la tête, écharpe autour du cou ou bavettes... Une très touchante tradition.

Le cimetière d'Aoyama 青山墓地 *(plan X, A1)* **:** *2-32-2 Aoyama, Minato-ku. ☎ 3401-3652. Entrée libre.* Le plus grand cimetière de Tokyo est aussi le plus ancien (1872). Plus de 100 000 tombes cachées dans la verdure, au long d'allées ombragées. Ce « Père-Lachaise » local connaît, bien sûr, un regain d'affluence à l'époque des cerisiers en fleur... Une section s'appelle ***Gaijin Bochi*** : c'est le coin des étrangers. Parmi ceux-ci, on trouve des Anglais, des Américains, des Allemands, des Hollandais, missionnaires, diplomates, ingénieurs, artistes... Il y a notamment la tombe de Joseph Heco (1837-1897), le 1er Américain naturalisé japonais. On y trouve une douzaine de tombes de Français, parmi lesquels des missionnaires des Missions étrangères de Paris, dont Mgr Osuf, 1er archevêque de Tokyo (1829-1906). La tombe la plus célèbre du cimetière est celle du ***chien Hachiko,*** dont une sculpture se trouve à la sortie nord de la station de métro Shibuya (voir ce chapitre). Le toutou est enterré au pied de son maître Hidesaburo Ueno.

Le musée Tomo 智美術館 *(hors plan X par B1) : 4-1-35 Toranomon, Minato-ku. ☎ 5733-5131. • musee-tomo.or.jp • Ⓜ Kamiyacho* 神谷町*, ligne Hibiya (sortie 4B), ou Tameike-Sanno, ligne Namboku (sortie 13). Tlj sauf lun 11h-18h (dernier ticket à 17h30). Tarif selon expo.*
Musée intime pour des expos temporaires de beaux objets : rouleaux, manuscrits, boîtes laquées, sculptures anciennes, etc.

AU SUD-EST DE ROPPONGI : AZABU-JUBAN 麻布十番

Miniquartier résidentiel dont l'atmosphère et le style de vie très européen attirent beaucoup les expatriés. Il faut dire qu'il abrite nombre d'ambassades et que ceci explique probablement cela. Totalement détruit lors des bombardements de 1945, c'est aujourd'hui l'un des quartiers résidentiels les plus chers de Tokyo. Cela n'empêche pas une franche animation autour du métro Azabu-Juban. Le festival Aki Matsuri d'Azabu-Juban se déroule chaque année, en septembre, pendant le Festival d'Automne de Tokyo. Animé, coloré, il rassemble de nombreux adeptes.
– Accès : Ⓜ Azabu-Juban 麻布十番*, lignes Namboku et Oedo (sortie 4).*

Où manger ? Où boire un verre ?

Le cœur de ce petit quartier riche et animé est constitué à la fois par une place ombragée et par la rue Azabu-Juban-dori, axe commerçant où sont alignées des kyrielles de magasins et de restos.

De bon marché à prix moyens (moins de 3 500 ¥ / 29 €)

Eat More Greens イートモアグリーンズ *(plan X, B2, **156**) : 2-2-5 Azabu-Juban. ☎ 3818-8760. Depuis la station de métro, suivre Azabu Juban-dori, puis 1re à gauche, c'est à l'angle suivant sur la droite. Tlj 10h-21h ; tea time salad 14h-18h. Menu déj 1 300 ¥.*
« Mangez plus de verdure », tel est le slogan de ce café-resto au cadre actuel, tendance industrielle. Excellente cuisine économique, avec des produits sains et naturels, et des jus de fruits savoureux (et même du jus d'épices, comme le gingembre...). Plats végétariens, mais pas uniquement. Grand choix de *donuts.* On mange au comptoir ou en salle, ou bien même en terrasse. Petite carte des vins.

Un peu plus au sud d'Azabu-Juban, à Minami-Azabu et Shiba

Prix moyens (de 1 500 à 3 500 ¥ / 12,50-29 €)

Bunbuku 分福 *(hors plan X par B2, **157**) : 5-23-16, Shiba, Minato-ku. ☎ 6453-7189. Ⓜ Tamachi, ligne JR Yamanote. À env 1,5 km au sud de la tour de Tokyo. Tlj 11h30-14h30 et 17h (15h le w-e)-minuit.* Après quelques brasses dans cette agréable ruelle jalonnée d'*izakayas,* on plonge avec délice dans un ancien *sento* (bain public). Les tables occupent les bassins, les pourtours et la mezzanine. Et l'eau a, visiblement sans regret, été remplacée par la bière et le saké. On y sert bien sûr du poisson, mais le choix reste assez large pour contenter tout le monde, d'autant que la cuisine ne déçoit pas. Une adresse originale pour s'immerger à plus d'un titre dans la culture japonaise.

Très chic (plus de 15 000 ¥ / 125 €)

Yamada Chikara 山田チカラ *(hors plan X par B2, **158**) : 1-15-2 Minami Azabu, Minato-ku. ☎ 5942-5817. Ⓜ Azabu-Juban 麻布十番, ligne Meguro (sortie sud). Entrée très discrète (pas d'enseigne ; façade noir et blanc, porte en métal rouillé). Ouv 18h-minuit. Mai-sept, brunch dim. Sur résa seulement. Menu unique env 17 000 ¥.* Une petite salle (12 places, toutes au comptoir), une cuisine grande comme un placard à balais, mais un chef chevronné qui élabore une grande cuisine hors norme et inclassable, à des prix altiers mais pas hautains (la qualité se paie). Le menu change selon l'inspiration du chef, Yamada Chikara, formé chez Ferrán Adria, dont le restaurant *El Bulli* (en Catalogne) fut pendant un temps classé comme le meilleur resto du monde. Il propose une cuisine « moléculaire », inspirée et créative, avec laquelle il revisite le traditionnel *kaiseki.* Soupe d'œufs de tortue, foie gras en poudre (vrai !) qu'il réactive dans un bol comme un magicien pour en faire une soupe, *sukiyaki* aux truffes... Vins espagnols et français. Une vraie belle découverte.

TOKYO

LE QUARTIER DE MEGURO 目黒

• Meguro, Ebisu (plan XI) *p. 193*

Un quartier qui, une fois n'est pas coutume, n'a pas grand-chose à offrir aux touristes, outre quelques musées (surtout le remarquable musée métropolitain d'Art Teien).

Où dormir ?

De plus chic à très chic (de 25 000 à 35 000 ¥ et plus / 208-292 €)

Hotel Claska クラスカ *(hors plan XI par A3, **68**) : 1-3-18 Chuo-cho, Meguro-ku. ☎ 3719-8121. • claska.com • Ⓜ Gakugei-Daigaku 学芸大学, ligne Toyoko. Résa longtemps à l'avance. Doubles 30 000-47 000 ¥ ; petit déj en sus.* Un hôtel qui affiche un design extrêmement contemporain mais purement japonais ! Tatamis de luxe, chambres à la déco extrêmement épurée, de très bon goût. Parfait pour se faire plaisir pour 1 ou 2 nuits dans un hôtel luxueux. Au rez-de-chaussée de l'hôtel, un restaurant-bar avec une grande terrasse en teck pour se restaurer. Au 3e étage, une galerie d'art propose des expositions temporaires issues des travaux d'artistes contemporains. La terrasse sur le toit offre un point de vue sublime, avec en point de mire la tour de Tokyo, Shibuya, Shinjuku et la Mori Tower. Une très belle adresse, mais excentrée.

Où manger ?

Prix moyens (de 1 500 à 3 500 ¥ / 12,50-29 €)

Tonkatsu Tonki とんき *(plan XI, B3, **159**) : 1-1-2 Meguro. ☎ 3491-9928. Gare JR et Ⓜ Meguro 目黒, lignes Yamanote, Tokyo Meguro, Namboku et Toei Mita (sortie Central Gate). En partant sur la gauche, on aura tôt fait de repérer cette grande enseigne lumineuse « Pachenko & Slot Gaïa » : elle*

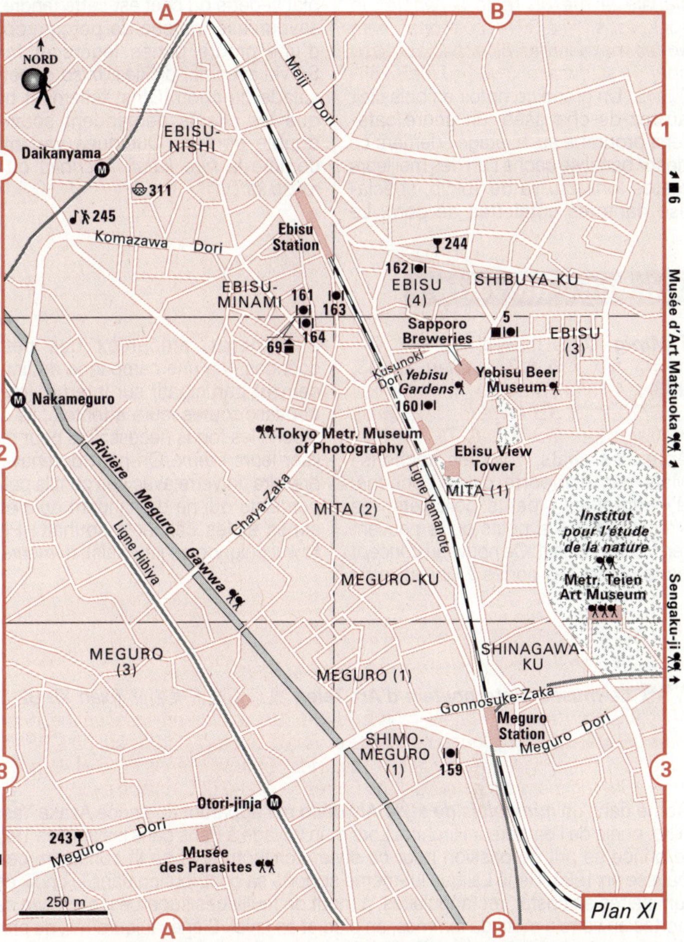

TOKYO – Meguro, Ebisu (Plan XI)

Adresses utiles

5 Maison franco-japonaise (B2)
6 Ambassade de France (hors plan par B1)

Où dormir ?

68 Hotel Claska (hors plan par A3)
69 Ebisuholic Hotel (A1-2)

Où manger ?

5 Café-brasserie L'Espace (B2)
159 Tonkatsu Tonki (B3)
160 Hana Chibo (B2)
161 Chinese Cafe Eight (A1)
162 Sorano (B1)
163 Teppan Ryôri Fu-ai-Sô (A-B1)
164 Ristorante della Collina (A2)

Où boire un verre ?
Où sortir ? Où danser ?

243 Mipig Café (A3)
244 Bar Martha (B1)
245 Unit (A1)

Achats

311 Le quartier de Daikanyama (A1)

signale la rue du resto à l'angle ; le Tonki *est situé à 30 m, côté droit (nom en japonais, lettres blanches sur tissu noir). Tlj sauf mar et 3e lun du mois 16h-22h45.* Un grand comptoir en bois clair au rez-de-chaussée, un genre cafétéria proprette au 1er étage : derrière ce décor banal se cache l'un des meilleurs restos *tonkatsu-ya* de Tokyo, spécialisé dans les côtelettes de porc. Le plat vedette du chef est cette tendre et savoureuse tranche de porc enrobée d'une croûte panée légère et frite. Servie avec riz, pickles, *miso* et petite salade de chou. C'est tellement bon que les clients demandent souvent double portion. Quelques variantes comme le *hire katsu teishoku* ou le *rohsu katsu.*

Où boire un verre ?

🍸 ***Mipig Café*** 日本初のマイクロブタとふれあえるカフェ *(plan XI, A3, **243**) : 4-11-3, Meguro, Meguro-ku. ☎ 6712-2011. Ⓜ Meguro 目黒, lignes JR Yamanote (sortie est). Tlj 10h-20h.* Après les chats, voici les cochons ! Mais pas n'importe quels cochons, d'« adorables » petits porcelets, les « *teacup pigs* » si petits qu'ils peuvent tenir dans la main. Ce nouveau *concept bar* a ouvert ses portes à l'initiative de 2 compères, amoureux des petits cochons. Via une campagne de financement participatif sur Internet (qui a dépassé toutes leurs attentes), ils ont récolté les fonds nécessaires pour réaliser leurs vœux. On peut dorénavant prendre un verre avec ces gentils petits porcelets qui ne demandent qu'à être aimés et les câliner à souhait ! Plus *kawai* (mignon en japonais), tu meurs...

À voir

Le musée métropolitain d'Art Teien 東京都庭園美術館 *(plan XI, B2-3) : 5-21-9 Shiro Kanedai, Minato-ku. ☎ 3443-0201. • teien-art-museum.ne.jp/en • Gare JR Meguro 目黒, lignes Yamanote et Tokyo Meguro (sortie est), ou Ⓜ Shirokanedai 白金台, lignes Namboku et Toei Mita. Tlj sauf j. fériés et 2e et 4e mer du mois 10h-18h (dernière entrée à 17h). Entrée : 1 000-2 000 ¥ selon expo.*

Abrité dans un ***minipalais de style Art déco*** qui appartint au prince Asaka Yasuhiko, oncle de l'empereur Hirohito. Lors d'un voyage à Paris dans les années 1920, le prince se prit de passion pour ce style architectural et se fit construire cette bâtisse en 1933. René Lalique lui-même apporta sa contribution dans le choix des luminaires en cristal, rectangulaires, à motif de feuillages superbes, ainsi que des portes en verre à motif de femmes, en pied et en relief. Siège, aujourd'hui, de prestigieuses expos temporaires. Petit *coffee shop.* Beaux ***jardins japonais*** *(accès : 200 ¥),* mais pas totalement ouverts au public.

L'Institut pour l'étude de la nature 自然教育園 *(plan XI, B2) : 5-21-5 Shiro Kanedai, Minato-ku. ☎ 3441-7176. • ins.kahaku.go.jp • Gare JR Meguro 目黒, lignes Yamanote et Tokyo Meguro (sortie est), ou Ⓜ Shirokanedai 白金台, lignes Namboku et Toei Mita (sortie 1). Tlj sauf lun et 28 déc-4 janv 9h-16h30 (17h mai-août) ; fermeture des guichets à 16h (tte l'année). Entrée : 310 ¥ ; réduc.*

Cette petite réserve naturelle est rattachée au musée national des Sciences. À l'origine (vers 1400-1500), ce site était une partie du domaine d'un seigneur nommé Shirokane Choja, puis vers 1664 un autre daimyo (Matsudaira) en fit son jardin privatif au cœur d'Edo. C'est aujourd'hui un exceptionnel morceau de nature resté intact sur fond d'urbanisation galopante : vestiges de bois, prairies, étangs et zones humides. Quelques cartes postales de paysages assez étonnants. Une présentation pédagogique permet de suivre l'évolution de la nature à travers les saisons.

Le musée d'Art Matsuoka 松岡美術館 *(hors plan XI par B2) : 5-12-6 Shiro Kanedai, Minato-ku. ☎ 5449-0251. • matsuoka-museum.jp • Ⓜ Shirokanedai 白金台, lignes Namboku et Mita (sortie 1). Tlj sauf lun 10h-17h (dernière entrée à 16h30). Entrée : 800 ¥ ; réduc.* Pour celles et ceux disposant de temps, ce charmant petit musée installé dans une élégante demeure propose de superbes pièces archéologiques. Son fondateur, Seijiro Matsuoka (1894-1988) – un industriel collectionneur et mécène –, fait partie des entrepreneurs-collectionneurs de Tokyo qui furent à l'origine de grands musées d'art. Dans le hall, accueil sympathique de la *Grande Pénélope* de Bourdelle.

- *Salle 1 :* quelques belles antiquités égyptiennes.
- *Salle 2 :* les admirateurs du sculpteur Moore seront ravis, fort belles pièces.
- *Salle 3 :* superbes statues antiques, notamment un bouddha debout de la dynastie Sui (Chine, VIe s), mais surtout une remarquable frise de musiciennes en grès vert (Inde de l'Ouest, XIIIe s). Grande richesse des détails, suavité des postures. Voir aussi ces *Vishnou* et *Laksmi* en chlorite (XIIe s) magnifiquement ciselés, ainsi qu'un *Shiva et Parvati* en grès, très amoureux (XIe s). Enfin, un bouddha prêchant en schiste gris de très belle facture (style Gandhara, IIIe s apr. J.-C.).
- *1er étage, salle 4 :* superbe porcelaine de Chine (Yuan, XIVe s). De la même époque, « Oiseaux et poissons » provenant du Vietnam. Flasques et bols Ming (XVe s), coupes Song en céladon (XIe-XIIe s). Ravissantes théières coréennes de la dynastie Korgo (XIIIe s). Noter aussi cette insolite théière vietnamienne à 2 têtes de canard... Au fond, un agréable jardin.

Le musée des Parasites (Meguro Parasitological Museum) 目黒寄生虫館 *(plan XI, A3) : 4-1-1 Shimo-Meguro, Meguro-ku. ☎ 3716-1264. • kiseichu.org/e-top • Gare JR et Ⓜ Meguro 目黒, lignes Yamanote, Tokyo Meguro, Namboku et Toei Mita (sortie ouest, puis 15 mn à pied). Tlj sauf lun-mar et 29 déc-5 janv 10h-17h. Audioguide en anglais à télécharger sur Smartphone. GRATUIT.*
Pour les fans de musées peu ordinaires, voici un musée insolite, rare, attractif, mais un peu horrible par moments... Fondé en 1953 par Kamegai Satoru, un médecin qui étudia les maux frappant ses concitoyens dans les très pauvres conditions sanitaires de l'après-guerre. Quelque 300 exemplaires de parasites sont présentés ici sur les 45 000 de sa collection. Au 1er étage, exposition d'un ver de plus de 8 m de long, découvert dans le corps d'un homme de 40 ans (brrr !). Comme souvenirs, à la boutique du musée, T-shirts estampillés de parasites et pendentifs incrustés de drôles de bébêtes. Insolite, vous avez dit ?

À voir encore pour ceux qui ont du temps

À l'ouest de Meguro, prolonger jusqu'au quartier de ***Naka Meguro.*** C'est l'endroit préféré des familles tokyoïtes pour se balader, un peu à l'écart de l'agitation d'autres quartiers. Assez bucolique, le long de la ***rivière Meguro Gawwa,*** bordée de cerisiers. C'est magnifique (une explosion de fleurs) de fin mars à fin avril.

LE QUARTIER D'EBISU 恵比寿

• Meguro, Ebisu (plan XI) *p. 193*

Au nord de Meguro et au sud de Shibuya, voici Ebisu dont le nom est une altération de Yebisu, son ancien toponyme. Plus concrètement, ce quartier

n'est pas vraiment prioritaire sur un plan touristique comparé à bien d'autres, mais il possède quelques atouts. En particulier, les amoureux de la photo ne peuvent manquer de visiter le superbe musée de la Photographie. Quant aux amateurs de bière, ils iront bien entendu tester leurs connaissances au musée Yebisu. Enfin, au nord-ouest d'Ebisu, vers Shibuya, le secteur de Daikanyama comblera les fanas de shopping chez de jeunes créateurs-designers pleins de talent.

Où dormir ?

Ebisuholic Hotel 恵比寿ホリックホテル *(plan XI, A1-2,* ***69****) : 1-16-8 Ebisuminami, Shibuya. ☎ 5725-2666. • holichotel.jp/ebisu • Doubles 15 000-30 000 ¥, petit déj inclus.* Très bien situé. Une escale à taille humaine. On opte pour une chambre petit lit double/douche, ou un grand lit/baignoire. Les chambres, très petites pour certaines, offrent une vue dégagée, et parfois une salle de bains vitrée côté chambre, avec stores. Boissons et petites bricoles à grignoter en fin d'après-midi. Petit déj ordinaire, en revanche, pour cette gamme de prix.

Où manger ?

De bon marché à prix moyens (moins de 3 500 ¥ / 29 €)

Hana Chibo 花千房 *(plan XI, B2,* ***160****) : Ebisu Garden Pl, 38F, Tower Bldg, 4-20-3 Ebisu, Shibuya-ku. ☎ 5424-1011. Gare JR et* Ⓜ *Ebisu* 恵比寿*, lignes Yamanote, Saikyo, Shonan-Shinjiku et Hibiya (sortie Ebisu Garden Place). Tlj 11h30-15h, 17h-23h (en continu le w-e). Formules déj 1 500-2 800 ¥ ; prix moyens à la carte.* Un des rares endroits de Tokyo à servir la spécialité d'*okonomiyaki* (genre de crêpe épaisse fourrée au porc, calamars, crevettes et bœuf, une recette du *Kansai*). Cadre très banal, mais si vous parvenez à obtenir une place près de la grande baie, c'est le pompon : la vue est époustouflante depuis le 38e niveau de cette tour ! Le chef mijote aussi quelques plats savoureux comme le *mochi* (cake au riz), le *chiboyaki* (avec poulpe), le *yakisoba* (nouilles sautées).

Chinese Cafe Eight 中国茶房 8 *(plan XI, A1,* ***161****) : 1-16-12 Ebisu Minami, Shibuya-ku. ☎ 3713-2858. Gare JR et* Ⓜ *Ebisu* 恵比寿*, lignes JR Yamanote, Saikyo, Shonan-Shinjiku et Hibiya (sortie ouest). Depuis la place de la gare, prendre la 2e rue sur la gauche (elle monte un peu), puis la 5e à droite (pancarte « P24h » à l'angle). Tlj 24h/24. Formules déj 510-630 ¥.* Grande salle au 2e étage (niveau 3F), souvent bruyante. Le soir, ça peut être plein comme un œuf. Ce n'est pas de la grande cuisine, mais le rapport qualité-prix est intéressant, surtout le midi (boissons non alcoolisées, riz et desserts à volonté). Soupes parfumées, dont la goûteuse *hot and sour,* plats chinois *stir fried duck,* crevettes, raviolis... Autres adresses à Roppongi et Akasaka.

Ristorante della Collina リストランテデッラコーリナ *(plan XI, A1-2,* ***164****) : 2-9-4 Ebisumimami, Ajima building 2F. ☎ 3714-8855.* Ⓜ *Ebisu* 恵比寿 *(sortie sud). Résa sur Internet • https://ristorantedellacollina.tokyo/ • Ouv tlj midi et soir sauf dim. Cover charge 500 ¥/pers. Menus 1 200-3 400 ¥ au déj.* Pain et huile d'olive pour patienter, en attendant spaghettis à la poutargue, lasagnes au bœuf *wagyu* et huile de truffes ou espadon tomate basilic par exemple. Chic, atmosphère intimiste et tables nappées le soir. Intéressant pour les menus du déjeuner, ou pour une petite faim à la carte le soir (car le prix des menus, très complets, s'envole) ! Belle carte des vins. Salle très lumineuse, service charmant et très pro.

Café-brasserie L'Espace カフェブラッスリーレスパス *(plan XI, B2, **5**) : 3-9-25 Ebisu, Shibuya-ku. ☎ 5420-0719. Gare JR et Ⓜ Ebisu 恵比寿, lignes Yamanote, Saikyo, Shonan-Shinjiku et Hibiya (sortie Ebisu Garden Place). Tlj sauf mar 11h30-15h (dernière commande à 14h), 18h-22h15 (dernière commande à 21h). Prix moyens.* C'est le resto de la Maison franco-japonaise. Une fraîche cuisine, de bonnes viandes et des plats traditionnels (pot-au-feu, confit de canard, ragoût de chevreuil). Clientèle francophone ou francophile.

Chic (de 3 500 à 6 500 ¥ / 29-54 €)

Sorano 空野 *(plan XI, B1, **162**) : 2-7-4 Ebisu, Shibuya-ku. ☎ 5798-7331. Gare JR et Ⓜ Ebisu 恵比寿, lignes Yamanote, Saikyo, Shonan-Shinjiku et Hibiya (sortie est). Tlj 17h-23h30 (23h dim) ; dernière commande à 22h45). Compter env 5 000 ¥.* Dans une ruelle qui compte plusieurs restos, celui-ci sort du lot pour son cadre japonais élégant, son atmosphère apaisante (musique souvent jazzy), son excellente cuisine souvent à base de tofu et ses tempuras, sans oublier la belle sélection de sakés. On y trouve aussi viande et poisson. Autre atout : sans être immense, le resto, très lumineux, compte pas mal de tables, ce qui laisse plus de chance de trouver une place si vous n'avez pas réservé.

Teppan Ryôri Fu-ai-Sô てっぱん料理不愛荘 *(plan XI, A-B1, **163**) : 3F, Ryuo II, 1-18-12 Ebisuminami, Shibuya-ku. ☎ 3791-8989. Gare JR et Ⓜ Ebisu 恵比寿, lignes Yamanote, Saikyo, Shonan-Shinjiku et Hibiya (sortie ouest). Dès la sortie, longer la gare sur la gauche jusqu'à une rue qui monte et suit la voie de chemin de fer. Au bout de 100 m, en haut, c'est le 2e bâtiment à gauche (Sakana Bar au rdc). Tlj sauf dim 18h-minuit. Résa conseillée.* Grimper l'escalier à gauche du bâtiment jusqu'au 2e étage (niveau 3F). Au fond, de la coursive, une porte marron... Vous y êtes ! Eh oui, découvrez un véritable resto en appartement et, surtout, une merveilleuse cuisine d'une délirante fraîcheur. On conseille de manger au comptoir, face à l'immense plaque chauffante, pour observer la maestria du chef. Déguster le *kaisen moriawase,* thon, couteaux, calamars, huîtres, lotte sur fond d'algues, ou alors des viandes tendres et savoureuses. Une curieuse spécialité : l'*okonomi yaki* (légumes sautés, poitrine fumée, sauce spéciale...). Accueil affable.

Où boire un verre ? Où sortir ? Où danser ?

Bar Martha バーマーサ *(plan XI, B1, **244**) : 1-22-23 Ebisu, Shibuya-ku. ☎ 3441-5055. Gare JR et Ⓜ Ebisu 恵比寿, lignes Yamanote, Saikyo, Shonan-Shinjiku et Hibiya (sortie est). Tlj 19h-3h. Cover charge 900 ¥/pers.* Depuis la rue, la façade très discrète (un simple mur imitation parpaings) ne laisse rien deviner de l'âme du lieu... Pourtant, voilà un bar à whiskys qui vaut le détour pour le cadre tamisé, et qui rendra fou, assurément, les amateurs de vinyles ! Pensez donc, des centaines de 33 tours sont scrupuleusement rangés sur une étagère qui recouvre un pan de mur entier, jusqu'au plafond ! Le magnifique comptoir en bois en jette pas mal aussi ! Grand choix de whiskys (pas donnés...), à déguster confortablement assis dans des fauteuils, sur fond de super musique *oldies,* souvent jazzy mais pas que. Une poignée de tapas, plats de pâtes, riz et *yakitoris.* Groupes de 6 personnes maximum acceptés pour préserver le niveau sonore du lieu (on est aussi là pour profiter de la musique !).

Unit ユニット *(plan XI, A1, **245**) : B1F, Za House Bldg, 1-34-17 Ebisu-Nishi, Shibuya-ku. ☎ 5459-8630. • unit-tokyo.com • Ⓜ Daikanyama 代官山, ligne Tokyo Toyuko, puis 2 mn de marche ; sinon, 8 mn de marche depuis la station Ebisu 恵比寿, lignes JR Yamanote, Saikyo, Shonan-Shinjiku ou Hibiya (métro). Voir le site internet pour les jours d'ouverture et tarifs (1 000-4 500 ¥). Min 20 ans (passeport*

TOKYO

demandé). Avec son espace immense et son style yuppie *(Young Urban People)*, ce club est probablement aujourd'hui l'une des grandes boîtes de Tokyo. Un lieu incontournable de la nuit nippone comme le célèbre club *Womb.* 600 personnes peuvent tenir dans la grande salle principale ; ajoutons à cela les autres niveaux (café-lounge au B1 et salon-DJ bar au B3), noirs de monde en fin de semaine.

Achats

Le quartier de Daikanyama 代官山 *(plan XI, A1,* ***311****) : Ⓜ Daikanyama 代官山, ligne Tokyu-Toyoko. En arrivant par la station Ebisu, prendre Komazawa-dori vers l'ouest et s'enfoncer dans les rues tout de suite sur la droite.* Il faut fouiller un peu, les boutiques ne sont pas concentrées. Mais ce quartier plaira à nos lectrices(eurs) par son côté plutôt intime. Beaucoup de magasins de vêtements et accessoires, loin de la prédominance des grandes marques, et aussi des petits créateurs(trices) qui produisent d'intéressantes choses dans leur coin. Également des boutiques proposant des objets décoratifs sophistiqués, des petits cadeaux malins, des gadgets de bon goût... Et vous trouverez même d'authentiques pâtisseries exclusivement pour chiens... Si, si !

TOKYO

À voir

Yebisu Gardens (Ebisu Garden Place) 恵比寿ガーデン プレイス *(plan XI, B2) : Gare JR et Ⓜ Ebisu 恵比寿, lignes Yamanote, Saikyo, Shonan-Shinjiku et Hibiya (sortie Ebisu Garden Place). Depuis la gare, suivre la passerelle Yebisu Sky Walk.* Le nom est trompeur car il y a ici plus de béton et d'acier que d'herbes et d'arbres. Sur l'emplacement de l'ancienne brasserie *Sapporo,* on a construit cet immense hall commercial de style très classique, qui n'a d'ailleurs jamais prétendu emporter le prix Pritzker (le Nobel de l'architecture). Large voûte couvrant une *plaza* en pente douce et s'appuyant sur les grands magasins, au fond de laquelle se découpe l'inattendu pastiche de château français du XVIIIe s. Paysage urbain plutôt surprenant au Japon.

Le musée métropolitain de la Photographie 東京都写真美術館 *(plan XI, B2) : 1-13-3 Mita Meguro-ku. ☎ 3280-0099. • topmuseum.jp • Gare JR et Ⓜ Ebisu 恵比寿, lignes Yamanote, Saikyo, Shonan-Shinjiku et Hibiya (sortie Ebisu Garden Place et suivre la passerelle Yebisu Sky Walk). Tlj sauf lun 10h-18h (20h jeu-ven). Entrée : env 1 000-1 500 ¥ selon expo.*
Le musée de la photo le plus important du Japon, installé sur 3 niveaux. Fonds permanent de plus de 30 000 photos présentées par roulement de façon thématique, avec une part belle accordée au noir et blanc.

Le musée de la Bière Yebisu エビスビール記念館 *(plan XI, B2) : B1F, 4-20-1 Ebisu Garden Pl. ☎ 5423-7255. • sapporobeer.jp • Gare JR et Ⓜ Ebisu 恵比寿, lignes Yamanote, Saikyo, Shonan-Shinjiku et Hibiya (sortie Ebisu Garden Place et suivre la passerelle Yebisu Sky Walk). Tlj sauf lun 11h-19h (dernier tour à 17h10) ; visite guidée (20 mn). GRATUIT (mais dégustation payante, 400 ¥ la bière).*
En sous-sol, dans une vaste rotonde, histoire de la brasserie *Sapporo,* une fameuse marque japonaise fondée en 1887. Les techniques de brassage de la bière étaient inspirées des méthodes allemandes. Noter l'élégant escalier en fer forgé qui menait aux cuves. Maquette de l'usine et antiques machines. Exposition d'anciennes affiches. Saga de la bière dans les autres pays. Fin de la visite dans le *Beer Lounge.*

À voir encore pour ceux qui ont du temps

Le temple de Sengaku-ji 泉岳寺 *(hors plan XI par B3)* **:** *2-11-1 Takanawa, Minato-ku. ☎ 3441-5560. Ⓜ Sengakuji 泉岳寺, ligne Asakusa (sortie A2). Temple et cimetière ouv 7h-18h (17h oct-mars) ; accès libre. Musée ouv 9h-16h30 (16h oct-mars). Entrée : 500 ¥ ; réduc.* C'est ici qu'eut lieu au XVIIIe s le suicide des 47 rônins. Un petit musée présente des souvenirs, documents et armes liés à cet épisode historique important dans la mémoire collective japonaise. Les sépultures des rônins font l'objet aujourd'hui encore d'une grande vénération.

À EN PERDRE LA TÊTE

En 1701, un jeune noble nommé Asano T. se disputa très violemment avec son professeur Yoshinaka Kira. Pour cette intempérance, Asano T. fut condamné à se suicider. 47 samouraïs, devenus « orphelins » de leur seigneur et de ce fait rônins (sans maître), décidèrent de le venger. Ils coupèrent la tête de Yoshinaka Kira et la déposèrent sur la tombe de leur maître. À leur tour condamnés à se suicider, ils furent enterrés près de leur seigneur. Cette fidélité bouleversa le Japon et l'héroïsme des 47 rônins devint un véritable culte national.

LE QUARTIER DE SHIBUYA 渋谷

• Shibuya (plan XII) *p. 200-201*

Un des quartiers les plus emblématiques de Tokyo, en perpétuelle animation, de jour comme de nuit. Squatté par une jeunesse frénétique, qui vient y consommer sans compter, s'amuser et parader dans les dernières tenues à la mode. Shibuya, laboratoire des modes et des tendances qui disparaissent aussi vite qu'elles apparaissent... supplantées par des modes encore plus folles. Également fief de la musique, Shibuya est aussi le royaume des ados, des *cosplays* et de l'excentrisme japonais. In vivo, tous les archétypes que l'on peut imaginer du Japon hypermoderne, marginal et insolite. Shibuya, immense emporium, explosion de pubs géantes et de néons gueulards. Un genre de Times Square puissance 10, fier de posséder le plus gros carrefour piéton au monde.
Les Jeux olympiques de 1964 lancèrent le quartier, tout comme la concurrence féroce entre les 2 principales compagnies de chemin de fer (*Tokyu* et *Seibu*), qui implantèrent, dès la construction de la gare, chacune de son côté, de nombreux grands magasins. Le plus fascinant est que l'on y trouve encore des mètres carrés de terrains à bâtir. Des tours y poussent encore et encore. Shibuya se révèle relativement concentré et se laisse découvrir, à défaut de se laisser apprivoiser, pour l'essentiel en 3-4h environ.

Adresses utiles

ℹ ***Shibuya Tourism Information Center*** *(plan XII, B2)* **:** *dans un ancien tram, sur la place à l'angle de Douenzaka et Koen dori. Ⓜ Shibuya 渋谷, ligne Tokyu Den en Toshi (sortie 6). Tlj 10h-19h.* Documentation sur le quartier. Des bénévoles en tenue à damier circulent dans Shibuya pour orienter les touristes perdus.
– ***Change :*** des solutions pas toujours

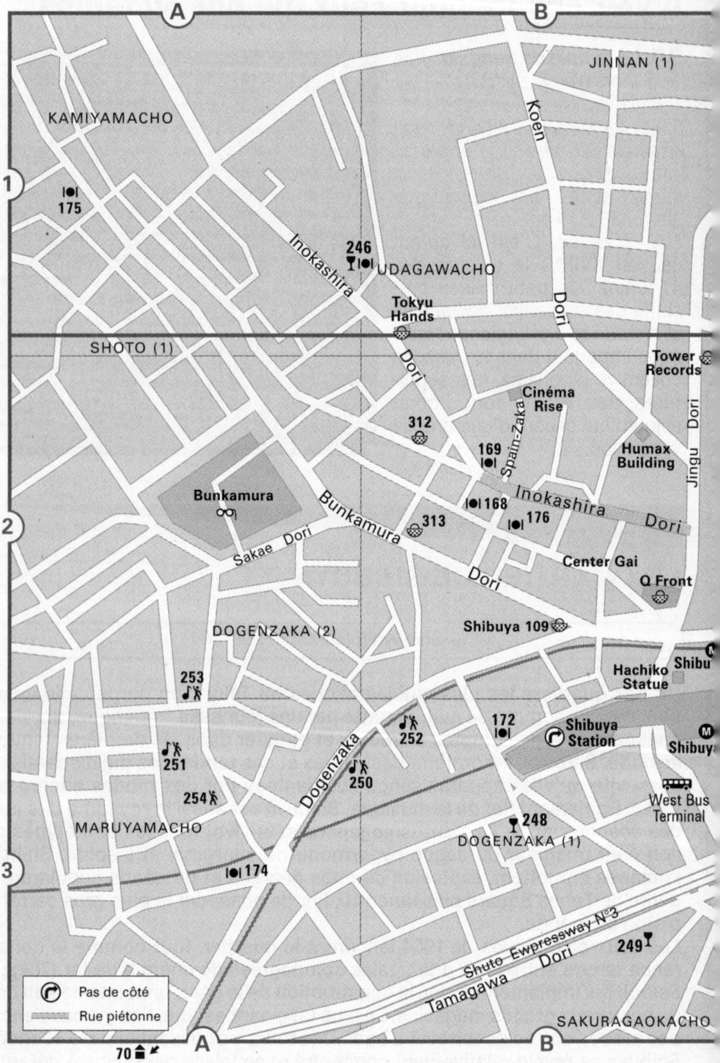

Adresse utile

Shibuya Tourism Information Center (B2)

Où dormir ?

70 Hôtel Fukudaya (hors plan par A3)
71 Shibuya Grandbell Hotel (C3)

Où manger ?

166 Tokyu Food Show (B3)
168 Kamukura (B2)
169 Niku Yokocho (B2)
170 Shirubee (C1)
171 D47 Shokudo (C2-3)
172 Morimoto (B3)
173 Narukiyo (D2)
174 Gonpachi (A3)
175 Pignon (A1)
176 Uogashi Nihon-ichi (B2)

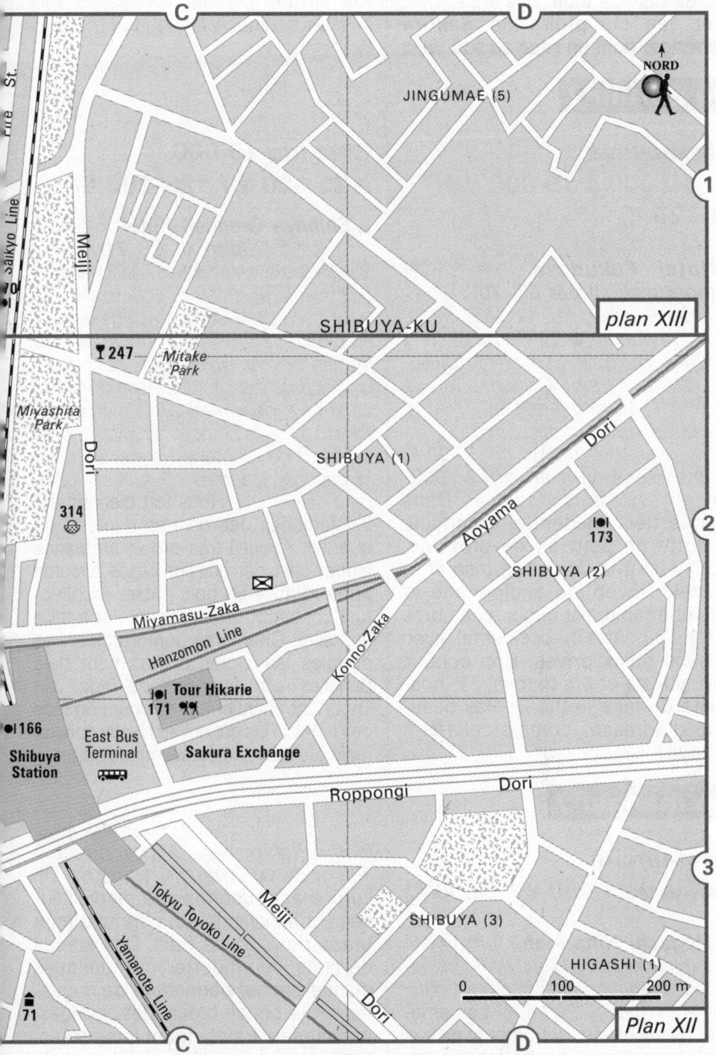

TOKYO – Shibuya (Plan XII)

Où boire un verre ?

246 And People (A-B1)
247 Glorious Chain Café (C1-2)
248 Abbot's Choice (B3)
249 Bello Visto (B3)

Où sortir ? Où danser ?

250 Sound Museum Vision (A-B3)
251 Womb (A3)
252 Contact (B3)
253 Club Asia (A2)
254 Club Atom (A3)

Achats

312 Mandarake Shop Shibuya (B2)
313 Don Quijote (B2)
314 Bic Camera (C2)

visibles dans la foule des enseignes. Visez les comptoirs de ***Sakura Exchange,*** dont un situé au sud de la tour Hikarie *(plan XII, C3 ; 22-13 Shibuya Higashiguchi Miami ; tlj 11h-23h).*

Où dormir ?

Prix moyens (de 10 000 à 15 000 ¥ / 83-125 €)

Hotel Fukudaya ホテル福田屋 *(hors plan XII par A3, **70**) : 4-5-9 Aobadai, Meguro-ku. ☎ 3467-5833. • fukudaya.com • Ⓜ Shibuya 渋谷 (sortie sud), puis bus n° 17 (direction Wakabayashi Orikaeshijo) ; à moins de 10 mn, arrêt au 2e stop (Aobadai yon-chome). En taxi, du métro, compter moins de 1 000 ¥. Doubles sans ou avec sdb 11 900-13 100 ¥. Résa conseillée.* Dans un quartier résidentiel tranquille où flotte un petit air de province. Petit hôtel à la japonaise discret et propret. Réception anglophone et accueil affable. Au choix, chambres de style japonais ou occidental, avec ou sans bains privés. Bon confort (clim, *yukata* et *obi* fournis, TV, possibilité de faire le thé...). Pas beaucoup d'adresses comme celle-ci à Shibuya !

Chic (de 15 000 à 25 000 ¥ / 125-208 €)

Shibuya Granbell Hotel 渋谷グランベルホテル *(plan XII, C3, **71**) : 15-17 Sakuragaoka-cho. ☎ 5457-2681. • granbellhotel.jp/en/shibuya/ • Gare JR Shibuya 渋谷. De la sortie ouest de la gare, emprunter la passerelle qui passe sous (et sur) la voie rapide, puis descendre par les escaliers situés en face du Music Land Key ; poursuivre sur le même trottoir (50 m), puis prendre la rue qui monte sur la droite ; l'hôtel est à env 50 m sur la gauche. Doubles 13 400-27 000 ¥, petit déj en sus.* Hôtel fort bien situé à 3 enjambées des centres d'intérêt du quartier. Accueil très pro et ambiance feutrée chic, dès que l'on passe la lourde porte rotative en bois noble. Architecture contemporaine plaisante et à taille humaine. Chambres confortables. Les doubles les moins chères sont déjà parfaites : clim, lit *queen size,* frigo... Un important chantier est en cours en face de l'hôtel... Pas gênant au niveau sonore, mais vue moins intéressante du coup.

Où manger ?

Bon marché (moins de 1 500 ¥ / 12,50 €)

Uogashi Nihon-ichi 魚がし岸日本一 *(plan XII, B2, **176**) : 25-6 Udagawacho, Shibuya-ku. Ⓜ Shibuya. Ouv lun-ven 11h-22h (23h été).* Les amateurs de sushis ne s'y trompent pas, et font la queue devant cette échoppe de poche, où l'on mange debout. Menu en anglais avec photos. Poissons et fruits de mer de saison (oursins, coquilles Saint-Jacques...). Efficace, et surtout un régal.

Tokyu Food Show 東急フードショー *(plan XII, B-C3, **166**) : B1F Shibuya Mark City (east mall), au sous-sol de la gare JR. ☎ 3477-3111. Gare JR Shibuya 渋谷 ligne Yamanote (sortie Tamagaya). Accès direct à 100 m de la sortie. Tlj 10h-21h.* Un surprenant supermarché merveilleusement achalandé qui offre une multitude de produits frais. Des stands de plats « à emporter » et quelques mange-debout permettent de déguster sur le pouce brochettes, salades, pâtisseries fraîchement préparées. Plaisir des yeux, des papilles et du porte-monnaie.

Kamukura 神座 *(plan XII, B2, **168**) : 29-4 Udagawacho, Shibuya-ku. ☎ 6415-3790. Gare JR Shibuya 渋谷 (sortie Hachiko, puis à gauche). À l'angle. Tlj 9h-minuit ; ven-sam 24h/24.* C'est le plus populaire de tous les restos de soupes du quartier de Shibuya. On prend un ticket dans une machine sur le trottoir après avoir choisi sur un grand panneau exposant la liste des plats (une trentaine d'options) et les photos de ceux-ci. À l'intérieur, les clients sont assis au coude à coude sur des sièges rouges devant un grand comptoir, avec les cuisiniers en toque blanche au centre.

|●| ***Niku Yokocho*** 肉横丁 *(plan XII, B2,* ***169****) : 3F, 13-8 Udagawacho, Chitose Kaikan.* Ⓜ *Shibuya* 渋谷 *(sortie 3). Viser le bâtiment blanc à l'enseigne* Chitose Kaikan, *entrée à droite, puis c'est au 2e étage. Tlj 17h-minuit.* Un *food court* dans un immeuble où les petits stands à touche-touche servent essentiellement de la viande *(niku)* aux employés venus se caler rapidement à la sortie du travail et aux jeunes qui traînent un peu plus tard. Animé, bruyant, on aime.

Prix moyens (de 1 500 à 3 500 ¥ / 12,50-29 €)

|●| ***Shirubee*** 汁べゑ 渋谷店 *(plan XII, C1,* ***170****) : 1F, 1-11-5 Jinnan, Shibuya-ku.* ☎ *3463-1010. Gare JR Shibuya* 渋谷 *(sortie Hachiko). Tlj 17h30-23h. Frais de couverts 450 ¥.* Attention, adresse ultra-secrète ! Monter les escaliers à gauche du magasin *ABC Mart*. Au fond de la galerie à droite, ouvrir la porte qui donne sur une coursive le long de la voie ferrée. Au bout, faire coulisser la discrète porte en bois à droite, baisser la tête et entrer, presque accroupi (et ébahi), dans cette incroyable taverne. Sur 2 niveaux, dans des salles et mini-box, sur des chaises ou en tailleur sur des tatamis. Une dizaine de plats à la carte : on recommande le spectaculaire maquereau, flambé devant vous au chalumeau. Le *nikujaga* (ragoût de bœuf aux oignons caramélisés) n'est pas mal non plus... Des boissons à prix d'ami, dont un (râpeux) vin japonais au verre. Ambiance jeune et babillante : un resto vraiment hors du commun !

|●| ***D47 Shokudo*** d47 食堂 *(plan XII, C2-3,* ***171****) : 8F, Hikarie Tower, 21-1-8 Shibuya, Shibuya-ku.* ☎ *6427-2303.* Ⓜ *Shibuya* 渋谷 *ligne Fukutoshin (sortie 15). Côté ouest de la tour Hikarie. Tlj 11h30-23h. Formules déj en sem 1 400-1 850 ¥ ; à la carte, prix moyens.* Dis papa, pourquoi D47 ? Parce que ce restaurant de haut vol (au 7e étage) a porté sur sa carte des spécialités venant des 47 régions qui constituent le Japon. 5 formules au déjeuner explorent chaque jour un département chacune : poisson, viande, végétarien, tous les goûts sont assouvis. Pour ne rien gâcher, le service est d'une redoutable douceur et on effectue cette exploration culinaire face à une baie vitrée qui embrasse les nouveaux gratte-ciels un peu fous de la gare de Shibuya et surplombe les rues frénétiques.

|●| ***Morimoto*** 森本 *(plan XII, B3,* ***172****) : Hamanoue Bldg, 2-7-4 Dogenzaka, Shibuya-ku.* ☎ *3464-5233. Gare JR Shibuya* 渋谷 *(sortie Hachiko). À 30 m du passage vitré de la gare qui enjambe la rue. C'est le resto à l'angle des 2 rues attenant à un magasin de DVD aux couleurs criardes. Tlj sauf dim et j. fériés 16h30-22h (21h30 sam). Menu en français. 3 menus 2 100-3 800 ¥.* Depuis 1948, c'est le meilleur resto de style *yakitori* de Shibuya, souvent classé dans le *top ten* de Tokyo. Un petit comptoir unique, une vingtaine de places, mais les gens s'y pressent pour déguster les meilleures brochettes de viande *(yakitori)* – de poulet notamment – et de légumes de Shibuya. Uniquement des produits frais que le patron va chercher lui-même chez les producteurs, comme les brochettes de champignons *shiitake* à partir de septembre, le *myôga* (genre de fenouil, sans en avoir vraiment le goût), le *rakkyô* parfumé au *shisso* (une plante aromatique), les foies, les anguilles, dont c'est aussi la spécialité. Quant au poulet, tout peut être « embroché » : abats, peau, croupion...

|●| ***Narukiyo*** なるきよ *(plan XII, D2,* ***173****) : 2-7-14 Shibuya-ku.* ☎ *5485-2223.* Ⓜ *Shibuya* 渋谷 *ligne Ginza (sortie 12, puis 10 mn à pied). À l'angle de la rue (pas d'enseigne en anglais) ; en sous-sol, par l'escalier qui descend au niveau du panneau « Vort Aoyama ». Tlj sauf dim et j. fériés 18h-0h30. Résa conseillée, surtout le w-e.* Ne pas hésiter à s'éloigner de la vie trépidante de Shibuya pour s'attabler

TOKYO

dans cette attachante *izakaya,* connue de quelques heureux chanceux. Tout ici séduit : le cadre patiné, l'atmosphère joyeuse, les rires des convives autour du comptoir, la bonne musique et les plats variés à commander en petite portion (pas de carte en anglais). Ceux qui veulent plus d'intimité s'installeront dans le salon japonais (on enlève ses chaussures).

Gonpachi 権八 (plan XII, A3, **174**) : *14F, E-Space Bldg, 3-6 Maruyama-cho, Shibuya-ku. ☎ 5784-2011. Ⓜ Shibuya 渋谷 (sortie Hachiko). Au 13e étage de la tour. Tlj 11h30-2h ; dernière commande 1h avt. Formules déj 1 500-4 000 ¥, prix moyens à la carte.* Cette chaîne de qualité, très populaire, est fréquentée par les gens du coin et les employés de bureau. *Gonpachi pizza* (différentes de celles que nous connaissons), *sumiyaki charcoal grill,* salades, soupes *(soba)...* Nouilles confectionnées sur place. En prime, une belle vue aérienne sur le quartier et ses tours. Certaines places le long des baies vitrées sont d'ailleurs payantes !

Chic (de 3 500 à 6 500 ¥ / 29-54 €)

Pignon ピニョン (plan XII, A1, **175**) : *16-3 Kamiyama-cho, Shibuya-ku. ☎ 3468-2331. Gare JR Shibuya 渋谷 (sortie Hachiko puis env 15 mn à pied). Tlj sauf dim et j. fériés 18h-minuit (dernière commande à 23h30).* Voilà un mélange réussi entre traditions japonaise et française. Dans le cadre d'abord, avec une cuisine ouverte sur le comptoir, une salle qui distille une sympathique atmosphère de bistrot rénové dans l'air du temps. La carte propose une cuisine aux accents français et méditerranéens qui rime avec saveur (mérou grillé purée de chou-fleur, côtelettes d'agneau, crème brûlée, mousse au chocolat, glaces maison...). Les plats sont généreux, les légumes croquants, le tout accompagné de bon pain. Atmosphère intime et musique cool au diapason de ce bout de quartier si calme. Quant à l'origine du nom du resto ? On vous le donne en mille...

Où boire un verre ?

And People (plan XII, A-B1, **246**) : *10-2 Udagawacho, Shibuya-ku. ☎ 3573-8440. Ⓜ Shibuya 渋谷 (sortie Hachiko). En venant de Tokyu Hands prendre la 2e rue à droite, c'est au-delà des escaliers. Tlj 12h-23h30 (dernière commande à 22h ; plus tôt au rdc).* Un salon de thé-resto parfait pour s'affaler dans l'un des fauteuils défoncés et se mettre en retrait de la frénésie enivrante de Shibuya, sous la lumière de lampions colorés. On reprend des forces autour d'un thé, d'un chocolat chaud (comme celui à l'orange) ou d'un cocktail, éventuellement d'un plat, type pizzas-pâtes-salades. En matière de déco, tout est dépareillé et bohème... complété par des voilages autour des tables pour plus d'intimité. S'il fait beau, agréables balcons ou terrasses sous des treilles au bord de la ruelle piétonne. Musique lounge, ambiance feutrée. Clientèle plutôt jeune.

Glorious Chain Café グロリアスチェーンカフェ (plan XII, C1-2, **247**) : *1F, Cocoti Bldg, 1-23-16 Shibuya, Shibuya-ku. ☎ 3409-5670. Ⓜ Shibuya 渋谷, ligne Fukutoshin (sortie 13, c'est en face). Tlj 11h30-23h (dernière commande à 22h).* L'immeuble Cocoti est dédié à la mode et à la haute couture branchée, notamment la marque *Diesel.* Au rez-de-chaussée, ce café a la particularité d'être situé et géré par ladite marque de vêtements. Ce *fashion-coffee* à la salle spacieuse, murs en céramique noire et plafond de style industriel permet de se poser pour boire un coup. Les plats de pub n'ont, eux, rien de très glorieux.

Abbot's Choice アボットチョイス 渋谷 (plan XII, B3, **248**) : *1-11-1 Shibuya-ku. ☎ 6809-0329. Gare JR Shibuya 渋谷 (sortie Hachiko). Tlj 15h-7h du mat.* Un pub miniature aussi mignon de dehors qu'à l'intérieur. On n'y meurt pas de soif vu la carte à rallonge : 7 bières pression du jour, 43 bières en bouteille, exclusivement internationales (pas de japonaise, dommage !), une cinquantaine de types de whisky dont quelques malts du cru. Accueil jeune et sympa et grignotage possible pour éviter de démâter.

Bello Visto ベロビスト *(plan XII, B3, **249**) : 40F, Cerulean Tower, 26-1 Sakuragaoka-cho, Shibuya-ku. ☎ 3476-3398. Gare JR Shibuya 渋谷 (sortie ouest, puis emprunter la passerelle qui passe sous la voie rapide). Tlj 16h (13h30 le w-e)-1h (dernière commande à minuit) ;* tea time *jusqu'à 18h.* Au 39e étage de ce grand hôtel de luxe pour une ambiance chic et choc. Le film *Lost in Translation* aurait tout à fait pu être tourné ici. Cadre sobre et élégant, bois verni sombre, mobilier stylé, lumières tamisées et, surtout, cette immense baie vitrée qui vous projette au cœur de la ville. La nuit, c'est vraiment magnifique. Prix des consos qui prennent de la hauteur, ça va de soi.

Où sortir ? Où danser ?

– ***Conseil :*** avant de sortir en boîte à Shibuya, et en général au Japon, munissez-vous de votre passeport (une photocopie n'est pas acceptée). Compter 2 000-4 000 ¥ l'entrée, voire un peu plus selon la soirée.

Sound Museum Vision サウンドミュージアムビジョン *(plan XII, A-B3, **250**) : B1F, Shintaiso Bldg, Dogenzaka, Shibuya-ku. ☎ 5728-2824 et 6415-6231. • vision-tokyo.com • Ⓜ Shibuya 渋谷 (sortie Hachiko). Min 20 ans.* Cette boîte exceptionnelle au cœur de Shibuya compte 6 bars lounge et 4 pistes de danse. Les meilleurs DJs du Japon, d'Europe et des États-Unis s'y produisent.

Womb 子宮 *(plan XII, A3, **251**) : 2-16 Maruyamacho, Shibuya-ku. ☎ 5459-0039. • womb.co.jp • Ⓜ Shibuya 渋谷 (sortie Hachiko). Tlj 22h (22h30 ven-sam)-4h30.* Un gros immeuble qui abrite Arias Studios. Considérée comme une des meilleures boîtes de l'ouest de Tokyo. Super son, excellents DJs. Musique variée mais à dominante plutôt électro.

Contact 接触 *(plan XII, B3, **252**) : B2F, Shintaiso Bldg, 2-10-12 Dogenzaka, Shibuya-ku. ☎ 6427-8107. • contacttokyo.com • Ⓜ Shibuya 渋谷 (sortie Hachiko). Entrée discrète en traversant le parking attenant au 7-Eleven. Ouv à partir de 19h ou 22h selon programmation (consulter leur site). Souvent fermé dim ou jeu. Min 20 ans.* L'une des plus grandes boîtes de Tokyo. Souvent des soirées avec DJs de renom. Bien connue des amateurs d'électro.

Club Asia アジアクラブ *(plan XII, A2, **253**) : 1-8 Maruyamacho, Shibuya-ku. ☎ 5458-2551. • clubasia.co.jp • Ⓜ Shibuya 渋谷 (sortie Hachiko).* L'une des boîtes les plus courues. Peut-être trop, elle cède de plus en plus de place aux soirées privées. Branchée électro et soul.

Club Atom アトムクラブ *(plan XII, A3, **254**) : 4F-6F, 2-4 Maruyamacho, Shibuya-ku. ☎ 3464-0703. • clubatom.com • Ⓜ Shibuya 渋谷 (sortie Hachiko). À droite de l'hôtel* Beat Wave. *Tlj 22h-4h30. Entrée moins chère pour les femmes et pour ts en sem. Min 20 ans.* Une des boîtes les plus populaires. Sélection pas trop sévère. 2 salles avec chacune sa propre musique.

Karaoké

Large choix. On vous conseille notamment ***La Pasela*** パセラ *(• pasela.co.jp/shop/shibuya/ •),* connue pour son grand choix de chansons étrangères.

Achats

Q Front Building キューフロントビル *(plan XII, B2) : Gare JR Shibuya 渋谷 (sortie Hachiko). En face de la gare centrale JR. Ouv 24h/24.* 6 étages consacrés à la musique sous toutes ses formes, aux CD, films, mangas, livres

TOKYO

informatiques... Abrite au 1er étage le *Starbucks,* qui offre la vue mythique du carrefour piéton le plus célèbre du monde. Au 6e étage, un sympathique café. Possibilité de se restaurer.

Mandarake Shop Shibuya まんだらけショップ渋谷 *(plan XII, B2,* ***312****) : B2F, Shibuya Beam Bldg, 31-2 Udagawacho, Shibuya-ku. ☎ 3477-0777. • mandarake.co.jp • Gare JR Shibuya* 渋谷 *(sortie Hachiko). L'entrée se distingue aux tuyaux et tubulures de style postmoderne nippon. Tlj 12h-20h.* Bien connu des jeunes Japonais, *Mandarake* est spécialisé dans les mangas, les uniformes *cosplay,* les poupées, les figurines, les jeux et les DVD liés à la J-pop et à la culture manga.

Don Quijote ドン キホーテ *(plan XII, B2,* ***313****) : 2-25-8 Dogenzaka, Shibuya-ku. ☎ 5428-0211. • donki.com • Gare JR Shibuya* 渋谷 *(sortie Hachiko). Reconnaissable à son enseigne jaune et noir. Ouv 24h/24.* Une des grandes chaînes japonaises qui s'exprime ici sur 3 niveaux. On y trouve de tout et de rien à des prix sages (jouets, matériel électronique et alimentation). Les consommateurs compulsifs et insomniaques apprécieront les horaires !

Tokyu Hands 東急ハンズ *(plan XII, B1) : 12-18 Udagawacho. ☎ 5489-5111. Ⓜ Shibuya* 渋谷 *(sortie Hachiko). Tlj 10h-19h.* Un centre commercial considéré comme le temple de la mode et de la diversité. Très populaire auprès des femmes, il offre un choix étonnant. Tout pour la maison, tout ce qui rend la vie plus facile : objets domestiques, matériel de cuisine, bricolage, mais aussi objets et produits les plus pointus, les plus innovants, les plus surprenants, les plus superflus...

Shibuya 109 渋谷１０９ *(plan XII, B2) : 2-29-1 Dogenzaka (angle Dogenzaka et Bunkamura). ☎ 3477-5111. Ⓜ Shibuya* 渋谷 *(sortie Hachiko). Tlj sauf 1er janv 10h-21h.* Le plus emblématique des magasins pour les jeunes femmes, le bastion des teenagers. La clientèle n'a guère plus de 20 ans. Ultimes tendances, mais pas très excentriques.

Bic Camera ビックカメラ *(plan XII, C2,* ***314****) : 1-24-12 Shibuya. ☎ 5466-1111. Ⓜ Shibuya* 渋谷 *ligne Fukutoshin (sortie n°10). Tlj 10h-21h.* Tout le matériel photo, informatique, téléphones portables, audio, vidéo, etc.

Tower Records タワーレコード *(plan XII, B1-2) : 7F, Tower Record Bldg, 1-22-14 Jinnan, Shibuya-ku. ☎ 3496-3661. Gare JR Shibuya* 渋谷 *(sortie Hachiko). Tlj 11h-23h.* Bon, OK, *Tower* c'est hyper connu, mais c'est aussi le plus gros magasin de musique de Tokyo. Bon rayon journaux et magazines également.

À voir

Itinéraire shibuyesque...

Tout commence au monument dédié au chien ***Hachiko,*** à la sortie de la gare (sortie Hachiko, pardi !), peut-être le lieu de rendez-vous le plus populaire du Japon. À 2 pas, le ***carrefour piéton le plus important au monde.*** Outre les 4 marquages au sol, 2 passages piétons y tracent les diagonales. En moins de 3 mn, des centaines de personnes (des milliers aux heures de pointe) y changent de trottoir. Ballet ahurissant de grosses vagues déferlantes qui ne créent même pas de mascaret ! Tout fonctionne

HACHIKO, CHIEN FIDÈLE

Hachiko attendait chaque soir son maître, un professeur, à la gare de Shibuya, au même endroit. Un jour pourtant, en 1925, le professeur ne vint pas, terrassé par une crise cardiaque. Hachiko continua à venir pendant 10 ans. Des vendeurs de yakitori, à côté, l'avaient pris en affection et le nourrissaient copieusement. Son histoire émut beaucoup de monde. Quand il mourut à son tour, la nouvelle fit la une des journaux, et l'on érigea une statue à la sortie de la gare, en mémoire de cette fidélité exemplaire.

harmonieusement. Pour en avoir une saisissante vision en plongée, montez donc à l'étage du bâtiment d'angle ***Q Front*** キューフロント qui domine le quartier (empire du CD ; voir la rubrique « Achats »). Sur sa gauche débute le ***Center Gai*** センター街 *(plan XII, B2),* une rue piétonne entièrement dédiée à la jeunesse. Véritable laboratoire de la culture ado. Bastion des *center guys,* l'une des plus importantes tribus de la ville. Look de *cover boy* mâtiné de celui d'un chanteur de *heavy metal,* grosses lunettes noires, bottes et jean serré à fanfreluches... Accompagnés de leurs consœurs, les *mambas,* aux tenues flashy, aux shorts ouvragés mini-mini, limite provocation, cheveux blonds et visages tannés aux UV ou fond de teint... Longues théories de néons tape-à-l'œil, magasins de fringues où l'on fait et défait toutes les modes sans cesse, boutiques colorées de gadgets, de téléphones portables aux boîtiers déments, de snacks pas chers, bars branchés, etc.
Vous vous trouvez dans le district d'***Udagawacho*** 宇田川町 *(plan XII, A-B1),* dont nous vous invitons maintenant à gravir les douces pentes, à travers ruelles étroites et escaliers bordés de bars de tous les genres. Celle qui monte vers le ***cinéma Rise*** par exemple *(plan XII, B2),* dont on apprécie l'originale architecture, le décor insolite et la super programmation. Plus haut, le populaire grand magasin ***Tokyu Hands*** 東急ハンズ (voir la rubrique « Achats »). Sur Koen-dori, ne pas manquer d'admirer le ***Humax Building*** ヒューマックス *(plan XII, B2),* l'immeuble possédant la façade la plus fantaisiste du coin (juste à droite se trouve le *Disney Store*). Au-delà, le quartier des musicos, studios d'enregistrement, salles de répétition, magasins de vinyles, théâtres de poche, dont Shibuya est la petite capitale.
Plus au sud, le quartier de ***Dogenzaka*** 道玄坂 *(plan XII, A-B2-3),* du nom d'un grand bandit qui devint moine à la fin de sa vie et qui s'était installé par ici. Le summum de la vie nocturne locale avec ses ***boîtes*** les plus fréquentées et ses ***love hotels*** rivalisant de décors les plus kitsch ou délirants pour séduire la clientèle, du château médiéval au palais des Mille et Une Nuits. Peu de sélection à l'entrée des boîtes, police assez présente. Parfois, un poil de sollicitations pour des massages, sans plus. Les heures s'écoulent... Vers minuit, atmosphère différente, bizarre, fiévreuse, l'heure de rentrer pour les banlieusards les plus éloignés va sonner dramatiquement. Alors on redescend vers la gare centrale par l'avenue Dogenzaka, pour attraper le dernier *JR...*

La tour Hikarie ヒカリエ *(plan XII, C2-3)* **:** *2-21-1 Shibuya, Shibuya-ku. ☎ 5468-5892. • hikarie.jp • Ⓜ Shibuya ligne Ginza (accès direct depuis la sortie 15). Depuis la gare JR (sortie est), accès direct depuis la passerelle du 2e étage. Magasins ShinQs ouv 10h-21h ; cafés et restos 11h-23h.*
Inaugurée en 2013, cette tour de 182,50 m de haut (43 étages) domine la gare de Shibuya. Son architecture design consiste en une superposition de blocs de verre et d'acier.
Du niveau B3F au 5F, les étages sont occupés par le centre commercial ***ShinQs.*** Pour la mode, rendez-vous au 2, 3 et 4F. Cafés et restaurants sont aux 6 et 7F. Au 8F, petit ***musée D47*** *(• d-department.com • ; tlj 11h-20h ; GRATUIT)* qui présente un inventaire d'objets à la Prévert venant des 47 régions du Japon ; une boutique où l'on trouve des produits d'artisanat provenant de ces mêmes régions et le restaurant panoramique du même nom (voir plus haut la rubrique « Où manger ? »). L'art et le design sont également présents au ***Creative Space*** (8F) : galerie d'art, magasin *design travel store...* La surprise est perchée dans les derniers étages avec le ***Tokyu Theater Orb*** (11F-16F), qui dispose de 2 000 places. Point culminant de Shibuya durant quelques années, la tour s'est fait voler la vedette par d'autres gratte-ciels qui lui cachent la vue par la même occasion, sur le cœur battant du quartier.

Culture

Bunkamura 文化村 *(plan XII, A2)* **:** *2-24-1 Dogenzaka, Shibuya-ku. ☎ 3477-9111. • bunkamura.co.jp • Ⓜ Shibuya 渋谷 (sortie Hachiko). Horaires variables selon spectacles.* Énorme complexe culturel de 6 étages au pied de la colline

TOKYO

de Dogenzaka, comprenant cinéma (niveau 6F), théâtre (1F), salle de concerts (3F), petit musée (B1, sous-sol) et une très intéressante galerie d'art (1F, rez-de-chaussée). Voir la programmation sur le site internet. Pour se reposer dans une atmosphère germanopratine, un café sympa : *Les Deux Magots Paris.*

LES QUARTIERS DE HARAJUKU 原宿 ET D'OMOTESANDO 表参道

• Harajuku, Omotesando (plan XIII) *p. 210-211*

Harajuku, un incontournable de la ville de Tokyo. Un de nos quartiers préférés. À cela, plusieurs raisons : d'abord le merveilleux parc Yoyogi abritant l'un des plus beaux temples shintoïstes de Tokyo, le Meiji Jingu. Puis Takeshita-dori, la « Carnaby Street » des ados, temple des modes les plus folles. Le pont de Harajuku, à l'entrée du parc Yoyogi, est un véritable théâtre où sont en représentation (surtout le week-end) toutes les *cosplayers,* ces adolescentes déguisées en « gothik », Lolita ou Barbarella. Au sud du parc, le Stade national datant des J.O. de 1964. Au-delà de Takeshita-dori, le dédale de ruelles, d'un quartier plutôt horizontal, abritant nombre de galeries d'avant-garde. Et puis, un peu partout, des bâtiments d'une architecture résolument avant-gardiste, elle aussi. Quant à Omotesando, c'est l'un des grands quartiers de la mode, abritant de grandes marques, bien sûr, mais pas que ! Également des enseignes plus populaires qui en font un quartier (un peu) plus abordable pour les budgets les plus modestes... Culture bien présente aussi avec les temples de Meiji et de Togo, sans oublier l'adorable musée Ota et ses superbes collections d'estampes.

HARAJUKU 原宿

Où manger ?

Bon marché (moins de 1 500 ¥ / 12,50 €)

Iel ***Harajuku Gyôzalô*** 原宿餃子樓 *(plan XIII, B2,* ***176****) : 6-2-4 Jingumae, Oka-shima Biru, Shibuya-ku.* ☎ *3406-4743.* Ⓜ *Meiji-Jingumae* 明治神宮前 *ou Harajuku* 原宿*. Sur Omotesando, en venant du parc Yoyogi, tourner à droite avt l'immeuble Chanel puis prendre la 1re à droite ; le resto est à 50 m sur la droite. Tlj 11h30-4h30 (22h dim).* Petit restaurant de *gyôza* (raviolis d'origine chinoise). Lieu de pause commun aux jeunes acheteurs et aux employés des boutiques de luxe d'Omotesando. Pas de menu, mais des petits plats que l'on commande sur le modèle des tapas espagnoles. Les *gyôza* existent en 2 versions : bouillis ou grillés. Accompagnements de riz, chou mariné, *moyashi* (avec sauce épicée), pousses de soja en sauce, concombre *(kyûri),* etc. Il faut souvent faire la queue devant le restaurant, en attendant que des places se libèrent au comptoir (peu de tables), d'où l'on peut voir s'activer les cuisiniers.

Prix moyens (de 1 500 à 3 500 ¥ / 12,50-29 €)

Iel ***Sakura-Tei*** さくら亭 *(plan XIII, C1,* ***177****) : 3-20-1 Jingumae, Shibuya-ku.* ☎ *3479-0039.* Ⓜ *Harajuku* 原宿 *(sortie Takeshita) ou Meiji-Jingumae (sortie 5). Le resto de la galerie* Design Festa. *Service tlj 11h-23h (dernière* *commande à 22h). Buffet à volonté 1 500 ¥ au déj, 2 500 ¥ le soir avec commande d'une boisson min obligatoire. Le repas ne doit pas dépasser 1h30 le midi et 2h le soir.* Parfaitement à sa place dans ce quartier de la bohème de bon ton. Cadre particulièrement chaleureux, murs ornés de fresques et autres graffs, œuvres d'artistes du monde entier... Service jeune et alerte. Spécialité d'*okonomiyaki,* plat japonais, à mi-chemin entre la tortilla et l'omelette. D'autres options, *yaki soba* (nouilles sautées), hot dog, nachos... Bref, beaucoup de choix, c'est bon, copieux et pas cher. Beaucoup d'étudiants le midi, l'ambiance y est animée. Ne pas manquer de visiter la magnifique galerie (avant ou après). Une de nos adresses préférées.

Path パス *(hors plan XIII par A2,* ***178****) : 1F, A-Flat, 1-44-2 Tomigaya Shibuya-Ku. ☎ 6407-0011. Ⓜ Yoyogi Koen. Tlj sauf lun (et 1 dim/mois) 8h-14h, 18h-minuit (dernière commande à 13h et 23h). Résa demandée pour le menu-dégustation servi le soir, catégorie « chic ». Prix moyens pour les plats à la carte.* Adeptes de la bistronomie, bienvenue : ces anciens de la Maison Troisgros (Tokyo pour le cuisinier, Roanne pour le chef-pâtissier) ont fusionné leurs acquis et leur vision du métier : s'affranchir des codes culturels japonais pour établir un rapport au travail basé sur le plaisir (et non sur un long labeur). Alors, forcément, cette approche est communicative ! Dans une salle tout en longueur, à la déco tendance *hipster,* on navigue avec délice entre France et Japon, et ce dès le petit déj avec de bonnes viennoiseries, puis avec une carte de brunch alléchante, ou des plats type ragoût de porc et de fenouil aux feuilles de wasabi, risotto de petits pois et palourdes, salades végétariennes subtiles. Tandis que le menu-dégustation s'invite le soir pour une expérience culinaire forcément originale... tout autant que cette belle aventure.

Vino e Pasta ビノ・エ・パスタ *(plan XIII, C1,* ***179****) : 3-27-15 Jingumae. ☎ 3478-0417. Ⓜ Harajuku 原宿. Du boulevard, prendre la rue en biais à gauche. Tlj sauf dim et j. fériés 12h-14h, 18h-23h (dernière commande à 21h30). Formule déj 1 300-1 750 ¥. Résa conseillée, surtout le soir.* Si vous êtes repu de sushis, saturé de sashimis, voilà un petit resto italien pour varier les plaisirs. Clientèle de gens de la pub, de la mode et du design. Le sympathique chef japonais a fait ses classes à Venise et est ravi de parler l'italien avec ses convives. 2 petites salles au cadre particulièrement sobre, pas d'affiches ensoleillées ni de gondoles clignotantes... « On doit se concentrer sur ma cuisine », martèle le maître des lieux. Poissons, viandes et pâtes ; pas de pizzas. Belle carte des vins.

De chic à plus chic (de 3 500 à 10 000 ¥ / 29-83 €)

Eatrip イートリップ *(plan XIII, B2,* ***180****) : 6-31-10 Jingumae, Shibuya-ku. ☎ 3409-4002. Ⓜ Harajuku 原宿 ou Meiji-Jingumae 明治神宮前. Entrée discrète par une étroite allée face au Mizu Cafe. Mar-sam 18h-minuit, plus sam-dim 11h30-15h (17h dim) ; dernière commande 30 mn avt. Menu (déj 3 500 ¥ ; le soir, menus 6 000-8 000 ¥) ou très courte carte du jour.* Excellent restaurant, niché au fond d'un adorable petit jardin zen, au calme. Côté déco, un vieux parquet se marie parfaitement aux matériaux modernes (béton). Ici, on mange bio, tous les produits sont sélectionnés avec soin. On s'installe en salle ou dans la véranda au bord du jardinet. Au programme : légumes grillés, poissons, terrines... Un petit air ensoleillé.

TOKYO

Où boire un verre et prendre un bon petit déj ?

Eco Farm Café 632 エコファームカフェ632 *(plan XIII, B2,* ***256****) : 6-32-10 Jingumae. ☎ 3498-0632. Ⓜ Harajuku 原宿 ou Meiji-Jingumae 明治神宮前. Tlj 9h-22h (21h dim et j. fériés) ; dernière commande 30 mn*

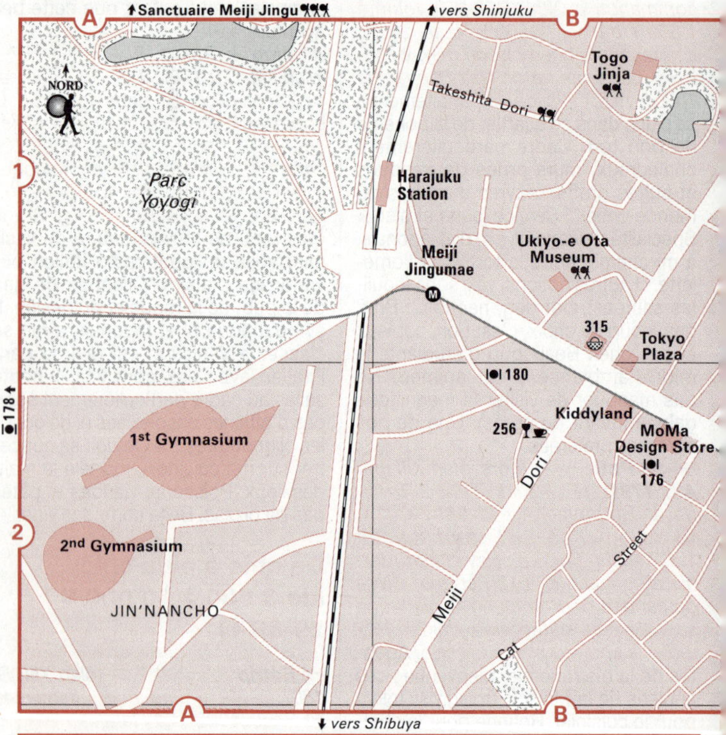

Où manger ?

176 Harajuku Gyôzalô (B2)
177 Sakura-Tei (C1)
178 Path (hors plan par A2)
179 Vino e Pasta (C1)
180 Eatrip (B2)
181 Seasonal Organic Natural (D2)
182 Maisen (C2)
183 Crayonhouse (C2)
184 Mr Farmer (C2)
185 Barbacoa Grill (C2)
187 Commune 2nd (D2)

Où boire un thé ?
Où boire un verre et prendre un bon petit déj ?

256 Eco Farm Café 632 (B2)
257 Aoyama Flower Market Tea House (D2)
258 A to Z Café (D3)

Où sortir ?

260 Blue Note (D3)
261 Vent (D2)

Achats

315 Magasin Laforêt (B1)
316 BAPE (C2)
317 Gallery Kawano (C2)
318 Sou-Sou (D3)
319 Kimonos d'occasion Chicago (C1)

avt. Intéressant menu (bon marché) servi 11h-17h. Des légumes exposés en devanture à l'extérieur, pourtant ce n'est pas une épicerie, non, mais bien un café, installé dans une petite rue très calme. On y sert un des bons cafés de Harajuku. Bonnes pâtisseries, fauteuils confortables en mezzanine, ambiance très agréable et un patio au dehors où l'on peut venir avec son petit chien...

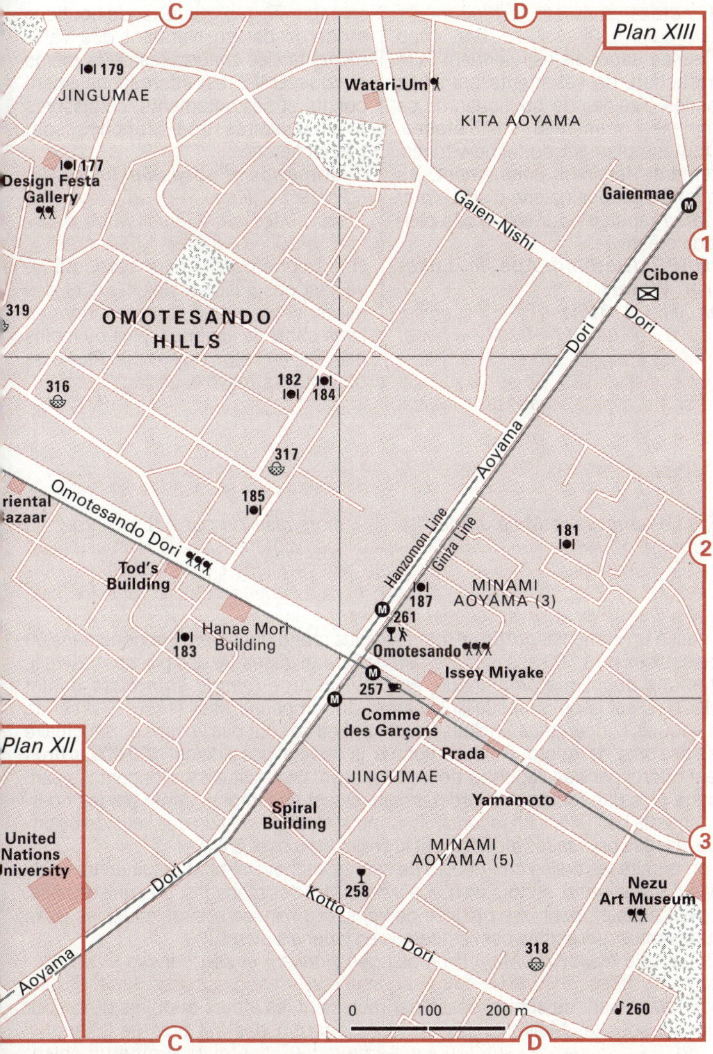

TOKYO – Harajuku, Omotesando (Plan XIII)

Achats

Magasin Laforêt ラフォーレ (*plan XIII, B1,* **315**) : *1-11-6 Jingumae, Shibuya-ku.* ☎ *3475-0411.* Ⓜ *Harajuku* 原宿 *(sortie Omotesando) ou Meiji-Jingumae* 明治神宮前 *(sortie 5). À l'angle de Meiji-dori* *et Omotesando, viser le pignon circulaire coloré. Tlj 11h-21h.* Beaucoup de jeunes Japonais(es) viennent faire leurs achats de vêtements branchés dans les dizaines de boutiques de ce complexe commercial, sur 5 étages, ou tout simplement du lèche-vitrines. Vêtements féminins uniquement. Au dernier étage, une galerie d'art *Laforêt Museum* réputée pour ses expos pleines de créativité.

BAPE (Bathing Ape in Lukewarm Water) アベイシングエイプ *(plan XIII, C2, **316**) : 4-21-5 Jingumae, Shibuya-ku. ☎ 5474-0204. ● bape.com ● Ⓜ Meiji-Jingumae 明治神宮前 ou Omotesando 表参道 (sortie A2). Se repérer à la façade vitrée sur 3 niveaux en angle. Tlj 11h-20h.* Grande boutique moderne design, vendant des vêtements et des chaussures de la même marque. *BAPE* est internationalement connu, et ses vêtements, chaussures et accessoires très branchés sont très recherchés.

Kimonos d'occasion *(plan XIII, C1, **319**) : Chicago, 4-26-26 Jingumae, Shibuya-ku, Daiichi Tanimura bldg. Ouv tlj 11h-20h. Compter 1 600-4 500 ¥.* Une bonne option pour ceux qui ne veulent pas y laisser des cents et des milles. Vêtements d'occasion, dont un large choix de kimonos, plus ou moins habillés, en coton ou en soie. Plusieurs boutiques à Tokyo (*● chicago.co.jp ●*).

TOKYO

À voir

Le sanctuaire Meiji Jingu 明治神宮 *(hors plan XIII par A1) : au cœur du superbe parc Yoyogi. ☎ 3379-5511. ● meijijingu.or.jp/english ● Ⓜ Harajuku 原宿, ligne JR Yamanote, ou Meiji-Jingumae 明治神宮前, ligne Chiyoda (sortie 5). À la sortie, tourner à droite jusqu'au pont qui mène à l'entrée du parc ; ensuite, bien indiqué. Ouv tlj, du lever au coucher du soleil.*

On passe un immense ***portique*** *(otori)*, le plus grand du Japon. Fabriqué dans un cyprès, vieux de 1 500 ans et provenant de Taiwan (diamètre des piliers : 1,20 m !). Après une bucolique promenade, on parvient à ce ***temple shintoïste*** datant de 1920. C'est là qu'on recueillit les âmes de l'empereur Meiji (1866-1912) et de son épouse, l'impératrice Shoken. Leurs tombes ne sont pas là mais au sanctuaire Fushimi, près de Kyoto. Pour démontrer la ferveur des fidèles, ***100 000 arbres*** furent offerts par des Japonais de tous les pays. Le résultat est étonnant : le parc évoque plus une forêt qu'un jardin urbain. Quant au temple, détruit par les bombardements de 1945, il fut reconstruit. Depuis, c'est devenu un des lieux de pèlerinage les plus populaires (notamment la veille du Nouvel An).

On en admire les belles charpentes de cyprès enchevêtrées et le toit en tuiles de cuivre. Le week-end, surtout en mai, s'y déroulent des mariages, presque en série. On peut acheter, pour une poignée de yens, ces minuscules rouleaux, les *waka* (courtes maximes écrites par l'empereur, en japonais bien sûr).

Plus haut, le ***trésor de Meiji*** *(Homotsuden Honkan)* et son annexe *(Homotsu-Tenjishitsu, Treasure Museum Annex ; tlj sauf jeu 10h-16h, adultes : 1 000 ¥)*, plus moderne, au sud, où sont exposés par roulement les atours et objets de la cour impériale sous les Meiji. Ne pas manquer le ***jardin des iris*** près de l'étang *(tlj 9h-16h30 – 16h nov-fév, 8h-17h juin ; entrée : 500 ¥, réduc).* Il offre un splendide spectacle lors de la floraison en mai-juin (sur la gauche en montant vers le sanctuaire).

Le domaine abrite aussi un ***centre d'arts martiaux*** *(Shiseikan Dojo)* consacré au *budo, kyudo* (archerie japonaise), kendo, judo et aïkido. Mais il est fermé au public.

La rue Takeshita-dori 竹下通り *(plan XIII, B1) : ● takeshita-street.com ● Ⓜ Harajuku 原宿, ligne JR Yamanote, ou Meiji-Jingumae 明治神宮前, ligne Chiyoda. Plan gratuit et détaillé de la rue à l'entrée de celle-ci, en venant de Meiji-dori.* Nous sommes ici dans la rue préférée des ados japonais(es). Le week-end, le promeneur assiste à un incroyable théâtre de modes vestimentaires, on y voit les looks les plus fous. Takeshita-dori est la salle de spectacle et d'exhibition en

plein air, la promenade favorite des *cosplays,* ces collégiennes déguisées pour un changement d'identité momentané. Le temps d'un week-end, ces sages Nippones se font friponnes au gré des tenues les plus extravagantes, du style « gothik lolita » ou « romantic lolita ». Beaucoup refusent de passer à l'âge adulte ; au lieu de faire une crise violente, elles s'imaginent dans la peau d'angéliques poupées *(pretty angel),* de soubrettes naïves *(maids),* de *baby doll,* en passant par les uniformes et panoplies d'héroïnes de mangas (Hatsune Miku, Evangelion...), sans oublier le style *Autant en emporte le vent,* Nina Hagen et toutes les déclinaisons de *destroy...*
Si l'on saupoudre de quelques *center guys* et *mambas* à la mode Shibuya, de collégien(ne)s ordinaires en uniforme et de bataillons de touristes amusés et intrigués par ce phénomène sociétal, vous avez là l'une des cartes postales de Tokyo des plus mémorables...
Et tout ce beau monde va envahir cette étroite rue piétonne, bordée de magasins de vêtements extravagants, de boutiques de faux bijoux en plastique, colifichets et autres parures clinquantes, de bars à chats et à... hiboux, de snacks pas chers, de glaciers (voir en vitrine les énormes glaces en plastique coloré). En particulier, à mi-chemin, sur le côté gauche (venant du métro), vous ne manquerez pas ***Takenoko*** 竹の子 et son choix monstrueux de tenues incroyables. Feu d'artifice de couleurs pour les yeux. Sur le même trottoir, ***The World Connection*** ワールドコネクション, temple des gadgets assez déments. Au sous-sol du magasin ***Happy Hearts*** ハッピーハーツ *(ouv 10h-20h),* ne manquez pas les jeunes filles qui viennent se prendre en photo *(purikura)* sur des décors informatiques totalement désopilants. Un grand moment ! Allez aussi faire un tour chez ***Conomi*** *(1F, Minoa Bldg, 1-19-2 Jingumae ; ☎ 6273-0225 ; tlj 10h-19h).* Toutes les tenues pour se déguiser en fille sage... Mais attention, réseaux sociaux obligent, les rendez-vous de *cosplays* sont de plus en plus « décentralisés » et conjoncturels, sur le mode : « dimanche à 11h, tous à l'angle de l'avenue Truc et de la rue Machin »... Takeshita-dori y perd du coup en typicité.

★★ *Le sanctuaire Togo (Togo Jinja)* 東郷神社 *(plan XIII, B1) : à l'intersection de la rue Takeshita-dori et de Meiji-dori.* Ⓜ *Harajuku* 原宿*, ligne JR Yamanote, ou Meiji-Jingumae* 明治神宮前*, ligne Chiyoda.* Temple shintoïste très vénéré et dédié à l'amiral Heihachiro Togo, un héros national, le « Nelson de la mer du Japon », triomphateur de la flotte russe lors de la guerre de 1904-1905. À ne pas confondre avec l'amiral Tojo (classé criminel de guerre). Beau jardin et c'est finalement plus l'architecture extérieure qui est intéressante que l'intérieur (salle assez sombre, on n'aperçoit pas grand-chose). Avec de la chance, peut-être tomberez-vous sur un mariage shintoïste paré de ses beaux habits et son rituel séculaire rythmé par une fascinante musique.

★★ *Ukiyo-e Ota Museum* 太田記念美術館 *(plan XIII, B1) : 1-10-10 Jingumae, Shibuya-ku.* ☎ *3403-0880. • ukiyoe-ota-muse.jp •* Ⓜ *Harajuku* 原宿*, ligne JR Yamanote, ou Meiji-Jingumae* 明治神宮前*, ligne Chiyoda (sortie 5). Fléché depuis Omotesando-dori dans une ruelle à gauche (angle Alteka Plaza). Tlj sauf lun 10h30-17h30 (dernier billet 30 mn avt). Prix d'entrée variable selon expo, env 700-1 200 ¥ ; réduc. Éviter le w-e, car beaucoup de monde.*
Ce petit musée présente, par roulement, les quelque 12 000 *ukiyo-e* d'une collection privée de grande qualité, dont certains des grands maîtres tels que Kitagawa Utamaro, Katsushika Hokusai et Utagawa Hiroshige. Dans la pénombre, sur 2 niveaux, il faut se déchausser pour admirer des chefs-d'œuvre de cette peinture populaire et narrative apparue au début de la période Edo, popularisée au XIXe s en Occident et qui influença beaucoup les post-impressionnistes. D'abord en noir et blanc puis en couleurs, mais aussi gravées sur bois ou peints sur la soie, ces estampes racontent la vie quotidienne au Japon mais évoquent aussi la nature et les saisons. Des merveilles de raffinement, de stylisation, de délicatesse, dans un environnement intimiste qui se prête à leur contemplation.

Culture

Design Festa Gallery 東京デザインフェスタ *(plan XIII, C1) : 3-20-18 Jingumae (Gallery West) et 3-20-2 Jingumae (Gallery East), Shibuya-ku. ☎ 3479-1442. ● designfestagallery.com ● Ⓜ Harajuku 原宿, ligne JR Yamanote, ou Meiji-Jingumae, ligne Chiyoda. Tlj 11h-20h. GRATUIT.*
De toutes les galeries du quartier, voici la plus créative. 2 bâtiments offrent des petites salles aux artistes, voire 1 m² de murs pour une poignée de yens. Une façon intéressante de se faire connaître. Beaucoup de vrais talents en devenir, donc. L'occasion, peut-être, de vous offrir un coup de cœur pas cher. En outre, cette volonté d'ouverture permet de géniales et chaotiques confrontations artistiques. Salles également réservées à d'autres expériences comme la *Dimmed Lighting area,* installations électriques d'avant-garde, les projections de films de « performances » internationales, défilés de mode, concerts de rock, métal, funk, punk, hardcore, électronique, danse, théâtre, tous les genres... Enfin, ne pas manquer le bar-resto *Sakura-Tei,* à l'arrière (voir la rubrique « Où manger ? »).

TOKYO

OMOTESANDO 表参道

Où manger ?

Bon marché (moins de 1 500 ¥ / 12,50 €)

Commune 2nd *(plan XIII, D2,* ***187****) : 3-13 Minami-Aoyama, Minato-ku. Ⓜ Omotesando 表参道. Facebook. Ouv tlj 10h-17h a minima ; voir horaires détaillés sur Facebook.* En retrait de la circulation, un espace de déambulation aménagé dans une succession de cours reliant 2 grandes rues perpendiculaires. On y trouve une poignée de *food trucks,* un paysan qui vend en direct ses fruits et légumes, et quelques stands éphémères. On choisit son verre ou son repas avant de se retrouver autour de longues tables façon kermesse. Occasionnellement des événements (marché aux puces, soirées, concerts en plein air en saison).

Prix moyens (de 1 500 à 3 500 ¥ / 12,50-29 €)

Seasonal Organic Natural くれは食堂 *(plan XIII, D2,* ***181****) : 2F, 3-8-26 Minami-Aoyama, Minato-ku. ☎ 6875-5296. Ⓜ Omotesando 表参道 (sortie A3). Face à la façade couverte de plantes du café* Aoyama Kazahana. *Tlj sauf lun-mar 11h-15h, 18h-22h (dernière commande 1h avt). Menu complet 1 800 ¥, à la carte prix moyens.* Un resto comme à la maison. Depuis l'accueil adorable jusqu'à la cuisine apprêtée avec une belle maîtrise, Yukiko est aux commandes de cette bonne petite table. Elle tire le meilleur des produits exclusivement bio qu'elle utilise. Et le résultat est plein de saveur(s), de couleurs, en un mot de relief. À déguster dans une salle sobrement meublée et lumineuse. Une adresse un brin confidentielle qu'on aime bio-coup !

Maisen まい泉 *(plan XIII, C2,* ***182****) : 4-8-5 Jingumae, Shibuya-ku. ☎ 2042-8485. Ⓜ Omotesando 表参道 (sortie A2). Tlj 11h-22h ou 23h (dernière commande 1h avt).* Depuis 1980, c'est le spécialiste confirmé du *tonkatsu,* tranche de porc fondante frite dans une pâte légère et craquante, servie avec du chou, voire plus. La texture et la saveur des différents morceaux de porc proposés sont bien expliquées (menu en anglais). Installé dans d'anciens bains-douches, ce resto possède une grande salle avec un long comptoir, et même une échoppe sur l'extérieur pour les plus pressés. Outre le *tonkatsu* (plusieurs variétés de porc), il offre un vaste choix d'autres spécialités, comme le *hirekatsu teishoku* (filet de porc), le *kurobuta,* le *kaki furai* (huîtres frites) fin février, le *rosu katsu...* Parfois un peu d'attente.

Crayonhouse クレヨンハウス *(plan XIII, C2, **183**) : 3-8-15 Kitaaoyama, Minato. ☎ 3406-6308. Ⓜ Omotesando 表参道 (sortie A1). Au sous-sol de la librairie du même nom. Tlj 10h-23h ; salon de thé 14h40-17h30.* C'est par un escalier fleuri qu'on accède, en contrebas de la rue, à un patio tranquille bordé par des étals de légumes, et à une cafétéria plaisante équipée d'un self. Tables à l'occidentale ou coin japonais sur tatami. Midi et soir, intéressants buffets à base de nombreux produits bio. Smoothies pour se rafraîchir en journée.

Mr Farmer ミスターファーマー *(plan XIII, C2, **184**) : 4-5-12 Jingumae, Shibuya-ku. ☎ 5413-4215. Ⓜ Omotesando 表参道 (sortie A2). Tlj 9h-20h.* Si vous aimez les légumes, c'est ici qu'il faut venir. Tous les produits vont directement de la ferme à l'assiette. Servis sous toutes leurs formes : belles et copieuses assiettes composées, burgers, soupe du jour, smoothies aux légumes... Plats protéinés, sans gluten, vegan... y'en a pour tous les goûts. Desserts vegan. Fréquenté par les jeunes générations de Tokyoïtes. Agréable terrasse sur rue.

Chic (de 3 500 à 6 500 ¥ / 29-54 €)

Barbacoa Grill バルバッコアグリル *(plan XIII, C2, **185**) : 4-3-2 Jingumae, Shibuya-ku. ☎ 3796-0571. Ⓜ Omotesando 表参道 (sortie A2). Au sous-sol de l'immeuble Gold's Gym. Tlj 11h30-15h (16h sam-dim), 17h30-23h (22h dim) ; dernière commande 30 mn avt. Midi et soir, formule* all you can eat *; le midi en sem env 3 600 ¥, le soir env 5 400 ¥.* À l'entrée, une collection d'assiettes signées par des vedettes et des sportifs. Dans une très grande salle fraîche et ventilée, on déguste le *churrasco a rodizio,* et toutes ces viandes grillées à la brésilienne présentées sur une épée (servies à volonté), dont 7 variétés de steaks et porc, saucisse, poulet, agneau... L'adresse pour les carnivores affamés !

TOKYO

Où boire un thé ?

Aoyama Flower Market Tea House 青山フラワーマーケット ティーハウス *(plan XIII, D2, **257**) : 5-1-2, Minami-Aoyama, Minato-ku. ☎ 3400-0887. Ⓜ Omotesando 表参道. Tlj 11h-20h (19h dim et j. fériés) ; dernier service 30 mn avt fermeture.* Un salon de thé vert (le salon) et original, installé à l'intérieur d'un fleuriste. Des fleurs sortent des tables en verre, et l'on est entouré de plantes ! Essayez le thé parfum café. Fort de leur succès, ils ont ouvert une autre adresse à la sortie du métro Akasaka.

Où boire un verre ?

A to Z Café エートゥゼットカフェ *(plan XIII, D3, **258**) : 5F, Equbo Bldg, 5-8-3 Minami-Aoyama, Minato-ku. ☎ 5464-0281. • atozcafe.exblog.jp • Ⓜ Omotesando 表参道. Entrée dans une ruelle parallèle à l'avenue. Tlj 11h30 (11h le w-e)-23h30 (dernière commande 1h avt).* Un lieu charmant et étonnant conçu par l'artiste contemporaine Yoshitomo Nara, connue pour ses poupées au regard fâché. Une sorte de grand loft posé sur le toit d'un immeuble, avec des espaces séparés par des estrades et des barrières. La cabane au milieu est une mise en scène représentant l'intérieur de l'atelier de l'artiste, et donne une idée de son travail. Meubles vintages de récup', sol en béton lissé et parquet, bouches d'aération apparentes. Un côté un peu austère. Une longue baie vitrée inonde la pièce de lumière, et offre une belle vue, notamment sur l'immeuble *Prada,* tout en parois de verre, et sur la tour Mori. Sympa pour boire un verre au calme. On peut aussi y faire escale le temps d'un repas.

Où sortir ?

♩ ***Blue Note*** ブルーノート *(plan XIII, D3,* ***260****) : Raika Bldg, 6-3-16 Minami-Aoyama, Minato-ku. ☎ 5485-0088. • bluenote.co.jp • Ⓜ Omotesando* 表参道*. Lun-ven 11h-21h, w-e et j. fériés 11h30-20h. Résa indispensable. Entrée : 6 500-13 000 ¥ (très cher mais programmation vraiment remarquable !).* Un « landmark » ! Un des plus célèbres clubs de jazz de Tokyo. Dans cette large salle, les plus grands musiciens de jazz nippon se sont produits : Hiromi Uehara, Sadao Watanabe, Toshiko Akiyoshi. Possibilité de se restaurer (plutôt bien et à prix chic).

Vent *(plan XIII, D2,* ***261****) : B1F, Festae Omotesando Bldg, 3-18-19 Minami-Aoyama, Minato-ku. ☎ 6804-6652. • vent-tokyo.net • Ⓜ Omotesando* 表参道 *(sortie A3). Ven-sam (plus dim selon programmation). Entrée : 3 000-3 500 ¥.* En sous-sol, boîte branchée, au cadre stylé, mais c'est pas pour autant qu'on se la raconte. L'ambiance est cool. Plutôt électro avec des DJs dans l'vent ! Tranche d'âge : 25-40 ans.

TOKYO

Achats

Gallery Kawano ギャラリー川野 *(plan XIII, C2,* ***317****) : Flats Omotesando 102, 4-4-9 Jingumae, Shibuya-ku. ☎ 3470-3305. • gallery-kawano.com • Ⓜ Omotesando* 表参道*, ligne Hanzomon (sortie A2). Après le Royal Host et la chicane. Tlj 11h-18h.* Si vous êtes atteint d'une frénésie d'achat de kimonos, c'est ici qu'il faut venir. Une des adresses préférées des Tokyoïtes. On y trouve, à prix raisonnables, toutes sortes de kimonos anciens, hommes ou femmes, et aussi des tissus pour les faire fabriquer, bref, tout ce qu'il faut pour ravir les aficionados !

Sou-Sou 青山店 *(plan XIII, D3,* ***318****) : 5-4-24, Minami-Aoyama, Minato-ku. ☎ 3407-7877. • sousou.co.jp • Ⓜ Omotesando* 表参道*, ligne Hanzomon (sortie B1). Juste en retrait de la rue principale. Tlj 11h-20h.* Une marque née à Kyoto et qui propose des vêtements inspirés du style traditionnel japonais, modernisés. Un grand choix entre autres de chaussures Tabi (pouce séparé). Dans un joli petit salon *(ouv 13h-18h),* on peut boire thé ou café, préparés dans les règles de l'art ! Mérite une visite, pour le thé comme pour l'originalité des créations.

À voir

Omotesando : les « Champs-Élysées » de Tokyo, émaillés de grandes marques. Elles sont toutes là, les *Prada, Louis Vuitton, Dior, Tod's, Ralph Lauren...* L'occasion aussi d'admirer les écrins magnifiques que les plus grands architectes leur ont concoctés pour séduire le chaland.

➢ Au choix, départ de l'itinéraire au métro Harajuku, Meiji-Jingumae ou Omotesando. Si vous démarrez du carrefour Laforêt, continuer Omotesando sur le trottoir de droite. Vous rencontrerez l'immeuble où se trouve ***Kiddyland*** キデイランド *(plan XIII, B2 ; 6-1-9 Jingumae, Shibuya-ku ; • kiddyland.co.jp • ; lun-ven 11h-21h, le w-e 10h30-21h),* 6 étages de jouets du plus simple nounours à la console la plus sophistiquée. L'extase des mômes (et des grands), l'assassinat des porte-monnaies des parents, et la foule garantie le week-end.
Cat Street キャットストリート *(plan XIII, B2),* rue perpendiculaire à Omotesando, sur la droite après *Kiddyland,* un véritable monde à part qui accueille de nombreuses boutiques de fringues *up to date.* Elle offre une alternative plus authentique à *Takeshita-dori.* Dans cette rue, ***Chanel*** et ***Bulgari,*** qu'on ne présente plus. On adore le ***MoMa Design Store*** MoMA デザインストア, dans

l'immeuble Chanel-Bulgari *(plan XIII, B2 ; 3F, 5-10-1 Gyre ; tlj 10h-17h).* On y trouve des centaines d'idées de cadeaux. Des objets à tous les prix, conçus par des artistes et designers : bijoux, sacs, gadgets design, objets pour la cuisine, la maison ou le bureau. Plus loin, toujours sur le trottoir de droite, l'***Oriental Bazaar*** オリエンタルバザー *(9-13-5 Jingumae)* est le magasin idéal pour acheter ses souvenirs japonisants ou fausses antiquités à prix abordables. Ne pas manquer, sur le trottoir de droite toujours, le ***Tod's Building*** *(5-1-5 Jingumae).* Curieuse architecture en L, où les 6 façades semblent évoquer des rangées d'arbres qui s'entremêlent ; en outre, percées de fenêtres sans cadre, qui rendent l'impression encore plus étrange.

➢ Du métro Omotesando, traverser le carrefour (intersection avec Aoyama-dori), continuer tout droit vers la 2de partie de la rue. À gauche de la rue, ***Issey Miyake*** *(plan XIII, D2 ; 3-18-11 Minami-Aoyama).* L'une des boutiques phares du génial couturier avec son portail d'entrée rose saumon digne d'un temple aztèque ou mésopotamien... Allez admirer plus loin sur la droite l'édifice ***Prada*** *(plan XIII, D3 ; 5-2-6 Minami-Aoyama).* La nuit, l'effet est saisissant. L'immeuble présente une façade très originale composée de multiples ouvertures intégrant des baies vitrées en verre épais. Prenez l'ascenseur jusqu'au 4e étage et redescendez à pied par l'escalier. Le relief du verre semble imiter le « matelassé » des sacs à main (œuvre des architectes Herzog et Meuron). 150 m avant *Prada,* la fabuleuse boutique ***Comme des Garçons,*** de Rei Kawakubo *(plan XIII, D3 ; 5-2-1 Minami-Aoyama).* L'architecture se révèle ici aussi particulièrement originale avec ses parois en verre arrondies et inclinées. Enfin, comment oublier le grand ***Yamamoto*** *(plan XIII, D3 ; 5-3-6 Minami-Aoyama),* l'homme en noir dont la boutique demeure toujours aussi fascinante. Non loin de *Comme des Garçons* s'élève l'élégant ***Spiral Building*** *(plan XIII, C3 ; 5-6-23 Minami-Aoyama),* conçu et dessiné par Fumihiko Maki, architecte japonais titulaire du prix Pritzker d'architecture. Au rez-de-chaussée, le magasin *Spiral Records* propose un vaste choix de musiques.

TOKYO

🔭🔭 ***Le musée d'Art Nezu (Nezu Art Museum)*** 根津美術館 *(plan XIII, D3) : 6-5-1 Minami-Aoyama, Minato-ku. ☎ 3400-2536. • nezu-muse.or.jp/en/ • Ⓜ Omotesando* 表参道*, lignes Ginza, Hanzomon et Chiyoda (sortie A5, puis 8 mn de marche). Tlj sauf lun (ouv les lun veilles de mar fériés) 10h-17h (dernière entrée à 16h30). Fermé pdt les installations d'expos et vac de Noël. Entrée : 1 100 ¥ ; 1 300 ¥ pour les expos temporaires.*

À l'origine, ce terrain était occupé par la résidence privée de Kaichiro Nezu (1860-1940), industriel et président de la compagnie *Tobu Railway.* Le musée fut inauguré dans sa propre demeure en 1941. Remanié sous la direction de l'architecte Kuma Kengo, cet espace moderne et design de 4 000 m^2 renferme pas moins de 7 000 objets d'art traditionnel asiatique, dont ***7 classés Trésor national.*** Peintures, sculptures, céramique et calligraphie cohabitent. Admirable peinture du XVIIIe s de Ogata Korin, représentant des iris. Voir aussi la sculpture bouddhique chinoise de Guanyin (Ekadasamukha) du VIIe s (dynastie Tang), le kimono de style kosode du XVIIe s avec son curieux damier noir et blanc...

Du ***Nezucafé,*** on a une belle vue sur le jardin de bambous où sont dispersés quelques charmants pavillons de thé. Le fondateur du musée était un grand amateur de bon thé (il en faut !) et des arts relatifs à ce rituel traditionnel nippon.

🔭 ***Watari-Um (Watari Museum of Contemporary Art)*** ワタリウム美術館 *(plan XIII, D1) : 3-7-6 Jingumae, Shibuya-ku. ☎ 3402-3001. • watarium.co.jp • Ⓜ Gaienmae* 外苑前 *(sortie 3). Tlj sauf lun 11h-19h (21h mer et 20h dim). Entrée : 1 000 ¥ ; réduc.* Bâtiment original dessiné par l'architecte suisse Mario Botta. Expos avant-gardistes (limite provocation), qui laissent certains visiteurs pantois. En tout cas, ça éveille l'intérêt, et sa librairie se révèle particulièrement riche en ouvrages d'art.

LE QUARTIER DE SHINJUKU 新宿

• Shinjuku (plan XIV) *p. 220-221*

Shinjuku fut le 1er relais sur l'ancienne route du Tokaido qui menait de Tokyo à Kyoto, puis un important nœud ferroviaire pendant la période Edo. Dans les années 1930, le quartier fut le refuge de la bohème, des artistes et autres marginaux de la ville, et, après la Seconde Guerre mondiale, un haut lieu du marché noir.
Lors du séisme de 1923, les immeubles résistèrent ici mieux qu'ailleurs, grâce à une meilleure nature rocheuse du sous-sol. C'est probablement ce qui poussa les promoteurs, à partir de 1970, à y construire massivement leurs gratte-ciels de bureaux, et les autorités à décider d'y édifier la colossale mairie, chef-d'œuvre du grand architecte japonais Kenzo Tange.
Aujourd'hui, le plus grand arrondissement de Tokyo, carrefour de nombreuses lignes de train, de métro et de bus, possèderait la plus importante station de métro au monde (avec ses 3 millions de passagers quotidiens), se déclinant sur plusieurs niveaux, des kilomètres de couloirs et une cinquantaine de sorties... Ce pôle de transport est une aubaine pour le visiteur résidant ici, plaçant Shinjuku au centre de tout.
Shinjuku offre 3 visages : à l'ouest, une forêt de gratte-ciels, à l'est, Kabukicho et Golden Gai, rois des nuits tokyoïtes, et, au sud, le Shinjuku-gyoen, le plus grand parc de la ville, qui rosit de plaisir chaque année à la saison des cerisiers en fleur...

TOKYO

Adresses utiles

i *Tokyo Tourist Information Center* 東京観光情報センター *(plan XIV, A2-3)* **:** *au rdc, bât. 1, du Tokyo Metropolitan Government Bldg (la mairie).* ☎ *5321-3077.* • *gotokyo.org* • *tourism.metro.tokyo.jp* • Ⓜ *Tochomae. Tlj 9h30-18h30. Fermé 2 ou 3 j. autour du Nouvel An.* Bonnes brochures, ordinateurs à dispo et personnel compétent.

i *Shinjuku Tourist Information Center* 新宿ツーリストインフォメーションセンター *(plan XIV, C2)* **:** *sortie sud-est de la gare JR, sous le pont routier de Koshukaido-dori. Tlj 10h-19h.* Office tout aussi exemplaire que le précédent mais sans ordi.

🚌 ***Shinjuku Expressway Bus Terminal*** バスタ新宿 *(plan XIV, C3)* **:** ☎ *6274-8192.* • *shinjuku-busterminal.co.jp/en/* • *Sortie New South de la gare centrale de Shinjuku. Tlj 6h30-11h (comptoir d'information, 7h-23h).* C'est de là que partent les bus des compagnies *High Way, Kosoku* et *Keio Group.* Pour le mont Fuji (Fujiyoshida, Kawaguchiko et Kawaguchiko 5e station), une vingtaine de départs/j. 7h-20h ; durée 1h45 pour Kawaguchiko. Autres bus pour Hida Takayama, Kanazawa et Fujikyu Highlands. Également des bus limousines *(• limousinebus.co.jp •)* pour les 2 aéroports, départs ttes les 20-30 mn.

– ***Bureaux JR*** **:** *aux sorties sud et nord-ouest de la gare centrale de Shinjuku.* Pour changer les *JR Pass Rail* si on n'a pas eu le temps de le faire à l'aéroport, mais aussi pour acheter et réserver les billets de train. On peut aussi y acheter la carte *Suica.*

– ***Change*** *(plan XIV, C1-2)* **:** *sur Otakibashi-dori, sortie nord-ouest de la gare JR.* De nombreuses échoppes *(tlj env 10h-20h)* proposent des taux intéressants. Comparer.

@ ***Manboo Internet Comic Cafe*** マンガ喫茶マンボー *(plan XIV, C1, **10**)* **:** *1-18-3 Kabukicho, Shinjuku-ku.* ☎ *5292-2656.* Ⓜ *Shinjuku* 新宿 *ligne Marunouchi (sorties B11 ou B13).*

En face du New Club Royal, à l'angle opposé. Tlj 24h/24. La providence des cyber-jeunes avec ou sans domicile ou qui ont raté le dernier métro. Une douche est même à disposition des usagers. Un étage est réservé aux femmes.

Où dormir ?

Très bon marché (moins de 6 000 ¥ / 50 €)

■ ***La rue des hôtels bon marché*** *(plan XIV, D3,* ***75****)* **:** *4-4 Shinjuku. À 15 mn à pied de la gare JR centrale ; sinon,* Ⓜ *Shinjuku-Sanchome* 新宿三丁目*, ligne Toei (sortie sud). Petite rue perpendiculaire à l'av. Koshukaido, en face du Bldg Forever 21.* Une surprenante rue avec des arbres, un peu en dehors du temps, et à l'ombre des tours de verre et d'acier de Shinjuku. Les promoteurs l'ont-ils oubliée ? Elle aligne une demi-douzaine de petits hôtels, certains plutôt genre auberge de campagne ou pension de famille, rudimentaires mais bien tenus. Quasiment jamais écrit « hôtel » dessus (peu habitués à recevoir des touristes). Le plus souvent complets. Pratiquement aucun parlant l'anglais et en dehors des radars informatiques. Faire effectuer sa réservation par un Japonais ou par le central de réservation ***The Association of Economy Hotels*** 東京の安い宿 *(● e-otomari.jp ●).*
En voici deux : ***Shinjuku Business Hotel*** 新宿ビジネスホテル *(4-4-21 Shinjuku ; ☎ 3341-1822 ; double env 6 000 ¥).* C'est celui qui ressemble le plus à un hôtel. Reconnaissable à son enseigne (en japonais) rouge et bleu sur le toit *(ouvre à 17h).* Le ***Suehiro*** すえひろ *(☎ 3341-3181)* est plus grand, plus moderne, et on y parle un peu l'anglais. La providence des petits budgets souhaitant résider à Shinjuku.

De bon marché à prix moyens (de 6 000 à 15 000 ¥ / 50-125 €)

■ ***Imano Tokyo Hostel*** いまの東京ホステル *(plan XIV, D1,* ***76****)* **:** *5-12-2 Shinjuku, Shinjuku-ku Katamachi. ☎ 5362-7161.* Ⓜ *Shinjuku-Sanchome* 新宿三丁目*, lignes Toei Shinjuku, Marunouchi et Fukutoshin (sorties E2, E1 ou C7, puis 3-5 mn à pied). De la gare JR, sortie est, puis 15 mn à pied. De la gare Higashi* 東*, ligne Toei Oedo, sortie A2, puis 8 mn à pied. Lits en dortoir 3 300-4 200 ¥ ; doubles 8 000-10 000 ¥ ; chambres familiales. Possibilité de petit déj.* Une auberge de jeunesse accueillante avec une déco actuelle, une petite cuisine ouverte, et une pièce de vie commune près de la réception, le tout agrémenté d'une baie vitrée qui donne sur la rue. Dortoirs de 6 à 10 lits (un étage est réservé aux filles), aménagés en box avec rideau. Également des chambres doubles à la japonaise (futons et tatami) et des familiales. Près de 110 lits en tout. À chaque étage, un petit espace commun avec tables et chaises devant les chambres, malheureusement aveugle. Sanitaires communs. Laverie. Automate qui change l'argent. Snacks le midi. Bonne ambiance et plein de tuyaux en prime.

■ ***UnPlan*** アンプラン *(hors plan XIV par D1,* ***77****)* **:** *5-3-15 Shinjuku, Shinjuku-ku. ☎ 6384-1297. ● unplan.jp ●* Ⓜ *Shinjuku-Sanchome* 新宿三丁目*, lignes Toei Shinjuku, Marunouchi et Fukutoshin (sortie C7, puis 10 mn à pied). Traverser l'av. Yasukuni-dori et prendre la 2e à droite (Tokyo-Idai-dori) sur 400 m. Lits en dortoir 3 500-3 900 ¥ ; doubles 15 000-20 000 ¥. Petit déj (tout petit) inclus.* Un *hostel* de luxe tout récent, les 2 pieds dans le XXIe s, en marge de l'animation de Shinjuku sans trop s'en éloigner. La salle commune est high-tech avec ses tablettes en prêt sur de longues tables en bois brut (on se croirait dans un *Apple-store* !). Les dortoirs (mixtes ou non) alignent leurs couches gigognes, en préservant chacun de la vue des autres, grâce à des rideaux

TOKYO

vers Harajuku et Omotesando ↙ **78** **Tokyo Opera City**

■ **Adresses utiles**

- Tokyo Tourist Information Center (A2-3)
- Shinjuku Tourist Information Center (C2)
- Shinjuku Expressway Bus Terminal (C3)
- **3** Sakura House (B1)
- @ **10** Manboo Internet Comic Cafe (C1)

Où dormir ?

- **75** La rue des hôtels bon marché (D3)
- **76** Imano Tokyo Hostel (D1)
- **77** UnPlan (hors plan par D1)
- **78** Sakura Hotel Hatagaya (hors plan par A3)
- **79** Citadines Shinjuku Apart'hotel (hors plan par D2)

Où manger ?

- **3** Menya Musashi (B1)
- **187** Yakitori Yokocho (ruelle des brochettes ; C2)
- **188** Himawari Sushi (B3)
- **189** Fuunji (B3)

TOKYO – Shinjuku (Plan XIV)

190 Mentsu-dan Sanuki Udon (B1)
191 Tempura Shinjuku Tsunahachi Souhonten (C2)
192 Tsurutontan (C1)

Où manger et pêcher soi-même ses poissons ?

193 Zauo (A3)

Où prendre un bon 4 heures ? Où boire un thé ?

262 Cafe Hananoki (D3)
263 Shinjuku Bowls Café (D3)
264 Café de Kave (hors plan par C1)

Où boire un verre en caressant des chats ?

265 Cat Cafe Calico (C1)

Où boire un verre ? Où sortir ?

266 Bon's (D1)
267 La Jetée et Le Baltimore (D1)
268 Bar Champion (C-D1)
269 Albatross et Nagune (D1)
270 Bars et clubs gays (D2)
271 Antiknock (C3)

d'intimité. Des chambres doubles sont également proposées, mais désespérément (trop) chères. Casiers, machines à laver, bar, agréables espaces de détente... Un (bon) plan pour poser son « sakado ».

Sakura Hotel Hatagaya サクラホテル幡ヶ谷 *(hors plan XIV par A3,* ***78****) : 1-32-3 Hatagaya, Shibuya-ku. ☎ 3469-5211. • sakura-hotel.co.jp/hatagaya/ • Ⓜ Hatagaya 幡ヶ谷, ligne New Keio à 2 stations de Shinjuku. À la sortie sud, prendre à gauche puis juste à droite avt le portique à l'horloge. Doubles 9 300-14 400 ¥.* Cet hôtel économique fait partie d'une petite chaîne de qualité. L'ensemble est très bien tenu et accueillant. Les 75 chambres sont climatisées, avec toilettes intérieures. Cependant elles sont assez petites. Cafétéria, laverie, distributeur de boissons, nombreux services. Infos pratiques sur Tokyo. Prendre son petit déjeuner, au calme, dans le passage ensoleillé est un plaisir car, qualité supplémentaire, le quartier est paisible et agréable.

TOKYO

De chic à plus chic (de 15 000 à 35 000 ¥ / 125-292 €)

Citadines Shinjuku Apart'hotel *(hors plan XIV par D2,* ***79****) : 1-28-13 Shinjuku, Shinjuku-ku. ☎ 5379-7208. • citadines.com/en/japan/tokyo/citadines-shinjuku-tokyo.html • Ⓜ Shinjuku Gyoenmae 新宿御苑前 (sortie 2), puis 2-3 mn de marche en restant sur l'avenue. À env 1 km à l'est de la gare JR de Shinjuku. Apparts 15 000-35 000 ¥ ; petit déj en sus.* Cette chaîne internationale implantée à Tokyo propose des studios de 25 à 31 m² tout équipés et communiquant pour certains. Clim, coin salon, bureau, toilettes et kitchenette pour tous. Décoration intérieure plutôt plaisante dans un quartier agréable. Les plus : laverie, salle de gym, garderie pour les petits... Parfait pour les familles avec enfants ou pour les séjours prolongés.

Où manger ?

Bon marché (moins de 1 500 ¥ / 12,50 €)

|●| ***Yakitori Yokocho*** 焼き鳥横町 *(Omoide Yokocho ; la « ruelle des brochettes » ; plan XIV, C2,* ***187****) : Kabuki-cho. Sortir de la gare JR par la sortie ouest, puis au niveau de Odakyu, repérer Uniqlo en face. Prendre la ruelle à droite sur le côté, puis de suite à gauche. Côté est, si vous êtes dans le Kabuki-cho, emprunter le long tunnel qui passe sous les voies et tourner dans la 1re rue à gauche ; c'est là, à 10 m, en face, coincé entre le grand magasin Odakyu et la voie de chemin de fer. Tlj midi et soir.* Entrée anonyme de 2 ruelles très étroites abritant une cinquantaine de minuscules restos spécialisés dans les soupes *(udon, soba, ramen)* et surtout un grand choix de brochettes. Une survivance de la grande période du marché noir après la dernière guerre et des petits restos qui nourrissaient les ouvriers reconstruisant la ville. Gargotes animées et bruyantes ou parfois plus tranquilles, au choix mais toujours enfumées. Effluves de graillon, lumières vives ou pénombre dans de rares cadres vieillots... Cuisines propres en général (facile à vérifier, on a le nez dessus !). Mais la tendance serait plutôt à la modernisation des lieux. Les nombreux touristes s'y font alpaguer et la qualité est en baisse... Allez, juste un *yakitori* pour le fun et la fumée.

|●| ***Menya Musashi*** 麺屋武蔵 *(plan XIV, B1,* ***3****) : 7-2-6 Nishi-Shinjuku, Shinjuku-ku. ☎ 3363-4634. Ⓜ Shinjuku, ligne Marunouchi (sortie D5). Juste à côté de la Sakura House. Tlj 11h-22h30.* Une institution pour les *ramen* et *tsukemen*. On commande à la machine à l'entrée avant d'attendre une place au comptoir entourant la cohorte de cuistots affairés. La spécialité ici est le *chashu*, du porc de grande qualité, très goûteux, qui complète les saveurs du bol. Un régal !

|●| ***Himawari Sushi*** ひまわり寿司 新都心店 *(plan XIV, B3,* ***188****) : 1F, 1-15-3 Nishi-Shinjuku, Shinjuku-ku. ☎ 3344-3576. Ⓜ Shinjuku* 新宿 *(sorties 7). En sortant du métro, faire 20 m, 1re à droite puis 2e rue à gauche. Tlj 11h-22h.* Dans la foultitude d'enseignes plus lumineuses les unes que les autres, il faut savoir où aller prendre le *maki*. Et ce resto à sushis est indéniablement une des meilleures pêches du quartier. On poireaute sur le trottoir à voir défiler de loin les assiettes sur le tapis rotatif. Puis on se cale au coude à coude pour se délecter de ces petites merveilles de fraîcheur préparées à la minute par les cuistots, au centre. Thé matcha à volonté. Et n'oubliez pas de remettre les papilles « à zéro » entre 2 bouchées, avec une lanière de gingembre.

|●| ***Fuunji*** 風雲児 *(plan XIV, B3,* ***189****) : B1F, 2-14-3 Yoyogi, Shibuya-ku. ☎ 6413-8480. Ⓜ Shinjuku* 新宿 *ligne Teoi Shinjuku (sortie 6). Entrée discrète sous une bannière bleue en entresol. Tlj sauf dim 11h-15h, 17h-21h.* Restaurant de *udon* traditionnel où le spectacle commence dans la rue, celui de la file d'attente... puis se prolonge dans la microsalle. Son choix fait (un seul plat avec de légères variantes) au distributeur, on a tout loisir, avant d'obtenir une place autour du comptoir, de voir s'affairer le patron alternant sourires, amabilités, douce autorité et gestes méthodiques. Surtout lorsque vient le moment précis d'égoutter et de « choquer » les pâtes à l'eau froide. Bien épaisses, et cuites al dente, justement. Le bouillon atteint le juste équilibre des saveurs. Moment simple et anthologique.

|●| ***Mentsu-dan Sanuki Udon*** 讃岐うどん大使 東京麺通団 *(plan XIV, B1,* ***190****) : Daikan Plaza Bldg, 7-9-15 Nishi-Shinjuku. ☎ 5389-1077. Gare JR centrale, ligne Yamanote* 新宿 *(sortie ouest). Enseigne en japonais. En face du centre religieux Shalom ; visible à son chaudron de bronze. Tlj 8h (10h sam-dim)-23h30.* On y sert des soupes, petites ou grandes, toutes fraîches et bien mijotées. Le service se fait avec un plateau que l'on porte soi-même à la table. Cuisine ouverte sur la salle tout en bois, plancher fait de larges planches usées, tout comme les tables. Pas mal de patine. Bon accueil.

De prix moyens à chic (de 1 500 à 6 500 ¥ / 12,50-54 €)

|●| ***Tempura Shinjuku Tsunahachi Souhonten*** 天ぷら新宿つな八本店 *(plan XIV, C2,* ***191****) : 3-31-8 Shinjiku. ☎ 3352-1012. Ⓜ Shinjuku* 新宿 *(sortie A4), et Shinjuku-Sanchome* 新宿三丁目*, ligne Marunouchi. Dans une rue menant à* Uniqlo *et partant entre les magasins* Around the Shoes *et* Segafredo. *Tlj 11h-22h (dernière commande à 21h30). Au déj, menus 1 600-4 600 ¥ ; le soir, 5 menus (le 1er est déjà très complet) 2 500-6 600 ¥ ; carte.* Resto à l'ancienne (façade en bois sombre verni), datant de 1923. Cadre intérieur d'une grande sobriété. Superbe réputation pour ses tempuras (belle carte) à prix modérés. Un petit « mode d'emploi » en anglais accompagne le service des tempuras et des différents condiments qui les escortent. Sans réservation, on se retrouve immanquablement au comptoir (pas plus mal, on admire les cuistots à l'œuvre). Produits de saison (poisson, crevettes et légumes). Dès juin apparaissent les délicieuses *anago* (anguilles de mer), à déguster avec un verre de saké glacé ! Tout est très frais, fin et craquant à souhait... On vous laisse conclure avec un tempura de glace ? Un excellent rapport qualité-prix.

|●| ***Tsurutontan*** つるとんたん *(plan XIV, C1,* ***192****) : B1F, 2-26-3 Kabukicho, Shinjuku-ku. ☎ 5287-2626. Entrée au sous-sol de l'édifice Amimoto, sur lequel est marqué en grand « Little Sheep ». Tlj 11h-8h du mat ! Prix moyens.* Un peu tristounet comme cadre car en sous-sol, et pourtant il y a souvent la queue et vous aurez tout loisir de choisir votre plat parmi ceux exposés, en plastique à l'extérieur dans un présentoir long de 3 m ! Grande salle aux murs noirs et alcôves rouges, qui ne manque ni de style ni de caractère. Cuisine bien mijotée et prix raisonnables : spécialité de *udon* (chauds ou froids).

TOKYO

Où manger et pêcher soi-même ses poissons ?

Zauo ざうお (plan XIV, A3, **193**) : *3-2-9 Shinjuku. ☎ 3343-6622. Ⓜ Tochomae 都庁前, ligne Toei Odeo (sortie E1). Au rdc de l'immeuble blanc du Shinjuku Washington Hotel. Tlj 11h30-14h30 (dernière commande à 14h), 17h-23h (dernière commande à 22h). Compter min 4 000 ¥. Résa conseillée.* Zauo, une adresse parmi les plus insolites de Tokyo ! Immense restaurant de fruits de mer, où le poisson passe directement de l'eau à la cuisine avant de finir dans l'assiette. Encore une preuve du génie créatif des Tokyoïtes ! On se croirait dans la poissonnerie d'un port de pêche avec les viviers glougloutant répartis au pied des tables. Le client pêche lui-même son poisson dans ces bassins (sauf le midi en semaine). C'est le gage d'une extrême fraîcheur des produits. Ensuite, on déguste le repas attablé sur le ponton d'un bateau qui semble flotter sur les bassins. Également une salle avec tables basses, à la japonaise. Original !

TOKYO

Où prendre un bon 4 heures ? Où boire un thé ?

Cafe Hananoki カフェはなのき (plan XIV, D3, **262**) : *1F, 11 Naito-cho, Shinjuku-ku, à l'entrée du parc Shinjuku-Gyoen. ☎ 3341-1461. Ⓜ Shinjuku-Gyoenmae 新宿御苑前, ligne Marunouchi (sortie 1, puis 5 mn de marche). Tlj 9h-16h.* Cafét'-salon de thé à la lisière du parc (accès depuis l'extérieur comme de l'intérieur) qui a la bonne idée de travailler avec des produits locaux, thé-sakura (fleur de cerisier), cidre d'olive ou encore du sel de l'île Oshima pour les quelques plats non sucrés. Une bonne pause au vert.

Shinjuku Bowls Café ボウルズカフェ (plan XIV, D3, **263**) : *☎ 3341-4331. Ouv tlj 11h30-20h. Ⓜ Shinjuku 新宿, sortie sud puis à gauche. Juste en face de l'entrée principale de Shinjuku Gyoen Park.* Un café chilly, plancher rustique et mobilier dépareillé, un peu dans son jus. Scones délicieux ; *cheesecake* décevant en revanche. Petite terrasse avec une vue dégagée.

Café de Kave (hors plan XIV par C1, **264**) : *1-17-16 Okubo Daini Tamaya building. Ⓜ Shin-Okubo. Ouv tlj 10h-23h.* Un café bien kawaï avec ses couleurs pastel, ouvert par un célèbre chanteur de pop coréenne (on peut même poser sur une photo à côté de son effigie...). L'intérêt de l'adresse réside surtout dans sa petite terrasse, qui donne dans une ruelle quasiment piétonne. Parfait pour faire une pause de gratte-ciel ! Gâteaux consistants. De quoi prendre un repas (burgers, salades...).

Où boire un verre en caressant des chats ?

Cat Cafe Calico 猫カフェ きゃりこ (plan XIV, C1, **265**) : *6F, Fuji Bldg, 1-16-2 Kabuki-cho, Shinjuku-ku. ☎ 6457-6387. Ⓜ Shinjuku 新宿, ligne Marunouchi (sorties B11 ou B13). Situé entre Don Quijote et Pasela Resorts ; enseigne sur le trottoir avec une photo de chats ; au 6e niveau (ascenseur). Tlj 10h-22h (dernière entrée à 21h). Compter 800-1 200 ¥ pour une durée de 30 mn-1h boisson incluse ; petit supplément le w-e. Interdit aux moins de 12 ans.* L'hôtesse anglophone explique aux visiteurs les règles à suivre dans ce *Neko Cafe* qui héberge près d'une vingtaine de chats (*neko* en japonais) : enlever les chaussures, ranger les sacs dans un casier, respecter le calme et les animaux. Après s'être nettoyé les mains, on peut caresser les greffiers tout en sirotant sa boisson, mais on ne peut pas les prendre dans les bras ; photos autorisées sans flash. Depuis sa création, ce café a fait des petits (on en compte aujourd'hui plus de 50 à Tokyo). La raison est pratique : les locataires tokyoïtes n'ont pas le droit d'avoir de chats chez eux, et compensent cette frustration en pointant leur moustache dans les *Neko Cafe* !

Où boire un verre ? Où sortir ?

Golden Gai ゴールデン街 *(plan XIV, C-D1)* **:** *1-1-8 Kabuki-cho, Kuyakusho-dori.* Ⓜ *Shinjuku* 新宿 *ligne Marunouchi (sortie 15). Perpendiculaire à Yasukuni-dori, juste en retrait de 20 m. Le lieu s'anime à partir de 19h30 jusqu'à 1h (5h pour certains bars) ; en journée, c'est mort.* Un vestige de l'après-guerre et de la période de reconstruction. À ne pas manquer même si l'on ne fait qu'y passer. 5 longues et étroites ruelles, bordées par quelque 200 bars lilliputiens (en moyenne 4 m²) contenant au maximum 8 personnes (y compris le patron et le comptoir !), serrées les unes contre les autres comme des sardines au rez-de-chaussée, parfois à l'étage. Vu la taille réduite, les patrons n'apprécient pas que l'on squatte un siège toute la soirée avec une seule conso... Normal, s'ils ne rentabilisent pas le peu de sièges qu'ils ont, ils n'ont aucune chance de s'en sortir ! Ces bars possèdent depuis longtemps leur clientèle de fidèles. À moins que vous n'y alliez avec un habitué, vous n'y serez pas nécessairement le bienvenu. À vous d'errer, de renifler, de croiser des regards et des atmosphères hospitalières. Question d'intuition et d'interprétation des signes : tel établissement a ostensiblement placardé une affiche de manif anar parisienne sur sa porte, un autre annonce une belle expo de photos noir et blanc à l'intérieur (signes aussi que des jeunes remplacent les vieux tenanciers). En général, on paie un droit d'entrée *(cover charge)* de 400-1 000 ¥. Possibilité parfois de grignoter quelques snacks. Quelques adresses où vous ne débarquerez pas comme un cheveu sur la soupe !

– ***Bon's*** *(plan XIV, D1,* ***266****)* **:** *au bout de la 1re ruelle, en venant de Yasukuni-dori.* Né en 1979. C'est un pub américain de style ancien. Reconnaissable à son hommage à Tom Waits en façade. 3 fois plus grand que les autres, cadre intérieur façon 50's.

– ***La Jetée*** *(plan XIV, D1,* ***267****)* **:** *dans la 4e ruelle, la 4e maison sur la droite. Le nom est écrit en petit sur la porte. Fermé dim-mar, 1er janv et vac d'été.* Monter au 1er, comme dans un grenier. Vous n'y trouverez pas de hibou mais Tomoyo Kawai, la patronne adorable, francophile, francophone et cinéphile (elle a vécu en France). D'ailleurs, *La Jetée* est le nom d'un film du mystérieux Chris Marker. On s'y serre avec bonheur, comme le font d'autres célèbres habitués quand ils débarquent à Tokyo : Wim Wenders, qui y tourna un film, Coppola, qui y possède sa bouteille. Quant à Quentin Tarentino, il partagea un verre avec des clients épatés. Superbe sélection de musique de fond, et puis Tomoyo parle si amoureusement de Ferré et de Barbara...

– ***Le Baltimore*** *(plan XIV, D1,* ***267****)* **:** *au pied de La Jetée.* ☎ *3205-8904.* Ouvert aux autres comme la sympathique patronne l'est au jazz.

– ***Bar Champion*** *(plan XIV, C-D1,* ***268****)* **:** *juste à l'entrée en venant de Yasukuni-dori.* Grosse baraque noire. Spécialiste de karaoké et un poil plus spacieux que les autres, ce qui permet à de joyeuses bandes d'Anglo-Saxons de s'essayer à chanter (souvent tonitruant, parfois juste). Fait un peu de racolage, mais sympa quand même.

– Et encore l'***Albatross*** *(dans la 5e ruelle)* pour sa déco néo-romantique et lustres en cristal ou le ***Nagune*** ナグネ *(plan XIV, D1,* ***269*** *;* ☎ *3209-8852 ;* • *nagune.jp* • *; ruelle perpendiculaire aux 4e et 5e ruelles précédentes),* pour les belles expos photo proposées.

Les bars et clubs gays *(plan XIV, D2,* ***270****)* **:** *entre le temple de Taiso-ji et Gyoen-dori, Shinjuku-Nichome.* Ⓜ *Shinjuku-Sanchome* 新宿三丁目 *ligne Toei Shinjuku.* Tourner à gauche en direction de Yasukuni-dori ; là commence le quartier gay le plus important du Japon, avec plus de 200 bars et établissements divers, librairies, etc. Renseignez-vous avant ou allez-y accompagné, les codes n'étant pas forcément les mêmes qu'en Occident.

Antiknock *(plan XIV, C3,* ***271****)* **:** *B1F, Rei Flat Bldg, 4-3-15 Shinjuku,*

TOKYO

Shinjuku-ku. ☎ 3350-5670. • antiknock.net • Ⓜ Shinjuku-Sanchome 新宿三丁目 ligne Fukutoshin (sortie E7). À 10 m de la sortie du métro à droite. Tlj en général de 17h jusque tard, mais horaires et tarifs variables selon la programmation. Compter 2 000-3 000 ¥ (moins cher en réservant). Au sous-sol, voici l'archétype de la boîte bien rock. Concerts et soirées. Ça déménage vraiment bien !

Achats

Don Quijote ドンキホーテ *(plan XIV, C1) : 1-16-5 Kabuki-cho, Shinjuku-ku. ☎ 5292-7411. Ⓜ Shinjuku 新宿 ligne Marunoushi (sorties B11 ou B13). Enseigne jaune à l'angle. Tlj 24h/24.* Une enseigne qui n'a pas son équivalent ailleurs. Si l'on cherche des cadeaux originaux et pas chers à rapporter, c'est ici qu'il faut venir, et ce, à n'importe quelle heure du jour ou de la nuit ! Une véritable chasse au trésor peut commencer dans cette chaîne économique tokyoïte où s'alignent des objets venant de tous les coins du globe, du plus inutile au plus utile, de 150 ¥ à plus de 1 million de yens ! Déguisements et uniformes pour *cosplays,* lingerie, cosmétiques, électroménager déraisonnable ou génial... Des jouets et gadgets insolites. D'autres succursales à Tokyo (mais pas que) dont une à 400 m de là plus au nord *(hors plan XIV par C1 ; Okubo, 1-12-6, tlj et 24h/24).*

Beams ビームス 新宿 *(plan XIV, C2) : 3-38-1 Shinjuku, Shinjuku-ku. ☎ 5369-2140. Ⓜ Shinjuku 新宿 ligne Marunoushi (sortie A9). Tlj 11h-20h. Concept store* sur plusieurs petits étages, vendant des articles de créateurs, artisans et designers. Vêtements et accessoires, décoration, gadgets... certains privilégient des matériaux nobles (bois, laine, coton...) et d'autres ont au contraire opté pour les matières recyclées. Côté prix, rien de donné, mais on se fait plaisir...

Isetan 伊勢丹 *(plan XIV, C-D2) : à l'angle de Shinjuku-dori et de Meiji-dori. Ⓜ Shinjuku-Sanchome 新宿三丁目, ligne Teoi Shinjuku. Accès direct par sortie B4.* Grand magasin valant autant pour son architecture que pour l'originalité de ses vitrines, la qualité et le choix de ses produits. Construit en 1933 dans un style monumental. Noter la richesse décorative de la façade : au 1er étage, belle série de fenêtres et bas-reliefs en bronze figurant des oiseaux. Balcons en ferronnerie d'art. Très belles lanternes également. Dans les étages supérieurs, longues baies avec un effet de verticalité assuré. Au sous-sol, immense rassemblement de boutiques et d'éventaires gourmands : pâtisseries, chocolatiers, caves à vins...

Takashimaya 新宿タカシマヤ *(plan XIV, C3) : Takashimaya Times Sq. Bldg, 5-24-2 Sendagaya Gochome, Shibuya-ku. Gare JR centrale Shinjuku 新宿 (New South Exit), accès direct. Tlj 10h-20h (20h30 ven-sam).* Pour les adeptes du shopping de luxe, encore un grand magasin aux stands exquis sur une douzaine d'étages. Des kimonos au prix d'un manteau de vison et des théières au prix d'un kimono ! Pour le plaisir des yeux.

À voir

Le quartier de Kabuki-cho 歌舞伎町 *(plan XIV, C1) : sortie « est/Kabuki-cho » de la gare JR centrale de Shinjuku, puis suivre la rue de gauche ou de droite qui encadre l'Alta (rdv favori des jeunes en face du square central).* Le quartier « cho » de la capitale. Ambiance, quel que soit le jour de la semaine. On l'appela ainsi parce que, après la Seconde Guerre mondiale, on pensait reconstruire le célèbre théâtre Kabuki ici. Cela ne se fit jamais, mais il conserva le nom du projet. Le quartier est un feu d'artifice d'enseignes étincelantes, de néons aveuglants et multicolores, véritable apocalypse électrique qui enterre chaque jour un peu plus les promesses faites de réduire les excès énergétiques après la catastrophe de Fukushima.

Kabuki-cho c'est Pigalle à la puissance 10 et certainement le quartier chaud le plus important du Japon. Une marmite en perpétuelle ébullition au cœur de la vie nocturne : bars à hôtesses de tous les styles et à tous les prix, clubs luxueux et très chers, salons de massage, sex-shops, saunas érotiques, *strip club*, salles de jeux, *pachinko* déments, mélangés aux restos touristiques, snacks, fast-foods, *love hotels*, cinémas... Une des sorties les plus populaires des employés en goguette après le boulot. Habillés de noir avec oreillettes, quelques hommes de main des yakuzas sont repérables (ils ont horreur qu'on photographie les *otaku* distribuant des prospectus vantant leurs boîtes). Un conseil : si vous souhaitez consommer (une boisson) dans ces lieux de perdition (surtout ceux à entraîneuses !), enquérez-vous bien du prix avant. Depuis quelques années, l'érotisme torride diminue au profit des karaokés. Le Japonais prend son pied à chanter des amourettes devant les clients du bar... Tout change.

KABUKI... CHAUD !

Depuis longtemps, Kabuki-cho était un quartier de plaisirs. Jugeant l'endroit pernicieux, on le rasa à 2 reprises. On y implanta des rizières à la place des maisons closes. Rien n'y fit, le monde des clubs, des bars et des amours vénales reprenait à chaque fois le dessus. À chaque disparition, ce quartier enclavé dans Shinjuku renaissait de ses cendres, plus animé, plus fébrile que jamais...

Pour ressentir ce qu'est l'enfer du jeu, se rendre à l'***Humax*** *(plan XIV, C1)*. Une variété incroyable de jeux, dans un environnement invraisemblable, cacophonie de cliquetis des machines et de musiques tonitruantes, dans un maelström de couleurs et lumières criardes... Quasi pas de problèmes de sécurité (police vigilante), et finalement atmosphère plutôt bon enfant... Si, si ! Dans la nuit avancée, avec pas mal de gens bourrés, la tension monte à peine d'un petit cran (mais alors un tout petit). Vers minuit, ceux qui tiennent encore debout cavalent pour attraper leur dernier métro.

★ *Le sanctuaire Hanazono (Hanazono Jinja)* 花園神社 *(plan XIV, D1)* **:** *Meiji-dori.* Sanctuaire shintoïste datant du XVIIe s, mais l'édifice dans les tons orange et blancs est contemporain. Un îlot de paix, peuplé d'arbres, une bonne respiration après tant de luxure. Comme dans les autres temples shinto, le bassin aux ablutions permet de se purifier avant la prière. On emplit la coupelle d'eau puis on la verse sur la main gauche et la main droite. On se rince ensuite la bouche avec cette même eau que l'on crache sur les petits galets au sol. À l'entrée du temple, les fidèles jettent une pièce de 100 ¥ dans le coffre blanc, sonnent la cloche, frappent dans leurs mains et prient. Les tablettes votives (*ema* et *omamori*) accrochées sur un piédestal sont des porte-bonheurs. Dans l'enceinte du sanctuaire, un petit oratoire est dédié à Inari, divinité représentée sous forme de renard. Ce messager divin favorise la croissance du riz et porte chance aux commerçants. Ne pas manquer l'énorme fête fin mai, pendant 3 jours, ni celle de novembre...

★★★ *Les gratte-ciels de Nishi-Shinjuku* 西新宿 *(côté ouest ; plan XIV, B2)* **:** le quartier rassemble une grande partie des immeubles de bureaux de la ville (200 000 personnes y travaillent). Avec l'arrivée de la mairie en 1991, le déplacement du centre de gravité de Tokyo d'est en ouest a été officialisé. Voici les édifices les plus remarquables.

– ***Tokyo Metropolitan Government Building*** 東京都庁 *(mairie ; plan XIV, A2-3)* **:** *2-8-1 Nishi-Shinjuku. ☎ 5321-1111. ● metro.tokyo.jp/en ● Ⓜ Tochomae* 都庁前 *(le plus proche, 2 mn à pied) ou gare JR centrale Shinjuku* 新宿 *(sortie ouest, puis passage couvert piéton sur 400 m).*

Visites gratuites et guidées par des bénévoles en anglais : *lun-ven 10h30-14h20 (dernier départ) et selon les jours d'ouverture de la tour. Départ à gauche de l'office*

du tourisme au rdc, côté tour nord (Bldg 1). Durée : 40 mn. Visite des halls publics, de la salle du conseil et de l'observatoire.
Chef-d'œuvre de Kenzo Tange. Les chiffres sont ahurissants, témoignages des années de bulle immobilière (années 1980-1990) : 243 m de haut et 48 étages ; il coûta, dit-on, 1 milliard de dollars et abrite quelque 20 000 employés... Des tours jumelles reliées entre elles par une façade moins haute, devancées par une immense agora. C'est, dit-on, Notre-Dame de Paris qui aurait inspiré l'architecte. On s'en rend compte le soir, quand les 2 tours sont illuminées. Le graphisme des milliers de fenêtres évoque le treillis des circuits électroniques. Cette tour futuriste inspire les cinéastes de science-fiction qui y situent souvent des scènes de leurs dessins animés *(anime)*, comme dans *Godzilla Ghidorah, Mobile Fighter Gundam, Samurai Troopers, Ghost in the Shell...* Le must, c'est bien sûr l'***observatoire*** (le seul **gratuit** pour la vue sur Tokyo !), au 45e étage. Panorama, vous vous en doutez, exceptionnel. Par temps clair, on aperçoit le mont Fuji, bien éclairé le matin. Dans la journée, nous vous conseillons la tour sud *(accès 9h30-17h – 23h lun si la tour nord est fermée ; dernière entrée à 16h30 ; fermée 1er et 3e mar du mois)*, et le soir la tour nord *(9h30-23h ; dernière entrée à 22h30 ; fermée 2e et 4e lun du mois ; beaucoup de monde en fin d'ap-m dès que la tour sud ferme). Les 2 tours sont fermées 29-31 déc et 2-3 janv.* Essayez de monter pendant que les 2 tours restent ouvertes.

TOKYO

– ***Sompo Building*** 損保ジャパンビル *(plan XIV, B2)* **:** *42F, Yasuda Insurance Bldg, 1-26-1 Nishi-Shinjuku. ☎ 5777-8600.* Élégant gratte-ciel (200 m) joliment incurvé à la base, dessiné par Yoshikazu Uchida. Il abrite les bureaux de la compagnie d'assurance *Sompo.* Au 42e étage, le très intéressant ***musée d'art Seiji Togo*** 東郷青児記念 *(☎ 5777-8600 ; ● sjnk-museum.org/en ● ; tlj sauf lun 10h-18h, dernière entrée à 17h30 ; tarif d'entrée selon expo, réduc).* Consacré essentiellement au peintre japonais Seiji Togo, dont le musée possède plus de 150 toiles. Quelques œuvres européennes également, dont les célèbres *Tournesols* de Van Gogh, également Gauguin et Cézanne.

– ***Park Hyatt Hotel*** パークハイアットホテル *(plan XIV, A3)* **:** *3-7-1 Nishi-Shinjuku. Ⓜ Tochomae 都庁前, ligne Toei Oedo (sortie A4), ou gare JR centrale Shinjuku 新宿 (sortie ouest).* L'un des plus beaux cadres intérieurs d'hôtel. Celui-ci occupe les 14 derniers étages de la tour Shinjuku Park Tower. Le lieu est fameux pour les scènes de *Lost in Translation,* le film de Sofia Coppola (avec Bill Murray et qui révéla la jeune Scarlett Johansson), tournées au *New York Bar* du *Park Hyatt.* Situé au 52e étage (entrée gratuite mais consommations hors de prix). Les vitres couvrant toute la surface, le point de vue sur la ville est spectaculaire.

– ***Minami Shinjuku Building*** 南新宿ビル *(plan XIV, C3)* **:** *7-8F, JR Minami Shinjuku Bldg, 2-1-5 Yoyogi, Shibuya-ku. ☎ 2043-1010. Gare JR centrale Shinjuku 新宿 (sortie New South Exit). Tlj sauf mer (mais ouv mer férié) 10h-17h. Fermé 12-16 août et vac de fin d'année.* Élégant édifice de 2012 (94 m, 18 étages), il abrite le ***Toto Tokyo Center Showroom.*** Non, ce n'est pas un hommage dédié au célèbre comique italien, mais l'immense salle d'exposition du plus important fabricant de sanitaires japonais. Lecteurs(trices) férus d'hygiénisme ou amateurs de choses insolites pourront y admirer de splendides salles de bains et, surtout, les toilettes les plus sophistiquées du monde, avec cuvettes chauffées et musique pour couvrir les bruits intempestifs, bidets dernier cri, lavabos et douches du plus subtil design...

– ***L Tower Building*** エルタワービル *(plan XIV, B2)* **:** *1-6-1 Nishi-Shinjuku. ☎ 3340-1010. Ⓜ Gare centrale JR Shinjuku, puis 2-3 mn à pied.* Une belle tour moderne de 31 étages (124 m de haut).

– ***Tokyo Opera City*** 東京オペラシティ *(hors plan XIV par A3)* **:** *3-20-2 Nishi-Shinjuku. Ⓜ Hatsudai 初台, ligne New Keio à 1 station de Shinjuku (East Exit).* 234 m et 54 étages, l'une des plus hautes tours de Shinjuku. On y trouve *NTT,* et les célèbres multinationales *Microsoft* et *Apple Inc.* Une scène de *Godzilla 2000,* dessin animé de science-fiction, s'y déroule, la tour étant détruite par un ovni... Au 4e étage, ne pas manquer le ***NTT Inter Communication Centre*** *(● ntticc.or.jp ● ;*

tlj sauf lun 11h-18h ; expos gratuites ou payantes). Le visiteur peut y découvrir un espace consacré aux innovations techniques les plus pointues en matière de robotique, communication et *video art.* Expos axées sur la rencontre de l'art et de la technologie.
– Enfin, pour les *addicts,* d'autres gratte-ciels ou points d'observation intéressants : le ***NS Building*** 新宿NSビル donnant sur une place intérieure dominée par l'horloge qui possède le plus grand balancier du monde (les 12 signes du zodiaque japonais marquent les heures), le ***Sumitomo*** 住友 et son observatoire gratuit au 51e étage, le ***Centre Building*** (au 54e étage) et le ***Nomura Building*** 野村ビル (au 50e étage).

Le parc de Shinjuku-gyoen 新宿御苑 *(plan XIV, D3) : 11 Naito-cho. ☎ 3350-0151. Ⓜ Shinjuku-Gyoenmae* 新宿御苑前*, ligne Marunouchi (sortie 1, puis 5 mn de marche), ou gare JR Sendagaya ligne Sudo. Tlj sauf lun 9h-16h30 (dernière entrée à 16h). Entrée : 500 ¥ ; réduc. Entrée principale à la* Shinjuku gate *au nord-ouest, sinon une au nord* (Okido gate) *et une au sud* (Sendagaya gate). *Plan en anglais donné aux entrées.*
Ancien jardin de la famille impériale créé en 1906, mixant harmonieusement styles japonais et européen. 3 jardins en un, qui compose un grand poumon vert sur le côté sud du quartier frénétique, électrique et vibrionnant de Shinjuku. Très agréable et photogénique lors de sakura. Une ***grande serre*** *(ouv tlj sauf lun 9h30-15h30)* abrite de nombreuses espèces tropicales. À la porte Shinjuku, agréable cafét' (voir plus haut « Où prendre un thé ? »).

LE QUARTIER D'IKEBUKURO 池袋

• Ikebukuro (plan XV) *p. 230-231*

Ce grand quartier de la taille de Shibuya et Shinjuku n'en possède guère l'aura et fait moins parler de lui. Si on a du temps, on peut le découvrir car il ne se révèle pas déplaisant. Dès qu'on sort de la gare (l'une des plus importantes de Tokyo), on pénètre dans des miniquartiers horizontaux au rythme indolent, bien reposant après une journée active. Il a, en outre, le bon goût d'offrir parmi nos meilleures adresses d'hôtels bon marché. Intense vie locale et commerçante, à l'image des magasins géants *Tobu* et *Seibu* de part et d'autre de la gare et de l'immense Sunshine City vers l'est.

Où dormir ?

Très bon marché (moins de 6 000 ¥ / 50 €)

Book and Bed 予約とベッド *(plan XV, B2,* ***85****) : Lumiere Bldg, 1-17-7 Ikebukuro, Toshima-ku. • bookandbedtokyo.com/en • Ⓜ Ikebukuro* 池袋*, lignes JR Yamanote (sortie Ouest), Marunouchi, Yurakucho et Fukutoshin (sortie C8). Niveaux 7F et 8F (réception). Lits 3 300-4 600 ¥ (+ 15-20 % le w-e) ; pas de petit déj. Résa via le site et paiement par CB seulement.* Une auberge de jeunesse nouvelle génération, originale et stylée comme tout (réception derrière un comptoir protégé par une grille coulissante, béton brut, tuyaux en alu). Derrière de grandes étagères chargées de bouquins qui grimpent jusqu'au plafond se cachent une trentaine de couches. En matière d'atmosphère et de déco, il y a de l'idée. En revanche, ça manque peut-être d'un peu d'intimité (au niveau 7F, l'étagère borde la salle commune et la cuisine à disposition). Gare au bruit si certains ne jouent pas le jeu… Une vingtaine de lits également

TOKYO

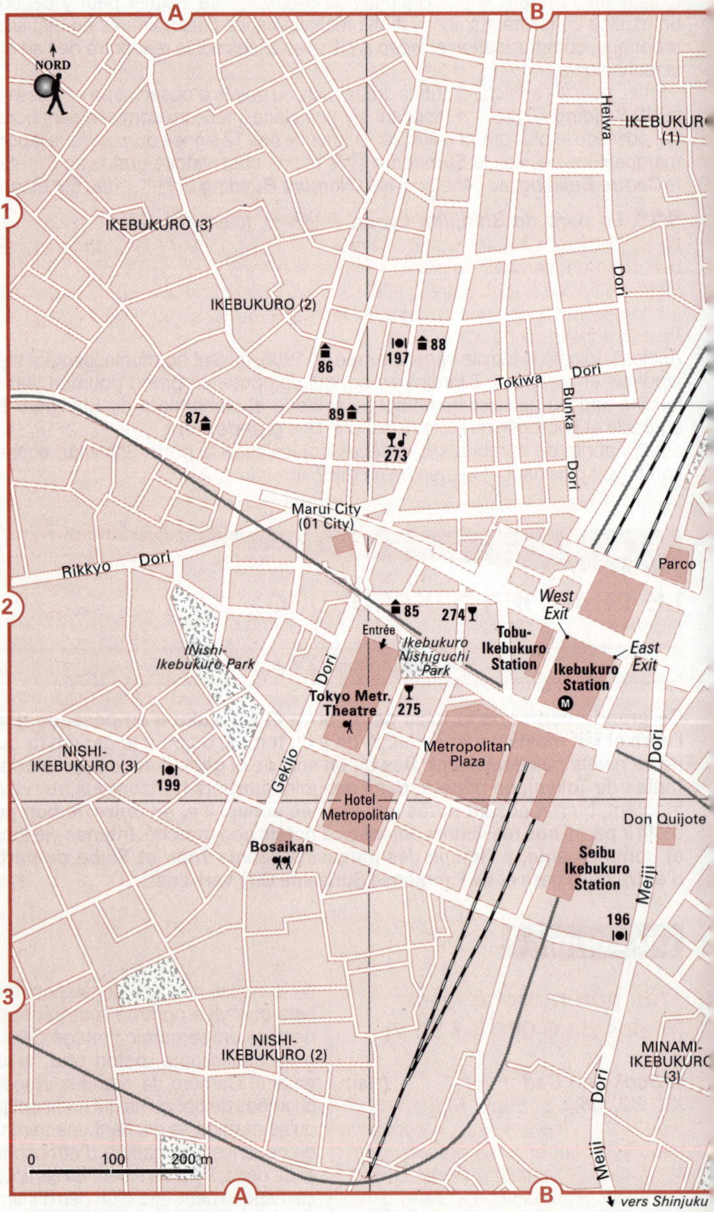
A
B
NORD
1
2
3
IKEBUKURO (1)
IKEBUKURO (3)
IKEBUKURO (2)
Heiwa
Dori
Tokiwa Dori
Bunka Dori
86
197
88
87
89
273
Marui City
(01 City)
Rikkyo Dori
Parco
85
274
West Exit
Entrée
Ikebukuro Nishiguchi Park
Tobu-Ikebukuro Station
Ikebukuro Station
East Exit
Nishi-Ikebukuro Park
Dori
Tokyo Metr. Theatre
275
Metropolitan Plaza
NISHI-IKEBUKURO (3)
199
Gekijo
Hotel Metropolitan
Don Quijote
Bosaikan
Seibu Ikebukuro Station
Meiji
196
MINAMI-IKEBUKURO (3)
NISHI-IKEBUKURO (2)
Dori
Meiji
0
100
200 m
vers Shinjuku

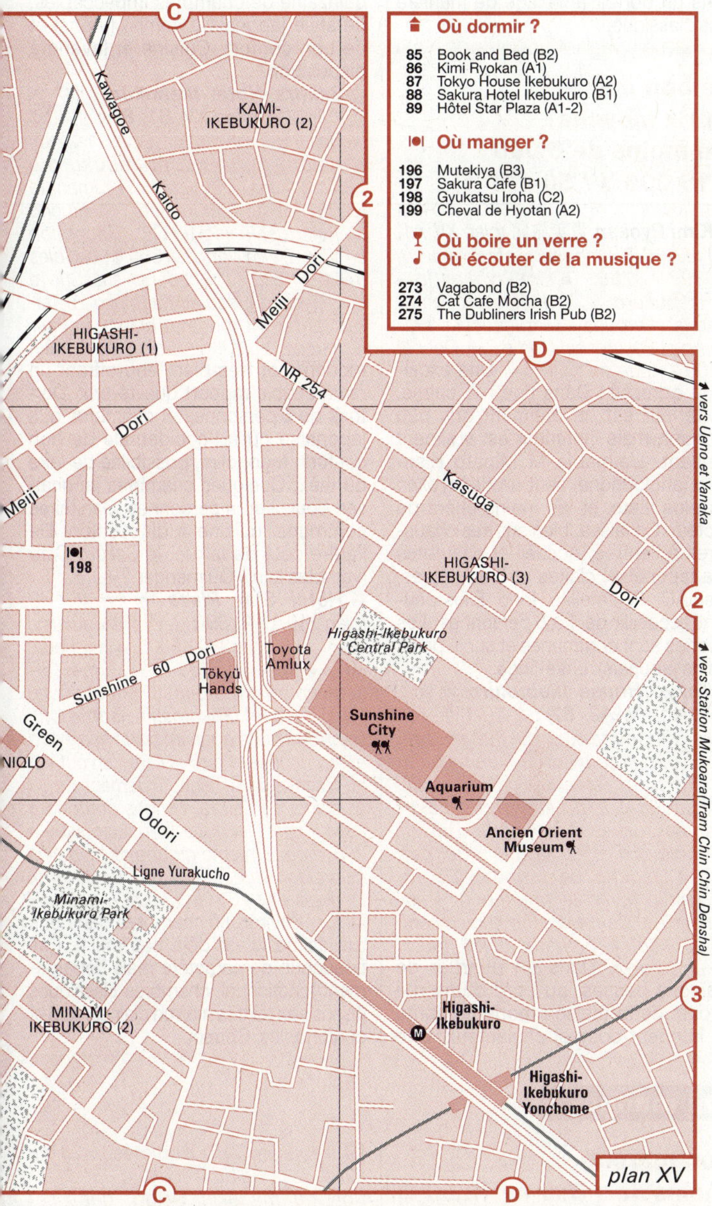

TOKYO – Ikebukuro (Plan XV)

dans un dortoir aménagé de manière plus classique.

De bon marché à prix moyens (de moins de 6 000 à 15 000 ¥ / 50-125 €)

Kimi Ryokan 貴美旅館 *(plan XV, A1,* ***86****) :* *2-36-8 Ikebukuro, Toshima-ku. ☎ 3971-3766. • kimi-ryokan.jp • Ⓜ Ikebukuro 池袋, lignes JR Yamanote (sortie ouest), Marunouchi, Yurakucho et Fukutoshin (sortie C6). Double 8 100 ¥ ; pas de petit déj.* Une excellente adresse ! Dans une rue calme, l'extérieur est un bâtiment gris peu avenant, mais l'intérieur est vraiment plaisant. L'aimable M. Minato Kisaburo (anglophone) tient un des *ryokan* les plus vieux et les moins chers du secteur. On laisse, bien sûr, ses chaussures à l'entrée. Accueil et chambres à la japonaise, claires et bien tenues, avec AC, TV satellite, frigo. Elles peuvent accueillir de 1 à 5 personnes. Les toilettes sont communes et sur le palier (bains japonais). Lave-linge.

Tokyo House Ikebukuro 池袋之家 *(plan XV, A2,* ***87****) :* *2-20-1 Ikebukuro, Toshima-ku. ☎ 3984-3399. • housejp.com.tw • Ⓜ Ikebukuro 池袋, lignes JR Yamanote (sortie ouest), Marunouchi, Yurakucho et Fukutoshin (sorties C1 ou C6). Depuis le boulevard, c'est la ruelle qui part sur la gauche de l'*Idogawa Dental Clinic *(avec le nounours). Résa conseillée. Doubles sans ou avec sdb 6 600-8 800 ¥, petit déj inclus (toasts et confiture).* Dans un quartier de maisons basses, au bord d'une rue étroite, cette maison moderne abrite un intérieur cosy et chaleureux. Une quinzaine de chambres impeccables, de style japonais (tatamis, futons) et de bon confort. Cuisine et laverie à disposition.

Sakura Hotel Ikebukuro サクラホテル池袋 *(plan XV, B1,* ***88****) :* *2-40-7 Ikebukuro, Toshima-ku. ☎ 3971-2237. • sakura-hotel.co.jp/ikebukuro • Ⓜ Ikebukuro 池袋, lignes JR Yamanote (sortie ouest), Marunouchi, Yurakucho et Fukutoshin (sortie C6). Réception 24h/24. Lit en dortoir 3 300 ¥ ; doubles 9 300-11 200 ¥ ; petit déj en sus. Suivre le boulevard jusqu'au Pachinko Yu Tairiku (bâtiment rouge et blanc), tourner à gauche, puis 1re à droite.* Petit hôtel moderne et très bien tenu offrant un remarquable rapport qualité-prix. Dortoirs de 6 personnes et chambres à la japonaise ou à l'occidentale de bon confort : frigo, clim, possibilité de faire du thé... Quelques chambres japonaises pour 3 ou 4 personnes. Sanitaires communs, cuisine à disposition. De l'autre côté de la rue, le *Sakura Cafe* (voir plus loin « Où manger ? »).

Hôtel Star Plaza スタープラザ *(plan XV, A1-2,* ***89****) :* *2-10-2 Ikebukuro, Toshima-ku. ☎ 3590-0005. • star-hotel.co.jp • Ⓜ Ikebukuro 池袋, lignes JR Yamanote (sortie ouest), Marunouchi, Yurakucho et Fukutoshin (sortie C6). Dans une ruelle donnant sur le boulevard et repérable au* Family Mart *d'un côté et au* Pachinko Yu Tairiku *(bâtiment rouge et blanc) de l'autre. Ne pas confondre avec l'hôtel* New Star Ikebukuro *situé à 200 m de là (même groupe, mais moins calme car situé au bord du boulevard). Doubles env 10 000-12 000 ¥, petit déj inclus.* Environ 80 chambres dans une rue calme (c'est déjà pas mal !). Pas beaucoup de caractère mais hébergement fonctionnel, chambres classiques (tissus aux teintes marron clair et rosé) et confortables. Correct.

Où manger ?

Bon marché (moins de 1 500 ¥ / 12,50 €)

Mutekiya 無敵屋 *(plan XV, B3,* ***196****) :* *1-17-1 Minami-Ikebukuro, Toshima-ku. ☎ 3982-7656. Ⓜ Ikebukuro 池袋 (sortie est). À 5 mn aussi de la Seibu Ikebukuro. En direction du magasin* Seibu*, dépasser* Muji*, c'est 100 m après. Impossible de le rater dans ce carrefour animé, il y a une file d'attente en permanence à la porte surmontée de 2 gros woks* *noirs marqués de caractères blancs. Tlj 10h30-4h.* Le *ramen* de Mutekiya se rapproche de la perfection. Alors, faites la queue comme tout le monde et attendez votre tour. Les photos aident à faire le choix : *nikutama men, honramu men, tokumaru men...* Tout est délicieux, savoureux, frais, mais la salle est petite (18 places). Il y a beaucoup d'appelés mais peu d'élus, comme on dit dans la Bible. Ici, la religion c'est le (très bon) goût de ces soupes élaborées avec soin, principalement à base de porc. Si le paradis existe, il commence dans ces gros bols rustiques exempts d'orgueil mais tout en saveurs... De loin, considéré comme le nº 1 du *ramen* !

Sakura Cafe サクラカフェ *(plan XV, B1,* ***197****) : 2-39-10 Ikebukuro, Tsohima-ku. ☎ 5391-2330. En face de l'hôtel* Sakura. *Tlj 24h/24 (carte restreinte 15h-18h et 22h30-11h30).* Falafel, *buffalo wings, poutine* québécoise, *pasta, nachos, hawaian pancakes...* c'est le monde entier de la cuisine routarde qui s'affiche sur la carte cosmopolite de ce café-resto. Voilà le meilleur coin qui soit dans le secteur pour grignoter, boire un jus ou un thé, se relaxer et rencontrer d'autres voyageurs. Choix de plus de 60 bières internationales. La belle terrasse au-dehors pour papoter et déguster une glace donne au lieu de petits airs de café-resto du sud de la France.

De prix moyens à chic (de 1 500 à 6 500 ¥ / 12,50-54 €)

Gyukatsu Iroha 牛かつ いろは *(plan XV, C2,* ***198****) : 1-9-7, Higashi-Ikebukuro, Toshima-ku. ☎ 3971-2838. Tlj 11h-23h (cuisine 22h). Formules complètes 1 500-2 300 ¥.* Petit voyage initiatique au royaume du bœuf pané. Du filet roulé dans une panure et cuit sur des minibraseros alignés devant chaque convive. Le menu est déroutant de simplicité puisqu'il est unique : seule la quantité de viande influe sur le prix, la toute 1re formule étant déjà copieuse. Pour accompagner, du riz, une soupe, du chou râpé et une palanquée de petites sauces pour agrémenter la viande après cuisson. Le mode opératoire, en anglais s'il vous plaît, vous est remis par l'aimable équipée aux rênes de cet admirable petit resto.

Cheval de Hyotan 馬のひょうたん *(plan XV, A2,* ***199****) : 3-5-7 Nishi-Ikebukuro. ☎ 5953-3430. Tlj sauf mer et le 3e mar du mois 11h30-15h (cuisine jusqu'à 13h30), 18h-23h (cuisine jusqu'à 21h). Résa conseillée. Le midi, menus 2 000-5 000 ¥ ; le soir 4 200-8 800 ¥.* Une adresse bistronomique de quartier, au cadre moderne, épuré et élégant. On y déguste une jolie cuisine frampo-naise qui vagabonde au gré des saisons. Un mix entre tradition française et esthétique japonaise, très réussi.

TOKYO

Où boire un verre ?

Vagabond ばがぼんど *(plan XV, B2,* ***273****) : 5F, 2-7-5 Ikebukuro, Toshima-ku. ☎ 3983-9109. Tlj 17h-2h.* On grimpe au 4e étage de cet immeuble que rien ne distingue, pour plonger dans un univers que n'aurait pas renié un caboulot clandestin new-yorkais des années 1930... Bar en bois, chaises bistrot, lumière tamisée et un(e) vrai(e) bon(ne) pianiste pour vous ravir de grands standards de jazz. Belle carte d'alcools pour accompagner le doux moment (dont d'excellents whiskys). Accueil tout en japonais et tout en sourire. Une bien belle ambiance.

Cat Cafe Mocha 猫カフェモカ *(plan XV, B2,* ***274****) : 3F, 1-15-6 Nishi-Ikebukuro, Toshima-ku. ☎ 5927-8828. Ⓜ Ikebukuro 池袋 (sortie ouest). Tlj 10h-22h. Compter 200 ¥ pour 10 mn, boissons 350 ¥, gratuites à partir de 20 mn. Grignotages pour chats 500 ¥. Interdit aux moins de 13 ans non accompagnés.* Ce duplex installé sous les toits abrite 25 matous (presque tous blancs, couleur porte-bonheur pour les Japonais !). Des Tokyoïtes, déguisées en princesses ou en écolières, viennent ici pour chouchouter ces gais-chats (en tout bien tout honneur, interdiction de les prendre dans les bras). Lieu paisible par excellence, où l'on se pose pour se relaxer. À 10h30 et 19h, les chats sont nourris, alignés comme à la parade derrière leurs gamelles.

The Dubliners Irish Pub ダブリナーズ池袋店 *(plan XV, B2,* ***275****) : 1-10-8 Nishi-Ikebukuro, Toshima-ku. ☎ 5951-3614. En face de la gare d'Ikebukuro* 池袋 *(sortie ouest), au sous-sol du Sunglow Bldg. Tlj sauf dim 17h-23h.*

L'un des nombreux pubs irlandais de cette chaîne, mais aussi l'un des plus animés. De la bière, *of course,* mais aussi un bon choix de snacks et petits plats à grignoter (*fish & chips,* salades diverses, *spare ribs,* etc.). Parfois de la musique celtique live *(vers 19h-20h, programme sur • dubliners.jp •).*

Achats

L'embarras du choix, Ikebukuro étant considéré comme l'un des cœurs battants du commerce tokyoïte ! À l'image de Seibu et Tobu, 2 gigantesques galeries marchandes encadrant la gare d'Ikebukuro, fruits de la sanglante compétition entre les lignes de chemin de fer privées du même nom.

À voir

Ce n'est pas le quartier le plus riche en termes de trésors du patrimoine culturel, mais Ikebukuro possède une certaine personnalité. Si vous avez un peu de temps, voici quelques suggestions intéressantes pour mieux le connaître...

Côté ouest

Tokyo Metropolitan Theatre 東京芸術劇場 *(appelé aussi Tokyo Metropolitan Art Space ; plan XV, A-B2) : 1-8-1 Nishi-Ikebukuro, Toshima-ku. ☎ 5391-2111. • geigeki.jp • Ⓜ Ikebukuro* 池袋*, lignes JR Yamanote (sortie ouest), Marunouchi, Yurakucho et Fukutoshin (sortie 2B).*

Une architecture étonnante, des volumes gigantesques avec un impressionnant escalator. Ce bâtiment futuriste abrite un théâtre et plusieurs salles de concerts. On y trouve aussi un magasin d'articles fantaisie dédiés aux arts.

Bosaikan (Ikebukuro Earthquake Museum) 防災館 *(plan XV, A3) : 4F, 2-37-8 Nishi-Ikebukuro, Toshima-ku. ☎ 3590-6565. Ⓜ Ikebukuro* 池袋*, lignes JR Yamanote (sortie Metropolitan), Marunouchi, Yurakucho et Fukutoshin (sortie 3). Tlj sauf certains mar et 3e mer du mois 9h-17h (21h ven). Visite guidée seulement, en japonais. GRATUIT.*

Les Japonais n'ont pas beaucoup d'ennemis hormis les forces de la nature, dont les tremblements de terre font partie... Face à ces catastrophes, ils ont appris à réagir, à s'organiser dans l'urgence, et surtout à rester solidaires. Ce centre est la vivante illustration de la capacité des Japonais à se serrer les coudes quand ça va mal. Créé par les pompiers de Tokyo, le Bosaikan montre et explique comment réagir en cas de séisme. Le plus impressionnant reste l'expérience (normalement de 12h à 12h30 ; 20 personnes maximum, mieux vaut réserver) de la salle « mouvante » restituant les conditions physiques d'un tremblement de terre. Projection également d'un petit film sous-titré en anglais sur les séismes les plus importants.

Côté est

Sunshine City サンシャインシティ *(plan XV, C-D2) : 3-1-3 Higashi-Ikebukuro, Toshima-ku. ☎ 3989-3331. • sunshinecity.co.jp • Ⓜ Ikebukuro*

池袋, *lignes JR Yamanote (sortie est), Marunouchi, Yurakucho et Fukutoshin (sortie 35) ; plus proche, la station Higashi-Ikebukuro, ligne Yarakucho (sortie 2, puis 3 mn de marche). Observatoire (tlj 10h-22h ; fermeture des guichets 1h avt) : 1 200 ¥ ; réduc.*
Ce mastodonte urbain fut bâti à l'emplacement de la prison de Sugamo, où fut pendu comme criminel de guerre Tojo Hideki, le Premier ministre responsable de l'attaque sur Pearl Harbor. Aujourd'hui, on y trouve une tour de 60 étages, avec grands magasins, hôtels de luxe, aquarium, planétarium, musée d'arts asiatiques... De quoi meubler un bon après-midi !

L'aquarium du Sunshine City サンシャイン水族館 *(plan XV, D2-3)* **:** *tlj 9h-21h, avr-sept ; 10h-18h, oct-mars. Entrée : 2 200 ¥ ; réduc. Brochure et notices en anglais.* Certains visionnaires rêvent de construire des tours au fond de la mer. Ici, c'est le contraire, ce sont les poissons qui montent au sommet des tours ! Des milliers de poissons remarquablement présentés (plus de 700 variétés). Ce serait paraît-il le plus grand aquarium du monde à cette hauteur. Shows de phoques (sauf quand il pleut !). *Crazy Japan !*

Le musée de l'Ancien Orient (Ancient Orient Museum) 古代オリエント博物館 *(plan XV, D2-3)* **:** *7F, Sunshine City Bunkaikan, 3-1-4 Higashi-Ikebukuro, Toshima-ku. ☎ 3989-3491. • aom-tokyo.com/english • Pas facile à trouver (mal indiqué !). Situé dans le Bunkaikan, l'édifice le plus à l'est de Sunshine City ; entrée au rdc, par la porte la plus proche du long tunnel des bus (côté sud) ; emprunter l'escalier mécanique pour le 1er étage, puis ascenseur à droite pour le 7e étage. Tlj 10h-17h (dernière entrée à 16h30). Entrée : 600 ¥ ; réduc.*
Vous ne traverserez sûrement pas Tokyo pour visiter ce musée, sauf si vous êtes intéressé par les arts orientaux (Égypte, Grèce...). Parmi les pièces rares : une beuverie indo-grecque (on savait rigoler dans ces temps jadis !), Aphrodite au bain (érotisme antique), tablettes, sculptures du Gandhara, cette région d'Afghanistan où l'art grec a rencontré l'art bouddhique. Expos temporaires bien fichues sur les régions d'Orient.

LE QUARTIER DE NAKANO 中野

• Nakano (plan XVI) *p. 237*

A 2 stations de métro de Shinjuku, vers le nord-ouest, voici un quartier un peu en marge mais qui gagne à être connu, ne serait-ce que pour la *Nakano Broadway.* Une longue galerie marchande populaire qui recèle le plus grand magasin de mangas de Tokyo et un petit café intime aménagé par le célèbre artiste contemporain *Takashi Murakami.* Et, tout autour, un treillis de ruelles typiques émaillées de caboulots et de petits restos...
– Accès : Ⓜ Nakano 中野, ligne Tozai et JR Chuo (sortie nord). Pour le BnA Hotel*, accès différent (voir plus loin).*

Où dormir ?

BnA Hotel *(hors plan XVI par A2,* **92)** **:** *2-4-7 Koenjikita, Suginami. Résa via le site seulement : • bna-koenji.com • Ⓜ Koenji Station 高円寺駅, lignes JR Chuo, Tokyo Metro Tozai et JR Chuo Sobu (sortie nord, puis 2 mn). Doubles avec sdb 15 000-20 000 ¥ ; petit déj en sus.* Dans un quartier en pleine émergence artistique, une adresse idéale pour ceux qui veulent vivre une expérience culturelle made in Koenji. L'endroit est dédié à la scène

TOKYO

artistique locale, du café prêtant ses murs à des expos, aux chambres devenues des œuvres d'art à part entière. Le projet a germé dans l'esprit de 3 potes designers et architectes. L'objectif : plonger les voyageurs au cœur de l'art tokyoïte. Et on n'est pas déçu ! Un collectif d'artistes s'est littéralement emparé du mobilier, des murs et des sols de cette *guesthouse*-galerie comptant 2 chambres seulement. Le lieu est stylé.

Où manger ? Où boire un verre ?

De bon marché à prix moyens (moins de 3 500 ¥ / 29 €)

Poissonnerie Washiya 健康食卓わしや *(plan XVI, B2,* ***200****) : à 80 m de la gare, à droite dans la galerie. Tlj 9h-19h.* Une poissonnerie pleine de couleurs proposant entre autres un choix incroyable et appétissant d'algues et de petits poissons séchés. Les habitants du quartier s'y pressent pour s'acheter leur *bento* de sushis bons et frais à emporter (pas de table sur place).

Bar Zingaro バージンガロ *(plan XVI, A-B1,* ***201****) : au fond de la galerie Broadway, au 2e étage. Tlj 11h-21h.* Modestement planqué dans un coin de la galerie *Nakano Broadway,* ce café bohème au design vintage est tout entier dédié aux marguerites souriantes de Takashi Murakami, patron du lieu et artiste tokyoïte de renommée internationale. Certains le qualifient de successeur d'Andy Warhol. Tableaux aux murs, burgers, tiramisu, crème du cappuccino, tout est marqué du sceau de ces marguerites... qu'on a plaisir à effeuiller, sur fond de musique jazzy. Quelques créations sont en vente sur place, à prix abordable même si Murakami était 6e dans le classement mondial de *Christies* pour la cherté de ses œuvres en 2006...

De prix moyens à plus chic (de 1 500 à plus de 6 500 ¥ / 12,50-54 €)

Uroko ウロコ *(plan XVI, B2,* ***202****) : 5-6-10 Nakano. ☎ 5948-5652. En sortant de la gare, repérer le KFC à droite ; prendre la ruelle qui en part, fait une chicane, c'est 20 m plus loin à droite. Tlj 11h-4h.* Derrière cette façade d'angle à la déco marine chargée, on mange au coude à coude sur des tables rustiques, dans un cadre vintage version japonaise et les fumées des grillades. Spécialité de poisson et fruits de mer grillés sur de petits braseros. Bon, prix raisonnables, et le patron maîtrise quelques mots de français. Un lieu furieusement populaire et animé.

À voir. Achats

Nakano Broadway 中野ブロードウェイ *(plan XVI, A-B1) : tlj 10h-20h.* Longue galerie populeuse, bruyante et violemment éclairée, où l'on trouve de tout, vraiment tout : des magasins de vêtements et chaussures à des prix qui semblent avoir ignoré le passage du millénaire, bazars multiples, boutiques vendant des objets aussi futiles qu'amusants, confiseries, épiceries, gargotes et on en passe.

Mais les fans de mangas se rueront dans les étages pour découvrir la plus importante succursale de ***Mandarake*** まんだらけ *(plan XVI, A-B1,* ***320*** *; ☎ 3228-0007 ; • mandarake.co.jp • ; tlj 12h-20h).* Sur 3 niveaux, une trentaine de boutiques. On y vend livres, figurines de mangas « anciens » (ou plus récents) dont certaines sont rares et très chères (jusqu'à 10 000-15 000 ¥, voire 25 000 ¥ !). On y trouve aussi des poupées en pièces détachées et tous leurs accessoires (vêtements, bijoux, etc.). Les boutiques de robes *cosplay* d'occase tapent dans les 14 000-25 000 ¥. On flotte dans un autre monde !

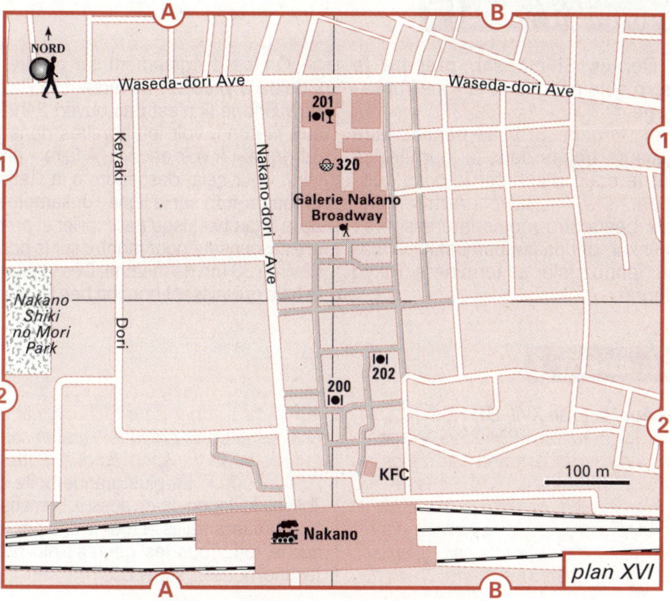

TOKYO – Nakano (Plan XVI)

TOKYO

Où dormir ?	**201** Bar Zingaro (A-B1)
92 BnA Hotel (hors plan par A2)	**202** Uroko (B2)
Où manger ? Où boire un verre ?	**Achats**
200 Poissonnerie Washiya (B2)	**320** Mandarake (A-B1)

LE QUARTIER D'ODAIBA お台場

• Odaiba (plan XVII) *p. 239*

Totalement artificiel, construit sur des terres gagnées sur la mer, Odaiba est une véritable fenêtre vers les architectures et modes de vie de demain.
La façon la plus géniale de s'y rendre est de prendre la ligne automatisée *Yurikamome*. La rame monte, descend, sinue, louvoie, biaise, virevolte au-dessus des eaux sur le Rainbow Bridge, ouvrant de surprenants panoramas sur la baie, des plongées et des angles inattendus, et offrant à vos yeux ébahis un panel exhaustif des bâtiments les plus futuristes de Tokyo... Le truc à savoir : se mettre dans la 1re voiture pour avoir une vue en cinémascope pendant le trajet. On se croirait presque dans un grand 8 ! Tout au bout, de sublimes musées, comme le Miraikan, mais aussi le marché de gros (dont celui au poisson), de grands magasins délirants et d'intéressantes attractions adaptées à tous les désirs et fantasmes de nos lecteurs et lectrices...

Comment y aller ?

➢ Depuis Shimbashi, prendre le ***métro*** automatique de la ligne Yurikamome ゆりかもめ *(190-380 ¥ selon trajet ; réduc).* Si vous pensez faire plusieurs trajets dans la journée, ça vaut le coup d'acheter le *pass* quotidien *(820 ¥ ; réduc).* Autre ligne, mais beaucoup moins intéressante : la Rinkai, qui passe par Osaki, Oimachi, Tennoz Isle, et termine à Tokyo Teleport.

➢ On peut également se rendre à Odaiba ***à pied*** en traversant le Rainbow Bridge (il n'est pas ouvert 24h/24 aux piétons, voir les horaires dans la rubrique « À voir encore. À faire » plus loin). Pour cela, descendre à la station Shibaura-futo sur la ligne Yurikamome ; de là, marcher jusqu'au 1er pilier et prendre l'ascenseur pour monter sur le pont. Environ 30 mn de marche. Des vues sur la baie qui laissent bouche bée !

Où sortir ?

AgeHa *(plan XVII, B1)* **:** *2-2-10 Shinkiba, Koto-ku. ☎ 5534-2525. • ageha.com • Au sud-ouest de la baie d'Odaiba. Gare JR Shinkiba 新木場, lignes Keiyo et Rinkal. Plus directe, la ligne Yurakucho. Encore mieux : la navette depuis Shibuya, sortie est de la gare (plan XIII, C3) ; minuit-2h ttes les 15 mn, 2h-4h ttes les 30 mn ; retour pour Shibuya mêmes horaires ; la plus pratique aussi, la seule qui assure le transport de nuit. Entrée : 2 500-3 500 ¥.* La plus grande boîte de Tokyo (du Japon dit-on aussi !). Immense. Nombreuses salles et même une piscine sur le toit. Tous les genres : hip-hop, techno, house... super DJs !

À voir

Miraikan – National Museum of Emerging Science and Innovation 日本科学未来館 *(plan XVII, A2)* **:** *2-3-6 Aomi, Koto-ku. ☎ 3570-9151. • miraikan.jst.go.jp/en/ • Ⓜ Telecom Center テレコムセンター, ligne Yurikamome. Tlj sauf mar 10h-17h (dernière entrée à 16h30). Fermé 28 déc-1er janv. Entrée : 630 ¥ ; réduc ; gratuit moins de 18 ans sam. Prix pouvant évoluer selon les expos. Show du Dome Theater GAIA : 310 ¥ ; réduc ; réserver. Les jours de faible affluence, achat possible du billet au plus tard 5 mn avt le show.*

C'est tout d'abord une remarquable architecture, moderne et futuriste. À l'intérieur, immense sphère représentant le monde, et qui change de tonalités et de couleurs de façon magique. Ensuite, on y découvre les plus hautes technologies présentées et expliquées de manière on ne peut plus pédagogique et didactique ! La devise de la maison est clairement affichée : « Nous pensons que la science et la technologie font partie de notre culture ». Selon Karyn Poupée, auteur des *Japonais,* excellent livre sur le Japon d'aujourd'hui, ce musée est le « lieu d'apologie des découvertes et des travaux scientifiques nippons ». Le lieu transcende les générations : autant d'enfants que d'adolescents ou de seniors, de femmes que d'hommes. Les instits de maternelles amènent les bambins au Miraikan pour se pâmer devant le robot humanoïde Asimo de Honda *(tlj 11h, 13h, 14h, 16h ; durée : 10 mn),* un être mécatronique d'assistance avec lequel ils cohabiteront peut-être dans quelques années... À la fois drôle, émouvant et surprenant. Le XXIe s en marche !

– *Niveau 3F :* très riche section de robots. Les enfants y expérimentent des appareils de très haute technologie. Des volontaires (certains parlant l'anglais) y décryptent les nanotechnologies, la supraconductivité, l'optoélectronique... Une immense machine avec des boules noires et blanches explique le fonctionnement d'Internet. Jeux vidéo divers. Le coin jeux pour enfants est vraiment super. Librairie scientifique.

– *Niveau 5F :* la vie de la science et notre environnement terrestre. On est accueilli par un superbe moteur de lanceur de fusée *LE-7A.* Audiovisuels interactifs,

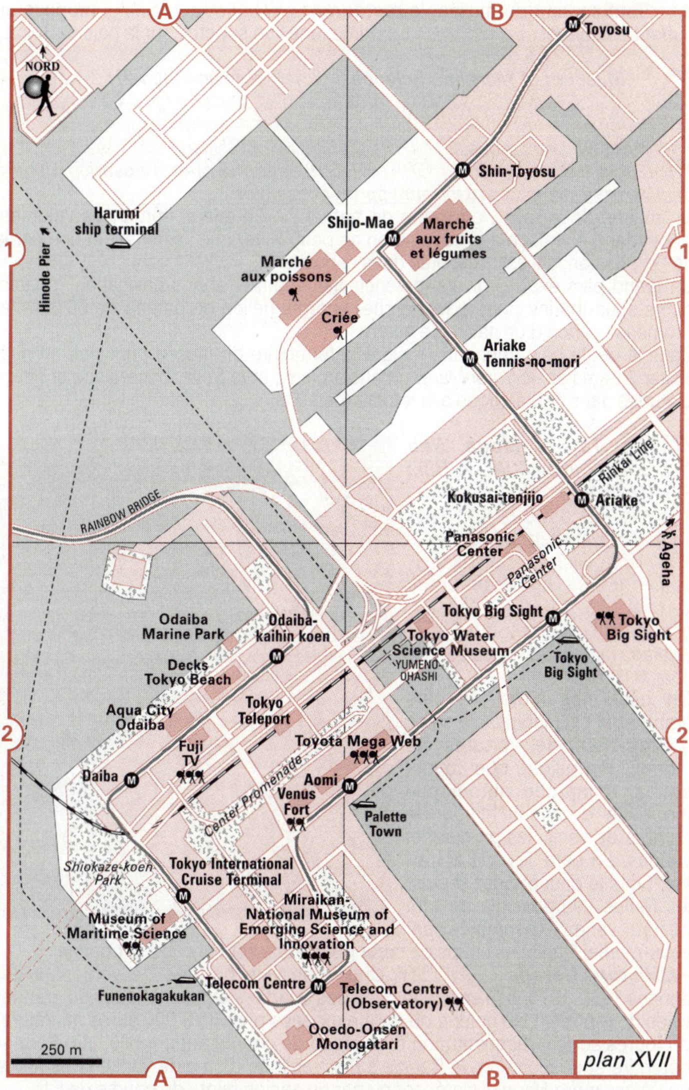

TOKYO – Odaiba (Plan XVII)

schémas, grands tableaux... Visite du *Shintai 6500,* un grand bathyscaphe. Tout sur l'accélération des particules. Maquettes élaborées, nombreux microscopes. Explications sur l'ADN, voyage dans le cerveau, visite d'un module d'habitation de l'espace... Impossible de tout décrire !

– *Niveau 7F :* l'*Innovation Hall* est dédié aux expériences.

Tout en haut du musée, le ***restaurant*** *(tlj sauf mar 10h-17h)* propose un buffet très correct *(prix moyens)*. En prime, une vue superbe sur la baie de Tokyo.

Museum of Maritime Science 船の科学館 *(plan XVII, A2)* **:** *3-1 Higashi-yashio, Shinagawa-ku. ☎ 5500-1111. • funenokagakukan.or.jp • Ⓜ Tokyo international cruise terminal* 東京国際クルーズターミナル*, ligne Yurikamome. Accès également par bateau-bus (25 mn depuis Hinode ou Shinagawa). Tlj sauf lun 10h-17h (dernière entrée à 16h45). GRATUIT.* ***Musée fermé pour rénovation jusqu'à nouvel ordre, seuls les extérieurs sont accessibles.***
Un musée de la mer... en forme de bateau. À l'intérieur, immenses volumes. Cependant, en raison des travaux, on ne peut visiter que l'extérieur et une partie de l'exposition, qui est présentée dans l'annexe.
Un grand parc expose divers matériels liés à la mer et à la navigation : phares, petits sous-marins pour la recherche, énorme hélice de bateau de 50 000 t et l'immense canon d'un navire de guerre.
Dans la petite baie attenante, malgré la fermeture du musée principal, on peut visiter 2 bateaux : le *Yotei Maru,* un ancien ferry, et le *Soya,* brise-glace et navire d'études dans l'Antarctique à la retraite (de 1938).

TOKYO

Toyota Mega Web メガウエブ *(plan XVII, A-B2)* **:** *Palette Town, Aomi 1-chome, Koto-ku. ☎ 3599-0808 (11h-18h). • megaweb.gr.jp • Ⓜ Aomi* 青海*, ligne Yurikamome. Bateau-bus depuis Hinodesanbashi (arrêt Palette Town). Tlj 11h-19h pour l'expo, le* Ride Studio *et le « garage historique », jusqu'à 18h pour le* Ride One.
On pèse nos mots : le plus grand et le plus incroyable salon d'exposition de voitures au monde. Rappelons que Toyota est la 1re marque automobile mondiale depuis 2011 par le nombre de véhicules produits et vendus. Le père Toyoda a vraiment mis le paquet pour séduire les foules... Impossible de tout décrire, venez expérimenter par vous-même. Quelques coups de cœur pour vous mettre l'eau à la bouche.

LE ROBOT EST L'AVENIR DE LA FEMME JAPONAISE

Toyota investit dans l'intelligence artificielle. Dans le musée de la compagnie au centre de l'archipel, le robot Robina guide la visite. Il sait tenir un stylo et signe des autographes. Toyota fabrique des robots d'assistance pour les corvées ménagères, le soutien médical, la production industrielle et la mobilité réduite. En confiant des tâches ménagères à des robots, Toyota espère que les femmes auront plus de temps pour vivre, seront plus heureuses et feront plus d'enfants. Ainsi les robots pourraient-ils enrayer le vieillissement de la population nippone. Si seulement il y avait une autre personne dans le foyer qui pourrait participer à ces fameuses tâches...

– ***L'History Garage :*** *GRATUIT.* Une vraie ville bourrée de véhicules des années 1950-1970, mis en scène dans des quartiers emblématiques de grandes villes du monde. Une galerie où sont exposées près de 3 000 autos miniatures de toutes sortes, reconstitution d'un stand de course automobile, etc. Pour se détendre et se restaurer, le *Bonnie's Bar,* réplique d'un café yankee des fifties, ou l'*Alessandro Nannini Café,* conçu par un ancien pilote de course de F1.
– ***Ride One :*** pour seulement 300 ¥, on peut tester la conduite du dernier modèle Toyota dans le quartier *(résa obligatoire via leur site le jour précédant sa venue ou 1h avt sur place, selon disponibilité ; posséder le* ***permis de conduire international****)*.
– ***Ride Studio :*** un circuit intérieur permet de conduire pendant une quinzaine de minutes *(200-300 ¥)* d'autres véhicules (expérimentaux, hybrides, électriques...). Les enfants ne sont pas oubliés : dans le *Petit Ride One,* possibilité de conduire une petite voiture hybride (à pédales et moteur) sur 150 m (de 3 à 5 ans). Dans le *Indoor Ride One,* piste de 230 m pour tester 3 véhicules (de 6 à 18 ans).

– Salle d'expos de voitures de course et cabine de simulation de conduite à haute vitesse. Présentation des voitures du futur dans la section « design ». Enfin, boutiques diverses où vous trouverez nécessairement votre bonheur...

Venus Fort ヴィーナスフォート *(plan XVII, A2)* **:** Ⓜ *Aomi* 青海*, ligne Yurikamome. Près du Tokyo Mega Web.* ● *venusfort.co.jp* ● *Tlj 11h-21h.* Non, ce n'est pas la forteresse de la déesse antique de l'Amour, mais un étonnant *shopping mall* décoré comme une ville italienne du XVIIIe s. C'est d'une kitschissime et totale beauté. Le plafond change de couleur à mesure que la journée avance (jusqu'à évoquer la nuit). Plus de 170 magasins sur 3 niveaux : 1F, *Venus Family* (un étage de boutiques dédiées à la famille) ; 2F, *Venus Grand* (vêtements, mode, cosmétiques, bijoux, accessoires) ; 3F, *Venus Outlet.* Pour les addicts, une salle de jeux électroniques ouverte 24h/24. Enfin, on peut conclure cette visite par la spectaculaire grande roue, la... plus grande du monde avec ses 115 m de haut *(ouv 10h-22h – 23h ven-sam –, selon météo ; durée : 16 mn ; compter 920 ¥).*

Les plus belles architectures du XXIe s

À tout seigneur tout honneur, le ***Miraikan*** *(National Museum of Emerging Science and Innovation)* bien sûr (voir plus haut). Équilibre et force des lignes, harmonie des formes. Ici, tout réjouit l'œil.

Le siège de Fuji TV フジテレビ *(plan XVII, A2)* **:** *2-4-8 Daiba, Minato-ku.* ☎ *03-5500-8888.* ● *fujitv.com* ● Ⓜ *Daiba* 台場*, ligne Yurikamome (puis 3 mn à pied). Terrasse d'observation : tlj sauf lun 10h-18h (dernière entrée à 17h30), 700 ¥. Hall et restos : tlj 11h-20h (22h le w-e).*
Architecture vraiment futuriste avec sa structure évoquant un immense Meccano ! Œuvre, on aurait dû s'en douter, du génial Kenzo Tange (voir « Personnages » dans « Hommes, culture, environnement »). Possibilité de grimper dans l'énorme sphère centrale qui caractérise l'édifice. On y trouve l'observatoire *Hachitama* au remarquable panorama.

Tokyo Big Sight 東京ビッグサイト *(plan XVII, B2)* **:** *3-11-1 Ariake, Koto-ku.* ● *bigsight.jp* ● Ⓜ *Tokyo Big Sight* 東京ビッグサイト*, ligne Yurikamome (puis env 7 mn de marche).* Appelé également *Tokyo International Exhibition Hall.* Spectaculaire entrée de l'édifice, composée d'énormes pyramides inversées. Quand il n'y a pas de conférence, possibilité d'accéder au point le plus élevé.

Telecom Center テレコムセンター *(plan XVII, A-B2)* **:** *à côté du* Miraikan. ☎ *5500-0021. Accès à l'Observation Deck mar-ven 15h-21h, w-e et j. fériés 11h-21h. Fermé lun. Entrée : 500 ¥.* Assez imposant, il a des airs de ressemblance avec la Grande Arche de la Défense (Paris).

À voir plus loin, à Toyosu

Le marché aux poissons de Toyosu 豊洲魚市場 *(plan XVII, A1)* **:** ☎ *3520-8211.* Ⓜ *Shijo-Mae, ligne Yurikamome* ゆりかもめ *ou bus n° 1 depuis la gare de Shimbashi (sortie A2). Tlj 5h-17h, sauf dim. Criée au thon seulement, 5h30-6h30 (eh oui !). Fermé dim et un autre jour de la sem variable : se renseigner à l'avance dans un office de tourisme (tél et site web en japonais seulement).*

POISSON MORTEL

Le fugu (ou poisson-globe) est particulièrement fin à déguster. En revanche, certains de ses organes contiennent une toxine plus dangereuse que le cyanure. Aucun antidote. Pour pouvoir le travailler, les cuisiniers suivent une formation de 2 ans, sanctionnée par un diplôme d'État. Plusieurs gourmands (ou kamikazes ?) meurent chaque année : une mort « fugurante » !

TOKYO

C'est dans ces immenses halles modernes flambant neuves, climatisées et totalement aseptisées que l'emblématique marché aux poissons de Tsukiji a déménagé en 2018. La zone de commerce étant strictement réservée aux professionnels accrédités.
La zone du marché de gros, se décompose en 3 halles reliées entre elles par des passerelles : le ***marché aux fruits et légumes*** *(plan XVII, B1)*, le ***marché aux poissons*** *(plan XVII, A1)*, la ***vente à la criée*** *(plan XVII, A-B1)*. On observe l'activité derrière d'étroites vitres offrant un angle de vision serré. Dans la halle destinée à la vente à la criée (thon essentiellement), on peut obtenir une place sur la plateforme vitrée en léger surplomb sur les échanges. ***Résa par mail en anglais*** *(• pia.jp/v/toyosushijou19/ •)* ***au moins 2 semaines à l'avance,*** les places étant ensuite tirées au sort ! Sans réservation, on est relégué sur la galerie vitrée du 2e étage. De là-haut, le spectacle est limité à raison de 10 mn par groupe. Faut vraiment aimer le thon ! Après 6h30, changement de ton, la vente s'arrête, il reste un peu d'activité jusqu'à environ 10h. Puis les lumières s'éteignent et on reste vraiment sur sa faim ! Boutiques et restos dans le bloc de la halle aux poissons mais tout aussi inertes que le reste des bâtiments.

À voir encore. À faire

➢ ***Balade à pied sur le Rainbow Bridge*** レインボーブリッジ *(plan XVII, A1)* **:** *infos au ☎ 5463-0224. Accès piétons possible 9h-21h avr-oct, 10h-18h nov-mars ; dernière admission 30 mn avt fermeture.* Long de 918 m, ce pont suspendu relie Odaiba à Shibaura. On peut y accéder depuis le continent par l'extrémité de Shibaura à 5 mn de marche de la station Shibaura Futo ou depuis l'île d'Odaiba à 15 mn de marche de la station Odaiba Kaihin Koen.

– ***Détente sur l'Odaiba Marine Park*** お台場海浜公園 *(plan XVII, A2)* **:** *• tptc.co.jp/en/ •* C'est une sorte de plage urbaine (Odaiba Beach, 800 m de long quand même), un rivage de sable et de cailloux, quelques hectares de nature dans le quartier futuriste du port de Tokyo. Dans le secteur trône une statue de la Liberté, réplique de celle qui fut jadis prêtée par la France. Quelques boutiques et restos sur ***Decks Tokyo Beach*** デックス東京ビーチ. Quant à *Joypolis* ジョイポリス, il ravira les amateurs de jeux vidéo. Allez donc boire un verre au ***J-Pop Cafe*** ジェイポップカフェ *(5F, Tokyo Joypolis)* pour admirer un décor évoquant la culture pop des années 1960. Tout est en courbes, en arrondis, dans des tons lumineux, rehaussé de savants jeux de lumière et d'ombre...

– ***Panasonic Center*** パナソニックセンター *(plan XVII, B1-2)* **:** *3-5-1 Ariake, Koto-ku. ☎ 3599-2600. • panasonic.com/global/corporate/center/tokyo • Ⓜ Tokyo Big Sight 東京ビッグサイト, ligne Rinkai (puis 3 mn à pied), ou Ariake 有明, ligne Yurikamome (3 mn aussi). Tlj sauf lun et fin de l'année 10h-18h (dernière entrée à 17h). GRATUIT sauf niveau 3F (500 ¥).* Une vitrine des technologies du futur, sur 4 niveaux. Au niveau 3F, l'espace ***RiSuPia*** destiné aux sciences et mathématiques.

– ***Ooedo-Onsen Monogatari*** 大江戸温泉物語 *(plan XVII, A2)* **:** *2-6-3 Aomi, Koto-ku (côté ouest du Telecom Center). ☎ 5500-1126. • daiba.ooedoonsen.jp/en/ • Ⓜ Telecom テレコム, ligne Yurikamome (sortie principale, puis 2 mn de marche). Tte l'année, presque 24h/24, fermé 9h-11h pour entretien. Entrée : 2 720 ¥ (2 936 ¥ le w-e) ; réduc ; 2 160 ¥ après 18h.* Après une bonne journée à Odaiba, vous méritez bien un bon bain. Ça tombe bien, situé dans un parc clos, cet *onsen* est l'un des plus agréables de Tokyo. L'eau thermale vient directement du centre de la terre, à 1 400 m. Cadre particulièrement séduisant qui reconstitue une maison de bain de la période Edo. Ravissante « rue principale » plongeant dans un passé plein de couleurs et de lumières. 14 bassins différents. *Yukata* bien sûr fourni, et tout pour la détente : plusieurs bassins de températures différentes, sauna, bain de sable chaud, boutiques, restos...

Pour ceux qui ont du temps, un peu plus loin...

Quelques sites et attractions encore, dont quelques-uns en dehors de Tokyo, pas trop éloignés cependant et qui valent la peine d'être visités.

Le musée Ghibli ジブリ美術館 **:** *1-1-83 Simorenjaku, Mitaka-shi. ☎ 05-7005-5777. • ghibli-museum.jp/en/ • Ⓜ Mitaka 三鷹, lignes JR Chuo et Tozai (South Exit). Ensuite bus (200 ¥, réduc) ou 15 mn à pied. Tlj sauf mar 10h-18h. Entrée seulement sur résa (1 mois, voire 2, à l'avance !), obligatoire via le site internet ou bien dans les supérettes* Lawsons. *Billet : 1 000 ¥ ; réduc.*
Visite guidée des studios de l'un des plus grands auteurs de dessins animés au monde : Hayao Miyazaki. *Mon voisin Totoro,* sorti en 1988, fut un immense succès. Depuis, le personnage de Totoro est devenu l'équivalent de Mickey dans les esprits nippons. C'est surtout les enfants qui adorent Totoro ou le « chat bus », autre vedette de ce long-métrage. Refusant d'être catalogué comme le Disney japonais, Miyasaki a été consacré mondialement avec la sortie du *Château dans le ciel,* de *Princesse Mononoke* (1997), puis du *Voyage de Chihiro,* oscar du meilleur film d'animation en 2003. Ses films suivants (*Le Château ambulant, Ponyo sur la falaise* et, plus récemment, *Le vent se lève*) ont aussi enchanté un large public. Visionnaire introverti et solitaire, travaillant dans l'ombre mais avec de gros moyens (ces studios en sont la preuve), Miyasaki a porté l'art de l'animation au plus haut degré de perfection. Retrouvez la magie, la sensibilité et l'intelligence des films de cet artiste immense, dans ce merveilleux musée. Architecture originale et colorée, beau jardin, immense atrium, explications de la fabrication d'un dessin animé, galerie d'art, expo de dessins originaux. Voir les toilettes pour les hommes dont la fenêtre s'ouvre sur le rêve...

L'aquarium de Shinagawa 品川水族館 **:** *Shinagawa-kumin Park, 3-2-1 Katsushima, Shinagawa-ku. ☎ 3762-3433. • aquarium.gr.jp • Ⓜ Omorikaigan 大森海岸, ligne Keihin Kyuko, puis 15 mn à pied. Navette gratuite depuis la station Oimachi (sortie est central). Bateau depuis Hinode 5 fois/j. Tlj sauf mar 10h-17h (dernière entrée à 16h30). Entrée : 1 350 ¥ ; réduc.*
Outre les superbes poissons et les requins, extraordinaire tunnel aquarium, spectacles de dauphins ou d'otaries et démonstrations de plongeurs *(dauphins 10h30-15h30, 3-4/j. ; otaries 11h30-16h, 4/j. ; plongeurs 10h-15h, 3-4/j. ; fréquence variable selon les jours de la sem et les périodes de l'année).*

Tokyo Sea Life Park (Kaisai Rinkai Suizokuen) 東京都葛西臨海水族園 **:** *6-2-3 Rinkai-cho, Edogawa-ku. ☎ 3869-5152. • tokyo-zoo.net/english/kasai • Ⓜ Kasai Rinkai Koen 葛西臨海公園, ligne JR Keiyo, puis 5 mn à pied jusqu'au parc. Également par bateau, par la rivière Sumida, avec la compagnie* Tokyo Mizube Line *(☎ 5608-8869). Tlj sauf mer 9h30-17h (dernière entrée à 16h). Entrée : 700 ¥ ; réduc.*
Le 1er aquarium du Japon a ouvert en 1882 dans le zoo d'Ueno. Aujourd'hui le pays en compte plus d'une centaine ! Énorme parc avec nombre d'aquariums montrant tous les aspects de la vie maritime, poissons de la mer du Japon, poissons exotiques, pingouins de Humbolt, le mystère des fonds sous-marins. Imposant dôme sous l'eau pour observer les thons. Également un parcours des poissons de rivière et quelques expériences et démonstrations pour les enfants. Librairie, vidéos interactives, boutique et resto, etc.

Tokyo Disney Resort 東京ディズニーリゾート **:** *1-1 Maihama, Urasayu, Chiba. Infos : ☎ 05-7000-8632 (seulement depuis le Japon) ; résas : ☎ 04-5683-3333. • tokyodisneyresort.co.jp/en • Ⓜ Maihama 舞浜, ligne JR Keiyo. Tlj 8h-22h max (variable selon saison). Entrée : billet 1 j. 7 400 ¥ (adulte), 6 400 ¥ (12-17 ans), 4 800 ¥ (4-11 ans) ; « passeports » 2-4 j. Par Internet, pas d'attente à l'entrée.*

TOKYO

Au parc d'attractions initial, dont le concept est identique à celui des Disneyworld des États-Unis, celui-ci ajoute un Disney Sea, sur le thème de la mer *(mêmes tarifs mais entrées distinctes, des billets combinés permettent l'accès aux 2 parcs).* Très original aux dires des aficionados des parcs Disney.

LES ENVIRONS DE TOKYO

YOKOHAMA 横浜 3,75 millions d'hab. IND. TÉL. : 045

• Plan *p. 246-247*

1er grand port et 2e ville du Japon, vaste cité industrielle à 30 km au sud de la capitale, Yokohama s'est développé sous la poussée de l'urbanisation effrénée des années 1970-1980. La ville est devenue aujourd'hui une banlieue de Tokyo (de 16 à 40 mn de train selon la ligne). Ici, les loyers sont moins élevés, il y a de l'espace, moins d'agitation et de circulation, et l'air de la mer est vivifiant. Autant de raisons pour y vivre. La ville n'est pas à priori une grande destination touristique, mais pour ceux qui séjourneraient assez longtemps au Japon, elle mérite une visite. Ne serait-ce que pour le front de mer et son architecture futuriste, pour le vibrant Chinatown, le plus important du pays, les nombreux musées... et le robot humanoïde Gundam de 18 mètres de haut que l'usine Gundam a construit pour fêter les 40 ans de succès de la série animée.

UN PEU D'HISTOIRE

Longtemps minuscule port de pêche avant de rencontrer l'« Histoire », sous la forme de l'intervention américaine de 1854. Tout a commencé avec l'arrivée des « black ships », les grands bateaux noirs des Occidentaux qui impressionnèrent les paysans de la côte. Ils n'avaient jamais vu pareils engins flottants. En 1853, le commodore Perry débarque pour une 1re fois à Uraga. L'année suivante, c'est dans la baie de Yokohama qu'ont lieu les négociations entre Perry (représentant des États-Unis, débarqué avec 500 hommes à bord de l'*USS Susquehanna*) et les envoyés de l'empereur du Japon concernant l'ouverture commerciale et politique du pays. Ce traité de paix et d'amitié autorisait le commerce avec les Occidentaux et l'installation de concessions étrangères. Yokohama fut désigné officiellement 1er « port ouvert » du Japon (visiter le très intéressant musée Archives of History ; voir plus bas). Après les bombardements de Shimonoseki en 1864, l'ère Edo s'achève et commence l'ère Meiji, une période d'ouverture et de modernisation, comme jamais le Japon n'en a connu.

Dans de nombreux domaines, Yokohama (porte d'entrée du pays) est la ville des « premières » (voir encadré) ! Avant les avions,

LA VILLE DES « PREMIÈRES »

1er consulat américain (1856), 1res marchandises importées de l'étranger (bière notamment), 1re ligne de chemin de fer et 1ers lampadaires à gaz, 1er réseau d'eau potable à domicile, 1er quotidien du Japon : Yokohama est la ville des « premières », où sont arrivées plusieurs technologies occidentales dès l'ouverture du pays (ère Meiji, débutée en 1868). Ce fut la ligne de contact entre Japonais et Occidentaux ! C'est sur les quais du port que débarquèrent aussi les 1ers touristes occidentaux dès la 2de moitié du XIXe s.

c'était dans ce port que les paquebots européens et américains accostaient, après la traversée du Pacifique ou de l'océan Indien. Dès lors, le port et la ville connaissent une rapide et forte expansion, accélérée par l'ouverture de la ligne de chemin de fer Tokyo (Shimbashi)-Yokohama en 1872. Victime, comme Tokyo, du terrible séisme de 1923 et à moitié rasée par les bombardements de la Seconde Guerre mondiale. Jusqu'aux années 1970, elle accueillit l'une des plus importantes bases de l'armée américaine. Aujourd'hui la ville est l'une des plus cosmopolites du pays.

Arriver – Quitter

Lignes *JR Tokaido, Keihin-Tohoku, Yokohama* et *Negishi* depuis Tokyo.

➢ ***De Tokyo Station*** 東京駅 ***:*** lignes JR Keihien-Tohoku, JR Tokaido, et JR Yokosuka. Trains ttes les 5-18 mn. Durée : de 25 mn (Tokaïdo, le plus rapide) à 35-40 mn (Keihin-Tohoku). Billet aller : env 480 ¥.

➢ ***De Shinagawa Station*** 品川駅 ***:*** avec la Keikyu Line (ttes les 10 mn, durée 17 mn), avec JR Tokaido et Yokosuka (ttes les 5-10 mn, durée 16-25 mn), et avec la Keihin-Tohoku (ttes les 4-10 mn, durée 26-29 mn). Billet aller : env 300-480 ¥.

Il y a 4 gares distinctes à Yokohama : Shin-Yokohama Station, la 1re en venant de Tokyo, puis Sakuragicho, Kannai et, enfin, Ishikawacho. Pour aller au port et au Chinatown, le mieux est de descendre à Ishikawacho.

Adresses et infos utiles

🛈 ***Yokohama Convention & Visitors Bureau*** 横浜観光コンベンションビューロー ***:*** *• yokohamajapan.com •* (en français). Il y a 3 bureaux d'information :

– ***Sakuragicho Station Tourist Information Center*** 桜木町駅インフォメーションセンター *(plan A2)* ***:*** *CIAL Sakuragicho, 1-1 Sakuragi-cho, Naka-ku. ☎ 211-0111. Ⓜ Sakuragicho 桜木町 (North Exit). Dans la station Sakuragicho, juste au niveau de la West Exit ; c'est la boutique qui porte la mention « Cloak service ». Tlj 9h-21h. Consigne bagages.*

– ***Yokohama Station Information Center*** 横浜駅インフォメーションセンター ***:*** *2-16-1 Takashima, Nishi-ku. ☎ 441-7300. Tlj 9h-19h.*

– ***Shin-Yokohama Station Information Center*** 新横浜駅インフォメーションセンター ***:*** *2-100-45, Shin Yokohama Chuo Bldg, 2937 Shinohara-cho, Kohoku-ku. ☎ 473-2895. Près du Shin-Yokohama Raumen Museum. Tlj 9h-21h.* Bon matériel touristique : plan très bien fait de la ville, brochures détaillées sur les sites et les monuments, infos sur les hébergements...

– ***Métro :*** il existe 2 lignes de métro, la *Minatomirai Line* et la *Yokohama Municipal Subway Blue Line.* Vous pouvez utiliser et recharger vos cartes ***Suica*** et ***Pasmo,*** comme à Tokyo. Tarif selon distance : de 210 à 270 ¥ ; réduc. Sinon, ticket à la journée : 740 ¥.

– ***Taxi :*** même principe qu'à Tokyo, compter une prise en charge de 730 ¥.

Où dormir ?

De très bon marché à bon marché (moins de 10 000 ¥ / 83 €)

🏠 ***Guesthouse Futareno*** ふたれのゲストハウス *(plan A3, **10**)* ***:*** *4-173-5 Nogecho, Naka-ku. ☎ 308-8577. • futareno-gh.oops.jp • Ⓜ Sakuragicho 桜木町, ligne JR Keihin Tohoku (South Exit), puis 10 mn à pied. Lits en dortoir 3 000-3 200 ¥ ; doubles 8 000-9 000 ¥ ; pas de petit déj.* Cachée en bordure d'une ruelle tranquille, voilà une jolie maisonnette ancienne, restaurée et aménagée

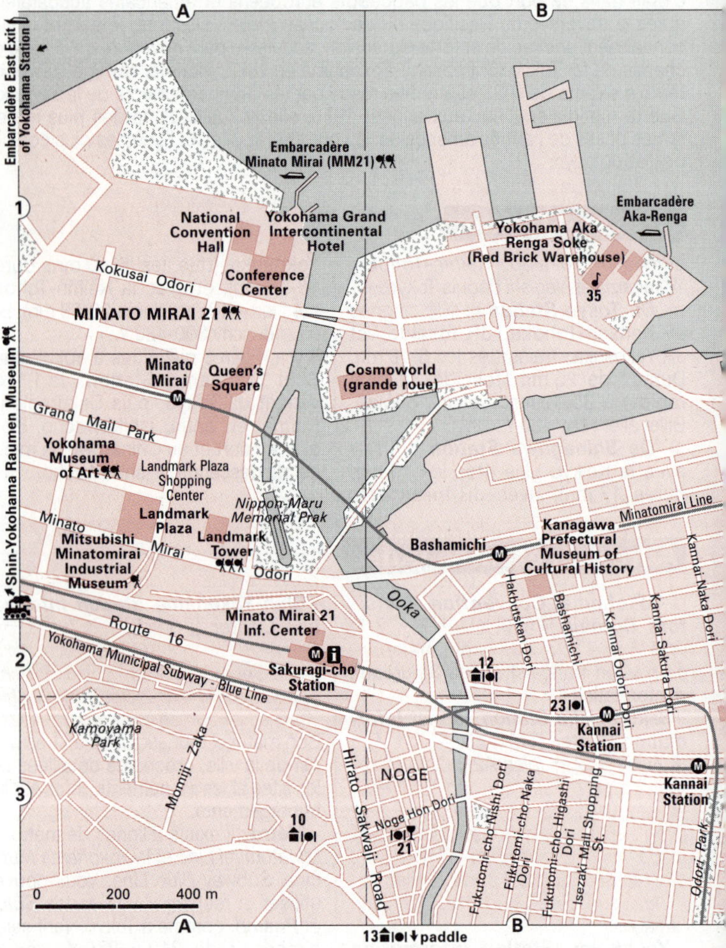

Adresse utile Sakuragicho Station Tourist Information Center (A2) **Où dormir ?** **10** Guesthouse Futareno (A3)	**12** Edit Hotel (B2) **13** Tinys Yokohama Hinodecho (hors plan par B3) **Où manger ?** **10** Kikuya Curry (A3) **20** Aoba Shinkan (C2)

en *guesthouse* intime par un couple sympa, style auberge de jeunesse de poche. Au sein de ses vieux murs, elle propose un salon-bibliothèque japonais à la chaleureuse atmosphère, 2 dortoirs de 6 lits (un réservé aux filles) et 3 *private rooms* pour 2 à 4 personnes avec tatami

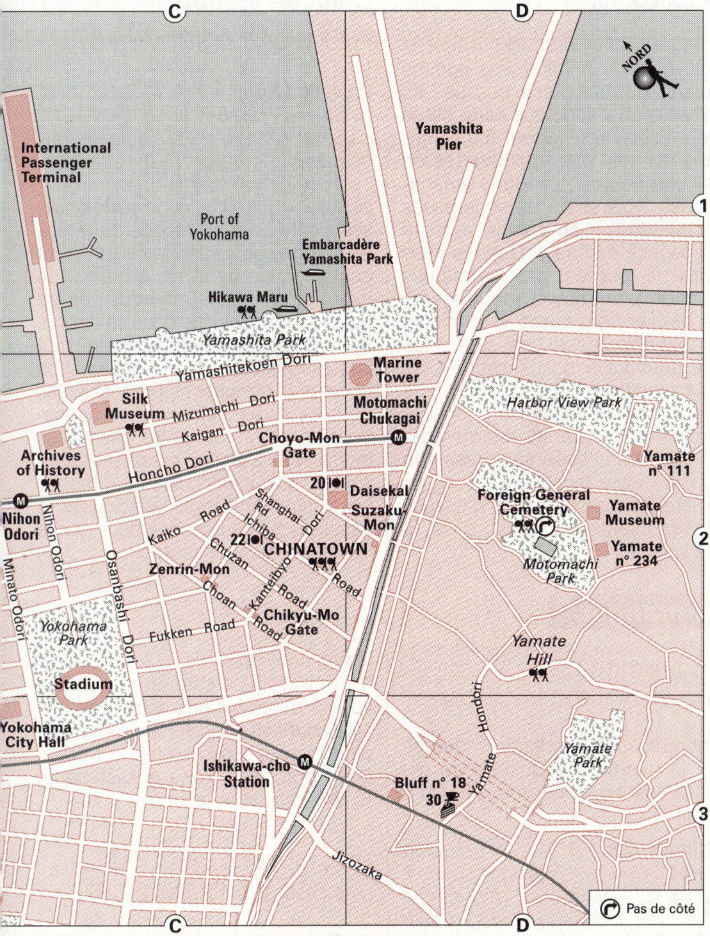

YOKOHAMA

21 Noge Time Restaurant (B3)
22 Saiko Shinkan (C2)
23 Katsuretsuan (B3)

Où boire un thé ?
Où manger un bon 4 heures ?

30 Kissa Elena (D3)

Où boire un verre ?
Où sortir ?

21 Les bars-restos du quartier de Noge et Le Temps Perdu (B3)
35 Motion Blue (B1)

et futons. Sanitaires communs (2 douches) et cuisine à disposition. L'endroit a un petit supplément d'âme, en plus d'être bien au calme.

Et on est tout près du quartier animé des noctambules de Noge.

Tinys Yokohama Hinodecho タイニーズ 横浜日ノ出町 *(hors*

plan par B3, ***13****) : 2-166 Hinodecho, Naka-ku. ☎ 334-8309. • tinys.life/Yokohama • Lit 3 500 ¥, maisonnette 18 000 ¥.* À Yokohama comme à Tokyo, pas de place perdue ! Ici c'est sous un viaduc que cette petite escale a été aménagée. 3 maisonnettes sur roulettes recouvertes de tavaillons de bois, chacune aménagée avec 2 paires de lits superposés – un minidortoir en somme – et un petit espace extérieur. Que les marmottes ne tournent pas les talons : l'isolation phonique a été soignée, et le dernier train passe vers minuit. Mon tout adjacent au café créé grâce à une structure en bois, ouvert à tous, et aux 4 vents en saison. Location de vélos. Et on peut en profiter pour allier exercice physique et découverte, en s'offrant une virée en *paddle* (lire plus bas « Faire du *paddle* le long de la rivière Ookagawa »). Pas d'excuse pour les clients du *Tinys* : c'est la porte voisine !

Chic (de 15 000 à 25 000 ¥ / 124-208 €)

Edit Hotel ホテル エディット 横濱 *(plan B2,* ***12****) : 6-78-1 Sumiyoshi-cho Naka-ku. ☎ 680-0238. • hotel-edit.com • ♿ Compter 7 000-30 000 ¥, pour une double standard, bon et beau petit déj inclus.* Une fois la porte poussée s'offre un large espace de réception baigné de lumière, chaleureux et contemporain avec ses carreaux de métro et une petite boutique pop-up qui propose quelques bricoles design. Dans le prolongement, le resto, tout aussi engageant, qui, outre un bon buffet petit déjeuner nippo-occidental, propose aussi déjeuners et dîners. Du côté de Morphée, les chambres, moins radicalement relookées, sont sobres mais impeccables. Le must ? Les chambres d'angle, spacieuses et très vitrées. Vue dégagée pour tout le monde, ce qui ne gâche rien.

LES ENVIRONS DE TOKYO

Où manger ?

Bon marché (moins de 1 500 ¥ / 12,50 €)

Nombreux restaurants bon marché dans le quartier de Chinatown, qui fourmille de lieux pour manger. On a l'embarras du choix.

Kikuya Curry キクヤ カリー *(plan A3,* ***10****) : 4 Chome-173 Nogecho, Naka ward. ☎ 231-08-06. Ouv midi et soir sauf lun, en continu le w-e.* La petite cuisine étant ouverte sur la salle, on profite d'alléchants effluves dès la porte poussée ! Et ils ne trompent pas. Aux fourneaux 2 cuistos qui auraient largement l'âge d'être à la retraite concoctent des currys : gratins, soupes, riz... Le resto fait le plein dès l'ouverture (bon, en même temps c'est une escale de poche) et la petite file d'attente en atteste. On n'y parle pas anglais, mais le menu est à peu près traduit.

Aoba Shinkan 青葉新館 *(plan C2,* ***20****) : 97 Yamashitachō, à Chinatown. ☎ 663-3770. Dans la ruelle qui part entre les sorties 2 et 3 du métro Motomachi Chukagai. Tlj 11h30-22h (23h ven-sam).* Petite et savoureuse cuisine chinoise à prix doux dans une salle modeste et discrète. On y sert de la cuisine végétarienne de Taiwan. C'est bon, frais, varié et diététique. Excellentes *ramen* (soupes).

Prix moyens (de 1 500 à 3 500 ¥ / 12,50-29 €)

Katsuretsuan 勝烈庵 *(plan B3,* ***23****) : 5 Chome-58-2 Tokiwacho, Naka Ward. ☎ 681-4411. Ouv tlj en continu du déj au dîner.* On peut profiter de l'activité de la cuisine en optant pour une place au comptoir. Il s'y concocte la spécialité : de délicieux *tonkatsu* (filet ou longe de porc de différentes races, panés et frits) servis avec une salade de chou. Et toute une gamme de tempuras parfaitement préparés, ou encore une salade de crevettes ou de poulet... Mon tout est un régal, promptement servi.

Noge Time Restaurant 戸部大夢 *(plan B3,* ***21****) : 2-79 Nogecho.*

☎ 250-0666. Lun-sam 16h-23h, dim 15h-22h. Dans le quartier de Noge qui dort le jour et s'éveille le soir, ce resto est l'une de nos adresses préférées. Si vous n'avez pas le courage de jouer des coudes pour dégoter un tabouret coincé entre le comptoir et la fenêtre, montez voir s'il reste une place assise sur les tatamis, ou restez dehors, debout autour de petits braseros installés sur des tables de fortune (vous payerez d'ailleurs un peu moins cher). Entre 2 gorgées de saké, on papote, on s'esclaffe, tout en surveillant d'un œil attentif les grillades (viande, poisson et huîtres) dont les fumeroles embaument la rue. Les plus aventureux ont aussi leur place ici : quid de goûter un utérus de vache ? un intestin de bœuf ? Un vrai moment de convivialité ! Menu traduit en anglais.

Saiko Shinkan 菜香新館 *(plan C2, **22**)* : *Shanghai-dori, à Chinatown. ☎ 664-3155. Prendre la rue qui part juste en face de l'entrée du Rose Hotel (bâtiment à l'architecture kitsch en forme de bateau) ; à la 1re intersection, tt droit, puis 50 m plus loin, c'est l'immeuble sur la droite, avec une façade dorée clinquante. Tlj sauf 2e mar du mois 11h30-21h30 (dernière commande à 20h). Si vous n'avez pas réservé, venir de bonne heure.* L'intérieur abrite 2 restos à tous les prix. Au rez-de-chaussée, grande salle au cadre classique et aux tables bien espacées pour une cuisine cantonaise élaborée. On s'y attable pour les *dim sum*, la spécialité. Au 2e étage, restaurant plus protocolaire plutôt pour les groupes. Mieux vaut rester en bas.

Shin-Yokohama Raumen Museum 新横浜ラーメン博物館 **:** l'occasion de manger les meilleurs bols de nouilles de la ville (voir la rubrique « À voir »).

Où boire un thé ? Où manger un bon 4 heures ?

Kissa Elena 南森エレナ *(plan D3, **30**)* : *24 Yamate-cho, Naka-ku. ☎ 662-2723. Ouv tlj sauf mer 9h-20h.* On est content de tomber sur ce petit café à l'allure *british* après avoir déambulé dans le quartier résidentiel de Yamate. Tenu par un charmant couple de grands-parents, l'atmosphère y est paisible, et une large baie vitrée offre une vue magnifique sur la ville et le port. On s'attable devant un thé et un *cheesecake*, une crème de citrouille (la spécialité) ou une part de tarte à l'ananas ; sandwich ou spaghettis pour une option salée.

Où boire un verre ? Où sortir ?

Les bars-restos du quartier de Noge *(plan B3, **21**)* : *de part et d'autre de la Noge Hon Dori.* Ⓜ *Bashamichi* 馬車道 *(sortie 1B).* Un quartier épargné par les hautes constructions de ces dernières décennies. Ce n'est qu'en fin d'après-midi et en début de soirée que les choses deviennent intéressantes. Tout le monde se retrouve pour prendre un verre après le boulot, ou vient partager un repas entre amis. L'animation se concentre le long d'une poignée de rues. Déployez vos antennes pour vous imprégner de cette ambiance populaire et laissez-vous porter par votre feeling. Essayez ***Le Temps Perdu*** ルタンペルデュ *(plan B3, **21** ; 2-78-10 Nogecho, Naka Ward ; de Noge Hon Dori, 5e à gauche en partant de la rivière – une boutique verte fait l'angle ; fermé mar).* Se repère à la contrebasse au dessus de l'entrée. Sympathique piano-bar qui organise souvent des concerts intimes (gratuits) et qui propose un grand choix de bières (mais prix assez musclés...).

Motion Blue モーションブルー *(plan B1, **35**)* : *Red Brick Warehouse (1er bâtiment). ☎ 226-1919. ● motionblue.co.jp ● Mar-ven 17h30-23h, sam-dim 16h-21h30. Entrée : 4 000-8 500 ¥ selon groupes.* Le meilleur club de jazz de Yokohama. Concerts de qualité dans un cadre chic. Possibilité de se restaurer.

À voir. À faire

Au nord de la baie

Minato Mirai 21 (MM21) みなとみらい21 *(plan A1)* **:** littéralement « le port du futur » ; zone des quais réaménagée et vitrine de la modernité du Yokohama le plus avancé ; un quartier très vertical. Il comprend plusieurs beaux musées, une très haute tour, une grande roue de 112 m de diamètre et les « entrepôts rouges » *(Red Brick Warehouse),* bâtiments portuaires de la fin du XIXe s transformés en emporium (et offrant une gamme d'élégants restos). Avec d'autres édifices contemporains (*Convention Center,* immeubles de bureaux aux belles lignes), tout cela forme une séduisante carte postale du port.

The Landmark Tower ランドマークタワー *(plan A2)* **:** *Minato Mirai 21. ☎ 222-5030 pour l'observatoire. ● yokohama-landmark.jp ● Ⓜ Minato Mirai みなとみらい ou Sakuragicho 桜木町, puis 5 mn de marche. Tlj 10h-21h (22h sam et pdt les grandes vac). Entrée : 1 000 ¥ ; réduc ; achat en ligne possible.*
Impossible de la louper, c'est une des plus hautes tours du Japon (296 m). On ne vient ici pratiquement que pour elle. À 273 m, dans la *Queen's Tower A,* l'observatoire *Sky Garden* est le plus élevé du pays. Du 2e au 69e étage, l'ascenseur ne met que 40 secondes, ce qui en fait un des plus rapides au monde. Impressionnant ! De là-haut, prodigieux panorama à 360°, et, par beau temps, le regard porte jusqu'à 80 km. Restos et boutiques bien entendu.
– En outre, le **Landmark Plaza** ランドマークプラザ regroupe plus de 160 boutiques dans un vaste atrium. Il forme, avec le **Queen's East** クイーンズイースト à côté, un énorme *mall* aux lignes et volumes audacieux.

Yokohama Museum of Art 横浜美術館 *(plan A2)* **:** *3-4-1 Minato Mirai, Nishi-ku. ☎ 221-0300. ● yokohama.art.museum/eng ● Ⓜ Minato Mirai みなとみらい, sortie Museum Exit (no 3), puis 5 mn de marche. Tlj sauf jeu 10h-18h (dernière entrée à 17h30). Entrée : collection du musée 500 ¥, expo temporaire env 1 500 ¥ ; réduc.*
Grandiose musée à l'architecture remarquable construit par Kenzo Tange : vaste volume central en escalier et mezzanine, dans un style un tantinet « pharaonique », aux couleurs granit funèbre. Propose uniquement des expos temporaires qui présentent des chefs-d'œuvre de la collection du musée. Au gré des expos, on aura peut-être la chance d'admirer des lithos de ***Miró,*** des toiles de ***Paul Delvaux,*** quelques intéressants exemples de la peinture japonaise des années 1930, comme ***Hasegawa Toshiyuki*** et ***Ogawara Shù,*** où l'on sent une nette influence de Salvador Dalí (ou peut-être est-ce l'inverse !). Ou encore des œuvres de peinture japonaise contemporaine, avec *Arawaka Shuraku* et *Tatsuno Toeko.* Grande salle des classiques aquarelles, estampes et paravents. Également des expos temporaires sur différents thèmes.

Le musée industriel Mitsubishi (Mitsubishi Minatomirai Industrial Museum) 三菱みなとみらい技術館 *(plan A2)* **:** *3-1 Minato Mirai Sanchome, Nishi-ku. ☎ 200-7351. ● mhi.co.jp/en/museum ● Ⓜ Sakuragicho 桜木町 (sortie 5, puis 10 mn de marche) ou Minato Mirai みなとみらい (sortie 4, puis 3 mn à pied). Tlj sauf mar 10h-17h (dernière entrée à 16h30). Entrée : 500 ¥ ; réduc.*
Un musée financé et organisé par la multinationale japonaise *Mitsubishi Heavy Industries,* qui évoque toutes les technologies les plus modernes du pays. Au rez-de-chaussée, expo de satellites et jeux vidéo, technologie des océans, l'environnement, les transports. Au 1er étage, technologie des énergies (turbines, le vent) avec des jeux pédagogiques et exercices de simulation pour comprendre. Puis l'atome, la radioactivité... Histoire des véhicules à travers une série de maquettes. Intéressant à condition de maîtriser correctement l'anglais. Quelques défis interactifs à expérimenter en famille (avec des ados).

Shin-Yokohama Raumen Museum 新横浜ラーメン博物館 *(hors plan par A2) : 2-14-21 Shinyokohama, Koho-ku. ☎ 471-0503. • raumen.co.jp/english • Ⓜ Shin-Yokohama 新横浜, ligne Yokohama Municipal Subway Blue Line (sortie 8) ; trajet : 15 mn. Autre possibilité : prendre la Minatomirai Line jusqu'à Kikuna, puis la JR Yokohama Line jusqu'à la station Shin-Yokohama. Tlj 11h (10h30 dim et j. fériés)-22h (dernière entrée à 21h30). Entrée : 310 ¥ ; réduc.*
« Musée » des nouilles japonaises installé le long d'une grande rue d'antan reconstituée, dans un quartier ancien de Tokyo en miniature. Il s'agit en fait davantage d'une grosse poignée de petits restos, qui offrent la possibilité de découvrir la façon dont sont accommodées les diverses variétés de *ramen* dans les différentes régions du pays. À déguster sur la petite place centrale reconstituée. En fait, on paye l'accès au décor et à ces petits restos côte à côte... En famille, pourquoi pas ?

Au sud (Motomachi, Chinatown et le port)

Chinatown 中華街 *(plan C-D2) : Ⓜ Motomachi-Chukagai 元町中華街, ligne Minato Mirai (sortie Chinatown ; arrivée à la porte Choyo-mon).* La plus grande ville chinoise du Japon. Le Chinatown de Yokohama est l'un des plus vieux d'Asie. Ses actuels habitants sont des descendants de familles de migrants venus de Taiwan (ex-Formose), de Shanghai et de Canton vers la fin du XIXe s. Ils étaient déjà près de 6 000 avant le tremblement de terre de 1923. Les émigrés de Chine populaire sont peu nombreux, et sont arrivés bien plus tard.
Délimité par de belles portes positionnées selon les principes du *feng shui,* c'est un quartier coloré, animé, propre et sûr. Il est d'une séduisante homogénéité architecturale et propose, dit-on, plus de 500 restos et boutiques, une belle offre de *street food* comme les *bao,* ces fameuses brioches cuites à la vapeur et diversement fourrées. Ce quartier est un but de balade populaire pour les Tokyoïtes. Le week-end, foule énorme ; et ne parlons pas du Nouvel An chinois !
Ne pas manquer le ***Kantei-byo*** 関帝廟, temple magnifique sur Minami-mon Silk Road. Portique polychrome très ornementé, mais le plus beau réside dans les colonnes extérieures du sanctuaire en serpentine ciselée et ornées de dragons et pieuvres tentaculaires. Travail superbe, souvent ajouré, ce qui donne un relief d'une grande délicatesse. Frise d'animaux tout autour du temple, particulièrement réussie, avec aux angles des personnages dans leur vie quotidienne. Sur les pilastres, oiseaux gravés de fort belle facture également. Pour les enfants, le ***Yokohama Daisekai*** 横浜大世界 (une reconstitution du Shanghai des années 1920-1930, restos, attractions diverses sur plusieurs étages) et l'***aquarium Yoshimoto*** 吉本水族館.

Le paquebot NYK Hikawa Maru 氷川丸 *(plan C1) : au port, au niveau de Yamashita Park. ☎ 641-4362. • nyk.com/rekishi/e • Ⓜ Motomachi-Chukagai 元町中華街, puis 8 mn à pied. Tlj sauf lun 10h-17h (dernière entrée à 16h30). Billet : 300 ¥, 400 ¥ pour le musée maritime, 500 ¥ pour un billet combiné ; réduc.*
Amarré à un quai du port, proche de l'embarcadère des bateaux de promenade, l'*Hikawa Maru* est un cargo mixte de 12 000 t (long de 163 m) qui se visite. Construit en 1930, il transportait les passagers et les marchandises sur la ligne Yokohama-Seattle (côte ouest des États-Unis). Ce vétéran des mers fit 254 fois la traversée du Pacifique ! Un record. Charlie Chaplin fit la traversée à son bord quand il vint des États-Unis en Asie durant l'un de ses voyages de noces. Au lieu de l'abandonner ou de l'envoyer à la casse, les Japonais ont récupéré le paquebot, qui servit d'hôpital à l'issue de la Seconde Guerre mondiale. Avec la tour voisine Marine Tower (sorte de phare dominant le port), ce sont les symboles maritimes du port de Yokohama. Les Japonais sont fiers

de leur vieux paquebot, vestige d'une époque où le Japon était relié au reste du monde uniquement par la mer et pas encore par les airs.

Le musée de la Soie (Silk Museum) シルク博物館 *(plan C2) : Yamashitacho, Naka-ku. ☎ 641-0841. • silkcenter-kbkk.jp • Ⓜ Nihon-Odori 日本大通り (sortie 3, puis 5 mn à pied). Tlj sauf lun 9h30-17h. Entrée : 500 ¥ ; réduc.* Consacré à ce qui fut l'une des grandes industries au Japon le siècle dernier : au début du XXe s le Japon était même le 1er exportateur de soie brute. Évidemment, tout sur l'élevage du ver à soie et le procédé de production. Quelques manipulations. Schéma de la route de la soie. Rouets, antiques métiers à tisser et machines modernes. Expo de tissus anciens, tapis, vêtements en soie, un peu datée et mal mise en valeur, mais intéressante quand même.

Archives of History 開港資料館 *(plan C2) : 3 Nihono-dori, Naka-ku. ☎ 201-2100. • kaikou.city.yokohama.jp/en • Ⓜ Nihon-Odori 日本大通り (sortie 3, puis 3 mn à pied). Tlj sauf lun 9h30-17h (dernière entrée à 16h30). Entrée : 200 ¥ ; réduc.*

Au bord d'une petite place où se dresse une église protestante. Intéressant musée d'histoire de la ville, installé dans un beau bâtiment ancien, qui abrita naguère la maison du consulat de Grande-Bretagne (jusqu'en 1972). Il s'agit d'un site historique essentiel dans l'histoire du Japon, car c'est dans cette belle demeure de style british que fut signé le traité de 1854 entre les États-Unis, représenté par le commodore (équivalent de contre-amiral) Perry, et le Japon. Objectif de ce traité : autoriser les puissances occidentales à commercer avec le Japon après une longue période de fermeture (plus de 2 siècles et demi).

Au rez-de-chaussée, ravissantes estampes et vues du port d'antan. Maquettes de bateaux. Historique des 1ers rapports tumultueux entre Japonais et Occidentaux. Noter l'amusante série de portraits du commodore Perry vu à travers les regards nippons de l'époque.

Au 1er étage, vue ancienne et panoramique du port, maquette d'une maison de marchand étranger à Yokohama. Photos et documents sur les missionnaires, le quartier *The Bluff* (colline actuelle de *Yamate*, où vivait la communauté occidentale), le 1er quotidien du Japon édité à Yokohama...

Dans la cour, une fontaine de rue importée d'Écosse (réplique) et l'arbre Tabunoki dont les racines ont survécu au tremblement de terre et à l'incendie de 1923.

À l'entrée, petit café *Le Jardin de Perry.*

– Et encore, le ***musée des Poupées,*** le ***Musée maritime,*** le ***musée des Jouets en fer-blanc*** *(tin toys),* le ***musée d'Histoire des journaux japonais,*** le ***musée de l'Histoire urbaine de la ville,*** le **Cupnoddles Museum,** etc. Renseignement à l'office de tourisme.

Balade dans Yokohama à la nuit tombante/nuit tombée : on peut partir de l'*International passenger terminal (Osanbashi ; C1)* réaménagé comme une promenade architecturale ponctuée de gradins en bois.

Promenades en bateau dans le port et la baie de Yokohama 横浜クルーズ *(Yokohama Cruise) : ☎ 671-7719 (résas). • yokohama-cruising.jp • Il existe plusieurs embarcadères dans le port et plusieurs types de croisières. En moyenne, 4-5 croisières/j. (8/j. sam-dim pour* Marine Shuttle*) avec les compagnies* Marine Shuttle *et* Marine Rouge. *Tarifs : 1 000 ¥ pour 40 mn, 1 600 ou 2 000 ¥ pour 1h, 2 200 ou 2 800 ¥ pour 1h30. Billetterie sur les quais. Il existe aussi des croisières avec déjeuner ou dîner à bord.*

2 compagnies se partagent le marché, *Marine Shuttle* et *Marine Rouge,* qui proposent des promenades dans le port de Yokohama. Les plus courtes durent 40 mn, les plus longues 120 mn. En 1h, on a déjà un bon aperçu du port de Yokohama. Les bateaux partent de l'embarcadère *Aka-Renga (Aka-Renga pier ; plan B1),* ou de *Yamashita Park (plan C1 ; ☎ 661-0347).* Plus au nord, au niveau de l'embarcadère Minato Mirai *(MM21 ; plan A1),* des bateaux-bus de la compagnie *Sea Bass*

assurent des navettes régulières entre les embarcadères *East Exit of Yokohama Station (hors plan par A1)*, d'*Aka-Renga* et de *Yamashita Park*.

Plus au sud

Le cimetière des Étrangers (Yokohama Foreign General Cemetery) 外人墓地 *(plan D2) : 96 Yamate-cho, Naka-ku. ☎ 622-1311. • yfgc-japan.com • Ⓜ Motomachi-Chukagai 元町中華街, ligne Minato Mirai, ou bus municipal nº 11 depuis la station Sakuragicho. Sinon, à pied, compter 7 mn de marche depuis la station Motomachi-Chukagai (sortie 5) ; ça grimpe un peu, mais balade agréable. En principe ouv, sauf pluie, w-e et j. fériés 12h-16h (vérifier, horaires et jours sur le site internet car ce sont des bénévoles qui gèrent le cimetière). Fermé janv. Petite contribution aux frais d'entretien (min 200 ¥).* Pendant quelque temps, Yokohama fut la seule ville où les étrangers furent autorisés à séjourner et à mourir. Environ 4 900 personnes (de 40 nationalités) reposent dans ce petit Père-Lachaise du Soleil-Levant... du 1er marin décédé en 1854 sur un navire du commodore Perry au lieutenant-gouverneur de Cochinchine, Paul-Maxime de Bainville (1889), en passant par les victimes du naufrage de l'*USS Oneida* et André-Roger Lecomte (décoré par la France, est-il précisé), qui le premier introduisit le pain français au Japon... Dommage, la balade n'est pas autorisée dans la partie la plus ancienne (uniquement dans la partie haute du cimetière).

OSTRACISME SOUS L'ÈRE EDO

Pendant plus de 260 ans (1603-1867), le Japon fut interdit aux étrangers. Celui que l'on trouvait sans autorisation sur l'archipel risquait la peine de mort. À l'intérieur de frontières corsetées, les Japonais ont, durant cette période, édifié une culture et des traditions propres, originales, parfois surprenantes, qui séduisent aujourd'hui les visiteurs... étrangers.

La colline de Yamate (Yamate Hill) 山手

Les vieilles demeures de style occidental de Yokohama : après l'ouverture du Japon aux Occidentaux en 1864 (début de l'ère Meiji), les Occidentaux (Européens et Américains) avaient l'habitude de vivre, de commercer, de s'installer à Yokohama, le grand port ouvert sur le monde. La colline de Yamate s'appelait alors *The Bluff* (drôle de nom). Elle abrite aujourd'hui de nombreuses villas et demeures de style européen, principalement le long de l'axe Honduri. Beaucoup furent reconstruites à l'identique après le grand tremblement de terre de 1923. On peut voir 7 belles maisons restaurées par la municipalité de Yokohama. Entrée gratuite. Infos, détails et plan aux bureaux d'information.

– **Yamate Museum** 山手資料館 *(plan D2) : Yamate-Hondori. ☎ 622-1188. Ⓜ Motomachi-Chukagai 元町中華街 (sortie 6, direction Americayama Park, puis 8 mn à pied). Tlj sauf lun 11h-16h. Entrée : 200 ¥ ; réduc.* Dans une maison en bois de 1909 comme on en voit aux États-Unis dans les stations balnéaires rétro de la côte est.

– **Yamate nº 111** *(plan D2)* **:** grande villa précédée par 3 arches blanches *(tlj sauf 2e mer du mois 9h30-17h (18h juil-août) ; GRATUIT).* **Bluff nº 18** *(plan D3)* **:** belle demeure de style anglo-américain avec des murs blancs, des tuiles sur le toit et des fenêtres à guillotine *(tlj sauf 2e mer du mois 9h30-17h – 18h juil-août ; GRATUIT).* **Yamate nº 234** *(plan D2)* **:** grande villa bordée d'une véranda à colonnes *(tlj sauf 4e mer du mois 9h30-17h – 18h juil-août ; GRATUIT).*

– Et aussi : **British House, Diplomat's House** (de style anglais XIXe s) et **Ehrismann Residence** dans un beau jardin ombragé.

Plus à l'ouest

– ***Faire du paddle** le long de la rivière **Ookagawa :*** *avec* ***Yokohama SUP*** *(stand up paddle)* ***Club*** *(hors plan par B3,* ***13****). 2-166 Hinodecho, Naka-ku. ☎ 090-3502-2701. • supyokohama@gmail.com • Ouv tlj ; possible entre 10h et 13h. Compter 3 000 ¥ à 5 000 ¥/pers selon période. Résa possible par mail ou par tél. Âge min 12 ans ou min 1,20 m. Virées de 1h30 sur la rivière Ooka.* Chouette de s'offrir un autre point de vue sur la ville !

NIKKO 日光 ET LE PARC NATIONAL DE NIKKO 日光国立公園

env 86 000 hab. IND. TÉL. : 0288

• Plan Nikko – Vue d'ensemble du parc national (plan I) *p. 255*
• Plan centre (plan II) *p. 256-257*

Après avoir traversé la grande plaine du Kanto, urbanisée et densément peuplée (où l'on voit des rizières protégées par de hautes digues), l'arrivée à Nikko à bord d'un petit omnibus est un plaisir pour l'esprit et les sens. Au printemps s'il fait beau, à l'automne si le soleil éclaire les forêts de cèdres au feuillage roux et doré, on n'a alors qu'un désir, monter, monter toujours plus haut. Heureuses montagnes que le progrès et la modernité ne troublent pas encore dans leur majesté intemporelle, paisibles lacs entourés de volcans endormis comme dans les estampes de Hiroshige ou de Hokusai, sublimes paysages préservés et peu habités : Nikko, c'est beau. Selon un vieux dicton japonais, il ne faut jamais dire *kekko* (« merveilleux ») avant d'avoir vu Nikko !
À 600-700 m d'altitude, étalée le long d'une rivière de montagne, la ville de Nikko constitue le point de départ pour découvrir cette région montagneuse, au relief accidenté et couverte de forêts. Cette petite ville très touristique vit au rythme des saisons. En été, une station d'altitude, à la température clémente, fréquentée par les randonneurs et les pêcheurs. En hiver, sous la neige, une station de sports d'hiver accueillant les skieurs et les patineurs.
Il faut prendre un peu de temps pour aller se baigner plus haut, dans les sources d'eau chaude naturelle *(onsen)* à Yumoto, à près de 1 500 m d'altitude. Le parc national de Nikko est un monde différent, loin des activités urbaines, proche des éléments naturels, l'intérieur de l'Archipel. Rien d'étonnant à ce que ce site exceptionnel ait été élu naguère par le shogun Tokugawa pour y reposer pour l'éternité. D'ailleurs, 2 sanctuaires shintoïstes et un temple bouddhique (ainsi que leur environnement naturel), sont aujourd'hui classés au Patrimoine mondial de l'Unesco.

UN PEU D'HISTOIRE

À l'origine, le site s'appelait *Futaraa yama* ou *Nikko San* : en chinois, cela signifie « lumière solaire ». Les premiers temples furent édifiés par le prêtre Shodo Shonin (735-817). Au fil du temps, d'autres sanctuaires et temples virent le jour dans la montagne. Hauts dignitaires, seigneurs féodaux, samouraïs et empereurs firent des dons importants donnant une impulsion et un rayonnement au site qui dura jusqu'en 1590. Il y eut une petite désaffection de quelques décennies, puis Nikko retrouva toute sa splendeur avec le transfert des cendres du shogun Tokugawa Ieyasu.

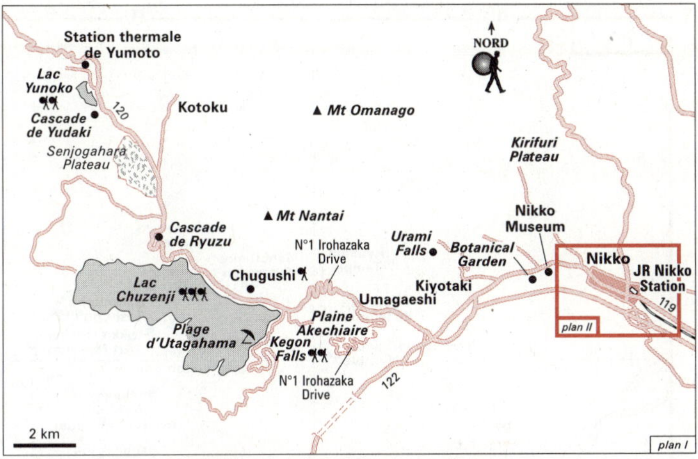

NIKKO – Vue d'ensemble du parc national (Plan I)

Tokugawa Ieyasu, le 1er shogun (1542-1616)

Un personnage digne d'un film d'Akira Kurosawa. Il est le fondateur de la dynastie héréditaire des shoguns Tokugawa, qui régnèrent en maîtres sur le Japon du XVIe s jusqu'à la restauration impériale en 1868. Originaire d'Okazaki, il assista d'abord Oda Nobunaga dans de nombreuses batailles entre les fiefs d'un Japon morcelé en seigneuries féodales. Guerrier redoutable et impitoyable, il parvint à placer le Japon central sous son autorité, et à l'unifier au fil du sabre, sacrifiant au passage sa femme et acculant son fils au suicide. Dans la guerre, tout est permis, semble-t-il... En 1590, il unit ses forces à celles de son rival Hideyoshi devenu son allié, pour étendre sa mainmise sur le pays. À la bataille de Sekigahara en 1600, il écrase ses derniers ennemis et devient l'homme fort du Japon. L'empereur lui accorde alors le titre de *sei-tai-shogun,* c'est-à-dire qu'il devient le chef incontesté de la classe des guerriers (les samouraïs et les bushis). Concrètement : il dirige le pays. Il quitte Kyoto et installe sa capitale à Edo, où il centralise le pouvoir tout en contrôlant d'une main de fer les seigneurs féodaux. En 1605, âgé de 63 ans, il transmet le flambeau à son 3e fils, qui achève le combat en écrasant (en 1615) les partisans de Hideyoshi retranchés dans le château d'Osaka. 1er shogun d'une lignée prestigieuse, Tokugawa Ieyasu s'éteint le 1er juin 1616, après une vie consacrée à la guerre et au combat. Quelques années plus tard, ses cendres sont transférées au sanctuaire Toshogu à Nikko, d'où, selon lui, pouvaient encore surgir des ennemis...

Les ennemis invisibles du Nord

Pourquoi le site de Nikko a-t-il été choisi par le shogun Tokugawa Ieyasu pour y implanter son mausolée ? Pour des raisons à la fois naturelles et surnaturelles, peut-on dire ! On retrouve l'importance de la géomancie (*Feng Shui* en chinois, *Fuu Sui* en japonais) dans l'histoire des hauts lieux du Japon. En venant de la côte et de la plaine du Kanto, Nikko forme la 1re barrière géographique montagneuse se dressant dans le ciel comme un rempart. Celle-ci ne cesse de monter de plus en plus haut, pour devenir infranchissable ou presque. Rassuré par les géomanciens, le shogun décide alors que

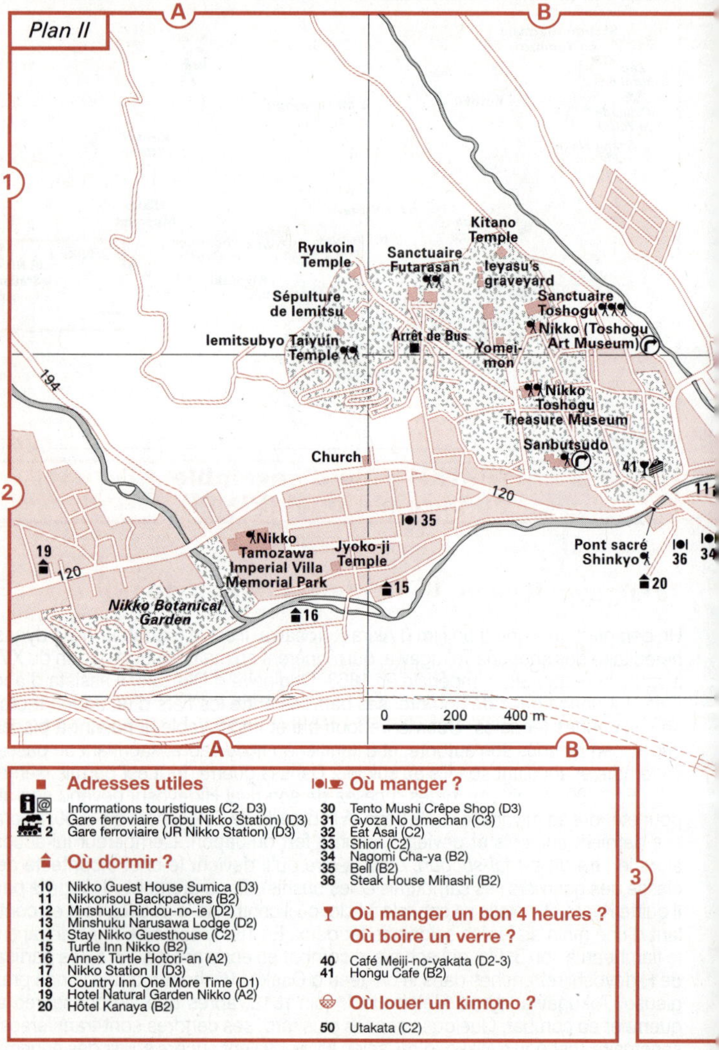

■ Adresses utiles

- Informations touristiques (C2, D3)
- 1 Gare ferroviaire (Tobu Nikko Station) (D3)
- 2 Gare ferroviaire (JR Nikko Station) (D3)

Où dormir ?

- 10 Nikko Guest House Sumica (D3)
- 11 Nikkorisou Backpackers (B2)
- 12 Minshuku Rindou-no-ie (D2)
- 13 Minshuku Narusawa Lodge (D2)
- 14 Stay Nikko Guesthouse (C2)
- 15 Turtle Inn Nikko (B2)
- 16 Annex Turtle Hotori-an (A2)
- 17 Nikko Station II (D3)
- 18 Country Inn One More Time (D1)
- 19 Hotel Natural Garden Nikko (A2)
- 20 Hôtel Kanaya (B2)

Où manger ?

- 30 Tento Mushi Crêpe Shop (D3)
- 31 Gyoza No Umechan (C3)
- 32 Eat Asai (C2)
- 33 Shiori (C2)
- 34 Nagomi Cha-ya (B2)
- 35 Bell (B2)
- 36 Steak House Mihashi (B2)

Où manger un bon 4 heures ? Où boire un verre ?

- 40 Café Meiji-no-yakata (D2-3)
- 41 Hongu Cafe (B2)

Où louer un kimono ?

- 50 Utakata (C2)

ces montagnes redoutables et froides constituent l'endroit idéal pour défendre Edo, la capitale (actuelle Tokyo), et la protéger des mauvais esprits qui, selon la croyance japonaise, pourraient surgir du nord de l'Archipel. Le Nord, c'est donc le danger. Le shogun, lui, ne perd pas le nord. Au contraire, voilà qu'il impose sa griffe puissante sur Nikko et ordonne d'y être enterré après sa mort, pour garder Edo des ennemis invisibles. Tout a commencé ainsi. Le destin de Nikko est alors fixé pour les siècles.

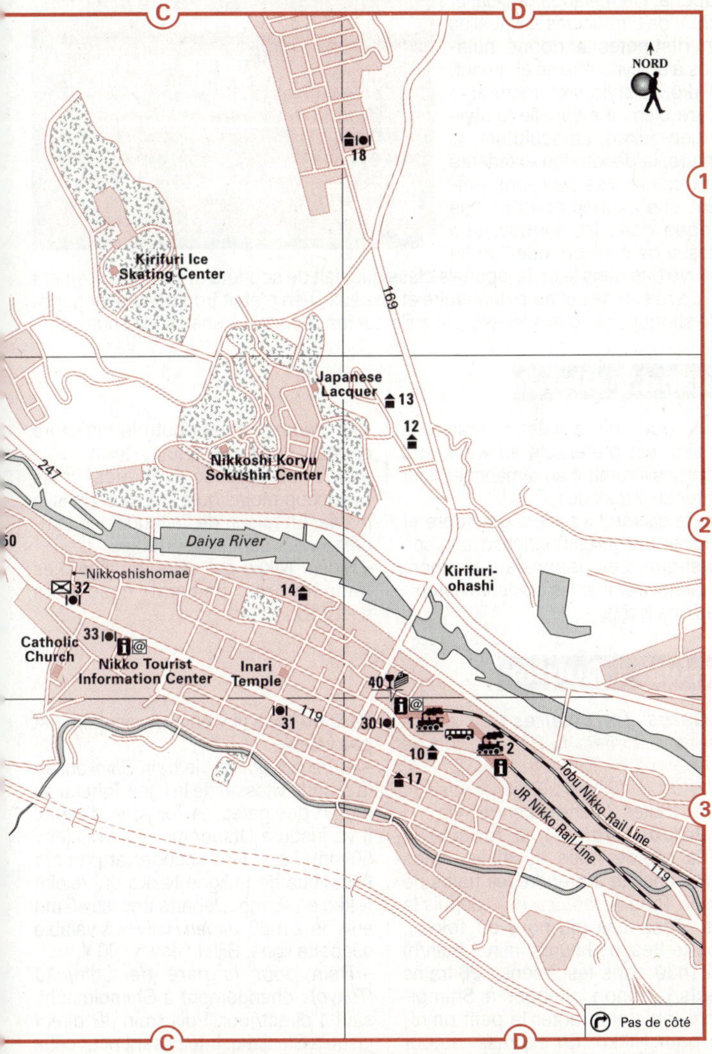

NIKKO – Centre (Plan II)

LE STYLE NIKKO

Les historiens de l'art s'accordent pour dire qu'il existe un style particulier à Nikko, tant sur le plan religieux qu'artistique. La religion des sanctuaires et des temples marie sans les dissocier les croyances du shinto et la doctrine bouddhiste. L'animisme et le panthéisme du shinto n'excluent pas les principes moraux du

Bouddha. Ce mélange original et tolérant de 2 traditions spirituelles bien distinctes a donné naissance à un syncrétisme étonnant. À Nikko, le style architectural le montre bien : il s'appelle le style Gongen-zukuri. La sculpture, la peinture, la décoration extérieure et intérieure des pavillons affichent une exubérance presque baroque dans les formes, une richesse de couleurs que l'on ne retrouve pas dans le style japonais classique, fait de sobriété et de dépouillement zen. La raison de cet art ostentatoire et luxueux : rien n'était trop beau pour honorer le shogun Tokugawa Ieyasu, assimilé par les Japonais à une divinité humaine.

BOUDDHA SANS BIJOU

On reconnaît un temple bouddhique par la présence de statues du Bouddha, dont les oreilles sont allongées (il a renoncé à ses lourdes boucles d'oreilles et aux richesses). La déco est assez dépouillée. Dans les sites shintoïstes, on remarque beaucoup de statues d'animaux.

Quand y aller ?

Quelle que soit la saison choisie, la semaine est préférable au week-end (et particulièrement au dimanche) pour profiter au mieux des sites !

– *Haute saison :* les mois d'octobre et de novembre correspondent à la saison touristique. Les Japonais y viennent nombreux admirer les couleurs automnales des forêts.

– *Printemps :* sans doute la meilleure époque. Entre avril et juin.

– *Été :* les étés sont chauds, mais beaucoup moins qu'à Tokyo et dans la plaine. En raison de l'altitude, les températures y sont supportables.

– *Hiver :* Nikko est sous la neige. Les températures peuvent descendre à - 10 °C.

Arriver – Quitter

Gares ferroviaires : *il existe 2 gares distantes de 200 m l'une de l'autre, la Tobu Nikko Station (plan II, D3, **1**) et la JR Nikko Station (plan II, D3, **2**).* Toutes 2 dans le centre-ville.

➢ ***De/pour Tokyo :*** la formule la moins rapide mais aussi la moins chère consiste à prendre les trains de la ligne Tobu *(● tobu.co.jp ●)* depuis la gare d'Asakusa (au nord de Tokyo). Départs ttes les heures (min 1 train/h) 6h-21h30 dans les 2 sens : 20 trains directs/j., sinon changer à Shimoimachi, puis emprunter le petit omnibus pour Nikko. En *express,* autour de 3 000 ¥. Durée : env 2h-2h20. Attention : sur cette ligne, le *Japan Rail Pass* de base (il y en a plusieurs) n'est pas valable.

– *Autre possibilité :* le train *Shinkansen* (à grande vitesse) de la ligne Tohoku au départ des gares de Tokyo et d'Ueno. Il va jusqu'à Utsunomiya 宇都宮 (env 50 mn). Là, il faut changer et prendre l'omnibus de la ligne Nikko qui rejoint Nikko en 45 mn. Départs ttes les 45 mn env, 5h-21h30. *Japan Rail Pass* valable sur cette ligne. Billet : env 5 500 ¥.

– *Train pour la gare de Shinjuku (Tokyo) :* changement à Shimoimachi, sauf 1 direct/jour. Puis train *JR* direct jusqu'à Shinjuku. Intéressant pour ceux qui sont (ou vont) dans cette partie de la capitale.

Adresses et infos utiles

i @ *Informations touristiques :* *bureau principal **Nikko City Tourist Information Center** 日光市観光センター situé au nº 591 Gokoumachi (grande route principale ; plan II, C2). ☎ 22-1525 ou 54-2496. ● nikko-travel.jp ● Également à la Tobu Nikko Station et à la JR Nikko Station (plan II, D3). Tlj 9h (8h30 à la Tobu Nikko Station)-17h.* Plan très bien fait de la ville et de la région, avec tous les détails et les infos utiles. Brochures sur l'hébergement et les activités en montagne (randonnées). À disposition : tablettes et Internet.

Gare routière *(plan II, D3)* : *sur la place, devant la Tobu Nikko Station.* Des bus réguliers – 8 lignes différentes – desservent la route principale, avec arrêt au niveau du pont Shinkyo (accès au secteur des temples), avant de rejoindre Chuzenji et Yumoto dans les environs de Nikko. Prix selon distance : min 150 ¥/trajet.

– **All Nikko Pass :** *info sur • tobu.co.jp/foreign/en/ • Forfait valable 4 j. Tarifs : 4 520 ¥ de mi-avr à nov, 4 150 ¥ de déc à mi-avr ; réduc.* Il inclut le train (ligne Tobu) depuis Tokyo et donne libre accès aux bus de Nikko. On l'achète dans les agences de voyages et aux bureaux de tourisme des gares à Tokyo. Si on reste au moins une nuit à Nikko, ce forfait est vite amorti. Une option avantageuse, donc. Il existe également un forfait de 2 j., *Nikko pass World Heritage Area (tarif : 2 400 ¥ ; réduc).* À la gare d'Asakusa (Tokyo), le bureau de tourisme *(Tobu Sightseeing Service Center)* qui vend ce forfait se trouve au rez-de-chaussée de la gare ferroviaire (Tobu Asakusa Station), dans la partie sud du bâtiment, face à l'escalier qui monte aux voies.

– **Festival du sanctuaire Toshogu (« Shunki Reitaisai ») :** *sur 2 j. et 2 fois/an, en mai et oct.* Parade de quelque 1 000 samouraïs, concours de tir à l'arc à cheval, danses traditionnelles, chants de cour... *• toshogu.jp/english/events/ •*

Où dormir ?

De très bon marché à bon marché (moins de 10 000 ¥ / 83 €)

Nikko Guest House Sumica 日光ゲストハウス巣み家 *(plan II, D3, **10**) : 5-12 Aioi-cho. ☎ 53-1338. • nikko-guesthouse.com • Lits en dortoir 2 800-3 500 ¥ ; doubles 7 000-9 000 ¥ ; pas de petit déj.* Une petite maison en bois située à mi-chemin entre les 2 gares ferroviaires, mais à l'écart du bruit, face à un parking. L'endroit est mignon, charmant quoique très petit. Excellent accueil de Kumiko et de Sato, jeune couple japonais anglophone qui tient avec soin cette auberge à bas prix. 2 dortoirs, l'un pour 2 personnes (riquiqui), l'autre de 4 lits réservé aux filles (1 seul dortoir mixte de décembre à mars). Au 1er étage, 2 chambres pour 2 ou 3 personnes de style japonais. Sanitaires communs (1 seule douche et 2 w-c), cuisine à disposition. L'endroit est un peu exigu, mais on vient ici surtout pour la gentillesse de l'accueil et l'ambiance amicale.

Nikkorisou Backpackers にっこり荘 *(plan II, B2, **11**) : 1107 Kami-Hatsuishi-machi. 📱 090-8815-3336. • nikkorisou.com • De la gare ferroviaire, arrêt de bus Shinkyo* 神橋 *(nº 7), distant de 50 m. Lits en dortoir 3 000-3 300 ¥ ; doubles 7 000-8 300 ¥, dégressif ; pas de petit déj.* Située à 100 m du pont Shinkyo, dans une petite rue calme, au bord de la rivière, une maison rustique transformée en *hostel,* tenue par l'aimable Hiro, qui parle l'anglais. Dans le salon commun équipé d'une cuisine, d'une TV et de canapés pour s'affaler, on a vraiment l'impression d'être chez des potes ! Hiro fait beaucoup de choses lui-même dans la maison, y compris les décorations qui jalonnent vos pas. À travers la baie vitrée du salon on voit la rivière. 2 dortoirs modestes (1 réservé aux filles), lits fermés par des rideaux, 2 petites chambres doubles (clim partout). Sanitaires communs, laverie. Convivial.

Minshuku Rindou-no-ie 民宿りんどうの家 *(plan II, D2, **12**) : 1462 Tokorono. ☎ 53-0131. • rindou@smile.ocn.ne.jp • À 1 km au nord des gares ferroviaires ; compter 20 mn de marche, sinon service de pick-up entre la maison et les gares à la demande. Doubles env 7 600-8 000 ¥ ; petit déj en sus.* Dans un quartier calme qui fait face à la montagne et bordé par une rivière, voilà une maison aussi simple que plaisante, où le charmant propriétaire âgé parle quelques mots d'anglais. 7 chambres avec tatamis, futons et frigo. Le matin, les chambres situées face au soleil levant sont baignées d'une luminosité éclatante. Salle de bains commune et petit coin avec micro-ondes et de quoi se préparer café ou thé. Lave-linge. Et la musique classique qui sonne doucement... Un excellent rapport qualité-prix.

Minshuku Narusawa Lodge 民宿成澤ロッヂ *(plan II, D2,* ***13****) : 1462-22 Tokorono. 080-6636-02-88. À 1 km au nord des gares ferroviaires ; compter 20 mn de marche. À condition de réserver à l'avance, le propriétaire vient chercher ses hôtes en voiture à la gare. Compter 7 500-8 500 ¥ pour 2 ; pas de petit déj.* Dans un quartier résidentiel et calme, une maison tenue par Yuji, un peu solitaire mais aimable et qui parle bien anglais. 7 chambres, dont 1 familiale, avec sa propre salle de bains, qui peut accueillir jusqu'à 7 personnes. Celle située au 1er étage est plus claire, plus agréable. Salle de bains commune.

De bon marché à prix moyens (de 6 000 à 15 000 ¥ / 50-125 €)

Stay Nikko Guesthouse ステイ日光ゲストハウス *(plan II, C2,* ***14****) : 2-360-13 Inarimachi. ☎ 25-5303. • staynikko.com • À env 700 m des gares ferroviaires, au bord de la rivière. Arrêt de bus nº 3. Doubles 8 200-12 000 ¥ ; petit déj japonais 880 ¥. Service linge (500 ¥).* Une véritable *guesthouse,* une vraie belle petite adresse gaie et soignée, tenue par un jeune couple souriant et à l'énergie communicative. Le jardinet fleuri et coquet qui borde la maison donne le ton. L'intérieur tient toutes ses promesses avec du beau parquet verni, un salon japonais agréable pour se poser et ses 7 chambres confortables réparties entre la maison principale (sanitaires communs) et des petits bâtiments mitoyens, avec terrasse pour la plupart. Éviter la moins chère, dont la fenêtre s'ouvre sur le couloir. Petit coin cuisine où se préparer le petit déj. Ne vous privez pas d'une balade au bord de la rivière, tout proche. Une adresse qui fait l'unanimité (et surtout un excellent rapport qualité-prix !).

Nikko Station II *(plan II, D3,* ***17****) : 17-4 Matsubaracho. ☎ 53-2002. Petit déj inclus. Tout près de Nikko Tobu Station. Check out assez tôt (10h).* Un hôtel rénové qui offre des chambres sobres avec une touche contemporaine. Les chambres ne sont pas grandes, mais impec et bien équipées (frigo, bouilloire...) ; éviter celles qui donnent côté parking. Quelle que soit la catégorie de chambre, le lit double est toujours collé au mur. Bon, dans les « standard » il faut s'aimer fort car les lits sont en 145 cm. Sympa les chambres *twin* aménagées dans des pièces à l'angle. Climatisation parfois bruyante en revanche, dommage.

Turtle Inn Nikko タートルイン日光 *(plan II, B2,* ***15****) : 2-16 Takumi-cho. ☎ 53-3168. • turtle-nikko.com • À env 2,5 km au nord des gares ferroviaires ; devant la Tobu Nikko Station, prendre le bus et descendre à l'arrêt Sogokaikanmae* 総合会館前 *(nº 8) ; de là, 1re rue à gauche, puis encore 1re à gauche et rejoindre la rue qui longe la rivière (à 5 mn à pied de l'arrêt de bus). Doubles sans ou avec sdb 9 600-11 700 ¥ ; petit déj en sus (1 000 ¥).* Située dans un quartier tranquille, tout près de la rivière Daiya, une pension tenue par un collectionneur de tortues (dont le nom de famille signifie « tortue »). Très bon accueil en anglais. Chambres simples, confortables et parfaitement tenues (style japonais ou occidental), quoiqu'à l'aménagement un peu vieillot. 2 chambres donnent sur la rivière. Le petit déj (œuf, tartines et fruits frais préparés) est copieusement servi, dans une pièce lumineuse. Également des bains chauds (à l'intérieur). Ce même couple est également propriétaire d'une annexe très agréable ***Annex Turtle Hotori-an,*** 300 m plus loin, sur la droite de la route qui mène au parc des pierres et au Narabijizo *(plan II, A2,* ***16*** *; ☎ 53-3663 ; doubles avec sdb 12 600-14 800 ¥, petit déj en sus).* Dans celle-ci, demander l'une des 8 chambres donnant sur la rivière. Accueil adorable.

De prix moyens à chic (de 10 000 à 25 000 ¥ / 83-208 €)

Country Inn One More Time カントリーインワンモアタイム *(plan II, D1, **18**) : 1542 Tokorono. ☎ 53-5651. • hpdsp.jp/nikko-heart/en • À env 2 km au nord de la ville. Compter 40 mn de marche. En téléphonant avant, on viendra vous chercher à la gare (service de pick-up avec le centre-ville 15h-17h). Sinon, compter 12 000 ¥ en taxi. Adresse en fait adaptée aux voyageurs motorisés, puisque de là il faut ensuite rejoindre les différents sites. Doubles en ½ pens 10 300-16 300 ¥.* À l'orée des bois, une pension de charme, dans une maison moderne, très soigneusement aménagée, quoique dans un goût daté. Chambres impeccables, coquettes et très calmes. Le plus, ce sont les suites dotées de salle de bains communiquant avec des vérandas en plein air. Il y a 3 bâtiments : le principal, l'annexe *Gran Terrace* et *One More Time Heart* (plus cher encore). La cuisine raffinée et délicieuse est digne d'un grand restaurant.

Hôtel Kanaya 金谷ホテル *(plan II, B2, **20**) : 1300 Kamihatsuishi. ☎ 54-0001. Doubles 18 000-29 000 ¥. Service de navette depuis/vers la gare.* En retrait de la rue et en lisière de forêt, l'un des premiers hôtels à l'occidentale du pays, où de prestigieux hôtes firent escale (Gandhi, Einstein...). L'ensemble a du cachet. Pour ceux qui ont un budget confortable et qui voyageraient en basse saison (en haute saison c'est inabordable). Chambres spacieuses, dans le beau bâtiment annexe. Magnifique piscine.

Hotel Natural Garden Nikko ホテルナチュラルガーデン日光 *(plan II, A2, **19**) : 1825-3 Hanaishi-cho. ☎ 50-3070. • n-garden-hotel.com • À env 3,5 km à l'ouest des gares ferroviaires. Devant la Tobu Nikko Station, prendre le bus puis descendre à l'arrêt Nikko Shokubutsuen 日光植物園 (nº 13). Adresse en fait adaptée aux voyageurs motorisés, puisque de là il faut ensuite rejoindre les différents sites. Sinon taxi (env 19 000 ¥). Doubles en ½ pens 11 000-18 000 ¥, petit déj inclus.* Malgré une façade banale, voilà un hôtel à l'atmosphère un tantinet *british* de l'extérieur, avec un beau billard dans le hall d'entrée. Chambres confortables, au standing conforme à ce que l'on peut attendre pour ce type d'établissement. *Onsen* intérieur et extérieur. Très bon petit déjeuner que l'on prend dans une salle ensoleillée le matin, sur de jolies nappes blanches. Fait aussi resto le soir (réserver). Location de *yukata* (kimonos d'été).

LES ENVIRONS DE TOKYO

Où manger ?

Attention, le soir, les restos ferment relativement tôt.

Bon marché (moins de 1 500 ¥ / 12,50 €)

Gyoza No Umechan 餃子のうめちゃん *(plan II, C3, **31**) : 264-2 Matsubaracho. ☎ 25-6934. Ouv 12h-15h et 17h30-21h ; fermé lun.* Maisonnette en bois noire. Menu en anglais. Végétariens bienvenus. Une escale très simple, qui ne paie pas de mine, où l'on mange de délicieux *gyozas*, cuits vapeur ou grillés (ça croustille !). Peu de choix, mais tout est maison et servi avec le sourire par les charmants propriétaires (non anglophones), qui vous accueillent en vous servant du thé vert. Porc, ail et gingembre, aux ingrédients différemment dosés selon les goûts de chacun ; également des *gyozas* aux légumes. On les trempe dans un mélange de sauce soja, vinaigre et huile pimentée. À accompagner de riz, soupe *miso* et pickles si vous en avez envie. Plats de *ramen* pour ceux qui préféreraient, ou riz *chashu*. Dessert pour les becs sucrés.

Eat Asai あさい *(plan II, C2, **32**) : 894 Kami-Hatsuishi-machi. ☎ 54-0110. Au bord de la route principale, à côté de la poste. Tlj sauf mar 11h30-14h, 17h-20h30. Peut rejoindre la catégorie « Prix moyens » en prenant* *les plats les plus chers.* Ici, le temps qui passe a laissé son empreinte en jaunissant les photos, en patinant les murs. Et pour cause, ça fait plus de 30 ans que le très charmant Akira Asai veille sur sa petite cantine de 4 tables. Eux aussi fidèles au poste, les habitués viennent se caler d'un gros bol de soupe le midi. Pas mal de plats chinois, quelques sushis. Une petite institution à Nikko.

|●| *Tento Mushi Crêpe Shop* てんとうむし *(plan II, D3, **30**) : à 50 m de la Tobu Nikko Station, une boutique couleur vin avec une coccinelle comme enseigne. Tlj 11h-17h30, mais jour de fermeture aléatoire.* Pas de méprise, il ne s'agit pas d'une crêperie bretonne... mais bien nippone. La gentille Mme Yoko-san est timide et ne parle que le japonais. Dans son mouchoir de poche, elle concocte une dizaine de crêpes salées et sucrées différentes. Au thon et au fromage, chocolat-banane, amandes, caramel... Également des frites et un burger. C'est aussi simple qu'économique.

|●| *Bell* ベル *(plan II, B2, **35**) : 6-39 Yasukawa-cho. ☎ 53-2843. Tlj sauf mar, 10h30-16h, 17h-21h30.* C'est un peu le petit resto de quartier tranquille et très simple où l'on croise quelques habitués venus papoter avec la patronne, tout en avalant un gratin fraîchement préparé, des *noodles,* un curry, des spaghettis, un plat japonais, ou, pour les fans, un menu offrant une déclinaison de tofu sous différentes formes. Autour de soi, des bouquins et de la musique souvent jazzy, parfois classique. On se régale. Vous serez aussi le bienvenu pour un café ou un thé dans la journée.

Prix moyens (de 1 500 à 3 500 ¥ / 12,50-29 €)

|●| *Shiori* 栞 *(plan II, C2, **33**) : 957-2 Shimohatsuishimachi. ☎ 25-5745. Ouv tlj sauf mer 11h30-14h et 18h30-22h. Réserver. Table charge 250 ¥/pers.* Un resto réputé, et une réputation qui n'est pas usurpée puisque le chef propose une jolie carte variée de plats finement concoctés à base de produits triés sur le volet. Longe de porc frite au gingembre, poitrine de canard rôtie à l'orange, champignons sautés aux épinards... Également plusieurs plats autour du *yuba* (peau du lait de soja chauffé ; spécialité de Nikko). Large gamme de prix.

|●| *Nagomi Cha-ya* 和み茶屋 *(plan II, B2, **34**) : 1016 Kami-Hatsuishi-machi. ☎ 54-3770. À 150 m du pont Shinkyo, attenant à l'antiquaire Takemoto. Ouv le midi tlj sauf lun (ferme à 16h).* Petit restaurant tenu par de jeunes Japonais adorables et communicants (ils parlent l'anglais). Tables basses ou hautes, salle très sobre et agréable ouvrant sur un jardin à l'arrière. On y sert entre autres le *nikko yuba,* rouleaux faits à partir de lait de soja cuit, présenté comme des lamelles enroulées. C'est tendre et diététique, un plat apprécié des moines bouddhistes. En dessert, c'est l'occasion de goûter le *Nikko mizu-yokan,* une friandise sucrée un peu gélatineuse à base de haricots rouges.

Chic (de 3 500 à 6 500 ¥ / 29-54 €)

|●| *Steak House Mihashi* みはし *(plan II, B2, **36**) : 1115 Kami-Hatsuishi-machi. ☎ 54-3429. À 150 m en retrait de la route principale ; dans la rue qui monte à droite juste après le pont sacré (lorsqu'on est dos à la rivière). Tlj sauf jeu et ven 11h30-20h (dernière commande à 19h30). Menus chers (4 950-6 380 ¥) ; piocher à la carte.* Maison en surplomb de la vallée, salle classique, accueil et service japonais (très classique aussi) dans un décor occidental. Spécialités de steaks et hamburger. Le patron possède son propre petit vignoble à Yamanashi. Vin très, très rustique... on peut s'en passer. On vient surtout ici pour la viande (excellente et tendre) ainsi que pour les champignons des bois *(maitake),* évoquant des bouquets touffus d'algues marines, à déguster sur fond de musique classique. Et, une fois n'est pas coutume, quelques desserts.

Où manger un bon 4 heures ? Où boire un verre ?

Café Meiji-no-yakata 明治の館 *(plan II, D2-3,* ***40****) : 4-3 Matsubaracho. ☎ 54-2149. Ouv tlj 10h-18h (17h30 hors saison).* Attenant à la Tobu Nikko Station, à droite en sortant. Commande au comptoir. On est d'emblée attiré par les appétissants gâteaux qui se profilent dans la vitrine (spécialité de *cheesecake*). Et on l'est tout autant par les sablés, nougats, financiers... Hum, vraiment délicieux ! À l'étage une salle sobre et chaleureuse meublée de bois, inondée de lumière pour savourer tout ça. Il faut parfois patienter pour trouver une place.

Hongu Cafe 本宮カフェ *(plan II, B2,* ***41****) : 2384 Sannai. ☎ 54-1669. Sur la droite du chemin qui monte vers le sanctuaire, en prenant les escaliers qui débutent au niveau du pont de la route principale. Tlj sauf jeu (et mer en hiver) 10h-17h (18h en été).* Bonne ambiance tranquille. Dans ce petit café aménagé dans une vénérable maison en bois pluricentenaire qui surplombe la rivière, on s'installe à l'occidentale ou à la japonaise. Parfait pour un thé ou un café en journée. On peut aussi caler un petit creux (un sandwich, des desserts japonais).

Où louer un kimono ?

Utakata うたかた *(plan II, C2,* ***50****) : 918 Naka-Hatsuishi-machi (route principale). ☎ 53-6465. • luxe-nikko.com • À 300 m à gauche avt le pont Shinkyo, en venant de la gare. Tlj 10h-17h30.* Boutique originale, car hommes et femmes peuvent y louer à l'heure ou à la journée, kimono (toute saison) ou *yukata* (kimono d'été), à partir de 4 180 ¥ par jour, chaussures incluses ; maquillage en supplément. Il y a une trentaine de styles différents. Les clients étrangers peuvent ainsi se promener dans Nikko vêtus d'un kimono et se faire prendre en photo.

À voir

Quand on vient en bus de la gare, l'arrêt Taiyuin Futarasan Jinja Mae (nº 85) se trouve à 100 m du Futarasan. Le mausolée Taiyuin est tout près. Sinon, arrêt Shinkyo (nº 7) près du pont sacré, puis accès au site par un escalier qui débute de l'autre côté de la rivière. Les principaux sanctuaires viennent d'être rénovés. Une chance donc de les découvrir dans ces conditions.

Le sanctuaire Toshogu (Toshogu Shrine) 東照宮 *(plan II, B1) : • toshogu.jp/english • Tlj 8h-17h (16h nov-mars) ; dernière entrée 30 mn avt. Essayez de faire la visite plutôt en sem que le w-e. Entrée : 1 300 ¥ (accès à la tombe d'Ieyasu et au Dragon gémissant – Crying Dragon – compris). Audioguide en anglais : 500 ¥. Billet combiné avec le Nikko Toshogu Treasure Museum : 2 100 ¥ ; réduc. Audioguide payant. Festival du sanctuaire 2 fois/an, en mai et oct (lire plus haut dans « Adresses et infos utiles »).*

Le plus grand et le plus célèbre sanctuaire de Nikko, dédié au shogun Tokugawa Ieyasu (1542-1616), fondateur du shogunat des Tokugawa, une dynastie qui dirigea le Japon du XVIe s jusqu'au milieu du XIXe s. Pour édifier ce sanctuaire, le budget de l'État fut illimité ou presque. Rien ne fut trop beau pour le shogun. On recruta les meilleurs artisans et ouvriers du Japon, en particulier ceux de Nara et de Kyoto. Le style de l'ouvrage fut celui de Momoyama, et l'influence chinoise de la dynastie Ming y est évidente (le lion le prouve). Comme les cathédrales en Occident, le chantier dura des décennies.

On accède au sanctuaire par le ***Sennin Ishidan*** 千人石段, un escalier en pierre surnommé « escalier en pierre des 1 000 hommes ». Sur la gauche du torii se dresse une pagode à 5 étages. Après l'escalier, on passe par la porte Omoto

ou Nio, dont les sculptures représentent des chrysanthèmes (fleur vénérée au Japon), des pivoines (fleur symbolisant la richesse) et des têtes de lion (la force, la puissance).
L'***écurie sacrée*** est le seul bâtiment dont les murs ne sont pas laqués. Un auvent au-dessus de la porte d'entrée de l'écurie montre une « trinité simiesque », c'est-à-dire un insolite trio de singes sculptés : l'un met ses mains devant ses yeux, l'autre devant sa bouche et le dernier les pose sur ses oreilles. Cette attitude venue de l'hindouisme, entrée dans le bouddhisme, est un précepte moral qui signifie : « Ne pas voir le mal, ne pas dire le mal et ne pas écouter le mal. »
Sur la plateforme au-dessus de la cour de l'écurie sacrée, après l'escalier sur la droite, se dresse un grand ***candélabre*** en bronze chargé d'une histoire étonnante. Il fut offert par François Caron au shogun Tokugawa Iemitsu.
Plus loin, derrière la tour du Tambour, le ***Yakushi*** *(Honji-do* 本地堂*)* au plafond décoré d'un célèbre dragon gémissant. Le ***portail de la Lumière du Soleil*** *(Yomei-mon* 陽明門*)* porté par 12 colonnes marque l'endroit où les samouraïs d'un rang inférieur devaient attendre que leurs supérieurs soient admis auprès du shogun. Décoré par une ribambelle de motifs sculptés (oiseaux, animaux, fleurs), dont certains sont à l'envers pour conjurer le mauvais sort.
La ***Kara-mon*** 唐門 est une autre belle porte donnant accès au Hon-den. Les visiteurs se déchaussent. Le *Hai-den* est l'antichambre de l'*Hon-den* : plafonds à caissons, panneaux incrustés de fleurs de *pawlonia,* de phénix (oiseau sacré du bouddhisme) et de dragons. Voilà enfin le ***Hon-den*** 本殿 divisé en 3 pièces : le *Hei-den* où sont conservées des feuilles d'or, la seule que l'on peut visiter ; le *Naijin* et le *Nai-naijin* en principe ne sont pas accessibles. Dans celle-ci se trouve le fameux sanctuaire laqué or (Palais sacré) où les Japonais adorent les 3 hommes sanctifiés : Ieyasu, Hideyoshi et Yoritomo.

LE 1ER FRANÇAIS AU JAPON

Aventurier français, protestant, François Caron (1600-1673) se mit au service de la VOC (Compagnie des Indes néerlandaises). Il arriva au Japon en 1620, apprit le japonais, devint interprète et épousa une Japonaise. En 1639, le voilà nommé directeur d'un comptoir commercial. Fin diplomate, il négocia avec les Hollandais et le shogun (général), qui ne souhaitait pas la présence des étrangers dans son pays. Sa vie, une étrange destinée, se termina par un naufrage à l'entrée de Lisbonne (voir la rubrique « Personnages » dans le chapitre « Hommes, culture, environnement » en fin de guide).

Pour rejoindre la tombe d'Ieyasu, on passe par la porte ***Nemuri-neko*** 眠り猫, sur laquelle se trouve une sculpture représentant « le chat qui dort », œuvre datant du XVIIe s.

Le sanctuaire Futarasan (Futurasan Shrine) 二荒山神社 *(plan II, B1)* **:** *accès par le chemin qui débute à gauche des guichets d'entrée au sanctuaire Toshogu et longe le mur d'enceinte ; avt d'arriver, un torii rappelle que ce lieu est sacré. Tlj 8h-17h (9h-16h nov-mars). Accès : 300 ¥.*
Depuis toujours le sanctuaire a été un lieu de dévotion. Fondé en l'honneur d'Okuninushi no Mikoto, il fut reconstruit en 1610. Noter les toitures de cuivre, dans la cour. Une vieille lanterne en bronze (1293) devant le Hon-den a été surnommée « lanterne du spectre ». Selon la légende, elle aurait favorisé l'apparition d'esprits combattants. Une fête des danses sacrées (Yayoi Festival) s'y déroule chaque année du 13 au 17 avril.

Le mausolée Taiyuin (Iemitsubyo Taiyuin Temple) 大猷院廟 *(plan II, A1)* **:** *à 200 m du sanctuaire Futarasan. Tlj 8h-17h (16h nov-mars). Accès : 550 ¥ ; réduc. Billet combiné avec le Sanbutsudo : 900 ¥ ; réduc.* Il est aussi appelé mausolée de Tokugawa Iemitsu (1603-1651). Construit 16 ans après le sanctuaire Toshogu, il est plus petit et plus modeste que celui-ci. Pour y accéder, on monte des escaliers conduisant au temple Taiyuin, dont le pavillon décoré d'une manière luxueuse (dorures, sculptures) est entouré d'une sorte de grosse muraille de pierre bordée de douves. Curieuse palissade de couleur noir mat, formée par une sorte de moucharabieh. Le tombeau de Tokugawa Iemitsu (Okuingohoto) se trouve au-dessus du temple, sur la colline, au milieu des arbres (accès interdit).

Nikko Toshogu Treasure Museum ou **Toshogu Treasure House** 日光東照宮美術館 *(plan II, B2)* **:** *juste avt l'entrée du sanctuaire Toshogu, sur la droite de l'allée principale. ☎ 54-2558. Tlj 8h-17h (16h nov-mars) ; dernière entrée 30 mn avt. Accès : 1 000 ¥ ; réduc. Billet combiné avec le sanctuaire Toshogu : 2 100 ¥ ; réduc. Explications en anglais.*
Un musée récent qui retrace l'épopée de Tokugawa Ieyasu et l'histoire du sanctuaire. La vie du fondateur de la dynastie des Tokugawa est notamment illustrée à travers un dessin animé de 20 mn (en japonais seulement...). On peut admirer différents objets de l'ancienne cour impériale (le trésor), des représentations et des reliques du célèbre shogun. Intéressant et bien présenté.

Sanbutsudo 三仏堂 **– bâtiment principal du temple Rinno-ji** *(plan II, B2)* **:** *sur le côté droit de l'allée centrale en montant vers le sanctuaire Toshogu. Tlj 8h-17h (16h nov-mars) ; dernière entrée 30 mn avt. Accès : 400 ¥ ; réduc. Billet combiné avec le mausolée Taiyuin : 900 ¥.* Le temple **Rinno-ji** est le plus important de Nikko, fondé au VIIIe s par Shodo Shonin. Il est surtout connu pour la salle des 3 bouddhas (Sanbutsudo) dans laquelle se dressent 3 statues en bois recouvert de feuilles d'or, dont celle du Bouddha Amida (8 m de haut !). À ses côtés, le Kannon à mille bras et le Kannon à tête de cheval. Chacune symbolise une montagne sacrée de la région. Le bâtiment vient d'être restauré.

Nikko Toshogu Art Museum 朝陽閣 *(plan II, B1)* **:** *en contrebas du sanctuaire Toshogu, à droite en y montant. ☎ 54-0560. • toshogu.jp • Entrée : 800 ¥ ; réduc. Ouv tlj 8h-16h nov-mars, et 8h-17h avr-oct. Attention, à ne pas confondre avec Nikko Toshogu Treasure Museum.*
Le bâtiment construit en 1928 en cèdre local ne manque pas d'allure. Il était initialement destiné à abriter le personnel de l'administration du temple. On y découvre, revêtant les portes, murs ou les cloisons de papier, des peintures de talentueux artistes de la 1re partie du XXe s, tels que Yokoyama Taikan, Nakamura Gakuryo ou Arai Kanpo. Le *Old Pine* d'Arai et le *Camelia* de Katayama sont particulièrement séduisants.
Au 2^d niveau, une pièce *(Jodan no ma)* permettait d'accueillir la famille impériale de passage. Elle abrite aujourd'hui la pièce phare du musée, *Coyo no zu* (朝陽之図) de Yokoyama Taikan, qui illustre un soleil levant.

Le pont sacré Shinkyo 神橋 *(plan II, B2)* **:** *à 1,5 km au nord de la gare de Nikko, sur la gauche de la rue principale en venant du centre, juste avt d'arriver à la colline des temples. Accès (pas toujours possible) : 300 ¥.* Un vieux pont enjambe la tumultueuse rivière Daiya et son joli décor de cèdres. Construit en 1636, détruit puis reconstruit en 1907 sur le modèle d'origine, ce « pont sacré » de 28 m de long est en bois laqué d'un joli rouge vermillon. Autrefois, seul l'empereur pouvait l'emprunter. Une légende raconte que le prêtre Shodo (ermite fondateur de la ville) parvint à traverser la rivière sur le dos de 2 serpents qui lui servirent de passerelle.

Nikko Tamozawa Imperial Villa Memorial Park 日光田母沢御用邸記念公園 *(plan II, A2)* **:** *8-27 Honcho. ☎ 53-6767. • park-tochigi.com • À presque 3 km du centre-ville et de la gare de Nikko. Sur le côté gauche de la route ; arrêt de bus Tamozawa (n° 11). Tlj sauf mar 9h-16h30 (17h avr-oct). Entrée : 550 ¥ ; réduc. Explications ou audioguide en anglais. Parking 250 ¥.*
Construit en 1899 pour devenir la résidence du prince impérial Yoshihito (empereur Taisho), ce palais servit entre autres de refuge en 1944 au prince Akihito

(père de l'actuel empereur), qui y vécut une année. Cette résidence impériale est constituée de nombreux bâtiments, parfois très anciens mais la majorité date de l'ère Meiji. Il s'agit de la plus vaste demeure ancienne en bois subsistant. Un véritable catalogue architectural, qui, à l'intérieur (dépouillé) témoigne du mode de vie impérial au début du XXe s, et des influences occidentales. Comportant 106 pièces, elle est entourée d'un grand parc ombragé par des cèdres et des pins.

– Les marcheurs peuvent profiter de ***2 balades en boucle*** balisées et ponctuées de détails intéressants d'environ 5 km chacune : *Kanman path* et *Takino'o path*. Détail des itinéraires à récupérer à l'office de tourisme.

DANS LES ENVIRONS DE NIKKO

Le lac Chuzenji 中禅寺湖 *(plan I) : depuis la Tobu Nikko Station (quais 2A et 2C), bus lignes C,Y,YK ; billet : 2 100 ¥ l'A/R ; trajet : env 50 mn.* On y accède par une route montagneuse comportant de nombreux virages. Elle sinue jusqu'au plateau d'Akechidaira, avant de redescendre vers la petite bourgade de Chugushi, au bord du lac Chuzenji. La route du retour (plus sinueuse encore) est différente de celle de l'aller pour des raisons de sécurité (virages en épingle à cheveux, pente très forte). Situé à une vingtaine de kilomètres au nord de Nikko, à 1 271 m d'altitude, ce grand lac volcanique né de l'éruption du Nantai (qui en serait le cône) mesure environ 21 km de circonférence. Sa profondeur atteint 172 m au point le plus bas. Du gros village de Chugushi, on peut marcher le long de la rive nord du lac : paysages magnifiques.

Chugushi 中宮祠 *(plan I) : depuis la Tobu Nikko Station, bus (quai 2A), arrêt Futarasan Jinja Chugushi* 二荒山神社中宮祠 *(n° 30) ; billet : 2 300 ¥ l'A/R ; trajet : env 50 mn.* Petite ville d'altitude, au pied des montagnes, étendue dans le renfoncement est du lac Chuzenji. C'est le point de départ et d'arrivée des bus qui relient Nikko, et de ceux qui montent au lac Yunoko. D'insolites embarcations à pédales en forme de canards, de cygnes ou d'hélicoptères, promènent les touristes sur les eaux tranquilles. En été, entre les 1er et 7 août, se déroule la fête de Tohai Matsuri, au cours de laquelle près de 10 000 personnes habillées de blanc (la couleur des pèlerins) font l'ascension du Nantai-san (2 486 m). Au sommet de celui-ci se dresse le sanctuaire Oku Miya. À Chugushi, il commence à faire frais dès le mois d'octobre. Les hivers y sont enneigés et très froids.
On y trouve plein de petits restos de soupe, aux enseignes stylisées en tissu, avec de gros bols de soupe en évidence pour attirer le chaland ; d'autres offrent des truites pêchées dans le lac. Donc de quoi manger, boire et même dormir.

Pour boire un verre, une bonne adresse : ***Adonis*** アドニス, à la sortie du village, sur la route qui longe le lac vers Yumoto. Petit café-salon de thé avec une terrasse en bois ouverte sur le lac. Très agréable. Sert aussi des cakes et des spaghettis.

Les chutes de Kegon (Kegon Falls) 華厳の滝 *(plan I) : depuis la Tobu Nikko Station quais 2A et 2C, bus lignes C, Y, YK, arrêt n° 26 ; de l'arrêt de bus, 5 mn à pied par un sentier sans difficulté. On peut les observer gratuitement d'en haut ; sinon, un ascenseur permet d'accéder au plus près (570 ¥ ; réduc).* La cascade jaillit depuis un flanc rocheux abrupt et coule depuis une hauteur de 100 m. C'est une des 3 grandes chutes d'eau du Japon par sa taille.

Yumoto 湯元 ***et le lac Yunoko*** 湯ノ湖 *(plan I) : à env 12 km de Chugushi. Depuis la Tobu Nikko Station, bus (quai 2A), arrêt Kohan-mae* 湖畔前 *(n° 45) pour le lac, arrêt Yumoto onsen* 湯元温泉 *(n° 46) pour le village. Trajet : env 1h30. Billet aller : 1 500-1 700 ¥.*

Une grosse bourgade haut perchée dans les montagnes (sommets à plus de 2 000 m), entourée de forêts magnifiques à l'automne, au bord du petit lac Yunoko. Son nom signifie « Origine de l'eau chaude ». On dit que c'est une station thermale, mais ce serait plus juste de dire : une ville de sources d'eau chaude naturelle et d'*onsen* classés comme les meilleurs de la région. L'eau jaillit des volcans à 56-68 °C. Située à 5 mn de marche de Yumoto Onsen, l'aire de ski de Yumoto est ouverte de décembre à mars.
Possibilité de se baigner dans les *onsen* des hôtels *(compter 1 000 ¥).*

On y trouve quelques hôtels aux prix élevés, mais il n'y a pas d'hébergement bon marché à Yumoto. Parmi les plus beaux *onsen,* citons ceux de l'hôtel ***Yumoto Itaya*** 湯元板屋, *(● yumoto-itaya.jp ● ; doubles dans la catégorie « De chic à plus chic »).* C'est cher, mais l'expérience d'un *onsen* à cette altitude et dans un si beau paysage est unique...

KAMAKURA 鎌倉

env 175 000 hab. IND. TÉL. : 0467

● Plan *p. 268-269*

À environ 50 km au sud de Tokyo, entourée sur 3 côtés par des collines boisées, la ville de Kamakura descend en pente douce jusqu'à la mer, s'étirant à l'ouest de la baie de Sagami jusqu'à l'île d'Enoshima. Une ville résidentielle, calme et recherchée par les salariés pour sa qualité de vie et ses loyers moins élevés qu'à Tokyo. Un touriste peut y passer la journée au départ de la capitale (en train) sans avoir à y dormir, mais si l'on veut découvrir le site sans se presser, une nuit sur place s'impose. La balade des temples mérite à elle seule une bonne demi-journée. Kamakura, c'est aussi le 1er contact avec la mer quand on vient de Tokyo en allant vers le sud.
Les plages de sable gris de Yuigahama et de Shichirigahama ne sont certes pas lumineuses comme celles de Bali ou de Thaïlande, mais aux beaux jours elles attirent des foules de citadins heureux d'y prendre un bon bol d'air marin ou d'y passer leurs vacances, de nager, de bronzer au soleil de l'été, d'admirer les surfeurs, et de voguer sur les flots. Des panneaux en bord de mer donnent des consignes en cas de tsunami. Toute la journée, les nombreux petits éventaires et restaurants de l'île d'Enoshima proposent des plats de la mer d'une fraîcheur exquise, à prix raisonnables.

UN PEU D'HISTOIRE

Il existait déjà un embryon de ville aux VIIe-VIIIe s, mais Kamakura n'entre vraiment dans l'histoire du Japon qu'à partir de l'an 1192. Cette année-là, le puissant et cruel Minamoto no Yoritomo (1147-1199), en lutte contre les Taira, les maîtres de Kyoto, y installe le *Bafuku,* c'est-à-dire le siège du 1er gouvernement féodal du Japon. Yoritomo peut donc être considéré comme le 1er shogun du Japon et le fondateur de la lignée des shoguns qui garderont le pouvoir jusqu'en 1868. Pour arriver au pouvoir, il a assassiné son frère Yoshitsune en 1186. Ce sont les frères ennemis : Yoritomo le politicien cynique au cœur froid, et Yoshitsune le héros pur et idéaliste, considéré encore aujourd'hui comme le « Napoléon nippon ». À hommes durs mode de vie dur : le style Kamakura de cette époque

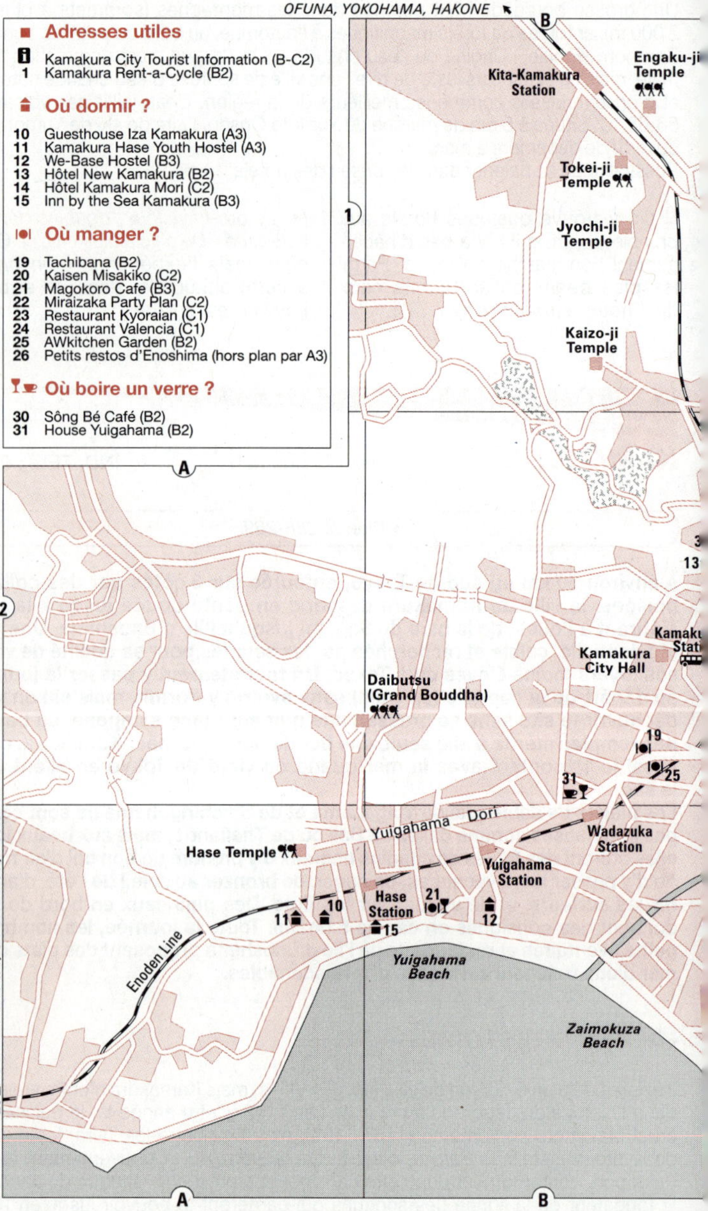
OFUNA, YOKOHAMA, HAKONE
Adresses utiles
Kamakura City Tourist Information (B-C2)
1 Kamakura Rent-a-Cycle (B2)
Où dormir ?
10 Guesthouse Iza Kamakura (A3)
11 Kamakura Hase Youth Hostel (A3)
12 We-Base Hostel (B3)
13 Hôtel New Kamakura (B2)
14 Hôtel Kamakura Mori (C2)
15 Inn by the Sea Kamakura (B3)
Où manger ?
19 Tachibana (B2)
20 Kaisen Misakiko (C2)
21 Magokoro Cafe (B3)
22 Miraizaka Party Plan (C2)
23 Restaurant Kyoraian (C1)
24 Restaurant Valencia (C1)
25 AWkitchen Garden (B2)
26 Petits restos d'Enoshima (hors plan par A3)
Où boire un verre ?
30 Sông Bé Café (B2)
31 House Yuigahama (B2)
Kita-Kamakura Station
Engaku-ji Temple
Tokei-ji Temple
Jyochi-ji Temple
Kaizo-ji Temple
Kamakura City Hall
Daibutsu (Grand Bouddha)
Hase Temple
Yuigahama Dori
Wadazuka Station
Yuigahama Station
Hase Station
Enoden Line
Yuigahama Beach
Zaimokuza Beach
26 Île d'Enoshima, GOKURAKOJI, FUJISAWA

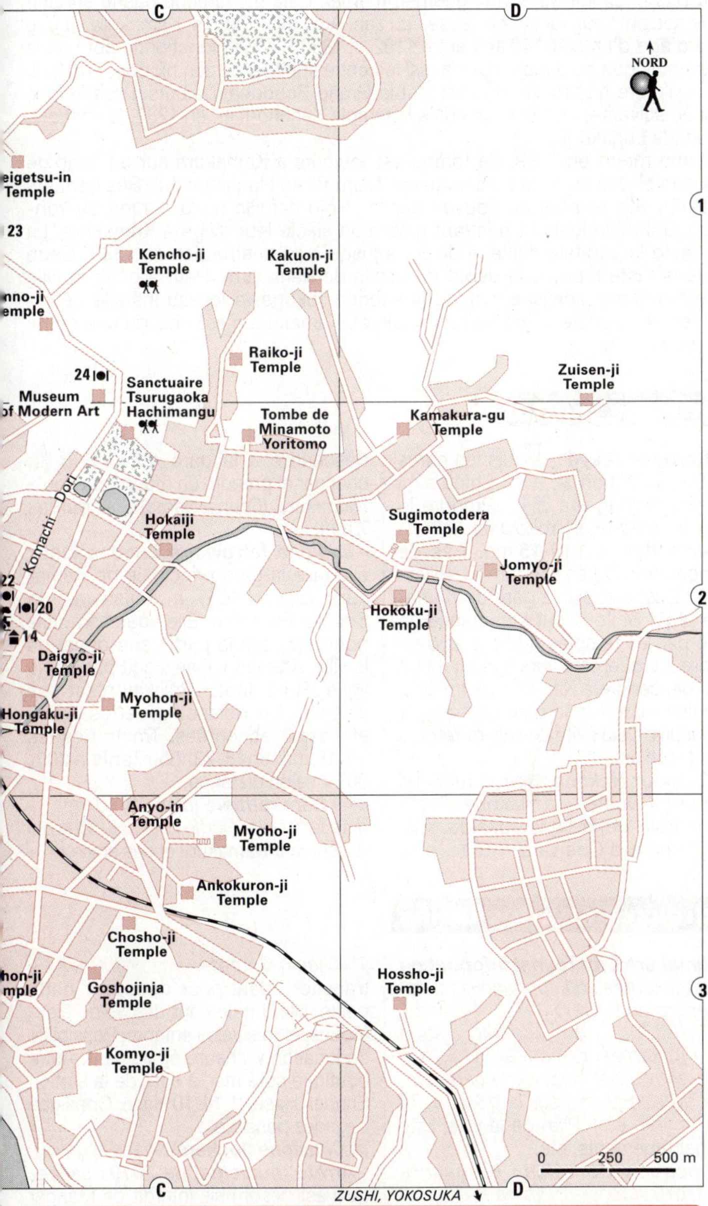
C
D
NORD
eigetsu-in
Temple
23
Kencho-ji
Temple
Kakuon-ji
Temple
nno-ji
emple
Raiko-ji
Temple
Zuisen-ji
Temple
24
Museum
of Modern Art
Sanctuaire
Tsurugaoka
Hachimangu
Tombe de
Minamoto
Yoritomo
Kamakura-gu
Temple
Komachi Dori
Hokaiji
Temple
Sugimotodera
Temple
Jomyo-ji
Temple
22
20
14
Hokoku-ji
Temple
Daigyo-ji
Temple
Myohon-ji
Temple
Hongaku-ji
Temple
Anyo-in
Temple
Myoho-ji
Temple
Ankokuron-ji
Temple
Chosho-ji
Temple
hon-ji
mple
Goshojinja
Temple
Hossho-ji
Temple
Komyo-ji
Temple
1
2
3
0
250
500 m
ZUSHI, YOKOSUKA

KAMAKURA

n'est pas efféminé mais viril, guerrier, martial. Cela n'empêche pas le shogun d'être sensible aux idées religieuses du zen. Aux XIIIe et XIVe s, Kamakura vit une sorte d'âge d'or, soit 140 ans entre 1192 et 1333. La ville fonctionne comme le centre politique du Japon, mais aussi le centre spirituel du zen nippon. En 1252, une sculpture en bronze représentant le Grand Bouddha (Daibutsu) voit le jour. L'année suivante, en 1253, on édifie le temple Kencho-ji et, en 1282, le *shariden* du temple Engaku-ji.

Yoritomo meurt en 1199. Sa tombe est toujours à Kamakura sur un flanc de colline (à 500 m au nord du sanctuaire Tsurugaoka Hachimangu). Ses héritiers sont très vite écartés du pouvoir par les Hojo (famille de la femme de Yorimoto), qui maintiennent pendant près d'un siècle leur siège à Kamakura. La ville reste la capitale militaire du pays jusqu'à sa destruction en 1333. Cette année néfaste marque le début du déclin de Kamakura. Petit à petit, la ville se retrouve marginalisée. Quand le shogun Tokugawa Ieyasu installe définitivement la capitale à Edo (actuelle Tokyo), Kamakura n'est plus qu'une petite cité provinciale.

Arriver – Quitter

➢ ***De/pour Tokyo :*** depuis les gares de Tokyo Station 東京駅, Shimbashi 新橋 ou Shinagawa 品川. Prendre le train de la ligne JR Yokosuka 横須賀. Départs ttes les 10-15 mn. Pas de changement. Durée : 50 mn-1h. Billet : 940 ¥. Descendre à la gare de Kamakura 鎌倉. Si l'on veut commencer la visite par les temples du nord et descendre logiquement vers le sud, il faut alors descendre à Kita-Kamakura 北鎌倉 puis repartir de la gare centrale de Kamakura. Cela évite des allers-retours à pied inutiles.

➢ ***De/pour Hakone :*** voir la rubrique « Arriver – Quitter » à Hakone. Prendre le train de la ligne Tokaïdo 東海道 à la gare d'Odawara 小田原, puis descendre à la gare d'Ofuna 大船, changer et prendre un monorail jusqu'à Kamakura (Ofuna-Kamakura, durée : 7 mn).

– ***La ligne ferroviaire* Enoden Line :** elle relie la gare principale de Kamakura *(plan B-C2)* à Fujisawa, via Shonan-Enoshina. Elle vous sera utile pour rejoindre la partie sud-ouest de la ville. Attention, il ne s'agit pas d'une ligne JR (le Japan Railway n'est pas valable). En revanche, cartes Suica et Pasmo acceptées. Trains ttes les 10-15 mn 5h48-23h55. Tarifs : 200-300 ¥ selon distance.

Gare routière *(plan B2)* **:** *devant la gare ferroviaire (sortie East Exit).* Bus qui desservent Kamakura et ses environs.

Adresses et infos utiles

Kamakura City Tourist Information 鎌倉観光 *(bureau d'informations touristiques ; plan B-C2)* **:** *1-1-1 Komachi.* ☎ *22-3350.* • *city.kamakura.kanagawa.jp/kamakura-kankou/fr/* • *À la sortie est du bâtiment de la gare centrale de Kamakura, sur la gauche. Tlj 9h-18h (19h été).* Plan de la ville, liste des hébergements, etc.

Location de vélos : Kamakura Rent-a-Cycle, *1-1 Komachi : (plan B2,* ***1****), en sortant de la gare centrale, sur la droite.* ☎ *0467-24-3944 (réservation).* • *jrbustech.co.jp/kamakura/* • *(en français). Tlj 9h30-17h. Fermé 1er-3 janv. Compter env 1 800 ¥/j.* Le transport idéal pour découvrir cette petite ville. Également des vélos électriques, et des vélos enfants. Possibilité de location à l'heure également. Autre boutique côté mer, à côté de la station Enoden Hase, 2-14-10 Hase. Consigne bagages possible.

■ ***Consigne* (lockers) :** *dans la gare.*

– ***Arrêté municipal de 2019 :*** sachez qu'il est désormais interdit de manger dans la rue. Une mesure qui vise les touristes. Au Japon, manger en marchant est considéré comme grossier, et même assimilé au trouble à l'ordre public. Une façon aussi de limiter les résidus de déchets dans les rues (poubelles publiques pour ainsi dire inexistantes au Japon).

Les forfaits touristiques (passes)

– ***Kamakura-Enoshima Pass*** 鎌倉江ノ島パス : *valable 1 j. Prix : 710 ¥.* Donne droit à l'accès illimité aux trains des lignes JR, Enoden (ou Enoshima Electric Railway), et au Shonan Monorail.

– ***Enoshima Kamakura Free Pass*** 江ノ島鎌倉フリーパス : *valable 1 j. Tarif : 1 520 ¥ depuis la gare de Shinjuku (Tokyo).* Gratuité sur les lignes de trains Odakyu (entre Tokyo et Enoshima via Fujisawa) et sur la ligne Enoden (entre Fujisawa et Kamakura).

– ***Kamakura free Kankyo Tegata*** 鎌倉環境フリー手形 : *valable 1 j. Prix : 550 ¥.* Accès illimité au train (stations de Kamakura Enoden et Hase), et à presque toutes les lignes de bus.

Où dormir ?

Pas de logement dans les temples de Kamakura.

De très bon marché à bon marché (moins de 10 000 ¥ / 83 €)

☗ ***Guesthouse Iza Kamakura*** IZA鎌倉ゲストハウス *(plan A3, **10**) : 11-7 Sakanoshita. ☎ 33-5118. ● izaiza.jp ● À 5 mn à pied de la gare de Hase. Lits en dortoir 3 850-4 180 ¥ ; doubles 8 800-9 680 ¥ ; petit déj en sus.* Petite auberge de jeunesse aménagée dans une maison coquette tout en brique, au bord de la route (peu passante). L'intérieur distille une sympathique atmosphère. Dortoirs et chambres climatisés. 3 dortoirs de 6 lits (un réservé aux filles), 2 chambres pour 2 (1 *twin* et 1 double), et 1 familiale pour 4. Agréable salon avec bar. Cuisine à disposition pour réchauffer un plat (mais pas pour cuisiner). 2 petites tables et un banc dehors. Location de vélos *(compter 1 000 ¥/j.).*

☗ ***Kamakura Hase Youth Hostel (Yui house)*** 鎌倉はせユースホステル *(plan A3, **11**) : 5-11 Sakanoshita. ☎ 24-3390. ● hase-yh.cafe.coocan.jp ● À 5 mn à pied de la gare de Hase. Réception 16h-21h. Couvre-feu à 22h (mieux vaut ne pas être fêtard !). Clim. Lit en dortoir 3 000 ¥ (supplément en cas d'arrivée après 21h !) ; réduc pour les membres de Hostelling International ; petit déj en sus (env 300 ¥). Pas possible d'y laisser ses bagages après le check out.* Modeste maison tenue par un couple de retraités dans un quartier très calme. On y parle quelques mots d'anglais. Elle abrite 2 dortoirs de 4 places, et 1 familiale pour 4 aussi, simples et propres (seulement 12 lits) à prix économiques. Lits superposés. Hommes et femmes séparés. Douche et toilettes collectives. Une petite terrasse sur le toit qui n'est pas aménagée, mais on peut y monter sa chaise.

– Voir aussi l'auberge de jeunesse ***We-Base*** *(plan B3, **12**)*, plus loin, pour ses dortoirs « Très bon marché ».

Prix moyens (de 10 000 à 15 000 ¥ / 83-125 €)

☗ ***We-Base Hostel*** WeBase鎌倉 *(plan B3, **12**) : 4-10-7 Yuigahama. ☎ 22-1221. ● we-base.jp ● À 5 mn à pied de la gare de Yuigahama. Lit en dortoir de 4 env 3 800 ¥ (sans petit déj) ; doubles 10 000-12 000 ¥, petit déj (plateau ; salé ; change ts les jours) en sus.* Un établissement récent, style auberge de jeunesse, d'une capacité de près de 130 lits, tout près de la plage. L'architecture moderne est plutôt réussie : pas mal de bois, des pans de mur en béton brut, de la luminosité et de l'espace. L'atmosphère y est peut-être un peu impersonnelle, mais l'endroit est parfaitement tenu et confortable, malgré une isolation phonique moyenne. Dortoirs mixtes ou réservés aux filles avec sanitaires communs, chambres privées pour 2 à 6 personnes (certaines de style japonais, douches communes), récemment créées pour certaines. Agréable bain japonais. Cuisine équipée, laverie, cours de yoga et location de vélos. Resto (cher) avec terrasse.

Inn by the Sea Kamakura インバイザシー鎌倉 *(plan B3, **15**) : Kanagawa ken Kamakura-shi Hase 2-22-32. ☎ 090-3904-3550. • innbytheseakamakura.com • Doubles 13 000-14 000 ¥, petit déj inclus.* Cette charmante famille – 2 petites filles – nippo-canadienne, propose, à quelques mètres de la plage et pas loin de la gare de Hase (et du grand Bouddha), 2 vastes chambres sobres et baignées de lumière, une à la japonaise et l'autre de style occidental. Salle de bains au rez-de-chaussée. Helen, la chaleureuse et dynamique propriétaire, vous aidera à préparer le programme de votre journée. Bon et copieux petit déj préparé par monsieur. Terrasse jardinet. Le hic : cher... même si le fait de pouvoir facilement communiquer, poser des questions sur le pays vaut de l'or.

Hôtel New Kamakura ホテルニューカマクラ *(plan B2, **13**) : 13-2 Onarichou. ☎ 22-2230. • newkamakura.com • Derrière la gare ; en sortant de celle-ci, tourner à gauche, passer sous les voies ferrées (passage piéton), puis 1er escalier à droite, on accède à une rue longeant la ligne de chemin de fer, c'est 50 m plus loin. Doubles sans ou avec sdb 11 000-17 000 ¥ ; pas de petit déj. Chambres plus chères le w-e qu'en sem.* Un petit hôtel construit en 1924 dans le style occidental avec des fenêtres à guillotine et à petits carreaux. Dommage qu'elles donnent sur un parking. L'hôtel a traversé les décennies, survécu aux guerres et aux tremblements de terre. Aujourd'hui, c'est un beau vestige de l'époque où il était fréquenté par les intellectuels et lettrés japonais. Dans les étages, des chambres au charme rétro, de style européen ou japonais, impeccables ; les salles de bains partagées, tout aussi impeccables, sont au rez-de-chaussée. Annexe (les chambres sont petites, mais avec salle de bains) dans la cour. Bon rapport qualité-prix, même si on est bercé par les annonces des haut-parleurs de la gare voisine (dernier train vers minuit).

Chic (de 15 000 à 25 000 ¥ / 125-208 €)

Hôtel Kamakura Mori 鎌倉森ホテル *(plan C2, **14**) : 1-5-21 Komachi. ☎ 22-5868. • kamakuramori.net • À 3 mn à pied de la gare centrale de Kamakura. Réception au 3e étage. Doubles env 19 000-24 000 ¥, petit déj compris ; plus cher le w-e.* Hôtel très central, bien tenu dans un petit immeuble moderne sans grâce, avec des magasins au rez-de-chaussée. Les chambres de style occidental, réparties autour de la réception, sont bien équipées, mais l'ameublement est un peu daté. Celles qui donnent sur l'avenue de Yukinoshita s'avèrent plus bruyantes.

Où manger ?

De bon marché à prix moyens (moins de 3 500 ¥ /29 €)

Tachibana *(plan B2, **19**) : 1-1-9 Yuigahama. ☎ 24-1114. Ouv tlj 12h-16h.* Ici le service de 4 tables de 2 convives est orchestré par mère et fille (non anglophones), depuis leur cuisine ouverte. Elles proposent 3 menus *(1 500 ¥ ou 1 900 ¥ avec dessert et café)* autour du poisson, du canard ou d'un ragoût de bœuf, escortés par quelques légumes, du riz et soupe *miso*. L'ensemble est préparé avec soin et délicieux. Tarte du jour pour qui voudrait conclure sur une touche sucrée.

Kaisen Misakikô 海鮮三崎港 *(plan C2, **20**) : 1-7-1 Komachi. ☎ 22-6228. À 2 mn à pied de la gare. Depuis la place de la gare centrale, passer sous le portail rouge (torii), à l'entrée de la rue piétonne ; c'est 80 m plus loin, à droite du magasin* Cafe & Meal More. *Tlj 11h-22h.* Petit resto de sushis qui défilent sur un tapis roulant. Délicieux et prix raisonnables.

|●| 🍸 *Magokoro Cafe* カフェ 真心 *(plan B3, **21**) : 2-8-11 Hase Kamakura. ☎ 38-7355. Au 1er étage. Tlj sauf lun 11h30-21h (salon de thé 15h-17h30).* La bonne petite adresse au chaleureux cadre tout en bois que l'on apprécie pour son atmosphère un peu bohême, sa cuisine simple et saine (pas mal de produits bio ou provenant de producteurs locaux) et sa généreuse baie vitrée qui surplombe la mer. On savoure une assiette composée, un poisson ou un plat végétarien (curry...), accompagné d'une bière au gingembre tout en regardant les surfeurs chercher la vague. On peut aussi demander une *lunch box* à emporter sur la plage. Accueil très sympa, en anglais. Petite boutique de produits bio. Après le dîner, la soirée peut se poursuivre au rez-de-chaussée, côté bar (17h-23h).

|●| *Miraizaka Party Plan* ミライザカの早得 忘新年会*(plan C2, **22**) : 1-6-17 Komachi. ☎ 60-4731. À 2 mn à pied de la gare centrale. Depuis la pl. de la gare, passer sous le portique rouge ; c'est le 2e immeuble à gauche à l'entrée de la rue piétonne, au 3e étage. Tlj 11h30-23h (minuit ven-sam).* Grande salle chaleureuse et animée, où l'on déguste une savoureuse cuisine d'*izakaya* (petite taverne populaire) très variée : fruits de mer, salades, raviolis *(gyoza)*, yakitori, sur fond de musique assez forte. Carte japonaise et internationale. Au choix, salle fumeurs ou non-fumeurs.

|●| *Restaurant Kyoraian* 去来庵 *(plan C1, **23**) : 157 Yamanouchi. ☎ 24-9835. Sur la gauche de la route entre le temple Engaku-ji et le temple Kencho-ji, à mi-chemin env. Tlj sauf ven 11h-15h (fermé le soir).* Un panneau en cuivre en japonais et en anglais indique l'histoire de cette vieille maison construite au début de l'ère Showa (vers 1917-1920) dans le style *sukiya*. Passé le portail en bois, on gravit une petite pente pour arriver dans un jardin ombragé où se tient la maison de Kusaka Shuhei, le très sympathique patron anglophone, hispanophone et un peu francophone (il a vécu en Espagne et connaît Aurillac en France). Il est aussi rugbyman ! Son grand-père, directeur du comité olympique japonais, avait parcouru le monde, rapportant de France un goût prononcé pour la cuisine, qu'il a transmis à Shuhei. Ici, on sert un menu unique de cuisine bourguignonne, préparée à la manière nippone. Prix sages pour la qualité proposée. Notre coup de cœur à cause du cadre, de la cuisine et de la personnalité de Kusaka !

|●| *Restaurant Valencia* カフェレストランバレンシア *(plan C1, **24**) : ☎ 24-6154. En venant du temple Kencho-ji, sur la droite de la route, à côté du musée d'Art moderne de Kamakura, et à env 400 m d'une entrée du sanctuaire Tsurugaoka Hachimangu. Tlj 10h30-18h, sauf lun, 1er et 3e mar du mois.* Après les temples, les tapas ! Voici un restaurant espagnol tenu par une famille japonaise, qui sert de très bons plats traditionnels à prix sages depuis 1972. On peut aussi s'y arrêter pour boire un verre (bière pression). Endroit agréable au cours de la balade.

|●| ⛱ *AWkitchen Garden* エーダブリユキッチン ガーデン *(plan B2, **25**) : 2-4-43 Yuigahama. ☎ 61-3155. Tlj 11h30-20h (19h en été, 21h sam-dim). 3 formules 1 350-3 600 ¥.* C'est avant tout pour le chouette jardin-terrasse planté d'essences méditerranéennes et aménagé au bord de la voie ferrée que l'on vient ici. Les petits trains qui passent tout près, et dont on sentirait presque le souffle, assurent le spectacle ! En revanche, la grande salle en brique est souvent bruyante. Cuisine correcte mais sans véritable surprise (une poignée de pizzas, autant de pâtes, gratin huîtres-épinards, carpaccio de poisson frais...). Vin au verre.

Où boire un verre ?

🍸 ⛱ *Sông Bé Café* ソンベカフェ *(plan B2, **30**) : 13-32 Onaricho. ☎ 61-2055. En sortant de la gare centrale, tourner à gauche, passer sous la voie ferrée, puis 1er escalier à droite ; on accède à une rue longeant la ligne de chemin de fer, c'est à 100 m. Tlj 11h30-20h (18h lun, 21h* *sam) ; dernière commande 45 mn avt fermeture.* Café portant un nom vietnamien, tenu par un Japonais ayant voyagé au Vietnam et dans plusieurs pays d'Asie. On y trouve différentes bières asiatiques, à accompagner d'un cake banane-lait de coco ou d'un *cheesecake* au miel-*yuzu*. Le vieux parquet craque et l'ensemble est arrangé comme un salon-boutique avec plein de petites bricoles de créateurs. Terrasse de poche donnant sur le bord de la ligne de chemin de fer : c'est charmant de voir les trains passer sans bruit (ou si peu). Possibilité de grignoter quelques plats (curry vert thaï, *pho* vietnamien au poulet...).

House Yuigahama ハウスユイガハマ *(plan B2,* ***31****)* **:** *1-12-8 Yuigahama. ☎ 53-8589. À 3 mn à pied de la gare de Wadazuka, au bord de la route principale. Tlj sauf mer 10h-17h30 (18h30 en été).* Une halte cosy où commander un bon café, une bière, à moins que vous ne préfériez goûter au *kombucha* maison : une boisson fermentée, à base de thé vert/noir sucré et aromatisé (rose-hibiscus, lavande...). Côté solide : muffins vegan sucrés ou salés, 2 ou 3 sandwichs appétissants et originaux, une assiette composée, ou des cookies vegan ; tout en feuilletant les livres de design posés sur les étagères. Au fond, une baie vitrée donne sur des bureaux d'architectes d'intérieur.

À voir

Parmi les nombreux temples de Kamakura, notre préférence va aux temples Engaku-ji et Kencho-ji, ainsi qu'au sanctuaire shinto de Tsurugaoka Hachimangu. Ne pas manquer ensuite d'aller au sud de la ville admirer le Grand Bouddha Daibutsu, unique en son genre.

Autour de la gare de Kita-Kamakura (quartier nord)

Le temple Engaku-ji 円覚寺 *(plan B1)* **:** *pour y aller, train JR depuis la gare de Kamakura, direction Ofuna, descendre à la gare de Kita-Kamakura* 北鎌倉*, puis 3 mn de marche. Sinon, de la gare routière, prendre n'importe quel bus partant de la plateforme nº 2, descendre à l'arrêt Kita Kamakura Station* 北鎌倉駅*, puis 2 mn de marche. • engakuji.or.jp • Tlj 8h-16h30 (16h déc-fév). Entrée : 300 ¥ ; réduc. Plan détaillé à la réception.*

Pour remercier les dieux du Japon de la victoire militaire remportée sur les Mongols au XIIIe s, le shogun Hojo Tokimune fit construire ce temple et lui donna le nom d'un sutra (*Engaku-kyo* signifie « sutra de l'Illumination parfaite »). C'est un des temples zen les plus importants de la région du Kanto. Il a été plusieurs fois détruit par les guerres et les incendies (1400, 1563) et par le tremblement de terre de 1923. À chaque fois, il fut reconstruit, renaissant de ses cendres tel le phénix, oiseau sacré du bouddhisme.

Adossé à une colline boisée, il compte plusieurs pavillons et oratoires éparpillés dans un grand jardin ombragé et fleuri, planté notamment d'abricotiers. À voir en février pendant la floraison de ces arbres. La partie la plus remarquable de cet ensemble est le ***Shari-den*** 舎利殿 ou pavillon des Reliques sacrées du Bouddha, situé à 100 m de la billetterie, à gauche en montant, après le petit étang. Érigé en 1282, le Shari-den serait le plus vieux pavillon de style chinois restant au Japon. Les pavillons ***Butsunichi-an*** 佛日庵 (salle pour la cérémonie du thé) et ***Ohbai-in*** 黄梅院 se visitent *(entrée : compter 100 ¥).* Petit pavillon en bois orné d'un tissu mauve, Ohbai-in se trouve tout en haut du jardin, au pied du versant, noyé dans la luxuriante végétation. Ne pas manquer non plus cette grosse cloche en bronze *(ogane)* datée de 1301 et mesurant 2,50 m de hauteur. C'est la plus lourde cloche des temples de Kamakura : dong dong dong...

– ***La tombe d'Ozu :*** Yasujiro Ozu (1903-1963), un des plus grands cinéastes japonais, de renommée mondiale *(Le Voyage à Tokyo, Le Goût du saké...)*, a passé la fin de sa vie à Kamakura. Il y est mort le 12 décembre 1963. Sa tombe se trouve dans l'enceinte du temple Engaku-ji. Après la billetterie, prendre sur la droite, laisser les escaliers menant à la cloche et continuer sur 50 m. La tombe d'Ozu se trouve dans la partie haute du cimetière, sur la droite, 3 rangées avant le mur du fond. C'est un petit cube de pierre grise, gravé du seul caractère *mu,* qui signifie « le rien constant » ou « l'impermanence », et non pas le néant.

👍👍 ***Le temple Tokei-ji*** 東慶寺 *(plan B1) : à 10 mn de marche du temple Engaku-ji. • tokeiji.com • Tlj 8h30-16h30 (16h oct-mars). Entrée : 200 ¥ ; réduc.* Temple fondé en 1285 par Hojo Sadatoki, régent du shogunat de Kamakura. Pendant la période Edo, les femmes s'y réfugiaient pour obtenir le divorce en échange de 3 années de dévotion. C'est pour cette raison que ce sanctuaire est surnommé le « temple du Divorce ». Avec le temps, le Tokei-ji s'est tourné vers une dévotion florale, car il est devenu le temple des Fleurs et reste très fréquenté par la gent féminine. Dès le mois de février, on assiste à la floraison des abricotiers, puis à celle des magnolias et des pêchers (fin mars-début avril). Au début du mois de mai, ce sont les pivoines. En raison du port de ces fleurs rouges, les pivoines sont vénérées en Chine, où elles symbolisent la richesse. Les iris éclosent dans la 2de quinzaine de mai. Au fond du magnifique jardin, ne pas manquer de se balader dans le cimetière à flanc de colline. Les tombes ornées de statues sont envahies d'une mousse luxuriante et semblent faire corps avec la nature. On est littéralement transporté dans l'univers mythique d'Hayao Miyazaki. Plusieurs personnalités reposent ici, dont Kitaro Nishida, fondateur de l'école de Kyoto. Un endroit particulièrement zen...

👍👍 ***Le temple Kencho-ji*** 建長寺 *(plan C1) : à 15 mn de marche du temple Engaku-ji. À 2 km au nord de la gare de Kamakura. Sinon, de la gare routière, prendre n'importe quel bus partant de la plateforme n° 2, descendre à l'arrêt Kenchoji-mae (compter 10 mn), puis 5 mn de marche. • kenchoji.com • Tlj 8h30-16h30. Entrée : 500 ¥ ; réduc.*

Entouré de bosquets de cèdres japonais, il a été fondé en 1249 par un religieux chinois de la secte zen du Rinzai, sur le modèle d'un temple chinois du Jingshan (région de Hangzhou). Petit rappel : Hangzhou, un des berceaux impériaux de la Chine, était au XIIIe s une des plus grandes et des plus belles villes du monde à l'époque où Marco Polo la décrivit. Rappelons-nous aussi que le bouddhisme est arrivé au Japon au VIIIe s grâce à des moines chinois du monastère de Yangzhou (ville chinoise près de Nankin). Détruit en 1315 par un grand incendie, le temple ***Kencho-ji*** a été reconstruit à l'identique.

On passe d'abord sous une monumentale porte ***Sanmon*** 山門, possédant une charpente très travaillée. Le ***Kencho-ji*** forme un ensemble plus sobre, plus dépouillé que le temple ***Engaku-ji.*** Le pavillon ***Hado*** 法堂 abrite une statue d'un bouddha osseux et ascétique placé sous un dais orné de tissus colorés. Le ***Hojo*** est un vaste pavillon où se déroulent les cérémonies bouddhistes. À l'arrière s'étend un petit jardin zen : le ***Shin-ji Ike*** 心字池. Son originalité est d'être non pas un « jardin sec », fait de pierres et de rocailles, mais un jardin de contemplation, autour d'un étang bordé de gazon.

Autour de la gare de Kamakura *(quartier central)*

👍👍 ***Le sanctuaire Tsurugaoka Hachimangu*** 鶴岡八幡宮 *(plan C2) : à 1 km au nord de la gare centrale de Kamakura. • tsurugaoka-hachimangu.jp/ • Tlj 5h (6h oct-mars)-21h. Entrée libre sauf musée des Trésors nationaux (400 ¥).* Le plus beau sanctuaire shinto de Kamakura. Fondé en 1063, reconstruit au XVIe s, le pavillon principal date de 1823. On passe sous un torii. Juste après, un pont bombé (que l'on ne peut pas enjamber) et, de part et d'autre, 2 étangs nommés respectivement *Genji* et *Heike* (les noms des 2 clans rivaux de samouraïs au XIIIe s). Au haut des escaliers se dresse le ***Kami no Yama,*** le pavillon principal, où les croyants affluent. Ils jettent des pièces de monnaie dans un immense tronc, le *Saisen-bako* 賽銭箱 (5 m de long environ). Ils joignent ensuite les mains pour faire une courte prière. Ils se procurent aussi des tablettes votives *(ema)*, des porte-bonheur *(omamori)*, sans oublier les baguettes de bambou *(omikuji)* que l'on sort au hasard d'une boîte après l'avoir secouée. Ils contiennent des petits morceaux de papier délivrant la bonne *(Kichi)* ou la mauvaise fortune *(Kyo)*. Ces mêmes fervents passent par les *chozuya,* qui sont de petits abris sous lesquels on trouve des bassins remplis d'eau « lustrale ». Ils y viennent se laver les mains et se rincer la bouche avant de se rendre au pavillon principal.

– Le sanctuaire abrite le *musée des Trésors nationaux* *(tlj sauf lun 9h-16h30 – fermeture des guichets à 16h ; fermé 29 déc-3 janv ; entrée : 400 ¥, réduc),* réputé pour sa collection unique d'objets bouddhiques. Il se situe dans la galerie intérieure. On peut admirer notamment des sanctuaires portatifs *(mikoshi)* que l'on sort lors des processions annuelles dans les rues de la ville.

L'ARBRE DE VIE

Au sanctuaire Tsurugaoka Hachimangu, on croise de nombreuses femmes portant des bébés dans les bras. Une tradition veut que, le 7e jour après la naissance, les mères japonaises viennent remercier les kami (divinités) et leur demander santé et prospérité pour leur progéniture. Mais pourquoi ? Au XIIe s, le shogun Yoritomo voulait que sa femme ait une grossesse heureuse. Pour cela, il fallait honorer les kami, et il fit planter une allée de cerisiers (sakura) d'un bon kilomètre de long. Cette grande allée existe encore aujourd'hui. Elle conduit de la gare de Kamakura à l'entrée du sanctuaire.

Autour de la gare de Hase (quartier sud)

★★★ Le Daibutsu (Grand Bouddha) **de Kamakura** 鎌倉大仏 (plan A-B2) **:** *• kotoku-in.jp • À 8 mn à pied de la gare de Hase. Sinon, en bus depuis la gare routière (compter 10 mn), prendre n'importe quel bus partant des plateformes nos 1 et 6, arrêt Daibutsu-mae, puis marcher 5 mn. Tlj 8h-17h30 (17h oct-mars). Entrée : 300 ¥, et 20 ¥ de plus si l'on veut entrer à l'intérieur (fermé à 16h30).* ***Ne pas manger ni boire sur le site.***

Daibutsu en japonais signifie « Grand Bouddha ». Cette énorme sculpture de bronze aux reflets vert métallique mérite bien son nom. Elle est la 2e plus grande statue du Bouddha au Japon après celle de Nara. Construite en 1252, défiant par sa solidité les typhons et les tsunamis, elle représente Amida méditant pour l'éternité : elle pèse 122 t et mesure 11,40 m de haut. Voilà un imposant bouddha tout en paix et en grâce. Sous la neige hivernale, il est encore plus touchant de sérénité. Allez savoir quel mystère il cache !

On peut pénétrer à l'intérieur de la statue par le côté (payant). Un petit escalier permet d'atteindre la plateforme située au niveau de son abdomen. Curieuse sensation : on est dans le corps métallique du Bouddha. Le plus important n'est-il pas ailleurs, en dehors de la matière et du bronze ? Tel est le message à décrypter en contemplant cette admirable statue.

Observer les détails : la position de ses mains et sa tête penchée indiquent la voie de la méditation bouddhique. Daibutsu a des yeux horizontaux mi-clos mesurant 1 m (chaque œil !) mais des sourcils légèrement arqués. Ses oreilles font presque 2 m, symbolisant la longévité dans le bouddhisme. C'est pour mieux voir et entendre la souffrance du monde afin de mieux s'en détacher, répondrait n'importe quel bouddhiste présent sur le parvis de la statue. En regardant bien, on remarque aussi qu'il porte une longue et fine moustache. Sa bouche esquisse le sourire énigmatique des sculptures ioniennes (Grèce antique). Sa chevelure crépue est composée de 656 boucles spiralées. Sur le milieu du front, entre les yeux mi-clos, un tortillon pointu (entièrement en argent) représente le « projecteur divin » par lequel le Bouddha émet la lumière qui illumine l'univers pour le sortir des ténèbres. Est-ce le 3e œil ?

Le temple Hase 長谷寺 *(plan A3)* **:** *à 200 m au nord de la gare de Hase. Sinon, depuis la gare routière, prendre n'importe quel bus partant des plateformes nos 1 et 6, arrêt Hase Kannon. • hasedera.jp • Tlj 8h-17h30 (17h oct-fév). Entrée : 400 ¥ ; réduc.*
Adossé à la colline de Kannonzan, le temple abrite plusieurs pavillons, dont le pavillon principal qui renferme une statue dorée de Kannon aux 11 visages (déesse de la Miséricorde). Réalisée en 721, ce serait la plus haute statue en bois du Japon (elle mesure 9,18 m de haut). Le musée des Calligraphies *(tlj sauf mar 9h-16h30 ; entrée : 300 ¥, réduc)* expose également des sculptures sur bois et des gravures sur pierre ou métal. La grotte Benten-Kutsu fut le lieu où, selon la légende, Kukai (Kobo Daichi) se retira. Il sculpta 16 statues de « Boddhisatuas » dans la roche et une statue de Benzaiten, seule déesse parmi les 7 divinités de « Bonne Fortune du Japon », associée à la mer, à la musique et aux beaux-arts.

LES ENVIRONS DE TOKYO

Fêtes et manifestations

- ***Avril* :** habituellement, les 2e et 3e dimanches, c'est le festival de Kamakura au cours duquel défilent des centaines de personnes costumées. Outre ce défilé, on peut assister à une compétition de tir à l'arc à cheval *(yabusame)*, à des cérémonies de thé, à des spectacles de danses japonaises.
- ***Août* :** festival *Bonbori* au sanctuaire shinto Tsurugaoka Hachimangu. La nuit est illuminée par près de 300 lanternes.
- ***Septembre* :** fête annuelle du sanctuaire de Tsurugaoka Hachimangu. À cette occasion, grande procession *Menkake Gyoretsu* où les participants portent des masques comiques ou grotesques. Compétition d'archers montés sur des chevaux.

DANS LES ENVIRONS DE KAMAKURA

L'île d'Enoshima 江ノ島 *(hors plan par A3)* **:** *à 5 km à l'ouest de Kamakura.*
Reliée à la terre par un isthme sablonneux et étroit (600 m de long) enjambé par le pont Benten (voitures et piétons), cette petite île mesure environ 4 km de circonférence. Sur la carte, sa forme évoque un champignon qui serait suspendu par la tige (ou une grosse fleur à l'envers...). C'est en fait une grosse colline entourée par la mer. Ce serait en somme le petit « Mont-Saint-Michel » du Japon ! En 1182, le shogun Minamoto no Yorimoto y aurait installé une statue de Benten pour l'invoquer et lui demander de pacifier les régions du Nord.
Très agréable promenade jusqu'au sommet de la colline Shoten-jima à travers des ruelles étroites et pentues. On peut découvrir un sanctuaire perché d'où la vue sur la baie est superbe (par beau temps). Une vieille croyance veut que les pêcheurs invoquent les divinités de ce sanctuaire pour avoir une bonne pêche.
En musardant sur les hauteurs, s'arrêter aussi dans les petits jardins comme l'*Enoshima Samuel Cooking Garden*. Le clou de la promenade, c'est sans doute de monter au sommet de la tour d'observation du phare *(Enoshima Lighthouse)*. Sur le versant est de l'île, du côté de la baie de Sagami, un port de plaisance *(Shounan Harbor)* abrite des voiliers qui ne sortent qu'en été. Il fut construit pour les Jeux olympiques de Tokyo en 1964.

➢ ***Accès :*** on peut y aller en train au départ de la gare centrale de Kamakura. Prendre la ligne Enoden pour Enoshima. Départs ttes les 12 mn. Billet : 260 ¥. Durée : 23 mn. On peut aussi prendre cette même ligne à la gare de Hase. Arrivée à la gare d'Enoshima. Pour rejoindre l'île, il faut marcher 1 km, traverser un faubourg balnéaire, puis suivre la route qui enjambe l'isthme en passant entre la plage de Higashihama et un petit port de pêche. Possibilité aussi de s'y rendre en bus depuis la gare de Kamakura *(en sem, départs ttes les heures 8h30-16h30 depuis la plateforme n° 6 ; le w-e 4 bus/j. 9h30-12h30). Billet : 310 ¥. Trajet : 40 mn.* Contrairement au train, les bus rejoignent l'île.

|●| ***Petits restos d'Enoshima*** *(hors plan par A3,* ***26****)* ***:*** en arrivant par le pont Benten, on trouve sur le quai principal du village, au pied de la colline, une ribambelle de petits restos de fruits de mer et d'éventaires couverts de poissons et de coquillages. Les produits de la pêche sont très frais, les prix sages, les saveurs exquises ! D'autres petits restos éparpillés le long des chemins qui traversent l'île, les plus agréables étant ceux qui sont situés au sommet de la colline (pour la vue).

LES ENVIRONS DE TOKYO

HAKONE 箱根 ET SES ENVIRONS

env 25 000 hab. IND. TÉL. : 0460

• Plan *p. 280-281*

Un grand portail vermillon (un torii) semble planté pour l'éternité dans les eaux du grand lac Ashinoko, au pied des sombres forêts et des versants majestueux des volcans, tandis qu'au loin le mont Fuji (Fujiyama ; on dit Fuji-san en japonais), emblème du Japon, dessine son élégante silhouette conique au sommet enneigé. Cette image remarquable ne vaut-elle pas 10 000 mots ? Difficile de ne pas céder à sa beauté et à la tentation de voir ça de plus près. Résultat : près de 19 millions de touristes (la plupart japonais) passent à Hakone chaque année ! C'est l'un des records de fréquentation dans le pays. Pourquoi ? Le site de Hakone constitue sans doute le 1er grand paysage naturel (volcans, lac, forêts) aussi bien conservé et aussi proche de la trépidante mégalopole japonaise (à 1h10 de train seulement, au sud de Tokyo). Alors les citadins de la 1re ville du monde s'y précipitent dès le week-end et pour les vacances, en toute saison, mais surtout en été et en automne. Hakone, c'est le « bol d'air frais » le plus économique pour un Tokyoïte, son assurance « verdure, calme et source d'eau chaude naturelle ».
2e raison de ce succès, Hakone est une des 3 portes d'accès qui mènent par la route au pied du mont Fuji si vénéré des Japonais. 3e raison : on y trouve des infrastructures hôtelières en nombre suffisant, et des sources d'eau chaude *(onsen)* parmi les plus réputées au nord du Japon. Bien qu'apparemment sauvage, cet arrière-pays n'est pas une région dépeuplée, loin de là. De nombreux villages éparpillés dans les anfractuosités du relief, hameaux et quartiers à l'habitat dispersé, donnent vie à cet environnement de montagnes boisées et à ces vallées parcourues par des rivières.
Chaque année, le 3 novembre, se déroule une fête historique costumée, commémorant les processions des daimyo (seigneurs féodaux) qui se rendaient naguère à Edo (Tokyo) via Hakone par la route du Tokaïdo (lire plus loin « À voir. À faire »).

Les différents quartiers

– ***Hakone*** 箱根 ***:*** une petite ville japonaise, étalée sur la rive sud du lac Ashi 芦ノ湖, au pied des montagnes boisées. Une partie des maisons occupent les versants, mais en réalité l'animation est concentrée dans la partie basse. Hakone est composée de 2 quartiers : *Motohakone* 元箱根 *(plan B3)* au nord et *Hakone-machi* 箱根町 *(plan B3)* au sud. Entre ces 2 secteurs, compter 5 mn en bus, 10 mn à pied. Beaucoup d'hôtels assez chers dans ce secteur, mais aussi l'essentiel des commerces, des magasins, des cafés, des restaurants.

– ***Togendai*** 桃源台 ***et Kojiri*** 湖尻 *(plan A2)* ***:*** ce sont des quartiers (de petits villages vivant du tourisme) situés au bord du lac Ashi, dans sa partie nord-est. En été, grosse animation ; en hiver, c'est endormi. On est tout près de l'eau et de la station de départ des téléphériques qui montent à Ubako et Owakudani (accès aux fumerolles sur le flanc du volcan Kamiyama).

– ***Sengokuhara*** 仙石原 *(plan A-B1)* ***:*** sorte de grand village aux maisons noyées dans la végétation, sur un plateau à 650 m au-dessus des eaux du lac. Il semble éloigné de tout, mais ce n'est qu'une impression, car Sengokuhara reste proche du lac (10 mn en bus) et à 15 mn de Gora. Bon endroit pour séjourner. Excellente adresse : la *Fuji Hakone Guest House*. Plusieurs musées, dont l'étonnant musée du Petit Prince.

– ***Gora*** 強羅 *(plan B1)* ***:*** village haut perché sur le flanc du mont Kami. On y trouve de quoi dormir, manger et boire. Terminus de la ligne de chemin de fer, c'est là que tout le monde descend. Les correspondances entre les divers moyens de transport se font très bien. À 9 mn en funiculaire de Sounzan, 10 mn de bus de Kowakidani et 30 mn de Yumoto.

– ***Odawara*** 小田原 *(plan D1)* ***:*** ville située à environ 20 km à l'est de Hakone, en dehors de la vallée. C'est le point de départ et d'arrivée des trains venus de Tokyo ou de Kyoto. C'est à Odawara, ville-carrefour, que l'on descend du train et que l'on prend un autre petit train ou un bus pour se rendre à Hakone. On n'y séjourne pas (à moins d'être perdu).

– ***Yumoto*** 湯本 ***et Tonosawa*** 塔之澤 *(plan C2)* ***:*** quartiers situés entre Odawara et Hakone, dans le fond de la vallée de la rivière Haya. À 40 mn de bus de Motohakone et de la rive sud du lac Ashi. Ce n'est pas le meilleur des endroits pour séjourner (sauf pour la qualité des sources chaudes naturelles, les *onsen*), car on est assez loin du lac.

Arriver – Quitter

En train

Utile et complet, le site de la *Odakyu Railways* (la société des chemins de fer d'Hakone) : *● hakonenavi.jp/international/en/ ●*

➢ ***De/pour Tokyo :*** depuis la gare de Shinjuku 新宿 (Tokyo), le *Limited Express (Romance Car)* est le plus pratique, car il dessert directement la gare de Hakone-Yumoto en 1h35. C'est le plus cher. Sinon, train express *Odakyu* 小田急 (*● odakyu.jp/english ●*). Départs ttes les 6-20 mn. Durée : env 1h30. Descendre à la ***gare d'Odawara*** 小田原 *(plan D1,* ***1****)*. De celle-ci, prendre le petit train pour la ***gare de Yumoto*** 湯本 (*plan C2,* ***2*** ; 15 mn), puis un bus jusqu'à Motohakone 本箱根 (ligne H ou K ; 35 mn) ou Sengokuhara 仙石原 (ligne T ; 30 mn). Pour rejoindre Gora, changer de train à la gare de Yumoto et poursuivre avec le *Hakone Tozan Train* (Gora est le terminus ; 35-40 mn). Le temps d'attente entre les correspondances n'excède pas 10 mn.

– Autre possibilité depuis Tokyo : prendre la ligne de train Tokaïdo 東海道 *(Tokaïdo Line)*, qui met 1h20-1h30 de la gare de Shinagawa jusqu'à Odawara, où l'on descend, puis prendre soit le bus soit le petit train *(Hakone Tozan Train)*. Départs fréquents. Il y a aussi le train *Tokaïdo Shinkansen Hikari* ou *Kodama* (à grande vitesse) ; compter 35 mn de trajet au départ de la gare de Shinagawa (sud de Tokyo) jusqu'à la gare d'Odawara. Résa obligatoire.

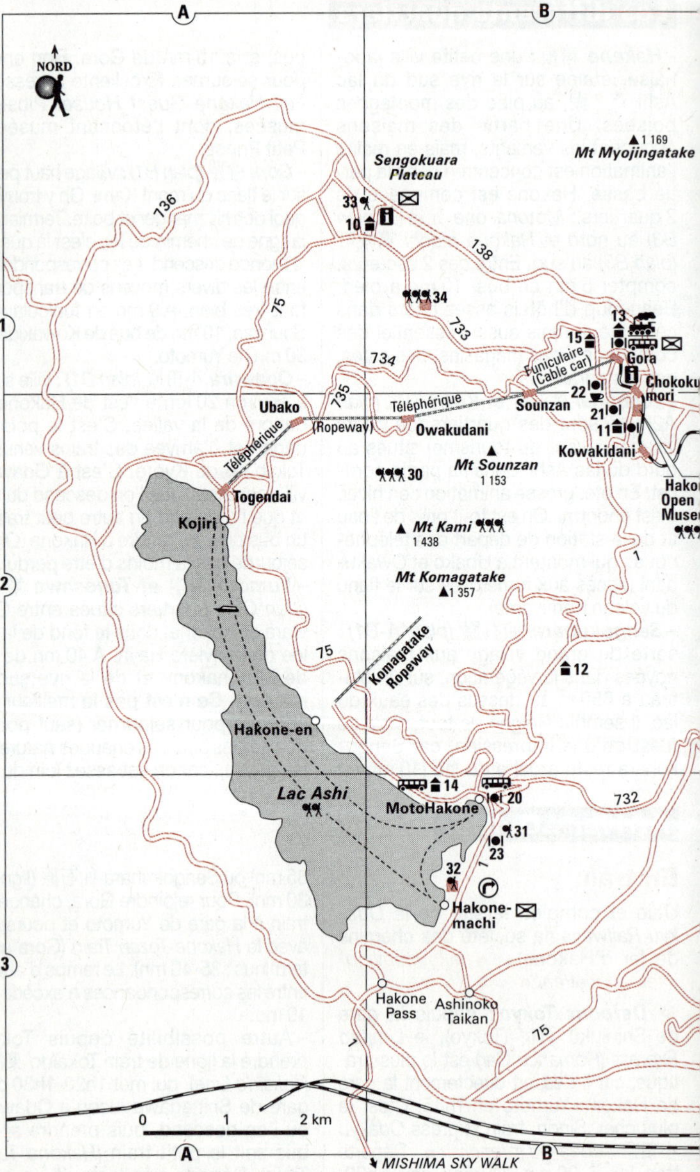

A
B
NORD
GOTEMBA, Mont Fuji
736
Sengokuara Plateau
33
10
138
Mt Myojingatake
1 169
75
34
733
13
15
Gora
Funiculaire (Cable car)
734
735
Ubako
Téléphérique
(Ropeway)
Téléphérique
Owakudani
Sounzan
22
21
11
Chokoku mori
Kowakidani
Togendai
Mt Sounzan
1 153
30
Kojiri
Mt Kami
1 438
Mt Komagatake
1 357
Komagatake Ropeway
75
12
Hakone-en
Lac Ashi
14
MotoHakone
20
732
31
23
32
Hakone-machi
Hakone Pass
Ashinoko Taikan
75
1
0
1
2 km
MISHIMA SKY WALK

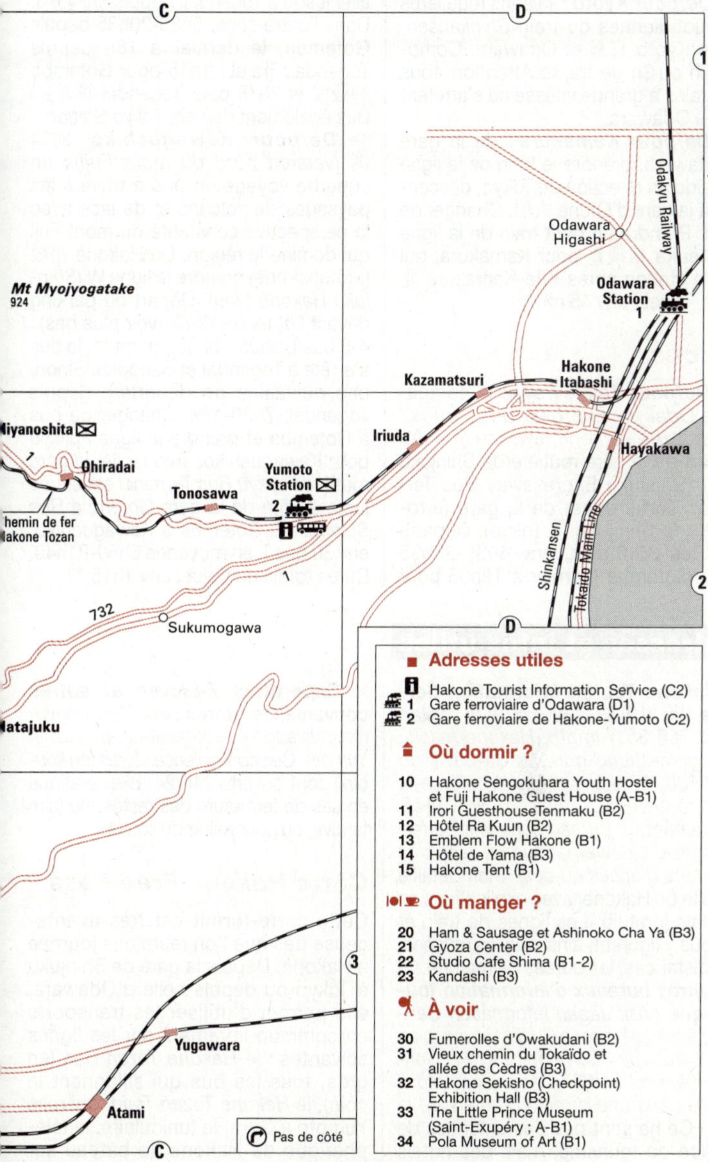

Adresses utiles

- Hakone Tourist Information Service (C2)
- 1 Gare ferroviaire d'Odawara (D1)
- 2 Gare ferroviaire de Hakone-Yumoto (C2)

Où dormir ?

- 10 Hakone Sengokuhara Youth Hostel et Fuji Hakone Guest House (A-B1)
- 11 Irori GuesthouseTenmaku (B2)
- 12 Hôtel Ra Kuun (B2)
- 13 Emblem Flow Hakone (B1)
- 14 Hôtel de Yama (B3)
- 15 Hakone Tent (B1)

Où manger ?

- 20 Ham & Sausage et Ashinoko Cha Ya (B3)
- 21 Gyoza Center (B2)
- 22 Studio Cafe Shima (B1-2)
- 23 Kandashi (B3)

À voir

- 30 Fumerolles d'Owakudani (B2)
- 31 Vieux chemin du Tokaïdo et allée des Cèdres (B3)
- 32 Hakone Sekisho (Checkpoint) Exhibition Hall (B3)
- 33 The Little Prince Museum (Saint-Exupéry ; A-B1)
- 34 Pola Museum of Art (B1)

HAKONE

➢ ***De/pour Kyoto :*** liaisons régulières et quotidiennes du train *Shinkansen,* entre Kyoto 京都 et Odawara. Compter 2h ou 3h de trajet. Attention, tous les trains à grande vitesse ne s'arrêtent pas à Odawara.

➢ ***De/pour Kamakura :*** de la gare d'Odawara, prendre le train de la ligne Tokaïdo en direction de Tokyo, descendre à la gare d'Ofuna 大船. Changer de train. Prendre un petit train de la ligne Yokosuka 横須賀 pour Kamakura, qui est la station après Kita-Kamakura 北鎌倉. Trajet : env 45 mn.

En bus

➢ ***De/pour Tokyo :*** avec la compagnie *Odakyu Express Bus. Infos : • odakyu-hakonehighway.co.jp •* Au départ de la gare routière de Shinjuku 新宿 (Shinjuku Expressway Bus Terminal, sortie ouest de la gare ferroviaire de Shinjuku, à Tokyo). Départs ttes les 30-60 mn, env 6h35-23h35 pour Gotemba (dernier à 19h05 pour aller jusqu'à Togendai) depuis Shinjuku. Dans l'autre sens, 5h35-20h35 depuis Gotemba, le dernier à 18h depuis Togendai. Trajet : 1h45 pour Gotemba 御殿場 et 2h15 pour Togendai 桃源台. Bus également de/vers *Tokyo Station.*

➢ ***De/pour Kawaguchiko*** 河口湖 ***(versant nord du mont Fuji) :*** un superbe voyage en bus à travers les paysages de volcans et de lacs avec la perspective constante du mont Fuji qui domine la région. De Hakone 箱根 (Motohakone) prendre la ligne W *(Shinjuku Hakone Line).* Départ du parking devant l'*hôtel de Yama* (voir plus bas) : 4-5 bus/j. 9h05-15h35. En route, le bus s'arrête à Togendai et Sengoku. Sinon, une quinzaine de départs/j. depuis Togendai, 7h30-18h. Changer de bus à Gotemba et prendre la ligne Fujikyu pour Kawaguchiko. Très facile, la gare routière *Fujikyu Bus Terminal* est située juste à côté de la gare *Gotemba Bus Station.* De Gotemba à Kawaguchiko, env 30 bus/j. en moyenne 6h50-21h40. Durée totale du trajet : env 1h15.

Adresses et infos utiles

ℹ ***Hakone Tourist Information Service*** 箱根町総合観光案内所 *(plan C2) : 706-35 Yumoto, Hakone-machi, Ashigara-shimo-gun. ☎ 85-8911 ou 85-5700. • hakone.or.jp • À côté de la gare routière de Yumoto. Tlj 9h-17h45. Également un bureau dans la gare ferroviaire d'Odawara, situé en face des guichets d'accès au quai.* Plan détaillé du site de Hakone, avec explications en anglais (gratuit). Les lignes de train et de bus y figurent, ainsi que les musées, les distances, les durées de marche.

ℹ ***Autres bureaux d'information touristique*** *(Visit Japan Information Center) : à la Fuji Hakone Guest House (plan A-B1,* ***10*** *; voir « Où dormir ? »), 912 Sengokuhara. ☎ 84-6577. Autres comptoirs d'info dans une dizaine d'hôtels de la ville.* Ce ne sont pas des antennes de l'office de tourisme, mais des hôtels agréés pour délivrer des informations. *Également un petit bureau à 30 m de la gare ferroviaire de Gora (plan B1).*

– Une ***borne automatique de change*** d'argent est disponible à la gare de Gora, et accessible le soir jusqu'à 23h30.

Supérettes 7-Eleven et autres convenience stores : *vous en trouverez plusieurs, à Motohakone, à Gora et Yumoto.* Ces *convenience stores* (ou *konbini*) sont ouverts 24h/24. Bien pratique en cas de fermeture des restos, de faim tardive, ou pour retirer du liquide...

Carte *Hakone Free Pass*

Cette carte-forfait est très avantageuse dès que l'on reste une journée à Hakone. Depuis la gare de Shinjuku à Tokyo ou depuis celle d'Odawara, elle permet d'utiliser les transports en commun librement sur les lignes suivantes : le *Hakone Tozan Bus* (en gros, tous les bus qui sillonnent le coin), le *Hakone Tozan Train,* qui relie Yumoto à Gora, le funiculaire, le téléphérique de Hakone, le bateau sur le lac Ashi. Elle permet aussi d'utiliser les *Odakyu Hakone Highway Bus* (depuis Tokyo) et *Nomazu Tozan Tokai Bus.* On peut bénéficier aussi de petites réductions auprès de la plupart des musées, sites touristiques, restaurants et excursions. En vente aux bureaux de la *Odakyu Line* dans les gares de Shinjuku 新宿 (à Tokyo) et d'Odawara 小田原 (près de Hakone), mais aussi dans tous les guichets automatiques des gares de lignes Odakyu. *Infos : • odakyu.jp/french/passes/hakone/ •*

– ***Tarifs :*** pour 2 j. depuis la gare de Shinjuku (Tokyo), transport en train sur la ligne Odakyu inclus : adulte 5 700 ¥, enfant 1 500 ¥. Au départ d'Odawara : adulte 4 600 ¥, enfant 1 000 ¥. Il existe aussi plusieurs forfaits de 3 jours, dont un incluant la ville de Kamakura, et un autre incluant la zone du mont Fuji.

Où dormir ?

De très bon marché à bon marché (moins de 10 000 ¥ / 83 €)

▲ ***Hakone Sengokuhara Youth Hostel*** 富士箱根ユースホステル *(plan A-B1,* ***10****) : 912 Sengokuhara. ☎ 84-8966. • theyh.com • À 25 mn de Gora (ligne S) et à 10 mn en bus depuis Togendai (lignes T ou W) ; depuis la gare de Yumoto, possibilité de prendre le bus (ligne T ; env 50 mn). Arrêt Senkyoro-mae* 仙郷楼前*. Prendre ensuite la rue qui part entre les 2 arrêts de bus, juste en face d'un petit parking, puis, un peu plus loin, la ruelle sur la gauche, c'est indiqué. Lits en dortoir 3 500-5 000 ¥ ; petit déj en sus. Pas de double.* Au fond d'une impasse tranquille, dans un quartier paisible et vert, à 650 m d'altitude, juste en face de la pension *Fuji Hakone Guest House* (voir plus loin). Il s'agit en fait des mêmes propriétaires, aimables comme tout. Un genre d'auberge de jeunesse tenue avec soin et qui propose uniquement des dortoirs non mixtes de 3 et 4 lits. Ceux qui veulent des chambres privées logeront à la *Fuji Hakone Guest House.* Salles de bains communes à l'intérieur du pavillon ou à l'extérieur, comme pour la pension. Laverie.

▲ ***Hakone Tent*** 箱根ゲストハウス *(plan B1,* ***15****) : 1320-257 Gora. ☎ 83-8021. • hakonetent.com • À 150 m de la gare de Gora. Sortir de la gare par la droite, emprunter le passage souterrain ; continuer 100 m puis prendre la rue à gauche (panneau). Lit en dortoir 3 500 ¥ ; double 9 000 ¥ ; petit déj en sus.* Agréable établissement récent, style auberge de jeunesse. Le hall d'entrée boisé (vieilles poutres qui ont de l'allure), particulièrement chaleureux avec son bar et son resto (3 ou 4 plats chaque jour), donne le ton. Dortoirs de 3 et 5 personnes dont un pour les filles, des chambres japonaises dans le même esprit (2 chambres sont dotées de lits), et 1 appart (max 6 personnes). L'ensemble est soigné, plaisant et aménagé de manière réussie (mélange de béton brut et de bois). Sanitaires communs et cuisine à disposition. Mais le pompon, ce sont les 2 petits *onsen* intérieurs à l'eau sulfureuse (pleine de vertus !) que l'on peut privatiser sans supplément. Un excellent rapport qualité-prix. Fait resto le soir seulement (oh ! rien de très recherché : pizza ou pâtes du jour, et 1 ou 2 plats de viande).

De bon marché à prix moyens (de 6 000 à 15 000 ¥ / 50-125 €)

▲ I●I ***Irori Guesthouse Tenmaku*** 囲炉裏ゲストハウス天幕 *(plan B2,* ***11****) : 1121 Ninotaira, Hakone Machi, Ashigarashimo-gun. ☎ 0460-83-93-48. Tout près, à pied, de l'Open-Air museum. 3 500-4 500 ¥/pers en dortoir (mixte ; 8 places) et 8 500-13 500 ¥ pour une double (style japonais) sans petit déj (style japonais ; ajouter 1 000 ¥) ; chambre familiale.* Petite structure récente, dans l'esprit d'un hôtel traditionnel *(ryokan).* On perçoit d'emblée l'esprit du lieu, en découvrant un bel espace commun en bois clair, à la fois bar – petite carte de sakés, et jolie carte de whiskies japonais – et salon, articulé autour d'un foyer à l'ancienne *(irori),* où est proposé le soir un dîner à partager. Une terrasse prolonge l'ensemble. Plusieurs options côté hébergement en fonction de ses besoins et de son budget. À savoir, le 1er prix des « chambres doubles » correspond en fait à une cabine façon hôtel capsule (ou cabine de dortoir) ; on accède à l'une des deux par une courte échelle. Le bémol : la moyenne insonorisation de l'ensemble, et notamment entre les 2 cabines, qui sont superposées. Pas de petit déj proposé, on le prépare soi-même dans la spacieuse cuisine parfaitement équipée. *Onsen* à proximité. Jeune équipe anglophone et gérante dynamique ! Chouette escale, vous l'aurez compris.

Fuji-Hakone Guest House 富士箱根ゲストハウス *(plan A-B1,* ***10****) : 912 Sengokuhara. ☎ 84-6577. • fujihakone.com • Même adresse que le Hakone Sengokuhara Youth Hostel, mais il s'agit du bâtiment juste en face. Accès : d'Odawara ou Yumoto, bus T, arrêt 250. Doubles 10 000-16 000 ¥, petit déj buffet (occidental) 880 ¥/pers.* Comme à l'auberge de jeunesse, on est accueilli par le charmant couple Takahashi très attentionné, ou par leur fille Lisa qui l'est tout autant. Pionniers dans leur domaine, ils reçoivent avec le sourire les routards du monde entier depuis 1984, plutôt dans l'esprit chambres d'hôtes. Homologué « bureau d'information », M. Takahashi connaît parfaitement sa région et fournit des infos touristiques sur Hakone et un plan détaillé. Chambres de style japonais (avec clim, mais la chaleur estivale n'est pas suffocante à cette altitude), avec salle de bains intérieure (dans la maison) et *onsen* extérieur *(500 ¥)*. 4 petits *onsen* privatifs, intérieurs ou extérieurs, aux eaux volcaniques sulfureuses. Grand salon agréable avec des livres, un piano et une guitare. On trouve plusieurs restos dans le quartier et une supérette *Lawson* ouverte 24h/24. De loin ce qu'il y a de mieux dans le secteur.

Emblem Flow Hakone エンブレムフロー *(plan B1,* ***13****) : 1320-179, Gora. ☎ 83-9120. • emblemflow.com • Juste après l'escalier qui passe sous les rails de la petite gare de Gora. Dortoirs 6-8 lits : 3 400-4 000 ¥/pers. 2 catégories de chambres doubles, dont seule la surface varie... du simple au double ; familiales 4-8 pers.* Récemment rénové, l'ensemble est avenant. Une fois la porte poussée, on tombe sur... une table de ping-pong ; pourquoi pas ! L'hôtel offre différentes gammes d'hébergement, chacun peut donc y trouver son compte. Chambres sobres et lumineuses. Vaste resto-bar (courte carte) longé par de longues baies vitrées. *Onsen* intérieur (sympa, on peut encore l'utiliser après avoir fait le *check out*). Équipe jeune et efficace.

De chic à plus chic (de 15 000 à 35 000 ¥ / 125-292 €)

Hôtel Ra Kuun ホテルラクーン *(plan B2,* ***12****) : 103 Motohakone, Hakone-machi, Ashigarashimo-gun. ☎ 83-6244. • rakuun.com • À 50 mn de bus de la gare d'Odawara ; descendre à l'arrêt Futagochaya, puis 5 mn de marche. De Motohakone (au bord du lac), prendre un taxi ou un bus (10 mn) et descendre sur la route n° 1 à l'arrêt Futagochaya, puis marcher 5 mn dans le sens descendant. Doubles 12 000-23 000 ¥.* Hôtel de taille moyenne et d'un bon rapport qualité-prix, situé sur le versant de la montagne, dominant la plaine et le lac Ashi. Chambres de style japonais – les plus chères – ou occidental et très belle vue – parfois avec balcon – sur le lac. *Onsen* collectif (payant) divisé en 2 parties : une partie abritée et un bassin à l'extérieur en plein air, bordé d'une palissade en bois (délicieux endroit). L'ensemble est tenu au cordeau.

Hôtel de Yama 山のホテル *(plan B3,* ***14****) : 80 Motohakone, Hakone-machi. ☎ 83-6321. • hakone-hoteldeyama.jp/en • ♿ À 10 mn à pied de Motohakone. Doubles 25 000-38 000 ¥, petit déj et dîner compris ; une 3e catégorie de doubles, plus chère.* Situation de rêve pour cette grande demeure à flanc de montagne, surplombant le lac et entourée d'un grand jardin avec au loin la magnifique silhouette du mont Fuji. Ce grand bâtiment blanc coiffé d'un toit rouge cerise qui émerge des arbres abrite près d'une centaine de belles chambres très confortables. Les plus jolies (et les plus chères) ont un petit balcon avec vue sur le lac et le mont Fuji. 2 restos : un japonais traditionnel et un français, le ***Vert Bois*** (plus cher). Musique classique dans les espaces communs. Propose aussi un grand *onsen* couvert (en supplément) avec sauna, fauteuil de massage et vue sur la forêt. Magnifique adresse.

Où manger ?

Attention, le soir ici, on dîne très tôt (service vers 18h-19h), surtout en basse saison. Ne loupez pas le coche !

De bon marché à prix moyens (moins de 3 500 ¥ / 29 €)

À Motohakone

I●I ***Kandachi*** 神立屋 *(plan B3, **23**) : 18-3 Motohakone, Hakone-Machi. ☎ 460-83-9338. Ouv 11h-16h ; fermé mar.* Échoppe de poche, au cadre chaleureux et contemporain. Le moins qu'on puisse dire c'est que le choix est restreint : 2 options possibles seulement. Fraîcheur garantie ! On y mange des nouilles *soba* (au sarrasin) préparées sur place – et coupées à la main ! – accompagnées par du riz gluant cuit à la vapeur au poulet, au maïs, ou tout autre ingrédient du jour, servi dans une sorte de cornet en bambou. À accompagner d'un saké, pourquoi pas, et du dessert du jour pour les becs sucrés. Accueil vraiment charmant.

I●I ***Ham & Sausage*** 腸詰屋 *(plan B3, **20**) : 19, rue principale (à gauche de l'hôtel Musashiya). Tlj sauf mer 10h-17h.* Une sorte d'épicerie-charcuterie *(delicious homemade)* où tout est fait maison. On peut manger sur place différentes variétés de saucisses, saucisson, salami, jambon... le tout préparé avec soin selon la mode allemande mais servi à la manière japonaise. Simple et pas cher.

I●I ***Ashinoko Cha Ya*** 芦ノ湖茶屋 *(Ashinoko Tea House ; plan B3, **20**) : rue principale, sur la gauche en direction de Hakone-machi, à la sortie du village. À l'étage. ☎ 83-6731. Tlj sauf jeu 11h-16h (dernière commande à 15h30). Bon marché.* À 50 m du portique rouge (torii), une grande salle sobre et contemporaine à l'étage, fermée par de longues baies vitrées qui donnent sur le lac ; plats japonais sans prétention mais suffisants. Soupes *miso* au porc, soupes de nouilles aux champignons.

À Gora

I●I ***Gyoza Center*** 餃子センター *(plan B2, **21**) : ☎ 82-3457. À env 600 m de la gare ferroviaire de Gora. En sortant de la gare, suivre la route principale qui longe la voie ferrée. Gyoza Center est dans un virage, sur la droite, une maison solitaire en bois-brique. Tlj sauf jeu 11h30-15h, 17h-19h30.* Ce resto, à l'atmosphère conviviale, mérite l'attention. Beaucoup de bois, de plantes vertes et plein de petites bricoles qui pendouillent du plafond. Long comptoir et tables au rez-de-chaussée ; à l'étage, c'est version japonaise sur tatami (on enlève ses chaussures). Les *gyoza* sont des raviolis d'origine chinoise cuits à l'eau ou grillés, et accommodés très diversement (dans un bouillon avec plein de légumes...). Également des tempuras.

I●I ☕ ***Studio Cafe Shima*** スタジオカフェシマ *(plan B1-2, **22**) : ☎ 82-2749. Sortir de la gare, faire 100 m en passant devant les boutiques ; au niveau du portique marron marqué « Hakone Craft House & Gora Park », tourner à droite, monter la petite rue, c'est la 6e maison, côté droit. Tlj sauf jeu 10h-18h. Bon marché.* On choisit entre 2 ou 3 pâtisseries maison, ou une tartine garnie ou un hot dog pour ceux qui seraient à l'heure salée, pour accompagner café ou thé. Voilà ce que l'on peut trouver dans cette petite boutique hybride plutôt cosy qui fait à la fois studio photo (père et fils sont photographes) et café. Plus adapté à une escale dans la journée que pour vraiment déjeuner. Accueil réservé.

À voir. À faire

➢ ***Une balade d'une journée à Hakone :*** voilà ce que l'on peut voir et faire en une journée sans trop se presser, une sélection, un best of de Hakone. Si l'on est basé à Motohakone 本箱根, prendre un bus *(Hakone Tozan Bus)* pour Kowakidani 小涌谷 *(ligne H)*. À Kowakidani, prendre le train *(Hakone Tozan Train)*, adorable moyen de transport (la gare ferroviaire est à 50 m de l'arrêt de bus). De Gora à Sounzan 早雲山, funiculaire *(cable car)* toutes les 15-30 mn, 7h40-19h05. Billet aller 400 ¥ ; trajet : 10 mn. Puis de Sounzan à Owakudani 大涌谷, monter en téléphérique *(ropeway, départs très fréquents, tlj 9h-17h – 16h15 déc-janv ; durée 10 mn ; 920 ¥ l'aller ; ● hakoneropeway.co.jp/ ●)* jusqu'à cet observatoire qui permet de voir de près le phénomène naturel des fumerolles jaillissant du volcan Kamiyama 神山. Ensuite, reprendre le téléphérique jusqu'à Togendai 湖尻東源台 *(1 140 ¥ ; trajet : 15 mn)* sur la rive nord-est du lac Ashi 芦之湖. S'il fait beau, si le ciel est dégagé, on aperçoit au loin le majestueux mont Fuji au sommet enneigé. De Kojiri-Togendai, revenir à Motohakone en bateau (voir plus bas) est la solution la plus pratique. Si l'on n'est pas pressé, prendre la ligne de bus W (Shinjuku Hakone Line ; 4 bus/j. seulement) qui relie Gotemba à Togendai, et Togendai à l'*hôtel de Yama* (Motohakone) par une petite route de corniche.

Les fumerolles d'Owakudani (Owakudani Hot Springs) 大涌谷 *(plan B2, **30**)* **:** *pour y aller, 2 solutions ; prendre le téléphérique* (ropeway) *depuis la station de Kojiri-Togendai sur la rive nord-est du lac Ashinoko (durée : 15 mn ; billet aller : 1 140 ¥, gratuit avec* Hakone Free Pass*) ; ou y monter depuis Gora (versant nord) en funiculaire jusqu'à Sounzan puis en téléphérique de Sounzan à Owakudani. Certains tronçons du téléphérique peuvent être en maintenance, dans ce cas, le trajet se fait en bus.*

> **ŒUF DE JOUVENCE**
>
> *Dans la vallée d'Owakudani, en surplomb du lac Ashi, on fait bouillir des œufs dans un bassin d'eau volcanique, où soufre et minéraux noircissent la coquille. Ces œufs, une fois noircis et au léger goût soufré, sont ensuite vendus aux alentours. Leur particularité ? Un œuf noir est supposé faire gagner 7 ans de vie ! Alors, tenté ?*

Écriez-vous : *Utsukushi !* « Magnifique ! » Quel beau paysage ! On se retrouve sur les flancs dénudés et rocailleux du volcan Kamiyama, d'où émanent des fumerolles de gaz sulfureux, c'est-à-dire des fumées et des vapeurs de soufre (l'air sent bel et bien le soufre) provenant des entrailles de la terre. Une vision spectaculaire au sein d'une sorte de brousse d'altitude (buissons, petits arbustes) marquée ici et là par de grandes traînées jaunes (la couleur naturelle du soufre) laissées par les jaillissements des fumerolles. Il y a environ 3 000 ans, quand le volcan Kami explosa, le phénomène fut si dévastateur que les Japonais nommèrent cet endroit « l'Enfer » (*Oojigoku* 大地獄), nom qui resta attaché à la montagne jusqu'en 1876. Cette année-là, l'empereur Meiji visita Hakone et il fut décidé qu'il ne verrait pas un site nommé l'enfer : on changea alors de nom, et le lieu devint « Owakudani ».

Sur l'esplanade principale (grand parking, commerces) se regroupent les touristes. Sur le côté gauche, un oratoire dédié à Jizo (divinité des voyageurs et des enfants). Le sentier qui part sur la droite de l'esplanade conduit en 10 mn à *Tamago-Chaya,* une plateforme d'observation, mais attention, il peut être fermé à cause des émanations des gaz toxiques. Quant aux sentiers qui partent dans la montagne, ils le sont en permanence pour les mêmes raisons.

Le mont Kami (Kamiyama) 神山 *(plan B2)* **:** plus haut sommet (1 438 m) de la région de Hakone, ce vieux volcan en sommeil se dresse au-dessus du lac Ashi, dans sa partie est. Son nom, *kamiyama,* signifie « montagne divine »,

LES ENVIRONS DE TOKYO

ou « montagne des esprits divins », ou quelque chose d'approchant. Au Japon, le *kami* désigne l'esprit divin à l'origine de l'univers et des hommes. En réalité, les *kami* seraient en quantité infinie, car la religion shinto en dénombre près de 88 millions ! Pour un Japonais, les « *kami* célestes » ne s'occupent pas des affaires humaines tandis que les « *kami* terrestres » vivent dans le monde avec les hommes et sont présents partout : dans les sites naturels, sous la terre, dans les nuages, dans les champs, les bois, les rivières, les rochers, et surtout dans les montagnes plus près du ciel. Les *kami* peuvent, dans certains cas, s'incarner dans des animaux ou des hommes d'exception. Ils sont généralement bienveillants *(aramitama)* ou parfois méchants et brutaux *(nigimitama)*. Pour les apaiser, il suffit de quelques offrandes ou rites propitiatoires...

Autour du lac Ashi

Le lac Ashi (Ashinoko) 芦ノ湖 *(plan A-B2-3)* **:** un grand lac de cratère volcanique, entouré de montagnes et de volcans dont une grande partie des versants est couverte de forêts protégées. Il mesure environ 20 km de circonférence et sa profondeur maximale atteint 43 m.

➢ ***En bateau :*** *de Motohakone ou Hakone-machi à Togendai, env 12 départs/j. 9h30-16h50 en hte saison (dernier départ vers 15h30-16h40 en basse saison). Durée : 25-30 mn. Billet : env 1 050 ¥ l'aller, 2 000 ¥ l'A/R ; réduc. Les billets s'achètent aux guichets des embarcadères. Il existe 1 billet combiné avec croisière et téléphérique pour 1 350 ¥ ou un pass à la journée pour 3 470 ¥ (tt compris).* 3 bateaux différents (l'un est la reconstitution dans le style kitsch Disneyland d'un galion espagnol, un autre la réplique d'un bateau à aubes...). Cet aspect parc d'attractions ne doit pas vous empêcher de les emprunter. Promenade très agréable, surtout si le ciel est dégagé.

➢ ***En barque :*** *on peut louer une barque aux embarcadères de Motohakone et de Hakone-machi.*

Le vieux chemin du Tokaïdo (Old Tokaïdo Road) 東海道 ***et l'allée des Cèdres*** *(plan B3, 31)* **:** *accès libre.* Un beau vestige – long de 2 km environ – du Tokaïdo, le chemin qui reliait autrefois Edo (actuelle Tokyo) à Kyoto en 53 étapes (voir encadré). Dans le quartier de Motohakone, près du cimetière, un panneau indique un chemin qui passe sous une allée de cèdres. Il longe une route bitumée, enjambe celle-ci par une passerelle avant d'arriver à un autre chemin pavé qui sinue sur le flanc de la montagne : c'est ce qui reste du Tokaïdo. Ce tronçon est très bien conservé. À l'époque médiévale, le passage des montagnes de la région de Hakone au relief très accidenté était devenu si difficile par mauvais temps (chemins boueux et quasi impraticables) que le shogun décida de paver la route et d'établir un poste de contrôle à Hakone (lire plus bas le texte de *Hakone Sekisho*). Pour donner de l'ombre aux voyageurs et éviter l'érosion des sols par les eaux, ce chemin historique est bordé de vieux cèdres tricentenaires (et plus vieux encore) qui peuvent atteindre 30 m de haut, plantés en 1618.

LE TOKAÏDO

C'est le nom de l'ancienne route qui relia Edo (aujourd'hui Tokyo) à Kyoto, la capitale impériale, pendant 4 siècles (du XVe au XIXe s), en passant par Odawara et Hakone. Long de 492 km, ce chemin de pierre longeait la côte pacifique et la mer intérieure. Pour mieux surveiller les déplacements des seigneurs féodaux, le shogun Tokugawa Ieyasu décida, en 1600, d'établir 53 postes de contrôle par lesquels les voyageurs devaient passer sous peine d'être considérés comme clandestins. Aujourd'hui enfoui sous le béton et l'urbanisme, sauf pour quelques tronçons (notamment celui de Hakone), le Tokaïdo est devenu la route « emblématique » du vieux Japon.

Vues sur le mont Fuji : le mont Fuji 富士山 n'étant pas très loin de Hakone à vol d'oiseau, on peut l'apercevoir vers le nord-ouest et l'admirer depuis plusieurs endroits, à condition qu'il fasse beau et que le ciel soit dégagé. En mars-avril, il est encore enneigé mais la visibilité est souvent bonne. En hiver, risque de brumes. En été, le mont perd sa neige, mais il est toujours aussi visible de loin. Il y a d'abord les cabines du téléphérique *(ropeway)* qui suit la pente de la montagne entre Ubako et Owakudani. La 2e option pour admirer le mont Fuji consiste à prendre un des bateaux qui naviguent sur le lac. L'autre endroit est la rive sud du lac Ashi depuis le *Hakone Detached Palace Garden* 恩賜箱根公園パーク, où se trouve un petit observatoire prévu à cet effet. Une passerelle, la *Mishima Sky Walk (hors plan par A-B3)* a été aménagée, à environ 10 km au sud de Hakone-machi, pour offrir un point de vue optimal sur le mont Fuji. Elle mesure 400 m de long mais l'accès n'est pas donné... *(1 100 ¥, réduc ; • mishima-skywalk.jp • ♿).*

Musées

Le site de Hakone et les différents villages environnants abritent une trentaine de musées, jardins, parcs, centres culturels et d'exposition. L'affluence touristique (des Japonais surtout) explique ce nombre important de lieux destinés à fixer la clientèle de passage, en majorité des habitants de Tokyo en week-end ou en vacances.

Hakone Open Air Museum 彫刻の森美術館 *(plan B2)* **:** *☎ 82-1161. • hakone-oam.or.jp • ♿ À env 100 m de l'arrêt ferroviaire Chokokuno-mori (prendre à gauche à la sortie de la gare). Tlj 9h-17h (dernière entrée 16h30). Entrée : 1 600 ¥ ; réduc (entre autres avec le* Fuji Hakone Pass*). Grande boutique.*
Prévoir une après-midi pour profiter de ce splendide musée en plein air et de tous les chefs-d'œuvre merveilleusement mis en valeur dans ce parc où chaque emplacement a été soigneusement choisi, les perspectives savamment étudiées, de la moindre colline aux tracés des allées... tout a été pensé, réfléchi, pour que l'on puisse admirer, se délecter, s'enivrer de ce merveilleux catalogue de l'architecture mondiale. S'étalant sur 70 ha, ***une centaine de sculptures de Maillol, Rodin (le célèbre Balzac !), Bourdelle, Niki de Saint Phalle et sa femme noire ; ou encore Henry Moore, Dubuffet, César...*** On peut admirer ici des œuvres des plus grands sculpteurs, des plus figuratives aux plus abstraites, des œuvres monumentales dans lesquelles on circule aux plus classiques qui décorent avec grâce le parc. N'hésitez pas à vous retourner régulièrement, les sculptures sont des œuvres à découvrir de tous les côtés, et les Japonais ont été particulièrement attentifs à cet aspect. Des sculptures ludiques attendent même les enfants.
Tout au fond, le bâtiment entièrement dédié à ***Picasso*** (décoré de vitraux) et à quelque 300 de ses œuvres les moins connues (des céramiques exceptionnelles et des gouaches épurées), mérite qu'on s'y attarde. Notamment pour la série à l'encre exceptionnelle sur la corrida, qui en dit long sur le talent de dessinateur de Picasso. Quelques peintures, bien sûr.

Pola Museum of Art ポーラ美術館*(plan B1,* ***34****)* **:** *☎ 84-2111. • polamuseum.or.jp • Tlj 9h-17h. Entrée : 1 800 ¥ ; réduc. Audioguide en anglais 400 ¥. Ligne de bus Togendai line depuis Odawara Station et Hakone Yumoto Station.*
Dans un superbe bâtiment tout en verre, se fondant dans la nature, encore un de ces musées dont les Japonais ont le secret, par le choix des œuvres et leur présentation, mais également par le respect qu'ils leur accordent. Les tableaux sont accrochés sur des cimaises de couleurs et la lumière du jour est remplacée par un éclairage savamment distillé. L'occasion d'admirer des œuvres modernes

d'artistes japonais, voisinant avec des impressionnistes (Monet, Degas, Cézanne, Gauguin, Van Gogh...) et des peintres de l'école de Paris, dont certaines toiles moins connues ou tout du moins qui n'ont guère été exposées dans les musées européens. Comme ce très beau Bonnard dans les tons verts en 2 volets, représentant 2 enfants jouant avec une oie, ou bien ces fillettes de Renoir pêchant des moules. Les pointillistes sont également présents avec, entre autres, le très beau *Auxerre, le pont* de Signac. Émouvant *Mère et Enfant à la mer* de la période bleue de Picasso. Toujours du bleu, pour ce *Portrait d'un enfant en bleu* à l'air bien décidé de Soutine. Matisse voisine avec quelques peintres japonais. Et puis encore un superbe petit Van Gogh, lumineux et apaisé, de femmes lavant du linge dans un canal à Arles, d'une facture presque classique. On s'attardera aussi sur la section consacrée à Foujita, surnommé Fou-Fou à Paris dans les années 1920 ! Adorable série des petits métiers du peintre pleine d'humour mais aussi série de petits tableaux « à la manière de » avec Pissarro, Signac, ou encore Rembrandt, Cocteau et tant d'autres. Très bien vu et très amusant.
Ne pas manquer la superbe exposition consacrée à l'art floral des verriers. Les Japonais, passés maîtres dans l'art de l'ikebana, ne pouvaient qu'être sensibles à la production d'artistes tels que Émile Gallé, les frères Daum ou Tiffany dans leur souci de magnifier la nature et les fleurs en particulier sous forme de vases de toute beauté. Expos temporaires régulières. Café, resto et boutique sur place.
Un ***sentier aménagé*** « *Pola Museum Art Nature Trail* » part du musée et offre une balade de 30 mn environ en pleine nature, ponctuée de sculptures et par le chant des oiseaux.

Hakone Sekisho (Checkpoint) Exhibition Hall (Museum of Old Tokaïdo Highway) 箱根関所資料館 *(plan B3, **32**) : ☎ 83-6635. • hakonesekisyo.jp • Tlj 9h-17h (16h30 déc-fév). Entrée : 500 ¥ ; réduc.* Musée organisé autour du site du vieux poste de garde de Hakone *(Hakone Checkpoint* 箱根関所*)* installé en 1619 sur ordre du shogun Tokugawa. Il était destiné à surveiller de près les allées et venues des Japonais (et surtout des samouraïs) sur la route du Tokaïdo. Abandonné en 1819, ruiné par le temps, le poste fut redécouvert en 1965 à l'occasion de fouilles archéologiques. Il s'agit d'une reconstitution fidèle de cet endroit historique. On visite notamment le pavillon des fonctionnaires (collection d'arcs, de fusils et de sabres). Le musée retrace à travers des objets, des plans et des gravures ***l'histoire de ce poste de garde sur le vieux chemin du Tokaïdo.*** Armures de soldats, coffres, pistolets, bouliers, lances, sabres, nacelle en bambou et en osier pour le transport des seigneurs féodaux (les *daimyo*). Un cortège seigneurial composé de 141 petits personnages a été reconstitué dans une vitrine longue d'une dizaine de mètres. Afin d'éviter des troubles et des rébellions dans les fiefs, pour les maintenir sous leur tutelle, les shoguns Tokugawa exigeaient que les seigneurs vivent à Tokyo, loin de leurs familles. Ils ne se déplaçaient que sous escorte et uniquement en cheminant sur le Tokaïdo. Les contrôles y étaient très sévères. Des documents montrent le type de sanctions infligées par la loi aux contrevenants. Les voyageurs illégaux ou clandestins sur le Tokaïdo étaient crucifiés ! Leurs femmes devenaient des esclaves à la tête rasée et étaient données en pâture au premier venu.

The Little Prince Museum (Saint-Exupéry) 星の王子さまミュージアム *(musée du Petit Prince de Saint-Exupéry ; plan A-B1, **33**) : 909 Sengokuhara, Hakone-machi. ☎ 86-3700. • tbs.co.jp/l-prince/en • Quartier de Sengoku, en face de l'arrêt de bus Kawamukai (lignes T ou W depuis Togendai-Kojiri ; ligne S depuis Gora). Tlj sauf 2e mer du mois 9h-18h (dernière entrée à 17h). Entrée : 1 600 ¥ le jour même, 1 400 ¥ à l'avance ; réduc.*
Incroyable, fastueuse et onéreuse ***reconstitution du château et du village de Saint-Maurice-de-Rémens dans l'Ain, berceau de l'écrivain Antoine***

LES ENVIRONS DE TOKYO

de Saint-Exupéry. L'intérieur a été aménagé à l'identique, tel un sanctuaire consacré à cet auteur très populaire au Japon grâce à son succès mondial : *Le Petit Prince.* On peut même voir une reconstitution du fort de Cap Juby et son meublé de Buenos Aires, où l'auteur a vécu. Côté magasins, il y a une rue avec la fleuriste Consuelo (la femme de Saint-Ex), la pharmacie, la librairie Frédéric... Avec ce musée, on quitte le Japon momentanément pour retrouver la province française : dépaysant pour un touriste japonais, un peu moins pour un Français. Quoi qu'il en soit, c'est un musée stupéfiant, un « copier-coller » admirablement réussi. Restaurant français *Le Petit Prince* sur place.

À voir encore : Lalique Museum (consacré à l'œuvre du célèbre bijoutier et verrier de luxe), ***Hakone Town History Museum*** (musée sur l'histoire locale), ***Hakone Museum of Art, Hakone Mononofunosato Art Museum*** (collection d'armures de samouraïs ; on peut même en essayer une). Le ***Wild Grass Garden*** *(Ashinoko Yasoen)* abrite environ un millier de plantes sauvages naturelles de la région du mont Fuji.

Les sources chaudes *(onsen 温泉)* de Hakone

– Les touristes japonais viennent à Hakone non seulement pour profiter de l'environnement exceptionnel (volcans, fumerolles, forêts et lac) et de la proximité du mont Fuji, mais aussi pour se baigner dans les sources chaudes *(onsen).* C'est une eau naturelle sulfureuse, provenant du sous-sol des volcans, et qui jaillit de la terre avant d'être canalisée et de se jeter dans des bassins. Se baigner dans un *onsen* est recommandé par les médecins en raison des vertus thérapeutiques des eaux volcaniques (sur la cicatrisation, les rhumatismes...). Pas besoin de suivre une cure thermale pour s'y adonner. Il suffit de s'y plonger pour le simple plaisir du bain. C'est une des formes les plus raffinées et originales du savoir-vivre japonais, résultat de l'amour des Japonais pour l'eau et les bains.
– Les *onsen* sont de grands bassins collectifs installés dans des salles spéciales (abritées, semi-abritées ou en plein air) dans des bâtiments ou des pavillons contigus aux hôtels (quand on est client, on y est admis dès lors que l'on a une chambre). On en trouve aussi dans des centres publics qui fonctionnent sur le mode des bains thermaux (à l'heure, à la demi-journée, à la journée). Rien à voir avec une piscine sportive : dans un *onsen,* on ne nage pas (c'est d'ailleurs trop petit), on se délasse.
– Les *onsen* les plus agréables sont ceux qui se trouvent en plein air près des rivières et des cours d'eau, entourés de rochers et de végétation. Le meilleur moment reste la nuit, sous les étoiles. Se baigner au printemps est une expérience unique : dehors il fait frais, et on se détend dans une eau à la température oscillant entre 30 et 45 °C ! On vous le rappelle, on se baigne nu (et lavé), hommes et femmes séparés ; certains *onsen* sont mixtes, mais c'est rare ; ne rêvons pas. Qui n'a pas connu le plaisir de l'*onsen* ne connaît pas le Japon !
– On recense une grande variété d'*onsen* autour de Hakone, du plus simple au plus luxueux. Jusqu'à l'ère Meiji, on ne comptait que 7 sources chaudes *(Hakone 7 Toh),* mais avec l'avènement du tourisme moderne au XXe s, une dizaine de nouvelles sources ont été aménagées. Aujourd'hui, c'est à Yumoto *(plan C2)*, Sengokuhara *(plan A-B1)* et Gora *(plan B1)* que les sources d'eau chaude naturelle ouvertes au public sont les plus nombreuses. Mais on en trouve aussi ailleurs. De nombreux hôtels proposent des *onsen* au sein de leur établissement *(1 000-1 500 ¥),* souvent ouvert à tous. Les informations sur les conditions et les prix sont disponibles auprès de l'office de tourisme ou sur Internet (version anglaise) ● *onsenjapan.net* ● Voir aussi le site ● *secret-japan.com/onsen/location/japan* ●

LE MONT FUJI 富士山 ET LA RÉGION DES CINQ LACS 富士山五湖

• Carte *p. 293*

Avec son élégante silhouette conique presque parfaite, son sommet enneigé (même en été), ses versants réguliers, le mont Fuji se dresse au-dessus des plaines industrialisées, des lacs aux eaux claires, des champs et des forêts, il s'élève au-dessus des villages, des villes et des hommes, comme s'il cherchait à se détacher de la réalité terrestre, pour dire : « Aimez-moi, mais respectez-moi. » Ce n'est pas un hasard si les Japonais ne l'appellent pas le Fujiyama (c'est une erreur d'Occidental) mais Fuji-san, c'est-à-dire mont Fuji – mais on le surnomme aussi « Monsieur Fuji » – tellement ce volcan exceptionnel suscite l'admiration. Il culmine à 3 776 m, ce qui en fait la plus haute montagne du Japon. Assez proche de la mer, il monte si haut que son sommet se retrouve souvent dans les brumes et les nuages. C'est par une belle journée de printemps, sous le ciel bleu, qu'il apparaît le plus nettement, mais c'est en été, et seulement pendant 2 mois, que l'on peut caresser son sommet. Durant ces 2 saisons, la vue sur le mont Fuji est réputée plus belle depuis le lac Shoji, tandis que le lac Yamanaka est à préférer en automne et en hiver.

UN PEU D'HISTOIRE

Le nom de Fuji viendrait d'un mot d'origine ainou (voir plus loin rubrique « Population ») adapté au japonais. Il serait associé à une divinité du Feu. En langue ainou, Fuchi est en effet le nom de la déesse du Feu. Au fil de sa longue histoire, le mont Fuji a été nommé de 16 manières différentes, preuve de son importance dans la vie du Japon. La naissance de ce grand volcan se perd dans la nuit des temps, remontant à l'ère glaciaire (il y a près de 600 000 ans). Selon les scientifiques, il aurait pris sa forme actuelle il y a 300 000 ans environ et serait entré en éruption 18 fois. La 1re éruption s'est produite en l'an 864. Lors de la dernière, qui eut lieu en 1707, un petit cratère est apparu (appelé « Hoei »). Au fil des éruptions, les cendres et les laves du Fuji-san ont recouvert les 2 volcans voisins.

En 1860, l'ambassadeur de Grande-Bretagne, sir Rutherford Alcock, est le 1er Occidental à atteindre le sommet. Jusqu'à la restauration de l'ère Meiji (1868), l'ascension reste interdite aux femmes, comme au mont Koya (Koyasan). Aujourd'hui, le mont Fuji ressemble à un volcan endormi. Ce n'est qu'une impression car ce « stratovolcan » n'est pas tout à fait éteint. Même si les risques d'éruption apparaissent faibles, ils ne sont pas nuls. Le mont Fuji est sous surveillance constante.

UNE MONTAGNE SACRÉE

On sait que le mont Fuji est aimé et vénéré par les Japonais depuis le VIIe s, comme l'atteste la chronique ancienne de *Man'yôshu.* En l'an 663, un moine anonyme y serait déjà monté. Cette haute montagne suscite autant l'admiration que l'effroi. Les Japonais l'admirent mais la craignent, l'aiment mais la redoutent. De même que les Grecs avaient leur mont Olympe, demeure de Zeus, les Japonais ont bel et bien ici leur montagne sacrée, toujours en service, non loin de Tokyo, la plus grande ville du monde. Pour les adeptes du shinto

par exemple, le sommet du mont serait habité par des *kami* (divinités), comme Fuji-Hime et Sakuya-Hime (appelé aussi Sengen Myojin). Ils y habiteraient et gouverneraient le monde visible et invisible. Les *kami* du mont Fuji veillent aussi sur la floraison des cerisiers, arbres vénérés des Japonais. L'affection pour ce volcan devient de l'adoration.
Fondée en 1948 par Hasegawa Teruhiro (1904-1962), la secte shinto du Fuji-kô réunit des adorateurs du mont Fuji. Aujourd'hui encore, des groupes de fervents pèlerins entreprennent l'ascension jusqu'au sommet, rappelant aux hordes de touristes que ce lieu n'est pas profane. Ils veillent sur le puissant volcan, considérant que les *kami* ne doivent pas être dérangés par l'agitation humaine. En été pourtant, c'est parfois la bousculade au sommet, ce qui peut décevoir certains grimpeurs. Mais les *kami* aiment le silence et le secret. En juillet-août, ils prennent sans doute leurs vacances et doivent se retirer momentanément dans les entrailles du volcan pour éviter la cohue des visiteurs.

Symbole du Japon

Le mont Fuji est donc l'emblème de l'archipel, l'icône du Japon, une image simple et forte qui parle d'elle-même. Pour les Japonais, c'est « la montagne » par excellence. Pour le monde entier, il symbolise le Japon, mieux que n'importe quel temple ou sanctuaire. Si le Fuji-san révèle l'histoire et la géographie du Japon, il appartient aussi au Patrimoine de l'humanité, c'est un volcan-citoyen du monde. Il pourrait être le chef de file de cette grande famille volcanique planétaire, qui forme la « ceinture de feu du Pacifique », de Manille à la Patagonie en passant par Hawaii, le Mexique et la cordillère des Andes.

Arriver – Quitter

Liaisons avec Tokyo

En bus

À *Kawaguchiko* et à *Fujiyoshida*, les gares routières se trouvent juste devant les gares ferroviaires.

➢ ***De/vers Tokyo :*** penser à prendre un billet aller-retour car les bus au retour sont souvent pleins (surtout le week-end et en été).

– ***De la gare routière de Shinjuku à Kawaguchiko*** 河口湖 **:** à Tokyo, le Shinjuku Bus Terminal 新宿駅バスターミナル se trouve sur le côté ouest du building Yasuda Seimei, à 2 mn de marche de la sortie ouest de la gare JR Shinjuku. Bus Fuji Kyûkô et Keio (● highway-buses.jp ●). Une vingtaine de départs/j. 6h05-22h25. Bus également pour ***Fujiyoshida*** 富士吉田. Durée : 1h45.

➢ ***De la gare de Tokyo Station à Kawaguchiko*** 河口湖 **:** bus Fuji Kyuko. Une vingtaine de départs/j. 6h20-21h20 (sortie *Yaesu South* jusqu'à 10h20 puis sortie Tekko Building à partir de 11h20). Durée : 2h.

– ***De la gare routière de Shinjuku à la 5e station du mont Fuji*** *(Kawaguchiko – Yoshida-guchi* 河口湖吉田口*)* **:** on peut rejoindre directement la 5e station du mont Fuji (la plus fréquentée) en prenant les bus des lignes Keio et Fujikyû. *Résas : Fujikyu Bus (● bus-en.fujikyu.co.jp ●) et Keio (● highway-buses.jp ●). Billets : env 2 900 ¥. Compter 2h35.* On peut aussi réserver auprès des agences de voyages.

En train

➢ ***De Tokyo*** *(gare de Shinjuku)* ***pour Fujiyoshida*** 富士吉田 ***(Fujisan station) et Kawaguchiko*** 河口湖 **:** trains Fujikyu *(ligne Chûô),* avec changement à Otsuki (durée : 1h15-1h50). Ensuite il faut prendre le petit train *(ligne Fuji Kyûkô)* qui relie Otsuki à Kawaguchiko (terminus de la ligne) en faisant une halte dans les 4 différentes stations qui desservent Fujiyoshida ; Fujiyoshida est située à 3 km de Kawaguchiko (durée : env 35 mn). Avec la ligne JR Rapid Holiday Train (de Chuo Line) pdt l'été seulement sam-dim : durée env 2h30. Les trains passent à Otsuki et continuent jusqu'à Kawaguchi-ko (ville).

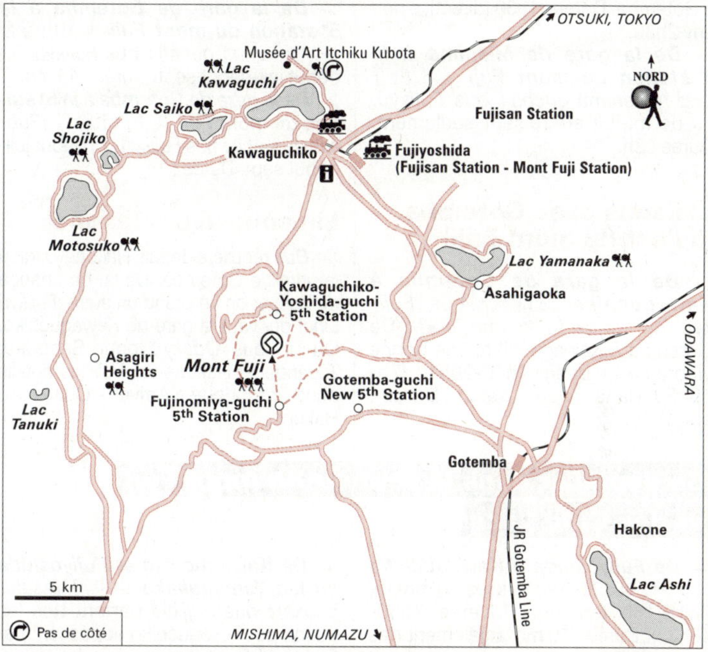

LE MONT FUJI ET LA RÉGION DES CINQ LACS

Liaisons avec Kyoto

➢ ***De Kyoto à Mishima ou à la gare Shin-Fuji :*** trains plus fréquents pour Mishima que pour Shin-Fuji.
Prendre le train à grande vitesse *Shinkansen*, descendre à Mishima ou à Shin-Fuji 新富士. De là, bus pour Kawaguchiko station. Cette solution évite de passer par Tokyo. On gagne du temps. La route en bus est superbe, très urbanisée au départ, plus naturelle à la fin.

Liaisons avec le versant sud (gares de Fuji, Fujinomiya et Mishima)

Attention la plupart de ces bus ne fonctionnent pas en hiver, mais seulement au printemps ou en été.

➢ ***De la gare de Shin-Fuji à Kawaguchiko*** 河口湖 *(via la gare de Fujinomiya)* ***:*** bus *Fujikyû* ; 4 liaisons quotidiennes. Durée : 1h55. Intéressant pour ceux qui viennent de Kyoto à bord du train *Shinkansen*. On descend à Shin-Fuji d'où un bus monte jusqu'au secteur du mont Fuji.

➢ ***De la gare de Shin-Fuji à la 5e station du mont Fuji*** *(Fujinomiyaguchi trail)* ***:*** bus *Fujikyû*. Tlj de mi-juil au 10 sept seulement. Durée : 2h15.

➢ ***De la gare de Shin-Fuji au lac Motosuko*** 本栖湖 ***:*** bus *Fujikyû*. Durée : 1h20.

➢ ***De la gare de Fuji*** *(Fuji Station)* ***jusqu'à la 5e station du mont Fuji*** 富士山五合目 *(Fuji Subaru Line)* ***:*** bus *Fujikyû (Fujinomiyaguchi trail)*. Tlj de mi-juil au 10 sept seulement. Durée : 2h10.

➢ ***De la gare de Fujinomiya à la 5e station du mont Fuji*** 富士山五合目 *(Fujinomiyaguchi trail)* ***:*** bus *Fujikyû*. Tlj de mi-juil au 10 sept seulement. Durée : 1h40.

➢ ***De la gare de Mishima à Kawaguchiko*** 河口湖 ***:*** une dizaine de bus *Fujikyû*/j., directs ou avec changement à Gotemba. Durée : 1h30 (direct), sinon env 2h30.

➢ ***De la gare de Mishima à la 5e station du mont Fuji*** 富士山五合目 *(Mishima-guchi)* **:** bus *Fujikyû*. Tlj de mi-juil au 10 sept seulement. Durée : 2h.

Liaisons avec Gotemba (à l'est du mont Fuji)

➢ ***De la gare de Gotemba à Kawaguchiko*** 河口湖 **:** bus *Fujikyû* (● *bus-en.fujikyu.co.jp* ●). De Gotemba à Kawaguchiko, une bonne vingtaine de bus/j. 7h40-20h10 (7h-19h30 dans l'autre sens). Durée : env 1h15.

➢ ***De la gare de Gotemba à la 5e station du mont Fuji*** 富士山五合目 *(Gotemba-guchi)* **:** bus *Fujikyû*. Tlj début juil-début sept. Durée : 40 mn.

➢ ***De la gare de Gotemba à la 5e station du mont Fuji*** 富士山五合目 *(Subashiri-guchi)* **:** bus *Fujikyû*. Tlj début juil-début sept. Durée : 1h.

Liaisons avec Hakone

➢ ***Bus*** réguliers depuis Hakone jusqu'à la gare de Gotemba. De là, on change de bus, et on en prend un autre *(Fujikyû Line)* qui va à la gare de Kawaguchiko. Ou un bus *Odakyu* pour Sengoku, Togendai et Hakone-en. Voir les détails dans la rubrique « Arriver – Quitter » à Hakone.

Se déplacer dans le secteur du mont Fuji et des Cinq Lacs

➢ ***De Fujiyoshida à Kawaguchiko*** 河口湖 **:** bus *Fujikyû* ttes les 20 mn-1h, 7h15-18h (en sens inverse 7h50-18h33). Durée : 10 mn. Également des trains.

➢ ***De Fujiyoshida (Mount Fuji Station) et Kawaguchiko à la 5e station du mont Fuji*** 富士山五合目 *(Kawaguchiko-guchi)* **:** min 4 bus *Fujikyû*/j. hors saison, et ttes les 30 mn en hte saison, 8h40-14h50 (10h40-16h20 dans l'autre sens). Un bus supplémentaire au mois de septembre, à 16h40 depuis Fujiyoshida et à 17h50 depuis la 5e station. Ils partent de la gare de Fujiyosida et passent par Kawaguchiko avant de rejoindre la 5e station. En hiver, départs selon conditions météo. Trajet : 1h depuis Fujiyoshida.

➢ ***De Kawaguchiko au lac Saiko*** 西湖 **:** env 15 bus *Fujikyû*/j. Durée : 30 mn.

➢ ***De Kawaguchiko et Fujiyoshida au lac Yamanakako*** 山中湖 *(Asahigaoka)* **:** bus *Fujikyû* partent ttes les 30 mn de Kawaguchiko et passent par Fujiyoshida avant de rejoindre le lac. Durée : 40 mn depuis Kawaguchiko.

➢ ***De Fujiyoshida (Mount Fuji Station) et Kawaguchiko au lac Motosuko*** 本栖湖 **:** une dizaine de bus *Fujikyû*/j. (un peu plus depuis Kawaguchiko). Durée : 55 mn depuis Fujiyoshida.

– Au départ de ***Kawaguchiko***, il existe 3 lignes *Sightseeing Bus* : la *Red Line* dessert les abords du lac Kawaguchi ; la *Green Line* longe la rive sud du lac Kawaguchi puis fait le tour du lac Saiko ; la *Blue Line* rejoint les lacs Shojiko et Motosuko. *Compter 1 500 ¥ le pass valable 2 j. sur les 3 lignes, réduc ; d'autres pass existent.*

Adresses et infos utiles

– Penser à avoir de l'argent liquide sur soi, peu d'établissements acceptent les cartes de paiement européennes (retraits aisés sur place).

– ***Site internet :*** ● *japan.travel/fr* ●

🛈 ***Fujinomiya City Information Office :*** *à la gare ferroviaire (trains JR) de Fujinomiya.* ☎ *(0555) 27-5240. Lun-ven 9h-17h, w-e et j. fériés 9h30-16h.*

🛈 ***Bureau d'information de la gare de Shin-Fuji*** (Shinkansen) **:** ☎ *(0545)*

64-2430. Tlj 9h-17h30. On peut également se procurer des vélos (gratuits) selon disponibilités, juste au niveau du bureau d'information. Consigne à bagages à côté.

FUJIYOSHIDA 富士吉田 *(48 600 hab. ; ind. tél. : 05)*

Ville étendue au pied du mont Fuji, côté nord, elle peut servir de camp de base avant de monter vers le sommet du mont Fuji. Elle s'est développée autour du sanctuaire shinto du *Kitaguchi Hongu Fuji Sengen Jinja.* C'est de là que les pèlerins s'élancèrent pendant 400 ans à l'assaut du mont Fuji. Longtemps, elle fut la capitale du textile régional (surtout la soie). Pas de grosse usine, mais près de 350 petits ateliers abrités dans les maisons particulières (employant plus de 2 000 personnes) assuraient environ 70 % de la production de la cravate de bonne facture ! La qualité de l'eau de la montagne, permettant de bien valoriser les couleurs, aurait aussi été à l'origine de cette expansion. Aujourd'hui, ce mode de production est en fort déclin. Le centre-ville n'a guère évolué depuis la dernière guerre.
Boutiques un peu hors du temps, d'autres abandonnées... tandis que parallèlement la municipalité soutient une politique de revitalisation : de vieilles maisons sont restaurées et abritent à nouveau quelques ateliers textiles, mais aussi des restos, cafés et magasins dans l'air du temps (quartier Nishiura – station Shimoyoshida ou Gekkouji). Curieux mélange ! En tout cas, de bien des endroits dégagés de la ville, le mont Fuji s'offre magnifiquement à la vue de tous.

Un peu d'histoire

De Fujiyoshida débutait la voie historique du mont Fuji, populaire lieu de pèlerinage pour ceux qui pensaient que Dieu résidait à son sommet. À la fin du XVIe s, le village situé vers l'est dut cependant déménager à l'actuel emplacement de la ville à cause des trop nombreuses avalanches. Il abrita de nombreux refuges et auberges de pèlerins, appelées *Oshi Houses.* En 1814, on en dénombrait 86. Aujourd'hui, il n'en subsiste qu'une douzaine, dont peu encore en activité. Désormais, de nombreux randonneurs commencent l'ascension à la 5e station... Cependant, ne pas manquer de visiter la *Togawa Oshi House,* l'une des plus fascinantes *oshi...* (lire la rubrique « À voir »).

Fêtes et festivals

– Avril : ***fête de Fujizakura,*** les cerisiers du Fuji en fleur.
– 1er juillet : fête de l'ouverture des randonnées du mont Fuji.
– Les 26 et 27 août s'y déroule le ***festival du Feu,*** grande cérémonie du *Himatsuri.* Processions au cours desquelles d'immenses torches éclairent les rues.
– Fin avril : le ***Yabusame,*** concours de tir à l'arc à cheval.
– 1er w-e d'octobre : ***Hataorimachi festival*** (« Hata-fes »). • *hatafes.jp* • Grand marché contemporain (tissus au mètre, créations textiles, brocantes, ateliers...), concerts, événements dans chacune des usines textiles, auxquelles on accède grâce à une tournée, en bus...
– Fin octobre-début novembre : ***fête des Érables.***

Adresse utile

ℹ *Fujiyoshida Tourist Information Service* 富士吉田市観光案内所 ***:*** *2-3-6 Kami-yoshida.* ☎ *(0555) 22-7000.* • *fujiyoshida.net* • *Juste à côté de la gare de Fujisan Station. Tlj 9h-17h (18h juil-août). Congés : 29 déc-3 janv.* Plans, brochures, expo de la production locale d'artisanat et de textile.

Où dormir ?

De très bon marché à bon marché (moins de 10 000 ¥ / 83 €)

Mt Fuji Hostel Michael's マウント富士ホステルマイカルズ *: 3-21-37 Shimoyoshida. ☎ (0555) 72-9139. • mtfujihostel.com • À 15 mn à pied de la gare de Fujisan. Ouv tte l'année. Résa possible par* Hostelworld *également. Lit en dortoir 3 000 ¥ ; doubles 7 200-7 600 ¥ ; pas de petit déj.* Une auberge de jeunesse de poche méticuleusement tenue par un couple américano-japonais. 2 dortoirs mixtes de 10 personnes, avec lits superposés. 2 chambres à la japonaise (pas de fenêtre donnant directement sur l'extérieur) pour 1 à 4 personnes et 2 chambres à l'européenne pour 1 ou 2 personnes (lits superposés ou lit double). Sanitaires communs. Laverie et séchage, *lockers* individuels, coin avec frigo et micro-ondes pour préparer le petit déj. Bémol : manque d'espace en général, et d'un espace commun en particulier. Petite terrasse (avec vue sur le Fuji). Plein d'infos, mais on s'en doutait bien un peu. Location de vélos.

Hostel Saruya ホステルアンドサロン Saruya *: 3-6-26 Shimoyoshida. ☎ (0555) 75-2214. • saruya-hostel.com • À 7 mn à pied de la station Shimoyoshida, 20 mn de la gare de Fujisan. Ouv tte l'année. Lit en dortoir mixte 4 places 3 600 ¥ ; double env 9 000 ¥ ; chambres familiales. On prépare son petit déj, ou on opte pour du granola maison.* Waouh : quelle bonne surprise d'arriver ici ! Sobre, contemporain et raffiné. *Guesthouse* de style japonais aménagée dans une vénérable demeure de 90 ans, et dans la maison quasi mitoyenne. L'ensemble est joliment rénové ; le jeune propriétaire, également designer, a fait les Beaux-Arts, ça aide ; en France d'ailleurs : sympa de pouvoir communiquer. Légères couvertures en lin tissé dans la ville (lire plus bas, la rubrique « Achats »), tisanes locales, tout comme savon et shampoing. Les doubles, également de style japonais, se trouvent dans un bâtiment mitoyen. Personnel accueillant. Salle commune avec cuisine équipée, agréable pour se poser. Location de vélos. Le propriétaire a retapé une vieille maison à quelques pas de là qui accueille désormais des artistes en résidence. Peut-être seront-ils dispo pour échanger avec vous ? Un coup de cœur.

Maisan Chi Guest House まいさんち *: 4-6-46 Shimoyoshida. ☎ (0555) 24-5328. • maisan-chi.com • À env 10 mn à pied de la gare de Fujisan. Congés : fin déc-janv. Lit en dortoir 3 300 ¥ ; doubles env 8 000-9 000 ¥ ; petit déj en sus. CB refusées.* Demeure ancienne aux cloisons de papier. Dortoir mixte pour 4 personnes avec lits superposés et une double de style japonais. Très propre. Sanitaires communs. Cuisine à disposition. Laverie et séchage. Consigne payante. Bon accueil anglophone. Location de vélos.

Fujiyoshida Youth Hostel 富士吉田ユースホステル *: 3-6-51 Shimoyoshida. ☎ (0555) 22-0533. • jyh.or.jp • À 7 mn à pied de la station Shimoyoshida, 20 mn de la gare de Fujiyoshida. Congés : de mi-déc à début mars. Lits en dortoir 3 200-3 800 ¥ ; doubles 7 000-9 000 ¥ ; pas de petit déj. Membre du réseau* HI. Dans une ruelle, 50 m en retrait de la rue principale. Situé dans ce « vieux » centre-ville un poil déglingué. Demeure traditionnelle à l'intérieur assez rustique, mais c'est bien tenu (attention à l'escalier, bien raide !). Patron accueillant. 6 chambres ou minidortoirs, sanitaires communs (avec petit jacuzzi). Pas d'espace à partager. Lave-linge, frigo, micro-ondes et thermos eau chaude.

De prix moyens à chic (de 10 000 à 25 000 ¥ / 83-208 €)

Hôtel Tatsugaoka 竜ヶ丘 *: 3-6-10 Shimoyoshida. ☎ (0555) 22-2323. • tatsugaoka.jp • À 10 mn à pied de la station Fujikyu-Highland,*

20 mn depuis Fujisan. Doubles env 13 000-19 000 ¥, petit déj inclus. Le soir, menu à prix moyens. Hôtel de style contemporain à taille humaine, avec un beau jardin. Chambres d'excellent confort et spacieuses, clim, TV, frigo. Style européen ou japonais. *Onsen (750 ¥)* particulièrement agréable. Vue sur le Fuji, ça va de soi ! Bon resto *Yakiniku* ouvert aux non-résidents *(11h30-14h, 17h-22h).*

Où dormir dans les environs ?

Au lac Yamanaka 山中湖, on trouve quelques pensions à prix modérés et une auberge de jeunesse à petits prix : ***Yamanakakohan-so Seikei*** *(☎ (0555) 62-0020).*

Pension Montelac ペンションとコテージモンテラック *: 2552 Hirano, Yamanakako-mura, Minamitsuru-Gun,* ***Yamanakako.*** *☎ (0555) 62-4418. ● mountfuji.jp ● Bus direct de la JR Tokyo Station à la gare routière de Yamanakako (6 bus/j. 7h50-18h50 ; durée : 2h20). Sur le versant nord du lac Yamanakako ; l'adresse étant assez isolée, le propriétaire peut venir chercher ses hôtes à la gare routière la plus proche. Double env 13 000 ¥. Petit déj 800 ¥. Dîner env 3 000 ¥.* Voilà une remarquable pension familiale tenue par un chaleureux Japonais francophone... rare dans la région ! Accueil formidable, grand sens du service, courtoisie. Excellente adresse avec des chambres confortables (style occidental) et calmes, profitant d'une vue superbe sur le lac et, au loin, le mont Fuji. Salle de bains commune. Petit déj sain et frais. Cuisine occidentale.

Où manger ?

De bon marché à prix moyens (moins de 3 500 ¥ / 29 €)

Yoshinoike Onsen 葭之池温泉 *: Shimo Yoshida 6698. ☎ (0555) 22-3362. Yoshiikeonsen Station, ou à 30 mn de marche de Fujisan Station. Tlj au déj seulement.* Située dans un coin campagnard, une auberge à l'ancienne, cadre en bois blanc, tables basses et clientèle locale (vieilles dames rigolotes). Bonne cuisine servie généreusement. Spécialité d'*udon.* Populaire *onsen,* également avec eau chaude thermale *(compter 600-1 200 ¥ en journée selon durée, 800 ¥ 17h-21h).*

Sakigake 魁 *: 2-20-1 Kamiyoshida. ☎ (0555) 24-0223. Tlj 17h-minuit. Prix moyens.* Dans une chaleureuse demeure traditionnelle. Au rez-de-chaussée, comptoir et tables basses. Au 1er étage, plus cossu. Fine cuisine à prix raisonnables. Jolie présentation des mets. Spécialité de *yoshida fried udon* et de carpaccio de cheval. Accueil au diapason.

Où prendre un bon *tea time* ?

Café Gekko 月江カフェ *: 3-12-11 Shimoyoshida. ☎ (055) 28-7277. Ouv ven-lun 12h-18h.* La vieille maison en bois retapée avec famille et amis s'est muée en un café de poche intimiste. L'aimable propriétaire – malheureusement pas anglophone – propose du café bio ou toute autre boisson, à accompagner de croquants petits sablés, ou de l'un des gâteaux maison qui s'offrent à vous derrière la vitrine. Plaids sur les chaises dépareillées en hiver, tandis que le vieux poêle en fonte remplit son office. Tout autour, bibelots, livres et magazines... On a l'impression d'être invité chez quelqu'un. Quelques petites choses à vendre (cosmétiques naturels, *tenugui,* cartes postales...) soigneusement disposées. Un endroit qui a un petit supplément d'âme.

– Voir aussi, dans « Achats », le ***Café Market The Dearground.***

Achats

Tenjin Factory 天神工場 *: 7-29-2 Shimoyoshida. ☎ (055) 22-1860. • tenjin-factory.com •* M. Kobayashi appartient à la 3e génération familiale aux commandes de cet atelier artisanal de tissage de lin ; du lin importé de France et de Belgique (pas de production au Japon) qu'il tisse de façon à fabriquer draps, couvertures, rideaux, serviettes, sacs... Finitions à la main. Ce n'est pas donné, mais la qualité, la pérennité de ce savoir-faire et de ces petites structures est à ce prix.

Café Market The Dearground : *6-18-46 Shimoyoshida. ☎ (055) 73-8845. Ouv ven-lun 11h-19h. À 10 bonnes mn de marche de Fuji Station vers le nord-est.* Étonnant de découvrir ici cette adresse dans l'air du temps. Au 1er étage, baigné de lumière et offrant une vue dégagée, une longue et large table en bois escortée de ses chaises de bistrot attend ses hôtes ; un scone, des cookies ou un gâteau accompagnent un paisible *tea time.* Autour, quelques jolis objets à vendre, neufs ou chinés. Un étage plus haut, la collection de vêtements, principalement en lin, de 2 marques locales *Oldman's Tailor* et *R&D.M.Co,* pour hommes et pour femmes.

À voir

Il existe un billet jumelé pour la visite de *Togawa Oshi House* et du *Fujisan museum,* ainsi qu'un autre billet combiné incluant également la visite du *Radar Dome building.* Attention, ***ces 3 musées sont fermés le mardi*** (sauf en juillet-août pour le *Fujisan Museum*).

Togawa Oshi House 旧外川家住宅 *: 3-14-8 Kamiyoshida. ☎ (0555) 22-1101. À 5 mn à pied de la gare de Fujiyoshida (Fujisan Station). Tlj, sauf mar et 28 déc-3 janv, 9h30-17h (dernière entrée à 16h30). Entrée : 100 ¥ ; réduc.* Cette *oshi* date de 1768, l'auberge elle-même de 1860. Visite d'une dizaine de pièces dont la plus importante, la Goshinzen, la salle de prière des Doja (pèlerins). On y honore la mémoire de Jikigyo-Miroku, un saint prédicateur mort en 1733 entre la 7e et la 8e station, alors qu'il jeûnait en même temps (pas prudent !). Nombreux objets et souvenirs de pèlerinage comme les *gyoi,* vêtements que portaient les pèlerins (blancs comme les habits de funérailles). On y imprimait souvent des figures du Bouddha. Témoignages sur les *Goriki,* ces « sherpas » locaux qui portaient les bagages et équipements des pèlerins, la nourriture, les vêtements de rechange, *dotera* (kimono), *waraji* (chaussures de montée faites en paille), etc.

Fujisan Museum (musée d'Histoire locale) 富士山ミュージアム *: 27-1 Kamiyoshida-Higashi 27 chome. ☎ (0555) 24-2411. • fy-museum.jp • À 15 mn en bus depuis Fujisan Station, arrêt Sun Park Fuji, puis 1 mn à pied. Tlj, sauf mar (ouv tlj juil-août) et quelques jours autour du Nouvel An, 9h30-17h (dernière entrée à 16h30). Entrée : 400 ¥ ; réduc. Possibilité de billet groupé avec la maison Togawa et le musée du Radar. Audioguide en anglais.*

Il présente l'histoire de la ville et du pèlerinage, toute la saga du mont Fuji, ainsi que la riche production textile de la ville qui fit sa renommée, notamment les *kaiki,* superbes kimonos en soie. Folklore traditionnel, mythes et légendes, peintures, poteries, outils et objets domestiques. Présentation claire, moderne, on comprend vraiment à la fin de la visite l'amour des Japonais (voire du monde entier) pour le Fuji. Vue panoramique sur le mont. Boutique.

Le sanctuaire de Kitaguchi Hongu Fuji Sengen-Jinja 北口本宮冨士浅間神社 *: de la gare de Fujiyoshida (Fujisan Station) env 20 mn à pied ou bus Fujikyû (direction Lake Yamanakako), arrêt Asama Jinja-mae.* C'est la 1re étape de l'ascension du mont Fuji par l'historique voie Yoshida (la seule qui démarre au pied de la montagne). Même si vous montez en bus après la 5e station, venez vous imprégner de l'atmosphère nimbée de spiritualité du lieu. Au début de la forêt Suwa, une belle allée puis un large escalier mènent à ce temple shintoïste précédé du *torii,* le portique traditionnel. De part et d'autre, des cèdres géants plusieurs fois centenaires.

La pagode Chûreitô 忠霊塔パゴダ **:** *à 10 mn à pied de la gare Shimoyoshida. Bus également depuis la gare de Kawaguchiko (5-6 départs/j. ; trajet : env 20 mn).* Au sein du superbe Arakurayama Sengen Park. Bien que possédant un look ancien, elle est de construction récente (1963). Cependant, sur sa colline (398 marches), ses 4 toits superposés se découpant sur le mont Fuji en font le plus fascinant point de vue qui soit. D'après Elia Locardi, un des plus grands photographes de paysages, le Fuji vu du parc se classe 9e sur les 21 plus beaux sites au monde (1er Rome, 17e Paris, 20e Venise...). Particulièrement photogénique au moment des cerisiers en fleur ou en automne...

Radar Dome Building (musée du Radar du mont Fuji) 富士山レーダードーム館 **:** *1936-1 Araya Fujiyoshida. ☎ (0555) 20-0223. Tlj sauf mar 9h-17h (19h août) ; dernière entrée 30 mn avt. Entrée : 610 ¥ ; réduc.* Ce radar et son dôme observèrent la météo pendant 35 ans au sommet du mont Fuji. Il cessa son activité en 1999 et fut remonté à Fujiyoshida. Toute l'histoire de la construction du radar, ainsi que celle de la météo du mont à travers graphiques et instruments de mesure scientifiques. Des prévisions particulièrement importantes dans un pays qui pâtit régulièrement de catastrophes naturelles. Malheureusement peu d'infos en anglais donc intérêt limité.

KAWAGUCHIKO 河口湖 *(25 700 hab. ; ind. tél. : 05)*

À 4 km de Fujiyoshida et à 831 m d'altitude, la petite ville de Kawaguchiko s'étend sur la rive sud du lac Kawaguchi, miroir naturel dans lequel se reflète la montagne sacrée. Terminus de la ligne de chemin de fer, c'est à Kawaguchiko que se concentre la majorité des hôtels et pensions du secteur. On y croise un grand nombre de touristes. Pour profiter d'une belle vue sur le mont, rendez-vous rive nord-est, à côté du *Kawaguchiko Music Forest Museum.*

Adresse et info utiles

Fujikawaguchiko Tourist Information Center 富士河口湖観光総合案内所 **:** *à la gare de Kawaguchiko, 3641-1 Funatsu, Fujikawaguchiko-machi. ☎ (0555) 72-6700. • http://en.city.fujiyoshida.yamanashi.jp/ • Tlj 9h-17h. Congés : 29 déc-3 janv.*

Location de vélos : on trouve facilement des loueurs, notamment aux abords de la gare *(compter 500 ¥/h ; 1 500 ¥/j).* Parfois des vélos électriques également.

Où dormir ? Où manger ? Où boire un verre ?

De très bon marché à bon marché (moins de 10 000 ¥ / 83 € pour dormir, moins de 1 500 ¥ /12,50€ pour manger)

K's House Mt Fuji ケイズハウスMt. 富士 *(Backpackers Hostel)* **:** *6713-108 Funatsu, Fujikawaguchiko, Minamitsuru-gun. ☎ (0555) 83-5556. • kshouse.jp • À 15 mn à pied de la gare. Lits en dortoirs (1 des 3 pour femmes seulement) 2 500-3 600 ¥/pers ; doubles sans ou avec sdb 7 200-10 000 ¥ ; pas de petit déj.* Il s'agit d'une auberge de jeunesse, dans un emplacement calme (quartier résidentiel), à 2 mn de la rive sud du lac Kawaguchi. Dortoirs (de 6 à 9 lits superposés) et chambres à la japonaise, impeccablement tenus et arrangés, avec chauffage en hiver. Sanitaires privés pour les chambres les plus chères seulement. Salon et coin lecture, grande cuisine à disposition, laverie et location de vélos. En été, très agréable patio intérieur avec parasols et quelques tables, ainsi qu'une terrasse aménagée. Sans oublier plein d'infos utiles avant de s'attaquer au Fuji. Une virée hebdomadaire (le dimanche) en bus proposée autour du mont Fuji, d'une demi-journée ou 1 journée. Également à Kawaguchiko, *K's House Fuji View,* très bien aussi (gamme de prix comparable).

Kagelow Mont Fuji Hostel : *3111-1 Funatsu, Fujikawaguchiko, Minamitsuru-gun. ☎ (0555) 72-1357. 070-3530-1314. • kagelow.jp • À env 800 m de la gare. Résa via le site seulement. Lits en dortoir 3 000-3 500 ¥ ; double env 8 500 ¥ ; petit déj en sus. Resto en général fermé mar, et parfois mer. Bar ouv ts les soirs ; dernière commande à 23h.* Grande bâtisse récente où le béton se mélange au bois. On est accueilli (parfois en français !) dans une salle avec une large baie vitrée qui donne sur un jardin et une terrasse en bois. Tout est de très bon goût. Dortoir mixte de 12 lits, un autre de 4 couchages réservé aux filles. Ceux qui recherchent plus de confort opteront pour une chambre pour 2 *(queen size bed)* ou plus (jusqu'à 5 personnes). Sanitaires communs, petite cuisine à disposition, laverie, location de vélos. Et bonne pioche pour qui aurait la flemme de ressortir dîner puisqu'on y trouve aussi un resto-bar. Une vraie réussite.

Kawaguchiko Station Inn 河口湖ステーションイン **:** *3639-2 Funatsu. ☎ (0555) 72-0015. • st-inn.com/en • Bien situé, à 100 m de la gare, de l'autre côté de la rue. Dortoir mixte 7 places : env 3 000 ¥/pers. Double env 8 500 ¥ ; petit déj (au choix, japonais ou occidental) en sus.* Une adresse menée en famille. Propres, confortables et bien tenues, les 14 chambres (dont une qui peut accueillir 12 personnes) sont de style japonais, mais les sanitaires sont communs. Certaines donnent sur le mont Fuji (pas plus chères). Au dernier étage, bain (eau courante, sans vertus particulières donc) sur le principe d'un *onsen* avec vue, s'il vous plaît, sur le Fuji ! Espace commun au sous-sol, impec mais un peu sinistre... Au rez-de-chaussée, un café-resto. Un bon rapport qualité-prix.

Happy Days : *☎ (055) 83-3321. Tlj 10h-16h.* Le café offre une large vue sur le lac à travers ses baies vitrées, et une belle terrasse (sauf côté parking...) entourée d'arbres. Parfait pour boire un verre. Avant de s'y attabler, on peut passer par le musée (*Lake Kawagushi Kitahara Museum* ; entrée 800 ¥) qui présente principalement une galerie de jouets anciens en fer blanc (les plus vieux remontent aux années 1890), mobiles pour certains, issus d'une collection privée ; touchant. Dommage que les explications ne soient pas traduites en anglais.

Prix moyens (de 10 000 à 15 000 ¥ / 83-125 €, pour dormir ; de 1 500 à 3 500 ¥ / 12,50-29 €, pour manger)

Guesthouse Orange Cabin ゲストハウスオレンジキャビン **:** *3713-13 Funatsu. ☎ (0555) 73-8009. • gh-orangecabin.com • À 200 m de la gare. Prendre la rue qui part en face de la gare, puis 1re à droite. Doubles 10 000-12 000 ¥ ; pas de petit déj.* Une *guesthouse* à la façade noire, mais rassurez-vous, l'intérieur est beaucoup plus lumineux. 7 chambres, scrupuleusement entretenues, avec tatami et futons, se partagent les sanitaires communs. Certaines peuvent accueillir jusqu'à 5 personnes. L'ensemble est vraiment nickel. Grande cuisine bien équipée, avec une salle à manger attenante. Sanitaires communs et laverie. Location de vélos.

Sanrokuen – Japanese Barbecue 山麓园 **:** *3370-1 Funatsu. ☎ (055) 73-1000. Ouv tlj sauf jeu 11h-19h30. 5 menus 2 500-4 000 ¥. Compter 10 mn de marche de la gare.* Une vénérable demeure en bois largement centenaire a été démontée puis remontée ici. L'intérieur, très épuré, n'est pas très intimiste puisqu'il peut accueillir de nombreux ventres creux simultanément. On s'attable autour d'un barbecue avant d'opter pour l'un des 5 menus proposés oscillant entre terre (bœuf, canard, poulet, porc) et mer (calamar...), escortés de nouilles en soupe *miso,* de maïs, salade et champignons. On peut aussi se plonger dans la carte, longue comme le bras... Une fois servi, on se concocte son repas, après avoir écouté quelques recommandations (quelle sauce va avec quoi...). Bon, et ludique en famille.

À voir. À faire

Fujisan World Heritage Center (Shizuoka) 静岡県富士山世界遺産センター **:** *Funatsu, Kawaguchiko. ☎ (055) 72-0259. • fujisan-whc.jp • Ouv tlj 9h-17h (8h30-18h juil-sept). Entrée : 300 ¥ ; réduc. Navette gratuite de Kawaguchiko Station (compter 10 mn de route). Application de visite Fuji Meguri à télécharger gratuitement (anglais).*
Un bâtiment design en forme de cône inversé revêtu d'une odorante treille en bois de cyprès, inauguré quelques années après l'inscription du mont Fuji au Patrimoine mondial de l'Unesco (2013). Il offre un tour d'horizon sur les différentes facettes du mont : géologie, environnement, objets de dévotion et de pèlerinage, source d'inspiration artistique. Aujourd'hui escaladé par de nombreux trekkeurs chaque année... Au dernier étage, époustouflant panorama sur le mont à travers les baies vitrées. Le centre assure aussi la gestion et la préservation du site.

Le musée d'Art Itchiku Kubota 久保田一竹美術館 ***:*** *à 25 mn de bus de la gare. • itchiku-museum.com • Tlj sauf mar 9h30-17h30 en été, 10h-16h30 en hiver. Entrée : 1 300 ¥, réduc. Salon de thé.* On découvre, dans un impressionnant bâtiment pyramidal à l'architecture de bois, une collection de kimonos en soie d'Itchiku Kubota, artiste textile contemporain mort en 2003, connu et reconnu (en France il a été fait chevalier des Arts et des Lettres). Sa vie durant il a redécouvert et réemployé une technique traditionnelle de teinture basée sur une multitude de petits nœuds, qui laissent des traces sur le textile une fois dénoués. Couleurs et motifs sont principalement inspirés par la nature et plus particulièrement le mont Fuji, qui fascinait tant l'artiste. On peut aussi en profiter (ticket supplémentaire) pour observer une collection de très anciennes perles de verre colorées d'origine mésopotamienne, remontant parfois à 3 500 av. J.-C., et qui ont inspiré le travail d'Itchiku Kubota.
Et le ***musée d'Art de Kawaguchi*** 河口美術館 *(à 10 mn de bus de la gare ; tlj sauf mar 9h30-17h ; entrée : 800 ¥, réduc).* Nombreuses œuvres (peintures et photos) sur le thème du mont Fuji.

L'observatoire du mont Tenjo : une petite balade facile et agréable à faire – de préférence lorsque le mont est bien dégagé – jusqu'au sommet, où se trouve le sanctuaire de Komitabe. Un bon moyen d'échapper à la foule. Possibilité de redescendre le mont en 40 mn de marche. Sinon, on peut y accéder en téléphérique *(Mont Kachi Kachi Yama Ropeway),* qui débute près du lac : *• mtfujiropeway.jp • ; tlj 9h-17h (9h30-16h30 janv-fév) ; tarif : 900 ¥ A/R ; billet combiné avec une balade en bateau sur le lac : 1 600 ¥, réduc.*

L'ascension du mont Fuji

Le cratère du mont Fuji 内因 *(Nai In)* **:** voici la gueule du monstre ! Une ligne de crêtes composée de 8 sommets dessinant une forme circulaire de 500 à 600 m de diamètre et de 80 m de profondeur. Du rebord du cratère, on assiste au lever du soleil. Par beau temps, la vue est très étendue sur les Alpes japonaises, la région de Tokyo et le Pacifique.

Quand faire l'ascension ?

L'ascension du mont Fuji n'est autorisée qu'entre le 1er juillet et le 10 septembre.

Dormir en refuge

Le camping est interdit sur le mont Fuji et autour. Seule possibilité, passer la nuit en refuges *(huts)*. Ils sont ouverts seulement du 1er juillet au 26 août. On en compte une vingtaine sur la piste de Kawaguchiko, répartis entre le 5e et le 8e palier ; une dizaine sur la piste Fujinomiya. L'affluence est telle qu'ils sont souvent pleins à craquer et que l'on doit partager sa chambre avec d'autres randonneurs. Réservation impérative directement auprès des refuges (les offices de tourisme disposent de la liste) : *compter 5 000-6 000 ¥/pers ; petit déj en sus.*

Conseils pratiques

– Au sommet, la température est de 5-6 °C en moyenne en juillet et août. Prévoir des vêtements pour se protéger du vent, du froid et de la pluie. Les pentes sont abruptes et les vents peuvent être forts. Il peut y avoir des chutes soudaines de neige, même en été. Prévoir aussi des lunettes de soleil et de bonnes chaussures, cela va de soi.
– Il vaut mieux commencer l'ascension dans l'après-midi, dormir en route dans un refuge, puis le lendemain matin poursuivre la marche jusqu'au sommet pour admirer le lever du soleil (prévoir une lampe de poche).
– Emporter de quoi boire (eau minérale) et de quoi manger (un minimum), même si l'on trouve le nécessaire dans les gîtes d'étape. Prévoir suffisamment d'argent liquide.
– Un centre de secours d'urgence se trouve aux 7e et 8e stations de la piste de Kawaguchiko *(Yoshidaguchi trail)*. Ouvert de mi-juillet à fin août. Un autre à la 5e station, mais pas de date précise d'ouverture.

Les chemins (pédestres) d'accès au sommet du mont Fuji

– Il existe 4 pistes balisées, longues de 15 à 25 km. Elles sont divisées en tronçons marqués par des étapes (des paliers). Selon la piste choisie, l'ascension dure de 5 à 9h.
– Des routes accessibles aux cars permettent d'atteindre le 5e palier. De ce palier, les randonneurs peuvent monter aux 6e, 7e et 8e paliers.

➢ ***La piste de Kawaguchiko (Yoshidaguchi trail)*** 河口湖 **:** *au nord du mont Fuji.* C'est la piste la plus fréquentée. Elle part de Kawaguchiko-eki, où l'on prend un bus (30 km, 1h environ) qui monte jusqu'à la 5e station (Kawagushiko-Yoshidaguchi). Certains puristes partent depuis le *sanctuaire de Kitaguchi Hongu Fuji Sengen-Jinja* à Fujiyoshida. Depuis la 5e station, on continue à pied jusqu'à la 6e station (2 km, 40 mn). De la 6e à la 7e station, il faut 1h (1 km). De la 7e à la 8e station, compter 1h30 (1,5 km). De la 8e à la « grande » 8e station, encore 1h de marche (1,1 km). Enfin de celle-ci au sommet, compter 1h20 de marche (1,2 km). Au total, la montée prend 5-6h, la descente environ 3-4h.

➢ ***La piste de Fujinomiya (Fujinomiyaguchi trail)*** 富士宮 **:** *versant sud du mont Fuji.* Cette piste moins fréquentée s'adresse plutôt aux randonneurs qui viennent de Mishima et de Fujinomiya. Il faut prendre un bus depuis la gare de Fujinomiya et monter jusqu'à la 5e station appelée Fujinomiya-guchi. De celle-ci, la montée jusqu'au sommet dure 5h30 et la descente 4h.

➢ ***La piste de Subashiri (Subashiriguchi trail)*** 須走 **:** *versant est du mont Fuji.* De la gare de Gotemba, prendre un bus jusqu'à la 5e station de Subashiri-guchi (1h de trajet). Montée : 5h-5h30. Descente : environ 2h30 pour revenir à la 5e station.

➢ ***La piste de Gotemba (Gotembaguchi trail)*** 御殿場 **:** *sur le versant sud du mont Fuji.* De Gotemba Station à la 5e station de Gotemba-guchi, compter 40 mn en bus. De là, compter 7h de marche pour atteindre le sommet du mont Fuji, 3h pour la descente. Difficile, nous ne la conseillons pas.

Dans le secteur des Cinq Lacs

Pour se déplacer dans le secteur, bus depuis Fujiyoshida et Kawaguchiko. Voir « Se déplacer dans le secteur du mont Fuji et des Cinq Lacs » plus haut.

Le lac Yamanaka (Yamanakako) 山中湖 **:** *à 9 km de la ville de Fujiyoshida. Tte l'année, selon conditions météo. Départs ttes les 30 mn 9h30-16h. Compter 1 000 ¥ ; réduc.* Un petit tour de 30 mn sur le lac et puis s'en va... C'est le plus grand lac de la région, et le plus haut (982 m). Très touristique, surtout en été, en raison du nombre d'hôtels et de pensions. À 5 mn de marche de l'arrêt de bus Bungaku-no Mori Koen, le *parc Lake Yamanaka Library Grove* abrite 2 musées, l'un consacré à l'écrivain Tokutomi Soho, l'autre à Mishima Yukio. Ce dernier est le plus intéressant car il présente la vie et l'œuvre de l'un des plus célèbres auteurs japonais du XXe s *(Mishima Yukio Museum ; ● mishimayukio.jp ● ; tlj sauf lun 10h-16h30 ; entrée : 500 ¥).*

Le lac Sai (Saiko) 西湖 **:** *à env 8 km à l'ouest du lac Kawaguchi.* Petit lac bordé en partie par la forêt d'Aokigahara Jukai.

Le lac Shoji (Shojiko) 精進湖 **:** *à 18 km à l'ouest de la ville de Fujiyoshida.* D'une circonférence de 5 km, il est le plus petit des 5 lacs de la région. Très belle vue sur le mont Fuji depuis la rive nord, où se concentrent les pensions et les hôtels, surtout au printemps et en été.

Le lac Motosu (Motosuko) 本栖湖 **:** *à 23 km à l'ouest de la ville de Fujiyoshida et à 4 km au sud du lac Shoji.* La vue sur le mont Fuji depuis la rive nord est si belle qu'elle est représentée sur les billets de 1 000 ¥. C'est le seul lac de la région qui ne gèle pas en hiver en raison de sa profondeur (138 m). On peut y pêcher des truites. Balades en bateau.

Les hauteurs d'Asagiri (Asagiri Heights) 朝霧 **:** *à env 10 km au sud du lac Motosu.* C'est le « piémont » verdoyant du mont Fuji, sur son versant ouest, entre 700 et 1 000 m. Terroir occupé par des fermes et des élevages. Même en été, cette petite région connaît des températures douces, plus fraîches que sur la côte.

KYOTO ET SES ENVIRONS

KYOTO 京都 1 475 500 hab. IND. TÉL. : 075

- Carte Conurbation Kyoto-Osaka-Nara *p. 305*
- Plan d'ensemble *p. 308-309*

« Je mettrais volontiers Kyoto au nombre des 10 villes du monde où il vaille la peine de vivre quelque temps. » Cette phrase de l'écrivain Nicolas Bouvier, qui a vécu au Japon (dans les années 1950-1960), reste d'actualité. Il suffirait d'ajouter aujourd'hui : même si on n'y vit pas, le simple fait d'y passer quelques jours procure un grand bonheur pour le voyageur. Entourée sur 3 côtés par des collines et des monts boisés, traversée par la rivière Kamo, cette ville occupe un site exceptionnel.

Un adage dit que le Japon est comme un être humain dont la tête serait à Tokyo, l'estomac à Osaka et le cœur à Kyoto ! Riche d'un patrimoine sans équivalent dans les autres villes de l'archipel, Kyoto peut être considérée comme la capitale historique, intellectuelle et culturelle du Japon. De nombreux sites et monuments sont d'ailleurs inscrits au Patrimoine mondial de l'humanité par l'Unesco. Capitale impériale pendant près de 1 100 ans, la cité des geishas et des *maiko,* des temples et des jardins, perpétue le savoir-vivre japonais à travers les traditions artistiques et religieuses, d'étonnantes fêtes et manifestations. Ville des arts, du thé, du kabuki (théâtre), de l'ikebana (art floral), ville de cœur des Japonais, qui s'y sentent plus japonais qu'ailleurs, est-elle la ville de l'âme ? Oui, sans doute. La devise de ses habitants pourrait être : *harmonie et sérénité, propreté et beauté, calme et élégance, courtoisie et bienveillance.* Sa délicieuse cuisine dite *kaiseki* est sans conteste un sommet de délicatesse, l'une des plus fines cuisines du Japon.

Au milieu de ses constructions modernes subsistent des quartiers à l'architecture traditionnelle, des ruelles et des canaux bordés de vieilles maisons en bois, de *ryokan* (auberges traditionnelles), de magasins ornés de lampions calligraphiés, et d'*izakaya* (petits restos pas chers) aux entrées ourlées de *noren* (rideaux suspendus au dessus de la porte).

Avec sa kyrielle de temples, de sanctuaires, de monastères et de jardins (à voir au printemps ou à l'automne), Kyoto fait penser à une grande dame aristocratique, inspirée par la grandeur de son passé et tournée vers un nouveau type de modernité à visage humain. L'éducation y tient aussi une place importante, les universités y ont enfanté une ribambelle de Prix Nobel et les étudiants représentent 10 % de la population.

UN PEU D'HISTOIRE

Yamashiro, « château de la montagne »

À l'origine, la ville s'appelait Yamashiro, du nom d'un ancien royaume dont le nom signifie « château de la montagne ». Enrichie dans le commerce de la soie, elle érige en 711 le ***Fushimi-Inari,*** l'un des plus anciens temples shintoïstes avec le

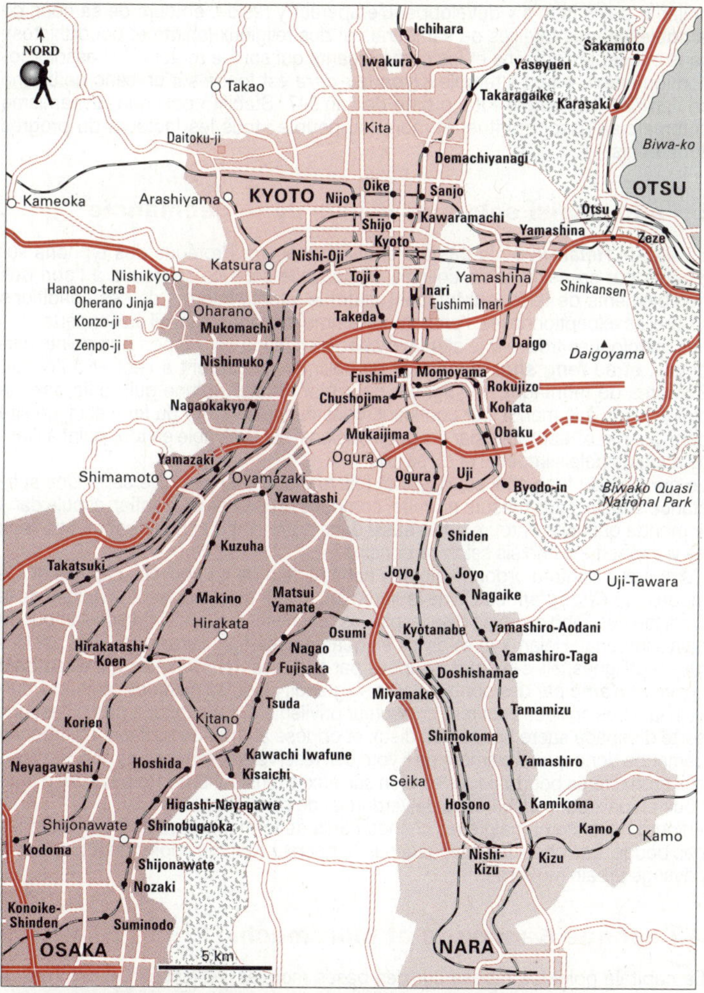

CONURBATION KYOTO-OSAKA-NARA

Shimogamo, le Yasaka Jinja ou le Kotyu-ji. Le bouddhisme arrivera bien après, grâce aux marchands et émissaires chinois et coréens...

Heian-kyo, « capitale de la paix » (794-1192)

Pour se détacher de l'influence des sectes bouddhistes de Nara, capitale du Japon entre 710 et 784, l'empereur ***Kammu*** déplace celle-ci à moins de 100 km au nord. Un geste politique habile ! Il choisit d'abord le site de l'actuelle Kyoto, en le nommant ***Heian-kyo,*** « capitale de la paix ». Du IXe au XIIe s (794-1192), une brillante civilisation s'y développe. L'empereur y réside, entouré de sa cour, de la noblesse, des familles de samouraïs et des religieux (shinto et bouddhistes), sans oublier les artisans et les commerçants qui sont le moteur de l'essor économique de la ville. Le temple ***Kiyomizu-dera*** est fondé sur un flanc de colline en l'an 778. Le temple Kitano date de l'an 947. Stabilité politique, dynamisme commercial, essor spirituel et moral du peuple : tous les facteurs du progrès sont réunis.

Un site choisi selon les règles de la géomancie

Le site de ***Heian-kyo*** n'a pas été choisi au hasard. Protégée des typhons sur 3 côtés par sa ceinture de collines, la nouvelle capitale se trouve à l'abri des tremblements de terre, qui frappent plutôt le littoral. Informé de ces conditions naturelles exceptionnelles, l'empereur Kammu demande conseil aux experts.
Les astrologues trouvent le site favorable, bien placé par rapport aux points cardinaux et au ***feng shui.*** 2 rangées de collines l'encadrent à l'est et à l'ouest. 2 rivières de montagne se joignent pour n'en former qu'une qui coule dans la plaine jusqu'à la mer. À leur confluent, constituant le « Chi » du feng shui, ce site béni des dieux, approuvé par les géomanciens, est favorable en tout point à l'installation du palais impérial et de sa cour.
Le principe du feng shui est que tout relève d'une énergie universelle. Une substance subtile, sans mesure ni limite, compose le cosmos tout entier, circule dans le monde qui nous entoure, mais aussi dans notre corps et notre esprit. Les lieux de vie sont donc choisis selon ce principe.
L'empereur Kammu ordonne alors la construction de sa nouvelle capitale sur le modèle de ***Chang'an,*** en Chine (aujourd'hui Xi'an), cette puissante capitale de la dynastie des Tang qui avait déjà inspiré les urbanistes à Nara. Organisée autour du palais impérial, Heian-kyo se divise en quartiers rectangulaires quadrillés par des rues rectilignes, elles-mêmes coupées par des rues transversales qui enjambent la ***rivière Kamo*** par des ponts. La ville s'agrandit jusqu'au pied des collines. Pourquoi là ? Les collines couvrent un secteur privilégié. On n'y touche pas ! C'est une sorte d'espace sacré habité des dieux et opposé au monde profane. L'empereur demande donc que le piémont de Kyoto soit réservé aux sanctuaires, aux temples, aux monastères bouddhiques et, bien sûr, aux jardins. Ainsi Kyoto peut-elle s'épanouir en paix dans un berceau de verdure et de bienveillance.
Aujourd'hui encore, malgré les changements de forme, le caractère de Kyoto n'a pas bougé. Les choix faits naguère par l'empereur Kammu imprègnent toujours le paysage urbain moderne.

À l'époque Kamakura et Muromachi (1192-1573)

La capitale politique repose sur des bases morales, religieuses et spirituelles. Le zen, branche ascétique du bouddhisme, s'y implante. En 1397, on construit le temple Kinkaku-ji (pavillon d'Or). Lors de la guerre civile de l'ère ***Onin*** (1467-1477) qui ravage l'archipel, Heian-kyo est détruite par les incendies, y compris le palais impérial. En 1482, ***Ashikaga Yoshimasa*** ordonne la construction du Ginkaku-ji (pavillon d'Argent). Au XVIe s, les premiers Portugais, qui appellent la ville « Miyako », s'installent sur l'île de Kyushu et tentent de convertir le Japon au christianisme. ***Saint François Xavier,*** évangélisateur en chef, visite Kyoto en 1551 pour essayer de convaincre l'empereur de suivre la religion catholique. En vain... Kyoto tombe ensuite dans les querelles intestines : pendant un siècle la ville sombre dans le désordre et l'anarchie, jusqu'à sa reprise en main musclée par ***Oda Nobunaga,*** qui fait raser, en 1571, le mont Hiei, montagne sacrée du bouddhisme. Cela ne lui porte pas chance, il est assassiné en 1582. ***Toyotomi Hideyoshi*** conquiert le pouvoir par la force et la ruse. Sous sa férule, la cité renaît enfin de ses cendres.

Kyoto à la période Edo (1603-1867)

À peine reconstruite, la capitale vit ses dernières heures de prééminence, car le nouveau maître du Japon, le shogun ***Tokugawa Ieyasu,*** décide de s'installer à près de 500 km au nord, à ***Edo*** (aujourd'hui Tokyo), qui devient *de facto* la capitale du pays. Malgré ce déplacement, Kyoto reste la ville de cœur des Japonais et la capitale officielle. Elle poursuit son essor dans le sillage de sa splendeur passée et compte près de 600 000 habitants. En tant que chef religieux, l'empereur y réside toujours avec sa cour, même si le centre du pouvoir politique se trouve à présent à Edo dans les mains des ***shoguns.*** En 1639, comme le reste du Japon, la ville se ferme aux relations avec les étrangers, mais elle bourdonne toujours d'activités commerciales : artisans, fabricants de brocarts de soie, tisserands, céramistes, potiers. Les pèlerins affluent dans les innombrables temples et sanctuaires. Les commerçants, les voyageurs y arrivent soit par la mer (le port de Kobe-Osaka), soit d'Edo par voie terrestre en empruntant le ***Tokaïdo,*** un long chemin empierré qui longe la mer et traverse les montagnes. Ce long périple de près de 500 km à pied, ou à cheval, compte 53 étapes. Il se termine à l'intersection des rues Sanjo et Teramachi.

Kyoto à l'ère Meiji (1868-1912)

La restauration du pouvoir impérial a lieu dans le palais impérial de Kyoto en 1868. Le shogunat est aboli. L'empereur redevient le maître absolu du Japon. En 1869, le nouvel empereur ***Mutsuhito*** est intronisé à Kyoto, mais il réside désormais à Tokyo. Résultat : Kyoto devient une grande ville provinciale, vidée de ses fonctionnaires et privée de la cour.

Kyoto dans la Seconde Guerre mondiale

En 1939-1945, Kyoto figurait sur la liste des cibles militaires de l'armée américaine. Les plans d'attaque étaient déjà dans les tiroirs. L'intervention d'un consul américain lui a évité les bombes des B-29 de l'US Air Force. Grâce à l'intervention, auprès des autorités américaines, de nombreux japonologues américains et de l'orientaliste français Serge Elisseeff (qui avait des relations de haut niveau aux États-Unis), Kyoto a été remplacée sur la liste des objectifs par Nagasaki.

UNE LUNE DE MIEL SAUVE KYOTO

Le secrétaire d'État à la Guerre de Roosevelt et Truman, Henry L. Stimson, avait la mainmise sur le largage de la bombe atomique. Kyoto était en tête de liste pour être bombardée. Si elle fut épargnée, c'est grâce au bon souvenir que Stimson avait gardé de son voyage de noces à Kyoto, 30 ans plus tôt !

Capitale culturelle, artistique et intellectuelle du Japon

Des centaines de sanctuaires, de temples et de musées, une pléthore de jardins, plus de 200 « Trésors nationaux », près de 1 600 « Trésors culturels », riche d'un tel patrimoine historique et artistique, Kyoto est bel et bien la métropole culturelle du Japon. Un adage ne dit-il pas : « Jette une pierre au hasard, tu blesses un professeur ! » ? Le contraste entre le Kyoto ancien et l'urbanisme du XXe s est caractéristique de la ville : les temples et maisons préservées du quartier de Gion voisinent avec la Kyoto Tower et la gare contemporaine, formant une alliance réussie entre le passé et la modernité.

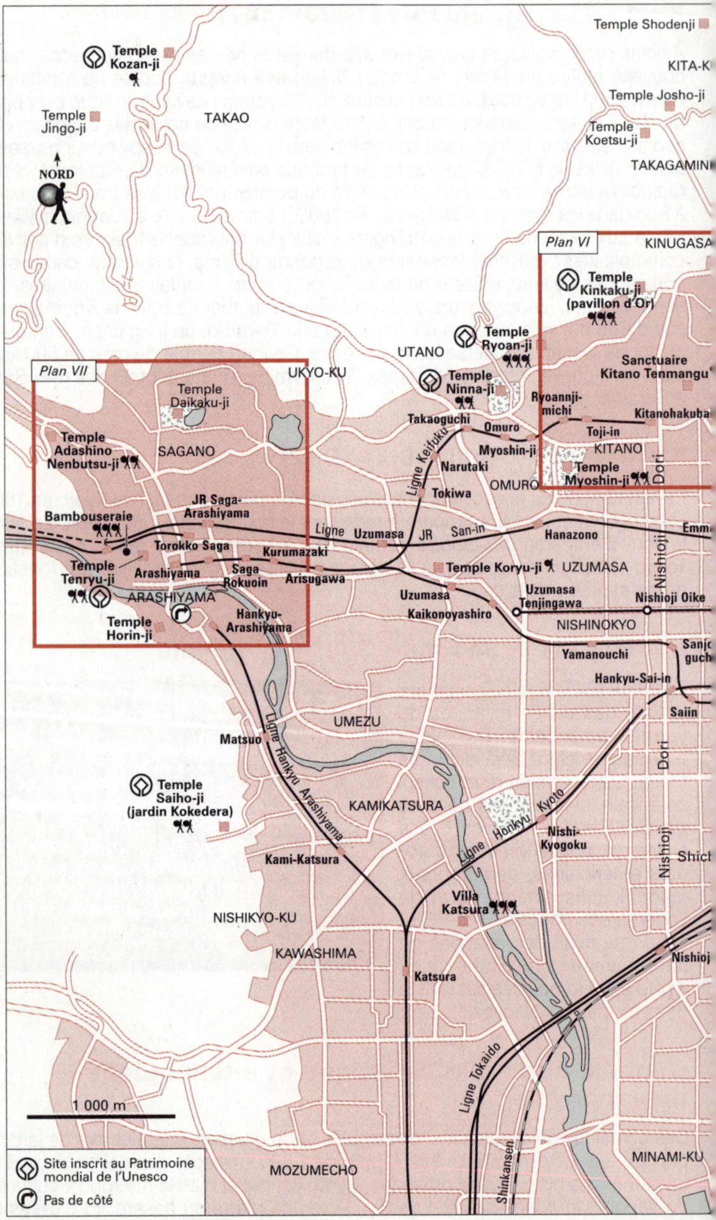

Temple Shodenji
KITA-K
Temple Josho-ji
Temple Koetsu-ji
TAKAGAMIN
Temple Kozan-ji
Temple Jingo-ji
TAKAO
NORD
Plan VI
KINUGASA
Temple Kinkaku-ji (pavillon d'Or)
Temple Ryoan-ji
UTANO
Temple Ninna-ji
Sanctuaire Kitano Tenmangu
Plan VII
UKYO-KU
Temple Daikaku-ji
Temple Adashino Nenbutsu-ji
SAGANO
Takaoguchi
Omuro
Ryoanji-michi
Kitanohakuba
Toji-in
Myoshin-ji
KITANO
Narutaki
Temple Myoshin-ji
Ligne Keifuku
Tokiwa
OMURO
Dori
JR Saga-Arashiyama
Bambouseraie
Ligne
Uzumasa
JR
San-in
Hanazono
Emm
Torokko Saga
Kurumazaki
Temple Tenryu-ji
Arashiyama
Saga Rokuoin
Arisugawa
Temple Koryu-ji
UZUMASA
Nishioji
ARASHIYAMA
Uzumasa
Kaikonoyashiro
Uzumasa Tenjingawa
Nishioji Oike
NISHINOKYO
Temple Horin-ji
Hankyu-Arashiyama
Yamanouchi
Sanjo guch
Hankyu-Sai-in
Saiin
UMEZU
Matsuo
Ligne Hankyu Arashiyama
Dori
Temple Saiho-ji (jardin Kokedera)
KAMIKATSURA
Kyoto
Horikyu
Ligne
Nishi-Kyogoku
Kami-Katsura
Nishioji
Shich
Villa Katsura
NISHIKYO-KU
KAWASHIMA
Nishioj
Katsura
Ligne Tokaido
1 000 m
Site inscrit au Patrimoine mondial de l'Unesco
Pas de côté
MOZUMECHO
Shinkansen
MINAMI-KU

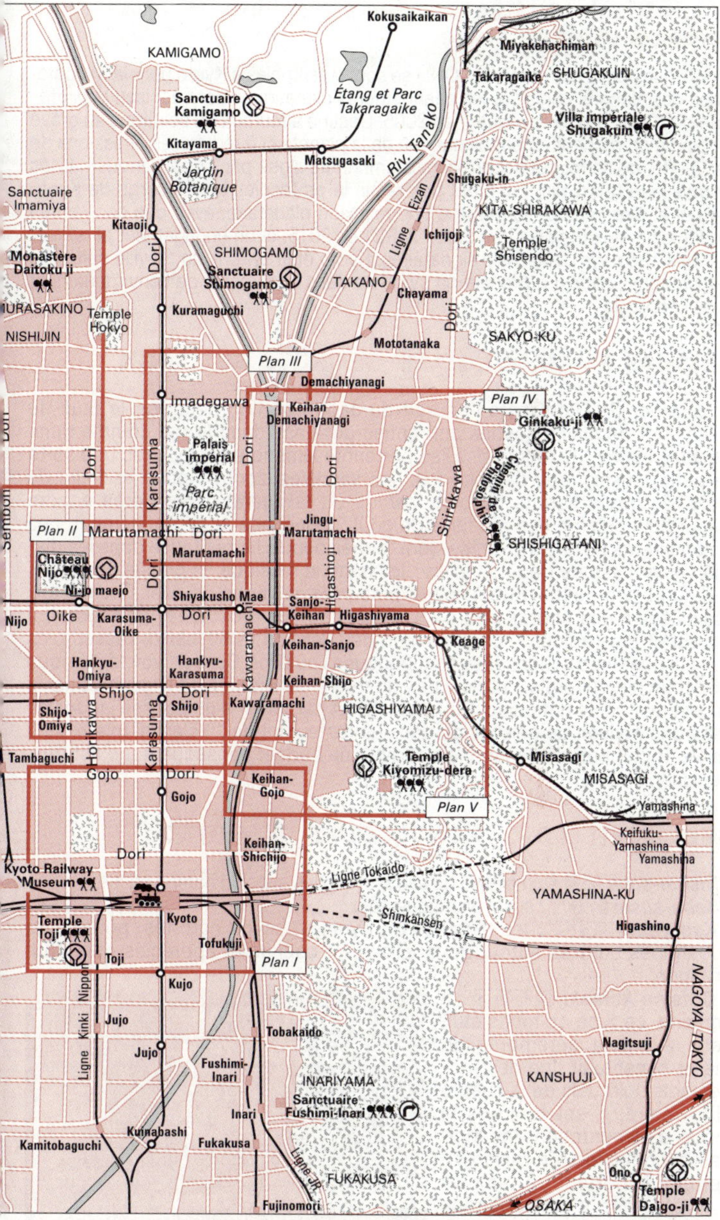

KYOTO – Plan d'ensemble

Le protocole de Kyoto et les émissions de gaz à effet de serre

En 1997, les pays membres de l'ONU se sont rassemblés à Kyoto pour la 3e conférence des Nations unies sur les changements climatiques dont est issu le ***protocole de Kyoto,*** entré en vigueur en 2005. Destiné à fournir des solutions au grave problème du réchauffement climatique de la planète et à réduire les émissions de gaz à effet de serre, cet accord a initialement été signé par 37 pays industrialisés (hormis les États-Unis, qui n'ont pas ratifié le protocole). Les accords de Kyoto ont bel et bien marqué le début d'une réflexion planétaire, avec des contraintes juridiques mieux définies lors de la COP21 en 2015, et un engagement plus marqué des 196 pays désormais signataires. Kyoto était synonyme de ville culturelle et historique, elle est à présent un symbole dans le domaine de l'environnement et de l'écologie.

GEISHAS ET *MAIKO,* L'ÂME SECRÈTE DU JAPON

Le quartier de Gion reste l'endroit du Japon où l'on peut voir le plus de geishas et de *maiko* (jeunes apprenties geishas), dans la rue comme dans les maisons de thé *(ochaya).* Elles portent le kimono en soie, avec une sorte de petit coussin *(obi)* dans le dos, des sandales *(zori)* et, pour les jours de pluie, de hauts sabots de bois (*ashida* ou *takageta*). Considérés encore aujourd'hui comme des modèles de goût, d'élégance et de raffinement, ces « monuments culturels vivants » sont formés depuis leur enfance dans les disciplines artistiques traditionnelles : le chant, la musique, la poésie, la danse, l'art floral, l'art du thé. Autrefois très présentes au Japon, où elles furent à tort assimilées à des courtisanes de haut rang ou des prostituées *(mise-joro).* Il n'y aurait plus aujourd'hui qu'environ 300 geishas et 60 *maiko,* rassemblés dans le quartier de Gion. Elles sont éduquées au ***Gion Corner*** (voir la rubrique « Spectacles culturels » dans « Les quartiers de Gion et de Higashiyama »), qui est leur école nationale. Pour assister et participer à une soirée japonaise dans une maison de geishas ou dans un restaurant de 1re classe, mieux vaut parler et comprendre le japonais et avoir un budget conséquent... c'est très, très cher...

SPÉCIALITÉS GASTRONOMIQUES DE KYOTO

– ***Nishin-soba*** 鰊蕎麦 ***:*** nouilles de sarrasin servies avec du hareng séché.
– ***Saba-sushi*** 鯖寿司 ***:*** sushi de maquereau.
– ***Kyo yasai*** 京野菜 ***:*** les légumes de Kyoto, à savoir carottes, potirons et aubergines cultivés autour de la ville, sont connus et appréciés dans tout le Japon.
– ***Cuisine kaiseki*** 懐石料理 ***:*** à l'origine, ce type de repas était servi avant la cérémonie du thé et constituait l'un des fondements spirituels de la culture alimentaire. C'est toujours le mode d'alimentation des moines bouddhistes. En raison du nombre important de temples à Kyoto, elle s'est répandue dans toutes les couches de la société. Le ***kaiseki*** est un repas complet qui se compose de riz, d'une soupe, d'un apéritif

ON NE RIGOLE PAS AVEC LA TRADITION

Le restaurant Hyotei *est une institution traditionnelle qui perpétue les repas* kaiseki *depuis plus de 400 ans. La maison n'a jamais varié ni dans le menu ni dans le service. Après 15 générations de cuisiniers, elle s'est toutefois permise de changer de poisson pour le bouillon traditionnel. Non sans une certaine appréhension...*

(sashimi, etc.), d'un plat mijoté et d'un mets grillé. Autrement dit, c'est une soupe et 3 plats *(ichiju-sansai)*. Les ingrédients de saison coupés avec délicatesse, l'esthétique raffinée de la présentation et la sobre élégance qui s'en dégage font du repas *kaiseki* un menu de luxe mais pas forcément dans les restaurants les plus chics de la ville. À découvrir une fois en voyage, les gourmets s'en souviendront longtemps !

– ***Yudofu :*** tofu à déguster après l'avoir trempé dans une sauce à base d'algues et de soja, accompagné de divers condiments.

– ***Yuba :*** peau du tofu obtenue lors de la cuisson, à apprécier avec de la sauce soja ou en soupe.

FÊTES ANNUELLES ET MANIFESTATIONS CULTURELLES

Aucune ville du Japon n'organise autant de fêtes que Kyoto. Le calendrier annuel contient une liste incroyable de célébrations religieuses et culturelles, manifestations historiques, festivités traditionnelles. En voici les principales, par ordre saisonnier. Sinon, consultez le site : ● *kyoto.travel/fr/see-and-do/festivals.html* ●

– ***Kemari Hajime :*** 4 janvier. Cette fête se déroule au temple Shimogamo. Il s'agit d'un jeu de balle *(kemari)* naguère pratiqué par la famille impériale.

– ***Hatsu Ebisu :*** 8-12 janvier. Une fête qui remonte au XVIe s. Elle se tient dans l'enceinte du temple Ebisu et attire de nombreux hommes d'affaires désireux de réussite professionnelle et de gains d'argent.

– ***Baika Sai :*** 25 février. La fête des Pruniers en fleur a lieu au temple Kitano Tenmangu. Dans le parfum des fleurs, la fête se déroule autour d'une cérémonie du thé, où les visiteurs sont servis par des *maiko* et des *geiko*.

– ***Hanami :*** période durant laquelle les cerisiers *(sakuras)* fleurissent. Le rituel annuel de contemplation des *sakuras* est très respecté (fin mars-début avril).

– ***Haru no odori :*** plusieurs dates au printemps, les *geiko* et les *maiko* participent à ces fêtes où la danse classique se décline sous toutes ses formes : *Miyako odori* (tout le mois d'avril), *Kyo odori* (idem), *Kitano odori* (fin mars-début avril) et *Kamogawa odori* (mai).

– ***Yabusame Shinji :*** 3 mai. Fête des Archers à cheval qui se déroule au temple Shimogamo. Cette manifestation culturelle a une portée symbolique car elle sert de préliminaire à la fête des Roses trémières *(Aoi matsuri)*.

– ***Aoi matsuri :*** 15 mai. Fête des Roses trémières. Une des 3 grandes fêtes annuelles de Kyoto. Un défilé de presque 1 km de long se rend du palais impérial jusqu'aux temples Shimogamo et Kamigamo. Nombreux chars richement décorés et des centaines de participants revêtus de costumes traditionnels.

– ***Mifune matsuri :*** le 3e dimanche de mai. Cette fête se déroule à Arashiyama, à l'ouest de Kyoto, sur la rivière venue des montagnes sur laquelle évoluent une vingtaine de bateaux de style impérial, spécialement ornés pour cette occasion.

– ***Kyoto Takigi Noh :*** variable selon les années, entre fin mai et début juin. Festival du Théâtre nô, dans l'enceinte du temple Heian, la nuit, à la lueur des torches.

– ***Gion matsuri :*** 1er-31 juillet, dans la chaleur torride de l'été japonais. Nombreuses cérémonies et rituels de purification. Le moment fort culmine pendant 3 nuits consécutives autour des 14e, 15e et 16e jours, se poursuivant le 17e jour par un immense défilé coloré de chars.

– ***Toki matsuri :*** 7-10 août. La rue Gojo dans sa partie à l'est de la rivière Kamo accueille ce festival des potiers et de la poterie.

– ***Daimonji :*** 16 août. Fête annuelle marquant la fin de la fête des Morts avec des grands feux allumés sur 5 des collines entourant la ville.

– ***Kangetsu no Yube :*** 2-3 jours à l'automne, mais la date change tous les ans. Grande fête dite « de la Moisson lunaire » célébrée au temple Daikakuji, un des 3 lieux idéaux pour observer la lune au Japon.
– ***Jidai matsuri :*** 22 octobre. Festival des Âges. Magnifique procession de 1 700 participants, habillés en costume traditionnel, du palais impérial au temple Heian.
– ***Kurama no Himatsuri :*** 22 octobre. Fête spectaculaire consacrée au feu, au cours de laquelle la population du village de Kurama (dans la montagne proche) défile dans les rues en portant des centaines de torches.
– ***Arashiyama Momiji matsuri :*** le 2e dimanche de novembre. Fête populaire en l'honneur de la chute des feuilles automnales. Preuve que les Japonais aiment la beauté éphémère du cycle des saisons. Nombreux spectacles de danse, de musique, de théâtre, autour du pont Togetsukyo, à Arashiyama.
– ***Kencha Sai :*** 1er décembre. Très ancienne fête du Thé initiée par le shogun Toyotomi Hideyoshi en 1587. Se tient au temple Kitano Tenmangu et présente de nombreuses cérémonies rituelles du thé.

Quand y aller ?

– ***Haute saison :*** il y a 2 périodes d'affluence à Kyoto, de mi-mars à début mai et de septembre à novembre. Le printemps (période de la floraison des cerisiers, fin mars-début avril) est superbe, et la température supportable. Juste dans la foulée, la 1re semaine de mai *(Golden Week)* est le moment où tous les Japonais prennent leurs vacances et les prix s'envolent. En octobre, le temps change, la douceur s'installe dans la 2de quinzaine. Novembre est un mois magnifique quand les arbres prennent des couleurs automnales.
– ***Basse saison :*** en été (juillet-août), il fait chaud (30-35 °C), et humide comme dans un pays tropical. Septembre est moins chaud (25-30 °C). Entre décembre et février, peu de touristes. La température peut descendre à 0 °C, et souvent il neige pendant quelques jours. Les temples et les jardins sous la neige donnent alors à Kyoto un aspect poétique incomparable.

Entrées gratuites

– Le temple Nishi Hongan-ji *(plan I)*.
– Le temple Higashi Hongan-ji *(plan I)*.
– Le temple Chion-in *(plan V)*.
– Le sanctuaire Kamigamo Jinja *(hors plan III)*.
– Le sanctuaire Shimogamo Jinja *(hors plan III)*.
– Le sanctuaire Fushimi-Inari *(plan d'ensemble)*.
– Le sanctuaire Yasaka jinja *(plan V)*.
– Le musée Fureaikan (Kyoto Museum of Traditional Crafts ; *plan IV*).
– Le palais impérial *(plan III)*.
– La villa impériale Shugakuin *(plan d'ensemble)*.
– Le parc Maruyama *(plan V)*.

Arriver – Quitter

En avion

– Il n'y a pas d'aéroport à Kyoto. L'aéroport le plus proche est à Osaka *(**aéroport international du Kansai** ; KIX)*, à 100 km au sud-ouest de Kyoto, ou, pour les vols domestiques (*JAL* et *ANA*), l'***aéroport Itami*** *(ITM)* à 45 km au sud-ouest.

En bus

➢ ***De/pour l'aéroport international du Kansai*** 関西国際空港, ***au sud d'Osaka :*** en bus *Airport Limousine* climatisé. Ttes les 20-30 mn 5h57-23h42 (depuis l'aéroport), 4h30-22h10 (depuis Kyoto). Durée : 1h30. Billet : 2 300-2 600 ¥ ; A/R 4 100-4 260 ¥

(réduc enfants). Arrêts de bus aux terminaux 1 et 2 à la sortie du hall des arrivées (distributeur automatique pour se procurer les billets). C'est facile. Si vous ne comprenez pas, demandez, on vous renseignera avec gentillesse. À Kyoto, le terminus de la ligne se trouve au sud de la gare ferroviaire centrale (***Kyoto Station*** 京都 *; plan I, C3)*, devant l'hôtel *Keihan Kyoto* 京阪京都 *(plan I, B2-3)* où se prennent les billets. Une quinzaine de navettes poursuivent vers la station *Sanjo Keihan (plan V, A1)*, ou s'y prennent : pratique pour ceux qui posent les valises à Gion ou dans le quartier central et commercial.

➢ ***De/pour l'aéroport national Itami*** 伊丹空港 ***:*** à 10 km au nord du centre d'Osaka. Essentiellement pour les lignes domestiques des compagnies *JAL* et *ANA*. Navettes *Airport Limousine* ttes les 20 mn 8h10-21h15 de l'aéroport (terminal nord ou sud) pour Kyoto Station (sortie sud ; *plan I, B3*). Depuis Kyoto, même fréquence 5h40-18h50. Durée : env 50 mn. Billet 1 340 ¥. Les navettes de 19h50, 20h30 et 21h poursuivent aussi vers l'hôtel *New Hankyu* ニュウ阪急 et la Nijo Station 二条駅. Celles de 19h30, 20h10 et 20h45 s'arrêtent à Shijo Kawaramachi Station 四条河原町駅, au Kyoto City Hall et à la Demachiyanagi Station 出町柳駅.

➢ ***De/pour Tokyo :*** durée : 8h30 de nuit, 9h30 de jour. Billet : à partir de 4 800 ¥ selon saison avec *Willer (● willerexpress.com ●)*. À Kyoto, depuis la gare centrale ou Gion-Shijo ; à Tokyo, gare de Shinjuku.

En train

– *Attention :* les super express « Nozomi » et « Mizuho » ne sont pas couverts par le *JR Pass*.

– Dans la gare de Kyoto, billetterie à gauche de l'entrée nord *(tlj 5h30-23h)*. Pour organiser ses déplacements en train, le site ● *hyperdia.com/en* ● est incontournable : horaires et tarifs en ligne après avoir renseigné son trajet.

➢ ***De/pour l'aéroport international du Kansai, au sud d'Osaka :*** train *Airport express Haruka*. Normalement 2 départs/h, 6h30-22h16 (depuis l'aéroport), 5h45-20h30 (depuis la gare centrale de Kyoto). Durée : 1h15. Billet : env 2 850 ¥ (remisé à 2 300 ¥ pour les étrangers ; gratuit avec le *JR Pass*). Trajet moins cher mais plus long avec le train rapide. Durée : env 2h. Billet : 1 880 ¥ (gratuit avec le *JR Pass*).

➢ ***De/pour l'aéroport national Itami, au nord d'Osaka :*** le plus simple, plus rapide et moins coûteux (ça en fait !), est de transiter par la gare centrale d'Osaka (trains réguliers depuis/vers Itami, en 20 mn env) qui dessert ensuite très bien celle de Kyoto (en 30-40 mn).

➢ ***De/pour Osaka :*** si vous êtes pressé, le *JR Shinkansen* relie Shin-Osaka à la gare JR Kyoto Station en 15 mn pour 3 270 ¥ (2 700 ¥ avec résa). Autres trains *JR* depuis la Osaka Station. Durée : 30 mn. Billet : 560 ¥. Trains réguliers au départ de la gare Yodoyabashi 淀屋橋, sur la ligne *Keihan electric* jusqu'à la gare de Sanjo 三条. Durée : 50 mn. Billet : 420 ¥. Trains réguliers sur la ligne *Hankyu electric*, au départ de la gare d'Osaka-Umeda 梅田 jusqu'à la gare de Kawaramachi 河原町. Durée : 45 mn. Billet : 400 ¥.

➢ ***De/pour Tokyo :*** train *Shinkansen* (le TGV japonais) au départ de la gare Tokyo Station. Un trajet Tokyo-Kyoto (513 km) dure 2h20-2h50. Billet : env 14 000 ¥.

➢ ***De/pour Nara :*** liaison directe avec *JR Nara Line « Miyakoji Rapid Train »* qui s'arrête à la gare JR Nara. Durée : 45 mn. Fréquence : env ttes les 30 mn. Billet : 720 ¥. Autre ligne ferroviaire : la ligne *Kintetsu Kyoto*, directe avec *Express Limited* qui s'arrête à la gare de Kintetsu Nara 近鉄奈良. Durée : 35 mn. Billet : 620-1 130 ¥, mais non valable avec le *Japan Rail Pass*.

➢ ***De/pour Koyasan :*** départs avec la *JR Line* vers la ***Namba Station*** à Osaka, via la station d'Umeda (ligne Mido-suji). À la ***Namba Station,*** où l'on peut acheter le *Koyasan Pass*, prendre le train de la *Nankai Koya Line* pour ***Gokurakubashi.*** Autre possibilité via la station ***Shinimamiya*** (avec changement à Osaka), et même temps de parcours. Pour les détails, se reporter à « Koyasan ».

Se déplacer dans Kyoto

À pied 歩いて

La ville est entourée de collines, couvertes de forêts, mais la partie urbanisée située dans une plaine est plate et bien quadrillée. Même très étendue, la ville se découvre bien à pied, notamment le quartier central *(plan II)* et Gion *(plan V)*. Les transports sont utiles entre quartiers pour s'économiser un peu les semelles. Avec un bon plan, on se dirige facilement. Et c'est un plaisir d'explorer le réseau dense de ruelles des quartiers au caractère villageois. ***Une des plus belles promenades*** se trouve au nord-est de la ville, le *chemin de la Philosophie (plan IV)* qui, le long d'un canal bordé de cerisiers et d'érables, relie le temple Ginkaku-ji (pavillon d'Argent) au temple Nanzen-ji. Quand on ne trouve pas son chemin, il suffit de demander en s'excusant : « *sumimasen* » et de montrer le plan, ça marche à tous les coups ! Nous vous recommandons le *Kyoto & Vicinity Walking Guide,* à télécharger sur ● *japan.travel/fr* ●, qui propose 24 balades à Kyoto et dans la région.

En bus バス

Un trajet de bus coûte 230 ¥ (120 ¥ pour les enfants) à l'intérieur de la ville. Le *pass* pour une journée (600 ¥) est intéressant : il permet d'aller à peu près partout dans la zone urbaine *(flat fare zone)*. À l'extérieur de cette zone, c'est plus cher, selon la distance, le tarif s'affiche dans le bus et s'il y a un complément à payer, on le règle auprès du conducteur. On distingue les bus qui sortent de la zone urbaine par leur numéro noir sur un fond blanc, les autres ont un numéro sur fond coloré. Les bus passent en moyenne toutes les 7 à 20 mn et fonctionnent de 6h à 22h30. Le réseau couvre toute la ville. Des plans (en anglais) du réseau de bus sont disponibles dans les offices du tourisme ou stations de métro. Le plan semble compliqué à première vue, mais une fois qu'on s'y est plongé, tout devient facile. Il suffit de repérer le lieu où l'on veut se rendre, puis de suivre le réseau coloré des lignes de bus et de trouver l'arrêt le plus proche de l'endroit où on se trouve. Et l'avantage sur le métro, c'est qu'on profite du paysage.

À signaler : les lignes 100 (rouge), 101 (vert) et 102 (jaune), appelées ***Raku Bus,*** parcourent idéalement les principaux sites touristiques. Le bus ***Express*** depuis la gare dessert en 30 mn environ Shi-Honganiji puis Nijo Castle et enfin le Kinkakuji Temple. Pratique pour visiter ces 3 sites.

Comment voyager en bus

À l'arrêt, faire la queue pour embarquer par l'arrière (une seule exception le n° 100, où l'on embarque à l'avant). On règle à la sortie à côté du chauffeur dans un monnayeur automatique (avec changeur de billets de 1 000 ¥, si nécessaire). Si vous avez un *pass,* vous le glissez dans la fente ad hoc et vous sortez. Vous pouvez aussi payer en carte *Suica* ou *Icoca*. Le chauffeur en gants blancs, équipé d'un micro, fait assaut de politesse à chaque station, remerciant chaque usager qui sort du bus et avertissant en cours de route lorsqu'il va freiner ou démarrer.

En métro 地下鉄

Le réseau de métro de Kyoto se limite à 2 lignes qui se croisent à la station *Karasuma Oike* : la ligne **Karasuma,** nord-sud *(Kokusaikaikan-Takeda),* et la ligne **Tozai,** est-ouest *(Rokujizo-Tenjingawa)*. Les stations de la ligne *Karasuma* sont numérotées de 1 à 15 précédées de la lettre K ; celles de la ligne *Tozai,* de 1 à 17 précédées de la lettre T. Le réseau fonctionne de 5h30 à 23h30. Un billet varie de 210 à 350 ¥ : c'est le plus cher du Japon. Si à l'achat du billet, au distributeur automatique (choisir l'option *english*), vous vous êtes trompé dans le prix et la distance, pas de panique : à la station d'arrivée, aux machines « *fare adjustment* » ou auprès des préposés, vous pouvez « ajuster le tarif ». Le mieux est donc

KYOTO

de prendre le prix minimum et d'ajuster au besoin.

– En complément, 5 lignes de train privées forment une sorte de réseau RER qui dessert les banlieues et au-delà dans le Kansai. Ce sont les lignes ***Keifuku, Eizan, Keihan, Hankyu*** et ***Kintetsu.*** *Japan Rail West* (JR) et *Kintetsu* se connectent à la gare centrale de Kyoto. *Hankyu* dispose d'un terminal à l'intersection de ***Shijo Kawaramachi.*** *Keihan* dispose d'une station au ***Sanjo Keihan,*** non loin de ***Shijo Kawaramachi.***

Sur nos plans, nous avons choisi de marquer les stations de ces réseaux de la lettre S. Gardez en permanence un plan sur vous pour vous y retrouver. Malheureusement, les 2 lignes du métro ne couvrent pas toute la surface de la ville, il faut donc alterner les déplacements entre le métro et le réseau ferré (style RER), en payant un nouveau trajet à chaque changement. Plusieurs cartes et *pass* (voir ci-dessous) permettent de circuler à la fois sur le réseau souterrain et celui des bus, mais sont peu pratiques au regard des restrictions qui les accompagnent. Un site indispensable pour se déplacer dans la ville avec les horaires et durées de trajets en fonction du lieu choisi : ***Bus and Train Veteran*** • *arukumachikyoto.jp/index.php?lang=en* • avec appli à télécharger sur smartphone. Ainsi que • *hyperdia.com/en/* •

En taxi タクシー

Peut dépanner, surtout tard le soir, quand il n'y a plus de métro. Une petite course dans le centre-ville (en dehors des heures de pointe) coûte 600 ¥ de prise en charge, puis 80 ¥ par tranche de 400 m (légèrement variable selon la compagnie). Un conseil pratique : les chauffeurs de taxi parlent rarement et mal l'anglais. L'idéal consiste à leur présenter la destination écrite en japonais. Si le chauffeur ne la connaît pas, il l'entrera sur son GPS. Sinon, indiquer un site ou un monument important de la ville, à proximité. Les cartes bancaires sont parfois acceptées, mais privilégiez l'argent liquide.

À vélo 自転車

Hormis le secteur pentu des collines à l'est, la ville plate et quadrillée se prête à la bicyclette. Tout ou presque est fait pour simplifier la vie des cyclistes. Nombreuses pistes cyclables tracées sur les trottoirs : ne pas hésiter à (gentiment) utiliser la sonnette pour prévenir les piétons de votre arrivée. Pas de problème de vol (on vous proposera quand même parfois une assurance). On peut louer des vélos assez facilement dans certaines AJ et hôtels. Les sens interdits sont autorisés aux vélos... Attention, dans les zones de Shijo-dori, sur une partie de Kawaramachi-dori (*plan II, C-D2* ; très passant) et sur certaines autres grandes artères, il est interdit de circuler à vélo, mais les trottoirs sont assez larges pour les cyclistes. Dans certains lieux très touristiques, comme le château Nijo, le temple Kiyomizu, Ginkaku-ji, etc., le parking à vélos est payant (200 ¥ ; billet valable une journée). Enfin, n'oubliez pas, on conduit à gauche !

Rental Bicycle Kyoto Miyabiya レンタルサイクル京都みやび屋 *(plan I, B1,* ***1****) : 323 Kamijyuzuyamachi, Shimogyo-ku.* ☎ *354-7060.* • *k-miyabiya.jp* • *En face du temple Higashi Hongan-ji. Tlj 8h30-18h30. Possibilité de résa en ligne. Compter 800 ¥/j., et jusqu'à 2 200 ¥/j. pour un vélo électrique.* Choix entre vélos de ville, VTT et même électriques, équipés de paniers à l'avant, de porte-cartes et de sièges pour enfants en option. Parle l'anglais, donne la météo des jours à venir et fournit des itinéraires de visites. Casques, gants en hiver et bouteilles d'eau en été ! Parking le soir si besoin et garde des bagages après le check-out à l'hôtel. Le service au client porté à son degré de perfection !

Pippa ピッパ **:** • *pippa.co.jp* • *Sans abonnement, compter 100 ¥ les 30 mn. Sinon, abonnement mensuel 1 500 ¥, puis course gratuite jusqu'à 30 mn et 100 ¥ par tranche de 30 mn au-delà (autant fractionner les longs trajets !).* Une soixantaine de stations accessibles à tout moment : c'est le Velib' à la sauce kyotoïte.

KYOTO

Les différents *pass* et cartes disponibles

Ces différents *pass* sont disponibles aux distributeurs automatiques du métro (sauf pour la carte *City Bus* et la carte du *Kyoto City Bus*), à l'office de tourisme de la gare centrale et aux bureaux d'information du métro.

– ***Kyoto City Bus One-day Pass :*** 600 ¥ pour 1 jour (calendaire), ½ tarif 6-12 ans. En vente dans le bus auprès du chauffeur, dans les hôtels et points d'information. Permet d'accéder librement en bus aux principaux quartiers de la ville, sauf quelques-uns éloignés du centre-ville. En sortant du bus, on l'insère dans la machine à composter : le 1er passage imprime la date du jour et initialise la période de 24h de validité.

– ***Kyoto Sightseeing One & Two-day Pass :*** 1 200 ¥ pour 1 jour ; 2 000 ¥ pour 2 jours ; ½ tarif 6-12 ans. En vente aux guichets du métro et dans les centres d'information des gares de bus. Transport gratuit pour la durée choisie sur les bus du réseau *Kyoto City Bus,* la plupart de ceux de la *Kyoto Bus Cy* et le métro (mais pas le train). Peu rentable à notre avis.

– ***Kyoto Subway One Day Card :*** 900 ¥. Peut être utilisée sur toutes les lignes de métro de Kyoto durant une journée.

– ***JR West Rail Pass :*** 2 300 ¥ pour 1 jour, 4 600 ¥ pour 2 jours, 5 600 ¥ pour 3 jours et 6 600 ¥ pour 4 jours. Donne le droit d'utiliser librement les trains du réseau local du Kansai et de Haruka (Kyoto, Nara, Osaka). Un *pass* qui donne la gratuité sur la liaison pour l'aéroport international du Kansaï, et l'aéroport national Itami à Osaka.

– ***Kansai Thru Pass :*** 4 300 ¥ pour 2 jours, 5 300 ¥ pour 3 jours. Donne accès libre à la plupart des trains, métro et bus de la région du Kansai (Kyoto, Osaka, Nara).

– La carte ***Icoca,*** valable dans la majorité des transports de Kyoto (et du Kansai en général), est une carte prépayée (du montant de son choix, moyennant une caution de 500 ¥ qu'on récupère à la fin). Elle est rechargeable et évite d'acheter à chaque trajet un nouveau billet. Les cartes ***Suica*** et ***Pasmo*** sont également valides à Tokyo, mais attention : les sociétés de gestion étant distinctes, on ne se fait pas rembourser à Kyoto la caution initiale de 500 ¥ payée à Tokyo (et vice versa).

Adresses et infos utiles

Informations touristiques

ℹ *Kyoto Tourist Information Center* *(office de tourisme ; plan I, B2)* **:** *dans le hall traversant la gare centrale par-dessus les voies (2e étage) à gauche de l'entrée du grand magasin Isetan. ☎ 343-0548. • ja.kyoto.travel • Tte l'année, tlj 8h30-19h.* Un accueil remarquable en anglais et une mine d'infos sur la ville et ses environs proches : visites, horaires et prix, transports (trains, bus), hébergements, sorties, excursions, manifestations culturelles. Bonne documentation, cartes et plans détaillés. Également une antenne sur Karawamachi-dori *(plan II, D2).*

ℹ *Kansai Tourist Information Center* *(plan I, B2)* **:** *au 3e étage de la Kyoto Tower. ☎ 341-0280. • tourist-information-center.jp/kansai/en • Tlj 10h-18h.* Nombreuses informations (et brochures) pour voyager dans la région et tout le Japon. Résas train, bus, hôtels, *Koyasan pass* (réduction), vente de cartes SIM, et réduction sur la visite de la Kyoto Tower *(600 ¥ au lieu de 770 ¥).* Très complet et personnel prévenant. Bureau de change au même étage.

■ ***Guides bénévoles (Good Samaritan Club) :*** *📱 090-6684-0167 (9h-19h seulement). • reservation.samaritan@gmail.com • goodsamaritanclub.org/reservation-login • Valable seulement sam-dim et j. fériés.* Service de guides bénévoles anglophones (étudiants) sur résa au moins 1 ou 2 semaines à l'avance, via leur site internet. Ce service est gratuit, les déplacements, repas et billets d'entrée aux sites des guides sont à la charge du groupe.

– Plusieurs sites aux prestations équivalentes : *● kyoto.travel ● kyoto freeguide.web.fc2.com ●*
– Kyoto Visitors Host : *● kyotovisitors host.com ● Compter 2 000-3 000 ¥/h.* Des visites de la ville par des guides anglophones et même francophones pour certains.

Achats

Artisanat

Kyoto Handicraft Center 京都ハンディクラフトセンター *(plan IV, B2,* ***7****)* **:** *Heian Jingu Kita, Marutamachi, Sakyo-ku, 17. ☎ 761-8001. ● kyotohandicraftcenter.com ● Bus nos 93, 203 et 204, arrêt Kumano Jinja-mae* 熊野神社前*. Tlj 10h-19h. Infos et bureau de change. Détaxe possible à partir de 5 000 ¥ d'achat sur présentation du passeport.* Sur plusieurs étages et 2 bâtiments : laques, perles, cloisonnés, bijoux, éventails, kimonos, poteries, foulards en soie, peintures, estampes, calligraphies, paravents et démonstration de gravure sur bois. Fabrication et vente de poupées, porcelaines, cerfs-volants, masques. Livres, sandales japonaises, thé, biscuits... Ateliers gratuits d'origami et activités similaires payantes.

Ezoshi 絵草子 *(plan V, B1,* ***10****)* **:** *Umemotocho, Shinmonzen-dori, Higashiyama-ku. ☎ 551-9137. ● ezoshi.com ● Tlj 10h-18h.* Boutique d'estampes japonaises, beau choix, bien diversifié. Sébastien, le gendre du propriétaire, nous fait partager en français ses connaissances et sa passion sur le monde des estampes. Précieux de pouvoir communiquer !

Konjaku Nishimura 今昔西村 *(plan V, A1,* ***11****)* **:** *Benzaitencho, 36, Yamato Oji Dori, Higashiyama-ku. ☎ 561-1568. ● konjaku.com ● Tlj sauf dim 10h-19h.* Incroyable boutique de kimonos et tissus anciens. Vaut le détour autant pour l'ambiance, une vraie caverne d'Ali Baba, que pour la qualité ! Certains sont tellement beaux qu'ils méritent d'être encadrés.

Autres lieux pour le shopping

Teramachi Arcade 寺町道り *(plan II, D2)* et **Shin-Kyogoku Arcade** 新京極通り *(plan II, D2)* **:** ces 2 galeries marchandes et quelques rues perpendiculaires piétonnes abritent des centaines de boutiques en tout genre. Du souvenir le plus insolite aux vêtements les plus branchés en passant par les estampes, livres anciens, étals de nourriture et toutes sortes d'objets dont les Japonais ont le secret. On trouve également de nombreuses boutiques sur Shijo-dori, en allant du Shijo Bridge à Karasuma-dori et dans l'élégante Sanjo-dori, où se trouve le Musée municipal de Kyoto *(plan II, C2).*

Bento & Co *(plan II, D2)* **:** *à l'angle de Gokomachi et Rokkaku. ☎ 604-8072. Tlj 12h-19h.* Une boutique entièrement consacrée aux bentos, ces coffrets compartimentés bien pratiques pour transporter son repas. Un choix à faire tourner la tête : des versions sobrement utilitaires, d'autres élégantes ou plus rigolotes, notamment pour les enfants. Il y en a pour tous les goûts, tous les appétits (différentes tailles), à prix raisonnables !

Sou-Sou 青山店 *(plan II, D3)* **:** *Nakano-cho, Nakagyo-ku. ● sousou.co.jp ● Ⓜ Kawaramashi* 河原町*, ligne Hankyu (sortie 6). Tlj 12h-20h.* Une marque 100 % kyotoïte qui propose des vêtements de créateurs inspirés du style traditionnel japonais, largement modernisés. 4 boutiques, chacune spécifique, s'égayent dans une ruelle qui part vers l'est, depuis la galerie Shi-Kyogoku. Une précision, Sou-Sou se prononce « So-So », et signifie « Ah bon ? ».

N'hésitez pas à entrer, au moins par curiosité, dans les 2 grands magasins de Kyoto, ***Takashimaya*** 高島屋 et ***Hankyu*** 阪急 *(plan II, D3,* ***5****).* Ils se font face au carrefour avec Kawarama-dori. Du sous-sol (rayon épicerie vraiment à voir) au dernier étage, on trouve de tout, mais un peu plus cher qu'ailleurs.

Également de nombreux magasins pour le shopping autour et dans la gare *(Kyoto Station).* Voir notamment **Kyoto-Yodobashi** 京都ヨドバシ *(plan I, B2 ; juste à l'arrière de la Kyoto Tower ; tlj 9h30-22h),* un grand centre commercial avec *Uniqlo,* restos, mais surtout, au rez-de-chaussée et en sous-sol, des produits informatiques en tout genre. Sûr que vous trouverez votre bonheur.

KYOTO

Francophonie

■ ***Institut français du Japon-Kansai*** アンスティチュ・フランセ関西 京都 *(plan IV, B1,* ***4****) : 8 Izumidono-cho, Yoshida, Sakyo-ku. ☎ 761-2105. ● institutfrancais.jp/kansai/fr/ ● À 12 mn à pied de la gare Demachi-Yanagi* 出町柳*, ligne Keihan. Bus n*os *31, 65, 201 et 206, arrêt Kyodai Seimon-mae* 兄弟正門前*. Mar-ven 9h-21h, sam 9h30-19h. Fermé lun, j. fériés et août. Café, voir la rubrique « Où manger ? » plus bas.* Nommé ambassadeur de France au Japon en 1921, Paul Claudel séjourna à Kyoto en 1926. Il créa la maison franco-japonaise destinée à diffuser la culture française et à développer les échanges entre les 2 pays. En 1927, l'Institut ouvrit d'abord ses portes sur l'une des collines à l'est de Kyoto (actuelle villa Kujoyama), puis se déplaça ici. Aujourd'hui, on y donne des cours de français et il fait office de centre culturel de la francophonie. Médiathèque en accès libre avec notamment des ouvrages sur le Japon et l'art. Marché régulièrement dans le jardin.

Internet

– ***Kyoto wifi :*** la ville propose un service wifi gratuit pour 24h. *● kanko.city.kyoto.lg.jp/wifi/en ●* Suivre les instructions pour se connecter.

Hébergements

KYOTO

Hébergement dans les temples *(shukubo* 宿坊*)*

Il est possible de loger dans certains temples à condition de respecter les règles de fonctionnement imposées par les moines et de s'adapter à leur rythme de vie, à la cuisine végétarienne et au confort des lieux, sommaire mais suffisant. Attention, ils sont parfois excentrés.

Minshuku et ryokan

Kyoto, traditionnelle avant tout, se prête bien à l'hébergement en ***ryokan.*** Les ***minshuku*** sont des *ryokan* bon marché, l'équivalent de nos chambres d'hôtes, avec donc une ambiance familiale.
Recommandation : il est fortement conseillé de réserver très à l'avance (dès la mise en ligne des résas sur leurs sites). En effet, les groupes de touristes chinois, friands de tradition, débarquent en nombre et le nombre de *ryokan* est limité.

Auberges avec onsen 温泉

Durant leurs vacances, les Japonais aiment passer du temps dans les *onsen.* Ces sources chaudes naturelles où ils se baignent dans des bassins remplis d'une eau souvent sulfureuse car venue du sous-sol des montagnes et des volcans. À Kyoto, les eaux thermales sont reconnues pour soulager les rhumatismes, atténuer la pression sanguine, diminuer les douleurs de dos, soigner les maladies de peau et calmer la nervosité. Les *onsen* sont la plupart du temps attenants ou incorporés à un hébergement.
Pour plus de détails, se reporter plus loin à la rubrique « Sports et loisirs – Bains publics » du chapitre « Hommes, culture et environnement ».
Certains *onsen* sont assez chers, mais l'expérience est à tenter : un inoubliable moment de détente à la japonaise !
– Il ne faut pas confondre les *onsen* avec les bains publics *(sento)* situés dans les quartiers et jamais dépendants d'une auberge. Ces derniers sont bon marché (les règles d'usage sont identiques).

Kurama Onsen くらま温泉 ***:*** *520 Kurama Honmachi, Sakyo-ku, à 16 km au nord de Kyoto. ☎ 741-2131. ● kurama-onsen.co.jp ● De la gare centrale, bus n° 4, arrêt Demachiyanagi-ekimae* 出町柳前 *; de là, train de la ligne Eizan (env 30 mn) jusqu'à Kurama* 鞍馬 *; puis, navette de minibus jusqu'à l'hôtel, situé à 10 mn à pied. En taxi, depuis Kyoto Station, compter env 50 mn et 5 000 ¥. Bains : tlj 10h30-21h*

(20h en hiver) ; dernière admission 40 mn avt fermeture ; 1 000-2 500 ¥/pers (+ 400 ¥ pour la loc de la serviette). Doubles confortables de style japonais avec sanitaires 17 000 ¥ en ½ pens (+3 000 ¥/pers en période de vac). Forfait bains-repas sans hébergement 4 800 ¥/pers. Situé à l'extrême nord de Kyoto, dans un site naturel d'une grande beauté, une vallée boisée et encaissée (gorges de la rivière Kuruma), cet hôtel-*onsen* exceptionnel est une des meilleures adresses près de Kyoto. Bien sûr, le porte-monnaie en sort un peu rincé, mais, malgré tout, le rapport qualité-prix reste excellent pour les prestations proposées. Plusieurs *onsen* d'eau chaude sulfureuse à l'intérieur et à l'extérieur (bassins séparés hommes et femmes). Le plus agréable est le bassin commun extérieur, semi-couvert par une avancée sur pilotis. Été comme hiver, c'est un régal de s'y baigner en admirant les forêts de cèdres noirs et les monts environnants.

KYOTO QUARTIER PAR QUARTIER

AUTOUR DE LA GARE FERROVIAIRE (KYOTO STATION 京都駅)

• Autour de la gare (plan I) *p. 320-321*

D'où que vous arriviez, vous transiterez forcément par la gare centrale *JR* de Kyoto, véritable point central des transports de la ville : trains, *Shinkansen,* métro, bus d'aéroport convergent ici. Construite en 1997 par *Hiroshi Hara,* la gare est à elle seule un monument qu'il faut visiter, avec son atrium de 470 m de long et 60 m de haut et une architecture complètement futuriste ! Tentaculaire, elle fait aussi fonction de centre commercial, compte des hôtels de luxe, une salle de spectacle, l'office de tourisme de la ville, de nombreux restaurants, galeries en sous-sol sur 3 niveaux et offre une vue sur la ville depuis le sommet des 11 étages. Pour son toit en damier, l'architecte s'est inspiré de la disposition des ruelles de la vieille ville. Juste en face, la Kyoto Tower pointe au nord, telle l'aiguille géante d'une boussole.

Où dormir ?

De très bon marché à prix moyens (moins de 15 000 ¥ / 125 €)

K's House Kyoto Backpackers Hostel バックパッカーズホステルケイズハウス京都 *(plan I, C2,* ***20****) : 418 Nayacho, Shichijo-agaru, Dotemachi-dori. ☎ 342-2444. • kshouse.jp • À 10 mn à pied, au nord-est de la gare. Lits en dortoir (4-8 pers) 2 400-2 800 ¥ ; doubles 3 250-4 600 ¥.* Bâtiment moderne, réception accueillante avec ses canapés et son alignement d'ordinateurs, c'est l'une des AJ les mieux équipées de la ville. Les dortoirs sont impeccables (douche-w-c à l'extérieur), certains réservés aux femmes. Itou pour les chambres sobres et climatisées, certaines avec salle de bains. Cuisine rutilante à dispo, salons pour discuter entre routards, petite cour intérieure et nombreux services (laverie, location de vélos). Café zen au rez-de-chaussée, petite cour intérieure et le meilleur pour la fin : super terrasse au dernier étage avec vue imprenable

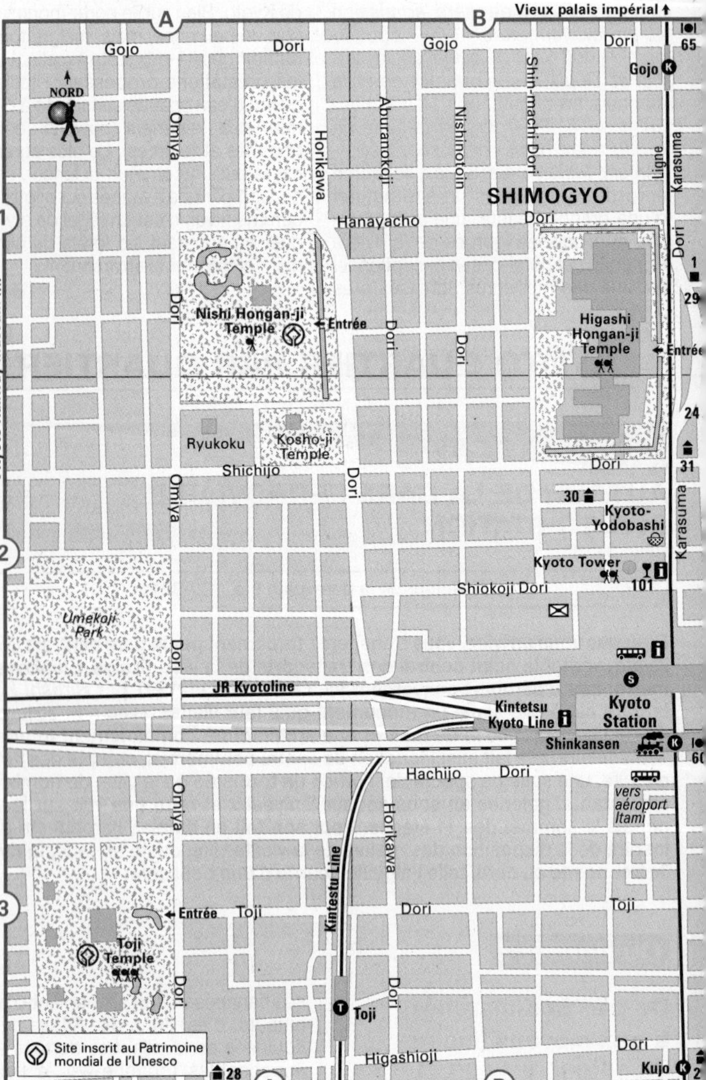

Adresses utiles

- Tourist Information Centers (B2)
- 1 Rental Bicycle Kyoto Miyabiya (B1)

Où dormir ?

- 20 K's House Kyoto Backpackers Hostel (C2)
- 21 Piece Hostel Kyoto (C3)
- 23 Hostel Shizuya (C2)
- 24 Hana Hostel et Ryokan Kyoraku (B2)
- 25 Ryokan Yuhara (C1)
- 26 Ryokan Hiraiwa (Hiraiwa Annex ; C1)
- 27 The Lower East Nine Hostel (B3)
- 28 The Next Door (A3)
- 29 Ryokan Matsubaya (B1)
- 30 Ryokan Heianbou (B2)

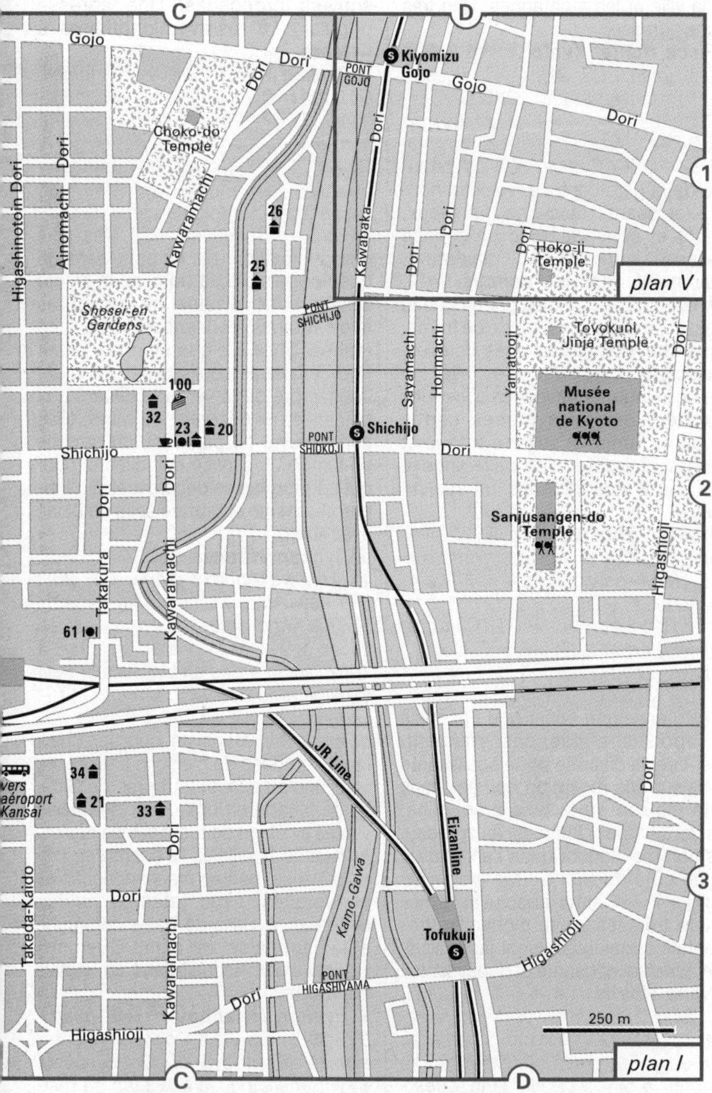

KYOTO – Autour de la gare (Plan I)

31 Hotel Station Kyoto West (B2)
32 Kikoku-so Inn (C2)
33 Almont Hotel (C3)
34 Hotel Centnovum Kyoto (C3)

Où manger ?

23 Hibi Coffee-Asipai (C2)
60 Sushi no Musashi et Eat Paradise (B3)
61 Honke Daiichi Asahi (C2)
65 Soba no Mi Yoshimura (B1)

Où manger une pâtisserie ? Où boire un verre ?

100 Kaikado Café (C2)
101 Sky Lounge Kuu (B2)

sur la ville et les montagnes. Une très bonne adresse.

Piece Hostel Kyoto ピースホステル京都 *(plan I, C3, **21**) : 21-1 Higashi-kujo Higashisanno-cho. ☎ 693-7077. • piecehostel.com • Lits en dortoir 2 400-3 400 ¥/pers, petit déj (simple) inclus ; doubles 6 600-7 800 ¥.* À proximité de la gare centrale, voici un *hostel* réjouissant : moderne, lumineux, rutilant et convivial avec un espace moderne optimisé au maximum, notamment dans les dortoirs de 4, 6 et 18 couchages isolés par un rideau (liseuses, matelas à mémoire de forme, sèche-cheveux...). Quelques doubles, minuscules et sans fioritures, avec un lit et un lavabo. Les espaces communs apportent quelques mètres carrés salutaires : cuisine ouverte à tous et terrasse plaisante. Une belle annexe aussi, le ***Piece 22*** dans un *ryokan* rénové.

Hostel Shizuya 京の御宿しづや *(plan I, C2, **23**) : au fond d'une impasse à l'angle de Schichijo-dori et Kawaramachi. ☎ 351-2726. • shizuya-kyoto.com • Réception 9h-19h. Lits en dortoir (4-6 pers) 2 300-2 500 ¥/pers ; doubles 5 500-16 200 ¥ ; pas de petit déj. CB refusées.* Pas facile à repérer, et l'enseigne (ainsi que l'accueil) en japonais n'aide pas vraiment. À l'entrée, la discrète porte coulissante ouvre sur une réception épurée. Dans cette maison où le bois prédomine, des dortoirs pour femmes, au cordeau. Les hommes logent dans l'annexe de l'autre côté du *Hibi Coffee* (voir « Où manger ? »). Calme absolu et atmosphère très zen, voire monacale (fréquentation majoritairement japonaise). Une adresse reposante et dépaysante !

Hana Hostel ハナホステル *(plan I, B2, **24**) : 229 Akezu-dori, Kogawa-cho. ☎ 371-3577. • kyoto.hanahostel.com • Lits en dortoir 2 000-3 100 ¥ ; doubles 5 600-9 000 ¥.* Une *guest-house* à l'ambiance chaleureuse et internationale. Dortoirs de 4 et 8 lits mixtes, 4 et 6 lits pour femmes, mais aussi chambres privées à la japonaise (tatami, futon) de bon standing pouvant accueillir 2 ou 3 personnes. Salles de bains pratiques et propreté nickel. Location de vélos, cuisine, casiers, machines à laver. Soirées musique souvent proposées. Une adresse populaire, à réserver longtemps à l'avance.

Ryokan Yuhara 旅館ゆはら *(plan I, C1, **25**) : Kiyamachi-dori, Shomen-agaru. ☎ 371-9583. • ryokan-yuhara.com • À 15 mn à pied de la gare. Bus nos 4 ou 17, arrêt Kawaramachi-Shomen* 河原町正面*, prendre vers l'est et traverser le petit canal. Double 9 750 ¥ ; pas de petit déj.* Très jolie maison traditionnelle en bois, dans un quartier paisible au bord de la rivière Takase. Une dizaine de chambres avec tatamis et lavabos, très bien tenues. Style typique japonais, avec futon et portes coulissantes séparant la chambre de la véranda. Quant aux peintures qui décorent les murs, elles sont l'œuvre du papa. Ici, on travaille en famille au service des clients, pour qui les proprios se décarcassent. Douche commune et grande salle de bains avec *sento.*

Ryokan Hiraiwa 旅館アネックス平岩 *(Hiraiwa Annex ; plan I, C1, **26**) : 314 Hayai-cho, Shimogyo-ku. ☎ 351-6748. • yadoya-hiraiwa.kyoto • Même accès que pour le précédent, mais à 100 m sur la droite en longeant le petit canal vers le nord. Fait l'angle sur la gauche. Doubles 4 000-6 000 ¥ ; pas de petit déj.* Dans un quartier charmant composé de maisons basses, en voici une au calme, tout près de Gion. Vaste façade en bois avec des baies vitrées à l'étage donnant sur les ruelles. Ambiance familiale. 12 chambres traditionnelles, petites mais impeccables et typiques, avec tatamis, futons, table basse. Salle de bains commune à la japonaise et clim. Quelques vélos à louer. Accueil dans un anglais approximatif.

Ryokan Heianbou 平安坊 *(plan I, B2, **30**) : 725 Heian-cho, JR Kyoto-ekimae, Shimogyo-ku. ☎ 351-0650. • kyoto-heianbou.jp • À 3 mn de marche de la gare, derrière la Kyoto Tower. Doubles 5 500-7 000 ¥ sans sdb ni petit déj, ou avec les 2 (les plus chères). CB refusées.* Petite maison discrète dans une rue étroite, près d'une école, à l'ombre des tours. Accueil familial, attentif et courtois. Les chambres typiques sont une introduction à la culture japonaise : on dort sur un futon posé à même un tatami, on se déchausse, on revêt le *yukata* le soir, on se détend dans le bain commun. Pour la moitié des chambres, salle de bains sur le palier (un peu moins chères). Adorable petit jardin zen et cuisine pour les hôtes. Au réveil, petit déj japonais.

De prix moyens à chic (de 10 000 à 25 000 ¥ / 83-208 €)

The Lower East Nine Hostel ローワーイーストナインホステル *(plan I, B3, **27**) : 32 Higashikujo Minamikarasuma-cho. ☎ 644-9990. • lowereastnine.com • Ⓜ Kujo 九条, ligne Karasuma (sortie 3). Nuitée en dortoir 3 100-4 600 ¥ ; petit déj en sus. Doubles 8 000-10 000 ¥ en lits superposés et sdb partagée, 12 000-18 500 ¥ avec sdb privée, petit déj inclus.* Dans la mouvance de ces *hostels* qui éclosent en ville pour satisfaire une clientèle exigeante, celui-ci est dans le haut du panier ! Dortoirs modernes de 4 à 12 personnes, avec lits superposés en bois clair, à la fois proches de la gare et bien au calme. Le petit plus, ce sont les espaces communs où il fait bon vivre : chouette cuisine à l'étage, salon et café accueillants. Joli plancher, canapé et fauteuils élégants. D'ailleurs, question budget, les chambres privées (une poignée seulement) passent tout de suite dans la catégorie « Chic ». Du toit-terrasse, belle vue sur la pagode du temple Toji. Propose une 2e adresse tout aussi pimpante : ***The Next Door*** *(plan I, A3, **28** ; 65 Nishikujo, Higashihieijyocho)*, avec des prix similaires, petit déj inclus et location de vélos.

Ryokan Matsubaya 松葉家旅館 *(plan I, B1, **29**) : Nishiiru, Higashinotoin Nishi, Kamijuzuyamachi-dori. ☎ 351-3727. • matsubayainn.com • À 10 mn à pied de la gare centrale, dans une rue en face de l'entrée du temple Higashi Hongan-ji. Doubles 13 100-20 400 ¥.* Cette auberge reçoit des voyageurs depuis 1884. Modernisée depuis et décorée de manière dépouillée, elle propose une trentaine de chambres climatisées, pour la plupart dans le style japonais traditionnel, où peuvent dormir jusqu'à 5 personnes. Au 5e étage, une poignée de chambres à l'occidentale avec salle de bains. D'autres, très charmantes, au rez-de-chaussée, avec vue sur le micro-jardin, très zen. Accueil chaleureux (en anglais).

Ryokan Kyoraku 旅館京らく *(plan I, B2, **24**) : 231 Kogawacho, Shichijo-agaru, Akezu-dori. ☎ 371-1260. • ryokankyoraku.jp • À 7 mn de marche de la gare centrale ; par Karasuma-dori, puis à droite Shichijo-dori, ensuite la 1re ruelle à gauche. Doubles 14 500-20 000 ¥ ; pas de petit déj.* Maison de 2 étages à la fois moderne et ancienne, avec une jolie façade, grande salle au rez-de-chaussée. Très central, très propre. Chambres de style japonais (plus une occidentale), toutes climatisées, avec ou sans salle de bains. Pas de repas. Laverie. Couvre-feu à 23h.

Hotel Station Kyoto West ホテルステーション京都西館 *(plan I, B2, **31**) : 200 Shichijo-dori, Karasuma-Higashi-iru, Shimogyo. ☎ 343-5000. • hotel-st-kyoto.com • À 5 mn à pied au nord-ouest de la gare. Doubles avec sdb 9 000-12 000 ¥ ; petit déj en sus.* Hôtel sans grande personnalité, avec des chambres de style occidental ou japonais. Sympa : les 2 bains communs (non mixtes ; 17h30-minuit, plus le dimanche matin).

Almont Hotel アルモントホテル *(plan I, C3, **33**) : 26-1 Nishi Iwamoto-cho, Higashi Kujo. ☎ 681-2301. • almont.jp • Doubles 9 000-17 500 ¥ ; petit déj en sus.* Derrière la gare, dans un quartier pratique à défaut d'être charmant. C'est d'ailleurs un hôtel fonctionnel et un point de chute confortable. Sur plusieurs étages, des chambres de bon standing à l'équipement sans faille malgré des salles de bains assez petites. Vaste réception avec coin bibliothèque, *sento* pour se remettre de sa journée.

De chic à plus chic (de 15 000 à 35 000 ¥ / 125-292 €)

Kikoku-so Inn 枳殻荘 *(plan I, C2, **32**) : Nishi-iru, Hitosuji-me,*

KYOTO

Nanajo-agaru, Shimogyo-ku. ☎ *371-7781. À 15 mn au nord-est de la gare ; sinon, bus nos 4 ou 17, arrêt Kawaramachi-Shomen* 河原町正面*. Doubles 20 500-21 600 ¥. Dîner possible.* Un *ryokan* traditionnel du centre-ville, tenu par un vieux monsieur ultra-serviable. 4 grandes chambres élégantes de style japonais donnant sur un adorable jardin intérieur où quelques carpes s'ébattent dans un bassin. Seule une chambre (un peu bruyante car sur rue) a sa petite salle de bains privative. Pour les autres, elle est commune. Cuisine exquise et propreté impeccable.

Hotel Centnovum Kyoto ホテルセントノーム京都 *(plan I, C3,* ***34****) : 19-1 Higashi Kujou, Higashisanno-cho, Minami-ku.* ☎ *682-8777. • centnovum.or.jp • Doubles 21 500-30 500 ¥ ; petit déj en sus. Parking.* À côté de la gare, un imposant paquebot de granit posé devant les rails. Pas de nuisance sonore cependant, et le confort standardisé peut rassurer certains. Sur place, une cafétéria (le *Flore*), un restaurant (japonais) et tous les services nécessaires. Chambres classiques de style occidental ou japonais et bien équipées (clim, machine à café).

Où manger ?

De bon marché à prix moyens (moins de 3 500 ¥ / 29 €)

KYOTO

Des étages supérieurs jusqu'au sous-sol, la ***gare de Kyoto*** *(plan I, B2-3)* recèle des dizaines de restos de toute sorte à tous les prix. Regardez le plan de la gare pour vous y retrouver. Beaucoup ferment vers 23h. L'un de nos préférés qui fait partie d'une chaîne avec d'autres adresses en ville :

– ***Sushi no Musashi*** 寿しのむさし *(plan I, B3,* ***60****) : 440 Ebisucho, Nakagyo-ku.* ☎ *222-0634. Entrée sud-est de la gare. Tlj 11h-22h (dernière commande à 21h45).* Pratique et ludique, ce resto de sushis incarne l'image d'Épinal que tout étranger se fait du Japon : sur un long tapis roulant défilent d'appétissantes assiettes de sushis. Saumon, crabe, crevette, canard, poulpe... Le choix est varié, et on se régale sans se ruiner. Pratique avant de prendre le train, mais attention : aux heures de pointe, attente garantie.

Eat Paradise イートパラダイス *(plan I, B3,* ***60****) : au 11e étage de la galerie marchande Isetan.* ☎ *352-6233. Tlj 11h-22h, dernières commandes à 21h15.* Une longue série de restos pour tous les goûts, alignés de part et d'autre d'un couloir. Tempura, *tonkatsu* (côtelettes de porc frites), nouilles. Rien que pour la vue sur la ville et les montagnes, on craque pour ***Kyotofu Fujino,*** une valeur sûre pour la cuisine à base de tofu. Pas donné, mais des menus au déjeuner.

Honke Daiichi Asahi 本家第一旭 *(plan I, C2,* ***61****) : 845 Higashi Shiokoji Mukaihara-cho.* ☎ *600-8213. À 3 mn de la gare. Repérer l'enseigne blanche à liséré vertical rouge. Tlj sauf jeu 5h-2h du mat.* Réputé à des kilomètres à la ronde pour ses délicieux *ramen* à l'émincé de porc. Salle minuscule, on y fait la queue pour attendre son tour aux heures de pointe.

Hibi Coffee-Asipai アシパイ+ヒビコーヒー *(plan I, C2,* ***23****) : dans l'impasse à l'angle de Shichijo-dori et Kawaramachi.* ☎ *276-3526. Tlj sauf mar 8h-19h.* Dans une impasse improbable, un café adorable, décontracté et gourmand, chargé d'une onctueuse odeur de café. Il est torréfié sur place, et se déguste à toute heure sur l'une des quelques tables en bois. Midi et soir, un curry à prix doux, qui fait le bonheur d'une clientèle d'initiés (dont vous faites désormais partie !).

Soba no Mi Yoshimura 蕎麦の実よしむら *(plan I, B1,* ***65****) : à l'angle de Gojo-dori et Karasuma-dori, 3e échoppe à droite du McDo.* ☎ *353-0114. Tlj 11h-16h, 17h-21h (dernière commande à 22h).* Au rez-de-chaussée, les marmitons confectionnent activement les *soba,* ces nouilles au sarrasin, chaudes ou froides, populaires, dont le restaurant s'est fait une spécialité. Fascinant ! À l'étage, on s'installe sur de petites tables ou au comptoir avec vue sur l'avenue (pas grisante). Cuisine soignée et à prix doux. Également des tempuras de crevettes aériens et des bouillons pleins de saveurs.

Où manger une pâtisserie ? Où boire un verre ?

Kaikado Café 開化堂カフェ *(plan I, C2,* ***100****) : sur Kawaramachi.* ☎ *353-5668. Tlj sauf jeu et 1er mer du mois 10h30-19h. Certains soirs, concerts (payants).* Derrière la haute baie vitrée qui évoque celle d'un atelier, un élégant café au mobilier de bois blond, et un comptoir qui présente d'alléchantes pâtisseries. N'en jetez plus, c'est le cheese-cake la vedette ! À savourer avec un bon café, en laissant couler son regard de la paisible terrasse arrière à l'artisanat en vente au comptoir. Depuis 6 générations, cette famille d'artisans fabrique le haut de gamme de la boîte à thé (étain, cuivre et laiton). Superbe simplicité, mais gloups, que c'est cher !

Sky Lounge Kuu スカイラウンジ空 *(Kyoto Tower Hotel ; plan I, B2,* ***101****) : Karasuma-dori, Shichijo-sagaru, Shimogyo-ku.* ☎ *352-0253. Situé au 11e étage de la Kyoto Tower ; accès par ascenseur (gratuit pour l'accès au bar). Tlj 15h-23h (dernière commande à 22h).* Un grand bar-*lounge* avec lumière bleutée intime, où l'on sert toutes sortes de boissons (apéritifs, cocktails...). On y va avant tout pour la vue sur la ville. Un must à la tombée de la nuit, lorsque les temples de la colline s'effacent et que les lumières de la ville s'allument.

KYOTO

À voir

La tour de Kyoto 京都タワー ***et l'observatoire*** *(plan I, B2) : face à la sortie nord de la gare centrale. • kyoto-tower.co.jp • Tlj 9h-21h20 (dernière entrée à 21h).* Ce grand tuteur de béton et d'acier s'élance à 131 m dans le ciel de Kyoto et constitue un point de repère dans le paysage urbain. Construite selon les normes antisismiques, reposant sur une structure de 22 colonnes d'acier tubulaire, elle s'appuie sur un bloc de 11 étages qui abrite un hôtel, un bureau d'informations touristiques (3e étage) et des magasins (au rez-de-chaussée). La tour peut résister à des vents (typhons) de 90 m/s et aux tremblements de terre. Mais, rassurez-vous, la ville de Kyoto est épargnée par ce genre de cataclysmes naturels (contrairement à Osaka et Kobe).

– ***Visite :*** *billetterie au rdc, dans la galerie marchande. Billet pour l'observatoire : 800 ¥ (660 ¥ l'achetant au* Kansai Tourist Information Center*, au 3e étage). Prendre ensuite l'ascenseur.* On peut soit aller boire un verre au bar *Sky Lounge Kuu,* au 11e étage (voir plus haut), soit reprendre l'ascenseur (en gardant le même billet) qui grimpe jusqu'à l'observatoire, au sommet de la tour. À faire en fin de journée pour le coucher du soleil.

Le temple Higashi Hongan-ji 東本願寺 *(plan I, B1-2) : entrée par Horikawa-dori.* ☎ *371-9181. • higashihonganji.or.jp • Tlj 5h50-17h30 mars-oct, 6h20-16h30 nov-fév. GRATUIT.* Ce temple abrite le mausolée de Shinran Shonin (1173-1262), fondateur du bouddhisme Shin. L'enseignement principal de la ***Jodo Shinshu,*** « Véritable secte de la Terre pure », est basé sur le « sutra de la Vie éternelle », qui suppose la dévotion inconditionnelle au Bouddha (que les Japonais appellent « *Amida* »). Pour renaître dans le paradis d'Amida, il suffit au croyant, débarrassé de la superstition et des distinctions de classe sociale, d'avoir foi dans le vœu originel d'Amida de sauver toutes les créatures sans exception. Un accès simplifié à la lumière divine, en somme.

Le ***Goei-do Mon,*** imposante porte sculptée, donne accès au ***Goei-do*** (pavillon du fondateur), aux dimensions impressionnantes : 76 m de long, 58 m de large et 38 m de haut. Son toit est réputé pour être le plus grand du monde. Le ***Hon-do*** au sud de l'enceinte abrite une boîte en verre dans laquelle est enroulée une grosse corde tressée *(kezuna)* avec des cheveux offerts par les dévots du temple et qui servit à hisser les poutres de bois, lors de la reconstruction de cette salle en 1895. Un bâtiment récent abrite une ***expo*** consacrée à la vie de Shonin. On peut aussi y voir un intéressant et joli dessin animé (sous-titré en anglais) sur son parcours. Descendre au sous-sol pour voir la suite de l'expo et dans un immense auditorium un film sur la restauration du temple (japonais non sous-titré).

Le temple Nishi Hongan-ji 西本願寺 *(plan I, A1)* **:** *entrée par Horikawa-dori. ☎ 371-5181. • hongwanji.or.jp • À 10 mn de marche de la gare centrale, ou bus nos 9 ou 28, arrêt Nishi-honganjizen* 西本願寺前. *Tlj 5h30-17h30 (18h en été, 17h en hiver) ; dernière entrée 30 mn avt. GRATUIT.*

Fondé en 1224 à Higashiyama par le bonze Shinran, le siège de la secte bouddhiste Shinshu fut transféré à Kyoto et établi sur ce site de Nishi Hongan-ji en 1591, sous le règne de Toyotomi Hideyoshi. Sur la cour principale, face à l'entrée ***San mon*** (1645), s'ouvrent le ***Hon-do*** (salle principale, 1760) – qui expose une image d'*Amida Bouddha* à côté de celle du prince *Shōtōku* (574-622) – et, au sud, le ***Daishi-do*** (salle du Fondateur, 1637).

Le temple Toji 東寺 *(plan I, A3)* **:** *entrée au nord-est de l'enceinte, sur Omiya-dori. • toji.or.jp • À env 1 km (10 mn à pied) au sud-ouest de la gare centrale. En train, ligne Kintetsu, arrêt Toji Station* 東寺. *Bus no 207. Tlj 7h30-16h de mi-sept à mi-mars, 17h de mi-avr à mi-sept, 16h30 de mi-mars à mi-avr. Entrée : 500-800 ¥ selon période.*

« Le temple de l'Est » appartient à la secte Shingon, qui diffuse le bouddhisme ésotérique et dont le siège est sur le mont Koya. Il fut fondé en 796 par l'empereur Kammu, du temps de Heian-kyo. On venait y prier pour la paix et la tranquillité. Le ***Jiki-do*** (au nord) est un réfectoire reconstruit en 1930. Au nord-ouest, le ***Hozo*** (salle du trésor) date de l'époque Kamakura (1197). Au centre de l'enceinte, le ***Kondo*** abrite une vingtaine de statues et un grand mandala sculpté. La ***pagode à 5 étages*** (1644) qui se dresse à l'angle sud-est serait la plus haute du Japon (57 m). Le 21 de chaque mois se déroule une foire (antiquités, céramiques, brocante...) en l'honneur de Kobo-san, le nom posthume et honorifique du fondateur de la secte bouddhique Shingon. Les jardins sont magnifiques quand les cerisiers sont en fleur !

Kyoto Railway Museum 京都鉄道博物館 *(plan d'ensemble)* **:** *Kankijicho, Shimogyo-ku. ☎ 75-323-7334. • kyotorailwaymuseum.jp • En bus, lignes nos 88, 103, 104 110, 205 et 208, arrêt Umekoji-koen mae* 梅小路公園前. *À 25 mn de marche de la gare de Kyoto, plein ouest. Tlj sauf mer (hors vac scol de printemps et d'été) 10h-17h30 (dernière admission à 17h, mais arrivez de préférence avt, car certaines attractions ferment à 16h). Fermé 30 déc-1er janv. Entrée : 1 200 ¥ ; réduc.*

Étendu sur 3 niveaux et un espace extérieur, le musée promeut la culture ferroviaire nippone et ses développements spectaculaires depuis la locomotive à vapeur (qui prend des passagers, avec un dernier tour à 16h) jusqu'au *Shinkansen.* L'ancienne gare en bois de Nijo y est exposée ainsi que 53 locomotives et wagons. Une maquette de train de 30 m de long circule 1 fois/h (pendant 10 mn) au milieu d'un paysage reconstitué. Attention, elle ne fonctionne elle aussi que jusqu'à 16h. Les visiteurs sont plongés dans une expérience interactive, ludique et enrichissante, qui rassemble visites guidées, ateliers, simulateurs de conduite (jusqu'à 16h15 et sur tirage au sort en raison de la forte demande). De quoi ravir les passionnés du rail comme les plus novices ! Les tout-petits ne sont pas oubliés non plus avec une aire de jeux dédiée aux petits trains. Prévoyez du temps, on peut facilement y passer une demi-journée ! Dommage que tous les écrans tactiles et explications ne soient pas traduits en anglais.

Le musée national de Kyoto 京都国立博物館 *(plan I, D2)* **:** *527 Chaya-cho, Higashiyama-ku. ☎ 541-1151. • kyohaku.go.jp • De la gare centrale, bus n°s 100, 110, 206 ou 208, arrêt Hakubutsukan 博物館 ou Sanjusangen-do-mae 三十三間堂前 ; l'entrée se trouve sur Shichijo-dori, en face du temple Sanjusangen-do. Tlj sauf lun 9h30-18h (20h ven-sam) ; dernier billet 30 mn avt ; musée ouv lun férié (il ferme alors mar). Entrée : 260 ¥ (supplément selon expo) ; réduc.*

Au début de l'ère Meiji (1868), le Japon se tourna vers le monde occidental, et ce nouvel état d'esprit supposait d'abandonner d'une certaine façon la culture traditionnelle japonaise. Certaines œuvres d'art anciennes furent même détruites, perdues ou abandonnées. Devant cet état de fait, le gouvernement décida de réagir en créant en 1889 les 3 premiers musées nationaux du Japon à Tokyo, Nara et Kyoto. En 1897, le Musée impérial de Kyoto ouvrit ses portes dans le grand bâtiment en brique, de style européen, que l'on voit encore aujourd'hui au centre de l'enceinte.

L'ancien Musée impérial (bâtiment en brique rouge)

Conçu par ***Tokuma Katayama,*** l'un des maîtres de l'architecture dite « de style impérial », ce bâtiment est inspiré du Baroque français du XVIIe s. Le fronton triangulaire est orné de 2 bas-reliefs de style gréco-oriental représentant des divinités du bouddhisme, protectrices des arts et de l'artisanat. Il est dévolu aujourd'hui aux seules expositions temporaires.

– *Le Penseur, copie de la statue de Rodin* : impossible de ne pas la voir ! Les jeunes collégiens se font photographier devant et, pour s'amuser, ils prennent la même pose méditative.

Les collections permanentes

Le récent hall des collections permanentes, le *Chishinkan Wing Heisei,* a été conçu par ***Yoshio Tanigushi,*** connu pour sa refonte du MoMa à New York. Sur 3 niveaux lumineux y est présentée, par roulement thématique, toute l'histoire de l'Art au Japon des origines au XVIIe s. En vedette, les collections de sculpture d'époque Nara, Heian et Kamakura et les remarquables paravents peints par ***Sotatsu,*** fondateur de l'école Korin. Collection amusante de rouleaux des scènes satiriques ou de guerre avec des combats de samouraïs traités sur le mode humoristique où les personnages ont des têtes d'animaux. Collections précieuses de céramiques, calligraphies, laques et textiles et costumes.

Le temple Sanjusangen-do 三十三間堂 *(plan I, D2)* **:** *au sud du Musée national de Kyoto. Tlj 8h30-17h (9h-16h de mi-nov à fin mars) ; dernière entrée 30 mn avt. Entrée : 600 ¥ ; réduc. Explications en anglais.* On est frappé par la taille de ce ***temple*** (120 m) et son ancienneté (plus de 800 ans d'âge !). Fondé en 1164 par le puissant seigneur de la guerre Taira-no-Kiyomori, incendié puis reconstruit en 1266, le monument n'a pas beaucoup changé depuis cette date, mais il a été rénové. Il abrite une armée de ***1 001 statues dorées*** en bois de cyprès alignées sur 33 travées et représentant des déités bouddhistes, et notamment Kannon, déesse de la miséricorde. Près de 124 statues datent du XIIe s. Il s'en dégage une atmosphère assez mystique... Aux extrémités de la galerie, noter les statues remarquables des divinités du Vent et du Tonnerre. À noter aussi, Shagara, la divinité de la Pluie, et l'étonnante histoire de la statue d'Ashura. Cette divinité serait l'équivalent dans le bouddhisme japonais d'Ahura Mazda, divinité du zoroastrisme en Perse. Quel chemin parcouru de l'Iran jusqu'au Japon ! Ahura Mazda est entré dans la religion de l'Inde où il est devenu Ashura, un « anti-dieu » qui combat les autres divinités. Il représente en effet les forces du mal contre le bien et la vertu.

À la fin de la visite, on passe par un couloir latéral bordé de vitrines exposant des arcs. Une dernière curiosité : le ***Mandala kaléidoscopique.*** En tournant une manivelle, on fait défiler les multiples facettes du mandala (diagramme représentant les divinités du bouddhisme).

KYOTO

LE QUARTIER CENTRAL ET COMMERCIAL

• Le quartier central (plan II) *p. 330-331*

C'est le cœur de la ville commerçante, entre les grandes avenues Oike-dori, Shijo-dori et Karasuma-dori, dans un secteur bourdonnant d'activité. On y flâne à pied, la balade étant rendue agréable par la présence des longues galeries marchandes, piétonnes et couvertes.
D'innombrables commerces constituent le principal attrait du quartier. Les galeries *Teramachi* et *Shinkyogoku* sont l'épicentre de l'activité marchande. Sans compter le merveilleux *marché alimentaire Nishiki.* Rien d'écrasant pour autant, les immeubles culminent à une hauteur raisonnable et on retrouve vite le calme dans les petites rues étroites bordées de maisons basses à la lisière des grands axes.
Plus à l'est, entre l'avenue Kawaramachi et la rivière Kamo, le quartier ancien de Pontocho est un îlot pittoresque et préservé, constitué de la rue piétonne Pontocho-dori et de sa parallèle Kiyamachi-dori. Elles sont reliées par de nombreuses venelles latérales et forment l'un des cœurs battants de la vie nocturne de Kyoto (bars, cafés, restaurants, centres d'amusement de jeux électroniques). En été, les auberges et les salons de thé qui bordent Pontocho-dori ouvrent à leurs clients leurs terrasses en plein air. Elles sont construites aux beaux jours sur pilotis au-dessus de la rive droite. Le soir, sous les étoiles, c'est l'un des endroits les plus agréables pour boire un verre, en regardant couler la rivière Kamo. Balade nocturne plaisante en direction de la gare, en longeant la rivière et les canaux.

KYOTO

Où dormir ?

De très bon marché à bon marché (moins de 10 000 ¥ / 83 €)

▲ ***Roujiya*** ろうじ屋 *(plan II, A2, **39**) : 22-58 Ikenouchi-cho, Nishinokyo. ☎ 432-8494. • kyotobase.com/en/erooms • À 6 mn à pied de la station Nijo 二条, ligne Sagano San-in (sortie est). Lits en dortoir à partir de 3 000 ¥ ; doubles à partir de 8 000 ¥. CB refusées.* Bien cachée dans une impasse, cette maison blanche aux boiseries sombres, intime et chaleureuse, est tenue par un couple de proprios adorables. Ils ont pas mal roulé leur bosse, notamment en France. 2 chambres doubles, à la déco traditionnelle soignée (tatamis), et 2 dortoirs de 4 et 8 lits (un mixte et un pour filles), tout aussi accueillants. Douches communes rutilantes de propreté et cuisine moderne à disposition où sont dispensés des cours de cuisine par la charmante proprio en tenue traditionnelle. On se sent comme à la maison ! Location de vélos. Une bien belle découverte.

▲ ***Kyoto Morris Hostel*** 京都モーリスホステル *(plan II, D1, **41**) : 133-1, Umenogi-cho, Nakagyo-ku. ☎ 257-0333. • morris-hotel.com/kyoto • Bus n°s 4 et 17 depuis la gare centrale, arrêt Kawaramachi-Marutamashi 河原町丸太町. Lits en dortoir 4-18 pers 2 900-3 100 ¥, doubles 6 600-7 200 ¥. Petit déj en sus.* Dans un quartier calme, en retrait mais bien placé entre palais et galeries commerciales, cette AJ moderne a pris le parti du bois et du style loft. En témoigne la vaste salle commune avec cuisine ouverte à dispo, canapés et grandes tables. Les dortoirs, mixtes ou non, situés au sous-sol, manquent de lumière naturelle mais disposent de sanitaires en nombre. Les doubles ou *twins* avec lits superposés (sanitaires collectifs) y gagnent en luminosité avec toujours la présence du bois. L'ensemble est bien équipé, récent et bien tenu par un personnel chaleureux. Prêt de vélos.

Piece Hostel Sanjo ピースホステル三条 *(plan II, C2,* ***42****) : 531 Asakura-cho, Nakagyo-ku. ☎ 746-3688. • piecehostel.com • Ⓜ Karasuma-Oike 烏丸御池, ligne Karasuma (sortie 5). Lits en dortoir 2 900-3 100 ¥ ; doubles sans ou avec sdb 9 000-12 500 ¥ ; familiales ; petit déj inclus.* Chapeau bas pour cet ancien *ryokan* reconverti avec brio en *hostel,* où bandes de potes, familles et couples se sentent indifféremment à l'aise. C'est zen, c'est neuf, c'est bien agencé et le personnel est aux petits soins (accueil anglophone). Dortoirs impeccables de 4 et 10 lits avec salle de bains et toilettes communes (privées dans certaines doubles, lavabo dans les autres). Espaces communs design et conviviaux comme on en rêve : canapés, grandes tablées, ordinateur Mac à disposition. Machines à laver au sous-sol. Bref, un coup de cœur en plein centre !

Seibido Inn 精美堂イン / *(plan II, D1,* ***45****) : 204, Nishikodo-cho, Nakagyo-ku. ☎ 241-2773. • kyoto-seibidoinn.com • Bus nos 205 et 17 depuis la gare centrale, arrêt Kawaramachi-Marutamashi 河原町丸太町. Dortoir 4 pers env 2 900-15 000 ¥ (loué d'un seul bloc) ; doubles 4 000-10 250 ¥.* Parfaitement situé non loin du palais impérial (au nord), du quartier central (au sud) et de Gion (à l'est), voici le mariage parfait entre un *ryokan* et un hôtel. Du 1er, le *Seibido* prend le côté traditionnel des chambres ; du 2d, il s'inspire par l'accueil moins familial, plus hôtelier. On se déchausse dès l'entrée et on laisse glisser ses pas sur la paille des tatamis vers sa chambre ou le dortoir (loué d'un bloc, donc pratique pour une famille ou un groupe de potes). Ambiance sereine.

Prix moyens (de 10 000 à 15 000 ¥ / 83-125 €)

Ryokan Nakajimaya 旅館中島家 *(plan II, C3,* ***43****) : Bukkoji-agaru, Takakura-dori. ☎ 351-3886. • ryokannakajimaya.book.direct/fr • Ⓜ Shijo 四条, ligne Karasuma (sortie 5). Dans une ruelle calme, entre le sanctuaire Shinmei Jinja et le temple Bukko-ji. Double env 14 500 ¥ ; pas de petit déj.* Dans une maison en bois et béton, petit *ryokan* familial en plein cœur du quartier de Shimogyo. Il abrite des chambres traditionnelles sur tatamis sobres et confortables (clim, salle de bains commune). Très bon accueil, c'est presque banal de le dire.

Ryokan Kohro 旅館こうろ *(plan II, C2,* ***44****) : 114, Horinoue-cho, Nakagyo-ku. ☎ 221-7807. • kohro.com • Ⓜ Karasuma-Oike 烏丸御池, ligne Karasuma (sortie 5). Doubles 13 000-17 000 ¥. Dîner sur demande (excellente cuisine kaiseki).* Hôtel de petit luxe dans une ruelle calme, non loin de l'animation du centre dans un bâtiment en dur de 3 étages (ascenseur), assez austère à l'extérieur mais très confortable, bien tenu et plutôt charmant. Chambres avec salle de bains, clim, frigo, *yukata,* et agréable bain commun à la japonaise en bois de cyprès au sous-sol. Accueil aux petits oignons.

Chic (de 15 000 à 25 000 ¥ / 125-208 €)

Super Hotel Kyoto Shijo-Kawaramachi スーパーホテル京都・四条河原町 *(plan II, D3,* ***46****) : 538-1 Nakano-cho, Kyogoku-dori, Nakagyo-ku. ☎ 255-9000. • superhoteljapan.com • Ⓜ Kawaramashi 河原町, ligne Hankyu (sortie 6). Doubles 14 500-18 000 ¥, petit déj inclus.* « Super », cet hôtel l'est pour : son emplacement très central et pourtant très au calme, son accueil pro, l'oreiller que l'on choisit soi-même, son petit déj, ses parties communes chaleureuses, son *onsen* inclus dans le prix. Un prix souvent ramené en rubrique « Prix moyens », voire « bon marché » grâce aux promos sur Internet. Et là, cela devient une excellente affaire. Moins « super » : la petitesse des chambres et les salles de bains mouchoir de poche.

Ryokan Watazen 綿善旅館 *(plan II, C2,* ***47****) : Rokkaku-sagaru, Yanagibaba. ☎ 223-0111. • kyoto-ryokan-w.*

KYOTO

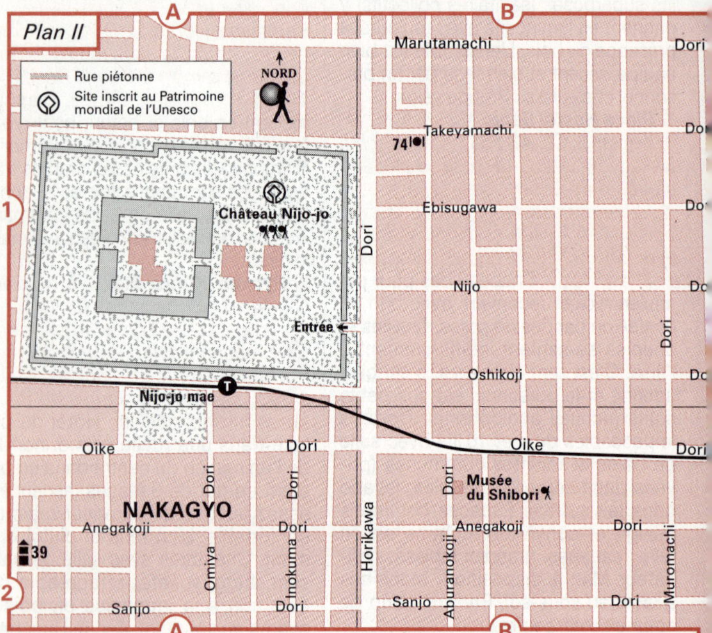

Où dormir ?

39 Roujiya (A2)
41 Kyoto Morris Hostel (D1)
42 Piece Hostel Sanjo (C2)
43 Ryokan Nakajimaya (C3)
44 Ryokan Kohro (C2)
45 Seibido Inn (D1)
46 Super Hotel Kyoto Shijo-Kawaramachi (D3)
47 Ryokan Watazen (C2)
48 Hearton Hotel Kyoto (C1)

Où manger ?

70 Sushi no Musashi (D2)
71 Ippudo (C3)
72 Fumiya (C2-3)
73 Yak & Yeti (D3)
74 Culotte (B1)
75 Katsukura (C3)
76 Manzara Tei Nishiki (C3)
77 Roji Tempo, les restaurants du Musée municipal (C2)
78 Les restaurants de Pontocho-dori (D2-3)
79 Negiya Heikichi (D3)
80 Kushikura (C2)
81 Le Bouchon (D1)
82 Antonio (D1)
83 Ganko Takasegawa Nijoen (D1)

Où siroté un café en grignotant ?

103 Inoda Coffee (C2)
104 Kiln (D3)
105 Boulangerie Shinshindo (C2 et D1)

Où boire un verre ?

106 Café Independants (C2)
107 Masuya Saketen (D3)
108 Sour (D3)
109 Before 9 (C2)
110 Sowgen (C2)
111 Ace Cafe (D2)
112 Kissa Agaru (D3)

Où sortir ? Où danser ?

2 Super Jan Kara (D3)
120 Club World (D3)

Achats

5 Takashimaya et Hankyu (D3)

À faire

39 Roujiya (A2)
112 Wak Japan (C1)

3

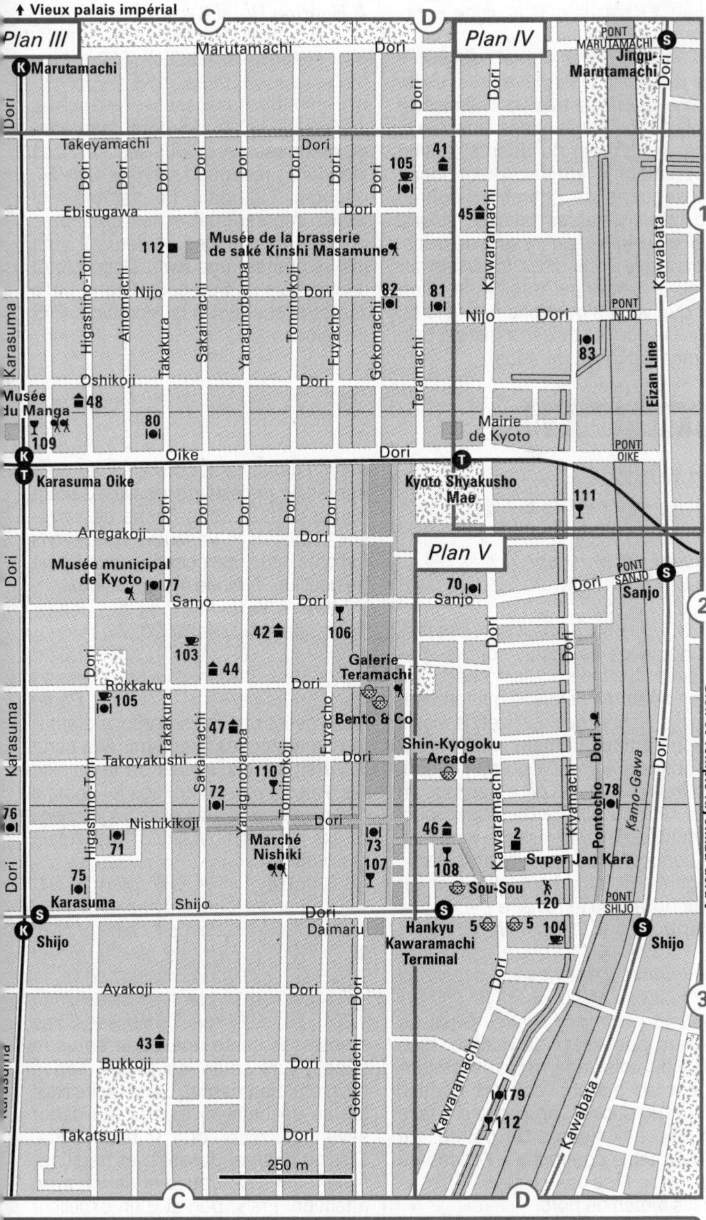

KYOTO – Le quartier central (Plan II)

com • Ⓜ *Karasuma* 烏丸*, ligne Karasuma (sortie 13). Doubles 12 400-16 800 ¥ (style occidental), 22 000 ¥ (style japonais) ; petit déj en sus.* Cette auberge japonaise traditionnelle existe depuis 1830. Située dans une ruelle calme et non loin du quartier animé de Teramachi : emplacement idéal. Une vingtaine de chambres sobres avec tatamis, tables basses, *yukata* (kimono du soir) et petite salle de bains. Pendant que vous dînez (possible sur place), le personnel déploie le futon pour que vous n'ayez pas à le faire au retour. On peut se délasser dans le bain commun. Location de vélos.

Hearton Hotel Kyoto ハートンホテル京都 *(plan II, C1,* ***48****) : 405 Funaya-cho, Nakagyo-ku.* ☎ *222-1300.* • *hearton.co.jp* • Ⓜ *Karasuma-Oike* 烏丸御池*, ligne Karasuma (sortie 1). Doubles 13 500-23 000 ¥.* Un hôtel imposant et pratique, avec tous les services standard : réception ouverte 24h/24, change, TV, mais l'ensemble est assez impersonnel et les chambres doubles minuscules. À deux, il vaut mieux prendre une *twin.* Déco plutôt neutre mais de bon goût. Grand patio zen et accueillant à la réception. Prêt de vélos.

Où manger ?

KYOTO

Bon marché (moins de 1 500 ¥ / 12,50 €)

Sushi no Musashi 寿しのむさし *(plan II, D2,* ***70****) : Kawaramashi-dori (au débouché de Sanjo-dori sur l'avenue). Tlj 11h-22h.* Il n'y a pas à dire, ces restos populaires de sushis sont récréatifs, avec leur tapis roulant chargé de petites assiettes colorées qui tournent à l'envi. Le choix de sushis et de makis est ici particulièrement varié, dont d'inhabituels au rosbif ou au jambon. C'est frais et bon. On peut s'en faire un festin, sans sushi... pardon, sans souci (elle était facile) pour le porte-monnaie. Si le concept vous a plu, autre adresse à la gare (voir plus haut « Où manger autour de la gare ferroviaire ? »).

Ippudo 一風堂 *(plan II, C3,* ***71****) : 653-1 Bantoyacho, Nishikikoji-dori. Dans le prolongement de la galerie du marché Nishiki.* ☎ *213-8800. Tlj 11h-2h (3h ven-sam et j. fériés).* C'est un excellent petit resto de quartier bien connu du voisinage, dans le prolongement du marché couvert Nishiki. Rançon du succès, on risque d'y faire la queue aux heures de pointe. Au choix, la table commune à l'entrée ou le comptoir face aux cuisines. Spécialité : les *ramen* de porc.

Fumiya 富美屋 *(plan II, C2-3,* ***72****) : Sakaimachi.* ☎ *222-0006. Tlj 11h-16h30.* À côté du fourmillement de la galerie Teramachi, voilà une adresse bonne, modeste et convaincante pour apprécier un plat de nouilles : *udon* (farine de blé), *soba* (farine de sarrasin) et quelques variantes sont servis fumants dans une cocotte, sous forme de bouillon. Typique et pas ruineux.

Yak & Yeti ヤクアンドイエティ *(resto népalais ; plan II, D3,* ***73****) : Gokomachi-dori.* ☎ *213-7919. Juste en marge de la galerie couverte Teramachi. Tlj 11h30-14h30, 17h-22h.* Petite salle, petits prix mais portions plantureuses et accueil charmant. À la carte (courte), les classiques de la cuisine népalaise (drapeau en façade) comme des currys, quelques plats végétariens et des *momos* tibétains. C'est simple et savoureux.

Culotte キュロット *(plan II, B1,* ***74****) : à l'angle de Takeya-cho-dori et Aburanokoji, pas loin du château Nijo.* ☎ *241-0061. Lun-ven (sauf j. fériés) 12h-15h (dernière commande à 14h30), 17h-21h (dernière commande à 20h). Fermé le w-e. CB refusées.* Pas d'enseigne, juste une porte en verre dépoli, que seuls les plus culottés ouvriront. Sans regret, car la petite salle (on se déchausse) feutrée, au décor seventies, réconforte tout de suite. Cuisine *obanzai* (familiale et traditionnelle) bien savoureuse et servie avec attention. Frais, bon et d'un excellent rapport qualité-prix. Gardez de l'appétit pour les desserts, franchement gourmands ! Près du comptoir, quelques douceurs à emporter.

|●| ***Katsukura*** かつくら *(plan II, C3, **75**) : Higashino-Torin-dori. ☎ 365-8666. Tlj 11h-22h (dernière commande à 21h30). Certains plats flirtent avec les prix moyens.* Bien connu pour ses plats de porc panés et frits *(tonkatsu)*, ce resto de chaîne n'a rien de renversant, mais il faut avouer que c'est simple et bon, tout ce gras... À accompagner d'une sauce à base de graines de sésame que l'on compose soi-même. Avis aux affamés, les accompagnements des menus (chou et riz) sont servis à volonté.

De prix moyens à chic (de 1 500 à 6 500 ¥ / 12,50-54 €)

|●| ***Manzara Tei Nishiki*** まんざら亭にしき *(plan II, C3, **76**) : Nishikikoji-dori. ☎ 257-5748. Tlj 17h-minuit. Prix moyens.* Nichée dans une maison kyotoïte ancienne, voilà une adresse intime, le soir quand l'éclairage se tamise. Juste quelques places le long du bar, dans la petite salle et à l'étage. C'est chaleureux, à l'image des plats locaux *(obanzai)* que l'on se partage bien volontiers, histoire de goûter à tout. Que des bonnes surprises ! Néanmoins, on vous prévient, la bouchée apéritive est facturée.

|●| ***Roji Tempo, les restaurants du Musée municipal*** 路地転封 *(plan II, C2, **77**) : Sanjo-Takakura, Nakagyo-ku. ☎ 222-0888. Ⓜ Karasuma-Oike 烏丸御池 (sortie 5) et Ⓜ Hankyu-Karasuma 阪急烏丸. Tlj sauf lun 11h-15h, 17h-21h ; dernière commande 1h avt. Prix moyens.* 2 restos au rez-de-chaussée du musée au sein d'une reconstitution de rue de l'époque Edo. Bon rapport qualité-prix. Au choix : resto de *sobas* **Ukiya** ou cuisine *kaiseki* plus raffinée chez **Nadaman.**

|●| ***Les restaurants de Pontocho-dori*** 先斗町通 *(plan II, D2-3, **78**)* : sur plus de 500 m, ils se succèdent de part et d'autre de la ruelle étroite et piétonne qui forme l'unique voie du quartier ancien de Pontocho. Aller à Kyoto sans se promener dans ce quartier, c'est comme aller à Paris sans voir la rue Mouffetard. On y accède par des venelles latérales depuis la rue Kiyamachi ou par Shijo-dori. Assez fade le midi, le lieu devient magique le soir, quand les maisons et les boutiques sont éclairées de lampions en papier de riz et d'enseignes de style ancien. En été, certaines auberges ouvrent leurs terrasses sur pilotis pour un dîner devant la rivière Kamo et sous les étoiles. Un moment agréable, loin du bruit (et pourtant l'agitation n'est pas bien loin !). Attention, le soir, les prix grimpent vite. Difficile de recommander un resto plus qu'un autre dans la profusion d'adresses. Mais on a beaucoup aimé ***Manten*** 万天, au début nord de la rue, côté droit *(tlj 17h30-23h, dernières commandes 30 mn avt fermeture ; prix moyens).* Que ce soit au rez-de-chaussée ou à l'étage, au comptoir, sur des tables hautes ou basses, les yakitori (essentiellement), mais aussi les pièces de bœuf et salades assurent la réputation du lieu, presqu'autant que l'ambiance, et ça n'est pas peu dire ! Prix raisonnables. Une autre bonne option : ***Mimasuya*** みます屋 *(prix « Chic »)*, au milieu de la rue, côté gauche en descendant l'allée vers le sud, pour dîner face à la rivière. Mais votre flair sera le meilleur indic !

|●| ***Negiya Heikichi*** 葱や平吉 *(plan II, D3, **79**) : dans la ruelle parallèle au canal. ☎ 256-8808. Ⓜ Kawaramachi 河原町, ligne Hankyu. Tlj 11h30-15h, 18h-22h. Prix moyens le midi, chic le soir. CB refusées le midi.* Dans une salle chaleureuse (ou une annexe à 2 pas), on se régale d'une cuisine familiale japonaise saine à base de légumes de saison. Mais la vraie spécialité, pour laquelle on poireaute en attendant qu'une place se libère, c'est le poireau de Kyoto *(kujonegi)*, servi sous toutes ses formes ! Menus intéressants et variés à midi. Le soir, la carte change avec un choix de *hot pot* (fondue) pour 2.

|●| ***Kushikura*** 串くら *(plan II, C2, **80**) : Takakura-dori. ☎ 213-2211. Attenant à un petit parking. Tlj 11h30-14h30, 17h-22h30.* Spécialisée dans les yakitoris, cette auberge traditionnelle comprend une salle avec un comptoir devant des cuisines fumantes et des petites salles à l'arrière, plus intimes. On commence par se déchausser avant de s'attabler,

pourquoi pas à une table basse *kotatsu* (où l'on peut glisser ses jambes dans le creux en dessous). Délicieuses brochettes grillées, à prix avantageux dans les menus du déjeuner, servies par d'élégantes serveuses en kimono. Excellente adresse.

Le Bouchon *(plan II, D1, **81**) : 1-71 Enokichu, Nijo-Teramachi. ☎ 211-5220. Tlj sauf jeu 11h30-14h30, 17h30-21h30. Formule déj 2 950 ¥ ; prix chic le soir. CB refusées.* Un bouchon lyonnais méticuleusement reconstitué, avec carrelage noir et blanc, comptoir en zinc, nappes en vichy, tables et banquettes de bistrot. On s'y croirait ! Le sympathique patron francophone, Yuichi Tamada, a appris la cuisine dans une école hôtelière à Lyon. Le résultat est étonnant de qualité et de délicatesse nippones. Escargots à la mode bourguignonne, saucisson aux lentilles, brochettes d'agneau, quenelles à la lyonnaise, et aussi gâteau au chocolat... C'est très bon et copieux. Très bon rapport qualité-prix et des formules avantageuses à midi.

Antonio *(plan II, D1, **82**) : Nijo-Teramachi. ☎ 075-221-32-12. Tlj sauf mar 17h-23h ; dernière commande à 22h. Prix chic.* Voilà de quoi réviser vos classiques espagnols : paellas, tapas, morue, calamars à la plancha et pain maison, exécutés avec savoir-faire par Antonio, le chef andalou en cuisine et en salle. Tout est fait à la demande, prévoir donc de l'attente ou commander au moment de la résa.

De chic à plus chic (3 500-15 000 ¥ / 29-125 €)

Ganko Takasegawa Nijoen がんこ高瀬川二条苑 *(plan II, D1, **83**) : 484-6 Higashi Ikesu-cho, Kiyamachi-dori, Nijyo-sagaru. ☎ 223-3456. 1re rue à droite avt le pont Nijo en venant de Nijo-dori. Tlj 11h-22h. Menus 3 000-14 000 ¥.* Cette grande auberge traditionnelle en bois est ceinturée de végétation. Un cadre très agréable et raffiné, où des hôtesses en kimono accueillent les clients. On se déchausse et on se dirige vers une des salles japonaises, donnant sur le très beau jardin intérieur. Cuisine exquise et variée, admirablement présentée, selon le principe de la cuisine *kaiseki*, composée de plusieurs plats autour du riz et de la soupe. Show de *maiko* plusieurs fois par mois ; se renseigner.

Où siroter un café en grignotant ?

Inoda Coffee イノダコーヒー *(plan II, C2, **103**) : 140 Sakaimachi. Tlj 10h-20h.* Pâtisserie-salon de thé assez chic (serveurs en tenue blanche et nœud papillon) et cafétéria dans une maison traditionnelle, agréable et bien fréquentée. On y vend du café en grains (bonne odeur en entrant). Petit salon à gauche près de la boutique, et grande salle au fond avec vue sur un patio charmant, doté d'une fontaine. Vers les toilettes, des perruches vous aident à patienter...

Kiln キルン *(plan II, D3, **104**) : 194, Sendo-cho, Nishikiyamachi-dori. Tlj sauf mer 12h-15h ; 18h-minuit.* Posé juste au sud du bouillonnant quartier commercial, ce petit café-resto zen en est l'antithèse. Une salle simple et moderne réfugiée derrière une large baie vitrée. Quelques privilégiés se posent sur un banc qui borde le canal, sous les cerisiers (magnifiques au printemps). Quelques gâteaux pour combler les envies de sucre.

Boulangerie Shinshindo 進々堂 *(plan II, D1, **105**) : 674 Kuenin-maecho, Teramachi-dori. ☎ 221-0215. À 250 m de l'angle sud-est de l'enceinte du palais impérial. Tlj 7h30-19h30.* Une très ancienne boulangerie (1913). Son fondateur voulait faire rimer baguettes avec baguette. Il alla donc chercher à Paris une devise *Donne-nous aujourd'hui notre pain quotidien* (!) et un tour de main pour des viennoiseries délicieuses, quoique chérotes ! Parmi les douceurs, il y a même des cannelés et des macarons. Quelques bons petits plats de restauration rapide, des tartines, des sandwichs, etc. Très bon expresso également. ***Autre adresse*** centrale, à l'angle de Rokakku-dori et Higashinotoin-dori *(plan II, C2, **105**)*.

KYOTO

Où boire un verre ?

Café Independants カフェアンデパンダン (plan II, C2, **106**) : *1928 Bldg B1, Sanjo-dori, angle avec Gokomachi-dori. ☎ 255-4312. Près de la galerie Teramachi. Tlj 11h30-23h.* Un de nos bars préférés dans le quartier. L'immeuble Art déco de 1928 accueille un rendez-vous d'artistes. Au sous-sol, dans une cave accessible par un escalier incrusté de mosaïques, se cache ce bar patiné, décalé, enfumé et informel, bien connu des jeunes. Bières et cocktails à accompagner de jambon serrano ou de plats copieux. Soirées musicales à connotation pop-rock. Se renseigner sur la programmation. On adore !

Masuya Saketen 益や酒店 (plan II, D3, **107**) : *Gokomachi-dori. ☎ 256-0221. Tlj 17h30-minuit.* Une cinquantaine de sakés représentant dignement les 47 régions du Japon. On n'est pas forcé de tous les tester le même soir ! Faire son choix entre *Kunshu* (fruité et aromatique), *Soushu* (léger), *Jyukushu* (plus mature), *Jyunshu* (riche en goût). Le verre est rempli jusqu'à légèrement déborder : le reste glisse tout seul. On peut agrémenter avec de bonnes petites tapas à la japonaise...

Sour (plan II, D3, **108**) : *607-19 Uraderacho, Nakagyo-ku. ☎ 231-0778. Tlj 15h-minuit.* Si vous rêvez d'un bon apéro à la mode nippone, debout, sur des tables hautes, vous avez frappé à la bonne porte. Le *Chu-Hi* (prononcer Tchou-haï), est la boisson phare consommée ici. Mélange d'eau gazeuse, de *shochu* (la gnôle japonaise) et d'un jus de fruit. Citron, kumquat, kiwi, pas moins d'une dizaine de déclinaisons. Super frais, excellent mais possiblement traître ! D'autres adresses de cette minichaîne essaiment en ville.

Before 9 (plan II, C2, **109**) : *545 Nijodencho, Karasumaoike-agaru. ☎ 741-6492. Sur Karasuma, face au musée du Manga. Tlj 17h-1h.* Un comptoir épuré en bois blond, quelques tables au rez-de-chaussée et à peine plus en mezzanine, le décor à la mode scandinave est planté. Atmosphère relax pour siroter l'une des 8 bières artisanales servies à la pression. Également des sakés et une sélection de petits plats à partager.

Sowgen そうげん (plan II, C2, **110**) : *573 Takamiyacho Nakagyo-ku. ☎ 252-1007. Tlj sauf 2e mer du mois 11h30-19h30.* Une brocante où les adeptes de la chine aimeront flâner, au milieu d'une foultitude d'objets et de meubles entassés. Au fond, un improbable café où, enfoncé dans un antique canapé chesterfield, on se pose autour d'un café et d'un délicieux gâteau au thé vert. Également des soupes et des sandwichs à grignoter.

Ace Cafe エースカフェ (plan II, D2, **111**) : *The Empire Bldg 10F (10e étage ; ascenseur), Kiyamachi-agaru. ☎ 241-0009. Tlj 18h-minuit (1h sam).* Bar *lounge*, avec de grandes baies vitrées qui dévoilent une superbe vue sur la partie est de Kyoto. De jour comme de nuit, on sirote avec plaisir un thé ou une bière, dans une ambiance jeune et internationale. Possibilité de manger des petits plats de tous horizons eux aussi.

Kissa Agaru 喫茶上る (plan II, D3, **112**) : *dans la ruelle parallèle au canal. Tlj 16h (13h sam-dim)-23h.* Tout petit café au mobilier un rien design. Sièges bas ou fauteuils posés sur le tatami pour siroter un thé ou une mousse devant les baies vitrées donnant sur la rivière. Charmant ! Musique jazzy en fond.

Où sortir ? Où danser ?

Club World 世界クラブ (plan II, D3, **120**) : *Imagium Bldg B1F-B2F, 97 Shinmachi, Shimogyo-ku. ☎ 213-4119. • world-kyoto.com • Accès depuis le rdc d'un immeuble haut de brique et de verre. Tlj 21h-5h (3h30 jeu). Entrée :*

payante (1 boisson incluse), moins cher pour les femmes. C'est le rencart des jeunes branchés de Kyoto, la tanière des oiseaux de nuit habillés dernière mode : paillettes, bijoux chic et choc, cuissardes, minijupes et shorts sexy... Ambiance techno extravagante ou disco selon les soirs, mais clientèle qui se tient bien, sans aucune agressivité. Moyenne d'âge : la vingtaine. À 30 ans, ici, vous êtes âgé. À 40 ans, déjà vieux. À 50 ans, n'en parlons plus...

Karaoké

■ ***Super Jan Kara*** スーパージヤンカラ *(plan II, D3, **2**) : 296 Naraya-cho, Kawaramachi, Takoyakushi-agaru, Nakagyo-ku. ☎ 212-5858. Lun-jeu 11h-5h du mat, ven-sam 11h-6h. Compter 250 ¥ les 30 mn en journée, jusqu'à 2 000 ¥ en soirée.* Le temple du karaoké sur 7 étages, une quarantaine de salles privatives, de la plus simple à la plus luxueuse. Chansons en anglais, mais pas en français.

À voir

KYOTO

Le quartier de Pontocho 先斗町 *(plan II, D2) : entre Sanjo-dori au nord et Shijo-dori au sud, Kiyamachi-dori à l'ouest (elle longe un canal) et la rivière Kamo à l'est.* Pontocho a conservé un caractère et un charme pittoresques malgré l'affluence touristique : maisons basses en bois aux formes élégantes, serrées les unes contre les autres et délicatement décorées, auberges éclairées par des lampions en papier de riz, maisons de thé, et restaurants à touche-touche ornés de *noren,* des demi-rideaux en tissu, fendus et calligraphiés. Côté droit de la rue quand on vient du pont Shijo, la plupart des restaurants ont des terrasses sur la rivière Kamo, ouvertes seulement en été. Attention, si à l'heure du déjeuner les prix restent sages, le soir en revanche les tarifs doublent ou triplent. Parallèle à Pontocho-dori, *Kiyamachi-dori* et ses venelles latérales forment l'un des quartiers nocturnes les plus animés de Kyoto : bars, restaurants, boîtes de nuit, maisons de *maiko* (apprenties geishas).

Les galeries Teramachi 寺町 ***et Shinkyôgoku*** 新京極 *(plan II, D2)* **:** 2 sœurs siamoises parallèles, longues de 750 m, d'Oike-dori au nord jusqu'à Shijo-dori au sud. Entièrement piétonnes et couvertes, elles abritent un nombre impressionnant de boutiques et magasins. Pêle-mêle, on y trouve des vêtements traditionnels, du thé, des babioles, des restos et cafés... Sur la droite, en descendant d'Oike-dori vers Shijo-dori, on passe devant la seule librairie ancienne du quartier avec sa façade en bois sombre, ses caisses et ses rayons remplis de livres. Plus loin, le magasin *Daishodo* vend aussi de vieux livres (plus rares et plus chers), ainsi que des estampes. À l'intersection de Teramachi et de Shanjo-dori, là où se trouve la façade du resto ornée d'un énorme crabe rouge, un modeste panneau rappelle que c'est à cette intersection qu'aboutissait naguère la fameuse ***route Tokaïdo,*** qui reliait en 53 étapes Edo (Tokyo) à Kyoto.

Le marché alimentaire Nishiki 錦市場 *(plan II, C3) : entre les rues Takakura et Teramachi, et perpendiculaire à la galerie du même nom. Tlj 9h-18h.* Sur une centaine de mètres, cette galerie couverte est le « ventre de Kyoto ». Un alignement fascinant d'éventaires et de boutiques qui recensent tout ce que l'alimentation japonaise compte de richesses. Un bonheur de dépaysement ! Pour vous faire une idée, n'hésitez pas à goûter les échantillons qu'on vous propose, histoire de tester des mets que vous n'oseriez peut-être pas commander au restaurant.

Le château Nijo-jo 二条城 *(plan II, A1) : entrée par la rue Horikawa-dori. Ⓜ Nijo-jo mae 二条城前, ligne Tozai. Bus nos 9, 50 et 101 depuis la gare centrale, arrêt Nijo-jo mae 二条城前. Tlj (sauf mar en déc-janv et juil-août) 8h45-17h (dernière entrée à 16h), 8h-18h juil-août (dernière entrée à 17h). Entrée : 620 ¥ (parc) et 410 ¥ en supplément (intérieur du château). Audioguide en français : 520 ¥. Parking à vélos payant (200 ¥, billet valable 1 j.). Panneaux explicatifs en anglais.*

Classé au Patrimoine mondial de l'Unesco, le château Nijo a été construit à l'origine, en 1603, pour servir de résidence au 1er shogun Tokugawa Ieyasu (1542-1616). Achevé en 1626 par le 3e shogun Tokugawa Iemitsu (1604-1651), son descendant, ce monument représente un des plus beaux exemples d'architecture dite « Momoyama » au Japon. En apparence inadapté pour résister aux sièges, il n'en possède pas moins de solides défenses. Les shoguns y résidèrent pendant 15 générations, de père en fils, jusqu'en 1868, date à laquelle le maître des lieux remit son pouvoir à l'empereur, qui en fit alors sa propriété.

– ***Le palais Ninomaru*** 二の丸御殿 **:** c'est la partie la plus intéressante à visiter *(attention, dernière entrée à 16h15 juil-août ; photos interdites ; billet en supplément : 410 ¥)*. Le palais shogunal est précédé de la monumentale ***Kara-mon*** (porte chinoise) recouverte d'or. Il abrite 33 pièces organisées en enfilade, toutes sur le même niveau, selon l'architecture traditionnelle japonaise : portes coulissantes *(shoji)* au quadrillage de bois et de papier de riz, tatamis au sol, cloisons peintes. Chaque pièce est décorée de ***panneaux peints*** par des artistes de l'école Kano, certaines formant de grandes parois dorées ornées d'arbres en fleurs, d'oiseaux et de tigres majestueux... En fait, ce sont des copies, les peintures originales étant exposées dans une galerie distincte *(entrée : 100 ¥)*. Parmi les nombreuses salles, celle des audiences *(Ohiroma Ichi no Ma* 大広間二の間*)* abrite des mannequins qui figurent les vassaux agenouillés devant le shogun. L'***appartement privé*** du dirigeant *(Shiroshoin* 白書院*)* est la pièce où il vivait, mangeait, dormait, se délassait, toujours assisté de ses dames de compagnie (les geishas).

LE CHANT DU ROSSIGNOL

Étrange ce petit bruit quand vous marchez dans le « couloir du Rossignol » du palais, non ? Au grand plaisir des visiteurs, en un point précis, le parquet crisse et couine comme le petit oiseau nocturne. Certains y ont vu un système d'alarme pour alerter le shogun et son entourage des intrusions. Ces esprits créatifs déchanteront : il s'agit d'un bête frottement du parquet.

– ***Le jardin Ninomaru*** 二の丸庭園 **:** après la visite, traverser à pied le grand jardin intérieur, qui aurait été conçu à l'origine par le maître Kobori Enshu. Beaux bassins plantés de rochers et d'arbustes.

– ***Le palais Honmaru*** 本丸御殿 **:** c'est un château défensif dans le château, peut-on dire. Dans un périmètre entouré de douves et de jardins se dresse un petit palais qui, naguère (avant l'incendie de 1750), était doté d'un donjon de 5 étages *(fermé au public)*.

– ***Le jardin Seiryu-en*** 青龍苑 **:** la balade dans l'enceinte du château Nijo se poursuit dans la partie nord, à travers cet autre jardin Seiryu-en aménagé en 1965 avec de nombreux rochers et pierres apportés spécialement ici pour embellir le site. Possibilité de se rafraîchir à une buvette ou de boire un thé dans une des 2 maisons de thé du jardin (*Koun-tei* ou *Waraku-an*).

Le musée du Shibori 京都絞り工芸館 ***(plan II, B2) :*** *135-5 Shikiami, Aburanokouji, Nagagyo-ku. ☎ 221-4252. • kyotoshibori.com • Ⓜ Nijojo-Mae 二条城前, ligne Tozai (sortie 1). Tlj 9h-17h (dernière entrée à 16h30). Entrée : 800 ¥. Réduc. Atelier de création : 3 850 ¥.*

Le *shibori* est une technique de tissage venue d'Inde, parvenue au Japon au VIIIe s par la route de la soie. Ce petit musée s'est opportunément implanté dans l'usine (de Shibori) créée en 1940 par le grand-père de l'actuel proprio. Une vidéo sous-titrée en anglais explicite les différents procédés utilisés. On découvre ensuite une exposition des outils utilisés pour ligaturer le tissu (un geste impressionnant de précision), les patrons, les coloris et quelques exemplaires de *shibori* finis. Les plus motivés pourront fabriquer le leur au cours d'un atelier et repartir avec.

Le musée du Manga (Kyoto International Manga Museum) 京都国際マンガミュージアム ***(plan II, C1-2) :*** *Karasuma-Oike, Nagagyo-ku. ☎ 254-7414.*

• kyotomm.jp/en • Ⓜ Karasuma-Oike 烏丸御池, ligne Karasuma (sortie 2). Tlj sauf mer (ou jeu si mer férié) 10h-18h (dernière entrée à 17h30). Démo de création de manga et ateliers (en japonais) sam-dim et j. fériés 11h-17h. Entrée : 800 ¥, qui permet d'entrer et sortir librement dans la même journée ; réduc moins de 18 ans. Expos temporaires de qualité (500 ¥).

« Images dérisoires », « esquisses rapides », « images malhabiles », telles pourraient être les traductions du mot *manga,* qui désigne aujourd'hui, pour les Japonais, les albums de bandes dessinées. Pour les passionnés, c'est le 1er musée du Japon (et du monde) consacré au manga. Les néophytes auront plus de mal à y trouver leur compte. L'énorme ***phénix*** du musée est l'œuvre du célèbre mangaka Tezuka Osamu. Très bien organisé, avec beaucoup d'espace, ce musée abrite une immense collection de près de ***300 000 mangas,*** dont 50 000 présentés, depuis les plus vieux albums jusqu'aux plus récents, en édition reliée et brochée. Il existe une section en français. On peut les consulter librement sur place comme dans une bibliothèque. Au 2e étage, dans la galerie principale, on découvre des ***collectors*** parus de 1945 à 2005. Une partie du musée abrite les archives et un très sérieux centre de recherches. À travers ce musée, le Japon veut donner ses lettres de noblesse à cet art graphique populaire, de la même manière que la B.D. en Occident est maintenant reconnue comme une discipline artistique à part entière.

L'ANCÊTRE DU DESSIN ANIMÉ

Le terme « manga » devint courant à la fin du XVIIIe s. Hokusai, le peintre de la célèbre vague de tsunami, dessina en 1814 des images de personnages grimaçants. Il les nomma hokusai manga. *Un des plus célèbres auteurs modernes de mangas est Tezuka Osamu, surnommé le « Walt Disney japonais », qui inventa en 1951 un personnage de héros-robot-justicier.*

On définit les lecteurs selon leur âge : *kodomo* (子供), pour les jeunes enfants, *shonen* (少年), pour les jeunes garçons adolescents, *shojo* (少女), manga sentimental pour les jeunes filles adolescentes, *josei* (女性), pour les jeunes femmes adultes, *seinen* (青年), pour les jeunes hommes adultes, et *redisu* (レディース), pour les femmes adultes.

Le musée de la brasserie de saké Kinshi Masamune, Horino Memorial Museum キンシ正宗 堀野記念館 *(plan II, C1)* **:** *172 Kameya-cho, Nagakyo-ku. ☎ 223-2072. • kinshimasamune.com • Tlj sauf mar avr-mai et oct-nov, ainsi que mer les autres mois 11h-17h (dernière entrée à 16h30). Entrée : 300 ¥. Brochure en anglais.* Si la brasserie-mère s'est installée à Fushimi-Inari (voir plus loin), on peut visiter ce petit musée abrité dans une ancienne maison de marchand, de la famille Horino. Une petite vidéo d'intro explicite les techniques pour obtenir un saké pur, à partir du cœur du grain de riz, riche en amidon, avec le lavage à l'eau cristalline du quartier (ce qui en fait un saké doux, très apprécié des femmes, dixit le guide maison). Petite dégustation à la fin de la visite des pièces où étaient reçus les bons clients, divertis par quelques pièces de théâtre (et des jeunes femmes peu farouches). La brasserie produit encore une très bonne bière, la *Machiya,* vendue à Kyoto. Une bonne idée cadeau !

Le Musée municipal de Kyoto 京都文化博物館 *(plan II, C2)* **:** *Sanjo-Takakura, Nakagyo-ku. ☎ 222-0888. • bunpaku.or.jp • Ⓜ Karasuma-Oike 烏丸御池, ligne Karasuma. Tlj sauf lun 10h-19h30 (dernière entrée à 19h). Entrée : 500 ¥ ; réduc ; accès gratuit à l'ancienne Bank of Japan. Guides bénévoles anglophones : rens à l'accueil.*
Dans des espaces aérés, l'exposition permanente retrace l'histoire de Kyoto et de sa culture depuis la fondation de la ville (qui s'appelait alors Heian-kyo, vers 794) jusqu'à l'ère Meiji (qui commence en 1868). Peu de commentaires en anglais, ce qui enlève de la substance à la visite. Belles maquettes, photos aériennes de Kyoto, tableaux, documents. Coup d'œil intéressant à l'ancienne *Bank of Japan* construite en 1906 et rachetée par la Ville.

À faire

■ ***Roujiya*** ろうじ屋 *(plan II, A2, **39**) : 22-58 Ikenouchi-cho, Nishinokyo, Nakagyo-ku. ☎ 432-8494. Voir aussi plus haut dans « Où dormir ? ».* Notre adresse préférée pour les cours de cuisine. En tenue traditionnelle, pendant plus de 1h30, selon la saison, vous apprendrez à cuisiner les aliments du moment, avec toujours les bases de la cuisine japonaise (sushi, maki, etc.). Quelques infos sur les us et coutumes. En anglais.

■ ***Wak Japan*** ワックジャパン *(plan II, C1, **112**) : 761 Tenshu-cho, Nakagyo. ☎ 212-9993. • wakjapan.com • Résa en ligne env 2 sem avt.* Dans une vieille maison traditionnelle en bois *(machiya)*, des petits salons à la japonaise où l'on vous enseigne quelques thèmes de la culture japonaise : cérémonie du thé, port du kimono, cuisine, origami, calligraphie, ikebana (art floral), visites guidées...

AUTOUR DU PALAIS IMPÉRIAL

• Le quartier central (plan II) *p. 330-331*
• Autour du palais impérial (plan III) *p. 341*

KYOTO

Où dormir ? Où manger ?

La proximité du palais impérial et le calme sont les points positifs du quartier, par ailleurs assez excentré de l'animation. Bien desservi par le métro et les bus, mais ne sous-estimez pas les distances à pied.

Bon marché (moins de 1 500 ¥ / 12,50 €)

Kyoto Gyoen Garden Restaurant レストラン 檜垣茶寮 *(plan III, A1, **85**) : ☎ 223-2550. À 50 m de l'entrée du palais impérial. Tlj 11h-16h30 (dernière commande côté snack à 14h30).* Agréable cafét (certains parleront de snack...) tout en bois, devancée d'une terrasse noyée dans le parc du palais impérial. Au menu, rien de bien compliqué, mais la pause s'avère agréable.

Falafel Garden ファラフエルガーデン *(Israel Cafe & Restaurant ; plan III, B1, **86**) : ☎ 712-1856. À 80 m au nord de la station de train Demachi-yanagi 出町柳, lignes Keihan et Eiden. Tlj 11h-21h30. Menus 1 100-1 600 ¥.* Bon petit resto alternatif de quartier, avec des journaux à consulter, un panneau d'infos pour les clients, des rencontres de jeunes toujours possibles, le tout sur un joli petit jardin à l'arrière. On y confectionne de copieux fallafels, préparés à la mode japonaise. Délicieuses pâtisseries, jus de fruits.

Prix moyens (de 10 000 à 15 000 ¥ / 83-125 €)

Palace Side Hotel ザパレスサイドホテル *(plan III, A2, **50**) : Karasuma, Shimodachiuri-agaru. ☎ 415-8887. • palacesidehotel.co.jp • Ⓜ Marutamachi 丸太町, ligne Karasuma (sortie 2). Doubles 10 800-13 500 ¥ ; petit déj en sus.* Un hôtel de capacité moyenne (120 chambres) en face du palais impérial et proche du métro. Des chambres à l'occidentale propres et bien équipées (minidouche-w-c, clim, frigo) mais assez compassées avec leurs tissus fleuris plus vraiment riants. Petits déjeuners copieux et variés. Machines à laver et cuisine à disposition. Excellent accueil.

Chic (de 15 000 à 25 000 ¥ / 125-208 €)

Noku Kyoto ノク京都 *(plan III, A2, **51**) : sur Karasuma-dori, à l'angle de Marutamachi. ☎ 211-0222.*

• nokuroxy.com • Ⓜ Marutamachi 丸太町, ligne Karasuma (sortie 2). Doubles 12 000-22 500 ¥ (jusqu'à 36 000 ¥ en très hte saison), petit déj compris. Au pied du métro, tout proche du palais impérial et du quartier central, cet hôtel moderne est idéalement situé. Chambres immaculées, spacieuses pour Kyoto et impeccablement équipées (TV, plateau de courtoisie, penderie, bureau). Design sobre rehaussé de quelques idées de déco, et accueil ultra-prévenant. Au choix, petit déj occidental au café du rez-de-chaussée ou japonais au sous-sol. Une belle adresse !

À voir

Le palais impérial *(plan III, A1-2)*

– Accès par Karasuma-dori. Ⓜ Imadegawa 今出川, ligne Karasuma (sortie 1). • sankan.kunaicho.go.jp/ •

Un peu d'histoire

Le 1er palais impérial, bâti en 794, aurait été situé plus à l'ouest par rapport au site actuel. Il aurait occupé une surface rectangulaire de plus de 1 km sur 870 m de large, entre les rues Nichijo et Nijo. On ne le voit plus, car il a été détruit et reconstruit plusieurs fois. Après l'incendie de Kyoto en 1788, le site actuel de Gisho a été retenu pour établir le nouveau palais, qui brûla lui aussi en 1854. On reconstruit alors un nouveau : c'est celui que nous voyons aujourd'hui.

L'EMPEREUR DU JAPON : SYMBOLE DE LA NATION

L'empereur est le symbole de la nation. Il n'a pas le titre de chef de l'État, mais pour les Japonais, il est au-dessus des partis. Un monarque constitutionnel, admiré et respecté de tous. Il garantit l'intégrité et la continuité du Japon. L'empereur est toujours le chef spirituel de la religion shinto. Il bénéficie de toutes les prérogatives au même titre qu'un citoyen japonais, mais il ne peut pas comparaître devant des tribunaux.

KYOTO

★ *Le parc impérial* *(Kyoto Gyoen – 京都御苑) : ouv tlj à tte heure.* Le plus grand espace vert (84 ha) de la ville offre un écrin de verdure aux différents pavillons et bâtiments formant le palais impérial. Il se découvre librement.

★★ *La résidence impériale* *(Kyoto Gosho – 御車寄) : visite libre tlj sauf lun : avr-août 9h-17h (16h30 mars et sept ; 16h oct-fév) ; dernière admission 40 mn avt. Visites guidées en anglais à 10h et 14h. GRATUIT. Livret en français et application gratuite avec explications sur le palais.*

La visite suit un parcours fléché. On admire d'abord l'***Okurumayose*** 御車寄, l'entrée utilisée par les courtiers accrédités auprès de l'empereur. Le ***Shodaibunoma*** 諸大夫の間 leur servait de salle d'attente. Le ***pavillon Shishinden*** 紫宸殿, le plus important de l'ensemble, servait aux cérémonies du couronnement et abrite aujourd'hui encore les trônes impériaux (appelés *Takamikura* et *Michodai*). Construits pour le couronnement de l'empereur Taisho (1915), ils ont été utilisés pour celui de l'empereur Akihito. Le *Seiryoden* fut la résidence de l'empereur avant que l'on construise le pavillon *Otsunegoten,* où se trouve le lit impérial. La grande cour que l'on traverse est de sable blanc. 2 espèces de bambou y poussent : le bambou *kuretake* et le *kawatake.*

Le ***pavillon Kogosho*** 小御所 était le lieu où l'empereur recevait le shogun et les daimyos, qui dirigeaient le pays. Ce bâtiment est historiquement important car, en 1868, s'y déroula la conférence rétablissant le pouvoir impérial à la place du shogunat, une date cruciale qui a changé le cours de l'histoire du Japon. L'année suivante, l'empereur Mutsuhito s'installa à Edo (Tokyo) pour concrétiser sa reprise du pouvoir.

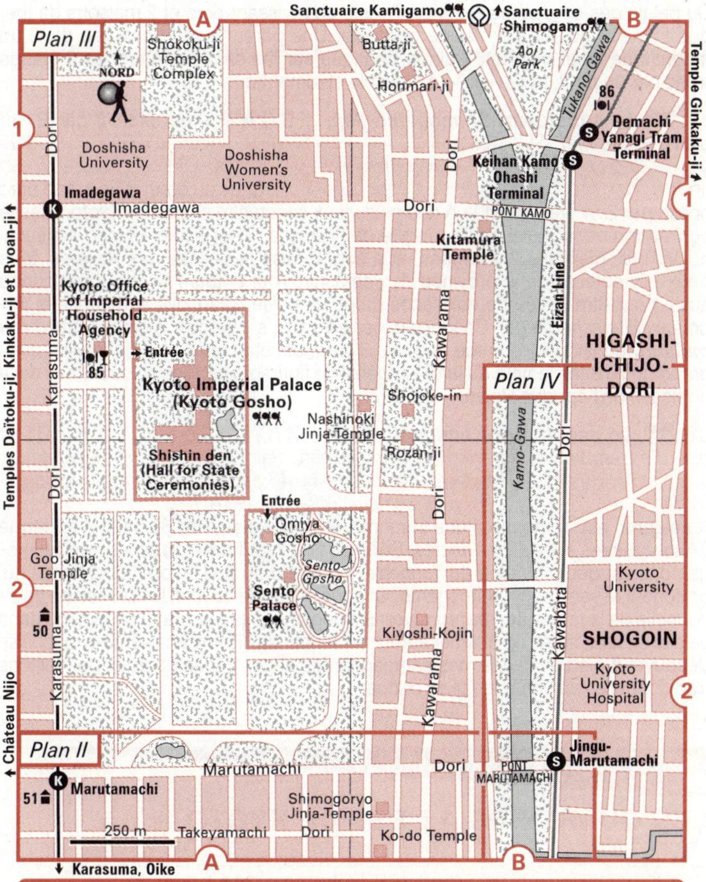

KYOTO – Autour du palais impérial (Plan III)

Où dormir ? Où manger ?

- **50** Palace Side Hotel (A2)
- **51** Noku Kyoto (A2)
- **85** Kyoto Gyoen Garden Restaurant (A1)
- **86** Falafel Garden (B1)

On passe ensuite devant l'*Ogakumonjo* et le ***pavillon Otsunegoten*** 御常御殿 (15 chambres), où sont conservés le sabre et le sceau impérial. Ce fut la dernière résidence de l'empereur à Kyoto avant que celui-ci ne s'installe à Tokyo. Le magnifique jardin *Oikeniwa* clôture le parcours.

Le palais impérial Sento 仙洞御所 **:** *tlj sauf lun et 1 mar/mois 9h30-15h30 (dernier départ de visite). Fermé 28 déc-4 janv. Visites guidées en japonais (possiblement en anglais), ttes les heures. 1er arrivé, 1er servi (groupes limités). Durée : env 1h (parfois moins et au pas course). Audioguide en français téléchargeable sur smartphone. GRATUIT. Présenter son passeport.* ***Interdit aux moins de 18 ans.***

Du palais des empereurs retraités, il reste un ravissant parc et 2 maisons de thé, que la visite guidée permet de parcourir. Une parenthèse enchantée dans un magnifique écrin végétal ! Balade poétique sur les sentiers, entre les 2 étangs reliés par un pont, et sur les îlots. Paisible et romantique.

Le sanctuaire Shimogamo-jinja 下賀茂神社 *(hors plan III par B1 et plan d'ensemble) : Shimogamo-Hondori. • shimogamo-jinja.or.jp • Bus nos 4 et 205 depuis la gare centrale, arrêt Jinja-mae* 神社前. *Tlj 5h30-18h en été, 6h-17h en hiver (10h-16h pour le musée du Trésor). GRATUIT.* Situé au cœur d'un grand parc bordé par 2 rivières, c'est l'un des plus vieux sanctuaire shinto de Kyoto. Classé au Patrimoine mondial de l'humanité de l'Unesco, il est dédié à Hono Ikatsuchi no Mikoto, dieu des Montagnes, et à son épouse la déesse des Rivières, tous deux protecteurs de la province de Yamashiro, qui entoure Kyoto. Il est connu aussi pour être le lieu de naissance d'une friandise de riz pilé à la sauce aigre-douce *(Mitarashi-dango).* Chaque année, le 15 mai, s'y déroule la grande fête d'***Aoi matsuri,*** considérée comme une des 3 grandes fêtes annuelles de la ville, avec grand défilé dans le parc du jardin impérial de figurants habillés en costumes de la noblesse de l'époque Heian.

Le sanctuaire Kamigamo-jinja 上賀茂神社 *(hors plan III par B1 et plan d'ensemble) : à 3 km au nord-ouest du sanctuaire Shimogamo-jinja. • kamigamojinja.jp • Bus nos 4 depuis la gare centrale ou 46 depuis Gion, arrêt Kamigamo-jinja-mae* 上賀茂神社前. *Tlj 8h (8h30 nov-mars)-17h. GRATUIT.* Kamigamo est composé d'une immense enceinte d'environ 66 ha, qui renferme 34 sanctuaires et pavillons sacrés. Sorte de filiale spirituelle du sanctuaire Shimogamo, il est dédié au dieu du Tonnerre, lequel est né de l'union des divinités qui protègent le sanctuaire Shimogamo. Chaque année, le 15 mai, la procession traditionnelle de la fête d'***Aoi matsuri*** (voir Shimogamo-jinja plus haut) se termine dans ce site exceptionnel. Le quartier autour du sanctuaire (Kamigamo-shake-machi) se découvre à pied au fil des rues campagnardes et des canaux bordés de maisons traditionnelles aux murs de terre battue.

KYOTO

LES QUARTIERS À L'EST DE KYOTO

• Les quartiers est (plan IV) *p. 344-345*

Où dormir ?

De très bon marché à bon marché (moins de 10 000 ¥ / 83 €).

Guest House Waraku-An 和楽庵 *(plan IV, B2,* ***55****) : 19-2 Sannou-cho, Marutamachi-dori. ☎ 771-5575. • kyotoguesthouse.net • Bus nos 93 et 204, du terminal de la station de train Hankyu Marutamachi* 阪急丸太町*, et bus no 203 de la ligne circulaire, arrêt Kumano Jinja-mae* 熊野神社前*, à 50 m de Higashioji-dori, 2e impasse sur la gauche après le discret bureau de poste. Résa impérative bien à l'avance. Compter 2 700 ¥/pers en dortoir ; doubles 6 500-7 600 ¥.* Une de nos meilleures adresses dans cette catégorie. Petite pension discrète dans une maison, joliment rénovée, avec des coins et recoins, tenue par un très sympathique couple franco-japonais. Nicolas Le Bacquer est un charpentier qui a appris les méthodes japonaises de travail du bois (bien utile pour restaurer une maison traditionnelle !). Son épouse Yuki est une businesswoman japonaise qui parle le français. Dortoirs de 3 lits pour les hommes et de 4 lits pour les femmes, ainsi que des doubles avec tatamis et futons. Douches et toilettes communes. Excellent accueil et plein d'infos sur les restos aux alentours.

Roku Roku ろくろく (plan IV, C-D2, **56**) : *61 Teranomaecho, Shishigatani, Sakyō-ku. ☎ 771-6969. • rokuroku.kyoto.jp • Bus n° 5 depuis la gare centrale, arrêt Shinnyodo-mae 真如堂前. Lit en dortoir 2 700 ¥. Double 4 500 ¥. Petit déj en sus.* Une auberge de quartier dans une maison traditionnelle à flanc de colline, avec son jardin japonais qui accueille réception et salle du petit déj. À 400 m de là, sur l'avenue, un bâtiment plus fonctionnel abrite, lui, les dortoirs non mixtes de 6 lits et les chambres avec salles de bains. Et entre les 2, le chemin de la Philosophie : joli programme. Certes excentré, l'endroit est toutefois idéal pour apprécier le charme du quartier en dehors des périodes d'affluence. Prêt de vélos.

Prix moyens (de 10 000 à 15 000 ¥ / 83-125 €)

Rinn Heian Shirakawa Rinn 平安白河 (plan IV, B3, **57**) : *394-8, Sekiseniin-cho, Higashiyama-ku. ☎ 746-3731. • rinn-kyomachi.com • Ⓜ Higashiyama 東山, ligne Tozai (sortie 1). Ou bus nos 5, 100 ou 206 depuis la gare ; arrêt Higashiyama. Doubles 12 400-16 800 ¥.* Incroyablement au calme et pourtant si proche d'une avenue passante, le charme de cet hôtel opère dès les abords. Posé sur la rive d'un canal, il propose des chambres faisant l'amalgame de la tradition japonaise et du confort occidental. Les tons clairs illuminent les chambres pas immenses pour certaines, certes, mais qui dégagent une réelle sérénité. Personnel aux petits oignons. La marque *Rinn* est présente ailleurs dans Kyoto.

Où manger ?

Prix moyens (de 1 500 à 3 500 ¥ / 12,50-29 €)

Omen Ginkaku-ji おめん銀閣寺 (plan IV, D1, **88**) : *Sakyo-ku, Jodoji Ishibashicho. ☎ 771-8994. Sur l'av., en contrebas du chemin de la Philosophie, la 1re rue à droite après la clinique dentaire. Tlj sauf jeu 11h-21h (dernière commande à 20h30). Menu en anglais.* Grande maison traditionnelle, avec un long comptoir en bois derrière lequel s'active le cuisinier. Salle chaleureuse avec tatamis et quelques tables. La spécialité : les nouilles *udon* (farine de blé) ou *soba* (faites à partir de farine de sarrasin), mais la cuisine reste variée et raffinée, sans attentat au portefeuille : tempura, sushis, salades. Le *mori-soba* est le plus populaire des *soba* froids. Pour l'assaisonnement, chacun le prépare à son goût en mélangeant condiments et sésame dans le bouillon.

Okutan Nanzen-ji 奥丹南禅寺 (plan IV, D3, **89**) : *Shimokawara-cho. ☎ 771-8709. Au niveau du jardin du temple Nanzen-ji. Bus nos 5 ou 100 depuis la gare centrale, arrêt Nanzenji 南禅寺. Tlj 11h-17h (dernière commande à 16h15).* Un des meilleurs restaurants de tofu de la ville. Situé dans un beau quartier, *Okutan* occupe une vieille maison aux murs blancs, renfermant un petit jardin intérieur. Endroit charmant, paisible et poétique, où l'on mange sur des tatamis une fine cuisine. La bonne qualité de l'eau de Kyoto permet d'élaborer un tofu excellent. Les plats les plus connus sont le *yudofu* et le *dengaku*. Ce sont des assortiments de cubes de tofu légèrement grillés servis avec du *miso* au poivre *(kinomemiso)* ou au sésame *(gomamiso)*.

Café de l'Institut français du Japon Kansai アンスティチュ・フランセ関西 京都 (plan IV, B1, **4**) : *8 Izumidono-cho, Yoshida, Sakyo-ku. ☎ 761-2180. Viser le bâtiment blanc et le drapeau français, à côté du bâtiment de la faculté. Mar-ven 11h30-16h, sam 9h30-17h, dim 11h30-15h (dernières commandes 30 mn avt).* Une salle lumineuse à côté de la bibliothèque

Adresse utile

4 Institut français du Japon-Kansai (B1)

Où dormir ?

55 Guest House Waraku-An (B2)
56 Roku Roku (C-D2)
57 Rinn Heian Shirakawa (B3)

Où manger ?

4 Café de l'institut francais du Japon-Kansai (B1)
88 Omen Ginkaku-ji (D1)
89 Okutan Nanzen-ji (D3)

Où boire un verre ?

115 Café Sagan (D1)
116 Café Pomme (D1)
117 Yojiya Café (D2)

Où sortir ? Où écouter de la musique ?

122 Club Métro (A2)

Achats

7 Kyoto Handicraft Center (B2)

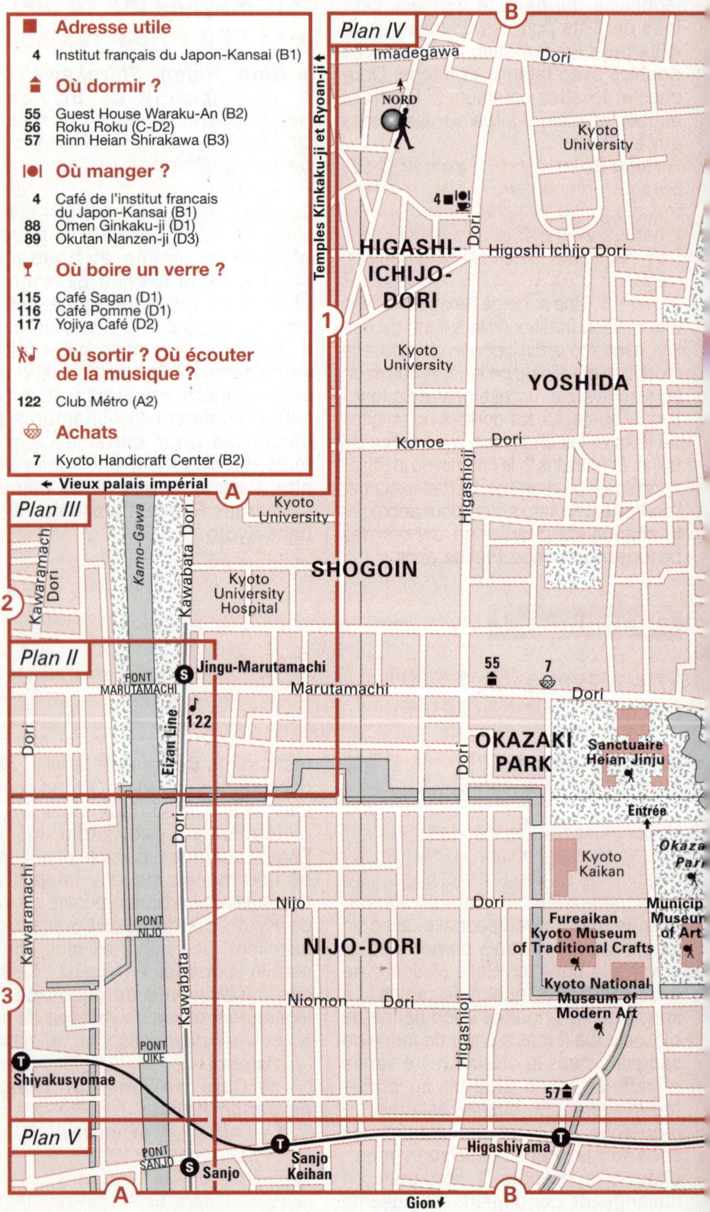

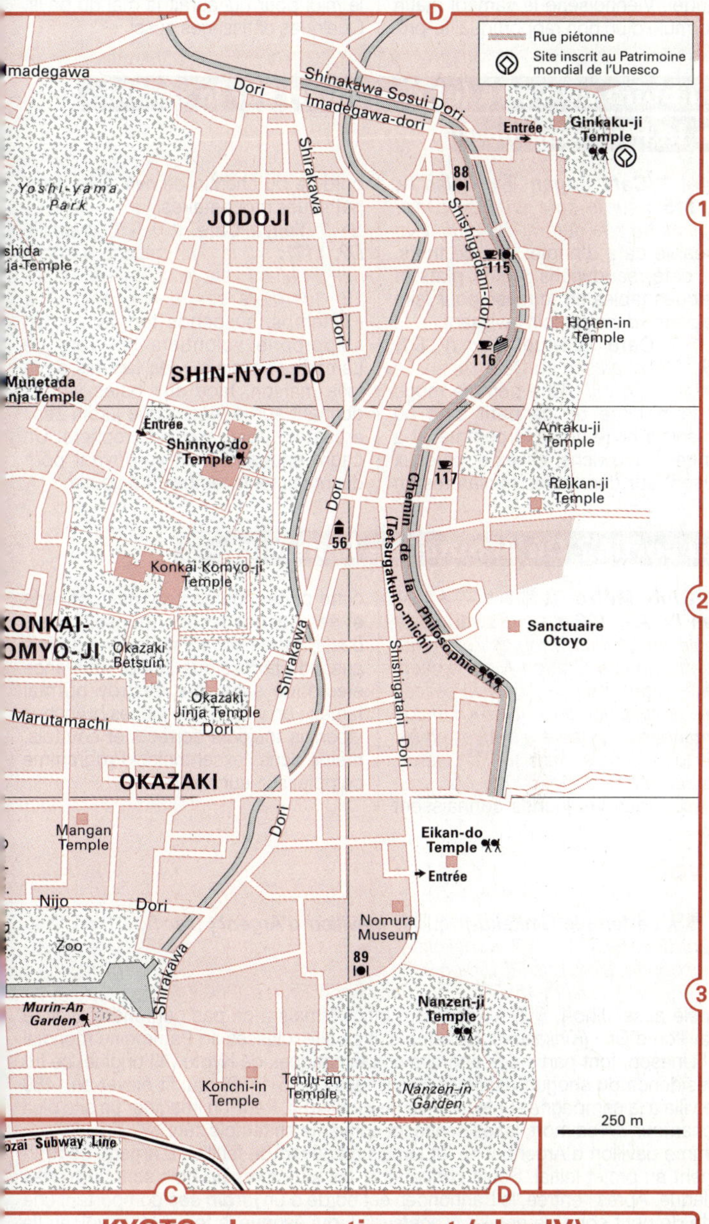

KYOTO – Les quartiers est (plan IV)

KYOTO

Claudel. Viennoiserie le samedi matin et formule d'un bon rapport qualité-prix le midi pour qui aurait le mal du pays. Quelques pâtisseries aussi.

Où boire un verre (et grignoter) sur le chemin de la Philosophie ?

Café Sagan 再願 *(plan IV, D1, **115**) : sur le côté droit du canal, en allant vers le centre. Tlj 7h30-17h.* Agréable café d'angle. Jus de fruits, thé, café, sandwichs, petits plats et quelques tables en terrasse pour faire une pause dans ce coin ravissant.

Café Pomme *(plan IV, D1, **116**) : 200 m au sud du Café Sagan. Tlj sauf jeu 12h-18h.* Une pomme rouge est l'emblème de ce petit café où l'on sert à boire (thé à la pomme) et à manger (sandwichs, cakes et gâteaux maison) sur des tables miniatures en bordure du chemin de rive. Très sympathiques propriétaires.

Yojiya Café ようじや *(plan IV, D2, **117**) : sur le côté gauche du chemin en allant vers le centre. Tlj 9h30-18h (dernière commande à 17h30).* « Ô temps, suspends ton vol... » On s'approprie volontiers les vers de Lamartine, assis sur les tatamis de la jolie maison, face aux baies vitrées donnant sur le magnifique jardin zen : arbustes, pont japonais, rochers. Un cadre enchanteur et verdoyant pour déconnecter le temps d'un goûter.

KYOTO

Où sortir ? Où écouter de la musique ?

Club Métro 京都クラブメトロ *(plan IV, A2, **122**) : sur Kawabata, à l'angle de Marutamachi. ☎ 752-4765. • metro.ne.jp • Station Marutamachi* 丸太町*, ligne Keihan (sortie 2). Accès en sous-sol par la bouche de « métro ». Demander, c'est facile à trouver, en fait presque à l'angle, mais sur l'av. Kawabata. Entrée : 2 000-4 000 ¥, 1 boisson incluse.* Tous les jeunes connaissent cette boîte réputée pour ses concerts et ses soirées techno, house, *break-beats, hybrid sound,* mais il y a parfois aussi de la musique latino. Ambiance électrique sans être destroy ou mal famée : on y croise de jeunes branchés japonais toujours corrects et courtois, même dans l'excentricité ! Programme complet sur leur site.

À voir

Le temple Ginkaku-ji 銀閣寺 ***(pavillon d'Argent ;** plan IV, D1) : Shishigatani-dori. ☎ 771-5725. • shokoku-ji.jp • Bus n°s 5 ou 100 depuis la gare centrale ; depuis Gion, bus n°s 100 ou 203 ; arrêt Ginkakuji-mae* 銀閣寺前*, puis 5 mn à pied. Tlj 8h30-17h (9h-16h30 de déc à mi-mars). Entrée : 500 ¥ ; réduc.*

Appelé aussi Jiho-ji 慈照寺 (son nom officiel) mais à ne pas confondre avec le « pavillon d'Or » *(Kinkaku-ji).* Ce temple et ce site, classés au Patrimoine mondial de l'Unesco, font partie des endroits emblématiques de Kyoto. À l'origine, ce fut la résidence du shogun Ashikaga Yoshimasa (1435-1490), qui fit élever en 1489 une villa à la campagne sur le modèle du Kinkaku-ji. Peut-on imaginer un site plus enchanteur ? À sa mort, la résidence fut convertie en temple zen.

Nommé pavillon d'Argent, il ne fut jamais recouvert de feuilles d'argent, contrairement au projet initial. Seule coquetterie, les structures de bois sont couvertes de laque. Après l'entrée, le Kannonden est bordé d'un ***jardin sec*** comportant une sorte de petit cône de gravier *(Kogetsudai),* qui évoque la forme d'un volcan (le mont Fuji ?), auprès d'une autre formation en gravier *(Ginsanden),* représentant la mer d'argent. Tous les deux doivent refléter l'éclat lunaire les soirs de pleine lune. Si vous pouvez faire l'essai, cela nous intéresse de savoir si ça marche.

Au nord du pavillon central, on remarque le ***Hon-do*** (XVIIᵉ s) et le ***Tokyu-do*** (1487), sorte de chapelle privée *(accès sur résa 500 ¥),* qui abrite une statue en bois d'Ashikaga Yoshimasa et 2 statues (du Bouddha et de Kannon). Se promener dans le jardin est un régal, surtout au printemps et à l'automne. La ***maison de thé*** *(Shashitsu)* qui s'y cache serait une des plus anciennes du pays. Des petites allées réservées aux promeneurs suivent le flanc de la colline boisée, d'où l'on a à chaque détour une ***vue panoramique*** sur le nord de Kyoto. Observer les superbes parterres de mousse et les quelques bassins où les visiteurs jettent des pièces pour la réalisation de leurs vœux.

Le chemin de la Philosophie (Tetsugakuno-michi) 哲学の道 *(plan IV, D1-2)* **:** une promenade enchanteresse (bien indiquée) qui longe sur 2 km un canal d'un infini romantisme. À faire de préférence le matin avant qu'il n'y ait trop de monde. Elle commence au sud du temple Gingaku-ji et se termine au sanctuaire Nyakuo-ji, au pied des collines sud de Higashiyama. Elle a été ainsi baptisée en souvenir du philosophe japonais Nishida Kitaro, qui aimait y flâner pour méditer. La meilleure époque pour y musarder est l'automne ou le printemps au moment de la floraison des cerisiers. En venant de Gingaku-ji, à gauche, plusieurs petits sanctuaires (gratuits) méritent un arrêt, comme ***Otoyo Shrine*** et ses statues de souris souvent décorées de fleurs, et le ***temple Honen-in*** où fut fondée la secte bouddhiste Jodo. L'allée qui mène au temple est bordée d'érables et le cimetière, au milieu de la forêt, est réputé pour ses camélias. Très calme et serein. On y trouve la tombe de Tanizaki Junichiro (1886-1965), un des plus grands auteurs japonais du XXᵉ s.

Le temple Shinnyo-do 真如堂 *(plan IV, C2)* **:** *Shirakaya-dori. Bus nᵒˢ 5 ou 100 depuis la gare centrale, arrêt Shinnyo-do mae 真如堂前. Tlj sauf le w-e 9h-16h. Entrée : 500 ¥ pour le pavillon principal et le jardin.* Construit en 984 pour accueillir la statue sacrée du Bouddha Amida Nyorai, provenant du mont Hiei, qui domine la ville de Kyoto.

Le temple Eikan-do 永観堂 *(plan IV, D3)* **:** *● eikando.or.jp ● Bus nᵒˢ 5 ou 100 depuis la gare, arrêt Nanzenji 南禅寺 ou Eikando-michi 永観堂道. Tlj 9h-17h (dernière entrée à 16h). Entrée : 600 ¥ ; 1 000 ¥ en nov, pour admirer les érables aux couleurs de l'automne.* Autrefois appelé temple Zenrin-ji, il fut fondé par un disciple de Kobo Daishi et reconstruit au XVᵉ s. C'est surtout pour son jardin que l'on vient à l'Eikan-do. Étendu sur les pentes du mont Daimonji (466 m), il sert de cadre naturel pour la grande fête annuelle du Bon (le 16 août). Des feux sont allumés sur la colline et dessinent alors le caractère japonais « Dai » (Grand). À l'arrière, une pagode permet d'avoir une large vue sur la ville.

Le temple Nanzen-ji 南禅寺 *(plan IV, D3)* **:** *● nanzenji.com ● Bus nᵒˢ 5 ou 100 depuis la gare centrale, arrêt Nanzenji 南禅寺 ou Eikando-michi 永観堂道. Tlj 8h40-17h (16h30 déc-fév). Entrée : pavillon Hojo, porte San-mon et jardin Tenju-an, 500 ¥ (pour chacun). Balade gratuite autour des pavillons.*
Fondé autour de 1264 grâce à une donation de l'empereur Kameyama, qui se passionna tant pour la philosophie zen qu'il transforma sa demeure aristocratique en temple (1291). Plusieurs fois reconstruit suite aux incendies, le grand monastère de Nanzen renferme des pavillons datant pour les plus anciens du XVIIᵉ s. La porte principale ***San-mon,*** au plafond peint, est magnifique de gigantisme. Cadre bucolique. Dans le ***pavillon Hojo,*** le jardin du « Tigre bondissant » est un bel exemple de jardin sec zen. ***Le Tenju-an Garden*** 天授庵, lui, est un jardin confidentiel, moussu qui ravit par l'équilibre de ses proportions. Un chemin de pierres sépare l'étang en 2. La carte postale que vous attendiez du Japon.

Le Jardin Murin-an 名勝 無鄰菴 *(plan IV, C3)* **:** *31 Nanzenji Kusakawacho, Sakyo-ku. ☎ 771-3909. ● muri-an.jp ● Ⓜ Higashiyama 東山, ligne Tozai. Bus nᵒˢ 5 ou 100, arrêt Okazakie Koen 岡崎公園. Tlj 9h-18h (oct-mars 17h ; dernière entrée 30 mn avt). Entrée : 600 ¥ ; réduc.*

KYOTO

Contrastant avec son environnement bruyant, ce coin de verdure est un bel exemple de jardin « civil » élaboré par un des conseillers de la Cour à la fin du XIXe s. La proximité de canaux y permet le passage d'un cours d'eau naturel. En entrant, à gauche, ***maison de thé*** japonaise et à droite, l'édifice de brique qui abrita au 1er étage une réunion qui scella le sort de la guerre russo-japonaise (1904). Noter la lourde ***porte*** du rez-de-chaussée destinée à sécuriser la pièce où étaient entreposés les objets précieux de la maison.
En venant du nord (temple Nanzen-ji), avant le carrefour qui permet d'accéder au jardin, sur la gauche, un pont enjambe de larges rails de chemin de fer. Il s'agit d'une ancienne voie de transit entre des canaux jadis utilisés pour convoyer des marchandises entre Osaka et Nagoya.

Le musée municipal d'Art de Kyoto 京都市美術館 *(plan IV, B3)* **:** *parc Okazaki. ☎ 771-4107. Ⓜ Higashiyama 東山, ligne Tozai. Bus nos 5 ou 100, arrêt Okazaki Koen 岡崎公園. Tlj sauf lun 9h-17h (dernière entrée à 16h30). Entrée : variable selon expos.* Construit en 1928, ce grand bâtiment moderne abrite des collections d'art moderne japonais et occidental et sert de lieu d'expositions temporaires.

Le parc Okazaki 岡崎公園 *(plan IV, B2-3)* **:** *juste au nord du musée municipal d'Art.* Vaste parc, marqué par un immense torii orange avec des massifs de cerisiers et d'érables, à découvrir la 2de quinzaine d'avril.

Le sanctuaire shinto Heian Jingu 平安神宮 *(plan IV, B2)* **:** *au nord de l'enceinte du parc Okazaki. Ⓜ Higashiyama 東山, ligne Tozai ou bus nos 32 et 206, arrêt Okazaki-michi 岡崎道. Tlj 6h-17h30 (nov-fév, 17h ; de mi-mars à sept, 18h) pour le sanctuaire. Jardins : tlj 8h30-17h (nov-fév, 16h30 ; de mi-mars à sept 17h30). Entrée libre, sauf pour le jardin Shin : 600 ¥.*
Construit en 1895 pour célébrer les 1 100 ans de la fondation de la ville de Kyoto, c'est une reproduction au 5/8 du tout 1er palais impérial, bâti en 794 (détruit par la suite). Le jardin est très prisé pour ses iris (floraison en mars), ses érables et ses cerisiers.

Kyoto Museum of Crafts and Design ふれあい館 *(plan IV, B3)* **:** *entrée sur Nijo-dori, face au théâtre. ☎ 762-2670. • kmtc.jp/en/ • Ⓜ Higashiyama 東山, ligne Tozai ou bus nos 5 ou 100, arrêt Okazaki Koen 岡崎公園. Salle d'exposition au sous-sol. Tlj 9h-17h (dernière entrée à 16h30). GRATUIT, sauf expos temporaires. Fiche explicative en français.*
Cet espace lumineux fait un tour d'horizon de l'artisanat kyotoïte, dont on a ici un large éventail. L'occasion de survoler les différents savoir-faire propres à la ville, représentés par des objets emblématiques : travail du bambou et de la pierre, broderies, parapluies japonais en papier et bambou *(wasaga),* éventails, poupées impériales, boîtes à thé... Présentation aérée dans une immense salle moderne. Toutes les œuvres exposées sont en vente, de bien jolis souvenirs de qualité (détaxe à partir de 5 000 ¥).

Le musée national d'Art moderne de Kyoto (Momak) 京都国立近代美術館 *(plan IV, B3)* **:** *Okazaki, Enshoji-cho. ☎ 761-4111. • momak.go.jp • Ⓜ Higashiyama 東山, ligne Tozai ou bus nos 5 ou 100, arrêt Okazaki Koen 岡崎公園. Tlj sauf lun 9h30-17h (20h ven-sam, nov-juin ; 21h ven-sam, juil-oct). Entrée : 430 ¥ ; réduc étudiants ; réduc pour tous ven-sam après 17h ; env 1 000 ¥ lors d'expos temporaires.*
Grand bâtiment moderne des années 1960, dans le parc Okazaki, près de l'énorme torii rouge qui en marque l'entrée par le sud. En plus des expositions temporaires, fonds permanent de 10 000 œuvres exposées par roulement. Une collection riche de quelques toiles célèbres, mais pas toujours visibles : Mondrian, Picasso, Matisse, pour ne citer que des artistes occidentaux.
Dans une pénombre reposante, très beaux objets soigneusement mis en valeur dans des vitrines avec sobriété et élégance (présentation aérée, éclairage soigné). Salles thématiques. Série de magnifiques sculptures de Bouddha en bois dont une

expressive et impressionnante paire de gardiens de temple du XIIIe s. Sublimes kimonos et très beaux objets en laque, notamment des services de tables. Voir également la technique du *makie* utilisant l'or et l'argent. Et, pour en rajouter, des dessins, céramiques japonaises et sculptures. Au dernier étage, une baie vitrée permet d'admirer la montagne Higashiyama.
Comble de la délicatesse, on vous prête un parapluie pour traverser l'esplanade, vous aurez ainsi tout le loisir de saluer la copie du *Penseur* de Rodin face au jet d'eau.
Bonne ***cafétéria*** à l'entrée dans un cube de verre avec vue sur les 2 bâtiments.

LES QUARTIERS DE GION 祇園 ET DE HIGASHIYAMA 東山

• Gion, Higashiyama-ku (plan V) *p. 350-351*

À l'est de la rivière Kamo, ces quartiers légèrement à l'écart du centre commerçant constituent le cœur touristique de la ville. C'est là que vous sentirez battre le pouls du Kyoto d'antan, dans les méandres des ruelles jalonnées de maisons traditionnelles en bois. Mais vous n'y serez pas seul, en particulier les fins de semaine. Dévolu aux geishas et aux *maiko* autrefois très nombreuses, Gion est l'un des plus anciens quartiers. Les canaux qui rejoignent la rivière lui donnent un charme incroyable. Dans ses rues bordées de maisons basses et de boutiques qui grimpent vers le temple Kiyomizu-dera dans le quartier d'Higashiyama, on touche au plus près l'âme de la ville.

Adresses utiles

Keihan Tourism Information *(plan V, A2) : bureau dans le passage souterrain. Tlj 9h-18h.* Brochures et bonnes infos.

– ***Furukawa Shuzo*** 古川修造 *(plan V, B1, **8**) : 546-1, Furukawa-cho, Higashiyama-ku. ☎ 754-8714. • shirakawacmo.wixsite.com • Ⓜ Higashiyama 東山, ligne Tozai (sortie 2). Mar-sam 10h-17h.* Association de quartier qui promeut les rencontres en anglais entre touristes et habitants au travers d'ateliers variés (cuisine, affûtage de couteaux...) et de visites de la ville.

Où dormir ?

De très bon marché à bon marché (moins de 10 000 ¥ / 83 €)

Gojo Guest House 五条ゲストハウス *(plan V, A3, **58**) : 3-396-2 Gojobashi-higashi. ☎ 525-2299. • gojo-guest-house.com • En venant du pont Gojo, sur Gojo-dori, prendre le côté gauche ; c'est après la 5e intersection, juste avt une grande passerelle qui enjambe l'avenue. Ⓜ Gojo 五条, ligne Eizan (à 15 mn) ou station de train du même nom, ligne Keihan (à 5 mn). Bus nos 100, 110 ou 206 depuis la gare centrale, arrêt Gojozaka 五条坂. Résa conseillée. Nuitée 2 200-3 900 ¥/pers en dortoir ; doubles 5 900-8 650 ¥.* Modeste pension dans une maison centenaire. On entre côté rue dans une cafétéria chaleureuse. Les 3 chambres privées se trouvent à l'arrière et donnent sur un couloir, tandis que les dortoirs non mixtes (6 personnes) sont côté avenue (passante). Salle de bains commune.

KYOTO

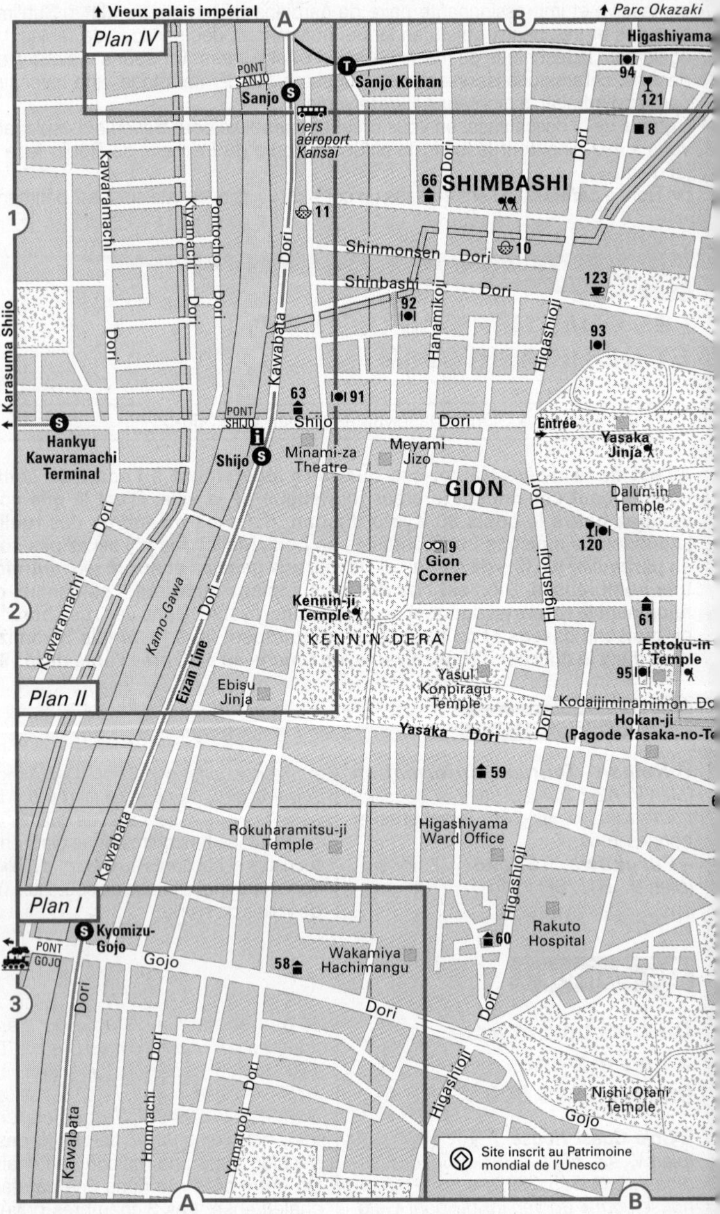
Vieux palais impérial
Parc Okazaki
A
B
1
2
3
Plan IV
Plan II
Plan I
PONT SANJO
Sanjo
vers aéroport Kansai
Sanjo Keihan
Higashiyama
94
121
8
66
SHIMBASHI
11
10
Shinmonsen Dori
Shinbashi Dori
123
92
93
Kawaramachi Dori
Kiyamachi Dori
Pontocho Dori
Kawabata Dori
Hanamikoji
Higashioji
Karasuma Shijo
63
91
PONT SHIJO
Shijo Dori
Entrée
Yasaka Jinja
Hankyu Kawaramachi Terminal
Shijo
Minami-za Theatre
Meyami Jizo
GION
Dalun-in Temple
120
9
Gion Corner
Kamo-Gawa
Eizan Line
Kennin-ji Temple
KENNIN-DERA
61
Entoku-in Temple
95
Yasui Konpiragu Temple
Ebisu Jinja
Kodaijiminamimon Do
Hokan-ji (Pagode Yasaka-no-To
Yasaka Dori
59
Rokuharamitsu-ji Temple
Higashiyama Ward Office
Rakuto Hospital
60
Kyomizu-Gojo
PONT GOJO
Gojo Dori
58
Wakamiya Hachimangu
Honmachi Dori
Yamatooji Dori
Nishi-Otani Temple
Gojo
Site inscrit au Patrimoine mondial de l'Unesco

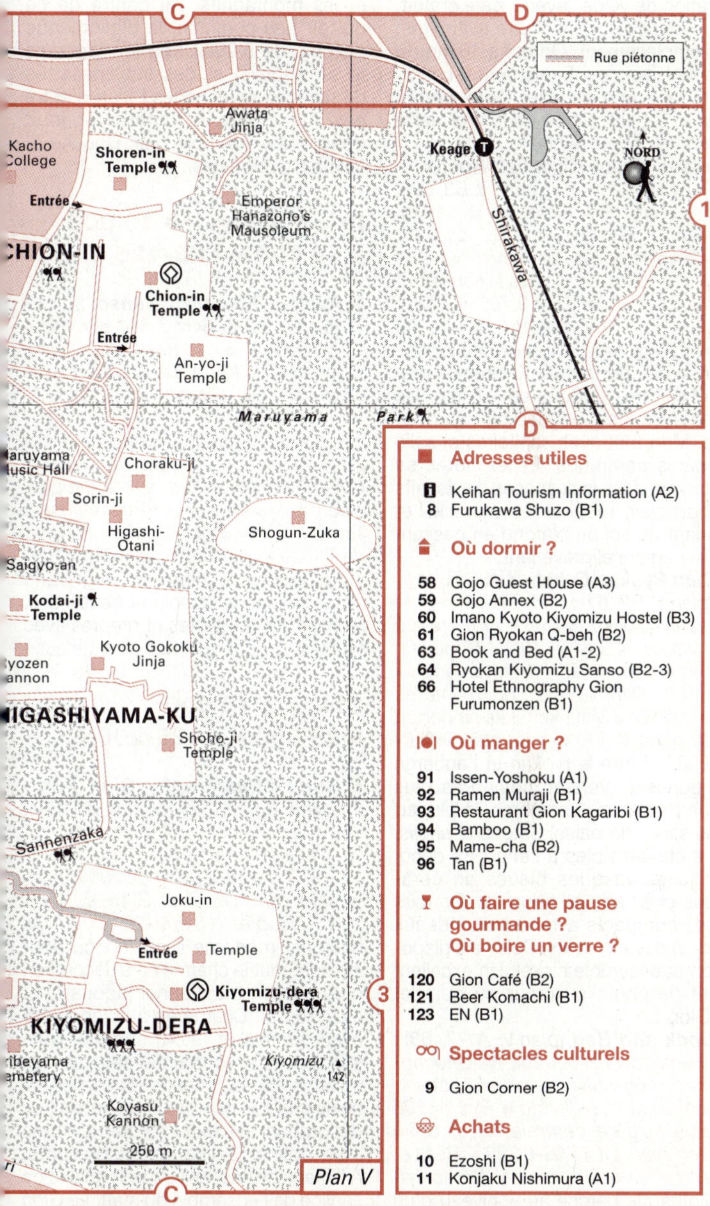

Adresses utiles

- Keihan Tourism Information (A2)
- 8 Furukawa Shuzo (B1)

Où dormir ?

- 58 Gojo Guest House (A3)
- 59 Gojo Annex (B2)
- 60 Imano Kyoto Kiyomizu Hostel (B3)
- 61 Gion Ryokan Q-beh (B2)
- 63 Book and Bed (A1-2)
- 64 Ryokan Kiyomizu Sanso (B2-3)
- 66 Hotel Ethnography Gion Furumonzen (B1)

Où manger ?

- 91 Issen-Yoshoku (A1)
- 92 Ramen Muraji (B1)
- 93 Restaurant Gion Kagaribi (B1)
- 94 Bamboo (B1)
- 95 Mame-cha (B2)
- 96 Tan (B1)

Où faire une pause gourmande ? Où boire un verre ?

- 120 Gion Café (B2)
- 121 Beer Komachi (B1)
- 123 EN (B1)

Spectacles culturels

- 9 Gion Corner (B2)

Achats

- 10 Ezoshi (B1)
- 11 Konjaku Nishimura (A1)

KYOTO – Gion, Higashiyama-ku (Plan V)

Location de vélos, laverie, café gratuit, micro-ondes et clim. Autre avantage : son emplacement. On est à 10 mn du temple Kiyomizu. Également 2 chambres dans une annexe, ***Gojo Annex*** *(plan V, B2,* ***59****)* située dans une vieille maison au calme, à 500 m.

☗ ***Imano Kyoto Kiyomizu Hostel*** イマノ京都清水ホステル *(plan V, B3,* ***60****) : 563-11 Barincho, Gojodori Yamatooji Higashiru, Higashiyama-ku. ☎ 532-0101. • imano.jp/kiyomizu • Bus nos 100, 110 ou 206 depuis la gare, arrêt Gojozaka* 五条坂*. Lits 3 700-4 300 ¥. Double 12 000 ¥.* *Imano* est une AJ dans l'air du temps idéalement placée à proximité du temple Kiyomizu-dera. Au choix, des dortoirs de 4-6 lits, des *twins* avec lits gigognes ou des doubles. Mon tout avec sanitaires et salle de bains communs. Et les hôtes se retrouvent dans les espaces de vie faits de bois clair. Tout est récent, nickel et souriant du sol au plafond en passant par le personnel prévenant.

☗ ***Gion Ryokan Q-beh*** 祇園旅館 休兵衛 *(plan V, B2,* ***61****) : 505-3 Washio-cho, Higashiyama-ku. ☎ 541-7771. • ryokankyoto.jp • Bus nos 100, 110 ou 206 depuis la gare, arrêt Higashiyama Yasui* 東山安井*. Dans la ruelle qui monte en face de l'hôtel* Maifukan. *Lits en dortoir (8-10 pers) 2 500 ¥ ; doubles 9 000-10 000 ¥.* Entre le *ryokan* et l'auberge de jeunesse, version cosy. Pas plus d'une dizaine de chambres (la plupart sans salles de bains), futons et *shojis*. On a été sensibles à l'effort de déco, aux jolies vasques bleues en céramique et à l'accueil adorable. Dortoirs assez compacts avec *noren* (rideaux fendus) devant les lits. Cuisine à disposition et ensemble nickel. Un excellent point de chute au cœur du quartier de Gion.

☗ ***Book and Bed*** *(plan V, A1-2,* ***63****) : 9F, Kamagowa Bldg, 200 Nakanocho-Nishiru, Higashiyama-ku. • bookandbedtokyo.com/en/kyoto • Bus n° 106 depuis la gare centrale, arrêt Shijo Keihan-mae. Lit 4 700-6 200 ¥. Résa et paiement sur le site internet.* Un *hostel*-bibliothèque perché au 9e niveau d'un immeuble, voilà le concept innovant de cette adresse dédiée à la lecture, dans de belles conditions. Depuis les baies vitrées, superbe vue sur la ville et les montagnes. Au centre de ce dortoir peu commun, la bibliothèque de plus de 5 000 livres (en japonais et en anglais) et des lits encastrés derrière les rayonnages ! L'un d'entre eux est contre la fenêtre et jouit donc d'une vue hors pair. Douche et toilettes communes.

Prix moyens (de 10 000 à 15 000 ¥ / 83-125 €)

☗ ***Ryokan Kiyomizu Sanso*** 清水山荘 *(plan V, B2-3,* ***64****) : 3-341 Kiyomizu. ☎ 551-3152. • kiyomisusanso.com • Bus nos 100, 110 ou 206 depuis la gare centrale, arrêt Higashiyama Yasui* 東山安井*. Laisser la pagode Yasaka-no-To sur la gauche et prendre la rue piétonne et commerçante qui monte. C'est 200 m plus loin, sur la gauche, discrète impasse à côté du magasin* Tamaya Sanneizaka. *Doubles à partir de 11 000 ¥ ; petit déj en sus.* Mme Setsuko Iwabuchi tient sa mignonne petite maison avec soin et gentillesse. 5 chambres modestes et propres avec tatamis, douche-toilettes à l'extérieur.

Chic (de 15 000 à 25 000 ¥ / 125-208 €)

☗ ***Hotel Ethnography Gion Furumonzen*** 祇園古門前 *(plan V, B1,* ***66****) : 350 Miyoshinocho, Higashiyama-ku. ☎ 746-4109. • hotel-ethnography.com • Bus nos 100, 110 ou 206 depuis la gare centrale, arrêt Gion* 祇園バス停*. Doubles 16 800-22 000 ¥.* Ce bâtiment moderne a été conçu pour restituer tout le charme et la décoration d'un habitat traditionnel japonais. Et c'est réussi. Chambres à la japonaise avec tatamis et futon, somme toute spacieuses avec douche séparée des toilettes (ce qui change des salles de bains cabines de nombreux hôtels). La décoration est exquise, zen comme il se doit et délicatement présente. À l'image de l'accueil et de la qualité de service de l'ensemble du staff. Le *Gion Furumonzen* a un cousin encore plus luxueux à quelques dizaines de mètres de là, ne confondez pas.

Où manger ?

Bon marché (moins de 1 500 ¥ / 12,50 €)

Issen-Yoshoku 壹銭洋食 *(plan V, A1, 91) : Yamato-dori. ☎ 533-0001. Tlj 11h-1h.* Une adresse populaire et sympathique pour dévorer les fameux *okonomiyaki,* ces crêpes japonaises garnies de bœuf, crevettes, oignons, œuf. Pour quelques centaines de yens, on tient là un plat unique, économique et alléchant, à voir cuire sur les plaques fumantes. En toute convivialité, on partage sa table dans une salle gentiment kitsch, encombrée de maquettes, vignettes, collection de figurines.

Ramen Muraji 麺処むらじ 祇園本店 *(plan V, B1, 92) : 373-3 Kiyomotochō, Higashiyama-ku. ☎ 744-1144. Tlj 11h30-15h, 17h-22h (non stop le w-e).* Resto un peu secret, à l'étage d'une maison traditionnelle en bois. La décoration est simple côté murs comme pour mettre en valeur 2 massives tables autour desquelles on s'assoit pour déguster *udon* et *tempura.* La spécialité de la maison ce sont les pâtes au citron. La recette est bien trouvée, c'est bon et les prix ne la *ramen* pas !

Prix moyens (de 1 500 à 3 500 ¥ / 12,50-29 €)

Restaurant Gion Kagaribi かがり火 *(plan V, B1, 93) : Machi Kitagawa, Maruyamakoen Nai. ☎ 541-0002. En bordure du jardin du sanctuaire Yasaka ; le resto est dans le virage sur la gauche en retrait d'une cour en gravillons, ombragée. Tlj midi et soir (dernière commande à 20h). Résa conseillée. Menu en français.* Grandes salles avec tatamis et tables basses, ouvrant par des portes coulissantes sur un agréable jardin fleuri au printemps. Spécialisé dans les plats végétariens. Tofu (accommodé de différentes manières), tempura de légumes. Quelques menus non végétariens comme le *sukiyaki.* Bonne adresse à prix sages et bien située. Encore un régal !

Bamboo 晩boo *(plan V, B1, 94) : 61 Bunkicho, Higashiyama-ku. ☎ 771-5559. Tlj 17h30-23h30 (dernière commande à 22h30). Cover charge 500 ¥.* Tout commence par le cruel aquarium à l'extérieur annonçant la fraîcheur des poissons ou bulots qui y bullent. Ensuite, un comptoir et tout au fond tatamis et tables basses avec fosses pour les jambes. Puis arrive le grand moment du *o-tsukidashi* (offert par la maison), fondue de poisson que l'on prépare soi-même avec l'aide prévenante des serveuses. On peut continuer dans la lancée ou opter pour le grill (poulet, bambou), les *tempura* ou une surprenante pizza *namafu* aux 2 variétés de tofu. Une cuisine raffinée servie parcimonieusement qui fait que l'addition peut prendre un coup de bambou si on multiplie les plats.

Chic (de 3 500 à 6 500 ¥ / 29-54 €)

Mame-cha 豆ちゃ *(plan V, B2, 95) : 463-16 Shimokawaracho, Shimokawara-dori, Yasakatoriimae, Sagaru. ☎ 532-2788. Dans un dédale de ruelles entre la pagode et le sanctuaire Yasaka. Depuis celui-ci, prendre vers le sud Shimo Kawara Dori, puis la ruelle à gauche sous un portique à lanterne ; monter et prendre la ruelle à gauche, longer le mur de brique. C'est à gauche. Enseigne très discrète. Tlj 17h-23h (dernière commande 1h avt fermeture). Résa indispensable.* Salles privées sur tatamis et tabourets autour du comptoir en U où l'on peut voir les cuisiniers à l'œuvre. Choix de plusieurs sets (menus) de cuisine dite « familiale » mais plutôt raffinée. Service attentif et anglais élémentaire.

Tan 丹 *(plan V, B1, 96) : au bord de la rivière Shirakawa, sur la droite juste avt d'arriver sur Sanjo-dori. ☎ 533-7744. Tlj sauf lun 12h-14h30 (dernière commande à 14h), 18h-22h (dernière commande à 21h). Menus à partir de 3 000 ¥ au déj, 10 000 ¥ le soir. CB refusées.* À travers la baie vitrée, on aperçoit la table d'hôtes en bois, devant la cuisine ouverte, comme posée au pied du canal. Pas de carte, le menu est unique une fois que l'on a tranché entre viande et poisson. La suite est un enchaînement de saveurs subtiles : une succession de petits plats qui arrivent comme autant de surprises ! Discrètement, le chef s'active pendant que ses convives se régalent. Avec nos voisins, on est sur la même longueur d'ondes, on affiche les mines réjouies des jours heureux. Pour le café, on passe au salon, à l'étage.

Où faire une pause gourmande ? Où boire un verre ?

Gion Café 祇園カフェ *(plan V, B2,* ***120****) : 484, Kiyoi-cho, Higashiyama-ku. ☎ 744-6997. Tlj 10h-22h.* Sur les pentes de Gion, un café au calme, avec une salle lumineuse donnant sur un jardin d'hiver. Miroirs, poutres, un cachet qui nous est familier. L'adresse est tenue par un Français, mais on y boit des bières et des sakés bien locaux. Également un plat du jour à prix raisonnable.

Beer Komachi ビア小町 *(plan V, B1,* ***121****) : 444, Hachikencho, Higashiyama-ku. ☎ 746-6152. Tlj sauf mar 17h (15h sam-dim)-23h. Juste au sud de la sortie 2.* Bistro bien connu des habitants du quartier comme des touristes amateurs de bière, qui propose une demi-douzaine de pressions japonaises mais aussi un bon choix de sakés. Si on décide de commander un plat (assez chiche au regard des prix), l'attente longuette permet de siroter sa boisson et d'apprécier la déco minimaliste faite de contre-plaqué brut !

Cérémonie du thé

EN *(plan V, B1,* ***123****) : 272 Matsubara-cho, Higashiyama-ku. ☎ 3782-2706. • teaceremonyen.com • Tlj 10h-19h. Résa conseillée 10h-12h. Dans la ruelle sur la gauche, accès au jardin du temple Chion-in. Résa obligatoire. Compter 2 500 ¥/pers pour 45 mn. Durée : 1h. Possibilité de séance privée (4 500 ¥). CB refusées.* Une adresse agréable pour vivre l'authentique cérémonie du thé.

À voir

Le temple Kennin-ji 建仁寺 *(plan V, A2) : • kenninji.jp • Au nord de Yasaka-dori et au sud de Shijo-dori. Bus nos 100, 110 ou no 206 depuis la gare, arrêt Higashiyama-Yasui* 東山安井*. Tlj 10h-17h (16h30 nov-fév). Entrée : 500 ¥. Dépliant en français.* Un des plus vieux temples zen de Kyoto, au sein d'une enceinte qui compte une quinzaine de pavillons sacrés et de sanctuaires de style chinois éparpillés dans la verdure. Construit en 1202 par le bonze-prêtre Eisai, celui qui a introduit le thé au Japon, c'est le temple principal de la branche bouddhiste Rinzai. Il abrite un chef-d'œuvre, un ***paravent doré*** à l'or fin représentant les dieux du Vent et du Tonnerre, réalisé par Tawaraya Sotatsu. Dans le ***Hattô,*** remarquez les 2 dragons peints au plafond en 2002. Visite du ***jardin sec*** de style « Karesansui » et du ***jardin du thé*** du Ryusoku-in.

Le sanctuaire Yasaka Jinja 八坂神社 *(plan V, B2) : à 600 m à l'est de la station Gion-Shijo* 祇園四条*, Keihan Line. Bus nos 100, 110 ou 206 depuis la gare centrale, arrêt Gion* 祇園*. GRATUIT.* Un grand torii de pierre peint en vermillon marque l'entrée de l'enceinte quand on vient de Shijo-dori. On n'est pas certain de l'origine de ce sanctuaire shinto, mais on sait qu'il a été reconstruit en 1654. Les croyants viennent y implorer les divinités contre les maladies. À voir pendant le festival de Gion en juillet.

Le petit quartier de Shimbashi 新橋 *(plan V, B1) : à 5 mn à pied au nord de Shijo-dori. En venant de la rivière Kamo (et du pont), suivre le trottoir de gauche de*

Shijo-dori, prendre la 1re rue à gauche jusqu'au pont puis la 1re rue à droite. Ce tout petit quartier composé des rues Shinmonsen et Shinbashi est demeuré intact. On remonte dans le temps et on se retrouve dans un décor d'avant l'ère Meiji, avec de nombreuses maisons de thé où naguère vivaient et travaillaient les élégantes *geiko* (on dit « geishas » à Kyoto) et les jolies *maiko* (les apprenties geishas). Ceux qui ont lu le roman *Geisha* et/ou vu le film du même nom y retrouveront avec un peu d'imagination le décor charmant et l'univers si particulier du Kyoto d'autrefois. Les rues se heurtent à un canal ombragé de cerisiers et de saules, ce qui ajoute au charme.

Le temple Chion-in 知恩院 *(plan V, C1) :* • *chion-in.or.jp* • *À 500 m au nord-est du Yasaka Jinja.* Ⓜ *Higashiyama* 東山*, Tozai line, puis 15 mn de marche. Bus nos 100, 110 ou 206 depuis la gare, arrêt Chion-mae* 地温前*. Tlj 9h-16h30 (dernière entrée à 15h50). GRATUIT. Navette gratuite 9h-16h permettant d'être déposé en haut du site et de redescendre jusqu'à la porte est.*
Classé au Patrimoine mondial de l'Unesco, c'est un des temples les plus importants de Kyoto, siège de la secte bouddhiste Jodo (qui possède environ 7 000 temples au Japon). Construit en 1234 par le prêtre Genchi, autour du mausolée de Honen Shonin, près du site où ce dernier avait son ermitage, le temple a été ravagé par des incendies au cours de son histoire et plusieurs fois reconstruit. Les bâtiments actuels datent du XVIIe s. Jusqu'à l'ère Meiji (milieu du XIXe s), le supérieur de ce temple était un membre de la famille impériale. L'accès au temple se fait par des escaliers qui mènent à la *porte San-mon,* construite en 1621 et surmontée d'un étage. Haute de 24 m, large de 50 m, elle serait un des plus parfaits exemples de porte de temple au Japon. Il faut à nouveau grimper des escaliers pour accéder aux temples.
– ***Le Miei-do*** 御影堂 ***:*** l'immense temple en bois, dedié à Honen Shonin, est situé au centre de la grande enceinte intérieure qui peut contenir des milliers de fervents.
– ***Le Seishi-do*** 勢至堂 ***:*** derrière le temple Mie-do, sur la pente de la colline à droite. Classé Trésor national, ce sobre bâtiment reconstruit en 1530 abrite une statue de Bodhisattva Seishi, duquel le jeune Honen tira le nom qu'il portait dans son enfance, c'est-à-dire « Seishi-maru ».
– ***Le mausolée de Honen*** 法然上人の御堂 ***:*** élégant petit pavillon de style Hogyo, abritant les cendres de Honen Shonin. Bénéficie de l'environnement calme et verdoyant du jardin Santei.
– ***Le jardin Hojo*** 方丈庭園 ***:*** *entrée 400 ¥, billet combiné avec le jardin Yuzen 500 ¥.* À l'arrière du grand temple principal, un sentier en fait le tour. Ce jardin fut dessiné par le moine bouddhiste Gyokuen en 1641.
– ***Le jardin Yuzen*** 友禅苑 ***:*** *entrée 300 ¥.* Au sud de l'enceinte, c'est un jardin moderne, proche de la porte San-mon, irrigué par des bassins, planté de buissons taillés, et aménagé avec de petits jardins secs de pierre. On y trouve 2 petites maisons de thé nommées *Karokuan* et *Hakujuan.*

Le temple Shoren-in 青蓮院 *(plan V, C1) :* • *shorenin.com* • Ⓜ *Higashiyama* 東山*, Tozai line, à 300 m au nord du temple Chion-in. Tlj 9h-17h (dernière entrée à 16h30). Entrée : 500 ¥ ; réduc. Visites nocturnes possibles (18h-22h ; 800 ¥), consulter les dates sur le site internet.* Plus petit, plus intime que le Chion-in, le Shoren-in fait partie des 5 temples Monzeki de Kyoto, rattaché à la branche bouddhiste Tendai dont la maison mère est le temple Enryaku sur le mont Hiei. La direction en est assurée depuis l'origine par des membres de la famille impériale. Parmi les trésors nationaux du Japon, signalons ici les ***peintures*** du Cetaka Bleu, divinité ésotérique du bouddhisme japonais. Voir les belles ***chambres intérieures*** dépouillées dans le style religieux japonais. L'adorable ***jardin*** adossé à une pente du mont Awata aurait été dessiné par So-ami pendant la période Muromachi : bassins, cascades, rochers, massifs d'azalées, pins et érables.

Le parc Maruyama 円山公園 *(plan V, C-D1-2) : bus nos 100, 110 ou 206 depuis la gare centrale, arrêt Gion* 祇園*. GRATUIT.* Établi sur les pentes du mont Higashi

KYOTO

Yama, entre le sanctuaire Yasaka et le temple Chion-in, ce parc de 9 à 10 ha est un des endroits préférés des habitants de Kyoto au moment de la floraison des cerisiers (mi-avril). Une merveille ! Parmi ces beaux arbres, un cerisier au centre du jardin détonne par sa grande taille et sa forme qui fait penser à un saule pleureur. Il est illuminé la nuit. Quelques échoppes disséminées dans le parc pour grignoter.

Le temple Kiyomizu-dera 清水寺 *(plan V, C3)* **:** *● kiyomizudera.or.jp ● Bus nos 100, 110 ou 206 depuis la gare centrale, arrêt Kiyomizu-michi* 清水道 *ou Gojozaka* 五条坂*. Puis 10 mn de marche dans une rue piétonne, bordée de nombreuses boutiques.* ***Travaux de rénovation depuis l'été 2020, mais le bâtiment principal reste accessible.*** *En principe, tlj 6h-18h30 (18h en hiver). Visites nocturnes possibles (18h-21h ; 800 ¥), consulter les dates sur le site internet. Entrée : 400 ¥ ; réduc. Parking à vélos payant.*

Voici un des temples les plus connus et les plus visités de Kyoto. Le meilleur moment pour y aller est en fin d'après-midi, un jour de semaine. Construit sur le versant d'une colline boisée, dominant la partie sud-ouest de la ville, cet ensemble de 7 pavillons et d'une pagode est célèbre pour son mode de construction : il repose en effet sur une vaste plateforme soutenue par 139 robustes piliers de bois. Son nom signifie « eau pure ». Fondé en 778 par Sakanoue Tamuramaro (758-811), vainqueur des Ebisu, il est dédié à Kannon Bosatsu, la divinité bouddhiste la plus populaire du Japon. Ses attributs sont la fleur de lotus et le vase à eau. À l'origine, l'homme était venu chercher des daims sur cette montagne, car selon la croyance, leur sang permettait aux femmes de mieux accoucher. Il rencontra alors Enchin, moine qui avait choisi l'endroit pour son eau pure et pour célébrer Kannon. Quand Enchin expliqua à Tamuramaro sa barbarie, lui et sa femme se mirent à vénérer Kannon avec leur compagnon moine. C'est ainsi qu'ils décidèrent de construire le temple.

On passe d'abord la porte principale ***Nio-mon*** (XVe s), puis on monte jusqu'au ***Shoro*** (beffroi) et au ***Sai-mon.*** Sur la grande plateforme se dresse le ***Hon-do*** et plusieurs pavillons d'offrandes et de prières. On y retrouve les troncs *(Saisen-bako)* dans lesquels on jette des pièces de monnaie pour remercier les dieux de leur bienveillance. Comme dans beaucoup de temples, les Japonais inscrivent souvent des vœux et des prières sur des tablettes votives *(Ema)*, ils se procurent aussi des talismans *(Omamori)* qui portent chance.

LA FOI SAUVE, MAIS PAS TOUJOURS !

Les visiteurs les plus téméraires du temple sautaient du haut de la terrasse. S'ils survivaient, leurs vœux seraient exaucés. La terrasse est quand même située à 13 m de hauteur ! 234 personnes ont fait l'expérience, 80 % ont survécu. Les 20 % restants étaient de toute manière, selon les croyances, sauvés par Kannon (déesse de la compassion !). Depuis le XIXe s, cette tradition est rigoureusement interdite. Ouf !

En se rapprochant du versant de la colline, on trouve plus loin le ***Shaka-do,*** l'***Amida-do,*** l'***Okuno-in.*** Il faut continuer à pied, passer par des sous-bois d'où l'on a une ***vue*** superbe sur le temple et la ville. Redescendre en contrebas du temple pour arriver à une grande fontaine qui jaillit de la colline en se déversant dans un ***bassin rituel*** *(Chozuya).* Là, des croyants effectuent des rites de purification en utilisant des ustensiles à long manche pour prendre de l'eau, la boire et se laver les mains. Le promeneur se retrouve presque sous le temple, et c'est le meilleur endroit pour admirer la forêt de pilotis qui le soutient. Le sentier continue ensuite jusqu'à la sortie.

Le quartier et les ruelles de Sannenzaka 三年坂 *(plan V, B-C2-3)* **:** ce réseau de rues piétonnes mène du temple Kiyomizu-dera au sanctuaire Yasaka et à Gion. C'est sans doute ***une des plus belles promenades*** à faire dans cette

KYOTO

partie de Kyoto. En sortant du temple, on descend progressivement de la colline par un réseau de ruelles aux dalles de pierre patinées et bordées d'échoppes d'antiquaires, de souvenirs et d'artisanat (poteries, céramiques). Avec les 4 étages de la ***pagode Yasaka-no-To*** (un des symboles de Kyoto) en ligne de mire, sur la gauche, on passe devant de jolies maisons traditionnelles de style *machiya,* construites dans le style architectural dit « unagi-no-nedoko », littéralement « lit d'anguille ». En effet, pour les Kyotoïtes, les étroites maisons construites tout en profondeur ressemblent aux trous où se cachent les anguilles. Ne pas hésiter à emprunter les rues perpendiculaires, comme l'adorable rue ***Ishibei-Koji.*** Avec ses cascades de toits de tuiles, la rue ***Ninenzaka*** prend le relais de ***Sannenzaka*** pour déboucher au pied de la colline où s'adosse le mémorial ***Ryozen Kannon*** (1955), doté d'une statue de béton de 24 m de haut, dédiée à tous ceux qui sont tombés pour la cause de la paix. La rue ***Nene*** mène alors au temple de ***Kodai-ji.***

Le temple Kodai-ji 光台寺 *(plan V, C2)* **:** *● kodaiji.com ● À 300 m au sud du sanctuaire Yasaka. Tlj 9h-17h30 (dernière entrée à 17h ; à 21h30 en hte saison). Entrée : 600 ¥ ; billet combiné avec le temple Entoku-in : 900 ¥.* Il a été fondé en 1606 par la veuve du shogun Toyotomi Hideyoshi, pour honorer la mémoire de son époux. Le Kaison-do est un des principaux pavillons de ce temple. Il a été décoré par des artistes des écoles Tosa et Kano au début du XVIIe s. Entouré d'une bambouseraie et flanqué de 2 étangs, c'est un lieu féerique le soir, lorsque les éclairages renforcent son caractère hors du temps (nocturnes en été).

Le temple Entoku-in 圓徳院 *(plan V, B2)* **:** *● kodaiji.com/entoku-in ● En contrebas du temple Kodai-ji, de l'autre côté de la rue. Mêmes horaires. Entrée : 500 ¥ ; billet combiné avec le temple Kodai-ji : 900 ¥.* Peu connue, cette annexe du temple Kodai-ji mérite une visite en nocturne pour ses 2 ***jardins secs*** illuminés. Le 1er est constitué de gravier ratissé, le 2e, de l'autre côté de la maison, est fait de mousses et de rochers. Magnifiques panneaux peints dans la maison. Le temple abrite aussi une maison de thé *(env 1 500 ¥ pour participer à la cérémonie à 16h, sans résa).*

Spectacles culturels

Gion Corner ギオンコーナー *(plan V, B2,* ***9****)* **:** *Yasaka Hall, Gion, Hanamikoji, Shijo-agaru. ☎ 561-1119. ● kyoto-gioncorner.com ● Bus n°s 100, 110 ou 206 depuis la gare centrale, arrêt Gion 祇園, puis marcher 5 mn, ou gare Gion-Shijo 祇園四条 de la ligne Keihan. Tlj, avec 2 spectacles à 18h et 19h ; de déc à mi-mars, seulement ven-sam et j. fériés. Fermé de mi-juil à mi-août et fêtes du Nouvel An. Venir 10 mn avt le début du spectacle. Durée : 50 mn. Réserver sa place. Entrée : 3 150 ¥ ; 2 500 ¥ (juil-fév) ; réduc. Brochure en français (1 000 ¥ + caution à récupérer en partant). CB refusées.*

Grand bâtiment moderne, le Gion Corner, construit en 1962 dans le style néo-kyotoïte, est géré par la Fondation des arts traditionnels du spectacle de Kyoto. Il abrite l'école nationale où sont formées les geishas et les *maiko,* mais également des salles de spectacle ouvertes aux visiteurs. Pour un prix raisonnable, on peut se faire une bonne idée des arts traditionnels du Japon, à savoir le *chado* (cérémonie du thé), le koto (cithare japonaise), le *kado* (art floral), le *bunraku* (théâtre de marionnettes), le *gagaku* (musique et danse de cour), le *kyo-mai* (danse féminine de Kyoto) ainsi que le kyogen (spectacle comique traditionnel). Après le spectacle, on peut assister à une cérémonie du thé *(durée : 30 mn ; payant, billet combiné possible).* On est assis autour d'une table (et non agenouillés sur des tatamis), et 2 maîtresses de cérémonie donnent les explications en anglais puis invitent les participants à les imiter.

KYOTO

LES QUARTIERS AU NORD-OUEST DE KYOTO

• Le Nord-Ouest (plan VI) *p. 360-361*

Où dormir ?

De très bon marché à bon marché (moins de 10 000 ¥ / 83 €)

Ryokan Kingyoya 旅館金魚家 *(plan VI, D2,* ***67****) : 243 Kankicho, Kamigyo-ku. ☎ 551-8575. • kingyoya-kyoto.com • Bus n*os *101, 205 ou 206 depuis la gare, arrêt Daitoku-ji mae 大徳寺前 puis 8 mn à pied. Lit en dortoir (3 pers non mixtes) 2 800 ¥ ; doubles env 8 000-9 000 ¥.* Dans un quartier pittoresque bordé de maisons basses en bois, en voici une pleine de charme, probablement centenaire, planquée dans un enchevêtrement de ruelles. À l'étage, quelques chambres à la japonaise avec tatamis et futons. La plus grande a un salon séparé et une terrasse. Toilettes communes et douche au rez-de-chaussée, ainsi qu'un salon pour les hôtes et un adorable jardin intérieur. Excellent accueil anglophone et location de vélos. Bon à savoir, le bain public (*Funaoka Onsen,* voir la rubrique « Où se détendre ? ») n'est qu'à 5 mn de marche.

De prix moyens à chic (de 10 000 à 25 000 ¥ / 83-208 €)

Dan Lan Hotel Kyo-Komachi *(hors plan VI par C3,* ***68****) : 413-32 Juyonken-cho, Kamigyo-ku. ☎ 821-0606. • danlanhotel-nijo.com • Bus n*os *50 ou 206 depuis la gare centrale, arrêt Senbon-Demizu 千本出水. Bien fléché dans les ruelles. Au sud de l'arrêt de bus, prendre la 2*e *à gauche et la 1*re *à droite, puis fléché. Doubles 13 000-23 000 ¥, bon petit déj compris (japonais ou occidental, à préciser avt).* Dans un quartier résidentiel se cache, à l'abri d'une ruelle, cette maison de ville en bois *(machiya)* rénovée dans un style contemporain. Il s'en dégage une vraie impression de quiétude, aussi bien dans le salon que dans la poignée de chambres cosy, toutes différentes, aménagées à la japonaise ou à l'occidentale, dotées de belles salles de bains. Si la situation géographique n'est pas idéale, un peu loin de tout, le charme du lieu et l'accueil aux petits soins compensent haut la main cet inconvénient. Un excellent rapport qualité-prix selon la période visée.

Où manger ? Où faire une pause sucrée ?

Bon marché (moins de 1 500 ¥ / 12,50 €)

Kura Sushi 藏寿司 *(plan VI, D2-3,* ***97****) : Imadegawa Dori, Kamigyo-ku. ☎ 417-0333. Au-dessus d'un parking, repérer l'enseigne noire sur fond blanc. Au 1*er *étage. Tlj 11h-minuit.* Un resto, plutôt une cafétéria, de sushis archi-populaire. Se faire aider pour la procédure : on s'enregistre à la borne en précisant le nombre de personnes pour obtenir un numéro et on attend d'être appelé... en japonais ! Reste à s'installer dans un des box ou au comptoir et d'imiter les familles et jeunes attablés dans une joyeuse ambiance. Chacun pioche les assiettes de sushis et de makis qui défilent sur un rail, mais si rien ne vous tente, vous pouvez toujours commander autre chose sur l'écran. Ne pas oublier d'appuyer sur le bouton pour prévenir que la commande est récupérée. On arrose le tout de thé matcha à volonté. Lorsqu'on a fini, on fait glisser les assiettes dans une fente (ça permet de les comptabiliser). Et le tour est joué ! Le débit assure la fraîcheur des plats, c'est ludique et vraiment pas cher.

Sarasa Nishijin さらさ西陣 *(plan VI, D1, **98**) : 11-1 Murasakino Higashifujinomoricho, Kita-ku. Tlj 12h-23h.* La belle façade patinée de cet ancien bain public abrite une salle pleine de charme, carrelée du sol au plafond de faïences aux motifs surannés. Un véritable café gourmand. Les pâtisseries y font merveille pour ravir les becs sucrés : *cheese cake* au caramel, tarte chocolat et orange. Que du bon, qui tombe vite sur les hanches...

Café du Mon カフェドウモン *(« portail » en japonais ; plan VI, D1, **99**) : juste en face de l'entrée du monastère Daitoku-ji. ☎ 492-7837. Tlj sauf mer 10h30-17h30 (16h mar). Compter 650-2 000 ¥ ; menu env 1 200 ¥.* Resto-salon de thé « à la française » proposant des petits plats cuisinés, mélange entre cuisine française et saveurs japonaises, goûteux, ainsi que des gâteaux faits maison, et même des cannelés. La propriétaire a ouvert ce salon de thé après avoir appris dans des brasseries en France et en Italie. Petite terrasse fleurie adorable aux beaux jours.

De prix moyens à chic (de 1 500 à 6 500 ¥ / 12,50-54 €)

Izusen 泉仙 *(plan VI, D1, **100**) : 4 Daitokuji-cho, Murasakino. ☎ 491-6665. Au sud-ouest dans l'enceinte du monastère Daitoku-ji ; passer devant le temple Zuihô-in, marcher jusqu'au bout du chemin en zigzag, le long d'une paroi en faux bambous. Tlj 11h-16h. Fermé le soir et 29-31 déc. Menus 3 500-5 500 ¥.* On débouche sur un charmant pavillon sous les arbres, bordé d'un jardin où l'on peut manger quand le temps le permet (tables basses), dans un environnement calme et serein. Tatamis traditionnels à l'intérieur. La cuisine monastique de ce resto végétarien, dite *teppatsu,* est élaborée selon les règles du bouddhisme zen et servie avec un grand souci d'esthétique sur un plateau composé d'une dizaine de petits bols. Repas sain et diététique. Le 1er menu est déjà très copieux et peut même suffire pour 2 appétits moyens.

Où se détendre ?

■ ***Funaoka Onsen*** 船岡温泉 *(plan VI, D2, **12**) : Murasakino Minamifunaokacho, 82-1. Tlj 15h (8h dim)-1h. Entrée : 430 ¥. Serviette et savons en vente sur place (prix modique).* Proche du pavillon d'Or, voici un bain public qui vaut le détour. Après avoir déposé ses chaussures dans les casiers de l'entrée, hommes et femme se séparent. À vos ablutions avant de vous plonger dans une douce torpeur... Plusieurs bains, dont certains à remous ou en extérieur dans un minuscule jardin.

À voir

Le monastère bouddhique Daitoku-ji 大徳寺 *(plan VI, C-D1) : Kitaoji-dori. • zen.rinnou.net • Bus nos 206 ou 101 depuis la gare centrale, arrêt Daitokuji-mae 大徳寺前. Enceinte, tlj 9h-17h (16h30 déc-fév).* On parlerait volontiers ici de village de temples. Daitoku-ji est un grand monastère dans une vaste enceinte verdoyante et ombragée de plusieurs hectares. Selon l'écrivain Nicolas Bouvier, cette enceinte « n'entrerait pas dans le Champ-de-Mars, et il faudrait des vies longues et nombreuses pour compter les tuiles de ses toits ». Des 60 temples d'origine,

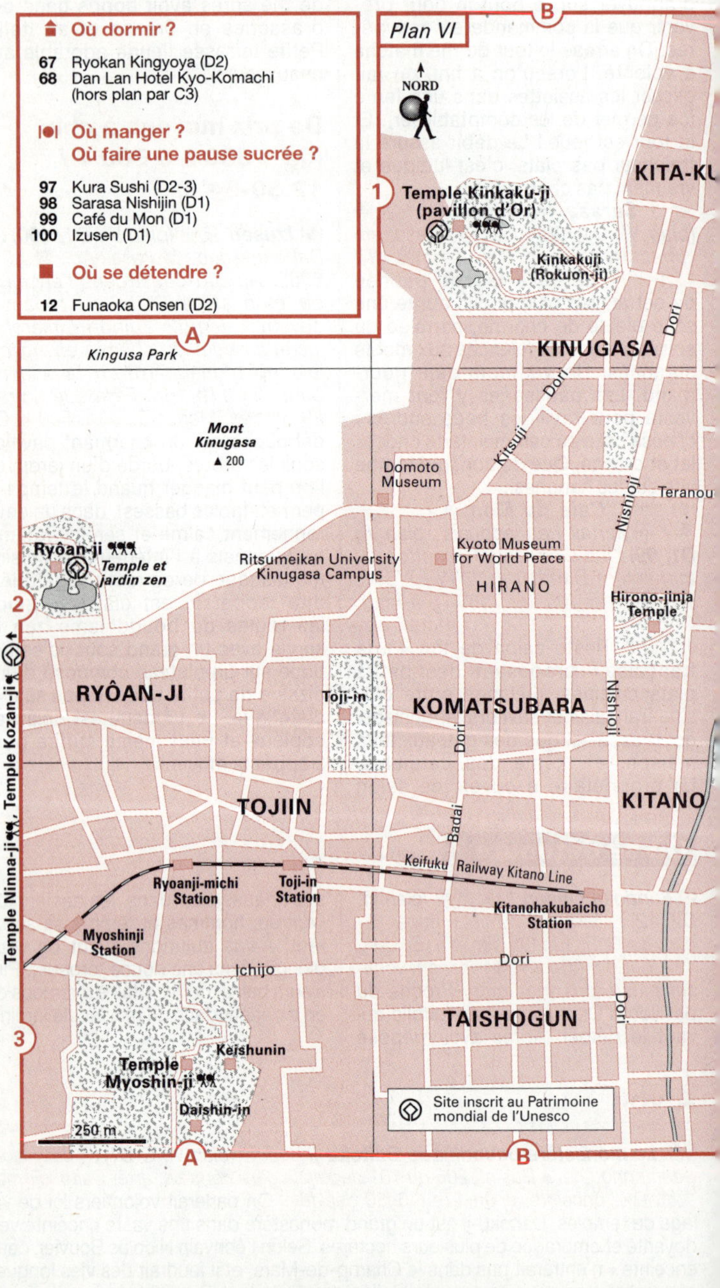
Plan VI
NORD
Où dormir ?
67 Ryokan Kingyoya (D2)
68 Dan Lan Hotel Kyo-Komachi (hors plan par C3)
Où manger ?
Où faire une pause sucrée ?
97 Kura Sushi (D2-3)
98 Sarasa Nishijin (D1)
99 Café du Mon (D1)
100 Izusen (D1)
Où se détendre ?
12 Funaoka Onsen (D2)
A
B
1
2
3
Temple Kinkaku-ji (pavillon d'Or)
Kinkakuji (Rokuon-ji)
KITA-KU
KINUGASA
Kingusa Park
Mont Kinugasa
▲ 200
Kitsuji Dori
Nishioji Dori
Domoto Museum
Teranou
Ryôan-ji
Temple et jardin zen
Ritsumeikan University Kinugasa Campus
Kyoto Museum for World Peace
HIRANO
Hirono-jinja Temple
Temple Ninna-ji, Temple Kozan-ji
RYÔAN-JI
Toji-in
KOMATSUBARA
Badai Dori
Nishioji
KITANO
TOJIIN
Keifuku Railway Kitano Line
Ryoanji-michi Station
Toji-in Station
Kitanohakubaicho Station
Myoshinji Station
Ichijo Dori
TAISHOGUN
Temple Myoshin-ji
Keishunin
Daishin-in
250 m
Site inscrit au Patrimoine mondial de l'Unesco

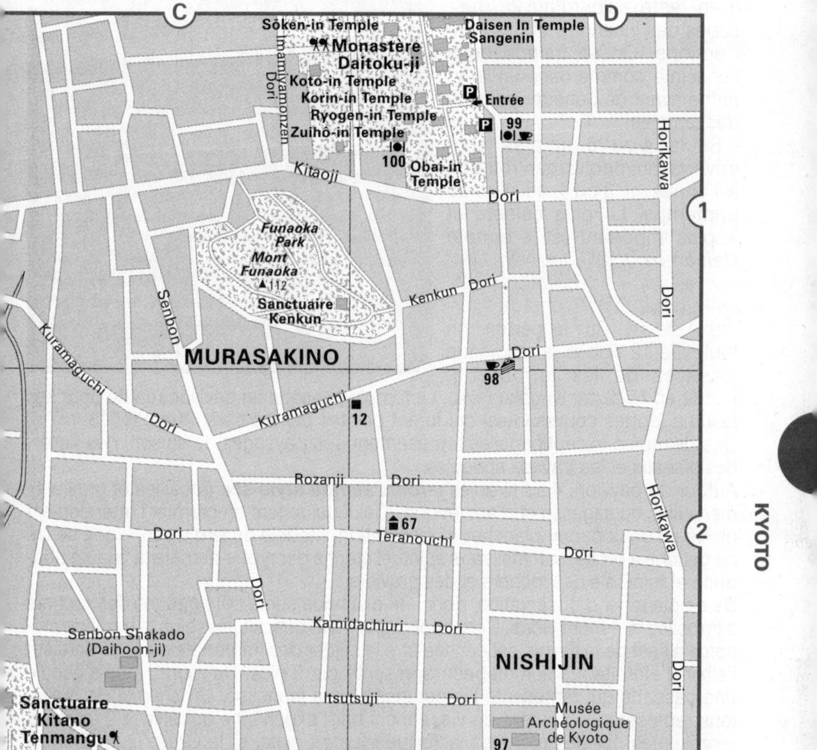

KYOTO – Le nord-ouest (Plan VI)

il en reste aujourd'hui 22, rescapés des incendies et des destructions. On se balade dans l'enceinte comme dans un labyrinthe avant de pénétrer dans un des temples.

– Seuls 4 ou 5 temples sont ouverts au public par rotation à l'année et 3 ou 4 de plus au printemps. Le plus célèbre et le plus important est le ***temple Daisen-in*** 大仙院 *(ouv 9h-17h ; entrée : 400 ¥ ; dépliant très utile en français 500 ¥ ; photos interdites, hélas).* Sur le perron, on foule les 12 signes du zodiaque (essayez de les retrouver !). Fondé en 1509 par Kogaku Soko, ce temple possède un pavillon réputé pour ses *fusuma* (portes coulissantes) qui furent peintes par les frères Kano (1513-1575). Ces peintures exceptionnelles représentent des paysages de saison, des fleurs, des oiseaux et les travaux agricoles.

Autour du pavillon, 4 admirables ***jardins zen de style sec*** (rocailles et graviers), merveilles de sagesse et d'esthétique ! Celui qui retient en premier l'attention est divisé en deux par un plancher d'observation. Modèle de jardin zen, il doit se lire de gauche à droite, son message spirituel étant à décrypter derrière la beauté abstraite et minérale des rochers et des graviers.

De ce plancher d'observation, donc, on distingue sur le côté gauche des rochers symbolisant le mont Horai. Cette montagne mythique, située selon la tradition chinoise à l'est de la Chine, est censée être le séjour des Immortels qui y garderaient l'élixir d'éternité. Le sommet est représenté par 3 pics. Du mont Horai s'écoule une cascade qui représente l'impétuosité de la jeunesse. Un chemin de gravillons représente le courant de vie, enrichi par l'expérience qui enlace 2 animaux représentés par des rochers : la Tortue *(Kame Shima)* et la Grue *(Tsuru Shima).* Ce courant minéral atteint ensuite la « mer intérieure », franchissant au sud un « barrage » représenté par une cloison percée d'une fenêtre en forme de fleur de lotus à l'envers *(kato mado).* Le flux se transforme alors en un fleuve, symbole de l'ouverture de l'esprit humain, sur lequel flotte le bateau de l'intelligence (un autre rocher). Une autre tortue en pierre tente de remonter le courant des graviers : c'est le passé sur lequel on ne peut jamais revenir. Enfin, au sud du Hon-do, s'étend l'océan d'éternité.

– Commencé en 1502, le ***temple Ryôgen-in*** 龍源院 *(ouv 9h-16h20 pour la dernière admission ; entrée : 350 ¥)* abrite aussi un charmant petit jardin zen. À côté de celui-ci, un autre jardin sec enclos dans le pavillon en bois, qui serait le plus petit jardin de ce type à Kyoto et peut-être au Japon. Le pavillon *Kodatei* 滹沱底 conserve des fusils dits « Tanegashima », datant de 1583. Ce sont des pièces rares, les premiers fusils de l'histoire du pays. Inspirés des fusils fabriqués et utilisés au XVIe s par les Portugais, ils portent ce nom car ils furent présentés pour la 1re fois aux Japonais sur l'île Tanegashima, archipel situé au sud de Kyushu.

– Le ***temple Zuihô-in*** 瑞峯院 *(ouv 9h-16h30 pour la dernière admission ; entrée : 400 ¥)* a été fondé en 1535 par Ôtomo Sôrin, qui était connu aussi comme « seigneur chrétien ». En son hommage, les pierres ont été redisposées en forme de croix. Sous la lanterne en pierre à droite de la barre transversale est enterrée une statue de la Vierge Marie, pour rappeler l'interdiction du christianisme pendant 200 ans.

– À côté, le ***temple Koto-in*** 高桐院 *(ouv 9h-16h30 ; entrée : 400 ¥).* Fondé par la famille Hosakawa (période Edo), il compte parmi ses trésors quelques peintures

NICOLAS BOUVIER, CONCIERGE DU TEMPLE

« J'ai pu louer – un coup de chance – un bâtiment dans l'immense enceinte du temple bouddhique Daitoku-ji. Littéralement traduite, notre adresse donne : pavillon de l'Auspicieux Nuage, Temple de la Grande Vertu, Quartier de la Prairie Pourpre, Secteur du Nord, Kyoto. » Nicolas Bouvier raconte cette expérience dans Chronique japonaise. *En 1964, pour vivre, il devint concierge du temple Daitoku-ji et, pendant 4 mois, s'occupa du courrier.*

de paysages chinois réalisées par Li Tang à l'époque de la dynastie Song. Il abrite aussi les tombes des premiers comédiens et danseurs de kabuki.
– Compter 800 ¥ pour chacun des ***temples Obai-in*** 黄梅院***, Korin-in*** 興臨院 et ***Soken-in*** 総見院 qui n'ouvrent qu'au printemps *(10h-16h30).*

Le sanctuaire Kitano Tenmangu 北野天満宮 *(plan VI, C2)* **:** *bus n°s 50 ou 101 depuis la gare centrale, arrêt Kitano* 北野*. • kitanotenmangu.or.jp • Tlj 5h-18h (5h30-17h30 oct-mars). GRATUIT. Entrée : 800 ¥ pour le trésor, ouv 10h-16h le 25 du mois.* Fondé en 947 et dédié à Sugawara Michizane, le patron des lettrés et des étudiants, considéré aujourd'hui comme le dieu de l'Éducation. On comprend pourquoi à la veille des examens il y a tant d'étudiants à y faire des vœux et des prières. Le pavillon principal est classé Trésor national, et ses 2 portes comme biens culturels importants. Le 25 de chaque mois est l'occasion de l'ouverture de la salle du Trésor, d'une fête et de la tenue du plus important marché aux puces *(6h-21h)* de la ville. Les jardins sont payants *(700 ¥)* lors de la floraison des pruniers (arbre préféré de Sugawara) de février à mi-mars et au flamboiement de leurs 350 érables en novembre.

Le temple Myoshin-ji 妙心寺 *(plan VI, A3)* **:** *64 Myoshinji-cho Hanazono, Ukyo-ku. • myoshinji.or.jp • Depuis la gare centrale, pour l'entrée sud, prendre la ligne JR Sagano, arrêt Hanazono* 花園 *; pour l'entrée nord, bus n° 26, arrêt Myoshinji-mae* 妙心寺前*. Tlj 9h10-16h40 (nov-fév 15h40). Entrée : 700 ¥. Visites guidées en japonais ttes les 20 mn.*
Fondé en 1337 par l'empereur Hanazono, cet immense complexe de 47 temples appartient à la secte bouddhiste zen Rinzai. Si vous voulez fuir la foule et trouver un peu de calme, venez ici. Superbes jardins secs, faits de graviers et de rochers. Dans le temple principal *Reiun-in,* peintures de paysages de l'école Kano. Sa cloche, fondue en 698, serait la plus ancienne du Japon.

Le temple Ryôan-ji 龍安寺 ***et son jardin zen*** (plan VI, A2) **:** *13 Ryoanji Goryonoshitacho, Ukyo-ku. • ryoanji.jp • Ⓜ Imadegawa* 今出川*, ligne Karasuma, puis bus n° 59, arrêt Ryoanji-mae* 竜安寺前*. Mars-nov, tlj 8h-17h ; déc-fév, tlj 8h30-16h30. Entrée : 500 ¥ ; réduc. Resto (spécialité de tofu) dans le jardin.*
Classé au Patrimoine mondial de l'Unesco, le temple Ryôan-ji mérite d'être aussi visité un jour de semaine et hors saison ; en temps normal, il y a vraiment beaucoup de monde. D'autant plus que le site porte naturellement à la méditation poétique et philosophique.
Après l'entrée, on longe un vaste étang recouvert de nénuphars, puis on traverse des sous-bois parcourus d'allées gravillonnées. Une introduction bien agréable à ce temple bouddhique de la branche du Myoshin-ji de la secte zen Rinzai-shu qui recèle le plus réputé des ***jardins zen de contemplation.*** Temple, parc et jardin ont été fondés en 1450, au pied des collines boisées, par Hosokawa Katsumoto (1430-1473), l'un des plus grands seigneurs de son temps. Reconstruit en 1488, puis redétruit par un second incendie en 1797, le temple actuel date donc du début du XIXe s.
Le ***jardin zen*** serait l'œuvre de maître Soami (1472-1525). De forme rectangulaire, long de 30 m et large de 10 m, fermé par un

JARDIN ZEN, UN MONDE DE MÉDITATION

Le jardin sec (kare sansui) est à l'image de la spiritualité du bouddhisme zen : dépouillement, détachement, sagesse. Il symbolise la nature et le cosmos en miniature, simplifie les éléments et rappelle aux moines détachés du monde que celui-ci continue d'exister. Mais pour être complet, le jardin sec fait de sable, de gravier et de pierres ne suffit pas. Il faut lui adjoindre un jardin humide. C'est le cas au temple Ryôan-ji, où, à côté du jardin sec, se trouve un jardin de mousses. Dans ce dernier, l'eau est présente sous forme de fontaine, symbole de la vie.

KYOTO

mur sur 3 côtés, il est composé d'une cour de gravier gris ratissé quotidiennement et ses rayures symétriques et régulières représentent les remous des rivières et les vagues des océans. Cette « mer grise » est parsemée de 15 rochers qui symbolisent les continents et les îles du monde. Le plus original réside dans la disposition des rochers. La configuration des 15 rochers répartis en groupes de 5 varie selon l'angle de vue, et il est impossible de les contempler tous à la fois : il en manque toujours un. Contigu au jardin sec se trouve donc son complément indispensable, un ***jardin humide*** composé d'un bosquet d'arbres abritant un parterre de mousses, vertes à longueur d'année. Symbole de la vie qui n'a de cesse de croître et de se maintenir, la mousse n'a pas la même signification dans le bouddhisme japonais qu'en Occident, où elle est souvent assimilée à un vulgaire parasite.
Dans les buissons sur le côté du pavillon central, après le jardin humide, observer le petit bassin de pierre rond ***Tsukubai,*** avec une ouverture carrée (on dirait une pièce de monnaie ancienne), ornée de 4 caractères sculptés qui signifient : « J'apprends seulement pour être heureux. » Dans la sagesse bouddhique zen, celui qui apprend pour le seul plaisir est riche spirituellement. Celui qui est riche d'argent et de biens mais qui reste dans l'ignorance est pauvre spirituellement.

Le temple Ninna-ji 仁和寺 *(hors plan VI par A2)* **:** *33 Omuroouchi, Ukyo-ku, à 800 m au sud-ouest du temple Ryôan-ji. • ninna-ji.jp • Bus n° 2 depuis la gare centrale, arrêt Omuro-Ninna-ji* 御室仁和寺*. Tlj 9h-17h (16h30 déc-fév). Enceinte : entrée gratuite sauf mars-avr, 500 ¥. Pavillon Kondo (et jardin) : 500 ¥.*
Classé au Patrimoine mondial de l'Unesco, ce temple fut à l'origine un palais élevé en 886 par l'empereur Koko, puis achevé par son fils Uda Tenno (867-931), qui s'y retira comme abbé. C'est ainsi que pendant des siècles, jusqu'à l'ère Meiji, les abbés de ce temple étaient choisis par les membres de la famille impériale. On peut admirer la pagode de 5 étages (33 m de haut) et le ***pavillon Kondo,*** classé Trésor national, ou visiter la ***maison de thé*** *(visite guidée en japonais seulement, 1 000 ¥).* L'ensemble est saisissant à la floraison des cerisiers.

Le temple Kozan-ji 高山寺 *(hors plan VI par A2)* **:** *8 Togano-o-cho, Umegahata. • kosanji.com • Ⓜ Shijo* 四条*, ligne Karasuma, puis bus n° 8, arrêt Takao* 高雄 *(terminus). Compter 50-75 mn de trajet depuis la gare. Tlj 8h30-17h. Entrée : 800 ¥ ; automne 1 300 ¥.* Situé à 6 km au nord du temple Ninna-ji, dans le proche arrière-pays de Kyoto (faubourg campagnard d'Ukyo-ku), au cœur des bois et dans une vallée bucolique baignée par la rivière Kiyotaki. Voilà encore un site distingué par l'Unesco et placé sous sa protection. Fondé en 774 pour marquer la conversion au bouddhisme de l'empereur Gotoba, ce temple bouddhiste est célèbre pour avoir été le 1er lieu d'implantation du thé vert au Japon, importé de Chine. Le temple ***Sekisui-in,*** construit dans le style Shinden, date de l'époque Kamakura (1185-1333). Il abrite des rouleaux précieux représentant des caricatures d'animaux.

Le temple Kinkaku-ji 金閣寺 ***(pavillon d'Or ;*** *plan VI, B1)* **:** *1 Kinkakuji-cho, Kita-ku, à 1,5 km à l'ouest du temple Daitoku-ji. • shokoku-ji.jp • Bus n° 101 depuis la gare centrale, arrêt Kinkakuji-michi* 金閣寺前*. Compter env 50 mn. Tlj 9h-17h. Entrée : 400 ¥. Venir un jour de sem et tôt de préférence, sinon il y a beaucoup de monde, et ça enlève énormément de charme à la visite.*
Classé au Patrimoine mondial de l'Unesco, établi au pied du mont Kinugasa (200 m d'altitude), ce temple est l'un des trois les plus visités de Kyoto. Il a été construit en 1397 par le shogun Ashikaga Yoshimitsu, qui en fit sa résidence

POURQUOI LE REZ-DE-CHAUSSÉE DU PAVILLON D'OR N'EST-IL PAS DORÉ ?

Pour que les 2 étages supérieurs se reflètent parfaitement dans l'eau. La partie basse ressemble à une proue de navire en route vers l'ouest, le lieu du repos chez les bouddhistes après la mort.

KYOTO

pour la retraite, mais surtout pour montrer sa puissance vis-à-vis de la Chine voisine. Il fit dessiner le jardin qui l'entoure. L'endroit ne devint un temple qu'après sa mort. La plupart des bâtiments disparurent avec les siècles. Le pavillon d'Or brûla en 1950 lors du suicide d'un jeune moine du temple, une histoire relatée dans *Le Pavillon d'Or,* roman de Mishima. Une réplique exacte fut reconstruite en 1955. Le pavillon a été recouvert de feuilles d'or, d'où son nom. Au sommet, un phénix, pour symboliser la renaissance constante.
D'une élégance troublante, dans un environnement d'une subtile poésie (à condition qu'il n'y ait pas la foule), se reflétant dans les eaux d'un petit étang, il est encore plus beau sous la neige, en hiver, que sous le soleil, en été, ou bien dans son écrin rougeoyant, à l'automne. Après la visite, on peut (en option) s'arrêter à la maison de thé *Sekka-tei* (traduction : « thé, soir admirable »), située dans le jardin. De là, la vue au coucher du soleil est magnifique !

LE QUARTIER D'ARASHIYAMA 嵐山

• Plan d'ensemble *p. 308-309* • Arashiyama (plan VII) *p. 367*

Situé à l'ouest de Kyoto, au débouché d'une impétueuse rivière de montagne, dans un site admirable entouré de collines boisées, Arashiyama est la promenade dominicale favorite des Kyotoïtes. Naguère, les empereurs de la période Heian venaient s'y reposer et profiter de son calme champêtre. Aujourd'hui, on y accourt en nombre pour sa bambouseraie. C'est aussi le point de départ de belles balades à pied, à vélo ou en train à vapeur.

Arriver – Quitter

➢ Train *JR,* ligne Sagano depuis la gare centrale de Kyoto. Billet : 240 ¥. Durée : 15 mn. Descendre à la gare Saga-Arashiyama. Sinon, bus n° 28 depuis la gare centrale ou n° 11 depuis Shijo Kawaramachi. Durée : 30-40 mn.

– ***Torokko Ojisan no Bicycle Rental*** トロッコおじさんのレンタサイクル *(plan VII, A2) : gare de Saga Torokko Arashiyama. Tlj 9h-17h.* Location de vélos.

Où manger ? Où faire une pause ?

Les stands de rue et restaurants ne manquent pas : ils sont à touche-touche dans la rue qui prolonge le pont Togetsu-kyo vers le nord, en direction de la bambouseraie. Nombreuses possibilités de grignoter sur le pouce sans se ruiner.

Prix moyens (de 1 500 à 3 500 ¥ / 12,50-29 €)

|●| ***Yoshimura*** よしむら *(plan VII, A2,* ***10****) : le long de la rivière, à l'ouest du pont. C'est le 3ᵉ resto à droite. Tlj 11h-17h.* Entrée discrète en marge d'un jardinet. Au choix, d'un côté une véranda en surplomb avec vue imprenable sur le pont et la rivière, où l'on sert des *soba* fraîches, et de l'autre au fond du jardin, cuisine de tofu (et quelques plats de tempura) dans un décor traditionnel. On se déchausse dans les 2 cas, mais les repas sont servis à table. Bon rapport qualité-prix grâce à des menus intéressants, et service souriant.

☕ |●| ***Yado Café*** ヤドカフェ *(plan VII, A-B2,* ***11****) : Arashiyama Nakaoshitacho, Nishikyo-ku. ☎ 861-7000. Traverser le* *pont, la rue principale fait un angle à gauche, c'est 100 m plus loin à droite. Tlj 7h30-18h30.* Du petit déj à la faim d'après-midi, on se « pause » volontiers dans ce café à l'écart du flux touristique. Grande salle chauffée par un foyer ouvert en hiver, largement vitrée et donnant sur un minijardin adossé à la colline. On profite d'un beau choix de boissons, croissants, desserts dans d'agréables fauteuils et sofas qui semblent sortir d'un catalogue de déco. On aime vraiment cet endroit.

À voir. À faire

On est naturellement attiré par le lit de la rivière. Nommée *Hozu* en amont, elle change de nom et devient *Katsura* en aval du ***pont Togetsu-kyo*** 渡月橋 *(plan VII, A-B2)* qui l'enjambe. Même si ce nom signifie « le pont qui traverse la lune », il s'agit d'un vulgaire pont en béton. Certes, un de ses ancêtres, à la silhouette proche, fut peint par Hokusai. En remontant la rive gauche, on grimpe sur un promontoire d'où on jouit d'un agréable ***panorama*** sur les gorges et un méandre de la rivière. Bienvenue sur la *montagne des tempêtes, Arashiyama* pour les intimes ! Puis quasiment impossible de résister à la foule qui vous entraîne vers l'incroyable ***bambouseraie,*** le ***temple Tenryu-ji*** ou les jardins de la ***Villa Ōkōchi-Sansō.***

KYOTO

Le temple Tenryu-ji 天龍寺 *(plan VII, A2)* **:** *68 Sagatenryuji Susukinobaba-cho, Ukyo-ku, à 800 m au sud-ouest de la gare JR Sagano-Arashiyama. • tenryuji.com • Jardins (entrée principale) : tlj 8h30-17h30 (17h oct-mars) ; dernière entrée 10 mn avt ; jardins (entrée côté bambouseraie) : tlj 9h-17h15 (16h45 oct-mars) ; dernière entrée 15 mn avt. Temple : tlj 8h30-17h (16h30 fin oct-mars) ; dernière entrée 30 mn avt. Jardins seuls : 500 ¥. Temple : 300 ¥... sachant qu'on voit très bien le temple depuis les jardins ! Bon resto végétarien sur place.*
Classé au Patrimoine mondial de l'Unesco, fondé en 1339 mais reconstruit après 1900, ce temple du « dragon céleste » conserve de très beaux jardins de style Soseki. À l'arrière s'étend le parc Kameyama en bordure de rivière, où l'empereur Kameyama (XIIIe s) avait fait planter des cerisiers provenant de Yoshino. Un site à voir au printemps au moment de leur floraison ! En sortant du temple par le nord, on accède directement à la ***bambouseraie.***

La bambouseraie d'Arashiyama *(plan VII, A2)* **:** *GRATUIT.*
Magnifique, avec ses dégradés de vert qui semblent monter jusqu'au ciel ! À côté de ces bambous géants de Sagano, on n'est pas plus grand qu'une tête d'épingle ! La promenade sur une allée verdoyante de 800 m est magique. Quand les tiges de près de 10 m de haut, serrées les unes contre les autres, s'entrechoquent au gré du vent, c'est enchanteur (malgré le monde) ! La partie la plus impressionnante débute après le petit temple *(Nonomiya shrine).* Au risque de se répéter, le lieu est très fréquenté, il vaut mieux s'y rendre tôt le matin ou tard le soir pour profiter au maximum de sa magie.
En haut de la bambouseraie, la ***Villa Ōkōchi-Sansō*** 大河内山荘 *(plan A2)* propose son jardin à la visite *(tlj 9h-17h ; entrée : 1 000 ¥, réduc).* Créé par un ancien acteur de films muets, qui y a consacré une bonne partie de sa vie, il a été dessiné pour ouvrir des perspectives sur le mont Hiein-Zan (et la ville) d'un côté, sur la vallée et la rivière de l'autre, formant un panorama bucolique à souhait. Entrée un peu chère, même si on vous offre le thé. Dommage.

Espace du XIXe siècle (Hall of the 19th Century, 19世紀ホール ; *plan VII, B2)* **:** *Sagatenryuji Kurumamichicho, Ukyo-ku, gare Saga Torokko Arashiyama. Tlj sauf mer 8h30-17h. GRATUIT.* À l'extérieur, vieilles locomotives que l'on retrouve en modèles réduits à l'intérieur. Également de vieilles horloges et des pianos, curieux mélange !
De cette gare part le ***Sagano Romantic Train*** 嵯峨野トロッコ列車 *• sagano-kanko.co.jp • Fonctionne tlj sauf mer et janv-fév. Départs 9h-16h. Aller simple :*

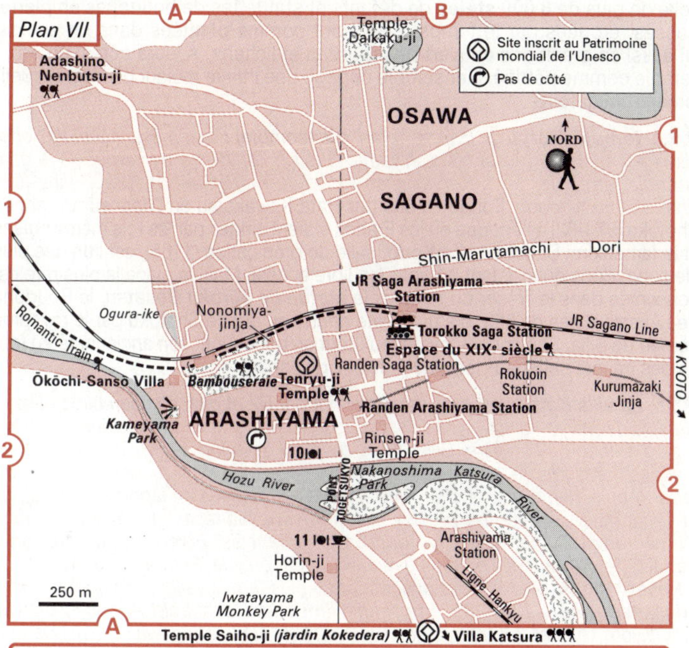

KYOTO – Arashiyama (Plan VII)

Où manger ? Où faire une pause ?

10 Yoshimura (A2) **11** Yado Café (A-B2)

630 ¥ ; enfant 320 ¥. JR Pass non valable. 8 départs/j. Durée : 25 mn. Ce vieux train à vapeur a été restauré pour le plaisir des touristes. Attention, voitures partiellement couvertes (petite laine indispensable). Il va d'Arashiyama à Kameoka, empruntant une vallée encaissée et boisée, qui se faufile dans les gorges étroites de la tumultueuse rivière Hozu, ponctuées de récifs. On a l'impression de quitter très vite le monde de la plaine et de pénétrer sans transition dans celui des montagnes. Le train passe des tunnels et franchit des ponts. La balade donne un aperçu de la géographie particulière du Japon où à peine 20 % de la superficie sont occupés par les activités humaines. Au terminus de Kameoka, le train reste 5 mn et repart vers Arashiyama. Retour possible avec la ligne *JR* (gare de Umahori à 10 mn de marche) pour la gare *JR* Saga-Arashiyama ou la gare centrale de Kyoto.

Le temple Adashino Nenbutsu-ji あだし野念仏寺 *(plan VII, A1) : 17 Sagaasahicho, Ukyo-ku, 3 km au nord-ouest de Arashiyama. • nenbutsuji.jp • Bus nos 72, 92 ou 94 depuis la rue principale d'Arashiyama (1 bus/h seulement). Arrêt Torimoto ou Gohodo Denten-mae. Tlj : 9h-16h30 (déc-fév 15h30 ; avr-mai et oct 17h) ; dernière entrée 30 mn avt. Entrée : 500 ¥.*
On accède au site par une rue bien calme, bordée d'échoppes et de maisons basses, copies réussies de demeures anciennes, certaines chapeautées d'un toit de chaume. Le temple de la secte Jodo, lui, perché sur la crête, est remarquable pour sa **forêt de bambous.** Autre « forêt » tout aussi remarquable,

celle de plus de **8 000 stèles** de défunts et statuettes de bouddhas en pierre. Basses, érodées par le temps, elles sont comme plantées dans un enclos, lui aussi en granit gris couvert de mousses et lichens. À leurs côtés, un arbre semble comme pétrifié. L'ensemble dégage une infinie mélancolie. Un recueillement obligatoire.

Le temple Koryu-ji 広隆寺 *(plan d'ensemble) : Uzumasa-hachioka-cho, Ukyo-ku, à 2,5 km à l'est d'Arashiyama. Bus nos 71, 72, 73 ou 74 depuis la gare centrale, arrêt Uzumasa-Koryuji-mae* 太秦広隆寺*. Tlj 9h-17h (16h30 janv-fév). Entrée : 800 ¥, réduc.* Fondé en 603 par Hata Kawakatsu en l'honneur du prince Shotoku (574-62) à l'époque où les Francs étaient dirigés par les rois mérovingiens et le fameux roi Dagobert ! Le ***Kodo,*** salle de prédication (1165), est l'un des plus vieux pavillons qui existent à Kyoto (en libre accès). Mais la pièce la plus rare est conservée dans le Trésor du temple : la ***statue de Miroku Bosatsu,*** le Bouddha de l'Avenir, datée de 623, qui aurait été offerte au prince Shōtōku par le royaume coréen de Silla. Son sourire mystérieux tout en douceur et son ancienneté en font un des trésors nationaux les plus précieux du Japon.

La villa Katsura 桂離宮 *(hors plan VII par B2 et plan d'ensemble) : Misono Katsura, Nishikyo-ku. Bus no 33 depuis la gare, arrêt Katsura-rikyu-mae puis 5 mn à pied le long de la rivière. Billet (hors zone du pass journalier). Train depuis les stations Karasuma* 烏丸 *ou Kawaramachi* 河原町*, ligne Hankyu, descendre à Katsura* 桂 *puis 15 mn de marche. Plusieurs visites guidées en japonais, tlj sauf lun et 1 mar/mois, à heure fixe précisée au moment de la résa. Fermé 28 déc-4 janv. Durée : env 1h. Audioguides et dépliants en français.* ***Être muni de son passeport.*** *Se présenter à l'entrée 20 mn avt l'heure prévue. Entrée : 1 000 ¥.*
– ***Réservations, billets :*** *résa obligatoire au plus tard la veille de la date de visite souhaitée. Soit* ***à l'Agence impériale*** *(Imperial Household Agency ; plan III, A1), Kyoto Gyoen, 3 Kamigyo-ku. ☎ 211-1215. Ⓜ Imadegawa* 今出川*. Dans le secteur nord-ouest du parc du palais impérial. Mar-dim 8h45-17h. Fermé lun et 28 déc-4 janv. Soit* ***en ligne*** *• sankan.kunaicho.go.jp/ •, des places très contingentées et soumises à un éventuel tirage au sort ; bien plus risqué, tenter sa chance* ***sur place*** *(à partir de 11h).*
Construite à partir de 1620 pour le prince Hachijo Toshihito, frère de l'empereur Go-Yozei, cette villa, résidence secondaire du prince à 10 km du palais impérial (le trajet se faisait en chaise à porteurs !), au bord de la rivière Katsura, est remarquable par la sobriété de ses bâtiments qui s'élèvent autour d'un étang central. Elle est entourée de magnifiques jardins, peut-être parmi les plus beaux du Japon, qui sont une référence absolue pour tous les jardiniers paysagistes du monde. Le charme et l'intérêt de ce parc viennent de la variété de ses styles paysagers : jardin de thé *cha-niwa,* jardin sec *kare-sansui,* jardin de contemplation à étang *chitei.* Les spécialistes de la littérature japonaise y décèleront des « citations » empruntées au *Dit de Genji,* dont le prince Toshihito était un admirateur. Un joyau visuel et une visite incontournable aux beaux jours.

AU SUD DE KYOTO : RAKUNAN 洛南

• Plan d'ensemble *p. 308-309*

Ces quartiers du sud (Rakunan) occupent une plaine bordée de collines, voie de passage entre Kyoto et Nara. On y trouve plusieurs faubourgs : Yamashina, Sennyuji et, au sud de la voie express Mesihin, les quartiers quasi campagnards de Daigo et Fushimi-ku, ce dernier étant réputé pour ses

activités de distillerie de saké et pour les ruines du château Momoya. Sur les hauteurs, se perche le Fushimi-Inari. Se balader sur cette colline est exceptionnel. Un site à ne pas rater dans les environs de Kyoto.

À voir

Le sanctuaire Fushimi-Inari 伏見稲荷大社 *(plan d'ensemble) : • inari.jp • Train depuis la gare centrale, ligne JR en direction de Nara, descendre à Inari* 稲荷 *(140 ¥ ; gratuit avec le JR Pass). Durée : 5 mn, trains fréquents. Le sanctuaire est en face de la gare JR. Ou train (Keihan line) depuis la station Fushimi-Inari (quartier de Gion ; 210 ¥). Le sanctuaire est à 250 m de la station Keihan en passant la rivière. Tlj 24h/24. GRATUIT. Compter min 2h pour faire le tour de la colline. Très fréquenté, venir tôt.*

Le culte d'Inari aurait été introduit au Japon par une famille coréenne immigrée (les Hata) qui s'installa à Fushimi en 711. Mais l'ensemble a été reconstruit dans le style Momoyama en 1499. C'est le principal et le plus imposant sanctuaire shinto de la branche Inari, qui compte aujourd'hui près de 40 000 sanctuaires au Japon. Il se démarque des autres sites par l'omniprésence des ***statues de renards*** (voir encadré) et par son immense réseau de galeries formées par ***plus de 30 000 torii*** vermillon aux pieds noirs alignés à touche-touche, et qui s'étendent sur près de 5 km à flanc de colline dans la forêt. Impression extraordinaire !

LES RENARDS ET LES CORBEAUX

Dans la religion shinto, Inari est le kami (divinité) des céréales et du riz, des fonderies et du commerce, ainsi que le gardien des maisons. Son messager traditionnel est le renard (kitsune), *protecteur des récoltes, si respecté et vénéré qu'avec le temps il est confondu avec le kami. D'où la multitude de statues représentant le renard au sein du site de Fushimi-Inari. Sculptées dans le bronze, la pierre ou le bois, elles portent souvent un petit bavoir rouge calligraphié (pour la protection des enfants).*

Petit rappel : dans la tradition shinto, le torii est un grand portique qui marque la séparation entre l'espace sacré et le monde profane, entre le monde d'ici-bas et l'au-delà habité par les esprits, les divinités et les dieux. Les inscriptions ne sont faites que d'un côté du torii, pour s'adresser aux esprits et non aux simples mortels. Des fontaines, des petits bassins, des oratoires, des lanternes en pierre ponctuent les bords des sentiers. Sous les futaies de pins et de *Cryptomeria,* mêlées à la végétation, des petites statues sculptées représentent Jizo Bosatsu, la divinité protectrice des voyageurs et des enfants. Comme le renard, Jizo porte souvent un bavoir rouge. Au croisement des chemins, souvent posés avant les passerelles et les ponts, les *dosojin* sont des pierres sculptées de caractères japonais (des prières : sutras) et ficelées par un cordon votif. Elles protègent aussi les pèlerins des mauvais esprits.

– Chaque année, le 10 juillet, le sanctuaire Fushimi-Inari accueille la fête du Replantage du riz, célébration dédiée à Inari, la divinité protectrice des céréales et du riz.

Visite du sanctuaire et randonnée dans la montagne

Du 1er grand sanctuaire, on marche sous un double tunnel de torii (à un endroit il se dédouble) pour accéder aux pavillons des vœux et des prières *(Okusha Ohaisho).* Là, on peut voir un excellent résumé d'un sanctuaire shinto. Des officiants vêtus de blanc peuvent vous renseigner (certains parlent parfois l'anglais). Sur cette plateforme (une clairière dans les bois) sont réunis plusieurs pavillons de style shinto : grosse corde que l'on frappe contre une

cloche, cordons tressés suspendus *(shimenawa)* auxquels sont noués des papiers votifs. Sur les éventaires de bois, les croyants attachent ou déposent des *ema* (petites tablettes en bois sur lesquelles est écrite une prière), achètent des *o-mamori* (sorte de sachets porte-bonheur qu'il faut porter sur soi pour écarter les mauvais esprits et attirer la chance), se procurent des *o-mikuji* (oracles écrits annonçant la bonne ou la mauvaise fortune). Ces coutumes shinto venues du fond des âges se sont maintenues dans le Japon moderne. Aujourd'hui, ce sont surtout les dirigeants d'entreprise qui financent l'édification de nouveaux torii, gravés à leur enseigne pour attirer la bonne fortune sur leur business, à condition de pouvoir encore trouver un emplacement libre !
La partie la plus haute de la balade se fait par un chemin pentu (couvert de torii ou non) jusqu'à 233 m d'altitude. Hardi, ça grimpe quand même un peu !

Pour se désaltérer, plusieurs buvettes et maisons de thé, le long du sentier, ainsi que des pavillons en bois qui font office de petits restos. Notre pavillon-restaurant préféré se trouve à mi-pente, 1re étape à la montée, avant-dernière étape à la descente, et s'appelle ***Nishimura*** 西村 *(tlj 10h-17h).* Le sentier passe devant. Vue superbe par-dessus les arbres sur la vallée au sud de Kyoto.

Vermillion Café : *dans l'enceinte du sanctuaire, sur le chemin de la descente. Tlj 9h-17h.* Un joli café où l'on s'attarde volontiers autour d'un verre accompagné d'une douceur. Sol en béton, fauteuils en cuir, une ancienne presse en guise de table commune, d'autres réparties sur la terrasse, au calme devant un rideau de verdure : le cadre est réussi ! Quelques souvenirs à vendre. Une autre adresse (mêmes proprios) presque aussi chouette à côté de la gare, sur la rue passante.

Le temple Daigo-ji 醍醐寺 *(plan d'ensemble) : Garan-cho, Daigo. • daigoji.or.jp • Ⓜ Daigo, ligne Tozai, puis marcher 10 mn. Tlj 9h-17h (16h pour certains temples ; ferme 1h avt en hiver). Entrée combinée pour 3 temples : 800 ¥ (1 500 ¥ au printemps et à l'automne) ; réduc.*
Isolé dans les faubourgs du sud de Kyoto, à la limite de la ville et de la campagne, ce vaste et magnifique complexe de temples fut construit en 874. Il mérite amplement une excursion hors des sentiers battus. Il abrite en effet une ***pagode*** à 5 étages datant de 951, qui serait une des plus vieilles de ce style (c'est-à-dire en bois) au Japon, 2 ***musées*** et, tout autour, un beau ***jardin*** orné d'un photogénique ***pont*** vermillon. Y venir de préférence fin mars-début avril, au moment de la floraison des cerisiers.

AU NORD-EST DE KYOTO

• Plan d'ensemble *p. 308-309*

À voir

La villa impériale Shugakuin 修学院 *(plan d'ensemble) : à env 10 km au nord-est du centre. Bus n° 5 depuis la gare centrale, arrêt Shugakuin-Rikyu-michi* 修学院離宮道*. En train Eizan Line, arrêt Shugakuin* 修学院*. Plusieurs visites guidées tlj sauf lun et 1 mar/mois, à heure fixe. Fermé 28 déc-4 janv. Durée : env 1h20. Audioguides et dépliants en français.* ***Interdit aux moins de 18 ans.*** *GRATUIT.*
– Vu l'éloignement, bien se renseigner avt sur les conditions de visite auprès de ***l'Agence impériale*** *(Imperial Household Agency ; plan III, A1), Kyoto Gyoen,*

3 Kamigyo-ku. ☎ 211-1215. • sankan.kunaicho.go.jp/ • Ⓜ Imadegawa 今出川. Dans le secteur nord-ouest du parc du palais impérial. Mar-dim 8h45-17h. Fermé lun et 28 déc-4 janv.
Construite par l'empereur Gomizuno-o dans la 2de moitié du XVIIe s, dans un grand parc de 54 ha, au pied de collines boisées (sous le mont Hiei), la villa impériale Shugakuin est constituée de ***3 villas.*** Elles furent établies sur ordre du shogun Tokugawa en faveur de l'empereur retraité Go-Mizuno. La ***villa supérieure*** avec les pavillons *Rin'untei* et *Kyusuitei* est la plus importante et la plus jolie. ***Parc*** magnifique, à voir en automne pour les couleurs chatoyantes des arbres.

LES ENVIRONS DE KYOTO

NARA 奈良

373 377 hab. IND. TÉL. : 0742

• Plan d'ensemble (plan I) *p. 372-373* • Nara – Centre (plan II) *p. 375*

On le sent tout de suite : l'âme du vieux Japon habite la 1re capitale fixe du pays. À 42 km au sud de Kyoto, dans le bassin de Yamato, voilà l'arrière-pays, le vrai, ondulé par de douces collines, un paysage verdoyant et boisé qui hésite entre la campagne et la ville, avec une ambiance de vie provinciale paisible. Petite par la taille, certes, mais grande par son histoire, cette ville fut le berceau de la civilisation de l'empire du Soleil-Levant, de la religion, et aussi des arts et de l'artisanat japonais. De cette époque (le VIIIe s) où elle fut capitale avant Kyoto (et donc avant Tokyo), elle a gardé son plan en damier strié de rues à angles droits, et surtout une ribambelle de temples (en partie classés par l'Unesco) qui lui donnent une antériorité historique sur les autres villes.
On y trouve le 1er temple bouddhiste du pays et, plus loin, le plus grand temple en bois du monde. Et que dire de cette statuaire bouddhique d'une rare élégance, présentée dans le Musée national ? La ville se découvre facilement à pied, au fil des allées ombragées qui traversent le grand parc (528 ha) où les daims évoluent en toute liberté.
Grâce à son histoire ancienne, bien que peu connue, Nara est le lieu des racines de la culture japonaise, de la cérémonie du thé, du saké, des gâteaux à la vapeur *(manju),* de l'encre, de calligraphie...

UN PEU D'HISTOIRE

Avant le VIIIe s, les capitales du Japon étaient itinérantes. À la mort des empereurs, la ville était considérée impure, il fallait donc changer et la déplacer vers un autre emplacement. Telle était la tradition. Néanmoins, en 710, l'impératrice Genmei s'installa à Nara, appelée Heijokyo (capitale de la paix), qui devint une capitale permanente. Inscrite dans un plan carré en damier de plus de 4 km de côté, inspiré de la ville chinoise de Chang'an (Xi'an aujourd'hui), Heijokyo abritait de nombreux temples et palais, témoins de la richesse de la cité. L'actuelle ville de Nara ne correspond qu'à la partie orientale de cette 1re vraie capitale du Japon. Son centre se trouvait alors bien plus à l'ouest. Les empereurs résidaient au nord-ouest de la ville (◎ site du palais impérial de Heijo, près de l'actuelle gare de Yamato-Saidaiji).

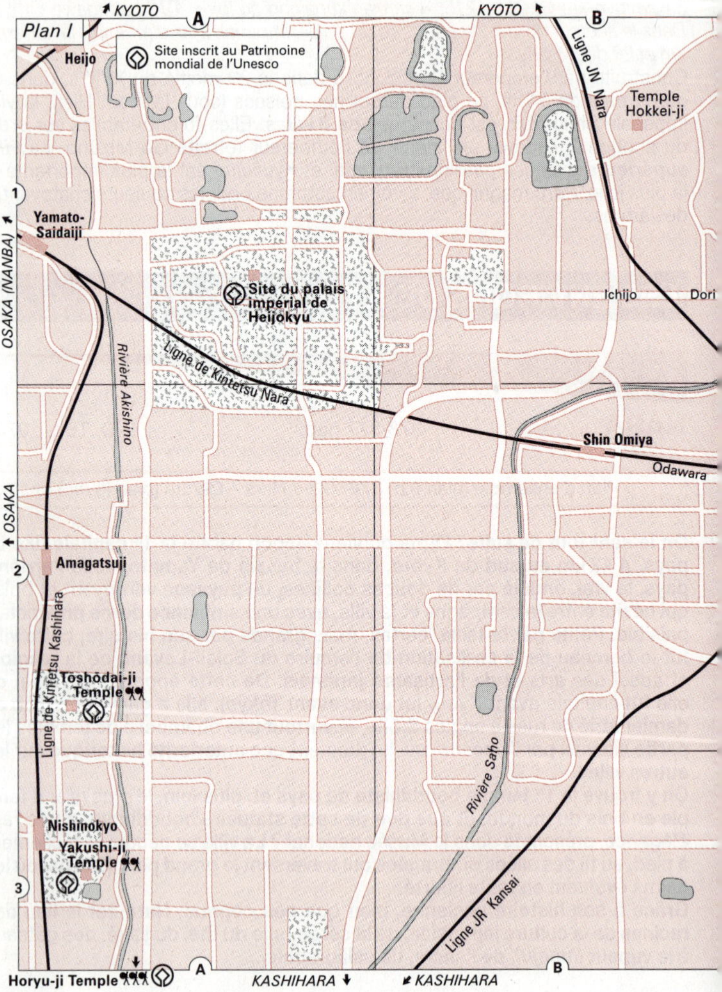

L'âge d'or de Nara

Les 74 ans (710-784) durant lesquels Nara est la capitale du Japon peuvent être considérés comme le 1er âge d'or du pays. Sous l'influence de la Chine, on imite, on copie, on adapte et on « japonise » ce qui vient du continent. Des artistes, des savants, des techniciens chinois et coréens viennent enseigner le tissage de la soie, l'art de la laque et de l'orfèvrerie, l'architecture et la construction. Durant cette période, le code juridique chinois *(Ritsuryo)* est introduit

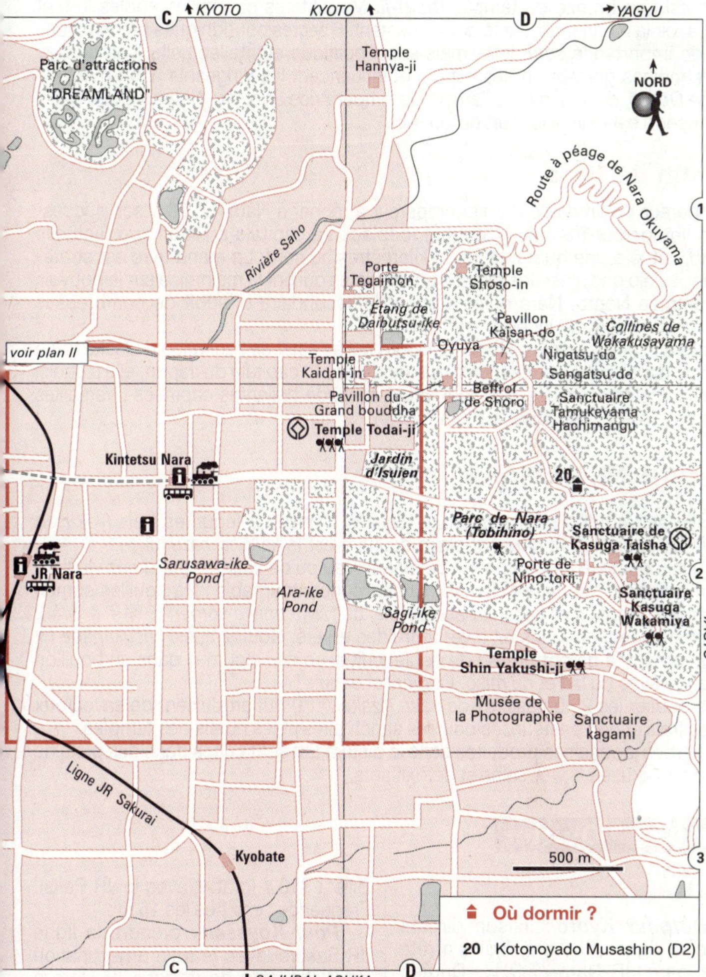

NARA – Plan d'ensemble (Plan I)

au Japon. La littérature japonaise donne ses premiers chefs-d'œuvre : le *Kojiki* (la plus ancienne chronique du Japon) et le *Nihongi.*

Essor du bouddhisme

Les arts fleurissent et la religion bouddhiste (venue de Chine) s'implante définitivement au Japon et devient religion d'État. Le temple ***Gangō-ji*** serait le 1er temple du Japon. Artistes et artisans créent des chefs-d'œuvre, comme le Grand Bouddha

(Daibutsu) en bronze du temple ***Todai-ji.*** Monastères et familles nobles luttent pour avoir la haute main sur le gouvernement. 6 sectes bouddhiques prennent une grande importance spirituelle, mais aussi politique et intellectuelle. Les bonzes et les moines gouvernent les esprits et influencent les dirigeants. L'un d'eux, le moine *Dōkyō,* devient même l'amant de l'impératrice *Shōtoku.* Ne parvenant pas à l'épouser, il est exilé à la mort de celle-ci.

Déclin de Nara

L'empereur Konin est le dernier empereur à régner à Nara. En 784, son successeur, l'empereur Kammu (736-805), déplace sa capitale à Heian-kyo (actuelle Kyoto), situé à une quarantaine de kilomètres au nord. La manœuvre est stratégique, il s'éloigne ainsi des moines bouddhistes qui ont la mainmise sur le pouvoir. Renommée Nanto, Nara devient une ville secondaire et subit de nombreuses destructions. Elle est incendiée en 1180.
Ayant traversé les siècles, Nara vit aujourd'hui à l'écart de l'agitation d'Osaka toute proche, dans la mouvance touristique de Kyoto. 1re capitale du Japon, elle a choisi d'être jumelée avec des cités qui furent aussi de brillantes capitales : Versailles (France), Tolède (Espagne) et Xi'an (Chine).

LA CUISINE DE NARA

La ville est réputée pour ses repas réalisés à base de légumes frais *(yakuzen ryori).* La spécialité la plus populaire de Nara est le *kaki no hazushi* 柿の葉寿司, un sushi composé d'une tranche de maquereau ou de saumon sur du riz vinaigré et enveloppé d'une feuille de kaki. Un autre incontournable : les nouilles sômen (blanches, longues et fines, à base de blé) de Miwa *(miwa sômen* 三輪そうめん*),* qui se mangent chaudes en hiver et froides en été. Goûtez aussi l'*asukanabe* 飛鳥鍋, une sorte de pot-au-feu de poulet cuit avec des légumes dans un bouillon mélangé avec du lait et du *miso.* Original et exquis !
Sans oublier les 29 brasseries de saké *(jizake* 地酒*)* qui produisent de savoureux sakés frais et non pasteurisés pour les sanctuaires et les rituels des temples.
Les herbes japonaises produites dans le district Est sont cuites dans des plats de saison « Yakuzen » 薬膳 sains et détoxifiants.

Arriver – Quitter

En train

➢ ***De/pour Kyoto :*** liaison directe avec la ligne *JR Nara,* qui s'arrête à la gare JR-Nara 奈良駅. Durée : 45 mn. Billet : 710 ¥ (gratuit avec le *JR Pass*). Fréquence : env ttes les 30 mn.
– Avec la ligne *Kintetsu Kyoto,* liaison directe jusqu'à la gare de Kintetsu-Nara 近鉄奈良. Durée : 40 mn. Billet : 640 ¥ ou 1 160 ¥ pour un trajet, mais non valable avec le *Japan Rail Pass.* Pour consulter les horaires et les prix, un site très pratique et fiable : ● *hyperdia.com/en* ●

➢ ***De/pour Osaka :*** liaison directe avec la ligne JR Yamatoji, qui s'arrête à la gare JR-Nara 奈良駅. Durée : 50 mn. Billet : 810 ¥ (gratuit avec le JR Pass). Fréquence : env ttes les 15 mn.

➢ ***Pour Koyasan :*** prendre la ligne JR Sakurai avec le train à destination de Wakayama de la gare JR Nara à JR Hashimoto. Changez de train pour la ligne Nankai-Koya jusqu'à la gare de Gokurakubashi. Durée : 3h. Billet : 1 620 ¥ (gratuit avec le *JR Pass* jusqu'à la gare de Hashimoto).

En bus

➢ ***De l'aéroport international du Kansai*** 関西国際空港 ***(Osaka) :*** il existe un bus limousine direct pour Nara. Tlj 6h-21h depuis Nara (gares Kitetsu-Nara et JR-Nara) ; 7h40-21h40 depuis

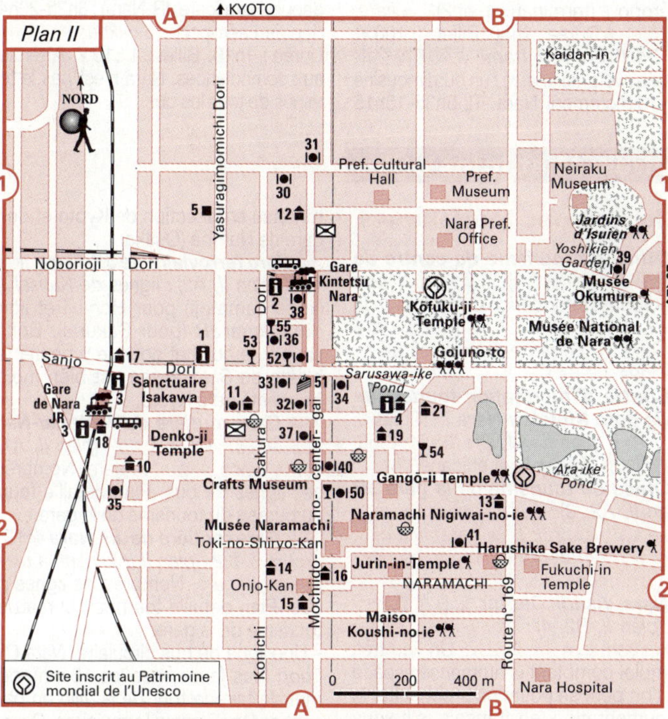

NARA – Centre (plan II)

Adresses utiles

- 1 Office de tourisme du centre de Nara (A1-2)
- 2 Centre d'information touristique de la gare Kintetsu-Nara (A1)
- 3 Office de tourisme de la gare JR-Nara (A2)
- 4 Nara Visitor Center (B2)
- 5 Nara Rent-a-Cycle (A1)

Où dormir ?

- 4 Nara Visitor Center & Inn (B2)
- 10 Guesthouse Nara Komachi (A2)
- 11 Slow House Nara (A2)
- 12 Oak Hostel (A1)
- 13 Guest House Tamura (B2)
- 14 Haruya Naramachi (A2)
- 15 Ryokan Seikanso (A2)
- 16 Guesthouse Sakuraya (A2)
- 17 Onyado Nono Nara Natural Hot Spring (A1-2)
- 18 Super Hotel Lohas (A2)
- 19 Ryokan Matsumae (B2)
- 20 Kotonoyado Musashino (hors plan par B1)
- 21 Ryokan Yoshidaya (B2)

Où manger ?

- 11 Kichiza Denemon (A2)
- 30 Maguro Koya (A1)
- 31 Hisaya (A1)
- 32 Kissa Jarudan (A2)
- 33 Aida (A2)
- 34 Kameya (B2)
- 35 Kinatei (A2)
- 36 Château d'Or Bakery (A1)
- 37 Kura (A2)
- 38 Tonkatsu Ganko (A1)
- 39 Kanotsuki (B1)
- 40 Edogawa Grilled Eel (A-B2)
- 41 Terrace (B2)

Où boire un verre ? Où manger une pâtisserie ?

- 50 Pao Naramachi (A-B2)
- 51 Nakatanido (A2)
- 52 Mellow Cafe (A1-2)
- 53 Lamp Bar (A1-2)
- 54 Toraya (B2)
- 55 Ochanoko (A1)

l'aéroport (terminaux 1 et 2). ● *kate.co.jp/en* ● Durée : 1h30. Billet : 2 100 ¥.
➢ ***De l'aéroport Itami*** 大阪国際空港 *(Osaka ; vols nationaux)* **:** un bus limousine relie directement Nara. Tlj 5h35-16h15 depuis Nara (gare JR-Nara) ; 8h25-20h40 depuis l'aéroport. ● *okkbus.co.jp/en* ● Durée : 1h10. Billet : 1 510 ¥. Attention aux somnolences, Nara n'est pas le terminus de tous les bus...

Adresses et infos utiles

Informations touristiques

Office de tourisme du centre de Nara 奈良市総合観光案内所 *(Nara City Tourist Information Center ; plan II, A1-2,* ***1****)* **:** ☎ *22-5595.* ● *visitnara.jp* ● *Tlj 9h-21h. Fermé pdt les fêtes de fin d'année.*

Centre d'information touristique de la gare Kintetsu-Nara 奈良市観光センター *(plan II, A1,* ***2****)* **:** ☎ *24-4858. Tlj 9h-17h.* Très bien et efficace.

Office de tourisme de la gare JR *(plan II, A2,* ***3****)* **:** *sur l'esplanade de la gare.* ☎ *27-2223.* ● *narashikanko.or.jp* ● *Tlj 9h-21h. Fermé pdt les fêtes de fin d'année.*

Nara Visitor Center 奈良県猿沢イン *(plan II, B2,* ***4****)* **:** ☎ *81-7461.* ● *sarusawa.nara.jp* ● *Tlj 8h-21h.* Un lieu très complet comptant un immense espace où l'on peut se poser pour consulter la documentation (en français, s'il vous plaît, pour une bonne partie). Nombreux services : change, distributeur de billets, consigne à bagages *(gratuit 8h-20h),* location de vélos, bus touristique (3 circuits), billetterie (train), visites guidées en anglais ou en français *(sur résa ; 4 000 ¥ ; mars-nov ;* ● *narawalk.com* ●*).* Cérémonie du thé *(sur résa, 2 000 ¥).* Plein d'activités gratuites : cours en anglais de calligraphie, origami, *cosplay*. Incontournable !

■ ***Guides bénévoles :*** *résa 1 j. avt min à l'office de tourisme de la gare JR ou* ☎ *43-2938.* ● *nara-guide-club.com* ● Ces guides ne demandent aucun salaire, mais il convient de prendre en charge leurs éventuels déplacements (pas besoin de prendre soin de leurs repas). Ils parlent l'anglais, et parfois le français.

Transports

Gare ferroviaire de Kintetsu-Nara 近鉄奈良駅 *(plan II, A1)* **:** lignes de Kintetsu en direction de Kyoto et de la gare de Namba (Osaka).

Gare ferroviaire de JR-Nara JR 奈良駅 *(plan II, A2)* **:** lignes de *Kansai JR* (ligne Yamatoji) pour Horyuji et ligne de *Sakurai JR* (pour Sakurai). Bon à savoir : le guichet pour se procurer les billets du *Shinkansen* est bien moins fréquenté qu'à Kyoto.

Gare routière de Kintetsu-Nara 近鉄奈良バスターミナル *(plan II, A1)* **:** *sur la place devant la gare.* Nombreuses lignes de bus. Plan détaillé fourni au bureau du tourisme de la gare.

Gare routière de JR-Nara 奈良バスターミナル *(plan II, A2)* **:** *sur la place devant la gare.* Nombreuses lignes de bus. Plan détaillé fourni au bureau du tourisme de la gare.
– Une ligne de bus circulaire, *Nara City Loop* (bus jaune, ttes les 10 mn), permet de faire le tour de la ville en passant par les 2 gares ferroviaires. Compter 210 ¥ le trajet ou 500 ¥ pour le *pass* journalier.

Location de vélos : plusieurs loueurs dont ***Nara Rent-a-Cycle*** *(plan II, A1,* ***5*** *; 22-1 Takamaichi-cho, remonter Yasuragi-no-michi sur 150 m vers le nord depuis le croisement avec Omiya-dori, c'est dans la 2e ruelle à gauche ;* ☎ *24-8111 ; tlj 8h30-17h ; compter par jour de loc : vélo sans vitesse 540 ¥, avec vitesses 750 ¥, électrique 1 290 ¥).* Ou au ***Nara Visitor Center*** *(plan II, B2,* ***4****). Compter 800 ¥ pour 24h, env le double pour un vélo électrique.* Enfin, ***Mobike,*** une formule façon Vélib' (une quarantaine de stations sur toute la zone à intérêt touristique). *Pass journalier 2 000 ¥ (1 500 ¥ sur Internet) ; loc à la course, 162 ¥ les 30 premières mn, puis 108 ¥ par tranche additionnelle de 30 mn. Mode opératoire dans chaque station : attention, on passe par une appli sur son smartphone, il faut donc avoir un abonnement téléphonique (données au moins).*

Où dormir ?

Bon marché (de 6 000 à 10 000 ¥ / 50-83 €)

Guesthouse Nara Komachi ゲストハウス奈良小町 *(plan II, A2,* ***10****) : 41-2 Surugamachi. ☎ 87-0556. • guesthouse@wave.plala.or.jp • À 250 m de la gare JR. Double 6 000 ¥.* Bâtiment tout en longueur, noir et ocre. Une adresse conviviale, assez design et moderne. Une petite dizaine de chambres jusqu'à 4 personnes, pas bien grandes mais fonctionnelles. Très propres, les doubles ont même toilettes et salle de bains derrière des parois de verre. À disposition : micro-ondes, boissons et quelques mangas. Accueil extra en anglais, notre adresse préférée dans sa catégorie. Vélos à louer.

Slow House Nara スローハウス奈良 *(plan II, A2,* ***11****) : 1-5 Kamisanjocho. ☎ 42-9603. • slowhouse-guest.com • Fléché depuis la rue Yasuragi-no-mishi, à 50 m au sud du croisement avec Sanjo-dori. Doubles 5 500-7 500 ¥ ; pas de petit déj. 2 nuits min imposées à certaines saisons.* Une sorte de cube noir, posé tel un ovni au cœur d'un lacis de ruelles, bien au calme. On y vit au rythme du bois blond, depuis l'accueil jusque dans les chambres, qui sont au choix de style japonais (tatamis, futons) ou occidental (lits superposés ou pas et petits mobiliers de base). Et l'ensemble, décoré comme une maison familiale plus qu'un hôtel, dégage une gentille chaleur pour un agréable séjour en plein cœur de Nara.

Oak Hostel オークホステル奈良 *(plan II, A1,* ***12****) : 15 Higashimuki-Kitamachi. ☎ 24-0984. • oakhostel.com/nara • À 100 m au nord de la gare Kintetsu-Nara (sortie 1). Lits en dortoir 2 800-3 600 ¥ ; doubles 7 000-9 000 ¥ ; pas de petit déj mais thé et café à dispo.* Un bon plan, à côté de la gare Kintetsu, que cet *hostel* rénové et fringant ! Un dortoir mixte de 16 lits où l'intimité de chacun tente de se préserver. Également des chambres doubles et même familiales, avec petite salle de bains privée. L'ensemble est nickel et le confort assuré malgré l'espace restreint et la vue parfois inexistante. TV, frigo et couettes moelleuses. Accueil anglophone amical.

Guest House Tamura ゲストハウスたむら *(plan II, B2,* ***13****) : 1107-2, Takabatake-cho. ☎ 075-533-3310. • guesttamura.jp/ •* Installé dans une maison de style japonais centenaire, rénovée, située à 13 mn à pied de la gare de Kintetsu Nara et à 20 mn de marche du sanctuaire Kasuga Taisha. Les salles de bains sont partagées. Certaines chambres ont un sol en tatami et un futon. Une bagagerie est disponible sur place. Des repas végétariens peuvent être fournis sur demande.

Haruya Naramachi はる家ならまち *(plan II, A2,* ***14****) : 31-4 Minamifukurocho. ☎ 81-8806 • yado-haruya.com/naramachi •* Ancienne résidence du chef de village, cette maison de 120 ans a été joliment rénovée. Les chambres sont dans la tradition des maisons japonaises traditionnelles. Une bonne halte à Nara.

Ryokan Seikanso 旅館静観荘 *(plan II, A2,* ***15****) : 29 Higashi-Kitsuji-cho. ☎ 22-2670. • nara-ryokanseikanso.com • Depuis la gare JR-Nara, env 20 mn à pied ou Loop Bus n° 1, arrêt Kitakyobate, c'est à 200 m. Depuis la gare Kintetsu-Nara, env 15 mn de marche. Double env 9 000 ¥ ; petit déj en sus.* Dans le quartier Naramachi, en bordure d'une petite rue paisible, un *ryokan* à l'ancienne qui était jusqu'à la 2de Guerre mondiale une maison de plaisirs. À l'étage, le long d'un grand couloir, des chambres à la japonaise avec clim, TV, *yukata,* jardin d'hiver, pouvant loger jusqu'à 4 personnes. Futons confortables et 2 bains communs. Parmi les 9 chambres, les plus agréables ont vue sur un jardin zen.

De prix moyens à chic (de 10 000 à 25 000 ¥ / 83-208 €)

Nara Visitor Center & Inn 奈良県猿沢イン *(plan II, B2,* ***4****) : 3 Ikeno-cho. ☎ 81-8585. • sarusawa.nara.jp • Doubles 8 400-15 600 ¥, petit* *déj en sus.* Le centre d'informations géré par la préfecture de Nara a aménagé 24 chambres spacieuses, aussi modernes que la structure le laisse présager. Une heureuse surprise à prix modérés ! Sur 3 niveaux, les chambres à l'occidentale ou de style japonais, avec tatamis, futons et salle de bains privée, sont fonctionnelles, et la vue sur le lac assez plaisante. Cuisine bien équipée, bain japonais et nombreux services proposés par le *Visitor Center.* Personnel ultra-efficace et compétent.

Guesthouse Sakuraya 桜舎 *(plan II, A2,* ***16****) : 1 Narukawa-cho. ☎ 24-1490. • guesthouse-sakuraya.com • Résa à l'avance impérative. Doubles 7 250-14 500 ¥, petit déj traditionnel inclus.* Une de nos adresses préférées à Nara, dans l'un des quartiers les plus agréables. Dans une maison *machiya* de plus de 150 ans, restaurée avec goût, 3 chambres de style japonais (tatami, futon), très épurées, avec clim et douche commune. Une à l'étage. Et 2 chambres au rez-de-chaussée, la plus grande avec vue sur le jardin zen. Accueil adorable de la propriétaire, Kayoko, qui parle anglais et dispense volontiers ses bons plans pour visiter la ville. Dégustation de thé, cours de calligraphie pour s'imprégner de la culture japonaise.

Onyado Nono Nara Natural Hot Spring 天然温泉 吉野桜の湯 御宿野乃 奈良 *(plan II, A1-2,* ***17****) : 1-1-6 Omiyacho. ☎ 20-5489. • hotespa.net • À gauche en sortant de la gare JR, juste au-delà de l'office de tourisme. Doubles 10 000-22 000 ¥, petit déj en sus.* Il y a hôtel de gare et hôtel de gare. Celui-ci contraste totalement avec le modernisme qui se dégage de son austère façade marron et jaune. Dès le hall (là où se retirent les chaussures, prohibées dans tout l'établissement), tout n'est que bois clair, tatamis et tons chauds. Les chambres sont aménagées à l'occidentale avec tatamis au sol, là encore. Du mobilier aux lignes pures ajoute à l'élégance. Le personnel, non anglophone et très dévoué saura vous mettre à l'aise dès la réception. Pour parachever l'esthétique du lieu, un *onsen* dont la décoration soignée met en valeur autant l'eau que la pierre.

Super Hotel Lohas スーパーホテル ロハス *(plan II, A2,* ***18****) : 1-2 Sanjo-honmachi, Nara Shi. ☎ 27-9000. • superhoteljapan.com/en/s-hotels/lohasnara/ • Réception au 4e étage. Doubles 10 800-17 000 ¥, petit déj-buffet inclus.* Ce cube de béton posé à côté de la gare n'est pas une référence architecturale, mais le confort moderne et l'accueil anglophone prévenant compensent largement. On choisit la qualité de son oreiller : noyaux de cerise ou plumes ? Chambres standard sans grand charme mais bien fonctionnelles, *onsen* commun. Au bout du compte, un rapport qualité-prix intéressant et une situation idéale. Très agréable, surtout avec la vue depuis les étages les plus élevés.

Ryokan Matsumae 旅館松前 *(plan II, B2,* ***19****) : 28-1 Higa-shiterahayashi-cho. ☎ 22-3686. • matsumae.co.jp • À 7 mn de marche de la gare Kintetsu, ou à 15 mn de la gare JR-Nara. Doubles 10 800-12 960 ¥ sans ou avec sdb ; petit déj japonais ou occidental en sus.* Dans le quartier central de Naramachi, un *ryokan* traditionnel avec 15 chambres classiques et bien tenues (confortables, avec la clim), donnant sur la rue ou sur l'arrière (petit jardin). Certaines sont avec sanitaires privés (plus chères), d'autres pas. *Bain* en commun. Accueil extra. On y parle l'anglais. Propose des cours de calligraphie et de yoga.

De plus chic à très chic (25 000-35 000 ¥ et plus / 208-292 €)

Kotonoyado Musashino 古都の宿むさし野 *(plan I, D2, ou hors plan II par B1,* ***20****) : 90 Kasuganocho. ☎ 22-2739. • kotonoyado.com • Doubles 23 800-73 400 ¥.* On a le choix entre des chambres traditionnelles et des chambres modernes. Ce fut le 1er *ryokan* de la ville. Très bel emplacement dans le parc de Nara, Wakakusayama et la forêt primitive de Kasuga. Le restaurant de l'hôtel offre une cuisine de qualité. Ambiance chaleureuse et décorée d'ornements japonais et de fleurs d'Ikebana, arrangés par la propriétaire elle-même. On y parle l'anglais. On peut y assister, sur réservation, à la cérémonie du thé.

Ryokan Yoshidaya 吉田屋旅館 *(plan II, B2,* ***21****) : 118 Bodai-cho. ☎ 23-2225. • nara-yoshidaya.co.jp • Au bord de la rue qui longe à l'est l'étang de Sarusawa-ike. Double 40 000 ¥, en ½ pens uniquement.* En plus d'être bien placé face à un petit étang, cet hôtel récemment rénové a de belles proportions, depuis le hall jusqu'aux 19 chambres à l'occidentale ou avec tatamis. Déco épurée, lumières douces et joli mobilier. Et tant de charme qu'on a du mal à en sortir. D'ailleurs la maison impose le repas du soir. N'empêche qu'à ce prix, on aurait aimé un personnel plus anglophone !

Où manger ?

Bon marché (moins de 1 500 ¥ / 12,50 €)

Maguro Koya まぐろ小屋 *(plan II, A1,* ***30****) : 6, Hanashibacho. Tlj 11h-20h. Menus 900-1 600 ¥ (2 200-3 000 ¥ pour du bluefin).* Cette salle pas plus grande qu'une boîte à sushi a tout le charme des adresses qui ont un côté informel, tant en salle qu'en cuisine (qui reste très propre, entendons-nous !). On y célèbre le thon en *sashimi, tataki, karaage, tekkadon.* Mon tout parfaitement frais et à prix d'ami, gentiment préparé par le patron et servi par madame.

Hisaya 久家 *(plan II, A1,* ***31****) : 5 Nabeyacho. ☎ 22-4127. Ouv tlj 10h-14h (ap-m et dîner sur résa uniquement). À 5 mn à pied de la gare.* Plats traditionnels de bonne facture, dans une maison de style japonais. Bon choix de plats à des prix très raisonnables. *Udon, domburi, tonkatsu* (porc local), etc.

Kissa Jarudan *(jardin)* キッサジャルダン *(plan II, A2,* ***32****) : 35, Mochiidonocho. Tlj sauf jeu 10h-20h30.* Dans la rue commerçante de la ville, modeste café planqué derrière la boutique d'un chapelier. Totale simplicité pour une pause salée ou sucrée (glaces, gâteaux et même des gaufres). Copieux menus à pas cher autour de croquettes de crabe, poisson ou viande. Rien de gastronomique, mais le cœur y est.

Aida *(plan II, A2,* ***33****) : Sanjo-dori. Tlj 11h-17h. Menu unique 800 ¥.* Dans la rue commerçante, une adresse discrète et néanmoins connue des initiés. Sol en béton brut, quelques tables en bois blond devant la cuisine et une petite salle à l'étage où l'on mange à la japonaise, assis sur des tatamis. Une belle affaire que la formule, préparée avec des produits frais et servie rapidement : soupe, légumes, tempura ou rouleaux de printemps, riz, salade et thé vert. Qui dit mieux ?

Kameya かめや *(plan II, B2,* ***34****) : Sanjo-dori. ☎ 22-2434. En remontant la rue Sanjo, à droite avt l'étang Sarusawa. Tlj sauf mar 11h-22h.* Gros lampion rouge, intérieur noir et blanc, tables avec plaques chauffantes et espace pour glisser ses jambes. Une bonne adresse à Nara, pour la cuisine *okonomiyaki.* Ici, cette variante japonaise de la crêpe mélange poisson, crevettes, bœuf, œufs, nouilles et légumes. Un régal, préparé sur les plaques chauffantes sous les yeux des clients. Informel et roboratif.

Kinatei 喜菜亭 *(plan II, A2,* ***35****) : 21-5 Surugamachi. 📱 080-6119-6105. En descendant l'avenue, prendre à gauche avt* Toyota*, c'est au rdc d'un immeuble marron nommé « Féliz » ! Tlj sauf lun, 11h30-14h30. Le soir, sur résa seulement.* L'emplacement dénué de charme ne doit pas vous arrêter. Ce resto tenu par la fantaisiste Mme Nishizawa (anglophone) sert une cuisine végétarienne bio. Sous forme de menu complet, on goûte soupe, légumes cultivés autour de Nara, riz, algues, tofu, *udon,* thé vert organique. Elle est fière de ses produits, et sa cuisine, qui laisse le choix entre 4 plats au menu, n'a rien de monotone. Au mur, sur un planisphère, les clients pointent leur pays d'origine.

Château d'Or Bakery シャトードール *(plan II, A1,* ***36****) : 39 Konishi-cho. À 100 m au sud de la gare de Kintetsu-Nara par la rue piétonne (Konishicho). Tlj 8h-22h (19h pour la cafétéria à l'étage).* Sandwichs, soupes, salades, spaghettis à prix raisonnables pour la

LES ENVIRONS DE KYOTO

partie snack au 1er étage, tandis que le rez-de-chaussée abrite une boulangerie à la française vendant des petits pains, des croissants, des brioches et autres viennoiseries rustiques mais plutôt bonnes.

Prix moyens (de 1 500 à 3 500 ¥ / 12,50-29 €)

Kichiza Denemon 吉座傳右衛門 *(plan II, A2, **11**) : 5-1 Honkomiri-cho. ☎ 24-4700. Tlj sauf mer 11h30-14h et 17h30-22h.* Cette maison orangée abrite une table gourmande, où le menu du déjeuner, qui inclut thé et dessert, est une aubaine. On s'assied, au choix, sur une chaise au comptoir devant les cuisines ou à l'une des tables dans la petite salle en longueur. Un régal que ces sashimis, petits plats raffinés et tempura qu'on enchaînerait volontiers. Mais gare à l'addition... Le soir, « O tempura, o mores », le menu fait basculer l'adresse dans la catégorie « Chic ».

Kura 蔵 *(plan II, A2, **37**) : 16 Komyoin-cho. ☎ 22-8771. Au début, à droite d'une rue qui part à droite de Shimomikado, la rue piétonne couverte. Tlj 17h-22h (dernière commande à 21h30). Résa indispensable.* On passerait devant sans le remarquer. Et pourtant, voici l'un de nos coups de cœur ambiance-qualité-prix. N'hésitez pas à faire coulisser la porte d'entrée pour vous installer au coude à coude, juché sur un tabouret, devant le vieux comptoir patiné. Adresse populaire hors d'âge, avec vieilles pubs Asahi... en bois ! Classiques de la cuisine japonaise, légumes qui mijotent sous vos yeux et petits plats à partager. Menu en anglais, mais n'hésitez pas à demander de l'aide aux serveurs, en bleu de chauffe, ou désignez le plat de votre voisin. Le tout arrosé d'un petit saké bien frais (ou chaud). Attention, c'est souvent plein !

Tonkatsu Ganko とんかつがんこ *(plan II, A1, **38**) : au début de la galerie couverte Higashimuki, à droite en venant de la gare de Kintetsu-Nara. ☎ 25-4129. Tlj 11h-22h.* Un grand comptoir en bois tout autour de la cuisine et quelques tables pour 2 ou 4 personnes dans des cabines. La spécialité ici, c'est la panure : porc, poulet et crevettes. Les menus sont tous servis avec une soupe *miso,* du riz et du chou. Rien de raffiné, mais c'est copieux et bon.

Kanotsuki 花の月 *(plan II, B1, **39**) : 16 Kasuganocho. ☎ 25-2301. Ouv tlj 11h-18h. À 2 pas du temple Todaiji, juste à côté de l'entrée de Yumekaze Plaza.* Encore une vieille maison traditionnelle, transformée en restaurant de sushis *(Temakizushi)* roulés à la main avec des ingrédients locaux et de saison. Explications et carte en anglais.

Chic (de 3 500 à 6 500 ¥ / 29-54 €)

Edogawa Grilled Eel 江戸川ならまち店 *(plan II, A-B2, **40**) : Mochiidono-dori, à l'angle de la rue du temple Gango-ji. ☎ 20-4400. Juste après la fin de la galerie couverte Mochiidono. Tlj 11h-22h (dernière commande à 21h30). Fermé Nouvel An. Résa conseillée. Carte en anglais.* Vieille maison aux murs de bois peints en noir. Intérieur dépouillé et décoré sobrement, tables basses avec une fosse pour les jambes. Ici, la spécialité, c'est l'anguille ! Présentation soignée et excellente cuisine.

Très chic (plus de 10 000 ¥ /120 €)

Terrace テラス *(plan II, B2, **41**) : 10 Kunodocho. ☎ 93-4405 Ouv tlj sauf mer-jeu 11h30-15h, 18h-22h.* Restaurant de style *kaiseki* japonais artistique et créatif. Chef Yuzo Kobayashi. Son style de cuisine unique qui incorpore l'essence de la cuisine française et japonaise traditionnelle, après de longues années d'apprentissage et de travail dans les 2 genres de restaurants, fleurit ici du quartier de Naramachi.

Où boire un verre ? Où manger une pâtisserie ?

Pao Naramachi カフエパオ界 *(plan II, A-B2, **50**) : 12-1 Wakido-cho. ☎ 24-3056. Tlj sauf lun 11h30-17h.* En retrait de la rue, sur la gauche après la galerie couverte, dans une sorte de jardin d'hiver, sous une grande verrière, avec des tables dehors pour déguster une glace ou un café aux beaux jours. Sert aussi des petits plats à prix sages. Très bon accueil et bon service. Allez voir les petits magasins d'art et artisanat qui bordent le passage, dans une galerie.

Nakatanido 中谷堂 *(plan II, A2, **51**) : sur Sanjo-dori.* ☎ *23-0141. Tlj 10h-19h.* Pour une pause sucrée, c'est ici qu'il faut venir déguster des *mochi* (gâteau de riz) frais confectionnés sur place ! Le clou, c'est le spectacle des pâtissiers martelant les *mochi* !

Mellow Cafe *(plan II, A1-2, **52**) : axe unit 1-8 Konishi-cho.* ☎ *27-9099. Tlj 11h-23h30 (dernière commande à 23h).* Au fond d'une allée, une construction en brique abrite ce lieu animé, aéré et décontracté. Musique en fond sonore, ambiance jeune et branchée. Côté cuisine, des currys ainsi que des pâtes et pizzas pas vraiment typiques mais savoureuses.

Lamp Bar *(plan II, A1-2, **53**) : 1F, Iseya Bldg, 26 Tsunofuricho.* ☎ *24-2200. Au fond à gauche d'une impasse qui débute le long d'une clinique dentaire. Tlj 17h-2h.* Le top du bar à cocktails. Une atmosphère feutrée et classe, et surtout des cocktails coûteux mais du tonnerre, réalisés avec une dextérité impressionnante par Michito Kaneko, champion en la matière (si, si, zieutez le diplôme !). Regardez-le opérer derrière le bar, il est fascinant ! Pas de carte, vos désirs seront exécutés... à la perfection.

Toraya とらや *(plan II, B2, **54**) : 31, Tsurufukuincho.* ☎ *22-3353. Tlj 9h-20h30 sauf mar.* Confiserie japonaise *wagashi* de plus de 55 ans d'histoire. En plus du *wagashi* traditionnel, le propriétaire a inventé et vend du *wagashi* à motif de chat !

Ochanoko おちゃのこ *(plan II, A1, **55**) : 35-2, Konishicho.* ☎ *24-2580. Tlj 10h-20h.* Les gens viennent ici déguster la glace pilée *kakigori* avec du sirop de *reicha*, des noix en purée et des haricots. Ils proposent du thé taïwanais et du thé Yamato (Nara) pour les boissons.

Achats

Crafts Museum 奈良工芸館 *(plan II, A2) : 1-1 Azemamecho.* ☎ *27-0033. Tlj sauf lun 10h-18h (dernière entrée à 17h30). GRATUIT.* Salle d'exposition permanente du savoir-faire des artisans de Nara : poterie, calligraphie, brosses, encres et masques... de très belles pièces ; quelques-unes en vente, mais très chères ! Propose aussi des démonstrations.

Harushika Sake Brewery 今西清兵衛商店 *(plan II, B2) : 24-1 Fukuchiincho.* ☎ *23-2255. Tlj 9h-17h (dernière dégustation à 16h30). Congés : août. Dégustation 500 ¥.* L'ancienne capitale impériale serait le lieu de naissance du saké, qui nécessite une eau de source très pure et un riz de haute qualité. À ses débuts au Japon (VIIe s), il était fabriqué dans les sanctuaires shintoïstes, où il était associé à certains rites. Le saké Harushika est issu de cette tradition. L'accueil est sympathique, et l'on goûte 5 sakés différents, du sec au pétillant, dans un joli petit verre que l'on garde en souvenir. *Kampaï !*

Tamura Seihoen 田村青芳園 *(plan II, B2) : 18 Shonamicho.* ☎ *22-2833. Ouv mar, mer, ven et dim 10h-17h.* Vendeuse de thé japonaise distribuant des feuilles de thé locales appelées « Yamato-cha » des hautes terres du sud-est de Nara. Son goût et sa saveur sont très riches grâce à la différence de température des montagnes.

Naramachi Millet ならまちミレー *(plan II, B2) : 1 Shibatsukinukecho.* ☎ *93-8865. Ouv jeu-dim 11h30-17h.* Boutique d'artisanat japonais. Le propriétaire sélectionne des vêtements, du bois, du métal, du papier et des poteries d'artisans (tous sont faits à la main) de plusieurs régions du Japon.

Kobaien 古梅園 *(plan II, A2) : magasin d'usine, 7 Tsubaicho ;* ☎ *23-2965. Boutique Wakakusayama, 431-1 Zoshicho ;* ☎ *22-6337. Ouv lun-ven 9h-17h.* Le plus ancien et le seul fabricant de bâtonnets d'encre en carbone faits à la main (pour calligraphie). Un joli souvenir.

À voir

Au centre de Nara (quartier de Naramachi 奈良町)

Ce quartier, constitué d'un dédale de petites rues marchandes qui évoquent l'époque Edo, conserve de nombreuses vieilles maisons, certaines ayant été transformées en musées, restaurants ou magasins. Se munir d'un plan à l'office de tourisme. Très agréable promenade qui se fait facilement à pied.

L'ensemble du temple Kōfuku-ji 興福寺 *(plan II, B1) :* *● kohfukuji.com ● À 300 m de la gare Kintetsu-Nara. Tlj 9h-17h. Accès au site GRATUIT ; visite des temples tlj 9h-17h (dernière entrée à 16h45), payante (tarifs, voir plus bas ; billet combiné : 900 ¥).* ***Diverses reconstructions prévues jusqu'en 2023, se renseigner.***
Fondé en 669 à Yamashina, c'est l'un des principaux temples de Nara, dirigé par les moines de la secte Hosso. Chaque année, les 3es vendredi et samedi de mai, on peut assister au festival de danse Takigi Noh, qui a lieu depuis le IXe s. La danse exécutée s'appelle Noh, l'une des plus anciennes danses du Japon. Pendant la représentation, des contes du folklore japonais sont racontés. Les bâtiments autour sont en principe ouverts à la visite selon les travaux de rénovation en cours.

La pagode à 5 étages (Gojuno-to) 五重塔 *(plan II, B1-2)* serait l'une des plus hautes du Japon (50 m) après celle du temple Toji de Kyoto. Elle date de l'an 730 mais fut reconstruite en 1426 dans le style Muromachi. Ne se visite pas.
– ***Le Tokon-do*** ou **Eastern Golden Hall** 東金堂 *(entrée : 300 ¥),* abrite en son centre le Yakushi Nyorai, bouddha médecin de bronze de 1415. C'est à cette date qu'il a été reconstruit. Il ne reste rien du temple original, bâti en 726 par l'empereur Shomu pour assurer la guérison de sa tante.
– ***Le Kokuho-kan*** 国宝館 *(entrée : 700 ¥),* un ancien réfectoire des moines. En vedettes : la statue d'*Ashura,* une divinité maléfique originaire de Perse, avec ses 6 bras et ses 3 visages, et le *Senju Kannon,* la divinité aux mille bras en bois laqué et doré.
– ***Le Chukon-do ou*** **Central Golden Hall** 中金堂 *(entrée : 500 ¥),* 2e plus grand édifice de Nara, bâti entre 710 et 714, mais plusieurs fois détruit par le feu (dernier épisode en 1717). Le bâtiment actuel date de 1819 et a été récemment rénové (on dira même totalement reconstruit !). Il abrite un ***Bouddha sakyamuni*** assis (1811), entouré de 4 ***statues de rois*** en bois datant du XIIIe s, classées Trésor national.

Le temple Gangō-ji 元興寺 *(plan II, B2) :* *● gangoji.or.jp ● Tlj 9h-17h (dernière entrée à 16h30). Entrée : 500 ¥ (600 ¥ pdt la période d'admission spéciale d'automne) ; réduc.* Un petit temple intime, classé au Patrimoine mondial de l'Unesco. Ce serait le 1er temple bouddhique du Japon. Fondé par Sogano Umako sur le site d'Asuka, il a ensuite été démonté en 718 pour être transféré à Nara, devenue capitale. Beau toit de tuiles, où subsistent quelques traces de couleur orangée. Le pavillon principal, *Gokurakudo,* autrefois dortoir des moines, repose sur des colonnes de bois. L'intérieur, très sobre, offre un décor dépouillé. Au fond du jardin, des tombes dorment dans un petit cimetière. On y trouve aussi

LE PLUS VIEUX PORTE-BONHEUR DU JAPON

Autour de vous, vous verrez partout des (faux) singes, sur les toits, aux portes des maisons, devant les fenêtres... Il s'agit de Migawarizaru, un singe habillé en rouge, un messager divin capable de faire des galipettes comme personne. À la fois attrape-malheur et porte-bonheur, il permet d'éviter accidents, maladies, etc.

LES ENVIRONS DE KYOTO

un modeste musée (statues, sculptures, maquettes, estampes) à l'étage. Une grande partie de la zone actuellement appelée « Naramachi » était l'ancien territoire de ce temple.

Le temple Jurin-in 十輪院 *(plan II, B2)* : *tlj sauf lun 8h-17h ; visites 9h-16h30. Entrée : 500 ¥.* Autrefois temple secondaire du Gango-ji. Le jardin japonais dans l'enceinte offre de nombreuses fleurs de saison avec d'énormes roches naturelles *wabi-sabi* et des pierres sculptées bouddhistes. Le principal objet de culte, *Jizo Bosatsu,* qui se trouve dans le pavillon des pierres, est une des divinités les plus populaires au Japon, considéré comme le protecteur des voyageurs et des enfants.

La maison Koushi-no-ie 格子の家 *(plan II, B2)* : *à 200 m du temple Jurin-in, dans une petite rue sur la gauche en venant de la galerie couverte Mochiidono. Tlj sauf lun 9h-17h. GRATUIT. Brochure en français.* Voici une maison de type *machiya* 町家, reconstituée, typique de ce quartier de Naramachi. Les *machiya* servaient aux marchands d'habitation et de lieu de travail. Elles se distinguent par l'étroitesse de leur façade et la profondeur du bâtiment. Cela évitait aux propriétaires de payer trop de taxes foncières, calculées selon la largeur de la façade. Remarquer à l'extérieur le treillage en lamelles de bois couvrant les fenêtres. Elles permettaient aux habitants de voir l'extérieur depuis l'intérieur, sans être vus eux-mêmes. L'escalier emboîté a été habilement conçu avec des tiroirs sous les marches pour utiliser tout l'espace. Le jardin intérieur constitue la partie la plus agréable, communiquant à l'arrière avec la pièce d'entreposage. Voir aussi les fourneaux de la cuisine, l'évent à fumée et la lucarne. Et demandez aux personnes de l'accueil de vous faire une démonstration d'ouverture (très originale) de la porte d'entrée !

La maison Naramachi Nigiwai-no-ie 奈良町にぎわいの家 *(plan II, B2)* : *5 Nakanoshinya-cho. Tlj sauf mer 9h-17h. GRATUIT.* Une autre maison centenaire ouverte à la visite. Plancher et panneaux coulissants caractérisent cette demeure traditionnelle bordée d'un jardin qui semble prolonger les pièces.

Musée Naramachi 奈良町資料館 *(plan II, B2)* : *14-2 Nishinoshinya-cho. ☎ 22-5509. • naramachi.co.jp/ • Tlj 10h-17h. GRATUIT.* Musée privé qui expose des objets anciens de la vie quotidienne, datant des périodes Edo et Meiji. On y trouve notamment des *Migawarizaru* porte-bonheur (voir encadré plus haut). Le propriétaire Tetsuro expose également des peintures de jeunes artistes et enfants de toutes les régions du Japon.

À l'est, le parc de Nara

Le parc de Nara (Tobihino) 飛火野 *(plan I, D2)* : c'est le poumon vert de Nara, qui se termine par les hauteurs du mont *Wakakusa.* Frondaisons, bosquets, bassins et étangs, allées forestières ombragées, c'est un paysage reposant qui sert d'écrin aux temples et sanctuaires classés au Patrimoine mondial de l'Unesco. On y circule librement à pied.

La Musée national de Nara 奈良国立博物館 *(plan II, B1)* : *☎ 22-7771. • narahaku.go.jp • Tlj sauf lun et j. fériés 9h30-17h*

NOS AMIES LES BÊTES

Cerfs, daims et biches sont vénérés dans la religion bouddhiste, et en particulier à Nara. Ce sont les messagers des dieux. Dans le bouddhisme, le cerf d'or est un animal sacré qui sauve les hommes du désespoir et apaise leurs passions. D'où les innombrables daims (il y en aurait environ 1 300) qui vivent en liberté dans les parcs et les enceintes des temples de Nara. Ils rappellent l'époque où hommes et bêtes vivaient en parfaite harmonie.

(20h ven-sam) ; dernière entrée 30 mn avt. Entrée : 700 ¥ ; combiné pour les expos temporaires : 1 500 ¥ ; gratuit moins de 18 ans et plus de 70 ans (passeport demandé). Audioguide (anglais) : 500 ¥.
2 bâtiments distincts composent le musée : le bâtiment principal, construit en 1895 où sont superbement exposées des statues bouddhiques, et l'annexe (ailes ouest et est, cette dernière étant réservée aux expositions temporaires).
Le bâtiment principal *(Nara sculpture hall)* concentre un magnifique ensemble de ***sculptures bouddhiques*** de Nara, intitulé « Joyaux de l'art bouddhique ». Depuis les statues de la période Asuka (VIIe s) jusqu'à la période Kamakura (XIVe s) en passant par quelques sculptures du Gandhara (Pakistan), de Chine et de Corée, le visiteur balaie l'histoire du bouddhisme. Nombreuses petites ***figurines*** en bronze, très attachantes par leur taille et leur finesse, mises en valeur elles aussi grâce à une présentation soignée et des éclairages étudiés. La sculpture de la période de Nara (710-794) exprime bien l'essor artistique de cette époque et la naissance de l'art japonais. Ses sculpteurs s'inspiraient de l'art chinois de l'époque Tang et de l'art indien des Gupta, mais leurs œuvres ont un style épuré, différent des modèles imités. Les historiens disent qu'on assiste au VIIIe s à la « japonisation » de l'art venu de Chine.
Un passage souterrain jalonné de panneaux explicatifs sur l'histoire du musée et du bouddhisme (également une librairie, un café et un restaurant au sous-sol) mène au 2^d bâtiment. Dans l'aile ouest sont exposés des ***mandalas*** (dessins représentant des cercles symboliques, utilisés dans la méditation), des ***céramiques,*** des ***bijoux,*** des ***calligraphies*** et des ***objets archéologiques.*** Tous les ans en automne, exposition des trésors du ***Shoso-in*** appartenant à l'empereur Shomu, les objets conservés au ***Todai-ji*** et récoltés tout au long de la route de la soie à l'époque Nara. C'est la seule occasion pour pouvoir admirer une quarantaine de trésors, principalement offerts par l'impératrice Komyo au décès de l'empereur Shomu. On y trouve entre autres une lettre dans laquelle elle explique qu'elle ne peut garder ces objets que l'empereur aimait car cela la rend trop triste. Nous aussi.

Le musée Okumura 奥村記念館 *(plan II, B1)* **:** *en face du Musée national de Nara. ☎ 26-5112. Tlj sauf 3e mar du mois 10h-17h. GRATUIT.* Musée consacré aux technologies inventées par Tahei Okumura (1880-1971) afin de lutter contre les séismes au Japon. Cet entrepreneur de Nara dirigea une grande entreprise fabriquant des systèmes sophistiqués d'amortisseurs en caoutchouc sur lesquels repose la base des immeubles pour amortir l'onde de choc en cas de séisme. Dans une salle, des illustrations racontent les réalisations de cet inventeur de génie et l'évolution des techniques antisismiques jusqu'à aujourd'hui. Le plus insolite est ce fauteuil qui permet de simuler les effets d'un tremblement de terre. Assis et attaché, faites-en l'expérience ! Une façon de se rendre compte de la violence des secousses sismiques.

Le temple Todai-ji 東大寺 *(plan I, D2)* **:** *à 500 m au nord-est du Musée national. • todaiji.or.jp • Tlj 9h30-17h30 avr-oct (17h nov-mars). Entrée : 600 ¥ ; billet couplé temple + musée : 1 000 ¥. Audioguide (musée) : 500 ¥.* Le Todai-ji est le siège de la secte Kegon, qui fut introduite au Japon en 735 par le bonze chinois Dosen. C'est un des temples les plus imposants du Japon. Le pavillon principal est considéré comme le plus grand édifice en bois du monde.

DES CHARPENTIERS DOUÉS

Les temples de Nara, tout en bois, ont résisté au temps. Il faut dire que leurs constructeurs, au VIIIe s, les ont conçus de façon ingénieuse : isolés du sol par des pilotis, ils sont faits de poutres horizontales à section triangulaire, et leurs parois se dilatent ou se contractent en fonction du taux d'humidité. Un savoir-faire sans clous ni vis transmis par voie orale depuis des siècles. Longévité assurée !

Dès sa construction, il eut pour vocation « la protection du pays et la prospérité de la nation ». On peut dire qu'il est lié étroitement à l'histoire du Japon, d'où la foule de visiteurs qui s'y pressent à longueur d'année.
Après avoir photographié les daims qui errent sur l'allée centrale, on passe sous la grande ***porte Nandaimon*** 南大門 (haute de 29 m) édifiée en 1199. C'est l'un des exemples les plus purs du style Tenjiku-yô. Elle abrite 2 statues de rois divins. Agyô a la bouche ouverte, Ungyo la bouche fermée, mais les deux manifestent la force et la puissance.
Le grand ***pavillon Daibutsu-den*** 大仏殿 (ou *du Grand Bouddha*), construit en 747-751, mesure 57 m de long sur 48,50 m de haut. À droite de l'entrée, sur un balcon extérieur, grosse statue en bois représentant *Binzuru,* une divinité bouddhique qui porte un bonnet et une tunique rouges, offerts par les dévots pour les protéger des maladies. On lui attribue des pouvoirs surnaturels, comme celui de guérir les douleurs d'un geste simple : on touche la statue de Binzuru à l'endroit où on a mal, puis on touche la même partie de son propre corps.
– *L'intérieur du Daibutsu-den :* on ne se déchausse pas. L'énorme salle intérieure frappe par le gigantisme de la statue du ***Grand Bouddha Vairocana,*** la plus grande sculpture en bronze du monde avec ses 15 m de hauteur, réalisée en 751 par un artiste coréen ! L'obscurité empêche de l'observer en détail. Derrière la statue du Bouddha (côté droit quand on le regarde), le pied d'un pilier est troué. La croyance veut que celui qui traverse ce trou de la taille d'une narine du bouddha ait une longue vie. Les enfants ont toutes leurs chances. Pour les adultes, tendez un bras en avant, c'est plus facile !
– En sortant, vous pouvez faire une halte au *musée* exposant quelques trésors du temple.

Le temple Nigatsudo 二月堂 : *à 5 mn à pied du grand pavillon Daibutsu-den vers l'est. Ouv 24h/24. GRATUIT.* Nigatsudo est un petit temple attaché à Todaiji spécialement dédié à un usage rituel annuel. Très belle vue depuis le temple au coucher du soleil. La cérémonie annuelle appelée *Shunie,* qui a lieu depuis 1 250 ans, est un spectacle avec des rituels liés au feu du 1er au 14 mars.

Les jardins d'Isuien 依水園 *(plan II, B1)* **:** *prendre, sur 300 m, la route à gauche avt la porte de Nandamon et tourner à gauche au bout de celle-ci. Tlj sauf mar 9h30-16h30 (16h dernière entrée). Entrée : 900 ¥, incluant celle du petit musée Neiraku exposant des poteries.*
Un peu à l'écart des foules, cet ensemble de 2 magnifiques jardins datant de l'époque Meiji (XIXe s) constitue un ravissant intermède à la succession de temples. Alimentés par une petite rivière, 2 étangs entourés de parterres et de bosquets gracieux servent de décor paisible aux maisons de thé avec les collines en arrière-plan. Si vous souhaitez économiser le prix de l'entrée, préférez le ***jardin Yoshikien*** 吉城園 *(tlj 9h30-17h ; GRATUIT)* voisin, qui offre de beaux points de vue sur les jardins d'Isuien.

Le sanctuaire shinto de Kasuga Taisha 春日大社 *(plan I, D2)* **:** *à 1,2 km au sud-est du temple Todai-ji, compter 30 mn à pied. • kasugataisha.or.jp • Enceinte : tlj 6h-18h avr-sept, 6h30-17h oct-mars. Bâtiment principal : tlj 9h-16h. Entrée : 500 ¥ pour chacun des sites, bâtiment principal, musée et jardin.*
Sur les pentes boisées du mont Mikasayama (le sommet ouest du mont Kasugayama) se tient ce sanctuaire shinto, considéré comme le plus important de Nara. Il aurait été fondé par la puissante famille des Fujiwara au VIIIe s. Une impressionnante galerie peinte en vermillon conduit au pavillon *Honden,* au centre du sanctuaire. Près de 3 000 lanternes sont suspendues sur les colonnes de ce corridor sacré, ainsi que sur les pavillons adjacents. Les plus anciennes remonteraient au VIIe s, d'autres sont datées de 1323. 2 fois par an, à l'occasion de la ***fête des Lanternes*** *(3-4 fév et 14-15 août),* elles illuminent le sanctuaire : inoubliable et poétique ! Près du Honden, dominant une cour de

graviers, avec 8 m de circonférence, l'*arbre Shato-no-osugi* (un *Cryptomeria*) aurait plus de 1 000 ans d'âge. Vers début mai, les glycines roses ajoutent une poésie supplémentaire au lieu.

Le sanctuaire de Kasuga Wakamiya 春日若宮 *(plan I, D2)* **:** se trouve en pleine forêt, 150 m plus loin, vers le sud-est, au bord d'une allée ombragée par des arbres couverts de mousse. Le pavillon le plus important est le *sanctuaire shinto de Wakamiya* (enfant-divinité, divinité de l'eau), reposant sur de grosses colonnes de bois. Les pavillons *Hosodono* et *Kaguraden* se distinguent par leurs cordes suspendues *(shimenawa)* auxquelles sont noués des papiers votifs. Sur des éventaires, les dévots accrochent des *ema* (tablettes en bois sur lesquelles est écrite une prière), achètent des *o-mamori* (sachets porte-bonheur qu'il faut porter sur soi pour attirer la chance) ou se procurent des *o-mikuji* (oracles écrits annonçant la bonne ou la mauvaise fortune). Ces coutumes du culte shinto viennent du fond des âges et cohabitent avec les pratiques bouddhistes.
Chaque année, les 15 et 17 décembre, un très grand festival de *On-matsuri* est organisé pour divertir cette divinité Wakamiya. Performances et un grand défilé en vêtements traditionnels.

Le temple Shin Yakushi-ji 新薬師寺 *(plan I, D2)* **:** *près du musée de la Photographie. Tlj 9h-17h. Entrée : 600 ¥.* Bâti en 747 par l'impératrice Komyo pour demander la guérison de son époux, l'empereur Shomu. Dans le Hon-do, une statue de Yakushi Buddha protégé par 12 guerriers célestes, classés trésors nationaux. Les autres bâtiments ont été détruits lors d'un incendie, pendant la période de Nara.

Le temple Fuku-in 不空院 *(plan I, D2)* **:** *à 10 mn à pied du sanctuaire de Kasuga Taisha et 2 mn au nord du temple Shinyakushiji. Tlj 9h-17h. GRATUIT. Résa requise, pour pouvoir voir le Fuku-kensak Kannon (600 ¥), sur le site • fuku-in.com •*
Il s'agit d'un temple lié à la séparation et au jumelage. Une croyance qui vient d'histoires anciennes. Elle raconte que dans l'enceinte, les divinités du jumelage et de la séparation ont été enchâssées.
Au début des années 1930, une geisha s'est réfugiée dans une relation malheureuse à Fukuin. Ici, l'image principale du culte est le Fuku-kensak-kannon, une incarnation de Takemikazuchi, l'un des 4 dieux de Kasuga Taisha. Comme à Koya-san, la méditation Shingon peut être vécue sur réservation préalable.

À l'extérieur de la ville, au sud-ouest

Avant de partir visiter ces temples situés à l'extérieur de la ville, demander un plan détaillé de ces quartiers à l'office de tourisme. Le plus pratique est d'y aller en train. À l'arrivée à la gare, un petit bureau d'infos. Tout est bien indiqué. Il faut marcher.

Le temple Tōshōdai-ji 唐招提寺 *(plan I, A2)* **:** *bus nos 77, 97 ou 98, depuis les gares Kintetsu ou JR, arrêt Toshodaiji 唐招提寺 ou Toshodaiji-higashiguchi 唐招提寺東口. Durée : 16-20 mn. Tlj 8h30-17h (dernière entrée à 16h30). Entrée : 600 ¥. Trésor : 200 ¥, voire plus si expo.*
Fondé par le bonze chinois Ganjin, en 759, pour servir de siège à la secte bouddhiste Risshu. Il se trouvait au centre de la ville lorsque Nara était capitale du Japon. Derrière la porte sud se dresse le majestueux *Kondo*, la plus grande structure du VIIIe s restant dans le Japon d'aujourd'hui. Sa beauté a été décrite dans de nombreux poèmes anciens. La rangée de ses piliers n'est pas sans rappeler le Parthénon d'Athènes. Chaque année, le 19 mai, se déroule la fête du Lancer des éventails pour exorciser les mauvais esprits.

LES ENVIRONS DE KYOTO

Le temple Yakushi-ji 薬師寺 *(plan I, A3) : à 15 mn à pied du temple Tōshōdai-ji ou bus nos 77, 97 ou 98, depuis les gares Kintetsu ou JR, arrêt Yakushi-ji* 薬師寺 *ou Yakushi-ji-higashiguchi* 薬師寺東口. *Tlj 8h30-17h (dernière admission à 16h30). Entrée : 800-1 100 ¥ pour chacun des sites, 1 600 ¥ pour la totalité.*

Il est, avec le temple Kofuku-ji, l'un des sièges de la secte Hosso. Fondé en 680, il fut presque entièrement reconstruit à partir du XIIIe s. Les bâtiments aux murs blancs, boiseries vermillon et volets verts sont répartis de manière symétrique. La pagode de l'Est *(To-to)*, à 3 étages, est le seul monument du site qui date des origines (réparé en 2020). Le pavillon d'Or (1976) et la pagode de l'Ouest à 3 étages (1981) ont aussi été reconstruits sous le règne Showa (1926-1989).

Le temple Horyu-ji 法隆寺 *(hors plan I par A3) : 1-1 Horyuji Sannai, Ikaruga-cho, Ikoma-gun. ☎ 45-2555. • horyuji.or.jp • Train : ligne JR Yamatoji, gare de Horyu-ji (sortie nord) ; compter 10 mn de train puis 20 mn à pied (à la gare, petit bureau touristique qui distribue un plan indiquant l'accès au temple). Bus no 97 depuis les gares Kintetsu ou JR, arrêt Horyuji-mae* 法隆寺前 *; compter 35 mn. Tlj 8h-17h (16h30 nov-fév). Entrée : 1 500 ¥. Brochure en français, très bien faite.*

GUIDE DES RECORDS

Kongo Gumi, entreprise spécialisée dans la construction de temples, était la plus ancienne du monde. Créée en l'an 578 (quand même !), elle a déposé son bilan en 2006, à la suite de mauvais investissements. Elle compta 40 générations de patrons de la même famille !

Cet ensemble unique est le 1er site japonais à avoir été classé (en 1993) par l'Unesco sur la liste du Patrimoine mondial de l'humanité. Il abrite les plus anciennes constructions en bois du monde, la plus grande étant le pavillon principal du temple Todai-ji. Le site de Horyu-ji conserve des œuvres artistiques et religieuses exceptionnelles retraçant l'histoire du Japon. Près de 190 de ces œuvres ont été classées comme trésors nationaux ou biens culturels importants.

Bâti en 607 par le prince Shōtōku, fondateur de la secte du même nom, il aurait été détruit par le feu en 670, puis reconstruit au VIIIe s. L'ensemble est composé d'une enceinte ouest *(Saiin Garan)*, qui comprend la pagode à 5 étages *(Goju-no To)* et le *Kondo* (pavillon principal), et de l'enceinte est *(Toin Garan)*, organisée autour du pavillon des Songes *(Yumedono)*. Les bâtiments sont en très bon état de conservation.

Saiin Garan 西院伽藍 *(enceinte ouest)*

– **Le Kondo** 金堂 *(pavillon principal)* **:** le plus ancien et le plus sacré, il abrite la « Triade » formée par les sculptures d'un bouddha flanqué de 2 serviteurs (époque d'Asuka, milieu VIe-début VIIIe s) et protégé par 4 gardiens célestes. Les murs décrivant le paradis bouddhiste sont inspirés des fresques d'Ajanta, près de Mumbai, en Inde. À l'extérieur, le long des avant-toits de l'auvent à triple plafond, des personnages célestes volent en compagnie du phénix (oiseau sacré de la mythologie bouddhiste).

– **La pagode à 5 étages** 五重唐 *(Goju-no To)* **:** la plus ancienne pagode du Japon, construite pendant la période d'Asuka (593-710) et remise debout au XIIIe s après avoir été frappée par la foudre. 5 niveaux pour plus de 32 m de hauteur, chacun symbolisant les éléments tantriques : terre, air, eau, bois et espace. Remarquable flèche et collection de statues en terre cuite du début de l'époque de Nara.

– **Daihozoin** 大宝蔵院 *(galerie des Trésors du temple, à droite au fond de l'enceinte)* **:** dans un bâtiment récent, large collection d'œuvres bouddhistes, dont le célèbre *Yumechigai Kannon*, appelé aussi le Transmutateur des Rêves, et le tabernacle *Tamamushi no zuschi* (ère Asuka), propriété de l'impératrice Suiko. Plusieurs représentations du prince Shōtōku à diverses époques de sa vie.

– *Kudara Kannon do* 百済観音堂 *(salle de la Kudara Kannon) :* cette statue de l'ère Asuka est une des œuvres de l'art bouddhique japonais les plus admirées : sculptée au VIIe s en un bloc unique de bois de camphrier, haute de plus de 2 m, elle représente Sho Kannon Bosatsu. Masques de bugaku, sculptures, peintures du XIIe au XVe s.

Toin Garan 東院伽藍 *(enceinte est)*

– ***Toin-shoro*** 東院鐘楼 *(pavillon de la Cloche) :* il a une forme très amusante, dite *hakaagoshi* (« jupe évasée »).

– ***Yumedono*** 夢殿 *(pavillon des Songes) :* de forme octogonale, il serait le plus ancien de ce type au Japon. Construit à partir de 739, il est dédié au prince Shōtōku, dont on dit qu'il était un avatar de Kuse Kannon (le Sauveur). Conservée pieusement depuis des siècles, cette « statue cachée » représenterait le visage du prince.

KOYASAN 高野山 (MONT KOYA)

IND. TÉL. : 0736

• Plan *p. 390-391*

Ⓒ Ⓢ Voici la 2e « montagne sacrée » du Japon, après le mont Fuji. Au sud-est d'Osaka, au cœur de la péninsule de Kii (Wakayama-ken), entouré de 8 sommets dépassant les 1 000 m, le mont Koya (Koyasan en japonais) semble appartenir plus au ciel qu'à la terre, plus aux dieux qu'aux hommes, tant la spiritualité et la mystique bouddhistes ont marqué ce site de leur empreinte millénaire. Sur les quelque 3 000 habitants du Koyasan aujourd'hui, on compte près de 700 moines qui vivent dans 117 temples répartis dans le creux d'un petit plateau d'altitude dominé par la masse sombre des forêts de cèdres, de cyprès et de pins. Un site unique pour se retirer du monde. On comprend pourquoi les moines, à la recherche de calme et de paix pour méditer, s'y sentent aussi bien.

C'est ici qu'a commencé l'histoire du bouddhisme au Japon vers 816 de notre ère, quand Kukai, un moine formé en Chine, revint s'y installer dans un ermitage au cœur de la solitude des montagnes, loin de l'agitation de la plaine. Il y développa la secte Shingon (voir plus bas), une forme ésotérique de bouddhisme, qui eut très vite beaucoup de succès et fit de nombreux adeptes dans l'archipel. Le mausolée de Kukai se trouve au cœur d'un vaste cimetière, un des plus beaux du Japon. De décembre à février, le mont est sous la neige et il fait très froid. Les meilleures périodes sont le printemps ou l'automne. En été, en raison de l'altitude, il y fait bien plus doux qu'à Osaka et Kyoto, où la chaleur est parfois torride.

SHINGON OU « LE VRAI MOT »

Issu d'une famille noble de l'île de Shikoku, ***Kukai*** (774-835), que les Japonais appellent aussi Kobo Daishi, a été envoyé à Xi'an, alors capitale de la Chine, par l'empereur Kammu. Il y est resté 2 ans (804-806), sous la dynastie des Tang, pour étudier le confucianisme, le taoïsme et le bouddhisme, devenant le fils spirituel de Hui-Ko, le maître bouddhiste le plus réputé de Chine. De retour au Japon, il installe son siège (monastère de Kongobu) sur le mont Koya, où ***il fonde la***

secte Shingon, dont le nom signifie « Vrai Mot » ou « Mots Véritables ». Ce voyage à Xi'an est reproduit sur les panneaux du temple Kongobu-ji. Il meurt à 62 ans en 835, en position de méditation, les jambes croisées.
La nouveauté du Shingon repose sur une doctrine simplifiée du bouddhisme. Il proclame qu'un croyant ayant « une bonne pensée et une bonne pratique » peut atteindre la révélation au cours de sa vie, et non après celle-ci. Dans ce cas, l'accès des hommes au salut est plus facile. Plus concrètement, cet éveil spirituel s'appelle le *satori* ; il permet d'atteindre la perfection au cours de sa vie grâce à ses actes et non dans le renouvellement des vies (ce que suppose le *nirvana*). Résultat : cette doctrine connaît un franc succès au Japon et attire les pèlerins, tandis que le bouddhisme traditionnel se maintient autour de son berceau, la ville de Nara (où domine la secte Tendai). Sur le mont Koyasan, le Shingon s'est ainsi répandu au fil des siècles au point qu'il comptait dans sa plus grande expansion près de 1 500 pavillons accueillant plus de 90 000 moines. Au Japon aujourd'hui, près de 1,2 million de personnes suivent le bouddhisme de la branche Shingon (4 000 temples répartis dans le pays).

TEMPLES : MODE D'EMPLOI

La particularité du mont Koya, c'est que le visiteur peut loger dans les temples *(shukubo* 宿坊*).* C'est même une industrie bien rodée, il y en a 52. Les réservations se font directement auprès du temple, ou auprès de l'office de tourisme du Japon. Loger dans ces temples offre une expérience particulièrement dépaysante. On se déchausse toujours à l'entrée pour mettre des sandales ou des chaussons. À l'accueil, un moine hôtelier (parfois anglophone mais pas toujours) s'occupe de recevoir les hôtes. Il les conduit à leur chambre, explique les conditions du séjour et rappelle les règles à respecter. Les chambres de ces hôtelleries se trouvent souvent dans des pavillons attenants ou adjacents au pavillon principal, mais en aucun cas les visiteurs ne dorment à proximité des moines. Le confort est variable, et il peut faire froid en hiver. Les prix sont partout assez élevés et comprennent le dîner et le petit déjeuner. Les chambres sont sobres et propres, toujours de style traditionnel japonais (portes coulissantes à treillis de papier de riz, tatamis, futons pour dormir...). Certaines chambres, les plus chères, permettent d'apprécier une esthétique japonaise raffinée avec terrasse donnant sur un jardin zen. On revêt le *yukata,* qui sert de robe de chambre dans tout le périmètre du temple. Les ***repas du soir*** et les petits déjeuners sont souvent servis dans la chambre (pas toujours) par des novices qui effectuent des retraites spirituelles, ou pris en commun avec les autres hôtes.
– Les visiteurs peuvent assister à la ***prière bouddhiste*** qui a lieu habituellement à 6h-6h30. Le petit déjeuner se prend vers 7h. Dans la journée, les visiteurs vaquent à leurs occupations. Le soir, les temples ferment très tôt leurs portes, habituellement vers 21h. Pas question d'aller s'amuser en ville, d'ailleurs il n'y a rien à y faire à la nuit tombée, les boutiques fermant vers 17h-18h. Il convient donc d'être de retour au temple avant 18h, car le dîner y est servi à cette heure, jamais plus tard. Pensez-y ! Les hôtes doivent suivre le rythme monacal.
– La ***cuisine*** des moines *Shojin ryori* est exclusivement végétarienne, sans viande ni poisson ni œufs, mais aussi sans ail ni oignons. Elle est néanmoins variée, très bien présentée, dans la grande tradition de la gastronomie japonaise. On peut y goûter un tofu au sésame qu'on ne trouve qu'à Koyasan. L'alcool n'y est pas banni car les moines proposent du saké ou de la bière (payants). Pour se laver, en plus des douches classiques (communes), on utilise les salles de bains collectives (hommes et femmes séparés). On y retrouve le même confort et le même esprit pratique que dans le reste de l'hôtellerie japonaise, à savoir des douches basses (avec petits tabourets) où on se savonne et un grand bassin d'eau chaude bouillonnante à côté où l'on s'immerge nu comme ses voisins. Dans le bouddhisme, qui

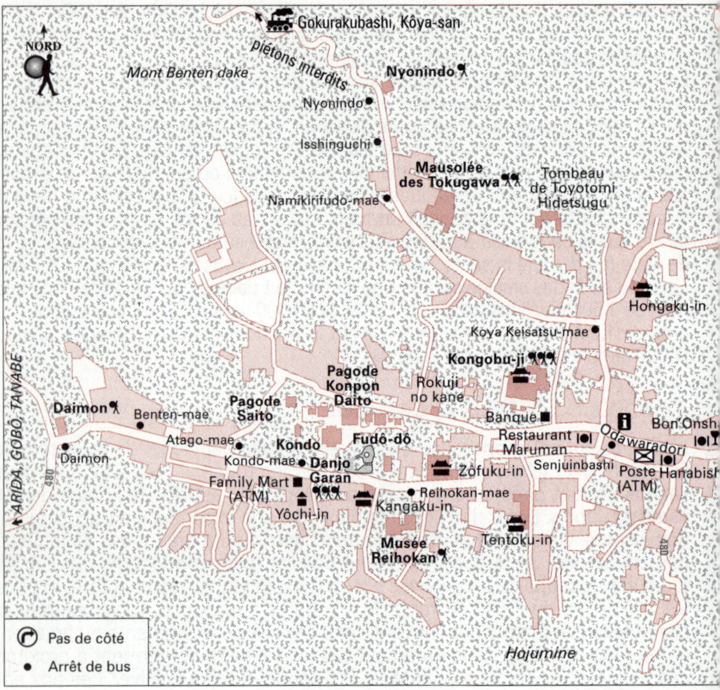

ne craint pas cet état de nature, la nudité est synonyme de pureté des origines, à condition de rester pudique. Idem pour les femmes.

– Lors de votre séjour, vous pourrez découvrir le mode de vie bouddhiste avec des moines anglophones.

Le ***Shakyo*** est une pratique consistant à décalquer des passages de sutras. Une fois les caractères tracés sur une mince feuille de papier, le moine brûlera (mais pas devant vous) ce qui est censé transmettre vos souhaits au Bouddha. Mais vous pouvez aussi emporter votre feuille de papier en souvenir.

La méditation ***Ajikan,*** introduite au Japon par le moine Kukai, est une forme de méditation Shingon qui a pour but d'unir le croyant avec le Bouddha. Vous commencez par vous « recentrer » sur vous-même en observant votre souffle et en entrant progressivement dans un état de respiration lente et rythmée et de relaxation. Facile d'accès, cette méditation est particulièrement conseillée aux profanes. Les séances commencent à 16h30. Vous devez donc arriver au temple d'hébergement à 16h au plus tard.

Arriver – Quitter

➢ ***De Kyoto :*** départs avec la *JR Line* vers la ***Namba Station*** 難波駅 à Osaka, via la station d'Umeda 梅田駅 (ligne Mido-suji). Même temps de parcours en allant vers ***Shin-Imamiya*** via la station Osaka (30 mn puis 18 mn de train).

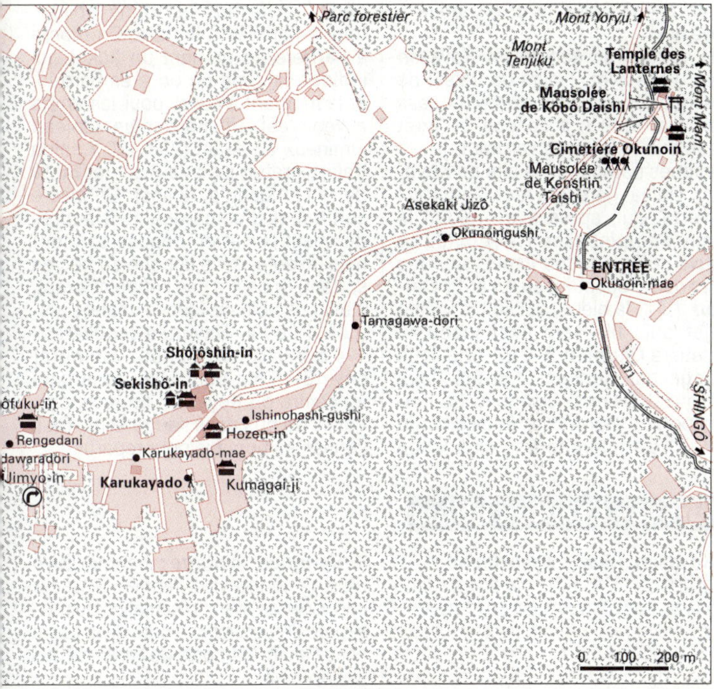

KOYASAN

On trouve un centre d'information et une billetterie spécifique pour Koyasan dans la ***gare de Namba,*** ainsi qu'un guichet qui délivre aussi le *Koyasan Pass* à la station ***Shin-Imamiya.*** Possibilité d'acheter des forfaits (*Koyasan Pass Patrimoine Mondial,* env 3 400 ¥) comprenant l'A/R de Namba (ou Shin-Imamiya) à Koyasan avec 1 ou 2 jours de bus locaux gratuits à Kosayan et réduc (coupons) pour l'entrée des temples. D'autres itinéraires sont possibles vers Koyasan depuis l'aéroport du Kansai via la gare de Tengashaya ; la Wakayama Station vers Hashimoto *(JR Line)* ou de Nara vers Namba (10 mn, ligne Kintetsu).

– À la ***Namba Station*** 難波駅 ou ***Shin-Imamiya*** 新今宮 (1 station d'écart, sur la même ligne) à Osaka, prendre le train de la *Nankai Line* pour ***Gokurakubashi*** 極楽橋 (entre 870 et 1 610 ¥ selon le type de train qui détermine la durée du trajet : *Ltd Express Koya* 1h20, *Rapid Express* 1h30 et *Express* 1h40). On voit l'évolution du paysage, au fur et à mesure, passant des zones urbaines aux collines, puis au décor de montagne avec de jolis villages de plus en plus clairsemés.

À Gokurakubashi, prendre le funiculaire (390 ¥) vers la gare de Koyasan. Là commence la partie la plus insolite du voyage. Le train à crémaillère remonte un versant montagneux et boisé très accentué, de presque 45°. En 5 mn, on arrive au terminus, la petite ***gare de Koyasan*** 古谷山 aux escaliers très raides. Ceux qui se sont encombrés d'un bagage très lourd profiteront de l'ascenseur à mi-pente, sur le côté gauche pour rejoindre la sortie. Puis il faut prendre un bus jusqu'au « centre » de Koyasan. En résumé, 5 changements et 4h à 4h30 plus tard, on arrive à Koyasan !

– Si vous avez acheté un *Koyasan Pass,* vous avez 2 jours de trajets de bus gratuits. Sinon il existe un *pass* journalier (830 ¥) à acheter à l'arrêt d'autobus de la gare en arrivant.

– 3 lignes parcourent le site de Koyasan. De la gare partent 2 lignes : la verte, qui, après avoir rejoint le centre ***Senjuinbashi*** 千手院橋 (où se trouve l'office de tourisme), bifurque alors vers l'ouest jusqu'à l'arrêt ***Daimon*** 大門 ; la bleue, qui suit le même trajet puis file vers l'est jusqu'au cimetière ***Okunoin*** 奥の院. Une ligne orange parcourt en 14 arrêts l'axe est-ouest Daimon-Okonoin. La longue portion Gare-1er arrêt (Nyonindo 女人堂) est interdite à la circulation pédestre, le bus est donc obligatoire à l'arrivée à la gare. On monte à l'arrière en prenant un ticket qui indique la zone où on a embarqué, et le montant à payer pour les arrêts à venir est affiché sur un tableau lumineux à l'avant (220-420 ¥ selon trajet ; gratuit jusqu'à 6 ans et 50 % de réduc jusqu'à 12 ans). On insère son ticket d'embarquement auprès du chauffeur et on dépose sa monnaie (exacte) dans la boîte ad hoc en sortant. Si on n'a pas l'appoint exact, il est possible de faire le change jusqu'à 1 000 ¥. Navettes régulières : 1-4 bus/h 6h30-20h50. Compter env 10-15 mn pour aller de la gare au centre de Koyasan. En revanche, moins de bus dans l'autre sens. Bien vérifier les horaires pour repartir.

Adresse et infos utiles

Koyasan Tourist Association 高野山宿坊協会 中央案内所 *(office de tourisme, bureau d'information du Koyasan)* **:** *☎ 56-2616. ● shukubo.net ● À l'angle de la rue Odawara (rue principale) et de la route qui vient de la gare. Bus Senjuin Bashi. Tlj 8h30-16h30.* Informations détaillées sur le mont Koya : plan du site, visites touristiques, logement dans les temples (*Shukubo Kumiai* – association d'hébergement dans les temples), location d'audioguides en français *(500 ¥)* et de vélos *(400 ¥/h, 100 ¥ les 30 mn supplémentaires ; passeport et caution demandés).* Résas pour les fêtes et manifestations. Vente d'un ticket d'accès à 6 sites (valable plusieurs jours) pour 1 500 ¥. On y parle un tout petit peu l'anglais. 2 autres centres d'information (vers le cimetière).

Banques, change : banque *Kiyo* dans le centre-ville, fermée le week-end. Change avec présentation du passeport. Distributeurs à côté de la poste et au *Family Mart* près de l'arrêt de bus Kondo-mae.

– Important : les cartes de crédit ne sont pas acceptées partout.

– ***Service internet pour smartphone en libre accès :*** *● koyasan.net ●* En anglais, toutes les infos pratiques pour votre séjour.

– ***Site internet :*** *● nankaikoya.jp/fr ●* Il présente en français des infos sur le mont Koya et, plus précisément, sur les moyens d'accès au site, et les visites proposées. La même chose en anglais, mais en plus avec la possibilité de réserver en ligne.

Où dormir ?

Il n'y a pas d'hôtels classiques. On dort dans les hôtelleries des temples *(shukubo).* Sur les 117 temples du mont Koya, 52 accueillent les visiteurs. Ces temples se trouvent de part et d'autre de la rue principale du village (rue Odawara) et dans les rues adjacentes, toujours dans la partie habitée, et non dans le secteur de la nécropole (le cimetière Okunoin). Ils sont de tailles différentes, proposant de 5 à 70 chambres selon leur importance. Et la plupart proposent même le... wifi !

– ***Réservations et informations :*** il faut s'adresser à l'office de tourisme du mont Koya. Voir adresse plus haut ou via *● shukubo.net ●* Le prix d'une nuitée est variable, selon le confort proposé ; il inclut la chambre, le dîner et le petit déjeuner, mais pas les boissons. *Compter 10 000-18 000 ¥/j. par pers.*

Temple Jimyo-in 持明院 **:** *rue Odawara.* ☎ *56-2222.* ● *koyasan-jimyoin.com* ● *Bien situé et central (bus Rengedani, arrêt nº 8).* Le plus traditionnel et le plus accueillant. Adossé au versant de la montagne, il surplombe la route comme un petit castel posé sur une muraille. Une allée bordée de lanternes y mène. Les chambres de style japonais sont d'un confort sobre et décorées de manière traditionnelle, avec des *shoji,* panneaux coulissants en bois peint. Les plus belles disposent d'une terrasse qui ouvre sur le jardin zen intérieur. La télé est-elle bien utile ? Bain collectif très agréable. Un excellent endroit pour méditer. Prière au petit matin vers 7h. Accueil tout en gentillesse et en délicatesse. Les moines semblent comme voler en marchant sur les planchers : époustouflant ! Le moine hôtelier parle l'anglais.

Temple Sekishô-in 赤松院 **:** *571 Koyasan.* ☎ *56-2734.* ● *sekishoin.jp/* ● *Bus Ichinohashi-Guchi, arrêt nº 10.* Légèrement en retrait de la route, voici l'un des plus grands *shukubo* de Koyasan, avec une soixantaine de chambres avec lavabos desservies par un ascenseur. Tant dans les grandes chambres pour groupes que dans celles pour individuels, la déco reste simple et dépouillée. Une petite moitié a une salle de bains privée, et certaines un accès direct sur le jardin zen à l'arrière du temple. Les repas se prennent tous ensemble, un novice vient vous chercher à 17h30 pour le dîner. Pratique de la méditation *Ajikan.* Accueil tout en douceur.

Temple Shojoshin-in 清浄心院 **:** ☎ *56-2006.* ● *shojoshinin.jp* ● *Bus Kondo-mae, arrêt nºs 10 ou 11. À côté du temple Sekishô-in.* À l'entrée du cimetière Okunoin, un beau monastère en bois patiné. Spacieux, élégant, mais seulement 20 chambres avec vue sur le jardin zen (où des carpes s'ébattent dans un bassin). Les plus chères sont équipées d'une couverture chauffante sur la table, appréciable en hiver. Bain commun nickel.

Temple Yôchi-in 養智院 **:** *293 Koyasan.* ☎ *56-2003.* ● *yochiin.com* ● *Bus Kondo-mae, arrêt nº 18. Presque en face de la porte principale des temples Garan, dans une rue latérale.* L'entrée donne sur un jardin sec. Accueil en anglais pour expliquer les règles de vie et pantoufles en rang d'oignons pour accéder à la vingtaine de chambres traditionnelles derrière les parois de papier, où les futons sont déjà disposés. *Yakuta* à dispo pour circuler. Dîner pris dans la chambre ou en commun vers 17h30. Excellente cuisine végétarienne à base de recettes transmises de moine en moine depuis 900 ans. Possibilité de commander de la bière ou du saké. Sanitaires séparés et bain commun. Couvre-feu à 21h. À 7h, petit déj assez frugal après la cérémonie de 6h30 dans le *hondo.*

Temple Ekoin 宿坊 恵光院 **:** *497 Koyasan.* ☎ *56-2514.* ● *ekoin.jp* ● *Bus Kondo-mae, arrêt nºs 9 ou 10.* Un temple charmant, d'une trentaine de chambres traditionnelles avec bain commun. Propose une séance quotidienne de méditation à 16h30, la visite du cimetière de nuit et la cérémonie du feu à 7h. Un peu frisquet en hiver, comme dans la plupart des temples.

Où manger ?

Pour déjeuner, quelques petits restos dans le village, le long de la rue Odawara (la rue principale). Pour dîner, on prend les repas dans les hôtelleries des temples. Certains restos et boutiques ferment le lundi et en janvier-février.

De bon marché à chic (jusqu'à 6 500 ¥ / 54 €)

Restaurant Maruman まるまん **:** *rue Odawara, au carrefour en face de l'office de tourisme. Tlj 8h-16h.* Notre préféré, genre cantine populaire. Plats en vitrine. Soupes, sushis et plateaux-repas à prix sages. Beaucoup de monde, arriver tôt, mais service rapide.

Bon'Onsha 凡恩舎 **:** *rue Odawara, à 2 pas du Jimoy-in. Tlj sauf lun-mar 9h-17h30.* Minicafé, galerie, salon de thé, au milieu des poteries. Petit menu du jour intéressant. L'occasion aussi de boire un bon café avec un cake maison. Accueil franco-japonais.

Hanabishi 花菱 **:** *rue Odawara, à 2 pas de la poste, arrêt Senjuin Bashi.* ☎ *56-2236. Tlj 11h-18h.* Très fréquenté à l'heure du déjeuner. Il faut dire que le resto, qui existe depuis plus de 100 ans, a eu le temps de se faire connaître... Néanmoins, la salle aux tons noirs est assez banale, avec des petits box. L'occasion de faire un vrai repas gastronomique végétarien alliant raffinement de la présentation (plateaux bento de bois laqué) et saveurs délicates. Service débordé en cas d'affluence, mais l'attente vaut la peine. Vin de pêche en apéritif.

À voir

– Site général d'informations : • koyasan.or.jp •

Le secteur ouest des temples, en partant du centre

Le temple Kongobu-ji 金剛峯寺 **:** *près du centre. Bus Kongobuji-mae. Tlj 8h30-17h (16h30 en hiver) ; dernière entrée 30 mn avt fermeture. Entrée : 500 ¥ ; étudiant 200 ¥. Panneaux explicatifs en anglais.* On emporte ses chaussures dans un sac en plastique. Le temple le plus imposant de la secte Shingon est aussi son centre administratif. Établi en 1593 par le shogun Hideyoshi pour honorer la mémoire de sa mère. Reconstruit en 1863, il frappe par ses dimensions. Dans les salles n°s 5, 6 et 7, des panneaux peints avec force détails rappellent le voyage de Kukai (Kobo Daishi) à Xi'an (Chine) du temps des Tang, cette ville étant considérée alors comme la plus grande cité du monde. De ce voyage « initiatique », Kukai rapporta le bouddhisme Shingon au mont Koya et au Japon. C'est dans l'une des pièces (n° 8) que se suicida le neveu de Hideyoshi. En sirotant un thé accompagné de gâteaux offerts, on admire le ***jardin Banryû-tei*** (le plus grand jardin zen du Japon) constitué de rochers entourés par une « mer » de gravier soigneusement ratissé. On y distingue 2 dragons gardant le pavillon central réservé aux dignitaires shintoïstes et à l'empereur. On peut voir aussi le mausolée du bonze évêque Shinzen, neveu de Kobo Daishi, qui dirigea le mouvement Shingon après la mort de celui-ci.

L'ensemble Danjo Garan 壇場伽藍 *(Grande Pagode)* **:** *bus Kondo-mae. Tlj 8h30-17h.* Si l'on vient de l'est, la longue promenade en pente douce qui mène au site est illuminée le soir. Sous cette appellation sont réunis une vingtaine de bâtiments qui constituent le cœur sacré du mont Koya.

On est d'emblée surpris par l'éclat de la pagode ***Konpon Daito*** 根本大塔 *(entrée : 200 ¥),* laquée de vermillon (un orange très vif). De forme carrée et haute de près de 49 m avec des côtés de 24 m, elle abrite un mandala tridimentionnel, des piliers peints à l'effigie des Bodhisattvas et de nombreuses représentations des déités bouddhiques.

– Le ***Kondo*** 金堂 *(pavillon d'Or ; entrée : 200 ¥),* construit par Kukai en 819, a été plusieurs fois ravagé par les incendies, et reconstruit pour la 7e fois en 1932, à l'identique. Il abrite Bhaishajyaguru, un Bouddha-médecin.

– Sur le côté est de l'enceinte, le pavillon ***Fudô-dô,*** construit en 1197 dans le style « Shoin » de l'ère Kamakura ; rescapé de nombreux incendies, il

LES ENVIRONS DE KYOTO

serait un des plus vieux pavillons du mont Koya. Remarquer aussi le beau torii octogonal de ***Sanko-no-Matsu*** peint en rouge, qui entoure un bosquet de pins sacrés.
– Le ***Saito*** 西塔 (ou *pagode de l'ouest*) ressemble au Konpon Daito mais il est resté en bois brut (sans peinture). Plus loin encore, le ***Saito Toto*** 西塔東塔, dans le coin nord-ouest de l'enceinte du Kondo, plus près de la route, une petite pagode discrète sous de beaux cèdres géants.

Le musée Reihokan 霊宝館 **:** *bus Reihokan-mae. ● reihokan.or.jp ● Tlj 8h30-17h30 (17h nov-avr) ; dernière entrée 30 mn avt fermeture. Fermé quelques jours autour du Nouvel An. Entrée : 600 ¥ ; réduc. On se déchausse avant d'entrer.*
Une présentation de l'histoire millénaire du mont Koyasan à travers des peintures et des objets religieux provenant des temples, répartis dans 2 ailes. Statues du Bouddha, mandalas, représentations de Kobo Daishi, le fondateur de Koyasan, sutras et calligraphies, et liste ancienne des objets rapportés par Kukai de son séjour en Chine.

Le Daimon 大門 *(porte de Koyasan)* **:** *à la sortie de la ville, à 2 km (30 mn de marche) du centre-ville. Bus Daimon.* Sublime portail monumental, haut de 25 m, flanqué de gardiens grimaçants et qui marquait autrefois l'entrée de la « montagne sacrée » pour les voyageurs venus de l'ouest. De là, beau point de vue sur la montagne et les vallées. C'est aussi le départ de la route du pèlerinage de Choishi-mishi (24 km), marqué par les bornes de Kobo Daishi en personne, tous les 109 m, l'équivalent d'un *shô,* une mesure japonaise.

Au nord du centre

Le mausolée des Tokugawa 徳川家霊台 **:** *sur la droite de la route vers la gare du Koyasan. Bus Namikiri Fudo-mae. Tlj 8h30-17h. Entrée : 200 ¥.* Construit en 1643 par le 3ᵉ shogun Iemitsu, ce mausolée en bois sculpté, encore couvert de feuilles d'or et d'argent, rappelle la puissance des Tokugawa et leur goût pour les très belles œuvres (comme à Nikko). Ces mausolées sont représentatifs de l'ère Edo, avec une base carrée, un toit pyramidal et sur pilotis avec des balustrades.

Nyonindo 女人堂 **:** *à env 1 km (20 mn à pied) du centre, vers la gare du Koyasan. Bus Nyonindo. Tlj 8h30-17h. GRATUIT.* Avant 1872, le chemin traditionnel de pèlerinage était interdit aux femmes. Ce site de Nyonindo, rescapé d'une série de 7 temples, marque le point à partir duquel celles-ci devaient emprunter une piste latérale et escarpée pour atteindre le mausolée de Kukai (Okunoin Gobyo).

Le secteur est, vers le grand cimetière Okunoin

Karukayado 苅萱堂 **:** *bus Karukayado-mae. Tlj 8h-16h30. GRATUIT.* Un pavillon qui abrite une belle histoire, celle d'un père et d'un fils (Karukaya et Ishidomaru) qui avaient quitté le monde pour vivre comme des ascètes dans un temple, sans jamais avouer leur lien familial. Statue de la divinité Jizo.

Le cimetière Okunoin 奥の院 **:** *tlj 6h-17h30. GRATUIT. Des stations sont numérotées pour obtenir des infos via l'audioguide proposé à l'office de tourisme. Visites guidées le soir 19h-20h30 ; rdv devant le temple Ekoin ; 2 500 ¥/pers, réduc (● night.koyasan-okunoin.com ●).*
Plus qu'un cimetière, c'est une immense nécropole étendue sur le versant des montagnes (mont Tenjiku, mont Yoru, mont Mani), protégée par le couvert d'une somptueuse forêt de pins et de cèdres multicentenaires. Ces arbres remarquables, certains très hauts et majestueux, montent vers le ciel comme les piliers

d'un temple défiant les mortels. Pas de voitures sur ce chemin « sacré » long de 2 km, pas de véhicules à moteur, rien que des marcheurs hantés par leurs songes et de fervents pèlerins, gagnés par la beauté des lieux, subjugués par la paix qui s'en dégage. Près de 200 000 pierres tombales de samouraïs et de gens simples parsèment ces sous-bois, car depuis les XIe-XIIe s les familles nobles et les samouraïs ont pris l'habitude de faire inhumer leurs cendres à proximité du mausolée de ***Kukai.*** Au fil du temps, cette tradition a été adoptée par des familles plus modestes. Couvertes de mousses et envahies par les herbes sauvages, ces tombes sommeillent pour l'éternité dans le grand silence de la montagne, seulement perturbé par les gouttes de pluie ou le croassement des corbeaux. Les esprits des défunts y attendent l'avènement prévu du Bouddha du futur *(Miroku Butsu).*

Certaines tombes ressemblent à des stèles, à des totems, à des stupas tibétains, d'autres plus simples sont hérissées de *sotoba,* ces longues tablettes en bois couvertes de sutras (prières) calligraphiés. Le chemin est aussi parsemé de lanternes de pierre *(ishidoro)* et de petites auges contenant de l'eau *(tsukubai).* Les plantes grimpantes, les buissons et les taillis, les fleurs, les branches et les troncs recouverts de mousse végétale, envahissent tout, y compris les tombes, ce qui donne à ce vaste cimetière une aura de mystère unique, une enveloppe d'immortalité. Bref : une poésie entre ciel et terre, au cœur d'un paysage incontestablement poétique. Pourtant rien de sinistre ou de tourmenté dans ce royaume des Morts et des âmes, au contraire, une impression de beauté et de sérénité, liée à la nature et au cycle de la vie.

Sur les bas-côtés des chemins du cimetière, dans les fossés et les fourrés, parfois au creux des troncs d'arbres, surgissent de curieuses petites statues aux yeux mi-clos, à l'expression sereine et bienveillante mais toujours énigmatique. Elles représentent le bodhisattva ***Jizo Bosatsu,*** une divinité vénérée des shintoïstes et des bouddhistes, qui le considèrent comme le protecteur des voyageurs. Les croyants lui offrent souvent des bavoirs et des bonnets rouges ou blancs pour le remercier de la protection qu'il accorde aux bébés et aux enfants dans l'au-delà.

BIZARRE, BIZARRE

Vous remarquerez, pendant votre balade, d'étranges stèles aux formes surprenantes, avec des noms familiers comme Panasonic *ou* Mitsubishi. *Ou d'autres, comme la fusée de la maison* ShinMaywa Industries, *l'un des fleurons de l'aéronautique japonaise... Ce sont des stèles offertes au cimetière par ces entreprises pour honorer la mémoire de leurs employés.*

Au bout du long chemin forestier, on aboutit au ***Kobo Daishi Gobyo*** 弘法大使御廊, haut lieu spirituel de ce site sacré : le mausolée de Kukai. Établi dans une clairière de la forêt, près d'une source d'eau pure (la rivière Tama), il marque l'aboutissement, le point final où les pèlerins venus des quatre coins du Japon viennent prier et faire des dévotions à leur maître spirituel. Attention, les photos y sont interdites.

Enfin, le ***temple des Lanternes*** *(Torodo* 灯篭堂 *; tlj 6h-17h30)* où, selon la croyance (mais c'est sans doute vrai), 2 lanternes votives y brûlent sans interruption depuis plus de 1 000 ans au milieu des 10 000 allumées depuis ! Ambiance spectaculaire avec ces lanternes à l'infini, en l'air et au sous-sol.

Festivités

– *1er dim de mars :* ***Koya no-Hi matsuri,*** cérémonie du feu pour accueillir l'arrivée du printemps sur l'esplanade du *Kongôbu-ji.* On brûle les vieilles amulettes pour chasser le mal et favoriser la bonne fortune.

– *21 mars :* ***Kyusho Mieku,*** cérémonie pour commémorer l'accession de *Kobo Daishi* à la méditation éternelle. La veille au soir, le temple (sur le site du Danjo Garan) est recouvert de fleurs. Le *Mie-dô,* la supposée maison de *Kobo Daishi,* d'ordinaire fermée, peut être partiellement visitée.
– *15 juin :* ***Aoba Matsuri,*** date anniversaire de la naissance de *Kobo Daishi.* Longue procession dans la ville avec chars, danseurs et lanternes.
– *13 août :* ***Rosoko Matsuri*** *(festival des bougies).* La nuit, les 2 km du chemin à travers le cimetière *Okonoin* sont jalonnés de lanternes et de cierges. Cérémonie bouddhiste à 20h au ***Torodo.***

OSAKA 大阪

• Plan des quartiers centraux *p. 401* • Plan du métro *p. 404-405*

2 700 000 HAB. IND. TÉL. : 06

Située au fond d'une immense et profonde baie, communiquant avec la mer Intérieure, Osaka est surnommée la « ville aux 808 ponts ». Si ses pieds et ses jambes sont dans l'eau, c'est qu'elle tire l'essentiel de sa prospérité des échanges maritimes, et ce depuis sa fondation. Née de la mer, faite pour la mer, arrosée par des rivières venues des montagnes avoisinantes (la ville est construite sur un delta), emportée par les vagues de la prospérité, happée par le courant du progrès industriel et commercial, voilà une puissante mégapole magnifiée par cette richesse qu'elle a gagnée à force d'ingéniosité et de travail ! Rien d'équivalent dans les villes européennes ! Si Osaka a les pieds dans l'eau, elle a aussi la tête dans les étoiles.

Il suffit de monter au sommet de la tour *Abeno Harukas,* au sud, ou de l'*Umeda Sky Building,* au nord, pour observer cette 3e ville du Japon par sa taille (2 fois plus grande que Paris intra-muros), immense forêt urbaine de tours et d'immeubles qui étincèlent dans la nuit du Kansai.

Le vent d'est et le vent d'ouest ont donc engendré ici une cité unique en son genre, qui dévore tout sur son passage, formant avec Kobe sa voisine une vaste conurbation. Plus contrasté qu'il n'y paraît au premier abord, c'est bien l'endroit à découvrir au Kansai après Kyoto. Osaka respire le progrès, la nouveauté et ne se prend pas pour une ville-musée ou une cité touristique. Et pourtant, elle ne manque ni de parcs ni de petits quartiers aux maisons anciennes qui composent autant de coins cachés à dénicher. Il faut s'y perdre, explorer, tenter, inventer son propre itinéraire pour la comprendre... un peu.

Enfin, pour les gourmets, une bonne nouvelle : Osaka est la capitale gastronomique du Japon. Certains disent que c'est dans le Kansai que l'on mange le mieux. Il y a autant de restaurants que d'habitants ou presque...

QUI SE RESSEMBLE S'ASSEMBLE !

Osaka est jumelée avec de très grandes villes mondiales comme San Francisco (États-Unis), São Paulo (Brésil) et Shanghai (Chine). Ce choix des villes-jumelles aux 4 coins de la terre n'est pas un hasard. Comme San Francisco, Osaka est située au fond d'une grande baie en pleine zone sismique. Comme São Paulo, Osaka est une conurbation bourdonnante et dévoreuse d'espace. Comme à Shanghai, on y aime le commerce et la finance, la gastronomie et la vie nocturne.

UN PEU D'HISTOIRE

Selon la chronique nippone, l'empereur Jimmu y débarqua au VIIe s av. J.-C. après avoir navigué sur la mer Intérieure. En raison des « vagues rapides » *(naniwa)* du fleuve, il nomma ce site Naniwa et s'y fixa. C'est au IVe s de notre ère que l'empereur Nintoku y installe sa capitale. Il exempte de taxes les marchands et les négociants ; le commerce se développe. Le port se tourne vers le reste de l'Archipel et la Corée, d'où arrivent les 1res statues bouddhiques envoyées par le roi de ce pays. En 680, le 1er palais de Naniwa est construit. En 1496, la cité englobe déjà dans ses murs d'enceinte une dizaine de bourgades.

Le siècle d'Osaka (XVIe s)

L'essor économique d'Osaka se maintient avec Toyotomi Hideyoshi (1536-1598), qui tient les rênes du pouvoir politique de l'empire. Redoutable guerrier, il poursuit l'objectif de son prédécesseur, Oda Nobunaga : l'unification du Japon. Il fait construire à Osaka un puissant château qui sert de bastion à la guerre menée contre son rival Tokugawa Ieyasu. À la mort d'Hideyoshi, son fils Toyotomi Hideyori tente sans succès de s'affirmer face aux régents du royaume, au nombre desquels Tokugawa Ieyasu. Au terme d'un long siège (hiver 1614), Tokugawa et Hideyori signent une trêve, rompue au printemps suivant par Tokugawa, qui sort vainqueur de cette nouvelle bataille. Il devient à son tour le maître du Japon. Il déplace le siège du gouvernement shogunal à Edo (actuel Tokyo) et délaisse Osaka, où il place un gouverneur pour le représenter.

Malgré ce bouleversement politique, Osaka reste le pôle commercial et financier du pays. Grâce à cette prospérité, la ville attire également artistes et poètes. Elle accueille le grand dramaturge Chikamatsu Monzaemon, le romancier Ihara Saikaku et le grand Bashô, le créateur de la poésie haïku (il y est mort en 1694). À cette époque, des arts nouveaux naissent à Osaka : le bunraku (sorte de théâtre de marionnettes) et le kabuki (théâtre traditionnel populaire où les acteurs sont tous des hommes).

Symbole du « miracle économique japonais »

Avec l'ère Meiji, à partir du milieu du XIXe s, le Japon ouvre ses portes au monde occidental et s'industrialise. Le port développe son activité à l'international à partir de 1868. Osaka passe en peu de temps d'un monde médiéval fermé sur lui-même à un monde nouveau et moderne. Détruite en grande partie par les bombardements de la Seconde Guerre mondiale, la ville a été reconstruite d'une manière occidentale, mais elle est restée très japonaise par son esprit et son caractère.

Dans les années 1960, portée par la croissance, Osaka redevient une ville-phare essentielle, organisée autour de son grand port qui ne cesse de s'étendre, englobant la zone d'activité de Kobe au nord de la baie. En 1970, elle est la 1re ville d'Asie à accueillir l'Exposition universelle. Depuis cette date, rien n'arrête l'expansion géographique et économique d'Osaka, dont la conurbation compte à présent 128 municipalités étendues dans un rayon de 50 km. Rien qu'à Osaka « intramuros » vivent environ 2,7 millions d'habitants. Quant à la région du Kansai, dont Osaka est l'œil du dragon, elle s'étend sur 41 200 km², soit environ 11 % de la superficie du Japon.

Osaka, ville futuriste

Cette agglomération compte aujourd'hui de nombreux gratte-ciels aux formes ultramodernes dont l'*Osaka World Trade Center* (1995), qui culmine à 252 m, dépassé par l'*Abeno Harukas,* la 3e plus grande tour du pays après ses consœurs de Tokyo (300 m). Un des fleurons de l'architecture moderne est sans doute l'*Umeda Sky Building* de l'architecte Hiroshi Hara. Un monument d'audace et d'avant-garde, haut de 173 m, composé de 2 tours

ET OSAKA OSA

Par son esprit plus ouvert, dit-on, que dans d'autres villes du pays, Osaka constitue un vivier pour les créations en tout genre. Citons pêle-mêle : les hôtels-capsules, les sushis sur tapis roulant, les devantures avec enseignes 3D, les nouilles instantanées, le 1er bar à chats. Même le whisky japonais a été distillé pour la 1re fois au nord d'Osaka.

adjacentes reliées entre elles par une passerelle surmontée d'un jardin flottant. Parmi les grands architectes contemporains d'Osaka, citons d'abord *Tadao Ando* (né en 1941 à Osaka), qui a donné à sa région natale la quintessence de son œuvre : le musée Chikatsu Asuka à Kanan et l'église de la Lumière (1989) à Ibaraki, pour ne citer qu'une partie de ses remarquables réalisations. Des architectes étrangers ont été mis aussi à contribution. Au sud de la ville, l'aéroport du Kansai construit sur les eaux de la baie d'Osaka a été confié à *Renzo Piano,* l'architecte du Centre Pompidou à Paris.

Arriver – Quitter

En avion

✈ ***Aéroport international du Kansai (KIX)*** 関西国際空港 ***:*** *sur une île artificielle, à env 45 km au sud d'Osaka. ☎ (072) 455-2500. • kansai-airport.or.jp •* Les vols en provenance d'Europe atterrissent en général au terminal 1.

ℹ ***Centre d'informations touristiques du Kansai (Kansai TIC)*** 関西ツーリストインフォメーションセンター ***:*** *au niveau 1F (rdc), arrivées internationales (terminal 1). ☎ (072) 456-6160. Tlj 7h-22h.* Nombreuses brochures gratuites et très bien faites sur Osaka et la région du Kansai.

■ ***Change :*** *aux niveaux 1F (arrivées internationales) et 2F (départs domestiques) du terminal 1.* Banques, machines de change et distributeurs.

■ ***Téléphonie-Internet :*** *au terminal 1, niveau 1F (arrivées internationales).* Comptoirs pour l'achat de cartes SIM (avoir un portable récent) et de Pocket Wifi.

■ ***Kansai Airport Limousine Bus :*** *comptoir face à la sortie « Arrivées internationales » (niveau 1F, terminal 1 et terminal 2).* Pour rejoindre Osaka et les villes alentour.

■ ***Consignes :*** *dans le terminal 1, au rdc (1F) et au 3e étage (4F). Également au terminal 2. Ouv 6h30-22h30 (variable selon comptoirs).*

✈ ***Osaka International Airport (ou Itami Airport)*** 大阪国際空港 ***:*** *à 14 km au nord de la gare d'Osaka. • osaka-airport.co.jp •* N'accueille que les vols domestiques. On y accède par bus, bus limousine, monorail ou taxi.

➢ *Tokyo (Narita et Haneda) :* plusieurs vols/j. vers les 2 aéroports de la capitale.

Rejoindre Osaka depuis l'aéroport international du Kansai

➢ ***En train :*** à l'aéroport, du hall des arrivées internationales (rez-de-chaussée du terminal 1), monter au niveau 2F (1er étage), traverser la passerelle pour rejoindre la Station Kansai Airport où se prennent les trains des lignes *JR* et *Nankai.* Billets en vente aux distributeurs automatiques ou aux guichets. C'est aussi là que se trouve le ***Comptoir JR*** pour changer contre le *pass* le voucher du *JR Pass* réservé à l'avance dans son pays d'origine. On peut aussi y réserver ses trains *Shinkansen* : tlj 5h30-23h.

Pour le centre d'Osaka (Namba-Nankai) : ligne Nankai 南海. Départs très fréquents. Durée : env 45 mn (*Airport Express* et 920 ¥) ou 38 mn avec le *Rapid.* Pour la gare de Tennoji 天王寺 (sud d'Osaka), lignes JR *Airport Express Haruka* ou *Kansai Airport Rapid Service.* Durée : respectivement 30 et 45 mn (1060 ¥). Pour la gare d'Osaka : ligne JR *Kansai Airport Rapid Service.* Durée : env 1h10 (1 190 ¥). Pour Shin-Osaka 新大阪 (au nord d'Osaka) : ligne JR *Airport Express Haruka.* Durée : 50 mn. Billet : 1 360 ¥.

➢ ***En bus pour le centre (les quartiers de Minami et Namba) :*** bus limousine pour Namba, Umeda, Shin-Osaka, Abeno Harukas. Départs réguliers ttes les 30 mn-1h30 selon destinations. Durée : env 50 mn (Namba)-1h10 (Abeno Harukas). Billet : 1 100-1 200 ¥.

Rejoindre les autres villes depuis l'aéroport international du Kansai

➢ ***En train :*** pour ***Kyoto,*** train *Airport express Haruka.* En principe, 2 départs/h. Durée : 1h15. Billet : env 3 600 ¥ si l'on réserve sa place à l'avance, un

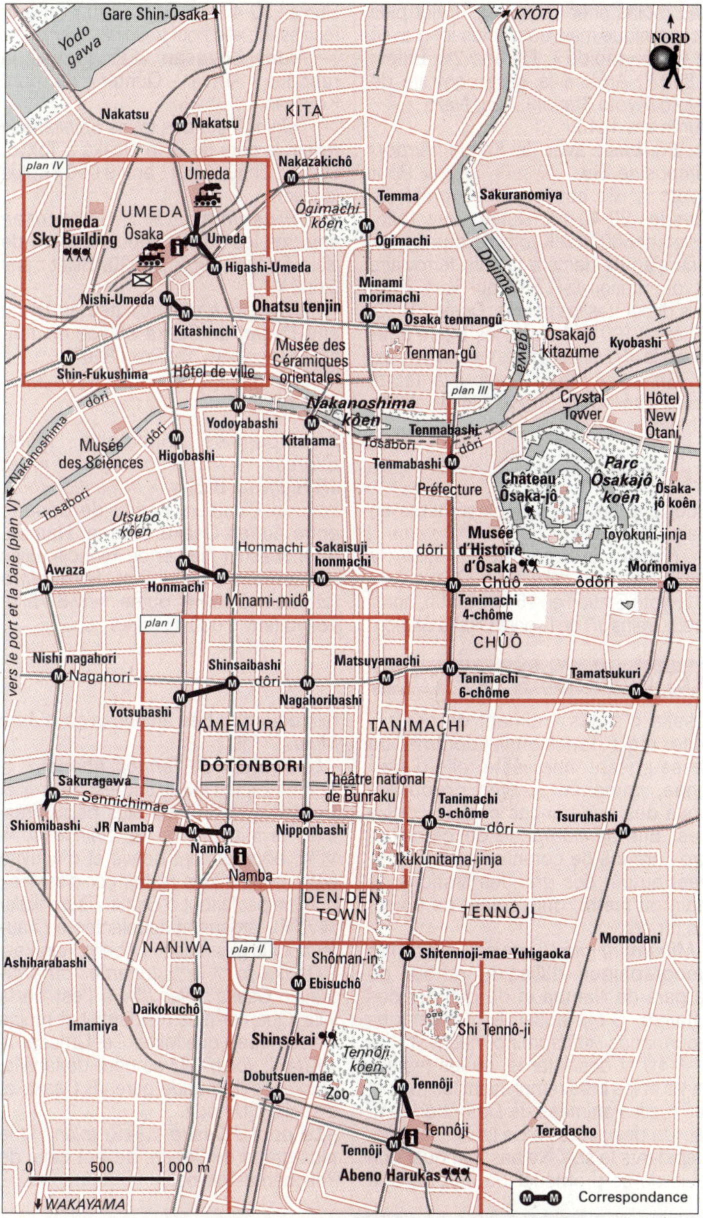

OSAKA – Quartiers centraux

peu moins cher sans résa. Trajet plus économique mais aussi plus long avec le train « rapide ». Durée : 2h. Billet : 1 850 ¥. Arrêt à la gare centrale de Kyoto (Kyoto Station). Pour ***Nara*** 奈良 : durée env 1h10.

➢ ***En bus :*** avec le *Kansai Airport Limousine Bus* ● *kate.co.jp* ● Pour *Kyoto* 京都 : notre solution préférée. Ttes les 20-40 mn. Durée : env 1h25. Billet : 2 600 ¥. À Kyoto, le bus limousine s'arrête derrière la gare ferroviaire (Kyoto Station 京都駅). Pour *Nara* 奈良 : bus direct ttes les heures. Durée : 1h25. Billet : 2 100 ¥. À Nara, les bus s'arrêtent à la *JR Nara Station,* en centre-ville.

➢ ***En avion :*** pour *Tokyo (Narita),* tlj entre l'aéroport du Kansai et Narita (Tokyo).

En train

Pour organiser ses déplacements en train, voir le site ● *hyperdia.com/en* ●

➢ ***Kyoto :*** si vous êtes pressé, le *JR Shinkansen* relie Shin-Osaka à la JR Kyoto Station en 15 mn. Sinon, nombreux trains *JR* de la gare Osaka Station. Durée : 30-40 mn. Billet : 570 ¥ (plus la résa éventuelle pour le *Shinkansen*).

➢ ***Mont Koyasan*** 高野山 ***:*** voir la rubrique « Arriver – Quitter » du mont Koyasan.

➢ ***Tokyo*** 東京 ***:*** des trains *Shinkansen* relient la gare de Shin-Osaka à Tokyo. Durée : 2h30. Coût : env 9 000 ¥ (plus la résa).

➢ ***Hiroshima*** 広島 ***:*** *Shinkansen* env ttes les 20 mn depuis la gare de Shin-Osaka. Durée : 1h30. Billet : env 5 600 ¥.

➢ ***Nara :*** ligne Yamatoji, ttes les 15 mn env. Départ de Osaka Station ou Tennoji. Durée : env 1h. Prix : 810 ¥.

En bus

2 compagnies principales, *Willer Express* (● *willerexpress.com* ●) et *JR Highway Buses* (● *nishinihonjrbus.co.jp* ●) Plusieurs points de départ : entre autres Osaka Station, Namba, Abenobashi (quartier de Tennoji). Elles desservent notamment ***Hiroshima*** (prix : env 5 000 ¥ ; durée : env 6-7h) et ***Tokyo*** (env 6 000 ¥ ; durée : 8h30).

Topographie de la ville

Osaka n'a pas vraiment de centre-ville mais fonctionne comme un réseau géant, une vaste toile d'araignée, immense et bien ordonnée, sous des apparences parfois confuses. Elle se compose de plusieurs gros nœuds de communication, souvent autour des grandes stations de train ou métro, qui servent de points de repère.

– ***Minami*** 南 *(plan I)* ***:*** ce serait le centre géographique d'Osaka, autour de la gare de Namba et du quartier des affaires. C'est aussi le quartier des gourmands *(kuidaore no machi* 食い倒れの町*)* et des fêtards, où les restaurants et les bars remplissent les rues et les ruelles animées de *Dotonbori* 道頓堀. Un des secteurs de la ville les plus trépidants le soir. Ne pas manquer non plus de se promener de nuit dans le microquartier très américanisé d'*Ame Mura* アメ村.

– ***Le quartier de Tennoji-Abeno*** 天王寺あべの *(plan II)* ***:*** au sud-est de la ville. Un des quartiers les plus populaires, avec le miniquartier de *Shinsekai* 新世界, bourdonnant de vie et d'activité commerciale (des restos par dizaines), dominé par la tour d'Osaka *(Tsutenkaku* 通天閣*)*, largement supplantée en hauteur par la gigantesque Abeno Harukas.

– ***Osaka-jo*** 大阪城 *(quartier du château d'Osaka ; plan III)* ***:*** à l'est de la ville. Quartier plus résidentiel et moins « électrique » que Minami et Umeda.

– ***Kita*** 北 *(plan IV)* ***:*** au nord de la ville, autour de la grande gare JR Osaka et de celle d'Umeda.

– ***Le port d'Osaka*** 大阪港 *(plan V)* ***:*** le plus grand du Japon, devant celui de Yokohama-Tokyo.

Se déplacer dans Osaka

On sillonne les avenues à pied mais en prenant le métro pour aller d'un quartier à l'autre. Son réseau quadrille complètement le centre d'Osaka, lui-même

encerclé par la ligne *JR.* Compte tenu de la superficie de la mégapole, les arrêts se trouvent éloignés les uns des autres et on marche donc beaucoup.
– ***Le métro :*** comme à Tokyo, la densité du réseau peut effrayer au premier abord, mais tout est fait pour faciliter l'accès à l'information. À chacune des 9 lignes correspondent une couleur et une initiale : « M » rouge pour Midosuji Line, « C » vert pour Chuo Line, etc. Chaque station porte un numéro précédé du nom de l'initiale de la ligne (K18 pour la station Ebisucho), ce qui permet de s'assurer qu'on va dans le bon sens. On paie aux machines près des guichets (version en anglais), le prix varie entre 180 et 280 ¥ selon la distance, 370 ¥ pour les plus longs trajets. Bien conserver son ticket, on le repasse à la sortie. Et si vous êtes perdu, il y a toujours un préposé dans les stations parlant deux mots d'anglais, qui saura vous remettre sur le droit chemin ou vous faire payer le bon montant.
– ***Le train :*** il existe également 5 lignes de train avec un système de billetterie propre.
– ***Le monorail :*** dans le nord de la ville, il dessert notamment l'aéroport international d'Osaka Itami (vols domestiques) et l'Expo Commemoration Park.
– ***Le bus :*** là encore, réseau dense, mais le métro et le train restent plus simples d'utilisation.
– ***Le taxi :*** prise en charge 700 ¥ et tous les 2 km.

Les *pass*

– ***One Day Pass :*** valable pour le métro, les bus et le nouveau tram, qui relie entre elles les îles de la baie. Inclut aussi des réductions pour certains sites. *Prix : 700 ¥ en sem, 600 ¥ le w-e.*
– ***Amazing Pass :*** combine le transport et les attractions. Le *pass* de 1 jour *(2 800 ¥)* comprend le métro et les 5 lignes de train (mais ni la ligne *JR,* ni le monorail). Celui de 2 jours *(3 600 ¥)* s'utilise pour le métro et le bus (aucune ligne de train, ni le monorail). Tous 2 comprennent l'entrée à de nombreux sites (voir la brochure fournie au moment de l'achat).
– ***Kansai Thru Pass :*** *4 300 ¥ pour 2 j., 5 300 ¥ pour 3 j.* Donne accès libre à la plupart des trains, métro et bus de la région du Kansai (Kyoto, Osaka, Nara). Achat dans les offices de tourisme.
– ***JR West Rail Pass :*** *2 300 ¥ pour 1 j., 4 600 ¥ pour 2 j., 5 600 ¥ pour 3 j. et 6 600 ¥ pour 4 j., réduc sur Internet.* Donne le droit d'utiliser librement les trains du réseau local du Kansai et de Haruka. Ce dernier réseau assure la liaison pour l'aéroport international du Kansai.

Adresses et infos utiles

Informations touristiques

ℹ ***OCTB*** *(Osaka Convention & Tourism Bureau ; plan I, C3,* ***1****) :* *au rdc de la Nankai Namba Station* 難波*, niveau 1F. Tlj 9h-20h.* Office de tourisme officiel. On s'y procure un bon plan de la ville et des transports. Vend aussi l'Amazing Pass. Autre bureau à la gare JR d'Osaka *(plan IV, C2,* ***2*** *; tlj 7h-23h).*
ℹ ***Call Center :*** • *ofw-oer.com/call/en/* • Pour obtenir des infos en anglais par téléphone en se connectant à ce site.
ℹ Il existe d'autres centres d'information privés : ***Hankyu Tourist Center*** 阪急ツーリストセンター *(plan IV, C1,* ***3*** *; à la gare d'Umeda-Hankyu ;* Ⓜ *Umeda Station* 梅田 *; tlj 8h-17h),* ***OCAT*** *(plan I, A3,* ***4*** *; à la gare JR de Namba ;* Ⓜ *Namba Station ; tlj 8h30-18h30)* et à la boutique de la tour Abeno Harukas *(plan II, B2,* ***5*** *; niveau 3,5F ;* Ⓜ *Tennoji).*
■ ***Osaka Safari :*** • *osakasafari.com* • *En hte saison, résa 4 mois à l'avance conseillée. Compter 12 000 ¥/pers sur la base de 2 pers pour 7h de balade. ½ j. ou nocturne possibles.* Il s'agit d'un réseau de Français passionnés, souvent installés au Japon depuis longtemps. Leur but ? Capter l'essence d'une ville toujours au plus près de la population. À Osaka, Angelo et ses comparses offrent en plus une approche photographique et photogénique : points de vue insolites, quartiers secrets, lieux chargés d'histoire... avec des techniques de photos indiquées

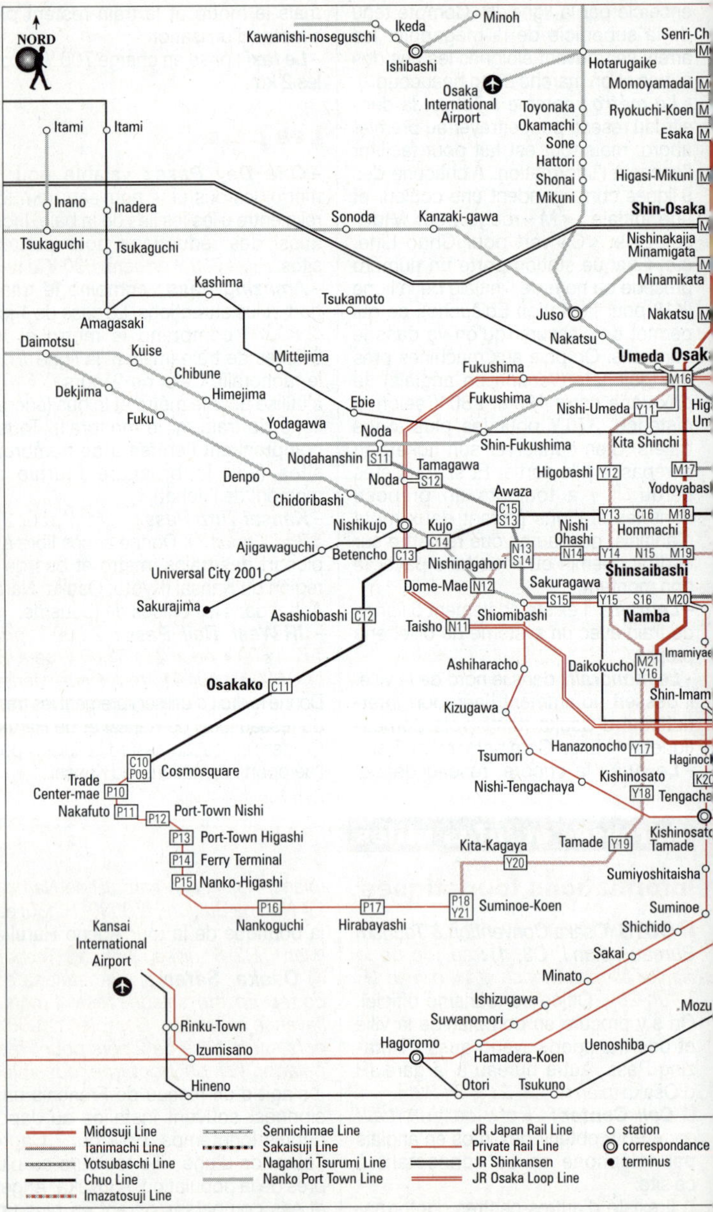
NORD
Minoh
Ikeda
Kawanishi-noseguschi
Ishibashi
Senri-Ch
Hotarugaike
Osaka International Airport
Momoyamadai
Toyonaka
Ryokuchi-Koen
Okamachi
Esaka
Sone
Hattori
Higasi-Mikuni
Shonai
Mikuni
Shin-Osaka
Itami
Itami
Inano
Inadera
Sonoda
Kanzaki-gawa
Tsukaguchi
Tsukaguchi
Nishinakajia
Minamigata
Minamikata
Kashima
Tsukamoto
Juso
Nakatsu
Amagasaki
Nakatsu
Daimotsu
Kuise
Mittejima
Umeda
Osak
Fukushima
M16
Chibune
Dekjima
Himejima
Fukushima
Nishi-Umeda
Y11
Hig
Um
Ebie
Fuku
Yodogawa
Noda
Shin-Fukushima
Kita Shinchi
Nodahanshin
S11
Tamagawa
M17
Denpo
Noda
S12
Higobashi
Y12
Yodoyabas
Chidoribashi
Awaza
C15
S13
Y13
C16
M18
Nishikujo
Kujo
Nishi
Ohashi
Hommachi
Ajigawaguchi
C14
N13
S14
N14
Y14
N15
M19
Betencho
C13
Nishinagahori
Shinsaibashi
Universal City 2001
Dome-Mae
N12
Sakuragawa
S15
Y15
S16
M20
Sakurajima
Shiomibashi
Namba
Asashiobashi
C12
Taisho
N11
M21
Y16
Imamiya
Ashiharacho
Daikokucho
Shin-Imam
Osakako
C11
Kizugawa
Hanazonocho
Y17
Tsumori
Haginoc
C10
P09
Cosmosquare
Kishinosato
K20
Trade Center-mae
P10
Nishi-Tengachaya
Y18
Tengacha
Nakafuto
P11
P12
Port-Town Nishi
P13
Port-Town Higashi
Kishinosato
Tamade
Kita-Kagaya
Tamade
Y19
Y20
P14
Ferry Terminal
P15
Nanko-Higashi
Sumiyoshitaisha
P16
P17
P18
Y21
Suminoe-Koen
Suminoe
Nankoguchi
Hirabayashi
Kansai International Airport
Shichido
Sakai
Minato
Ishizugawa
Mozu
Suwanomori
Rinku-Town
Hagoromo
Uenoshiba
Izumisano
Hamadera-Koen
Hineno
Otori
Tsukuno
Midosuji Line
Tanimachi Line
Yotsubaschi Line
Chuo Line
Imazatosuji Line
Sennichimae Line
Sakaisuji Line
Nagahori Tsurumi Line
Nanko Port Town Line
JR Japan Rail Line
Private Rail Line
JR Shinkansen
JR Osaka Loop Line
station
correspondance
terminus

OSAKA

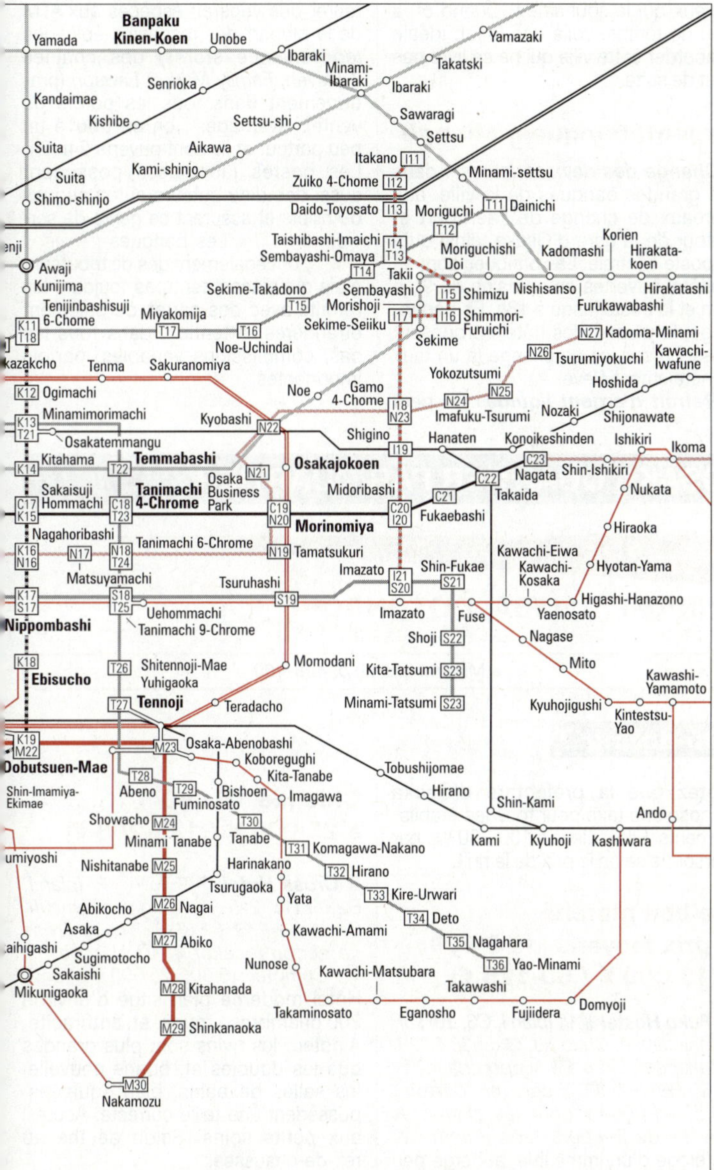

OSAKA – Plan du métro

à ceux qui le souhaitent. Quand on a peu de temps, voilà une façon idéale d'aborder cette ville qui ne se livre pas tout de suite.

Argent, banques, change

– ***Change des devises*** *(euros)* **:** dans les grandes banques de la ville, aux bureaux de change de l'aéroport et autour de la gare d'Osaka, ainsi qu'à la poste centrale. Les banques sont en général ouvertes en semaine de 9h à 15h et la poste jusqu'à 18h. En dépannage, la plupart des hôtels proposent aussi un service de change (à un taux généralement élevé).

– ***Retrait d'argent liquide* :** on peut retirer des yens en espèces aux ATM de la plupart des magasins-épiceries *(convenience stores)* des chaînes *7-Eleven, Family Mart* et *Lawson* (pratiquement dans tous les points de vente). Avantages : on en trouve un peu partout et ils sont ouverts 24h/24. Les postes japonaises possèdent aussi des distributeurs automatiques de billets et assurent ce genre de service *(9h-17h)*. Les banques *(fermées le w-e)* ont également des distributeurs mais qui n'acceptent pas toujours les retraits avec des cartes de paiement étrangères. Attention, dans tous les cas, commissions variables, parfois importantes.

OSAKA QUARTIER PAR QUARTIER

MINAMI (NAMBA, DOTONBORI) 南

• Minami (plan I) *p. 408-409*

Où dormir ?

Notez que la préfecture d'Osaka impose une taxe pour tous les établissements. Elle s'élève à 100-300 ¥/j. par personne selon le prix de la nuit.

De bon marché à prix moyens (de 6 000 à 15 000 ¥ / 50-125 €)

🏠 ***Fuku Hostel*** 福宿 *(plan I, C3,* ***10****)* **:** *3F Sennichimae, Chuo-ku. ☎ 6633-8029. • fukuhostel.jp • Ⓜ Nippombashi 日本橋. Env 2 000 ¥/pers en dortoir ; 10 500-14 000 ¥ pour les chambres privées de 2-4 pers ; sdb commune.* À l'étage d'un immeuble, auberge peu spacieuse proposant 2 dortoirs (mixte ou pour filles) et des chambres aveugles (rapport qualité-prix moyen). Clim partout, coin salon et cuisine à dispo. Restent l'équipement correct, le bon accueil et la situation.

Chic (de 15 000 à 25 000 ¥ / 125-208 €)

🏠 ***Cross Hotel*** クロスホテル *(plan I, B2,* ***11****)* **:** *2-5-15 Shinsaibashisuji, Chuo-ku. ☎ 6213-8281. • crosshotel.com/osaka/ • Ⓜ Namba 難波. Compter 15 000-25 000 ¥ pour 2.* Hôtel moderne bien situé d'environ 200 chambres, rouge et anthracite. À noter : les *twins* sont plus grandes que les doubles et, bonne nouvelle, les salles de bains, bien équipées, possèdent une taille correcte. Accueil aux petits soins. Salon de thé au rez-de-chaussée.

🏠 ***Fraser Residence*** フレイザーズホスピタリティ *(plan I, B3,* ***12****)* **:** *1-17-11 Nambanaka, Naniwa-Ku. ☎ 6635-7111. • frasershospitality.com • Ⓜ Namba 難波. Prévoir 18 000-25 000 ¥ pour 2, petit déj inclus.* Ce *business hotel* mise à la fois sur sa situation stratégique face à la station de Namba et sur ses services pour étendre sa clientèle : doubles et suites (certes sans charme) tout confort, chambres familiales accueillant jusqu'à 5 personnes (2 chambres), kitchenette dans certaines, et partout machine à laver et prêt de portable. De plus, le petit déj est servi dans une chaleureuse salle. Si vous n'avez pas assez marché dans Osaka, salle de fitness et sauna pour vous maintenir en forme.

Où manger ?

Le quartier situé entre la rivière Dotonbori et la station de métro Nippombashi 日本橋 est un des cœurs gourmands d'Osaka. Y aller le soir et explorer les rues parallèles entre les ponts Dotonbori et Nippom. Dans ce rectangle urbain de 500 m sur 200 m, ce ne sont qu'alignement de restaurants, ribambelle clignotante de bars et de cafés, kyrielle de lieux nocturnes aux enseignes électriques et aux néons colorés. Au cœur de cette agitation, le temple Hozenji 法善寺 réserve un îlot de calme, avec des ruelles bordées de restaurants un peu plus traditionnels que sur les boulevards passants. Une des spécialités de Dotonbori est le poulpe que l'on mange coupé en petits morceaux dans des choux. Un des restos les plus réputés et les moins chers du coin se trouve près de l'immense enseigne de poulpe, au milieu des escaliers, au bord de la rivière (***Takoyaki,*** *plan I, C2,* ***40***).

Bon marché (moins de 1 500 ¥ / 12,50 €)

|●| ***Fukutaro*** 福太郎 (*plan I, C3,* ***41***) : *Sennichimae, Chuo-ku.* ☎ *6634-2951.* Ⓜ *Nippombashi* 日本橋*. Lun-ven 17h-0h30, le w-e 12h-minuit.* Une adresse qui a si bien bénéficié du bouche-à-oreille qu'il faut souvent s'inscrire sur une liste d'attente en attendant d'obtenir une place au comptoir. La raison ? D'excellents *okonomiyakis* (au chou) et *negizaki* (à l'oignon vert) préparés par les habiles cuistots et conservés au chaud sous des clochetons. Bon accueil malgré la cadence.

|●| ***Tsukemen Suzume*** つけ麺雀 (*plan I, B2,* ***42***) : *1-3-19 Tanimachi, dans le quartier d'Ame-Mura.* ☎ *6966-0611.* Ⓜ *Yotsubashi* 四ツ橋*. Tlj 11h30-15h30, 17h-22h, mais venir tôt car ferme avt s'il y a trop d'attente.* Quelques places autour du comptoir en bois où les clients s'affairent à « slurper » les *ramen* au-dessus de leur bol. Une adresse réputée.

|●| ***Kogaryu*** 甲賀流 (*plan I, B2,* ***43***) : *2-18-4 Nishi-Shinsaibashi, dans le quartier d'Ame-Mura.* ☎ *6211-0519* Ⓜ *Yotsubashi* 四ツ橋*. Tlj 10h30-20h30, mais la salle n'ouvre que jusqu'à 19h ; ensuite, c'est à emporter.* Enseigne en japonais, devant un square : repérer les photos géantes de *takoyaki* au-dessus de l'échoppe. Connu pour ses choux fourrés au poulpe, aspergés de sauce soja ou saupoudrés d'oignons verts, vendus par 10 minimum. Ça cale bien tout en étant moins bourratif qu'ailleurs. Et les prix se tiennent.

|●| ***551 Horai*** 551蓬莱 (*plan I, B2,* ***44***) : ☎ *6641-0551.* Ⓜ *Shinsaibashi* 心斎橋*. Tlj 10h-22h. Fermé 3e mar du mois.* On vient dans ce resto chinois d'abord pour changer un peu, mais surtout pour ses *butaman,* sorte de brioche à la vapeur farcie au porc. On trouve d'autres adresses de cette chaîne à Osaka.

|●| ***Kuromon Ichiba Market*** 黒門市場 (*plan I, C3,* ***45***) : Ⓜ *Nippombashi* 日本橋*. Tlj 9h-18h (moins de boutiques ouv dim).* Dans ce marché tout en longueur, plein de petits stands pour manger surtout du poisson et des fruits de mer grillés. Bonne ambiance. Se reporter aussi plus loin à la rubrique « À voir ».

Prix moyens (de 1 500 à 3 500 ¥ / 12,50-29 €)

|●| ***Tsurutontan*** つるとんたん (*plan I, C2,* ***46***) : *3-17 Soemon-cho.* ☎ *6211-0021.* Ⓜ *Nippombashi* 日本橋*. Tlj*

Plan I

■ Adresses utiles

- 1 OCTB (C3)
- 4 OCAT (A3)

Où dormir ?

- 10 Fuku Hostel (C3)
- 11 Cross Hotel (B2)
- 12 Fraser Residence (B3)

Où manger ?

- 40 Takoyaki (C2)
- 41 Fukutaro (C3)
- 42 Tsukemen Suzume (B2)
- 43 Kogaryu (B2)
- 44 551 Horai (B2)
- 45 Kuromon Ichiba Market (C3)
- 46 Tsurutontan (C2)
- 47 Hokkyokusei (B2)

Où boire un verre ?

- 60 Misono Building (C3)
- 61 Bar Zerro (C2)
- 62 Cafe Absinthe (B1)

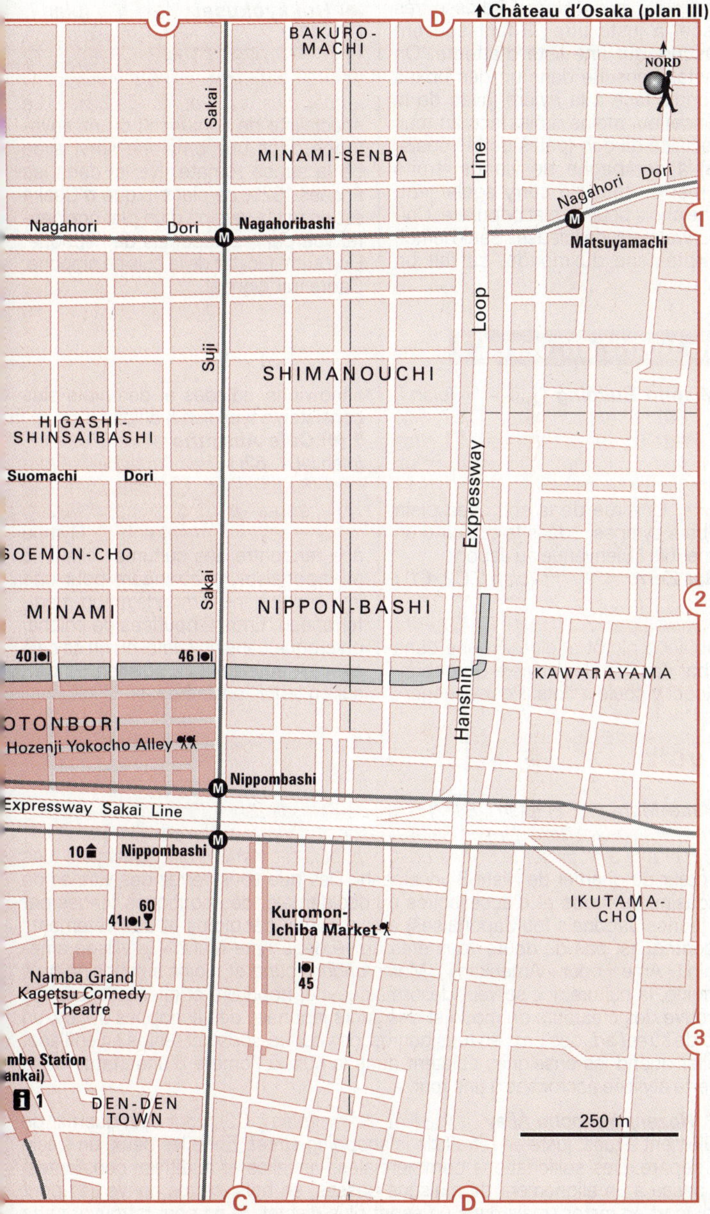

OSAKA – Minami (plan I)

11h-8h (tte la nuit donc). Adresse très prisée, à juste titre ; il faut souvent s'inscrire sur une liste d'attente. On s'installe ensuite dans un des boxes japonais face à la rivière (avec de la chance) ou, moins drôle, face au mur. Spécialité d'*udon* (pâtes de blé épaisses) accompagné de viande, fruits de mer ou tofu, au curry également. Large choix pour ce plat populaire. Cuisine vraiment délicieuse. Seul bémol, compte tenu du monde, ça fait un peu usine.

Hokkyokusei 北極星 *(plan I, B2, **47**) : 2-7-27 Nishi-Shinsaibashi. ☎ 6211-7829. Ⓜ Namba 難波. Tlj 11h30 (11h le w-e)-20h (mais peut fermer plus tôt). Fourchette basse.* Le spécialiste de l'*omurice* : du riz enveloppé dans une omelette servi avec de la sauce tomate. Né ici dans les années 1920, ce plat typique d'Osaka est en fait la version d'un plat occidental vue par les Japonais de l'époque. Une autre facette de la cuisine nippone. Cadre traditionnel.

Où boire un verre ?

Misono Building 味園ビル *(plan I, C3, **60**) : Sennichimae, Chuo-ku. À l'étage d'un immeuble. Ⓜ Nippombashi. Tlj dès 19h, mais plus d'ambiance à partir de 20h-21h et le w-e.* Une rue de la soif avec plein de bars sympas... dans le couloir d'un immeuble ! Bienvenue au Japon !

Bar Zerro ゼロバー *(plan I, C2, **61**) : 2-3-2 Shinsaibashi Suji. ☎ 6211-0439. Ⓜ Shinsaibashi 心斎橋. Tlj 19h-5h.* Ambiance plutôt anglo-saxonne dans ce bar non loin de la rivière Dotonbori. L'alcool y coule à flots. Pour éponger : sandwichs, salades et des plats plus consistants type *fish & chips*.

Cafe Absinthe カフエアブサン *(plan I, B1, **62**) : South Yotsubashi Bldg, 1-2-27 Kita-Horie. Ⓜ Shinsaibashi 心斎橋 (sortie 7). Tlj sauf mar 14h-20h (cuisine et bar ferment à 19h).* Hymne à la rencontre des cultures : clientèle mi-japonaise, mi-étrangère pour une immersion dans le monde arabo-méditerranéen. Entre 2 bouffées de chicha, on croque dans un falafel ou on se cale avec un couscous au poisson. Et bien sûr on tente l'absinthe !

OSAKA

À voir

Ame-Mura アメ村 *(plan I, B1-2) : gare de Shinsaibashi 心斎橋, ligne Mido-Suji 御堂筋. En sortant de la gare de Shinsaibashi, direction Namba par l'av. Mido-Suji, marcher env 3 blocs sur le trottoir de droite, puis tourner à droite.* Quelques rues au cœur du quartier de Nishi-Shinsaibashi. Dès que vous verrez des vitrines de magasins de mode et d'accessoires à l'occidentale, des boutiques tenues par de jeunes Japonais (ou Japonaises) aux cheveux décolorés et aux vêtements excentriques, pas de doute vous êtes arrivé dans Ame-Mura, « le village américain (« Ame » pour « Amerikan »). Moins *underground* et moins américaine qu'à l'origine, la culture, ici, se veut désormais jeune, populaire et internationale. On y trouve des créateurs de mode et designers japonais, des échoppes *trendy,* un peu de *street art,* des bars en tous genres, des *coffee-shops* et restos en enfilade. Y aller quand les enseignes éclatent dans la nuit, à l'ombre d'une statue de la Liberté stylisée accrochée à une tour.

Hozenji Yokocho Alley 保善寺横丁アレー *(plan I, C2)* : tout petit quartier de seulement 2 rues, juste en retrait de la *shopping street.* Entre les deux, un siècle les sépare. Des sollicitations commerciales, visuelles et auditives constantes, on passe à un alignement de maisons basses, en bois, certes converties pour la plupart en restos, mais dans un esprit plus discret. Si on peut retrouver cette architecture traditionnelle ailleurs, c'est ici que le contraste est le plus saisissant.

Namba Parks なんばパークス *(plan I, B-C3) : au sud de la gare de Namba (ligne Nankai 南海).* En plein quartier d'affaires, près du plus gros nœud de transports de la ville, voici un centre commercial de 8 étages à l'architecture étonnante, qui abrite des centaines de magasins et de restaurants *(tlj 11h-21h – 23h pour les restos).*

Nipponbashi Den Den Town 日本橋デンデンタウン *(plan I, C3) : à 3 mn à pied (vers l'est) de la station Namba 難波.* Le plus grand quartier d'équipements électriques, mais aussi de boutiques de mangas.

Kuromon Ichiba Market 黒門市場 *(plan I, C3) : Ⓜ Nippombashi 日本橋. Tlj 9h-18h (moins de boutiques ouv dim).* Composé essentiellement d'une longue rue couverte où s'alignent petits supermarchés, boutiques de vêtements, bouchers, poissonniers, restos... À la fois intéressant à voir et potentiellement utile pour manger du poisson frais ou rapporter des bricoles forcément exotiques à la maison. Au *Kuromon Information Center* (côté sud de la rue), machine pour faire du change.

LE QUARTIER DE TENNOJI-ABENO 天王寺あべの

• Tennoji-Abeno (plan II) *p. 413*

Où dormir ?

De très bon marché à bon marché (moins de 10 000 ¥ / 83 €)

The Pax Hostel ザ パックス *(plan II, A1, **16**) : 1-20-5 Ebisu Higashi, Naniwa-ku. ☎ 6537-7090. • thepax.jp • Ⓜ Ebisucho 恵比寿町. Env 2 900-3 000 ¥ le lit en dortoir mixte ou pour fille ; 1 quadruple ; petit déj en sus.* Non loin de la tour mais dans un coin calme de Shinsekaï. Cette auberge qui fait aussi café et vente de vinyles (ils servent aussi accessoirement de déco) recèle un vrai caractère. 6-10 lits dans les dortoirs, cuisine à dispo, petit coin salon en mezzanine d'où on descend par un toboggan (attention à l'atterrissage !). Très bon accueil.

Lodging & Kin Osaka ロジングとキンのこと *(plan II, A1, **17**) : 2-8-22 Nipponbashinishi, Naniwa-ku. ☎ 6599-8917. • lnk.osaka • Ⓜ Daikokucho 大国町. Réception 8h-10h, 16h-22h. Bar tlj 19h-23h. Compter env 3 500 ¥/pers en dortoir (4-6 lits) et 8 500 ¥ pour 2 en chambre privée, petit déj inclus.* À la limite du quartier de Namba. Le jeune patron, fan de mangas, a habillé son auberge de bois. Dortoirs et chambres à l'étage. On aime bien la double de style japonais en angle, vraiment agréable. L'autre possède 2 lits superposés. Excellent rapport qualité-prix. En bas, le café est accessible aux non-résidents.

Ryokan Hokousou 旅の宿葆光荘 *(plan II, B1-2, **18**) : 14-16 Horikoshi-cho, Tennoji-ku. ☎ 6771-7242. • hokousou.com • Métro jusqu'à la gare de JR Tennoji, sortie nord, puis 2 mn de marche en suivant l'av. Tanimachi-suji (trottoir de droite) vers le nord. On marche sous une sorte de galerie couverte le long de l'avenue. Tourner à droite dans une tte petite allée. C'est plus loin, à env 100 m, en retrait de l'agitation. Doubles 9 000-13 000 ¥ (+ 1 000 ¥ pour avoir une chambre précise) ; petit déj bon marché en sus (env 500 ¥). Espèces seulement.* Inconvénient, la proprio ne parle que japonais et ne prend pas de résa par e-mail. Mais son fils et sa belle-fille lui filent un coup de main de temps en temps, ils se débrouillent en anglais ; sinon essayez de faire appeler quelqu'un pour vous. C'est une maison japonaise traditionnelle, rescapée au milieu de tous ces immeubles, tenue

OSAKA

par une vénérable mamie. Chambres japonaises avec fenêtres à treillis, tatami, futon, tout ce qui fait le charme du *ryokan*. Des 4 du bas, 3 s'ouvrent sur le jardin intérieur. Comme d'habitude, la salle de bains de style japonais est commune. Endroit propre, calme et chaleureux.

Kintetsu Friendly Hostel 近鉄フレンドリーホステル *(plan II, B1-2,* ***19****) : dans le parc Tennoji. Pas de tél.* ● *friendlyhostel.osaka/* ● Ⓜ *Tennoji* 天王寺*. Résa en ligne. Dortoirs 4-8 lits env 2 000 ¥/pers, chambres privées pour 3-4 (lits superposés) avec balcon, casiers et clim 10 000-12 000 ¥, plus des familiales plus grandes dont l'une avec douche, petit déj basique inclus.* On respire, l'auberge est située dans un parc : un luxe dans cette mégapole. On peut aussi la choisir pour son côté fonctionnel. Les chambres sont réparties sur 2 étages avec cuisine à dispo. Mais l'ensemble manque d'âme. Difficile de tout avoir !

Hotel Toyo ホテル東洋 *(plan II, A2,* ***20****) : 1-3-5 Taishi, Nishinari-ku.* ☎ *6649-6348.* ● *hotel-toyo.jp* ● *JR Shin-Imamiya, sortie est, ou* Ⓜ *Dobutsuen-mae* 動物園前*, sortie 2. De cette station, prendre le bd sur le trottoir de gauche en direction de la station JR Shin-Imamiya, puis tourner dans la 1re rue à gauche. Chambres 1 pers 1 700-2 500 ¥ ; twins 5 000-6 000 ¥ selon saison et jour de la sem (plus cher sam) ; sdb commune.* Voilà un des hôtels les moins chers d'Osaka. Petit immeuble de 5 étages à l'intérieur coloré, qui abrite des chambres minuscules (5 m²) mais propres et équipées du minimum de confort (ventilo ou clim). Laverie (payante), cuisine à dispo. Bon accueil.

Hôtel Raizan South 来山南館ビジネスホテル *(plan II, A2,* ***20****) : 3-3-1 Taishi, Nishinari-ku.* ☎ *6647-2195.* ● *chuo group.jp/minami* ● *Même accès que pour l'*Hotel Toyo*, son voisin. Doubles 4 800-9 000 ¥ (w-e et hte saison) ; petit déj en sus.* La partie « sud » de l'immeuble correspond aux étages supérieurs (du 6e au 9e). On le conseille en semaine (le week-end, les prix sont surévalués). L'ensemble est vieillot et bas de plafond. Cela dit, les chambres, recouvertes de lino, sont propres. Location de vélos. Laverie.

OSAKA

Où manger ? Où boire un verre ?

Les Japonais viennent surtout dans le quartier pour manger la spécialité locale, le ***kushikatsu*** 串カツ : de la panure. On pane tout ce qui peut l'être (viande, poisson, brochettes...). Le coin regorge aussi de restos de poisson et de fruits de mer. Et puis à quartier original, restos étonnants, comme celui qui a installé une coque de bateau en façade où l'on peut pêcher son poisson dans un bassin avant de se le faire préparer ! Et pour les amateurs de sushis déjà prêts, voici 2 adresses qui se distinguent : *Rokusen* et *Daikisushi*.

Rokusen ろく鮮 *(plan II, A1,* ***50****) : à Shinsekai.* ☎ *6643-1168.* Ⓜ *Shin-Imamiya-Ekimae* 新今宮駅前*. Tlj 11h-21h30 (dernière commande). Prix moyens.* Au comptoir ou à table, on fait son choix de sushis d'après un menu illustré (ouf !) : sardine, daurade, thon, makis, tempura, soupe de palourdes... Un excellent rapport qualité-prix.

Daikisushi 大喜寿司 *(plan II, A1,* ***51****) : Jan-Jan Yokocho Alley. Au milieu de l'allée, côté droit. Tlj 11h-21h. Bon marché.* Un resto populaire de sushis vraiment abordables, servis au comptoir. Attention, ça clope.

Yaekatsu 八重勝 *(plan II, A1,* ***52****) : Jan-Jan Yokocho Alley. Au milieu de l'allée, côté gauche, en face du* Daikisushi*, devanture rouge et blanc. Tlj sauf jeu, midi et soir. Bon marché.* On y mange un des meilleurs *kushikatsu* du quartier. Non fumeurs, assez rare pour être signalé.

Daruma だるま *(plan II, A1,* ***53****) : Shinsekai.* Ⓜ *Shin-Imamiya-Ekimae* 新今宮駅前*. Au bout de l'allée, sur la gauche, à l'angle. Tlj midi et soir. Bon marché.* Le resto de *kushikatsu* le plus connu, devenu une chaîne nationale.

Jan-Jan Yokocho Alley ジャンジャン横丁 *(plan II, A1,* ***65****) :* plusieurs *tashinomi* où les vénérables papis ont leurs habitudes autour du petit comptoir. Pour une tranche de vie populaire.

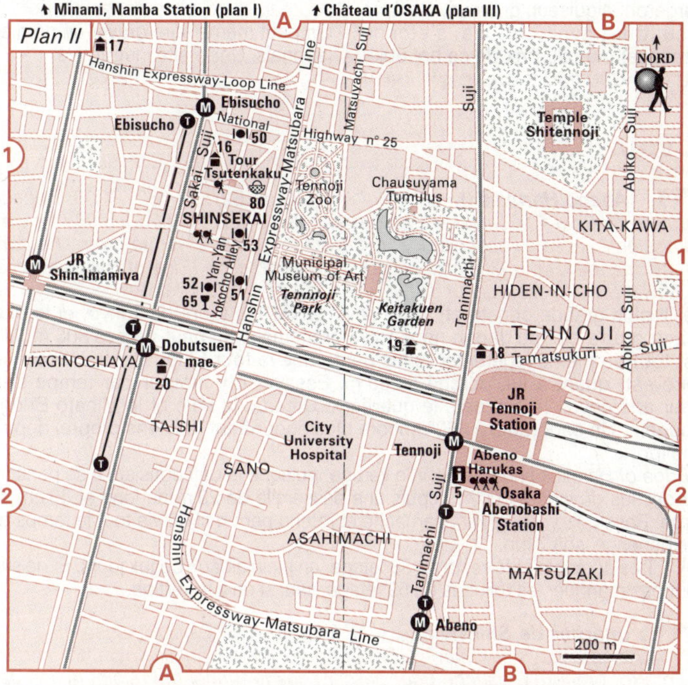

OSAKA – Tennoji-Abeno (plan II)

Adresse utile 5 Tourist Information Center (Abeno Harukas ; B2) **Où dormir ?** **16** The Pax Hostel (A1) **17** Lodging & Kin Osaka (A1) **18** Ryokan Hokousou (B1-2) **19** Kintetsu Friendly Hostel (B1-2) **20** Hotel Toyo et Hôtel Raizan South (A2)	**Où manger ? Où boire un verre ?** **50** Rokusen (A1) **51** Daikisushi (A1) **52** Yaekatsu (A1) **53** Daruma (A1) **65** Jan-Jan Yokocho Alley (A1) **Achats** **80** Tower Knives (A1)

Achats

Tower Knives タワーナイブズ *(plan II, A1,* ***80****) : 1-4-7 Ebisuhigashi, Naniwa-ku. ☎ 4301-7860. • towerknives.com • Au pied de la tour. Tlj 10h-18h. On peut voir l'aiguiseur travailler jeu 10h30-17h30. Sur présentation du passeport, achat en détaxe possible (- 8 %).* Depuis le XVIe s, la région d'Osaka est réputée pour la fabrication de couteaux de cuisine. Cet atelier-boutique aux allures de showroom est tenu par un Canadien (anglophone) secondé par des vendeurs polyglottes (notamment en français). On a droit à un cours très intéressant sur la coutellerie japonaise, l'histoire, la fabrication, l'intervention des différents corps de métiers (forgeron, aiguiseur, graveur). Compte tenu du travail, on ne s'étonne (presque) plus du prix de ce bel objet *(10 000-300 000 ¥ pour un beau couteau avec un manche en bois !).* On peut même faire graver un nom en japonais. Une visite instructive.

À voir

Abeno Harukas あべのハルカス *(plan II, B2) :* ☎ *6621-0300.* • *abeno harukas-300.jp* • Ⓜ *Tennoji. Achat des tickets au 16F, tlj 8h50-21h30 (dernière admission). Accès à l'observatoire du 60e étage : 1 500 ¥ ; réduc. Pour l'héliport, au sommet de la tour (300 m) : + 500 ¥. Pour l'attraction Edge of Harukas, achat au 60F, tlj 9h-17h, mais début de l'activité à 10h ; prix : 1 500 ¥.*
La 3e plus grande construction du pays, après les tours de Tokyo, et le plus grand gratte-ciel du Japon nous toise crânement du haut de ses 300 m (elle est tout de même légèrement plus petite que la tour Eiffel. Ouf !). L'observatoire est, quant à lui, perché à 288 m. Essayer d'y monter par temps clair pour apercevoir le château, le quartier d'Umeda, la baie et le Minato Bridge (rouge)... Un panorama à 360° encore plus ébouriffant (au sens propre) depuis l'héliport.
– *Edge of Harukas :* ne pas avoir le vertige, puisque le défi consiste à se pencher au-dessus du vide à 300 m depuis une passerelle de 20 m de long et 60 cm de large. Rassurez-vous, on est harnaché et retenu par un fil de vie tout le temps de l'expérience, soit 7 mn.
Très agréable café-resto au 58e étage, en plein air aux beaux jours. Et ne surtout pas manquer les toilettes du 59e étage, sauf si on a le vertige...

Le quartier de Shinsekai 新世界 *(plan II, A1) :* Ⓜ *Dobutsuen-mae 動物園前. Ou gare de Shin-Imamiya (JR Loop ou ligne Nankai Koya). En sortant du métro, prendre à gauche pour passer sous le tunnel qui rejoint la Jan-Jan Yokocho Alley.* Un parc d'attractions se tenait ici entre 1912 et 1923. Lorsqu'il a fermé, la jeune classe ouvrière, qui s'y était installée, est restée, tout comme le côté festif et délirant. Voilà pourquoi, encore aujourd'hui, c'est un des quartiers les plus populaires et les moins chers d'Osaka, habité par une population souvent plus toute jeune. On aime son atmosphère à la fois kitsch, vivante et gardienne des vieilles traditions. La *Jan-Jan Yokocho Alley,* passage couvert, est connue pour ses restos de *kushikatsu* (voir « Où manger ? Où boire un verre ? ») et autrefois pour le *shogui* (les échecs). On comptait alors de nombreuses salles. Il en reste une seule aujourd'hui, où l'on voit les joueurs à 99 % masculins de plus de 70 ans venir s'affronter selon leur niveau, parfois à longueur de journée. Les salles de jeux vidéo font aussi partie du décor. Carrément vintage pour certaines, avec, derrière les écrans, une moyenne d'âge quasi canonique.
Entre l'allée et la tour Tsutenkaku, rues et ruelles sont envahies par les enseignes en 3D hallucinantes et les lampions lumineux, les panneaux étincelants, les crabes aux pinces d'or, les éléphants roses... un parking Hello Kitty (!), le tout sous le regard bienveillant de *Billiken,* le dieu protecteur du quartier représenté sous forme de petites statues replètes. Tout un monde à l'écart des grands axes où il fait bon flâner, de jour comme de nuit.

Tsutenkaku 通天閣 *(plan II, A1) : tlj 9h-20h30 (dernière entrée). Guichet au sous-sol de la tour. Prix : 800 ¥ jusqu'à 87,5 m, + 500 ¥ pour l'étage suivant à 91 m.*
Au cœur du quartier, immanquable avec ses allures de tour Eiffel. Construite une 1re fois en 1912 pour le parc d'attractions en s'inspirant de la tour Eiffel, reconstruite dans les années 1950, son nom signifie « la voie du ciel ». Si elle ne l'atteint pas, elle affiche tout de même fièrement ses 103 m de hauteur... Pas mal pour l'époque !

OSAKA

AUTOUR DU CHÂTEAU

• Autour du château (plan III) *p. 417*

Où dormir ?

Chic (de 15 000 à 25 000 ¥ / 125-208 €)

Carpe Diem カルペディイエム *(hors plan III par B2,* ***24****) : 3-2-14 Nakahama, Joto-ku. ☎ 6961-0444. • carpediem-osaka.jp • À la station de Midoribashi* 緑橋 *(ligne Chuo), sortie 2, puis env 10 mn de marche. À env 30 mn à pied du château. Munissez-vous du plan imprimable sur leur site web. Doubles avec sdb et clim 15 000-18 000 ¥ ; réduc moins de 12 ans.* Imaginez une vieille et vaste maison japonaise, loin de l'agitation urbaine, qui se cacherait dans un quartier tranquille d'Osaka aux maisons basses où l'on entendrait les poissons nager dans leur bocal et les chats marcher sur les gouttières. On entre comme dans un manoir. Le jardin intérieur, adorable, dans le plus pur style japonais, est une œuvre d'art voulue par les propriétaires franco-japonais (sur place une partie du temps). Tout autour, de belles chambres impeccables (tatami, futon, treillis en papier de riz) dont les portes coulissantes ouvrent sur le jardin. 2 communiquent entre elles. Et pour profiter pleinement du lieu, plusieurs ateliers et activités sont proposés sur place. *Carpe Diem !*

À voir. À faire

Le château d'Osaka 大阪城 *(plan III, A-B1-2) : 1-1 Osaka-jo, Chuoku. ☎ 6941-3044. • osakacastle.net • Ⓜ Temmabashi* 天満橋 *(le plus facile), Osaka-jo-koen* 大阪城公園 *(JR Loop) ou Morinomiya* 森ノ宮 *(ligne Chuo). Tlj 9h-16h30 (dernière admission). Fermé 28 déc-1er janv. Entrée : 600 ¥ ; réduc. Achat des billets au guichet automatique. 2 files d'attente : la plus longue pour l'ascenseur jusqu'au 5e étage, puis escaliers jusqu'au 8e ; l'autre pour les escaliers tout du long. Audioguide gratuit (sur présentation d'une pièce d'identité) face à l'ascenseur (ce qui permet ensuite d'y monter sans faire la queue ! Sinon intérêt limité).*
Au centre d'un grand parc de 106 ha se dresse ce donjon entièrement reconstruit pour la 3e fois en 1931. Non bombardé par les Américains, il a ensuite été restauré en 1997. Il s'agit d'une fidèle reconstitution en béton d'une partie du château d'Osaka à l'époque de Togukawa, qui l'avait recouvert de chaux après sa victoire au début du XVIIe s (la version originale d'Hideyoshi, à la fin du XVIe s, était brute, il n'en reste rien aujourd'hui). Les remparts, ainsi qu'une des tourelles, remontent au XVIIe s. L'intérieur moderne abrite un musée consacré à l'histoire et à l'époque du shogun Toyotomi Hideyoshi (1536-1598), 2e unificateur de la nation japonaise, samouraï et guerrier, bâtisseur du château d'Osaka, et de son fils Toyotomi Hideyori. Une large part est aussi consacrée aux batailles que livrèrent les 2 hommes contre le redoutable Tokugawa. Depuis l'observatoire au 8e étage, très belle vue sur cette partie de la ville. Au 2e étage, tenues de samouraï et kimonos à porter le temps d'une photo. Si la visite du château n'est pas indispensable, en revanche une balade dans le beau ***parc*** planté de cerisiers et de pruniers (une merveille au printemps !) permet de prendre un bon bain de chlorophylle, jamais désagréable. De plus, on bénéficie d'une belle vue d'ensemble sur les remparts entourés de douves larges et profondes.

Le musée d'Histoire d'Osaka 大阪歴史博物館 *(Osaka Rekishi Hakubutsukan ; plan III, A2) : 4-1-32 Otemae. ☎ (06) 6946-5728. • mus-his.city.osaka.jp •*

OSAKA

Ⓜ Tanimachi 谷町, gare de Tanimachi 4-Chome (sortie 9). Tlj sauf mar 9h30-17h. Entrée : 600 ¥ ; réduc. Un immeuble moderne abrite ce musée consacré à l'histoire d'Osaka, des origines (époque où la ville s'appelait Naniwa-no-miya – 645-793 av. J.-C.) à nos jours. La visite débute par le 10e étage puis descend jusqu'au 7e. Ne pas manquer la vue du 10e étage, notamment sur le château, la reconstitution de scènes portuaires (9e étage) avec les pêcheurs sur les ponts, la possibilité de se prendre pour un archéologue et de reconstituer des poteries (8e) et des scènes de la vie quotidienne au cours d'une période prospère au Japon (7e). Voir également, au rez-de-chaussée, le sol vitré qui laisse apparaître les fondations des anciens entrepôts du Ve s. L'un d'eux a même été reconstitué à l'extérieur, en bois et toit de chaume. À côté, les colonnes (type Buren) marquent leur emplacement de l'époque.

***Balade en bateau Aqua-Liner** (plan III, A1) : embarquement à Osaka-jo Pier, au nord du château. Il existe 3 autres embarcadères (et débarcadères). Voir leur site • suijo-bus.osaka • Départs ttes les heures 10h-17h. Billet : 1 700 ou 2 000 ¥ selon saison ; réduc. Durée : 55 mn.*
Pour découvrir la ville depuis les bras de la rivière et des canaux adjacents, le bateau peut être une option intéressante.

KITA ET PLUS AU NORD

• Kita (plan IV) *p. 418-419*

OSAKA

Où dormir ?

De très bon marché à bon marché (moins de 10 000 ¥ / 83 €)

Guesthouse U-en Osaka ゲストハウス由苑 *(plan IV, A3, **27**) : 2-9-23 Fukushima, Fukushima-ku. ☎ 7503-4394. • u-en.hostelosaka.com • Arrêt : Hanshin Railway Fukushima 新福島. Dortoirs pour filles ou mixtes (4-12 lits) env 3 000 ¥/pers ; doubles japonaises 6 200-6 600 ¥, plus 1 quadruple ; sdb commune.* Cet ancien entrepôt de saké, centenaire, a conservé son cachet d'origine (et son isolation a minima). Dortoirs pour la plupart alvéolés (lit en profondeur, fermé par un rideau), petits mais bien équipés (coffre, lampe, prise, étagère et miroir pour chaque lit). Chambres privées riquiqui. Toutes possèdent la clim. Café-bar et salon au rez-de-chaussée, cuisine à dispo.

J-Hoppers ジエイホッパーズ *(plan IV, A3, **28**) : 4-22 Fukushima 7-chome, Fukushima-ku. ☎ 6453-6669. • osaka.j-hoppers.com • Ⓜ Fukushima 福島. Compter 2 500 ¥/pers en dortoir (6-8 lits), 5 600-11 200 ¥/pers pour les doubles à quadruples. Thé et café à dispo.* Non loin de l'animation d'Umeda. Cette chaîne d'auberges, positionnée dans toutes les grandes villes du pays, offre un rapport qualité-prix très correct. Lits superposés fermés par un rideau, lampe individuelle. Machine à laver (payante). Un côté salle de classe dans les parties communes, mais une terrasse sur le toit appréciable.

Où boire un verre ?

Sky 40 カフエスカイ40 *(plan IV, B1, **70**) : 40F Umeda Sky Bldg, 1-1-88 Oyodo-naka. • skybldg.co.jp • Au nord-ouest de la ville. À 10 mn à pied*

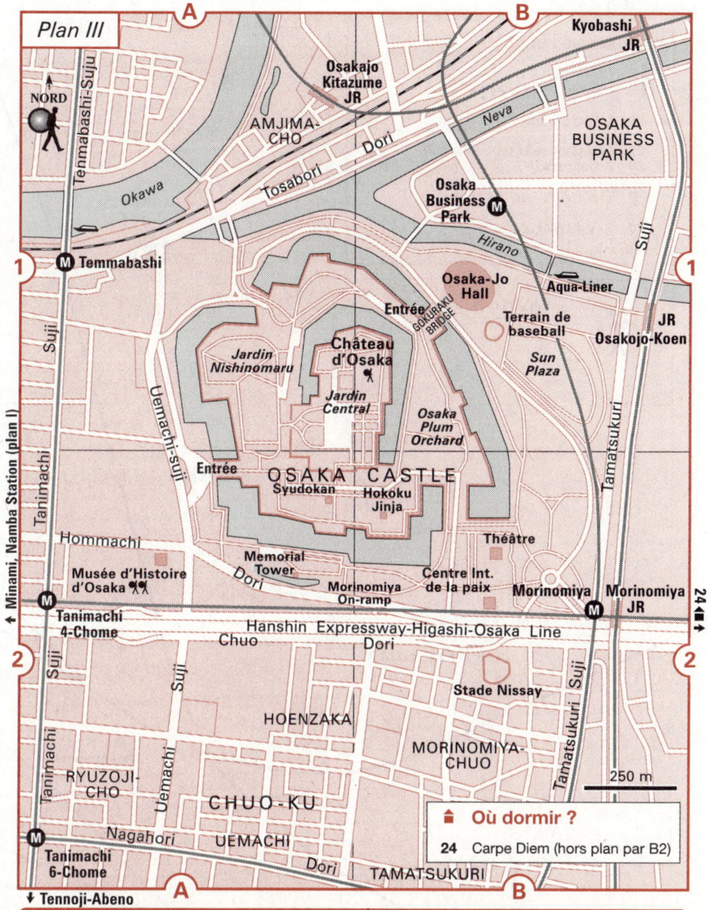

OSAKA – Autour du Château (plan III)

de la gare centrale d'Osaka. Tlj 10h-22h. Ticket jusqu'à l'observatoire nécessaire (1 500 ¥). Pour boire un verre en contemplant la forêt de tours et d'immeubles d'Osaka.

À voir

⁂ **Umeda Sky Building** 梅田スカイビル *(plan IV, B1) : 1-1-88 Oyodo-naka. • skybldg.co.jp/en/ • Au nord-ouest de la ville. À 10 mn à pied de la gare centrale d'Osaka (North Gate Building) ou de la station Umeda. Attention, gros chantier à traverser pour rejoindre le gratte-ciel. Tlj 9h30-22h30 (dernière admission à 22h). Tarif : 1 500 ¥ pour l'observatoire ; réduc. Aller dans la tour est et prendre*

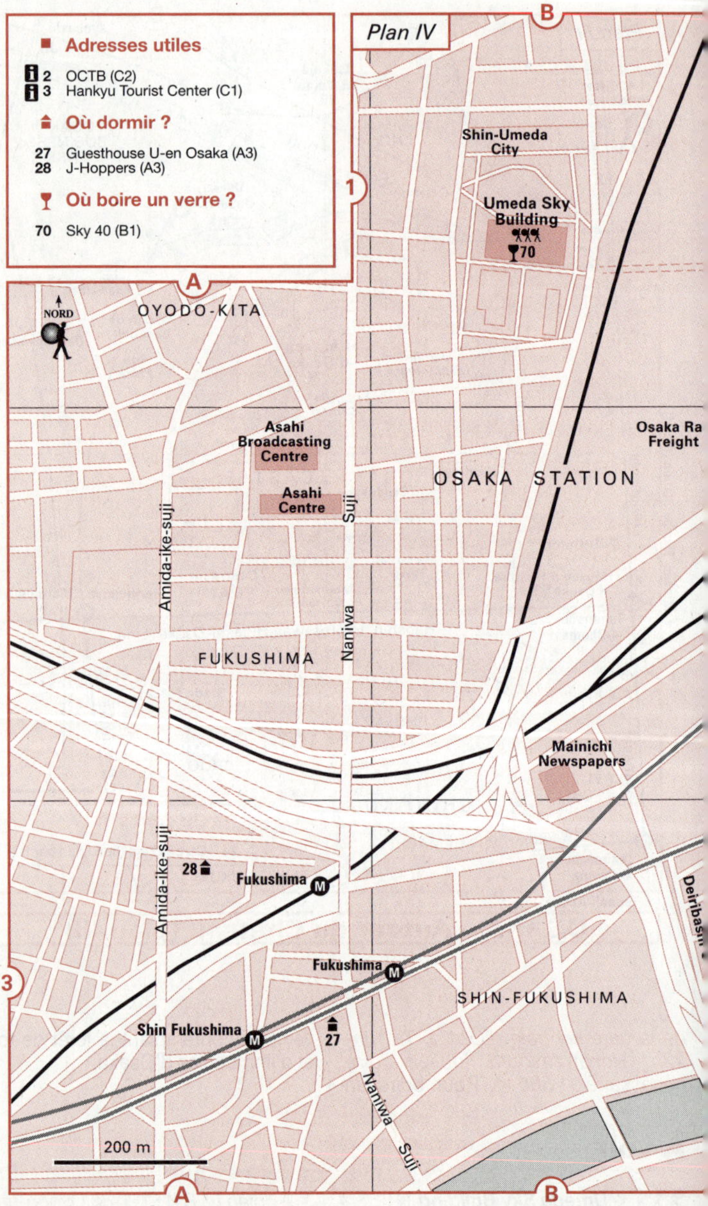
Plan IV
Adresses utiles
2 OCTB (C2)
3 Hankyu Tourist Center (C1)
Où dormir ?
27 Guesthouse U-en Osaka (A3)
28 J-Hoppers (A3)
Où boire un verre ?
70 Sky 40 (B1)
A
B
1
3
NORD
OYODO-KITA
Shin-Umeda City
Umeda Sky Building
70
Asahi Broadcasting Centre
Asahi Centre
Osaka Ra Freight
OSAKA STATION
Amida-ike-suji
Naniwa Suji
FUKUSHIMA
Mainichi Newspapers
Deiribash
28
Fukushima
Fukushima
SHIN-FUKUSHIMA
Shin Fukushima
27
200 m

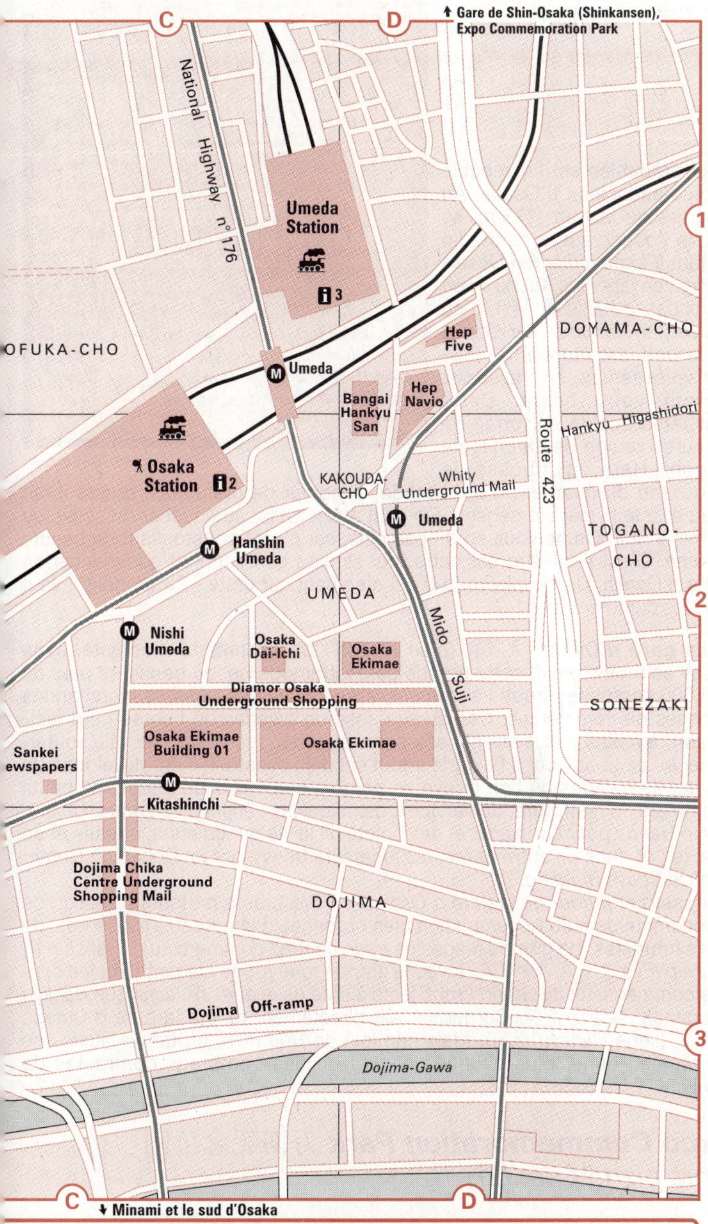

OSAKA – Kita (plan IV)

l'ascenseur au niveau 3F, où se trouve aussi le guichet de vente des billets. Monter au 35e étage. Puis prendre un escalier mécanique à l'intérieur d'un gros tube transparent de près de 2 m de diamètre.

Voici probablement l'immeuble le plus audacieux d'Osaka. Au sommet de la tour (173 m) se trouve l'observatoire du Jardin flottant (*Floating Garden Observatory* ; en japonais *Kuchu Teien Tenbodai* 空中庭園展望台), d'où la vue panoramique sur Osaka et sa baie est étonnante. Prenez votre temps, et choisissez surtout votre heure. Cette tour remarquable en forme de tabouret, œuvre de l'architecte Hiroshi Hara, symbolise le renouveau du quartier nord d'Umeda. Y monter de préférence quand il fait beau et que le ciel est dégagé. On peut aussi y aller au coucher du soleil, ou même la nuit. On ne vous en dit pas plus, car c'est époustouflant de beauté urbaine. C'est peut-être par cette tour Umeda qu'il faudrait commencer sa visite d'Osaka. Un simple coup d'œil d'en haut sur cette « Futuropolis » vaut tous les commentaires !

LE SOUFFLE D'OSAKA

Des artistes et des créateurs de renom ont vu le jour à Osaka : le peintre Hokusai (1760-1849), auteur de la fameuse vague (de tsunami), le romancier Kawabata Yasunari (1899-1972), Prix Nobel de littérature, et, parmi les artistes vivants, l'architecte Tadao Ando (un des plus connus du Japon) et Haruki Murakami (né en 1949, près d'Osaka), l'écrivain japonais le plus souvent traduit à l'étranger et l'un des plus lus hors du Japon. Ajoutons à cette liste prestigieuse le réalisateur scénariste Kitamura (né en 1969), la dessinatrice de manga Yu Watase (née en 1970) et la chanteuse Ai Otsuka (née en 1982).

OSAKA

La gare d'Osaka 大阪駅 ***(plan IV, C2) :*** bourdonnante d'activité, sans cesse en mouvement, cette grande gare ultramoderne, où transitent près de 800 000 personnes quotidiennement, abrite aussi des galeries marchandes remplies de commerces. Ce réseau dense de galeries où l'on se perd facilement (à moins d'être attentif aux panneaux) débouche sur une ville souterraine. Au sous-sol, car à l'extérieur tout est déjà construit, s'est développé un réseau de galeries où l'on trouve un nombre stupéfiant de restos, de petits éventaires de nourriture, de services, de magasins : enseignes *Lucua, Uniqlo, Tokyo Hands* pour l'artisanat et des objets de la vie quotidienne, créatifs et de qualité ; et dans un autre genre, les amateurs trouveront un Pokemon Center dans le *South Building.*

– *Le quartier autour de la gare d'Osaka :* un des cœurs battants d'Osaka, de jour comme de nuit. Accumulation bien ordonnée d'immeubles modernes, de tours futuristes, de grands magasins et de centres commerciaux : *Hanshin* 阪神, *Hep Five* ヘップファイヴ (avec la grande roue rouge sur son toit), les centres commerciaux du *Grand Front,* juste à côté de la gare JR, ainsi que *Hankyu Sanbangai* 阪急三番街. Ce dernier est directement relié à la gare d'Umeda 梅田駅 (ligne *Hankyu* 阪急). Mais non loin de *Hep Five,* on trouve aussi une vie locale, jeune, plus cachée : encore un des nombreux contrastes de la ville.

Expo Commemoration Park 万博記念公園 *(hors plan IV par D1)*

Tout au nord de la ville. Pour y accéder, changer à Yamada ou Senri Chuo et prendre le monorail. Arrêt à Bampaku-kinen-koen 万博記念公園*. L'entrée se trouve côté « Tour du Soleil ». Tlj 9h30-16h30 (dernière admission). Prix : 260 ¥ pour le parc et les jardins japonais.*

Il s'agit du parc où s'est déroulée l'Exposition universelle en 1970, la première en Asie. Elle attira 64 millions de visiteurs ! De cet événement, il reste la célèbre sculpture. Magnifique début avril lorsque les cerisiers sont en fleur.

La tour du Soleil (Tower of the Sun) 太陽の塔 : *• taiyounotou-expo70.jp • Visite de l'intérieur possible moyennant une patience qui ne se justifie pas forcément : tlj sauf mer 10h-17h, ttes les 30 mn, quota de 80 pers. Résa obligatoire min 4 mois à l'avance ! Prix : 720 ¥.* Les Japonais nostalgiques se pressent pour (re) visiter cette tour restée fermée pendant 42 ans. Elle fut spécialement créée pour l'Expo universelle par Taro Okamoto, un artiste nippon connu pour son excentricité. L'extérieur est délirant, l'intérieur surréaliste. Haute de 70 m, elle s'émancipe de tous les codes esthétiques. La face côté soleil symbolise le présent, le masque d'or au sommet le futur, tandis que le soleil noir à l'arrière représente le passé. Elle accueillait une exposition sur le thème du « progrès et de l'harmonie de l'espèce humaine », aujourd'hui très kitsch malgré la restauration. Une petite expo ethnologique précède le clou de la visite : l'arbre de vie (des poissons à l'homme en passant par le dinosaure et le gorille), avec effets de lumière et musique épique. Pendant l'Expo, les modelages étaient animés. Attention, pas mal de marches pour grimper jusqu'au sommet de l'arbre ! Bref, vous l'aurez compris, on peut aussi se contenter d'admirer cette œuvre unique depuis le parc.

Le musée national d'Ethnologie 国立民族学博物館 : *au fond du parc (compter 10-15 mn à pied de l'entrée). ☎ 6876-2151. • minpaku.ac.jp/english • Tlj sauf mer 10h-16h30 (dernière admission). Prix : 580 ¥ ; réduc. Audioguide en anglais inclus.* Vaste et riche collection d'artisanat et d'objets (certains monumentaux) collectés sur les 5 continents, parfois mis en scène. La section africaine est particulièrement fournie avec la reconstitution d'un salon de coiffure, des tissus, des bijoux, des masques...
Mais c'est bien sûr le continent asiatique qui occupe une grande partie de l'espace. Il est subdivisé en régions : Asie de l'Ouest avec le Proche-Orient (calligraphie, bédouins sous tente) ; Asie du Sud et du Sud-Est, où est exposé un bel entrepôt à grains à la toiture en bambou et bois peint ; l'Asie orientale s'intéresse plus particulièrement à la péninsule coréenne et la Chine (reproduction d'une maison traditionnelle sur pilotis de la minorité zhuang) ainsi qu'à la culture ainu (ou aïnou), une minorité japonaise qui clame le droit à la différence tout en se faisant difficilement reconnaître par les autorités (elle ne se trouve d'ailleurs pas dans la section japonaise) ; enfin, le Japon est présenté à travers les arts, les fêtes, son architecture (maquettes de maisons traditionnelles selon les régions).

Nifrel 生きているミュージアム ニフレル : *quasi en face de la station Bampaku-kinen-koen. ☎ 6876-2216. • nifrel.jp • Tlj 10h-20h (dernière entrée à 19h). Entrée : 2 000 ¥ ; réduc.* Un concept unique que ce lieu, à la fois aquarium, zoo et espace d'art contemporain interactif où presque tous les sens sont sollicités (vue, ouïe, toucher, odorat). Les animaux sont mis en scène dans un univers tellement stylisé qu'on en oublierait presque qu'ils sont captifs, du moins pour la section marine. On joue sur les couleurs et les sons, mais aussi les formes et les performances : musique accordée au thème de la salle, aquarium aux teintes différentes, méduses et autres spécimens aux formes artistiques irréelles, poissons cracheurs d'eau dans la reproduction moderne et design d'une mangrove, poissons mangeurs de peau (comme dans les *fish spa*) où les gamins adorent plonger leurs doigts...
Ne pas manquer la pièce (sans animaux) où, sur une large sphère suspendue, sont projetées des lignes et formes induites par les visiteurs sur fond de musique cosmique. Complètement hypnotique pour peu qu'on se pose. Enfin, la section qui rappelle que quel que soit l'habillage, il s'agit bien d'un zoo : un pauvre tigre blanc évolue le long d'une passerelle au-dessus de non moins misérables crocodiles

et d'un hippopotame. Également des makis catta, pélicans (on avait failli oublier l'odorat), toucans et des variétés de pigeons. Enfin, un petit film de 5 mn sur la biodiversité.

Juste à côté, un centre commercial abrite quantité de stands pour caler une faim.

À L'OUEST, VERS LE PORT

• Le port (plan V) *p. 423*

Voici le plus grand port du Japon et un des plus importants du monde. À l'origine, ce n'était qu'un delta. Avec l'industrialisation du Japon, le port d'Osaka n'a cessé de s'agrandir et de conquérir l'espace sur l'eau. De grands îlots artificiels ont été créés (îles de *Sakishima* 先島諸島, *Maishima* 毎島 et *Yumeshima* 夢島). Ils accueillent non seulement des kilomètres d'installations portuaires et maritimes (docks, entrepôts, usines, ateliers de réparation des bateaux), mais aussi un port de plaisance, des activités touristiques et des centres de loisirs *(Universal Studios)*. À la pointe de la presqu'île de Minato-ku 港区, le parc d'attractions de *Tempozan* 天保山 se remarque à sa grande roue qui voisine avec un aquarium géant *(Kaiyukan* 海遊館*)* et des lieux culturels. Osaka a ainsi reconquis son front de mer longtemps réservé au monde du travail. Cette nouvelle métamorphose en fait aujourd'hui une destination à visiter.

OSAKA

Où dormir ?

Sekai Hotel 世界ホテル *(plan V, B1,* ***32****) : 1-4-16 Nishikujo, Konohana-ku. ☎ 6462-7770. • sekaihotel.jp • Ⓜ Nishikujo* 西九条*. Réception ouv tlj 9h-23h. Compter env 16 000 ¥ une maison pour 4 (certaines accueillent jusqu'à 8 pers) ; petit déj inclus. Uniquement des lits individuels, parfois superposés. Résa longtemps à l'avance conseillée.* Dans un quartier résidentiel, pas très loin des Studios Universal, l'hébergement consiste en 10 petites maisons retapées, au charme fou. Pas très éloignées les unes des autres, elles sont toutes bien équipées : cuisine, lave-linge et salle de bains. Le concept : vivre au cœur du quartier, comme dans un village, au contact des gens. On peut même se rendre au bain public du coin. Le petit déj se prend au *New Mako* (voir ci-dessous). Excellent accueil. On adore !

Où boire un verre ?

New Mako *(hors plan V par B1,* ***75****) : dos au Sekai Hotel, prendre à gauche, à droite, puis à gauche. Café 7h-18h, bar 18h-minuit.* Un vieux café totalement rétro de style *chowa,* populaire au Japon. On n'y vient pas exprès, mais quand on est dans le coin, c'est une curiosité.

À voir

L'aquarium Kaiyukan 海遊館 *(plan V, A1) : ☎ (06) 6576-5501. • kaiyukan.com • À 10 mn de marche de la station de métro Osaka-ko* 大阪港 *(ligne Chuo). Tlj 10h-20h (dernière admission à 19h). Billet : 2 400 ¥ ; réduc.* Reconnaissable à

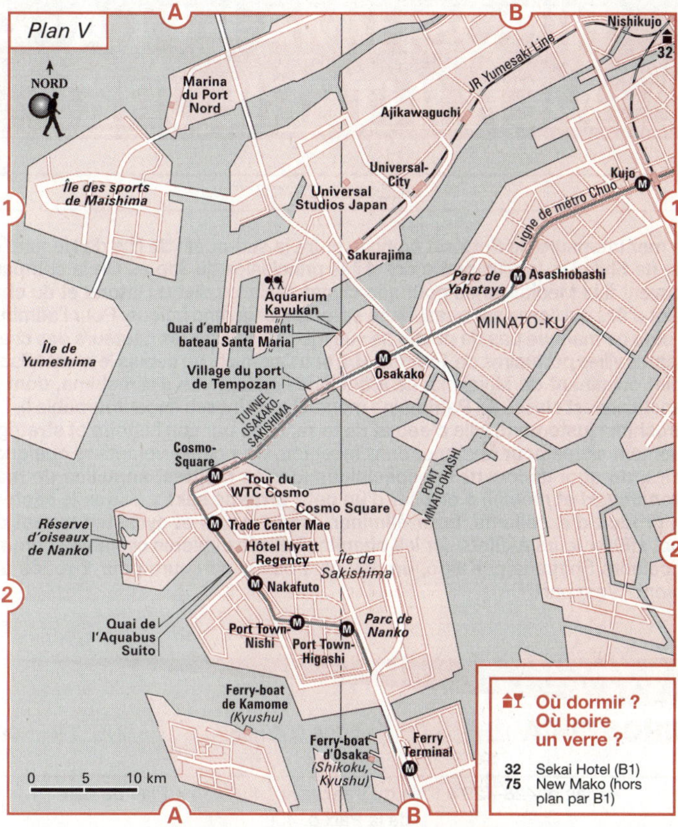

OSAKA – Le port (plan V)

sa façade en forme d'ailes (les 3 couleurs représentent la mer, la terre et le ciel). Un des plus grands aquariums du monde, dans lequel on pénètre par un impressionnant tunnel comme pour mieux s'immerger dans le monde marin. Il est divisé en plusieurs zones géographiques (manchots de l'Antarctique, dauphins de Tasmanie, poissons bleu fluo de la grande barrière de corail) qui s'enroulent autour du grand aquarium où évoluent raies, requins-marteaux, requins-baleines... Une section permet de toucher les raies et les petits requins, une autre présente des poissons aux drôles de bobines...

HIROSHIMA ET LA MER INTÉRIEURE

• Carte *p. 426-427*

La mer Intérieure de Seto est coincée entre le sud-ouest de l'île de Honshu et l'île de Shikoku, la plus petite des 4 îles principales du Japon. On la compare souvent à la Méditerranée pour son climat. Mais le relief du littoral et du chapelet d'îles qui l'orne sur quasi toute sa longueur la rend unique. Pour l'admirer, la côte ne manque pas de points de vue, que ce soit sur les hauteurs des charmantes villes portuaires de Tomono-Ura et d'Onomichi ou depuis le mont Misen, point culminant de Miyajima, île à quelques encablures d'Hiroshima, dont le sanctuaire est classé au Patrimoine mondial de l'Unesco (incontournable !).
Hiroshima justement, ville d'eau et de terre, riche par son histoire et stratégiquement située pour rayonner dans la région. On y passe volontiers quelques jours, de quoi découvrir les spécialités locales (huîtres, anguilles de mer, *okonomyaki* et *momiji*) à arroser d'un petit verre de saké puisque le secteur en produit d'excellents. Pour éliminer, randonneurs et cyclistes auront de quoi affûter leurs mollets sur les chemins balisés et pistes cyclables comme la célèbre Shimanami Kaido, un des plus beaux parcours pour 2-roues qui soient. C'est parti !

HIROSHIMA 広島

1 196 000 hab. — IND. TÉL. : 082

• Plan *p. 428-429* • Plan du tramway *p. 434-435* • Plan du parc de la Paix *p. 439*

Ville-martyre, ville-mémoire, mais aussi ville-delta. L'évocation d'Hiroshima renvoie inexorablement à la tragédie du 6 août 1945. En toute logique, le passé occupe une large place dans la cité : musées, mémorial, même les jardins en portent encore les stigmates. Aujourd'hui, preuve de sa renaissance, elle ne s'inscrit plus seulement dans ce que l'humanité peut commettre de pire, elle s'est forgée un présent et un avenir tournés vers la paix et la lutte contre l'arme nucléaire. Cette ville moderne est érigée en symbole pour le monde entier.
Mais si l'Histoire constitue la principale raison d'une visite d'Hiroshima, elle ne doit pas occulter ses multiples attraits : construite sur le delta du fleuve Ota-gawa – *hiro* signifie « large » et *shima* « île » –, elle est traversée par 7 bras d'eau qui se jettent dans la mer Intérieure. En suivre le cours le long de promenades arborées, s'asseoir à une terrasse pour savourer la quiétude des lieux, traverser ses innombrables ponts pour rejoindre des musées d'art de grande qualité ou des jardins au charme intact, sillonner les grandes artères en vieux tramway des années 1940 et, pourquoi pas, prendre de la hauteur pour une balade forestière à l'orée de la ville, voilà autant d'atouts qui font d'Hiroshima une ville au final si attachante.
Et s'il fallait encore ajouter un avantage, son coût de la vie raisonnable ne serait pas le moindre.

UN PEU D'HISTOIRE

Le site occupe une position stratégique et donc convoitée. À la fin du XVIe s, le clan Mori, qui contrôle la région, y fait construire un château. Puis les occupants successifs étendent cette ville d'eau grâce à du remblai. Son développement s'intensifie avec l'arrivée du chemin de fer et la construction du port relativement protégé par la mer Intérieure. Lorsque éclatent les guerres contre la Chine à la fin du XIXe s et contre la Russie au début du XXe, elle est toute désignée pour devenir une base logistique indispensable à l'armée japonaise. Et l'empereur y établit un temps son QG. Pendant la Seconde Guerre mondiale, les chantiers de construction navale turbinent sans relâche, tandis que les usines produisent des gaz toxiques à la chaîne.

Printemps 1945, le Japon affaibli

Alors que l'Allemagne a déjà capitulé sans condition le 7 mai 1945, l'armée japonaise subit de lourdes pertes. La population est exsangue du fait des bombardements intensifs des Américains sur les principales villes (95 000 morts dans le seul raid incendiaire de Tokyo en mars 1945) et de la pénurie alimentaire engendrée par « l'Opération famine ». Ce blocus prive en effet l'archipel de tout approvisionnement par voie maritime entre avril et août 1945. Entre juin et juillet, 23 000 enfants sont évacués dans les campagnes par peur d'attaques massives. Dans ce contexte, les Japonais veulent mettre fin à la guerre, comme le prouve une enquête menée par la police militaire, dont le rapport est transmis au plus haut niveau.
En juillet, l'empereur annonce une reddition et envoie des émissaires négocier les termes de la capitulation via plusieurs canaux diplomatiques : l'ambassadeur en Suisse contacte les États-Unis et l'URSS, pays qui n'a pas (encore) déclaré la guerre au Japon et dont on espère qu'il jouera le rôle d'intermédiaire. En vain. Le 26 juillet, lors de la conférence de Potsdam, un ultimatum signé par les Américains et les Britanniques stipule que « si le Japon ne capitule pas, il s'expose à un anéantissement rapide et total ». Le maintien de l'empereur sur le trône n'étant pas garanti, le Japon refuse. Truman savait de quoi il parlait, puisqu'entre temps, le 16 juillet, dans le désert du Nouveau-Mexique, une bombe atomique au plutonium était testée pour la 1re fois. Nom de code : Trinity.

Projet *Manhattan*

Dès décembre 1941, le président Roosevelt lance le projet *Manhattan* avec pour objectif de se doter de la bombe atomique, sans demander l'avis du Congrès. Il sait qu'Hitler finance déjà un programme du même ordre ; la maîtrise du procédé n'est qu'une question de temps. Soviétiques et Américains rivalisent pour obtenir les plans nazis. Même les Japonais participent à cette course à l'armement.
Près de 200 000 personnes, dont plusieurs Prix Nobel, travaillent aux États-Unis dans le plus grand secret sous l'égide du général Groves. La mort du président Roosevelt en avril 1945 ne remet pas en cause les recherches. Le président Truman reprend le flambeau.
La bombe à uranium qui doit être larguée en premier n'a jamais été testée car techniquement plus stable, contrairement à celle au plutonium, plus chère aussi.

TOUT EST RELATIF

Plutôt connu pour ses positions pacifistes, Albert Einstein se laissa convaincre par des physiciens nucléaires d'envoyer une lettre au président Roosevelt pour le prévenir que l'Allemagne pourrait se doter d'une bombe atomique. On est en août 1939. Toute sa vie, il regretta ce courrier, qui a encouragé les États-Unis à investir dans le projet Manhattan. *En mars 1945, il renvoya un mémorandum à Roosevelt pour l'enjoindre à ne pas utiliser cette arme. Trop tard. Il ne cessera ensuite de militer pour la paix.*

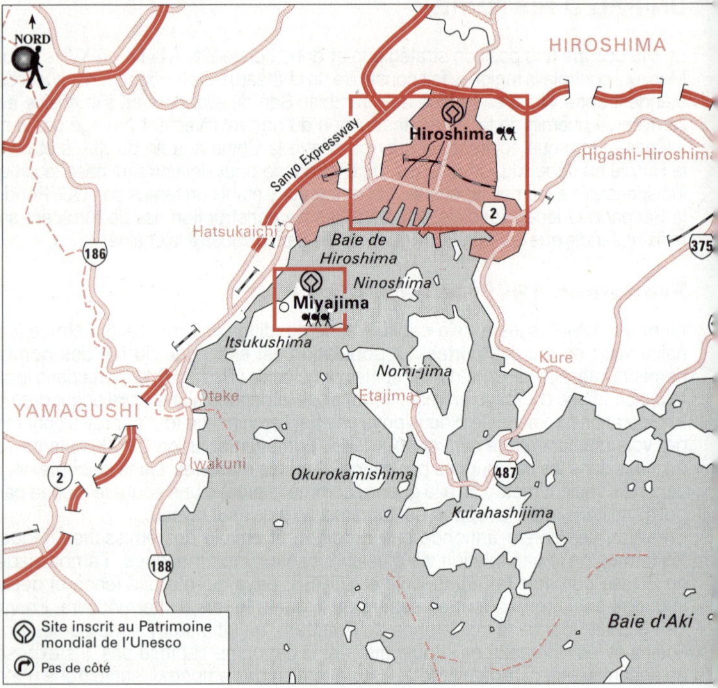

70 scientifiques qui travaillent sur le projet lancent une pétition pour demander une démonstration de la bombe, pensant que cela suffirait pour effrayer l'ennemi sans avoir à l'utiliser sur la population. Retenu par le général Groves, le document ne sera jamais déposé sur le bureau de Truman. Le président aurait-il eu, à ce stade, le courage politique de renoncer à l'opération ?

L'objectif officiel de conclure la guerre au plus vite et d'achever l'ennemi juré est doublé par une volonté farouche de prouver la puissance militaire et la supériorité scientifique des États-Unis sur l'URSS et sur le monde. Le largage de la bombe justifie par la même occasion les moyens phénoménaux, financiers et humains, concentrés pour parvenir à leurs fins.

La bombe est baptisée « Little Boy » du fait de sa relative petite taille et de sa puissance de 15 kilotonnes de TNT (22 à Nagasaki). Ses 4 t sont composées d'uranium enrichi et reposent sur le principe de la fission (celui de la fusion pour la bombe à hydrogène).

Pourquoi Hiroshima ?

Une fois Kyoto extraite de la liste (lire la rubrique « Histoire » dans le chapitre « Hommes, culture, environnement »), Hiroshima arrive en tête des cibles potentielles, suivie de Niigata, Kokura et Nagasaki. La ville offre en effet plusieurs « ***avantages*** » : ***topographique*** d'abord. La zone d'impact circonscrite entre les montagnes d'un côté, la mer de l'autre permettra de mesurer les effets avec plus de précision. ***Stratégique*** aussi, car non seulement les services de

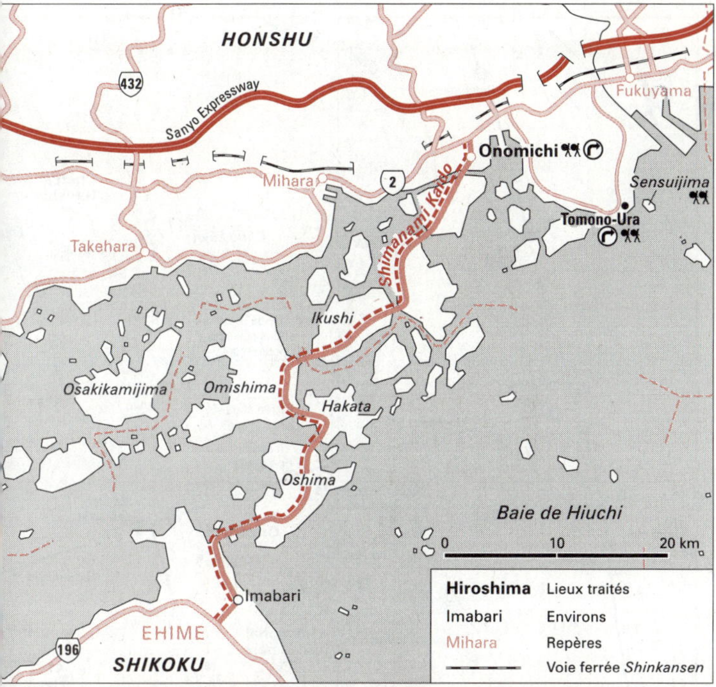

HIROSHIMA ET LA MER INTÉRIEURE

renseignements occupent le château d'Hiroshima, mais elle abrite une base militaire de 1re importance, complétée par un port qui assure un soutien logistique à l'armée. ***Architectural*** enfin, puisque la plupart des habitations sont construites en bois et papier de riz, facilement inflammables. Reste la météo, incertaine.

Le 6 août au matin, 3 avions partent en repérage météo (vers Hiroshima et les cibles alternatives finalement retenues : Kokura et Nagasaki). Derrière eux, l'*Enola Gay,* qui transporte la bombe, est flanqué de 2 autres appareils, l'un chargé de photographier l'événement, l'autre de prendre des mesures. Un 7e avion vole en direction d'Iwo Jima pour assister en cas de problèmes mécaniques.

Au-dessus d'Hiroshima, le ciel dégagé autorise le largage. L'*Enola Gay* arrive donc sur le site et vise l'Aioi bashi. Le pont en forme de T, visible de loin, est une cible parfaite.

Et soudain...

La bombe explose à 530 m d'altitude, une hauteur calculée pour provoquer le plus de dégâts possibles. La population est d'abord aveuglée par une lumière éblouissante avant de subir l'onde de choc qui se propage à 1 600 km/h. Quelques secondes après, le grondement de la déflagration arrache tout. 1 mn plus tard, une colonne s'élève vers le ciel, s'ouvre et forme un nuage en forme de champignon couleur feu. Il est composé de gaz brûlants et de particules radioactives. Il prend de plus en plus d'ampleur pour atteindre 17 000 m d'altitude, 800 m de diamètre et recouvrir la ville tout entière. 12 km² sont atomisés.

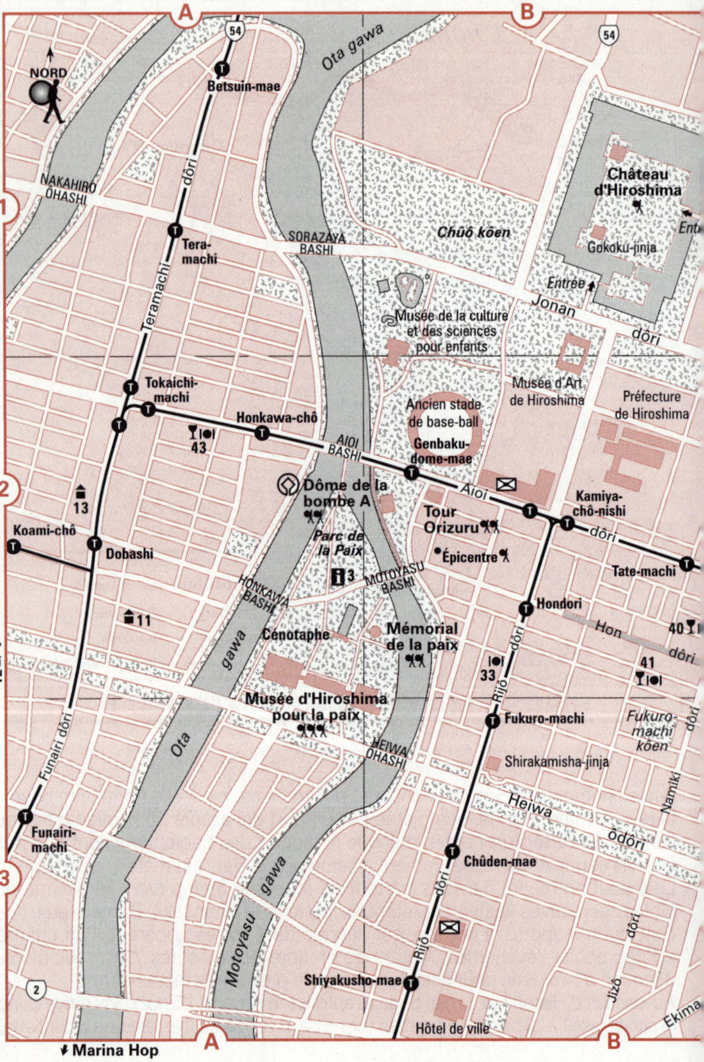

Adresses utiles

- 1 Office de tourisme (dans la gare ; D2)
- 2 Kiosque d'informations touristiques (South Exit ; D2)
- 3 Office de tourisme (parc de la Paix ; A2)
- 4 Transportation Tourist Information Center (North Exit ; D2)

Où dormir ?

- 10 K's House Hiroshima (D2)
- 11 J-Hoppers (A2)
- 12 World Friendship Center (hors plan par A2)
- 13 Mange Tak (A2)
- 14 Regalo Hotel (C2)
- 15 Hana Hostel (D2)

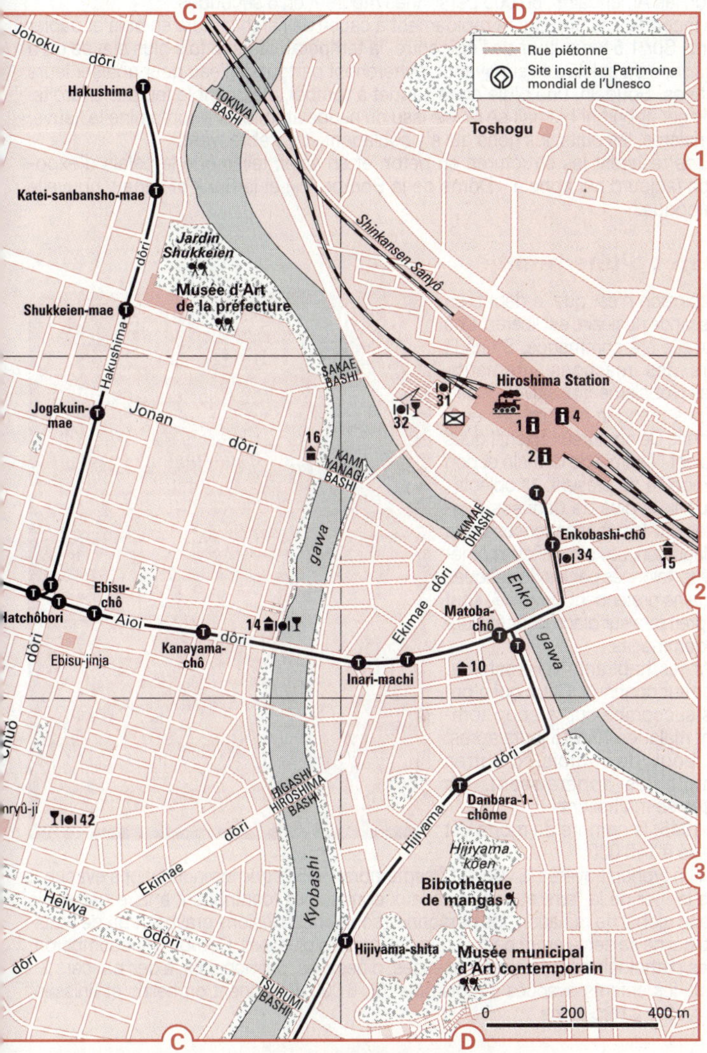

HIROSHIMA

16 Flex Hotel (C2)

34 Daruma (D2)

Où manger ?

- **14** Pulpul et Regalo Café (C2)
- **30** Okonomi-mura (B3)
- **31** Kishimoto (D2)
- **32** Sunny Day Beer (D2)
- **33** Wabaru Tobira (B2)

Où boire un verre ?

- **32** Sunny Day Beer (D2)
- **40** Quarante-Quatre (B2)
- **41** Quarante-Cinq (B2)
- **42** Hallelujah (C3)
- **43** Organza (A2)

Selon les Américains, 80 000 personnes meurent en 5 secondes.
Les incendies se propagent rapidement à cause de l'architecture en bois et papier de riz. Sur 1,5 km autour de l'épicentre, la température est 5 fois plus élevée qu'à la surface du soleil. Les survivants recherchent partout de l'eau pour apaiser leurs brûlures. Soudain, une pluie noire se met à tomber, éteignant le feu par endroits. Mais cet apparent bienfait se révèle issu du nuage atomique. Il contamine le fleuve, les rivières, les puits, les gens qui s'y soulagent et s'y abreuvent.
Seules résistent les structures en béton et en acier, telles que le palais d'exposition (aujourd'hui appelé « Dôme de la Bombe A ») et la *Bank of Japan,* nouvelle à l'époque.

L'effet d'une bombe

L'explosion n'est que le début. La puissance nucléaire est libérée, une nouvelle ère commence. S'ensuit alors des réactions internationales globalement positives. Albert Camus prend la mesure de l'événement. De nombreux scientifiques y voient l'énergie de demain et non la tragédie du présent. 1er objectif : recueillir le plus de données possibles sur les conséquences de la déflagration. Les scientifiques américains, talonnés par les Soviétiques (certains prétendent l'inverse), sont les premiers sur place pour évaluer les dommages.
Pour les habitants d'Hiroshima, l'horreur continue. Ceux qui n'ont pas succombé sur le coup tombent malades 10 à 15 jours après. Au bout de 1 mois, d'autres symptômes apparaissent, les décès se multiplient.
Fin 1945, le nombre de morts est évalué à 140 000.

LA SCIENCE AU SERVICE DU « MEURTRE ORGANISÉ »

Lorsque les Alliés apprirent l'explosion, l'heure était à l'enthousiasme sur cette arme si dévastatrice, « à vocation pacifique », qui portait un coup fatal au dernier État qui n'avait pas capitulé. Albert Camus fut un des premiers intellectuels en Occident à condamner l'utilisation de la bombe atomique. Dans son édito de Combat du 8 août 1945, il rappelle « l'indécence » à célébrer une telle « découverte » scientifique, et la « sauvagerie » des moyens employés. Camus plaide pour une « société internationale » qui doit œuvrer pour la paix, la seule bataille valable, sans qu'un État puisse se considérer supérieur à un autre du fait qu'il possède la puissance nucléaire. Certains dirigeants dans le monde pourraient, encore aujourd'hui, relire ces lignes, toujours d'actualité.

Et si un typhon traverse la ville le 17 septembre 1945 et que les inondations évacuent vers la mer de la terre et des matériaux contaminés, contribuant à faire baisser le niveau global de radiation, les personnes souffrent de lésions graves et/ou de maladies qui ne se déclareront parfois que des années plus tard. Combien succomberont à des pathologies cardiaques, osseuses, digestives, pulmonaires, à des cancers ?
Parmi les enfants évacués 1 mois plus tôt, 6 000 deviennent orphelins et finissent par rentrer à Hiroshima.

Les survivants, la loi du silence

Pendant quelques jours, personne dans le reste du Japon ne sait ce qui s'est passé. Le *Nippon Times* utilise tardivement le terme de « bombe atomique » et minimise les dégâts pour ménager la population. L'État s'enferme dans une sorte de « honte » et ne divulgue rien, ce qui le dispense de s'interroger sur son propre rôle dans la guerre, notamment en Chine.
Entre 1945 et 1951, l'occupant américain censure les médias japonais, qui n'ont pas le droit d'évoquer l'ampleur de la tragédie. En Occident, au contraire, les États-Unis nourrissent une propagande bien huilée sur les effets pacificateurs de cet arsenal et justifient l'emploi de la bombe par le fait qu'une invasion de

l'Archipel aurait causé la mort d'un million de soldats américains. Bref, « un mal nécessaire » pour mettre fin à la guerre. Entre silence et désinformation, la population survit et souffre dans l'ignorance presque générale.
Dans la zone touchée, les rumeurs sur les effets des radiations enflent. Par méconnaissance des risques encourus, de nombreuses femmes avortent, les survivants se retrouvent discriminés, car on pense qu'ils risquent de tomber malades ou de mourir à tout moment, ou alors qu'ils sont contagieux et que l'irradiation se transmet de génération en génération. Ils trouvent difficilement du travail et ont du mal à se marier. Comment faire comprendre ce qu'ils vivent alors qu'eux-mêmes ne le savent pas ? Comment traduire l'indicible ? Se souvenir des images, de l'odeur, est trop pénible. Faut-il oublier ? Si bien que sur la journée du 6 août, beaucoup se taisent. Le besoin de témoigner arrivera quelques années plus tard, voire jamais pour certains (lire à ce propos *Il y a un an Hiroshima,* de Hisashi Tohara).
Le calvaire physique et psychologique n'échappe pourtant pas à tout le monde : des survivants sont utilisés comme cobayes par des scientifiques japonais qui étudient les effets des radiations. D'autres atterrissent en toute discrétion dans un centre de recherche américain qui s'intéresse aux irradiés vivants... et morts. Aucun traitement n'est mis en place.
Mais le secret fait d'autres victimes. La non-prise en charge des orphelins par l'État les a rendus vulnérables au trafic humain. Certains sont vendus, d'autres enrôlés par les yakuzas. Beaucoup sont morts de faim.
Il faudra attendre 1957 pour que le statut d'*hibakusha* (survivant) soit officiellement reconnu. Le gouvernement émet le « Livret de survivant », dans lequel est consigné le dossier médical de chaque personne contaminée, lui permettant de recevoir un traitement gratuit. En 1965, les *hibakusha* sont enfin recensés et, en 1994, symboliquement indemnisés : un long chemin de déni. L'empereur présente ses condoléances aux familles en juillet 1995, un demi-siècle plus (trop) tard. Barack Obama sera le 1er président américain en exercice à rendre hommage aux victimes en 2016 et à rencontrer des survivants. Les excuses ne sont pas à l'ordre du jour. Aujourd'hui, les témoignages sont conservés et numérisés.

12 ANS PLUS TARD, LES *HIBAKUSHA* SORTENT DE L'OMBRE

Grâce au « Livret de survivant », chacun reçoit une carte dont le code correspond au niveau de radiation subi, à la fois selon la distance par rapport à l'épicentre (moins de 2 km étant considéré comme critique) et la période d'exposition (le danger étant plus grand si elle a eu lieu dans les 2 semaines qui ont suivi le bombardement). Même les fœtus de mères irradiées sont reconnus.

Hiroshima aujourd'hui

Si le temps fort de la ville se concentre autour du 6 août, journée de commémoration, Hiroshima vit également au rythme des succès de son économie (la ville est le 1er producteur d'huîtres et de citron du pays) et, surtout, de son équipe de base-ball, les Carp.

FÊTES ANNUELLES ET MANIFESTATIONS CULTURELLES

- ***Hiroshima Flower Festival :*** début mai. Organisé au Parc du Mémorial de la paix afin de célébrer l'harmonie et la paix. Parades, concerts, et spectacles de *kagura* (danse rituelle d'origine shintoïste). Le soir, on illumine des lanternes en mémoire des victimes, sur lesquelles sont écrits des messages de paix.
- ***Tôka-san :*** début juin. C'est un des 3 festivals les plus importants d'Hiroshima, célébré en l'honneur de la divinité Tôka Daimyojin du Temple Enryûji. Il est aussi connu sous le nom de Yukata Matsuri.

– ***Heiwa Kinen Shikiten :*** le 6 août. Commémoration organisée au Parc du Mémorial de la paix en mémoire des victimes. À 8h15, au moment où la bombe fut lancée, on fait sonner les cloches de la paix.
– ***Ebisukô :*** 18-20 nov. Festival en l'honneur de la divinité Ebisu, protectrice des marchands. Elle présage l'arrivée de l'hiver. La manifestation a pour cœur le sanctuaire d'Ebisu et s'étend aux rues du centre de la ville. On y trouve des porte-bonheurs tels que le *Komazarae,* râteau en bambou coloré, attirant la bonne fortune.
– ***Hiroshima Kagura :*** ts les mer, début avr-fin déc au Hiroshima Prefectural Citizen's Culture Center. Spectacles de *kagura,* danse shintoïste accompagnée du son des tambours japonais appelés *taiko.*

Quand y aller ?

Au printemps et à l'automne. En avril-mai, l'ensoleillement est le plus fort. L'automne est relativement ensoleillé, avec des températures douces et des pluies moins fréquentes, sans oublier les couleurs mordorées des arbres. La période de juin à octobre peut être affectée par des typhons, même si la zone est relativement protégée par la mer Intérieure (août est le mois d'été le plus sec mais connaît une forte affluence du fait de la commémoration qui s'y déroule chaque année le 6 août). L'hiver est souvent froid ; il peut neiger.

Arriver – Quitter

En train

– *Rappel :* gratuit avec le ***Japan Rail Pass,*** sauf pour les super express « Nozomi » et « Mizuho ».
Pour organiser ses déplacements en train (et en anglais) : • *hyperdia.com/en* •
➢ ***De/pour Osaka :*** liaison directe jusqu'à la gare de Shin-Osaka 新大阪駅 avec les trains *Shinkansen.* Fréquence : env ttes les 20 mn. Durée : 1h40. Billet : env 5 720 ¥.
➢ ***De/pour Kyoto et Tokyo :*** liaison directe avec les super express Nozomi. Durée : respectivement 1h45 et 4h. Billets : 6 600 et 11 880 ¥. Sinon, les détenteurs du *JR Pass* doivent changer à Shin-Osaka. Fréquence : env ttes les 20 mn.
➢ ***De/pour Onomichi :*** train local avec changement à Itozaki (env 1 520 ¥) ou *Shinkansen* avec changement à Mihara 三原 (même prix). Durée : 1h10 à 1h30.
➢ ***De/pour Tomono-Ura :*** jusqu'à Fukuyama 福山 en train local avec changement à Itozaki (env 2h et 2 000 ¥) ou en *Shinkansen* (durée : 25 mn). Puis continuer en bus ou en taxi.
➢ ***De/pour Miyajima :*** voir plus loin le chapitre consacré, avec toutes les options pour rejoindre l'île.

En bus

➢ ***De/pour Osaka et Kyoto :*** du Bus Terminal North, env 7 bus/j. pour Osaka, dont 3 continuent vers Kyoto. Compter respectivement 4h50 et 6h.
➢ ***De/pour Tokyo :*** du Bus Terminal North, 1 bus de nuit. Prévoir 12h40. Être motivé !

En avion

L'aéroport, à environ 50 km à l'est d'Hiroshima, accueille principalement des vols domestiques, assurés par la *JAL* et *ANA,* ainsi que quelques lignes vers l'Asie du Sud (Taipei, Shangaï, Pékin, Singapour, Séoul...). • *hij.airport.jp* •
Pour relier l'aéroport et le centre-ville : bus de la gare JR. Durée : env 50 mn. Et *Airport Limousine Bus* (arrêts le long de Heiwa Odori ; bd de la Paix), au sud de la ville. Prix : 1 540 ¥.
➢ ***Tokyo (Haneda) :*** près de 20 vols/j. Durée : 1h25.
➢ ***Tokyo (Narita) :*** 2 vols/j. Durée : 1h30.
Également des vols pour Sapporo, Sendai et Okinawa.

Se déplacer en ville

Le centre d'Hiroshima se visite facilement à pied et en transports grâce à un réseau dense et efficace.

– ***En tramway :*** indiqué par le sigle T sur le plan et dans le texte. Il existe 9 lignes de tram. Ils circulent ttes les 8-12 mn. Trajet : 180 ¥. *Pass* 1 jour : 600 ¥, ou 840 ¥ avec le ferry pour Miyajima 宮島. De la gare JR, départs fréquents 6h-22h20 (jusqu'à 23h20 selon les lignes). On paie en sortant. Que ce soit les vieux trams des années 1940 ou les plus récents, ils sont faciles d'utilisation et quadrillent efficacement la ville.
– ***En bus :*** 2 compagnies principales, *Hiroden Buses* (verts) et *Hiro-shima Buses* (rouges). Prix : 160-220 ¥ selon parcours. Prendre un ticket en entrant ; vérifier à quel tarif correspond le numéro sur le tableau à l'avant du bus. Et payer le montant exact en sortant (ou faire du change à la machine). *Sightseeing Loop Bus :* les 3 lignes (orange, jaune et verte) desservent les principaux centres d'intérêt à partir de la gare JR (côté *Shinkansen,* North Exit). Départs ttes les heures 9h ou 9h30-17h ou 17h45 selon les lignes. 1 trajet : 200 ¥ ; *pass* 1 jour : 400 ¥ ; réduc. Achat des tickets dans le bus ou au *Transportation Tourist Information Center.* Gratuit avec le *JR Pass.*
– **Pass *tram, bus, ferry* :** pour 3 jours, compter 1 000-3 000 ¥ selon la zone (toute la préfecture pour le plus cher). Également un *pass* de 5 jours pour Hiroshima et Miyajima ou pour la préfecture : 4 000-6 000 ¥. Ils s'achètent au *Tourist Information Office* de la gare JR (côtés nord et sud), à l'*Hiroshima Bus Center* de la tour Orizuru *(tlj 10h-18h)* et à l'aéroport.
– ***En taxi :*** *prise en charge 620 ¥.* Nombreux, pratiques.
– ***En bateau :*** ***Aqua Net Service,*** *☎ 246-1310. Horaires selon marée. Aller simple : 1 200 ¥.* *Water taxi* qui permet de relier la gare JR au parc de la Paix via le jardin Shukkeien.

Adresses utiles

Informations touristiques

ℹ ***Office de tourisme*** *(Tourist Information Center ; plan D2,* ***1****)* **:** *à l'étage de la gare JR. ☎ 263-5120. • fr.visithiroshima.net • ou • hiroshima-navi.or.jp • Tlj 6h-minuit.* Bureau officiel. Bien fourni en cartes et brochures. Infos en anglais.
ℹ Un ***kiosque,*** géré par l'association des hôtels, se trouve devant la gare (South Exit ; *plan D2,* **2**). *☎ 567-7885. Tlj 9h-18h.* Donne aussi des infos.
ℹ ***Office de tourisme*** *(plan A2,* ***3****)* **:** *dans le parc de la Paix. ☎ 247-6738. Tlj 9h30-19h août (18h avr-sept, 17h oct-mars).* Anglais parlé.
ℹ ***Transportation Tourist Information Center*** (plan D2, **4**) **:** *Shinkansen Entrance/North Exit. Tlj 9h30-18h.* On y parle l'anglais. Tant mieux car les fiches horaires des trains ne sont imprimées qu'en japonais. *Autre bureau côté sud (tlj 9h-18h).*
■ ***Change automatique*** *(plan D2)* **:** *à l'étage de la gare JR, près de l'office de tourisme.* L'appareil change les devises.

Où dormir ?

De très bon marché à bon marché (moins de 10 000 ¥ / 83 €)

🏠 ***K's House Hiroshima*** ケイズハウス広島 *(plan D2,* ***10****) : 1-8-9 Matoba-cho, Minami-Ku. ☎ 568-7244. • kshouse.jp • Ⓣ Matoba-chô 的場町 ou Inari-machi 稲荷町. À env 10 mn à pied de la gare JR. Si résa à l'avance, le faire sur leur site, non par tél. Dortoirs 2 600-3 000 ¥/pers ; chambres privées 4 000-8 000 ¥ pour 2 ; pas de*

HIROSHIMA

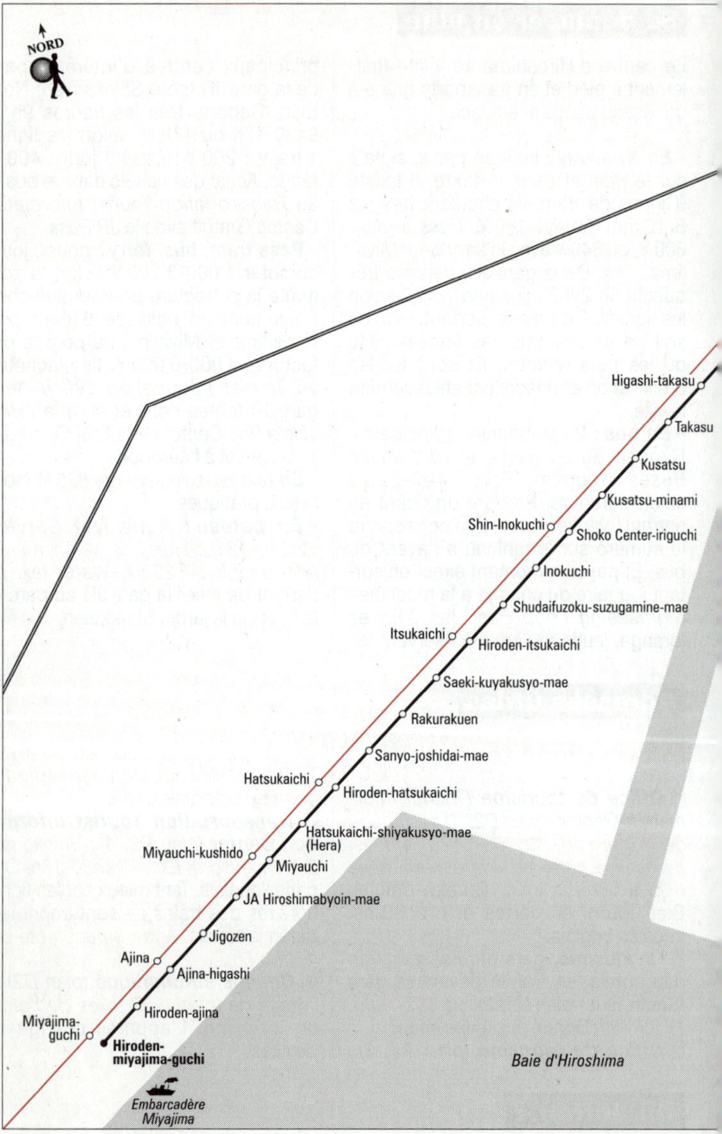

petit déj mais cuisine à dispo avec thé et café. Large choix d'hébergements, tous impeccables et climatisés : en dortoir (4-8 lits) mixtes ou pour filles, en chambres privées de style occidental (avec salle de bains) ou japonais (salle de bains commune). Et des petits plus : laverie, location de vélos,

HIROSHIMA – Plan de tramway

terrasse sur le toit. En prime, excellent accueil. Un très bon point de chute.

J-Hoppers ジェイホッパーズ *(plan A2, **11**) : 5-16 Dobaishi-cho, Naka-Ku. ☎ 233-1360. ● hiroshima.j-hoppers.com ● Ⓣ Dobashi* 土橋*. Compter 2 200-3 000 ¥/pers en dortoir (6-8 lits) ou 5 400-8 400 ¥ en chambre privée* *pour 2 ; sdb commune.* Bien située, à l'écart d'une grande artère et non loin du parc de la Paix, cette auberge propose des dortoirs mixtes ou pour filles, type alvéoles fermées par un rideau (ne pas être claustro). Les chambres de format japonais offrent, quant à elles, un excellent rapport qualité-prix.

World Friendship Center ワールフレンドシップ センター *(hors plan par A2,* ***12****) : 8-10 Higashi Kan-on, Nishi-Ku. ☎ 503-3191. • wfchiroshima.net • Ⓣ Koami-chô* 小網町 *ou Funairi-machi* 舟入町*. Résa à l'avance conseillée. Prévoir env 8 500 ¥ pour 2, petit déj compris... à 8h.* Plus qu'un toit, le centre propose une démarche qui fait sens. Fondé par une Américaine, dont le mari avait travaillé après la guerre au centre de recherche sur les effets de la bombe, il a pour but de promouvoir la paix et d'inviter chaque visiteur à échanger. D'ailleurs, dans le prix du séjour, sont compris une visite guidée du parc de la Paix et le témoignage d'un survivant. Quant aux 6 chambres japonaises à l'excellent rapport qualité-prix, elles sont distribuées dans 2 bâtiments. Elles sont plus grandes et lumineuses dans celui de devant. Une bonne façon de mieux comprendre le passé de la ville.

Mange Tak マングタック *(plan A2,* ***13****) : 2-1-13 Sakaimachi, Naka-Ku. ☎ 533-7655. • mange-tak.com • Ⓣ Dobashi* 土橋 *ou Koami-chô* 小網町*. Dortoirs mixtes ou seulement de filles (10-18 lits) 3 300-4 500 ¥/pers, plus une double avec sdb.* Dans un quartier résidentiel. *Mange tak* signifie « merci bien » en danois. Le proprio étant marchand de meubles nord-européens, le style se reconnaît à chaque étage identifié par le nom d'une capitale scandinave. Tout est impeccable et pratique, avec cuisine à dispo, laverie, une terrasse sur le toit et même un café au rez-de-chaussée (avec des chaises en moumoute). Bon accueil.

Regalo Hotel レガロホテル *(plan C2,* ***14****) : 9-2 Hashimoto-cho, Naka-Ku. ☎ 224-6300. • regalo-h.com • Ⓣ Kanayama-chô* 銀山町*. Doubles env 9 500-10 000 ¥. Préciser si fumeurs ou non.* Style un peu daté avec de la moquette pour certaines chambres et des meubles au design ancien. Le dessus-de-lit, ah, un vrai poème ! On se console avec ses autres atouts : du confort, une taille de chambre pour la plupart correcte et un très bon rapport qualité-prix-emplacement. Et puis le café devant la rivière est bien agréable.

Hana Hostel はなホステル *(plan D2,* ***15****) : 1-15 Kojin-machi, Minami-Ku. ☎ 263-2980. • hiroshima.hanahostel.com • Ⓣ Enkobashi-chô* 猿猴橋町*. Dortoirs (4 lits) 2 300 ¥/pers ; chambres privées 6 200-6 600 ¥ pour 2.* À proximité de la gare JR, un atout et un inconvénient car les trains s'entendent. Pour un peu moins de bruit, demander un lit côté rue (non côté train). C'est le cas par exemple des doubles de style japonais (avec salle de bains). Les *twins* japonaises avec w.-c. mais douche commune donnent sur les lignes. Dortoirs des 2 côtés. Également des *twins* de type occidental équipées de salle de bains. Cuisine avec thé et café à dispo.

De prix moyens à chic (de 10 000 à 25 000 ¥ / 83-208 €)

Flex Hotel ホテルフレックス *(plan C2,* ***16****) : 7-1 Kaminobori-cyo, Naka-Ku. ☎ 223-1000. • hotel-flex.co.jp • Ⓣ Hiroshima Station* 広島駅 *ou Jogakuin-mae* 女学院前*. Situation pratique, à 10 mn à pied de la gare JR (South Exit). Doubles 10 000-20 000 ¥, petit déj léger inclus.* Pas forcément très engageant de l'extérieur, la prédominance du béton est ensuite adoucie par le bois. On retrouve cette déco contemporaine dans les chambres, très petites pour les doubles (pas évident en fonction de la taille des bagages) mais charmantes. Les *twins* sont en général un peu plus spacieuses (plus chères) et certaines possèdent un balcon donnant sur la rivière. Dans tous les cas, salle de bains minuscule. Personnel attentionné et agréable café face à l'eau.

Où manger ?

Bon marché (jusqu'à 1 500 ¥ / 12,50 €)

Okonomi-mura お好み村 (plan B3, **30**) : 5-13 Shintenchi, Naka-ku. Ⓣ Hatchôbori 八丁堀. Tlj 11h-22h. Une institution à Hiroshima. Un *food court* dans un immeuble occupé par des stands d'*okonomiyaki* du 2e au 4e étage. On aime bien *Teppei* au 3e, les femmes sont aux fourneaux. Sur la plaque chaude, elles préparent des versions aux fruits de mer, au bœuf, végétarienne..., mais suivez votre flair : parmi les dizaines de gargotes, ce ne sont pas les propositions qui manquent.

Les restos du quartier Ekinishi (plan D2) : à l'ouest de la gare JR. Ⓣ Hiroshima Station 広島駅. Complètement à part, ce tout petit quartier très fréquenté par les gens du coin est strié de 4 rues dans un sens, 3 dans l'autre, pas plus. Une sorte de mini-*Golden Gai* (voir dans le quartier de Shinjuku à Tokyo). Il abrite des *izakayas* de quelques places seulement, mais pour tous les goûts. Tentez votre chance chez **Kishimoto** 岸本食堂 (plan D2, **31** ; tlj sauf lun 18h-22h). Bons sushis et sashimis le soir à prix raisonnables (fourchette « Prix moyens »). Ne prend pas de résa et ne parle pas l'anglais. Le midi, c'est un resto de curry (tlj sauf lun 11h30-13h). On aime bien aussi le **Sunny Day Beer** (plan D2, **32** ; tlj sauf lun 16h-1h ; dim 14h-22h) pour sa cuisine centrale où sont préparées tapas et salades servies au comptoir, et pour son accueil jeune et enthousiaste. Plus de places que dans les autres restos du quartier.

Pulpul プルプル **et Regalo Café** レガロカフェ (plan C2, **14**) : devant l'hôtel Regalo (voir « Où dormir ? »). Ⓣ Kanayama-chô 銀山町. On y vient plus pour sa situation que pour la cuisine simple (sans être mauvaise : curry, *omurice*, entre autres ; le *Pulpul*, lui, n'affiche qu'un seul plat). Les terrasses face à la rivière sont charmantes et surtout pas si fréquentes en ville. Accueil gentil comme tout au *Pulpul*. On peut aussi se contenter d'y boire un verre.

Voir aussi plus bas les bars qui font souvent resto.

Prix moyens (de 1 500 à 3 500 ¥ / 12,50-29 €)

Wabaru Tobira 和バル扉 (plan B2, **33**) : 2-7-1 Otemachi. ☎ 244-3883. Ⓣ Fukuro-machi 福路町 ou Hondori 本通り. Tlj 11h30-14h, 17h-minuit (dernière commande). Fourchette haute. Sur cette artère archimoderne, la façade se donne des airs de maison de marchand traditionnelle, tandis que l'architecture intérieure reconstitue une ferme japonaise. Mais aussi bien dans le cadre que dans la cuisine, l'influence occidentale n'est jamais loin. Tables « classiques », comptoir, boxes privés, permettent de choisir son ambiance. Côté cuisine, si les portions sont peu copieuses, les plats en revanche sont exquis : canard au barbecue et sauce citron, risotto d'anguille de mer, poulet à la vapeur aux champignons et sauce à la prune, huîtres... sans oublier la sélection de whiskies et de sakés. Une belle adresse.

Daruma だるま (plan D2, **34**) : 5-11 Enkobashicho, Minami-Ku. ☎ 263-0999. Ⓣ Enkobashi-chô 猿猴橋町. Tlj 11h-22h. Résa conseillée. Une enseigne très réputée parmi les habitants pour ses sushis à base de poissons de la mer Intérieure. Comptoir et salle à l'étage.

Où boire un verre ?

Sunny Day Beer サニーデイビール (plan D2, **32**) : dans le quartier Ekinishi (voir « Où manger ? »). Dans ce quartier un peu à part, il est tentant de prendre ses habitudes ici : grande variété de bières locales et étrangères, bon choix de sakés, que l'on éponge avec des tapas ou du poulet frit. Bonne ambiance.

Quarante-Quatre キャラントカトル (plan B2, **40**) : 5F, Apex Bldg, 6-3 Tatemachi, Naka-Ku. Ⓣ Tate-machi 立

HIROSHIMA

町 ou Hondori 本通り. De la rue Hondori, prendre la rue en face d'ABC Mart et tourner dans la 1re à gauche. L'immeuble se situe juste avt une enseigne jaune verticale, une ardoise en principe placée à l'extérieur. Reste à trouver l'ascenseur... en demi-sous-sol, derrière un pilier. Tlj sauf lun 11h30-2h. Mieux vaut être motivé ! On l'est et plutôt 3 fois qu'une. Le *44* propose une déco tendance *hipster* parfaite pour s'affaler après une longue journée ou pour prendre l'air sur la terrasse en surplomb de la rue. Quel luxe ! On peut aussi y manger un morceau. Envie d'une autre ambiance ? Un côté plus *Blade Runner* (rien qu'avec le nom : *kiss of luminessence* !) pour le demi-étage supérieur qui s'ouvre sur un long comptoir en inox éclairé par une lumière jaunâtre. Un peu froid pour le coup. On s'y réchauffe autour d'un verre, rien de plus *(tlj sauf lun 20h-2h).* Dernière option : en mezzanine, le *Yusochi (tlj sauf lun 18h-2h),* un café japonais avec de larges baies vitrées, musique groove, jazzy, qu'on écoute d'une oreille distraite enfoncé dans un canapé. Bref, à chaque étage son style, son ambiance un brin décalée.

🍸 |●| ***Quarante-Cinq*** キャラントサンク *(plan B2,* ***41****) : 1-18 Fukuromachi, Naka-Ku.* Ⓣ *Fukuro-machi 福路町. Tlj 11h30-23h.* Forcément après le *44*... mais sans rapport. Resto et bar plutôt chic avec ses lustres bas, sa terrasse ouverte aux beaux jours donnant sur la rue. Bien pour siroter un verre et manger si affinités.

🍸 |●| ***Hallelujah*** ハレルヤ *(plan C3,* ***42****) : 1F, Nakagawa Bldg 11, 8-11 Nagarekawa-cho, Naka-Ku.* Ⓣ *Ebisu-chô 恵比寿町. Entrée discrète au rdc d'un immeuble, enseigne en noir et blanc. Tlj sauf lun 18h-5h.* Petit bar avec un coin salon, un comptoir, quelques tables et un écran. Cosy et très cool à la fois. Sert aussi quelques plats végétariens (ou pas), japonais et occidentaux. Accueil avenant.

🍸 |●| ***Organza*** ヲルガン座 *(plan A2,* ***43****) : 1-4-32 Tokaichi.* ☎ *295-1553.* Ⓣ *Honkawa-chô 本川町 ou Tokaichi-machi 十日市町. Petite porte en bois très discrète, juste avt l'enseigne* Tadzio, *qui ouvre sur un escalier raide. Le bar est à l'étage. Mar-ven 17h30-1h, le w-e 11h30-1h (minuit dim). Fermé lun.* Underground tendance rétro, ce bar accueille de temps en temps des groupes qui se produisent sur la toute petite scène devant un public forcément réduit (très peu de places, même avec la mezzanine). Quand il n'y a pas de musique, fait aussi resto (plats de riz, tapas...).

À voir

Le parc de la Paix *(plan A-B2-3)*

Ⓣ *Genbaku Dome-mae 原爆ドーム前.* Au cœur de la ville, ce parc de mémoire, autrefois centre animé et commerçant, est aujourd'hui un lieu empreint de sérénité, un espace de verdure enserré entre 2 rivières, où l'on pensait que rien ne repousserait. On y trouve plusieurs monuments commémoratifs. Seul le musée est payant.

Le dôme de la Bombe A 原爆ドーム *(ou* ***dôme de Genbaku****) : à l'extérieur du parc.* C'est souvent par-là que l'on aborde le secteur. Situé à 160 m de l'épicentre, on s'étonne que le bâtiment ait en partie résisté à la déflagration. 2 raisons principales : si la coupole en cuivre a facilement fondu, le reste de la structure se composait de béton, d'acier et de brique, des matériaux assez solides. Et l'explosion verticale et non horizontale a maintenu l'édifice en place. En revanche, tous les visiteurs furent tués sur le coup.
Il s'agissait du palais d'exposition de la préfecture d'Hiroshima *(Industrial Promotion Hall),* conçu en 1915 dans un style Art déco par un architecte tchèque. Nouveau pour l'époque dans sa conception et son utilisation (événements culturels, foires...), il était très fréquenté. Pendant longtemps, la population s'est interrogée sur ce vestige : fallait-il le détruire, car il évoquait un souvenir trop pénible, le

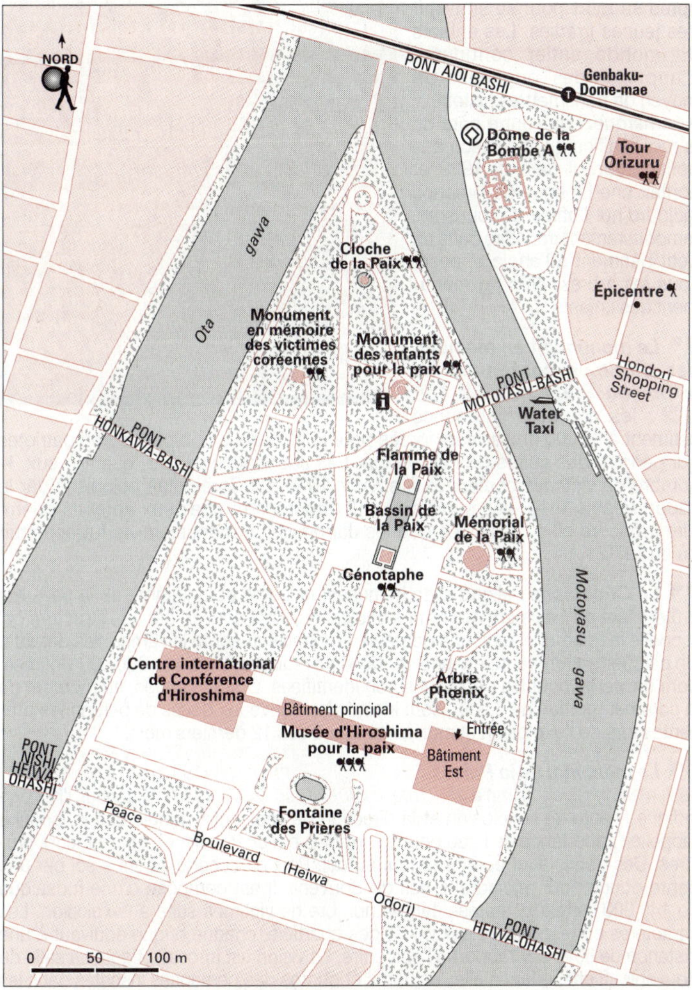

LE PARC DE LA PAIX

réhabiliter pour l'ériger en symbole ? Il a finalement été conservé en l'état avant d'être classé au Patrimoine mondial de l'Unesco en 1996.

La cloche de la Paix 平和の鐘 *(The Peace Bell)* **:** elle représente une utopie : un monde sans frontières où chacun vivrait en paix. Le battant frappe sur le symbole des armes nucléaires pour appeler à leur éradication. Les inscriptions en sanskrit doivent soulager les âmes des victimes.

Le monument des enfants pour la paix 原爆の子の像 **:** statue des 1 000 grues en papier érigée par les amis de Sadako, qui ont collecté des fonds

après sa mort pour se souvenir des jeunes irradiés. Les enfants du monde entier continuent d'apporter des origamis. Un moyen de transmettre l'histoire.
– Remarquez, de l'autre côté de la rue, l'édifice qui a survécu à la déflagration. Il date de 1929 et abritait une fabrique de kimonos (aujourd'hui l'office de tourisme, temporairement transféré dans un petit bâtiment à l'angle opposé, sous les arbres, près du monument des enfants ; tlj 10h-17h).

L'HISTOIRE DE SADAKO SASAKI

Sadako avait 2 ans lorsque la bombe explosa. Elle se trouvait chez elle, à 1,6 km de l'épicentre, et ne fut pas blessée. Elle grandit, devint sportive, et sa santé était bonne... en apparence. Car à 12 ans, elle tomba malade des suites des radiations. Or une ancienne tradition affirme que tout rêve se réalise à condition de fabriquer 1 000 grues en papier (la grue étant le symbole de la longévité). Elle en réalisa 1 300. Mais 8 mois plus tard, elle décéda d'une leucémie. Son histoire devint le symbole de tous les enfants victimes de la tragédie et de ses conséquences.

Le monument en mémoire des victimes coréennes de la bombe 韓国人原爆犠牲者慰霊碑 **:** les autorités coréennes estiment à 30 000 (travailleurs forcés pour la plupart) le nombre de compatriotes qui périrent des suites de l'explosion. Les Japonais évaluent, quant à eux, le nombre de victimes coréennes à environ 10 %. La Corée était colonisée par le Japon depuis 1910. Les survivants qui retournèrent chez eux après la guerre furent encore plus ostracisés que les Japonais. Le monument ne fut construit qu'en 1970.

Le Cénotaphe : aligné avec le musée, le Dôme et la flamme de la paix, qui brûlera tant qu'il existera des armes nucléaires. Il est couvert par une structure qui rappelle le toit d'une ancienne demeure japonaise et abrite les âmes des défunts. Un cercueil enterré renferme une centaine de registres d'environ 300 000 victimes, dont un vierge pour les personnes non identifiées. Chaque année, au moment de la commémoration du 6 août, sont inscrits les nouveaux décès de personnes présentes lors de l'explosion et mortes au cours des 12 derniers mois.

Le mémorial de la Paix : *☎ 543-6271. Tlj 8h30-18h (19h août ; 17h déc-fév) ; dernière admission 30 mn avt. Fermé les 30-31 déc. GRATUIT.* À l'extérieur, l'horloge indique l'heure de l'explosion et la direction de l'épicentre, tandis que la fontaine rappelle l'importance de l'eau pour les irradiés qui cherchaient à apaiser leurs brûlures. Des débris sont éparpillés tout autour. Puis on accède au sous-sol par une pente douce pour rejoindre le hall du Souvenir. Il est composé d'une mosaïque de 140 000 carreaux, représentant le nombre de victimes suite à l'explosion. Les caractères correspondent aux noms des quartiers, chaque brique équivaut à une distance de 80 m par rapport à l'épicentre. La vision est apocalyptique. La salle du Souvenir affiche, quant à elle, les noms et photos des personnes inscrites dans les registres du Cénotaphe. À voir aussi, un film d'environ 10 mn consacré à la tragédie.

Le musée d'Hiroshima pour la Paix 広島平和記念資料館 **:** *☎ 241-4004. • hpmmuseum.jp • Mêmes horaires que le Mémorial. Prix : 200 ¥ ; réduc. Audioguide en anglais : 200 ¥.* Le musée retrace la tragédie, du projet *Manhattan* jusqu'au largage et ses effets. Vidéos, panneaux, maquettes, photos, mais aussi accessoires et objets atomisés font revivre cette période et permettent de se rendre compte moins de l'événement, car c'est impossible, mais un peu plus des conséquences. La reconstruction de la ville laisse place à l'espoir. Une partie est consacrée à la prolifération nucléaire et à la lutte pour l'éradication de ce type d'arsenal. Où l'on voit comment Hiroshima a changé de statut, de base militaire à ville de paix.
En face du resto du musée, « ***l'arbre phœnix*** », ainsi nommé, car il a repoussé après la bombe. Il fleurit toujours.

À proximité du parc

La tour Orizuru おりづるタワー (plan B2) : 1-2-1 Ote-machi, Naka-ku. ☎ 569-6803. • orizurutower.jp/fr • Ⓣ Genbaku Dome-mae 原爆ドーム前. Tlj 10h-19h (9h-20h juil-sept) ; dernière admission à la terrasse panoramique 1h avt. Fermé 15-16 janv et 31 déc. Tarif : 1 700 ¥ (très cher) !
Au guichet, achat possible de 5 feuilles de papier pour fabriquer soi-même (à l'aide d'une vidéo) 5 origamis qui seront jetés du haut de la tour dans une colonne de verre (500 ¥). Car Orizuru signifie « grue en papier », en référence à l'histoire de Sadako (lire plus haut).
Inaugurée en 2016, la tour offre le meilleur point de vue sur le Dôme de la Bombe A et au loin par temps clair sur l'île de Miyajima, soit 2 sites classés au Patrimoine mondial de l'Unesco. La terrasse en bois pentue et couverte du dernier étage est parfois aménagée aux beaux jours. On s'y pose volontiers pour une vision à 360° sur la ville et ses alentours. Grimper à cet observatoire en début de séjour permet de prendre en compte pleinement la dimension historique de la région, mais aussi sa renaissance. Ne pas manquer non plus, à l'étage inférieur, les activités interactives (écran géant connecté pour réaliser un origami dans l'espace), la petite expo sur l'*Industrial Promotion Hall* (le futur Dôme de la Bombe A), symbole de l'atrocité de la bombe et de la guerre, ainsi que la colonne de verre dans laquelle on jette ses origamis (attention au vertige !). Si la question vous taraude, sachez que 1 270 000 origamis sont nécessaires pour remplir la colonne, un objectif atteint en 2020 !
Café-resto sur place.

L'épicentre (plan B2) : derrière la tour Orizuru. C'était un hôpital, aujourd'hui reconstruit. Une statue de Jizo, gardien des enfants, qui chasse les mauvais esprits et les maladies, se tient toujours à cet emplacement, comme en ce jour funeste. Elle a résisté à l'explosion. On la croise un peu partout en ville et au Japon, habillée de rouge, symbole du feu et de la vie.

Au nord de la ville

Le jardin Shukkeien 縮景園 (plan C1) : Kaminobori-cho, Naka-ku. ☎ 221-3620. Ⓣ Shukkeien-mae 縮景園前. Ou à env 20 mn à pied de la gare JR. Repérer la belle porte en bois noir. Tlj 9h-18h (17h oct-mars). Entrée : 260 ¥ ; réduc. Billet combiné avec le musée d'Art de la préfecture : 610 ¥.
Le jardin fut créé en 1620 par le maître de thé du seigneur de l'époque. Il s'inspire de la littérature et des paysages chinois qu'il miniaturise : vallons, kiosques, pavillons de plaisance et de cérémonie du thé, petite cascade, étang (artificiel alimenté par la rivière), parsemé d'îlots en forme de grue ou de tortue (des animaux qui portent chance), façonnent le jardin. Il faut dire qu'en 1945 il n'a pas été épargné. De nombreuses personnes moururent ici et y sont d'ailleurs enterrées. Le pont en pierre datant du XVIIIe a résisté. C'est aujourd'hui une très agréable promenade. Un chemin permet de rejoindre directement le musée d'Art.

Le musée d'Art de la préfecture 広島県立美術館 (plan C1) : 2-22 Kamisobachi-cho, Naka-ku. ☎ 221-6246. • hpam.jp • Ⓣ Shukkeien-mae 縮景園前. Ou à env 20 mn à pied de la gare JR. Accessible depuis le jardin Shukkeien avec le billet combiné. Tlj sauf lun 9h-16h30 (dernière admission), plus tard le ven. Entrée : 510 ¥ ; réduc. Billet combiné avec le jardin Shukkeien : 610 ¥.
Le hall s'ouvre grâce à de larges baies vitrées sur le jardin Shukkeien. Le reste est tout aussi aéré : 4 galeries essentiellement tournées vers des œuvres des années 1920 et 1930 aussi bien japonaises qu'occidentales. On admire *Le Rêve de Vénus* de Dalí, une sculpture d'Alexandre Calder, un peu plus loin, une de Max Ernst, des toiles représentatives du Bauhaus, Paul Klee et Kandinsky, une peinture de Picasso, des photos de Man Ray. Bref une 1re galerie au casting enivrant que

viennent compléter des artistes japonais de la même période (et jusque dans les années 1940) dans la galerie 2. Dans la suivante, ne pas manquer les peintures sur soie d'où se dégagent de certaines un côté évanescent. La galerie 4 expose quant à elle le travail plus récent de Kunihiko Moriguchi. Cet artiste, nommé « Trésor national vivant » en 2007, peint sur les kimonos grâce à une technique de teinture ancestrale appelée *yuzen,* qu'il a modernisée en apportant sa touche graphique. Vraiment très beau. On regrette juste l'absence de panneaux en anglais.

Le château d'Hiroshima 広島城 *(plan B1) : dans le parc Chuo. • rijo-castle.jp • Ⓣ Shukkeien-mae* 縮景園前 *ou Kamiya-chô nishi* 紙屋町西*, puis env 15 mn de marche. Tlj 9h-18h (dernière admission ; 17h30 déc-fév). Fermé 29-31 déc. Entrée : 370 ¥ ; réduc.*

L'édifice fut construit en 1591 par Mori Terumoto, alors seigneur de 9 provinces. Il servit de quartier général à l'empereur et son armée pendant la guerre sino-japonaise de 1894-1895. Le château fut entièrement détruit par la bombe en 1945. Seules les fondations subsistèrent, ainsi que la porte et 3 arbres du parc (signalés par un écriteau). En 1958, la tour, symbole de puissance, fut rebâtie. C'est elle qu'on visite aujourd'hui, entourée de douves, après avoir traversé un beau parc.
À l'intérieur, voir à l'entrée la maquette d'Hiroshima à la période Edo (XVIIe-XIXe s). La différence de couleur des toitures répondait à une hiérarchie précise : les maisons aux toits les plus foncés étaient occupées par les samouraïs, celles aux toits plus clairs par de riches marchands, tandis que les habitations en bois étaient réservées au peuple. Au 2e niveau, reconstitution de la demeure d'un samouraï, puis collection de sabres *(katana)* et d'armures exposée au 3e niveau. Très beau panorama sur la ville depuis la terrasse du dernier étage.

À l'est

Le musée municipal d'Art contemporain *(MOCA ; plan D3)* 広島市現代美術館 *: dans le parc Hiyajima. ☎ 264-1121. • hiroshima-moca.jp • Ⓣ Hijiyama-shita* 比治山下*, puis env 10 mn de montée. Tlj sauf lun 10h-16h30 (dernière admission). Fermé pdt les fêtes du Nouvel An. Entrée : 300 ¥ ; réduc. Panneaux en anglais.*

Sur un promontoire du parc, ce musée de taille relativement modeste (quelques salles sur 2 niveaux) recense 1 600 pièces aussi bien japonaises qu'occidentales qui tournent selon le thème choisi (souvent en rapport avec l'actualité). On pourra peut-être découvrir Marcel Duchamp et d'autres artistes conceptuels, mais aussi des œuvres qui relient Hiroshima à l'art contemporain, ou encore de jeunes talents que le musée entend valoriser.

La bibliothèque de mangas マンガ図書館 *(plan D3) : dans le parc Hiyajima, à 5 mn de marche du MOCA. Tlj sauf lun 10h-17h. GRATUIT. Consultation sur place uniquement.* Les « mangasvores » ne sauraient manquer cette collection de quelque 100 000 bouquins, dont quelques-uns traduits en anglais. De même, les fans de comics américains pourront retrouver leurs héros préférés traduits cette fois en japonais !

Encore plus au nord

Balade dans les collines d'Hiroshima *(plan D1) : départ de la balade depuis le sanctuaire Toshogu, à rejoindre en taxi, avec le Loop Bus (ligne verte) ou à pied. De la gare JR, compter env 10 mn de marche. Suivre « North Exit », puis en sortant à gauche, longer l'hôtel Gran Via. Prendre en ligne de mire Bussyaritou Pagoda* 仏舎利塔*, le stûpa argenté qui émerge au sommet de la colline ; la balade débute bien à gauche. Compter env 20-30 mn de grimpette par des marches sur les 2/3 du parcours. Prévoir de bonnes chaussures et de l'eau. Hormis au sommet, le chemin est toujours en forêt.*

HIROSHIMA

Marre du trek urbain ? Voici une virée sur les hauteurs de la ville pour un petit bol nature. Derrière le ***sanctuaire** (shrine)* ***Toshogu*** 東照宮 *(plan D1),* des marches partent à l'assaut de la colline, recouvertes d'une succession de torii vermillon du plus bel effet. Au bout d'une quinzaine de minutes, on parvient à une plateforme sur la gauche, avec déjà une vue panoramique sur la ville. On poursuit par un sentier mal tracé sur la droite jusqu'au stûpa qui surplombe la cité et lorgne sur les montagnes au loin. Redescendre par les escaliers sous l'édifice, puis par la route qui lézarde à travers un charmant quartier résidentiel. D'autres sanctuaires se trouvent plus à l'ouest.

LES ENVIRONS D'HIROSHIMA

MIYAJIMA 宮島

2 000 hab. IND. TÉL. : 082

• Plan *p. 444-445*

Célèbre pour son torii vermillon qui semble flotter sur la mer à marée haute et son sanctuaire classé au Patrimoine mondial de l'Unesco, l'île d'Itsukushima (communément appelée Miyajima, du nom du village) est considérée comme l'un des 3 plus beaux sites du Japon. On doit à son relief le caractère sacré de l'île : de loin, les anciens y ont vu le visage et le corps de Bouddha allongé sur le dos. Au VIe s, l'île a été sanctuarisée et inhabitée jusqu'au XIIe s. 9 siècles plus tard, le village qui s'étend à la sortie du débarcadère aligne une succession de boutiques et de restaurants dans les quelques rues qui le composent. Encore un point commun avec le Mont-Saint-Michel, avec qui elle est jumelée ! Mais on s'écarte du flux touristique dès que l'on prend de la hauteur (ça grimpe vite) pour arpenter les chemins de randonnées qui sillonnent la forêt primaire jusqu'au mont Misen, point culminant de l'île (535 m d'altitude). Car Miyajima demeure très préservée.
L'idéal consiste à dormir sur place lorsque la plupart des visiteurs sont repartis (souvent avant 18h) et que l'île regagne en sérénité, rendue à ses habitants et à sa faune : près de 400 daims en liberté qui s'approchent très facilement des visiteurs, mais aussi des sangliers et des singes, plus discrets.

SANG POUR SANG SACRÉ

Sur cette île sacrée, le sang est considéré comme impur. Il n'existe ni maternité ni cimetière. Et autrefois, même les femmes étaient mises à l'isolement à l'extérieur du village le temps de leurs règles.

– *Période idéale :* l'automne, lorsque les érables, arbres emblématiques de l'île, se drapent d'une teinte mordorée. Et pendant les nombreux festivals, mais dans ce cas, on rencontre encore plus de monde que d'habitude.

FÊTES ANNUELLES ET MANIFESTATIONS CULTURELLES

– ***Kangensai :*** le 17e j. du 6e mois lunaire. L'une des 3 plus impressionnantes cérémonies shintoïstes en barque traditionnelle. La cérémonie a lieu aux alentours de Itsukushima et de son sanctuaire.
– ***Miyajima Suichû Hanabi Taikai :*** en août, la date change chaque année. Un grand festival où plus de 5 000 feux d'artifice sont lancés depuis les eaux, derrière le torii de Itsukushima.

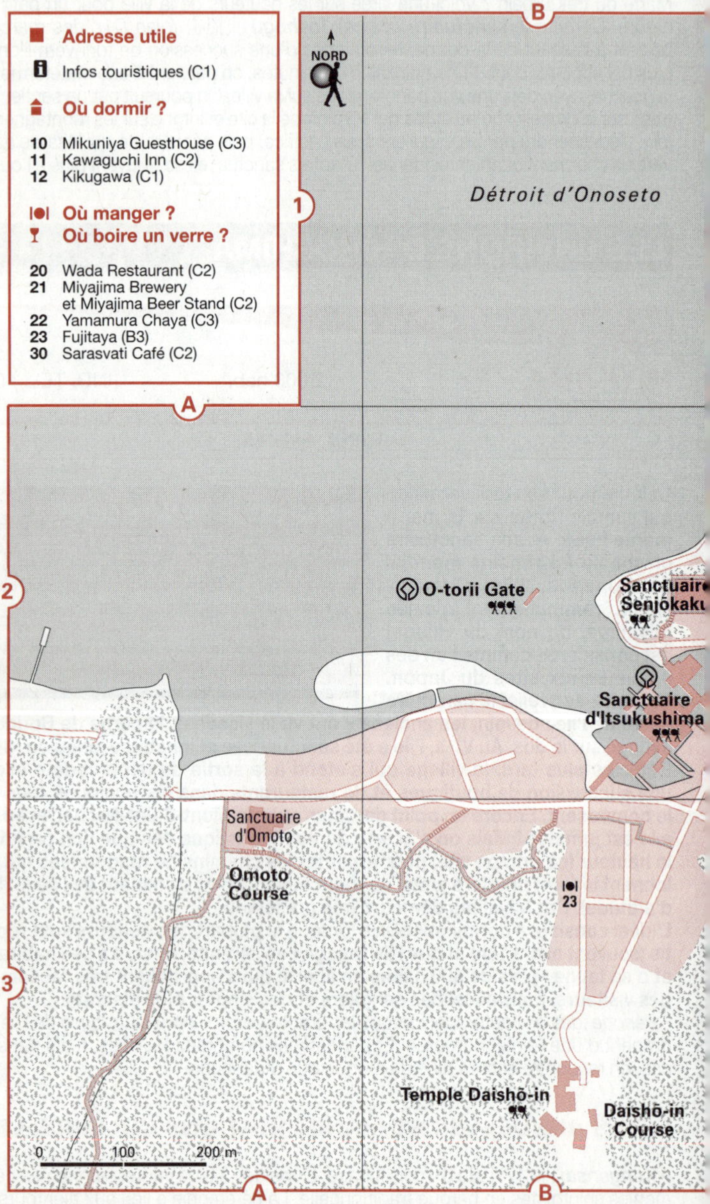
Adresse utile
Infos touristiques (C1)
Où dormir ?
10 Mikuniya Guesthouse (C3)
11 Kawaguchi Inn (C2)
12 Kikugawa (C1)
Où manger ?
Où boire un verre ?
20 Wada Restaurant (C2)
21 Miyajima Brewery et Miyajima Beer Stand (C2)
22 Yamamura Chaya (C3)
23 Fujitaya (B3)
30 Sarasvati Café (C2)
NORD
Détroit d'Onoseto
O-torii Gate
Sanctuaire Senjōkaku
Sanctuaire d'Itsukushima
Sanctuaire d'Omoto
Omoto Course
23
Temple Daishō-in
Daishō-in Course
0
100
200 m
A
B
1
2
3

L'ÎLE DE MIYAJIMA

– ***Daishō-in Hiwatari shiki :*** les 15 avr et 15 nov. Cérémonie où les moines bouddhistes marchent sur les braises utilisées lors du rituel du feu Goma afin de rester en bonne santé. La cérémonie a lieu au temple Daishō-in, sur l'île de Miyajima.

Arriver – Quitter

À 22 km au sud-ouest d'Hiroshima. Il est très facile de se rendre à Myajimaguchi, d'où l'on embarque pour l'île de Miyajima.

➢ ***En train :*** JR Sanyo Line, depuis Hiroshima, ttes les 7-20 mn env, 5h50-0h08. De Miyajimaguchi, env 5h10-23h37. Prix : 420 ¥ ; réduc. Durée : 30 mn.

➢ ***En tram :*** à destination de Miyajimaguchi (continent), ttes les 10 mn env, 6h20-23h20 (de la gare JR). Dans l'autre sens, 5h45-22h20. Prix : 180-280 ¥ selon le point de départ (gare JR ou Dôme de la Bombe A). Durée : 1h15 de la gare JR.

➢ ***Puis ferry :*** de Miyajimaguchi à Miyajima, env 6h25-22h40, ttes les 15 mn 8h10-18h25, ttes les 30 mn sinon. Prix : 180 ¥ ; réduc. Gratuit avec le *JR Pass.* Traversée : 10 mn. Bon plan : à l'aller, se placer sur le côté droit du bateau pour apercevoir le torii.

➢ ***En bateau Hiroshima – Miyajima :*** *Aqua Net Service (☎ 295-2666).* Départ de Marina Hop *(hors plan Hiroshima par A3)* en bateau rapide, 9h30-16h30, ttes les 1h10 env. De Miyajima 10h-16h10. Durée : env 25 mn. Aller 1 500 ¥ ; A/R 2 500 ¥. *Aqua Net Hiroshima (☎ 240-5955 ; • aqua-net-h.co.jp •).* En principe, ttes les 30 mn env, 8h30-17h10 depuis le Peace Memorial Park, sous le pont Motoyasu *(plan Le parc de la Paix).* De Miyajima, départs 8h40-17h30. Se présenter à l'embarcadère 15 mn avt. Notez que les horaires peuvent varier en fonction des marées. Durée : 45 mn. Prix : 2 000 ¥ l'aller, 3 600 ¥ l'A/R ; réduc.

Adresses utiles

ℹ ***Infos touristiques*** *(plan C1)* **:** *au débarcadère. ☎ 944-2011. • miyajima.or.jp • (association touristique de Miyajima, en anglais). Tlj 9h-18h.* Infos notamment sur les randonnées.

ℹ Également un ***office de tourisme*** privé côté continent, à Miyajimaguchi. *📱 70-3780-3370. Tlj 10h-17h.*

Où dormir ?

De prix moyens à chic (de 10 000 à 25 000 ¥ / 83-208 €)

⌂ ***Mikuniya Guesthouse*** 三國屋 *(plan C3,* ***10****)* **:** *327 Chue-machi, Miyajima-cho, dans la montée, côté gauche en allant vers le téléphérique. ☎ 944-1641. • miyajimamikuniya.com • Lit en dortoir 4 000 ¥ ; 10 000 ¥ pour 2 en chambre privée, avec lavabo et frigo ; petit déj simple inclus.* Vaste maison sur les hauteurs du village, proche du beau parc Momijidani, une adresse nature. Des 5 chambres privées japonaises, 4 bénéficient d'une vue sur mer. Également un dortoir de 3 lits. Salon au rez-de-chaussée. Un très bon rapport qualité-prix-accueil.

⌂ ***Kawaguchi Inn*** 旅荘かわぐち *(plan C2,* ***11****)* **:** *469 Miyajima-cho. ☎ 944-0018. • ryoso-kawaguchi.jp • Prévoir env 15 000 ¥ pour 2, avec petit déj (taxes en sus).* On aime cette demeure tricentenaire pour plusieurs raisons : d'abord pour l'accueil du proprio, enjoué et vraiment sympa. Ensuite pour ses chambres japonaises (1-5 personnes), toutes différentes : la « Gunjo », la plus ancienne, possède beaucoup de charme et même des objets insolites comme ce porte-manteau samouraï ; la « Mokuran » et la « Yamabuki », les plus grandes, sont aménagées d'une mezzanine (idéal avec des enfants). Enfin, le salon du dernier étage s'élève plus haut que les maisons alentour, si bien qu'on profite d'une vue privilégiée sur le village et la pagode à 5 étages.

Kikugawa 菊がわ *(plan C1, **12**) : 796, Miyajima-cho. ☎ 944-00-39. • kikugawa.ne.jp • Compter 12 000-19 000 ¥ pour 2 avec les taxes, selon la chambre ; petit déj en sus.* Dans une belle maison traditionnelle, chambres à la déco un peu vieillotte, petites, uniquement *twin*, plus 2 de style japonais, dont l'une avec mezzanine qui peut accueillir jusqu'à 5 personnes (plus chère). Mais l'accueil est bon et le prix raisonnable.

Où manger ? Où boire un verre ?

Quelques spécialités locales : l'anguille de mer *(anago)*, les huîtres et les *momiji manju* (petits gâteaux mous fourrés aux haricots rouges ou autres). Attention, la plupart des restos n'ouvrent que pour le déjeuner et toutes les boutiques ferment avant 18h.

Prix moyens (de 1 500 à 3 500 ¥ / 12,50-29 €)

Wada Restaurant 和田 *(plan C2, **20**) : dans une rue perpendiculaire à la promenade. ☎ 944-2115. Tlj à partir de 11h, mais les gens font la queue avant. Ferme quand il n'y a plus rien, parfois à 12h30 !* Spécialisé dans les anguilles de mer *(anago)* servies avec du riz et de la soupe miso. Accueil très aimable du vénérable propriétaire.

Miyajima Brewery 宮島ブルワリー *(plan C2, **21**) : sur la promenade, juste au nord du torii. ☎ 940-2607. À l'étage du Starbucks (ascenseur). Tlj sauf jeu 12h-20h45 (dernière commande ; pause 16h-17h).* Comme son nom l'indique, il s'agit du resto de la brasserie et l'un des rares endroits ouverts le soir. La carte assez courte propose des plats japonais et occidentaux pour convenir à tout le monde. Agréable avec ses larges baies vitrées ouvertes sur la mer.

Yamamura Chaya 山村茶屋 *(plan C3, **22**) : sur le chemin du téléphérique. ☎ 944-0274. Tlj sauf mer 10h-16h.* Agréablement situé, dans une clairière avec glycines et daims qui gambadent. On y mange correctement (anguilles de mer, *udon* ou riz frit avec soupe miso) dans la petite salle ou dehors. Prix raisonnables et bon accueil.

Fujitaya ふじたや *(plan B3, **23**) : en direction du temple Daishō-in. ☎ 944-0151. Tlj 11h-16h. Souvent de l'attente.* Là encore, un resto très réputé pour ses anguilles de mer. Un peu cher toutefois.

Miyajima Beer Stand 宮島ビール *(plan C2, **21**) : dans la cour intérieure commune avec Starbucks. Tlj 11h-18h.* Pour siroter une bière locale, dont une brassée sur place, la Momiji Ale.

Sarasvati Café 焙煎所とカフェ *(plan C2, **30**) : au nord du sanctuaire. Tlj 8h30-19h.* Salle un peu sombre avec meubles en bois et murs gris. On y vient surtout pour le café qu'ils moulent eux-mêmes. On peut aussi y grignoter.

À voir. À faire

Le sanctuaire d'Itsukushima 厳島神社 *(plan B2) : • en.itsukushimajinja.jp • Tlj 6h30-18h (17h30 janv-fév et de mi-oct à fin nov ; 17h déc). Horaires de marées affichés. Seul le sanctuaire est payant, le torii est en libre accès. Prix : 300 ¥ ; réduc.* Le complexe shintoïste est précédé par un ***torii,*** posé au large, à 200 m du sanctuaire. C'est par ce portique que les bateaux accédaient autrefois à l'île, donc uniquement à marée haute. Ce passage marque toujours la séparation entre le monde profane et le monde spirituel, signifiant que toute l'île est sacrée. Il a été érigé pour la 1re fois en 593. Il était alors plus petit. Sa taille actuelle remonte à 1168. Maintes fois reconstruit, on admire depuis le XIXe s la 8e version.

Comme le torii, le sanctuaire rouge vermillon est immergé lui aussi à marée haute. On y vénère 3 déesses, gardiennes de la nation, protectrices de la famille impériale

HIROSHIMA

et des marins. La galerie longue de 262 m relie l'entrée au pavillon de purification du sanctuaire principal. Le seul bâtiment non coloré du complexe est une scène de théâtre nô, construit en 1605. D'autres scènes sont également utilisées lors des nombreux festivals. Tout au bout, voir le pont incroyablement voûté *(sori bashi)* du XIIIe s, reconstruit au XVIe s, inaccessible, car seul l'empereur peut y monter... on se demande bien comment ? Il a de la chance : des marches sont ajoutées pour faciliter sa progression.

L'ÉQUILIBRISTE DE MIYAJIMA, C'EST LUI !

Soumis aux forces de la marée, le torii se maintient grâce à une conception originale : il n'est pas enfoncé dans le sable mais il repose lourdement dessus. La poutre supérieure, lestée de galets (7 t tout de même !), est placée sur une large base de 6 piliers, tandis que la jonction entre les 2 structures, horizontale et verticale, a été étudiée pour absorber les mouvements de la mer. L'édifice est également renforcé à sa base par des piquets de bois. Enfin, le matériau, du camphrier, a été choisi pour sa résistance et ses propriétés fongicides. Résultat : le torii n'a pas cillé depuis 1875 !

Le sanctuaire Senjōkaku 千畳閣 *(plan B2)* **:** *perché sur une petite colline, à gauche de l'entrée du sanctuaire d'Itsukushima. Tlj 8h30-16h30. Entrée : 100 ¥.* Ce pavillon des 1 000 tatamis *(senjōkaku)* dédié au shogun Hideyoshi (l'un des unificateurs du Japon) devait abriter une bibliothèque bouddhiste. Mais il est resté inachevé après 11 ans de travaux et la mort du shogun en 1598. L'entrée aurait dû se trouver de l'autre côté. Par la suite, il a servi aux shintoïstes.

Juste en face, la ***pagode*** rouge ***à 5 étages*** 豊国神社 五重塔 date de 1407, puis fut restaurée en 1945. Elle est dédiée au Bouddha de la guérison. Haute de près de 28 m, elle résiste aux typhons et séismes. Il n'en existe que cinq de même architecture dans tout le pays.

Le temple Daishō-in 大聖院 *(plan B3)* **:** *au sud du sanctuaire d'Itsukushima. • daisho-in.com • Compter env 20 mn de marche.* L'ensemble bouddhiste fondé au XIIe s est composé de 6 pavillons et d'une grotte. 500 statues, toutes différentes, jalonnent l'escalier conduisant au temple. Beau panorama.

Le mont Misen 弥山 **:** *accès à pied (compter env 2h depuis le débarcadère, voir plus loin) ou par 2 téléphériques (ropeway ; prévoir env 30 mn à pied du débarcadère à la station de Momijidani* 紅葉谷*, départ du 1er téléphérique ; • miyajima-ropeway.info/English •). Tlj 9h-17h pour monter ; 9h-17h30 pour descendre. Attention, la dernière montée à 17h permet tout juste de faire l'A/R jusqu'à Shishi-iwa* 獅子岩*, sans pouvoir faire l'ascension du mont Misen. Aller 1 010 ¥ ; A/R 1 840 ¥, réduc. Trajet : 15 mn par le 1er (des œufs), 5 mn par le 2[d]. Arrivé à la station de Shishi-iwa, à 430 m d'altitude, prendre le sentier de droite (celui de gauche mène à l'observatoire). Il reste 100 m de dénivelée et env 30 mn de marche pour atteindre le sommet du mont Misen.*

Le très beau chemin, qui part de la station Shishi-iwa, est semé de rochers parfois impressionnants, ponctué de magnifiques points de vue sur la mer Intérieure et jalonné de temples. Car c'est là que Kobo Daishi, fondateur de la secte bouddhiste Shingon (une branche ésotérique), fit retraite au début du IXe s, attirant à sa suite nombre de pèlerins. Le ***Misen Hondo*** 弥山本土, 1er et principal temple, se trouve quasi à mi-parcours. Le feu allumé par Kobo Daishi il y a 1 200 ans y brûle encore (*kiezu-no-hi*, la flamme éternelle) et continue de chauffer un chaudron dont l'eau sacrée guérirait toutes les maladies. Il a servi pour la flamme de la Paix à Hiroshima.

Quelques marches plus haut, le ***pavillon Sankido*** 三鬼堂 est le seul temple au Japon à vénérer des ogres, en l'occurrence 3, ceux de la chance, de la sagesse et du bonheur. Ce sont les gardiens du mont Misen. Ne pas hésiter à pénétrer à

l'intérieur, même si les panneaux sont fermés, et à ouvrir celui de côté pour une superbe vue sur la mer. Ensuite, d'autres plus petits pavillons donnent prétexte à de courtes haltes dans la montée, avant le spectacle final : au sommet, un chaos rocheux surmonté d'un observatoire moderne livre un panorama dantesque à 360° sur la mer Intérieure et les villes alentour.
Possibilité de redescendre jusqu'au débarcadère à pied. Compter alors 1h-1h30 de marche.

Randonnée jusqu'au mont Misen : les plus sportifs ont le choix entre 3 sentiers balisés, du plus facile au plus dur : le *Momijidani Course,* du nom du très beau parc du même nom. Durée : environ 2h. Le *Daishō-in Course,* une voie assez difficile avec beaucoup d'escaliers. Compter 2h30 avec de l'entraînement. Et l'*Omoto Course,* qui est à l'est du sanctuaire (compter déjà 25 mn depuis le débarcadère). Ici pas d'escaliers, mais la montée est raide. Là encore, 2h30 pour les plus sportifs.

ONOMICHI 尾道

138 500 hab. IND. TÉL. : 084

À environ 90 km à l'est d'Hiroshima. Cette ville portuaire, adossée au mont Senkoji, cultive les contrastes. Elle s'est développée dès le XIIe s grâce au commerce avec la Chine et l'acheminement du riz (impôt de l'époque) puis, plus tard, sous l'impulsion de l'ère industrielle. La 1re période, florissante, a permis l'édification de temples et de sanctuaires qui s'étagent encore aujourd'hui sur la colline le long de ruelles pentues et d'escaliers interminables. C'est la partie la plus traditionnelle de la ville. La 2e, séparée par la ligne de chemin de fer, a inauguré l'expansion de quartiers commerçants, plus proches du littoral. Mais pas de tours immenses ou de *malls* impersonnels, le centre est resté à taille humaine. De sa magnifique vue sur la mer Intérieure, d'en haut, à son agréable promenade au bord de l'eau, en bas, les artistes ont su capter l'essence, si bien que la ville a souvent servi de cadre pour des films japonais.
Enfin, la région ne manque pas de charme non plus. Le long d'Onomichi, un bras de mer, qu'on prendrait presque pour un canal, la sépare d'un chapelet d'îles, relié par une route doublée d'une piste cyclable : la *Shimanami Kaido,* photogénique tracé pour amateurs de petite reine.

FÊTES ANNUELLES ET MANIFESTATIONS CULTURELLES

– ***Onomichi Minato Matsuri :*** 4e w-e d'avril. Les habitants se réunissent pour fêter la construction du port de la ville, qui a largement contribué à son développement. Cet événement est l'un des plus festifs d'Onomichi avec ses parades et son concert de danse appelé « E-jan sansa-gari ».
– ***Betcha Matsuri :*** 1er-3 nov. On raconte que ce festival fut mis en place en 1808 pour mettre un terme à l'épidémie qui frappait la ville. Depuis cette date, on voit défiler dans les rues monstres et chars appelés *mikoshi* lors d'une procession d'origine shintoïste. Ce rituel permettrait ainsi de faire fuire les mauvais esprits et d'attirer la chance et la protection.
– ***Sanba Tondo :*** mi-janv. Lors de cette cérémonie pratiquée depuis l'ère Edo, on brûle des ornements de pin et de bambou, symboles de nouvelle année, afin que les divinités retournent au ciel dans la fumée dégagée par le feu. On appelle Tondo cette structure de paille de riz destinée à être brûlée, et sur laquelle est érigée l'image de l'animal symbole de l'année en cours.

Arriver – Quitter

En train

Attention, la gare de Shin-Onomichi *(Shinkansen)* se trouve à 3 km du centre. La gare d'Onomichi, en ville, accueille, quant à elle, des trains réguliers.

➢ ***D'Hiroshima :*** prendre le *Shinkansen* jusqu'à Mihara, puis monter dans un train régulier jusqu'à Onomichi.

Adresses utiles

i ***Office de tourisme :*** *à la gare JR. ☎ 820-0005. • ononavi.com • Tlj 9h-18h. Fermé 29-31 déc.* Brochures et cartes en anglais.

i ***Infos touristiques :*** *petit kiosque à la station de téléphérique. ☎ 837-7821. Tlj 8h30-17h30. Fermé 29-31 déc.*

Location de vélos : *sur le parking avt l'*Hotel Cycle *en venant de la gare. Env 1 000 ¥/j. le vélo standard.* Loue aussi des vélos électriques. Mais attention, le retour s'effectue obligatoirement à Onomichi.

Où dormir ?

De très bon marché à bon marché (moins de 10 000 ¥ / 83 €)

Anago no Nedoko あなごのでどこ **:** *Hondori Shopping Street (passage couvert à l'est de la gare). ☎ 838-1005. • anago.onomichisaisei.com • Café tlj sauf jeu 11h-18h. Compter 2 800-3 300 ¥/pers en dortoir (9-10 lits) ou en chambre privée, sdb commune ; petit déj en sus.* Un couloir très étroit, telle une anguille *(anago)*, débouche sur un jardinet à l'arrière où l'on peut poser son vélo avant un repos bien mérité. Ceux qui ont du mal à trouver le sommeil piocheront dans la collection de mangas (en japonais) du dortoir mixte. Pas de bouquins dans celui des filles, juste un style plus japonisant avec son tatami au sol. Également 2 chambres privées avec futon. Café qui ressemble à une ancienne école, où est servi le petit déj. Bon accueil.

Miharashi-Tei みはらし亭 **:** *Higashi Tsuchido 15-7, sur le chemin des temples. ☎ 823-3864. • miharashi.onomichisaisei.com • 2 options pour y accéder : la plus « facile », en taxi jusqu'au parking du temple Senkoji, puis env 10 mn de descente par l'escalier ; ou la plus sportive, 370 marches à gravir depuis la voie ferrée. Café tlj 13h (15h mar-jeu, 11h w-e)-21h30. Dortoirs mixtes (9 lits) ou pour filles (4 lits) 2 800 ¥/pers ; 2 chambres privées 7 000-10 000 ¥ pour 2-3 pers ; sdb commune. Loc de serviette possible.* Mieux vaut être motivé ! Mais de là-haut, quelle vue ! On ne peut s'empêcher de l'admirer avant de se jeter, épuisé (ou pas), sur un futon de dortoir ou de chambre (la double est petite). Ensuite, rien ne vous empêche de vous asseoir au café de cette ancienne maison de marchand et de siroter un verre dans une ambiance jazzy.

Chic (de 15 000 à 25 000 ¥ / 125-208 €)

Hotel Cycle ホテルサイクル **:** *5-11 Nishigosho-cho, à l'ouest de la gare, au bord de l'eau. ☎ 821-0550. • onomichi-u2.com/en • Resto 11h30-15h, 17h30-21h30. Twin env 18 200-22 200 ¥ ; petit déj-buffet en sus, excellent. Plats 1 500-2 500 ¥. Loc de vélos.* Un ancien entrepôt du port converti en hôtel, resto, boulangerie, café, bar, épicerie... avec toujours des produits de grande qualité. N'en jetez plus ! Il faut dire que ce n'est pas le volume qui manque pour créer ces différents espaces, sauf pour l'hôtel visiblement. On entre avec un chausse-pied dans des chambres sombres dans les tons anthracite et sans vue sur l'eau, même pour celles qui donnent dessus (fenêtre opaque et seulement côté salle de bains). D'accord, rien ne manque. Disons qu'on paie le très bon niveau d'équipement et l'originalité du cadre. Quant à la cuisine essentiellement occidentale – pâtes, pizzas (3 plats japonais) –, elle ne justifie pas le détour à elle seule. Loue aussi des vélos dans le même esprit : prohibitif.

Où manger ? Où manger une glace ? Où boire un café ?

De bon marché à prix moyens (moins de 3 500 ¥ / 29 €)

Beccha no Ibukuro ベッチャの胃ぶくろ店長 **:** *5-9 Toyoho Motomachi.* ☎ *837-3730. À l'extrémité est du passage couvert, prendre à droite. Tlj sauf mar 17h-23h30 (22h dim). Plat env 600 ¥.* Excellent accueil dans ce resto qui propose un bon choix de produits de la mer : anguille, crabe à la vapeur au saké, poissons tempura et sushis (plus chers). Salle assez grande et comptoir. Accueil jovial. Une très bonne option pour la ville.

Yasuhiro 保広 **:** *dans la rue qui longe la mer, à l'est de la gare.* ☎ *822-5639. Tlj sauf lun 11h30-14h, 17h-21h. Compter env 1 700 ¥ le set menu du midi, beaucoup plus cher le soir ; plat env 2 000 ¥.* Resto familial réputé pour ses sushis et poissons locaux grillés, bouillis ou en tempura. Peu de places, un comptoir et quelques tables seulement. Bon accueil.

Karawasa からわさ **:** *dans la rue qui longe la mer, après Yasuhiro. Tlj sauf mar 10h-19h (18h en hiver).* Certains restos se spécialisent dans un seul plat, ce glacier ne fabrique qu'un seul parfum : vanille ! Assez consensuel, cela dit ! D'ailleurs, c'est souvent plein. Pour l'ajout de sauce *azuki* (haricot rouge), à vous de voir !

Onomichi Roman Coffee Kohi 尾道浪漫珈琲 **:** *dans le passage couvert Hondori, après Anago no Nedoko. Tlj 8h-20h.* Un coffee-shop un peu rétro, qui moud son propre café.

Achats

Kobo Onomichihanpu 工房おのみち帆布 **:** *2-1-16 Tsuchido, à côté de la poste, au début du passage couvert.* ☎ *824-0807. Tlj 10h-18h.* Magasin de toile à l'origine utilisée pour les bateaux. C'est dire si c'est résistant ! Ils fabriquent sacs, sacoches, trousses... aux jolies teintes. L'atelier se trouve derrière la boutique.

À voir. À faire

L'observatoire de Senkoji 千光寺公園展望台 **:** *accès en téléphérique, de l'autre côté de la voie ferrée. Tlj 9h-17h15, ttes les 15 mn. Prix : 320 ¥ ; 500 ¥ l'A/R.* De là-haut, on aperçoit la Shimanami Road, les îles au loin et, plus près, la mer qui s'insinue entre le continent et les îles pour former un long chenal devant Onomichi : par temps clair, c'est un enchantement.

On redescend de l'observatoire par le ***chemin de la littérature*** 文学のこみち *(Path of Literature),* ponctué de poèmes sur des panneaux ou gravés sur les roches. On rejoint ensuite le ***chemin des temples*** avec celui de Senkoji 千光寺, symbolisé par une grosse pierre ronde peinte en jaune. Il y a eu jusqu'à 81 temples à Onomichi, il en reste désormais 24. En contrebas du temple Senkoji, sur la gauche, voir les 3 statues gravées dans la roche et cachées dans un renfoncement. Elles datent du IXe s. Plus bas, quelques adresses permettent de faire une pause (le panoramique *Miharashi-Tei* – voir plus haut « Où dormir ? » – ou, encore en dessous, des salons de thé plus confidentiels tels que *Hanutei* ou *Shonfuku-Tei,* qui ferment en principe dès 17h, parfois plus tôt).

➢ Il est bien sûr possible de suivre l'itinéraire en sens inverse et de monter à pied depuis le centre. Rejoindre dans ce cas les escaliers de l'autre côté des rails, au niveau de la statue de Hayashi Fumiko. Et prendre une profonde respiration : ça grimpe !

Shimanami Kaido しまなみ海道 **:** entre Onomichi et Imabari, sur l'île de Shikoku. Une des pistes cyclables les plus originales et les plus belles du pays. Sur 60 km, elle traverse pas moins de 9 ponts pour relier entre elles un chapelet d'îles de la mer Intérieure. Histoire d'évaluer le parcours, le début du moins, rien de tel que de grimper en haut du mont Senkoji (en téléphérique, pour économiser vos forces).
Il est possible soit de la faire de bout en bout dans la journée (prévoir 7-8h), soit d'en profiter pour découvrir certaines îles et pourquoi pas y loger. D'Onomichi, on rejoint l'île de Mukashima et le début de la route en ferry. Mais on peut aussi shunter les 2 premières îles, plutôt industrielles, et débarquer directement en bateau à Setoda, sur l'île d'Ikuchijima, depuis Onomichi. L'île d'Oshima, quant à elle, est vallonnée.
Notez qu'il existe différents systèmes de location de vélos avec remise au point de départ, à l'arrivée ou à l'un des terminaux de cycles le long de la piste. Bien se le faire préciser par le loueur. En laissant le vélo à Imabari ou avant, on peut rentrer en bus jusqu'à Onomichi (peu fréquents), Fukuyama ou Hiroshima. Compter autour de 1 000 ¥/j. Il existe aussi des vélos électriques, mais ils doivent être retournés au même endroit.
Si les péages pour voiture sur l'ensemble du trajet s'élèvent à 5 000 ¥, ils coûtent environ 500 ¥ pour les cyclistes.

TOMONO-URA 鞆の浦 1 300 hab. IND. TÉL. : 084

Cet ancien port marchand a prospéré jusqu'au développement du chemin de fer au début du XXe s. C'est aujourd'hui une charmante cité au bord de la mer Intérieure, qui a conservé une grande partie de son charme traditionnel avec ses ruelles pavées, ses maisons basses et ses nombreux temples. Un cadre et une atmosphère qui ont inspiré le célèbre réalisateur japonais Hayao Miyazaki pour son long métrage animé *Ponyo sur la falaise,* et plus récemment (et dans un autre genre) James Mangold, qui y a tourné *Wolverine (X-Men), le Combat de l'immortel,* avec Hugh Jackman, sorti en 2013.

FÊTES ANNUELLES

– ***Tomonoura no Taiami* :** 3-27 mai. La pêche à la carpe est une technique ancestrale pratiquée depuis le XVIIe s à Tomono-Ura et sur l'île de Sensui. Seuls les plus costauds peuvent remonter les filets remplis de poissons !
– ***Tomonoura Machinami Hina Matsuri* :** de mi-fév à mi-mars. On dispose des poupées dans une centaine de lieux (temples, maisons, commerces) pour protéger les jeunes filles du mauvais sort.

Arriver – Quitter

En train, puis en bus ou en taxi

Changer à Fukuyama, 14 km au nord de Tomono-Ura.
➢ ***D'Onomichi :*** JR Sanyo Line jusqu'à Fukuyama. Durée : 20 mn.
➢ ***D'Hiroshima :*** *Shinkansen* jusqu'à Fukuyama (Express Nozomi inaccessible avec le *JR Pass,* compter env 35-50 mn avec les autres).
– De ***Fukuyama,*** bus (la gare routière se trouve juste devant la gare JR) ttes les 15-20 mn 6h40-22h. Arrêt : Ferry Terminal. Ticket : 520 ¥. Durée : 40 mn. Sinon taxi à prendre au même endroit. Prix : env 4 000 ¥. Durée : env 20 mn. Pour le retour, demander à l'office de tourisme de Tomono-Ura d'appeler la compagnie.

Adresse utile

Office de tourisme : *en bord de mer, au nord de la ville. ☎ 982-3200. ● tomonoura.npnp.jp ● Tlj 9h-19h.*

Où dormir ? Où manger ? Où boire un verre ?

Migiwatei Ochi Kochi 汀邸遠音近音 ***:*** *face à l'embarcadère de Sensuijima, l'entrée s'effectue par l'arrière. ☎ 982-1575. ● ochikochi.co.jp ● Prévoir 28 000-30 000 ¥ pour 2 en ½ pens. Resto accessible aux non-résidents sur résa 3 j. avt, catégorie « Plus chic » (moins cher le midi).* Charme à revendre pour cet hôtel cossu en bord de mer ! Admirer la belle charpente à l'entrée ; le reste est à l'avenant : toutes les chambres, spacieuses, possèdent une terrasse avec vue exceptionnelle sur Sensuijima, l'île d'en face. Elles conjuguent raffinement japonais et confort occidental (lit-sommier, salle de bains avec de grosses bassines en guise de baignoire, kimono et pyjama de différentes tailles à dispo...).

Onfunayado Iroha 御舟宿いろは ***:*** *dans le centre, dans une rue perpendiculaire au port. ☎ 982-1920. Chambres de style japonais avec ou sans sdb 40 000 ¥ pour 2 en ½ pens.* Cette ancienne maison restaurée reçut souvent la visite du réalisateur Miyazaki, ami du proprio. Il a même apporté sa touche : les *noren* à l'entrée, les carreaux colorés à l'étage. Un parrainage qui se paie un peu cher. Car malgré le charme indéniable du lieu, les prix sont vraiment musclés. 3 chambres seulement disposées autour d'une cour intérieure et un *onsen.* Fait aussi resto le midi pour les non-résidents.

@Café 鞆の浦@cafe ***:*** *au bout du port, près du phare. ☎ 982-0131. Tlj sauf mer 10h-18h. Plat env 900-1 200 ¥.* Un ancien entrepôt au cadre sobre converti en resto d'inspiration italienne.

Fukatsuya 深津屋 ***:*** *dans la rue principale qui part du port. Tlj sauf lun-mar 9h30-17h.* Petit café au charme (très) désuet, où Miyazaki avait ses habitudes. Propose aussi glaces et gâteaux.

À voir. À faire

Fukuzen-ji 福禅寺 ***:*** *au-dessus de l'embarcadère. Tlj 8h-17h. Prix : 200 ¥.* Le temple est flanqué de la *Taichoro Guesthouse,* où se posaient autrefois les missionnaires venus de Corée. C'est en fait pour elle qu'on grimpe jusque-là, du moins pour la vue qu'elle offre sur la mer Intérieure et le sanctuaire de Benten-jima, une des plus belles qui soient (par beau temps !). Un conseil pour l'immortaliser : asseyez-vous sur le tatami et utilisez la structure comme cadre.

HIROSHIMA

Ota Residence 太田家住宅 **:** *juste à l'arrière du port. Tlj sauf mar 10h-17h. Prix : 400 ¥.* Bel ensemble de 9 bâtiments construits entre le milieu du XVIIIe et le début du XIXe. Il appartenait à la famille Ota, qui fit fortune dans la fabrication d'*homeishu,* liqueur très réputée dans la région, pour augmenter la longévité. Elle se compose de saké et de 16 plantes médicinales gardées secrètes. On peut d'ailleurs voir la brasserie dans le fond. Plusieurs boutiques en vendent dans la rue principale. À consommer dilué dans de l'eau chaude ou ajouté dans un yaourt. Santé !

Sensuijima 仙酔島 **:** *à quelques encablures de Tomono-Ura. Ferry ttes les 20 mn 7h10-19h30, puis ttes les 30 mn jusqu'à 21h30. Prix : 240 ¥ l'A/R ; réduc. Durée : 5 mn.* Cette île volcanique, réputée pour son bon air, est très prisée des familles qui viennent s'y baigner entre juin et août (mais attention aux méduses à partir de mi-août). Personne n'y habite. Seuls 2 hôtels accueillent les touristes. On peut aussi s'y balader : il y a plusieurs sentiers, dont un qui longe le littoral.

Kokumin Shukusha 国民宿舎 **:** *dans la baie Tano-Ura, à l'arrière de l'embarcadère. ☎ 970-5050. • sensuijima@tomonoura.co.jp • Env 20 000 ¥ pour 2 en ½ pens. Également des suites jusqu'à 6 pers.* Bâtiment tout en longueur assez simple mais très bien positionné face à la baie, si bien que toutes les chambres, japonaises ou occidentales, possèdent une vue sur la mer, magnifique. Seules les suites sont équipées de salle de bains. Camping également possible en été, mais attention aux ragondins.

Bains et sauna : *à l'hôtel* ***Kokumin Shukusha,*** *accessible aux non-résidents 10h-21h. Compter env 900 ¥/pers avec la loc de serviettes.* Un bain à l'eau douce, l'autre à l'eau de mer. *Également à l'hôtel* ***Kokokara*** ここから, *le 1er en arrivant du débarcadère. Env 1 700 ¥/pers. À partir de 13 ans.* À chaque sauna son bain (extérieur) correspondant. Il y en a 3, avec accès à la mer.

HOMMES, CULTURE, ENVIRONNEMENT

ARTS DE LA SCÈNE

Les formes théâtrales du Japon actuel découlent de danses *(kagura)* très anciennes. La 1re, créée par une femme et pour une femme, la déesse solaire Amaterasu, ancêtre supposée de la famille impériale, n'a pas empêché par la suite leur... mise à l'écart.

Le bugaku

Introduites de Chine et de Corée vers le Japon au VIIe s, ces danses traditionnelles avec musique d'accompagnement *(gagaku)* sont les premières du genre théâtral. Autrefois réservés à la cour, les spectacles de *bugaku* sont aujourd'hui donnés dans les grands sanctuaires lors des fêtes nationales.

Le nô et le *kyôgen*

Héritier du *kagura* et des danses populaires, le nô apparaît au XIVe s. Art dramatique symbolique, il mêle le chant et la danse et a pour cadre des récits historiques ou fantastiques tournant souvent au tragique. Les 250 pièces qui composent le répertoire, en majorité créées par Kanami et son fils Zeami, aux XIVe et XVe s, font du nô un théâtre classique. Costumés, les acteurs sont tous masculins et évoluent sur une scène vide de tout décor dans une gestuelle très lente. Des intermèdes comiques, les *kyôgen,* entrecoupent le déroulement de la pièce pour divertir les spectateurs durant les longues heures de représentation. Ces farces forment aujourd'hui un genre à part entière. Le nô a influencé le théâtre de l'absurde occidental (Ionesco, par exemple).

Le kabuki

L'étymologie du mot se décompose ainsi : *ka* (« chant »), *bu* (« danse ») et *ki* (« art dramatique »). Mis au point à la fin du XVIe s par des courtisanes, le kabuki connaît des débuts mouvementés. En raison de leurs mœurs atypiques, les actrices de ce nouveau théâtre se voient interdites de scène en 1629 mais sont remplacées par des adolescents dont les pratiques libertines font également scandale. Ce n'est qu'en 1652 que le kabuki trouve ses acteurs : travestis d'âge mûr, les *onnagata* incarnent depuis lors les rôles féminins.

Le kabuki acquiert sa forme définitive durant la période Edo (voir la rubrique « Histoire » plus loin). En effet, la scène pivotante desservie par une passerelle surélevée par laquelle les acteurs entrent et sortent, les maquillages criards, les costumes flamboyants et les héros légendaires sont restés tels quels. 4 à 5h de danses, d'acrobaties, de chants, de combats mimés, le tout ponctué d'un défilé de costumes chamarrés, le kabuki oscille sans cesse entre drame et bouffonnerie. Les personnages sont souvent liés à l'univers des samouraïs devant trancher entre sentiments personnels et obligations féodales.

Le bunraku

Ce théâtre de poupées voit le jour au XVIIe s. Longtemps rival du kabuki, le bunraku partage avec le kabuki un même répertoire de pièces, associant la manipulation des marionnettes *(ningyô)* à un récit chanté accompagné au shamisen (voir la rubrique « Musique » plus loin). Les marionnettes sont de grande taille, traditionnellement actionnées par des hommes vêtus de noir et portant des cagoules, à l'exception du « maître », qui joue généralement à visage découvert. Bien que le bunraku ne soit plus aussi populaire aujourd'hui, il reste une trentaine de troupes au Japon.

Les geishas (ou geikos)

Un chignon haut, un visage blanc (signe de distinction), une bouche dessinée à moitié, vêtue d'un kimono de soie fait main dont le prix peut varier entre 12 000 et 23 000 €, qui sont ces femmes trop souvent associées à la prostitution en Occident ? À ne pas confondre avec la *makura geisha* (dame d'oreiller), la geisha (*gei,* « art », et *sha,* « personne ») est une femme raffinée d'excellente compagnie, et dont les services sont réservés à une clientèle très aisée.
Traditionnellement, les geishas étaient vendues jeunes par les familles pauvres à des *okiya* (maisons de geishas). Durant leur enfance, en échange de leur éducation, les petites filles travaillaient pour la patronne *(Mama San)* aux menus travaux de la maison. Très tôt, elles sont initiées aux arts traditionnels japonais, puis les *maiko* (apprenties geishas) accompagnent et assistent leurs aînées dans les maisons de thé, les réceptions et les banquets, apprenant le *kitsuke* (port du kimono), l'art de la conversation et du divertissement (musique, danse, calligraphie, ikebana...). La geisha sait, grâce à sa culture, animer une réunion ou un dîner pour plusieurs invités. On peut aussi découvrir leurs talents sur la scène de théâtres, ou à l'occasion de festivals. Leur apprentissage dure 5 ou 6 ans. Devenir geisha aujourd'hui est un acte volontaire, les jeunes filles entrent dans les *okiya* généralement vers l'âge de 16 ans. L'archipel n'en compterait aujourd'hui plus qu'environ 300, que l'on croise principalement à Kyoto.

Les *cosplays*

Dans certains quartiers de Tokyo (notamment la rue Takeshita-dori, à Harajuku), on rencontre des jeunes filles déguisées en Alice au pays des merveilles, Cendrillon, Marie-Antoinette ou soubrettes d'époque victorienne, mais elles peuvent aussi bien porter un uniforme d'héroïne de manga en tenue fluo, à la chevelure bleue. On les appelle *cosplay (costume players).* En effet, beaucoup de jeunes refusent la société de leurs parents, où le travail est central et mène à une obsession maladive. Voilà pourquoi nombre de jeunes se réfugient dans le monde merveilleux des mangas. Certains jurent même fidélité à un personnage de B.D.
– ***Quelques adresses à Tokyo :*** la boutique *Gee Store Akiba* et le rayon *cosplay* du magasin *Don Quijote,* dans le quartier d'Akihabara (se reporter à ce chapitre). Dans le quartier de Shinjuku (se reporter à ce chapitre), les amateurs de mode *cosplay* (styles Lolita gothique ou romantique) iront surtout au grand magasin *Marui One Shinjuku (0101).*

ARTS MARTIAUX

Les arts martiaux sont nombreux au Japon. Avec armes ou à mains nues, ils sont étroitement liés aux traditions et à l'histoire du pays. La 1re fédération d'arts martiaux – la *Nihon Butokukai* – est créée à Kyoto en 1895. Aujourd'hui, le Japon compte 95 styles officiels de karaté (700 recensés), sans oublier le sumo, le « sport des dieux ». On distingue les anciennes pratiques – des techniques de combats entre samouraïs régis par un code d'honneur appelé *bushidô* (de *bushi,* « guerrier », et *dô,* « voie ») – des nouvelles voies martiales *(shin-budô).* Après la restauration de Meiji (voir la rubrique « Histoire » plus loin), la caste de « ceux qui servent leur maître » (1er sens du mot « samouraï ») est abolie, et le port des 2 sabres, le

long et le court – signes distinctifs de ces guerriers –, interdit. Les arts martiaux sont dénigrés au profit des techniques militaires occidentales, mais ils réapparaissent très rapidement au sein des écoles de police.
Malgré la diversité des *budô* dans les programmes scolaires ou extrascolaires, les arts martiaux sont souvent délaissés en faveur des autres sports. Dans la société japonaise, rares sont les adultes pratiquant les arts martiaux depuis l'enfance. Grâce aux films, aux compétitions de renommée mondiale, aux pratiques des policiers et à l'intérêt des femmes pour l'autodéfense, les arts martiaux conservent malgré tout de nombreux pratiquants.
– ***Le karaté :*** l'art martial vraisemblablement le plus populaire aujourd'hui... n'est pas d'origine japonaise. Il est connu à Okinawa dès le XVIIe s où, suite à l'interdiction d'utiliser les armes, les autochtones inventent un mode de combat « à mains nues », auquel se mêlent les apports de la boxe chinoise. Diffusé ensuite dans l'ensemble du Japon et codifié au début du XXe s, il se compose de techniques de frappe qui utilisent les armes naturelles du corps (doigts, mains, pieds, tibias...) en vue de bloquer les attaques des adversaires ou d'attaquer. Devenu depuis 1922 un sport de compétition, le karaté allie qualités mentales et physiques.
– ***Le shintaidô :*** la « nouvelle voie du corps ». Créé dans les années 1960, il fait partie des styles de karaté recensés et compte un nombre croissant de pratiquants en France.
– ***Le judo :*** très pratiqué par la police (dont 90 % pratiquent les arts martiaux), il est connu au Japon depuis le XVIIe s. Descendant du jujitsu, il s'inspire d'une forme de lutte chinoise étudiée pour le combat au corps à corps et se pratique pieds nus dans un dojo. Le judo se compose de techniques de projections *(nage-waza)*, de contrôles *(katame-waza)* et d'attaque des points vitaux *(atemi-waza)*. Il fut introduit aux Jeux olympiques de Tokyo en 1964.

TOUT EST DANS LA SOUPLESSE

À la fin du XIXe s, Jigoro Kano inventa le judo en observant les arbres en hiver : les branches les plus robustes étaient brisées sous le poids de la neige tandis que les plus flexibles n'étaient que courbées. En effet, pour vaincre, il ne faut pas utiliser la force mais la souplesse. Voilà pourquoi « judo » signifie « voie de la souplesse ».

– ***Le sumo :*** véritable profession, c'est un sport réservé aux hommes. Il n'y a pas de catégorie de poids, et il arrive que l'un des combattants fasse le double du poids de l'autre (il varie de 70 à 280 kg). Les combats se déroulent sur une arène circulaire (le *dohyo*). Pour marquer un point, les lutteurs doivent faire toucher le sol par une partie du corps autre que les pieds à leur adversaire ou le repousser en dehors du cercle en utilisant une ou plusieurs des 48 prises autorisées *(kimarite)*. Ces tournois, très populaires au Japon, sont retransmis à la télévision et font l'objet de paris. Cependant, plusieurs scandales ont terni l'image de ce sport. La pègre japonaise serait toujours investie dans le monde du sumo malgré l'existence de la loi antigang depuis 1992. Certains *rikishi* (« lutteurs ») seraient consommateurs de stupéfiants.

LA CEINTURE DE CHASTETÉ !

Les ceintures-pagnes des sumotoris, appelées mawashi, *servent à cacher la virilité des combattants. En mai 2000, en retransmission directe à la télévision nationale, le sumotori Asanokiri a perdu la sienne, lui faisant ainsi perdre le match en vertu d'une règle instaurée il y a plus de 80 ans qui pénalise tout sumotori qui n'aurait pas serré convenablement sa ceinture !*

– ***Le taihôjutsu :*** synthèse d'arts martiaux créée spécialement pour les besoins de la police japonaise dans le milieu des années 1940, avec la collaboration de grands maîtres d'arts martiaux.

– ***Le kendo :*** art martial, mais aussi sport de compétition aujourd'hui largement répandu dans le monde, il se pratique en armure avec un sabre en bambou *(shinai)*. Suite à la création de la fédération japonaise de kendo en 1952, il est introduit dans les programmes scolaires. Le ***kenjutsu*** (la technique du sabre), l'ancêtre du kendo, était enseigné aux samouraïs. L'art du sabre comprend aussi l'***iaidô,*** l'art de dégainer et de frapper dans le même mouvement.
– ***Le jujitsu*** regroupe des techniques de combat sans arme développées autrefois sur les champs de bataille pour combattre lorsque l'on était désarmé.
– ***Le kyudô*** est un art martial japonais, issu du tir à l'arc guerrier *(kyûjutsu)*. Le ***yabusame,*** l'archerie à cheval, date de la période Kamakura (1185-1333). Toujours pratiqué dans certains temples (notamment Tsurugaoka Hachimangu, à Kamakura).
– ***L'aïkido*** est un ***budô,*** méthode d'éducation issue d'un art martial japonais. Fondée par Marihei Ueshiba vers 1930, cette discipline n'a été reconnue par le gouvernement qu'en 1940. Composé de techniques avec armes et à mains nues, l'aïkido vise non pas à vaincre l'adversaire, mais à réduire sa tentative d'agression à néant. On utilise pour cela la force de l'adversaire, ou plutôt son agressivité et sa volonté de nuire. Il n'y a donc pas de combat, puisque celui-ci se termine au moment même où il commence. Conformément à cette logique, il n'existe pas de compétition d'aïkido.

BOISSONS

L'eau

Après la catastrophe nucléaire de 2011, l'eau a été contaminée, mais les niveaux de radioactivité sont redevenus assez faibles pour que les restrictions à la consommation soient levées. Les Japonais ont quelques marques d'eau bien à eux, comme *Finé,* dont la source primitive est située à 600 m au-dessous du mont Fuji.

Le thé

Les premiers théiers, en provenance de Chine, furent introduits au Japon entre le VIIIe et le IXe s. Le thé a longtemps été réservé à l'élite ; ce n'est qu'au XIIe s que, apprécié pour ses vertus médicinales, il se répand dans l'ensemble des monastères zen. Il devait alors permettre aux moines de ne pas s'endormir pendant les cérémonies. La pratique de la cérémonie du thé s'est démocratisée au cours de l'ère Edo (voir la rubrique « Histoire » plus loin) en touchant d'abord les riches avant de gagner rapidement l'ensemble de la population. Chaque année, le 1er décembre, on peut assister au festival de la Cérémonie du thé dans les jardins du sanctuaire shinto Kumano-jinja (Kyoto). Qu'il soit chaud en hiver ou froid en été, les Japonais passent leur temps à boire du thé – un thé vert dont les feuilles ont été réduites en poudre (matcha) et qui donne, une fois mélangé à l'eau frissonnante, un thé mousseux et amer.

> **TRADITION**
>
> *Les Japonais ne proposent jamais du thé préparé la veille. En effet, ce thé était autrefois servi aux condamnés.*

Le thé vert *(sen-cha)* est récolté de mai à juin et il représente les trois quarts de la production japonaise. Cette production risque de chuter : des producteurs de la région d'Okukuji, située à plus de 30 km de la centrale de Fukushima, ont constaté, en voyant la taille anormale des feuilles de thé, les effets du désastre. Des analyses commandées par le ministère de la Santé ont confirmé que le taux de contamination des feuilles était supérieur à celui toléré par les autorités. On peut toujours se rabattre sur le thé de sarrasin *(soba),* au goût fort mais rond. Parfait avec une soupe de nouilles !

Un Occidental peut s'y laisser prendre, mais le *soba-cha* et le *mugi-cha* ne sont pas du thé. Le 1er est une infusion à base de graines de sarrasin grillées, et l'autre une boisson glacée très populaire au Japon, élaborée à base d'orge et qui peut être consommée sans restriction puisqu'elle ne contient pas de théine. Si vous souhaitez pousser plus loin le sujet et découvrir toute la culture du thé au Japon, voir *Le livre du thé* d'Okakura Kakuzō, dans la rubrique « Japon utile ».

La bière

La bière *(biru)* est elle aussi une boisson très populaire au Japon. On peut apprécier la saveur de 4 grandes bières industrielles japonaises : *Asahi, Kirin, Sapporo* et *Suntory.* Elles sont en général blondes avec un taux d'alcool avoisinant les 5 % ; leurs noms viennent de la région où elles sont produites. Certains pubs et bars proposent également un bon choix de bières locales, issues de microbrasseries, dans des déclinaisons allant de la blanche à la brune en passant par des IPA *(Indian Pale Ale)* ou des ambrées. Servies à la pression ou en bouteille et en vente aussi dans certains commerces spécialisés. À table ou au comptoir, si le serveur propose un apéritif à votre voisin, ne soyez pas surpris si celui-ci répond : « *Toriaezu (nama) biru !* » (« Une bière (pression) d'abord ! »).

Le saké

Au Japon, la légende veut que les dieux aiment l'alcool, plus précisément l'alcool de riz, c'est-à-dire le saké. À leur tour, les hommes ont pris goût à ce divin breuvage, devenu aujourd'hui la boisson nationale. On le brasse comme la bière, dans des cuves, d'où son appellation de bière de riz. La recette du saké est simple en théorie : du riz (20 %) et de l'eau (80 %). Le riz est d'abord poli. Seul le cœur du grain, riche en amidon, est conservé. Plus le grain est poli, plus le saké sera fin. Il est ensuite lavé, puis cuit à la vapeur, il prend alors l'aspect de colle. Celle-ci est étalée sur des draps de coton afin qu'elle refroidisse. Puis le maître brasseur *(boji)* ajoute son mélange secret et déclenche la fermentation à l'aide d'un champignon. Pour un saké ordinaire, il suffit de 20 jours, tandis que 40 à 60 jours seront nécessaires pour un saké de haute qualité. La qualité de l'eau est elle aussi très importante. Grâce à sa source, qui est l'une des plus pures du Japon, la ville de Kyoto est devenue la plus active dans le brassage du saké. Le taux d'alcool avoisine en moyenne 17 %. Lors de la fabrication, le reste de pâte est transformé en gâteau.
Sauf exception, le saké ne se conserve pas plus d'un an après sa mise en bouteilles. Et l'exception, c'est le *koshu* (vieille réserve), un saké à la couleur jaunâtre et à la saveur mielleuse, qu'on peut garder de 10 à 20 ans. Ne pas confondre avec le *shôshû* (la gnôle japonaise), ni avec le *koshu,* un cépage très courant au Japon, dont on tire accessoirement du vin. Chaque région du Japon a son cru de saké. Inutile de dépenser trop d'argent, de modestes sakés de pays *(jizakés)* vous réserveront de bonnes surprises.
Attention, le saké n'a aucun lien avec les eaux-de-vie de patate (50 à 60°) servies dans les restaurants asiatiques d'Europe (et appelées « saké »). En japonais, le mot « saké » désigne, en réalité, toutes les boissons alcoolisées. Pour être exact, le saké se nomme *nihonshu* (« alcool japonais »).
Il se boit froid *(hiya),* en général à l'apéritif, ou chaud *(kan),* et dans ce cas ne trinquez pas avec, c'est une impolitesse. Vous entendrez peut-être demander « *atsukan* ». Le saké est alors chauffé à 50 °C. À réserver aux sakés de table !
– *Seishu* est l'appellation officielle pour distinguer le *nihonshu* des autres alcools.

Il existe ***4 grandes catégories de saké :***
– *Nigorizake* (brut) *:* saké non filtré, à l'ancienne ;
– *Namazake* (cru) *:* désigne tout saké non pasteurisé (chauffé une seule fois avant l'expédition) ;
– *Futsushu* (de table) *:* le plus consommé, souvent chaud ;
– *Tokutei-meishoshu :* équivalent de notre « appellation contrôlée de qualité supérieure ».

Vin, Japon et beaujolais nouveau

Eh oui, les Japonais aiment le vin ! Dès le XVIe s, des vignes jouxtaient les rizières. L'intérêt des Japonais pour le vin est en constante augmentation depuis l'Expo universelle d'Osaka en 1970, aussi bien chez les jeunes que chez les plus âgés. Le Japon produit et importe de plus en plus de vin, du français au sud-américain en passant par l'australien. Les consommateurs croient au *French paradox* et aux vertus thérapeutiques du jus de la treille... Le cépage le plus cultivé est le *black queen,* mais on trouve aussi du cabernet-sauvignon, du chardonnay, du merlot... Si le prix du vin japonais a considérablement baissé, il reste tout de même élevé. Cela vous étonnera certainement, mais sachez que les Japonais tiennent chaque année à être les premiers à goûter le beaujolais nouveau. Des avions entiers le convoient, et les gens se rendent à l'aéroport en novembre pour être certains d'avoir la primeur de le déguster, grâce au décalage horaire entre le Japon et la France ! Son arrivée est un véritable événement sur l'Archipel, à tel point qu'un hôtel de Hakone, la station thermale de la région de Tokyo, organise des bains de jouvence en son honneur.

ATTENTION AUX FAUX AMIS !

Un homme d'affaires étranger retrouve son représentant japonais, le soir, dans un bar à Tokyo. Pour l'honorer, il lève sa pinte de bière en disant « tchintchin ». L'interprète lui souffle à l'oreille : « Président ! on dit "kampaï"... "tchintchin" signifie "zizi" en japonais ! »

Distributeurs de boissons

L'une des particularités du Japon ? On trouve à chaque coin de rue, même en rase campagne, des distributeurs de boissons (non alcoolisées, bien sûr !) fraîches ou chaudes. Ils ne sont jamais vandalisés ni endommagés.

En canettes ou en bouteilles plastique, il existe une grande variété de boissons ; le *Calpis* (boisson à base de lait) et le *Pocari Sweat* font partie des plus populaires. Elles côtoient dans les distributeurs du thé vert ou noir, du café noir ou au lait, des jus de fruits, des sodas, des boissons vitaminées (*energy drinks* comme *Redbull* ou *XL Energy Drink...*) et même de l'eau ! Pour les distinguer, les froides ont une étiquette bleue, et les chaudes une rouge, fastoche ! Cependant, pas sûr que certaines compositions chimiques et certains goûts plaisent à tout le monde !

LA FRANCE QUI GAGNE !

Elixia *est la plus ancienne limonade fabriquée artisanalement dans le Jura depuis 1856. Pour affronter les marques internationales, il suffit d'avoir une bonne idée ! La firme a donc imaginé une limonade avec des paillettes d'or qui se vend (comme des petits pains ?) au Japon. Et un chiffre d'affaires multiplié par... 200.*

Le whisky nippon

Pour de nombreux amateurs, l'idée même d'un whisky japonais a été longtemps, sinon une aberration, tout du moins une curiosité. Élaboré sur le modèle du whisky écossais, il n'est certainement pas une pâle copie du scotch, comme le constatent désormais de nombreux fans du whisky nippon. Il a su emprunter à son lointain cousin écossais

LE BIEN ET LE MALT

Fabriqués depuis 1923, certains whiskies japonais rivalisent avec les meilleurs blended malt *écossais. Le Japon détient les 3 ingrédients indispensables : un climat doux, une eau pure et des tourbières. Aux tests à l'aveugle, il est souvent difficile de les différencier.*

le meilleur du procédé d'élaboration, tout en poussant l'exigence de qualité au plus haut degré et jusqu'à désormais rafler de nombreuses récompenses dans les concours internationaux. Et ce au grand dam des Écossais. La plus grande marque de whisky nippone est *Nikka single malt.*

CINÉMA

Le cinéma japonais est riche et varié. À tel point que l'Archipel se classe aujourd'hui au 4e rang des recettes mondiales et au 5e rang des plus gros producteurs de films. Ce succès est également récompensé dans les festivals internationaux. La Palme d'or du festival de Cannes édition 2018 a récompensé Hirokazu Kore-eda pour *Une affaire de famille* qui avait déjà reçu le prix spécial du jury en 2013 pour le touchant *Tel père tel fils.* Surprenant ? Pas tant que ça...

Les premiers chefs-d'œuvre et la guerre

L'industrialisation du cinéma et l'emprise des yakuzas n'empêchent pas l'éclosion des 1ers chefs-d'œuvre du 7e art japonais. Parmi les films muets, on retient *Une page folle,* de Kinugasa Teinosuke (1926). Après l'arrivée du cinéma parlant, *Gosses de Tokyo* (1932), d'Ozu Yasujirô, et *Les Sœurs de Gion* (1936), de Mizoguchi Kenji, restent inoubliables.
La guerre sino-japonaise n'épargne pas le cinéma nippon. En 1939, une loi place l'industrie du film sous contrôle gouvernemental. L'importation des films étrangers est interdite en quasi-totalité pendant toute la durée de la guerre. Puis la censure réduit le 7e art à un outil de propagande ; de 1945 à 1952, les films d'époque *(jidaigeki)* sont bannis.

Les belles années

Un cinéma de qualité et capable de s'exporter va renaître après la guerre. Akira Kurosawa, l'« empereur » du cinéma nippon, décroche pour son film *Rashômon* (1950) le Lion d'Or de Venise en 1951. *Les Sept Samouraïs* (1954), toujours de Kurosawa, inspireront *Les Sept Mercenaires,* de John Sturges, tandis que *La Forteresse cachée* (1958), servira de modèle à George Lucas pour créer *La Guerre des étoiles.*
Les années 1950 voient également émerger d'autres grands noms du cinéma japonais ; ainsi Mizoguchi nous offre *Les Amants crucifiés* (1954), Ozu *Voyage à Tôkyô* (1953), Naruse Mikio *Nuages flottants* (1955).
En 1958, un record d'entrées est enregistré dans les cinémas nippons (plus d'un milliard de spectateurs) et 504 films sont produits.

L'éclosion de nouveaux genres

Le cinéma d'extérieur (filmé en plein air) voit le jour avec des films comme *Une ville d'amour et d'espoir* (1959) ou *Contes cruels de la jeunesse* (1960), d'Oshima Nagisa – pionnier de la nouvelle vague et des scandales, allant jusqu'à se retrouver devant les tribunaux. L'onirisme irrigue les autres genres du cinéma japonais, qui se développent ou se renouvellent à partir de cette époque. En 1954 déjà, *Godzilla,* 1er d'une longue série, donne ses lettres de noblesse au genre *monsters.* Le film de gangsters, *yakuza eiga,* trouve en Fukasaku Kinji (*Du rififi chez les truands,* 1961) son nouveau maître. Et pendant ce temps, les « *chambara* » (« *chan-chan bara-bara* », le bruit de la lame tranchant la chair) continuent de ravir des spectateurs toujours aussi nombreux. Takeshi Kitano ravive cette pratique de la lame dans *Zatoichi* en 2003.
Suivront, parallèlement aux nouveaux films des maîtres reconnus : *Barberousse, Kagemusha* (Palme d'or à Cannes en 1980 et césar en 1981), *Ran,* de Kurosawa ;

le sulfureux *Empire des sens, Furyô, Max,* d'Oshima ; *La Ballade de Narayama* (Palme d'or à Cannes en 1983), *Pluie noire, L'Anguille* (Palme d'or à Cannes en 1997), d'Imamura Shôhei.

Animation

L'animation donne naissance à des œuvres bouleversantes, adressées autant aux adultes qu'aux enfants. Dès 1963, *Astro, le petit robot,* de Tezuka Osamu, ouvre des perspectives jusque-là insoupçonnées. Suivent *Akira* (1988), *Ghost in the Shell* d'Oshii Mamoru (1995), *Perfect Blue* de Satochi Kon (1997). Mais c'est le désormais célèbre studio Ghibli, fondé en 1985 par Hayao Miyazaki, Isao Takahata et Toshio Suzuki, qui donnera ses lettres de noblesse au genre. *Le Château dans le ciel* (1986), *Mon voisin Totoro* (1988), *Le Tombeau des lucioles* (1988), *Princesse Mononoké* (1997), *Le Voyage de Chihiro* (2001), *Ponyo sur la falaise* (2008) sont aujourd'hui considérés comme des chefs-d'œuvre du cinéma nippon.
Aujourd'hui, certains réalisateurs s'émancipent de ce fameux studio et réussissent à s'exporter à l'étranger. Mamoru Hosoda, star montante de l'animation japonaise, a connu un vif succès avec *Les Enfants loups* (2012) et *Le Garçon et la Bête* (2015). Tout aussi applaudi par la critique, *Your Name* (2016), de Makoto Shinkai, propose une réflexion sur la société urbaine face à la tranquillité rurale.

J-Horror

La *Japanese Horror, J-Horror* pour les adeptes, est un genre cinématographique très populaire au Japon. Son origine remonte aux *kaidan* (histoires d'horreur et de fantômes) des périodes Edo (1603-1868) et Meiji (1868-1912). Cependant, le style *J-Horror* n'apparaîtra pas avant les années 1990, où il connaîtra un franc succès au Japon. C'est Kiyoshi Kurosawa qui l'introduit en 1989 avec *Sweet Home.* Sa différence avec les films d'épouvante d'Occident se caractérise par son suspens et l'angoisse qu'elle suscite, ainsi que des éléments supernaturels tels que des fantômes ou démons. *Ring* (1998) d'Hideo Nakata est le film culte du genre avec son célèbre personnage : Sadako. Les plus populaires sont souvent inspirés d'animes, de mangas ou de livres comme *Battle Royale* (2000), de Kinji Fukasaku, tiré du roman de Koshûn Takami (voir la rubrique « Livres de route » dans le chapitre « Japon utile »). De nombreuses adaptations américaines ont vu le jour dans les années 2000 mais furent très critiquées.

Aujourd'hui

Le cinéma japonais contemporain se base sur un questionnement identitaire, allant parfois jusqu'à une remise en cause de la société nippone. Hirokazu Kore-eda, lauréat de la Palme d'or 2018, est le maître dans cet art, ce qui lui a valu de nombreuses critiques. Il dévoile un Japon défectueux à travers les scandales encore étouffés de son pays, comme avec *Tel père, tel fils* (2013) ou *Nobody Knows* (2004). Yojiro Takita explore également des sujets tabous dans la société nippone. Son film *Departures,* récompensé aux Oscars en 2008, est une présentation poignante des pompes funèbres, lieu considéré comme impur aux yeux des Japonais. Toutes ces récompenses prouvent la qualité du cinéma japonais.
Un cinéma largement masculin, mais qui s'ouvre de plus au plus aux femmes. Naomi Kawase en est l'exemple même. Figure phare du festival de Cannes, ses documentaires mettent en avant les traditions japonaises, toujours en harmonie avec la nature, et son sens précis de l'esthétisme.
Mais la figure centrale et rayonnante dans le monde cinématographique est bien Takeshi Kitano. Ses films sur les yakuzas, la police et plus généralement la violence sont toujours accompagnés de ce sens de la dérision si japonais, apprécié à l'étranger, qui peut, sans se départir du détail et de l'esthétique, lui faire tourner ou jouer une scène sérieuse, violente, amoureuse, qui finira par devenir drôle.

Violent Cop (1989) inspirera pléthore de jeunes réalisateurs tels que Takashi Miike, mais aussi John Woo. Néanmoins, Kitano ne se cantonne pas à ses films violents. En 1999, *L'Été de Kikujiro* émeut le public nippon et mondial par sa mélancolie et sa poésie. Kitano prouve à tous qu'il est le maître du cinéma japonais d'aujourd'hui.

Le Japon et son cinéma inspirent l'étranger

De George Lukas à Quentin Tarantino, tous ont été influencés par le cinéma japonais. Les films de yakuzas (gangsters) et de samouraïs sont l'une des influences majeures du cinéma proposé par Quentin Tarantino (*Kill Bill* en étant l'exemple même) : code du samouraï, maniement du sabre et violence visuelle sont la clé dans son art. Mais le pays en lui-même inspire les cinéastes. *Lost in Translation* (2003), de Sofia Coppola, se déroule au cœur de Tokyo, la ville devenant un personnage à part entière. Ses contes et légendes sont également une source d'inspiration. Hachikô, le célèbre chien, fidèle jusqu'à sa mort, fut célébré dans *Hatchi* (2010), de Lasse Hallström. *Black Rain,* de Ridley Scott, a été tourné à Osaka. James Mangold a, quant à lui, préféré le charme traditionnel de Tomono-Ura, sur les rivages de la mer Intérieure, pour filmer le X-Men *Wolverine* (alias Hugh Jackman) dans *Le Combat de l'immortel.*

Le Japon inspire le drame lyrique

L'italien Giacomo Puccini compose en 1904 *Madama Butterfly* d'après la pièce de David Belasco. Cio-cio-san (papillon en japonais), jeune Japonaise s'éprend d'un officier de marine américain qui lui promet l'amour éternel. L'idylle s'avérera une passade d'un soir pour le beau Yankee mais certainement pas pour la jeune fille qui espère sans faille (mais en vain) le retour de son amant : désespérée, elle se fera *harakiri.* L'œuvre aborde le thème du colonialisme, de l'espoir et de l'honneur. La musique, l'une des plus subtiles du répertoire lyrique, illustre à merveille la fragilité de ce papillon-là. Opéra magnifiquement porté au grand écran par Frédéric Mitterrand en 1995.

CUISINE

La petite histoire

Au Japon, la gastronomie fait partie intégrante de la culture. Les modes de préparation, de cuisson et de consommation sont tout un art. L'histoire, la tradition, la religion et l'esthétique sont aussi importantes – peut-être même plus – que la nourriture. Le Japon a emprunté à la Chine, il y a bien longtemps, au moins 3 de ses éléments constitutifs : le riz, le thé et le soja. Le riz est l'élément de base mais aussi celui de la fête, et l'essence de la cuisine reste traditionnellement l'art de l'accommoder. Les nouilles ont, elles aussi, beaucoup de succès et représentent un des principaux éléments. On en distingue 3 sortes : les nouilles au sarrasin ***(soba),*** celles à la farine de blé ***(udon),*** épaisses et blanchâtres, et celles faites à partir de farine de froment ***(somen),*** à l'aspect de fils. Elles se dégustent chaudes ou froides, toujours accompagnées de sauces.

La viande ne fait son entrée dans la cuisine japonaise qu'au XIXe s. Elle est consommée surtout sous la forme de brochettes, notamment de poulet ***(yakitori).***

LES JAPONAIS DÉCOUVREURS DE SAVEURS

Avec le sucré, le salé, l'amer et l'acide, il existe 4 saveurs. Les Japonais en ont découvert une 5e avec l'umami. Dû à la présence de glutamate, ce goût se retrouve dans la sauce soja, la soupe miso ou le parmesan. Il n'est agréable que s'il n'est pas trop puissant.

Les légumes cultivés dans le pays du Soleil-Levant présentent une grande variété : les radis comme le ***daikon*** (radis blanc), les tubercules, les champignons (***shiitake,*** par exemple), aussi bien que diverses herbes des montagnes ***(sansai)*** appréciées en salade ou mélangées à des nouilles.

Il existe des nuances régionales dans l'Archipel. À l'ouest du Japon, au Kansai (littéralement : la « porte de l'Ouest »), le voyageur trouvera une cuisine très différente de celle de l'Est (Kanto, la « porte de l'Est »). Les 2 capitales historiques se distinguent : à Kyoto on élabore des spécialités en cuisant par ébullition, à la vapeur et à l'étuvée ; alors que les alentours tokyoïtes pratiquent une cuisine qui met l'accent sur la découpe.

L'alimentation au Japon a beaucoup évolué au fil des ans, et la taille des Japonais a en moyenne augmenté de 15 cm depuis 1945. Au début des années 1960, ils ont « occidentalisé » leur goût et leur façon de manger, mais ne vous attendez tout de même pas à trouver couteaux et fourchettes sur les tables des restaurants.

POURQUOI UNE CUISINE À LA BAGUETTE ?

Selon leurs traditions, les Asiatiques considèrent comme impoli que les invités aient à découper leurs aliments eux-mêmes. Tout doit être prêt à la consommation. Ainsi, la viande et les légumes sont déjà découpés. Les baguettes sont bien adaptées pour attraper ces petits morceaux. Au passage, les shoguns (généraux) préféraient avoir leurs convives armés de baguettes que... de couteaux !

Le bœuf de Kobe *(Kōbe bīfu* 神戸ビーフ*)*

Le bœuf de Kobe est une variété particulière de bœuf provenant de la race *tajima-gyu.* Il est élevé selon une stricte tradition dans la préfecture de Hyogo (centre-ouest de l'île de Honshu), dont la ville principale est Kobe. C'est une viande extrêmement délicate, très réputée pour sa tendreté et sa texture persillée. Elle peut être préparée de différentes façons : en steak, *sukiyaki* ou *shabu-shabu,* les 2 étant un genre de fondue où l'on trempe la viande mais aussi des légumes dans une sauce, ou encore en sashimi (fines lamelles de viande crue) et en *teppanyaki* (grillé sur une plaque en fer). Bien que délicieux et à tester absolument au moins une fois, le bœuf de Kobe reste un aliment cher.

L'EFFET BŒUF DE KOBE

Cette viande exceptionnelle (wagyu) *est célèbre pour sa graisse intramusculaire (et non autour) qui lui donne un goût persillé unique. Les animaux sont massés au saké (pour la tendreté), nourris à la bière (pour la détente) et ils écoutent de la musique classique (pour la zénitude). C'est moins tendre et zen côté finances !*

Les produits de la mer

Les Japonais consomment beaucoup de poisson, des crustacés, des coquillages et des algues, bien plus que les autres peuples du monde. Toutefois, la forte contamination de la mer par l'eau radioactive s'écoulant de la centrale de Fukushima a amené les Japonais à modifier leurs habitudes alimentaires. L'association Greenpeace a collecté, 2 mois après la catastrophe et à 20 km

IL ÉTAIT UNE FOIS LE SUSHI

*Il y a bien longtemps (2 400 ans, quand même !), le poisson cru était placé entre des couches de riz vinaigré pour empêcher sa dégradation. On jetait alors le riz pour ne consommer que le poisson. Il fallut attendre le VII*e *s pour arrêter ce gaspillage et consommer le tout. Le sushi était né.*

au large des côtes japonaises, des algues, des coquillages et des poissons, et relevé un taux de radioactivité 50 fois supérieur aux normes, montrant ainsi que la vigilance reste de mise.

Les sushis et sashimis

Vous aurez plaisir à savourer de nombreux plats de la mer préparés devant vos yeux en ***sashimi*** (tranches de poisson cru), mot qui signifie littéralement « corps taillé » en japonais. Souvent confondu avec le sushi, qui lui est une préparation à base de riz vinaigré. Certains restos proposent des *ikizukuri,* sashimis disons on ne peut plus frais, puisque la bestiole (poulpe...) est encore vivante... âmes sensibles s'abstenir.
Quant aux ***sushis*** il en existe 2 sortes : les *nigiri,* petits canapés de riz vinaigré couverts le plus souvent de poisson cru, et les *norimaki,* paupiettes de riz fourrées de poisson cru ou de légumes et enrobées d'une feuille d'algue séchée.
Quelques petits conseils pratiques : d'une part, on trempe le sushi dans la sauce soja côté garniture et pas côté riz (peu pratique, mais c'est ainsi !) ; d'autre part, entre 2 sushis, on grignote une lamelle de gingembre pour remettre les papilles « à zéro ». Enfin, on mange le sushi en une seule bouchée (n'allez pas le couper avec les baguettes, malheureux !).

L'anguille

L'anguille *(unagi)* est au Japon un mets pour fins gourmets, préparé sous différentes formes. Une des préparations populaires est l'*unajû* : du riz est disposé dans une boîte en bois laqué et l'on y place des brochettes de filet d'anguille cuites au feu de bois. L'anguille ***sherayaki,*** elle, est très légèrement cuite et accommodée de sauce soja et ***wasabi.*** La ***limaki*** est une omelette fourrée à l'anguille, et l'***usaku*** est grillée puis mise en vinaigrette. Du fait de sa rareté, ce n'est pas un mets très bon marché non plus !

Les algues

Les Japonais sont de grands mangeurs d'algues. Elles sont ramassées au large ou cultivées délicatement dans des criques abritées. Très riches en protéines, vitamines et sels minéraux, elles sont particulièrement appréciées. Vous en découvrirez dans de nombreux plats. Parmi les plus courantes :

- ***Nori :*** algue rouge séchée utilisée notamment dans l'élaboration des makis. Anciennement, *nori* signifiait « algue ». L'algoculture existe dans la baie de Tokyo depuis l'époque Edo. Quand l'algue sèche, la couleur rouge s'estompe et l'on distingue alors 2 sortes d'algues : les noires et les vertes. Sous sa forme grillée *(yakinori),* elle est utilisée dans les *ramen,* les sauces, sur les *soba...*
- ***Kombu :*** algue utilisée pour la cuisson. Elle ramollit les fibres des légumes et augmente la saveur et la digestibilité des plats. Elle est réputée pour fortifier les intestins, baisser le taux de sucre dans le sang et améliorer l'hypertension. Elle est également recommandée pour les problèmes circulatoires.
- ***Wakame :*** algue brune très populaire en forme de lobes. Elle est principalement utilisée dans la confection de salades et de soupes (la soupe *miso,* par exemple). Le *wakame* est généralement vendu sous forme coupée et déshydratée. Il suffit ensuite de le tremper dans l'eau quelques minutes, ce qui triple son volume.

PRÉCIEUSES ALGUES

Peu de gens savent que les algues fournissent 60 % de l'oxygène de la planète. Autrefois, on les utilisait comme combustible et engrais, mais aussi pour blanchir le linge, car elles contiennent de la soude. Aujourd'hui, leurs utilisations sont innombrables : nourriture, cosmétiques, plastiques, médicaments, et même peinture.

Les grands marchés de la mer

Allez faire un tour au ***marché d'Ameya Yokocho*** (près du parc d'Ueno, à Tokyo) ou au ***marché de Toyosu*** (à Tokyo), plus grand marché aux poissons du monde, les étals sont impressionnants et regorgent d'une variété incroyable de produits de la mer. Dans ces quartiers sont négociées chaque jour environ 3 000 t de poisson de 500 espèces différentes. Ne soyez pas surpris d'y trouver de la baleine. La consommation de ce mammifère est liée à la culture. Après la Seconde Guerre mondiale, ce fut une source de protéines pour toute une génération.

En 2018, le Japon s'est retiré de la Commission baleinière internationale ; la pêche a donc repris, au grand dam des scientifiques étrangers et d'associations, qui invoquent le rôle joué par la baleine pour maintenir la bonne santé des océans et des écosystèmes marins.

> **IKEJIME**
>
> *Prononcer « ikéjimé ». Cette technique japonaise consiste à saigner le poisson vivant, juste avant de le consommer. Le goût en est bien plus subtil, délicat. Tous les grands chefs saignent eux-mêmes les poissons. Barbare ? Pas vraiment, surtout par rapport à notre technique occidentale qui consiste à les laisser agoniser lentement par asphyxie.*

Le problème du thon rouge

Les Japonais sont particulièrement friands de ce poisson. Dégusté en sushi, servi dans les grands restaurants, il est consommé en grande quantité et par tout le monde, même à plus de 25 € le sushi ! Mais il s'est trop rapidement démocratisé, à tel point qu'il a été menacé d'extinction.

Des ONG comme Greenpeace et WWF se battent pour interdire sa pêche. Ces organisations souhaitaient que la conférence de la Convention sur le commerce international des espèces menacées d'extinction protège les thons rouges, au même titre que le gorille ou le tigre. Mais de nombreux pays s'y sont opposés, souhaitant soutenir les pêcheurs et leur commerce... Le Japon est le plus gros consommateur au monde de *Thunnus thynus* : 80 à 90 % de la pêche en Atlantique et dans le Pacifique y est consommée. Pour protéger l'espèce, des quotas de prises ont été réduits jusqu'en 2014.

Mais après des années de restriction, face à la reconstitution des stocks, les pays pêcheurs ont décidé de remonter les quotas pour le thon rouge à l'est de l'Atlantique et en Méditerranée. Quant à l'espèce du Pacifique, elle est toujours menacée d'extinction.

Le record de prix a été battu le 5 janvier 2019 : un thon rouge de 278 kg a été vendu aux enchères 2,7 millions d'euros (soit presque 10 000 € le kg !) à la criée au thon du marché de Tokyo. Le même acquéreur, patron d'une chaîne de restaurants, a renouvelé son coup de folie pile un an plus tard pour un thon rouge de poids comparable, qu'il n'a cette fois payé « que » 1,5 million d'euros...

Épices, fines herbes et condiments

Même si les voyageurs habitués à l'Asie la trouveront nettement moins épicée qu'en Inde ou en Thaïlande, la cuisine japonaise est assaisonnée d'une grande variété de condiments. Contrairement à la cuisine occidentale, une des particularités de la cuisine japonaise est de ne pas mélanger les saveurs. Les plats que l'on demande dans les restaurants sont toujours présentés avec les ingrédients séparés, de même pour les épices mises à part dans de petits bols, ce qui laisse toujours la possibilité de manger plus ou moins épicé.

– ***Wasabi :*** condiment très piquant sous forme de crème de couleur verte assez vive, principalement à base de raifort et de moutarde. On le retrouve notamment en couche épaisse dans les sushis. Pour obtenir des sushis sans wasabi, demandez : « *wasabi nuki* ».

– ***Raifort :*** traduisez littéralement « racine piquante ». La racine de raifort râpée a une saveur très forte, piquante et poivrée.

– ***Gingembre** (shoga) **:*** rhizome de couleur rose utilisé frais, sous forme de jus ou mariné. On le retrouve dans de nombreux plats, par exemple avec les sushis ou les sashimis. Il est souvent mélangé au *shoyu* et au wasabi et donne une sauce épicée consommée avec le poisson cru. Il existe plusieurs variétés de gingembre, comme le *beni shoga,* une variante rouge et marinée dans le vinaigre, ou le *hajikami shoga* (jeunes pousses marinées). Se consomme en fin de repas pour faciliter la digestion.

WASABI ?

95 % de ce que l'on consomme sous l'appellation wasabi... n'en a que le nom. La plante semi-aquatique qui pousse dans les montagnes du centre du Japon met plusieurs années à germer (impossible de satisfaire la demande donc) ; la couleur du vrai wasabi tire vers le marron, et, une fois râpé, il doit être consommé dans les 15 minutes (au-delà le goût disparaît). Celui qui nous est servi est un mélange de moutarde, raifort et colorant vert.

– ***Soja :*** ingrédient indispensable, le soja est utilisé sous diverses formes. La farine de soja, le lait de soja *(tonyu),* le tofu (sorte de fromage), le miso (fabriqué à partir d'une pâte de soja fermentée utilisée dans les soupes, les sauces et comme aromate), le *shoyu* (sauce au goût assez doux), le *tamari* (sauce au goût plus prononcé que le *shoyu*) ou encore les germes de soja.

– ***Flocons ou copeaux de bonite** (un cousin du thon) **séchée (katsuobushi) :*** eux aussi essentiels au goût japonais ainsi qu'à la préparation des courts-bouillons et fonds de sauce. Son goût est salé.

LE *NATTO*, C'EST PAS DU GÂTEAU !

Ces graines de soja fermentées sont l'ami du Japonais au petit déjeuner... et la terreur du gaijin *(étranger), comme un camembert bien avancé fait reculer le non-initié. Bon, sa texture est visqueuse et son odeur puissante mais, mélangé dans un bol de riz chaud, son goût est unique. À essayer... au moins une fois.*

– Vous apprécierez certainement la jolie couleur rose des ***baies*** et du ***poivre.***

– Le Japon a aussi sa ***moutarde (karashii).*** Il n'en existe qu'une sorte, des graines de moutarde séchées et moulues. Si l'on y ajoute un peu d'eau, on obtient une pâte qu'on mélange aux sauces d'accompagnement, aux vinaigrettes et à certains plats cuisinés. Son goût est particulièrement violent.

– ***Sésame (goma) :*** utilisé blanc ou noir, entier ou moulu ; il apporte un léger goût de noisette.

– ***Fougère (warabi) :*** utilisée dans les marinades, les plats à la vapeur et les casseroles. Appréciées pour l'équilibre qu'elles apportent aux plats trop gras comme l'anguille, ces petites graines brun verdâtre ***(sanshô)*** proviennent de la gousse du frêne épineux.

– ***Piment rouge (tôgarashi) :*** méfiez-vous, ses graines sont dangereusement fortes et doivent être retirées.

– Laissez-vous tenter par un ***mélange de 7 épices (shichimi)*** vendues déjà mélangées et adaptées à tous les goûts. 3 sortes existent effectivement : doux, médium et très épicé.

Quelques plats et accompagnements

– ***Sukiyaki :*** c'est le plat national. Il ressemble au pot-au-feu. On plonge des morceaux de viande (bœuf, porc, poulet...) bouillis dans un fond de sauce assaisonné, puis on les trempe dans un jaune d'œuf battu.

– ***Okonomyaki*** (spécialité d'Osaka, d'Hiroshima et de Nara) ***et monjayaki*** (spécialité de Tokyo) : sortes de tortillas à base de chou blanc accompagnées de divers ingrédients (bœuf, fruits de mer, légumes...), le tout découpé en petits morceaux et cuit sur une plaque chauffante.
– ***Ramen :*** des pâtes (n'importe quelle variété) dans un bouillon, servies dans un grand bol et pouvant être accompagnées de légumes, de viande... Les Japonais avalent leurs *ramen* rapidement, en réalisant le fameux bruit *zuru zuru* (équivalent du « slurp » en japonais !). Faites-le aussi, cela montre votre plaisir à déguster ce plat.
– ***Soba :*** nouilles de sarrasin, faites à la main. Les pâtes sont ensuite coupées et servies chaudes ou froides.
– ***Udon :*** pâtes à la farine de blé tendre (froment), faites à la main également mais plus épaisses (2-4 mm), et leur couleur varie du blanc au blanc cassé. Molles et élastiques, elles se consomment chaudes ou froides.
– ***Gyudon :*** riz recouvert de viande de bœuf et d'oignons.
– ***Katsudon :*** riz recouvert d'une tranche de porc panée puis cuite avec un œuf battu. Une version au poulet ***(oyakodon)*** existe également.
– ***Misoshiru :*** soupe *miso* à base de soja fermenté.
– ***Tempura :*** beignets de poisson, crustacés ou légumes ; introduits au Japon au XVIe s par les Portugais.

RIZ AMER

Le riz gluant est un délice, mais il a un léger inconvénient : il colle à l'œsophage, et de nombreuses personnes âgées meurent par étouffement. Pas étonnant que la farine de riz gluant fasse une excellente colle en lui rajoutant de l'huile d'amande !

– ***Oden :*** pour le goûter, il faudra vous trouver au Japon en saison froide. C'est un plat hivernal à base de gâteau de poisson et de légumes.
– ***Tonkatsu :*** côtelettes de porc panées, passées à la friteuse.
– ***Yakitori :*** petites brochettes, traditionnellement à base de poulet grillé.
– ***Niku-jaga :*** pommes de terre à la viande.
– ***Mochi :*** gâteau de riz gluant moulé sous différentes formes, traditionnellement servi pour la nouvelle année. Le riz est écrasé au mortier et généralement grillé. Colle facilement aux dents et au palais.
– ***Unagi*** *(ou anago)* **:** c'est l'anguille de mer du Japon. Dans les auberges ***Unagi-ya,*** la carte décline toutes les façons de cuisiner l'anguille.
– ***Kaiseki Ryori :*** littéralement « poitrine-pierre cuisine », c'est le nom d'un type de nourriture servie durant les cérémonies du thé. Le nom vient de la pratique des moines zen qui plaçaient des pierres chaudes dans le haut de leurs robes pour supporter la faim lors des périodes de jeûne. La cuisine *kaiseki* est en principe strictement végétarienne, mais de nos jours, le poisson et d'autres mets peuvent y être occasionnellement servis. Dans le *kaiseki* ne sont utilisés que des ingrédients frais de saison, préparés de manière à mettre en valeur leurs goûts et leurs odeurs.
– La fleur de ***chrysanthème*** *(shungiku)* vient du continent. On en consomme les feuilles qui, en cas de pénurie, sont remplacées par des épinards. Elle est servie traditionnellement pour son symbolisme, comme dans le menu du Nouvel An.
– ***Takenoko :*** pousse de bambou au goût subtil, qui se marie bien aux autres ingrédients en y apportant une texture croquante.
– ***Takoyaki :*** sorte de chou pâtissier, fourré au poulpe, spécialité d'Osaka, mais on peut en trouver ailleurs. Pas cher et bien roboratif. Idéal pour caler une faim.
– ***Racine de lotus*** *(renkon)* **:** les Japonais l'utilisent crue, en cuisson lente à la casserole, ou encore la font frire en tempura.
– ***Umeboshi :*** prunes salées. Le Japon est l'un des seuls pays à les sécher et les confire dans du sel. Aliment très populaire, leur goût est très acide et salé. Ils sont fabriqués avec des fruits frais, lavés et trempés dans l'eau froide,

essorés et essuyés avec un linge. Ensuite aspergés à l'eau-de-vie, puis salés, ils se consomment généralement avec du riz et ont l'avantage esthétique de reproduire le drapeau du Japon.
– Sans oublier les incontournables ***fondues*** dont quantité ont été empruntées à l'Occident durant l'ère Meiji (1868-1912). Elles sont principalement composées de bœuf mijoté et de légumes, comme le ***shabu-shabu*** et le ***sukiyaki.***

Le sucre et le Japon

Avis aux gourmands : choisissez bien votre plat, ce n'est pas sur le dessert que vous vous rattraperez ! Le Japon compte bien moins de variétés de pâtisseries que de sushis ! La pâtisserie est souvent faite à base de pâte de haricots rouges sucrée ***(anko)*** ou de pâte de riz ***(mochi).*** Le thé vert a en revanche sa propre pâtisserie, une sorte de gâteau sec peu sucré et pauvre en goût ***(higashi).*** En revanche, les ***glaces au thé vert*** devraient beaucoup plaire.

DES GOÛTS VENUS D'AILLEURS

Les barres Kit Kat de Nestlé sont disponibles au Japon en 19 goûts différents reflétant des spécialités régionales : les melons d'Hokkaïdo, les fraises de Tochigi, le thé vert de Kyoto, ou encore la sauce soja de Tokyo ou les patates douces d'Okinawa...

Sinon, laissez-vous tenter par quelques fruits dont seul le Japon a le secret.
– ***Le kaki :*** il trône souvent sur les tables au moment du dessert. Petit fruit orange, on le sert traditionnellement lors des fêtes.
– ***La poire japonaise (nashi) :*** a l'apparence et la texture d'une pomme, de couleur jaune à brun.
– ***La prune (ume) :*** elle est réputée faciliter la digestion et nettoyer les intestins.
– ***La noix de ginkgo (ginnan) :*** c'est un ingrédient de luxe que les Japonais ajoutent à des plats à la vapeur, grillés ou frits. Cette petite noix blanche provient de l'arbre appelé « ginkgo » et ressemble, en goût, aux pignons de pin.
– ***Le citron japonais (yuzu) :*** fruit unique ! Il a été adopté par de grands chefs cuisiniers français. Seule sa couleur jaune peut faire penser au citron occidental. Il est en effet beaucoup plus gros, entre l'orange et le pamplemousse. On ne le trouve que peu de temps dans l'année, sa saison est très courte.
– ***Les châtaignes :*** il en existe 2 variétés que les Japonais utilisent dans les desserts ou simplement grillées. La *tamba* est large et ferme, alors que la *shiba* est petite, ferme aussi mais plus sucrée.
– ***Le tofu :*** ce fromage de soja ne contient aucune graisse animale. Tout est végétal et diététique. Il existe des restaurants spécialisés dans le tofu uniquement, où celui-ci est préparé de diverses manières.

PASTÈQUES CUBIQUES

Les Japonais ont décidément un grand sens pratique... Pour gagner de la place dans leur réfrigérateur les paysans placent les jeunes pastèques dans des boîtes cubiques afin qu'elles en prennent la forme. Rien à voir, donc, avec une manipulation génétique. Certaines ont une forme de pyramide, d'autres de cœur !

Se restaurer

Les Japonais adorent aller au restaurant et prennent un repas sur cinq à l'extérieur de leur foyer. On en compterait 150 000 rien qu'à Tokyo (10 fois plus qu'à Paris !), et c'est la ville au monde qui compte le plus d'étoilés Michelin (rien que pour les 3-étoiles, on en compte 11). Des immeubles entiers proposent des restaurants à quasi tous les étages ! Vous n'aurez donc que l'embarras du choix pour déjeuner ou dîner. À l'entrée sont généralement présentés des plats factices moulés dans la cire et peints. Pratique pour savoir de quoi il s'agit et passer sa commande. On trouve aussi un grand nombre de restaurants où l'on peut manger *(tabehôdai)* ou boire *(nomihôdai)* à volonté.

– Au Japon, déjeuner (ou dîner) à 5h de l'après-midi n'est pas chose exceptionnelle.

– Les Japonais délaissent peu à peu la table basse pour manger de plus en plus souvent seuls et rapidement sur une table haute. Ils consomment la plupart du temps un plat unique *(tanshoku),* peu onéreux.

– Attention, les amuse-bouches sont souvent payants. Eh ! Eh !

Les différents types de restaurants

La plupart des restos sont spécialisés dans une cuisine particulière et servent essentiellement le plat (avec parfois de nombreuses déclinaisons) dont il est question dans le nom, comme : *Soba-ya, Gudon-ya, Yakitori-ya,* etc. (voir plus haut « Quelques plats et accompagnements »). À Tokyo, engouffrez-vous dans les ruelles adjacentes aux larges avenues : c'est là que mijote la cuisine authentique du Japon.

– ***Sushi-ya :*** ces restaurants proposent une grande variété de sushis servis sur un petit plateau en bois et accompagnés de thé *(o-cha).* Les plus curieux sont les restaurants de sushis tournants. On y déguste les diverses variétés de poissons et crustacés transformés devant vos yeux en sushis et déposés sur un tapis roulant.

– ***Izakaya :*** littéralement, l'*izakaya* est un lieu où l'on sert des boissons alcoolisées. Très fréquenté le soir, il est parfois appelé *akachôchin* (« lanterne rouge ») à cause des lanternes en papier rouge suspendues à l'entrée (rien d'équivoque, vous pouvez vous y jeter). Les collègues s'y retrouvent le soir, aussi bien pour boire que pour manger. Ils ont souvent conservé leur déco ancienne et des prix raisonnables. L'*izakaya* correspondrait au bon vieux bistrot de chez nous !

– ***Tachinomi :*** genre d'*izakaya* où l'on boit debout. À l'origine, les *tachinomi* avaient un menu similaire à celui de l'*izakaya,* mais avec des prix moins élevés ou des portions plus importantes. Ces dernières années, à Tokyo comme à Kyoto, ces restaurants ont repris un coup de jeune.

– Amateurs d'extérieur, laissez-vous tenter par la restauration très bon marché et en plein air. Vous pouvez acheter votre repas à très bas prix à l'arrière de petites camionnettes transformées en ***restaurants roulants*** installés au bord de la route.

– Découvrez aussi, dans les ***restaurants coréens*** de quartier, une grande variété de plats de viandes grillées *(yakiniku)* et de poisson.

UN LÉGER RIDEAU QUI FLOTTE AU VENT !

Suspendu à une barre horizontale au-dessus de la porte des restaurants, le noren est un demi-rideau. Il signifie que l'établissement est ouvert. Les caractères calligraphiés indiquent le nom du restaurant, celui du propriétaire et le genre de cuisine que l'on y trouve. Selon une croyance ancienne, les noren ont une fonction surnaturelle. En « brossant » la tête des clients qui entrent, ils empêchent les mauvais esprits de pénétrer à l'intérieur.

Restauration rapide

Les gens qui travaillent sont toujours pressés et prennent rarement plus de 15 mn pour déjeuner. L'essor de la restauration rapide le prouve d'ailleurs. *McDonald's* se classe 1er restaurant de l'Archipel.

Les Japonais ont aussi leurs types de restauration rapide bien à eux.

– ***Le bento :*** prononcez en pratique *« obentô ».* Ce terme désigne le repas rapide que les Japonais achètent le matin pour 500-850 ¥ (4-7 €) dans des échoppes à proximité des gares ou dans les sous-sols des grands magasins. Des bentos sont vendus partout, mais la tradition veut que l'épouse ou la mère prépare celui du midi pour son mari ou ses enfants. Généralement consommé froid, le bento est composé d'un bol de riz, avec un *umeboshi* ou un sushi par-dessus, une portion de poisson ou de viande, des légumes macérés dans le sel ou dans le vinaigre et une tranche de fruit.

Quelques conseils

– ***Si vous utilisez du piment rouge*** *(tôgarashi),* lavez-vous bien les mains et évitez de vous frotter les yeux après avoir touché les graines.
– ***Si vous avez du mal à manger le riz avec des baguettes,*** pas d'affolement. Adoptez la technique locale et rapprochez le bol de riz de vous. Vous ferez ainsi glisser le riz du bol à la bouche. Ce n'est pas très esthétique, mais c'est plus pratique et totalement accepté !
– ***Manger avec des baguettes vous pose un réel problème ?*** Optez pour les sushis ! En effet, manger les sushis avec les mains n'est pas impoli. Ne trempez que le morceau de poisson pour éviter que la boule de riz ne parte en miettes !
– ***Le fait que les Japonais fassent beaucoup de bruit en mangeant les nouilles*** ne pourra vous échapper. Il s'agit du fameux « slurp », et c'est normal. Ne pas le faire serait même mal vu. Si l'on fait du bruit, c'est que l'on apprécie ! Il suffit d'aspirer bruyamment l'air avec les pâtes.
– ***Attention au glutamate de sodium*** *(ajinomoto),* un exhausteur de goût utilisé par beaucoup de restaurateurs qui, à forte dose, déclenche des troubles digestifs.
– ***Ne manquez pas les rayons alimentaires des grands magasins,*** ils valent vraiment le détour. La plupart des *konbini* (les *convenience stores,* l'équivalent de nos supérettes) sont ouverts 24h/24. Parmi ceux-ci : les magasins des chaînes *7-Eleven, Lawson* et *Family Mart.*
– ***Bon plan :*** les magasins d'alimentation des galeries marchandes font des remises allant de 20 à 60 % sur les aliments périssables 1h avant la fermeture. Très apprécié des Japonais qui attendent pour acheter le frichti du soir ! Se pratique également dans certains *convenience stores* en fin de journée.

CURIEUX, NON ?

– Le prénom d'un Japonais n'est jamais utilisé par un étranger, il est réservé à la famille et aux amis. Entre eux, les gens s'appellent par leur nom de famille.
– On roule à gauche, alors que les Anglais n'ont pas colonisé le Japon.
– Le silence dans un dîner ou en compagnie de quelqu'un est pris pour une marque de respect. En revanche, ne soyez pas avare de « slurp » en savourant un bouillon (dont celui des *ramen*) ou des nouilles : c'est un gage de satisfaction !
– Pour saluer un Japonais, on s'incline. Jamais de poignée de mains et encore moins de bise !
– Selon un rituel immuable, quand c'est l'heure de se

RHÉSUS SOCIAUX

La compatibilité de caractère entre amis ou amoureux ne se mesure pas, au Japon, en fonction des signes du zodiaque. Ici, lors d'une nouvelle rencontre, on cherche à connaître le groupe sanguin de l'autre pour vérifier la compatibilité ! Ne pouvant se différencier par la couleur des yeux ou des cheveux, les Japonais se distinguent par leur groupe sanguin, qu'ils connaissent tous. Certaines entreprises le demandent lors d'un recrutement (parfois les membres d'un groupe de travail ont le même rhésus... pour éviter les frictions). Certaines boissons ou chewing-gums sont élaborés selon les différents groupes sanguins.

quitter, les Japonais regardent l'autre s'éloigner et attendent qu'il disparaisse totalement, avant de tourner les talons. Ceux qui habitent de vastes plaines sont désavantagés !

– Les Japonais ne sont pas voleurs. On laisse sans problème sa clé sur la voiture et on ne ferme pas toujours sa maison à clé.

– Les mamans japonaises ont la hantise que leur bébé s'étouffe en dormant. Elle dorme généralement avec lui jusqu'à 5 ans. C'est l'une des raisons du faible taux de natalité.

– Les enfants sont systématiquement enlevés à leur père, en cas de séparation. Plus aucun contact, ni photo, ni droit de visite. Ceci est vrai aussi quand le père est d'origine étrangère. Dur !

– Pour la Saint-Valentin, les femmes sont les seules à offrir un cadeau aux hommes. Et du chocolat. Le présent est d'ailleurs destiné à leur amoureux mais aussi à leurs collègues de bureau. En retour, un mois plus tard (14 mars), les garçons offrent un cadeau blanc *(White Day),* généralement du chocolat blanc mais aussi de la lingerie. L'homme, même japonais, est coquin.
À propos de cadeau, sachez, si vous deviez en recevoir un, qu'il est très impoli de l'ouvrir en présence de celui qui vous l'offre.

– Au Japon, la journée compte plus de 24h : ainsi, un bar ou un resto peuvent fermer à 25h ou 26h, c'est-à-dire 1h ou 2h du mat !

– On ne compte pas les étages de la même façon que chez nous. Le rez-de-chaussée est ici appelé 1F (c'est-à-dire *first floor,* 1er niveau, quoi !), le 2e étage est notre 1er, etc. Pas simple quand on se donne rendez-vous !

– Tous les looks et tenues vestimentaires sont admis, du moment qu'ils sont propres.

– On tient sa tasse de thé à 2 mains (l'une en dessous, l'autre sur le côté).

– À Tokyo on trouve des cafés où l'on peut caresser des chats, d'autres où ce sont des chouettes, des hérissons, ou encore des microporcelets...

– *Mimikaki :* on sait tous que se récurer les oreilles au coton-tige donne un certain plaisir. Pour les Japonais, c'est un art depuis des siècles. Des professionnelles exercent ce métier avec des tiges qui se terminent en minipelle, façon binette. En tout bien tout honneur. Un vrai bonheur.

– 98 % des personnes aujourd'hui adoptées au Japon sont des adultes : 70 000 hommes par an seraient concernés. Un couple sans enfant (ou, parfois, sans garçon), peut, pour maintenir sa petite – ou grande – entreprise dans la famille, choisir d'avoir recours à l'adoption d'un homme ; une tradition japonaise ancestrale. L'homme adopté remplace alors légalement son nom par celui de la famille adoptante, et renonce à ses droits dans sa famille biologique. Une pratique qui revient sur le devant de la scène avec le très faible taux de natalité du pays. Certains fleurons de l'économie nippone ont été concernés comme Suzuki.

– *Hikikomori :* il s'agit de jeunes – presque exclusivement des hommes – d'une vingtaine d'années vivant chez leurs parents, qui ne sortent pas de leur chambre pendant parfois plusieurs années. Ils refusent le poids des règles et des attentes d'une société très corsetée. Entre pathologie et phénomène de société, le *hikikomori* prend d'inquiétantes proportions.

– Curiosité alimentaire : on peut parfois trouver des glaces à la crevette, au poulpe, au foie de cheval...

– Le « bain de forêt » ou sylvothérapie est reconnue en tant que médecine préventive depuis 1982 : renforcement du système immunitaire, réduction de la pression artérielle.

– Certaines entreprises nippones imposent un code vestimentaire à leurs salariées : jupes serrées, talons hauts, maquillage obligatoire... et vont même jusqu'à refuser que les femmes portent... des lunettes de vue. Différentes justifications sont invoquées : les lunettes donneraient une apparence froide, s'accorderaient mal avec une tenue japonaise traditionnelle, ne mettent pas le maquillage en valeur...

– Les w-c japonais sont très particuliers : l'ils font office de bidet et sont souvent équipés d'une petite musique, pour masquer les bruits intempestifs, sans compter que le siège est souvent chauffé en hiver. Le tableau de commande de toutes ces fonctions est parfois (presque) aussi complexe que celui d'un A380 !

– Tout est incroyablement propre... et bien qu'on ne trouve pas de poubelles dans les rues ! Idem du côté des gares, couloirs du métro, fast-food (où chacun ramasse délicatement les 3 miettes tombées sur la table en croquant son sandwich). Même les urinoirs des pubs... ne sentent pas l'urine, c'est dire ! Une frénésie de propreté qui culmine en décembre avec la « Journée du grand rangement ». Héritage du bouddhisme zen où les tâches quotidiennes comme le nettoyage et la cuisine sont considérées comme des exercices spirituels ?

– Avant de monter dans le métro, on fait une queue ordonnée devant les portes ; on ne se touche pas (sauf aux heures de pointe où les rames se transforment de facto en boîtes à sardines), on ne téléphone pas et on ne se fixe pas du regard.

– La cigarette est interdite dans les endroits publics : aéroports, gares... et même dans les rues. Il existe des espaces « *smoking corner* » en plein air ! En revanche, on peut fumer dans les restaurants et les bars, considérés comme des espaces privés. Les gros fumeurs pourront facilement trouver des cendriers de poche en cas d'urgence *(Tokyu hands, Muji)*...

UNE PROPRETÉ JUSQU'AU BOUDDHISTE

À Ittoen, 6 km à l'est de Kyoto, une communauté de moines zen exerce son humilité en... nettoyant tous les sanitaires qui sont à leur portée. Ils le faisaient jadis d'autorité dans les toilettes collectives, faciles d'accès. Ils font désormais du porte à porte, véritables VRP façon Monsieur Propre. Une abnégation qui mériterait une médaille de b(r)onze !

DROITS DE L'HOMME

La nouvelle ère impériale au Japon – qui voit l'accession au trône d'un jeune empereur, Naruhito, plutôt connu comme antinationaliste et pacifiste, comme son père – a coïncidé paradoxalement avec l'affirmation de plus en plus revendiquée par le gouvernement Abe d'en finir avec les freins au réarmement du Japon, fixés par la Constitution adoptée à la fin de la Seconde Guerre mondiale. Cette transition symbolique, quoique importante, a été quelque peu éclipsée par l'annonce fin août du départ du poste de 1er ministre de *Shinzo Abe* pour cause de maladie, après près de 8 ans au pouvoir. Il a été aussitôt remplacé par un de ses proches, ***Yoshihide Suga,*** auparavant porte-parole du gouvernement. Tous deux partagent les mêmes vues diplomatiques.

La guerre froide maritime qui fait rage dans le Pacifique, et qui voit se frôler dangereusement les flottes militaires de mastodontes comme la Chine, l'Inde, les États-Unis et la Russie, ou encore de puissances plus petites mais qui n'entendent pas lâcher un pouce de leur territoire, comme le Vietnam ou la Corée du Sud, a poussé le 1er ministre Shinzo Abe à se lancer dans un vaste programme de réarmement et la mise en place d'une force de protection de ses forces. Une politique de gros muscles sur le plan extérieur, qui se double d'un discours très nationaliste et sécuritaire sur le plan intérieur.

LES DROITS DES FEMMES

C'est une toute jeune Américaine de 22 ans, Beate Sirota, qui eut la charge de rédiger les 2 articles concernant le droit des femmes dans la Constitution japonaise de 1947. Elle fut décorée de l'ordre du Trésor sacré, la plus prestigieuse distinction du pays.

Mais si cette politique obtient un certain succès sur le plan électoral, elle cache mal les problèmes sociaux. Le pays vieillit spectaculairement, et surtout dans la pauvreté. Les personnes âgées, en plus de souffrir d'une grande solitude, peinent de plus en plus à joindre les deux bouts, et nombreux sont ceux qui commettent des larcins en espérant aller en prison, où ils seront mieux traités que chez eux. Le gouvernement, qui fait face à une explosion des coûts de la sécurité sociale et à une pénurie de main-d'œuvre, pourrait décider de reporter l'âge légal de départ à la retraite à 70 ans. En parallèle, il a opéré un revirement dans la politique d'accueil de travailleurs migrants, en ouvrant massivement les vannes de l'immigration, une première pour un pays qui a longtemps été décrié pour son isolationnisme. Une 1re loi condamnant le « discours de haine » à l'encontre de résidents d'origine étrangère a même été adoptée.

Une loi récente sur la collusion présumée en vue de commettre des « actes de terrorisme » et d'autres « crimes graves » inquiète les ONG. Le texte aux contours très flous, donne davantage de prérogatives aux forces de l'ordre pour écouter n'importe quel citoyen, ou pour limiter les droits aux libertés d'expression et d'association. L'arrestation du patron de Renault, Carlos Ghosn, accusé de fraude fiscale, a eu l'intérêt de jeter la lumière sur le système de détention provisoire japonais, un des plus sévères au monde. Le *daiyo kangoku,* une garde à vue à l'isolement pouvant durer jusqu'à 23 jours, et qui favorise l'obtention d'« aveux ». Une pratique fortement décriée par les ONG de défense des Droits de l'homme, qui évoquent une forme de traitement inhumain. Elles dénoncent toujours l'application de la peine de mort (13 exécutions en 2018, tous membres de la secte responsable de l'attaque au gaz sarin du métro de Tokyo en 1995). Enfin, 16 500 personnes ayant été stérilisées de force entre 1948 et 1996 au nom d'une loi eugéniste, qui visait des personnes souffrant de handicap mental héréditaire, ont obtenu gain de cause, et devraient obtenir des compensations à hauteur de 25 000 € chacun.

Pour plus d'informations, vous pouvez contacter :

- ***Fédération internationale des Droits de l'homme (FIDH) :*** *17, passage de la Main-d'Or, 75011 Paris. ☎ 01-43-55-25-18. • fidh.org • Ⓜ Ledru-Rollin.*
- ***Amnesty International*** *(section française) :* *76, bd de La Villette, 75940 Paris Cedex 19. ☎ 01-53-38-65-65. • amnesty.fr • Ⓜ Belleville ou Colonel-Fabien.*

N'oublions pas qu'en France aussi, les organisations de défense des Droits de l'homme continuent de se battre contre les discriminations, le racisme, et en faveur de l'intégration des plus démunis. Rappelons aussi que la Déclaration universelle des Droits de l'homme a fêté ses 70 ans en 2018.

ÉCONOMIE

Resté à la 2e place de 1968 à 2010, le pays du « yen » est désormais la 3e puissance économique mondiale, derrière les États-Unis et la Chine. En 2019, le PIB par habitant était très légèrement en dessous de celui de la France, soit autour de 33 000 €.

Les produits nippons *(PlayStation, DS, Wii...)* et les entreprises de l'archipel (Sony, Honda, Toyota, Canon...) sont universellement connus et appréciés. À la suite du krach de 1990, l'économie japonaise a connu une longue période de crises et de mutations, dont elle commençait seulement à émerger avant que les événements du 11 mars 2011 ne viennent la fragiliser à

UNE DETTE CONSIDÉRABLE

À hauteur de 240 % de son PIB, le Japon est l'un des pays les plus endettés du monde, bien plus que la Grèce (180 % du PIB). Mais même si le problème est très sérieux, le risque est bien moins fort, car cette dette appartient à la banque centrale et aux Japonais (et non à des puissances étrangères).

nouveau, affectant tous les secteurs, y compris celui de l'automobile. Cet effondrement est également lié à celui des marchés américains, européens et asiatiques, principales destinations des exportations du Japon. Depuis 2011, la situation économique peine à se redresser, en dépit des « *abenomics* », politique de relance instaurée par le 1er ministre Shinzo Abe depuis 2013 pour sortir de la déflation et qui n'a pas vraiment porté ses fruits. En effet, déstabilisé par la catastrophe de Fukushima, l'économie n'a pas retrouvé l'élan des précédentes décennies, dont le baladeur Sony et les consoles Nintendo furent les symboles. Une croissance en hausse de 1,1 % en 2018 (contre 1,7 % en 2017) et stabilisée en 2019 à 0, 7%. Les J.O. de Tokyo reportés en juillet 2021 à cause de la crise mondiale du coronavirus en 2020, devraient peut-être contribuer à booster ce résultat.

SONY, GÉANT MONDIAL

Le nom Sony vient de sonus, *qui signifie « son » en latin. Né dans une famille de producteurs de saké depuis 14 générations, Akio Morita (1921-1999) fonda Sony en 1946. En 1950, il sortit le 1er magnétophone du Japon, et en 1960, le 1er téléviseur transistor du monde. Depuis, le groupe est devenu n° 1 mondial grâce à ses innovations : Trinitron, Betamax, Walkman (1979), gadgets high-tech. Sony s'est diversifié dans la musique (disques, CD), le cinéma (rachat des studios Columbia en 1989), la télévision et les jeux vidéo (PlayStation).*

Une agriculture insuffisante

Seuls 15 % de la surface du pays sont cultivés. L'agriculture emploie à peine 4 % de la population active et produit 1,2 % de la richesse nationale. Elle assure 40 % des besoins alimentaires et énergétiques du pays. Elle est constituée majoritairement de petites parcelles (moins de 2 ha), qui sont souvent exploitées à mi-temps ou confiées à des femmes ou à des retraités. La riziculture (7 % du territoire) occupe la moitié des surfaces cultivées et assure l'autosuffisance pour cette céréale nationale. Très largement subventionnée, elle se situe souvent dans les plaines côtières au nord, le reste étant occupé par des cultures à haute valeur ajoutée (thé, fleurs, fruits et légumes). Le pays est l'un des premiers producteurs de produits marins, ainsi que le 2e consommateur de poissons, derrière la Chine, mais également le 1er importateur de poissons.

Une industrie forte

L'industrie représente 25,6 % de l'emploi et 29,5 % du PIB. Elle permet au pays d'être le 3e exportateur mondial des produits manufacturés à haute valeur ajoutée, principalement vers les États-Unis, la Chine et la Corée du Sud, nations dont il importe en retour des produits à plus faible coût. Le secteur secondaire occupe le 2e rang mondial dans plusieurs domaines : construction navale, automobile (20 % du marché mondial), robotique, électronique, semi-conducteurs, télématique, bio-industries et énergies renouvelables.

IPOD ET BOEING : LA PART SECRÈTE DU JAPON

Le célèbre iPod d'Apple a été imaginé en Californie, assemblé en Chine et fabriqué au Japon. La batterie, le disque dur, l'écran et une partie des circuits intégrés proviennent des usines japonaises. Par ailleurs, 3 compagnies nippones produisent 35 % (le fuselage et la voilure) du Boeing 787. Les exemples sont nombreux de produits fabriqués en grande partie au Japon et vendus sous une marque américaine ou européenne.

L'archipel est archi-dominant dans les nouvelles technologies. 4e exportateur mondial, son savoir-faire dans les hautes technologies lui a permis de dominer le marché mondial avec des firmes telles que Sony, Fujifilm, Olympus, Nikon et bien d'autres.

Des services en pleine expansion

Les services emploient 70 % de la population active et génèrent 70 % du PIB. Leur essor profite de la persistance du petit commerce, de la place grandissante des nouvelles technologies de l'information et de la communication (NTIC) dans la vie quotidienne et dans le travail, et de l'essor croissant du tourisme.

Une économie duale

L'économie japonaise duale : quelques très grandes entreprises, souvent regroupées autour de la banque et de la « maison de commerce » (*shôsha* ou *sôgô-shôsha*) du « groupe » *(keiretsu)*, commandent à une myriade de sous-traitants, le plus souvent constitués de PME-PMI. Dans la 1re catégorie, on retrouvait les noms familiers de *Mitsui* ou de *Mitsubishi*, les banques *Miyuho, Mitsubishi Tokyo UFJ* ou *Sumitomo*, les maisons de commerce *Marubeni, Itochû* ou *Sojitsu*. Dans celle-là, très orientée vers l'exportation, la majorité des salariés bénéficiaient de l'emploi à vie, de « bonus » et d'un salaire lié à l'ancienneté depuis le début de l'ère Heisei, mais les choses ont changé : on compte aujourd'hui 40 % de salariés précaires. Favorisé par les législations encourageant l'intérim et les contrats à durée déterminée, le Japon est entré dans la précarité. Cette 1re catégorie a rejoint la 2de – où sociétés individuelles de type « mari-femme » *(kanai-kôgyô)* ou « zéro » *(reisai)* sont légion, très dépendantes de la conjoncture –, avec des conditions de travail et de salaire précaires, des horaires élastiques et des accidents fréquents. 2 mondes, 2 Japon, qui communiquent pourtant, mais où le second sert à amortir les soubresauts de l'économie mondiale ou les changements de cap transmis par le premier.

Les Japonais au travail

Les Japonais travaillent en moyenne 40h par semaine (mais souvent plus de 50h), soit 8h par jour, et partent à la retraite à 65 ans. Il est très mal vu de partir du bureau à l'heure, c'est pourquoi la plupart travaillent tard. De profondes disparités s'observent selon les secteurs et les périodes de l'année. Ils bénéficient de maximum 20 jours de congés payés annuels, mais n'en prennent généralement que la moitié. Le nombre de jours fériés, de « ponts » (le lundi est toujours chômé si le jour férié tombe un dimanche), s'élève à une quinzaine par an. Le droit de grève est reconnu dans le secteur privé, pas aux agents de la fonction publique. Les négociations salariales sont annuelles et se déroulent dans le cadre de l'« offensive de printemps » *(shuntô)* : chaque entreprise négocie avec son syndicat « maison ». D'une manière générale, les salaires stagnent depuis 2010. Ils sont en moyenne à 314 000 ¥ (environ 2 617 € par mois) à Tokyo pour les hommes, autour de 110 000 ¥ (environ 917 € par mois) pour les femmes, soit 3 fois moins... eh oui... Les disparités de classes s'accentuent et le taux de pauvreté augmente, un sentiment d'injustice gagne la jeunesse. Sous une apparence calme et harmonieuse, la société japonaise peut être très rude, aujourd'hui 613 000 personnes âgées de 40 à 65 ans vivent en retrait complet de la société ! Comportement d'exclusion volontaire qu'on appelle *ikikikomori*, très répandu chez les adolescents et qui s'étend aujourd'hui aux adultes en rupture d'emploi, et qui consiste à vivre chez soi, enfermé, sans contact avec l'extérieur. On sort la nuit pour faire son marché afin de croiser le moins de monde possible.

« Vol d'oies sauvages »

Après l'échec de l'exportation de sa main-d'œuvre (vers les États-Unis) et de son industrie (vers la Chine) avant la Seconde Guerre mondiale, l'Archipel a, après la guerre, développé une économie exportatrice de produits améliorés à bas coûts, puis de produits développés sur place, politique économique suivie par les voisins asiatiques. Les économistes ont baptisé ce modèle « vol d'oies sauvages », le Japon tenant le rôle de l'oiseau de tête. Après la sidérurgie, la construction navale et l'automobile (années 1950-1960), ce fut au tour, après le 1er choc pétrolier (1973), de l'électronique et de l'optique d'être choisies dans les années 1970 et 1980.

Nouveaux défis

Pendant 3 décennies, la croissance de l'économie japonaise a été spectaculaire : en moyenne et hors inflation 10 % par an dans les années 1960, 5 % dans les années 1970 et 4 % dans les années 1980, d'aucuns parlant de « miracle ». Dans les années 1990, la croissance a été nettement plus faible, la décennie étant cette fois-ci décrétée « perdue ». Le taux de chômage, qui avait alors grimpé, est aujourd'hui l'un des plus faibles au monde (3 %), et l'inflation, qui avait été galopante avant l'éclatement de la bulle « spéculative » à partir des années 1990, est presque maîtrisée (- 0,4 %, déflation).

L'endettement record du Japon (qui a atteint 250 % du PIB) est compensé par l'apurement des « créances douteuses » *(jûsen)* contractées auprès des banques par les entreprises, qui ont par ailleurs vu leurs gains de productivité s'accroître. Le puissant METI *(Ministry of Economy, Trade and Industry),* qui dicte la politique économique, scientifique et technologique du pays, continue de veiller au grain. L'archipel consacre 3,5 % de son PIB à la recherche et au développement (France : 2,2 %), et notamment à l'intelligence artificielle. D'après les estimations, d'ici à 2035, un tiers des emplois risquent d'être robotisés !

En 2008, la crise économique mondiale n'a pas épargné le Japon. Le PIB a reculé, plombé par une baisse des investissements des entreprises. Et en 2011, les cataclysmes (tsunami et explosion de la centrale nucléaire de Fukushima) ont eu un impact direct sur la production nippone. L'économie déjà en difficulté a dû faire face à une charge supplémentaire. Notamment celle du coût de la reconstruction. En 2013, le gouvernement de *Shinzo Abe* relance la planche à billets. Du coup, le yen diminue, mais les produits japonais deviennent plus attractifs, avec une TVA qui passe de 5 à 8 % en 2014, et désormais à 10 % depuis 2019.

MÊME LES ROBOTS ONT DROIT À LA RÉINCARNATION

La société A FUN, spécialisée dans la réparation des produits électroniques vintage, a proposé à tous les propriétaires de robots canin AIBO des funérailles bouddhiques. Plus de 800 chiens robotisés eurent ainsi le droit à un dernier salut avec leur propriétaire. Ils furent par la suite envoyés à l'entreprise pour utiliser leurs pièces détachées sur d'autres robots. La boucle est bouclée.

Par ailleurs, un partenariat transpacifique (TPP) a été signé en février 2016 entre 12 pays, dont le Japon, créant ainsi une zone de libre-échange pour réduire les tarifs douaniers. Cet accord de grande envergure, porté par *Shinzo Abe* a encore plusieurs obstacles à franchir avant son entrée en vigueur. Notamment celui de l'ex-président *Trump,* qui, dès son investiture, avait signé le retrait des États-Unis du TPP. Mais la donne évoluera peut-être à la suite de l'investiture de *Joe Biden* en janvier 2021 !

Un projet futuriste malgré la crise

JR Tokai, la compagnie japonaise privée qui exploite les trains à grande vitesse, a confirmé la création de son train ultrarapide à lévitation électromagnétique et capable de se recharger par induction, baptisé *Maglev,* qui remplacera l'actuel train à grande vitesse *Tokaïdo Shinkansen.* Dans un 1er temps, la ligne parcourra les 290 km qui séparent Tokyo de Nagoya, et à terme, il ne faudra plus que 1h environ pour effectuer les 550 km entre Tokyo et Osaka. La compagnie espère mettre en service le train *Maglev* en 2027. Pour cela, elle investit plus de 5 100 milliards de yens, soit 39 milliards d'euros. JR Tokai a prévu d'apporter seule les fonds herculéens nécessaires à la création de sa ligne électromagnétique.

ENVIRONNEMENT

Une faune et une flore riches

L'étendue de l'Archipel, la diversité des conditions géographiques et climatiques, sont à l'origine de cette nature abondante. Près de 25 % des forêts couvrant les 2/3 du Japon et abritant quelque 190 espèces d'arbres et 4 500 variétés de plantes sont encore intactes. L'Archipel compte 2 forêts classées au Patrimoine mondial de l'Unesco : la forêt de hêtres de Shirakami-Sanchi, au nord de Honshu, et la forêt de cèdres de Yakushima, au sud de Kyushu. Au nord, la plus grande partie de Hokkaïdo est couverte par la forêt boréale à résineux et bouleaux, qui s'accompagne souvent d'un sous-bois de *sasa* (bambou nain). C'est le territoire des ours bruns, visons, hermines, guillemots, otaries, lions de mer, baleines à bec, cormorans huppés, faisans, grues (du moins celles qui restent...), phoques et morses. Les plaines du Kanto à Kyushu, le Shikoku, connaissaient jadis la forêt à feuilles luisantes, toujours vertes, avec chênes verts, lauriers, bambous, camélias, et sont le refuge des sangliers, cerfs sika, biches (de Nara), renards, loups, chiens viverrins et blaireaux *(tanuki),* fouines, canards mandarins et sauvages, singes, macaques (de Nagano). Les îles du Sud abritent la forêt tropicale, avec palmiers, lianes, fougères arborescentes, mangroves le long de certaines côtes ; c'est le domaine des tortues de mer géantes et des poissons colorés des récifs coralliens. On dénombre une trentaine de parcs nationaux *(kokuritsu-kôen)* et une cinquantaine de parcs « quasi nationaux » *(kokutei-kôen).*

Dans un pays où les phénomènes de la nature sont habités par des divinités et des esprits, l'année est rythmée par le cycle de la floraison des différents arbres. Au printemps, la rose et éphémère éclosion des fleurs des cerisiers *(sakura)* est suivie comme un événement à travers tout le pays, donnant lieu à de grands pique-niques fleuris. Peu de temps après, pruniers *(ume),* pivoines et azalées colorent les parcs et les abords des avenues. En été, c'est au tour des iris et des lotus. À l'automne, le jaune éclatant dont se parent les feuilles en éventail des ginkgos – arbres aux 40 écus – contraste avec le rouge flamboyant des érables.

SAKURA

La floraison des cerisiers, qui célèbre l'impermanence des choses, un temps cyclique et le retour du printemps, est un temps fort du calendrier japonais, et ce depuis des siècles. Une météo lui est même consacrée. Historiquement, elle annonçait la saison de plantation du riz, majeure dans la vie agricole, et le moment de faire des offrandes aux kami, les dieux japonais. Aujourd'hui, sakura (qui est aussi un prénom) est le moment des retrouvailles familiales ; on pique-nique sous les arbres dont la palette de couleurs des fleurs varie, entre blanc, jaune pâle, et plus ou moins rosé. Et le goût sakura s'invite aussi dans les produits alimentaires, notamment pendant la saison : cafés, gâteaux, Pepsi, KitKat...

Mais au-delà de ce tableau idyllique, l'environnement au Japon a subi d'importants dégâts : la guerre, les industries, l'urbanisme.... Plusieurs espèces restent menacées, telles les grues *(tsuru)* japonaises, les ours noirs d'Asie, les loutres et les chats sauvages d'Iriomote. La réintroduction de l'ibis à crête *(toki),* disparu en 1997, jadis emblème de l'Archipel, a débuté en 2008 sur l'île de Sado.

Les catastrophes industrielles

En matière de ***problèmes environnementaux industriels,*** on ne peut occulter la mine de cuivre d'Ashio (préfecture de Tochigi), fermée au début des années 1970, mais dont l'affaire a débuté... au XIXe s. Pendant des décennies, cette mine a libéré dans la nature d'importantes quantités de métaux lourds (arsenic, cadmium, etc.), à l'origine d'émeutes sociales majeures et de l'une des plus grandes pollutions chimiques de l'histoire du Japon. Autre scandale environnemental et sanitaire qui a marqué le pays, celui de l'activité de la société pétrochimique Chisso. Là encore, pendant des décennies, l'usine rejeta du mercure (près de 400 t en tout !) dans la baie de Minamata, provoquant de graves troubles neurologiques et polluant toute la chaîne alimentaire pour... longtemps. Cet épisode tragique est à l'origine de la « maladie de Minamata ».

LES KAMIKASES DE L'ATOME

En 2011, au plus fort de l'accident de Fukushima, les exploitants de la centrale ne parvinrent ni à refroidir le combustible nucléaire, ni à avoir de solution pour colmater les fuites radioactives. Un septuagénaire, Yasuteru Yamada, parvint à embrigader 200 retraités de l'atome prêts à se rendre au cœur hyper radioactif pour effectuer des opérations de la dernière chance. Leur constat : « On a 15 ans d'espérance de vie, et un cancer met 20 ans à se développer à nos âges. » Respect !

Et puis, il y a le 11 mars 2011, à 14h46. Un tremblement de terre d'une magnitude de 8,9 à quelques encablures de la côte nippone. La suite, on la connaît... Un tsunami endommage le système de refroidissement de la centrale de Fukushima. Le combustible de certains réacteurs entre en fusion. Plus rien ne peut arrêter la catastrophe nucléaire majeure. Près de 120 000 personnes sont évacuées dans un rayon de 20 km (voir plus loin la rubrique Histoire. La « pire crise depuis la Seconde Guerre mondiale »).

Peu après le drame de Fukushima, Tepco, l'opérateur de la centrale, estimait à 3 mois le temps suffisant pour constater une baisse de la radioactivité sur le site, et à 6 ou 9 mois celui nécessaire pour l'arrêt des réacteurs. Comme souvent, les discours des autorités se sont voulus rassurants. Dans la réalité, il faudra compter en décennies. En 2016 et 2017, Tepco a pu faire pénétrer des petits robots au cœur de la centrale, mais ils furent endommagés par le taux de radioactivité ! Le chantier est énorme. Des millions de mètres cubes d'eau ont été contaminés et doivent être traités. La récupération du combustible fondu devrait débuter en 2021 et durera des années. ***L'impact de cette catastrophe majeure sur l'environnement et les activités humaines planera encore longtemps,*** assurément. *Kenzaburô Ôé,* Prix Nobel de littérature en 1994, a qualifié cet événement de « pire des trahisons à la mémoire des victimes d'Hiroshima ».

La place du nucléaire au Japon

Avant l'accident de Fukushima, le parc nucléaire japonais était le 3e au monde, produisant près de 30 % de l'électricité du pays. Les autorités prévoyaient de porter cette part à 50 % d'ici à 2030. Mais après la catastrophe, tous les réacteurs nucléaires du pays ont été arrêtés (une douzaine ont même été définitivement fermés), les projets de construction de nouvelles centrales gelés, une sortie du

nucléaire avant 2040 annoncée. Or l'arrivée au pouvoir de Shinzo Abe en 2012 a changé la donne. En 2015, le Japon a relancé le nucléaire avec le redémarrage de la centrale de Sendai malgré la réticence de l'opinion publique. Les autorités ont récemment annoncé qu'elles souhaitaient porter la part du nucléaire à 20 % de la production d'énergie en 2030 – contre 22 % fournis par les énergies renouvelables.
Pour faire face à l'arrêt temporaire des centrales nucléaires, le pays a eu recours au gaz, au pétrole et, dans une moindre mesure, aux centrales au charbon. ***Le Japon est aujourd'hui le 5ᵉ émetteur de gaz à effet de serre de la planète*** (si on considère l'Union européenne comme un seul pays émetteur). Lors de la COP 21 de 2015, le Japon ne s'est pas fait beaucoup entendre. Il s'est engagé à réduire de 26 % ses émissions de gaz à effet de serre d'ici à 2030, par rapport aux émissions de 2013. Cette contribution est jugée insuffisante par plusieurs organismes internationaux et, dans ce domaine, le Japon fait office de mauvais élève.

GÉOGRAPHIE

S'étirant du Nord-Est au Sud sur quelque 4 000 km, la largeur maximale du Japon atteint 270 km. Au large des côtes de la Chine, de la Corée (à 250 km seulement) et de la Russie, il s'étend du 46ᵉ parallèle (hauteur de Lyon) au 30ᵉ (latitude de Marrakech). L'Archipel *(rettô)* compte officiellement 8 645 îles et doit pour beaucoup sa géographie au fait qu'il se trouve sur l'une des zones sismiques les plus actives au monde : la « ceinture de feu du Pacifique ».
D'une superficie de 378 000 km², en comptant les 5 000 km² des Kouriles du Sud, territoire russe depuis 1945 (voir la rubrique « Histoire » plus loin), le Japon est entouré au nord par la mer d'Okhotsk, à l'ouest par la mer « du Japon » *(Nihon-kai)* – appellation contestée par les Coréens pour lesquels elle est la mer... « de Corée » –, à l'est par l'océan Pacifique et au sud par la mer de Chine orientale.
95 % du territoire est constitué par les ***4 îles principales,*** du nord au sud : ***Hokkaïdo*** (79 000 km²), ***Honshu*** (227 000 km²), ***Shikoku*** (18 000 km²) et ***Kyushu*** (36 000 km²). Plus au sud s'étendent les arcs insulaires des Ryukyu (ou Okinawa) et des Izu-Ogasawara (ou Bonin). Montagneux aux 3/4, le pays abrite 270 volcans, dont 190 éteints...
Dans la partie centrale de Honshu, 3 chaînes transversales (les monts Hida, Kiso et Akashi) forment les « Alpes japonaises », séparant un « Japon de l'Endroit » *(Omote-Nihon),* où se trouve la capitale, et un « Japon de l'Envers » *(Ura-Nihon),* dont la façade maritime donne sur le continent (voir la rubrique « Climat » dans le chapitre « Japon utile »). Leurs sommets dépassent légèrement les 3 000 m. Ailleurs, les montagnes atteignent rarement 2 000 m. Le ***mont Fuji*** (Fuji-san), ***point culminant de l'Archipel,*** est un splendide volcan conoïde éteint depuis le XVIIᵉ s, situé dans la préfecture de Yamanashi, et qui avoisine les 3 800 m.
Seul 1/5ᵉ du territoire est habitable. Il est constitué de piémonts (4 % de l'ensemble de la superficie du pays), de plaines hautes (12 %) et de plaines basses (13 %). La plus grande plaine, celle du Kanto (région de Tokyo), occupe moins de 15 000 km². Le sous-sol de l'archipel est pauvre en matières énergétiques : ni gaz ni pétrole, peu de charbon.
Longues de 30 000 km, les côtes nippones sont le plus souvent escarpées. Elles se jettent dans les fosses qui entourent l'archipel, dont certaines peuvent descendre au-delà de 10 000 m, telles les fosses des Kouriles ou les fosses d'Izu-Ogasawara.
Au 62ᵉ rang mondial par la superficie de son territoire, le Japon passerait en 6ᵉ position (entre l'Australie et l'Inde) si on lui adjoignait les 4 millions de kilomètres carrés de sa zone maritime.

Territoire hostile

La légende prétend que le Japon est juché sur le dos d'un énorme poisson-chat (le *namazu*), que la divinité Kashima s'efforce de tenir en respect, et dont les convulsions causent les séismes dont le pays est si souvent frappé. ***Situé au carrefour de 4 grandes plaques tectoniques,*** dont les chevauchements créent de formidables pressions sur l'écorce terrestre, le pays a connu quelques tremblements de terre *(jishin)* dévastateurs et des éruptions volcaniques mémorables. Le tremblement de terre de Kanto en 1923, d'une magnitude de 7,9, a causé la mort de plus de 140 000 personnes et entraîné la destruction de 600 000 constructions. Celui de Kobe – en 1995 et d'une magnitude de 6,9 – a fait 6 500 morts et 43 700 blessés, dévoilant les carences d'un urbanisme sauvage et les limites d'un système de sauvetage uniquement national. Le Japon a réagi, notamment à Tokyo. La résistance aux secousses fortes des immeubles élevés fait l'objet de contrôles obligatoires et réguliers, et les voies surélevées pour les voitures ont vu leur sécurité renforcée. L'Archipel continue de faire figure de modèle en matière de détection et surtout de prévention des tsunamis, lesquels sont plus dévastateurs parfois que les séismes qui les ont précédés. Sur les 5 000 tremblements de terre enregistrés au Japon par an, seuls quelques-uns sont, en définitive, ressentis par le corps humain, et sur les 80 volcans en activité dans l'Archipel, seulement une vingtaine se sont manifestés de manière sérieuse depuis le début du XXe s. Néanmoins, les autorités restent prudentes et déconseillent fortement de s'approcher des 3 volcans : Shinmoedake (entré en éruption le 1er mars 2018), situé sur l'île de Kyushu, le mont Kusatsu-Shirane, situé dans la préfecture de Gunma, et le mont Zao, dans la préfecture de Yagamata, sur l'île d'Honshu.

En mars 2011, le séisme de magnitude 8,9 suivi d'un tsunami dévastateur a causé la disparition de 23 000 personnes. Les conséquences des catastrophes en chaîne qu'a connues le Japon ce jour-là ne se limiteront malheureusement pas à cela. Les autorités japonaises, après avoir tenté de minimiser les faits, ont réévalué la catastrophe nucléaire au niveau 7, niveau le plus élevé, celui appliqué à Tchernobyl en 1986. Plus généralement, le spectre d'un énorme tremblement de terre plane toujours au-dessus du Japon, qui subit 20 % des séismes les plus violents enregistrés dans le monde. De plus, les sismologues attendent encore, au cours des 30 prochaines années, le « Big One » : le séisme du Tokai – région côtière pacifique qui englobe une partie de la métropole tokyoïte et se poursuit plus au sud – qui se produit tous les 150 ans...

En juillet 2018, l'archipel fut touché par une nouvelle catastrophe naturelle. Des pluies torrentielles durant 4 jours ont entraîné des inondations et glissements de terrain mortels dans l'ouest et le sud du pays. 200 victimes et autant de blessés ont été dénombrés. Le temps qu'ont mis les autorités à réagir avait amené la population à critiquer le gouvernement de *Shinzo Abe*.

HISTOIRE

Les quelque 40 000 années qui nous séparent de l'arrivée des premiers habitants au Japon ont fait de ce « Finistère » de l'Asie orientale la 3e puissance économique du monde. Quel est le chemin parcouru par cette nation pour en arriver là ?

Les temps préhistoriques (de 40000 av. J.-C. à 300 apr. J.-C.)

Les premiers occupants furent des chasseurs-cueilleurs venus du continent asiatique aux époques Jômon (de 8000 av. J.-C. à 300 av. J.-C.), puis Yayoi (de 300 av. J.-C. à 300 apr. J.-C.). Cette migration a été possible grâce à une

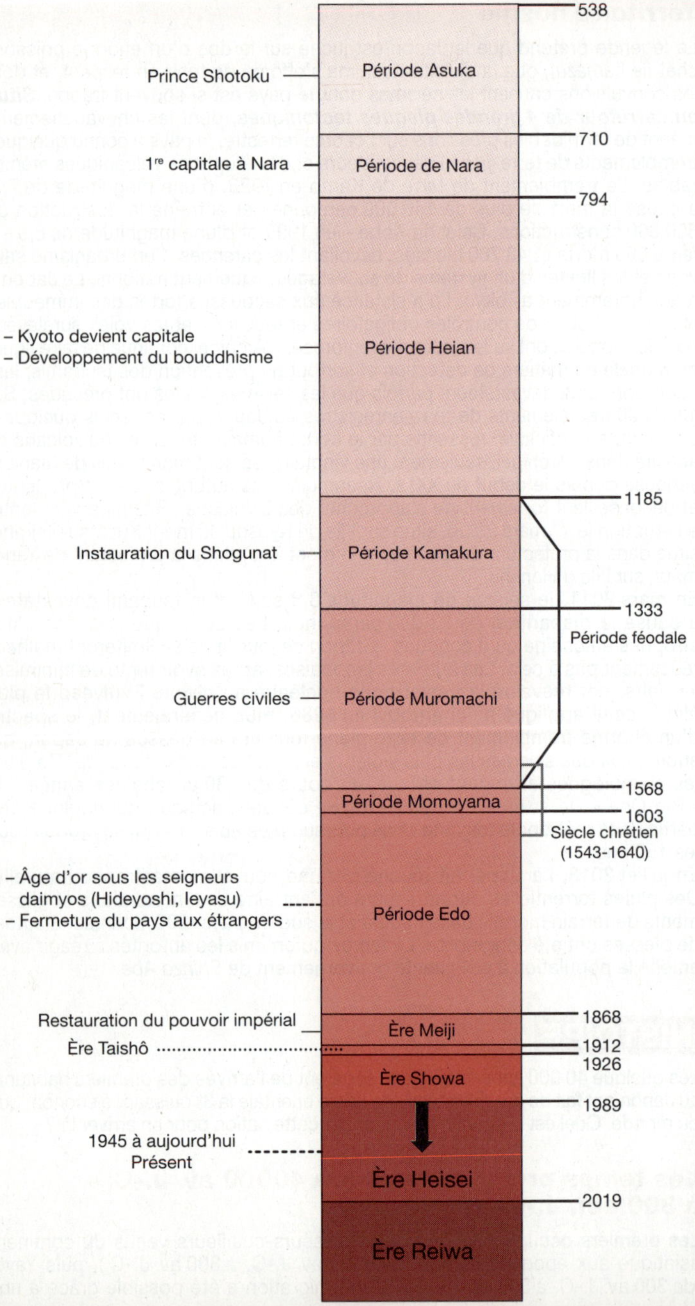
538
Prince Shotoku
Période Asuka
710
1re capitale à Nara
Période de Nara
794
– Kyoto devient capitale
– Développement du bouddhisme
Période Heian
1185
Instauration du Shogunat
Période Kamakura
1333
Période féodale
Guerres civiles
Période Muromachi
1568
Période Momoyama
1603
Siècle chrétien (1543-1640)
– Âge d'or sous les seigneurs daimyos (Hideyoshi, Ieyasu)
– Fermeture du pays aux étrangers
Période Edo
1868
Restauration du pouvoir impérial
Ère Meiji
Ère Taishô
1912
1926
Ère Showa
1989
1945 à aujourd'hui
Présent
Ère Heisei
2019
Ère Reiwa

glaciation qui a permis de relier le Japon à la péninsule coréenne. Ils taillaient la pierre mais ne connurent ni la poterie ni l'agriculture fixe. Cette culture de la « pierre ancienne » se prolongea jusqu'au pléistocène, il y a environ 13 000 ans, lorsque le climat de la région se réchauffa et que le niveau des mers commença à s'élever.

LES MAKUYAS

Cette communauté japonaise a la conviction de descendre de l'une des 10 tribus perdues d'Israël, arrivée au Japon voici 2 700 ans. Ils associent rites juifs et japonais. Certains vont en pèlerinage au mur des Lamentations et apprennent l'hébreu dans les kibboutz.

La période protohistorique (300-710)

Avant la fin de la période du Yayoi, à partir de la 2de moitié du IIIe s, des « clans » dans la région de Yamato à l'extrémité est de la mer Intérieure et dans d'autres parties du Japon, au centre et à l'ouest, commencèrent à ériger des tombeaux gigantesques destinés à abriter les dépouilles de leurs chefs. Le plus grand de ces ***kofun*** (littéralement « sépulture ancienne »), un tumulus à la forme de trou de serrure couvrant plusieurs hectares, fut construit dans la région de ***Yamato.*** Il est considéré comme le mausolée de la 1re dynastie puissante du Japon, les Yamato, qui revendiquèrent ultérieurement le contrôle politique sur l'ensemble du pays.
On continua de construire de grandes tombes jusqu'à la fin du VIIe s. Entre-temps, cependant, la vieille société clanique s'était restructurée et le pays s'apprêtait à adopter une administration impériale centralisée d'inspiration chinoise. L'époque d'***Asuka*** (538-710) marque la phase finale de cette transition entre la protohistoire et l'histoire proprement dite. Cette période s'ouvrit par l'établissement de la cour de l'impératrice ***Suiko*** (554-628) au palais de Toyoura dans la région d'Asuka au sud de l'actuelle ville de Nara en 593. En cette même année 593, le prince ***Shōtoku*** (574-622) commença à servir comme régent. Pendant plus d'un siècle, cette zone fut le site des palais des dirigeants de la lignée des Yamato et des puissants « clans » qui les soutenaient. Le bouddhisme et le confucianisme (ainsi que des éléments du taoïsme) furent introduits dans cette région en 592, sans pour autant rejeter les traditions animistes (appelées ensuite shinto). Le prince Shōtoku travailla à consolider le pouvoir et le prestige de la famille impériale et engagea le pays dans une réforme centralisatrice, exprimée dans sa ***constitution en 17 articles.*** La cour japonaise soutint le bouddhisme, construisit des temples, des palais et des capitales d'après les modèles coréens et chinois, commença à rédiger des histoires utilisant des caractères chinois et élabora un projet de structure d'État impérial de style chinois, connu plus tard sous le nom de « régime des Codes ». Ces différentes initiatives furent traduites dans les réformes de ***Taika*** de 645 et les codes des « sanctions et des peines » ***(ritsuryô)*** de la fin du VIIe s et du début du VIIIe s.

L'époque antique (710-1185)

En 710 fut établie à ***Nara*** une resplendissante nouvelle capitale, appelée ***Heijôkyô,*** calquée sur celle de la dynastie des Tang à Chang'an (actuelle Xi'an en Chine). Au cours de la période de Nara (710-794), le Japon bénéficia plus directement encore des apports culturels et technologiques du grand voisin. Les premières chroniques du Japon, le *Kojiki* (712) et le *Nihon Shoki* (720), furent compilées à cette époque. Bouddhisme et confucianisme furent appelés à soutenir l'autorité politique, des temples furent construits à Nara et dans chacune des « provinces » *(kuni).* Le bouddhisme s'imposa peu à peu dans la population, essentiellement pour sa conception de l'au-delà offrant un espoir de survie. Mais la religion n'est pas uniforme, et le pays jouit d'un véritable syncrétisme de différentes sectes. Des centres d'impôts furent institués, ainsi que le recensement de la population et

l'allocation des terres. Dans les dernières années du VIIIe s, cependant, l'administration impériale centralisée montra des signes d'essoufflement. La politique à Nara était dominée par les rivalités entre les nobles et les clergés bouddhiques. En 784, l'empereur ***Kammu*** (781-806) décida un nouveau départ et tenta de revivifier le régime des Codes en déplaçant la capitale sur un nouveau site. En 794, ***Heiankyô*** (littéralement « capitale de la Paix et de la Tranquillité ») fut établie à proximité : c'est aujourd'hui la ville moderne de ***Kyoto.*** Elle fut le lieu de résidence de la cour impériale et la ***capitale du Japon jusqu'au XIXe s,*** lorsque celle-ci fut déplacée à Edo, renommée Tokyo.
Le nom « Japon » vient du chinois *riben,* qui signifie « origine du soleil ». Le pays montre ainsi sa capacité à s'inspirer d'un voisin plus puissant pour éviter de tomber sous sa domination directe. Ce sera un trait récurrent dans l'histoire du pays.
La période de 794 à 1185 marque l'apogée du pouvoir du gouvernement impérial sur le Japon de Heiankyô. Elle est connue comme l'époque de ***Heian*** : assimilation intensive de la culture chinoise et épanouissement d'une culture aristocratique raffinée. Politiquement, toutefois, la cour impériale et le trône lui-même étaient dominés par les nobles de la famille des ***Fujiwara,*** et la cour avait des difficultés à contrôler la prolifération des « domaines privés » *(shôen)* et à maintenir son ascendant sur l'administration des provinces. En l'absence d'un système militaire centralisé efficace, des groupes de guerriers accrurent leur pouvoir, d'abord dans les provinces puis à la cour elle-même, lorsque la famille des ***Taira*** s'empara du pouvoir au milieu du XIIe s.

Le féodalisme nippon (1185-1568)

Cette période connaît de nombreuses similitudes avec le Moyen Âge européen, en particulier un système féodal. Les Taira furent renversés en 1185 par des guerriers menés par ***Minamoto no Yoritomo,*** gratifié du titre de ***shogun*** et qui établit un gouvernement militaire, le ***shogunat de Kamakura,*** du nom de la petite cité de Kamakura dans l'Est. Les 4 premiers siècles de domination guerrière, couvrant la période de Kamakura (1185-1333) et la période de ***Muromachi*** (1333-1568), sont généralement décrits comme la période féodale du Japon. La cour ne fut pas remplacée par la création du shogunat, mais son influence déclina progressivement. Le shogunat se chargea de l'administration de la justice, de la succession impériale et de la défense du pays contre les tentatives d'invasion mongoles à la fin du XIIIe s. Dirigé d'abord par Yoritomo et ses fils, puis par des shoguns enfants contrôlés par des régents de la famille guerrière des ***Hôjô,*** le shogunat de Kamakura fut le 1er d'une série de régimes guerriers qui dominèrent jusqu'au milieu du XIXe s. En 1333, ce régime féodal fut renversé par une coalition menée par l'empereur ***Go-Daigo,*** pressé de restaurer un pouvoir impérial direct.
Go-Daigo fut écarté en 1336 par ***Ashikaga Takauji,*** qui l'avait aidé à s'emparer du pouvoir. Takauji, usant d'un empereur rival comme d'un fantoche, établit un nouveau shogunat dans le quartier de ***Muromachi*** à Kyoto, qui donna son nom à cette nouvelle ère (1336-1573). Après plusieurs décennies de guerres civiles entre les cours rivales du Nord et du Sud, le shogunat fut installé sur des bases fermes par ***Ashikaga Yoshimitsu,*** le 3e shogun. Yoshimitsu contrôlait alors les puissants guerriers provinciaux *(shugo)* qui lui apportèrent leur soutien. Les derniers shoguns Ashikaga furent moins heureux. Débutant par la guerre d'***Ônin*** (1467-1477), le pays s'engagea dans le siècle des guerres civiles à répétition, connu comme la période des ***Provinces combattantes*** (1467-1568), durant laquelle les seigneurs féodaux locaux ignorèrent le shogunat et la cour impériale affaiblis. De grands noms de l'histoire japonaise s'illustrèrent durant cette période : Oda Nobunaga, Toyotomi Hideyoshi ou Tokugawa Ieyasu. Durant cette époque marquée par des turbulences sociales, des intrigues politiques et des conflits militaires quasi permanents, les solidarités horizontales (paysannes et religieuses) comptaient souvent davantage que les allégeances verticales. Le monde à l'envers !

1543 : le Portugal débarque au Japon

Les Portugais ont été les premiers Européens à découvrir le Japon au XVIe s et à essayer de l'évangéliser. L'apothicaire et diplomate ***Tome Pires*** mentionne pour la 1re fois, en 1513, le nom « Jampon » dans un récit de voyage *(Suma oriental)* mais il n'y a pas mis les pieds. Les premiers Portugais qui débarquent sur l'île de Tanegashima (sud de Kuyshu) en 1543 (ou 1542) sont des marins et des pères jésuites venus de Macao : Antonio da Mota, Antonio Peixoto et Francisco Zeimoto... Ils sont sidérés par ce qu'ils découvrent : la culture japonaise est si différente de la Chine, encore plus du Portugal et du reste du monde ! C'est la planète Mars ! Ils utilisent le mot « Jampon », qui est d'origine malaise et signifie « pays du soleil levant ». Depuis Marco Polo, les Européens ne connaissaient que le mot « Cipangu » pour désigner le pays, déformation du mot chinois Ji-Pen-Kouo (qui signifie aussi « pays du soleil levant »). En 1547, ***Jorge Alvarez*** voyage dans l'archipel nippon et rédige – à la demande du jésuite ***François Xavier*** (1506-1552, le fameux futur saint y a prêché) – un rapport sur ce pays méconnu des Européens. Alvarez est le 1er à décrire une cérémonie shinto. Son récit fiable est unique. La 1re carte géographique du Japon vers 1550 est aussi l'œuvre d'un Portugais. Elle est conservée en Italie à la bibliothèque Vallicelliana.

L'ART DE L'ADOPTION SPIRITUELLE

Quand le jésuite François Xavier arriva au Japon en 1549, il pensait être le 1er chrétien à débarquer en terre nippone. Pourtant, le Christ y était déjà connu depuis 3 siècles. Ce « sage » d'Occident avait été admis au panthéon japonais par les bouddhistes locaux. Ils l'avaient d'ailleurs introduit dans la grande confrérie polythéiste nippone sous le nom d'Inro Bosatsu. Aussi diverses soient-elles, les religions sont toutes compatibles au Japon.

Le « siècle chrétien » du Japon

En 1563, le jésuite portugais ***Luis Fróis*** s'établit au Japon, où il restera jusqu'à sa mort, en 1598. Il apprend le japonais et le parle couramment pour mieux diffuser le christianisme. Observateur affiné, il prend des notes sur les mœurs nippones. Son récit *Traité de Luis Fróis sur les contradictions de mœurs entre Européens et Japonais* est publié en 1585. Le père de l'ethnologie moderne, Claude Levi-Strauss, admirait ce chef-d'œuvre, consacrant Luis Fróis comme le 1er « japonologue » de l'histoire ! Luis Fróis raconte notamment que les Japonais ont l'habitude, au XVIe s, de broyer les perles pour en faire des médicaments, d'arracher les dents des patients en leur attachant une flèche tirée par un arc, de manger des singes, des chats, des chiens, et du goémon cru... que les Japonaises sont alphabétisées et sont plus libres que « chez nous », que les enfants portent un sabre dès l'âge de 12 ans et que l'on tue pour un oui et pour un non...

Le père Luis Fróis meurt à Nagasaki en 1598 au moment où commencent les persécutions contre les chrétiens. Le « siècle chrétien » du Japon correspond donc à la période 1543-1640, au cours de laquelle les jésuites portugais ont eu le monopole de l'évangélisation. En 1640, le shogun ferme le Japon aux étrangers

TOUT POUR PLAIRE AUX JAPONAIS

Le mot « Dieu » a été mal compris par les Nippons car, traduit en japonais par « Dai Uso », il signifie « grand menteur ». Les maisons des missionnaires étaient si sales au XVIe s qu'on exigea que les pères jésuites vivent à la japonaise. Le rituel du thé leur fut même imposé par Rome pour plaire au peuple nippon réticent à se convertir...

et met tout le monde dehors sauf quelques marchands hollandais autorisés à faire du commerce à De-shima (Nagasaki), seul et unique port ouvert aux Européens *(gaijin)*, à condition qu'ils ne fassent que du commerce et aucun prosélytisme religieux. Les Hollandais acceptent la nouvelle règle. Le Japon se referme ensuite sur lui-même comme une huître et restera inaccessible au reste du monde pendant 268 ans... jusqu'en 1868. La persécution des chrétiens et la question de l'apostasie sont le sujet de *Silence*, très beau film réalisé par Scorsese en 2016.

La présence portugaise dans le Japon des XVIe et XVIIe s a laissé des traces dans la langue japonaise. Encore aujourd'hui, le mot nippon « *mushika* » vient du mot portugais *musica*. Un jeu de cartes se dit « *karuta* ». Viennent aussi du portugais les mots « *kappa* » (imperméable), « *syabon* » (savon), « *tabaco* » (tabac), « *kastera* » (du portugais *castilla*) et « *pan* » (pain).

L'unification du Japon (1568-1603)

À partir du milieu du XVIe s, un mouvement vers la réunification du pays émergea progressivement des conflits guerriers et fut porté par 3 puissants généraux, ***Oda Nobunaga, Toyotomi Hideyoshi*** et ***Tokugawa Ieyasu.*** La brève mais spectaculaire période au cours de laquelle ils établirent leur contrôle militaire sur le pays et commencèrent à modifier ses institutions féodales est connue comme l'époque d'***Azuchi-Momoyama*** (1573-1603), d'après le nom de résidence de leurs magnifiques palais respectifs. Oda Nobunaga, par une politique opportuniste et agressive, étendit les terres de son clan, avant de placer un shogun fantoche à la tête du pays. Mais, trahi par un de ses généraux, il se fit *seppuku* (une forme rituelle de suicide masculin par éventration). Hideyoshi écarta les successeurs potentiels d'Oda et prit le contrôle de la cour shogunale. Maître *de facto* du pays, il chercha à pacifier les campagnes en confisquant les sabres et en séparant les samouraïs des paysans, interdit le christianisme et persécuta les chrétiens. Il entreprit de conquérir la Corée et d'y établir une dynastie durable, mais ces expéditions s'achevèrent par des échecs cuisants. À sa mort en 1598, il laisse un clan affaibli, une veuve et un héritier vulnérable face aux daimyos ou « grands noms » rivaux (les vassaux du shogun). Parmi eux, ***Tokugawa Leyasu***. Après une victoire éclatante contre les guerriers fidèles au clan Toyotomi, à ***Sekigahara*** en 1600, ce guerrier endossa le titre de shogun et établit un puissant shogunat durable dans la cité d'Edo, inaugurant la période ***Edo*** dans l'histoire du Japon.

Le 1er Japon unifié

La victoire de Ieyasu lui conféra un pouvoir prépondérant et lui permit de redessiner la carte du pouvoir. Il établit une politique savamment équilibrée dans laquelle le shogunat contrôlait directement Edo et les terres centrales du pays, tandis que les daimyo (répartis sur la base de leur degré de loyauté aux Tokugawa) administraient les quelque 250 domaines restants. Ieyasu et les shoguns qui lui succédèrent parvinrent à maintenir cette structure forte en équilibrant les domaines entre les daimyo et en renforçant les différences de statut entre samouraïs, paysans, artisans et marchands. Il obligea les seigneurs à laisser femmes et enfants à Edo, où ils devaient résider en alternance. Il décida d'interdire le christianisme, chassant les Portugais de Kyushu, tolérant quelques commerçants hollandais protestants. Ieyasu institua un contrôle strict des contacts avec le monde extérieur, notamment avec l'Occident. Cette structure nouvelle et autoritaire était dominée par les samouraïs et reposait sur les lourdes taxes prélevées aux paysans. Elle offrit aussi l'occasion aux marchands d'Edo, d'Osaka et de Kyoto, ainsi qu'aux cités rassemblées autour des châteaux, de développer une prospérité commerciale ainsi qu'une culture urbaine diversifiée.

La période moderne dite « période Edo » (1600-1868)

Le régime des Tokugawa, oppressif sous plusieurs aspects, procura la plus longue période de paix et de prospérité de l'histoire du pays, mais aussi de ***fermeture relative au monde extérieur.*** Cependant, ce fut une ***période faste pour le développement des arts et de l'artisanat*** qui, du fait de l'isolement du pays, acquirent une identité très marquée. Le rétablissement de l'unité du pays entraîna une véritable chasse contre les missionnaires, et les catholiques japonais (plusieurs centaines de milliers) furent persécutés.

Cet isolationnisme du Japon fut compromis au XIXe s lorsque les navires russes, britanniques et américains commencèrent à s'aventurer dans les eaux asiatiques. Motif : les Occidentaux voulaient obliger la Chine et le Japon à établir des relations commerciales avec leurs nations. L'échec du shogunat à « chasser les Barbares », la concession des traités inégaux et l'ouverture de ports après la venue de l'Américain ***Perry*** en 1853 entraînèrent une série d'événements qui conduisirent les puissants domaines de ***Satsuma, Chôshû*** et ***Tosa*** à utiliser la cour impériale pour s'attaquer au shogunat. Le système fut renversé lors de la ***restauration de Meiji*** de 1868. Le shogun perdit son pouvoir, l'empereur reprit la nation en main. ***La capitale quitta Kyoto pour s'installer à Edo (Tokyo).*** Le Japon finit par s'ouvrir au monde.

MERCENAIRE FRANÇAIS

Officier, il s'appelait Jules Brunet. Napoléon III l'envoya au Japon soutenir le shogun (général) contre l'Empereur. Vaincu par une armée modernisée (grâce aux Anglais), il se battit jusqu'au bout. À son retour, le gouvernement français, penaud, fit semblant de le destituer.

L'ère Meiji (1868-1912)

Cette période peut être résumée par la formule « ***Esprit japonais, méthodes occidentales*** ». Les jeunes samouraïs soutinrent la restauration de Meiji. Ils voulaient préserver, revitaliser et renforcer le pays. Ce processus s'accomplit rapidement durant la période Meiji (1868-1912). Le slogan du nouveau pouvoir fut : « Un pays riche, une armée forte. » Cela signifiait de réformer la plupart des institutions sociales, politiques et économiques dans le sens de l'Occident (changement de calendrier, adoption du système métrique, castes sociales abolies, éducation centralisée et obligatoire). Le Japon adopta une constitution en 1889, ouvrant la voie à un gouvernement de type parlementaire. Il réalisa d'importants efforts industriels et bâtit une force militaire suffisante pour défaire la Chine en 1895 et la Russie en 1905, puis il annexa la Corée en 1910, se positionnant comme ***la principale puissance impérialiste en Extrême-Orient.***

La période de ***Taishô*** (1912-1926) fut marquée par la reconnaissance du Japon comme puissance majeure. La succession de gouvernements issus des partis politiques, désignée parfois comme la « démocratie de Taishô », permit la croissance économique intérieure et la coopération diplomatique.

ATTAQUE SURPRISE

Le 8 février 1904, suite à l'échec des négociations pour le retrait des troupes russes de Mandchourie, la flotte nippone attaqua la base russe de Port-Arthur, sans déclaration de guerre. 7 navires russes furent coulés. La guerre russo-japonaise était lancée. Elle s'acheva en septembre 1905 par la défaite du tsar. Le pays du Soleil-Levant reçut de l'ours russe le sud de l'île de Sakhaline, le Liaodong et le chemin de fer sud-mandchourien. Le Japon fit alors une entrée fracassante dans la cour des grands.

Les militaires au pouvoir

Le militarisme japonais se renforce entre les 2 guerres mondiales. Les budgets consacrés à l'armée ne cessent d'augmenter. Des officiers belliqueux se préparent à la guerre. De plus en plus surveillée et persécutée, la gauche libérale japonaise doit laisser la place à l'extrême droite et à l'armée, tirant les ficelles en coulisse.

Le Japon occupe la Mandchourie et quitte la SDN

En 1923, un terrible séisme détruit en grande partie Tokyo. La crise mondiale de 1929 éclate aux États-Unis et atteint le Japon. C'est un contexte favorable à la montée du fanatisme et du militarisme. Crise de la soie, crise du riz, misère paysanne, dépression économique et financière. Les yeux se portent sur la ***Mandchourie*** (environ 30 millions de Chinois), ***territoire sous-peuplé et riche, convoité par un Japon proche et surpeuplé.*** Un rêve de colonisation et d'annexion, en somme, calqué sur les ambitions coloniales européennes du XIXe s. En Mandchourie vivent en 1931 quelque 4 000 paysans et une garnison de 25 000 à 30 000 soldats japonais. Un groupe minime, concentré dans une zone géographique concédée aux Japonais depuis le traité de 1905. Cette présence nippone en Mandchourie est réelle mais contestée. Le Japon contrôle les secteurs essentiels de l'économie mandchoue : voies ferrées, mines, ports. De plus, la Mandchourie produit du riz, du blé, du soja et des matières premières alimentaires dont le Japon a besoin. La ville de Moukden est le fer de lance de cette hostilité antijaponaise. Les Japonais ne la comprennent pas, fiers d'avoir contribué au développement économique depuis 1905. Pour le général Tanaka, la Mandchourie doit servir de glacis stratégique, indispensable à la sécurité, voire, pour ses ressources minières et agricoles, à l'existence du Japon.

Il est vrai que, depuis l'ouverture du Japon en 1868, des « traités douaniers inégaux » en faveur des Occidentaux et les rivalités pour le contrôle des richesses naturelles dans la zone Pacifique ont contribué à installer un climat de revanche doublé d'une confrontation de fait avec les États-Unis, dont les intérêts étaient menacés par les visées expansionnistes de l'Empire nippon. Les États-Unis tentèrent en 1922 de limiter le tonnage de la flotte de guerre japonaise.

Le 18 septembre 1931 se produit l'***incident de Moukden.*** Une bombe explose sur une voie ferrée. L'attentat est attribué aux forces chinoises, mais, en fait, il a été organisé par le capitaine Imada pour satisfaire l'armée japonaise à la recherche d'un ***prétexte capable de provoquer*** l'embrasement, c'est-à-dire ***l'invasion de la Mandchourie.*** La réaction japonaise est immédiate : prise des casernes de Moukden et occupation des principales villes. Le 25 août 1932, le Japon nomme sa nouvelle conquête : ***Mandchoukouo.*** On place à la tête de cet État fantoche le fameux Puyi, un empereur-potiche, dernier descendant de la dynastie impériale chinoise. Il devient chef de l'État du Mandchoukouo contrôlé par le Japon. Ce n'est pas une colonie, mais une ***sorte de protectorat,*** qui restera occupé de 1934 à 1945. Illégitime, le Mandchoukouo est quand même reconnu par les puissances de l'Axe, l'Espagne, la Thaïlande, la Finlande et le Vatican.

Après un bras de fer diplomatique, long et laborieux, la Société des Nations (SDN, ancêtre de l'ONU) adopte une résolution visant à contraindre le Japon à abandonner ses prétentions sur la Mandchourie. Le Japon vote contre. Le représentant Matsuoka quitte la salle, et le Japon quitte la SDN. C'est un coup dur pour celle-ci, d'autant que, peu de temps après, l'Allemagne

LE MASSACRE DE NANKIN

En 1937, l'armée japonaise décida de prendre Nankin, la capitale chinoise de l'époque. Pas de prisonniers, on exécute, torture et viole. La violence fut telle que John Rabe, un homme d'affaires nazi, contacta Hitler (!) pour le supplier d'intervenir auprès de ses alliés japonais afin d'arrêter les atrocités. En vain.

de Hitler et l'Italie fasciste feront de même... Cet épisode est évoqué dans l'album *Le Lotus bleu* des aventures de Tintin.
L'armée japonaise provoque incident sur incident et, au début de 1937, elle ***envahit la Chine.***

L'alliance du Japon avec l'Allemagne d'Hitler

L'armée influence la diplomatie japonaise. Elle pousse le gouvernement Hirota à signer, en novembre 1936, le ***pacte anti-Komintern.*** Le général Oshima Hitoshi, attaché militaire à Berlin, et admirateur de Hitler et du national-socialisme, engage la négociation avec Ribbentrop, à l'automne 1935. À mesure que l'armée japonaise progresse en Mandchourie septentrionale, ***les relations entre le Japon et l'URSS se dégradent.*** Été 1934 : environ 300 000 soldats japonais sont massés dans les régions proches de l'empire des Soviets. Les Russes de leur côté se préparent à une guerre sur cette nouvelle ligne de front. Japon et Allemagne ont donc ***un ennemi commun : l'URSS.*** Il est donc logique que Berlin et Tokyo passent une alliance militaire. Un 1er accord est signé en novembre 1936 entre l'ambassadeur du Japon à Berlin et Ribbentrop. Ce pacte comporte des clauses secrètes qui prévoient un front commun de Berlin et Tokyo en cas de conflit contre Moscou.

Et voilà donc le Japon qui se range en 1937 aux côtés d'une puissance européenne totalitaire. Les dés sont jetés ! Le Japon sera avec l'Allemagne nazie (et l'Italie fasciste) contre la Russie communiste et l'Europe libérale. Un choix lourd de conséquences. Bref, la période de ***Shôwa*** (1926-1989), qui débute par une note d'optimisme et de libéralisme, dégénère rapidement en visées expansionnistes en Asie. Ultranationalisme, militarisme et répression politique à l'intérieur mènent inexorablement à la guerre contre les États-Unis et les Alliés en Asie et dans le Pacifique.

MESSIEURS LES JAPONAIS, TIREZ LES PREMIERS

Le 7 juillet 1937, sur le pont Marco-Polo, à 16 km à l'ouest de Pékin, les Japonais accusèrent la Chine d'avoir enlevé un de leurs soldats. Tension extrême. Les Japonais exigèrent de fouiller les maisons. Refus des Chinois. Ce fut le début d'une guerre terrible. On se rendit compte plus tard que le soldat introuvable était parti au bordel.

Pearl Harbor (7 décembre 1941)

Le 27 septembre 1940, après la victoire nazie en Europe, ***le Japon rejoint l'Axe.*** Entre-temps, les États-Unis avaient soutenu les troupes nationalistes chinoises de Chiang Kaï-chek, en lui donnant des moyens militaires et financiers pour lutter contre le Japon. En octobre 1941, le ***général japonais Tojo*** pousse à la guerre et remplace Konoe à la tête du gouvernement. États-Unis, Grande-Bretagne et Pays-Bas déclarent l'embargo sur le pétrole et l'acier et gèlent les avoirs japonais aux États-Unis. Le 7 décembre 1941, sans déclaration de guerre et selon un plan audacieux élaboré par l'amiral Yamamoto Isoroku, l'aviation japonaise embarquée, à 6 500 km de Tokyo, bombarde et anéantit la

KAMIKAZE

Au XIIIe s, un typhon anéantit par 2 fois la flotte mongole qui voulait envahir le Japon. Kami Kaze, qui peut se traduire par « vent de Dieu », fut désormais glorifié par le peuple japonais. Pendant la dernière guerre, on appela ainsi les pilotes qui se sacrifièrent en précipitant leurs avions, chargés d'explosifs, contre les navires américains. Tous n'étaient pas absolument volontaires.

flotte américaine basée à Pearl Harbor, aux îles Hawaii. 3 cuirassés sont coulés, plusieurs navires sérieusement endommagés, 188 avions sont détruits au sol, 3 700 soldats et marins américains sont tués ou blessés. Mais les porte-avions américains, eux, étaient à ce moment-là en pleine mer, ce qui jouera un rôle important pour la suite de la guerre. Côté japonais : seulement 29 avions et 5 sous-marins perdus. Le drame de Pearl Harbor précipite l'entrée des États-Unis dans la guerre.

D'autres ***victoires japonaises*** aussi lourdes de conséquences sont remportées dans les jours qui suivent. Guam tombe le 10 décembre 1940. L'armée japonaise vise Hong Kong, qui tombe le 25 décembre, Singapour (prise le 15 février), l'Indochine (française) forcée par Vichy à laisser le libre passage aux troupes japonaises, la Birmanie, la Malaisie : ***la Seconde Guerre mondiale s'étend en Asie et dans l'océan Pacifique***.

SOLDATS CAMÉS

Pendant la Seconde Guerre mondiale, l'armée japonaise distribua des millions de doses de méthamphétamine à ses kamikazes. Cette drogue de synthèse, particulièrement dangereuse, donne un sentiment de puissance, d'euphorie... et d'inconscience. La phase descendante provoque paranoïa et, parfois, tentative de suicide. Hitler en était un utilisateur régulier.

Guadalcanal (7 août 1942)

En 1942, le Japon a la mainmise sur les Philippines, la Birmanie, le Vietnam et l'Indonésie, et menace l'Australie. En mai-juin 1942, la bataille navale des îles Midway stoppe l'avancée japonaise. L'armée américaine débarque à Guadalcanal le 7 août. C'est le début de la ***contre-offensive américaine,*** avec l'appui de l'Australie et de la Nouvelle-Zélande. En 1943, les Américains regagnent du terrain dans le Pacifique, sous la direction du ***général MacArthur.*** En 1943 et 1944, reconquête progressive par les Américains du Sud-Pacifique, reprise de la Birmanie par les Anglo-Américains et les Chinois, et conquête du Japon à partir des îles du Sud.

Débarquement américain sur Okinawa (avril 1945)

Tandis que l'état-major japonais lance sur la flotte américaine des avions-suicides (les kamikazes), les Américains débarquent sur l'île d'Okinawa, située à l'extrême sud de l'archipel japonais. ***La propagande gouvernementale japonaise invite les habitants à se suicider*** en masse plutôt que d'être humiliés, c'est le vieux code d'honneur des samouraïs (le *bushido*) qui ressurgit. On assiste à des scènes d'horreur indescriptibles qui aujourd'hui encore marquent la mémoire collective d'Okinawa. Les avions américains bombardent les grandes villes du Japon : Tokyo, Osaka, Nagoya. Le Japon est affaibli. C'est alors que Truman, le président des États-Unis, choisit de recourir à la bombe atomique qui vient d'être mise au point dans le désert du Nouveau-Mexique.

La bombe atomique sur Hiroshima et Nagasaki (6 et 9 août 1945)

Le 6 août 1945, à 8h15 du matin, le bombardier B-29 *Enola Gay* lâche au-dessus de la ville d'Hiroshima (un centre militaire et d'armement important) une bombe A appelée « Little Boy ». Sa charge est équivalente à 12 500 t de TNT. Elle explose à une altitude de 600 m, générant un énorme champignon dans le ciel du Japon, tuant sur le coup plus de 80 000 personnes, détruisant 90 % de la ville. La température de la boule de feu atteint 3 000 à 4 000 °C au sol. Un souffle de 1 600 km/h anéantit les immeubles dans un rayon de 3 km autour de l'épicentre. Le choc thermique est si puissant que l'ombre des silhouettes humaines désintégrées reste imprimée sur les murs de certains édifices. Dans les mois qui suivent, les survivants

meurent d'irradiation, ce qui porte le nombre des victimes de la bombe à 140 000 fin 1945.
Pour la petite histoire, Hiroshima avait été épargnée jusqu'alors par les bombardements américains conventionnels. Ce qui permit de constater « en grandeur réelle » les effets dévastateurs d'une bombe atomique sur une ville et sa population. Les Américains avaient d'ailleurs largué, juste avant le bombardement, des sondes pour effectuer des mesures. Des expériences scientifiques dont se passerait l'Humanité !
3 jours après Hiroshima, le 9 août, à 11h02, le bombardier américain *Bock's Car* lâche sur la ville de Nagasaki une bombe nommée « Fat Man » d'une puissance équivalente à 22 000 t de TNT. Elle explose à 515 m d'altitude, tue instantanément 26 000 personnes et en blesse environ 40 000 autres. Comme Hiroshima, Nagasaki est anéantie.
Encore aujourd'hui, les *hibakusha* (survivants) témoignent de l'horreur de la guerre nucléaire et se battent pour la paix, contre la bombe. Mais ces victimes handicapées à vie seront-elles entendues ?
À genoux, ***le Japon finit par capituler le 15 août 1945.*** Sa reddition est signée sur le cuirassé *Missouri* en rade de Tokyo le 2 septembre en présence du général MacArthur. C'est la fin de la Seconde Guerre mondiale.

UN TERRIBLE REMORDS

Claude Eatherly fut pilote de l'un des avions météo qui participèrent au largage de la bombe atomique sur Hiroshima. Il passa le reste de sa vie à le regretter et à se repentir. Il fut même interné. On sait aujourd'hui que le Japon, exsangue, était prêt à capituler. Cette terrible bombe a été analysée comme un avertissement adressé à l'URSS. Ce sont des milliers de civils japonais qui sont morts pour transmettre ce message envoyé par les États-Unis.

SURVIVRE À 2 BOMBES ATOMIQUES

Tsutomu Yamaguchi était un ingénieur en poste à Hiroshima le 6 août 1945. Le souffle le projeta face contre terre, et son visage fut protégé malgré de graves brûlures. On le rapatria alors chez lui à... Nagasaki et, 3 jours plus tard, il vécut la même horreur. Il est mort d'un cancer de l'estomac en 2010.

L'Apure (ou l'après-guerre) et la reconstruction

La défaite du Japon en 1945 est suivie d'une période d'occupation par les Américains soutenus par les puissances alliées. Un tribunal international est institué pour juger les criminels de guerre (le général Tojo est exécuté). Le Japon collabore avec l'occupant-libérateur, et le peuple japonais change radicalement d'attitude : la pugnacité agressive d'hier se transforme en esprit de reconstruction, sous la houlette des Américains. Le militarisme d'hier se mue en pacifisme. ***Le Japon devient une démocratie.*** L'article 9 de la Constitution de 1946 proclame que « le peuple japonais renonce à jamais à la guerre ».

COMMUNICATION IMPÉRIALE

Le 15 août 1945, pour la 1re fois, les Japonais entendirent la voix de leur empereur, le « dieu vivant », à la radio. Hirohito demandait au peuple de « tolérer l'intolérable et d'accepter l'inacceptable ». Pourtant ils ne saisirent pas immédiatement le sens du discours. Le souverain s'exprimait dans un japonais archaïque, utilisé dans l'ancienne cour impériale et incompréhensible pour la population. De plus, l'enregistrement était de mauvaise qualité, et il fallut qu'un commentateur explique ensuite aux Japonais que leur pays avait perdu la guerre.

La paix entre Washington et Tokyo n'est vraiment signée que le 8 septembre 1951, à San Francisco : le Japon redevient alors une nation libre et un solide allié des États-Unis, la guerre de Corée a éclaté et Mao est au pouvoir en Chine. Le vaincu d'hier devient un nouvel associé économique de la 1re puissance mondiale, même si une partie de l'opinion désapprouve la présence américaine dans le pays (manifestations anti-américaines à Tokyo en 1952). Les étapes de ce processus s'enchaînent : démilitarisation du Japon, démantèlement des anciens trusts industriels *(zaibatsu),* adoption d'une nouvelle constitution, démocratisation du système politique et mise en place d'un nouveau système éducatif. Les communistes et l'extrême gauche sont écartés sous l'influence de MacArthur. L'occupation américaine du Japon dure officiellement jusqu'en avril 1952. Pourtant, dans la mémoire collective japonaise, ce qui a été fait durant cette période reste le produit d'une occupation. C'est un sujet très délicat, qui marque les consciences et les opinions et donne de l'eau au moulin des partis politiques les plus nationalistes. Ces derniers considèrent en effet que le Japon d'après-guerre n'a pas choisi son destin, mais qu'il lui a été imposé par l'étranger victorieux (et arrogant). Le débat reste ouvert et n'est pas près de faire l'unanimité.

Durant cette difficile reconstruction d'après-guerre, Osaka, Tokyo, Nagoya, Hiroshima et Nagasaki se relèvent de leurs ruines, tout comme l'économie japonaise. Mais le Japon ne se redresse pas de la même façon que l'Allemagne. Une des clauses du traité de San Francisco prévoit l'abandon de toute demande de réparation de la part des pays d'Asie victimes de l'agression japonaise. C'est énorme. Cet argent qui ne part pas à l'étranger sert donc au redressement du pays.

La croissance revient rapidement durant les années 1960 et 1970. Le Japon – quasi mort en 1945 – renaît lentement mais sûrement. La présence d'un puissant et riche allié, et beaucoup de travail et de sacrifices de la part du peuple japonais sont les raisons de ce renouveau économique. L'armée japonaise ne joue plus aucun rôle, elle ne dispose que de forces d'autodéfense. Les Américains assurent le statut de parapluie stratégique du pays en cas de nouveau conflit. En 1972, la base d'Okinawa, encore occupée par les Américains (les bombardiers américains partent de là pour aller pilonner le Vietnam), est rendue au Japon, mais les États-Unis maintiennent encore des bases militaires. Le site militaire d'Okinawa suscite aujourd'hui des tensions avec les habitants de l'île qui luttent avec opiniâtreté pour que la base américaine quitte la région (2/3 des 47 000 soldats américains déployés au Japon y sont basés). Arguant qu'ils supportent une part disproportionnée du fardeau militaire américain, les habitants d'Okinawa se plaignent également de problèmes allant du bruit à des accidents et des crimes impliquant des occupants de la base. Malgré le referendum de février 2019 favorable au départ des militaires, cette dispute est loin d'être résolue. D'autant que les Américains sont loin d'abandonner cette place stratégique en Asie, proche de Taïwan !

Le « miracle économique japonais »

Les Jeux olympiques de Tokyo en 1964 apportent au Japon une reconnaissance internationale restaurée. La prospérité s'appuie sur une politique systématique de croissance économique orientée vers les exportations, l'insistance sur l'éducation et la frugalité, l'énergie et les efforts soutenus des Japonais eux-mêmes. Elle repose sur les principes du « toyotisme », offrant aux salariés très qualifiés une meilleure implication et une production en fonction de la demande qui incite aux gains de productivité. Le « miracle économique japonais » fascinait le monde. Provoqué en réalité par une politique monétaire complaisante, adoptée par le Japon sous la pression du G7. Emporté par le tourbillon de l'argent facile, de 1986 à 1992, le Japon allait vivre ses années folles. Tous les excès étaient permis, des voi-

tures ultra luxueuses aux sushis ornés de paillettes d'or ! Une crainte à l'horizon tout de même : le déclin de la démographie.
Le Japon est en effet devenu un pays vieillissant qui connaît une baisse de la natalité inquiétante et un allongement de l'espérance de vie (la plus élevée au monde).

MARIAGE « SOLO »

De nombreuses Japonaises rêvent de mariage mais ne trouvent pas de conjoint. Les célibataires peuvent désormais vivre un mariage avec leurs amis. Tout est prévu (robe, banquet, photographe et nuit dans une suite de luxe).

La « pire crise depuis la Seconde Guerre mondiale »

Le 11 mars 2011, le séisme le plus violent jamais recensé au Japon frappe le Nord-Est du pays, à 130 km des côtes. D'une violence inégalée (8,9 sur l'échelle de Richter), il provoque un ***tsunami*** qui déferle 20 mn plus tard sur 600 km de côtes à 700 km/h, atteignant jusqu'à 30 m de hauteur par endroits, emportant avec lui, sur parfois 10 km, bateaux, maisons, trains, voitures dans une énorme coulée de boue. 450 000 personnes sont évacuées, 100 000 militaires mobilisés. Suivent des répliques atteignant 6,6... Le bilan humain est de 23 000 morts et disparus.
À cela s'ajoute la catastrophe nucléaire à Fukushima-Daïchi, l'une des 4 centrales nucléaires de la côte est de Honchu, placée au niveau 7 sur l'échelle des accidents nucléaires (comme Tchernobyl). Le tsunami a mis à mal le système de refroidissement de la centrale. Malgré les efforts entrepris, les cœurs des réacteurs fondent après une série d'explosions entraînant la dispersion de matériaux radioactifs. Près de 120 000 personnes sont évacuées. De l'eau contaminée se déverse dans la mer. Des traces de radiations sont décelées dans des légumes cultivés autour de la centrale et jusque dans l'eau du robinet à Tokyo. Des bateaux commerciaux refusent de s'approcher de la baie de Tokyo. La gestion de la crise par l'opérateur TEPCO se révèle déficiente. Avec le reflux du tsunami, 25 millions de tonnes de débris se répandent en mer, une zone de 110 km au large des côtes est rendue impropre à la navigation le mois suivant, et les déchets se mettent à dériver dans le Pacifique.
Fukushima vient des termes : *shima,* qui signifie « île », et *fuku,* qui signifie « bonne fortune » ! Si cette tragédie fut provoquée, avant tout, par une nature imprévisible, les autorités sont montrées du doigt pour leur imprévoyance coupable. Le mythe de la sécurité des centrales nucléaires est mis à mal.
La reconstruction des régions touchées va prendre plusieurs années. Le coût estimé en fait déjà le séisme le plus onéreux de l'histoire, après celui de Kobe en 1995. Les pertes économiques estimées sont de l'ordre de 210 milliards de dollars (de 3,5 à 5 % du PIB), ce qui est énorme pour un pays considéré comme le plus endetté du monde. ***Le Japon plonge dans la récession...*** Ce sont encore plus de 54 000 personnes déplacées (8 ans après la catastrophe), oubliées des pouvoirs publics, qui, même si ceux-ci proclament que la région a été décontaminée et si TEPCO continue de se battre pour résoudre le drame, se méfient d'un État qui a déjà perdu en première instance des procès intentés par les victimes.

Homme fort et incertitudes...

En matière de politique intérieure, les dernières années ont été marquées par les succès électoraux du Parti libéral démocrate (PLD). Ce dernier remporte les élections législatives en décembre 2012, face à une majorité sortante de centre gauche. ***Shinzo Abe*** devient 1er ministre. C'est le ***retour au pouvoir du conservatisme*** et d'un certain discours aux accents nationalistes. Abe est connu pour être un « faucon provocateur et gaffeur », mais les Japonais approuvent son programme économique. Il relance en effet l'économie nippone grâce à la politique de la planche à billets. Le yen baisse par rapport à l'euro et au dollar. En 2014, il provoque des élections législatives anticipées qu'il remporte haut la main, avec son allié centriste. Le scrutin avait valeur de référendum à l'égard de son programme économique. La coalition obtient plus des 2/3 des 475 sièges de la Chambre basse. En 2015, le chômage atteint 3,1 % de la population active, un niveau qui n'a jamais été aussi bas depuis 20 ans... alors que le pays ne connaît aucune croissance.

En 2016, nouveau succès électoral du PLD lors du renouvellement de la moitié des sénateurs à la Chambre haute. Homme fort du pays, *Shinzo Abe* rêve désormais de modifier la constitution dictée par les Américains à la fin de la Seconde Guerre mondiale, inchangée depuis et considérée par les partis nationalistes nippons comme le symbole de l'humiliation japonaise. Une réforme de la constitution permettrait notamment de lever les restrictions imposées à l'époque par les Américains à l'armée japonaise. Un parfum de revanche sur l'histoire...

Élu officiellement 1er ministre le 14 septembre 2020, il assumera ses fonctions jusqu'à la fin du mandant originel de *Shinzo Abe,* en septembre 2021. Il a promis de poursuivre en grand nombre les politiques de *Shinzo Abe*, notamment de garder le cap de la stratégie économique de ce dernier. Ses principales priorités, pour le moment, sont de lutter contre la pandémie et de redresser l'économie frappée par cette dernière. Par ailleurs, le 1er ministre a fixé un nouvel objectif de neutralité carbone d'ici à 2050, renforçant ainsi l'engagement du pays en matière de lutte contre le changement climatique. Cet objectif, salué par l'Union européenne et les Nations unies, reste très ambitieux en raison de la grande dépendance du Japon au charbon !

Sur la scène internationale, les choses se compliquent pour le Japon. À l'automne 2012, bras de fer avec la Chine au sujet des îles *Senkaku,* situées entre le Japon et Taïwan. Pékin considère que ce petit archipel appartient « historiquement » à la Chine, tandis que le Japon rappelle qu'il est sous souveraineté nippone après avoir été sous mainmise de l'armée américaine après la Seconde Guerre mondiale. Quelques mois plus tard, au printemps 2013, le dictateur nord-coréen *Kim Jong-un* fait des siennes. Il menace la Corée du Sud et les Américains d'une guerre du type « feu nucléaire » avec des tirs balistiques et nucléaires. Le Japon craint que *Pyongyang* ne le prenne pour cible. Inquiétude fondée puisqu'en mars 2017 la Corée du Nord tire des missiles balistiques qui s'échouent dans les eaux territoriales du Japon. L'essai est réitéré par 2 fois en août et septembre 2017, malgré des sanctions prise par l'ONU. En avril 2018, *Shinzo Abe* se rend en Floride pour négocier sur cette question. *Trump* lui confirme un soutien sans faille. Il promet également son aide dans la libération des otages japonais enlevés par la Corée du Nord dans les années 1970 et 1980. Seuls 13 ont été reconnus par *Pyongyang,* mais le Japon en dénombre au moins 17 et 800 cas d'enlèvements sont encore à expliquer.

Seulement 3 jours plus tard, *Kim Jong-un* annonce à la télévision coréenne qu'il met fin à ses essais nucléaires. Relayé dans le monde entier, chaque leader se réjouit de cette décision, *Trump* le premier. Le Japon reste néanmoins sceptique face à ce revirement, et met en garde le reste du monde. C'était dans ce contexte de tensions, et pour affirmer sa proximité avec les États-Unis, que le 1er ministre *Shinzo Abe* s'était rendu à Pearl Harbor, en décembre 2016, aux côtés de *Barack Obama*. L'hommage nippon rendu aux victimes américaines est une première ! Démonstration hautement symbolique face à la montée en puissance du voisin chinois. Quelques mois avant, *Obama* s'était rendu à Hiroshima. Un acte salué par les Japonais (en particulier les survivants au feu nucléaire) qui resteront toutefois partagés entre la reconnaissance pour ce 1er président des États-Unis qui a eu le courage de revenir sur les lieux du drame et le regret qu'il n'ait pas clairement prononcé le moindre remords.

En juillet 2016, ***l'empereur Akihito*** annonce qu'en raison des obligations qu'il peine à assumer, à plus de 80 ans, **il souhaite abdiquer au profit de son fils**

Naruhito. Le gouvernement se prononce en faveur de cette requête et publie une loi l'y autorisant. *Shinzo Abe* annonce que le règne de l'empereur *Akihito,* baptisé *Heisei,* signifiant « Paix achevée », prendra fin le 30 avril 2019. Une première dans l'histoire du Japon !
De fait, **le 1er mai 2019, *Naruhito* succède à son père et devient le nouvel empereur** (voir plus loin la rubrique « Personnages célèbres »).
En juin 2019, le Japon accueille le G20 sur fond de guerre commerciale larvée entre les États-Unis et le reste du monde. Le président français hausse le ton sur le climat avant le sommet (le communiqué final contiendra l'engagement des participants, sauf les États-Unis, à respecter l'accord de Paris). *Xi Jinping* et *Donald Trump* marquent une trêve dans leur guéguerre commerciale. *Trump* qui disculpe par ailleurs le prince héritier d'Arabie Saoudite d'avoir fait assassiner *Jamal Kashoggi,* contre les conclusions de la commission commise par l'ONU. Quant à *Vladimir Poutine,* il se distingue, entre autres, en fustigeant la liberté sexuelle et la liberté de genre : concepts ringards à ses yeux. Et il s'y entend en ringardise.
En août 2020, après presque 8 années à la tête du pays (record de longévité pour un 1er ministre japonais), *Shinzo Abe* démissionne pour raison de santé. Les élus du PLD choisissent pour lui succéder ***Yoshihide Suga,*** éminence grise et soutien indéfectible de *Shinzo Abe* depuis les élections de 2006.

LITTÉRATURE JAPONAISE

Littérature ancienne

La 1re grande anthologie poétique de l'Archipel, le *Manyôshû* (*Recueil des dix mille feuilles,* vers 760), rassemble, pas moins de 4 500 poèmes, principalement des *waka* ou « chants japonais » de 31 syllabes. Inventés au IXe s, les kana (voir la rubrique « Langue » dans le chapitre « Japon utile »), qui permettent de transcrire phonétiquement le japonais, donnent forme à une littérature autochtone, à travers les anthologies impériales de poésie, dont le *Kokin waka-shû* publié en 905. Une littérature en prose voit aussi le jour dans des récits tels que l'*Ise monogatari (Contes d'Ise)* ou des journaux intimes comme le *Tosa nikki* (*Journal du voyage de Tosa,* 935).
Des romans sont écrits comme autant de produits des salons littéraires des femmes de la cour de Heian, au début du XIe s. À noter : 2 œuvres magistrales, *Makura-no-sôshi (Notes de chevet)* de dame *Sei Shonagon* et surtout le *Genji monogatari (Le Dit de Genji)* de dame *Murasaki Shikibu*. Ce dernier est un immense roman relatant les amours du prince Genji sur fond d'intrigues et de jeux galants. Il s'impose vite comme le chef-d'œuvre inégalable de la littérature japonaise. C'est le 1er livre japonais écrit par une femme, et sans doute dans le monde.

Littérature de Kamakura et de Moramuchi

Du XIIe au XVIe s, les lettres s'orientent vers des registres nouveaux : poèmes *renga* (séries de *waka* enchaînées), recueils de contes et de légendes, récits historiques et surtout romans guerriers retraçant la lutte entre les clans féodaux *Taira* et *Minamo*. L'*Izayoi nikki* perpétue la mode impériale des anthologies poétiques et journaux de voyage. Le *Tsurezuregusa (Les Heures oisives),* écrit par *Urabe Kenko* vers 1330, illustre un nouveau genre, celui des notes « au fil du pinceau » *(zuihitsu),* où transparaît la vision bouddhiste sur la vanité des choses.

Littérature d'Edo

Les *Contes de pluie et de lune* (1715), d'*Ueda Akinari,* sont un récit historique mêlé de fantastique. *L'homme qui ne vécut que pour aimer* (1682), de Saikaku, est une fiction humoristique. *Chikamatsu Monzaemon* compose des pièces pour le théâtre de kabuki *(joruri)* puis pour le kabuki. *La Sente étroite du bout du monde* (1689), de *Bashô Matsuo,* offre un modèle du genre des poèmes courts de 17 syllabes baptisés *haïku*.

Littérature moderne

Nuages flottants (1887), de *Futabatei Shimei,* est un roman qui innove par son langage familier, bien qu'inachevé. *La Danseuse* (1890), de *Mori Ôgai,* raconte les déboires amoureux d'un étudiant japonais à Berlin. *La Porte* (1910), de *Natsume Sôseki,* traduit les incertitudes du Japon face à l'introduction de la culture occidentale. Le courant naturaliste, avec des auteurs tels que *Nagai Kafu,* domine aussi le début du XXe s. Un groupe d'écrivains dits « prolétariens », dont *Kobayashi Takiji* est le meilleur représentant, émerge dans les années 1920. Le mouvement « sensations nouvelles », créé en 1925, attire des auteurs d'avant-garde au style expressionniste comme *Kawabata Yasunari* (Prix Nobel de littérature en 1968). *L'Éloge de l'ombre* (1933) est l'un des chefs-d'œuvre de *Tanizaki Junichiro*. *La Déchéance d'un homme* (1948), de *Dazai Osamu,* traduit le sentiment de perte et de chaos laissé derrière l'expérience douloureuse de la Seconde Guerre mondiale. *Le Lac* (1954), de *Kawabata Yasunari,* est une élégie à la mémoire du Japon perdu où perce une nostalgie teintée de tristesse. *Confession d'un masque,* puis *Pavillon d'or,* de *Yukio Mishima,* qui se donne publiquement la mort par seppuku à Tokyo en 1970, glorifient les valeurs ancestrales du Japon.

Littérature contemporaine

De grandes fresques historiques sont livrées par *Inoue Yasushi.* Les romans très kafkaïens d'*Abe Kobo,* telle *La Femme des sables* (1962), plongent le lecteur dans un monde à la lisière du réel et du cauchemar. Le nouveau style brut et incisif, depuis les années 1960 et 1970, est particulièrement bien représenté par *Kenzaburô Ôé,* Prix Nobel de littérature en 1994. Les romans contemporains de *Yoshimoto Banana,* tel *Miso Soup* (1997), ou de *Murakami Ryu* mettent en scène un monde urbain dominé par le sexe et la violence.
Le romancier *Haruki Murakami* (né en 1949) est un des auteurs japonais contemporains les plus traduits à l'étranger. Ses livres *(La Fin des temps, La Ballade de l'impossible, Après le tremblement de terre, 1Q84...)* révèlent un univers romanesque entre réalisme et onirisme. Son 1er grand succès est celui d'*Écoute le chant du vent,* publié au Japon en 1979 ; *Underground,* ouvrage journalistique retraçant le tragique attentat au gaz sarin dans le métro tokyoïte de 1995, a également remporté un franc succès. Un nouveau genre littéraire est de plus en plus populaire auprès de la jeune génération : le *light novel.* Ne dépassant pas 50 000 mots, ces œuvres sont écrites de manière simplifiée. Celles ayant du succès auprès des jeunes lecteurs sont vites déclinées sous différents formats pour profiter au maximum de leur popularité. *Sword Art Online* (2009), de *Reki Kawahara,* en est le parfait exemple, puisqu'en moins de 6 ans ce *light novel* fut adaptée en 2 séries de 26 épisodes chacune, un film, un manga, des jeux vidéo et une série Netflix.

MANGAS

Le manga est une des composantes majeures de la culture japonaise. L'art du manga est très ancien, on trouve des dessins comiques et caricaturaux dans le trésor Shoso-in (VIIIe s). Le style apparaît également dans les *emakimono,* rouleaux qu'on déroule vers la gauche, qui narrent diverses histoires (bataille, romances, légendes). Le terme est introduit pour la 1re fois par *Hokusai,* et signifie littéralement « image dérisoire ». Ces estampes caricaturent des personnages populaires. C'est lors de l'ouverture vers l'Occident, durant la restauration Meiji, que les mangas apparaîtront avec du texte, des bulles.

Développé après la Seconde Guerre mondiale par *Tezuka Osamu* (considéré comme le père du manga contemporain), le « style manga » est à la confluence de plusieurs genres et influences. Le cinéma, tout d'abord, qui lui donne notamment son découpage systématique en story-board. L'influence de Walt Disney, quant à elle, est évidente avec notamment les grands yeux à l'expressivité riche et modulable. Les techniques d'illustration des mouvements des protagonistes dans les comics américains des années 1950 sont une autre source d'inspiration. Enfin, il faut tenir compte de l'inventivité et du style personnel des dessinateurs *(mangaka)*, japonais eux-mêmes, qui multiplient ruptures de styles (changements d'expressions des visages, absence de décor pour les scènes humoristiques...) et hétérogénéité graphique (cases brisées, dessins traversant plusieurs cases, personnages témoins...) pour mieux impliquer le lecteur. Autant de caractéristiques d'un genre à part entière, qui propose des œuvres pour chaque âge, chaque sexe et chaque sujet, loin des stéréotypes, notamment de violence, auxquels il est encore trop souvent réduit à l'étranger.

Représentant quelque 30 % du chiffre d'affaires total de l'édition et 40 % des livres achetés, les mangas paraissent tout d'abord sous forme de feuilletons en noir et blanc, chacun d'une quinzaine de pages, dans d'épais magazines hebdomadaires au papier recyclable, et dont les tirages peuvent atteindre les 6 millions d'exemplaires, tel *Shônen Jump.* Pouvant se prolonger 5, voire 10 ans ou plus, les meilleurs récits sont ensuite regroupés en volumes au format poche de 200 pages sur un papier de qualité moyenne mais à l'impression correcte, et proposés à des prix modiques. Les bonnes histoires peuvent comporter entre 10 et 50 volumes et rassembler jusqu'à plusieurs dizaines de millions de lecteurs, tel *Dragon Ball,* d'Akira Toriyama, avec ses 42 volumes réalisés de 1984 à 1995. Les meilleurs succès sont déclinés en séries animées et par la suite en *Original Animation Vidéo* (OAV ; voir plus loin « Sports et loisirs. La télévision. Anime »). Enfin, les mangas remportant le plus de suffrages sont adaptés au cinéma dans un graphisme de haute tenue, l'animation passant en 25 images par seconde, tels *Akira* d'Ôtomo ou *Ghost in the Shell* d'Oshii (voir la rubrique « Cinéma. Animation » plus haut). Dans de très rares cas, des films avec des acteurs réels sont réalisés, comme le phénomène mondial *Death Note* de Shûsuke Kaneko (2008).

POURQUOI LES HÉROS DE MANGAS ONT-ILS DE GRANDS YEUX ?

En s'inspirant du Bambi de Walt Disney, les dessinateurs ont remarqué que des yeux immenses rendaient les personnages sympathiques et... attendrissants. C'est bizarre, mais c'est vrai !

Les mangas n'ont pas de genre exact mais on les distingue par l'audience qu'ils ciblent. Les *shôjo* sont destinés aux jeunes filles, les *shônen* aux jeunes garçons et les *seinen* aux jeunes adultes. Ces derniers ont mis du temps à être traduits en français, ayant longtemps souffert de l'image puérile associé au manga. Avec la traduction d'auteurs comme Jirô Taniguchi, Yoshiharu Tsuge ou Naoki Urasawa, nominés ou récompensés au Festival d'Angoulême, le manga est désormais connu et reconnu chez nous. Les problématiques abordées par ces œuvres expriment les tourments du moi moderne japonais et le monde qui l'entoure, mais les techniques et recherches stylistiques y sont aussi plus travaillées. Les fans de mangas ne manqueront pas de visiter le musée qui leur est consacré à Kyoto.

Quelques titres

- De Eiichiro Oda : *One Piece* (éd. Glénat), le phénomène nippon à l'univers merveilleux et au scénario élaboré depuis 1997 avec plus de 80 volumes.
- De Sui Ishida : *Tokyo Ghoul* (éd. Glénat).

– De Hiro Mashima : *Fairy Tail* (éd. Pika) et *Groove Adventure Rave* (éd. Glénat).
– De Masashi Kishimoto : *Naruto* (éd. Kana).
– De Ai Yazawa : *Nana* (éd. Akata/Delcourt).
– De Naoki Urasawa : *Monster* (éd. Kana).
– De Fumiyo Kouno : *Dans un recoin de ce monde* (éd. Kana), l'histoire d'une jeune femme qui vit à Kure, près d'Hiroshima, pendant la guerre, racontée en 2 volumes.
– De Tsugumi Ōba et Takeshi Obata : *Death Note* (éd. Kana), en 13 volumes (et c'est court !). Un lycéen surdoué découvre un cahier pouvant donner la mort et qui bouleverse radicalement sa vie.

Quelques adresses à Tokyo pour les fans

■ ***K-Books :*** *1F et 2F, Akiba Bldg, 1-7-6 Akihabara, Akihabara-ku.* ☎ *3526-3576.* • *k-books.co.jp* • *Au même endroit, voir aussi* ***Animate*** *アニメイト dans la rubrique « Les quartiers d'Akihabara et de Kanda ».*

■ ***Mandarake Shop Shibuya :*** *B2F, Shibuya Beam Bldg, 31-2 Udagawacho, Shibuya-ku.* ☎ *3477-0777.* • *mandarake.co.jp* •

MÉDIAS

Votre TV en français : TV5MONDE, la 1re chaîne culturelle francophone mondiale

Avec ses 11 chaînes et ses 14 langues de sous-titrage, TV5MONDE s'adresse à 370 millions de foyers dans plus de 198 pays du monde par câble, satellite et sur IPTV. Présent également dans plus de 3 millions de chambres d'hôtels. Vous y retrouverez de l'information, du cinéma, du divertissement, du sport, du documentaire...
Grâce aux services pratiques de son site de voyage (• *voyage.tv5monde.com* •), vous pouvez préparer votre séjour et, une fois sur place, rester connecté avec les applications et le site • *tv5monde.com* • Demandez à votre hôtel le canal de diffusion de TV5MONDE et contactez • *tv5monde.com/contact* • pour toutes remarques.

Radio

RFI peut seulement être écoutée sur le site internet. Inutile d'apporter votre transistor pour écouter la radio japonaise, les fréquences ne sont pas les mêmes qu'en France et vos transistors ne seront pas adaptés.

Presse

Héritiers des journaux populaires nés à la fin du XIXe s, les quotidiens japonais sont nombreux (les Japonais lisent beaucoup). 5 journaux dominent pourtant, se partageant 50 % du tirage total de la presse journalière : le *Yomiuri Shimbun* et l'*Asahi Shimbun* en tête, avec respectivement 15 millions et plus de 8 millions d'exemplaires, suivis par le *Mainichi Shimbun,* le *Nihon Kenzai Shimbun* et le *Sankei Shimbun,* sans compter leurs éditions anglaises également consultables sur Internet. Ces

LES JOURNAUX, C'EST ÉCOLO

Avec 10,6 millions d'exemplaires vendus par jour, le Mainichi Shimbun *est l'un des plus importants journaux au monde. Imprimé sur papier recyclable, il contient aussi des graines ! Il suffit d'humidifier quelques pages de journaux et de les mettre en terre pour voir apparaître des fleurs. Essayez avec votre tablette !*

grands quotidiens ont en commun le fait d'avoir développé d'autres activités que la presse. Le *Yomiuri Shimbun,* par exemple, possède également ses équipes de football et de base-ball, un orchestre symphonique réputé, un parc d'attractions, un club de golf, une société de production cinématographique, des agences de voyages, une agence immobilière...
Avec 2 éditions par jour, les quotidiens sont principalement distribués sur abonnement (près de 95 %) et réalisent la majeure partie de leurs recettes sur la publicité (près de 40 %), cette dernière représentant également l'essentiel du chiffre d'affaires de la télévision.
Au Japon, le système de carte de presse n'existe pas, un rédacteur est d'abord un salarié avant d'être un journaliste.
Il n'y a pas de quotidien en français, mais vous pouvez trouver vos journaux favoris dans certains kiosques des grandes villes ou à la bibliothèque de l'Institut français du Japon à Tokyo *(15 Funagawara-machi, Ichigaya, Shinjuku-ku ; ☎ 03-5206-2500 ; • institutfrancais.jp •).* Il existe des magazines franco-japonais que vous trouverez dans les cafés, restaurants et librairies liés à la France. On peut citer *Franc-parler, France-Japon Eco, Minimix,* le *Bulletin de l'Association des Français du Japon (AFJ)* ou *Wasabi* (consacré à la gastronomie). Sinon, de nombreux sites et blogs fournissent des informations en français sur le Japon. Visitez notamment *• france-japon.net •*
Le Japon compte aussi plusieurs quotidiens en anglais : la version commune de l'*Asahi Shimbun* et de l'*International Herald Tribune* est excellente. On peut également citer *The Japan Times,* plus irrégulier.

Télévision

Les chaînes de télévision – privées ou publiques – sont nombreuses au Japon, bien qu'ayant des programmes assez similaires. Aujourd'hui, le paysage médiatique japonais est dominé par les chaînes de télévision privées, NTV en tête.

Liberté de la presse

Le Japon est classé au 67e rang sur 180 dans le classement mondial de la liberté de la presse établi par Reporters sans frontières (RSF). La presse japonaise est l'une des plus puissantes au monde, mais elle ne résiste pas toujours aux tentations de la proximité avec le pouvoir politique et économique. Le système des *kisha clubs* – des clubs de journalistes installés au sein des administrations et des entreprises – représente la principale entrave à la libre circulation de l'information. Les *kisha clubs* sont presque tous interdits aux journalistes indépendants et aux correspondants étrangers.
La catastrophe de Fukushima, en mars 2011, n'a fait qu'exacerber cette entrave. Lors des visites organisées sur le site, des journalistes indépendants japonais se sont vu interdire l'usage d'équipements audio et vidéo, tandis que leurs confrères, journalistes des *kisha clubs,* avaient toute liberté d'utiliser ces équipements. Pour avoir pénétré dans la « zone rouge » sans autorisation et publié des clichés révélant l'ampleur des dégâts et les drames humains qui ont résulté de l'accident, plusieurs photographes japonais ont été harcelés par les autorités.
Depuis 2012 et l'accession au pouvoir du 1er ministre ***Shinzo Abe,*** les pressions sur la presse ont augmenté, provoquant une vague de départs dont celui du journaliste du *Mainichi News* et chroniqueur du programme « News 23 » de la chaîne TBS, ***Shigetada Kishii,*** qui s'était exprimé contre les projets de loi sur la sécurité, ou celui d'***Ichiro Furutachi,*** présentateur de « Hodo Station » sur TV Asahi et critique notoire du gouvernement.
Le gouvernement ne cache plus son hostilité au traitement critique de son action. Lors d'une séance parlementaire en 2015, la ministre des Communications, ***Sanae Takaichi,*** a menacé de fermeture les médias qui continueraient à diffuser des « informations politiques biaisées ». L'article 76 de la loi sur la Radio lui permet en effet de délivrer des ordres de suspension sans passer par un juge.

Le 15 juin 2017, la Chambre basse a adopté, sans débat, un projet de loi « anti-conspiration » qui instaure la notion de menace de l'intérêt public et de l'ordre public comme limitation à l'exercice de la liberté d'expression et des médias. Et qui criminalise la notion vague de « préparation d'actes terroristes » et crée une liste fourre-tout de 227 crimes, dont certains sans lien évident avec le terrorisme. Ce projet de loi, que le gouvernement nationaliste de ***Shinzo Abe*** a justifié par la préparation des Jeux olympiques de 2020 – finalement repoussés à l'été 2021 – et la ratification de la Convention des Nations unies sur le crime organisé, permet au gouvernement de qualifier arbitrairement des informations et des prises de position journalistiques de menaces à la sécurité de la nation.
Cette annonce intervient 2 ans après l'entrée en vigueur de la « loi sur la protection des secrets spécialement désignés » *(Act on the Protection of Specially Designated Secrets, SDS).* Ce texte prévoit jusqu'à 10 ans d'emprisonnement à l'encontre des lanceurs d'alerte ayant transmis des informations classées « secrets d'État », et pour les journalistes ou les blogueurs qui diffuseraient une information obtenue « illégalement ».
La situation de la liberté de la presse s'est encore aggravée avec la pandémie. Les journalistes se sont vu interdire l'accès à de nombreuses conventions en raison des règles en vigueur pour combattre la Covid. L'inégalité des genres, donc la sous-représentation des femmes dans le milieu du journalisme reste encore très importante (tel que le cas de *Shiori Ito* qui a beaucoup fait parler). Enfin, quelques cas de journalistes qui se sont vu confisquer leur passeport par le gouvernement, de sorte qu'ils ne sortent pas du territoire pour monter des reportages dans des pays à risques (*Yasuda Jumpei*, *Kosuke Tsuneoka* et un avertissement pour *Yoshie Takatsuka*).
Dans ce contexte, nombreux sont les journalistes recourant à l'autocensure. Il reste aussi difficile pour les médias d'aborder sereinement certains sujets délicats, comme la situation de la famille impériale, les crimes commis dans les années 1930 et 1940, ou les « femmes de réconfort », euphémisme employé au Japon à propos des victimes du système d'esclavage sexuel de masse, organisé à travers l'Asie par l'armée japonaise durant la Seconde Guerre mondiale. Plus de 15 ans après un article sur le sujet, le journaliste ***Uemura Takashi*** continue d'être harcelé par des groupes nationalistes.

■ ***Reporters sans frontières :*** *CS 90247, 75083 Paris Cedex 02.* ☎ *01-44-83-84-84.* • *rsf.org* •

MUSÉES ET SITES

> En raison de la Covid et de ses suites, les horaires sont susceptibles d'être momentanément modifiés, et la réservation devient parfois obligatoire. De même, certains services (audioguide, consigne ou café et restaurant) proposés par les musées peuvent être momentanément suspendus. Il est donc impératif de vous renseigner au préalable pour éviter toute mauvaise surprise.

Au Japon, la culture tient une place prépondérante, mais parmi les milliers de musées, très peu sont des musées nationaux. La longue histoire du Japon et ses importantes créations artistiques sont présentées au public à travers le pays. À Tokyo, un grand nombre de musées, privés ou publics, conservent des pièces inestimables des arts traditionnels du Japon. L'actualité tokyoïte est même à l'honneur dans un magazine gratuit qui propose des liens vers les musées et galeries : • *japantoday.com* •

Le 1er musée national du Japon est celui de Tokyo (situé dans le parc d'Ueno), qui a ouvert ses portes en 1871. Les 2 plus anciens musées du pays sont ceux de Kyoto et de Nara.
Il existe aussi des villages-musées (comme *Hattoji* ou *Enjo*), qui reconstituent le Japon d'antan.
La plupart des temples et sanctuaires se visitent, l'entrée des plus importants est payante.
Le billet d'entrée des musées coûte en moyenne de 500 à 1 000 ¥ (4-8 €). Les musées sont fermés le lundi et pendant les fêtes de fin d'année. Les *Goshuin* coûtent, selon les sites, entre 300 et 500 ¥. Il est préférable de déposer son *Goshuinchô* « le livre du vénérable tampon rouge » en arrivant dans les temples et sanctuaires, surtout ceux les plus visités. Il sera calligraphié et tamponné pendant votre visite et vous évitera une longue attente à la sortie. Voir également plus haut « Glossaire » dans le chapitre « Japon utile ».

MUSIQUE

Instruments de la musique traditionnelle

La flûte *(fue)* et le tambour *(taiko)* sont les 2 instruments les plus anciens du Japon. Le koto (sorte de harpe horizontale), le *shakuhachi* (flûte de bambou), le biwa (sorte de luth à 4 ou 5 cordes), entre autres instruments, sont introduits de Chine et de Corée, entre les VIIe et IXe s, en même temps que le bouddhisme, avec des musiques telles que le gagaku, qui s'établit à la cour impériale, ou l'accompagnement du théâtre nô. Le shamisen (guitare à 3 cordes) arrive au Japon du continent asiatique par le sud, via Taiwan et Okinawa.

Héritage de l'époque Edo

Traits purement japonais des multiples formes musicales qui se développent pendant l'époque Edo, du XVIIe au XIXe s, inséparables de la danse et de la littérature (chant, théâtre) :
- *shômyô :* chants des moines bouddhistes ;
- *koto :* accompagnant des chants ;
- *shakuhachi :* d'abord utilisé pour soutenir la méditation des moines zen, puis utilisé dans le spectacle ;
- *shamisen :* instrument à cordes pincées accompagnant des chants inspirés du répertoire populaire dans le *nagauta,* etc.

L'enseignement de la musique traditionnelle ainsi que les représentations sur scène reposent depuis l'époque Edo sur le système des *iemoto,* ces écoles hiérarchiques regroupant autour d'un directeur, aussi bien de musique que de conscience, des élèves qui étudient un instrument déterminé, dans un style et selon un répertoire propre à l'école.
De nombreuses compositions contemporaines utilisent des instruments traditionnels ou les associent à des instruments européens et asiatiques. Des formes musicales issues du registre folklorique, interprétées par des ensembles de tambours, en sont un exemple particulièrement réussi.

J-pop

La J-pop, après la *new music,* par opposition à l'*enka* (forme traditionnelle de ballade très vivace encore aujourd'hui), désigne plusieurs genres musicaux incluant de la pop, du rock, de la *dance* et de la soul. Mais la réalité est loin d'être rose : jusqu'en 2016, les jeunes chanteuses de *girls bands* étaient contractuellement obligées de rester célibataires pour encourager les fantasmes de virginité et de pudibonderie du public...

– AKB48, véritable usine à tubes regroupant une vingtaine de jeunes filles remplacées au fil des années. Très populaire, plutôt techno-pop.
– Ganglion (!), groupe composé de 4 jeunes filles, se revendique « producteur de nouvelles sonorités qui ne se confinent pas à un genre établi ».
– Hatsune Miku, la 1re chanteuse virtuelle, icône de la pop-culture japonaise. Sa particularité est d'être l'une des voix proposées par un logiciel de synthèse vocale appelé « Vocaloid ». Sa nature fictive ne l'a pas empêchée d'organiser des concerts bien réels !
– X-Japan, qui vend des dizaines de millions d'albums au Japon et remplit des stades en Europe, est le précurseur du style Visual Key. Essentiellement des groupes masculins, un style assez théâtral, provocateur et androgyne, et qui mêle les codes du Japon ancien et du glam rock américain.
La musique J-pop est utilisée partout : anime, films, publicité, émissions radio ou télévisées, jeux vidéo...

Le « kimochi » ou charme à la française

La chanson française n'a pas fini de faire parler d'elle au Japon. La légende de Piaf est toujours vive, et des artistes comme *Kumiko Takahashi* ou *Akihiro Miwa* n'ont pas hésité à reprendre certaines de ses chansons dans leur répertoire. Les Japonais se passionnent aussi pour le musette. Et les patrons de certains cabarets de quartier à Tokyo reprennent des figures du genre, comme Montand, Aznavour ou Trenet, et poussent la chansonnette. Des chansons françaises qu'ils ont apprises phonétiquement, car ils ne parlent pas le français !

PERSONNAGES

Personnages historiques et légendaires

– ***L'empereur du Japon :*** Naruhito est le 126e empereur du Japon, intronisé le 1er mai 2019 après que son père, l'empereur Akihito, a renoncé à sa charge à l'âge de 85 ans. Né le 23 février 1960, il obtient en 1988 une maîtrise d'histoire et un doctorat de droit en 1991. Ce qui est particulier, chez lui, c'est qu'il n'a jamais cessé de faire des recherches universitaires malgré ses obligations de prince héritier : spécialisé dans l'histoire médiévale du Japon et de l'Angleterre, il donnait encore dans les années 2000 des cours et des conférences. Comme son père, il ne s'est pas marié avec une aristocrate. Son épouse, l'impératrice *Masako* (née en 1963), est une diplomate de profession. Avec l'accession au trône de *Naruhito,* le Japon entre dans l'ère *Reiwa* (« de la vénérable Harmonie »), la 248e de l'histoire du pays. Un nom de baptême qui a fait l'objet de plusieurs mois de discussions entre experts, placées sous le sceau du secret... Qu'on ne s'y trompe pas, dans *Reiwa* il y a l'idéogramme « rei », dont le caractère principal marque le commandement, l'ordre. Une ère donc « vénérable », « harmonieuse », mais aussi bien sous contrôle, soumise à l'autorité impériale ! Une ère dont la mention apparaît d'ailleurs toujours sur les documents impériaux, aux côtés de la datation selon le calendrier grégorien.
L'empereur représente le Japon dans sa permanence historique ; il est un symbole national fort.
D'un côté, il est tenu au plus complet silence sur tout ce qui a trait à la politique et n'intervient jamais dans les décisions du gouvernement. De l'autre, il est au-dessus des partis et des fluctuations de la vie politique et c'est peut-être pour cette raison qu'il est très aimé par les Japonais. Le nouvel empereur a pour tâche d'incarner un visage moderne de l'institution, de faire évoluer celle-ci avec son temps. Pour l'instant, il a déjà prouvé sa capacité à représenter la maison impériale, sa diplomatie, sa discrétion toute japonaise et son immense culture.

– ***Jimmu Tennô :*** les plus anciens textes du Japon prêtent à ce 1er empereur une existence de quelque 1 200 ans ! L'arrière-arrière-petit-fils de la déesse solaire lance ses forces sur le pourtour de la mer Intérieure à la conquête du *Yamato*. D'abord défait, il soumet la région grâce à l'intervention de l'oiseau d'or et devient le 1er empereur du Japon. Pour faire plus court et moins romancé, la famille impériale de *Yamato* puiserait ses origines chez des cavaliers venus de *Kyushu*.

– ***47 rônins :*** les énumérer tous, serait long et... inutile. Ce qui compte, c'est l'image de sacrifice et de loyauté extrême que les 47 samouraïs les plus célèbres de l'Archipel ont léguée à la postérité. En 1701, le jeune maître de ces samouraïs se querelle avec le maître de cérémonie de la maison shogunale et est condamné à se suicider (c'est la règle !). Les 47 samouraïs, devenus rônins (sans maître), mûrissent leur vengeance : ils décapitent leur ennemi et déposent sa tête sur la tombe de leur maître. À leurs tours condamnés à se suicider, ils seront inhumés auprès de leur seigneur. Cette fidélité bouleverse aujourd'hui encore les Japonais qui leur vouent un véritable culte national. D'innombrables adaptations (kabuki, séries, films, livres...) ont été inspirées par ce fait divers.

– ***Sugawara no Michizane*** *(845-903)* ***:*** le « patron » des gens de lettres du Japon a été aussi un courtisan que la politique a écarté des cercles du pouvoir de Heian. Versé dans les classiques de la Chine, il enseigne la littérature à la cour et dirige la rédaction de la dernière des 6 histoires officielles impériales. Il est considéré comme le plus grand maître de poésie en chinois du Japon antique, et ses poèmes sont compilés dans 2 anthologies, qui sont aujourd'hui des classiques. Par ailleurs, gouverneur de la préfecture de Sanuki, il occupe à son retour dans la capitale le poste envié de ministre de la Droite (sorte de 1er ministre). Il est à l'origine de la fermeture des ambassades entre la Cour et la Chine (894). Accusé de vouloir renverser le trône par la puissante famille des Fujiwara, il est exilé à Dazaifu, où il meurt 2 ans plus tard, en 903. Il est réhabilité après sa mort : promotion au poste le plus élevé de la cour à titre posthume, dédicace de temples à son nom et élévation au rang du divin Tennan Tenjin.

– ***Amaterasu (Ômikami) :*** la déesse solaire est le personnage central de la mythologie japonaise et l'ancêtre supposée de la famille impériale... Le sanctuaire d'Ise abrite le miroir sacré *(yata no kagami),* un des 3 joyaux impériaux, la représentant. Offensée par son frère, elle part bouder dans une grotte, plongeant le monde dans l'obscurité. Intriguée par les danses et fêtes *(kagura)* organisées par les autres divinités en son honneur, elle se hasarde dehors et, satisfaite de son image renvoyée par le miroir qu'on lui tend, elle accepte de raviver la lumière. Elle envoie son petit-fils pacifier les îles du Japon, son arrière-arrière-petit-fils (Jimmu) deviendra le 1er empereur (mythique) de l'Archipel.

LE TEMPLE DE L'ÉTERNELLE JEUNESSE

Le sanctuaire d'Ise daterait du tout début du VIIIe s (la légende le prétend même vieux de plus de 8 siècles). Pourtant, pour garantir la pureté de ce haut lieu du shintoïsme, ce temple a la coquetterie de se faire totalement rebâtir tous les 20 ans environ. La dernière mouture, datant de 2013, est la 62e (re)construction. « Aux âmes bien nées, la valeur n'attend point le nombre des années ! »

– ***Zeami*** *(1363-1443)* ***:*** de son vrai nom *Kanze Motokiyo,* fils de Kanami (1333-1384), avec qui il crée la majeure partie des pièces du théâtre nô. En 1374, le shogun *Ashikaga Yoshimitsu* fait du jeune *Motokiyo* son protégé, lequel succède à son père, gérant d'une troupe de *saguraku* (spectacles combinant danses, acrobaties, musique et pantomime), à la mort de ce dernier. Ce n'est qu'en 1422 qu'il adopte son nom d'artiste « Zeami », contraction de *Zenami.* En 1429, le nouveau shogun lui préfère son neveu et l'exile sur l'île désolée de Sado. Zeami aurait refusé de léguer son savoir à Onami. Il était entré dans les ordres entre-temps comme moine zen de la secte Sôtô. Komparu Zenchiku, son gendre, est son seul successeur reconnu. Lui sont attribués 21 à 90 pièces, ainsi que plusieurs traités d'art dramatique. *Takasago, Izutsu* et *Kinuta* figurent parmi ses chefs-d'œuvre. Zeami définissait la perfection du grand acteur par la notion de « fleur » *(hana),* et celle de la représentation ultime par le *yûgen,* la « subtile beauté ». À l'instar des autres créateurs du Moyen Âge, il recherchait l'émotion avec le public et l'expression libre.

– ***Fukuzawa Yukichi*** *(1835-1900)* **:** le visage du billet le plus élevé au Japon, 10 000 ¥, c'est lui... Provincial doué et avide de connaissances, il monte à la capitale shogounale et participe aux 2 premières missions officielles du régime, l'une aux États-Unis (1860), l'autre en Europe (1862). À son retour et jusqu'à sa mort, il œuvre pour rallier ses compatriotes à la science et à la volonté d'indépendance, 2 atouts occidentaux qui garantiront à son pays, qu'il juge arriéré, pouvoir, prospérité et autonomie. Il fonde l'une des futures grandes universités du Japon *(Keiô),* un journal, et ses idées novatrices (équité au sein de la famille, cause des femmes...), très populaires, lui garantissent une audience quasi nationale. Bien qu'il ait décliné sa vie durant toute offre d'emploi public, il figure parmi les fondateurs du Japon moderne.

– ***John Manjirô*** *(1827-1898)* **:** né pêcheur, celui qui est encore Nakahama Manjirô devient par la faveur des vents le traducteur des 2 régimes successifs du shogunat des Tokugawa et de Meiji. À 14 ans, échoué sur une île déserte, il est recueilli par un baleinier américain qui le mène jusqu'aux États-Unis, où il étudie et voyage. De retour au Japon 10 ans après, non sans avoir au préalable été sérieusement questionné, il est appelé à servir d'interprète lors des différentes étapes qui mèneront à l'ouverture du pays. Il enseignera successivement au centre d'essai naval de Nagasaki (1855) ainsi qu'à la future université de Tokyo. Il est l'auteur du 1er guide de conversation japonais-anglais.

Inventeurs, ingénieurs, industriels, entrepreneurs

– ***Masaru Ibuka et Akio Morita, « messieurs Sony » :*** *Masaru Ibuka* (1908-1997) est ingénieur, et *Akio Morita* (1921-1999) physicien. Ils fondent en 1946 une entreprise de 20 employés qui répare des équipements électriques. ***Sony*** vient du mélange du mot latin *sonus,* qui signifie « son », et du mot anglais *sonny* (*sonny boy* : un jeune homme à l'esprit libre et entrepreneur). Transistors d'abord, puis radios, téléviseurs, caméras, appareils photo numériques, caméscopes, jeux vidéo, semi-conducteurs... et walkmans. Le volume des produits fabriqués par Sony est impressionnant (sans compter les studios de cinéma). Sony est un empire industriel qui représente aujourd'hui 14 % du marché électronique mondial.

– ***Kiichiro Toyoda, « monsieur Toyota »*** *(1894-1952)* **:** tout commence en 1926 avec *Sakichi Toyoda,* qui construit des métiers à tisser automatiques. Il passe la main à son fils, *Kiichiro Toyoda,* qui se lance dans la production automobile en 1937 et dans celle des véhicules industriels en 1955. En 1959, la ville de Koromo, berceau de la famille Toyoda, est rebaptisée ***Toyota*** (dans la région de Nagoya). *Kiichiro Toyoda* assure l'essor de la société grâce au système « Toyota » et à des méthodes de production basées sur le zéro faute, le « juste à temps », les cercles de qualité. De 2008 à 2015, l'empire Toyota était le 1er constructeur mondial. Il est cependant descendu à la 3e place aujourd'hui, derrière Volkswagen et l'alliance Renault-Nissan-Mitsubishi Motors.

MAUVAIS SORT

Akio Toyoda dirige la plus grosse entreprise automobile, créée par son grand-père : Toyota. Mais pourquoi avoir modifié une lettre à cette enseigne si célèbre ? Tout simplement parce que pour écrire Toyoda en japonais, il faut 10 coups de pinceau. Or ce chiffre porte malheur. Grâce à cette modification du d en t, seuls 8 traits suffisent. Sans compter l'économie de peinture...

– ***Konosuke Matsushita*** *(1894-1989)* **:** né dans le village de Wasa (préfecture de Wakayama), ce capitaine d'industrie est considéré encore aujourd'hui comme le « Dieu des patrons japonais ». Il quitte l'école très jeune, devient apprenti puis ouvrier électricien, et en 1917 il invente sa 1re douille électrique. Le 13 mars 1918, il fonde Matsushita Electric, ancêtre de ***Panasonic.*** Grâce à un réseau commercial étendu, sa société se développe pour devenir la 1re entreprise de produits électriques et électroniques du Japon et du monde dans les années 1960-1970. En 1965, ce patron « social » introduit la semaine de 5 jours dans son groupe. À la retraite en 1973, l'industriel multimilliardaire écrit des livres sur la gestion de l'entreprise et l'éthique industrielle (44 livres au total), qui font de Matsushita le modèle du grand patron-philosophe japonais.

– ***Soichiro Honda, « monsieur Honda »*** *(1906-1991)* **:** fils de forgeron, il a le coup de foudre, enfant, pour les voitures en voyant passer une Ford T dans son village. Devenu garagiste à 15 ans, il consacre son temps libre aux voitures de course et fonde la société Honda Motor Company en 1948, en pleine période de reconstruction du Japon. Après son entrée en bourse en 1954, la société ***Honda*** devient le 1er constructeur de motos japonaises, puis elle se lance dès 1962 dans les voitures et les camions. C'est un empire industriel, dont il quitte la présidence en 1973.

– ***Fusajiro Yamauchi, « monsieur Nintendo, Pokémon et Super Mario »*** *(1860-1940)* **:** en 1889, Fusajiro a 29 ans quand il crée à Kyoto la société ***Nintendo,*** spécialisée dans les jeux de cartes *(Hanafudas).* Il passe ensuite la main à son gendre *Sekiryo Kaneda,* qui développe la société. De 1980 à 2006, Nintendo est le no 1 au Japon pour la production des consoles et jeux vidéo. Son génie a été d'inventer la 1re console de jeux vidéo portable. Cependant depuis 2009, Nintendo connaît un déclin sans précédent : en 7 ans, ses ventes ont baissé de 75 %... La compagnie était même considérée comme morte par ses investisseurs. Néanmoins, 2018 semble être l'année de la résurrection grâce à sa nouvelle console : un véritable miracle économique.

– ***Tokuji Hayakawa*** *(1894-1981)* **:** autodidacte, il commence par inventer en 1912 la Tokubijo, 1er ceinturon à pince (pas de trou dans la ceinture), et un stylo révolutionnaire en 1915. En 1924, il crée sa propre compagnie à Osaka, *Hayakawa Metal Works,* qui deviendra le groupe ***Sharp.*** La compagnie fabrique des radios, des téléviseurs (1re TV noir et blanc en 1953), des fours micro-ondes (1966), des calculatrices électroniques (1969), des réfrigérateurs, des machines à laver, des fax, des téléphones portables, des caméscopes, des amplificateurs de son, des écrans LCD. Aujourd'hui, Sharp est le 1er producteur mondial d'écrans à cristaux liquides et le 2e fabricant de panneaux solaires. Unique au monde, sans concurrente, l'usine futuriste Sharp de Kameyama (qui fabrique de grandes dalles-mères fines comme une carte de crédit...) est synonyme d'excellence et d'avant-garde, la fierté du « made in Japan ». Le secret de Sharp ? L'entreprise est dirigée par des ingénieurs et non par des financiers.

– ***Tadashi Yanai*** **:** no 1 du groupe Fast Retailing, maison mère des magasins de vêtements ***Uniqlo,*** il possède 26 % des parts de la chaîne. Né en 1949, *Tadashi Yanai* fait aujourd'hui partie des Japonais les plus fortunés de l'archipel et envisage même un chiffre d'affaires de 5 000 milliards de yens (environ 38,5 milliards d'euros ; à ce prix-là, on est moins regardant sur les 3 derniers chiffres !) dans ses magasins. Principal concurrent des colosses GAP, Zara et H&M, le PDG du groupe s'est entouré de moins d'une centaine de fournisseurs, leur garantissant des commandes nombreuses et des reventes en magasins à prix abordables.

– ***Shojiro Ishibashi*** *(1899-1976)* **:** fondateur de la marque de pneus ***Bridgestone*** et grand collectionneur d'art. Prototype de l'industriel-mécène japonais.

– Et aussi : ***Yamato Takkyubin*** (Takuhaibin), fondateur de la 1re entreprise de livraison à domicile devenue aujourd'hui un empire commercial. ***Masatoshi Ito,*** qui a importé le concept américain de grande distribution au Japon dans les années 1960. Il est le dirigeant du groupe Ito Yokado et le fondateur génial de ***7-Eleven*** *(Seven Eleven),* la 1re chaîne de supérettes *(konbini)* ouvertes jour et nuit (12 000 *konbini* au Japon). Il a été copié ensuite par *Family Mart*, *Lawson* et *AM/PM*. Citons également ***Kazuma Tateishi***, fondateur (méconnu) de la société ***Omron*** (basée à Kyoto) spécialisée dans les thermomètres digitaux, les composants électroniques, le matériel médical de haute technologie et l'automation industrielle. Omron a inventé les 1res cartes biométriques du métro japonais, ainsi que les portillons automatiques les plus performants du monde, qui fonctionnent par simple frôlement d'une carte magnétique et permettent le passage de 80 usagers à la minute grâce à un système d'une immense ingéniosité. Il n'y a pas mieux dans le monde !

UN EMPIRE EN CAOUTCHOUC

Shojiro Ishibashi créa, en 1925, une usine de semelles en caoutchouc. Il fabriqua son 1er pneu en 1930, fonda Bridgestone et, en 1950, la société dominait le marché japonais. Avec sa fortune, Ishibashi acheta des peintures de maître dans le monde entier, surtout des Français. En 1983, la firme nippone racheta Firestone, le 2e fabricant américain de pneus. Cette innovante société inventa le 1er pneu neige sans clous et le pneu révolutionnaire Runflat, qui permet de rouler même avec une crevaison...

Artistes, créateurs, écrivains, musiciens

– ***Kenzo Tange*** *(1913-2005)* **:** le père de l'architecture moderne japonaise. Il forma nombre de grands d'aujourd'hui comme *Arata Isozaki* (musée d'Art contemporain de Los Angeles), *Kisho Kurokawa, Yoshio Taniguchi* et tant d'autres. *Kenzo Tange,* plutôt que le verre ou l'acier, privilégie le béton, qu'il adapte à des formes épurées, le laissant le plus souvent brut de forme. Créateur des monuments commémoratifs du Parc de la Paix et du musée, à Hiroshima et, à Tokyo, de la *cathédrale Sainte-Marie,* du magnifique siège de la Télé Fuji dans le quartier d'Odaiba, ainsi que de l'impressionnante mairie *(Tokyo Metropolitan Government Bldg)* dans le quartier de Shinjuku. À Paris, il légua le curieux Grand Écran, à la place d'Italie. Prix Pritzker (le « Nobel » de l'architecture) en 1987.

VERS UN JAPON MULTI-ETHNIQUE ?

Ariana Miyamoto est née d'une mère japonaise et d'un père afro-américain. Depuis mars 2015, elle est la première métisse à avoir été élue Miss Japon. Sur les réseaux (a)sociaux japonais, on lui reproche de n'être qu'à moitié japonaise. Pourtant, elle parle un japonais pur sucre et a obtenu un diplôme en calligraphie, ce qui n'est pas à la portée du premier Nippon venu !

– ***Kukai*** *(774-835)* **:** l'inventeur présumé des kana (voir la rubrique « Langue » dans le chapitre « Japon utile »), et de ce fait considéré comme le père de la culture autochtone, est aussi le fondateur de la célèbre secte ésotérique bouddhiste Shingon, dont le 1er temple est installé sur les hauteurs du mont Koya, destination depuis d'importants pèlerinages. Après des études en Chine, il développe son monastère et approfondit sa doctrine tout au long de sa vie. Il est à l'origine du circuit en 88 étapes du célèbre pèlerinage des temples de Shikoku. Le quartier général de la secte Shingon reste le temple Tôji, à Kyoto. Il est aussi l'auteur du 1er dictionnaire en japonais.

– ***Miyamoto Musashi*** *(1584-1645)* **:** peintre calligraphe connu sous le nom de *Niten,* Musashi demeure le maître inégalé et théoricien de l'art « des 2 sabres » *(nitô).* Le sort de la bataille de Sekigahara (1600) le conduit à se mettre au service du nouveau régime des Tokugawa, pour le compte duquel il dirige la répression de la célèbre révolte chrétienne de Shimabara (1637). Il est crédité de plus d'une soixantaine de combats remportés aux sabres, prouesses dont il fait la synthèse dans son livre *Traité des cinq roues (Gorin no Sho),* futur classique de la stratégie de l'épée, et de la stratégie en général. Également réputé pour ses travaux de peinture *suiboku* (encre de Chine), il transmet sur son lit de mort à son disciple son unique ouvrage conçu dans la solitude d'une grotte logée en montagne.

- ***Murasaki Shikibu** (vers 1000) :* l'auteure du 1er roman au monde est une femme... et une Japonaise ! Tô de son vrai prénom, Murasaki descend de l'illustre famille des Fujiwara. Fujiwara no Michinaga, l'homme d'État le plus puissant de son temps, la présente à sa fille, l'impératrice Akiko, auprès de laquelle elle devient dame de compagnie jusqu'à la mort de cette dernière. D'après son célèbre *Journal,* elle débute la rédaction de sa chronique des amours du prince Genji lorsqu'elle entre au service de l'impératrice. Contemporaine de celui-ci, elle meurt vraisemblablement à l'âge de 50 ans, après le décès du plus célèbre amoureux de la littérature japonaise. Son surnom, Murasaki, lui vient de la couleur de la glycine (la signification du caractère de son prénom lu à la japonaise) et du nom de l'objet du désir du prince : « Violette ». La couleur violette continue d'être associée à la passion au Japon. Son texte, *Le Dit de Genji (Genji monogatari),* toujours lu avec ferveur, est considéré comme le chef-d'œuvre de la littérature japonaise, aux côtés de *Notes de chevet,* de *Sei Shônagon* (fin Xe s), autre célèbre dame de compagnie et de lettres.
- ***Natsume Sôseki** (1867-1916) :* le plus grand auteur japonais moderne, avec Mori Ôgai, est aussi celui qui sut le mieux rendre compte du traumatisme de la rencontre culturelle entre le Japon ancien et l'Occident. Ses haïkus (poèmes) donnés à la revue *Hototogisu* l'amènent à quitter son poste de professeur de littérature anglaise à la prestigieuse université de Tokyo pour rejoindre durablement les colonnes du journal *Asahi.* Il laisse une œuvre considérable, et son « salon » littéraire, qui accueillera la nouvelle génération, a été admirablement croqué dans les B.D. *Au temps de Botchan* de *Natsuo Sekikawa* et *Jiro Taniguchi* (Seuil, 2002-2006).
- ***Katsushika Hokusai** (1760-1849) :* l'artiste aux 120 pseudonymes est renommé pour son amour de la nature. Son œuvre phare, *Trente-six vues du mont Fuji,* rend hommage à la montagne sacrée à travers de magnifiques estampes. Durant ses 70 ans de carrière, il ne cesse de produire peintures, dessins, gravures, livres illustrés, manuels didactiques... À l'origine du terme « *manga* », Hokusai réinvente le monde artistique, mêlant tradition japonaise et influences occidentales, qui se traduit par son utilisation du bleu de Prusse dans nombre de ses œuvres.

***Foujita, de son vrai nom Fujita Tsuguharu ou Tsugouharu Foujita, rebaptisé Léonard Foujita** (1886-1968) :* ce singulier personnage fut indéniablement le plus français des peintres japonais. Il eut son heure de gloire aux côtés de ses amis Soutine, Modigliani, Chaïm dans les années 1920, à Paris. On le reconnaissait alors entre mille à sa coupe au bol. Mais ce qui le caractérisa fut la qualité de ses blancs, dont il ne divulguera jamais la secrète composition. « Peintre de guerre » dans l'armée japonaise durant le second conflit mondial, il revient à Paris en 1950, obtient la nationalité française et se convertit au catholicisme en 1959 à la cathédrale de Reims. Son œuvre vire alors à la bigoterie et, loin du dandy célèbre qu'il fut dans les années 1920, sa dernière œuvre sera la mise en peinture de la chapelle Notre-Dame-de-la-Paix à Reims, où il se représentera même en bonne sœur au pied de la Vierge.

- ***Issey Miyake** :* né en 1938 à Hiroshima, ce survivant de la bombe atomique fait partie des pionniers de la mode japonaise internationale. Après des études de graphisme et de design à l'université Tama Art de Tokyo, il quitte le Japon pour la France et s'installe à Paris en 1965, où il étudie à la chambre syndicale de la couture parisienne, puis travaille comme assistant de Guy Laroche et de Givenchy. Il séjourne à New York et, de retour au Japon en 1970, il développe sa propre maison de haute couture. Issey Miyake a un style épuré et minimaliste, inspiré du zen. En 1973, il est le 1er styliste japonais à organiser un défilé de mode en Europe. Issey Miyake s'est retiré de la haute couture en 1999, passant le flambeau à son assistant Naoki Takizawa. Pour en savoir plus : • *isseymiyake.com* •

– ***Kenzo (1939-2020) :*** né à Himeji, Kenzo Takada se passionne très tôt pour la mode. Il suit les cours de l'école de mode *Tokyo's Bunka Fashion College,* réservée exclusivement aux filles. Il y entre comme le 1er élève masculin, mène à bien sa scolarité et quitte le Japon pour la France, à bord d'un cargo, en plein hiver 1964, à l'âge de 25 ans, sans un sou. À force de travail, il parvient à se faire connaître à Paris, organisant en 1970 son 1er défilé dans la galerie Vivienne, près du Palais-Royal. La même année, il ouvre son 1er magasin parisien : *Jungle Jap.* En 1983, 1re collection masculine. C'est un succès immédiat. Originalité des formes, sobriété des lignes et non-conformisme font de Kenzo l'un des flambeaux de l'avant-garde japonaise en France, son pays d'adoption. En 1993, cet éternel adolescent aux yeux rieurs revend sa marque de prêt-à-porter au groupe LVMH, avant de se retirer en 1999. Pendant 6 ans, il voyage puis il crée une nouvelle ligne, *Gokan Kôbô* (« Les Cinq Sens » en japonais). En 2007, sa société est en liquidation judiciaire. En 2009, il vend aux enchères ses collections ainsi que sa maison à Bastille. Il est décoré de la Légion d'honneur en 2015 et meurt de la Covid.

– ***Rei Kawakubo, « madame Comme des Garçons » :*** née à Tokyo en 1942, elle est la « reine avant-gardiste de l'antimode », selon la presse spécialisée. Cette Japonaise fonde une entreprise de couture en 1973, ouvre une boutique à Paris en 1982 et se lance dans les parfums (au Japon, on ne se parfumait pas, par discrétion). Le nom vient de la chanson *Tous les garçons et les filles,* de Françoise Hardy, qui prône l'égalité entre les sexes. Grâce à un style libertaire et marginal, austère et audacieux, Comme des Garçons est sans doute la marque la plus originale et la plus « socialement incorrecte » du Japon.

– ***Sazae-san :*** la Japonaise la plus célèbre est... un dessin. Trentenaire enjouée, l'héroïne créée par *Machiko Hasegawa* en 1946 mène la vie, au fil des saisons, d'une bonne mère, bonne épouse, bonne belle-fille... *Machiko* inventa aussi « Ijiwaru bâsan », « méchante grand-mère », clin d'œil à l'encontre de ceux qui ont réduit trop vite Sazae-san à ses apparences...

– ***Tadao Ando :*** né le 13 septembre 1941 à Osaka, enfant abandonné par ses parents, il est confié à sa grand-mère. À 14 ans, il réalise sa 1re construction dans un quartier populaire d'Osaka. Il devient boxeur mais arrête pour apprendre l'architecture, en autodidacte. Dans les années 1960, il voyage en solitaire, prend le *Transsibérien,* arrive en France, mais Le Corbusier – qu'il admire – vient de décéder. Tadao Ando revient en 1969 à Osaka et fonde sa propre agence. Il est considéré comme l'un des plus grands architectes contemporains : l'église sur l'eau de Hokkaïdo, le musée de la Littérature de Himeji à Hyogo, le musée Suntory à Osaka. Il arrive à fusionner spiritualité japonaise, techniques de construction les plus pointues et matériaux innovants. Il s'intègre habilement au paysage plutôt que de chercher à le transformer. En 1995, il est le 3e Japonais à recevoir le prix Pritzker, le « Nobel » des architectes, après *Kenzo Tange* (1987) et *Fumihiko Maki* (1993). Après le tremblement de terre de Kobe (janvier 1995), il offre le montant de son prix aux sinistrés et orphelins de la ville. À Paris, on lui doit récemment l'architecture intérieure de la Bourse de Commerce-Pinault Collection, qui abrite la collection d'art contemporain de l'homme d'affaires.

DE LA BOXE AU BÉTON...

Tadao Ando, autodictate, commença à l'âge de 14 ans par agrandir la maison de sa grand-mère puis, pour se faire un peu d'argent, débuta sa vie professionnelle comme... boxeur. Que de chemin parcouru pour cet architecte de renom (qui a le nez cassé des boxeurs !), réputé pour avoir travaillé le béton, une matière reconnue, comme une œuvre d'art...

– ***Tora-san, camelot :*** le plus populaire des Japonais d'après-guerre est un personnage de film... et un camelot dénommé Tora-san (« Monsieur Tigre »). Vendeur ambulant, ami fidèle, amoureux transi et un tantinet hâbleur, le rondouillard le plus célèbre du cinéma nippon est apparu plus d'une soixantaine de fois depuis 1969, incarné par l'acteur *Atsumi Kiyoshi* (décédé en 1996), à qui l'on prêtait des sympathies communisantes.

– ***Yohji Yamamoto :*** né en 1943. Après des études à la prestigieuse école de mode Bunko Fukuso de Tokyo, il crée sa marque de prêt-à-porter : Y's. En 1977, sa 1re collection est présentée au grand public. Des vêtements féminins, il passe aux vêtements pour hommes. Séduit par le spectacle, il invente des costumes pour des opéras et imagine des ensembles pour les personnages des films de son ami *Takeshi Kitano*. Son succès artistique s'accompagne d'une belle réussite commerciale : près de 560 points de vente, 570 employés (en atelier), et un chiffre d'affaires annuel de près de 100 millions d'euros.

– ***Seiji Ozawa :*** né en 1935 en Manchourie, alors colonie japonaise. Après des études de musique occidentale, il devient rapidement le plus occidental des chefs d'orchestre nippons. Initiateur d'une école de direction d'orchestre, il crée le *Nouvel Orchestre Philarmonique du Japon,* le *Festival Saito Kinen* à Matsumoto et l'ensemble lyrique *Tokyo Opera Nomori.* Parallèlement il prend la tête d'ensembles prestigieux tels que ceux de San Francisco, Boston et, consécration, devient directeur de l'Opéra de Vienne. Pour les Français, il restera le créateur du *Saint-François d'Assise* d'Olivier Messian et le chef souvent invité de l'Orchestre national de France.

– ***Rioji Ikeda :*** né en 1966. Celui qui fut, très jeune, subjugué par Bach, est aujourd'hui un artiste plasticien et musicien électro acoustique qui allie sa passion pour la musique et les mathématiques. « Je compose l'espace et le temps » ; une sensibilité qui lui permet de convertir n'importe quel type d'information en motif visuel abstrait et sonore. On le retrouve à la Biennale de Venise, à l'Opéra de Paris aux côtés de Forsythe, ou aux manettes de spectaculaires installations à travers le monde...

YOKO ONO, ARTISTE CÉLÈBRE MAIS AUX ŒUVRES INCONNUES

Née en 1933 à Tokyo, dans une riche famille de banquiers, elle fit ses études dans un collège réservé à l'aristocratie japonaise. Artiste avant-gardiste, rien ne la prédestinait à vivre avec John Lennon, star mondiale. Mariée 2 fois et vivant dans des conditions extrêmement modestes, elle rencontra le fondateur des Beatles dans une galerie d'art. Son style et ses choix artistiques attirèrent John. Il entra dans un monde qu'il ne connaissait pas. La présence perpétuelle de Yoko lors des enregistrements et des tournées agaçait les 3 autres Beatles. Déjà fragile, le groupe éclata.

Animaux nippons célèbres

– ***Hello Kitty :*** née dans les années 1970 de l'imagination d'une styliste inspirée, cette petite chatte sans bouche, « car elle parle avec son cœur », dit sa créatrice, est partout ! Déclinée sur tous les supports, elle est devenue l'idole des petites filles, pas uniquement au Japon, mais dans le monde entier ! La société ***Sanryo,*** propriétaire de Hello Kitty, a fait sa fortune en vendant à des fabricants d'objets du quotidien (du vêtement aux appareils de petit ménager en passant par les compagnies ferroviaires, etc.) le droit d'utiliser l'image de dizaines de personnages *kawaii,* dont Hello Kitty est le plus connu en France.

– ***Manekineko, ou le chat « racoleur » :*** réputé apporter chance et prospérité, il apparaît assis, une patte avant levée en signe de bienvenue, le plus souvent sous forme de céramique et d'effigie (éventails, pièces, amulettes...). Tout commerçant qui se respecte et veut bien vivre a son *maneki-neko* dans son officine. 2 de ses devises favorites : *Senkayaku-banrai* et *Shôbai-hanjô* (« Que mille clients viennent » et « Que les affaires prospèrent »).

– ***Godzilla :*** le reptile légendaire fut créé par Tomoyuki Tanaka, employé de la société de production Tôhô, en 1954. La réalisation du film fut confiée à *Ishirô Honda,* qui saisit l'occasion pour véhiculer un message de paix. Godzilla est une allégorie des attaques atomiques perpétrées par les États-Unis à Hiroshima et Nagasaki. Big Brother n'apprécia guère la référence et censura violemment le film. Mais sa popularité auprès des Japonais mènera Tôhô à franchiser *Godzilla.* Le message originel sera oublié pour se consacrer au divertissement pur, pour faciliter son exportation en Europe. On compte pas moins de 36 adaptations cinématographiques. *Godzilla* est le film pionnier du style *kaijû eiga* (films de montres géants), qui encore aujourd'hui est très populaire dans de nombreux pays.

CULTURE KAWAII

Kawaii signifie « mignon ». Face à la dureté de la société, des dessinateurs ont imaginé des personnages adorables. Ils ont de grands yeux, un nez minuscule et aiment le rose. C'est le retour à l'enfance et à l'innocence. Le plus célèbre d'entre eux s'appelle Hello Kitty et génère plusieurs milliards de chiffre d'affaires.

Inconnu de l'histoire

– ***François Caron :*** aventurier protestant au service de la Hollande, il est le 1er Français à mettre les pieds au Japon. En 1640, à Nikko, il rend visite au shogun *Tokugawa Iemitsu,* auquel il offre un superbe candélabre en bronze, celui que l'on voit toujours aujourd'hui au sanctuaire Toshogu. Riche et honoré, Caron quitte le Japon pour Taiwan (1647) et Batavia (l'actuelle Indonésie). Il finit par abandonner la Hollande pour la Compagnie française des Indes. Amsterdam crie à la trahison, mais Paris se réjouit de cette recrue de haut standing. Alors qu'il rentre en France, arrivé en rade de Lisbonne aux commandes d'un bateau chargé d'un inestimable trésor, celui-ci s'échoue et coule. Caron disparaît dans ce drame, emportant par le fond une histoire fabuleuse. Heureusement, il a laissé une chronique de ses années japonaises : *Le Puissant Royaume du Japon,* publié par les éditions Chandeigne. On vous conseille ce livre remarquable !

POPULATION

Décroissance démographique et vieillissement

Le peuple japonais est hybride, né d'un mélange de peuples venus de Chine, de Corée, du continent et des îles du Pacifique. Aujourd'hui, la société japonaise est ethniquement et linguistiquement très uniforme. Près de 99 % de la population a comme langue maternelle le japonais. Le reste de la population est constitué d'exilés du Vietnam, du Brésil, d'Amérique, d'Europe, et également de la minorité indigène des Aïnous, installée sur l'île de Hokkaïdo. Au début des années 1980, 10 000 réfugiés de l'ex-Indochine ainsi que des Birmans ont été accueillis de manière exceptionnelle. Le statut de réfugié est extrêmement difficile à obtenir (beaucoup vivent dans l'illégalité et risquent la prison en cas d'arrestation). Très densément peuplé (3 fois plus que la France) mais de façon hétérogène, le Japon concentre sa population sur seulement 22 % de son territoire (près de 1 600 hab./km^2). La grande majorité de la population est urbaine. Tokyo, la capitale, est, d'après l'ONU, la plus grande métropole du monde, avec plus de 38 millions d'habitants. La 3e puissance économique mondiale connaît une grave crise démographique, ayant des conséquences sur le dynamisme du pays, sa compétitivité et sa richesse.

À l'inverse de ses voisins d'Asie, le Japon est un pays vieillissant. L'espérance de vie est la plus élevée au monde (plus de 84 ans en 2019) et le vieillissement démographique s'accélère de plus en plus vite : 28 % de la population a plus de 65 ans en 2019, contre 12,2 % en 1990, et le pays comptait plus de 70 000 centenaires en 2020. D'ici 2060, l'espérance de vie des hommes devrait passer à 84 ans et celle des femmes à 91 ans !

Selon les prévisions les plus pessimistes, en 2065, 38,4 % des habitants auront plus de 65 ans, et la population aura diminué de près de 40 millions d'individus (passant alors à 88 millions).

En parallèle, le taux de fécondité est de seulement 1,44 enfant par femme. Bien loin de permettre le renouvellement des générations, Il faut dire que le taux de célibat y est particulièrement élevé (2 Japonais sur 3 ont entre 18 et 34 ans, et les naissances hors mariage sont mal vues), et le coût de la vie aussi. Malgré la nomination d'un ministre d'État en charge des services publics et de la dénatalité, les différentes tentatives de relance de la natalité (allocations familiales, création de places en garderie, congé paternité...) n'ont pas entraîné les résultats escomptés. Par ailleurs, la société ne change pas : il est toujours très difficile de concilier travail et maternité au Japon.

Le vieillissement de la population s'accompagne d'une hausse des dépenses pour la santé et le financement des retraites (réalisé par des emprunts que les actifs de demain devront rembourser !). Beaucoup de personnes âgées occupent des petits emplois (parkings, supermarchés, chantiers), principalement par nécessité. Ils sont d'ailleurs parfois aidés, quand le travail est physique, par le port d'un exosquelette d'un montant de plusieurs milliers d'euros payé par leur employeur. Mais ils restent aussi dans la vie active parce qu'au Japon, ne plus travailler, c'est un peu « sortir de

SENIORS DÉLINQUANTS

L'espérance de vie record (88 ans pour les femmes et 82 ans pour les hommes) pose d'énormes problèmes sociaux. Pour un grand nombre, les retraites sont totalement insuffisantes pour vivre décemment, accentué par le fait que, dans un pays où le taux de natalité est particulièrement faible, peu d'entre eux ont un enfant pouvant s'occuper d'eux. Voilà pourquoi des milliers de papis n'hésitent plus à pratiquer le vol à l'étalage, afin d'avoir le gîte, le couvert et, d'une certaine façon des personnes qui prennent soin d'eux, en prison.

HABITANTS DE CHIFFONS

Dans le village dépeuplé et quasiment à l'abandon de Nagoro, au sud du pays, l'artiste et habitante de Nagoro Ayano Tsukini a créé près de 300 poupées grandeur nature et habillées, disposées ici et là pour que le village reprenne vie. La classe est pleine d'écoliers, le cours de danse bat son plein, et il y a la queue à l'épicerie du village... Une façon originale et marquante d'alerter sur le grave sujet de la désertification des campagnes... et qui attire, à défaut de nouveaux habitants, des visiteurs !

UNE MONNAIE SOLIDAIRE

Créé en 1995, le fureai kippu *est un système d'argent virtuel qui favorise l'aide aux personnes âgées. L'acquéreur est rétribué en bons qu'il peut offrir à ses parents éloignés ou à lui-même s'il tombe malade. Plus réconfortant que l'argent, car la solidarité humaine est au cœur du système... Et plus efficace que l'aide gouvernementale, souvent déficiente.*

la société ». Dans ces conditions, l'équilibre entre prélèvements et prestations sociales est très difficile à atteindre... La dette publique est alourdie.
Mais ces froides données économiques ne doivent pas occulter la situation humaine désolante dans laquelle certains seniors se trouvent. Pauvres, isolés, reclus, les « morts solitaires » *(kodokushi)* sont monnaie courante au pays du Soleil-Levant. On les retrouve parfois dans des états épouvantables. Alors, pour ne pas finir *kodokushi,* certain(e)s papys et mamys ont trouvé une parade assez incroyable (lire encadré plus haut) : ils s'arrangent pour finir derrière les barreaux. C'est encore mieux qu'une maison de retraite, qu'ils n'auraient pas les moyens de se payer ! Le pays détient d'ailleurs le record mondial de détenus âgés de plus de 65 ans... Une tranche d'âge où l'on observe le plus fort taux de récidive.
Quant aux questions d'immigration, elles ont toujours été sensibles au Japon. Cependant, une politique d'immigration plus souple pourrait constituer une solution face à cette crise démographique. En 2008, 80 députés ont proposé d'intégrer 10 millions d'étrangers au Japon en 50 ans (soit 200 000 immigrés chaque année). En 2015, le Japon a accordé la nationalité japonaise à environ 9 400 personnes (sur 12 000 demandes) ; et, quand un visa est accordé, il s'accompagne rarement d'un droit au regroupement familial. Une loi, entrée en vigueur en 2019 a prévu l'accueil de 345 000 travailleurs immigrés dans des secteurs précis... pour 5 ans.

ON NE CHOISIT PAS SA FAMILLE... OU SI !

Un nouveau marché florissant a vu le jour au Japon ces dernières années : la location de famille, dès 50 € de l'heure. Le client, souvent endeuillé, peut spécifier les caractéristiques physiques, le comportement et la gestuelle souhaités pour être au plus près du défunt. Une famille sur mesure pour parer à la solitude, le mal du XXIe s au Japon.

Si rien de majeur n'est fait, le pays devrait perdre la moitié de sa population d'ici 2100... Certains pensent aujourd'hui : « Mieux vaut des robots intelligents que des immigrés incompréhensibles. » Le mouvement Zaitokukai, ligue d'extrême droite rejetant les « privilèges » des Coréens au Japon, descend régulièrement dans les rues afin de « nettoyer le quartier ».

Les Aïnous : la minorité indigène

Les Aïnous ne ressemblent pas aux Japonais. Ils sont plus grands, leur carrure et leur pilosité sont plus développées, leur peau est plus claire, leur visage moins lisse, et leurs yeux ne sont pas bridés. *Ainu* en japonais signifie « camarade ». Cette population aborigène vit au nord du Japon et à l'extrême est de la Russie. Vers 1300 av. J.-C., ils migrent vers Hokkaido, les îles Kouriles, l'île de Sakhaline et le sud de la péninsule du Kamtchatka. Soit 1 000 ans avant le peuple Wa, ancêtre des Japonais actuels, arrivés par l'île de Honshu (vraisemblablement depuis la Corée). L'aïnou *(ainu-go)* est la langue parlée par les Aïnous implantés sur l'île japonaise de Hokkaido. C'est une langue presque éteinte, à laquelle les spécialistes n'ont trouvé aucun lien de parenté linguistique avec d'autres langues. De nos jours, environ 50 000 membres de ce groupe ethnique sont dénombrés, sans certitude, puisque aucun recensement exact n'a été effectué. Beaucoup d'Aïnous cachent leur origine pour se protéger de la discrimination et du racisme dont ils sont victimes.
Ce peuple de chasseurs et de pêcheurs a une structure sociale patriarcale et polygamique. Sa religion est de type animiste (l'ours est l'entité la plus vénérée). Jusqu'à la fin de la Seconde Guerre mondiale, le peuple aïnou a été contraint de « devenir japonais ». Il lui fallut renier ses rites, ses arts, son mode de vie, sa religion. Les Aïnous réclamèrent le droit à la différence. En 1994, grâce à la

pression exercée par l'ONU en faveur des peuples autochtones, un des leurs entra au Parlement japonais *(kokkai)*.
Bien qu'ils se battent pour la reconnaissance de leur culture, aucun manuel scolaire japonais ne les mentionne. En 1997, une loi a été votée permettant à ce peuple de promouvoir sa culture et sa différence. En 2008, le parlement japonais a unanimement reconnu le caractère indigène de cette population « qui possède sa propre langue, religion et culture ». Par la suite, le porte-parole du gouvernement, *Nobutaka Machimura,* a dénoncé les discriminations et la pauvreté subies au cours de la période de modernisation du pays. Mais malgré ces efforts politiques, cette discrimination existe toujours, et les Aïnous espèrent aujourd'hui obtenir davantage que le « droit à montrer leur culture », à savoir le « droit à vivre selon leur culture ». Un musée consacré à la culture Aïnous vient d'ouvrir ses portes en 2020 sur l'île de Hokkaïdo.

POURQUOI LES YEUX BRIDÉS ?

La plupart des peuples asiatiques sont originaires de Sibérie ou de Mongolie. Là, les vents des steppes sont terriblement froids, et la réverbération de la lumière sur la neige est intense. Les yeux bridés résultent donc d'une adaptation génétique afin de les protéger. Il s'agit simplement d'un léger bourrelet de graisse dans les paupières.

RELIGIONS ET CROYANCES

Des croyances non exclusives

Les habitants de l'Archipel ne sont pas de fervents adeptes attachés à un dogme, à un livre saint ou à un dieu unique. Au cours de sa vie, un Japonais peut avoir son baptême dans un sanctuaire shinto, la bénédiction de son mariage dans une église chrétienne et ses funérailles dans un temple bouddhique. Laïque, le pays compte quelque 225 000 organisations religieuses, dont 89 000 shintoïstes, 87 000 bouddhistes, 9 000 chrétiennes et 40 000 « autres ». Être à la fois bouddhiste et shintoïste au Japon – 95 % de la population religieuse –, c'est aussi une bonne manière d'« augmenter ses chances » de succès pour atteindre le paradis ! À la veille d'un voyage, on peut faire un pèlerinage dans tel temple qui délivre des amulettes censées protéger des accidents de la route ; avant l'entrée à l'université, dans tel autre qui favorise la réussite aux examens, etc. Dans les maisons, on voit souvent dans une pièce un autel bouddhique, et dans une autre un sanctuaire shinto... La tradition religieuse nippone a donné le jour à un « bricolage » très souple entre les pratiques shinto et bouddhique, auxquelles se mêlent des croyances populaires teintées de taoïsme et de confucianisme.

L'INTOLÉRANCE DES JÉSUITES

Quand les jésuites portugais débarquèrent au Japon, ils furent bien accueillis. Mais très vite, les Nippons furent surpris puis agacés par ces évangélisateurs qui proclamaient le christianisme comme seule religion valable, à l'exclusion de toute autre. Les jésuites furent alors massacrés. L'empereur décida ensuite de fermer son pays à toute intrusion, sauf à quelques marchands hollandais.

Shinto ou la « voie des dieux »

Le shinto ou « voie des *kami* » est la plus ancienne religion du Japon. Il émerge peu à peu, entre les IIIe et XIe s, d'un ensemble de pratiques et de croyances indigènes liées au chamanisme, au culte des morts et aux rites agraires.

Religion animiste et panthéiste, le shinto vénère les *kami,* « esprits supérieurs » ou « forces vitales ». Ces derniers sont une myriade de divinités présentes dans tous les aspects de la vie, qui se manifestent sous différentes formes : *kami* de la nature, des clans guerriers, des rizières... terrestres, et dont peuvent faire partie certains humains d'exception après leur mort. Ils sont souvent représentés par des symboles *(shintai),* tels que miroir, sabre ou effigie, qui sont gardés au secret dans le bâtiment central *(honden)* des sanctuaires.
Le sanctuaire, souvent bâti sur un site naturel exceptionnel, comporte un torii, portique sacré qui en marque l'entrée, et des *shimenawa,* cordes de chanvre tressées, ainsi que des *gohei,* guirlandes de papier plié en zigzag destinées aussi à indiquer le caractère sacré des lieux.
Les fidèles, après s'être purifié les mains et la bouche à l'aide d'une louche *(hishaku),* tentent d'attirer l'attention des *kami* en faisant sonner une cloche ou en frappant 2 fois dans leurs mains avant de prier. Au pilier du sanctuaire, les plus superstitieux accrochent des ex-voto *(ema).* On implore les *kami* en particulier pour tout ce qui touche à la fécondité et à la transmission de la vie lors des naissances (puis à 3, 5 et 7 ans) et mariages.

Bouddhisme mahayana, ou « Grand Véhicule »

Le sage, selon la doctrine bouddhique pour laquelle la douleur, universellement répandue, tire son origine du désir et de l'ignorance, peut, par l'ascèse et la méditation, parvenir à l'éveil et se libérer du cycle des réincarnations pour devenir bouddha. Le bouddhisme mahayana insiste sur l'importance des *bosatsu* (*bodhisattvas* en japonais), ces êtres sur la voie de l'éveil qui renoncent au nirvana pour se consacrer au salut de l'humanité tout entière. La vénération de Kannon, divinité de la miséricorde, est aussi très répandue au Japon. Autre caractéristique du bouddhisme japonais : la multiplicité des sectes et des écoles apparues au fil de l'histoire, elles-mêmes subdivisées en une pléiade de branches et de sous-branches, qui ont toutes en commun d'avoir opéré une synthèse avec les anciennes croyances shinto, au point que les *kami* ont été réinterprétés comme des incarnations des bouddhas et des bodhisattvas.

LES MOINES À LA RESCOUSSE

Les moines bouddhistes se lancent dans le speed dating ! Voilà 7 ans que le collectif nommé Kichienkai, association de « bonnes rencontres », s'efforce de réunir des couples au sein de leur temple. Avec 10 000 inscrits et 10 % de mariages réussis, la formule marche auprès des trentenaires. Le but de cette initiative est de parer au déficit démographique tout en redorant leur image, souvent associée aux funérailles.

Introduit de Chine par le moine Kukai au début du IXe s, le courant ésotérique de la secte Shingon, qui a ses quartiers sur le mont Koya et rassemble le plus grand nombre d'adhérents, voit dans l'univers la manifestation du Grand Bouddha solaire Dainichi Nyorai, auquel le fidèle tente de s'identifier par la méditation et la récitation de mantras (paroles sacrées). La secte Tendai, fondée à la même époque par le moine Saichô, développe aussi une approche ésotérique centrée sur le sutra du Lotus.

MOMIES... VIVANTES

Naguère, certains moines bouddhistes entamaient un jeûne de 7 ans (dit Niûjo*) jusqu'à se momifier progressivement vivants. Ces ascètes étaient ensuite mis en position du lotus dans des châsses. Les fidèles venaient les vénérer dans les temples. On les appelle* Nikushin Butsu, *les bouddhas en chair. Sujet longuement décrit par H. Murakami dans son livre* Meurtre du Commandeur.

Au Moyen Âge, les sectes *Jôdô Shû* et *Jôdô Shinshû* propagent la foi dans le Bouddha Amida (Amitabha, en japonais), dont l'invocation suffit à chacun pour assurer son salut et renaître au paradis de la terre pure. Les bonzes, au-delà de cette surabondance doctrinaire, se sont fait une spécialité de s'occuper des enterrements, de tenir les registres familiaux et d'aller de maison en maison pour réciter des prières à la mémoire des morts, une activité souvent lucrative.

Le zen, ou l'« ici et maintenant »

Le zen, venu de Chine, propagé au début du XIIIe s par le prêtre Eisai et son disciple Dogen, affirme au contraire la possibilité d'atteindre l'éveil par soi-même, « ici et maintenant ». Dans la secte Rinzai d'Eisai procédant par l'absurde, l'élève doit répondre à une énigme qui n'a pas de solution logique et oblige ainsi à se libérer des entraves. Durant les séances de méditation dans la position du lotus de la secte Soto de Dogen, les maîtres donnent à leurs élèves de légers coups de bâton pour aider leur esprit à faire le vide.
La Nichiren-shû fondée par le dernier grand réformateur du zen, le moine Nichiren (1222-1282), entend régénérer le bouddhisme et l'imposer comme religion nationale, rejetant les autres doctrines accusées de décadence. La forme épurée du bouddhisme zen, qui prône le détachement et la sobriété, a eu une forte influence sur la culture et l'art de vivre japonais.

Taoïsme et confucianisme

On retrouve l'influence notable du taoïsme chinois sur la culture japonaise à travers l'astronomie, la divination et la prédiction de l'avenir, dont les Japonais sont friands. La théorie du yin et du yang *(onmyôdô)*, de même, est à l'origine de nombreuses croyances concernant les tabous, l'observance des jours fastes et néfastes pour les cérémonies, etc. Le confucianisme, qui a joué, avec le zen, un rôle majeur dans l'élaboration du code des samouraïs *(bushido)*, a également contribué à mettre en place une morale politique fondée sur l'harmonie sociale, les vertus d'obéissance et de loyauté, et est venu renforcer le culte des ancêtres et celui de l'empereur.

Shûgendô, ou « voie de l'ascèse »

Les adeptes de ce syncrétisme qui emprunte à la fois au shinto, au bouddhisme ésotérique et au taoïsme, s'imposent des ascensions ardues et des prières sous des cascades d'eau glacée afin de fortifier leur foi. Ils portent des costumes d'ermite qui rappellent ceux des chamans sibériens.

Les nouvelles religions

Les nouvelles religions sont issues du bouddhisme et du shinto. Souvent dirigées par des leaders charismatiques, elles promettent des bienfaits rapides, voire l'avènement du paradis sur terre. L'une des plus florissantes des « religions nouvellement surgies » *(shinkô-shûkyô)* qui ont connu leur essor après la Seconde Guerre mondiale est la Sôka Gakkai, la « Société pour la création des valeurs », qui présente ses idéaux comme ceux de l'intérêt général et se veut une organisation laïque de fidèles affiliée à une branche mineure du courant bouddhiste influencé par la doctrine du moine Nichiren. N'oublions pas la tristement célèbre Aum Shinrikyo à l'origine de l'attentat du 20 mars 1995. Ses membres ont attaqué 5 rames bondées du métro de Tokyo au gaz sarin : 13 victimes et un millier de personnes blessées. Il s'agit du plus grave attentat au Japon depuis 1945. À cause du laxisme des lois japonaises face aux sectes et à leur création, les autorités déplorent une nette augmentation de ces mouvements religieux. On peut aujourd'hui les retrouver même en France avec la révolution numérique.

SAVOIR-VIVRE ET COUTUMES

La politesse

– Ne soyez pas surpris : au Japon, le nom de famille précède le prénom. Il n'est pas toujours aisé de les différencier. Généralement, on s'adresse aux Japonais par leur nom de famille. C'est d'ailleurs comme cela qu'ils se présentent. L'usage du prénom est réservé aux enfants ou aux amis. Un mot supplémentaire comme *sensei* ou *san* peut être ajouté à la fin d'un nom pour indiquer le rang ou l'emploi de la personne.
– Ne jamais faire perdre la face à un Japonais, surtout en public.
– Ne jamais embrasser un Japonais ou une Japonaise en public, même si l'occidentalisation du pays progresse aussi dans ce domaine. On ne se fait pas la bise. Pour se saluer, on ne serre pas la main non plus (sauf si votre interlocuteur le propose), on s'incline (les mains croisées pour les femmes, les bras le long du corps pour les hommes), au moment de la rencontre et avant de partir. Le degré d'inclinaison du dos indique la position, élevée ou basse, de l'interlocuteur. Entre amis, un simple hochement de la tête suffit. Entre un PDG et le nouvel entrant dans la société, un salut très incliné s'imposera...
– On est respectueux vis-à-vis des autres. Pour commencer, on ne dévisage pas les gens. Les regards, y compris à la dérobée, sont monnaie courante, mais regarder dans le blanc des yeux quelqu'un au Japon, c'est le provoquer. Et les Japonais n'aiment pas ça !

Les gestes

– Le sourire peut signifier la joie, la colère, le trouble, la gêne ou la contrariété. Dans la conversation, les Japonais hochent la tête en signe d'acquiescement ou de concentration.
– Au Japon, savoir lire entre les lignes peut vous mettre à l'abri des faux pas !
– Pour nous désigner, nous avons l'habitude d'indiquer notre poitrine d'un signe de la main. Les Japonais préfèrent montrer le bout de leur nez avec leur index.
– Un dos droit est synonyme de bonne éducation, de bon maintien.

POURQUOI LES JAPONAISES SE COUVRENT-ELLES LA BOUCHE AVEC LA MAIN QUAND ELLES RIENT ?

Pour cacher leurs dents. Autrefois, la tradition voulait qu'elles se noircissent les dents quand elles se mariaient. Cette coutume a heureusement disparu depuis fort longtemps, mais la gêne occasionnée s'est perpétuée de génération en génération.

Les échanges avec autrui

– 3 « bonjour » existent au Japon : *ohayô* (matin), *konnichiwa* (après-midi) et *konbanwa* (soirée). Un seul « au revoir » : *sayonara.*
– Il est de coutume de se présenter... et, avant cela, de s'annoncer. Les Japonais savent parfaitement improviser, mais « entre copains et copines ». Ailleurs, ils prévoient longtemps à l'avance, règlent les moindres détails.

LE SILENCE DES CONVERSATIONS

Chez nous, on parle souvent pour ne rien dire. Juste pour remplir la conversation. Le Japonais préfère prendre son temps, réfléchir avant de parler. Les instants de silence, surprenants pour nous, sont des marques de respect.

– La ponctualité est une règle au Japon. Généralement, à un rendez-vous, les Japonais arrivent avec quelques minutes d'avance... Le temps de préparer la carte de visite.

– On acquiesce beaucoup lors d'une conversation. C'est parfois un signe d'adhésion, mais beaucoup plus souvent une marque d'intérêt et d'attention pour son interlocuteur.

LA CARTE DE VISITE OU *MEISHI*

Offrir sa carte de visite est fondamental pour entamer un dialogue avec un client ou une relation. On la donne (et on la reçoit) à 2 mains, on ne la plie pas, on n'écrit rien dessus et on ne la laisse pas négligemment sur une table. Elle fait partie intégrante de la personnalité de celui qui l'offre.

Intimité

– Vie de couple : au Japon, sauf pour les enterrements, les mariages et les fêtes, un couple ne sort jamais ensemble. Il est donc admis que les femmes se détendent entre elles, retrouvant une liberté de parole qu'elles n'ont pas toujours dans leur foyer ou leur travail.

L'HEURE, C'EST L'HEURE

Dans une gare de la région de Tokyo, un train de la compagnie Tsukuba Express est parti avec 20 secondes d'avance. La compagnie s'est dans la foulée fendue d'un communiqué pour présenter ses excuses publiques : « Nous allons évaluer soigneusement notre conduite et nous nous assurerons qu'un tel incident ne se reproduira plus. » À méditer !

Hygiène

– On ne se parfume pas. C'est considéré comme une volonté, un peu vulgaire, de s'individualiser par rapport au groupe. Et pourtant, Shiseido est l'un des plus grands parfumeurs au monde !

– On est propre vis-à-vis de soi, tout d'abord. Les Japonais se lavent soigneusement, et il est peu probable que dans le métro ou le train, même aux heures de grande affluence, vous soyez incommodé par l'odeur de votre voisin(ne).

– Au Japon, tous les looks sont permis, du moment qu'ils sont propres. Tous les styles se côtoient dans l'Archipel, du plus classe au plus « gnangnan » en passant par l'outrance des *Shibuya girls* (les fameuses *cosplays*) ou par le style provocant... sous d'autres latitudes seulement et accepté ici parce que « nickel ». Les punks – vous en croiserez – ont le tee-shirt à l'effigie des Sex Pistols... repassé.

– La rue est propre également. Excepté au petit matin dans les « quartiers chauds », avant que les poubelles, qui attirent des nuées de corbeaux gros comme des ballons de rugby, ne soient ramassées... Depuis quelques années, certains quartiers ont carrément interdit la cigarette « en marchant ».

LE FLAIR DES AFFAIRES

L'odeur corporelle est une marque essentielle de la politesse. L'appli « Kunkun » (« Snif snif » en français) avertit des effluves malodorantes qui peuvent s'échapper du corps. La propreté est d'ailleurs un élément sacré du savoir-vivre japonais. Une bonne nouvelle : l'odeur corporelle s'améliore avec l'âge !

LA FOLIE DU RECYCLAGE

À Tokyo, il existe 11 catégories de déchets différents. Chaque jour, on sort 1 ou 2 poubelles, selon un calendrier bien précis. Et attention de ne pas se tromper, sinon les éboueurs n'embarquent rien ! Il y a mieux : certaines villes disposent de... 34 poubelles. En plus, il faut laver les détritus avant de les jeter !

Transports

– Les véhicules roulent à gauche au Japon. Sans doute un héritage du port du sabre sur le flanc gauche, afin d'éviter que l'adversaire ne vous désarme. Évitez, lorsque vous traversez, de regarder dans la mauvaise direction...
– Le Japon : pays de l'« étiquette »... à distance ! Dans la rue et les transports en commun, tout d'abord, calme, propreté et « respect » sont de mise. Le calme : vous serez surpris, le pays du Soleil-Levant n'est pas du tout l'enfer de décibels qu'on imagine. Les voitures sont silencieuses autant qu'un moteur le permet, on n'entend pas de klaxons, et à l'exception des très grandes artères, des lieux hyper touristiques et des hauts lieux de la hi-fi, tel Akihabara à Tokyo, ou encore des assourdissants *pachinko,* la voie est calme au Japon.
– Ne pas traverser les rues à tort et à travers : les Japonais respectent les feux et les signalisations.
– Sur le quai des gares/stations de métro, un marquage au sol indique qu'il faut faire la queue pour entrer dans le wagon.
– Sur certaines lignes, et en général aux heures de pointe, un wagon est réservé aux femmes.

Au restaurant, à l'hôtel

– Pas de malentendu, si vous vous sentez de trop dans un minicafé-restaurant (type *Golden Gai*), nulle xénophobie ! Dans la majorité des cas, c'est tellement petit (maximum 7-8 places en se serrant) que le resto compte avant tout sur sa clientèle traditionnelle pour vivre et préserver ses habitudes sociales. Si le resto accueille trop de touristes, ça perturbe grandement les habitudes des clients réguliers qui, eux, finissent par se sentir exclus. Or les touristes ne remplissent pas à l'année, leur venue est fort aléatoire et très irrégulière !
– Les Japonais peuvent être bruyants, mais chez eux ou entre amis. Dans les restaurants, bars ou autres lieux de sortie, il vous arrivera peut-être de croiser des Japonais rudement éméchés. Ne vous inquiétez pas s'ils se montrent trop pressants, l'alcool aidant, c'est qu'ils veulent vous connaître, et les Japonais adorent causer... même dans un anglais aussi rudimentaire que le nôtre.
– On se déchausse avant d'entrer chez son hôte ou dans un *ryokan.* Les chaussures sont laissées à l'entrée, rangées avec la pointe vers l'extérieur. Attention aux chaussettes trouées. Le plus souvent, des chaussons attendront vos petons. On n'entre pas dans une pièce à tatamis avec ses chaussons : on les laisse à l'entrée, devant la cloison coulissante. De même, dans les w-c, des chaussons en plastique vous éviteront de mouiller ou tout simplement de salir les « mules » réservées au reste de la maison.

OCCUPÉ !

Généralement, si vous toquez légèrement à la porte des toilettes pour vérifier si quelqu'un est à l'intérieur, personne ne vous répondra. Mais parfois vous entendrez un timide toc-toc en retour, qui signifie que la place est prise.

– On ne plante jamais ses baguettes verticalement dans le riz, sauf lorsque quelqu'un est mort... Évitez aussi de transmettre de la nourriture de baguettes à baguettes : cela fait également référence aux rites funéraires bouddhiques.
– On ne macule pas son riz blanc avec de la sauce soja : animistes, les Japonais voient chaque chose de la nature comme étant douée d'une âme... Et inonder son riz blanc de sauce correspond à noyer l'âme de tous les petits grains de riz. Un véritable carnage. Cela étant, l'âme des grains de riz, ils la croquent tout de même avec un certain appétit !

Visiter un temple

– La mort est l'« affaire » du bouddhisme au Japon. Aussi, dans les temples bouddhiques, soyez digne et au courant des quelques gestes qui peuvent éviter...

le ridicule. Si vous achetez un bâtonnet d'encens, ne vous promenez pas avec ! Plantez-le dans la grande urne qui est prévue à cet effet. Vous pouvez aussi adresser une prière au dieu du temple : faites d'abord votre offrande, généralement de la menue monnaie, puis frappez 2 fois légèrement dans vos mains...
– Dans les sanctuaires shinto, idem, ou presque. Le shinto s'occupe, lui, de la naissance, de la génération, de la fertilité plutôt. Aussi la propreté, grâce à l'eau, doit être redoublée. C'est pourquoi on se purifie, théoriquement, avant d'entrer et d'adresser ses vœux au(x) *kami* dans l'enceinte d'un *jinja.* Vous repérerez rapidement le bassin d'eau purificatrice. Une louche vous y attend. Prenez-la, versez de l'eau sur vos mains et... vous êtes prêt pour la prière.
– Les photos, en général, sont autorisées dans les temples comme dans les sanctuaires, sauf à l'intérieur lors des cérémonies.

Traditions

– Dictature du *giri :* le *giri,* qui peut se traduire par « obligation » ou encore « devoir social », est un des principes majeurs dans la société japonaise. Il se base sur l'équilibre entre ce que l'on reçoit des autres et ce que l'on apporte, permettant ainsi de garder les meilleures relations possibles. Lorsque quelqu'un offre un cadeau, le receveur se doit de lui en offrir un en retour ; mais pas n'importe comment. Selon le *giri,* un cadeau doit se faire en fonction de plusieurs critères, tels que le rang social, l'âge ainsi que la relation que vous entretenez avec le destinataire. Dans le cas contraire, si le présent n'est pas adapté, le receveur pourra s'en offenser.
– Ne jamais arriver les mains vides chez quelqu'un. Entre eux, les Japonais se font beaucoup de cadeaux, en toute occasion, si bien que l'industrie des souvenirs est florissante. Il existe même des boutiques spécialisées dans le rachat et la revente des cadeaux du Nouvel an ! Les cadeaux peuvent être très modestes : un fruit ou une bouteille de *shoyu* (sauce soja) n'a rien de ridicule. Il est vrai que certains fruits, comme les fameuses pastèques cubiques (on en a vu !) ou telle variété rare de pommes, peuvent atteindre des prix élevés, mais de manière générale le geste compte plus que la nature du cadeau. Les Japonais attachent aussi une certaine importance à l'origine géographique du cadeau. De retour de voyage, ils rapporteront pour leurs amis ou leur famille une spécialité locale *(meibutsu),* qui fait la réputation de sa région. Vous ferez donc plus plaisir à vos amis japonais en leur offrant des calissons ou des bêtises, plutôt qu'un cadeau acheté sur place.

LE CADEAU *(PUREZENTO)*

Un élément fondamental de la culture japonaise. On « cadeaute » beaucoup dans l'Archipel. Et l'emballage est presque aussi important que le contenu. Attention à la valeur du cadeau : ni trop cher (le bénéficiaire aurait une dette) ni trop bon marché (il se sentirait dévalorisé).

– D'innombrables superstitions prévalent au Japon. Deux en particulier sont à retenir. « Quatre » se dit en japonais *shi,* qui se prononce comme « mort ». Dans les hôtels, ne cherchez pas la chambre nº 4 : elle n'existe pas, ou elle sera inoccupée... Par conséquent, évitez les « 4 » : 4 cadeaux, 4 convives... Évitez aussi le « 9 » – *kyû* –, dont la prononciation se rapproche de « douleur » ou « peine »...

SITES INSCRITS AU PATRIMOINE MONDIAL DE L'UNESCO

Organisation des Nations Unies pour l'éducation, la science et la culture · En coopération avec le Centre du patrimoine mondial

Pour figurer sur la liste du Patrimoine mondial, les sites doivent avoir une valeur universelle exceptionnelle et satisfaire à au moins un des 10 critères de sélection. La protection, la gestion, l'authenticité et l'intégrité des biens sont également des considérations importantes.

Le patrimoine est l'héritage du passé dont nous profitons aujourd'hui et que nous transmettons aux générations à venir. Nos patrimoines culturel et naturel sont 2 sources irremplaçables de vie et d'inspiration. Ces sites appartiennent à tous les peuples du monde, sans tenir compte du territoire sur lequel ils sont situés. Pour plus d'informations : • *whc.unesco.org* •

Au Japon, les sites inscrits sont les suivants :

– le château Himeji-jo (1993) ;
– les monuments bouddhiques de la région d'Horyu-ji (1993) ;
– Shirakami-Sanchi (1993) ;
– Yakushima (1993) ;
– les monuments historiques de l'ancienne Kyoto (villes de Kyoto, Uji et Otsu ; 1994) ;
– les villages historiques de Shirakawa-go et Gokayama (1995) ;
– le Mémorial de la paix d'Hiroshima (Dôme de Genbaku ; 1996) ;
– le sanctuaire shinto d'Itsukushima (1996) ;
– les monuments historiques de l'ancienne Nara (1998) ;
– les sanctuaires et temples de Nikko (1999) ;
– les sites Gusuku et biens associés du royaume des Ryukyu (2000) ;
– les sites sacrés et chemins de pèlerinage dans les monts Kii (2004) ;
– Shiretoko (2005) ;
– les mines d'argent d'Iwami Ginzan (2007) ;
– Hiraizumi (temples, jardins et sites archéologiques représentant la Terre Pure bouddhiste ; 2011) ;
– les îles d'Ogasawara (2011) ;
– le mont Fuji (2013) ;
– la filature de soie de Tomioka (2014) ;
– les sites de la révolution industrielle Meiji (2015) dans la région de Kyushu-Yamaguchi ;
– le musée national de l'Art occidental à Tokyo dans le cadre de l'œuvre architecturale de Le Corbusier (2016) ;
– l'île sacrée d'Okinoshima (2017) ;
– sites chrétiens cachés de la région de Nagasaki (2018) ;
– Mozu-Furuichi Kofungun, groupes de tumulus anciens (2019).

SPORTS ET LOISIRS

Quels sont les loisirs de ce peuple qui semble voué au travail et aux semaines de 40 à 50h ? Depuis les années 1990, les Japonais ont davantage de temps libre et placent aujourd'hui travail et loisirs sur un pied d'égalité. Ils profitent avec enthousiasme de leurs grands magasins et expositions. Ils jouent également des fortunes à la loterie, aux courses de chevaux ou de hors-bord. Ils sont de fervents amateurs de musique classique, les salles de concerts géantes de l'Archipel ne désemplissent pas, les virtuoses étrangers y reçoivent de véritables ovations.

Le ***karaoké,*** qui se pratique partout (bars, restaurants...), a lui aussi ses nombreux adeptes. Activité ludique et peu coûteuse, elle vise une population jeune, et 2 chaînes satellites lui sont même dédiées.

CHANTEZ-LE !

Le mot « karaoke » signifie « orchestre vide » en japonais. Le principe fut inventé en 1958 par un... Américain.

La nature est primordiale pour les Japonais, et chaque saison est prétexte à la fête. Un festival, en février, ponctue la floraison des 700 pruniers de Hanegi Park (Tokyo). Il faudra attendre le printemps pour se réunir sous les cerisiers en fleur ***(sakura)*** et se livrer au ***hanami*** : assis sur des couvertures, nombreux sont ceux qui passent des heures à contempler leur fleur préférée et à boire du saké. Un

art est même consacré à l'arrangement floral, très répandu : il s'agit de l'***ikebana.*** Le jeu de cartes traditionnel ***(hanafuda)*** est d'ailleurs illustré par des fleurs.
Les Japonais sont aussi friands de longues promenades dans les montagnes et de détente près des milliers de sources ***(onsen)*** qui jaillissent dans le pays ; l'extase étant de s'immerger dans les bains creusés en plein air ***(rotenburo)*** et d'admirer les pétales de fleurs flottant à la surface de l'eau. Les Japonais apprécient la baignade, leur pays regorge de rivières, de plages... ainsi que de surfeurs !
Pour en savoir plus sur les *onsen,* voir à « Hakone ». Voir aussi les sites ● *onsenjapan.net* ● *secret-japan.com* ●
Depuis toujours, ce sont des joueurs invétérés ; ils peuvent passer leurs nuits sur des jeux de stratégie comme le ***shôgi*** et le ***go*** aussi bien que sur des jeux vidéo (des salles y sont consacrées, et 80 % d'entre eux possèdent une console de jeux). Les Japonais créent sans cesse de nouveaux gadgets à la pointe de la technologie, comme cela a été le cas avec les ***tamagotchi*** ou les ***Pokémon.*** Un phénomène marginal mais remarqué au Japon : les ***otakus,*** ces adolescents qui vivent en totale autarcie dans un monde virtuel. Le manga est très « consommé » au Japon, chaque type de lecteur a le sien.

DISSECTION DE MONSTRES

Pokémons, Godzillas et autres personnages plus ou moins maléfiques sont tellement importants au Japon qu'ils font l'objet d'études approfondies appelées yökaigaku. *Ces êtres mi-hommes, mi-démons sont étudiés à l'université.*

Bains publics

Bien qu'en voie de disparition, les bains publics japonais (*sento,* 銭湯) font encore partie du paysage urbain et conservent une grande importance pour beaucoup de Japonais, qui adorent s'y rendre le soir, s'y laver et s'y relaxer après une longue journée de labeur. Ce sont aussi des lieux de sociabilité, où se retrouvent des amis du même quartier pour discuter. Comme les *onsen,* leurs équivalents thermaux, les *sento* étaient mixtes jusqu'à l'arrivée (fin XIXe s) des Occidentaux et de leur conception pudibonde de la nudité, mais ils sont aujourd'hui séparés en 2 parties.
Si votre hôtel ou votre AJ ne possède pas de bains, prenez serviette et savon et, pour quelque 500 ¥ (4 €), allez donc faire un tour au *sento* du quartier. Au départ, on vous regardera un peu étrangement, car ce n'est pas un lieu habituellement fréquenté par les étrangers, mais passé les premiers regards, on peut y faire tranquillement sa toilette ou discuter avec les habitués. À l'intérieur, outre les bains très chauds où il fait bon mariner, se trouvent des rangées de robinets ou douches et de miroirs devant lesquels, assis sur un petit tabouret, on fait méticuleusement sa toilette avant d'entrer dans le bain.

TATOO FAUX

Les personnes tatouées risquent de se voir refuser l'entrée dans les onsen *(bains thermaux) et* sento *(bains publics). Au Japon, le tatouage est associé à l'univers interlope des yakusas, la pègre nippone. Il a même été interdit durant l'ère Meiji (XIXe s) jusqu'en 1948 ! Heureusement, la plupart des gérants sont tolérants. Dans un domaine tout autre que les* onsen *: en 2019, à l'occasion de la Coupe du monde de rugby, certains joueurs étrangers ont été invités à dissimuler leurs tatouages.*

SOAPLAND

C'est le nom des salons de massage, souvent lieux de prostitution. Naguère, on les appelait toruko buro *(bains turcs). Il fallut les plaintes véhémentes des autorités turques pour que l'on choisisse un nouveau nom : « lieu où l'on se savonne ».*

On ne se savonne pas quand on prend son bain, toujours très chaud, on s'y délasse. Avant de pénétrer dans le bassin, il faut impérativement se laver à l'extérieur du bac, se rincer complètement, puis entrer dans le *furô* (bassin rempli d'eau chaude). Sauf corps endurcis, vous n'y resterez pas si longtemps que cela.

Du côté des enfants

Les enfants privilégient les passe-temps en famille, ils sont passionnés d'***origami*** (art ancien du papier plié). Les adolescentes ont, pour certaines, un loisir quelque peu inhabituel ; on les appelle les ***Shibuya girls.*** Ces jeunes filles excentriques, ultra-sexy et sophistiquées, prennent l'apparence de leur chanteuse de J-pop préférée (voir la rubrique « Musique » plus haut) ou d'une héroïne de manga. Leur emblème : les chaussures à semelles compensées.

Le terme ***cosplayers*** vous dit quelque chose ? Ces jeunes gens qui prennent l'apparence des personnages de jeux vidéo ou de dessins animés en s'habillant et en reproduisant la gestuelle de leurs héros... Certains se rencontrent en ligne, se produisent lors de ***Game Show*** ou sur les salons d'anime et de manga. Les arcades sont le rendez-vous privilégié des ados, une fois les cours terminés. Sur un immeuble entier, différents types de jeux sont proposés, selon les étages, le paradis des *gamers.* La dernière lubie des ados est un simulateur géant *Gundam Kizuna,* où le joueur est pilote d'un robot.

Le Disneyland tokyoïte est l'un des lieux les plus fréquentés du Japon. Il n'est pas rare d'entendre rires et cris lorsque l'on se promène en ville : pas de panique, vous passez à côté d'un parc d'attractions. Ils sont nombreux et ravissent des millions de fans.

Les sports

Même si les arts martiaux restent très populaires au Japon, le sport national depuis plus d'un siècle est le ***baseball.*** Une lycéenne de 16 ans a même été recrutée par une équipe professionnelle, en 2008, et devint la 1re femme à intégrer une équipe pro dans ce sport exclusivement masculin... quelle avancée ! Dans la rue ou les parcs, entre amis ou en famille, les Japonais jouent au baseball. En août, tout le pays vit dans la fièvre à l'occasion du grand tournoi des clubs de lycée. Les jeunes s'adonnent aussi au football, au basket-ball, au volley-ball, au rugby, au handball... Mais au lieu de faire du sport après l'école, les élèves vont souvent à des cours spéciaux obligatoires. Que ce soient les hommes d'affaires qui emmènent leurs clients pour négocier des contrats ou les habitants qui s'entraînent sur les toits de leurs immeubles réaménagés en « practices » incroyables entourés de moustiquaires, le ***golf*** est un sport populaire au Japon, et ce depuis les années 1980.

Le sport hors tradition

N'en déplaise aux amateurs d'arts martiaux, le sport au Japon, c'est aussi un intérêt certain pour l'ovalie. La preuve, l'Archipel a remporté le droit d'organiser à échelle régionale (avec Hong Kong et Singapour) la Coupe du monde de rugby en 2019 ! L'île est ainsi devenue le 1er pays asiatique à accueillir cette grande manifestation et confirme son attrait pour ce sport. Les joueurs de l'équipe nationale auront même hérité d'un sympathique sobriquet de la part des médias anglo-saxons, *Brave Blossoms* (« fleurs de cerisiers courageux ») : tout un programme !

DES JEUX D'ÉGO POUR MÂLES

À Tokyo, Sega a installé des jeux vidéo interactifs dans les urinoirs de 4 stations de métro. Une plaque sensible à la pression est intégrée dans la cuvette. L'écran est fixé au-dessus de l'urinoir. Le jeu Northern Wind évalue la force de votre jet et permet de soulever une jupe. Ces jeux s'appellent « Toylet » ! « The place to pee », en somme...

Le *pachinko* : 1er passe-temps national

Entrez dans l'une des 15 000 salles de *pachinko* (sorte de flippers verticaux) du pays, vous n'oublierez pas l'ambiance si particulière qui y règne. Les salles de *pachinko* partagent avec les casinos couleurs criardes, odeurs de tabac, bruit assourdissant et constant des machines, ainsi que joueurs absorbés des heures entières. Le chiffre d'affaires de ce jeu propre au Japon se situe au 3e rang de l'économie des loisirs japonais.

La télévision

Anime

Le terme « anime » est l'abréviation pour « séries animées ». Elles se caractérisent par une faible quantité de 6 ou 7 images par seconde, de qualité de dessin variable. Les séries font généralement 13 ou 26 épisodes de 20 mn. Selon leur popularité, elles peuvent être renouvelées.
Traditionnellement, la télévision s'empare des meilleurs succès mangas pour produire des animes pour la télé. Certaines séries pouvant dépasser les 500 épisodes, tel *Naruto* (720 épisodes). Ou encore de l'*Original Animation Video* (OAV) pour les succès encore plus grands. Les personnages conservent leurs caractéristiques du dessin, mais ils vivent des scénarios différents du manga d'origine. *Pokémon* est originaire d'un jeu vidéo de 1996, et sera par la suite décliné en jeu de cartes et en séries animées. Mais il arrive que l'anime dépasse le manga en termes de popularité. Ce fut le cas pour *Trigun* (1998) de Yasuhiro Nightow, avec son héros, *Vash The Stampede,* qui nous fait découvrir un univers entre western et science-fiction. Il existe aussi des séries originales qui ont marqué les Japonais, comme *Neon Genesis Evangelion* (1995) d'Hideaki Anno, un anime postapocalyptique ; en 1979, la saga *Gundam* (robot géant contrôlé de l'intérieur par des humains) débute à travers *Mobile Suit Gundam.* S'ensuivront plus de 80 épisodes de séries animées. Aujourd'hui, une guerre entre les studios d'animation se joue pour tenter de détrôner *Ghibli.* Le studio *Sunrise* a créé non seulement *Cowboy Bebop* (1998), mais également *Code Geass* (2006), 2 bijoux de l'animation japonaise. *Production I.G* a riposté avec *Guilty Crown* (2011) et *Psycho-Pass* (2012), succès autant populaire que technique.
Les séries animées furent les 1res ambassadrices de la culture nippone en Europe. En France, c'est par le biais de la célèbre programmation du *Club Dorothée* que les Français découvrent les mangas. *Saint Seiya (Les Chevaliers du Zodiaque), Dragon Ball Z, Ranma ½...* ont fait le bonheur de plusieurs générations.

Séries

Les séries japonaises sont désignées par le terme *drama.* De nouveau, la plupart sont tirées de mangas à succès, comme *Hanazakari no Kimitachi e* (2007) de Hisaya Nakajo ou encore *Midnight Diner* (2011), autre manga à succès de Yarô Abe, mettant en scène différentes situations autour de plats japonais. Ces *dramas* étonnent souvent les Occidentaux à cause des onomatopées répétées et de la manière de jouer des acteurs, souvent exagérée. Les Japonais sont très expressifs dans leur manière de parler et d'interagir.
Aujourd'hui, Netflix produit ses propres *dramas* pour s'introduire sur le marché japonais. *Atelier* (2015), coproduit avec FujiTV, met en scène une jeune femme déterminée à percer dans l'univers impitoyable de la mode. *Hibana : Spark* (2016), adapté du roman de *Naoki Matayoshi,* et *Erased* (2017), du manga de Kei Sanbe, sont les 2 derniers *dramas* du géant du divertissement.

Téléréalité

Le phénomène *Terrace House* fascine autant les Japonais que le reste du monde. La téléréalité à la japonaise se veut calme, respectueuse et banale. Un choc culturel comparé aux *Marseillais* ou à *La Villa des cœurs brisés... Terrace House* réunit 6 candidats (3 filles et 3 garçons) dans une luxueuse villa où ils doivent vivre ensemble tout en gardant leurs activités professionnelles. La série est entrecoupée par des réflexions de 6 commentateurs. Un système ingénieux où le spectateur analyse avec tout le panel la vie des jeunes gens qu'il regarde. Un certain voyeurisme, mais respectueux !

YAKUZAS

Le pays le plus sûr au monde est aussi celui où le crime organisé a pignon sur rue ! 8 *(ya)*, 9 *(ku)*, 3 *(za)* est la combinaison perdante aux dés, jeu interdit que les yakuzas, les hommes de ce milieu, contrôlent. Ils se présentent comme des « perdants » œuvrant aux côtés de la veuve et de l'orphelin. Membres de groupes exclusivement masculins du crime organisé au Japon, les yakuzas seraient plus de 87 000, répartis en 4 principaux syndicats présents dans tout l'Archipel, possédant également des ramifications dans la zone Pacifique, en Allemagne et aux États-Unis.

– Le *Yamaguchi-gumi,* créé en 1915, est la plus grande famille yakuza, réunissant plus de 39 000 membres répartis dans 750 clans. Malgré son quartier général à Kobe, il est actif à travers tout le Japon.

– Le *Sumiyoshi-kai* est la 2e organisation la plus importante avec 10 000 membres subdivisés en 177 clans.

– L'*Inagawa-kai,* avec environ 7 400 membres et 313 clans, est le 3e plus grand groupe yakuza au Japon. Basé dans la région de Tokyo-Yokohama, c'est l'un des 1ers organismes de yakuzas à s'être lancés sur le marché international.

– Le *Tôa-kai,* fondé en 1948, est rapidement devenu l'une des organisations les plus importantes de la capitale. Il est composé d'une majorité de « frères » d'origine coréenne.

À l'origine des yakuzas, les *tekiya* (marchands ambulants) et les *bakuto* (joueurs professionnels), qui travaillaient en ville et contrôlaient le monde des jeux de hasard. L'activité des *bakuto* est, encore aujourd'hui, l'une des plus lucratives des yakuzas. Le recrutement des membres de ces groupes se fait dans les mêmes milieux (paysans sans terres, voyous). Chaque groupe, une fois constitué, est organisé en famille selon une hiérarchie très stricte. Cette hiérarchie est accentuée par le système *oyabun-kobun* (littéralement père-enfant), l'*oyabun* fournissant conseils et protection contre la loyauté et les services du *kobun.*

Avant 1945

Le statut et les activités des yakuzas évoluent parallèlement aux bouleversements politiques, leur pouvoir s'étend à toute la société. Ils tissent des liens avec le gouvernement, l'« influence » des *tekiya* s'intensifie grâce à des couvertures légales. Marché noir et commerce du sexe se développent.

À la fin du XIXe s, le Japon s'ouvre en direction de l'Occident. Les yakuzas, très traditionalistes, refusent tout contact avec les Occidentaux. Ils organisent des attentats visant des hommes politiques favorables à cette ouverture ; entre autres, 4 ministres seront ainsi assassinés à cette époque.

Après la Seconde Guerre mondiale

Après la défaite de 1945, les forces de police affaiblies peinent à lutter contre les mafias étrangères qui tentent de s'installer au Japon, en particulier les pègres coréenne et taïwanaise. Les organisations yakuzas deviennent les auxiliaires des forces de l'ordre. Avec l'assentiment du pouvoir, elles sont utilisées pour contrer ces mafias étrangères et comme briseuses de grève. Soutenus par les hommes politiques et la police, les yakuzas deviennent indispensables à la bonne marche de la société d'après-guerre, le marché noir étant un moyen de survie pour la majorité des Japonais. L'une de leurs pratiques est l'infiltration des conseils d'administration pour faire passer des résolutions qui leur sont favorables.

Entre 1958 et 1963, les organisations de yakuzas sont à leur apogée ; le nombre des membres atteint 184 000. Ils sont alors plus nombreux que l'armée japonaise. Des clans se forment, et des guerres de rivalité territoriale éclatent, faisant de nombreux morts. Les yakuzas exercent leurs activités librement jusqu'en 1992, date à laquelle le gouvernement japonais fait voter une loi antigang. Depuis, les organisations criminelles doivent déclarer leurs activités... Ce qui, sans les faire disparaître, les a simplement rendues plus discrètes. Il est bien plus difficile aujourd'hui de les recenser et de cerner toutes leurs ressources.

– Même s'il arrive rarement d'en croiser, sachez que les yakuzas ne s'intéressent généralement pas aux étrangers. Ouf ! Un peu voyants et tapageurs, on les reconnaît souvent à leur costume d'alpaga noir impeccablement coupé et à leurs lunettes de soleil. Leur corps est généralement très tatoué, raison pour laquelle ils ne fréquentent pas les bains publics, où ils seraient facilement identifiables.

les ROUTARDS sur la FRANCE 2021-2022

(dates de parution sur • *routard.com* •)

Découpage de la FRANCE par le ROUTARD

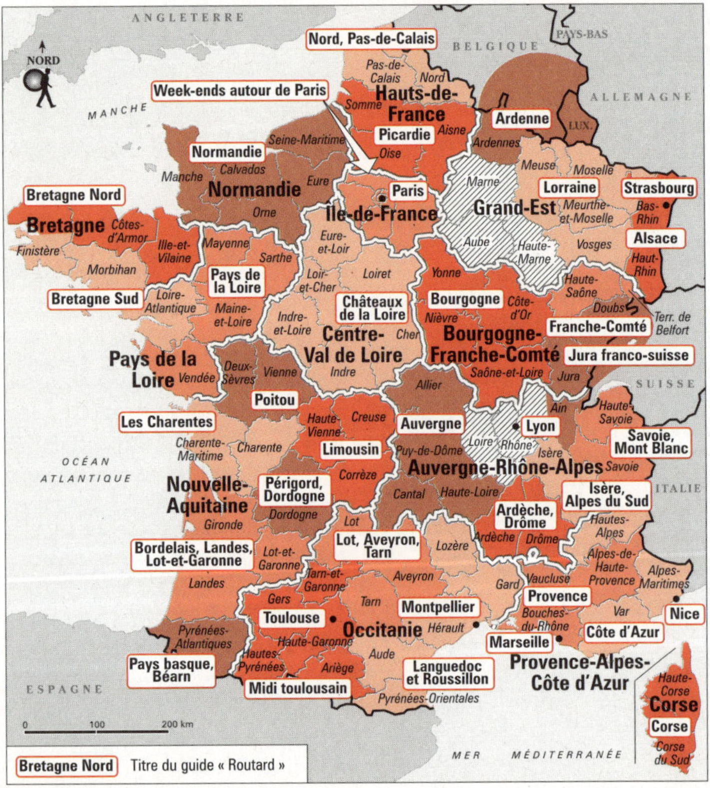

Autres guides sur la France

- Nos meilleurs campings en France
- Nos meilleures chambres d'hôtes en France

Autres guides sur Paris

- Paris
- Paris balades
- Restos et bistrots de Paris
- Le Routard des amoureux à Paris
- Week-ends autour de Paris

Le Routard à vélo

- EuroVelo6
- La Bourgogne du Sud à vélo
- La Flow Vélo
- La Loire à Vélo
- La Vélodyssée (Roscoff-Hendaye)
- Le Canal des 2 mers à vélo
- Paris Île-de-France à vélo
- ViaRhôna
- Les plus belles escapades à Vélo en France

les ROUTARDS sur l'ÉTRANGER 2021-2022

(dates de parution sur • **routard.com** •)

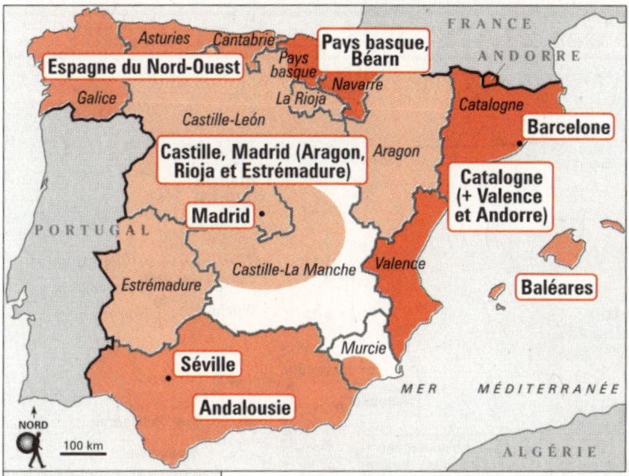

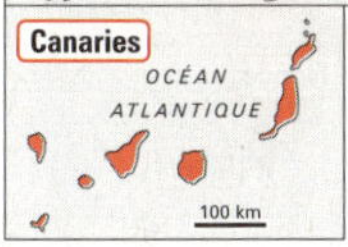

Découpage de l'ESPAGNE par le ROUTARD

Découpage de l'ITALIE par le ROUTARD

Autres pays européens

- Allemagne
- Angleterre, Pays de Galles
- Autriche
- Belgique
- Bulgarie
- Crète
- Croatie
- Danemark, Suède
- Écosse
- Finlande
- Grèce continentale
- Hongrie
- Îles grecques et Athènes
- Irlande
- Islande
- Madère
- Malte
- Norvège
- Pays baltes : Tallinn, Riga, Vilnius
- Pologne
- Portugal
- République tchèque, Slovaquie
- Roumanie
- Suisse

Villes européennes

- Amsterdam
- Berlin
- Bruxelles
- Budapest
- Copenhague
- Dublin
- Lisbonne
- Londres
- Moscou
- Naples
- Porto
- Prague
- Saint-Pétersbourg
- Stockholm
- Vienne

les ROUTARDS sur l'ÉTRANGER 2021-2022

(dates de parution sur • routard.com •)

Découpage des ÉTATS-UNIS par le ROUTARD

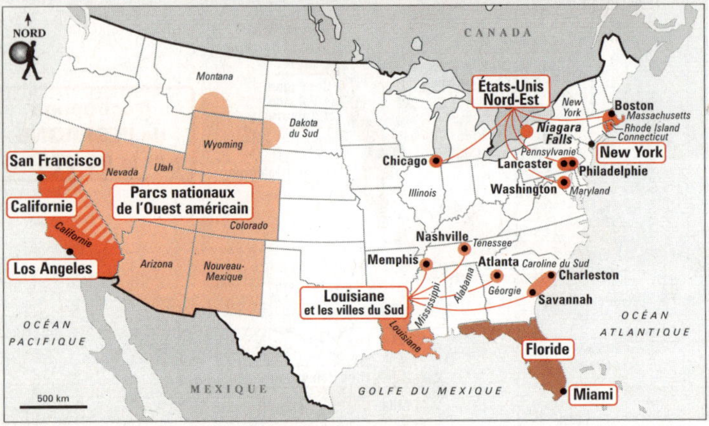

Autres pays d'Amérique

- Argentine
- Brésil
- Canada Ouest
- Chili et île de Pâques
- Colombie
- Costa Rica
- Équateur et les îles Galápagos
- Guatemala, Belize
- Mexique
- Montréal
- Pérou, Bolivie
- Québec et Ontario

Asie et Océanie

- Australie côtes est et nord + Red Centre
- Bali, Lombok
- Bangkok
- Birmanie (Myanmar)
- Cambodge, Laos
- Chine
- Hong Kong, Macao, Canton
- Inde du Nord
- Inde du Sud
- Israël et Palestine
- Istanbul
- Jordanie
- Malaisie, Singapour
- Népal
- Shanghai
- Sri Lanka (Ceylan)
- Thaïlande
- Tokyo, Kyoto et environs
- Turquie
- Vietnam

Afrique

- Afrique du Sud
- Égypte
- Kenya, Tanzanie et Zanzibar
- Maroc
- Marrakech
- Sénégal
- Tunisie

Îles Caraïbes et océan Indien

- Cuba
- Guadeloupe, Saint-Martin, Saint-Barth
- Île Maurice, Rodrigues
- Madagascar
- Martinique
- République dominicaine (Saint-Domingue)
- Réunion

Guides de conversation

- Allemand
- Anglais
- Arabe du Maghreb
- Arabe du Proche-Orient
- Chinois
- Croate
- Espagnol
- Grec
- Italien
- Japonais
- Portugais
- Russe
- G'palémo (conversation par l'image)

Livres-photos/Livres-cadeaux

- La France de Stéphane Bern (**nouveauté**)
- Voyages
- Voyages : États-Unis
- Voyages : France
- Voyages : Italie
- Road Trips Monde
- Road Trips en France (**nouveauté**)
- 120 coins secrets en Europe
- 50 voyages à faire dans sa vie
- 1 200 coups de cœur dans le monde
- 1 200 coups de cœur en France
- 52 week-ends dans les plus belles villes d'Europe
- 52 week-ends coups de cœur en France
- 52 escapades nature en France (**nouveauté**)
- Cahier de vacances du Routard

Nous tenons à remercier tout particulièrement Loup-Maëlle Besançon, Thierry Bessou, Gérard Bouchu, François Chauvin, Grégory Dalex, Fabrice Doumergue, Cédric Fischer, Carole Fouque, Nicolas George, Michelle Georget, David Giason, Claude Hervé-Bazin, Emmanuel Juste, Dimitri Lefèvre, Fabrice de Lestang, Romain Meynier, Éric Milet, Pierre Mitrano, Jean-Sébastien Petitdemange, Thomas Rivallain et Jean Tiffon pour leur collaboration régulière.

Brice Andlauer
Jean-Jacques Bordier-Chêne
Agnès Debiage
Coralie Delvigne
Jérôme Denoix
Tovi et Ahmet Diler
Clélie Dudon
Sophie Duval
Alain Fisch
Bérénice Glanger
Adrien et Clément Gloaguen
Sébastien Jauffret
Alexia Kaffès
Augustin Langlade
Jacques Lemoine
Aline Morand
Louis Nagot
Caroline Ollion
Martine Partrat
Odile Paugam et Didier Jehanno
Céline Ruaux
Prakit Saiporn
Nejma Tahri Hassani
Alice Tonasso
Caroline Vallano

Direction : Sidonie Chollet
Direction éditoriale : Élise Ernest
Édition : Matthieu Devaux, Olga Krokhina, Gia-Quy Tran, Julie Dupré, Emmanuelle Michon, Pauline Janssens, Amélie Ramond, Margaux Lefebvre, Julie Wood, Lucie Léna et Ionah Vasseur
Ont également collaboré : Agnès Petit, Aurélie Joiris Blanchard et Natacha Kotchetkova
Cartographie : Frédéric Clémençon et Aurélie Huot
Contrôle de gestion : Jérôme Boulingre et Yannis Villeneuve
Secrétariat : Catherine Maîtrepierre
Fabrication : Nathalie Lautout et Audrey Detournay
Relations presse : COM'PROD, Fred Papet. ☎ 01-70-69-04-69.
● *info@comprod.fr* ●, Martine Levens (Belgique) et Maureen Browne (Suisse)
Direction marketing : Stéphanie Parisot, Élodie Darty et Charlotte Brou
Couverture : le-bureau-des-affaires-graphiques.com
Silhouette du Routard : Clément Gloaguen (d'après Solé)
Maquette intérieure : le-bureau-des-affaires-graphiques.com, Thibault Reumaux et npeg.fr
Contact Partenariats : Jérôme Denoix ● *jeromedenoix@gmail.com* ●
Contact Partenariats et régie publicitaire : Florence Brunel-Jars
● *fbrunel@hachette-livre.fr* ●

INDEX GÉNÉRAL

INDEX GÉNÉRAL

L

INDEX GÉNÉRAL

LISTE DES CARTES ET PLAN

UNE PANDÉMIE INOUÏE !

Depuis toujours, **Le *Routard* se plaît à dénicher hôteliers et restaurateurs** qui accueillent nos lecteurs avec sourire et professionnalisme. Malgré toute notre vigilance, certains d'entre eux auront malheureusement fermé quand ce livre sortira. De même, les horaires et modalités d'accueil de certains sites et musées auront été momentanément modifiés. Cette terrible **pandémie de Coronavirus** a, on le sait, des conséquences importantes pour tous les professionnels du tourisme. **Nous sommes de tout cœur avec eux !**

IMPORTANT : DERNIÈRE MINUTE

Sauf rares exceptions, le *Routard* bénéficie d'une parution annuelle à date fixe. Entre deux dates, des événements fortuits (formalités, taux de change, catastrophes naturelles, conditions d'accès aux sites, fermetures inopinées, etc.) peuvent intervenir et modifier vos projets de voyage. Pour éviter les déconvenues, nous vous recommandons de consulter la rubrique « Guide » par pays de notre site ***routard.com*** et plus particulièrement les dernières ***Actus voyageurs.***

Remarque importante aux hôteliers et restaurateurs

Les enquêteurs du *Routard* travaillent dans le plus strict anonymat. Aucune réduction, aucun avantage quelconque, aucune rétribution n'est jamais demandé en contrepartie. Face aux aigrefins, la loi autorise les hôteliers et restaurateurs à porter plainte.

Avis aux lecteurs

Le Routard, ce n'est pas comme le bon vin, il vieillit mal. On ne veut pas pousser à la consommation, mais évitez de partir avec une édition ancienne. Les modifications sont souvent importantes.

Les réductions accordées à nos lecteurs ne sont jamais demandées par nos rédacteurs afin de préserver leur indépendance. Les hôteliers et restaurateurs sont sollicités par une société de mailing, totalement indépendante de la rédaction, qui reste donc libre de ses choix. De même pour les autocollants et plaques émaillées.

Avec routard.com, choisissez, organisez, réservez et partagez vos voyages !

✓ Rejoignez la plus grande communauté francophone de voyageurs : **plusieurs millions d'internautes.**

✓ Échangez avec les routarnautes : forums, photos, avis d'hôtels.

✓ Retrouvez aussi toutes les informations actualisées pour choisir et préparer vos voyages : près de 300 guides destinations, une centaine de dossiers pratiques et un magazine en ligne pour découvrir tous les secrets de votre destination.

✓ Enfin, comparez les offres pour organiser et réserver votre voyage au meilleur prix.

Les **Routards** *parlent aux* **Routards**

Faites-nous part de vos expériences, de vos découvertes, de vos tuyaux et de vos coups de cœur. Aidez-nous à remettre l'ouvrage à jour. Indiquez-nous les renseignements périmés. Faites profiter les autres de vos adresses nouvelles, combines géniales... On adresse un exemplaire gratuit de la prochaine édition à ceux qui nous envoient les meilleurs courriers, pour la qualité et la pertinence des informations.

Quelques conseils cependant :

– Envoyez-nous votre courrier le plus tôt possible afin que l'on puisse insérer vos tuyaux sur la prochaine édition.

– N'oubliez pas de préciser l'ouvrage que vous désirez recevoir, ainsi que votre adresse postale.

– Vérifiez que vos remarques concernent l'édition en cours et notez les pages du guide concernées par vos observations.

– Quand vous indiquez des hôtels ou des restaurants, pensez à signaler leur adresse précise et, pour les grandes villes, les moyens de transport pour y aller. Si vous le pouvez, joignez la carte de visite de l'hôtel ou du resto décrit.

En tout état de cause, merci pour vos nombreux mails.

122, rue du Moulin-des-Prés, 75013 Paris

• ***guide@routard.com*** • ***routard.com*** •

Routard Assurance *2021*

Enrichie au fil des années par les retours des lecteurs, *Routard Assurance* reste l'assurance voyage référence des globe-trotters. Tout y est inclus, même la **Covid** : frais médicaux, assistance rapatriement, bagages, responsabilité civile... Avant votre départ, appelez *AVI* pour un conseil personnalisé. Besoin d'une **attestation Covid**, d'un avis médical, d'une prise en charge dans un hôpital ? Téléchargez l'appli mobile *AVI International* pour garder le contact avec *AVI Assistance* et disposer d'un vaste réseau médical à travers le monde. *AVI Assistance* est disponible 24h/24 pour une réponse en temps réel. De simples frais de santé en voyage ? Envoyez les factures à *AVI* dès votre retour, ils vous remboursent sous une semaine. *Le Colisée Gardens, 10 avenue de l'Arche, CS 70126, 92419 Courbevoie Cedex.* ☎ *01-44-63-51-00.* • *avi-international.com* • Ⓜ *La Défense.*

Édité par Hachette Livre (58, rue Jean-Bleuzen, CS 70007, 92178 Vanves Cedex, France)
Photocomposé par Jouve (1, rue du Docteur Sauvé, 53100 Mayenne, France)
Imprimé par Jouve Print (Quai n° 2, 733, rue Saint-Léonard, BP 3, 53101 Mayenne Cedex, France)
Achevé d'imprimer : mai 2021
Collection n° 13 - Édition n° 01
47/3108/7
I.S.B.N. 978-2-01-787136-1
Dépôt légal : juin 2021

PAPIER À BASE DE FIBRES CERTIFIÉES